[개정판]

출입국관리법 이론 및 실무

법학박사 · 행정사 김 동 근
변호사 김 요 한　공저

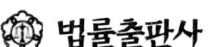 법률출판사

개정판 머리말

초판이 출간된 이후 그 동안 출입국관리법은 2010. 12. 10.경 출입국 과정에서의 국민들의 편리함을 도모하는 한편, 생체정보 기반의 안전한 국경관리 체계를 구축하기 위하여 출입국 전 과정에서 생체정보를 이용한 본인 확인이 가능하도록 법적 근거를 마련하는 등 현행 제도의 운영상 나타난 일부 미비점을 개선·보완하려는 목적에서 일부 법 규정이 추가 또는 신설(생체정보이용 – 법 제2조 제15호, 법 제14조 제2항 제1호에서는 신원확인이 가능한 문서에 여권이 추가, 법 제23조 제1항 제2호에서는 체류자격 부여 신청기간을 기존 30일에서 60일로 연장, 법 제35조 등에서는 외국인등록사항 변경신고기간을 기존 14일에서 15일로 연장 등) 됨에 따라 그와 관련된 내용들을 개정판에 모두 반영함은 물론 2021. 7. 13. 일부 개정된 출국금지사유 즉, 최근「가사소송법」제68조제1항 제1호 또는 제3호에 따른 감치명령 결정을 받았음에도 불구하고 양육비 채무를 이행하지 않는 양육비 채무자에 대하여 여성가족부장관이 양육비이행심의위원회의 심의·의결을 거쳐 법무부장관에게 출국금지를 요청할 수 있도록「양육비 이행확보 및 지원에 관한 법률」이 개정(법률 제17897호, 2021. 1. 12. 공포, 7. 13. 시행)됨에 따라 출국금지 사유에 개정「양육비 이행확보 및 지원에 관한 법률」제21조의4제1항에 따른 양육비 채무자 중 양육비이행심의위원회의 심의·의결을 거친 사람이 추가됨에 따라 이와 관련 된 내용 또한 모두 반영하였다.

그 외 초판에서 충분히 다루지 못하였던 대법원 및 하급심 판례들도 일부 보완하였음은 물론 일부 부족한 서식들을 추가함으로써 전편에 비하여 질적으로나 양적으로 보다 더 풍부한 내용들을 담으려고 노력하였다. 아무쪼록 본서가 출입국관리법에 관심을 갖고 계신 분들이나 관련 분야 종사자들에게 길라잡이 역할을 충분히 해낼 수 있기를 기대해 본다.

제2판을 출간하는 과정에 많은 분의 도움이 있었다. 그 분들에게 모두 감사드리며 특히 본서를 출간하는데 필요한 여러 자료들을 아무런 대가 없이 기꺼이 시간을 내어 찾아준 박범재 행정사에게 고마움을 표하며 건승을 기원한다. 그리고 본서를 기꺼이 출간해 주신 법률출판사 김용성 사장님께 감사드리며, 편집과 교정을 맡아 준 편집부 직원 분들께도 감사를 표하는 바이다.

2021. 8.
저자 김동근 씀

초판 머리말

국내체류 외국인 200만 시대, 이제 국내 어느 곳을 가더라도 외국인을 만나는 것이 그리 신기한 일이 아닐 정도로 우리 일상은 이미 외국인과 상당부분 교감을 이루며 살아가고 있다. 이렇듯 국가 간 담장이 낮아지고 그에 따른 외국인의 출입국은 그 어느 때보다 더 다양한 방법으로 다양한 곳 즉, 학교, 회사, 음식점, 상점, 공장 등에서 우리사회 전반에 많은 영향을 미치고 있는 실정이다. 그만큼 대한민국 사회가 외국인과 가까워 졌다.

그 만큼 외국인의 출입국 및 국내체류와 관련된 법적분쟁도 점차 늘어가고 있는 현실이기도 하다. 하지만 이러한 현실을 반영하여 외국인의 출입국 및 국내체류와 관련된 분쟁을 유효적절하게 해결키 위한 길라잡이 역할을 하는 실무서적을 찾아보기 어려운 것이 현실이다.

이 때문에 예전과 달리 외국인의 국내 출입국 및 체류관리에 관한 사항을 국가 행정의 영역에서 보다 더 진지하게 논의할 필요성이 대두되었다. 하지만, 이러한 시대적 흐름과는 달리 아직까지도 우리나라 출입국관리법의 중요도 및 관심도는 여타의 법에 비하여 많이 떨어지는 것이 현실이고 그만큼 이를 연구하는 비율도 낮아 학계에서조차 그에 대한 논의가 아직까지는 활발하게 이루어지지 아니하는 형편이기도 하다.

이 책은 이러한 문제의식에서 출발하여 출입국관리법에 관한 이해도를 높이기 위하여 기본적인 이론들을 모두 개관함은 물론 특히 해당 이론과 관련된 각각의 신청서 및 관련 법률들까지 통합하여 기재함으로써 누구라도 손쉽게 실무에서 활용할 수 있는 참고서를 만드는데 주안점을 두었다.

나아가 출입국관리법과 관련된 대법원의 핵심판례 및 하급심 판례들 또한 모두 정리하여 각각 사건의 내용에 따른 법원의 판단은 어떠한지도 쉽게 파악할 수 있도록 정리하였다는 데 그 특징이 있기도 하다.

아무쪼록 이 책이 출입관리법행 관련 실무종사자 또는 출입국관리법 실무를 연구하려는 분들께 길라잡이 역할을 충분히 해낼 수 있기를 바라고, 다만 혹시라도 다소 미흡하거나 부족한 부분들에 대하여는 독자분들의 계속된 지도편달을 바라며, 판을 거듭하면서 이를 보완해 나가고자 한다.

끝으로 여러 어려운 여건 속에서도 본서의 출판을 위하여 불철주야 노력하신 법률출판사 김용성 사장님을 비롯하여 편집자 및 여러 임직원들에게도 깊은 감사를 드리는 바이다.

2019. 4.
저자 김 동 근 씀

차 례

출입국관리법 이론 및 실무

제1장 총칙

Ⅰ. 출입국관리법의 제정 목적

전 세계적으로 국가 간 인적교류가 더욱 가속화됨에 따라 출입국정책은 그 중요성을 더해가고 있는 상황이다. 이러한 국제적인 환경변화와 흐름 속에 적극 대응함은 물론 철저하고 효율적인 국경관리를 통하여 국민과 외국인의 안전 및 대한민국의 공동가치가 존중되는 질서를 구현하고자 제정된 법이 출입국관리법이다. 이를 기초로 출입국관리법(이하 '법'이라 약칭함)은 대한민국에 입국하거나 대한민국에서 출국하는 모든 국민 및 외국인의 출입국관리를 통한 안전한 국경관리, 대한민국에 체류하는 외국인의 체류관리와 그 외 난민인정을 신청한 외국인에 대한 난민인정 절차 등에 관한 필요한 사항, 사회통합 등에 관한 사항을 규정함을 목적으로 한다(법 제1조).

Ⅱ. 정의

출입국관리법에서 사용하는 용어의 뜻은 다음과 같다(법 제2조).

1. 국민

국민이란 대한민국의 국적을 가진 국민을 말한다. 헌법 제2조 제1항에서는 대한민국의 국민이 되는 요건은 법률로 정한다고 규정하고 있으며, 이에 따라 대한민국 국민이 되는 요건을 규정한 국적법 제2조, 제3조, 제4조에서는 국적취득 방법에 대하여 규정하고 있다. 국적법에 따라 이미 대한민국의 국적을 취득한 자가 가족관계의 등록 등에 관한 법률에 따른 출생신고를 필하지 아니하여 증명서 등에는 국민으로 등재되어 있지 아니하더라도 국민으로서의 지위가 상실되는 것은 아니다.

가. 출생에 의한 국적취득(국적법 제2조)

출생에 의한 국적취득의 요건은 ⅰ) 출생 당시에 부(父)또는 모(母)가 대한민국의 국민인 자, ⅱ) 출생하기 전에 부가 사망한 경우에는 그 사망 당시에 부가 대한민국의 국민이었던 자, iii) 부모가 모두 분명하지 아니한 경우나 국적이 없는 경우에는 대한민국에서 출생한 자 등은 출생과 동시에 대한민국 국적(國籍)을 취득하며, 그 외 대한민국에서 발견된 기아 (棄兒)는 대한민국에서 출생한 것으로 추정한다.

나. 인지에 의한 국적취득(국적법 제3조)

대한민국의 국민이 아닌 자로서 대한민국의 국민인 부 또는 모에 의하여 인지(認知)된 자 가 i) 대한민국의 「민법」상 미성년일 것, ii) 출생 당시에 부 또는 모가 대한민국의 국 민이었을 것의 요건을 모두 갖추면 법무부장관에게 신고함으로써 대한민국 국적을 취득할 수 있다. 이 경우 신고한 자는 그 신고를 한 때에 대한민국 국적을 취득한다.

다. 귀화에 의한 국적취득

대한민국 국적을 취득한 사실이 없는 외국인은 법무부장관의 귀화허가(歸化許可)를 받아 대한민국 국적을 취득할 수 있는데, 법무부장관은 귀화허가 신청을 받으면 귀화 요건을 갖 추었는지를 심사한 후 그 요건을 갖춘 사람에게만 귀화를 허가하여야 하며, 이에 따라 귀화 허가를 받은 사람은 법무부장관 앞에서 국민선서를 하고 귀화증서를 수여받은 때에 대한민 국 국적을 취득한다. 다만, 법무부장관은 연령, 신체적·정신적 장애 등으로 국민선서의 의 미를 이해할 수 없거나 이해한 것을 표현할 수 없다고 인정되는 사람에게는 국민선서를 면 제할 수 있다.

(1) 일반귀화의 요건(국적법 제5조)

외국인이 귀화허가를 받기 위해서는 제6조(기이귀화)나 제7조(특별귀화)에 해당하는 경 우 외에는 i) 5년 이상 계속하여 대한민국에 주소가 있을 것, ii) 대한민국에서 영주할 수 있는 체류자격을 가지고 있을 것, iii) 대한민국의 「민법」상 성년일 것, iv) 법령을 준수 하는 등 법무부령으로 정하는 품행 단정의 요건을 갖출 것, v) 자신의 자산(資産)이나 기 능(技能)에 의하거나 생계를 같이하는 가족에 의존하여 생계를 유지할 능력이 있을 것, vi) 국어능력과 대한민국의 풍습에 대한 이해 등 대한민국 국민으로서의 기본 소양(素養) 을 갖추고 있을 것, vii) 귀화를 허가하는 것이 국가안전보장·질서유지 또는 공공복리를 해 치지 아니한다고 법무부장관이 인정할 것의 요건을 갖추어야 한다.

(2) 간이귀화의 요건(국적법 제6조)

ⅰ) 부 또는 모가 대한민국의 국민이었던 사람, ⅱ) 대한민국에서 출생한 사람으로서 부 또는 모가 대한민국에서 출생한 사람, ⅲ) 대한민국 국민의 양자(養子)로서 입양 당시 대한민국의 「민법」상 성년이었던 사람의 어느 하나에 해당하는 외국인으로서 대한민국에 3년 이상 계속하여 주소가 있는 사람은 귀화허가를 받을 수 있다.

(3) 특별귀화의 요건(국적법 제7조)

ⅰ) 부 또는 모가 대한민국의 국민인 사람. 다만, 양자로서 대한민국의 「민법」상 성년이 된 후에 입양된 사람은 제외한다, ⅱ) 대한민국에 특별한 공로가 있는 사람, ⅲ) 과학·경제·문화·체육 등 특정 분야에서 매우 우수한 능력을 보유한 사람으로서 대한민국의 국익에 기여할 것으로 인정되는 사람의 어느 하나에 해당하는 외국인으로서 대한민국에 주소가 있는 사람은 제5조제1호·제1호의2·제2호 또는 제4호의 요건을 갖추지 아니하여도 귀화허가를 받을 수 있다.

라. 수반취득(국적법 제8조)

외국인의 자(子)로서 대한민국의 「민법」상 미성년인 사람은 부 또는 모가 귀화허가를 신청할 때 함께 국적 취득을 신청할 수 있으며, 이에 따라 국적 취득을 신청한 사람은 부 또는 모가 대한민국 국적을 취득한 때에 함께 대한민국 국적을 취득한다.

마. 국적회복에 의한 국적 취득(국적법 제9조)

대한민국의 국민이었던 외국인은 법무부장관의 국적회복허가(國籍回復許可)를 받아 대한민국 국적을 취득할 수 있다.

2. 외국인

외국인이란 대한민국의 국적을 가지지 아니한 사람을 말한다. 통상 무국적자를 포함하지만, 본국국적과 외국국적을 가진 자(이중국적자)는 자국민으로 취급한다. 외국인의 법률상의 지위는 원칙적으로 대한민국 국민과 동일하고 대한민국의 통치권의 대상이 되며 그 법령에 복종함을 원칙으로 한다. 국제법상 외국인이 향유할 수 있는 권리는 일반적으로 확정되어 있지 않고 각국이 임의로 결정할 수 있지만, 국가적으로 중요한 관계가 있는 공법상·사법상의 권리는 제한되는 것이 보통이다. 이러한 외국인은 국민과 달리 원칙적으로 대한민국에 입국하고 체류할 권리를 갖지 않는다.

3. 난민

가. 난민의 개념

난민이란 「난민법」 제2조 제1호에 따른 난민을 말한다. 난민 인정 요건인 '특정 사회집단의 구성원인 신분을 이유로 한 박해'에서 '특정 사회집단'이란 한 집단의 구성원들이 선천적 특성, 바뀔 수 없는 공통적인 역사, 개인의 정체성 및 양심의 핵심을 구성하는 특성 또는 신앙으로서 이를 포기하도록 요구해서는 아니 될 부분을 공유하고 있고, 이들이 사회환경 속에서 다른 집단과 다르다고 인식되고 있는 것을 말한다.

그리고 그 외국인이 받을 '박해'란 생명, 신체 또는 자유에 대한 위협을 비롯하여 인간의 본질적 존엄성에 대한 중대한 침해나 차별을 야기하는 행위를 의미한다. 이를 기초로 하여 서울출입국관리사무소장이 난민인정신청을 한 우간다 국적 여성 甲에 대하여 '박해를 받게 될 것이라는 충분히 근거 있는 공포에 처해있다고 인정할 수 없다'는 이유로 난민불인정처분을 한 사안에서, 甲이 동성애자인 사실, 마을 주민들이 甲의 모(母)에게 동성애자인 甲을 마을에서 내보낼 것을 경고하였고 그로부터 2개월 후 甲의 집에 불이 나 모(母)와 여동생이 사망한 사실, 우간다 정부가 동성애자를 탄압하고 있고 지역 주민들의 탄압으로부터 동성애자를 효과적으로 보호하지도 않는 사실에 비추어, 甲이 우간다로 귀국할 경우 동성애자라는 '특정 사회집단의 구성원 신분'을 이유로 박해를 받을 우려가 있다고 볼 만한 충분한 근거 있는 공포가 있다는 이유로, 위 처분은 위법하다고 한 사례가 있다.[1]

---

1) 서울행정법원 2013. 4. 25. 선고 2012구합32581 판결 : 항소.

【판결요지】

'여성 할례'(Female genital mutilation)는 의료 목적이 아닌 전통적·문화적·종교적 이유에서 여성 생식기의 전부 또는 일부를 제거하거나 여성 생식기에 상해를 입히는 행위를 의미한다. 이는 여성의 신체에 대하여 극심한 고통을 수반하는 직접적인 위해를 가하고 인간의 존엄성을 침해하는 행위로서, 특정 사회집단의 구성원이라는 이유로 가해지는 '박해'에 해당한다. 따라서 난민신청인이 국적국으로 송환될 경우 본인의 의사에 반하여 여성 할례를 당하게 될 위험이 있음에도 국적국으로부터 충분한 보호를 기대하기 어렵다는 사정이 인정된다면, 국적국을 벗어났으면서도 박해를 받을 수 있다고 인정할 충분한 근거가 있는 공포로 인하여 국적국의 보호를 받을 수 없는 경우에 해당한다. 그리고 여기에서 '여성 할례를 당하게 될 위험'은 일반적·추상적인 위험의 정도를 넘어 난민신청인이 개별적·구체적으로 그러한 위험에 노출되어 있는 경우를 의미하고, 여성 할례를 당하게 될 개별적·구체적인 위험이 있다는 점은 난민신청인이 속한 가족적·지역적·사회적 상황에 관한 객관적인 증거에 의하여 합리적으로 인정되어야 한다.

【판시사항】

법무부장관이 난민의 지위에 관한 협약에 정한 난민으로 인정하기 위한 요건 중 외국인이 받을 '박해'의 의미 및 난민 인정의 요건인 박해를 받을 '충분한 근거 있는 공포'가 있다는 사실에 대한 증명책임자(=난민 신청자) 및 그 증명의 정도(대법원 2008. 7. 24. 선고 2007두3930 판결)

【판결요지】

출입국관리법 제2조 제2의2호, 제76조의2 제1항, 난민의 지위에 관한 협약 제1조, 난민의 지위에 관한 의정서 제1조의 규정을 종합하여 보면, 법무부장관은 인종, 종교, 국적, 특정 사회집단의 구성원 신분 또는 정치적 의견을 이유로 박해를 받을 충분한 근거 있는 공포로 인해 국적국의 보호를 받을 수 없거나 국적국의 보호를 원하지 않는 대한민국 안에 있는 외국인에 대하여 그 신청이 있는 경우 난민협약이 정하는 난민으로 인정하여야 한다. 이때 그 외국인이 받을 '박해'란 '생명, 신체 또는 자유에 대한 위협을 비롯하여 인간의 본질적 존엄성에 대한 중대한 침해나 차별을 야기하는 행위'라고 할 수 있고, 단순히 강제징집을 거부한 사정만으로는 박해의 원인이 있었다고 할 수 없으나, 그 징집거부가 정치적 동기에 의하여 이루어지는 등 정치적 의견을 표명한 것으로 평가될 수 있을 때에는 박해의 원인이 있었다고 할 수 있다. 한편, 박해를 받을 '충분한 근거 있는 공포'가 있음은 난민인정의 신청을 하는 외국인이 증명하여야 하나, 난민의 특수한 사정을 고려하여 그 외국인에게 객관적인 증거에 의하여 주장사실 전체를 증명하도록 요구할 수는 없고, 그 진술에 일관성과 설득력이 있고 입국 경로, 입국 후 난민 신청까지의 기간, 난민 신청 경위, 국적국의 상황, 주관적으로 느끼는 공포의 정도, 신청인이 거주하던 지역의 정치·사회·문화적 환경, 그 지역의 통상인이 같은 상황에서 느끼는 공포의 정도 등에 비추어 전체적인 진술의 신빙성에 의하여 그 주장사실을 인정하는 것이 합리적인 경우에는 그 증명이 된 것이다.

나. 출입국항 난민신청 및 심사절차

(1) 출입국항 회부 등 심사

외국인이 공항, 항만 등 출입국항에서 난민인정신청서를 제출한 경우 출입국관리법에 따른 입국심사에 앞서 정식 난민인정 심사에 회부할 것인지 결정하여야 한다. 이때 난민인정신청은 본인이 직접 하여야 한다. 다만, 민법상 미성년자(만 19세 미만)는 본인이 신청하거나 법정대리인이 신청을 대리할 수 있으며, 법정대리인이 없는 경우에는 민법 제14조의2에 따라 특정후견인이 신청을 대리할 수 있다.

(2) 출입국항 난민신청 및 심사절차

(가) 신청 장소

난민신청 장소는 출입국관리법 시행령 제98조에서 정하는 출입국항을 관할하는 지방 출입국·외국인 관서이다.

(나) 신청 시기 및 방법

난민신청은 외국인이 입국심사를 받는 때 하여야 하며(법 제6조 제1항), 출입국항을 관할하는 지방 출입국·외국인관서의 장에게 난민인정신청서를 제출하여야 한다.

- 난민인정 심사에 참고할 문서 등 자료가 있는 경우 그 자료
    ※ 체포영장, 법원판결문, 신문기사 등 박해 입증 서류와 난민임을 입증할 수 있는 서류, 사진, 영상물 등
- 최근 6개월 이내에 찍은 사진(3.5cm×4.5cm) 1장

(다) 회부 등 결정

1) 결정권자 및 결정기한

난민신청시 회부 등의 결정(난민인정 심사 회부 결정일에 난민인정 신청을 한 것으로 간주)은 출입국항을 관할하는 출입국·외국인관서의 장이 하며, 이때 결정은 난민인정신청서가 제출된 날부터 7일 이내에 하여야 하고 만일 7일 이내에 결정하지 못하면 신청자의 입국을 허가하여야 한다.

2) 회부 등 판단기준

난민신청시 회부 또는 불회부 등의 판단기준은 아래와 같다.

가) 대한민국의 안전 또는 사회질서를 해칠 우려가 있다고 인정할 만한 상당한 이유가 있는 경우

나) 인적사항 관련 질문 등에 응하지 아니하여 신원을 확인할 수 없는 경우

다) 거짓 서류를 제출하는 등 사실을 은폐하여 난민인정을 받으려는 경우. 다만, 입국심사

라) 과정에서 지체 없이 자진하여 그 사실을 밝힌 경우는 제외

마) 박해의 가능성이 없는 안전한 국가 출신이거나 안전한 국가로부터 온 경우

바) 과거 우리나라에서 난민인정을 받지 못한 사람 또는 난민인정이 취소된 사람이 중대한 사정의 변경 없이 다시 난민인정 신청을 하는 경우

사) 그 밖에 오로지 경제적인 이유로 난민인정을 받으려는 등 난민인정 신청이 명백히 이유 없는 경우

다. 이의신청

(1) 이의신청의 대상

이의신청은 난민법 제18조에 따라 난민에 해당하지 아니한다고 결정하여 난민불인정결정통지서를 교부받은 사람 및 난민법 제19조 각 호의 난민인정 제한 사유에 해당하여 난민불인정결정통지서를 교부받은 사람 그리고 난민법 제22조에 따라 난민인정을 취소 또는 철회하여 난민인정취소·철회통지서를 교부받은 사람 등이 대상이다.

(2) 이의신청 제기기간

지방 출입국·외국인관서장 등으로부터 난민불인정결정통지서(인도적 체류허가를 받은 사람도 포함), 난민인정취소·철회통지서 등을 교부받은 경우 그 통지를 받은 날로부터 30일 이내에 법무부장관에게 이의신청을 할 수 있으며, 이의신청을 한 경우에는 행정심판법에 따른 행정심판을 청구할 수 없다.

(3) 이의신청의 접수 및 처리기간

이의신청의 접수는 모든 지방 출입국·외국인관서에서 가능하다. 이의신청시 난민신청자는 이의신청서(난민법 시행규칙 별지 제14호 서식)에 이의를 소명하는 자료를 첨부하여 지방 출입국·외국인관서의 장에게 제출하여야 한다. 다만, 민법상 미성년자(만 19세 미만)는 본인이 신청하거나 법정대리인이 신청을 대리할 수 있으며, 법정대리인이 없는 경우에는 민법 제14조의2에 따라 특정후견인이 신청을 대리할 수 있다. 그러나 민법상 성년은 본인이 직접 신청하여야 하며, 대리 신청은 허용되지 않는다.

한편, 법무부장관은 이의신청서를 접수한 날부터 6개월 이내에 이의신청에 대한 결정을 하여야 하지만, 부득이한 사정으로 그 기간 안에 이의신청에 대한 결정을 할 수 없는 경우에는 6개월의 범위에서 기간을 정하여 연장하는 것이 가능하다.

■ 난민법 시행규칙 [별지 제1호서식] 〈개정 20
19. 12. 31.〉

난민인정신청서
APPLICATION FOR RECOGNITION OF REFUGEE STATUS

※ 색상이 어두운 란은 신청인이 적지 않습니다. 아래 유의사항을 읽고 작성하여 주시기 바라며, [ ]에는 √표를 합니다.
Do not mark in the shaded area. Please read the instructions and note and check the appropriate box.

접수번호 Application No.	접수일자 Date of Application	처리기간 Processing Per iod	6개월(6개월 범위에서 연장 가능) 6 months (this period may be exten ded by up to six months)

작성방법 및 유의사항 Instructions and Note

1. 난민인정신청서 작성방법 Instructions

▶ 신청서의 모든 질문에 거짓 없이 답하여야 하며, 해당이 없는 경우 '해당 없음'으로 쓰세요.

You must only answer the truth, and you may answer "non applicable" if that is the case.

▶ 신청서는 한국어나 영어로 작성하여야 하며, 모국어로 작성한 경우에는 한국어나 영어로 번
역하여 신청서와 함께 제출하여야 합니다.

You must answer in Korean or English. If you have written the statements in your mother language,
then you must submit the translated version along with the application.

▶ 19세 미만인 자녀와 함께 난민인정 신청을 한 경우

If you are applying with a child under the age of 19 (minors)

– 자녀가 9세 이하인 경우 : 부모가 자녀를 대신하여 신청서를 작성할 수 있으며, 이 경우 부
모는 신청서의 '1. 실제 인적사항'란만 작성하고 자녀를 대신하여 서명하여야 합니다.

If the child is under the age of 9: The parent may fill out the application on the child's behalf. In this
case, the parent shall fill out "1. Personal Information" part only, and sign the application on the
child's behalf.

– 자녀가 10세부터 18세인 경우 : 자녀가 신청서의 모든 내용을 작성하여야 하며, 부모 또는 자녀 중 한 사람이 서명하여야 합니다.

If the child is between age 10 to 18: The child shall fill out the entire application, and the parent or child shall sign the application.

▶ 난민인정 심사에 참고할 문서 등 자료가 있으면 접수 공무원에게 제출하세요.

If you have supplementary materials, including any documents for reference in the determination of refugee status, then please submit those documents to the officer who receives your application.

2. 난민신청자의 권리 Rights of the Applicant

▶ 한국어로 충분한 의사표현을 할 수 없는 경우 면접과정에 귀하가 원하는 언어의 통역을 제공 받을 수 있으며, 귀하가 믿을 수 있는 사람이 면접과정에 동석할 수 있습니다.

If you cannot sufficiently express yourself in Korean, you may receive interpretation service of the requested language. In addition, trusted individual may be present in an interview.

▶ 귀하는 변호사의 조력을 받을 권리가 있습니다.

You have the right to receive the assistance of an attorney.

210mm×297mm[백상지(80g/㎡) 또는 중질지(80g/㎡)]

▸ 귀하는 본인이 제출한 자료나 난민면접조서의 열람 또는 복사를 신청할 수 있습니다.

You have the right to request perusal or copy of your refugee interview protocol or the relevant materials submitted by you.

▸ 귀하는 「난민법」에 따라 생계비, 주거시설, 의료지원 등을 지원받을 수 있습니다.

In accordance with the Refugee Act, you may receive support including living expenses, residential facilities, medical services.

3. 난민신청자의 의무 및 유의사항 Obligations and Note for the applicant

▸ 신청서를 접수한 사무소에서 언제라도 연락할 수 있도록 하여야 하며, 연락처나 주소가 바뀌면 즉시 접수 사무소에 알려야 합니다.

You must maintain contact with the Immigration Office where you have submitted the application, and you must immediately notify the Immigration Office if your phone number or address changes.

▸ 귀하는 난민인정 심사에 성실하게 응하여야 하며, 면접 등을 위한 출석요구에도 불구하고 출석하지 않으면 「난민법」 제8조제6항에 따라 난민인정 심사가 종료될 수 있습니다.

You must faithfully participate in the refugee status determination procedure. If you fail to appear despite requests for appearance for interviews or other procedures, then the procedure may be terminated in accordance with Article 8(6) of the Refugee Act.

▸ 신청서에 거짓을 기재하거나 거짓 자료를 제출한 경우 또는 중요한 사실을 은폐한 경우에는 난민인정 신청이 불인정될 수 있으며, 난민으로 인정된 후에 그 사실이 밝혀지면 「난민법」 제22조제1항에 따라 난민인정이 취소될 수 있습니다.

If you write false statements, submit false documents or conceal important information, your application may be denied. If such fact is found after you have been recognized as a refugee, then your refugee status recognition may be cancelled in accordance with Article 22(1) of the Refugee Act.

▸ 거짓 서류를 제출하거나 거짓 진술 또는 사실을 은폐하여 난민인정을 받거나 인도적 체류허가를 받은 사람은 「난민법」 제47조에 따라 1년 이하의 징역 또는 1천만 원 이하의 벌금에

처하게 됩니다.

If you are recognized as a refugee or given permission to stay in Korea on humanitarian grounds based on the submission of false documents, false statements or concealed facts, then you shall be subjected to imprisonment not exceeding one year or fines not exceeding 10 million Korean won in accordance with Article 47 of the Refugee Act.

▶ 난민신청자는 난민인정 신청을 한 날부터 6개월이 지나면 허가를 받아 취업활동을 할 수 있습니다. 그러나 신청일로부터 6개월 이내에 취업을 하거나 6개월이 지났더라도 허가를 받지 않고 취업을 한 경우 「출입국관리법」에 따라 처벌을 받을 수 있습니다.

You may engage in wage-earning employment if you have received permission to do so after 6 months since you applied for refugee status. However, if you engage in wage-earning employment within 6 months of the date of application submission or without permission even if 6 months have passed, then you may be subjected to punishment in accordance with the Immigration Control Act.

◆ 본인은 난민인정 신청서 "작성방법 및 유의사항"을 읽고 모두 이해하였음을 확인합니다.

I hereby confirm that I have read and understood the content of "Instructions and Note" in this application.

신청인
Applicant's Name

(서명 또는 인)
(Signature)

210mm×297mm[백상지(80 g/㎡) 또는 중질지(80 g/㎡)]

1. 실제 인적사항 Personal Information

1.1 신청인의 신분 Applicant's Status

[ ] 주신청자 The principal applicant

[ ] 동반가족(배우자, 사실혼, 미성년 또는 성년 자녀 등)
Family (Spouse, de facto partner, minor or adult child etc.)

1.2 성(姓) Family name	1.3 명(名) Given name(s)

1.4 다른 이름 (혼전 성명, 종교적 이름, 가명, 별명 등)
Other names you have ever used including maiden names, religious names, aliases, nicknames

1.5 생년월일 Date of birth (yyyy/mm/dd)	1.6 성별 Gender [ ] 남 Male [ ] 여 Female [ ] 기타 Other
1.7 국적 Nationality	1.8 현재의 직업 Occupation

1.9 출생지(국가, 시, 도, 마을 이름 등 행정구역을 상세히 기재)
Place of birth (village, town, city, county, district, province, country)

1.10 자국 주소지(국가, 시, 도, 마을 이름 등 행정구역을 상세히 기재)
Registered address in home country (village, town, city, county, district, province, country)

1.11 종교 및 종파 Religion and sect	1.12 인종, 종족(민족) Race, ethnic or tribal group

1.13 모국어 및 유창하게 할 수 있는 언어
Mother language and language(s) you can speak the most fluently.

[ ] 모국어:_____ [ ] 한국어 [ ] 영어 [ ] 불어 [ ] 기타 :_____
Mother language　　　Korean　　English　　French　　Other languages

→ 통역과 관련하여 특별히 요청할 사항이 있나요?

Is there anything specific you would like to request regarding interpretation?

2. 국적(시민권) 및 영주권 Nationality (Citizenship) and Permanent Resident Status

과거에 다른 나라 국적이나 영주권을 취득한 적이 있거나 또는 현재 다른 나라 국적이나 영주권을 가지고 있습니까?

Have you ever acquired any other country's nationality or permanent resident status, or do you currently hold any other country's nationality or permanent resident status?

[ ] 예 Yes   [ ] 아니요 No

210mm×297mm[백상지(80g/㎡) 또는 중질지(80g/㎡)]

→ '예'로 답한 경우 나라 이름, 취득일자, 상실일자, 현재 상태를 쓰세요.

If yes, please indicate the name of the country, date of acquisition of nationality, date of loss of the na
tionality, and the current status.

국가명 Country	취득일자(연/월/일) Date of acquisition of the n ationality (yyyy/mm/dd)	상실일자(연/월/일) Date of loss of the nationalit y (yyyy/mm/dd)	현재 상태 Current status

3. 혼인사항 Marital Status

아래에 혼인사항 등을 표시하고 자세한 내용을 발생연도 순으로 쓰세요.

Check the appropriate box and indicate your marital status in chronological order.

[ ] 미혼 single   [ ] 결혼 married   [ ] 사실혼 De facto marriage
[ ] 이혼 divorced   [ ] 사별 widowed   [ ] 동성혼 same-sex marriage
[ ] 별거 living separately   [ ] 기타 etc.

발생일자(연/월/일) Date (yyyy/mm/dd)	배우자 이름 Name of spouse		생년월일 Date of birth (yyyy/mm/dd)	현재 상태(혼인, 이혼, 사별 등) Current status (married, divorced, wido wed)
	성(姓) Family Name	명(名) Given name		

List your family members, living or deceased, in the order given below.

− 부모, 형제자매, 배우자, 자녀(혼외출생자 및 입양 포함)

Father, mother, brother(s), sister(s), spouse and children (including children born outside of marriage or adopted children)

관계 Relationship	성 명 Full name	생년월일 Date of birth	국적 Nationality	거주 도시 (사망자는 사망일 기재) City of Residence (As for the deceased, provide the date of death)

210mm×297mm[백상지(80g/㎡) 또는 중질지(80g/㎡)]

5. 학력사항 Education

초등학교부터 최종학교까지(직업훈련학교 포함) 연도 순으로 쓰세요.
List in chronological order all the schools and training institutions you have attended, beginning with primary education.

재학기간 Duration of the Studies		학교 또는 그 밖의 교 육기관명 Name of school or institution	소재지 Location (address)	졸업 여부 (학위,자격증) Degrees or qualifications obtained
입학연도 From (yyyy/mm)	졸업연도 To (yyyy/mm)			

6. 경력사항 Work Experience

210㎜×297㎜[백상지(80 g/㎡) 또는 중질지(80 g/㎡)]

7. 군 복무 사항 Military Service

7.1 본국의 군 복무제도에 표시하세요. Is military service compulsory or voluntary in your home country?

[ ] 의무 복무 Compulsory   [ ] 지원 복무 Voluntary

7.2 귀하는 군 복무를 한 적이 있나요? Did you serve in the military?

[ ] 예 Yes   [ ] 아니요 No

7.3 군 복무기간 If yes, when did you serve?	7.4 군 복무한 국가(지명 포함) What country did you serve in? (include the specific location)

7.5 귀하가 복무한 군대에 표시하세요. In which military branch did you serve?

[ ] 육군 Army   [ ] 해군 Navy   [ ] 공군 Air Force

[ ] 해병대 Marine Corps   [ ] 기타(민병대 등) Others (militia, etc.) (   )

7.6 소속 부대명 Name of regiment (unit)	7.7 전역 당시 계급 Rank at the conclusion of service	7.8 전역 사유 Reason for discharge

7.9 전투에 참가한 경력이 있나요? Do you have combat experience?

[ ] 예 Yes   [ ] 아니요 No

→ '예'로 답한 경우 그 내용을 자세하게 쓰세요. If yes, please explain in detail.

8. 거주사항 Residence Records

210mm×297mm[백상지(80 g /㎡) 또는 중질지(80 g /㎡)]

9. 여권사항 Travel Documents

9.1 현재 여권 또는 여행증명서를 소지하고 있나요?

Do you currently possess your passport or travel document?

[ ] 예 Yes   [ ] 아니요 No

9.2 여권 등 발급기관명	9.3 발급일	9.4 취득 목적
If yes, by whom was it issued?	Date of issuance (yyyy/mm/dd)	Purpose of obt aining

9.5 여권 또는 여행증명서는 진본이며 적법하게 취득한 것인가요?

Is the passport or travel document genuine and legally obtained?

[ ] 예 Yes

[ ] 아니요 (위조, 변조 또는 그 밖의 불법 취득) No (obtained by falsified, forged or other illegal means)

9.6 여권 또는 여행증명서를 취득하게 된 경위를 자세히 쓰세요.

Explain in detail where and how you obtained your passport or travel document.

9.7 여권이 진본이 아니거나 또는 적법하지 않게 취득하였다면 그 이유를 쓰세요.

If passport is not genuine or illegally obtained, please explain the reason in detail.

9.9 현재 여권이나 여행증명서를 가지고 있지 않은 경우 여권 등을 발급받을 수 있나요?

If you do not currently have a passport or travel document, can you have it issued?

　[ ] 예 Yes　　　　　　　　　　[ ] 아니요 No

　→ '예'로 답한 경우 9.10을, '아니요'로 답한 경우 9.11을 작성하세요.

　　If yes, please answer 9.10. If no, please answer 9.11.

9.10 아래에서 취득 가능한 항목에 표기하세요.

If yes, please fill out what you can get issued.

　[ ] 여권 Passport　　　　[ ] 여행증명서 Travel document　　　　[ ] 국가 신분증 I.D card

　[ ] 기타 Others : _____

210mm×297mm[백상지(80 g/㎡) 또는 중질지(80 g/㎡)]

9.11 여권이나 여행증명서를 취득할 수 없다면 그 이유를 쓰세요.
If no, explain the reason in detail.

10. 대한민국 입국사항 Entry to the Republic of Korea

10.1 귀하는 한국 사증을 발급받아 입국하였나요? Do you have a Korean visa?

[ ] 예 Yes   [ ] 아니요 No

10.2 사증 발급 기관명 또는 지역 If yes, which consulate/embassy did you apply at?	10.3 사증 종류 Visa type	10.4 사증 발급일자 Date of issuance

10.5 한국 사증 발급을 신청할 때 제출한 서류 Document(s) you submitted to apply for a Korean visa

10.6 사증을 발급받거나 한국에 입국하는데 도와 준 사람이 있으면 그 인적사항과 경위를 자세히 쓰세요.
Did anyone help you obtain a Korean visa or enter Korea? If yes, please explain in detail.

10.7 입국일자 Date of the last entry into Korea (yyyy/mm/dd)	10.8 입국장소 Place of the last entry into Korea

10.9 처음 또는 난민인정 신청 전 한국에 입국할 때 입국목적은 무엇이었나요?(관광, 상용, 방문 등)
What was the purpose of visit to Korea when you first entered into Korea, or when you entered into Korea before applying for refugee status? (tourism, commercial/business purposes, visiting, etc.)

10.11 한국에 입국할 때 '1. 실제 인적사항'으로 발급받은 여권으로 입국하였나요?

Did you present your passport issued with the above-mentioned (1. Personal Information) at the time of entry into Korea?

[ ] 예 Yes   [ ] 아니요 No

→ "예"로 답한 경우 '11. 대한민국 내 체류사항' 부분으로 이동하세요.

   If yes, please go to "11. Status of Stay in the Republic of Korea".

→ '아니요'로 답한 경우 10.12~10.15를 작성하세요. If no, please complete 10.12~10.15.

210mm×297mm[백상지(80 g/㎡) 또는 중질지(80 g/㎡)]

10.12 여권상 성(姓) Family name on passport	10.13 여권상 명(名) Given name(s) on passport
10.14 여권상 생년월일 Date of birth on Passport	10.15 여권상 국적 Nationality on passport

11. 대한민국 내 체류사항 Status of Stay in the Republic of Korea

11.1 현재 체류자격 Type of current visa	11.2 체류기간 만료일자 Expiration date (yyyy/mm/dd)

11.3 과거부터 현재까지 아래의 법 위반사항이 있는 경우 모두 표시하세요.
If you have ever committed violation of laws indicated below, check all the appropriate box(es).

[ ] 불법체류 Illegal stay   [ ] 한국 밀입국 Illegal entry into Korea   [ ] 형사법 위반 Criminal offence
[ ] 위조 · 변조 여권 사용 Usage of falsified or forged passport   [ ] 기타 Others
→ 위에 표시한 법 위반사항의 내용을 자세하게 쓰세요. Please explain in detail the reason(s) for above.

11.4 한국 내 주소 Address in Korea

11.5 연락처 Contact Information	11.6 전자우편 E-Mail address

11.7 한국에 가족이나 친척 등 연고자가 있으면 아래에 표시하고 자세하게 쓰세요.
If you have any of the following in Korea, check the box(es) and complete the table below.
[ ] 가족 또는 친척 Family or Relatives   [ ] 대리인 Representative   [ ] 변호인 Lawyer
[ ] 통역인 Interpreter   [ ] 친구 Friends   [ ] 기타 Others

11.8 현재 생활비를 어떻게 조달하고 있는지 쓰세요.

Through which mean(s) are you financing your living expenses?

[ ] 급여 Wage   [ ] 예금 Savings   [ ] 기타 Others

→ 위 해당사항의 내용을 자세히 쓰세요. Explain in detail the reason(s) for above.

210mm×297mm[백상지(80 g/㎡) 또는 중질지(80 g/㎡)]

11.9 귀하의 현재 건강상태는 어떻습니까? How is your health condition at the moment?

[ ] 좋다 Good　　　　　[ ] 나쁘다 Not good

→ '나쁘다'라고 답한 경우 그 내용을 구체적으로 쓰세요. If not good, please explain in detail.

11.10 귀하는 한국정부의 생계비 지원이 필요한가요?

Do you need living expenses support from the Korean government?

[ ] 예 Yes　　　　　[ ] 아니요 No

→ '예'로 답한 경우 그 이유를 쓰세요. If yes, please explain in detail

(난민신청자는 심사를 거쳐 난민신청서를 제출한 날부터 6개월 범위 내에서 생계비를 지원받을 수 있음)

(Once found eligible for living expenses, you will receive the financial support for 6 months from the date you submitted application for refugee status recognition.)

12. 본국 출입국사항 Record of Entry Into and Departure From Home Country

12.1 가장 최근에 본국에서 출국한 날짜는 언제인가요?(연/월/일)

When did you last leave your home country? (yyyy/mm/dd)

12.2 출국 공항·항만 또는 지역 Place of departure (airport, port, or region)	12.3 출국 교통수단(비행기, 선박 등) Means of transportation (airplane, ship, etc.)

12.4 출국할 때 출국목적 Reason(s) for departure

12.8 출국허가를 받지 않았다면 그 이유를 자세히 쓰세요.

If no, please explain why and how you left your country in detail.

12.9 한국에 입국하기 전에 다른 나라에 입국한 적이 있나요?

Have you traveled through any other countries before coming to the Republic of Korea?

[ ] 예 Yes   [ ] 아니요 No

210mm×297mm[백상지(80 g/㎡) 또는 중질지(80 g/㎡)]

→ '예'로 답한 경우 방문한 나라를 연도 순으로 모두 쓰세요.(경유국가 등 포함)

If yes, list all the countries you visited in chronological order. (including transit countries, etc.)

입국일자 Date of entry (yyyy/mm/dd)	출국일자 Date of departure (yyyy/mm/dd)	방문국가 Country	체류지 Location	체류자격 Visa status	방문목적 Purpose of visit

12.10 과거 외국정부로부터(한국 포함) 입국거부, 체류불허, 강제퇴거 등 처분을 받은 사실이 있나요?

Have you ever been deported from, denied visa, or refused entry to any country including the Republic of Korea?

[ ] 예 Yes   [ ] 아니요 No

→ '예'로 답한 경우 아래 사항을 연도 순으로 모두 쓰세요.

If yes, please complete below in chronological order.

처분일자 Date (yyyy/mm/dd)	처분 사항 (입국거부, 체류불허, 강제퇴거 등) Action (deportation, visa denial, entry refusal)	처분 국가 Country	사유 Reason

13. 난민인정 신청사항 Information on Application for Refugee Status

■ 주의사항 Note

1) 아래 질문에 귀하가 답한 내용은 난민인정 여부를 결정할 때 가장 중요한 정보로 사용됩니다. 따라서 귀하의 주장을 뒷받침하는 내용을 모두 적어 주세요. 특히, 귀하의 주장과 관련된 중요한 날짜, 사람 이름, 장소 등을 가능한 자세하게 쓰세요. 그리고 귀하의 주장을 뒷받침할 수 있는 문서, 사진 등 자료가 있다면 함께 제출해 주세요.

210mm×297mm[백상지(80 g/㎡) 또는 중질지(80 g/㎡)]

As the information you have provided below is the most crucial in determining your refugee status, please write all information that supports your claim. Notably, please be as specific as possible when it comes to important dates, name of person(s), places etc. concerning your claim. If you have any document, photos, etc., that can support your claim, please submit them along with this application.

2) 아래 질문에 거짓으로 답하거나 거짓 자료를 제출한 것으로 밝혀지면 난민인정 신청이 불인정되거나 난민인정이 취소될 수 있기 때문에 사실대로 답하시고 진실한 자료를 제출하시기 바랍니다.

If it is found that you have written false statements or submitted false documents, then your refugee application may be denied or your refugee status recognition may be cancelled. As such, please answer the truth and submit genuine documents.

■ 난민의 정의 Definition of a Refugee

난민이란 인종, 종교, 국적, 특정 사회집단의 구성원인 신분 또는 정치적 견해를 이유로 박해를 받을 수 있다고 인정할 충분한 근거가 있는 공포로 인하여 국적국의 보호를 받을 수 없거나 보호받기를 원하지 않는 외국인 또는 그러한 공포로 인하여 대한민국에 입국하기 전에 거주한 국가로 돌아갈 수 없거나 돌아가기를 원하지 않는 무국적자인 외국인을 말한다.

A refugee refers to an alien who is unable or unwilling to avail him/herself of the protection of his/her country of nationality owing to well-founded fear of being persecuted for reasons of race, religion, nationality, membership of a particular social group or political opinion; or who, not having a nationality, is unable or, owing to such fear, unwilling to return to the country of his/her former residence prior to entry into the Republic of Korea.

14.1 귀하가 난민인정 신청을 한 사유는 다음 중 어느 것인가요?

Why are you applying for refugee status? Check the appropriate box(es) and answer in detail the questions below:

I am claiming for protection as a refugee based on

[ ] 인종 Race

[ ] 종교 Religion

[ ] 국적 Nationality

[ ] 정치적 의견 Political Opinion

[ ] 특정사회집단의 구성원 신분 Membership of a particular social group

[ ] 가족결합 Family Reunion ※ 가족결합 외 다른 사유가 있는 경우 중복하여 표시하세요.

※ If you have other reason(s) besides family reunion, multiple selections are allowed.

[ ] 기타 Others

→ 귀하가 난민인정 신청을 한 사유를 간략하게 적어 주세요.

Please state briefly the reason for applying for refugee status.

210㎜×297㎜[백상지(80g/㎡) 또는 중질지(80g/㎡)]

14.2 앞 문항 14.1에 해당하는 사유 때문에 부당한 처분, 박해, 위협(조사, 폭행, 체포, 구금 또는 구속 등)을 받은 적이 있나요?

Have you ever experienced harm, mistreatment or threats in the past by anyone due to the reasons menti oned in 14.1?

　　[ ] 예 Yes　　　　　　　　[ ] 아니요 No

→ '예'로 답한 경우 그 내용을 자세하게 쓰세요. If yes, explain in detail.

◆ 무슨 일이 있었나요? ◆ 어떤 부당한 처분이나 박해, 위협을 받았나요? ◆ 언제 부당한 처분, 박해, 위협을 받았나요? ◆ 누가 부당한 처분, 박해, 위협을 하였나요? ◆ 부당한 처분, 박해, 위협을 받았다고 믿는 이유가 무엇인가요? ◆ 어디에서 부당한 처분, 박해, 위협을 받았나요? ◆ 귀하는 어떻게, 왜 풀려났나요?	◆ What happened; ◆ What kind of harm, mistreatment or threa ◆ When the harm, mistreatment or threats o ◆ Who caused the harm, mistreatment or th ◆ Why you believe the harm, mistreatment o ◆ Where did the harm, mistreatment or threats ◆ How/Why you were released;

If you need more space, use additional sheets of paper the same size as this form.

14.3 귀하는 14.1에 해당하는 사유 때문에 귀국하면 부당한 처분이나 박해(조사, 폭행, 체포, 구금 또는 구속 등)를 받을 것이라고 생각하나요?

Do you fear you would be harmed or mistreated (interrogated, questioned, arrested, detained or imprisone d etc.) if you return to your country due to the reasons mentioned in 14.1?

　　[ ] 예 Yes　　　　　　　　[ ] 아니요 No

→ '예'로 답한 경우 그 내용을 자세하게 쓰세요. If yes, explain in detail.

14.4 귀하의 가족이나 친구가 14.1에 해당하는 사유 때문에 부당한 처분 또는 박해(조사, 폭행, 체포, 구금 또는 구속 등)를 받은 적이 있나요?

Have you or your family members, friends ever faced mistreatment or persecution (interrogated, questioned, arrested, detained or imprisoned etc.) in your country due to the reasons mentioned in 14.1?

[ ] 예 Yes   [ ] 아니요 No

210mm×297mm[백상지(80 g/㎡) 또는 중질지(80 g/㎡)]

→ '예'로 답한 경우 그 내용을 자세하게 쓰세요. If yes, explain what happened in detail.

◆ 언제 그런 일이 일어났나요? ◆ 누가 귀하의 가족 등을 체포 또는 구금하였나요? ◆ 귀하의 가족 등이 체포 또는 구금된 이유는 무엇인가요? ◆ 어디에서 그러한 일이 일어났나요? ◆ 그들은 어떻게, 왜 풀려났나요?	◆ When the action occurred; ◆ Who detained or arrested your family m ◆ Why your family members or friends were ◆ Where did the action occur? ◆ How/Why they were released;

If you need more space, use additional sheets of paper the same size as this form.

14.5 귀하는 14.1에 해당하는 사유 때문에 본국에서 경찰이나 권한 있는 정부기관 등에 보호나 지원을 요청한 적이 있나요?

Have you ever requested protection or support to the police or authorized government agencies in your home country due to the reasons mentioned in 14.1?

[ ] 예 Yes   [ ] 아니요 No

→ '예'로 답한 경우는 그 결과를 자세히 쓰세요. If yes, please explain the result in detail.

◆ 누구에게 도움을 요청하였나요? ◆ 귀하는 어떤 조치를 취했나요? ◆ 그 결과는 어떻게 되었나요? 　(가능하면 날짜, 이름, 장소 등을 적어주세요)	◆ Whom you approached for help; ◆ What measures you have taken; ◆ What happened as a result? 　(Indicate dates, names and places, whereve

→ '아니요'로 답한 경우 요청하지 않은 이유를 쓰세요. If no, please explain the reasons in detail.

14.6 귀하는 14.1에 해당하는 사유 때문에 자신의 안전을 위하여 본국 내 다른 지역으로 피신한 적이 있나요?

Have you ever fled to any other region(s) in your country to seek safety due to the reasons menti oned in 14.1?

[ ] 예 Yes   [ ] 아니요 No

→ '예'로 답한 경우는 그 결과를 자세히 쓰세요. If yes, explain the result in detail.

◆ 언제 다른 지역으로 피신했나요?(구체적인 날짜) ◆ 왜 이주했던 지역을 떠났나요? ◆ 본국 내 이주했던 지역이나 다른 지역에서 살수 없었던 이유는 무엇인가요?	◆ When you fled to other region(s) in your countr ◆ Why you left the region you had moved in; ◆ Why you could no longer live in the regions or in other regions?

210mm×297mm[백상지(80 g/㎡) 또는 중질지(80 g/㎡)]

→ '아니요'로 답한 경우 그 이유를 쓰세요. If no, please explain the reasons in detail.

If you need more space, use additional sheets of paper the same size as this form.

14.7 귀하는 언제 본국을 떠났나요?(구체적인 날짜) When did you leave your country? (Provide the date)

14.8 귀하 또는 귀하의 가족이 본국에서 가입했거나 활동했던 단체가 있나요?
Have you or any of your family members ever joined or been associated with any organization or group in your home country?

[ ] 예 Yes   [ ] 아니요 No

→ '예'로 답한 경우 아래에 활동기간, 소속단체, 활동내용 등을 쓰세요.
If yes, complete the table below for each person the level of participation, any leadership or other positions held, and the length of time you or your family members were involved in each organization or activity.

성 명 Participant's name	관계 Relationship	활동기간(부터~까지) Period of activity (from~to yyyy/mm/dd)	소속 단체 또는 활동 단체 Name of organization	활동 내용 Position/level of participation

14.9 귀하는 본국 정부나 특정 단체에 적대적인 활동을 한 사실이 있나요? (한국에 온 후에 활동한 사실을 포함함)

Have you ever been involved in hostile activity against your government or any group (including activities carried out after you have entered into Korea) ?

[ ] 예 Yes   [ ] 아니요 No

→ '예'로 답한 경우 언제, 어디서, 어떤 활동 등을 했는지 자세히 쓰세요.

   If yes, please explain in detail including the date, location, and activities.

210mm×297mm[백상지(80 g/㎡) 또는 중질지(80 g/㎡)]

If you need more space, use additional sheets of paper the same size as this form.

14.10 귀하는 본국이나 제3국에서 범죄를 저질러 체포되거나 처벌받은 적이 있습니까?

Have you ever been arrested or punished for a criminal offense in your home country or third country?

[ ] 예 Yes   [ ] 아니요 No

→ '예'로 답한 경우 체포되거나 처벌받은 내용을 쓰세요. If yes, please fill out the form below.

발생일자(연월일) Date(yyyy/mm/dd)	죄명 Name of Offense	처벌받은 내용 Punishment

14.11 귀하 또는 귀하의 가족이 외국정부나 유엔난민기구(UNHCR)에 난민인정 신청을 한 적이 있나요?

Have you or any of your family members ever applied for refugee status in any other country or at UNHCR?

[ ] 예 Yes   [ ] 아니요 No

→ '예'로 답한 경우 아래 사항을 쓰세요.

If yes, explain the decision and any status you or your family received as a result.

성명(관계) Name (Relationship to you)	신청일자 Date of application	신청국가 Country of asylum claim	신청결과 (인정, 불허 등) Decision (Accepted, Rejected, etc.)	취소 · 철회 여부 Cancellation or withdrawal

If you or any of your family members were already recognized as a refugee in another country, please ex
plain in detail why you or your family member left the country.

If you need more space, use additional sheets of paper the same size as this form.

210mm×297mm[백상지(80ℊ/㎡) 또는 중질지(80ℊ/㎡)]

14.13 귀하는 19세 미만의 미성년자와 함께 난민인정 신청을 하였나요?

Did you apply for refugee status with minor child under the age of 19?

[ ] 예 Yes   [ ] 아니요 No

→ '예'로 답한 경우 아래 사항을 쓰세요.

If yes, check the correct box([ ]) below and answer the question(s) that follow:

[ ] 귀하는 아이의 부모이고 다른 부모도 한국에 있습니다.

You are the child's parent, and the other parent is in Korea.

[ ] 귀하는 아이의 부모가 아닙니다.

You are not the child's parent:

귀하가 아이의 부모가 아니라면, 귀하가 그 아이를 돌보거나 함께 여행하는 것을 허락한 증명
서류를 가지고 있나요?

If you are not the child's parent, do you have any legal document or written consent allowing you to t
ake care of the child or travel with the child?

[ ] 예 Yes   [ ] 아니요 No

'예'로 답한 경우 어떤 증명서류를 갖고 있나요? '아니요'로 답한 경우 그 이유는 무엇인가
요?

If yes, what document(s) do you have? If no, why not?

[ ] 귀하는 아이의 부모이고 다른 부모는 한국에 있지 않습니다.

You are the child's parent but the other parent is not in Korea.

귀하는 아이의 부모이고 다른 부모는 한국에 있지 않은 경우라면, 귀하가 그 아이를 돌보거나
함께 여행하는 것을 허락한 증명서류를 가지고 있나요?

If you are the child's parent but the other parent is not in Korea, do you have any legal document or
written consent allowing you to take care of the child or travel with the child?

[ ] 예 Yes   [ ] 아니요 No

'예'로 답한 경우 어떤 증명서류를 갖고 있나요? '아니요'로 답한 경우 그 이유는 무엇인가
요?

If yes, what document(s) do you have? If no, why not?

If you need more space, use additional sheets of paper the same size as this form.

210mm×297mm[백상지(80 g /㎡) 또는 중질지(80 g /㎡)]

14.14 귀하가 10세 이하의 자녀와 함께 난민인정 신청을 하였다면, 귀하의 자녀가 귀국하게 되면 부당한 처분이나 박해를 받을 것이라고 생각하는 이유를 자세하게 쓰세요.(본인의 난민인정 신청 사유와 중복되지 않는, 자녀의 상황에 특정된 이유만 쓰세요)

If you are applying for refugee status with a child who is under the age of 10, explain in detail why you believe the child would be at risk of being harmed, mistreated or threatened if returned to your country (Only include information that is specific to the child's situation and is different from the information you gave to support your claim.)

If you need more space, use additional sheets of paper the same size as this form.

14.15 귀하는 본국에 거주하고 있는 가족과 연락하고 있나요?

Do you have contact with, or information concerning your family members remaining in your home country?

　　[ ] 예 Yes　　　　　　　　[ ] 아니요 No

　→ '예'로 답한 경우 연락하고 있는 가족 사항과 연락 방법, 연락 횟수 등을 자세히 쓰세요.

　　If yes, please explain with whom, how and how often:

　→ '아니요'로 답한 경우 그 이유를 쓰세요. If no, please explain the reason:

14.16 귀하가 난민인정을 신청한 사유를 뒷받침할 서류나 그 밖의 증거물을 가지고 있습니까?

Can you provide any documentation or evidence in support of your application?

　　[ ] 예 Yes　　　　　　[ ] 아니요 No

　　→ '예'로 답한 경우 그에 대해 자세히 설명하시오. If yes, please explain in detail.

서류 명 Name of Document	내용 Content	취득경로 Method of obtaining	제출예정시기 Estimated submission date

210㎜×297㎜[백상지(80 g/㎡) 또는 중질지(80 g/㎡)]

14.17 한국에서 난민인정 신청에 대해서 알게 된 경위를 쓰세요.(언제, 어디서, 누구로부터)

How did you get the information on refugee status application procedures in Korea? (When, where, and from whom did you get the information?)

If you need more space, use additional sheets of paper the same size as this form.

14.18 한국에 입국한 지 1년이 지나서 난민인정 신청을 한 경우 그 이유를 쓰세요.

If you have not applied for refugee status within one year after you arrived in Korea, please explain why.

If you need more space, use additional sheets of paper the same size as this form.

15. 난민인정 신청 사유(박해사건을 중심으로) Personal Statement (Mainly concerning per secution)

위에 적은 사항 외에 추가로 진술하고 싶은 내용이 있으면 쓰세요. 필요한 경우 사유서를 별첨할 수 있습니다.

If you would like to give an additional statement regarding reasons for applying for refugee status besides above, please write in detail. Your statement may be completed on a separate sheet of paper.

210mm×297mm[백상지(80g/㎡) 또는 중질지(80g/㎡)]

16. 서약 Declaration

◆ 난민신청자 본인 서약 Declaration by the applicant

본인은 이 신청서의 질문을 모두 이해하고 빠짐없이 사실대로 작성하였음을 서약합니다. 또한, 본인은 이 신청서에 기재한 내용 또는 제출한 자료가 거짓이거나 사실을 은폐한 것이면 난민불인정 결정을 받거나, 난민인정 결정이 취소될 수 있다는 내용을 안내받았음을 확인합니다.

I understand all the information and questions in this form, and I declare the information I have provided is complete, correct and current in every detail. I understand that if I have given false or misleading information, my application for refugee status may be refused, or, if I have been recognized as a refugee, the recognition may be cancelled.

<난민신청자 본인 서약란 Declaration by the applicant>

※ 신청자 본인이 직접 위의 서약 내용을 자필로 쓰세요. ※ Please confirm and handwrite the sta

성명 Name   (서명 또는 인)

(Signature)

일자(연/월/일) Date (yyyy/mm/dd)   .   .   .

[ ] 기타(관계) Other (Give details of relationship) : _____

성명 Name	생년월일 Date of birth
한국 내 주소 Current Address in Korea	연락처 Contact Informati

본인은 난민신청자 (_신청자 이름 기재_) 의 요청으로 난민인정신청서 및 첨부서류 등을 작성하였으며, 난민신청자가 신청서의 질문을 완전히 이해한 후 답변하였을 뿐만 아니라 작성된 내용이 틀림이 없음을 확인하고 위 서약에 서명하였음을 확인합니다.

I certify that I have completed this form and additional documents at the request of the applicant (_Write applicant's name_), and that he/she has fully understood the content of this form and the answers given, and approved them before signing the declaration above.

성명 Name
(서명 또는 인)
(Signature)

일자(연/월/일) Date (yyyy/mm/dd) · · ·

210mm×297mm[백상지(80 g/㎡) 또는 중질지(80 g/㎡)]

◆ [ ] 본인은 난민인정 심사 결과를 전자우편 등 정보통신망으로 통보받는 것에 동의합니다.

I hereby agree that I will receive the result of my application via e-mail or other information and communications network.

◆ [ ] 귀하가 제공한 정보는 「개인정보 보호법」에 따라 보호되며, 다른 법령에 근거가 없으면 「난민법」에 따른 업무에만 활용됩니다.

The information you provide in this form will be protected pursuant to the Personal Information Protection Act and will only be used for matters based on the Refugee Act.

본인은 「난민법」 제5조제1항 또는 제6조제1항에 따라 위와 같이 난민인정을 신청합니다.

Pursuant to Article 5(1) or 6(1) of the Refugee Act, I hereby apply for recognition of refugee status as above.

신청일자: 년   월   일
Date (yyyy/mm/dd):   .   .   .

신청인
Applicant's Name

(서명 또는 인)
(Signature)

○○ 출입국 · 외국인청(사무소 · 출장소)장/외국인보호소장 귀하
To the **Chief of** ○○ **Immigration Office/Branch/Immigration Detention Center**

첨부서류 Attachments	1. 여권 또는 외국인등록증. 다만, 이를 제시할 수 없는 경우에는 그 사유서 Passport or Alien Registration Card (However, if an applicant cannot present passport or alien registration card, he/she is required to submit a statement to explain the reason.) 2. 난민인정 심사에 참고할 만한 문서 등 자료가 있는 경우 그 자료 Additional documents related to refugee claim (If applicable) 3. 최근 6개월 이내에 찍은 사진(3.5센티미터×4.5센티미터) 1장 Photo (35mm×45mm) taken within the last 6 months	수수료 없음 (No fee)

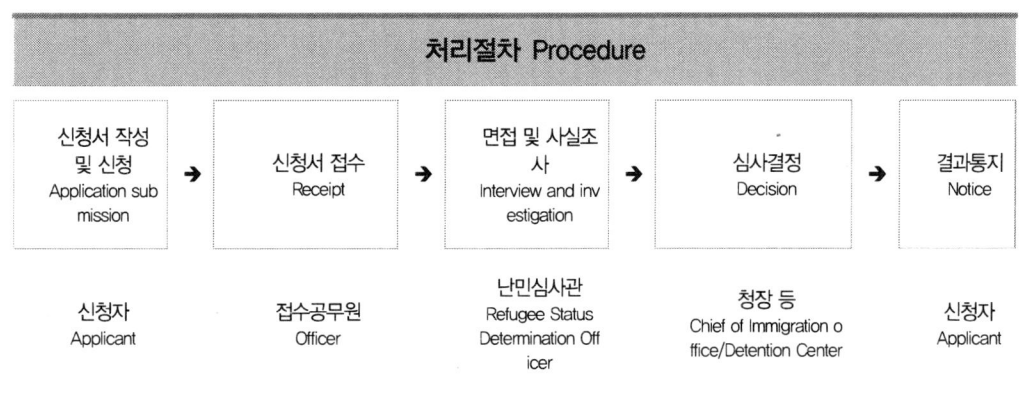

210mm×297mm[백상지(80 g/㎡) 또는 중질지(80 g/㎡)]

4. 여권

'여권'이란 대한민국정부·외국정부 또는 권한 있는 국제기구에서 발급한 여권 또는 난민여행증명서나 그 밖에 여권을 갈음하는 증명서로서 대한민국정부가 유효하다고 인정하는 것을 말한다. 이러한 여권은 해외여행의 자유를 보장하는 수단이 됨과 동시에 각 국가의 출입국 및 체류 관리의 편의를 도모하기 위한 수단으로 사용되는 문서이자, 국제적으로 통용되는 신분증에 해당된다.[2) 여기서 대한민국 정부가 유효하다고 인정하는 것이란, ⅰ) 대한민국 정부가 인정하는 국가나 국제기구에 의해 합법적으로 발행된 것, ⅱ) 해외여행을 위한 신분확인 수단으로 발급된 것, ⅲ) 여권의 성명, 성별, 생년월일, 국적 및 본인의 사진 등 동일인임을 확인 할 수 있는 사항이 기재된 것, ⅳ) 여권의 유효기간[3)이 남아 있을 것이라는 기본 요건을 충족하는 경우를 의미한다. 또한 대한민국 정부가 승인한 국가나 정부 또는 국제기구에서 발행된 것이더라도 다른 사람의 이름을 도용하였거나 인적 사항이 다르거나 사

---

2) 출입국관리법 제3조(국민의 출국), 제6조(국민의 입국), 제7조(외국인의 입국), 제12조(입국심사), 제14조(승무원의 상륙허가), 제27조(여권 등의 휴대 및 제시), 제28조(출국심사), 제73조(운수업자 등의 일반적 의무) 등의 규정은 국민 및 외국인의 출입국과 외국인의 체류 관리 등을 위한 기본 신분증명서로서 여권을 규정하고 있다.
3) 여권법 제5조(여권의 유효기간)
① 제4조에 따른 여권(긴급여권은 제외한다)의 종류별 유효기간은 다음 각 호와 같다.
1. 일반여권 : 10년 이내
2. 관용여권 : 5년 이내
3. 외교관여권 : 5년 이내
② 여권의 종류별 유효기간의 설정 등에 필요한 사항은 대통령령으로 정한다.

진이 없는 등 동일인임을 확인할 수 없거나 여권의 유효기간이 경과한 것 등은 유효한 여권이라 할 수 없다.[4]

한편, 이러한 여권의 종류는 일반여권·관용여권과 외교관여권으로 하되, 이를 각각 1회에 한하여 외국여행을 할 수 있는 여권(이하 "단수여권"이라 한다)과 유효기간 만료일까지 횟수에 제한 없이 외국여행을 할 수 있는 여권(이하 "복수여권"이라 한다)으로 구분할 수 있다(여권법 제4조). 외교부장관은 ⅰ) 장기 2년 이상의 형(刑)에 해당하는 죄로 인하여 기소(起訴)되어 있는 사람 또는 장기 3년 이상의 형에 해당하는 죄로 인하여 기소중지되거나 체포영장·구속영장이 발부된 사람 중 국외에 있는 사람, ⅱ) 제24조부터 제26조까지에 규정된 죄를 범하여 형을 선고받고 그 집행이 종료되지 아니하거나 집행을 받지 아니하기로 확정되지 아니한 사람, ⅲ) 제2호 외의 죄를 범하여 금고 이상의 형을 선고받고 그 집행이 종료되지 아니하거나 그 집행을 받지 아니하기로 확정되지 아니한 사람, ⅵ) 국외에서 대한민국의 안전보장·질서유지나 통일·외교정책에 중대한 침해를 야기할 우려가 있는 경우로서 출국할 경우 테러 등으로 생명이나 신체의 안전이 침해될 위험이 큰 사람 및 「보안관찰법」 제4조에 따라 보안관찰처분을 받고 그 기간 중에 있으면서 같은 법 제22조에 따라 경고를 받은 사람의 어느 하나에 해당하는 사람에 대하여는 여권의 발급 또는 재발급을 거부할 수 있다(국적법 제12조).

【판시사항】

여권의 성격(서울고등법원 2007. 5. 3. 선고 2006누20268 판결)

【판결요지】

여권은 한국가의 국민임을 확인하고, 사실상 외국의 당국에서 당해 여권의 소지자에게 입국하고 자유로이 그리고 안전하게 통과하도록 허용해달라고 요청하며, 여권의 소지자에게 여권발급국의 외교관 및 영사관직원들의 보호와 주선에 대한 권리를 승선하는 문서라고 정의하고 있다.

---

4) 법무부 출입국, 외국인정책본부, 2011, 12면.

Q

온라인으로 여권신청이 가능한가요 ?

A

기존에 전자여권 발급 이력이 있는 18세 이상 우리 국민이면 정부24 또는 영사민원24 홈페이지에서 신청 가능합니다(본인인증필요). 다만, 생애 최초의 여권, 만18세 미만 미성년자, 병역미필자, 주민등록정보 정정자(개명자, 주민등록번호 변경자등), 등은 신청이 불가능함에 주의하여야 합니다.

▶ 참고 : 여권과 비자의 차이점

여권과 비자는 발행목적이 다른 별개의 증명이다. 비자는 외국인이 해당국에 입국해도 좋다는 체류 허가 증명으로써 여행 해당국에서 발행하는 것이다. 예를 들어 우리국민이 미국을 여행하고자 하는 경우 미국을 입국하기 위한 허가 증명을 받아야 하는데 이 때 받는 것이 비자이다. 비자에 관련된 사항은 여행하고자 하는 **해당국 대사관**에 문의하여야 한다.

반면, 여권은 외국에 여행하는 사람의 국적이나 신분을 증명하고 여행을 위하여 출입국할 때 필요한 증명이다. 여권에 관련된 사항은 전국의 250여개 여권사무 대행기관에 문의하시기 바랍니다.

5. 선원증명서

선원법 선원의 직무, 복무, 근로조건의 기준, 직업안정, 복지 및 교육훈련에 관한 사항 등을 정함으로써 선내(船內) 질서를 유지하고, 선원의 기본적 생활을 보장 · 향상시키며 선원의 자질 향상을 도모함을 목적으로 할 뿐만 아니라(선원법 제1조), 선원인 외국인이 본연의 업무를 수행하기 위해 전선(轉船), 통과 등을 위하여 상륙하려는 경우 그 요건으로써 소지가 요구되는 문서이기도 하다.

이러한 선원의 증명서인 "선원신분증명서"는 국제노동기구의 「2003년 선원신분증명서에 관한 협약 제185호」에 따라 대한민국정부나 외국정부가 발급한 문서로서 선원임을 증명하는 것[5]을 말한다. 여기서 대한민국정부란 선원법 제48조(선원신분증명서)와 선원법 시행령 제13조(선원신분증명서의 발급 등)에 따라 선원신분증명서를 발급할 수 있는 권한을 가진 해양항만관청 등을 의미하며, 외국정부란 선원신분증명서를 발급할 수 있는 권한 있는 당국을 말한다. 한편, 선원신분증명서를 발급받으려는 사람은 선원신분증명서 발급신청서에 ⅰ) 선원수첩, ⅱ) 선원신분증명서(신규발급신청의 경우를 제외함)를 첨부하여 지방해양항만관청에 제출하여야 한다. 이 경우 지방해양항만관청은 행정정보의 공동이용을 통하여 병적증명서(선원신분증명서의 발급을 신청하는 해의 1월 1일부터 12월 31일까지의 사이에 18세 이상 30세 이하에 해당하는 남자에게만 적용하며, 외국인인 경우를 제외한다) 및 외국인등록 사실증명(외국인인 경우에만 적용한다)을 확인하여야 하며, 신청인이 확인에 동의하지 아니하는 경우에는 해당 서류(외국인등록 사실증명의 경우에는 외국인등록증 사본으로 대신할 수 있다)를 첨부하도록 하여야 한다.

[서식] 선원증명서

[별지 제15호의2서식] <개정 2021. 2. 19.>   (앞쪽)

색인번호		선원신분증명서 발급신청서	결재	담 당	계 장	과 장
접 수 일						
신청인	성 명	(한글) (한문) (영문)				
	주 민 등 록 번 호 (여 권 번 호)	( )		출생지		

---

5) 선원임을 증명하는 것이란, 서류에 기재된 사람이 선원임을 나타낼 수 있어야 함을 의미하는 바, 우리나라는 선원법 제48조(선원신분증명서) 제7항 및 선원법 시행령 제15조(선원 신분증명서의 규격 및 수록내용에서 구체적으로 정하고 있다.) 그 외 선원신분증명서에 관한 협약 제3조 제5항에서 "선원신분증명서에는 발급 기관의 명칭과 발급일, 발급장소와 동 증명서가 이 조약을 위한 선원신분증명서라는 것이 기재되어야 한다"고 규정되어 있고, 같은 조 제7항에서는 "선원신분증명서에는 소지인에 대해 성명, 성별, 생년월일 및 국적, 신체상의 특징, 사진, 서명을 포함하는 것이어야 한다."고 규정하고 있다.

		다른 국가에 선원신분증명서 발급신청 여부	□ 신청 중 □ 신청 않음
소지 선원신분증명서 번호 (최초로 발급신청을 하는 경우에는 작성하지 않습니다)		− □□□□ − □□□□□	
선원신분증명서 번호		− □□□□ − □□□□□	선원신분증명서 발 급 일

「선원법 시행령」 제13조 및 「선원법 시행규칙」 제34조의2에 따라 위와 같이 선원신분증명서의 발급을 신청합니다.

년   월   일

신청인 성명   (서명 또는 날인)

지방해양수산청장
　　　제주해양수산관리단장　　　귀하
(　　　)해양수산사무소장

첨부서류	신청인 제출서류	담당 공무원 확인사항 신청인이 아래 서류의 확인에 동의하지 않는 경우에는 신청인이 직접 제출해야 합니다.	수수료
	1. 선원수첩 2. 선원신분증명서(신규 발급신청의 경우는 제외합니다)	1. 내국인(선원신분증명서의 발급을 신청하는 해의 1월 1일부터 12월 31일까지의 사이에 18세 이상 30세 이하의 남자만 해당합니다)의 경우에는 병적증명서 2. 외국인의 경우에는 외국인등록 사실증명(외국인등록증 사본으로 대신할 수 있습니다)	없 음

위 임 장

본인은 「선원법 시행규칙」 제37조에 따라 본인의 선원신분증명서 수령을 아래의 사람에게 위임하며, 이에 따른 모든 책임은 본인이 질 것을 서약합니다.

위임받는 사람의   성   명   (서명 또는 인)
             주민등록번호
             전화번호(자택, 휴대)
             주   소
             위임자와의 관계

년   월   일

위임자 성   명   (서명 또는 인)

※ 선원신분증명서 수령을 위임하는 경우에만 작성하며, 위임하는 경우 본인 여부 대조를 위하여 선원신분증명서의 수령 시 본인과 위임받은 사람의 주민등록증을 함께 제시하셔 야 합니다.

신청서 작성방법

1. 굵은 선 안에만 흑색으로 쓰시되, 지워지지 않는 필기구를 사용하시기 바랍니다.
2. 한자 및 영문 기재란 외의 모든 기재사항은 한글로 바르게 적으시고, 숫자는 아라비아 숫 자로 적으시기 바랍니다.
3. 성명란의 영문은 여권 기재사항과 동일하게 인쇄체로 적으시기 바랍니다.
4. 신청서에 사진을 붙인 다음에는 신청서와 사진에 걸쳐 반드시 본인이 서명을 하거나 도장 을 찍으시기 바랍니다.
5. 출생지는 출생한 특별시, 광역시, 도 또는 특별자치도의 명칭을 적으시기 바랍니다.
6. 국적란은 신청인이 가지고 있는 모든 국적과 영주권 부여국을 적으시고, 신청일 현재 다 른 국적국 또는 영주권국에서 선원신분증명서를 발급받은 사실 또는 선원신분증명서의 발 급신청 여부를 적으시기 바랍니다.
※ 선원신분증명서 발급 서류의 보관·관리상 필요하니 이 신청서를 훼손하거나 접지 마시 기 바랍니다.

6. 출입국항

출입국항이란 출국하거나 입국할 수 있는 대한민국의 항구 · 공항과 그 밖의 장소로서 대통령령으로 정하는 곳을 말한다. 이는 행정인력 및 비용 등의 효율적 이용을 위하여 대한민국의 특정 공항 또는 항만만을 출입국항으로 지정하여 보다 안전하고 효율적으로 출입국관리를 할 수 있도록 출입국항을 정의한 것이다. 이에 따른 출입국항은 다음과 같이 지정한다(법 시행령 제98조).

가. 법 제2조 제6호(출입국항)에 따라 출입국항을 다음과 같이 지정한다(법 시행령 제98조 제1항).

(1) 「공항시설법」 제2조제3호에 따라 국토교통부장관이 지정한 국제공항

(2) 「남북교류협력에 관한 법률 시행령」 제2조제1항 제1호부터 제3호까지와 제6호에 따른 출입장소

> 남북교류협력에 관한 법률 시행령 제2조(출입장소)
>
> ① 「남북교류협력에 관한 법률」(이하 "법"이라 한다) 제2조제1호에서 "대통령령으로 정하는 곳"이란 다음 각 호의 장소를 말한다. [개정 2015.8.3 제26473호(선박의 입항 및 출항 등에 관한 법률 시행령)]
>
> 1. 판문점
> 2. 경기도 파주시 장단면 도라산리에 소재한 경의선 열차운행사무소 및 차량운행사무소
> 3. 강원도 고성군 현내면 사천리에 소재한 동해선 열차운행사무소 및 차량운행사무소

(3) 「선박의 입항 및 출항 등에 관한 법률」 제2조 제1호에 따른 무역항

> 선박의 입항 및 출항 등에 관한 법률 제2조(정의)
>
> 이 법에서 사용하는 용어의 뜻은 다음과 같다.
>
> 1. "무역항"이란 「항만법」 제2조제2호에 따른 항만을 말한다.

(4) 오산군용비행장, 대구군용비행장, 광주군용비행장, 군산군용비행장 및 서울공항

나. 도심공항터미널

도심공항터미널은 「공항시설법」 제2조 제7호에 따라 이를 출입국항시설의 일부로 본다.

7. 재외공관의 장

재외공관의 장이란 외국에 주재하는 대한민국의 대사(大使), 공사(公使), 총영사(總領事), 영사(領事) 또는 영사업무를 수행하는 기관의 장을 말한다. 여기서의 재외공관의 장은 출입국관리법 제8조(사증) 제2항에 따라 법무부장관이 위임한 사증발급 등 실질적으로 영사업무를 수행하는 자를 의미한다.

8. 선박 등

선박등이란 대한민국과 대한민국 밖의 지역 사이에서 사람이나 물건을 수송하는 선박, 항 공기, 기차, 자동차, 그 밖의 교통기관을 말하는데, 선박법의 규정에 의한 선박이란 수상 또 는 수중에서 항행용으로 사용하거나 사용할 수 있는 배의 종류를 말하며, 이러한 선박의 구 분은 ⅰ) 기선: 기관(機關)을 사용하여 추진하는 선박[선체(船體) 밖에 기관을 붙인 선박 으로서 그 기관을 선체로부터 분리할 수 있는 선박 및 기관과 돛을 모두 사용하는 경우로서 주로 기관을 사용하는 선박을 포함한다]과 수면비행선박(표면효과 작용을 이용하여 수면 에 근접하여 비행하는 선박을 말한다), ⅱ) 범선: 돛을 사용하여 추진하는 선박(기관과 돛 을 모두 사용하는 경우로서 주로 돛을 사용하는 것을 포함한다), ⅲ) 부선: 자력항행능력 (自力航行能力)이 없어 다른 선박에 의하여 끌리거나 밀려서 항행되는 선박 등으로 구분된 다(선박법 제1조의2).

> **[판시사항]**
>
> 다른 선박에 의하여 끌리거나 밀려서 항행되는 국유 또는 공유 아닌 부선이 구 상법 제5편에 규정된 선박소유자 책임제한 대상이 되는 선박에 해당하는지 여부(대법원 2012. 4. 17 자 2010마222 결정)
>
> **[판결요지]**
>
> 구 상법(2007. 8. 3. 법률 제8581호로 개정되기 전의 것, 이하 '구 상법'이라고 한다) 제740조는 선박이란 상행위 기타 영리를 목적으로 항해에 사용하는 선박을 이른다고 규정하고 있는데, 구 선박법(2007. 8. 3. 법률 제8621호로 개정되기 전의 것) 제1조의2는 자력항행능력이 없어 다른 선박에 의하여 끌리거나 밀려서 항행되는 부선도 선박이라고 규정하고 있고, 제29조는 상법 제5편 해상에 관한 규정은 상행위를 목적으로 하지 아니하더라도 항행용으로 사용되는 선박(단 국유 또는 공유의 선박은 제외)에 관하여는 이를 준용한다고 규정하고 있다. 따라서 다른 선박에 의하여 끌리거나 밀려서 항행되는 국유 또는 공유 아닌 부선은 상행위 기타 영리를 목적으로 항행하는지에 상관없이 구 상법 제5편에 규정된 선박소유자 책임제한의 대상이 되는 선박에 해당한다.

9. 승무원

승무원이란 선박 등에서 그 업무를 수행하는 사람을 말한다. 이 법이 출입국에 관한 사항을 규율하는 법이므로 승무원의 의미를 대한민국과 대한민국 밖의 지역 사이에서 사람 또는 물건을 수송하는 교통기관의 승무원으로 한정하고 있다.[6]

10. 운수업자

운수업자란 선박등을 이용하여 사업을 운영하는 자와 그를 위하여 통상 그 사업에 속하는 거래를 대리하는 자를 말한다. 출입국관리업무를 효율적으로 수행하기 위해서는 선박 등의 장 또는 운수업자의 협력이 절대적으로 필요하므로, 법 제14조(승무원의 상륙허가), 제15조(긴급상륙허가), 제16조(재난상륙허가), 제73조(운수업자 등의 일반적 의무), 제73조의2(승객예약정보의 열람 및 제공 등), 제74조(사전통보의 의무), 제75조(보고의 의무), 제76조(송환의 의무)는 선박 등의 장 또는 운수업자에게 일정한 권리와 의무를 부과하고

---

6) 법무부 출입국 · 외국인정책본부, 2011, 16면.

있다.

여기서 선박 등을 이용하여 사업을 운영자하는 자란 출입국관리법 제2조 제8호에서 정의한 "선박 등"의 교통수단을 이용하여 사업을 운영하는 자를 의미한다. 선박, 항공기 등 출입국에 이용되는 교통수단 소유자는 선박·기장 및 승무원 등을 고용한 자로서, 교통수단 소유자가 그의 소유인 선박 등을 실제 운항하는지 여부와 관계없이 선장·기장·승무원 등에 대한 최종적인 책임을 진다. 특히 선박의 경우 스스로 선박을 운영하지 않고 선박 운항자에게 대하여 그 대여료로 수익을 얻는 것을 목적으로 하는 경우가 적지 않으나, 이러한 교통수단 소유자도 선장·기장 및 승무원 등과 고용계약을 체결하고 그들에 대해 책임을 지는 한 선박 등을 이용하여 사업을 운영하는 자로서 출입국관리법상 의무를 진다.[7] 또한 그를 위하여 통상 그 사업에 속하는 거래를 대리하는 자란 교통수단 소유자 등을 대신해서 교통수단 운항에 따르는 제반책임을 부담하는 자이다. 특히 선박의 경우에 국제 무역 규모의 확대와 국제 해운업의 발달로 선박 대리인이 증가하고 있다. 사업상 대리인은 본인을 대신해서 의사표시를 할 수 있지만 그 법률 효과는 그 본인에게 귀속되는 반면, 선박대리인은 출입국관리법상 권리 및 의무에 관한 선박소유자 또는 용선자와 동일한 법적 지위를 가지는 것으로 인정되기 때문에 본 호의 운수업자에 해당된다. 항공기 운송사업의 대리점 업무를 하는 자도 본 호의 운수업자에 해당된다.[8]

11. 지방출입국·외국인관서

지방출입국·외국인관서란 출입국 및 외국인의 체류 관리업무를 수행하기 위하여 법령에 따라 각 지역별로 설치된 관서와 외국인보호소를 말한다. 여기서의 법령은 대통령령인 법무부와 그 소속기관 직제 및 법무부령인 법무부와 그 소속기관 직제 시행규칙을 말한다.

위 법령에 따라 지방출입국·외국인관서가 출입국관리사무소와 그 출장소, 외국인보호소로 되어 있던 것을 2018년 5월 10일 법령을 개정하여 현재는 기관장의 직급이 3급 이상인 6개 출입국사무소(인천공항, 서울, 부산, 인천, 수원, 제주출입국관리사무소)는 출입국·외국인관청으로, 기관장이 4급 이항인 13개 출입국관리사무소(서울남부, 김해, 대구, 대전, 여수, 양주, 울산, 김포, 광주, 창원, 전주, 춘천, 청주출입국관리사무소)는 출입국·외국인사무

---

7) 법무부 출입국·외국인정책본부, 2011, 17면.
8) 법무부 출입국·외국인정책본부, 2011, 18면.

소로 명칭이 변경되었으며, 출입국·외국인청 및 출입국·외국인사무소에 각각 출장소를 둘 수 있도록 하였다.[9]

■ 법무부와 그 소속기관 직제 시행규칙 [별표 4] 〈개정 2018. 5. 10.〉
출입국·외국인청, 출입국·외국인사무소와 그 출장소, 외국인보호소, 출입국·외국인지원센터의 명칭·위치 및
관할구역(제28조 및 제29조 관련)

명칭	위치	관할구역
인천공항출입국·외국인청	인천광역시	인천국제공항
서울출입국·외국인청	서울특별시	서울특별시 관악구·광진구·강남구(한국도심공항터미널은 제외한다)·강동구·동작구·송파구·성동구·서초구·용산구(서울역도심공항터미널은 제외한다), 경기도 안양시·과천시·성남시·하남시 ※ 다만, 국적·난민과장의 분장사항에 대해서는 서울남부출입국·외국인사무소의 관할구역을 추가로 하고, 이민특수조사대장의 분장사항에 대해서는 서울특별시·인천광역시·대전광역시·세종특별자치시·경기도·강원도·충청남도 및 충청북도를 관할하며, 전자비자센터장의 분장사항에 대해서는 전국을 관할하고, 서울특별시와 경기도의 외국인투자자·교수·정부초청 과학자 등에 대한 외국인 등록·각종 체류허가 및 신고·사증발급인정서 발급에 관한 사항은 관할 출입국·외국인청 및 출입국·외국인사무소와 동일한 권한을 가진다.
부산출입국·외국인청	부산광역시	부산광역시(김해국제공항·감천항·다대포항은 제외한다), 경상남도 김해시·밀양시·양산시 ※ 다만, 이민특수조사대장의 분장사항에 대해서는 부산광역시·대구광역시·광주광역시·울산광역시·전라남도·전라북도·경상남도·경상북도 및 제주특별자치도를 관할한다.

9) 이민법연구회, 도서출판 한국이민재단, 쉽게 풀어쓴 출입국관리법, 18면.

	제주시	
서울남부 출입국 · 외국인사무소	서울특별시	서울특별시 강서구(김포공항은 제외한다) · 구로구 · 금천구 · 마포구 · 서대문구 · 영등포구 · 양천구, 경기도 광명시
김해공항 출입국 · 외국인사무소	부산광역시	김해국제공항
대구출입국 · 외국인사무소	대구광역시	대구광역시, 경상북도(포항시 · 울릉군 · 영덕군 · 울진군 · 구미시 · 김천시 · 상주시 · 칠곡군 · 문경시 · 경주시는 제외한다)
대전출입국 · 외국인사무소	대전광역시	대전광역시, 세종특별자치시, 충청남도(천안시 · 아산시 · 예산군 · 서산시 · 태안군 · 당진시 · 홍성군 · 당진항 · 보령항 · 장항항은 제외한다), 충청북도 영동군 · 옥천군
여수출입국 · 외국인사무소	전라남도 여수시	전라남도 여수시 · 순천시
양주출입국 · 외국인사무소	경기도 양주시	경기도 의정부시 · 동두천시 · 구리시 · 남양주시 · 양주시 · 포천시 · 연천군, 강원도 철원군
울산출입국 · 외국인사무소	울산광역시	울산광역시, 경상북도 경주시
김포공항 출입국 · 외국인사무소	서울특별시	김포공항
광주출입국 · 외국인사무소	광주광역시	광주광역시, 전라남도(목포시 · 여수시 · 순천시 · 광양시 · 신안군 · 무안군 · 진도군 · 해남군 · 완도군 · 영암군은 제외한다)
창원출입국 · 외국인사무소	경상남도 창원시	경상남도(김해시 · 밀양시 · 양산시 · 통영시 · 사천시 · 거제시 · 남해군 · 하동군은 제외한다)
전주출입국 · 외국인사무소	전라북도 전주시	전라북도(군산시는 제외한다)
춘천출입국 · 외국인사무소	강원도 춘천시	강원도(동해시 · 강릉시 · 삼척시 · 속초시 · 태백시 · 고성군 · 양양군 · 정선군 · 철원군은 제외한다), 경기도 가평군

도심공항출장소		
서울출입국 · 외국인청 세종로출장소	서울특별시	서울특별시 은평구 · 종로구 · 중구 · 동대문구 · 성북구 · 강북구 · 도봉구 · 노원구 · 중랑구
부산출입국 · 외국인청 김해출장소	경상남도 김해시	경상남도 김해시 · 밀양시
부산출입국 · 외국인청 감천출장소	부산광역시	부산광역시 감천항 · 다대포항
인천출입국 · 외국인청 안산출장소	경기도 안산시	경기도 안산시 · 시흥시
수원출입국 · 외국인청 평택항만출장소	경기도 평택시	평택항
수원출입국 · 외국인청 평택출장소	경기도 평택시	경기도 평택시(평택항은 제외한다) · 안성시 · 오 산시 · 오산군용비행장
대구출입국 · 외국인사무소 구미출장소	경상북도 구미시	경상북도 구미시 · 김천시 · 상주시 · 칠곡군 · 문 경시
대구출입국 · 외국인사무소 포항출장소	경상북도 포항시	경상북도 포항시 · 울릉군 · 영덕군 · 울진군
대전출입국 · 외국인사무소 서산출장소	충청남도 서산시	충청남도 서산시 · 태안군 · 홍성군 · 보령항
대전출입국 · 외국인사무소 천안출장소	충청남도 천안시	충청남도 천안시 · 아산시 · 예산군
대전출입국 · 외국인사무소 당진출장소	충청남도 당진시	충청남도 당진시 · 당진항
여수출입국 · 외국인사무소 광양출장소	전라남도 광양시	전라남도 광양시
양주출입국 · 외국인사무소 고양출장소	경기도 고양시	경기도 고양시 · 파주시
광주출입국 · 외국인사무소 목포출장소	전라남도 목포시	전라남도 목포시 · 신안군 · 무안군(무안국제공항 은 제외한다) · 진도군 · 해남군 · 완도군 · 영암군

전주출입국 · 외국인사무소 군산출장소	전라북도 군산시	전라북도 군산시, 충청남도 장항항
춘천출입국 · 외국인사무소 동해출장소	강원도 동해시	강원도 동해시 · 강릉시 · 삼척시 · 태백시 · 정선군
춘천출입국 · 외국인사무소 속초출장소	강원도 속초시	강원도 속초시 · 고성군 · 양양군
춘천출입국 · 외국인사무소 고성출장소	강원도 고성군	고성터미널
화성외국인보호소	경기도 화성시	전국
청주외국인보호소	충청북도 청주시	전국
출입국 · 외국인지원센터	인천광역시	전국

12. 보호

보호란 출입국관리공무원이 제46조제1항 각 호에 따른 강제퇴거 대상에 해당된다고 의심할 만한 상당한 이유가 있는 사람을 출국시키기 위하여 외국인보호실, 외국인보호소 또는 그 밖에 법무부장관이 지정하는 장소(구치소, 교도소 등)에 인치(引致)하고 수용하는 집행활동을 말한다.

이 법에 따른 보호의 개념은 일반적 · 사전적 의미와 달리 사실상 "수용"이라는 의미로 사용되고 있으므로 이를 정의할 필요가 있다는 국민권익위원회권고(2005. 5.)를 받아들여 2010. 5. 14. 법 개정시 신설한 것으로 '보호'의 의미를 수용시설에 '수용'하는 것뿐만이 아니라 수용을 위하여 '인치'하는 활동까지 포함하고 있다. 이때 보호는 강제퇴거대상자 여부에 대한 조사 및 강제송환 또는 강제퇴거집행이라는 행정목적 달성을 위한 수단으로, 그 대상자의 신병을 확보하기 위한 즉시강제에 해당하는 것으로서, 형의 집행 및 수용자의 처우에 관한 법률에 따라 형이 확정되지 아니한 미결수나 형이 확정된 기결수의 신병을 구금하는 수용과는 구분된다.[10]

---

10) 법무부 출입국 · 외국인정책본부, 2011, 20면.

13. 외국인보호실

외국인보호실이란 이 법에 따라 외국인을 보호할 목적으로 지방출입국·외국인관서에 설치한 장소를 말한다. 출입국관리법상 입국 불허자, 조건부 입국허가를 받은 자, 출국명령을 받은 자의 도주방지를 위한 일시보호, 강제퇴거여부를 결정하기 위한 심사 및 강제퇴거가 결정된 자에 대한 송환에 이르기까지 해당 외국인의 신병을 확보하기 위한 시설이 필요한데, 이러한 외국인보호실이 위 각 사유에 해당하는 자에 대한 신병을 일시 확보하기 위한 시설로서 출입국관리사무소 등에 설치된 시설을 말한다.

14. 외국인보호소

외국인보호소란 지방출입국·외국인관서 중 이 법에 따라 외국인을 보호할 목적으로 설치한 시설로서 대통령령으로 정하는 곳을 말한다. 이러한 외국인보호소는 외국인보호시설 중 출입국 및 외국인의 체류 관리업무를 수행하기 위하여 설치된 관서 이외의 장소에 설치된 보호시설로서 대통령령인 법무부와 그 소속기관 직제에서 규정한 화성외국인보호소와 청주외국인보호소가 이에 해당한다.

15. 출입국사범

출입국사범이란 제93조의2(벌칙), 제93조의3(벌칙), 제94조(벌칙), 제95조(벌칙), 제96조(벌칙), 제97조(벌칙), 제98조(벌칙), 제99조(미수범 등), 제99조의2(난민에 대한 형의 면제), 제99조의3(벌칙) 및 제100조(과태료)에 규정된 죄를 범하였다고 인정되는 자를 말한다. 제14호는 출입국사범을 행정형벌(벌칙) 뿐만 아니라 행정질서벌인 과태료 부과대상자(법 제100조)까지 포함하고 있어 사실상 모든 출입국관리법 위반자로 규정하고 있다.

16. 생체정보

이 법에 따른 업무에서 본인 일치여부 확인 등에 활용되는 사람의 지문·얼굴·홍채·손바닥 정맥 등의 개인정보를 생체정보로 정의하고, 출입국 전 과정에서 생체정보를 이용한 본인 확인이 가능하도록 법적 근거를 마련하였다. 이는 출입국 과정에서의 국민들의 편리함을 도모하는 한편, 생체정보 기반의 안전한 국경관리 체계를 구축하기 위하여 출입국 전 과정에서 생체정보를 이용한 본인 확인이 가능하도록 법적 근거를 마련하는 등 현행 제도의 운영상 나타난 일부 미비점을 개선·보완하려는 것이다.

제2장 국민의 출입국

대한민국 밖으로 출국하려는 국민은 유효한 여권을 가지고 출국하는 출입국항에서 출입국 관리공무원의 출국심사를 받아야 하는 출국심사 의무를 지는데, 통상 국민의 출국과 입국의 자유는 국민이 가지는 헌법상의 주거이전의 자유로서 보장된다. 이때 거주이전의 자유는 해외여행 및 해외 이주의 자유를 포함하고, 넓게는 대한민국의 국적을 이탈할 수 있는 국적변경의 자유도 포함된다. 이렇듯 국민의 출국의 자유는 헌법상 거주이선의 자유로서 보장된다고 할 것이나, 헌법 제37조 제2항에서는 "국민의 모든 자유와 권리는 국가안전보장·질서유지 또는 공공복리를 위하여 필요한 경우에 한하여 법률로서 제한할 수 있으며, 제한하는 경우에도 자유와 권리의 본질적인 내용을 침해할 수 없다"고 규정하여 국민의 거주이전의 자유를 법률로서 일정한 범위에서만 제할 할 수 있는 근거를 두고 있다. 이에 따라 출입국관리법에서는 일정 요건에 해당하는 자에 대하여 그 출국을 제한할 수 있도록 규정하고 있다.

1. 국민의 출국

출국심사는 출국하려는 국민에 대하여 여권 등의 유효여부를 확인하여 국민의 무사한 여행을 지원하는 한편, 위·변조여권 소지자 등 불법출국 기도자와 출국금지자의 출국을 저지함을 목적으로 한다. 우리나라 여권을 위·변조하여 외국으로 출국하려는 외국인이 급증하고 있어 신중한 출국심사가 요구되는 상황이다.

가. 출국심사

(1) 원칙

대한민국에서 대한민국 밖의 지역으로 출국(이하 "출국"이라 한다)하려는 국민은 유효한 여권을 가지고 출국하는 출입국항에서 출입국관리공무원의 출국심사를 받아야 하며, 출입국관리 공무원은 대한민국의 국민에 대한 출입국심사를 하는 때에는 여권명의인의 본인 여부 및 여권의 위·변조여부, 출입국규제여부 기타 법무부장관이 따로 정한 사항 등을 확인하여야 한다(법 시행규칙 제1조). 이는 대한민국으로부터 출국하는 국민을 정확히 파악하고 공정한 출입국관리를 행하기 위하여 국민의 출국을 확인하기 위한 것이며, 국민의 출국 그 자체를 허가하기 위한 것은 아니다.[11] 또한 국민의 출입국은 헌법상 기본으로 보장되는 권리이기 때문에 이를 제한하려는 경우 헌법 제37조 제2항의 과잉금지원칙을 준수해야 하는 제약이 따른다.

한편, 외국을 방문할 경우 해당국 또는 경유국에서 사증(VISA)을 필요로 하거나 일정기간 이상의 여권잔여 유효기간을 입국조건으로 하는 경우가 많으니 사전에 항공사 또는 해당국가의 한국주재 대사관이나 영사관을 통해 필요여부를 점검하시고 출국하는 것이 바람직하다.

【판시사항】

거주·이전의 자유의 기능과 내용(헌법재판소 2004. 10. 28. 선고 2003헌가18 출입국관리행정사 제4호 위헌제청)

【결정요지】

거주·이전의 자유는 국가의 간섭없이 자유롭게 거주와 체류지를 정할 수 있는 자유로서 정치·경제·사회·문화 등 모든 생활영역에서 개성신장을 촉진함으로써 헌법상 보장되고 있는 다른 기본권들의 실효성을 증대시켜주는 기능을 한다. 구체적으로는 국내에서 체류지와 거주지를 자유롭게 정할 수 있는 자유영역뿐 아니라 나아가 국외에서 체류지와 거주지를 자유롭게 정할 수 있는 '해외여행 및 해외 이주의 자유'를 포함하고 덧붙여 대한민국의 국적을 이탈할 수 있는 '국적변경의 자유' 등도 그 내용에 포섭된다고 보아야 한다. 따라서 해외여행 및 해외이주의 자유는 필연적으로 외국에서 체류 또는 거주하기 위해서 대한민국을 떠날 수 있는 "출국의 자유"와 외국체류 또는 거주를 중단하고 다시 대한민국으로 돌아올 수 있는 '입국의 자유'를 포함한다.

(가) 여권제출 및 질의응답 의무

국민이 출국심사 또는 입국심사를 받을 때에는 여권을 출입국관리공무원에게 제출하고 질

---

11) 법무부 출입국·외국인정책본부, 31면.

문에 답하는 방식으로 이루어진다(법 시행령 제1조 제1항 본문). 종전에는 국민이 출입국심사를 받을 때에는 원칙적으로 여권과 출입국신고서를 출입국관리공무원에게 제출해야 했으나, 2016. 9. 29. 출입국관리법 시행령 개정을 통해 국민에 대한 출입국심사 시 원칙적으로 여권만 제출하도록 하고 여권자동판독기 등 정보화기기를 이용한 개인별 출입국기록 확보가 불가능한 경우 등 예외적인 경우에만 출입국신고서를 함께 제출하도록 하여 출입국심사 절차를 간소화 하였다.[12]

(나) 여권과 출입국신고서 동시제출

다만, 출입국관리공무원은 ⅰ) 출국심사 또는 입국심사를 할 때 여권자동판독기 등 정보화기기를 이용하여 개인별 출입국기록을 확보할 수 없는 경우, ⅱ) 출입국항이 아닌 곳에서 출국심사 또는 입국심사를 하는 경우, ⅲ) 그 밖에 법무부령으로 정하는 경우의 어느 하나에 해당하는 경우에는 여권과 출입국신고서를 함께 제출하게 할 수 있다(법 시행령 제1조 제1항 단서). 다만, 출국신고서는 일정한 경우 생략할 수 있는 규정이 있어(법 시행령 제1조 제1항) 현재는 사실상 운용되지 않고 있다.[13]

---

12) 이민법연구회, 앞의 책, 28면.
13) 차용호, 한국이민법, 박영사, 2015, 181면.

출입국신고서 (국민용)

80mm(가로)×60mm(세로)인쇄용지(OCR급) 105g/㎡

(다) 생체정보 제공요청

1) 생체정보 제공요청

법무부장관은 출국심사에 필요한 경우에는 국민의 생체정보를 수집하거나 관계 행정기관이 보유하고 있는 국민의 생체정보의 제출을 요청할 수 있으며, 이에 따라 협조를 요청받은 관계 행정기관은 정당한 이유 없이 그 요청을 거부해서는 아니 된다.

2) 출입국관리공무원 등의 사용

출입국관리공무원은 이에 따라 수집하거나 제출받은 생체정보를 출국심사에 활용할 수 있으며, 법무부장관은 수집하거나 제출받은 생체정보를「개인정보 보호법」에 따라 처리한다.

(라) 출입국관리공무원의 확인사항 등

1) 국민의 출입국

출입국관리공무원은 국민의 출국심사 또는 입국심사를 할 때에는 출입국의 적격 여부와 그 밖에 필요한 사항을 확인하여야 하여야 하고, 출국심사 또는 입국심사를 마친 때에는 여권에 출국심사인 또는 입국심사인을 찍어야 한다. 다만, 국민이 출국 또는 입국하는 데 지장이 없다고 판단하는 경우 등 법무부장관이 정하는 경우에는 출국심사인 또는 입국심사인의 날인을 생략할 수 있다(법 시행령 제1조 제3항).

2) 선박 등의 승무원인 국민의 출입국
가) 승무원의 출입국
출입국관리공무원은 선박등의 승무원인 국민이 출입국하는 경우에는 승무원등록증 또는 선원신분증명서의 확인으로 출입국신고서의 제출과 출국심사인 또는 입국심사인의 날인을 갈음할 수 있다. 다만, 선박등의 승무원이 최초로 출국하거나 최종적으로 입국하는 경우에는 그러하지 아니하다(법 시행령 제1조 제4항). 이때, 선박등의 승무원인 국민이 최초로 출국하는 경우에는 승무원등록을 하여야 한다. 다만, 부정기적으로 운항하는 선박등의 승무원인 경우에는 그러하지 아니하다(같은 조 제5항).

나) 승무원등록
승무원(부정기적으로 운항하는 선박등의 승무원을 제외한다)이 승무원등록을 하고자 하는 때에는 여권 및 승무원등록신고서에 사진 1매와 재직증명서를 첨부하여 출입국관리공무원에게 제출하여야 한다(법 시행규칙 제4조 제1항). 이 경우 출입국관리공무원은 승무원의 자격심사를 한 후 등록번호를 부여하여 승무원등록대장에 기재하고 승무원등록증을 그 승무원에게 교부하여야 하며(같은 조 제2항), 이에 따라 등록을 한 승무원이 등록사항에 변동이 있는 때에는 관계 증명서류를 출입국관리공무원에게 제출하여야 한다(같은 조 제3항).

■ 출입국관리법 시행규칙 [별지 제6호서식] 〈개정 2016. 9. 29.〉

승무원등록대장

등록번호	국적	성명	생년월일	성별	소속	등록일자	비고

3) 병역의무자인 국민의 출입국

가) 국외여행허가 확인서 제출

병역의무자인 국민이 출국심사를 받을 때에는 「병역법」 제70조에 따른 국외여행허가(기간연장허가를 포함한다)를 받았다는 확인서를 제출하여야 한다. 다만, 출입국관리공무원은 병무청장으로부터 정보통신망 등을 통하여 병역의무자인 국민이 국외여행허가를 받았음을 통보받은 경우에는 확인서 제출을 생략하게 할 수 있다(법 시행령 제1조 제6항).

나) 병역의무자의 출국사실 통보

청장·사무소장 또는 출장소장은 병역의무자인 국민이 출국하면 그 사실을 지체 없이 병무청장에게 통보(정보통신망을 이용한 통보를 포함한다)하여야 한다(법 시행규칙 제5조).

4) 여권미소지 국민의 출입국

출입국관리공무원은 국민의 입국시 유효한 여권을 가지지 아니하고 입국하려는 국민에 대해서는 국민임을 증명할 수 있는 서류를 제출하게 하여 심사하고 그의 출국사실 등을 확인하여야 한다(법 시행령 제1조 제8항). 출입국관리공무원은 이에 따른 심사 결과 국민임이 확인된 때에는 출입국신고서를 제출하게 하여야 한다(같은 조 제9항).

(2) 예외

다만, 출국하는 국민이 천재지변, 기상악화, 재난상황 등의 부득이한 사유로 출입국항으로 출국할 수 없을 때에는 관할 지방출입국·외국인관서의 장의 허가를 받아 출입국항이 아닌 장소에서 출입국관리공무원의 출국심사를 받은 후 출국할 수 있다(법 제3조 제1항).

나. 정보화기기를 이용한 출입국심사

(1) 정보화기기 이용 출입국심사 요건 등

(가) 심사요건

다음의 요건을 모두 갖춘 국민은 출국심사에서 출입국관리공무원에 의한 출국심사에 갈음하여 정보화기기에 의한 출입국심사를 받을 수 있다. 이 경우 주민등록증을 발급받은 사람으로서 정보화기기를 이용한 출입국심사에 지장이 없는 경우에는 법무부령으로 정하는 바에 따라 스스로 지문과 얼굴에 관한 정보를 등록하였을 것의 요건을 갖춘 것으로 본다(법 시행령 제1조의2 제1항). 또한, 이에 따라 출입국심사를 마친 사람에 대해서는 출국심사인 이나 입국심사인의 날인을 생략한다(같은 조 제2항).

이는 출입국자가 급증함에 따라 신속한 출입국심사 서비스 제공 및 출입국자의 편의증진을 위하여 정보화기기에 의한 출입국 심사제도의 도입이 필요하여 법률에 규정한 것인데, 이미 2008년 6월부터 대한민국 국민에 대하여 시범적으로 실시한 바 있고, 2009년 3월 31일 개정본조에 따라 대한민국 국민으로서 일정한 요건을 갖춘 경우 출입국관리공무원의 심사에 갈음하여 정보화기기에 의하여 출입국심사를 받고 있다.[14]

1) 유효한 복수여권을 가지고 있을 것
2) 법무부령으로 정하는 바에 따라 스스로 지문과 얼굴에 관한 정보를 등록하였을 것
3) 법 제4조제1항·제2항에 따른 출국금지 또는 법 제4조의6제1항에 따른 긴급출국금지 대상이 아닌 사람으로서 ⅰ) 14세 이상으로 주민등록이 되어 있을 것, ⅱ) 7세 이상 14세 미만의 사람으로서 주민등록이 되어 있고, 법정대리인의 동의를 받아 제2호의 지문과 얼굴에 관한 정보를 등록하였을 것의 어느 하나에 해당할 것
4) 그 밖에 「여권법」에 따라 사용이 제한되거나 반납명령을 받은 여권을 가지고 있는 등 출입국관리공무원의 심사가 필요한 경우에 해당하지 아니할 것

(나) 등록해지 및 등록정정

한편, 법 시행령 제1조의2에 따라 등록을 한 사람은 등록을 해지하거나 등록정보를 정정하려면 청장·사무소장 또는 출장소장에게 ⅰ) 등록을 해지하려는 경우: 자동출입국심사 등록해지신청서, ⅱ) 등록정보를 정정하려는 경우: 자동출입국심사 등록정보 정정신청서를 제출하여야 한다. 다만, 법무부장관은 필요하다고 인정하는 사람의 경우에는 정보화기기를 통하여 등록 해지 또는 등록정보 정정을 신청하게 할 수 있다(법 시행규칙 제1조의2 제3항). 청장·사무소장 또는 출장소장은 이에 따른 해지 또는 정정 신청을 접수하면 지체 없이 그 등록의 해지 또는 등록정보의 정정을 하여야 한다(같은 조 제4항).

---

14) 법무부 출입국·외국인정책본부, 앞의 책 32면.

긴급출국금지 요청서

문서번호:

피의자 인적사항	성 명	(한 자)		성별	
	주민등록번호		국 적		
	주 소		직 업		
	여권번호		여권 유효기간 만료일		

위 피의자에 대해 「출입국관리법」 제4조의6제1항에 따라 긴급출국금지를 요청합니다.

0000. 00. 00.

○○○의 장

○ ○ ○   관인

사건번호	
요청일	
출국금지 예정기간	
요청사유	

■ 출입국관리법 시행규칙 [별지 제4호서식] 〈개정 2016. 9. 29.〉

[한국인
외국인] 출입국자 명부 [종합분]

쪽수 :

항구	출입국 구분	출입국 일자	성 명	성별	생년월일	국적	항구	출입국 구분	출입국 일자	성 명	성별	생년월일	국적

자동출입국심사 등록 해지신청서

접수번호	접수일	처리기간 즉시

신청인	성 명		성 별 [ ]남 [ ]여
	생년월일		여권번호
	주 소		
	연락처	전화:	휴대전화:
		전자우편(e-mail):	
	기 타		

위 본인은 「출입국관리법 시행규칙」 제1조의2제3항에 따라 자동출입국심사 등록의 해지를 신청합니다.

년 월 일

신청인

(서명 또는 인)

○ ○ 출입국 · 외국인청(사무소 · 출장소)장   귀하

■ 출입국관리법 시행규칙 [별지 제1호의7서식] 〈개정 2018. 5. 15.〉

자동출입국심사 등록정보 정정신청서

접수번호	접수일	처리기간	즉시

신청인	성 명		성 별 [ ]남 [ ]여
	생년월일		여권번호

정정할 정보 (정정할 사항만 기재)	주 소	
	전화번호: 전자우편(e-mail):	휴대전화:
	이 메 일	
	기 타	

위 본인은 「출입국관리법 시행규칙」 제1조의2제3항에 따라 자동출입국심사 등록정보의 정정을 신청합니다.

년 월 일

신청인

(서명 또는 인)

○ ○ 출입국 · 외국인청(사무소 · 출장소)장   귀하

(2) 자동출입국심사 등록신청서를 제출 등

(가) 국민의 신청서제출

출국심사는 정보화기기에 의한 출국심사로 갈음할 수 있는데, 정보화기기에 의한 출입국심사(이하 "자동출입국심사"라 한다)를 받기 위하여 지문과 얼굴에 관한 정보를 등록하려는 국민은 출입국·외국인청장(이하 "청장"이라 한다), 출입국·외국인사무소장(이하 "사무소장"이라 한다), 출입국·외국인청 출장소장 또는 출입국·외국인사무소 출장소장(이하 "출장소장"이라 한다)에게 자동출입국심사 등록신청서를 제출하여야 한다(법 시행규칙 제1조의2 제1항 본문). 이 경우 청장·사무소장 또는 출장소장은 위 (1)의 요건을 확인하고 신청자의 여권에 자동출입국심사 등록 확인 인을 날인하거나 자동출입국심사 등록 스티커를 붙여야 한다(법 시행령 제1조의2 제3항). 또한, 이에 따른 등록을 마친 국민은 등록을 해지하지 아니하는 한 그 등록을 마친 때부터 계속하여 정보화기기를 이용한 출입국심사를 받을 수 있다(법 시행규칙 제1조의2 제5항).

(나) 법무부장관의 등록신청 강제

다만, 법무부장관은 필요하다고 인정하는 사람의 경우에는 정보화기기를 통하여 자동출입국심사 등록을 신청하게 할 수 있고(법 시행규칙 제1조의2 제1항 단서), 정보화기기에 의한 출국심사에 필요한 경우에는 관계 행정기관이 보유하고 있는 국민의 지문 및 얼굴에 관한 자료의 제출을 요청할 수 있으며, 이에 따라 제출받은 자료를 「개인정보 보호법」에 따라 처리한다(법 제3조 제3항, 제6항). 또한, 협조를 요청받은 관계 행정기관은 정당한 이유 없이 그 요청을 거부해서는 아니 되며, 출입국관리공무원은 이에 따라 제출받은 자료를 출국심사에 활용할 수 있다(법 제3조 제4,5항).

다. 출입국신고서의 작성 등

(1) 신고서 작성자

제출하는 출입국신고서는 공용란을 제외하고는 출입국자 본인이 작성하여야 한다. 다만, 부득이한 사유로 출입국자 본인이 직접 작성할 수 없는 경우에는 그러하지 아니하다(법 시행규칙 제2조 제1항). 이에 따라 출입국자가 출입국신고서를 작성하는 때에는 사항별로 이를 정확하게 기재하여야 하며(같은 조 제2항),

■ 출입국관리법 시행규칙 [별지 제1호의4서식] 〈개정 2018. 5. 15.〉

자동출입국심사 등록신청서

접수번호	접수일		처리기간	즉시

신청인 기본 정보	성 명		성 별 [ ]남 [ ]여	
	생년월일		여권번호	
	주 소			
	연락처	전화번호:	휴대전화:	
		전자우편(e-mail):		

자동출입국심사용 개인정보 관련 고지사항

1. 개인정보의 종류: 지문(좌우 검지) 및 얼굴에 관한 정보
2. 개인정보의 수집 목적: 정보화기기에 의한 본인확인 등 출입국심사에 활용됩니다.
3. 개인정보 관리: 개인정보는 암호화로 정보화 처리되어 안전하게 관리됩니다.
4. 개인정보 관리 책임자
   • 소속: • 성명: • 전화번호:
5. 개인정보 주체(17세 미만인 경우 제공자 본인 또는 대리인)는 제공한 개인정보를 열람하거나 이용내역을 확인할 수 있으며, 개인정보의 오류정정을 요청하거나 이용의 동의를 철회할 수 있습니다.

위 본인은 「출입국관리법 시행령」 제1조의2제2항 및 같은 법 시행규칙 제1조의2제1항에 따라 자동출입국심사를 신청하며, 자동출입국심사에 필요한 개인정보의 제공 및 이용에 동의합니다.

년 월 일

신청인: (서명 또는 인)

○ ○ 출입국 · 외국인청(사무소 · 출장소)장 귀하

(2) 출입국관리공무원의 확인 및 보완

출입국관리공무원은 이에 의하여 작성 · 제출한 출입국신고서에 잘못 기재된 것이나 기타 미비한 사항이 있는지 여부를 확인하여 이를 보완하게 하고, 공용란은 자신이 직접 기재하여야 한다(법 시행규칙 제2조 제3항).

■ 출입국관리법 시행규칙 [별지 제1호의5서식] 〈개정 2014.10.29.〉

자동출입국심사 등록 확인인

1. 자동출입국심사 등록 확인인(날인 방식)	2. 자동출입국심사 등록 스티커(부착 방식)
자동출입국심사 Auto Immigration Clearance System SeS Smart Entry Service Name Date of birth From To Immigration Stamp Exempted KOREA IMMIGRATION SERVICE 규격 60mm×40mm	자동출입국심사 Auto Immigration Clearance System SeS Smart Entry Service Name Date of birth From To Immigration Stamp Exempted KOREA IMMIGRATION SERVICE 규격 60mm×40mm

(3) 출입국기록 저장

출입국관리공무원은 출국심사 또는 입국심사를 마친 때에는 제출받은 여권을 이용하여 해당 출입국자의 출입국기록에 관한 사항을 즉시 정보화처리하여 저장하여야 한다(법 시행규칙 제2조 제4항).

라. 출입국신고서의 관리

청장 · 사무소장 또는 출장소장은 출입국신고서를 법무부장관이 따로 지정한 정보화망을 관리하는 사무소장(이하 "정보화망관리소장"이라 한다)에게 지체 없이 송부하여야 하며(법 시행규칙 제3조 제1항), 이 경우 정보화망관리소장은 출입국신고서를 정보화처리하고 이를 정보기록보존

매체등에 수록하여 관리하고 또한 정보화처리된 결과를 출입국자명부로 작성·관리하여야 한다(같은 조 제2, 3항).

마. 자동출입국심사 등록 자료의 관리

청장·사무소장 또는 출장소장은 자동출입국심사 등록을 마친 사람의 등록신청서, 지문 및 얼굴을 정보화처리하여 정보화망관리소장에게 송부하여야 하며(법 시행규칙 제3조의2 제1항), 정보화망관리소장은 정보화처리된 자료를 정보기록매체 등에 수록하고 관리하여야 한다(같은 조 제2항).

바. 우리나라 국민의 무사증 입국이 가능한 국가

국가 간 이동을 위해서는 원칙적으로 사증(입국허가)이 필요하지만, 사증을 받기 위해서는 상대국 대사관이나 영사관을 방문하여 방문국가가 요청하는 서류 및 사증 수수료를 지불해야 하며 경우에 따라서는 인터뷰도 거쳐야 하는 등의 번거로운 절차를 수반하게 된다. 사증면제제도란 이런 번거로움을 없애기 위해 국가 간 협정이나 일방 혹은 상호 조치에 의해 사증 없이 상대국에 입국할 수 있는 제도이다. 2020. 1월 기준 우리나라 국민들은 사증면제협정에 의거하여, 혹은 일방주의 및 상호주의에 의해 아래 국가/지역들에 사증 없이 입국할 수 있다. 다만, 소지하고 있는 여권의 종류에 따라 무사증입국 국가여부가 달라질 수 있음에 주의하여야 한다.

지역	국가
아주지역 20개국	대만, 동티모르, 라오스, 마카오, 말레이시아, 몽골, 미얀마, 방글라데시, 베트남, 브루나이, 싱가포르, 인도, 인도네시아, 일본, 중국, 캄보디아, 태국, 파키스탄, 필리핀, 홍콩
미주지역 34개국	기이아나, 과테말라, 그레나다, 니카라과, 도미니카, 멕시코, 미국, 바베이도스, 바아바, 베네수엘라, 벨리즈, 볼리비아, 브라질, 세인트루시아, 세인트빈센트르네나딘, 세인트키츠네비스, 수리남, 아르헨티나, 아이티, 안티구아바부다, 에콰도르, 엘살바도르, 온두라스, 우루과이, 자메이카, 칠레, 캐나다, 코스타리카, 콜럼비아, 트니다드토바고, 파나마, 파라과이, 페루

---

15) 쉥겐협약은 유럽지역 26개 국가들이 여행과 통행의 편의를 위해 체결한 협약으로서, 쉥겐협약 가입국을 여행할

유럽지역 28개국 (비쉔겐국)	러시아, 루마니아, 북마케도니아, 모로코, 몬테니그로, 몰도바, 벨라루스, 보스니아헤르체고비나, 불가리아, 사이프러스, 산마리노, 세르비아, 아르메니아, 아일랜드, 아제르바이젠, 안도라, 알바니아, 영국, 우즈베키스탄, 구크라이나, 조지아, 카자흐스탄, 코소보, 크로아티아, 키르기즈공화국, 타지키스탄, 터키, 투루크메니스탄
대양주 14개국	괌, 뉴질랜드, 마셜제도, 마이크로네시아, 바누아트, 사이판, 사모아, 솔로몬제도, 키리바시, 통가, 투발로, 팔라우, 피지, 호주,
아프리카 중동 27개국	가봉, 남아프리카공아국, 라이베리아, 레소토, 모로코, 모셔리스, 모잠비크, 바레인, 베냉, 보츠오나 상투메프란시페, 세네갈, 세이셸, 에스와티니, 아랍에미레이트, 알제리, 앙골라, 오만, 요르단, 이란, 이스라엘, 이집트, 카보베르데, 카타르, 쿠웨이트, 탄자니아, 튀니지

2. 출국의 금지

출국의 금지는 헌법상 보장된 국민의 거주이전의 자유를 제한할 수 있는 사항이다. 따라서 법에 의하여 출국의 금지가 인정된다고 하더라도 이는 필요최소한도에 그쳐야 한다. 이에 따라 본조에서는 국민의 출국의 금지를 규정하면서도 이를 한정적으로 열거하고 있을 뿐만 아니라 관계 기관의 장이 법무부장관에게 출국금지 요청을 할 수 있을 규정하고 있다. 또한, 적법절차원칙은 형사절차뿐만 아니라 모든 국가작용 전반에 대하여 적용되므로(헌재 2003. 7. 24. 2001헌가25 참조), 행정처분으로 출국의 자유를 제한함에 있어서도 헌법에서 정한 적법절차원칙에 따라야 한다. 적법절차원칙에서 도출할 수 있는 중요한 절차적 요청 중의 하나로, 당사자에게 적절한 고지를 행할 것, 당사자에게 의견 및 자료 제출의 기회를 부여할 것 등을 들 수 있다. 그러나 이 원칙이 구체적으로 어떠한 절차를 어느 정도로 요구하는지는 규율되는 사항의 성질, 관련 당사자의 권리와 이익, 절차 이행으로 제고될 가치, 국가작용의 효율성, 절차에 소요되는 비용, 불복의 기회 등 다양한 요소를 비교하여 개별적으로 판단할 수밖에 없다.[16]

가. 출국금지의 기본원칙 및 법적성격 등

(1) 기본원칙

출국금지는 필요 최소한의 범위에서 하여야 한다. 따라서 출국금지는 단순히 공무수행의 편의를

때는 마치 국경이 없는 한 국가를 여행하는 것처럼 자유로이 이동할 수 있다.
16) 헌법재판소 2003. 7. 24. 2001헌가25; 헌법재판소 2007. 10. 4. 2006헌바91 참조.

위하여 하거나 형벌 또는 행정벌을 받은 사람에게 행정제재를 가할 목적으로 해서는 아니 된다. 또한, 출국금지는 출국금지 대상자가 유효한 여권을 가지고 있다고 인정되는 경우에만 하지만, 범죄 수사와 관련된 사람(기소중지자로 결정된 사람은 제외한다)에 대해서는 유효한 여권을 가지지 아니한 경우에도 출국금지를 할 수 있다. 그 외 법무부장관은 출국금지 중인 사람에 대하여 동일한 사유로 출국금지의 요청을 받은 경우 거듭 출국금지하지 아니한다. 이 경우 출국금지를 요청한 기관의 장에게 그 사실을 통보하여야 한다(법 시행규칙 제6조).

【판시사항】
단순히 일정 금액 이상의 조세를 미납하였고 그 미납에 정당한 사유가 없다고 하여 바로 출국금지 처분을 할 수 있는지 여부(소극) 및 재산의 해외 도피 가능성에 대한 판단 기준(대법원 2013. 12. 26. 선고 2012두18363 판결)

【판결요지】
국민의 출국의 자유는 헌법이 기본권으로 보장한 거주·이전의 자유의 한 내용을 이루는 것이므로 그에 대한 제한은 필요 최소한에 그쳐야 하고 그 본질적인 내용을 침해할 수 없고, 출입국관리법 등 출국금지에 관한 법률 규정의 해석과 운용도 같은 원칙에 기초하여야 한다. 구 출입국관리법(2011. 7. 18. 법률 제10863호로 개정되기 전의 것) 제4조 제1항, 구 출입국관리법 시행령(2011. 11. 1. 대통령령 제23274호로 개정되기 전의 것) 제1조의3 제2항은, 5천만 원 이상의 '국세·관세 또는 지방세를 정당한 사유 없이 그 납부기한까지 내지 아니한 사람'에 대하여는 기간을 정하여 출국을 금지할 수 있다고 규정하고 있다. 그러나 위와 같은 조세 미납을 이유로 한 출국금지는 그 미납자가 출국을 이용하여 재산을 해외에 도피시키는 등으로 강제집행을 곤란하게 하는 것을 방지함에 주된 목적이 있는 것이지 조세 미납자의 신병을 확보하거나 출국의 자유를 제한하여 심리적 압박을 가함으로써 미납 세금을 자진납부하도록 하기 위한 것이 아니다. 따라서 재산을 해외로 도피할 우려가 있는지 여부 등을 확인하지 않은 채 단순히 일정 금액 이상의 조세를 미납하였고 그 미납에 정당한 사유가 없다는 사유만으로 바로 출국금지 처분을 하는 것은 헌법상의 기본권 보장 원리 및 과잉금지의 원칙에 비추어 허용되지 않는다. 나아가 재산의 해외 도피 가능성 유무에 관한 판단에서도 재량권을 일탈하거나 남용해서는 안 되므로, 조세 체납의 경위, 조세 체납자의 연령과 직업, 경제적 활동과 수입 정도 및 재산상태, 그간의 조세 납부 실적 및 조세 징수처분의 집행과정, 종전에 출국했던 이력과 목적·기간·소요 자금의 정도, 가족관계 및 가족의 생활정도·재산상태 등을 두루 고려하여, 출국금지로써 달성하려는 공익목적과 그로 인한 기본권 제한에 따라 당사자가 받게 될 불이익을 비교형량하여 합리적인 재량권의 범위 내에서 출국금지 여부를 결정해야 한다.

(2) 법적성격

헌법재판소는 출국금지의 법적 성격에 대해 법무부장관의 출국금지결정은 형사재판에 계속 중인 국민의 출국의 자유를 제한하는 행정처분일 뿐이고 영장주의가 적용되는 신체에 대하여 직접적, 물리적 강제력을 수반하는 강제처분은 아니다.[17) 또한, 출국금지결정은 성질상 신속성과 밀행성을 요하므로, 출국금지 대상자에게 사전통지를 하거나 청문을 실시하도록 한다면 국가 형벌권 확보라는 출국금지제도의 목적을 달성하는 데 지장을 초래할 우려가 있다. 나아가 출국금지 후 즉시 서면으로 통지하도록 하고 있고, 이의신청이나 행정소송을 통하여 출국금지결정에 대해 사후적으로 다툴 수 있는 기회를 제공하여 절차적 참여를 보장해 주고 있으므로 적법절차원칙에 위배된다고 보기 어렵다.

[판시사항]

형사재판에 계속 중인 사람에 대하여 출국을 금지할 수 있다고 규정한 출입국관리법(2011. 7. 18. 법률 제10863호로 개정된 것) 제4조 제1항 제1호(이하 '심판대상조항'이라 한다)가 영장주의에 위배되는지 여부헌(법재판소 2015. 9. 24. 선고 2012헌바302 결정).

[결정요지]

심판대상조항에 따른 법무부장관의 출국금지결정은 형사재판에 계속 중인 국민의 출국의 자유를 제한하는 행정처분일 뿐이고, 영장주의가 적용되는 신체에 대하여 직접적으로 물리적 강제력을 수반하는 강제처분이라고 할 수는 없다. 따라서 심판대상조항이 헌법 제12조 제3항의 영장주의에 위배된다고 볼 수 없다. 또한 심판대상조항에 따른 출국금지결정은 성질상 신속성과 밀행성을 요하므로, 출국금지 대상자에게 사전통지를 하거나 청문을 실시하도록 한다면 국가 형벌권 확보라는 출국금지제도의 목적을 달성하는 데 지장을 초래할 우려가 있다. 나아가 출국금지 후 즉시 서면으로 통지하도록 하고 있고, 이의신청이나 행정소송을 통하여 출국금지결정에 대해 사후적으로 다툴 수 있는 기회를 제공하여 절차적 참여를 보장해 주고 있으므로 적법절차원칙에 위배된다고 보기 어렵다.

---

(3) 출국금지의 한계

출국금지는 필요 최소한의 범위내에서 행사되어야 하며, 헌법이 기본적으로 보장한 거주이전의 자유의 한 내용을 이류는 것이므로 그에 대한 제한은 필요최소한에 그쳐야 하며 그 본

---

17) 헌법재판소 2015. 9. 24. 선고 2012헌바302 결정.

질적인 내용을 침해할 수 없다. 따라서 가령, 단순히 출국을 기화로 해외로 도피하거나 시효기간 동안 귀국하지 아니하고 외국에 체재하여 그 시효기간을 넘기는 것을 방지하는 등 신병을 확보하기 위함에 있는 것이 아니므로, 재산의 해외 도피 우려 여부를 확인하지 아니한 채 단순히 일정 금액 이상의 추징금 미납 사실 자체만으로 바로 출국금지처분을 하는 것은 형벌을 받은 자에게 행정제재의 목적으로 한 것으로 출국금지업무처리규칙 제2조 제2항에 위반되거나 과잉금지의 원칙에 비추어 허용되지 아니한다고 할 것이고,[18] 또한, 조세 미납을 이유로 한 출국금지는 그 미납자가 출국을 이용하여 재산을 해외에 도피시키는 등으로 강제집행을 곤란하게 하는 것을 방지함에 주된 목적이 있는 것이지 조세 미납자의 신병을 확보하거나 출국의 자유를 제한하여 심리적 압박을 가함으로써 미납 세금을 자진하여 납부하도록 하기 위한 것이 아니어서[19] 출국금지가 남용되어서는 아니된다. 이렇듯 법원에서는 출국금지의 요건을 엄격하고 제한적으로 해석하고 있음에 유의하여야 한다.

[판시사항]
수사가 종결되어 종국처분을 하기 전에 피내사자 등에 대한 구속영장 청구가 기각되었다는 사정만으로 출국금지사유가 소멸하는지 여부(대법원 2007. 11. 30., 선고, 2005다40907 판결)

[판결요지]
출입국관리법에 의한 출국금지는 국민의 기본권을 제한하는 처분이므로 국가사법권 행사의 목적을 달성하기 위하여 불가피한 경우에 한하여 최소한의 기간 동안만 시행되어야 하고, 출국금지기간 만료 전에 수사가 종결되어 종국처분을 하는 경우 등 출국금지사유가 소멸하였다면, 출국금지를 요청한 수사기관은 즉시 출국금지해제신청을 하여야 한다. 그러나 수사가 종결되어 종국처분을 하기 전에 피내사자 등에 대한 구속영장 청구가 기각되었다는 사정만으로 출국금지사유가 소멸하여 출국금지조치가 위법하다고 단정할 수는 없다.

한편, 출국금지와 관련하여 검사의 출국금지해제요청 해태로 인한 국가배상을 인정한 사례도 있기 때문에 출국금지는 엄격한 요건 하에 진행되어야만 한다. 대법원은 "출입국관리법 제4조

---

18) 대법원 2001. 7. 27. 선고 2001두3365 판결.
19) 서울행정법원 2018. 4. 27. 선고 2017구합73693 판결.

제1항 제2호 소정의 범죄의 수사를 위하여 출국을 금지한 원고에 대한 수사사건이 확정판결(선고유예)로 종결되었다면 같은법 시행령 제3조 제6항 소정의 출국금지사유가 소멸한 때이므로, 담당검사는 지체 없이 법무부장관에게 위 출국금지의 해제를 요청하여야 함에도 불구하고 근 1년이 지나도록 위 해제요청을 하지 아니한 관계로 그 후 원고가 해외시찰여행단의 일원으로 출국을 하려다가 김포출입국관리사무소 직원으로부터 범죄혐의자로 취급되어 감시를 받는 등 수모를 당하면서 여행을 포기당하기에 이르렀다면, 국가는 그로인한 손해(여행취소로 인하여 여행사로부터 반환받지 못하게 된 경비상당액 및 위자료)를 배상하여야 한다."고 판시한 사례도 있다.

나. 출국금지대상자

법무부장관은 필요하다고 인정하는 경우에는 출국금지 대상자에 대한 세부기준을 정할 수 있으며, 이에 따른 세부기준은 중앙행정기관 및 법무부장관이 정하는 관계 기관과의 협의를 거쳐 정하여야 한다(법 시행규칙 제6조의3).

(1) 6개월 이내 출국금지대상자

법무부장관은 다음의 어느 하나에 해당하는 국민에 대하여는 6개월 이내의 기간을 정하여 출국을 금지할 수 있다(법 제4조 제1항). 이렇듯 국민의 출국금지를 규정하면서도 그 기간을 6개월 이내로 정한 것은 국민의 출국금지처분으로 인한 인권침해를 최소하기 위한 조치이다.

한편, 중앙행정기관의 장 및 법무부장관이 정하는 관계 기관의 장은 소관 업무와 관련하여 이에 해당하는 사람이 있다고 인정할 때에는 법무부장관에게 출국금지를 요청할 수 있으며(같은 조 제3항), 또한, 법무부장관은 필요하다고 인정하는 경우에는 출국금지 대상자에 대한 세부기준을 정할 수 있으며, 이에 따른 세부기준은 중앙행정기관 및 법무부장관이 정하는 관계 기관과의 협의를 거쳐 정하여야 한다(법 시행규칙 제6조의3).

(가) 형사재판에 계속(係屬) 중인 사람, 여기서 형사재판에 계속 중인 사람이란 당해 사건에 대한 공소제기 후 법원에서 공판절차가 진행되고 있는 자를 말하며, 여기에는 보석이 허가된 자와 구속 집행이 정지된 자를 포함하며, 그 외 범죄의 수사를 위하여 그 출

국이 부적당하다고 인정되는 자는 내사단계에 있는 피내사자도 포함된다.[20]

【판결사항】

출국의 자유 침해 여부(헌법재판소 2015. 9. 24. 선고 2012헌바302 출입국관리법 제4조 제1항 제1호 위헌소원)

【결정요지】

형사재판에 계속 중인 사람의 해외도피를 막아 국가 형벌권을 확보함으로써 실체적 진실발견과 사법정의를 실현하고자 하는 심판대상조항은 그 입법목적이 정당하고, 형사재판에 계속 중인 사람의 출국을 일정 기간 동안 금지할 수 있도록 하는 것은 이러한 입법목적을 달성하는 데 기여할 수 있으므로 수단의 적정성도 인정된다.

(나) 징역형이나 금고형의 집행이 끝나지 아니한 사람. 징역형이나 금고형의 집행이 끝나지 아니한 사람이란 법원으로부터 당해 사건에 대한 징역형 등의 판결을 선고받고 그 집행이 종료되지 아니한 자를 말하며, 여기에는 실형이 선고되었으나 그 소재가 불분명한 자, 형 집행정지 결정을 받은 자 등을 포함한다.

(다) 벌금 1,000만원이나 추징금 2,000만원 이상을 내지 아니한 사람. 이는 형벌의 확보를 위한 출국금지 규정이며, 여기에는 벌금을 미납하여 환형(노역장) 유치하기로 한자도 포함된다.

---

20) 대법원 2007. 11. 30. 선고 2005다40907 판결.

【판시사항】

추징금 미납자에 대하여 재산의 해외도피 우려 여부를 확인하지 아니한 채 추징금 미납 사실만으로 출국금지처분을 하는 것이 적법한지 여부(소극) 및 추징금 미납자에 대한 출국금지처분의 기준인 재산의 해외도피 가능성 여부의 판단 방법(대법원 2001. 7. 27. 선고 2001두3365 판결)

【판결요지】

출국금지업무처리규칙 제4조의 위임에 따른 출국금지기준은 추징금 미납자에 대하여는 2,000만 원 이상의 추징금 미납자로서 유효한 여권을 소지한 자를 출국금지대상자로 정하고 있는바, 출입국관리법 제4조 제1항 제1호, 출국금지업무처리규칙 제2조, 제3조 제1항 제3호, 제4조, 제10조 등 관련 규정의 취지를 종합하면, 2,000만 원 이상의 추징금 미납을 이유로 한 출국금지는 그 추징금 미납자가 출국을 이용하여 재산을 해외로 도피하는 등으로 강제집행을 곤란하게 하는 것을 방지함에 주된 목적이 있는 것이지, 단순히 출국을 기화로 해외로 도피하거나 시효기간 동안 귀국하지 아니하고 외국에 체재하여 그 시효기간을 넘기는 것을 방지하는 등 신병을 확보하기 위함에 있는 것이 아니므로, 재산의 해외 도피 우려 여부를 확인하지 아니한 채 단순히 일정 금액 이상의 추징금 미납 사실 자체만으로 바로 출국금지처분을 하는 것은 형벌을 받은 자에게 행정제재의 목적으로 한 것으로 출국금지업무처리규칙 제2조 제2항에 위반되거나 과잉금지의 원칙에 비추어 허용되지 아니한다고 할 것이고, 재산의 해외 도피 가능성 여부에 관한 판단에 대하여도 재량권을 일탈하거나 남용하여서는 아니된다고 할 것이며, 한편 재산의 해외 도피 우려 여부는 추징금 처분의 범죄사실, 추징금 미납자의 성별 · 연령 · 학력 · 직업 · 성행이나 사회적 신분, 추징금 미납자의 경제적 활동과 그로 인한 수입의 정도 · 재산상태와 그간의 추징금 납부의 방법이나 수액의 정도, 그간의 추징금 징수처분의 집행과정과 그 실효성 여부, 그간의 출국 여부와 그 목적 · 기간 · 행선지 · 해외에서의 활동 내용 · 소요 자금의 수액과 출처 등은 물론 가족관계나 가족의 생활 정도 · 재산상태 · 직업 · 경제활동 등을 종합하여 판단하여야 한다.

(라) 5,000만원 이상의 국세 · 관세 또는 지방세를 정당한 사유 없이 그 납부기한까지 내지 아니한 사람. 이 경우 단순히 일정 금액 이상의 조세를 미납하였고 그 미납에 정당한 사유가 없다는 사유만으로 바로 출국금지 처분을 하는 것은 헌법상의 기본권 보장 원리 및 과잉금지의 원칙에 비추어 허용되지 않는다. 나아가 재산의 해외 도피 가능성 유무에 관한 판단에서도 재량권을 일탈하거나 남용해서는 안 되므로, 조세 체납의 경위, 조세 체납자의 연령과 직업, 경제적 활동과 수입 정도 및 재산상태, 그간의 조세 납부 실적 및 조세 징수처분의

집행과정, 종전에 출국했던 이력과 목적 · 기간 · 소요 자금의 정도, 가족관계 및 가족의 생활정도 · 재산상태 등을 두루 고려하여, 출국금지로써 달성하려는 공익목적과 그로 인한 기본권 제한에 따라 당사자가 받게 될 불이익을 비교형량하여 합리적인 재량권의 범위 내에서 출국금지 여부를 결정해야 한다.

【판시사항】
단순히 일정 금액 이상의 조세를 미납하였고 그 미납에 정당한 사유가 없다고 하여 바로 출국금지 처분을 할 수 있는지 여부(소극) 및 재산의 해외 도피 가능성에 대한 판단 기준(대법원 2013. 12. 26. 선고 2012두18363 판결)

【판결요지】
국민의 출국의 자유는 헌법이 기본권으로 보장한 거주 · 이전의 자유의 한 내용을 이루는 것이므로 그에 대한 제한은 필요 최소한에 그쳐야 하고 그 본질적인 내용을 침해할 수 없고, 출입국관리법 등 출국금지에 관한 법률 규정의 해석과 운용도 같은 원칙에 기초하여야 한다. 구 출입국관리법(2011. 7. 18. 법률 제10863호로 개정되기 전의 것) 제4조 제1항, 구 출입국관리법 시행령(2011. 11. 1. 대통령령 제23274호로 개정되기 전의 것) 제1조의3 제2항은, 5천만 원 이상의 '국세 · 관세 또는 지방세를 정당한 사유 없이 그 납부기한까지 내지 아니한 사람'에 대하여는 기간을 정하여 출국을 금지할 수 있다고 규정하고 있다. 그러나 위와 같은 조세 미납을 이유로 한 출국금지는 그 미납자가 출국을 이용하여 재산을 해외에 도피시키는 등으로 강제집행을 곤란하게 하는 것을 방지함에 주된 목적이 있는 것이지 조세 미납자의 신병을 확보하거나 출국의 자유를 제한하여 심리적 압박을 가함으로써 미납 세금을 자진납부하도록 하기 위한 것이 아니다. 따라서 재산을 해외로 도피할 우려가 있는지 여부 등을 확인하지 않은 채 단순히 일정 금액 이상의 조세를 미납하였고 그 미납에 정당한 사유가 없다는 사유만으로 바로 출국금지 처분을 하는 것은 헌법상의 기본권 보장 원리 및 과잉금지의 원칙에 비추어 허용되지 않는다. 나아가 재산의 해외 도피 가능성 유무에 관한 판단에서도 재량권을 일탈하거나 남용해서는 안 되므로, 조세 체납의 경위, 조세 체납자의 연령과 직업, 경제적 활동과 수입 정도 및 재산상태, 그간의 조세 납부 실적 및 조세 징수처분의 집행과정, 종전에 출국했던 이력과 목적 · 기간 · 소요 자금의 정도, 가족관계 및 가족의 생활정도 · 재산상태 등을 두루 고려하여, 출국금지로써 달성하려는 공익목적과 그로 인한 기본권 제한에 따라 당사자가 받게 될 불이익을 비교형량하여 합리적인 재량권의 범위 내에서 출국금지 여부를 결정해야 한다.

(마) 「양육비 이행확보 및 지원에 관한 법률」 제21조의4제1항(출국금지요청)21)에 따른 양육비 채무자 중 양육비이행심의위원회의 심의·의결을 거친 사람. 이는 자녀의 양육비 지급 의무 불이행은 채무불이행의 문제가 아니라 아동의 복리와 생존에 직결되는 사안임에도 불구하고, 자녀의 양육비 의무불이행 시 해외출국에 아무런 제재가 없어 상습적으로 또는 법원의 지급명령을 위반한 사람이 양육비 지급 의무를 불이행하고 장기간 외국에 체류하거나 이주를 할 경우 양육비 지급을 담보할 방법이 없음을 이유로 최근 「가사소송법」 제68조제1항제1호 또는 제3호에 따른 감치명령 결정을 받았음에도 불구하고 양육비 채무를 이행하지 않는 양육비 채무자에 대하여 여성가족부장관이 양육비이행심의위원회의 심의·의결을 거쳐 법무부장관에게 출국금지를 요청할 수 있도록 「양육비 이행확보 및 지원에 관한 법률」이 개정(법률 제17897호, 2021. 1. 12. 공포, 7. 13. 시행)되었는바, 현행법의 출국금지 사유에 개정 「양육비 이행확보 및 지원에 관한 법률」 제21조의4제1항에 따른 양육비 채무자 중 양육비이행심의위원회의 심의·의결을 거친 사람을 추가하여 양육비 지급의무 불이행에 대한 실효성 있는 제재방안을 마련하려는 것이다.

(바) 그 밖에 제1호부터 제4호까지의 규정에 준하는 사람으로서 대한민국의 이익이나 공공의 안전 또는 경제질서를 해칠 우려가 있어 그 출국이 적당하지 아니하다고 법무부령으로 정하는 사람. 여기서 법무부령으로 정하는 사람이라 함은 아래의 어느 하나에 해당하는 사람을 말한다(법 시행규칙 제6조의2 제1항).

1) 「병역법」 제65조제6항에 따라 보충역 편입처분이나 사회복무요원소집의 해제처분이 취소된 사람

2) 거짓이나 그 밖의 부정한 방법으로 병역면제·전시근로역·보충역의 처분을 받고 그 처분이 취소된 사람

3) 「병역법 시행령」 제128조제4항에 따라 징병검사·입영 등의 연기처분이 취소된 사람

---

21) 양육비 이행확보 및 지원에 관한 법률 제21조의4(출국금지 요청 등) ① 여성가족부장관은 양육비 채무 불이행으로 인하여 「가사소송법」 제68조제1항제1호 또는 제3호에 따른 감치명령 결정을 받았음에도 불구하고 양육비 채무를 이행하지 아니하는 양육비 채무자 중 대통령령으로 정하는 사람에 대하여 위원회의 심의·의결을 거쳐 법무부장관에게 「출입국관리법」 제4조제3항에 따라 출국금지를 요청할 수 있다. ② 법무부장관은 제1항에 따른 출국금지 요청에 따라 출국금지를 한 경우에는 여성가족부장관에게 그 결과를 정보통신망 등을 통하여 통보하여야 한다. ③ 여성가족부장관은 양육비 채무의 이행, 양육비 채무자의 재산에 대한 강제집행 등으로 출국금지 사유가 해소된 경우에는 즉시 법무부장관에게 출국금지의 해제를 요청하여야 한다. ④ 제1항부터 제3항까지에서 규정한 사항 외에 출국금지 요청 등에 필요한 사항은 대통령령으로 정한다.

4) 종전 「병역법」(2004. 12. 31. 법률 제7272호로 개정되기 전의 것을 말한다) 제65조제4항에 따라 병역면제 처분이 취소된 사람. 다만, 영주귀국의 신고를 한 사람은 제외한다.

5) 「병역법」 제76조제1항 각 호 또는 제5항에 해당하는 병역의무불이행자

6) 「병역법」 제86조를 위반하여 병역의무 기피·감면 목적으로 도망가거나 행방을 감춘 사람

7) 2억원 이상의 국세를 포탈한 혐의로 세무조사를 받고 있는 사람

8) 20억원 이상의 허위 세금계산서 또는 계산서를 발행한 혐의로 세무조사를 받고 있는 사람

9) 영 제98조에 따른 출입국항에서 타인 명의의 여권 또는 위조·변조여권 등으로 출입국하려고 한 사람

10) 3천만원 이상의 공금횡령(橫領) 또는 금품수수(收受) 등의 혐의로 감사원의 감사를 받고 있는 사람

11) 「전자장치 부착 등에 관한 법률」 제13조에 따라 위치추적 전자장치가 부착된 사람

12) 출국 시 공중보건에 현저한 위해를 끼칠 염려가 있다고 법무부장관이 인정하는 사람

13) 그 밖에 출국 시 국가안보 또는 외교관계를 현저하게 해칠 염려가 있다고 법무부장관이 인정하는 사람

(2) 1개월 이내 출국금지대상자

법무부장관은 범죄 수사를 위하여 출국이 적당하지 아니하다고 인정되는 사람에 대하여는 1개월 이내의 기간을 정하여 출국을 금지할 수 있다(법 제4조 제2항 본문). 여기서 범죄수사를 위하여 출국이 적당하지 아니하다고 인정되는 사람이란 범죄수사가 개시된 후 수사가 종결되어 검사가 종국처분을 하기 이전에 해당하는 사람이며, 피내사자도 포함한다.[22]

이렇듯 범죄를 위한 출국금지 기간은 원칙적으로 1개월을 초과할 수 없는 것이 원칙이지만, 다음에 해당하는 사람은 그 호에서 정한 기간으로 한다는 예외 규정을 두고 있다(법 제4조 제2항 단서).

(가) 소재를 알 수 없어 기소중지 또는 수사중지(피의자중지로 한정한다)된 사람 또는 도주 등 특별한 사유가 있어 수사진행이 어려운 사람: 3개월 이내. 여기서 도주 등 특별한 사유가 있어 수사 진행이 어려운 사람은 도주 등으로 체포영장 또는 구속영장이 발부되거나 지명수배된 사람으로 한다(법 시행규칙 제6조의2 제2항).

---

22) 이민연구회, 앞의 책, 33면.

(나) 기소중지 또는 수사중지(피의자중지로 한정한다)된 경우로서 체포영장 또는 구속영장이 발부된 사람: 영장 유효기간 이내

(3) 출국금지의 요청권자

중앙행정기관의 장 및 법무부장관이 정하는 관계 기관의 장은 소관 업무와 관련하여 출국금지 대상자에 해당하는 사람이 있다고 인정할 때(법 제4조 제1, 2항)에는 법무부장관에게 출국금지를 요청할 수 있다(같은 조 제3항).

다. 출국금지

출입국관리공무원은 출국심사를 할 때에 위 (1), (2)에 열거된 출국이 금지된 사람을 출국시켜서는 아니 되며(법 제4조 제4항), 만일 이를 위반하여 출국이 금지된 자를 출국시킨 경우 관계 법령에 따라 처벌을 받을 수 있다.

(1) 출국금지기간 계산방법

출국금지기간을 계산할 때에는 그 기간이 일(日) 단위이면 첫날은 시간을 계산하지 않고 1일로 산정하고, 월(月) 단위이면 역서(曆書)에 따라 계산한다. 이 경우 기간의 마지막 날이 공휴일 또는 토요일이더라도 그 기간에 산입(算入)한다(법 시행령 제1조의4). 이는 출국금지 대상자에게 유리하도록 형사소송법상 구속 등의 기간계산 방법에 준용한 것이다.

(2) 출국금지절차

(가) 관계기관의 의견청취 등

법무부장관은 출국을 금지하려는 경우에는 관계 기관의 장에게 의견을 묻거나 관련 자료를 제출하도록 요청할 수 있다(법 시행령 제2조 제1항).

(나) 출국금지 요청서 등 제출

중앙행정기관의 장 및 법무부장관이 정하는 관계 기관의 장은 출국금지를 요청하는 경우에는 출국금지 요청 사유와 출국금지 예정기간 등을 적은 출국금지 요청서에 법무부령으로 정하는 서류를 첨부하여 법무부장관에게 보내야 한다. 다만, 시장·군수 또는 구청장(「제

주특별자치도 설치 및 국제자유도시 조성을 위한 특별법」제11조에 따른 행정시장을 포함하며, 구청장은 자치구의 구청장을 말한다. 이하 같다)의 소관 업무에 관한 출국금지 요청은 특별시장·광역시장 또는 도지사(특별자치도지사를 포함한다. 이하 같다)가 한다(법 시행령 제2조 제2항).

이때 본문에서 법무부령으로 정하는 서류라 함은 당사자가 법 제4조제1항 또는 제2항에 따른 출국금지 대상자에 해당하는 사실 및 출국금지가 필요한 사유 그리고 검사의 수사지휘서(법 제4조제2항에 따른 범죄 수사 목적인 경우에만 해당한다)를 말하고, 단서에서 말하는 법무부령으로 정하는 서류라 함은 당사자가 출국금지 대상자에 해당하는 사실 및 출국금지기간 연장이 필요한 사유 그리고 검사의 수사지휘서(법 제4조제2항에 따른 범죄 수사 목적인 경우에만 해당한다) 등이다(법 시행규칙 제6조의4 제1항, 제2항).

[별지 제56호서식] 〈신설 2012.1.19〉

출국정지 등 요청서

접수번호	접수일		처리기간

문서번호 :   수 신 :

요청일 :   요청기관 :   직인

「출입국관리법」 제29조에 따라 다음과 같이 요청합니다.

요청항목	☐ 출국정지		☐ 출국정지기간 연장		☐ 출국정지 해제	
사건번호		최초요청 공문번호		담당부서 (연락처)		
대상자 인적사항	성 명	(한 자)			성별	
	생년월일 (외국인등록번호)			국 적		
	주 소			직 업		
	여권번호			여권 유효기간 만료일		
요청기간	※ 출국정지 예정기간 또는 출국정지기간 연장 예정기간을 기재					

(다) 출국금지 예정기간

출국금지 예정기간은 법 제4조제1항(6개월 이내) 또는 제2항에 따른 출국금지기간(1개월 이내)을 초과할 수 없다(법 시행령 제2조 제3항).

라. 출국금지기간의 연장 절차

(1) 출국금지기간 연장기한 및 관계기관 장의 의견청취 등

법무부장관은 출국이 금지된 자에 대하여 출국금지기간을 초과하여 계속 출국을 금지할 필요가 있다고 인정하는 경우에는 그 기간을 연장할 수 있으며(법 제4조의2 제1항), 이에 따라 출국금지기간을 연장하려면 법 제4조 제1항(6월 이내의 기간) 또는 제2항에 따른 출국금지기간 내(1월 이내의 기간)에서 그 기간을 정하여 연장하여야 한다. 이 경우 법무부장관은 관계 기관의 장에게 의견을 묻거나 관련 자료를 제출하도록 요청할 수 있다(법 시행령 제2조의2 제1항).

(2) 출국금지기간 연장요청 절차

(가) 출국금지기간 연장요청 기한

출국금지를 요청(법 제4조 제3항)한 기관의 장은 출국이 금지된 자의 출국금지기간을 초과하여 계속 출국을 금지할 필요가 있을 때에는 출국금지기간이 끝나기 3일 전까지 법무부장관에게 출국금지기간을 연장하여 줄 것을 요청하여야 한다. 통상 법무부장관의 경우 관계기관의 출국금지 요청이 없어도 출국의 금지 및 기간 연장 등에 대한 독자적 판단이 가능함에도 이러한 규정을 둔 취지는 출국금지를 당한 국민의 기본권 침해를 최소화하고 신중하게 판단하기 위하여 원래 출국금지를 요청한 기관의 장이 반드시 출국금지기간 연장을 요청하도록 규정한 것이다.[23]

(나) 출국금지기간 연장요청서 제출 및 심사 등

1) 출국금지기간 연장요청서 제출

이에 따라 출국금지를 요청한 중앙행정기관의 장 및 법무부장관이 정하는 관계 기관의 장 (이하 "출국금지 요청기관의 장"이라 한다)은 출국금지기간 연장을 요청하는 경우에는 출

---

23) 법무부 출입국·외국인정책본부, 앞의 책 45면.

국금지기간 연장요청 사유와 출국금지기간 연장예정기간 등을 적은 출국금지기간 연장요청서에 법무부령으로 정하는 서류를 첨부하여 법무부장관에게 보내야 한다(법 시행령 제2조의2 제2항).

2) 출국금지 등의 요청에 대한 심사·결정
가) 출국금지 요청
법무부장관은 중앙행정기관의 장 및 법무부장관이 정하는 관계기관의 장으로부터 출국금지 요청서를 받으면 그 날부터 다음의 기간 내에 출국금지 여부 및 출국금지기간을 심사하여 결정하여야 한다(법 시행령 제2조의3 제1항).
① 긴급한 조치가 필요한 경우: 1일 이내
② 중앙행정기관의 장 및 법무부장관이 정하는 관계 기관의 장과의 협의가 필요하다고 인정되는 경우: 10일 이내
③ 그 밖의 경우: 3일 이내

나) 출국금지기간 연장요청
법무부장관은 출국금지 요청기간의 장으로부터 출국금지기간 연장요청서를 받으면 그 날부터 3일 이내에 심사하여 결정하여야 한다(법 시행령 제2조의3 제2항).

다) 자료제출 요구
법무부장관은 출국금지 요청이나 출국금지기간 연장요청의 심사에 필요하다고 인정하면 출국금지 요청기관의 장에게 관련 자료를 제출하도록 요청할 수 있다(법 시행령 제2조의3 제3항).

라) 심사결과 통보
법무부장관은 출국금지 요청 및 출국금지기간 연장요청에 따른 심사 결과 출국금지나 출국금지기간 연장을 하지 아니하기로 결정하면 그 이유를 분명히 밝혀 출국금지 요청기관의 장에게 통보하여야 한다(법 시행령 제2조의3 제4항).

마) 심사결정서 작성

법무부장관은 출국금지 요청이나 출국금지기간 연장요청에 관하여 심사·결정하면 심사결정서를 작성하여야 한다(법 시행규칙 제6조의2 제2항).

[별지 제56호의2서식] 〈신설 2012.1.19〉

출국정지 등 심사결정서

접수번호	접수일	처리기간

「출입국관리법」 제29조에 따른 출국정지 등의 요청에 대하여 아래와 같이 심사·결정합니다.

요청항목		☐ 출국정지		☐ 출국정지기간 연장		☐ 출국정지 해제
접수일			요청기관		요청부서	
사건번호			문서번호		결정일	
대상자 인적사항	성 명				성별	
	생년월일 (외국인등록번호)			국 적		
	여권번호			여권유효기간 만료일		
	주 소					
기 간				통지여부 (미통지 사유)		
요청사유						

(다) 연장기간 제한

출국금지기간 연장예정기간은 법 제4조 제1항(6월 이내) 또는 제2항(1월 이내)에 따른 출국금지기간을 초과할 수 없다(법 시행령 제2조의2 제3항).

(3) 출국금지 등의 심사 · 결정 시 고려사항

법무부장관은 출국금지나 출국금지기간 연장 여부를 결정할 때에는 ⅰ) 제6조에 따른 출국금지의 기본원칙, ⅱ) 출국금지 대상자의 범죄사실, ⅲ) 출국금지 대상자의 연령 및 가족관계, ⅳ) 출국금지 대상자의 해외도피 가능성 등의 사항을 고려하여야 한다(법 시행규칙 제6조의5 제1항).

마. 출국금지의 해제절차

(1) 출국금지 해제

(가) 출국금지 해제사유 및 해제권자

1) 즉시해제 사유

출국금지 결정을 한 법무부장관은 ⅰ) 출국금지 사유가 없어졌거나, ⅱ) 출국을 금지할 필요가 없다고 인정되는 사람이 ⅰ) 출국이 금지된 사람의 여권이 「여권법」에 따라 반납되었거나 몰취(沒取)된 것이 확인된 경우, ⅱ) 유효한 여권을 소지하지 아니한 사람으로서 여권발급이 제한되어 있어 해외도피의 우려가 없다고 확인된 경우, ⅲ) 그 밖에 출국금지 사유가 소멸되었음이 확인된 경우 등의 어느 하나의 사유에 해당할 때에는 즉시 출국금지를 해제하여야 한다(법 제4조의3 제1항, 법 시행규칙 제6조의6 제1항).

【판시사항】
여권발급의 성격 및 해외여행의 자유의 제한 정도(대법원 2008. 1. 24. 선고 2007두10846 판결)

【판결요지】
여권의 발급은 헌법이 보장하는 거주 · 이전의 자유의 내용인 해외여행의 자유를 보장하기 위한 수단적 성격을 갖고 있으며, 해외여행의 자유는 행복을 추구하기 위한 권리이자 이동의 자유로운 보장의 확보를 통하여 의사를 表現할 수 있는 측면에서 인신의 자유 또는 표현의 자유와 밀접한 관련을 가진 기본권이므로 최대한 그 권리가 보장되어야 하고, 따라서 그 권리를 제한하는 것은 최소한에 그쳐야 한다.

2) 해제 사유

법무부장관은 출국이 금지된 사람이 i) 출국금지로 인하여 생업을 유지하기 어렵다고 인정되는 경우, ii) 출국금지로 인하여 회복하기 어려운 중대한 손해를 입을 우려가 있다고 인정되는 경우, iii) 그 밖에 인도적인 사유 등으로 출국금지를 해제할 필요가 있다고 인정되는 경우의 어느 하나에 해당되면 출국금지를 해제할 수 있다(법 시행규칙 제6조의6 제2항).

【판시사항】
구 출입국관리법 제4조 제1항 제2호에서 규정하는 '범죄의 수사를 위하여 그 출국이 부적당하다고 인정되는 자'에 피내사자도 포함되는지 여부(적극) 및 수사가 종결되어 종국처분을 하기 전에 피내사자 등에 대한 구속영장 청구가 기각되었다는 사정만으로 출국금지사유가 소멸하는지 여부(소극)(대법원 2007. 11. 30. 선고 2005다40907 판결)

【판결요지】
구 출입국관리법(2001. 12. 29. 법률 제6540호로 개정되기 전의 것) 제4조 제1항 제2호에서 규정하는 '범죄의 수사를 위하여 그 출국이 부적당하다고 인정되는 자'에는 내사단계에 있는 피내사자도 포함된다. 또한, 출입국관리법에 의한 출국금지는 국민의 기본권을 제한하는 처분이므로 국가사법권 행사의 목적을 달성하기 위하여 불가피한 경우에 한하여 최소한의 기간 동안만 시행되어야 하고, 출국금지기간 만료 전에 수사가 종결되어 종국처분을 하는 경우 등 출국금지사유가 소멸하였다면, 출국금지를 요청한 수사기관은 즉시 출국금지해제신청을 하여야 한다. 그러나 수사가 종결되어 종국처분을 하기 전에 피내사자 등에 대한 구속영장 청구가 기각되었다는 사정만으로 출국금지사유가 소멸하여 출국금지조치가 위법하다고 단정할 수는 없다.

(나) 관계 기관장의 의견청취 등

법무부장관이 출국금지를 해제하려는 경우에는 출국금지 사유의 소멸 또는 출국금지의 필요 여부를 판단하기 위하여 관계 기관 또는 출국금지 요청기관의 장에게 의견을 묻거나 관련 자료를 제출하도록 요청할 수 있다. 다만, 출국금지 사유가 소멸되거나 출국금지를 할 필요가 없음이 명백한 경우에는 즉시 출국금지를 해제하여야 한다(법 시행령 제3조 제1항).

(3) 해제 통보 등

법무부장관은 출국금지를 해제하면 그 이유를 분명히 밝혀 지체 없이 출국금지 요청기관의 장에게 통보하여야 한다. 다만, 출국이 금지된 사람의 여권이 반납되었거나 몰취(沒取)된 것이 확인된 경우에는 통보하지 아니할 수 있는데(법 시행령 제3조 제2항), 이는 출국금지가 해제되더라도 여권이 없으므로 출국할 수 없기 때문이다.

(4) 출국금지 해제요청

(가) 출국금지 해제요청권자
출국금지를 요청한 중앙행정기관의 장 및 법무부장관이 인정하는 기관의 장은 출국금지 사유가 없어졌을 때에는 즉시 법무부장관에게 출국금지의 해제를 요청하여야 한다(법 제4조의3 제2항).

(나) 출국금지 해제요청서 제출
출국금지 요청기관의 장은 출국금지 해제를 요청하려면 출국금지 해제요청서를 작성하여 법무부장관에게 보내야 한다(법 제4조의3 제3항).

(다) 심사 및 결정
법무부장관은 출국금지 요청기관의 장으로부터 출국금지 해제요청서를 받으면 지체 없이 해제 여부를 심사하여 결정하여야 하며(법 제4조의3 제4항), 심사 결과 출국금지를 해제하지 아니하기로 결정하면 지체 없이 그 이유를 분명히 밝혀 출국금지 요청기관의 장에게 통보하여야 한다(같은 조 제5항).

(5) 출국금지 해제요청 해태로 인한 국가배상

법무부장관이 출입국관리법 제4조 제1항 제2호 소정의 범죄의 수사를 위하여 출국을 금지한 원고에 대한 수사사건이 확정판결(선고유예)로 종결되었다면 같은 법 시행령 제3조 제6항 소정의 출국금지사유가 소멸한 때이므로, 위 사건의 담당검사는 지체 없이 법무부장관에게 위 출국금지의 해제를 요청하여야 함에도 불구하고 근 1년이 지나도록 위 해제요청을 하지 아니한 관계로 그 후 원고가 해외시찰여행단의 일원으로 출국을 하려다가 김포출입국관리사무소 직원으로부터 범죄혐의자로 취급되어 감시를 받는 등 수모를 당하면서 여행을 포기당하기에 이르렀다면, 국가는 그로인한 손해(여행취소로 인하여 여행사로부터 반환받

지 못하게 된 경비상당액 및 위자료)를 배상하여야 한다.[24)]

(6) 출국금지 요청대장의 작성

출국금지 요청기관의 장은 출국금지 요청, 출국금지기간 연장요청, 출국금지 해제요청 및 그 해제 등의 변동사항을 적은 출국금지 요청대장을 갖추어 두어야 한다(법 시행령 제3조의2).

[별지 제56호의3서식] 〈신설 2012.1.19〉

출국정지 요청대장

일련 번호	대상자		출국정지요청				출국정지기간 연장요청					출국정지 해제요청			비고
	성명	생년 월일	요청 일	요청 근거	출국 정지 예정 기간	요청 사유	승인 여부	요청 일	요청 근거	연장 예정 기간	요청 사유	승인 여부	요청 일	요청 근거	승인 여부

---

24) 서울민사지방법원 1991. 7. 10. 선고 91나1102 제5부판결 : 확정.

바. 출국금지결정 등의 통지

(1) 출국금지 및 연장사유 등 통지

법무부장관은 제4조제1항에 6월 이내의 출국을 금지하거나 또는 제2항에 따라 1월 이내의 출국을 금지하거나 출국금지기간을 연장하였을 때에는 즉시 당사자에게 그 사유와 기간 등을 밝혀 서면으로 통지하여야 한다(법 제4조의4 제1항). 이는 출국금지 및 기간연장 사유, 금지기간을 명시한 서면으로 즉시 통지하도록 규정하여 출국금지 대상자가 그에 대한 이의신청을 할 수 있도록 한 것이다.[25]

이에 따른 통지는 ⅰ) 법 제4조제1항 또는 제2항에 따라 출국금지한 경우: 출국금지 통지서, ⅱ) 법 제4조의2제1항에 따라 출국금지기간을 연장한 경우: 출국금지기간 연장통지서, ⅲ) 법 제4조의3에 따라 출국금지를 해제한 경우: 출국금지 해제통지서의 구분에 따른 서면으로 하며(법 시행규칙 제6조의7 제1항), 이에 따른 통지서는 본인에게 직접 교부하거나 우편 등의 방법으로 보내야 한다(같은 조 제2항).

---

[25] 법무부 출입국 · 외국인정책본부, 앞의 책 51면.

[별지 제10호의3서식] 〈신설 2012.1.19〉

발급번호 :

법 무 부

우편번호/주소 /전화( ) /전송( )
○○○과 과장 ○○○ 담당자 ○○○

귀하

년 월 일

출국금지 해제통지서

귀하에 대한 출국금지를 아래와 같이 해제하였음을 통지합니다.

출국금지해제일		. . .
출국금지내용	출국금지사유	
	출국금지기간	. . .부터 . . .까지
출국금지 해제 요청기관		

법무부장관 │직인│

■ 출입국관리법 시행규칙 [별지 제10호의2서식] 〈개정 2018. 6. 12.〉

출국금지기간 연장통지서

발급번호 :

우편번호/주소		/전화번호( ) /팩스번호( )
○○○과	과장 ○○○	담당자 ○○○

귀하

년   월   일

귀하는 「출입국관리법」 제4조의2 및 제4조의4제1항에 따라 아래와 같이 출국금지기간이 연장
되었음을 통지합니다.

출국금지 연장기간	. . . 부터 . . . 까지
출국금지 연장사유	
출국금지 요청기관	

귀하는 위 처분에 대하여 이의가 있을 때에는 「출입국관리법」 제4조의5제1항에 따라 이 통지서를 받
은 날부터 10일 이내에 법무부장관에게 이의신청을 하거나, 이 통지서를 받은 날부터 90일 이내에
행정심판 또는 행정소송을 제기할 수 있습니다.

※ 행정심판을 청구할 때에는 온라인행정심판(www.simpan.go.kr), 행정소송을 청구할 때에는 전자소
송(ecfs.scourt.go.kr)을 통하여 온라인으로도 청구할 수 있습니다.

(2) 출국금지해제사유 통지

법무부장관은 출국금지 사유가 없어졌거나 출국을 금지할 필요가 없다고 인정하여 출국금지를 해제하였을 때에는 이를 즉시 당사자에게 통지하여야 한다(법 제4조의4 제2항). 만일 그 해태로 인해 출국금지 당사자가 해외여행 중단으로 손해가 발생할 경우 그가 입은 정신적, 물질적 손해에 대해 국가의 배상책임이 인정된다.[26]

(3) 출국금지결정 등 통지의 제외

(가) 통지제외 사유

법무부장관은 출국금지 당사자의 인권을 최대한 보장하기 위하여 통지제외 사유를 규정하고 있는데, 그에 따른 통지제외 사유는 ⅰ) 대한민국의 안전 또는 공공의 이익에 중대하고 명백한 위해(危害)를 끼칠 우려가 있다고 인정되는 경우, ⅱ) 범죄수사에 중대하고 명백한 장애가 생길 우려가 있다고 인정되는 경우[27], ⅲ) 출국이 금지된 사람이 있는 곳을 알 수 없는 경우 등에 한한다(법 제4조의4 제3항). 여기서 범죄수사에 중대한 장애가 생길 우려가 있어 출국금지나 출국금지 기간연장의 통지를 하지 아니할 수 있는 경우 전체 출국금지 기간이 3개월 이내인 경우에만 한하도록 규정하여 장기간 미통지로 인한 출국금지 대상자의 권리침해를 최소화하고 있다.

한편, 여기서 대한민국의 안전 또는 공공의 이익에 중대하고 명백한 위해를 끼칠 우려가 있어 출국금지나 출국금지기간 연장의 통지를 하지 아니할 수 있는 경우는 출국이 금지된 사람이 ⅰ) 「형법」 중 내란·외환의 죄, ⅱ) 「국가보안법」 위반의 죄, ⅲ) 「군형법」 중 반란·이적의 죄, ⅳ) 「군형법」 중 군사기밀 누설죄와 암호부정 사용죄의 어느 하나에 해당하는 죄와 관련된 혐의자인 경우로 한정한다(법 시행규칙 제6조의8 제1항).

(나) 통지제외 요청

출국금지 요청기관의 장은 법 제4조제3항에 따라 출국금지를 요청하거나 출국금지기간을 초과하여 계속 출국을 금지할 필요가 있어 그 기간 연장을 요청하는 경우 당사자가 ⅰ) 대한민국의 안전 또는 공공의 이익에 중대하고 명백한 위해(危害)를 끼칠 우려가 있다고 인

---

26) 서울민사지방법원 1991. 7. 10. 선고 91나1102 제5부판결 : 확정.
27) 다만, 연장기간을 포함한 총 출국금지기간이 3개월을 넘는 때에는 당사자에게 통지하여야 한다.

정되는 경우, ⅱ) 범죄수사에 중대하고 명백한 장애가 생길 우려가 있다고 인정되는 경우[28], ⅲ) 출국이 금지된 사람이 있는 곳을 알 수 없는 경우에 해당된다고 인정하면 법무부장관에게 통지를 하지 아니할 것을 요청할 수 있다(법 시행령 제3조의3 제1항). 이 경우 요청기관의 장은 출국금지 요청서의 출국금지 사유란 또는 출국금지기간 연장요청서의 연장요청 사유란에 그 이유를 기재하여야 한다(법 시행규칙 제6조의8 제2항). 이는 통지를 하지 아니하는 사유를 명확히 기재하게 하여 통지제외에 대한 심사 · 결정의 판단자료로 활용할 뿐만 아니라 출국금지 대상자의 알권리를 보장하고, 대항권 등 기본권 침해를 최소화하는 데 그 목적이 있다.[29]

(다) 심사 등의 방법

출국금지 요청기관의 장이 출국금지 및 출국금지 기간을 요청하는 때에 당사자에게 통지하지 아니할 것을 요청할 경우, 법무부장관은 출국금지나 출국금지기간 연장 요청에 관하여 심사 · 결정할 때에는 통지 제외에 관한 요청을 함께 심사 · 결정하여야 한다(법 시행령 제3조의3 제2항). 이 경우 법무부장관은 출국금지 등의 심사결정서에 그 이유를 기재하여야 한다(법 시행규칙 제6조의8 제3항).

(4) 출국금지 여부의 확인

출국이 금지된 사람(본인으로부터 소송 등을 위임받은 변호인을 포함한다)은 법무부장관이나 청장 · 사무소장 또는 출장소장에게 본인의 출국금지 사실을 확인할 수 있으며, 이에 따른 사실확인 절차 등 필요한 사항은 법무부장관이 정한다(법 시행규칙 제6조의9). 한편, 법무부장관은 이에 따른 확인을 온라인으로 할 수 있도록 하기 위한 정보통신망을 구축 · 운영할 수 있다.

사. 출국금지결정 등에 대한 이의신청

(1) 이의신청 기한 및 이의신청서 제출

출국금지결정 등에 이의신청은 출국이 금지된 자가 처분권자인 법무부장관에게 직접 처분에 대한 적정성의 판단을 구하자는 절차로서, 출국이 금지되거나 출국금지기간이 연장된

---

28) 다만, 연장기간을 포함한 총 출국금지기간이 3개월을 넘는 때에는 당사자에게 통지하여야 한다.
29) 법무부 출입국 · 외국인정책본부, 앞의 책 52면.

사람은 출국금지결정이나 출국금지기간 연장의 통지를 받은 날 또는 그 사실을 안 날부터 10일 이내에 법무부장관에게 출국금지결정이나 출국금지기간 연장결정에 대한 이의를 신청할 수 있다(법 제4조의5 제1항). 이에 따라 출국금지결정이나 출국금지기간 연장결정에 대하여 이의신청을 하려는 사람은 같은 항에서 정한 기간 내에 법무부장관에게 이의신청서를 제출하여야 한다.

■ 출입국관리법 시행규칙 [별지 제11호서식] 〈개정 2013.1.16〉

출국금지결정 등 이의신청서

접수번호	접수일		처리기간	15일

신청인	성　명			
	생년월일		성 별 [ ] 남　　[ ] 여	
	주소 　　　　　　　　　　　　　　　　(전화번호:　　　　　　　)			

　　　년　월　일 출국금지(출국금지기간 연장)결정에 대하여 이의가 있으므로 「출입국관리법」 제4조의5제1항에 따라 붙임과 같이 소명자료를 첨부하여 이의신청을 합니다.

년　　월　　일

　　　　　　　　신청인

(서명 또는 인)

법무부장관 귀하

첨부서류	소명자료	수수료 없 음

(2) 이의신청에 대한 심사 · 결정

(가) 심사기간

법무부장관은 이의신청을 받으면 그 날부터 15일 이내에 이의신청의 타당성 여부를 결정하여야 한다. 다만, 부득이한 사유가 있으면 15일의 범위에서 한 차례만 그 기간을 연장할 수 있도록 규정하고 있는데(법 제4조의5 제2항), 이는 신청에 따른 심사 · 결정의 지체를 방지하여 출국금지 처분된 당사자의 인권을 최대한 보장하는데 그 목적이 있다. 여기서 부득이한 사유가 있는 경우란, 이의신청과 관련하여 법무부장관이 요청기관 또는 이의신청자로부터 필요한 서류의 제출 또는 의견진술을 요구하였으나 피치 못할 사정으로 서류의 제출 또는 의견 진술이 지연되는 경우 등이다.[30]

---

30) 법무부 출입국 · 외국인정책본부, 앞의 책 55면.

법 무 부

년   월   일

출국금지결정 등 이의신청에 대한 심사결정서

신청인	성 명	성 별:
	생년월일	
	직 업	
	주 소	
이의신청취지		

위 신청인이   년   월   일에 제출한 출국금지(출국금지기간 연장)결정의 이의신청에 대하여 「출입국관리법」 제4조의5제2항에 따라 심사하여 다음과 같이 결정합니다.

다 음

주 문	
이 유	

(나) 서류제출 및 의견진술

법무부장관은 이의신청에 대한 심사·결정에 필요하다고 인정하면 이의신청인이나 출국금지 요청기관의 장에게 필요한 서류를 제출하거나 의견을 진술할 것을 요구할 수 있다(법 시행령 제3조의4 제1항).

(3) 출국금지 해제 및 통보 등

법무부장관은 출국금지 및 출국금지 기간연장 처분에 대한 이의신청 심사 결과 그 이의신청이 이유 있다고 판단하면 즉시 출국금지를 해제하거나 출국금지기간의 연장을 철회하여야 하고, 그 이의신청이 이유 없다고 판단하면 이를 기각하고 당사자에게 그 사유를 서면에 적어 통보하여야 한다(법 제4조의5 제3항). 이 경우 당사자는 행정소송을 통하여 추가적으로 권리구제 절차를 진행할 수 있다.

법 무 부
Ministry of Justice

년   월   일
Date

출국정지결정 등 이의신청에 대한 심사결정서
Decision on Formal Objection

신청인 (Applicant)	성 명 (Name)	
	생년월일 (Date of Birth)	
	직 업 (Occupation)	
	주 소 (Address)	
이의신청 취지 (purport of formal objection)		

위 신청인이 「출입국관리법」 제29조에 따라   년   월   일 제출한 출국정지(출국정지기간 연장)결정에 대한 이의신청을 심사하여 다음과 같이 결정합니다.
As a result of the examination of your objection against the decision of departure suspension(extension of the period of departure suspension) requested by the above applicant on   .   .   . in accordance with the Article 29 of the Immigration Law we hereby decide as follows :

주 문 (Text)	
이 유 (Reason)	

법무부장관
Minister of Justice
(Official seal affixed)

(4) 출국금지자의 자료관리

법무부장관은 출국을 금지하기로 결정한 사람과 긴급출국금지를 하거나 긴급출국금지 승인을 한 사람에 대해서는 지체 없이 정보화업무처리 절차에 따라 그 자료를 관리하여야 한다. 출국금지나 긴급출국금지를 해제한 때에도 또한 같다(법 시행령 제5조).

[별지 제56호의9서식] 〈신설 2012.1.19.〉

출국정지 이의신청 처리대장

접수		신청인		출국정지 내역			이의 신청 취지	심사 · 결정		비고
번호	월일	성명	생년월일	요청기관	정지기간	정지사유		월일	내용	

아. 긴급출국금지

(1) 긴급출국금지 절차

(가) 출국금지 요청 및 금지사유

긴급출국금지제도는 심각한 범죄의 조속한 해결을 통한 공공의 이익을 실현하고자 도입된 제도이다. 이에 따라 수사기관은 범죄 피의자로서 심각한 범죄에 해당하는 사형·무기 또는 장기 3년 이상의 징역이나 금고에 해당하는 죄를 범하였다고 의심할 만한 상당한 이유가 있고, ⅰ) 피의자가 증거를 인멸할 염려가 있는 때, ⅱ) 피의자가 도망하거나 도망할 우려가 있는 때의 어느 하나에 해당하는 사유가 있으며, 긴급한 필요가 있는 때에는 법무부장관이 아닌 출입국관리공무원에게 출국금지를 요청할 수 있으며(법 제4조의6 제1항), 이에 따른 요청을 받은 출입국관리공무원은 출국심사를 할 때에 긴급출국금지의 요건을 갖추기만 하면 출국금지가 요청된 사람을 출국시켜서는 아니 된다(같은 조 제2항).

(나) 긴급출국금지요청서 제출

긴급출국금지를 요청하려는 수사기관의 장은 긴급출국금지 요청 사유와 출국금지 예정기간 등을 적은 긴급출국금지 요청서에 법무부령으로 정하는 서류(검사의 검토의견서 등)를 첨부하여 출입국관리공무원에게 보내야 한다(법 시행령 제5조의2 제1항).

■ 출입국관리법시행규칙 [별지 제56호의10서식] 〈신설 2018. 9. 21.〉

긴급출국정지 요청서

문 서 번 호 :

피의자 인적사항	성 명 (영문)		성별	[ ]남 [ ]여
	생년월일 (외국인등록번호)		국 적	
	주 소		직 업	
	여권번호		여권 유효기간 만료일	

사건번호	
요청일	
출국정지 예정기간	
요청사유	
소명자료	

위 피의자에 대해 「출입국관리법」 제29조의2에 따라 긴급출국정지를 요청합니다.

년   월   일

○○○의 장

(다) 긴급출국금지 승인 요청

수사기관은 긴급출국금지를 요청한 때로부터 6시간 이내에 법무부장관에게 긴급출국금지 승인을 요청하여야 한다. 이 경우 검사의 검토의견서 및 범죄사실의 요지, 긴급출국금지의 사유 등을 기재한 긴급출국금지보고서를 첨부하여야 한다(법 제4조의6 제3항). 이처럼 긴급한 사항임에도 불구하고 수사기관으로 하여금 관련 서류를 첨부하여 법무부장관에게 실질적인 심사를 받도록 한 이유는 수사기관의 긴급출국금지의 남용적 신청을 예방하는데 그 목적이 있다.

만일 법무부장관이 긴급출국금지에 대해 승인한 경우에는 출국금지와 그 효력이 동일하며, 이 경우 출국금지기간은 긴급출국금지된 때부터 계산한다. 승인하지 아니하기로 결정한 때에는 그 이유를 분명히 밝혀 긴급출국금지 승인을 요청한 수사기관의 장에게 통보하여야 한다.[31]

---

31) 이민법연구회, 앞의 책 56면.

■ 출입국관리법시행규칙 [별지 제56호의11서식] 〈신설 2018. 9. 21.〉

긴급출국정지 승인 요청서

문 서 번 호 :

피의자 인적사항	성 명 (영문)		성별	[ ]남 [ ]여	
	생년월일 (외국인등록번호)		국 적		
	주 소		직 업		
	여권번호		여권 유효기간 만료일		

사건번호	
긴급출국정지 요청 문서번호	
요청일	
출국정지 예정기간	
요청사유	
소명자료	

위 피의자에 대해 「출입국관리법」 제29조의2에 따라 긴급출국정지 승인을 요청합니다.

년 월 일

○○○의 장

○ ○ ○   관인

긴급출국금지 승인 요청서

문 서 번 호 :

피의자 인적사항	성 명		(한 자)		성별	
	주민등록번호			국 적		
	주 소			직 업		
	여권번호			여권 유효기간 만료일		

위 피의자에 대해 「출입국관리법」 제4조의6제3항에 따라 긴급출국금지 승인을 요청합니다.

0000. 00. 00.

○○○의 장

○ ○ ○   ┌─────┐
          │ 관인 │
          └─────┘

사건번호	
긴급출국금지 요청 문서번호	
요청일	
출국금지 예정기간	
요청사유	

(라) 출국금지 해제

법무부장관은 수사기관이 긴급출국금지 승인 요청을 하지 아니한 때에는 수사기관의 요청에 따른 출국금지를 해제하여야 한다. 수사기관이 긴급출국금지 승인을 요청한 때로부터 12시간 이내에 법무부장관으로부터 긴급출국금지 승인을 받지 못한 경우에도 또한 같다(법 제4조의6 제4항). 이는 수사기관의 긴급출국금지 요청에 대한 법무부장관의 사후통제를 할 수 있도록 하는데 그 목적이 있다.

(마) 재출국금지 요청제한

출국금지가 해제된 경우에 수사기관은 동일한 범죄사실에 관하여 다시 긴급출국금지 요청을 할 수 없다(법 제4조의6 제5항).

(2) 긴급출국금지 승인 절차

(가) 긴급출국금지 승인 요청서 등 제출

긴급출국금지를 요청한 수사기관의 장은 긴급출국금지 승인을 요청할 때에는 긴급출국금지 승인 요청서에 검사의 검토의견서 및 긴급출국금지보고서 등 법무부령으로 정하는 서류를 첨부하여 법무부장관에게 보내야 한다(법 시행령 제5조의3 제1항).이는 사법경찰관의 수사종결제도 도입에 따라 변경된 제도이다.

(나) 심사 및 결정

법무부장관은 제1항에 따라 긴급출국금지 승인 요청을 받으면 긴급출국금지 승인 여부와 출국금지기간을 심사하여 결정하여야 한다(법 시행령 제5조의3 제2항).

■ 출입국관리법시행규칙 [별지 제56호의13서식] 〈신설 2018. 9. 21.〉

긴급출국정지 승인요청 심사결정서

「출입국관리법」 제29조의2에 따른 긴급출국정지 승인 요청에 대하여 아래와 같이 심사·결정합니다.

접수일			요청기관		요청부서	
사건번호			문서번호		결정일	
피의자 인적사항	성 명 (영문)				성별	남[ ] 여[ ]
	생년월일				국 적	
	여권번호				여권유효기간 만료일	
	주 소					
기 간					통지여부 (미통지 사유)	
요청사유						

(다) 의견청취 및 자료제출 요청

법무부장관은 심사·결정을 할 때에 필요하면 승인을 요청한 수사기관의 장에게 의견을 묻거나 관련 자료를 제출하도록 요청할 수 있다(법 시행령 제5조의3 제3항).

(라) 승인기각시 사유 통보

법무부장관은 긴급출국금지를 승인하지 아니하기로 결정한 때에는 그 이유를 분명히 밝혀 긴급출국금지 승인을 요청한 수사기관의 장에게 통보하여야 한다(법 시행령 제5조의3 제4항).

(마) 관련 규정준용 및 출국금지기간 기산점

법무부장관이 긴급출국금지를 승인한 경우에 출국금지기간의 연장 요청 및 심사·결정, 출국금지의 해제 절차, 출국금지결정 등 통지의 제외, 이의신청에 대한 심사·결정에 관하여는 제2조의2, 제2조의3 제2항부터 제4항까지, 제3조, 제3조의3 및 제3조의4를 준용한다. 이 경우 출국금지기간은 긴급출국금지된 때부터 계산한다(법 시행령 제5조의3 제1항).

(바) 긴급출국금지 보고

출입국관리공무원은 긴급출국금지를 한 경우에는 즉시 법무부장관에게 보고하여야 한다(법 시행규칙 제6조의13).

■ 출입국관리법 시행규칙 [별지 제56호의12서식] 〈신설 2018. 9. 21.〉

긴급출국정지 보고서

대상자 인적사항	성명(영문)
	생년월일(외국인등록번호)
	주소
범죄사실 요지	
긴급출국정지 사유	

(3) 긴급출국금지 요청대장의 작성 및 관리

긴급출국금지를 요청한 수사기관의 장은 긴급출국금지 요청과 그 승인 또는 해제 요청, 기간 연장 또는 해제 등의 변동 사항을 적은 긴급출국금지 요청대장을 갖추어 두어야 한다 (법 시행령 제5조의4).

[별지 제13호의5서식] 〈신설 2012.1.19.〉

긴급출국금지 승인 요청대장

일련번호	대상자		긴급출국금지 승인요청					출국금지기간 연장요청					출국금지 해제요청			비고
	성명	생년월일	요청일	요청근거	출국금지예정기간	요청사유	승인여부	요청일	요청근거	연장예정기간	요청사유	승인여부	요청일	요청근거	승인여부	

3. 국민의 여권 등의 보관

가. 여권 등의 보관 · 통지

(1) 여권의 회수 및 보관

출입국관리공무원은 위조되거나 변조된 국민의 여권 또는 선원신분증명서를 발견하였을 때에는 이를 회수하여 재사용을 방지 및 브로커 등에 의한 유통 사전방지, 여권의 위 · 변조 등의 방지를 목적으로 보관할 수 있다(법 제5조).

■ 출입국관리법 시행규칙 [별지 제14호서식] 〈개정 2018. 5. 15.〉

번호 :

보 관 증

○ ○ ○ 귀하

성 명	
여권 또는 선원신분증 명서	
수 량	
보관 사유	
비 고	

「출입국관리법」 제5조에 따라 위와 같이 (여권/선원신분증명서)을 보관합니다.

년   월   일

(2) 보관사실 통지

출입국관리공무원은 여권 또는 선원신분증명서를 보관할 때에는 여권 또는 선원신분증명서의 소지인에게 그 사유를 알리고, 그 사실을 발급기관의 장에게 알릴 수 있다(법 시행령 제6조 제1항).

(3) 여권 등 송부

출입국·외국인청의 장(이하 "청장"이라 한다), 출입국·외국인사무소의 장(이하 "사무소장"이라 한다), 출입국·외국인청 출장소의 장 또는 출입국·외국인사무소 출장소의 장(이하 "출장소장"이라 한다)은 ⅰ) 수사기관의 장이 수사상 필요하여 송부를 요청한 경우, ⅱ) 발급기관의 장이 요청한 경우의 어느 하나에 해당할 때에는 보관 중인 여권 또는 선원신분증명서를 요청기관 또는 발급기관의 장에게 보낼 수 있다(법 시행령 제6조 제2항).

나. 여권의 보관 및 반환

(1) 보관물 대장 기재

출입국관리공무원은 여권 또는 선원신분증명서를 보관할 때에는 보관일자·보관사유 등을 보관물 대장에 정확하게 기재하여야 한다(법 시행규칙 제7조 제1항).

■ 출입국관리법 시행규칙 [별지 제15호서식] 〈개정 2016. 9. 29.〉

보관물 대장

확인	번호	보관일자	성명	성별	수량	보관사유	환부	가환부	송부	수령인
							일자			

(2) 여권 송부사실증명서 첨부

출입국관리공무원은 보관 중인 여권 또는 선원신분증명서를 요청기관이나 발급기관의 장에게 송부하는 때에는 그 뜻을 보관물 대장에 기재하고 수령인의 서명 또는 날인을 받거나 송부사실을 증명할 수 있는 영수증 등을 첨부하여야 한다(법 시행규칙 제7조 제2항).

4. 국민의 입국

우리나라 국민이 외국에서 돌아와 우리나라에 입국하려는 것은 국민의 당연한 권리이므로 입국이 거부되는 경우는 없으며, 따라서 국민에 대한 입국심사는 유효한 여권을 소지하였는지 여부를 확인하는 입국확인절차이다. 다만, 우리나라 여권을 위·변조하여 한국으로 입국하려는 외국인이 급증하고 있어 신중한 입국심사가 요구된다.

가. 입국심사절차

(1) 원칙

대한민국 밖의 지역에서 대한민국으로 입국(이하 "입국"이라 한다)하려는 국민은 유효한 여권을 가지고 입국하는 출입국항에서 출입국관리공무원의 입국심사를 받아야 한다(법 제6조 제1항 본문). 이는 국민의 입국 시 여권소지자의 동일성을 확인하여 타인의 불법 입국을 방지하고, 국민의 출입국기록 유지 등을 위해 입국 사실을 확인하는 것일 뿐, 국민의 입국 그 자체에 대한 허가를 의미하는 것은 아니다.[32]

(2) 예외

다만, 기상악화·재난 등의 사유로 탑승한 선박 등이 지정된 공항 및 항만으로 입항할 수 없는 등과 같은 부득이한 사유로 출입국항으로 입국할 수 없을 때에는 지방출입국·외국인관서의 장의 허가를 받아 출입국항이 아닌 장소에서 출입국관리공무원의 입국심사를 받은 후 입국할 수 있다(법 제6조 제1항 단서).

---

32) 이민법연구회, 앞의 책 58면.

나. 여권미소지자 입국

출입국관리공무원은 국민이 유효한 여권을 잃어버리거나 그 밖의 사유로 이를 가지지 아니하고 입국하려고 할 때에는 확인절차를 거쳐 입국하게 할 수 있다(법 제6조 제2항). 국가는 어떠한 경우라도 국민을 보호할 의무(귀국의 권리)가 있으므로 여권미소지 등의 이유로 입국을 거부할 수는 없다. 따라서 이럴 경우 여권 외에 대한민국의 국민임을 확인할 수 있는 신분증명서·출입국사실 확인 등으로 입국심사를 갈음할 수 있다.

다. 정보화기기에 의한 입국심사 갈음

입국심사는 정보화기기에 의한 입국심사로 갈음할 수 있다(법 제6조 제3항).

라. 자료제출 요청 및 입국심사 활용

법무부장관은 입국심사에 필요한 경우에는 국민의 생체정보를 수집하거나 관계 행정기관이 보유하고 있는 국민의 지문 및 얼굴에 관한 생체정보의 제출을 요청할 수 있으며(법 제6조 제4항), 협조를 요청받은 관계 행정기관은 정당한 이유 없이 그 요청을 거부해서는 아니 된다(법 제6조 제5항). 또한, 출입국관리공무원은 이에 따라 제출받은 자료를 입국심사에 활용할 수 있다(법 제6조 제6항).

마. 제출받은 자료의 처리

법무부장관은 수집하거나 제출받은 생체정보를「개인정보 보호법」에 따라 처리한다(법 제6조 제7항).

5. 복수국적자 출입국

가. 기본원칙

출입국정보시스템(ICRM) 또는 여권 등을 통하여 복수국적자로 확인 된 사람은 대한민국 여권으로 출입국심사를 함이 원칙이다.

나. 공통기준

외국여권을 제출하는 경우 아래 공통기준 절차에 따라 처리하여야 한다.

(1) 외국 여권으로는 출국할 수 없는 사람

복수국적자인 사람이 대한민국 여권으로 입국한 경우에는 반드시 대한민국 여권으로만 출국심사를 하여야 한다.

(2) 대한민국 여권과 외국 여권을 함께 제출한 사람

복수국적자가 대한민국 여권과 외국 여권을 함께 제출한 경우 대한민국 여권으로만 출입국심사를 하여야 한다.

(3) 외국여권만 제출한 사람

이 경우에는 외국국적 불행사를 서약한 사람과 이를 서약하지 아니한 사람으로 나누어 보아야 한다.

(가) 외국국적 불행사 서약을 한 사람

복수국적자가 외국국적 불행사를 서약한 경우 우리나라에 입국하거나 외국으로 출국할 때에는 반드시 대한민국 여권을 사용하여야 한다.

■ 국적법 시행규칙 [별지 제5호의2서식] 〈개정 2018. 5. 15.〉

외국국적불행사 서약서

※ 어두운 난은 적지 마시고 [ ]에는 해당되는 곳에 √ 표시를 합니다.

접수번호	접수일		접수자		확인자

서약인	성명(한글) 　　(한자)			성별 [ ] 남 [ ] 여	사 진 3.5cm×4.5cm (모자 벗은 상반신으로 뒤 그림없이 6개월 이내 촬영한 것)
	성명(외국명)		생년월일		
	외국 국적		출생지		
	전화번호		전자우편(E-mail)		
	주소				
	등록기준지				

서약유형	[ ]「국적법」 제10조제2항　　[ ]제1호 [ ]제2호 [ ]제3호 [ ]제4호 [ ]제5호
	[ ]「국적법」 제13조　　　[ ]제항 [ ]제2항 단서
	[ ]「국적법」 부칙(법률 제10275호) 제2조　　[ ]제항 [ ] 제2항

1. 본인은 대한민국 국적을 취득 · 선택 · 보유하는 것과 관련하여 다음과 같이 서약합니다.

　가. 대한민국 국민으로서의 의무를 충실히 이행하겠습니다.

　나. 대한민국 내에서나 출입국을 할 때 대한민국 국민으로만 처우됨을 잘 알고 있으며, 외국여권을 사용하거나 외국인등록을 하는 등 외국 국적을 행사하지 않을 것입니다.

2. 만약 오늘 이후에 본인이 위 내용에 위배되는 행위를 할 경우에는 과태료 부과 등의 제재를 포함하여 「국적법」 제14조의2에 따른 국적선택명령이나 「국적법」 제14조의3에 따른 국적상실 결정 등의 불이익을 감수할 것을 서약합니다.

(나) 외국국적 불행사 서약을 하지 않은 사람

외국에서 거주하면서 단기간(90일 이하) 친척 방문 등 목적으로 우리나라를 출입국하는 경우에는 외국여권을 사용하여 출입국이 가능하다. 다만, 90일 이상 체류하는 경우에는 외국인등록을 할 수 없기 때문에 주민등록을 하여야 하며, 주민등록을 한 이후에는 우리나라를 출입국할 때 한국여권을 사용하여야 한다.

제3장 외국인의 입국 및 상륙

제3장에서는 외국인의 입국 및 상륙에 관한 규정을 적시하며, 제1절에서는 외국인의 입국 등(외국인의 입국, 허위초청 금지, 사증, 사증발급 인증서, 체류자격, 일반체류자격, 영주자격, 입국의 금지 등, 입국시 지문 및 얼굴에 관한 정보 제공, 선박등의 제공금지, 외국인의 여권 등의 보관, 조건부 입국허가), 제2절에서는 외국인의 상륙 등(승무원의 상륙허가, 관광상륙허가, 재산상륙허가, 난민 임시상륙허가)의 내용을 규정하고 있다.

제1절 외국인의 입국

1. 외국인의 입국 등

사증(VISA)이란 원래 의미로는 일종의 배서 또는 확인으로서 국가 정책에 따라 그 의미가 다르며, 외국인이 그 나라에 입국할 수 있음을 인정하는 "입국허가 확인"의 의미와, 외국인의 입국허가신청에 대한 영사의 "입국추천행위"의 의미로 보고 있는 국가로 대별 됩니다. 우리나라에서는 후자의 의미, 즉 "외국인의 입국허가 신청에 대한 영사의 입국추천행위"로 이해하고 있습니다. 따라서, 외국인이 사증을 소지한 경우에도 공항만 출입국관리사무소 심사관의 입국심사결과 입국허가 요건에 부합하지 아니한 경우 입국을 허가하지 않을 수 있습니다.

가. 외국인의 입국

(1) 외국인 입국절차

(가) 원칙 – 여권 및 사증소지

외국인이 대한민국에 입국하고자 할 때에는 유효한 여권과 법무부장관이 발급한 사증(査證)을 가지고 있어야 한다(법 제7조 제1항). 여기서 외국인의 입국은 외국인이 대한민국의 국가 영역 안에 도달이라는 객관적 요건과 입국의 의사라는 주관적 요건으로 구성된다. 한편, 여권의 유효성 판단기준은 여권의 형식적 요건과 실질적 요건을 충족하는 여권을 의미하는데, 여기서 형식적 요건이란 ⅰ) 권한 있는 국가 기관에 의하여 적법하게 발급되었을 것, ⅱ) 여권이 유효기간을 경과하지 아니 하였을 것, ⅲ) 여권의 명의인과 소지자가 동일인일 것, ⅳ) 여권이 위조되거나 변조되지 않았을 것, ⅳ) 우리정부가 유효하다고 인정하는 것 등의 기준을 갖추는 것을 말하며, 실질적 요건이란 여권의 명의인과 소지하고 행사하는 외국인이 동일하다는 것을 의미한다.

외국인에게 유효한 여권을 소지하도록 의무화하는 목적은 정확한 외국인의 신원을 파악하여 출입국관리행정의 실효성을 확보하고, 당해 외국인에 대한 외교적 보호의 관할권을 명확히 하며, 강제퇴거의 경우 송환이 가능한 국가를 확인하여 국익을 저해하는 외국인의 추방을 유효하게 집행하고, 대한민국에서 체류하는 외국인의 신원을 확인할 수 있는 국제적으로 공인된 신분증 역할을 하기 때문이다.[33]

【판시사항】
출입국관리법상 '입국'의 의미(대법원 2005. 1. 28. 선고 판결)

【판결요지】
출입국관리법상 '입국'이라 함은 대한민국 밖의 지역으로부터 대한민국 안의 지역으로 들어오는 것을 말하고, 여기서 '대한민국 안의 지역'이라 함은 대한민국의 영해, 영공 안의 지역을 의미하며, 따라서 출입국관리법 제12조 제1항 또는 제2항의 규정에 의하여 입국심사를 받아야 하는 외국인을 집단으로 불법입국시키거나 이를 알선한 자 등을 처벌하는 출입국관리법 제93조의2 제1호 위반죄의 기수시기는 불법입국하는 외국인이 대한민국의 영해 또는 영공 안의 지역에 들어올 때를 기준으로 판단하여야 한다.

(나) 예외 -국체친선 등을 위한 입국허가

외국인이 대한민국에 입국하고자 할 때에는 유효한 여권과 법무부장관이 발급한 사증(査證)을 가지고 있어야 하지만, 다음의 어느 하나에 해당하는 외국인은 사증 없이도 입국할 수 있다(법 제7조 제2항).

1) 재입국허가를 받은 사람 또는 재입국허가가 면제된 사람으로서 그 허가 또는 면제받은 기간이 끝나기 전에 입국하는 사람

---

33) 법무부 출입국 · 외국인정책본부, 앞의 책 65면.

2) 대한민국과 사증면제협정을 체결한 국가의 국민으로서 그 협정에 따라 면제대상이 되는 사람

3) 국제친선, 관광 또는 대한민국의 이익 등을 위하여 입국하는 사람으로서 대통령령으로 정하는 바에 따라 따로 입국허가를 받은 사람. 이에 따라 사증 없이 입국할 수 있는 외국인은 ⅰ) 외국정부 또는 국제기구의 업무를 수행하는 사람으로서 부득이한 사유로 사증을 가지지 아니하고 입국하려는 사람, ⅱ) 법무부령으로 정하는 기간 내에 대한민국을 관광하거나 통과할 목적으로 입국하려는 사람, ⅲ) 그 밖에 법무부장관이 대한민국의 이익 등을 위하여 입국이 필요하다고 인정하는 사람의 어느 하나에 해당하는 사람으로 한다(법 시행령 제8조 제1항). 또한, 이에 따라 사증 없이 입국할 수 있는 외국인의 입국허가 절차를 정하며(같은 조 제2항), 외국인의 구체적인 범위는 법무부장관이 국가와 사회의 안전 또는 외국인의 체류질서를 고려하여 정한다(같은 조 제3항).

4) 난민여행증명서를 발급받고 출국한 후 그 유효기간이 끝나기 전에 입국하는 사람

(2) 사증면제협정 적용의 일시 정지

법무부장관은 공공질서의 유지나 국가이익에 필요하다고 인정하면 대한민국과 사증면제협정을 체결한 국가의 국민으로서 그 협정에 따라 면제대상이 되는 사람에 대하여 사증면제협정의 적용을 일시 정지할 수 있다(법 제7조 제3항).

(가) 외교부장관과의 협의

법무부장관은 사증면제협정의 적용을 일시 정지하려면 외교부장관과 미리 협의하여야 한다(법 시행령 제9조 제1항).

(나) 당사국에 통지

법무부장관은 사증면제협정의 적용을 일시 정지하기로 결정한 때에는 지체 없이 그 사실을 외교부장관을 거쳐 당사국에 통고하여야 한다(법 시행령 제9조 제2항).

(3) 미수교국가 등 입국절차

(가) 외국인입국허가서의 발급 등

대한민국과 수교(修交)하지 아니한 국가나 법무부장관이 외교부장관과 협의하여 지정한

국가의 국민은 재외공관의 장이나 지방출입국 · 외국인관서의 장이 발급한 외국인입국허가서를 가지고 입국할 수 있다(법 제7조 제4항). 여기서 미수교국가[34]란 대한민국이 해당 국가와 외교 관계를 맺지 않았거나 국교를 단절한 국가를 의미한다. 원칙적으로 미수교국가의 정부가 발급한 여권은 유효한 것으로 인정하지 않기 때문에 통상의 절차에 의해서는 입국이 불가능하지만, 법 제7조 제4항은 미수교국가라도 자국의 이익에 부합할 경우 예외적으로 입국을 허용할 수 있는 내용을 규정한 것이다.[35]

다만, 미수교국가 또는 특정국가의 국민은 법 제7조 제4항에 따라 긴급한 사유 그 밖에 부득이한 사유로 인하여 재외공관의 장으로부터 외국인입국허가서를 발급받지 아니하고 입국하고자 하는 때에는 청장 · 사무소장 또는 출장소장에게 외국인입국허가서 발급신청을 하여야 되며(법 시행규칙 제16조 제1항), 이에 따라 외국인입국허가서발급신청을 하고자 하는 자는 사증발급신청서에 사증발급 등 신청시의 첨부서류(법 시행규칙 제76조)를 첨부하여 이를 청장 · 사무소장 또는 출장소장에게 제출하여야 한다(법 시행규칙 제16조 제2항). 이에 따른 신청에 대하여 청장 · 사무소장 또는 출장소장은 이를 허가하거나 거부하고자 하는 때에는 법무부장관의 승인을 얻어야 한다. 이 경우 필요하다고 인정하는 때에는 당해 출입국항에 주재하는 관계기관의 공무원에게 의견을 물을 수 있다(같은 조 제3항). 또한 이에 따른 허가의 승인이 있는 때에는 청장 · 사무소장 또는 출장소장은 외국인입국허가서에 허가된 체류자격과 체류기간을 기재한 후 발급기관란에 출입국 · 외국인청장인, 출입국 · 외국인사무소장인, 출입국 · 외국인청 출장소장인 또는 출입국 · 외국인사무소 출장소장인을 찍고 서명하여야 한다(같은 조 제4항). 이 경우 체류자격 및 근무처의 기재방법에 관하여는 제8조 제3항 후단을 준용한다(같은 조 제5항).

1) 협의지정 국가 통보

법무부장관은 외교부장관과 협의하여 국가를 지정하면 지체 없이 그 사실을 재외공관의 장, 청장 · 사무소장 및 출장소장에게 통보하여야 한다(법 시행령 제10조 제1항).

---

34) 현재 대한민국과 수교하지 아니한 국가는 쿠바, 마케도니아, 시리아, 팔레스타인 등이 있다.
35) 법무부 출입국 · 외국인정책본부, 앞의 책 69면.

2) 사증발급신청서 등 제출

외국인입국허가서를 발급받으려는 사람은 사증발급 신청서에 법무부령으로 정하는 서류를 첨부하여 재외공관의 장, 청장·사무소장 또는 출장소장에게 제출하여야 한다(법 시행령 제10조 제2항).

【판시사항】
외국인에게 사증발급 거부처분의 취소를 구할 법률상 이익이 인정되는지 여부(대법원 2018. 5. 15. 선고 2014두42506 판결)

【판결요지】
사증발급의 법적 성질, 출입국관리법의 입법 목적, 사증발급 신청인의 대한민국과의 실질적 관련성, 상호주의원칙 등을 고려하면, 우리 출입국관리법의 해석상 외국인에게는 사증발급 거부처분의 취소를 구할 법률상 이익이 인정되지 않는다.

3) 입국인입국허가서의 발급

재외공관의 장, 청장·사무소장 또는 출장소장은 제2항에 따른 외국인 입국허가 신청을 한 사람에게 법무부령으로 정하는 바에 따라 외국인입국허가서를 발급하여야 한다. 이 경우 그 외국인입국허가서에는 체류자격, 체류기간 및 근무처 등을 적어야 한다(법 시행령 제10조 제3항).

4) 외국인입국허가서의 유효기간
가) 원칙
외국인입국허가서의 유효기간은 3개월로 하며, 1회 입국에만 효력을 가진다.

나) 예외
다만, 별표 1의2 중 1. 외교(A-1)부터 3. 협정(A-3)까지의 체류자격에 해당하는 사람으로서 대한민국에 주재하기 위하여 입국하려는 사람에 대한 외국인입국허가서의 유효기간은 3년으로 하며, 2회 이상 입국할 수 있는 효력을 가진다(법 시행령 제10조 제4항).

장기체류자격(제12조 관련)

체류자격 (기호)	체류자격에 해당하는 사람 또는 활동범위
1. 외교 (A-1)	대한민국정부가 접수한 외국정부의 외교사절단이나 영사기관의 구성원, 조약 또는 국제관행에 따라 외교사절과 동등한 특권과 면제를 받는 사람과 그 가족
2. 공무 (A-2)	대한민국정부가 승인한 외국정부 또는 국제기구의 공무를 수행하는 사람과 그 가족
3. 협정 (A-3)	대한민국정부와의 협정에 따라 외국인등록이 면제되거나 면제할 필요가 있다고 인정되는 사람과 그 가족

5) 외국인입국허가서 회수

가) 원칙

출입국관리공무원은 외국인입국허가서를 발급받아 입국한 외국인이 출국할 때에는 외국인입국허가서를 회수하여야 한다.

나) 예외

다만, 제4항 단서에 해당하는 외국인입국허가서를 발급받아 입국한 외국인에 대해서는 최종적으로 출국할 때에 회수하여야 한다(법 시행령 제10조 제5항).

(나) 사증 등 발급의 승인

1) 승인권자

가) 원칙

재외공관의 장은 대한민국과 수교하지 아니한 국가나 법무부장관이 외교부장관과 협의하여 지정한 국가(이하 "특정국가"라 한다)의 국민 및 미수교국가 또는 특정국가에 거주하는 무국적자에 대하여 외국인입국허가서를 발급하거나, 그 발급권한이 위임되지 아니한 사증을 발급하고자 하는 때에는 법무부장관의 승인을 얻어야 한다(법 시행규칙 제8조 제1항 본문).

나) 예외

다만, 국제연합기구 또는 각국 정부간의 국제기구가 주관하는 행사에 참석하는 자와 법무부장관이 따로 정하는 자에 대하여 체류기간 90일이하의 외국인입국허가서 또는 사증을 발급하는 경우에는 그러하지 아니하다(법 시행규칙 제8조 제1항 단서).

2) 승인요청

재외공관의 장은 승인을 얻고자 하는 때에는 사증발급승인신청서에 입국의 적합 여부에 관한 의견을 붙여 외교부장관을 거쳐 법무부장관에게 승인요청을 하여야 한다. 다만, 긴급을 요하는 때에는 사증발급승인요청서에 의하여 전문으로 승인을 요청할 수 있으며, 이 경우 재외공관의 장은 그 신청인으로부터 실비상당의 전신료를 징수할 수 있다(법 시행규칙 제8조 제2항).

■ 출입국관리법 시행규칙 [별지 제19호서식] 〈개정 2015.6.15.〉

사증발급승인요청서

1. 승인대상 외국인의 인적사항

국적		성명						생년월일		남 · 여
여권번호		여권종류	외교관 [ ]	관용 [ ]	일반 [ ]	여행 증명서 [ ]	기타 [ ]	체류예정 기간	( )일	
입국목적										
주소 (국가명에서 번지까지)	출생지									
	현주소					연락처	(본국)			
	국내체류 예정지						(한국내)			
직업	직장명			배우자	국적					
	담당업무				성명					
	직위				생년월일					
	연락처				연락처					
최근 5년 이내 한국방문 사실	( )회	최근 5년 이내 한국 이외의 다른 국가 방문 경험(국가명 기재)								

2. 승인대상 외국인의 초청내용

초청업체명 (초 청 인)		사업자등록번호		대표자 성명		생년월일	
연락처		주소					

초청목적

3. 국내 체류 중인 가족 (직계가족 및 배우자만 기재)

연번	국적	성명	생년월 일	성 별	여권번호	관계
1						

3) 법무부장관의 심사 및 통지

법무부장관은 사증발급에 관하여 승인요청이 있는 때에는 입국의 적합 여부를 심사한 후에 그 승인여부와 승인하는 경우 그 사증의 단수 또는 복수의 구분, 체류자격 및 체류기간을 각각 명시하여 이를 외교부장관을 거쳐 해당재외공관의 장에게 통지한다. 이 경우 체류자격은 문자와 기호를 함께 적고, 근무처, 연수장소, 학교명 등이 있는 때에는 이를 명시하여야 한다(법 시행규칙 제8조 제3항).

4) 사증발급 제한

재외공관의 장은 법무부장관에게 사증발급승인을 요청한 때에는 그 승인통지를 받기 전에 사증을 발급하여서는 아니된다(법 시행규칙 제8조 제4항).

나. 허위초청 등의 금지

(1) 금지행위 유형

누구든지 외국인을 입국시키기 위하여 ⅰ) 거짓된 사실의 기재나 거짓된 신원보증 등 부정한 방법으로 외국인을 초청하거나 그러한 초청을 알선하는 행위, ⅱ) 거짓으로 사증 또는 사증발급인정서를 신청하거나 그러한 신청을 알선하는 행위의 어느 하나의 행위를 하여서는 아니 된다(법 제7조의2).

> 【판시사항】
> 불법체류를 이유로 강제출국 당한 중국 동포인 피고인이 중국에서 이름과 생년월일을 변경한 호구부(호구부)를 발급받아 중국 주재 대한민국 총영사관에 제출하여 입국사증을 받은 다음, 다시 입국하여 외국인등록증을 발급받고 귀화허가신청서까지 제출한 사안에서, 피고인에게 각 '위계에 의한 공무집행방해죄'를 인정한 원심판단을 수긍한 사례(대법원 2011. 4. 28. 선고 2010도14696 판결)
>
> 【판결요지】
> 불법체류를 이유로 강제출국 당한 중국 동포인 피고인이 중국에서 이름과 생년월일을 변경한 호구부(호구부)를 발급받아 중국 주재 대한민국 총영사관에 제출하여 변경된 명의로 입국사증을 받은 다음, 다시 입국하여 그 명의로 외국인등록증을 발급받고 귀화허가신청서까지 제출한 사안에서, 피고인이 자신과 동일성을 확인할 수 없도록 변경된 호구부를 중국의 담당관청에서 발급받아 위 대한

민국 총영사관에 제출하였으므로, 영사관 담당직원 등이 호구부의 기재를 통하여 피고인의 인적사
항 외에 강제출국 전력을 확인하지 못하였더라도, 사증 및 외국인등록증의 발급요건 존부에 대하여
충분한 심사를 한 것으로 보아야 하고, 이러한 경우 행정청의 불충분한 심사가 아니라 출원인의 적
극적인 위계에 의해 사증 및 외국인등록증이 발급되었던 것이므로 위계에 의한 공무집행방해죄가
성립하고, 또한 피고인의 위계행위에 의하여 귀화허가에 관한 공무집행방해 상태가 초래된 것이 분
명하므로, 귀화허가가 이루어지지 아니하였더라도 위 죄의 성립에 아무런 영향이 없다는 이유로,
피고인에게 각 '위계에 의한 공무집행방해죄'를 인정한 원심판단을 수긍하였다.

(2) 사증발급인정서 신청 주체

법 제7조, 법 시행령 제7조 제1항에 의하면 사증의 발급신청자는 사증을 발급받고자 하는
외국인이고, 법 제9조 제1항, 제2항, 법 시행규칙 제17조 제2항에 의하면 사증발급인정서
의 신청자도 외국인이고 그 외국인을 초청하려는 자는 대리로 신청할 수 있도록 규정하고
있는 점, 외국인이든 초청자든 허위로 사증 내지 사증발급인정서를 신청하는 경우에 우리
나라의 사증 등 발급업무를 포함한 외국인 출입국관리업무에 중대한 영향을 미치는 데에
아무런 차이가 없는 점 등을 종합해 보면, 법 제7조의2 제2호의 누구든지 외국인을 입국시
키기 위하여 허위로 사증 또는 사증발급인정서를 신청하는 행위의 주체에는 외국인도 포함
된다고 보는 것이 상당하다.

다. 사전여행허가

(1) 사전여행허가 대상

법무부장관은 공공질서의 유지나 국가이익에 필요하다고 인정하면 ⅰ)국제친선, 관광 또
는 대한민국의 이익 등을 위하여 입국하는 사람으로서 대통령령으로 정하는 바에 따라 따
로 입국허가를 받은 사람(제7조제2항제2호 또는 제3호), ⅱ) 다른 법률에 따라 사증 없이 입국
할 수 있는 외국인에 대하여 입국하기 전에 허가를 받도록 할 수 있다(법 제7조의3).

(2) 입국시 사전영행허가서 지참

사전여행허가를 받은 외국인은 입국할 때에 사전여행허가서를 가지고 있어야 하며, 사전여
행허가서 발급에 관한 기준 및 절차·방법은 법무부령으로 정한다.

2. 사증

가. 사증의 개념 및 구분

(1) 사증의 개념

사증(visa)이란 라틴어의 'vise'가 어원이며, 이는 배서하다, 보증하다, 확인하다, 인정하다, 증명하다 등의 의미를 갖고 있다. 사증(査證)과 비자는 같은 말이다. 이러한 사증은 법무부장관이 발행하되 법무부장관은 그 업무를 재외공관의 장에게 위임할 수 있다. 특히, 입국사증은 사증 또는 비자라고도 불리는데, 아무리 인간의 거주이전의 자유가 인정된다고 하여도 외국인의 입국을 무조건적으로 허용하는 국가는 없다. 즉, 전과자, 수배자, 전염병환자 등 입국할 국가의 안전을 해칠 우려가 있는 자 등에 대해서는 입국을 제한하기 위하여 입국자격을 심사하고, 입국자격을 증명하기 위하여 입국사증을 발급하고 있다. 우리나라에 사증제도가 도입된 것은 1918년 「외국인도래에 관한 건」에 의해서부터이다. 물론, 그전에도 외국과 교류가 있었으므로 외국인의 입국통제수단은 있었다.

【판시사항】

헌법 제14조에 정한 거주·이전의 자유의 의미와 그 구체적 내용(대법원 2008. 1. 24. 선고 2007두10846 판결)

【판결요지】

거주·이전의 자유란 국민이 자기가 원하는 곳에 주소나 거소를 설정하고 그것을 이전할 자유를 말하며 그 자유에는 국내에서의 거주·이전의 자유 이외에 해외여행 및 해외이주의 자유가 포함되고, 해외여행 및 해외이주의 자유는 대한민국의 통치권이 미치지 않는 곳으로 여행하거나 이주할 수 있는 자유로서 구체적으로 우리나라를 떠날 수 있는 출국의 자유와 외국 체류를 중단하고 다시 우리나라로 돌아올 수 있는 입국의 자유를 포함한다.

대한민국사증
스티커사증

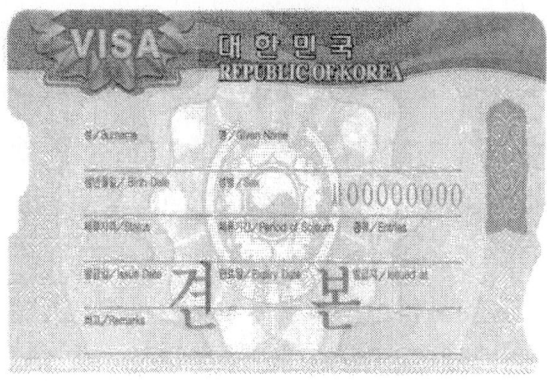

120mm×80mm

사 증 인

No

대 한 민 국 사 증
VISA

Good for .... journey to the Republic of Kore
a within .... months hereof if passport re
mains valid .... for the

▲

80mm

(2) 사증구분 및 유효기간

(가) 구분

사증은 1회만 입국할 수 있는 단수사증(單數査證)과 2회 이상 입국할 수 있는 복수사증(複數査證)으로 구분한다(법 제8조 제1항). 복수사증은 다시 2회 사용가능한 복수사증과 횟수에 제한 없이 사용가능한 복수사증으로 나뉘는데 이 경우에는 사증발급 수수료에 차이가 있다. 실무적으로는 2회 사용가능한 복수사증을 '더블사증'이라 한다.

【판시사항】

사증의 개념(서울고등법원 2016. 9. 30. 선고 2015구합77189 판결.

【판결요지】

사증이란, 사증발급 신청인의 여권이 그 국적국가의 정부기관에서 합법적으로 발급된 유효한 여권임을 확인하고, 사증발급 신청의 사유와 사증발급에 요구되는 기준에 의하여 입국하려는 국가에서 입국·체류하는 것이 상당함을 확인하여 입국항만에서 출입국관리공무원의 입국심사를 받도록 하는 문서이다.

(나) 유효기간

1) 단수사증

단수사증의 유효기간은 발급일부터 3개월로 한다(법 시행규칙 제12조 제1항).

2) 복수사증

복수사증의 유효기간은 발급일부터 다음의 기간으로 한다(법 시행규칙 제12조 제2항).

가) 영 별표 1의2 중 체류자격 1. 외교(A-1)부터 3. 협정(A-3)까지에 해당하는 사람의 복수사증은 3년 이내

장기체류자격(제12조 관련)

체류자격 (기호)	체류자격에 해당하는 사람 또는 활동범위
1. 외교 (A-1)	대한민국정부가 접수한 외국정부의 외교사절단이나 영사기관의 구성원, 조약 또는 국제관행에 따라 외교사절과 동등한 특권과 면제를 받는 사람과 그 가족
2. 공무 (A-2)	대한민국정부가 승인한 외국정부 또는 국제기구의 공무를 수행하는 사람과 그 가족
3. 협정 (A-3)	대한민국정부와의 협정에 따라 외국인등록이 면제되거나 면제할 필요가 있다고 인정되는 사람과 그 가족

나) 영 별표 1의2 중 29. 방문취업(H-2)의 체류자격에 해당하는 사람의 복수사증은 5년 이내

[별표 1의2]

장기체류자격(제12조 관련)

체류자격 (기호)	체류자격에 해당하는 사람 또는 활동범위
29. 방문취업 (H-2)	가. 체류자격에 해당하는 사람: 「재외동포의 출입국과 법적 지위에 관한 법률」 제2조제2호에 따른 외국국적동포(이하 "외국국적동포"라 한다)에 해당하고, 다음의 어느 하나에 해당하는 18세 이상인 사람 중에서 나목의 활동범위 내에서 체류하려는 사람으로서 법무부장관이 인정하는 사람[재외동포(F-4) 체류자격에 해당하는 사람은 제외한다] 1) 출생 당시에 대한민국 국민이었던 사람으로서 가족관계등록부, 폐쇄등록부 또는 제적부에 등재되어 있는 사람 및 그 직계비속 2) 국내에 주소를 둔 대한민국 국민 또는 별표 1의3 영주(F-5) 제5호에 해당하는 사람의 8촌 이내의 혈족 또는 4촌 이내의 인척으로부터 초청을 받은 사람 3) 「국가유공자 등 예우 및 지원에 관한 법률」 제4조에 따른 국가유공자와 그 유족 등에 해당하거나 「독립유공자예우에 관한 법률」 제4조에 따른 독립유공자와 그 유족 또는 그 가족에 해당하는 사람 4) 대한민국에 특별한 공로가 있거나 대한민국의 국익 증진에 기여한 사람 5) 유학(D-2) 체류자격으로 1학기 이상 재학 중인 사람의 부모 및 배우자

6) 국내 외국인의 체류질서 유지를 위하여 법무부장관이 정하는 기준 및 절차
   에 따라 자진하여 출국한 사람
7) 1)부터 6)까지의 규정에 해당하지 않는 사람으로서 법무부장관이 정하여
   고시하는 한국어시험, 추첨 등의 절차에 따라 선정된 사람
나. 활동범위
1) 방문, 친척과의 일시 동거, 관광, 요양, 견학, 친선경기, 비영리 문화예술활
   동, 회의 참석, 학술자료 수집, 시장조사 · 업무연락 · 계약 등 상업적 용무,
   그 밖에 이와 유사한 목적의 활동
2) 한국표준산업분류표에 따른 다음의 산업 분야에서의 활동
   가) 작물 재배업(011)
   나) 축산업(012)
   다) 작물재배 및 축산 관련 서비스업(014)
   라) 연근해 어업(03112)
   마) 양식 어업(0321)
   바) 천일염 생산 및 암염 채취업(07220)
   사) 제조업(10 ~ 34). 다만, 상시 사용하는 근로자 수가 300명 미만이거나
      자본금이 80억원 이하인 경우에만 해당한다.
   아) 하수, 폐수 및 분뇨 처리업(37)
   자) 폐기물 수집, 운반, 처리 및 원료재생업(38)
   차) 건설업(41 ~ 42). 다만, 발전소 · 제철소 · 석유화학 건설현장의 건설업체
      중 업종이 산업 · 환경설비 공사인 경우는 제외한다.
   카) 육지동물 및 애완동물 도매업(46205)
   타) 기타 산업용 농산물 도매업(46209)
   파) 생활용품 도매업(464)
   하) 기계장비 및 관련 물품 도매업(465)
   거) 재생용 재료 수집 및 판매업(46791)
   너) 기타 생활용품 소매업(475)
   더) 기타 상품 전문 소매업(478)
   러) 무점포 소매업(479)
   머) 육상 여객 운송업(492)
   버) 냉장 및 냉동 창고업(52102). 다만, 내륙에 위치한 업체에 한정한다.
   서) 호텔업(55101). 다만, 「관광진흥법」에 따른 호텔업은 1등급 · 2등급 및 3
      등급의 호텔업으로 한정한다.
   어) 여관업(55102)
   저) 한식 음식점업(5611)
   처) 외국인 음식점업(5612)
   커) 기타 간이 음식점업(5619)
   터) 서적, 잡지 및 기타 인쇄물 출판업(581)
   퍼) 음악 및 기타 오디오물 출판업(59201)
   허) 사업시설 유지관리 서비스업(741)
   고) 건축물 일반 청소업(74211)

	노) 산업설비, 운송장비 및 공공장소 청소업(74212)
	도) 여행사 및 기타 여행보조 서비스업(752)
	로) 사회복지 서비스업(87)
	모) 자동차 종합 수리업(95211)
	보) 자동차 전문 수리업(95212)
	소) 모터사이클 수리업(9522)
	오) 욕탕업(96121)
	조) 산업용 세탁업(96911)
	초) 개인 간병 및 유사 서비스업(96993)
	코) 가구 내 고용활동(97)

다) 복수사증발급협정 등에 의하여 발급된 복수사증은 협정상의 기간

라) 상호주의 기타 국가이익 등을 고려하여 발급된 복수사증은 법무부장관이 따로 정하는 기간

3) 기간경과시 신청의 효력

사증발급신청인은 사증발급신청일 또는 사증발급에 관한 법무부장관의 승인통보를 받은 날부터 3개월이 경과한 후에 사증을 발급받고자 하는 때에는 새로이 사증발급신청을 하여야 한다. 이 경우 법무부장관의 승인을 얻어야 하는 사증발급에 있어서는 새로이 그 승인을 얻어야 한다(법 시행규칙 제12조 제3항).

나. 사증발급 권한의 위임

법무부장관은 사증발급에 관한 권한을 재외공관의 장에게 위임할 수 있다(법 제8조). 이러한 행정권의 위임은 행정청이 그의 권한의 일부를 다른 행정기관에 실질적으로 이전하여 그 다른 기관 즉 수입기관의 권한과 책임하에 행사하게 하는 것을 말하는 것으로, 권한의 전부를 위임할 수는 없다.

(1) 별표 1의2 중 1. 외교(A-1)부터 3. 협정(A-3)까지의 체류자격

법무부장관은 별표 1의2 중 1. 외교(A-1)부터 3. 협정(A-3)까지의 체류자격에 해당하는 사람에 대한 사증발급 권한을 재외공관의 장에게 위임한다(법 시행령 제11조 제1항).

장기체류자격(제12조 관련)

체류자격 (기호)	체류자격에 해당하는 사람 또는 활동범위
1. 외교 (A-1)	대한민국정부가 접수한 외국정부의 외교사절단이나 영사기관의 구성원, 조약 또는 국제관행에 따라 외교사절과 동등한 특권과 면제를 받는 사람과 그 가족
2. 공무 (A-2)	대한민국정부가 승인한 외국정부 또는 국제기구의 공무를 수행하는 사람과 그 가족
3. 협정 (A-3)	대한민국정부와의 협정에 따라 외국인등록이 면제되거나 면제할 필요가 있다고 인정되는 사람과 그 가족

(2) 별표 1 중 3. 일시취재(C-1)부터 5. 단기취업(C-4)까지, 별표 1의2 중 4. 문화예술 (D-1)부터 30. 기타(G-1)까지 또는 별표 1의3 영주(F-5)의 체류자격

법무부장관은 별표 1 중 3. 일시취재(C-1)부터 5. 단기취업(C-4)까지의 체류자격에 해당하는 사람에 대한 사증발급 권한(전자사증 발급권한은 제외한다)을 법무부령으로 그 범위를 정하여 재외공관의 장에게 위임할 수 있는데(법 시행령 제11조 제2항), 이에 따라 법무부장관이 재외공관의 장에게 위임하는 사증발급 권은 다음과 같다(법 시행규칙 제9조 제1항).

가) 다음에 해당하는 사증 발급(이 경우에는 입국 후에 체류자격 변경을 허가하지 아니한다는 뜻을 신청인에게 알려야 한다)(법 시행규칙 제9조 제1항 제1호).

① 영 별표 1 중 체류자격 3. 일시취재(C-1)·5. 단기취업(C-4)의 자격에 해당하는 사람에 대한 체류기간 90일 이하의 단수사증(법 시행규칙 제9조 제1항 제1호 가목).

단기체류자격(제12조 관련)

체류자격 (기호)	체류자격에 해당하는 사람 또는 활동범위
3. 일시취재 (C-1)	일시적인 취재 또는 보도활동을 하려는 사람
5. 단기취업 (C-4)	일시 흥행, 광고 · 패션 모델, 강의 · 강연, 연구, 기술지도 등 별표 1의2 중 14. 교수(E-1)부터 20. 특정활동(E-7)까지의 체류자격에 해당하는 분야에 수익을 목적으로 단기간 취업활동을 하거나 각종 용역계약 등에 의하여 기계류 등의 설치 · 유지 · 보수, 조선 및 산업설비 제작 · 감독 등을 목적으로 국내 공공기관 · 민간단체에 파견되어 단기간 영리활동을 하려는 사람

② 복수사증발급협정 등이 체결된 국가의 경우 영 별표 1 중 체류자격 3. 일시취재(C-1)의 자격에 해당하는 사람에 대한 체류기간 90일 이하의 사증(법 시행규칙 제9조 제1항 제1호 나목).

③ 영 별표 1 중 체류자격 단기방문(C-3)의 자격에 해당하는 사람에 대한 체류기간 90일 이하의 사증(법 시행규칙 제9조 제1항 제1호 다목).

[별표 1]

단기체류자격(제12조 관련)

체류자격 (기호)	체류자격에 해당하는 사람 또는 활동범위
4. 단기방문 (C-3)	시장조사, 업무 연락, 상담, 계약 등의 상용(商用)활동과 관광, 통과, 요양, 친지 방문, 친선경기, 각종 행사나 회의 참가 또는 참관, 문화예술, 일반연수, 강습, 종교의식 참석, 학술자료 수집, 그 밖에 이와 유사한 목적으로 90일을 넘지 않는 기간 동안 체류하려는 사람(영리를 목적으로 하는 사람은 제외한다)

(3) 영 별표 1의2 중 체류자격 5. 유학(D-2)의 자격에 해당하는 사람에 대한 체류기간 2년 이하의 단수사증 발급 및 13. 구직(D-10)의 자격에 해당하는 사람에 대한 체류기간 6개월 이하의 단수사증 발급(법 시행규칙 제9조 제1항 제2호)

장기체류자격(제12조 관련)

체류자격 (기호)	체류자격에 해당하는 사람 또는 활동범위
5. 유학 (D-2)	전문대학 이상의 교육기관 또는 학술연구기관에서 정규과정의 교육을 받거나 특정 연구를 하려는 사람
13. 구직 (D-10)	가. 교수(E-1)부터 특정활동(E-7)까지의 체류자격[예술흥행(E-6) 체류자격 중 법무부장관이 정하는 공연업소의 종사자는 제외한다]에 해당하는 분야에 취업하기 위하여 연수나 구직활동 등을 하려는 사람으로서 법무부장관이 인정하는 사람 나. 기업투자(D-8) 다목에 해당하는 법인의 창업 준비 등을 하려는 사람으로서 법무부장관이 인정하는 사람

(4) 영 별표 1의2 중 체류자격 11. 기업투자(D-8)의 자격에 해당하는 사람과 그 동반가족 [체류자격 25. 동반(F-3)]에 대한 체류기간 1년 이하의 단수사증 발급(법 시행규칙 제9조 제1항 제3호).

[별표 1의2]

장기체류자격(제12조 관련)

체류자격 (기호)	체류자격에 해당하는 사람 또는 활동범위
11. 기업투자 (D-8)	가. 「외국인투자 촉진법」에 따른 외국인투자기업의 경영·관리 또는 생산·기술 분야에 종사하려는 필수전문인력으로서 법무부장관이 인정하는 사람 (국내에서 채용하는 사람은 제외한다) 나. 지식재산권을 보유하는 등 우수한 기술력으로 「벤처기업육성에 관한 특별조치법」 제2조의2제1항제2호다목에 따른 벤처기업을 설립한 사람 중 같은 법 제25조에 따라 벤처기업 확인을 받은 사람 또는 이에 준하는 사람으로서 법무부장관이 인정하는 사람 다. 다음의 어느 하나에 해당하는 사람으로서 지식재산권을 보유하거나 이에 준하는 기술력 등을 가진 사람 중 법무부장관이 인정한 법인 창업자 　1) 국내에서 전문학사 이상의 학위를 취득한 사람

	2) 외국에서 학사 이상의 학위를 취득한 사람 3) 관계 중앙행정기관의 장이 지식재산권 보유 등 우수한 기술력을 보유한 사람으로 인정하여 추천한 사람
25. 동반 (F-3)	문화예술(D-1)부터 특정활동(E-7)까지의 체류자격에 해당하는 사람의 배우자 및 미성년 자녀로서 배우자가 없는 사람[기술연수(D-3) 체류자격에 해당하는 사람은 제외한다]

(5)「경제자유구역의 지정 및 운영에 관한 법률」제4조에 따라 지정된 경제자유구역에 투자한 자로서 영 별표 1의2 중 체류자격 11. 기업투자(D-8) 가목의 자격에 해당하는 사람과 그 동반가족[체류자격 25. 동반(F-3)]에 대한 체류기간 2년 이하의 사증 발급(법 시행규칙 제9조 제1항 제4호).

(6) 영 별표 1의2 중 체류자격 26. 재외동포(F-4)의 자격에 해당하는 사람에 대한 체류기간 2년 이하의 사증 발급(법 시행규칙 제9조 제1항 제5호).

[별표 1의2]
장기체류자격(제12조 관련)

체류자격 (기호)	체류자격에 해당하는 사람 또는 활동범위
26. 재외동포 (F-4)	「재외동포의 출입국과 법적 지위에 관한 법률」제2조제2호에 해당하는 사람(단순 노무행위 등 이 영 제23조제3항 각 호에서 규정한 취업활동에 종사하려는 사람은 제외한다)

(7) 별표 1의3 영주(F-5)의 자격에 해당하는 사람에 대한 단수사증 발급(법 시행규칙 제9조 제1항 제7호).

[별표 1의3]

영주자격에 부합하는 사람(제12조의2제1항 관련)

체류자격 (기호)	영주자격에 부합하는 사람의 범위
영주 (F-5)	법 제46조제1항 각 호의 어느 하나에 해당하지 않는 사람으로서 다음 각 호의 어느 하나에 해당하는 사람 1. 대한민국 「민법」에 따른 성년으로서 별표 1의2 중 10. 주재(D-7)부터 20. 특정활동(E-7)까지의 체류자격이나 별표 1의2 중 24. 거주(F-2) 체류자격으로 5년 이상 대한민국에 체류하고 있는 사람 2. 국민 또는 영주자격(F-5)을 가진 사람의 배우자 또는 미성년 자녀로서 대한민국에 2년 이상 체류하고 있는 사람 및 대한민국에서 출생한 것을 이유로 법 제23조에 따라 체류자격 부여 신청을 한 사람으로서 출생 당시 그의 부 또는 모가 영주자격(F-5)으로 대한민국에 체류하고 있는 사람 중 법무부장관이 인정하는 사람 3. 「외국인투자 촉진법」에 따라 미화 50만 달러를 투자한 외국인투자가로서 5명 이상의 국민을 고용하고 있는 사람 4. 별표 1의2 중 26. 재외동포(F-4) 체류자격으로 대한민국에 2년 이상 계속 체류하고 있는 사람으로서 대한민국에 계속 거주할 필요가 있다고 법무부장관이 인정하는 사람 5. 「재외동포의 출입국과 법적 지위에 관한 법률」 제2조제2호의 외국국적동포로서 「국적법」에 따른 국적 취득 요건을 갖춘 사람 6. 종전 「출입국관리법 시행령」(대통령령 제17579호로 일부개정되어 2002. 4. 18. 공포·시행되기 이전의 것을 말한다) 별표 1 제27호란의 거주(F-2) 체류자격(이에 해당되는 종전의 체류자격을 가진 적이 있는 사람을 포함한다)이 있었던 사람으로서 대한민국에 계속 거주할 필요가 있다고 법무부장관이 인정하는 사람 7. 다음 각 목의 어느 하나에 해당하는 사람으로서 법무부장관이 인정하는 사람 　가. 국외에서 일정 분야의 박사 학위를 취득한 사람으로서 영주자격(F-5) 신청 시 국내 기업 등에 고용된 사람

나. 국내 대학원에서 정규과정을 마치고 박사학위를 취득한 사람

8. 법무부장관이 정하는 분야의 학사 학위 이상의 학위증 또는 법무부장관이 정하는 기술자격증이 있는 사람으로서 국내 체류기간이 3년 이상이고, 영주자격(F-5) 신청 시 국내기업에 고용되어 법무부장관이 정하는 금액 이상의 임금을 받는 사람

9. 과학·경영·교육·문화예술·체육 등 특정 분야에서 탁월한 능력이 있는 사람 중 법무부장관이 인정하는 사람

10. 대한민국에 특별한 공로가 있다고 법무부장관이 인정하는 사람

11. 60세 이상으로서 법무부장관이 정하는 금액 이상의 연금을 국외로부터 받고 있는 사람

12. 별표 1의2 중 29. 방문취업(H-2) 체류자격으로 취업활동을 하고 있는 사람으로서 같은 표 중 24. 거주(F-2)란의 사목 1)부터 3)까지의 요건을 모두 갖추고 있는 사람 중 근속기간이나 취업지역, 산업 분야의 특성, 인력 부족 상황 및 국민의 취업 선호도 등을 고려하여 법무부장관이 인정하는 사람

13. 별표 1의2 중 24. 거주(F-2) 자목에 해당하는 체류자격으로 대한민국에서 3년 이상 체류하고 있는 사람으로서 대한민국에 계속 거주할 필요가 있다고 법무부장관이 인정하는 사람

14. 별표 1의2 중 24. 거주(F-2) 차목에 해당하는 체류자격을 받은 후 5년 이상 계속 투자 상태를 유지하고 있는 사람으로서 대한민국에 계속 거주할 필요가 있다고 법무부장관이 인정하는 사람과 그 배우자 및 자녀(법무부장관이 정하는 요건을 갖춘 자녀만 해당한다)

15. 별표 1의2 중 11. 기업투자(D-8) 다목에 해당하는 체류자격으로 대한민국에 3년 이상 계속 체류하고 있는 사람으로서 투자자로부터 3억원 이상의 투자금을 유치하고 2명 이상의 국민을 고용하는 등 법무부장관이 정하는 요건을 갖춘 사람

16. 5년 이상 투자 상태를 유지할 것을 조건으로 법무부장관이 정하여 고시하는 금액 이상을 투자한 사람으로서 법무부장관이 정하는 요건을 갖춘 사람

17. 별표 1의2 중 11. 기업투자(D-8) 가목에 해당하는 체류자격을 가지고 「외국인투자촉진법 시행령」 제25조제1항제4호에 따른 연구개발시설의 필수 전문인력으로 대한민국에 3년 이상 계속 체류하고 있는 사람으로서 법무부장관이 인정하는 사람

18. 별표 1의2 중 24. 거주(F-2) 다목에 해당하는 체류자격으로 2년 이상 대한민국에 체류하고 있는 사람

(8) 영 별표 1의2 중 체류자격 28. 관광취업(H-1)의 자격에 해당하는 사람에 대한 체류기간 1년 이하의 사증 발급(법 시행규칙 제9조 제1항 제7호).

[별표 1의2]

장기체류자격(제12조 관련)

체류자격 (기호)	체류자격에 해당하는 사람 또는 활동범위
28. 관광취업 (H-1)	대한민국과 "관광취업"에 관한 협정이나 양해각서 등을 체결한 국가의 국민으로서 협정 등의 내용에 따라 관광과 취업활동을 하려는 사람(협정 등의 취지에 반하는 업종이나 국내법에 따라 일정한 자격요건을 갖추어야 하는 직종에 취업하려는 사람은 제외한다)

(9) 영 별표 1의2 중 체류자격 29. 방문취업(H-2)의 자격에 해당하는 사람에 대한 체류기간 1년 이하의 사증 발급(법 시행규칙 제9조 제1항 제8호).

[별표 1의2]

장기체류자격(제12조 관련)

체류자격 (기호)	체류자격에 해당하는 사람 또는 활동범위
29. 방문취업 (H-2)	가. 체류자격에 해당하는 사람: 「재외동포의 출입국과 법적 지위에 관한 법률」 제2조 제2호에 따른 외국국적동포(이하 "외국국적동포"라 한다)에 해당하고, 다음의 어느 하나에 해당하는 18세 이상인 사람 중에서 나목의 활동범위 내에서 체류하려는 사람으로서 법무부장관이 인정하는 사람[재외동포(F-4) 체류자격에 해당하는 사람은 제외한다] 1) 출생 당시에 대한민국 국민이었던 사람으로서 가족관계등록부, 폐쇄등록부 또는 제적부에 등재되어 있는 사람 및 그 직계비속 2) 국내에 주소를 둔 대한민국 국민 또는 별표 1의3 영주(F-5) 제5호에 해당하는 사람의 8촌 이내의 혈족 또는 4촌 이내의 인척으로부터 초청을 받은 사람 3) 「국가유공자 등 예우 및 지원에 관한 법률」 제4조에 따른 국가유공자와 그 유족 등에 해당하거나 「독립유공자예우에 관한 법률」 제4조에 따른 독립유공자와 그

유족 또는 그 가족에 해당하는 사람

4) 대한민국에 특별한 공로가 있거나 대한민국의 국익 증진에 기여한 사람

5) 유학(D-2) 체류자격으로 1학기 이상 재학 중인 사람의 부모 및 배우자

6) 국내 외국인의 체류질서 유지를 위하여 법무부장관이 정하는 기준 및 절차에 따라 자진하여 출국한 사람

7) 1)부터 6)까지의 규정에 해당하지 않는 사람으로서 법무부장관이 정하여 고시하는 한국어시험, 추첨 등의 절차에 따라 선정된 사람

나. 활동범위

1) 방문, 친척과의 일시 동거, 관광, 요양, 견학, 친선경기, 비영리 문화예술활동, 회의 참석, 학술자료 수집, 시장조사 · 업무연락 · 계약 등 상업적 용무, 그 밖에 이와 유사한 목적의 활동

2) 한국표준산업분류표에 따른 다음의 산업 분야에서의 활동

　가) 작물 재배업(011)

　나) 축산업(012)

　다) 작물재배 및 축산 관련 서비스업(014)

　라) 연근해 어업(03112)

　마) 양식 어업(0321)

　바) 천일염 생산 및 암염 채취업(07220)

　사) 제조업(10~34). 다만, 상시 사용하는 근로자 수가 300명 미만이거나 자본금이 80억원 이하인 경우에만 해당한다.

　아) 하수, 폐수 및 분뇨 처리업(37)

　자) 폐기물 수집, 운반, 처리 및 원료재생업(38)

　차) 건설업(41~42). 다만, 발전소 · 제철소 · 석유화학 건설현장의 건설업체 중 업종이 산업 · 환경설비 공사인 경우는 제외한다.

　카) 육지동물 및 애완동물 도매업(46205)

　타) 기타 산업용 농산물 도매업(46209)

　파) 생활용품 도매업(464)

　하) 기계장비 및 관련 물품 도매업(465)

　거) 재생용 재료 수집 및 판매업(46791)

　너) 기타 생활용품 소매업(475)

　더) 기타 상품 전문 소매업(478)

　러) 무점포 소매업(479)

머) 육상 여객 운송업(492)

버) 냉장 및 냉동 창고업(52102). 다만, 내륙에 위치한 업체에 한정한다.

서) 호텔업(55101). 다만, 「관광진흥법」에 따른 호텔업은 1등급 · 2등급 및 3등급
의 호텔업으로 한정한다.

어) 여관업(55102)

저) 한식 음식점업(5611)

처) 외국인 음식점업(5612)

커) 기타 간이 음식점업(5619)

터) 서적, 잡지 및 기타 인쇄물 출판업(581)

퍼) 음악 및 기타 오디오물 출판업(59201)

허) 사업시설 유지관리 서비스업(741)

고) 건축물 일반 청소업(74211)

노) 산업설비, 운송장비 및 공공장소 청소업(74212)

도) 여행사 및 기타 여행보조 서비스업(752)

로) 사회복지 서비스업(87)

모) 자동차 종합 수리업(95211)

보) 자동차 전문 수리업(95212)

소) 모터사이클 수리업(9522)

오) 욕탕업(96121)

조) 산업용 세탁업(96911)

초) 개인 간병 및 유사 서비스업(96993)

코) 가구 내 고용활동(97)

(10) 그 밖에 영 별표 1의2 중 체류자격 4. 문화예술(D−1), 6. 기술연수(D−3)부터 10. 주재(D−7)까지, 12. 무역경영(D−9), 14. 교수(E−1)부터 25. 동반(F−3)까지, 27. 결혼이민(F−6) 및 30. 기타(G−1)의 자격에 해당하는 사람 중 상호주의 또는 대한민국의 이익 등을 위하여 법무부장관이 특히 필요하다고 인정하는 사람에 대한 체류기간 1년 이하의 사증 발급(법 시행규칙 제9조 제1항 제9호).

[별표 1의2]

장기체류자격(제12조 관련)

체류자격 (기호)	체류자격에 해당하는 사람 또는 활동범위
4. 문화예술 (D−1)	수익을 목적으로 하지 않는 문화 또는 예술 관련 활동을 하려는 사람(대한민국의 전통문화 또는 예술에 대하여 전문적인 연구를 하거나 전문가의 지도를 받으려는 사람을 포함한다)
6. 기술연수 (D−3)	법무부장관이 정하는 연수조건을 갖춘 사람으로서 국내의 산업체에서 연수를 받으려는 사람
7. 일반연수 (D−4)	법무부장관이 정하는 요건을 갖춘 교육기관이나 기업체, 단체 등에서 교육 또는 연수를 받거나 연구활동에 종사하려는 사람[연수기관으로부터 체재비를 초과하는 보수(報酬)를 받거나 유학(D−2) · 기술연수(D−3) 체류자격에 해당하는 사람은 제외한다]
8. 취재 (D−5)	외국의 신문사, 방송사, 잡지사 또는 그 밖의 보도기관으로부터 파견되거나 외국 보도기관과의 계약에 따라 국내에 주재하면서 취재 또는 보도활동을 하려는 사람
9. 종교 (D−6)	가. 외국의 종교단체 또는 사회복지단체로부터 파견되어 대한민국에 있는 지부 또는 유관 종교단체에서 종교활동을 하려는 사람 나. 대한민국 내의 종교단체 또는 사회복지단체의 초청을 받아 사회복지활동을 하려는 사람 다. 그 밖에 법무부장관이 인정하는 종교활동 또는 사회복지활동에 종사하려는 사람

	사무소 등에 필수 전문인력으로 파견되어 근무하려는 사람[기업투자(D-8) 체류자격에 해당하는 사람은 제외하며, 국가기간산업 또는 국책사업에 종사하려는 경우나 그 밖에 법무부장관이 필요하다고 인정하는 경우에는 1년 이상의 근무요건을 적용하지 않는다] 나. 「자본시장과 금융투자업에 관한 법률」 제9조제15항제1호에 따른 상장법인 또는 「공공기관의 운영에 관한 법률」 제4조제1항에 따른 공공기관이 설립한 해외 현지법인이나 해외지점에서 1년 이상 근무한 사람으로서 대한민국에 있는 그 본사나 본점에 파견되어 전문적인 지식·기술 또는 기능을 제공하거나 전수받으려는 사람(상장법인의 해외 현지법인이나 해외지점 중 본사의 투자금액이 미화 50만 달러 미만인 경우는 제외한다)
12. 무역경영 (D-9)	대한민국에 회사를 설립하여 경영하거나 무역, 그 밖의 영리사업을 위한 활동을 하려는 사람으로서 필수 전문인력에 해당하는 사람[수입기계 등의 설치, 보수, 조선 및 산업설비 제작·감독 등을 위하여 대한민국 내의 공공기관·민간단체에 파견되어 근무하려는 사람을 포함하되, 국내에서 채용하는 사람과 기업투자(D-8) 체류자격에 해당하는 사람은 제외한다]
14. 교수 (E-1)	「고등교육법」 제14조제1항·제2항 또는 제17조에 따른 자격요건을 갖춘 외국인으로서 전문대학 이상의 교육기관이나 이에 준하는 기관에서 전문 분야의 교육 또는 연구·지도 활동에 종사하려는 사람
15. 회화지도 (E-2)	법무부장관이 정하는 자격요건을 갖춘 외국인으로서 외국어전문학원, 초등학교 이상의 교육기관 및 부설어학연구소, 방송사 및 기업체 부설 어학연수원, 그 밖에 이에 준하는 기관 또는 단체에서 외국어 회화지도에 종사하려는 사람
16. 연구 (E-3)	대한민국 내 공공기관·민간단체으로부터 초청을 받아 각종 연구소에서 자연과학 분야의 연구 또는 산업상 고도기술의 연구·개발에 종사하려는 사람[교수(E-1) 체류자격에 해당하는 사람은 제외한다]

	해당하는 사람은 제외한다]
19. 예술흥행 (E-6)	수익이 따르는 음악, 미술, 문학 등의 예술활동과 수익을 목적으로 하는 연예, 연주, 연극, 운동경기, 광고 · 패션 모델, 그 밖에 이에 준하는 활동을 하려는 사람
20. 특정활동 (E-7)	대한민국 내의 공공기관 · 민간단체 등과의 계약에 따라 법무부장관이 특별히 지정하는 활동에 종사하려는 사람
21. 비전문취업 (E-9)	「외국인근로자의 고용 등에 관한 법률」에 따른 국내 취업요건을 갖춘 사람(일정 자격이나 경력 등이 필요한 전문직종에 종사하려는 사람은 제외한다)
22. 선원취업 (E-10)	다음 각 목에 해당하는 사람과 그 사업체에서 6개월 이상 노무를 제공할 것을 조건으로 선원근로계약을 체결한 외국인으로서 「선원법」 제2조제6호에 따른 부원(部員)에 해당하는 사람 　가. 「해운법」 제3조제1호 · 제2호 · 제5호 또는 제23조제1호에 따른 사업을 경영하는 사람 　나. 「수산업법」 제8조제1항제1호, 제41조제1항 또는 제57조제1항에 따른 사업을 경영하는 사람 　다. 「크루즈산업의 육성 및 지원에 관한 법률」 제2조제7호에 따른 국적 크루즈 사업자로서 같은 조 제4호에 따른 국제순항 크루즈선을 이용하여 사업을 경영하는 사람
23. 방문동거 (F-1)	가. 친척 방문, 가족 동거, 피부양(被扶養), 가사정리, 그 밖에 이와 유사한 목적으로 체류하려는 사람으로서 법무부장관이 인정하는 사람 나. 다음의 어느 하나에 해당하는 사람의 가사보조인 　1) 외교(A-1), 공무(A-2) 체류자격에 해당하는 사람 　2) 미화 50만 달러 이상을 투자한 외국투자가(법인인 경우 그 임직원을 포함한다)로서 기업투자(D-8), 거주(F-2), 영주(F-5), 결혼이민(F-6) 체류자격에 해당하는 사람 　3) 인공지능(AI), 정보기술(IT), 전자상거래 등 기업정보화(e-business), 생물산업(BT), 나노기술(NT) 분야 등 법무부장관이 정하는 첨단 · 정보기술 업체에 투자한 외국투자가(법인인 경우 그 임직원을 포함한다)로서 기업투자(D-8), 거주(F-2), 영주(F-5), 결혼이민(F-6) 체류자격에 해당하는 사람 　4) 취재(D-5), 주재(D-7), 무역경영(D-9), 교수(E-1)부터 특정활동(E-7)까지의 체류자격에 해당하거나 그 체류자격에서 거주(F-2) 바목 또는 별표 1의3 영주(F-5) 제1호의 체류자격으로 변경한 전문인력으로서 법무부장관

	이 인정하는 사람
	다. 외교(A-1)부터 협정(A-3)까지의 체류자격에 해당하는 사람의 동일한 세대에 속하지 않는 동거인으로서 그 체류의 필요성을 법무부장관이 인정하는 사람
	라. 그 밖에 부득이한 사유로 직업활동에 종사하지 않고 대한민국에 장기간 체류하여야 할 사정이 있다고 인정되는 사람
24. 거주 (F-2)	가. 국민의 미성년 외국인 자녀 또는 별표 1의3 영주(F-5) 체류자격을 가지고 있는 사람의 배우자 및 그의 미성년 자녀
	나. 국민과 혼인관계(사실상의 혼인관계를 포함한다)에서 출생한 사람으로서 법무부장관이 인정하는 사람
	다. 난민의 인정을 받은 사람
	라. 「외국인투자 촉진법」에 따른 외국투자가 등으로 다음의 어느 하나에 해당하는 사람
	1) 미화 50만 달러 이상을 투자한 외국인으로서 기업투자(D-8) 체류자격으로 3년 이상 계속 체류하고 있는 사람
	2) 미화 50만 달러 이상을 투자한 외국법인이 「외국인투자 촉진법」에 따른 국내 외국인투자기업에 파견한 임직원으로서 3년 이상 계속 체류하고 있는 사람
	3) 미화 30만 달러 이상을 투자한 외국인으로서 2명 이상의 국민을 고용하고 있는 사람
	마. 별표 1의3 영주(F-5) 체류자격을 상실한 사람 중 국내 생활관계의 권익보호 등을 고려하여 법무부장관이 국내에서 계속 체류하여야 할 필요가 있다고 인정하는 사람(강제퇴거된 사람은 제외한다)
	바. 외교(A-1)부터 협정(A-3)까지의 체류자격 외의 체류자격으로 대한민국에 5년 이상 계속 체류하여 생활 근거지가 국내에 있는 사람으로서 법무부장관이 인정하는 사람
	사. 비전문취업(E-9), 선원취업(E-10) 또는 방문취업(H-2) 체류자격으로 취업활동을 하고 있는 사람으로서 과거 10년 이내에 법무부장관이 정하는 체류자격으로 4년 이상의 기간 동안 취업활동을 한 사실이 있는 사람 중 다음 요건을 모두 갖춘 사람
	1) 법무부장관이 정하는 기술·기능 자격증을 가지고 있거나 일정 금액 이상의

	임금을 국내에서 받고 있을 것(기술·기능 자격증의 종류 및 임금의 기준에 관하여는 법무부장관이 관계 중앙행정기관의 장과 협의하여 고시한다) 2) 법무부장관이 정하는 금액 이상의 자산을 가지고 있을 것 3) 대한민국 「민법」에 따른 성년으로서 품행이 단정하고 대한민국에서 거주하는 데 필요한 기본 소양을 갖추고 있을 것 아. 「국가공무원법」 또는 「지방공무원법」에 따라 공무원으로 임용된 사람으로서 법무부장관이 인정하는 사람 자. 나이, 학력, 소득 등이 법무부장관이 정하여 고시하는 기준에 해당하는 사람 차. 투자지역, 투자대상, 투자금액 등 법무부장관이 정하여 고시하는 기준에 따라 부동산 등 자산에 투자한 사람 또는 법인의 임원, 주주 등으로서 법무부장관이 인정하는 외국인. 이 경우 법인에 대해서는 법무부장관이 투자금액 등을 고려하여 체류자격 부여인원을 정한다. 카. 자목이나 차목에 해당하는 사람의 배우자 및 자녀(법무부장관이 정하는 요건을 갖춘 자녀만 해당한다)
25. 동반 (F-3)	문화예술(D-1)부터 특정활동(E-7)까지의 체류자격에 해당하는 사람의 배우자 및 미성년 자녀로서 배우자가 없는 사람[기술연수(D-3) 체류자격에 해당하는 사람은 제외한다]
27. 결혼이민 (F-6)	가. 국민의 배우자 나. 국민과 혼인관계(사실상의 혼인관계를 포함한다)에서 출생한 자녀를 양육하고 있는 부 또는 모로서 법무부장관이 인정하는 사람 다. 국민인 배우자와 혼인한 상태로 국내에 체류하던 중 그 배우자의 사망이나 실종, 그 밖에 자신에게 책임이 없는 사유로 정상적인 혼인관계를 유지할 수 없는 사람으로서 법무부장관이 인정하는 사람
30. 기타 (G-1)	별표 1, 이 표 중 외교(A-1)부터 방문취업(H-2)까지 또는 별표 1의3의 체류자격에 해당하지 않는 사람으로서 법무부장관이 인정하는 사람

다. 사증발급절차

[재외동포 사증발급절차 흐름도]

단기자격

재외공관 사증 신청
⇩
재외공관 사증 심사
⇩
단기사증(C-3) 발급
⇩
입 국

○ 만 60세 미만의 외국국적동포

방문취업자격

사증 신청
⇩
사증 심사
⇩
방문취업(H-2) 발급
⇩
입 국

○ 중국 및 구소련지역 거주 만 18세 이상 외국국
적동포로서
- 국민 및 영주자격자(F-5-7)로부터 초청을 받은
경우
⇒ 2촌이내 혈족 또는 인척 : 재외공관 신청
⇒ 3-8촌이내 혈족 또는 3-4촌 이내 인척 : 관할
출입국 · 외국인청(사무소 · 출장소) 신청
- 전산추첨을 통해 선정된 사람

재외동포자격

재외공관 사증 신청
⇩
재외공관 사증 심사

○ 일정한 요건을 갖춘 외국국적동포
⇒ 국내 · 외 2년제 대학 이상 졸업자 및 정부초청
장학생
⇒ 법인 기업체 대표
⇒ 다국적기업 임직원, 기자, 변호사, 의사 등
⇒ 만 60세 이상 등

(1) 사증발급신청서 제출

외국인이 입국할 때에는 유효한 여권과 법무부장관이 발급한 사증(查證)을 가지고 있어야 하는데, 이에 따라 사증(查證)을 발급받으려는 외국인은 사증발급 신청서에 법무부령으로 정하는 서류를 첨부하여 법무부장관에게 제출하여야 한다(법 시행령 제7조 제1항).

사증발급신청서
APPLICATION FOR VISA

〈신청서 작성방법〉
▶ 신청인은 사실에 근거하여 빠짐없이 정확하게 신청서를 작성하여야 합니다.
▶ 신청서상의 모든 질문에 대한 답변은 한글 또는 영문으로 기재하여야 합니다.
▶ 선택사항은 해당 칸[ ] 안에 √ 표시를 하시기 바랍니다.
▶'기타'를 선택한 경우, 상세내용을 기재하시기 바랍니다.
〈How to fill out this form〉
▶ You must fill out this form completely and correctly.
▶ You must write in block letters either in English or Korean.
▶ For multiple-choice questions, you must check [√] all that apply.
▶ If you select'Other', please provide us with more information in the given space.

1. 인적사항 / PERSONAL DETAILS

PHOTO 여권용사진 (35mm×45mm) – 흰색 바탕에 모자를 쓰지 않은 정면 사진으로 촬영일부터 6개월이 경과하지 않아야 함 A color photo taken within last 6 months(full face without hat, front view against white or off-white background)	1.1 여권에 기재된 영문 성명/Full name in English (as shown in your passport)	
	성 Family Name	명 Given Names
	1.2 한자성명 漢字姓名	1.3 성별 Sex 남성/Male[ ] 여성/Female[ ]
	1.4 생년월일 Date of Birth (yyyy/mm/dd)	1.5 국적 Nationality
	1.6 출생국가 Country of Birth	1.7 국가신분증번호 National Identity No.

1.8 이전에 한국에 출입국하였을 때 다른 성명을 사용했는지 여부
    Have you ever used any other names to enter or depart Korea?
    아니오 No [   ]   예 Yes [   ] → '예'선택 시 상세내용 기재 If'Yes'please provide details
    (성 Family Name   , 명 Given Name   )

1.9 복수 국적 여부 Are you a citizen of more than one country ?   아니오 No [   ]   예 Yes [   ]
    →'예'선택 시 상세내용 기재 If'Yes'please write the countries (   )

2. 여권정보 / PASSPORT INFORMATION

2.1 여권종류 Passport Type

        외교관 Diplomatic [   ]   관용 Official [   ]

        일반 Regular [   ]   기타 Other [   ]

    → '기타'상세내용 If'Other'please provide details (   )

3. 연락처 / CONTACT INFORMATION

3.1 본국 주소 Address in Your Home Country

3.2 현 거주지 Current Residential Address *현 거주지가 본국 주소와 다를 경우 기재 / Write if it is different from the above address

3.3 휴대전화 Cell Phone No.   3.4 일반전화 Telephone No.   3.5 이메일 E-mail

3.6 비상시 연락처 Emergency Contact Information

a) 성명 Full Name in English	b) 거주국가 Country of Residence
c) 전화번호 Telephone No.	d) 관계 Relationship to you

4. 혼인사항 및 가족사항 / MARITAL STATUS AND FAMILY DETAILS

4.1 현재 혼인사항 Current Marital Status

기혼 Married [　]   이혼 Divorced [　]   미혼 Single [　]

4.2 배우자 인적사항 Personal Information of Your Spouse *기혼으로 표기한 경우에만 기재 If 'Married' please provide details of your spouse

a) 성 Family Name (in English)	b) 명 Given Names (in English)
c) 생년월일 Date of Birth (yyyy/mm/dd)	d) 국적 Nationality
e) 거주지 Residential Address	f) 연락처 Contact No.

4.3 자녀 유무 Do you have children?

없음 No [　]   있음 Yes [　]   자녀수 Number of children [　]

5. 학력 / EDUCATION

5.1 최종학력 What is the highest degree or level of education the invitee has completed ?

석사/박사 Master's /Doctoral Degree [　]   대졸 Bachelor's Degree [　]

고졸 High School Diploma [　]   기타 Other [　]

→ '기타' 선택 시 상세내용 기재 If 'Other' please provide details (   )

5.2 학교명 Name of School	5.3 학교 소재지 Location of School(city/province/country)

7. 방문정보 / DETAILS OF VISIT

7.1 입국목적 Purpose of Visit to Korea

관광/통과 Tourism/Transit [　] 　행사참석/Meeting, Conference [　] 　의료관광 Medical Tourism [　]

단기상용 Business Trip [　] 유학/연수 Study/Training [　] 　취업활동 Work [　]

무역/투자/주재 Trade/Investment/Intra-Corporate Transferee [　] 가족 또는 친지방문 Visiting Family/Relatives/Friends [　] 　결혼이민 Marriage Migrant [　]

외교/공무 Diplomatic/Official [　] 　기타 Other [　]

→ '기타'선택 시 상세내용 기재 If 'Other' please provide details (　　　　　　　　　　)

7.2 체류예정기간 Intended Period of Stay	7.3 입국예정일 Intended Date of Entry

7.4 체류예정지(호텔 포함) Address in Korea (including hotels)	7.5 한국 내 연락처 Contact No. in Korea

7.6 과거 5년간 한국을 방문한 경력 Has the invitee travelled to Korea in the last 5 years?

아니오 No [　] 　예 Yes [　] → '예'선택 시 상세내용 기재 If 'Yes' please provide details of any trips to Korea

(　) 회 times, 　최근 방문목적 Purpose of Recent Visit (　　　　　　　　　　)

7.7 한국 이외에 과거 5년간 여행한 국가 Has the invitee travelled outside his/her country of residence, excluding to Korea, in the last 5 years?

아니오 No [　] 　예 Yes [　] → '예'선택 시 상세내용 기재 If 'Yes' please provide details of these trips

국가명 Name of Country (in English)	방문목적 Purpose of Visit	방문기간 Period of Stay (yyyy/mm/dd)~ (yyyy/mm/dd)

7.8. 동반입국 가족 유무 Is the invitee travelling to Korea with any family member?

아니오 No [　] 　예 Yes [　] → '예'선택 시 상세내용 기재 If 'Yes' please provide details of the family members the invitee is travelling with

성명 Full name in English	생년월일 Date of Birth (yyyy/mm/dd)	국적 Nationality	관계 Relationship to the invitee

★ 참고 : 가족의 범위 - 배우자, 자녀, 부모, 형제
　 Note : Definition of a Family Member - your spouse, father, mother, children, brothers and sisters

9. 방문경비 / FUNDING DETAILS

9.1 방문경비(미국 달러 기준) Estimated travel costs(in US dollars)

9.2 경비지불자 Who will pay for your travel-related expenses ? (any person including yourself and/or institute)

a) 성명/회사(단체)명 Name of Person/Company(Institute)	b) 관계 Relationship to you
c) 지원내용 Type of Support	d) 연락처 Contact No.

10. 서류 작성 시 도움 여부 / ASSISTANCE WITH THIS FORM

10.1 이 신청서를 작성하는데 다른 사람의 도움을 받았습니까? Did you receive assistance in completing this form?
아니오 No [　] 예 Yes [　] → '예'선택 시 상세내용 If'Yes'please provide details of the person who assisted you

성명 Full Name	생년월일 Date of Birth (yyyy/mm/dd)	연락처 Telephone No.	관계 Relationship to you

11. 서약 / DECLARATION

본인은 이 신청서에 기재된 내용이 거짓 없이 정확하게 작성되었음을 확인합니다. 또한 본인은 대한민국의 출입국관리법 규정을 준수할 것을 서약합니다.

I declare that the statements made in this application are true and correct to the best of my knowledge and belief, and that I will comply with the Immigration Act of the Republic of Korea.

신청일자 (년. 월. 일) DATE OF APPLICATION (yyyy/mm/dd)

/ / /

신청인 서명 SIGNATURE OF APPLICANT

17세 미만자의 경우 부모 또는 법정후견인의 서명
Signature of Parent or Legal Guardian ′s for a person under 17 years of age

첨부서류 ATTACH MENT	1. 「출입국관리법 시행규칙」 제76조제1항 관련 [별표 5] 사증발급신청 등 첨부서류

유의사항 Notice

1. 위 기재사항과 관련하여 자세한 내용은 별지로 작성하거나 관련 서류를 추가로 제출할 수 있습니다.
If extra space is needed to complete any item, record on a separate sheet of paper or submit relevant documents which could support your application.
2. 대한민국 사증을 승인받은 후 분실 또는 훼손 등의 사유로 여권을 새로 발급받은 경우에는, 정확한 개인정보를 반영할 수 있도록 변경된 여권정보를 사증처리기관에 통보하여야 합니다.
If you received Korean visa approval, and have new passport issued thereafter in lieu of lost/damaged passport, you must notify the concerned visa office of changes in your passport information.
3. 사증을 발급받았더라도 대한민국 입국 시 입국거부 사유가 발견될 경우에는 대한민국으로의 입국이 허가되지 않을 수 있습니다.
Possession of a visa does not entitle the bearer to enter the Republic of Korea upon arrival at the port of entry if he/she is found inadmissible.
4. 「출입국관리법 시행규칙」 제9조제1항에 따라 C 계열 사증소지자는 입국 후에 체류자격을 변경할 수 없습니다.
Please note that category C visa holders are not able to change their status of stay after their entry into the Republic of Korea in accordance with Article 9(1) of the Enforcement Regulations of the Immigration Act.

공용란 FOR OFFICIAL USE ONLY						
기본사항	체류자격		체류기간		사증종류	단수 · 복수(2회, 3회 이상)
접수사항	접수일자		접수번호		처리과	
허가사항	허가일자		사증번호		고지사항	
결 재	담당자		가 [ ] 부 [ ]	〈심사의견〉		

〈 수입인지 부착란 〉

처리절차

신청서 작성 Application → 접 수 Reception → 심 사 Review → 결 재 Approval → 사증 발급 Issuance

(2) 사증발급

(가) 통상 발급절차

1) 법무부장관의 발급

법무부장관은 외국인이 사증발급 신청을 하면 법무부령으로 정하는 바에 따라 사증을 발급한다. 이 경우 그 사증에는 체류자격과 체류기간 등 필요한 사항을 적어야 한다(법 시행령 제7조 제2항). 법무부장관은 사증을 발급하는 경우 전자통신매체를 이용할 수 있다(법 시행령 제7조 제3항).

한편, 법무부장관은 취업활동을 할 수 있는 체류자격에 해당하는 사증을 발급하는 경우에는 국내 고용사정을 고려하여야 한다.

2) 출천서 제출요청 등

법무부장관은 사증 발급에 필요하다고 인정하는 때에는 사증을 발급받으려는 외국인에게 관계 중앙행정기관의 장으로부터 추천서를 발급받아 제출하게 하거나 관계 중앙행정기관의 장에게 의견을 물을 수 있다.

3) 추천서 발급기준

추천서 발급기준은 관계 중앙행정기관의 장이 법무부장관과 협의하여 따로 정한다. [

(나) 온라인에 의한 사증발급 신청 등

1) 정보통신망 설치 · 운영

법무부장관은 사증(법 제7조 제1항) 또는 사증발급인정서(법 제9조 제1항)의 온라인 발급 신청 등을 위하여 정보통신망을 설치 · 운영할 수 있다(법 시행령 제7조의2 제1항).

2) 정보통신망을 통한 사증 등의 발급신청

가) 신청서 등 제출

정보통신망을 통하여 사증 등의 발급을 신청하려는 사람은 신청서와 법무부령으로 정하는 서류를 온라인으로 제출할 수 있다(법 시행령 제7조의2 제2항).

나) 사업자등록

정보통신망을 통하여 사증등의 발급을 신청하려는 사람은 미리 사용자 등록을 하여야 한다

(법 시행령 제7조의2 제3항).

다) 온라인 사증발급(전자사증 발급)
① 전자사증 발급

법무부장관은 법무부령으로 정하는 외국인이 온라인으로 사증의 발급을 신청한 경우에는 그 외국인에게 온라인으로 사증을 발급할 수 있다(법 시행령 제7조의2 제4항). 이에 따라 온라인으로 발급하는 사증(이하 "전자사증"이라 한다)의 발급신청과 수수료의 납부는 그 외국인을 초청하려는 자가 대리할 수 있다(법 시행령 제7조의2 제5항).

② 전자사증 발급 대상자

위 ①에서 법무부령으로 정한 외국인란 다음의 어느 하나에 해당하는 외국인을 말한다(법 시행규칙 제8조의2).

㉠ 영 별표 1의2 중 14. 교수(E-1), 16. 연구(E-3), 17. 기술지도(E-4) 및 18. 전문직업 (E-5) 체류자격에 해당하는 외국인

[별표 1의2]

장기체류자격(제12조 관련)

체류자격 (기호)	체류자격에 해당하는 사람 또는 활동범위
14. 교수 (E-1)	「고등교육법」 제14조제1항·제2항 또는 제17조에 따른 자격요건을 갖춘 외국인으로서 전문대학 이상의 교육기관이나 이에 준하는 기관에서 전문 분야의 교육 또는 연구·지도 활동에 종사하려는 사람
16. 연구 (E-3)	대한민국 내 공공기관·민간단체으로부터 초청을 받아 각종 연구소에서 자연과학 분야의 연구 또는 산업상 고도기술의 연구·개발에 종사하려는 사람[교수(E-1) 체류자격에 해당하는 사람은 제외한다]

ⓛ 그 밖에 상호주의 또는 대한민국의 이익 등을 위하여 재외공관의 장의 심사가 필요하지 아니하다고 법무부장관이 인정하는 외국인

라) 관련서식

정보통신망 설치·운영, 온라인에 의한 사증등 발급 신청서의 서식 및 전자사증 발급 등에 필요한 세부 사항은 법무부장관이 정한다(법 시행령 제7조의2 제6항).

3) 협정에 의한 사정발급

재외공관의 장은 대한민국정부가 체결한 협정이나 합의각서 등에 사증발급에 관하여 이 규칙과 다른 규정이 있는 때 또는 법무부장관이 호혜원칙등을 고려하여 따로 정하는 때에는 그에 따라 사증을 발급하여야 하며(법 시행규칙 제13조 제1항), 이 경우 사증발급대상자가 복수사증발급협정등이 체결된 국가의 국민이라 하더라도 특별한 사유가 있는 때에는 단수사증을 발급할 수 있다(같은 조 제2항).

(3) 추천서발급요청 등

법무부장관은 사증 발급에 필요하다고 인정하는 때에는 사증을 발급받으려는 외국인에게 관계 중앙행정기관의 장으로부터 추천서를 발급받아 제출하게 하거나 관계 중앙행정기관의 장에게 의견을 물을 수 있다(법 시행령 제7조 제4항). 이에 따른 추천서 발급기준은 관계 중앙행정기관의 장이 법무부장관과 협의하여 따로 정한다(법 시행령 제7조 제5항).

(4) 국내 고용사정 고려

법무부장관은 취업활동을 할 수 있는 체류자격에 해당하는 사증을 발급하는 경우에는 국내 고용사정을 고려하여야 한다(법 시행령 제7조 제6항).

라. 사증 등 발급의 기준

(1) 발급기준 및 거부처분의 효력

(가) 사증발급 기준

법무부장관이 사증 등의 발급을 승인하거나 재외공관의 장이 사증을 발급하는 경우 사증발

급을 신청한 외국인이 ⅰ) 유효한 여권을 소지하고 있는지 여부, ⅱ) 입국의 금지 또는 거부의 대상이 아닌지 여부(법 제11조), ⅲ) 영 별표 1부터 별표 1의3까지에서 정하는 체류자격에 해당하는지 여부, ⅳ) 영 별표 1부터 별표 1의3까지에서 정하는 체류자격에 부합한 입국목적을 소명하는지 여부, ⅴ) 해당 체류자격별로 허가된 체류기간 내에 본국으로 귀국할 것이 인정되는지 여부, ⅵ) 그 밖에 영 별표 1부터 별표 1의3까지의 체류자격별로 법무부장관이 따로 정하는 기준에 해당하는지 여부 등의 요건을 갖추었는지의 여부를 심사·확인하여야 한다(법 시행규칙 제9조의2).

(나) 사증발급거부의 처분성

1) 거부행위가 항고소송의 대상인 행정처분이 되기 위한 요건

국민의 적극적 행위 신청에 대하여 행정청이 그 신청에 따른 행위를 하지 않겠다고 거부한 행위가 항고소송의 대상이 되는 행정처분에 해당하는 것이라고 하려면, 그 신청한 행위가 공권력의 행사 또는 이에 준하는 행정작용이어야 하고 그 거부행위가 신청인의 법률관계에 어떤 변동을 일으키는 것이어야 하며 그 국민에게 그 행위발동을 요구할 법규상 또는 조리상의 신청권이 있어야 한다고 할 것인바, 여기에서 '신청인의 법률관계에 어떤 변동을 일으키는 것'이라는 의미는 신청인의 실체상의 권리관계에 직접적인 변동을 일으키는 것은 물론 그렇지 않다 하더라도 신청인이 실체상의 권리자로서 권리를 행사함에 중대한 지장을 초래하는 것도 포함한다고 해석함이 상당하다.[36]

2) 학설의 견해

원칙적으로 외국인은 사증발급에 관한 법률상·조리상 신청권을 가지지 못하고 대한민국에 입국할 권리가 없으므로 사증발급거부 행위는 항고소송이 대상이 될 수 없다는 견해가 다수의 견해이다.

3) 판례의 태도

사증발급거부행위가 행정소송의 대상이 되는 처분성이 있는지에 관한 법원의 태도는 일관되지 않아, 그에 대한 처분성을 인정하는 견해를 취하는 판례도 있고, 반대로 처분성을 부

---

36) 대법원 2002. 11. 22. 선고 2000두9229 판결.

정하는 견해를 취하는 판례도 있다.

가) 부정하는 견해를 취하는 판례의 논거

외국인에게 대한민국에 대하여 사증발급을 요구할 수 있는 법률상·조리상의 신청권이 없고, 외국인에게 대한민국 입국의 자유를 보장하는 규정이 없고, 사증관련 규정은 절차에 관한 규정일 뿐 외국인에게 사증을 발급받을 수 있는 권리 또는 법률상 이익을 부여한 것이 아니므로 사증발급으로 인한 이익을 반사적 이익에 불과하다[37]는 논거로 사증발급거부행위가 행정소송이 대상이 되는 처분성은 없다고 보고 있다.

나) 긍정하는 견해를 취하는 판례의 논거

사증을 발급받는 것은 외국인이 대한민국에 입국하기 위한 요건이 되는 것이므로, 재외공관의 장의 사증발급행위는 공권력의 행사에 해당하고 그 거부행위는 사증신청인으로 하여금 대한민국에 입국할 수 없도록 하는 것으로서 신청인의 법률관계에 변동을 초래한다고 할 것이며, 위 법령의 규정에 따라 외국인은 사증발급에 관한 법규상의 신청권을 가진다고 할 것이라는 점을 들어 사증발급거부행위가 항고소송의 대상이 된다는 점을 밝히고 있다.[38]

(2) 사증추천인

(가) 사증추천인 지정

법무부장관은 다음의 어느 하나에 해당하는 자를 사증추천인으로 지정할 수 있다(법 시행규칙 제9조의3 제1항). 이에 따른 사증발급 추천의 기준과 절차 등에 관한 세부사항은 법무부장관이 정한다(법 시행규칙 제9조의3 제4항).

1) 과학, 기술, 사회, 경제, 교육, 문화 등 전문분야에서 뛰어난 능력이 있는 자

2) 대한민국의 이익에 특별히 기여한 공로가 있는 자

3) 위 1) 및 2)에서 규정한 자 외에 학력이나 경력·경험 등을 고려하여 사증발급 추천을 하기에 적합한 능력이 있다고 법무부장관이 인정하는 자

---

37) 서울행정법원 2016. 9. 30. 선고 2015구합77189 판결 : 항소.
38) 서울행정법원 2013. 12. 12. 선고 2013구합21205 판결.

(나) 전문가 등의 의견청취

법무부장관은 사증추천인의 지정에 필요한 경우 전문적인 지식이나 경험이 있는 관계 전문가의 의견을 들을 수 있다(법 시행규칙 제9조의3 제2항).

(다) 사증발급 추천

사증추천인으로 지정된 자는 외국인재의 능력 및 자격을 평가한 후 정보통신망을 통하여 해당 외국인에 대한 사증발급을 추천할 수 있다(법 시행규칙 제9조의3 제3항). 이에 따른 사증발급 추천의 기준과 절차 등에 관한 세부사항은 법무부장관이 정한다(법 시행규칙 제9조의3 제4항).

마. 사증발급인정서

사증인증서제도는 초정자와 외국인의 입국의 편의를 위해 입국하고자 하는 외국인이 직접 신청하거나 초정자가 대리하여 사증발급인증서를 신청하고 이를 발급받은 후 외국인이 사증발급인증서를 재외공관에 제출하여 사증을 발급받은 제도로서 1992년 출입국관리법 개정 시에 도입된 제도이다.

여기서 초청자는 외국인을 대신하여 초청에 필요한 서류의 제출 등을 대리하는 것일 뿐, 초청자가 독자적으로 사증발급인정서를 신청할 수 없다. 또한 사증발급인증서는 변형된 사증의 형식으로 보아야 하고 사증의 효력은 직접 외국인에게 미치는 것이므로 사증발급인정서도 그 신청인이 외국인일 수밖에 없다.[39] 다만, 초청인에게 사증발급인정불허처분을 다툴 원고적격이 있는지에 대해, 원칙적으로 사증발급인정서 발급은 국가기관의 재량사항에 해당하나 국내 장기체류 등으로 긴밀한 생활관계가 형성된 외국인 또는 결혼이민을 통한 가족형성 등 초청인에게 법률상 보호받아야 할 이익이 있는 경우 원고적격을 폭넓게 인정할 필요가 있다는 견해가 있다.[40]

---

39) 이민법연구회, 앞의 책 80면.
40) 차용호, 앞의 책, 82면.

이에 따라 법무부장관은 사증을 발급하기 전에 특히 필요하다고 인정할 때에는 입국하려는 외국인의 신청을 받아 사증발급인정서를 발급할 수 있으며, 이때 사증발급인정서 발급신청은 그 외국인을 초청하려는 자가 대리할 수 있는 것이다(법 제9조). 한편, 위와 같은 절차 진행을 위한 사증발급인정서의 발급대상·발급기준 및 발급절차는 법무부령으로 정한다(법 제9조 제3항).

의 이해관계를 법적으로 보장하고 있는 점, 이에 따라 사증발급인정을 신청함에 있어 '초청인'의 주소지 관할 사무소장에게 '초청인' 작성의 서류를 제출하도록 규정하고 있고, 사증발급인정서를 교부하는 경우에는 이를 '초청인'에게 교부하도록 규정하고 있어 초청인이 가지는 이해관계를 법적으로 보호하고 있는 점, 무엇보다 사증발급인정서 발급 여부를 심사함에 있어 출장소장이나 법무부장관은 '초청인의 초청사유가 타당한지 여부'를 중점적으로 심사하도록 규정하고 있어 초청인의 결격사유 유무가 사증발급인정서 발급에 있어 매우 중요한 기준이 되는 점, 초청인이 아무런 결격사유가 없음에도 사무소장이 사증발급인정을 불허하는 경우에 직접적인 이해당사자인 초청인이 이를 다툴 수 없다면 사증발급인정불허처분에 대해서 다툴 방도가 사실상 봉쇄된다는 점 등에 비추어 보면, 초청인은 사증발급인정불허처분에 의해 법률상 보호된 이익을 침해당하였다고 할 것이므로 그 취소를 구할 원고적격이 인정된다.

(1) 사증발급인정서의 발급절차 등

(가) 사증발급인정서 발급대상

사증발급인정서를 발급할 수 있는 대상은 다음과 같다(법 시행규칙 제17조 제1항).

1) 미수교국가 또는 특정국가의 국민

2) 영 별표 1의2 중 체류자격 4. 문화예술(D-1)부터 27. 결혼이민(F-6)까지, 29. 방문취업(H-2), 30. 기타(G-1) 및 별표 1의3 영주(F-5)의 자격에 해당하는 사람

3) 기타 법무부장관이 특히 필요하다고 인정하는 자

(나) 사증발급인정신청서 제출

사증발급인정서를 발급받고자 하는 자는 사증발급인정신청서에 사증발급 등 신청시의 첨부서류(제76조)를 첨부하여 그 외국인을 초청하려는 자의 주소지 관할 청장·사무소장 또는 출장소장에게 제출하여야 한다(법 시행규칙 제17조 제2항).

사증발급인정서
CONFIRMATION OF VISA ISSUANCE

사증발급인정번호(Confirmation No.) :　　　　호　(VALID UNTIL　　/　　/　　까지 유효)

1. 신청인 정보 / APPLICANT INFORMATION

신청인 사진(Photo) 여권용사진 (35mm×45mm) – 흰색 바탕에 모자를 쓰지 않은 정면 사진으로 촬영일부터 6개월이 경과하지 않아야 함 A color photo taken within last 6 months(full face without hat, front view against white or off –white background)	성명 Full Name	(한자성명) (漢字姓名)	
	생년월일 Date of Birth		성별 Sex
	국적 Nationality		
	여권번호 Passport No.		
	여권만료일 Passport Expiry Date		

2. 초청인 정보 / SPONSOR INFORMATION

성명 Full Name		생년월일 Date of Birth	
국적 Nationality		성별 Sex	
회사/기관명 Company/Institute		직위 Job Position	

3. 사증사항 / VISA DETAILS

체류자격 Status of Stay		체류기간 Duration of Stay		사증종류 Visa Type	
				유효기간 Period of Validity	
비고 Remarks					

「출입국관리법」 제9조에 따라 위의 신청인에 대한 사증발급인정서가 발급되었음을 확인합니다.
This document confirms that the above applicant's visa application has been preapproved in accordance with Article 9 of the Immigration Act.

발급일　Date of Issue ＿＿＿＿＿＿.＿＿.＿＿.

(다) 거주 및 결혼목적 사증발급인정서 발급절차

영 별표 1의2 중 체류자격 24. 거주(F-2) 가목 또는 27. 결혼이민(F-6) 가목에 해당하는 결혼동거 목적의 사증발급인정서 발급 신청에 관하여는 결혼동거 목적의 외국인 초정절차(제9조의4)를 준용한다(법 시행규칙 제17조 제3항).

[별표 1의2]

장기체류자격(제12조 관련)

체류자격 (기호)	체류자격에 해당하는 사람 또는 활동범위
24. 거주 (F-2)	가. 국민의 미성년 외국인 자녀 또는 별표 1의3 영주(F-5) 체류자격을 가지고 있는 사람의 배우자 및 그의 미성년 자녀
27. 결혼이민 (F-6)	가. 국민의 배우자 나. 국민과 혼인관계(사실상의 혼인관계를 포함한다)에서 출생한 자녀를 양육하고 있는 부 또는 모로서 법무부장관이 인정하는 사람 다. 국민인 배우자와 혼인한 상태로 국내에 체류하던 중 그 배우자의 사망이나 실종, 그 밖에 자신에게 책임이 없는 사유로 정상적인 혼인관계를 유지할 수 없는 사람으로서 법무부장관이 인정하는 사람

(라) 법무부장관에 송부

주소지 관할 청장·사무소장 또는 출장소장은 사증발급인증서 발급신청서를 제출받은 때에는 발급기준을 확인하고 의견을 붙여 이를 법무부장관에게 송부하여야 한다(법 시행규칙 제17조 제4항).

(마) 사증발급인정서 발급·통지 등

법무부장관은 신청서류를 심사한 결과 사증발급이 타당하다고 인정하는 때에는 「전자정부법」의 규정에 의한 전자문서로 사증발급인정서를 발급하여 이를 재외공관의 장에게 송신하고, 초청자에게는 사증발급인정번호를 포함한 사증발급인정내용을 지체없이 통지하여야 한다(법 시행규칙 제17조 제5항).

(사) 사증발급인증서 직접교부

법무부장관은 재외공관에 출입국관리정보시스템이 개설되어 있지 아니하는 등 전자문서에 의한 사증발급인정서를 송신할 수 없는 부득이 한 사유가 있는 경우에는 초청자에게 직접 사증발급인정서를 교부할 수 있다(법 시행규칙 제17조 제6항).

(아) 사증발급인정서 발급대상자가 2인 이상일 경우

법무부장관은 초청인이 동시에 신청한 사증발급인정서 발급대상자가 2인 이상일 경우에는 그 대표자의 사증발급인정서에 사증발급대상자 명단을 첨부하여 사증발급인정서를 발급할 수 있다(법 시행규칙 제17조 제7항).

■ 출입국관리법 시행규칙 [별지 제21호의2서식] 〈개정 2016. 9. 29.〉

사증발급대상자 명단
(LIST OF VISA ISSUANCE CONFIRMATION)

(제 쪽)

연 번 (Serial No.)	신청 번호(Application No.)	성명(Full Name)		성별(Sex)
	사증발급인정번호(Confirmation No.)	생년월일(Date of Birth)	국적(Nationality)	비고(Remarks)

(2) 사증발급인정서에 의한 사증발급

(가) 사증발급인정서에 의한 사증발급신청

1) 사증발급인정내용을 통보받은 자

법 시행규칙 제17조 제5항에 따라 사증발급인정번호 등 사증발급인정내용을 통보받은 자는 사증발급신청서에 사증발급인정번호를 기재하여 재외공관의 장에게 사증발급을 신청할 수 있다(법 시행규칙 제17조의2 제1항).

2) 사증발급인정서를 교부받은 자

법 시행규칙 제17조제6항에 따라 사증발급인정서를 교부받은 자는 사증발급신청서에 사증발급인정서를 첨부하여 재외공관의 장에게 사증발급을 신청할 수 있다(법 시행규칙 제17조의2 제2항).

(나) 사증발급인정서에 의한 사증발급

재외공관의 장은 제1항 및 제2항의 규정에 의하여 사증발급을 신청하는 자에 대하여는 제8조사증등 발급의 승인절차 규정에도 불구하고 사증발급인정번호 등 사증발급인정내용 또는 사증발급인정서의 내용에 따라 사증을 발급하여야 한다(법 시행규칙 제17조의2 제3항).

사증발급인정신청서
APPLICATION FOR CONFIRMATION OF VISA ISSUANCE

〈신청서 작성방법〉
▶ 신청인은 사실에 근거하여 빠짐없이 정확하게 신청서를 작성하여야 합니다.
▶ 신청서상의 모든 질문에 대한 답변은 한글 또는 영문으로 기재하여야 합니다.
▶ 선택사항은 해당 칸[ ] 안에 √ 표시를 하시기 바랍니다.
▶ '기타'를 선택한 경우, 상세내용을 기재하시기 바랍니다.
〈How to fill out this form〉
▶ You must fill out this form completely and correctly.
▶ You must write in block letters either in English or Korean.
▶ For multiple-choice questions, you must check [√] all that apply.
▶ If you select 'Other', please provide us with more information in the given space.

1. 인적사항 / PERSONAL DETAILS

여권용사진 (35mm×45mm) - 흰색 바탕에 모자를 쓰지 않은 정면 사진으로 촬영일부터 6개월이 경과하지 않아야 함 A color photo taken within last 6 months(full face without hat, front view against white or off-white background)	1.1 여권에 기재된 영문 성명 Full Name in English (as shown in your passport)	
	성 Family Name	명 Given Names
	1.2 한자성명 漢字姓名	1.3 성별 Sex 남성/Male[ ] 여성/Female[ ]
	1.4 생년월일 Date of Birth (yyyy/mm/dd)	1.5 국적 Nationality
	1.6 출생국가 Country of Birth	1.7 국가신분증번호 National Identity No.

1.8 이전에 한국에 출입국하였을 때 다른 성명을 사용했는지 여부
　　Have you ever used any other names to enter or depart Korea?
　　아니오 No [ ] 예 Yes [ ] → '예' 선택 시 상세내용 기재 If 'Yes', please provide details
　　(성 Family Name　　　　　　　　　, 명 Given Names　　　　　　　　　　)

1.9 복수 국적 여부 Is the invitee a citizen of more than one country ? 아니오 No [ ] 예 Yes [ ]
　　→ '예'선택 시 상세내용 기재 If 'Yes', please provide details (　　　　　　　　　　)

2. 여권정보 / PASSPORT INFORMATION

2.1 여권종류 Passport Type
　　　　　　외교관 Diplomatic [ ]　　　　　　　　관용 Official [ ]
　　　　　　　일반 Regular [ ]　　　　　　　　　기타 Other [ ]
　　→ '기타'상세내용 If'Other', please provide details (　　　　　　　　)

3. 연락처 / CONTACT INFORMATION

3.1 본국 주소 Address in Your Home Country

3.2 현 거주지 Current Residential Address *현 거주지가 본국 주소와 다를 경우 기재 / Write if it is different from the above address

3.3 휴대전화 Cell Phone No.   3.4 일반전화 Telephone No.   3.5 이메일 E-mail

3.6 비상시 연락처 Emergency Contact Information

a) 성명 Full Name in English	b) 거주국가 Country of Residence
c) 전화번호 Telephone No.	d) 관계 Relationship to you

4. 혼인사항 및 가족사항 / MARITAL STATUS AND FAMILY DETAILS

4.1 현재 혼인사항 Current Marital Status

기혼 Married [　]   이혼 Divorced [　]   미혼 Single [　]

4.2 배우자 인적사항 Personal Information of Your Spouse *기혼으로 표기한 경우에만 기재 If'Married',　 please provide details of your spouse.

a) 성 Family Name (in English)	b) 명 Given Names (in English)
c) 생년월일 Date of Birth (yyyy/mm/dd)	d) 국적 Nationality
e) 거주지 Residential Address	f) 연락처 Contact No.

4.3 자녀 유무 Do you have children?

없음 No [　]   있음 Yes [　]   자녀수 Number of children [　]

5. 학력 / EDUCATION

5.1 최종학력 What is the highest degree or level of education the invitee has completed ?

석사/박사 Master's /Doctoral Degree [　]   대졸 Bachelor's Degree [　]

고졸 High School Diploma [　]   기타 Other [　]

→ '기타'선택 시 상세내용 기재 If'Other', please provide details (　　　　　　　　　　)

5.2 학교명 Name of School	5.3 학교 소재지 Location of School(city/province/country)

7. 방문정보 / DETAILS OF VISIT

7.1 입국목적 Purpose of Visit to Korea

관광/통과 Tourism/Transit [　]　　행사참석/Meeting, Conference [　]　　의료관광 Medical Tourism [　]

단기상용 Business Trip [　]　　유학/연수 Study/Training [　]　　취업활동 Work [　]

무역/투자/주재 Trade/Investment/Intra-Corporate Transferee [　]　　가족 또는 친지방문 Visiting Family/Relatives/Friends [　]　　결혼이민 Marriage Migrant [　]

외교/공무 Diplomatic/Official [　]　　기타 Other [　]

→ '기타'선택 시 상세내용 기재 If 'Other', please provide details (　　　　　　　　)

7.2 체류예정기간 Intended Period of Stay	7.3 입국예정일 Intended Date of Entry
7.4 체류예정지(호텔 포함) Address in Korea (including hotels)	7.5 한국 내 연락처 Contact No. in Korea

7.6 과거 5년간 한국을 방문한 경력 Has the invitee travelled to Korea in the last 5 years ?
아니오 No [　]　예 Yes [　]　→ '예'선택 시 상세내용 기재 If 'Yes', please provide details of any trips to Korea
(　) 회 times,　최근 방문목적 Purpose of Recent Visit (　　　　　　　　　　)

7.7 한국 외에 과거 5년간 여행한 국가 Has the invitee travelled outside his/her country of residence, excluding to Korea, in the last 5 years?
아니오 No [　]　예 Yes [　]　→ '예'선택 시 상세내용 기재 If 'Yes', please provide details of these trips

국가명 Name of Country (in English)	방문목적 Purpose of Visit	방문기간 Period of Stay (yyyy/mm/dd)~ (yyyy/mm/dd)

7.8. 동반입국 가족 유무 Is the invitee travelling to Korea with any family member ?
아니오 No [　]　예 Yes [　]　→ '예'선택 시 상세내용 기재 If 'Yes', please provide details of the family members the invitee is travelling with

성명 Full name in English	생년월일 Date of Birth (yyyy/mm/dd)	국적 Nationality	관계 Relationship to the invitee

9. 초청인 정보 / DETAILS OF SPONSOR

9.1 초청인/초청회사 Sponsor/sponsor company

아니오 No [   ]   예 Yes [   ] → '예'선택 시 상세내용 기재 If'Yes', please provide details

a) 초청인/초청회사명 Name of sponsor/sponsor company (Korean, foreign resident in Korea, company, or institute)

b) 생년월일/사업자등록번호 Date of Birth / Business Registration No.	c) 관계 Relationship to you
d) 주소 Address	e) 전화번호 Phone No.

「출입국관리법 시행규칙」 제17조제2항에 따라 위 외국인 _____ 에 대한 사증발급인정서를 신청합니다.

I hereby apply for Confirmation of Visa Issuance for the invitee _____ , in accordance with article 17(2) of the Enforcement Regulations of the Immigration Act.

신청일자 (년. 월. 일) DATE OF APPLICATION (yyyy/mm/dd)
/   /   /

신청인(초청인) 성명 NAME OF APPLICANT(SPONSOR)   신청인(초청인) 서명(인) SIGNATURE(SEAL) OF APPLICANT(SPONSOR)

(신청인이 17세 미만자의 경우 부모 또는 법정후견인의 서명)
Signature of Parent or Legal Guardian´s for a person under 17 years of age

첨부서류	「출입국관리법 시행규칙」 제76조제1항 관련 [별표 5] 사증발급신청 등 첨부서류
담당공무원 확인사항	「출입국관리법 시행규칙」 제76조제1항 관련 [별표 5] 사증발급신청 등 첨부서류

행정정보 공동이용 동의서 / Consent for sharing of administrative information

[초청인용 Only for sponsor]
본인은 이 건 업무처리와 관련하여 담당 공무원이 「전자정부법」 제36조에 따른 행정정보의 공동이용을 통하여 위의 담당 공무원 확인 사항을 확인하는 것에 동의합니다.   *동의하지 아니하는 경우에는 신청인이 직접 관련 서류를 제출하여야 합니다.

I, the undersigned, hereby consent to allow all documents and information required for the processing of this application to be viewed by the public servant in charge in accordance with Article 36 (sharing of administrative information) of the Electronic Government Act.

* If you disagree, you have to present all related documents yourself.

유의사항 / Notice

1. 위 기재사항과 관련하여 자세한 내용은 별지로 작성하거나 관련 서류를 추가로 제출할 수 있습니다.
If extra space is needed to complete any item, record on a separate sheet of paper or submit relevant documents which could support your application.

2. 대한민국 사증을 승인받은 후 분실 또는 훼손 등의 사유로 여권을 새로 발급받은 경우에는, 정확한 개인정보를 반영할 수 있도록 변경된 여권정보를 사증처리기관에 통보하여야 합니다.
If you received Korean visa approval, and have new passport issued thereafter in lieu of lost/damaged passport, you must notify the concerned visa office of changes in your passport information.

3. 「출입국관리법 시행규칙」 제9조제1항에 따라 C 계열 사증소지자는 입국 후에 체류자격을 변경할 수 없습니다.
Please note that category C visa holders are not able to change their status of stay after their entry into Republic of Korea in accordance with Article 9(1) of the Enforcement Regulations of the Immigration Act.

공용란 / FOR OFFICIAL USE ONLY

기본사항	체류자격		체류기간		사증종류	단수 · 복수(2회, 3회 이상)
접수사항	접수일자		접수번호		처리과	
허가사항	허가일자		인정번호		고지사항	
결 재	담당자		가 [　] 부 [　]	〈심사의견〉		

처리절차 / Procedure

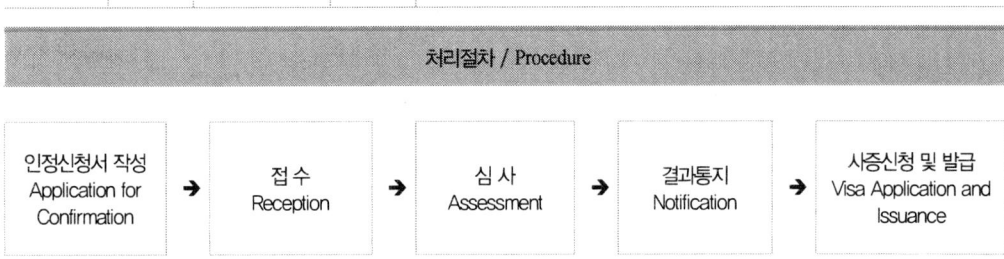

인정신청서 작성 Application for Confirmation → 접 수 Reception → 심 사 Assessment → 결과통지 Notification → 사증신청 및 발급 Visa Application and Issuance

(다) 사증발급인정서 회수

재외공관의 장은 사증발급인정서를 교부받은 자가 사증발급신청서에 사증발급인정서를 첨부하여 사증발급을 신청하는 자에 대하여 사증을 발급한 때에는 사증발급인정서를 회수하여야 한다(법 시행규칙 제17조의2 제4항).

(3) 사증발급인정서 발급의 기준

(가) 사증 등 발급의 기준 준용

사증발급인정서 발급의 기준(법 제9조 제1항의 규정)에 관하여는 법 시행규칙 제9조의2의 사증 등 발급의 기준 규정을 준용한다(법 시행규칙 제17조의3 제1항).

【판시사항】

법무부 훈령인 사증발급인정서 발급 등에 관한 업무처리지침의 법적 성질(제주지방법원 2006. 6. 7. 선고 2005구합733 판결 : 확정)

【판결요지】

출입국관리법 제9조 제3항은 사증발급인정서 발급기준을 '법무부령'으로 정하도록 규정하고 있는데, 사증발급인정서 발급 등에 관한 업무처리지침(2004. 8. 7.)은 '훈령'에 불과하므로 사증발급인정서 발급업무를 처리함에 있어 행정기관 내부에서 지켜야 할 사무처리 준칙에 불과할 뿐이고, 그것이 법원 또는 국민을 기속하는 법규적 효력이 있는 것은 아니다.

(나) 사증발급인정서 발급제한

1) 법무부장관은 「파견근로자보호 등에 관한 법률」에 따라 피초청 외국인을 사용하려는 사용사업주 또는 법 제9조 제2항에 따라 외국인을 초청하는 사람이 다음의 어느 하나에 해당하는 경우에는 피초청 외국인에 대한 사증발급인정서를 발급하지 아니할 수 있다(법 시행규칙 제17조의3 제2항).

가) 법 제7조의2(허위초청 금지), 법 제12조의3(선박 등의 제공금지), 법 제18조제3항부터 제5항까지(외국인 고용제한), 법 제21조제2항(근무처의 변경·추가) 또는 법 제33조의3제1호(외국인등록증 등의 채무이행 확보수단 제공 등의 금지)의 규정을 위반하여 금고 이상의 형의 선고를 받고 그 형의 집행이 종료되거나 집행을 받지 아니하기로

한 날 또는 500만원 이상의 벌금형의 선고를 받거나 500만원 이상의 범칙금의 통고처분을 받고 벌금 또는 범칙금을 납부한 날부터 3년이 경과되지 아니한 사람

나) 법 제7조의2, 법 제12조의3, 법 제18조제3항부터 제5항까지, 법 제21조제2항 또는 법 제33조의3제1호의 규정을 위반하여 500만원 미만의 벌금형의 선고를 받거나 500만원 미만의 범칙금의 통고처분을 받고 벌금 또는 범칙금을 납부한 날부터 1년(다만, 법무부장관은 재범의 위험성, 법 위반의 동기와 결과, 그 밖의 정상을 고려하여 1년 미만의 기간으로 정할 수 있다)이 경과되지 아니한 사람

다) 외국인에게 윤락행위·사행행위·마약류 판매 및 공급행위 강요 등으로 「성매매알선 등 행위의 처벌에 관한 법률」, 「사행행위 등 규제 및 처벌특례법」 및 「마약류 관리에 관한 법률」 등을 위반하여 금고 이상의 형의 선고를 받고 그 형의 집행이 종료되거나 집행을 받지 아니하기로 한 날 또는 금고 이상의 형의 집행유예를 선고받고 그 판결이 확정된 날부터 3년이 경과되지 아니한 사람

라) 외국인근로자 또는 기술연수생에게 임금 또는 수당을 체불하거나 강제근로시키는 등 「근로기준법」을 위반하여 금고 이상의 형의 선고를 받고 그 형의 집행이 종료되거나 집행을 받지 아니하기로 한 날 또는 금고 이상의 형의 집행유예를 선고받고 그 판결이 확정된 날부터 3년이 경과되지 아니한 사람

마) 신청일부터 최근 1년간 법 제9조제2항에 따라 10인 이상의 외국인을 초청한 자로서 피초청 외국인의 과반수가 불법체류 중인 사람

바) 신청일부터 최근 1개월간 법 제19조 또는 법 제19조의4의 규정에 의한 신고의무를 2회 이상 게을리 한 사람

사) 「성폭력범죄의 처벌 등에 관한 특례법」 또는 「성폭력방지 및 피해자보호 등에 관한 법률」 제8조를 위반하여 금고 이상의 형의 선고를 받고 그 형의 집행이 종료되거나 집행을 받지 아니하기로 한 날 또는 금고 이상의 형의 집행유예를 선고받고 그 판결이 확정된 날부터 5년이 경과되지 아니한 사람

아) 그 밖에 제1호부터 제7호까지의 규정에 준하는 사유에 해당하는 자로서 법무부장관이 따로 정하는 사람

2) 법무부장관은 영 별표 1의2 중 체류자격 21. 비전문취업(E-9) 또는 22. 선원취업(E-10)에

해당하는 사증발급인정서를 발급받으려는 외국인이 비전문취업(E-9) 체류자격으로 국내에 5년(「외국인근로자의 고용 등에 관한 법률」 제18조의2제2항에 따라 취업활동 기간이 연장된 경우에는 6년) 이상 체류한 사실이 있는 경우, 선원취업(E-10) 체류자격으로 국내에 5년 이상 체류한 사실이 있는 경우, 비전문취업(E-9) 또는 선원취업(E-10) 체류자격으로 국내에 체류한 기간을 합산한 기간이 5년(「외국인근로자의 고용 등에 관한 법률」 제18조의2제2항에 따라 취업활동 기간이 연장된 경우에는 6년) 이상인 경우의 어느 하나에 해당하는 경우에는 사증발급인정서를 발급하지 아니한다(법 시행규칙 제17조의3 제3항).

[별표 1의2]

장기체류자격(제12조 관련)

체류자격 (기호)	체류자격에 해당하는 사람 또는 활동범위
21. 비전문취업 (E-9)	「외국인근로자의 고용 등에 관한 법률」에 따른 국내 취업요건을 갖춘 사람(일정 자격이나 경력 등이 필요한 전문직종에 종사하려는 사람은 제외한다)
22. 선원취업 (E-10)	다음 각 목에 해당하는 사람과 그 사업체에서 6개월 이상 노무를 제공할 것을 조건으로 선원근로계약을 체결한 외국인으로서 「선원법」 제2조제6호에 따른 부원(部員)에 해당하는 사람 　가. 「해운법」 제3조제1호·제2호·제5호 또는 제23조제1호에 따른 사업을 경영하는 사람 　나. 「수산업법」 제8조제1항제1호, 제41조제1항 또는 제57조제1항에 따른 사업을 경영하는 사람 　다. 「크루즈산업의 육성 및 지원에 관한 법률」 제2조제7호에 따른 국적 크루즈사업자로서 같은 조 제4호에 따른 국제순항 크루즈선을 이용하여 사업을 경영하는 사람

(다) 거주 및 결혼동거 목적의 사증발급인정서 발급 기준

영 별표 1의2 중 체류자격 24. 거주(F-2) 가목 또는 27. 결혼이민(F-6) 가목에 해당하는 결혼동거 목적의 사증발급인정서 발급 기준 등에 관하여는 제9조의5 결혼동거 목적의 사증 발급 기준 등을 준용한다(법 시행규칙 제17조의3 제4항).

(4) 사증발급인정서 발급 거부의 통지

가) 거부통지

법무부장관은 제17조의3제2항 및 제3항에 따라 사증발급인정서를 발급하지 않는 경우에는 발급거부 사실 및 그 사유를 포함한 발급거부통지서를 법무부장관이 정하는 정보통신망을 통해 ⅰ) 법 제9조제1항에 따라 사증발급인정서를 신청한 사람, ⅱ) 법 제9조제2항에 따라 사증발급인정서 발급신청을 대리한 사람의 어느 하나에 해당하는 사람에게 통지할 수 있다(법 시행규칙 제17조의4).

나) 발급거부통지서 교부

위 가)항 불구하고 ⅰ) 법 제9조제1항에 따라 사증발급인정서를 신청한 사람, ⅱ) 법 제9조제2항에 따라 사증발급인정서 발급신청을 대리한 사람의 어느 하나에 해당하는 사람이 출입국·외국인청(이하 "청"이라 한다), 출입국·외국인사무소(이하 "사무소"라 한다), 출입국·외국인청 또는 출입국·외국인사무소의 출장소(이하 "출장소"라 한다)에 방문하여 발급거부통지서의 교부를 요청하면 지체 없이 교부해야 한다.

(5) 사증발급인정서의 효력

사증발급인정서의 유효기간은 3개월로 하고, 한번의 사증발급에 한하여 그 효력을 가진다. 다만, 법무부장관은 특히 필요하다고 인정되는 경우에는 사증발급인정서의 유효기간을 달리 정할 수 있다(법 시행규칙 제18조).

바. 사증발급의 승인

재외공관의 장은 다음의 어느 하나에 해당하는 자에 대하여 사증을 발급하고자 하는 때에는 사증발급권한의 위임(법 시행규칙 제9조)에도 불구하고 법무부장관의 승인을 얻어야 하며, 그 승인에 관한 절차는 제8조 제2항부터 제4항까지의 규정[41]에 따른다(법 시행규칙

---

41) 법 시행규칙 제9조
  ② 재외공관의 장은 제1항에 따른 승인을 얻고자 하는 때에는 사증발급승인신청서에 입국의 적합 여부에 관한 의견을 붙여 외교부장관을 거쳐 법무부장관에게 승인요청을 하여야 한다. 다만, 긴급을 요하는 때에는 사증발급승인요청서에 의하여 전문으로 승인을 요청할 수 있으며, 이 경우 재외공관의 장은 그 신청인으로부터 실비상당의 전신료를 징수할 수 있다.
  ③ 법무부장관은 사증발급에 관하여 제2항에 따른 승인요청이 있는 때에는 입국의 적합 여부를 심사한

제10조).

(1) 국민에 대하여 사증발급을 억제하고 있는 국가의 국민

(2) 「국가보안법」 제2조의 규정에 의한 반국가단체에 소속하고 있는 자

(3) 법무부장관이 그 사증발급에 관하여 특별히 승인을 얻어야만 사증발급을 받을 수 있도록한 사증발급규제자

(4) 「재외동포의 출입국과 법적 지위에 관한 법률」 제5조제2항의 규정에 의한 대한민국의 안전보장과 질서유지 · 공공복리 · 외교관계 기타 대한민국의 이익을 해할 우려가 있다고 판단되는 자

(5) 기타 법무부장관이 대한민국의 이익 등을 보호하기 위하여 따로 지정한 국가의 국민 또는 단체에 소속하고 있는 자

사. 단체사증의 발급

(1) 단체사증 발급대상

재외공관의 장은 일시방문하는 외교사절단, 국제행사참가단체, 수학여행단체 기타 이에 준하는 여행객 단체로서 그 구성원의 수가 법무부장관이 따로 정하는 인원을 초과하는 단체의 구성원이 동일한 선박 · 항공기 · 기차 · 자동차 기타의 교통기관(이하 "선박 등"이라 한다)으로 입국하고자 하는 때에는 단체사증을 발급할 수 있다(법 시행규칙 제11조 제1항).

(2) 단체사증발급신청서 제출

단체사증을 발급받고자 하는 경우에는 그 단체의 대표자 또는 양국간 협정 등에 의하여 지정된 자가 단체사증발급신청서에 구성원 전원의 여권과 법무부장관이 따로 정하는 서류를 첨부하여 재외공관의 장에게 제출하여야 한다(법 시행규칙 제11조 제2항).

후에 그 승인여부와 승인하는 경우 그 사증의 단수 또는 복수의 구분, 체류자격 및 체류기간을 각각 명시하여 이를 외교부장관을 거쳐 해당재외공관의 장에게 통지한다. 이 경우 체류자격은 문자와 기호를 함께 적고, 근무처, 연수장소, 학교명등이 있는 때에는 이를 명시하여야 한다.

④ 재외공관의 장은 제2항의 규정에 의하여 법무부장관에게 사증발급승인을 요청한 때에는 그 승인통지를 받기 전에 제9조의 규정에 의한 사증을 발급하여서는 아니된다.

■ 출입국관리법 시행규칙 [별지 제17호의2서식] 〈개정 2013.1.1〉

團體查證發給申請書
Application For Group Visa Issuance

(公館 申請番號   )

代 表 者 Represen- tative	英字 姓名 Name In Full			漢子 姓名	
	性別 Gender	[ ]M [ ]F	生年月日 Date Of Birth	國籍 Nationality	旅券番號 Passport No.
	職場 / 職位 / 電話番號 Place Of Work/Post/Phone No.				
	職場 住所 Address Of Working Place				

韓國內 主要觀光 日程 Tour Itinerary In Koreat	日時 Date & Time	觀光計劃 Tour Schedule

指定旅行社 Travel Agent	中國 China		韓國 Korea	

團體 (名單) Group (lists)	國籍 Nationality	英字姓名(漢字名) English Names(Chinese Names)	性別 Gender	生年月日 Date Of Birth	旅券番號 Passport No.	備考 Remarks

(3) 단체사증 발급방법

(가) 원칙

재외공관의 장이 단체사증을 발급하는 때에는 그 대표자의 여권에 사증인을 찍고 그 사증의 왼쪽 아랫부분에 "단체사증발급신청서 사본 별첨"인을 찍어야 한다(법 시행규칙 제11조 제3항 본문).

(나) 예외

다만, 재외공관의 장이 특별한 사유가 있다고 인정하는 경우에는 각 신청자의 여권에 사증을 발급할 수 있다. 이 경우 그 사증의 아랫부분에 단체의 일원임을 확인할 수 있는 표시를 하여야 한다(법 시행규칙 제11조 제3항 단서).

(4) 단체사증 교부 및 제시

재외공관의 장이 단체사증을 교부하는 때에는 제2항의 규정에 의하여 제출된 단체사증발급신청서사본에 재외공관의 확인인을 찍어 그 사증과 함께 교부하고 입국할 때에 그 대표자(대표자가 그 구성원과 함께 입국하지 아니하는 경우에는 대표자가 미리 지명한 구성원을 말한다)가 출입국관리공무원에게 이를 제시하여야 한다는 뜻을 알려야 한다(법 시행규칙 제11조 제4항).

■ 출입국관리법 시행규칙 [별지 제22호서식] 〈개정 2016. 9. 29.〉

단체사증 발급대상자 명단(GROUP LIST)

연번 (No.)	국 적 (Nationality)	성명 (Full name)	성별 (Sex)	생년월일 (Date Of Birth)	여권번호 (Passport No.)	직 업 (Occupation)	비 고 (인정서번호) (Remarks)

(5) 단체사증 심사방법 등

(가) 입국심사인 날인 및 반환

출입국관리공무원이 단체사증을 발급받아 입국하는 단체에 대하여 입국심사를 마친 때에는 제4항의 규정에 의하여 교부한 단체사증발급신청서 사본의 왼쪽 아랫부분에 입국심사인을 찍어 이를 반환하여야 한다(법 시행규칙 제11조 제5항).]

(나) 여권에 체류자격 등 기재

출입국관리공무원이 단체사증발급신청서 사본에 기재된 자에 대하여 입국심사를 하는 때에는 그 구성원의 여권에 각각 입국심사인을 찍고 그 대표자의 사증에 부여된 것과 같은 체류자격 및 체류기간을 기재하여야 한다. 이 경우 대표자가 그 구성원과 함께 입국하지 아니하는 경우에는 출입국관리공무원은 정보통신망을 통하여 대표자의 사증에 부여된 것과 같은 체류자격 및 체류기간을 확인하여 처리하여야 한다(법 시행규칙 제11조 제6항).

(다) 출국시 단체사증발급신청서 사본회수 등

출입국관리공무원은 단체사증을 발급받아 입국한 단체의 구성원이 출국하는 때에는 구성원의 여권에 각각 출국심사인을 찍는 외에 교부한 단체사증발급신청서 사본을 회수하여 그 오른쪽 아랫부분에 출국심사인을 찍어야 한다. 이 경우 출국하지 아니하는 자가 있는 때에는 단체사증발급신청서 사본에 그 사실을 적어 보관하여야 하며, 그가 출국하는 때에 이를 정리하여야 한다(법 시행규칙 제11조 제7항).

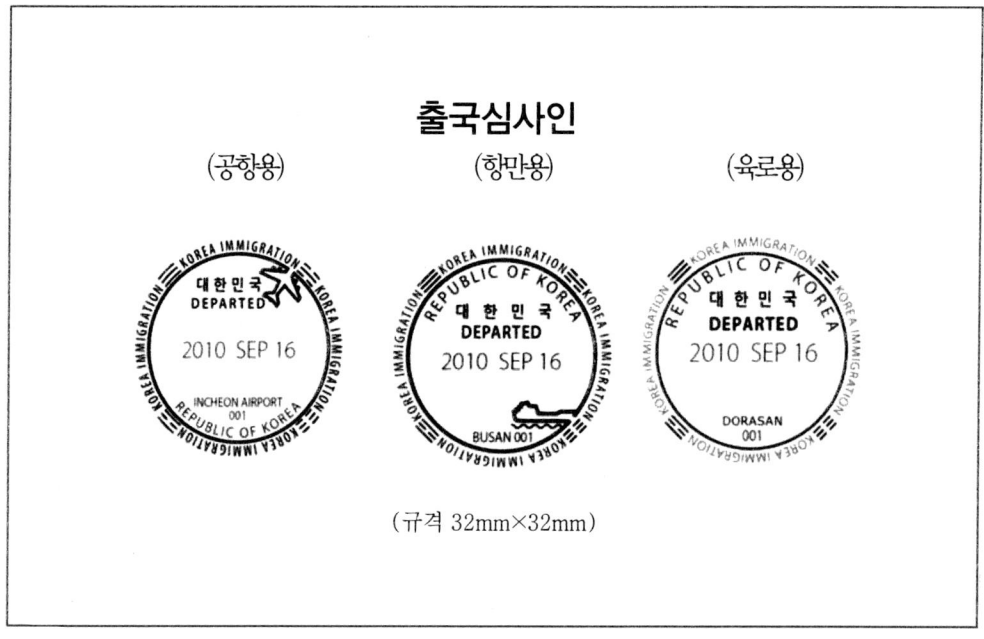

아. 사증발급 신청서류의 보존기간

(1) 보존기간 3년

재외공관의 장은 사증발급 심사를 위하여 신청인으로부터 접수한 사증발급 신청서류를 3년간 보존하여야 한다(법 시행령 제11조의2 제1항 본문).

(2) 보존기간 1년

다만, 다음 각 호의 어느 하나에 해당하는 서류의 보존기간은 1년으로 한다(법 시행령 제11조의2 제1항 단서).

(가) 법무부령으로 정하는 사증발급 신청서류, 여기서 "법무부령으로 정하는 사증 발급 신청서류"란 ⅰ) 제11조에 따른 단체사증 발급 관련 신청서류, ⅱ) 영 별표 1 중 3. 일시취재(C-1)부터 5. 단기취업(C-4)까지의 체류자격에 해당하는 사증 발급 관련 신청서류 중 법무부장관이 정하는 서류의 어느 하나에 해당하는 서류를 말한다.

(나) 사증발급인정서를 통한 사증발급 관련 신청서류

(다) 그 밖에 법무부장관이 지정한 정보통신망에 저장된 사증발급 신청서류로서 법무부장관이 인정하는 서류

(3) 보존기간의 기산점

서류의 보존기간은 그 서류의 처리가 완결된 날이 속하는 해의 다음 해 1월 1일부터 기산(起算)한다.(법 시행령 제11조의2 제2항)

3. 결혼동거 목적의 외국인 초청절차 등

가. 결혼동거 목적의 외국인 초청절차

(1) 배우자의 초청

외국인이 영 별표 1의2 중 24. 거주(F-2) 가목 또는 27. 결혼이민(F-6) 가목에 해당하는 결혼 동거 목적의 사증을 발급받기 위해서는 배우자의 초청이 있어야 한다. 이 경우 초청인은 법 제90조 제1항에 따라 피초청인의 신원보증인이 된다(법 시행규칙 제9조의4 제1항).

[별표 1의2] 〈신설 2018. 9. 18.〉

장기체류자격(제12조 관련)

체류자격 (기호)	체류자격에 해당하는 사람 또는 활동범위
24. 거주 (F-2)	가. 국민의 미성년 외국인 자녀 또는 별표 1의3 영주(F-5) 체류자격을 가지고 있는 사람의 배우자 및 그의 미성년 자녀
27. 결혼이민 (F-6)	가. 국민의 배우자 나. 국민과 혼인관계(사실상의 혼인관계를 포함한다)에서 출생한 자녀를 양육하고 있는 부 또는 모로서 법무부장관이 인정하는 사람 다. 국민인 배우자와 혼인한 상태로 국내에 체류하던 중 그 배우자의 사망이나 실종, 그 밖에 자신에게 책임이 없는 사유로 정상적인 혼인관계를 유지할 수 없는 사람으로서 법무부장관이 인정하는 사람

(2) 국제결혼 안내프로그램 이수증명서 등 제출

위 (1)에 따른 사증을 발급받으려는 외국인 중 법무부장관이 고시하는 요건에 해당하는 사람은 그의 배우자인 초청인이 법무부장관이 시행하는 국제결혼에 관한 안내프로그램(이하 "국제결혼 안내프로그램"이라 한다)을 이수하였다는 증명서를 첨부하거나 초청장에 국제결혼 안내프로그램 이수번호를 기재하여 사증 발급을 신청하여야 한다(법 시행규칙 제9조의4 제2항).

(3) 국제결혼 안내프로그램 시행기관 등

국제결혼 안내프로그램의 시행기관, 비용 지원 등 그 운영에 필요한 사항은 법무부장관이 정하여 고시한다(법 시행규칙 제9조의4 제3항).

나. 결혼동거 목적의 사증 발급 기준 등

(1) 사증발급 요건심사 및 확인

결혼동거 목적의 사증 발급 신청을 받은 재외공관의 장은 혼인의 진정성 및 정상적인 결혼생활의 가능성 여부를 판단하기 위하여 제9조의2 각 호(제5호는 제외한다) 외에도 사증 발급을 신청한 외국인과 그 초청인에 대하여 다음의 요건을 심사·확인할 수 있다. 다만, 초청인과 피초청인 사이에 출생한 자녀가 있는 경우 등 법무부장관이 정하는 경우에 해당하면 다음의 요건 중 일부에 대한 심사를 면제할 수 있다(법 시행규칙 제9조의5 제1항).

(가) 교제경위 및 혼인의사 여부

(나) 당사국의 법령에 따른 혼인의 성립 여부

(다) 초청인이 최근 5년 이내에 다른 배우자를 초청한 사실이 있는지 여부

(라) 초청인이 「국민기초생활 보장법」 제2조제11호에 따른 기준 중위소득을 고려하여 법무부장관이 매년 정하여 고시하는 소득 요건을 충족하였는지 여부

(마) 건강상태 및 범죄경력 정보 등의 상호 제공 여부

(바) 피초청인이 기초 수준 이상의 한국어 구사가 가능한지 여부. 이 경우 구체적인 심사·확인 기준은 법무부장관이 정하여 고시한다.

(바) 부부가 함께 지속적으로 거주할 수 있는 정상적인 주거공간의 확보 여부. 이 경우 고시원, 모텔, 비닐하우스 등 일반적으로 부부가 함께 지속적으로 거주할 수 있는 장소로 보기 어

려운 곳은 정상적인 주거 공간이 확보된 것으로 보지 아니한다.

(사) 초청인이 「국적법」 제6조제2항제1호 또는 제2호에 따라 국적을 취득하거나 영 별표 1의3 영주(F-5) 제2호에 따라 영주자격을 취득하고 3년이 경과하였는지 여부

(아) 초청인이 「가정폭력범죄의 처벌 등에 관한 특례법」(이하 "가정폭력처벌법"이라 한다) 제2조 제3호에 따른 가정폭력범죄를 범한 전력이 있는 경우에는 다음의 어느 하나에 해당하는지 여부

1) 가정폭력처벌법 제29조의 임시조치 결정에 따른 임시조치기간이 종료되거나 임시조치 결정이 취소되었는지 여부

2) 가정폭력처벌법 제40조의 보호처분 결정에 따른 보호처분의 기간이 종료되었는지 여부

3) 가정폭력처벌법 제63조에 따른 금고 이상의 형의 선고를 받고 그 형의 집행이 종료되거나 집행을 받지 아니하기로 한 날부터 10년이 경과하였는지 여부

4) 가정폭력처벌법 제63조에 따른 금고 이상의 형의 집행유예를 선고받고 그 판결이 확정된 날부터 10년이 경과하였는지 여부

5) 가정폭력처벌법 제63조에 따른 벌금 이상의 형이 확정된 날부터 10년이 경과하였는지 여부

(자) 초청인이 「아동·청소년의 성보호에 관한 법률」 제2조제2호에 따른 아동·청소년대상 성범 죄를 범한 전력이 있는 경우에는 다음의 어느 하나에 해당하는 날부터 10년이 경과하였는 지 여부

1) 금고 이상의 형의 선고를 받고 그 형의 집행이 종료되거나 집행을 받지 아니하기로 한 날

2) 금고 이상의 형의 집행유예를 선고받고 그 판결이 확정된 날

3) 벌금형이 확정된 날

(차) 초청인이 「성폭력범죄의 처벌 등에 관한 특례법」 제2조제1항 각 호에 따른 성폭력범죄, 「특 정강력범죄의 처벌에 관한 특례법」 제2조제1항 각 호에 따른 특정강력범죄 또는 「형법」 제2 편제24장 살인의 죄를 범한 전력이 있는 경우에는 다음의 어느 하나에 해당하는 날부터 10 년이 경과하였는지 여부

1) 금고 이상의 형의 선고를 받고 그 형의 집행이 종료되거나 집행을 받지 아니하기로 한 날

2) 금고 이상의 형의 집행유예를 선고받고 그 판결이 확정된 날

(카) 초청인이 허위의 혼인신고로 「형법」 제228조를 위반한 전력이 있는 경우에는 다음 의 어느

하나에 해당하는 날부터 5년이 경과하였는지 여부

1) 금고 이상의 형의 선고를 받고 그 형의 집행이 종료되거나 집행을 받지 아니하기로 한 날

2) 금고 이상의 형의 집행유예를 선고받고 그 판결이 확정된 날

3) 벌금형이 확정된 날

(2) 사실관계 확인 요청

재외공관의 장은 위 (1)항의 요건을 심사·확인하기 위하여 필요할 때에는 초청인의 주소지를 관할하는 청장·사무소장 또는 출장소장(이하 "주소지 관할 사무소장 또는 출장소장"이라 한다)에게 사실관계의 확인을 요청할 수 있다(법 시행규칙 제9조의5 제2항).

(3) 사증발급 재신청 및 신청기한

위 (1)항의 요건을 심사·확인한 결과에 따라 사증 발급이 허가되지 않은 경우 해당 신청인은 그 배우자와 혼인의 진정성 등을 재고(再考)하여 허가되지 않은 날부터 6개월이 경과한 후에 사증 발급을 다시 신청할 수 있다. 다만, 출산이나 그 밖에 국내에 입국하여야 할 급박한 사정이 있는 경우에는 6개월이 경과하지 아니한 경우에도 신청할 수 있다(법 시행규칙 제9조의5 제3항).

4. 공무수행 등을 위한 입국허가

가. 입국허가 대상

외국정부 또는 국제기구의 업무를 수행하는 사람으로서 부득이한 사유로 사증을 가지지 아니하고 입국하려는 사람에 대하여는 청장·사무소장 또는 출장소장이 그 입국을 허가할 수 있다(법 시행규칙 제14조 제1항).

나. 입국허가 절차

청장·사무소장 또는 출장소장이 입국을 허가하는 때에는 여권에 입국심사인을 찍고, 영 별표 1의2 중 체류자격 1. 외교(A-1)부터 3. 협정(A-3)까지의 자격에 해당하는 자격과 그 체류기간을 기재하여야 한다(법 시행규칙 제14조 제2항).

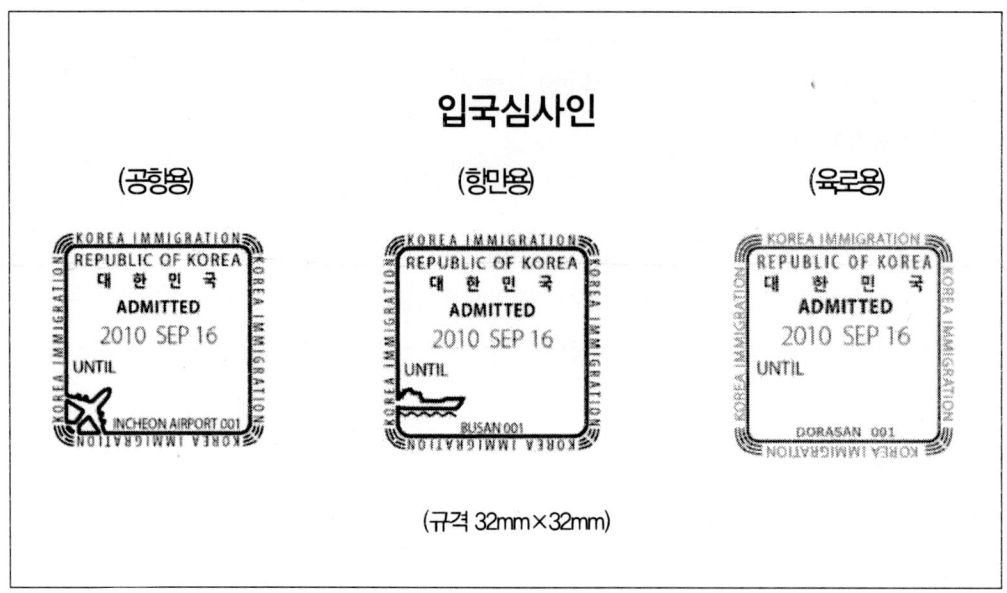

입국심사인

(공항용)　　　　(항만용)　　　　(육로용)

(규격 32mm×32mm)

(1) 영 별표 1 중 4. 단기방문(C-3)의 체류자격에 해당하는 사람

[별표 1]

단기체류자격(제12조 관련)

체류자격 (기호)	체류자격에 해당하는 사람 또는 활동범위
4. 단기방문 (C-3)	시장조사, 업무 연락, 상담, 계약 등의 상용(商用)활동과 관광, 통과, 요양, 친지 방문, 친선경기, 각종 행사나 회의 참가 또는 참관, 문화예술, 일반연수, 강습, 종교의식 참석, 학술자료 수집, 그 밖에 이와 유사한 목적으로 90일을 넘지 않는 기간 동안 체류하려는 사람(영리를 목적으로 하는 사람은 제외한다)

(2) 영 별표 1의2 중 23. 방문동거(F-1)의 체류자격에 해당하는 사람으로서 17세 미만이거나 61세 이상인 사람

[별표 1의2]

장기체류자격(제12조 관련)

체류자격 (기호)	체류자격에 해당하는 사람 또는 활동범위
23. 방문동거 (F-1)	가. 친척 방문, 가족 동거, 피부양(被扶養), 가사정리, 그 밖에 이와 유사한 목적으로 체류하려는 사람으로서 법무부장관이 인정하는 사람 나. 다음의 어느 하나에 해당하는 사람의 가사보조인 　1) 외교(A-1), 공무(A-2) 체류자격에 해당하는 사람 　2) 미화 50만 달러 이상을 투자한 외국투자가(법인인 경우 그 임직원을 포함한다)로서 기업투자(D-8), 거주(F-2), 영주(F-5), 결혼이민(F-6) 체류자격에 해당하는 사람 　3) 인공지능(AI), 정보기술(IT), 전자상거래 등 기업정보화(e-business), 생물산업(BT), 나노기술(NT) 분야 등 법무부장관이 정하는 첨단·정보기술 업체에 투자한 외국투자가(법인인 경우 그 임직원을 포함한다)로서 기업투자(D-8), 거주(F-2), 영주(F-5), 결혼이민(F-6) 체류자격에 해당하는 사람 　4) 취재(D-5), 주재(D-7), 무역경영(D-9), 교수(E-1)부터 특정활동(E-7)까지의 체류자격에 해당하거나 그 체류자격에서 거주(F-2) 바목 또는 별표 1의3 영주(F-5) 제1호의 체류자격으로 변경한 전문인력으로서 법무부장관이 인정하는 사람 다. 외교(A-1)부터 협정(A-3)까지의 체류자격에 해당하는 사람의 동일한 세대에 속하지 않는 동거인으로서 그 체류의 필요성을 법무부장관이 인정하는 사람 라. 그 밖에 부득이한 사유로 직업활동에 종사하지 않고 대한민국에 장기간 체류하여야 할 사정이 있다고 인정되는 사람

(3) 영 별표 1의2 중 25. 동반(F-3)의 체류자격에 해당하는 사람으로서 17세 미만인 사람

[별표 1의2]

장기체류자격(제12조 관련)

체류자격 (기호)	체류자격에 해당하는 사람 또는 활동범위
25. 동반 (F-3)	문화예술(D-1)부터 특정활동(E-7)까지의 체류자격에 해당하는 사람의 배우자 및 미성년 자녀로서 배우자가 없는 사람[기술연수(D-3) 체류자격에 해당하는 사람은 제외한다]

다. 법무부장관의 승인

(1) 원칙

법무부장관이 대한민국의 이익 등을 위하여 입국이 필요하다고 인정하는 사람에 대해서는 청장·사무소장 또는 출장소장이 법무부장관의 승인을 받아 입국을 허가할 수 있다.

(2) 예외

다만, 다음 각 호의 어느 하나에 해당하는 사람에 대해서는 청장·사무소장 또는 출장소장은 체류기간 90일의 범위에서 법무부장관의 승인없이 그 입국을 허가할 수 있다(법 시행규칙 제14조 제3항). 또한, 법무부장관이 대한민국의 이익 등을 위하여 입국이 필요하다고 인정하는 사람으로서 법무부장관이 정하는 증명서를 소지한 자에 대하여는 위의 규정에 불구하고 출입국관리공무원이 체류기간 90일의 범위 내에서 그 입국을 허가할 수 있다(법 시행규칙 제14조 제6항).

(가) 영 별표 1중 8. 단기방문(C-3)의 체류자격에 해당하는 자

[별표 1]

단기체류자격(제12조 관련)

체류자격 (기호)	체류자격에 해당하는 사람 또는 활동범위
4. 단기방문 (C-3)	시장조사, 업무 연락, 상담, 계약 등의 상용(商用)활동과 관광, 통과, 요양, 친지 방문, 친선경기, 각종 행사나 회의 참가 또는 참관, 문화예술, 일반연수, 강습, 종교의식 참석, 학술자료 수집, 그 밖에 이와 유사한 목적으로 90일을 넘지 않는 기간 동안 체류하려는 사람(영리를 목적으로 하는 사람은 제외한다)

(나) 영 별표 1중 26. 방문동거(F-1)의 체류자격에 해당하는 자로서 그 연령이 17세미만이거나 61세 이상인 자

(다) 영 별표 1중 28. 동반(F-3)의 체류자격에 해당하는 자로서 그 연령이 17세미만인 자

라. 제출서류 및 진위 등 확인

청장·사무소장 또는 출장소장은 입국허가를 하려면 다음 각 호의 서류를 받아 신청인의 진술내용이나 제출서류의 진위 등을 확인하여야 한다(법 시행규칙 제14조 제4항).

(1) 입국허가 신청서

(2) 유효한 사증을 가지지 못한 부득이한 사유를 증명하는 서류 또는 사유서

(3) 제76조에 따른 체류자격별 첨부서류

입국허가 신청서
(APPLICATION FOR ENTRY PERMIT)

접수번호	접수일자	처리일자	처리기간

인적사항 (Personal information)	성명 (Full name)	
	한자성명 (漢字姓名)	성별 (Sex)
	생년월일 (Date of Birth)	국적 (Nationality)
	여권번호 (Passport No.)	출생지 (Place of Birth)
	본국 주소 (Address in Home Country) (연락처 Tel. :)	
	국내 체류지 (Address in Korea) (연락처 Tel. :)	
	직장 (Occupation) / 직위 (Position)	
	입국목적 (Purpose of Entry)	
	체류 예정기간 (Desired Length of Stay)	

사증 없이 도착한 사유 (Reason for arriving wit hout a visa)	
입증 자료 (Supporting evidence)	

신청일   년   월   일
(Date of Application)   (year) (month) (day)

신청인   (서명 또는 인)
(Applicant)   (signature or seal)

마. 입국허가대장에 기재 등

청장·사무소장 또는 출장소장이 입국허가를 하는 때에는 이를 외국인 입국허가대장에 기재하여야 하며, 여권에 입국심사인을 찍고 허가된 체류자격과 체류기간을 기재하여야 한다 (법 시행규칙 제14조 제5항).

■ 출입국관리법 시행규칙 [별지 제24호의3서식] 〈개정 2016. 9. 29.〉

외국인 입국허가대장

허가일	허가번호	체류자격 체류기간	성명	생년월일	성별	국적	사증 없이 도착한 사유	보증인 등 성명	법무부장관 사전승인 시 (허가번호)	비고

5. 관광 등을 위한 입국허가

가. 입국허가 대상

법무부장관이 정하는 국가의 국민으로서 법무부령으로 정하는 기간 내에 대한민국을 관광하거나 통과할 목적으로 입국하려는 사람에 대하여는 출입국관리공무원이 그 입국을 허가할 수 있다(법 시행규칙 제15조 제1항).

나. 체류자격 및 체류기간 부여

출입국관리공무원은 위 가.의 규정에 의한 입국허가를 하는 때에는 여권에 입국심사인을 찍고 영 별표 1의2 중 체류자격 2. 관광통과(B-2)의 자격과 30일의 범위 내에서의 체류기간을 부여하여야 한다. 다만, 법무부장관이 국제관례, 상호주의 또는 대한민국의 이익 등을 고려하여 체류기간 등을 따로 정하는 때에는 그에 따라야 한다(법 시행규칙 제15조 제2항).

다. 체류자격 및 체류기간 변경제한

(1) 원칙

위 나.항에 따라 입국허가를 받은 자에 대하여는 체류자격변경 또는 체류기간연장을 허가하지 아니한다.

(2) 예외

다만, 부득이한 사유가 있다고 인정되는 때에는 청장·사무소장 또는 출장소장이 제78조제5항에 따라 권한이 위임된 범위에서 이를 허가할 수 있으며(법 시행규칙 제15조 제3항), 이에 따라 체류기간을 연장하는 때에는 입국일부터 90일을 초과하여 연장할 수 없다(법 시행규칙 제15조 제4항).

6. 체류자격별로 부여하는 체류기간의 상한

가. 체류자격 구분

일정한 체류자격을 가진 외국인만이 대한민국으로 입국이 가능하다. 따라서 대한민국에 입국하려는 외국인은 다음의 어느 하나에 해당하는 체류자격을 가져야 한다(법 제10조). 여기서 체류자격이란 체류와 활동의 두가지 요소를 결합하여 만들어진 개념으로 대한민국에 체류하고 있는 외국인의 일정 범위 내에서의 활동을 규율하고 있는 출입국관리법상의 자격을 말한다. 외국인은 그 부여된 체류자격에 의해 인정되는 일정한 활동을 행할 수 있음과 동시에 체류자격에 대응하여 정해진 체류 기간 내에서 체류가 보장된다.

(1) 일반체류자격: 이 법에 따라 대한민국에 체류할 수 있는 기간이 제한되는 체류자격

(2) 영주자격: 대한민국에 영주(永住)할 수 있는 체류자격

나. 일반체류자격

체류자격의 대분류에 따라 일반체류자격(이하 "일반체류자격"이라 한다)은 다음의 구분과 같이 단기체류자격과 장기체류자격으로 구분된다(법 제10조의2 제1항).

(1) 단기체류자격

관광, 방문 등의 목적으로 대한민국에 90일 이하의 기간(사증면제협정이나 상호주의에 따라 90일을 초과하는 경우에는 그 기간) 동안 일시적으로 머물 수 있는 체류자격을 말한다.

단기체류자격을 가지고 입국한 경우에는 원칙적으로 체류자격 변경허가가 허용되지 않으며, 외국인등록을 할 수 없다. 단기체류자격으로는 사증면제(B-1), 광광·통역(B-2), 일시취재(C-1), 단기방문(C-3), 단기취업(C-4) 등이 있다.[42]

(2) 장기체류자격

유학, 연수, 투자, 주재, 결혼 등의 목적으로 대한민국에 90일을 초과하여 법무부령으로 정하는 체류기간의 상한 범위에서 거주할 수 있는 체류자격을 말한다.

장기체류자격을 가지고 입국한 외국인은 90일 이내에 외국인 등록을 하여야 하며, 주소지가 변경될 때마다 체류지 변경신고를 하여야 하는 등 일정한 의무가 부과되며, 일정 거주기간 및 요건이 충족될 경우 영주자격을 취득하거나 귀화허가를 받을 수 있다. 장기체류자격에 해당하는 체류자격으로는 A계열(외교, 공무 등), D계열(유학, 연수, 주재 등), E계열(교수, 회화지도, 특정활동 등), F계열(거주, 결혼이민 등) G계열, H계열(관광취업, 방문취업) 등이 있다.[43]

---

42) 이민법연구회, 앞의 책 87면.
43) 이민법연구회, 앞의 책 87면.

(3) 체류자격별 체류기간 상한

체류자격별 체류기간의 상한은 아래의 별표 1과 같다. 다만, 법무부장관은 국제관례나 상호주의 원칙 또는 국가이익에 비추어 필요하다고 인정하는 때에는 그 상한을 달리 정할 수 있다(법 시행규칙 제18조의3).

[별표 1]

체류자격별 체류기간의 상한(제18조의3 관련)

체류자격(기호)	체류기간의 상한	체류자격(기호)	체류기간의 상한
외교(A-1)	재임기간	구직(D-10)	6개월
공무(A-2)	공무수행기간	교수(E-1)	5년
협정(A-3)	신분존속기간 또는 협정 상의 체류기간	회화지도(E-2)	2년
		연구(E-3)	5년
문화예술(D-1)	2년	기술지도(E-4)	5년
유학(D-2)	2년	전문직업(E-5)	5년
기술연수(D-3)	2년	예술흥행(E-6)	2년
일반연수(D-4)	2년	특정활동(E-7)	3년
취재(D-5)	2년	비전문취업(E-9)	3년
종교(D-6)	2년	선원취업(E-10)	3년
주재(D-7)	3년	방문동거(F-1)	2년
기업투자(D-8)	영 별표 1의2 11. 기업투자(D-8)란의 가목에 해당하는 사람 : 5년	거주(F-2)	5년
		동반(F-3)	동반하는 본인에 정하여진 기간
	영 별표 1의2 11. 기업투자(D-8)란의 나목 · 다목에 해당하는 사람 : 2년	재외동포(F-4)	3년
		결혼이민(F-6)	3년

【판시사항】

근로기준법상의 근로자에 해당하는지 여부의 판단 기준 및 산업기술연수생인 외국인이 대상 업체의 사업장에서 실질적으로 업체의 지시 · 감독을 받으면서 근로를 제공하고 수당 명목의 금품을 수령한 경우, 근로기준법 제14조에 정한 근로자로 볼 수 있는지 여부(적극)(대법원 2005. 11. 10. 선고 2005다50034 판결)

【판결요지】

근로기준법상의 근로자에 해당하는지 여부를 판단함에는 그 계약의 형식이 민법상의 고용계약인지 또는 도급계약인지에 관계없이 그 실질면에서 근로자가 사업 또는 사업장에 임금을 목적으로 종속적인 관계에서 사용자에게 근로를 제공하였는지 여부에 따라 판단하여야 하고, 그러한 종속적인 관계가 있는지 여부를 판단함에는 업무의 내용이 사용자에 의하여 정하여지고 취업규칙 또는 복무(인사)규정 등의 적용을 받으며 업무수행과정에서도 사용자로부터 구체적 개별적인 지휘 · 감독을 받는지 여부, 사용자에 의하여 근무시간과 근무장소가 지정되고 이에 구속을 받는지 여부, 근로자 스스로가 제3자를 고용하여 업무를 대행케 하는 등 업무의 대체성 유무, 비품 · 원자재 · 작업도구 등의 소유관계, 보수의 성격이 근로 자체에 대한 대상적 성격이 있는지 여부와 기본급이나 고정급이 정하여져 있는지 여부 및 근로소득세의 원천징수 여부 등 보수에 관한 사항, 근로제공관계의 계속성과 사용자에의 전속성의 유무와 정도, 사회보장제도에 관한 법령 등 다른 법령에 의하여 근로자의 지위를 인정받는지 여부, 양 당사자의 사회 · 경제적 조건 등을 종합적으로 고려하여 판단하여야 한다.

따라서 산업기술연수사증을 발급받은 외국인이 정부가 실시하는 외국인 산업기술연수제도의 국내 대상 업체에 산업기술연수생으로 배정되어 대상 업체와 사이에 연수계약을 체결하였다 하더라도 그 계약의 내용이 단순히 산업기술의 연수만으로 그치는 것이 아니고 대상 업체가 지시하는 바에 따라 소정시간 근로를 제공하고, 그 대가로 일정액의 금품을 지급받으며 더욱이 소정시간 외의 근무에 대하여는 근로기준법에 따른 시간외 근로수당을 지급받기로 하는 것이고, 이에 따라 당해 외국인이 대상 업체의 사업장에서 실질적으로 대상 업체의 지시 · 감독을 받으면서 근로를 제공하고 수당 명목의 금품을 수령하여 왔다면 당해 외국인도 근로기준법 제14조에 정한 근로자에 해당한다.

(4) 체류자격 및 자격의 종류 등

단기체류자격 및 장기체류자격의 종류, 체류자격에 해당하는 사람 또는 그 체류자격에 따른 활동범위는 체류목적, 취업활동 가능 여부 등을 고려하여 대통령령으로 정한다(법 제10조의2 제2항).

다. 영주자격

영주자격(이하 "영주자격"이라 한다)을 가진 외국인은 활동범위 및 체류기간의 제한을 받지 아니한다(법 제10조의3 제1항).

(1) 영주자격의 요건

본 조에서는 영주자격 취득요건을 구체적으로 명시하고 있는 바, 영주자격을 취득하려는 사람은 별표 1에 부합하는 사람으로서 다음 의 요건을 모두 갖추어야 한다(법 제10조의3 제2항). 이 규정은 영주자격을 심사함에 있어서 행정기관의 자의성이나 임의적 판단을 배제하고 영주자격 취득에 대한 세부요건을 기재해 놓아 대상자들에 대한 예측가능성을 폭넓게 부여하였다는데 의미가 있다.

(가) 대한민국의 법령을 준수하는 등 품행이 단정할 것
(나) 본인 또는 생계를 같이하는 가족의 소득, 재산 등으로 생계를 유지할 능력이 있을 것
(다) 한국어능력과 한국사회·문화에 대한 이해 등 대한민국에서 계속 살아가는 데 필요한 기본소양을 갖추고 있을 것

다만, 법무부장관은 다음에서 정하는 바에 따라 법 제10조의3 제2항 제2호 또는 제3호의 요건을 완화하거나 면제할 수 있다. 이 경우 법무부장관은 그 완화 또는 면제의 기준을 정

하여 고시한다(법 시행령 제12조의2).

(라) 제2항 제1호에 해당하는 사람 : 대한민국 사회에 기여한 정도 또는 기여가능성, 투자 금액 등을 고려하여 법 제10조의3 제2항 제2호 또는 제3호의 요건을 완화 또는 면제

(마) 제2항 제2호에 해당하는 사람 : 대한민국 사회에 기여한 정도, 대한민국 사회와의 유 대관계 및 인도적 사유 등을 고려하여 법 제10조의3 제2항 제2호 또는 제3호의 요건 을 완화 또는 면제

(2) 영주자격 요건완화 기준

법무부장관은 영주자격 요건에도 불구하고 대한민국에 특별한 공로가 있는 사람, 과학·경 영·교육·문화예술·체육 등 특정 분야에서 탁월한 능력이 있는 사람, 대한민국에 일정금액 이상을 투자한 사람 등 대통령령으로 정하는 사람에 대해서는 대통령령으로 정하는 바에 따라 영주자격 요건의 전부 또는 일부를 완화하거나 면제할 수 있다(법 제10조의3 제3항). 이 규정은 우리나라에 필요한 인재는 국적을 불문하고 적극적으로 수용하겠다는 의미와 아 무리 우수한 인재라도 대한민국의 공공안녕이나 질서를 해하는 행동을 하는 외국인은 우리 사회의 영구적 구성원으로 수용하지 않겠다는 의미도 함께 담겨져 있다.

(가) 대한민국에 특별한 공로가 있는 사람 등
대한민국에 특별한 공로가 있는 사람, 과학·경영·교육·문화예술·체육 등 특정 분야에서 탁 월한 능력이 있는 사람, 대한민국에 일정금액 이상 투자를 한 사람 등 대통령령으로 정하는 사람이란 다음 각 호의 어느 하나에 해당하는 사람을 말한다(법 시행령 제12조의2).

1) 별표 1의3 중 제3호, 제9호, 제10호 또는 제14호부터 제16호까지의 어느 하나에 해당하는 사람

[별표 1의3]

영주자격에 부합하는 사람(제12조의2제1항 관련)

체류자격 (기호)	영주자격에 부합하는 사람의 범위
영주 (F-5)	법 제46조제1항 각 호의 어느 하나에 해당하지 않는 사람으로서 다음 각 호의 어느 하나에 해당하는 사람 3. 「외국인투자 촉진법」에 따라 미화 50만 달러를 투자한 외국인투자가로서 5명 이상의 국민을 고용하고 있는 사람 9. 과학 · 경영 · 교육 · 문화예술 · 체육 등 특정 분야에서 탁월한 능력이 있는 사람 중 법무부장관이 인정하는 사람 10. 대한민국에 특별한 공로가 있다고 법무부장관이 인정하는 사람 14. 별표 1의2 중 24. 거주(F-2) 차목에 해당하는 체류자격을 받은 후 5년 이상 계속 투자 상태를 유지하고 있는 사람으로서 대한민국에 계속 거주할 필요가 있다고 법무부장관이 인정하는 사람과 그 배우자 및 자녀(법무부장관이 정하는 요건을 갖춘 자녀만 해당한다) 15. 별표 1의2 중 11. 기업투자(D-8) 다목에 해당하는 체류자격으로 대한민국에 3년 이상 계속 체류하고 있는 사람으로서 투자자로부터 3억원 이상의 투자금을 유치하고 2명 이상의 국민을 고용하는 등 법무부장관이 정하는 요건을 갖춘 사람 16. 5년 이상 투자 상태를 유지할 것을 조건으로 법무부장관이 정하여 고시하는 금액 이상을 투자한 사람으로서 법무부장관이 정하는 요건을 갖춘 사람

2) 위 1) 외에 법무부장관이 국가이익이나 인도주의(人道主義)에 비추어 영주자격 요건 중(법 제10조의3 제2항) 본인 또는 생계를 같이하는 가족의 소득, 재산 등으로 생계를 유지할 능력이 있을 것(제2호) 및 한국어능력과 한국사회 · 문화에 대한 이해 등 대한민국에서 계속 살아가는 데 필요한 기본소양을 갖추고 있을 것(제3호)의 요건의 전부 또는 일부를 완화하거나 면제하여야 할 특별한 사정이 있다고 인정하는 사람

(3) 영주자격 요건의 기준 · 범위 등
영주자격 요건의 기준 · 범위 등에 필요한 사항은 법무부령으로 정한다(법 제10조의3 제4항).

7. 입국의 금지 등

가. 입국의 금지

입국금지는 출입국관리사무소가 외국인에 대한 조사를 종료한 후 출입국관리법 제58조에 따라 출입국사범심사결정을 내릴 때 대상 외국인이 대한민국에 재차 입국하는 것이 적절하지 않다고 판단할 경우 향후 일정한 기간 동안 입국을 금지하는 것이 타당하다는 의견을 입력하는 행위이다.[44]

이러한 입국금지 행위가 항고소송이 되는 처분성이 있는지에 관하여 출입국사범심사 시 이루어지는 입국금지에 대한 의견 표명은 처분이 아니라는 등의 이유로 처분성을 부인하는 판례도 있고,[45] 입국금지가 처분에 해당한다는 이유로 처분성을 인정하는 판례도 있다.[46] 통상 항고소송의 대상이 되는 행정처분은 행정청의 공법상의 행위로서 특정사항에 대하여 법률에 의하여 권리를 설정하고 의무를 부과를 명하고, 기타 법률상 효과를 발생케 하는 등 국민의 권리 및 의무에 직접관계가 있는 행위이어야 하고, 그 자체로서 국민의 구체적인 권리·의무에 직접적인 변동을 초래하는 것이 아닌 일반적·추상적 법령 또는 내부적 내규 및 내부적 사업계획에 불과한 것 등은 그 대상이 될 수 없다.[47]

이에 따르면 입국금지는 처분청이 해당 외국인이 장차 대한민국에 입국할 때 대처하기 위해 내려둔 내부적 의사결정 행위이고, 외국인의 입국을 지도하는 시점인 사증발급신청 시에 사증발급거부의 형태로, 또는 무사증의 경우 공항만에서 입국심사 시 입국불허의 형태로서 드러나게 되는 점에서 입국금지 그 자체는 처분이 없는 것으로 보는 것이 맞다. 그러나 이러한 입국금지의 의사결정 내지 의견의 입력 이후 행정청에서 별도로 다른 취소가 취해지지는 않는다는 점, 이후의 모든 행정행위가 그러한 의사결정 내지 의견의 입력을 근거로 이루어진다는 점을 고려하여 입국금지의 처분성을 인정하여야 한다는 견해도 있다.[48]

---

44) 정혁진·최영재, 출입국관리법, 싸아이알, 2018. 75면.
45) 서울고등법원 2014. 10. 1. 선고 2014누40334 판결. 서울행정법원 2014. 10. 31. 선고 2014구합12550 판결, 서울행정법원 2018. 1. 11. 선고 2017구합80127 판결 등 참고.
46) 대법원 2013. 2. 28. 선고 2012두5992 판결, 서울행정법원 2013. 6. 20. 선고 2012구합37227 판결, 서울고등법원 2016. 9. 30. 판결, 서울행정법원 2017. 11. 29. 선고 2017구단67653 판결 참조.
47) 대법원 1994. 9. 10. 선고 94두33판결.
48) 정혁진·최영재, 앞의 책, 88~89면.

(1) 입국금지 사유

법무부장관은 다음의 어느 하나에 해당하는 외국인에 대하여는 입국을 금지할 수 있다(법 제11조 제1항).

(가) 감염병환자, 마약류중독자, 그 밖에 공중위생상 위해를 끼칠 염려가 있다고 인정되는 사람, 여기서 '감염병'이란 제1군감염병, 제2군감염병, 제3군감염병, 제4군감염병, 제5군감염병, 지정감염병, 세계보건기구 감시대상 감염병, 생물테러감염병, 성매개감염병, 인수(人獸)공통감염병 및 의료관련감염병을 말한다(감염병의 예방 및 관리에 관한 법률 제2조 제1호).

(나) 「총포·도검·화약류 등의 안전관리에 관한 법률」에서 정하는 총포·도검·화약류 등을 위법하게 가지고 입국하려는 사람

(다) 대한민국의 이익이나 공공의 안전을 해치는 행동을 할 염려가 있다고 인정할 만한 상당한 이유가 있는 사람

(라) 경제질서 또는 사회질서를 해치거나 선량한 풍속을 해치는 행동을 할 염려가 있다고 인정할 만한 상당한 이유가 있는 사람

【판시사항】

미국 시민권을 취득함으로써 대한민국 국적을 상실한 인기가수 갑에 대하여 병무청장이 '미국 시민권을 취득함으로써 사실상 병역의무를 면탈하였다'는 이유로 입국 금지를 요청함에 따라 법무부장관이 갑의 입국금지결정을 하였는데, 갑이 재외공관의 장에게 재외동포(F-4) 자격의 사증발급을 신청하였다가 거부된 사안에서, 사증발급 거부가 적법하다고 한 사례(서울행정법원 2016. 9. 30. 선고 2015구합77189 판결 : 항소)

【판결요지】

미국 시민권을 취득함으로써 대한민국 국적을 상실한 인기가수 갑에 대하여 병무청장이 '미국 시민권을 취득함으로써 사실상 병역의무를 면탈하였다'는 이유로 입국 금지를 요청함에 따라 법무부장관이 갑의 입국금지결정을 하였는데, 갑이 재외공관의 장에게 재외동포(F-4) 자격의 사증발급을 신청하였다가 거부된 사안에서, 갑이 가족들과 함께 미국에서 생활하기 위해서가 아니라 대한민국에서 계속 가수로서 활동하기 위하여 미국 시민권을 취득한 것으로 보이는 점 등에 비추어 보면 갑은 대한민국 국민으로서의 병역의 의무를 기피하기 위하여 미국 시민권을 취득한 것인데, 갑이 입국하여 방송·연예활동을 계속할 경우 국군 장병들의 사기를 저하시키고 병역의무 이행 의지를 약화시키며, 입대를 앞둔 청소년들에게 병역의무 기피 풍조를 낳게 할 우려가 있어 헌법 제39조 제1항이 정하고

있는 국방의 의무 수행에 지장을 가져오고 나아가 영토의 보전을 위태롭게 하며 대한민국의 준법 질서를 어지럽힘으로써 대한민국의 이익, 공공의 안전, 사회질서 및 선량한 풍속을 해하게 되므로 출입국관리법 제11조 제1항 제3호, 제4호 또는 제8호에 정한 입국금지사유에 해당하고, 입국금지조치가 비례의 원칙이나 평등의 원칙을 위반하였다고 보기 어려워 적법·유효한 이상, 입국금지조치를 이유로 한 사증발급 거부는 출입국관리법 제8조 제3항, 출입국관리법 시행규칙 제9조의2 제2호에 따른 것으로서 적법하다.

(마) 사리 분별력이 없고 국내에서 체류활동을 보조할 사람이 없는 정신장애인, 국내체류 비용을 부담할 능력이 없는 사람, 그 밖에 구호(救護)가 필요한 사람

(바) 강제퇴거명령을 받고 출국한 후 5년이 지나지 아니한 사람

(사) 1910년 8월 29일부터 1945년 8월 15일까지 사이에 ⅰ) 일본 정부, ⅱ) 일본 정부와 동맹 관계에 있던 정부, ⅲ) 일본 정부의 우월한 힘이 미치던 정부의 어느 하나에 해당하는 정부의 지시를 받거나 그 정부와 연계하여 인종, 민족, 종교, 국적, 정치적 견해 등을 이유로 사람을 학살·학대하는 일에 관여한 사람

(아) (가)부터 (사)까지의 규정에 준하는 사람으로서 법무부장관이 그 입국이 적당하지 아니하다고 인정하는 사람

【판시사항】
출입국관리법 제11조 제1항 제3호, 제4호의 명확성의 원칙 위배여부(서울행정법원 2009. 6. 5. 2009구합10253판결)

【판결요지】
출입국관리법 제11조 제1항 제3호, 제4호의 표현이 다소 포괄적이라 하더라도 입국금지 또는 강제퇴거의 대상이 되는 모든 사유를 일일이 법률로서 규율하는 것은 입법기술상 한계가 있을 뿐 아니라 국익을 최우선으로 하여 외교관계, 국제정세에 신속하고 적절하게 대대처해야 하는 국입국관리행정의 특수성과 더불어 출입국관리법의 입법목적을 종합적으로 고려하여 볼 때 그 구체적 의미를 충분히 예측하고 해설할 수 있는 정도인 것으로 보이며, 더욱이 구체적인 사실과 관련하여 형사처벌까지 이루어진 경우에는 당해 형벌규정이 보호하고자 하는 법익을 기준으로 위 각 규정의 의미내용을 한정적으로 해석함으로써 위 요건의 충족 여부를 판단할 수 있다는 점 등에 비추어 볼 때 위 규정이 명확성을 결여하였다고 보기 어렵다.

(2) 상호주의에 의한 입국금지

법무부장관은 입국하려는 외국인의 본국(本國)이 제1항 각 호 외의 사유로 국민의 입국을 거부할 때에는 그와 동일한 사유로 그 외국인의 입국을 거부할 수 있다(법 제11조 제2항).

(3) 입국금지자의 자료관리

법무부장관은 입국을 금지하기로 결정한 사람에 대해서는 지체 없이 정보화업무처리 절차에 따라 그 자료를 관리하여야 한다. 입국금지를 해제한 때에도 또한 같다(법 시행령 제13조).

(4) 입국금지 요청 및 해제

(가) 입국금지 요청

1) 원칙

중앙행정기관의 장 및 법무부장관이 정하는 관계 기관의 장은 소관 업무와 관련하여 법 제11조 제1항의 입국금지 또는 같은 조 제2항의 입국거부 사유에 해당한다고 인정하는 외국인에 대해서는 법무부장관에게 입국금지 또는 입국거부를 요청할 수 있다.

2) 예외

다만, 시장·군수 또는 구청장의 소관 업무에 관한 입국금지의 요청은 특별시장·광역시장 또는 도지사가 한다(법 시행령 제14조 제1항).

(나) 입국금지 또는 입국거부의 요청 절차

입국금지 또는 입국거부의 요청 절차에 관하여는 법 시행령 제2조 제2항(중앙행정기관의 장 및 법무부장관이 정하는 관계 기관의 장은 출국금지를 요청하는 경우에는 출국금지 요청 사유와 출국금지 예정기간 등을 적은 출국금지 요청서에 법무부령으로 정하는 서류를 첨부하여 법무부장관에게 보내야 한다. 다만, 시장·군수 또는 구청장의 소관 업무에 관한 출국금지 요청은 특별시장·광역시장 또는 도지사가 한다.), 제2조의2 제2항(출국금지를 요청한 중앙행정기관의 장 및 법무부장관이 정하는 관계 기관의 장은 출국금지기간 연장을 요청하는 경우에는 출국금지기간 연장요청 사유와 출국금지기간 연장예정기간 등을 적은 출국금지기간 연장요청서에 법무부령으로 정하는 서류를 첨부하여 법무부장관에게 보내야 한다) 및 제2조의3 제3항·제4항(법무부장관은 출국금지 요청이나 출국금지기간 연장요청의 심사에 필요하다고 인정하면 출국금지 요청기관의 장에게 관련 자료를 제출하도록 요청할 수 있다. 또한 심사 결과 출국금지나 출국금지기간 연장을 하지 아니하기로 결정하면 그 이유를 분명히 밝혀 출국금지 요청기관의 장에게 통보하여야 한다.)을 준용한다. 다만, 입국금지 또는 입국거부의 예정기간에 관한 사항은 그러하지 아니하다(법 시행령 제14조 제2항).

(다) 입국금지 해제요청
입국금지 또는 입국거부를 요청한 기관의 장은 그 사유가 소멸한 때에는 지체 없이 법무부장관에게 입국금지 또는 입국거부의 해제를 요청하여야 한다(법 시행령 제14조 제3항).

나. 입국심사

외국인이 입국하려는 경우에는 의무적으로 입국하는 출입국항에서 여권과 입국신고서를 출입국관리공무원에게 제출하여 입국심사를 받아야 한다(법 제12조 제1항).

이 경우 출입국관리공무원은 위변조 여권 등을 이용한 불법입국자, 입국금지 또는 거부사유 해당자, 입국목적과 체류자격이 부합하지 않는다고 의심되는 자 등 대한민국에 바람직하지 않는 외국인의 입국을 사전에 저지하여야 한다. 이렇듯 대한민국에 입국하려는 외국인은 입국요건을 갖추었는지에 대해 출입국관리공무원으로부터 입국심사를 받은 후에 최종적으로 여권에 입국 심사인을 받아야 비로소 입국행위가 완성된다.[49]

다만, 부득이한 사유로 출입국항으로 입국할 수 없을 때에는 지방출입국·외국인관서의 장의 허가를 받아 출입국항이 아닌 장소에서 출입국관리공무원의 입국심사를 받은 후 입국할 수 있으며(법 제6조 제1항 단서), 이에 따른 입국심사는 정보화기기에 의한 입국심사로 갈음할 수 있다(법 제12조 제2항).

(1) 입국심사 사항
출입국관리공무원은 대한민국에 입국하려는 외국인에 대한 입국심사를 할 때에 다음 각 호의 요건을 갖추었는지를 심사하여 입국을 허가한다(법 제12조 제3항).

(가) 대한민국에 입국하려는 외국인의 여권과 사증이 유효할 것. 다만, 사증은 출입국관리법에

---

49) 법무부 출입국·외국인정책본부, 앞의 책 202면.

서 요구하는 경우만을 말한다. 따라서 법 제7조 제2항에 따라 사증없이 입국할 수 있는 경우에는 사증의 유무를 심사할 필요가 없다.

(나) 입국목적이 체류자격에 맞을 것. 이는 대한민국에 입국하려는 외국인이 소지하는 사증에 기재된 체류자격과 입국심사 시 확인한 입국목적이 부합하는지 여부를 심사하는 것으로 출입국관리공무원의 외국인에 대한 질문이나 관련 입증자료를 통해 확인 할 수 있다.

(다) 체류기간이 법무부령으로 정하는 바에 따라 정하여졌을 것. 이는 대한민국에 입국하고자 하는 외국인의 사증에 부여된 체류기간이 법무부령으로 정하고 있는 체류기간 이내인지 여부를 확인하는 것이다. 만일 사증의 체류기간이 잘못 부여되었다면 출입국관리공무원은 이를 정정할 수 있으며(법 시행령 제15조 제6항), 다만, 체류기간 요건이 갖추어지지 않은 것은 외국인의 귀책사유로 볼 수 없어 제4항의 입국불허의 사유로는 적절하지 아니한 측면이 있다.[50]

(라) 제11조에 따른 입국의 금지 또는 거부의 대상이 아닐 것

> **[판시사항]**
> 대한민국 입국이 불허되어 대한민국 공항에 머무르고 있는 외국인에게 인신보호법상 구제청구권이 인정되는지 여부 등(대법원 2014. 8. 25. 자 2014인마5 결정)
>
> **[결정요지]**
> 신체의 자유는 모든 인간에게 주체성이 인정되는 기본권이고, 인신보호법은 인신의 자유를 부당하게 제한당하고 있는 개인에 대한 신속한 구제절차를 마련하기 위하여 제정된 법률이므로, 대한민국 입국이 불허된 결과 대한민국 공항에 머무르고 있는외국인에게도 인신보호법상의 구제청구권은 인정된다. 또한 대한민국 입국이 불허된외국인이라 하더라도 외부와 출입이 통제되는 한정된 공간에 장기간 머무르도록 강제하는 것은 법률상 근거 없이 인신의 자유를 제한하는 것으로서 인신보호법이 구제대상으로 삼고 있는 위법한 수용에 해당한다.

(2) 입국불허

출입국관리공무원은 외국인이 위 (1)의 요건을 갖추었음을 외국인 스스로의 진술 및 객관적인 증거자료를 통하여 증명하지 못하면 입국을 허가하지 아니할 수 있다(법 제12조 제4항).

---

50) 법무부 출입국·외국인정책본부, 앞의 책 203면.

(3) 체류자격 부여 및 체류기간 지정

출입국관리공무원은 거짓된 사실의 기재나 거짓된 신원보증 등 부정한 방법으로 외국인을 초청하거나 그러한 초청을 알선하는 행위(제7조 제2항 제2호) 또는 거짓으로 사증 또는 사증발급인정서를 신청하거나 그러한 신청을 알선하는 행위(제3호)에 해당하는 사람에게 입국을 허가할 때에는 대통령령으로 정하는 바에 따라 체류자격을 부여하고 체류기간을 정하여야 한다(법 제12조 제5항).

(4) 선박 등에 출입

출입국관리공무원은 입국심사를 하기 위하여 대한민국과 대한민국 밖의 지역 사이에서 사람 또는 물건을 수송하는 선박 등(선박, 항공기, 기차, 자동차 등)에 출입할 수 있다(법 제12조 제6항). 일반적으로 대한민국에 입국하고자 하는 외국인은 선박 등으로부터 내려서 출입국관리공무원이 있는 입국심사장에 와서 입국심사를 받아야 하지만, 필요(예를 들어, 크루즈 선박 등 대규모의 인원을 신속하게 심사할 필요)에 따라 선박 등에 승선하여 입국심사를 할 수 있도록 규정한 것이다.

(5) 입국심사 절차

(가) 입국신고서 제출 등

외국인은 입국심사를 받을 때에는 여권과 입국신고서를 출입국관리공무원에게 제출하고 질문에 답하여야 한다. 다만, 다음의 어느 하나에 해당하는 경우에는 입국신고서의 제출을 생략할 수 있다(법 시행령 제15조 제1항).

1) 법 제31조에 따른 외국인등록이 유효한 경우
2)「재외동포의 출입국과 법적지위에 관한 법률」제6조에 따른 국내거소신고가 유효한 경우
3) 그 밖에 법무부장관이 정하는 경우

한편, 출입국관리공무원은 이에 따른 입국심사를 할 때에는 입국의 적격 여부와 그 밖에 여권명의인의 본인 여부 및 여권의 위·변조여부, 출입국규제여부 기타 법무부장관이 따로 정한 사항 등 필요한 사항을 확인하여야 한다(법 시행령 제15조 제2항, 법 시행규칙 제19조 제1항).

■ 출입국관리법 시행규칙 [별지 제1호의2서식] 〈개정 2018. 6. 12.〉

입국신고서 (영어-앞면)
(제주특별자치도 외 지역 입국 외국인용)

ARRIVAL CARD ※ Please fill out in Korean or English.
입국신고서(외국인용) ※ 한글 또는 영어로 작성해 주시기 바랍니다.

Family Name / 성	Given Name / 명	□ Male / 남 □ Female / 여

Nationality / 국적	Date of Birth / 생년월일 Y Y Y Y M M D D	Occupation / 직업

Address in Korea / 한국내 주소   (☎ :   )

※ 'Address in Korea' should be filled out in detail. (See the back side)
※ '한국내 주소'는 반드시 상세하게 작성해 주시기 바랍니다. (뒷면 참조)

Purpose of visit / 입국 목적	Signature / 서명
□ Tour 관광 □ Visit 방문 □ Business 상용 □ Employment 취업 □ Others 기타 ( )	

120mm(가로)×80mm(세로) 인쇄용지(OCR급) 105g/㎡

입국신고서 (영어-뒷면)
(제주특별자치도 외 지역 입국 외국인용)

< How to fill out the Arrival Card >

① Name, Date of Birth and Nationality on your passport

② Occupation(job) in your country

③ Address or accommodation where you are planning to stay in Korea

④ Purpose of entry into Korea

⑤ Your signature(autograph)

입국신고서 (영어 · 러시아어-앞면)
(제주특별자치도 외 지역 입국 외국인용)

ARRIVAL CARD / Миграционная карта		※ Please fill out in Korean or English. ※ Пожалуйста, заполните только на корейском или английском языке.
Family Name / ФАМИЛИЯ	Given Name / ИМЯ	☐ Male/муж ☐ Female/жен
Nationality / гражданство	Date of Birth / дата рождения Y Y Y Y M M D D	Occupation / профессия
Address in Korea / Адрес в Корее (☎ :)		
※ 'Address in Korea' should be filled out in detail. (See the back side) ※ 'Адрес в Корее' должен быть заполнен подробно. (см. обратную сторону)		
Purpose of visit / цель визита ☐ Tour туризм ☐ Visit визит ☐ Business Бизнес ☐ Employment работа ☐ Others ит.д ( )		Signature / Подпись

120mm(가로)×80mm(세로) 인쇄용지(OCR급) 105g/㎡

입국신고서 (영어 · 러시아어-뒷면)
(제주특별자치도 외 지역 입국 외국인용)

< Как заполнить Миграционную Карту >

① Имя, дата рождения, гражданство как в паспорте

② Профессия в своей стране

③ Адрес или название гостиницы, где вы планируете остановиться в Корее

④ Цель въезда в Корею

⑤ Ваша подпись (автограф)

입국신고서 (영어 · 베트남어–앞면)
(제주특별자치도 외 지역 입국 외국인용)

ARRIVAL CARD Tờ khai nhập cảnh	※ Please fill out in Korean or English. ※ Xin hãy viết tiếng Anh hoặc tiếng Hà n.	
Family Name / Họ	**Given Name /** tên	☐ **Male /** Nam ☐ **Female /** Nữ
Nationality / Quốc tịch	**Date of Birth /** Sinh ngày Y Y Y Y M M D D	**Occupation /** Nghề nghiệp
Address in Korea / Địa chỉ ở Hàn Quốc (☎ :　　　　　　)		
※ 'Address in Korea' should be filled out in detail. (See the back side) ※ Bạn phải ghi chi tiết 'địa chỉ Hàn Quốc' vào tờ khai nhập cảnh. (tham khảo mặt sau)		
Purpose of visit / Mục đích nhập cảnh ☐ Tour Du lịch　　　☐ Visit Thăm than nhan ☐ Business Kinh doanh　☐ Employment Lao động ☐ Others Mục đích khác (　　　　　)		**Signature /** Ký tên

120mm(가로)×80mm(세로) 인쇄용지(OCR급) 105g/㎡

입국신고서 (영어 · 베트남어–뒷면)
(제주특별자치도 외 지역 입국 외국인용)

< Phương pháp viết tờ khai nhập cảnh >

ARRIVAL CARD Tờ khai nhập cảnh	※ Please fill out in Korean or English. ※ Xin hãy viết tiếng Anh hoặc tiếng Hà n.	
Family Name / Họ	Given Name / tên	☐ Male / Nam ☐ Female / Nữ
Nationality / Quốc tịch	Date of Birth / Sinh ngày Y Y Y Y M M D D	Occupation / Nghề nghiệp
Address in Korea / Địa chỉ ở Hàn Quốc (☎ :　　　)		
※ 'Address in Korea' should be filled out in detail. (See the back side) ※ Bạn phải ghi chi tiết 'địa chỉ Hàn Quốc' vào tờ khai nhập cảnh. (tham khảo mặt sau)		
Purpose of visit / Mục đích nhập cảnh ☐ Tour Du lịch　☐ Visit Thăm than nhan ☐ Business Kinh doanh　☐ Employment Lao động ☐ Others Mục đích khác (　　　)		Signature / Ký tên

① Họ và tên, sinh ngày, quốc tịch

② Nghề nghiệp tại Việt Nam

③ Địa chỉ dự định tạm trú Hán Quốc

④ Mục đích nhập cảnh Hàn Quốc

⑤ Ký tên

입국신고서 (영어 · 일본어-앞면)
(제주특별자치도 외 지역 입국 외국인용)

ARRIVAL CARD 入国申告書(外国人用)	※ Please fill out in Korean or English. ※ 请填写韩语或英语。

Family Name / 氏   **Given Name / 名**   □ Male / 男   □ Female / 女

Nationality / 国名   **Date of Birth / 生年月日**   Y Y Y Y M M D D   **Occupation / 職業**

Address in Korea / 韓国の連絡先   (☎ :   )

※ 'Address in Korea' should be filled out in detail. (See the back side)
※ '韓国の連絡先'は必ず詳しく作成して下さい. (裏面参照)

Purpose of visit / 入国目的
□ Tour 観光   □ Visit 訪問
□ Business 常用   □ Employment 就業
□ Others その他 (   )

Signature / 署名

120mm(가로)×80mm(세로) 인쇄용지(OCR급) 105g/㎡

입국신고서 (영어 · 일본어-뒷면)
(제주특별자치도 외 지역 입국 외국인용)

< 入国申告書作成方法 >

① パスポート上の名前, 生年月日, 国名

② 本国での職業

③ 韓国へ滞留する予定の住所又は宿所

④ 韓国に入国する目的

⑤ 本人の署名

입국신고서 (영어 · 중국어–앞면)
(제주특별자치도 외 지역 입국 외국인용)

ARRIVAL CARD 入 境 卡 (外 国 人 用)	※ Please fill out in Korean or English. ※ 请填写韩语或英语。	
Family Name / 姓	**Given Name / 名**	☐ Male / 男 ☐ Female / 女
Nationality / 国籍	**Date of Birth / 出生日期** Y Y Y Y M M D D	**Occupation / 职业**
Address in Korea / 在韓地址　　　　(☎ :　　　　　) ※ 'Address in Korea' should be filled out in detail. (See the back side) ※ 必须填写'在韓地址'。(参考后面)		
Purpose of visit / 入境目的 ☐ Tour 观光　　　☐ Visit 访问 ☐ Business 商务　☐ Employment 就业 ☐ Others 其他 (　　　　　)	**Signature / 签名**	

120mm(가로)×80mm(세로) 인쇄용지(OCR급) 105g/㎡

입국신고서 (영어 · 중국어–뒷면)
(제주특별자치도 외 지역 입국 외국인용)

< 入境卡填写方法 >

① 护照上的姓名、出生日期、国籍

② 在本国内的职业

③ 在大韩民国内将滞留的住址或宿舍

④ 访问大韩民国的目的

⑤ 本人的签名

입국신고서 (영어 · 태국어–앞면)
(제주특별자치도 외 지역 입국 외국인용)

ARRIVAL CARD
ชาวต่างชาติ

※ Please fill out in Korean or English.
※ กรุณากรอกข้อมูลลงในแบบฟอร์มด้วยภาษาเกาหลีหรือภาษาอังกฤษ

| Family Name / นามสกุล | Given Name / ชื่อจริง | □ Male/ชาย |
| | | □ Female/หญิง |

| Nationality / สัญชาติ | Date of Birth / วันเดือนปีเกิด | Occupation / อาชีพ |
| | Y Y Y Y M M D D | |

Address in Korea / ที่อยู่ในประเทศเกาหลี   (☎:   )

※ 'Address in Korea' should be filled out in detail. (See the back side)
※ ข้อมูลที่อยู่ในประเทศเกาหลีควรกรอกข้อมูลตามตัวอย่างที่ปรากฏอยู่ในด้านหลังเอกสาร

Purpose of visit / วัตถุประสงค์ | Signature / ลายมือชื่อ
□ Tour การท่องเที่ยว   □ Visit การเยี่ยม
□ Business การธุรกิจ   □ Employment การทำงาน
□ Others เป็นต้น   )

120㎜(가로)×80㎜(세로) 인쇄용지(OCR급) 105g/㎡

입국신고서 (영어 · 태국어–뒷면)
(제주특별자치도 외 지역 입국 외국인용)

< วิธีกรอกข้อมูลในบัตรขาเข้า >

① ชื่อนามสกุล วันเดือนปีที่เกิดและสัญชาติที่ปรากฏบนหนังสือเดินทางของท่าน

② อาชีพหรือการงานที่ทำที่ประเทศของท่าน(ประเทศไทย)

③ ที่อยู่หรือที่พักที่ท่านจะแนะนะใช้พักอาศัยขณะอยู่ในประเทศเกาหลีใต้

④ วัตถุประสงค์ที่ท่านเดินทางมาประเทศเกาหลีใต้

⑤ ลายมือชื่อหรือลายเซ็น

입국신고서 (외국인용-앞면)
(제주특별자치도 입국 외국인용)

JEJU ARRIVAL CARD 濟州 入境卡(外国人用)		漢字姓名	

Family Name / 姓	Given Name / 名	[ ] Male / 男 [ ] Female / 女
Nationality / 国籍	Date of Birth / 出生日期	Passport No. / 旅券番號

Home Address & contact person / 本國住所 連絡人	Company Name / 職場名 (Tel :)
(Tel :)	Position / 職位
Address in Korea / 在韓地址	Emergency contact in Korea / 韓國內 緣故人
(Tel :)	(Tel :)
Period of stay / 滯留期間	Companion / 同伴 (persons / 名)
	Accompanied Family / 家族 (persons / 名)

Purpose of visit / 入境目的	Flight(Vessel) No. / 便名·船名
[ ] Tour 观光　　　[ ] Business 商务　　　[ ] Conference 會議 [ ] Visit 访问　　　[ ] Employment 就业　　[ ] Official 公務 [ ] Study 留學　　　[ ] Others 其他	
	Port of Boarding / 出發地

Signature / 签名

120mm(가로)×80mm(세로) 인쇄용지(OCR급) 105g/㎡

입국신고서 (외국인용-뒷면)
(제주특별자치도 입국 외국인용)

< How to fill out the Arrival Card / 入境卡填写方法 >

① Name, Date of Birth and Nationality on your passport
护照上的姓名、出生日期、国籍

② Occupation(job) in your country
在本国内的职业

③ Address or accommodation where you are planning to stay in Korea
在大韩民国内将滞留的住址或宿舍

④ Purpose of entry into Korea
访问大韩民国的目的

⑤ Your signature(autograph)
本人的签名

(나) 입국심사인 날인 등

출입국관리공무원은 입국심사를 마친 때에는 제출받은 여권에 입국심사인을 찍어야 한다. 이 경우 입국심사인에는 허가된 체류자격과 체류기간을 적어야 한다(법 시행령 제15조 제3항).

(다) 외국인의 정보화기기에 의한 입국심사(자동입국심사)

1) 입국심사 요건

다음의 요건을 모두 갖춘 외국인은 정보화기기에 의한 입국심사를 받을 수 있다. 이 경우 법 제38조 제1항 제1호에 따라 지문과 얼굴에 관한 정보를 제공한 외국인으로서 정보화기기를 이용한 입국심사에 지장이 없는 경우에는 제2호의 요건을 갖춘 것으로 본다(법 시행령 제15조 제4항).

가) 17세 이상으로서 다음의 어느 하나에 해당하는 사람일 것

① 다음의 어느 하나에 해당하는 사람

  ㉠ 법 제31조에 따른 외국인등록이 유효한 사람

  ㉡ 「재외동포의 출입국과 법적 지위에 관한 법률」 제6조에 따른 국내거소신고가 유효한 사람

② 대한민국과 상호 간에 정보화기기를 이용한 출입국심사를 할 수 있도록 양해각서 · 협정 등을 체결하거나 그 밖의 방법으로 합의한 국가의 국민으로서 법무부장관이 정하는 사람

③ 그 밖에 법무부장관이 정보화기기에 의한 입국심사를 받을 필요가 있다고 인정하는 사람

나) 법무부령으로 정하는 바에 따라 스스로 지문과 얼굴에 관한 정보를 등록하였을 것

다) 그 밖에 법무부장관이 정하여 고시하는 요건을 갖추고 있을 것

2) 등록신청서 제출

정보화기기에 의한 입국심사(이하 "자동입국심사"라 한다)를 받기 위하여 지문과 얼굴에 관한 정보를 등록하려는 외국인은 청장 · 사무소장 또는 출장소장에게 자동입국심사 등록신청서를 제출하여야 한다. 다만, 법무부장관은 필요하다고 인정하는 외국인의 경우에는 정보화기기를 통하여 자동입국심사 등록을 신청하게 할 수 있다(법 시행규칙 제19조의 제1항).

3) 자동입국심사 등록 확인인 날인 등

청장 · 사무소장 또는 출장소장은 신청을 받으면 위 1)의 입국심사요건(영 제15조 제4항 각 호의 요건)을 갖추었는지 확인하고, 신청자의 여권에 자동입국심사 등록 확인인을 날인하거나 자

동입국심사 등록 스티커를 붙여야 한다(법 시행규칙 제19조의2 제2항).

4) 외국인의 등록해지 및 등록정보 정정
가) 등록해지 및 등록정보 정정 신청
자동입국심사 절차에 따라 등록을 한 외국인이 등록을 해지하거나 등록정보를 정정하려면 청장·사무소장 또는 출장소장에게 ⅰ) 등록을 해지하려는 경우: 자동입국심사 등록 해지신청서, ⅱ) 등록정보를 정정하려는 경우: 자동입국심사 등록정보 정정신청서의 구분에 따른 서류를 제출하여야 한다. 다만, 법무부장관은 필요하다고 인정하는 외국인의 경우에는 정보화기기를 통하여 등록 해지 또는 등록정보 정정을 신청하게 할 수 있다(법 시행규칙 제19조의2 제3항).

나) 등록해지 및 정정
청장·사무소장 또는 출장소장은 해지 또는 정정 신청을 접수하면 지체 없이 그 등록을 해지하거나 등록정보를 정정하여야 한다(법 시행규칙 제19조의2 제4항).

5) 등록해지
청장·사무소장 또는 출장소장은 자동입국심사 등록을 한 외국인이 사정변경으로 영 제15조 제4항 각 호의 요건을 갖추지 못하게 되면 그 등록을 해지할 수 있다(법 시행규칙 제19조의2 제5항).

6) 양해각서 등에 따른 예외 규정
법 시행규칙 제19조의2 제1항부터 제5항까지의 규정에도 불구하고 법무부장관은 대한민국과 상호 간에 정보화기기를 이용한 출입국심사를 할 수 있도록 양해각서·협정 등을 체결하거나 그 밖의 방법으로 합의한 국가의 국민으로서 법무부장관이 정하는 사람(영 제15조 제4항 제1호 나목)에 해당하는 사람의 자동입국심사 등록 절차에 관하여는 해당 국가와의 양해각서·협정 등을 고려하여 달리 정할 수 있다(법 시행규칙 제19조의2 제6항).

(라) 입국심사서 제출 등 생략
입국심사를 마친 외국인에 대해서는 입국신고서의 제출과 입국심사인의 날인을 생략한다(법 시행령 제15조 제5항).

(마) 입국불허가결정 등 보고

출입국관리공무원은 외국인이 입국심사 요건을 갖추지 못한 경우 및 외국인이 지문과 얼굴에 관한 정보를 제공하지 아니하여 그의 입국을 허가하지 아니하기로 결정한 경우 그 사안이 중요하다고 인정되면 지체 없이 법무부장관에게 보고하여야 한다(법 시행령 제15조 제6항).

(바) 사증면제대상국가의 국민입국

출입국관리공무원은 대한민국과 사증면제협정을 체결한 국가의 국민으로서 그 협정에 따라 면제대상이 되는 사람에 해당하는 외국인의 입국을 허가할 때에는 여권에 입국심사인을 찍고 별표 1 중 1. 사증면제(B-1) 체류자격과 체류기간을 적어야 한다.

[별표 1]

단기체류자격(제12조 관련)

체류자격 (기호)	체류자격에 해당하는 사람 또는 활동범위
1. 사증면제 (B-1)	대한민국과 사증면제협정을 체결한 국가의 국민으로서 그 협정에 따른 활동을 하려는 사람

다만, 외교·관용 사증면제협정 적용대상으로서 대한민국에 주재하려는 외국인의 입국을 허가할 때에는 별표 1의2 중 1. 외교(A-1) 또는 2. 공무(A-2) 체류자격과 체류기간을 적어야 한다(법 시행령 제15조 제7항).

[별표 1의2]

장기체류자격(제12조 관련)

체류자격 (기호)	체류자격에 해당하는 사람 또는 활동범위

(사) 사증내용의 정정

출입국관리공무원은 입국심사를 받는 외국인이 가지고 있는 사증의 구분, 체류자격 및 체류기간 등이 잘못된 것이 명백한 경우에는 법무부령으로 정하는 바에 따라 해당 사증의 내용을 정정하여 입국을 허가할 수 있으며(법 시행령 제15조 제8항), 이에 사증내용을 정정하는 때에는 삭제된 문자를 알아볼 수 있도록 남겨두고, 사증 아랫부분에 정정사실을 기재한 후 서명 또는 날인하여야 한다(법 시행규칙 제20조 제1항).

[별지 제28호서식] 〈개정 2018. 5. 15.〉

입국사실확인인

입국사실확인

입 국 일 자 :   년   월   일

체류자격 및 기간 :   (   )

구 여 권 번 호 :

입 국 항 :

위 사실을 확인함

○○출입국·외국인청(사무소·출장소) ○○○   ⑩

35mm

50mm

(아) 위조 또는 변조된 여권 등의 통지 및 보관 등

법 제12조의4제1항에 따른 위조 또는 변조된 여권·선원신분증명서의 보관과 그 통지절차에 관하여는 제6조 제1항(발급기관의 장에 대한 통지는 제외한다) 및 제2항을 준용한다(법 시행령 제15조 제9항). 따라서 출입국관리공무원은 여권 또는 선원신분증명서를 보관할 때에는 여권 또는 선원신분증명서의 소지인에게 그 사유를 알리고, 그 사실을 발급기관의 장에게 알릴 수

있으며, 출입국·외국인청의 장, 출입국·외국인사무소의 장, 출입국·외국인청 출장소의 장 또는 출입국·외국인사무소 출장소의 장은 ⅰ) 수사기관의 장이 수사상 필요하여 송부를 요청한 경우, ⅱ) 발급기관의 장이 요청한 경우의 어느 하나에 해당할 때에는 보관 중인 여권 또는 선원신분증명서를 요청기관 또는 발급기관의 장에게 보낼 수 있다.

(자) 대한민국의 선박 등에 고용된 외국인승무원의 입국절차

대한민국의 선박 등에 고용된 외국인승무원의 입국절차에 관하여는 제1조 제4항을 준용한다(법 시행령 제15조 제10항). 이에 따라 출입국관리공무원은 선박 등의 승무원인 국민이 출입국하는 경우에는 승무원등록증 또는 선원신분증명서의 확인으로 출입국신고서의 제출과 출국심사인 또는 입국심사인의 날인을 갈음할 수 있다. 다만, 선박등의 승무원이 최초로 출국하거나 최종적으로 입국하는 경우에는 그러하지 아니하다

또한, 외국인승무원이 대한민국 안에 정박 중인 선박 등에서 하선하여 승객으로 출국하려는 경우나 관광상륙허가를 받은 외국인승객이 하선하여 다른 선박 등으로 출국하려는 경우에는 법 시행령 영 제15조 제1항부터 제3항까지의 규정에 따른 입국심사를 받아야 한다.

■ 출입국관리법 시행규칙 [별지 제5호서식] 〈개정 2018. 5. 15.〉

승무원등록신고서												
등록번호				−		−			−			
사진 3.5cm×4.5cm (여권용 사진)	성명							성별		남 [ ]		
										여 [ ]		
	생년월일			국적								
	소속(회사명) 및 직위			계약기간 만료일								

CREW REGISTRATION

No. [ ] [ ] — [ ] [ ] — [ ] [ ] [ ] [ ]

	Full Name		Sex	Male [ ]
PHOTO 3.5cm×4.5cm				Female [ ]
	Date Of Birth	Nationality		
	Company name & Positon	Employment Expiry Date		
Address In Korea		Phone No.		
Passport No.	Date of Issue	Date of Expiry		
Remarks (Change of Information on Crew Registration)				

승무원등록증

〈앞면〉

CREW REGISTRATION CARD

승무원등록증

사진 Photo 2.7㎜×3.5㎜ MINISTRY OF JUSTICE REPUBLIC OF KOREA	Reg No. Name Date of birth Sex Nationality Passport No. Rank Name of bearer Date Of Issue Expiry

출입국 · 외국인청(사무소 · 출장소)장 [인]

Chief, ○○Immigration Office

〈뒷면〉

기재사항변경/Change if statements

일 자	구 분	내 용	확 인 자

주의사항/Notice

1. 이 증은 출입국시 항시 휴대하여야 하며 출입국관리공무원이나 다른 권한있는
   공무원의 요구가 있을 때에는 제시하여야 합니다.

   *This card should be carried at all times and presented to an immigrati
   on officer or other authorized official upon request.*

2. 이 증의 소지자 또는 운수업자는 명의인이 승무종료로 하선하거나 퇴직한 때,
   승무원 등록이 취소 또는 무효가 된 때에는 빠른 시일 내에 출입국관리 공무
   원에게 반환하여야 합니다.

   *Surrender this card to an immigration officer when the bearer of this
   card retired or was fired.*

3. 이 증을 습득하신 분은 우체통에 넣어주세요.

   If found, please put this into the postbox.

다. 입국시 생체정보의 등

(1) 입국시 본인확인 절차

(가) 원칙

17세 이상인 외국인이 입국심사를 받을 때에는 법무부령으로 정하는 방법으로 지문 및 얼굴에 관한 생체정보를 제공하고 본인임을 확인하는 절차에 응하여야 한다(법 제12조의2

제1항 본문). 이에 따라 외국인이 입국심사를 받을 때에는 출입국관리공무원이 지정하는 정보화기기를 통하여 양쪽 집게손가락의 지문과 얼굴에 관한 정보를 제공하여야 한다. 다만, 훼손되거나 그 밖의 사유로 집게손가락의 지문을 제공할 수 없는 경우에는 엄지손가락, 가운데손가락, 약손가락, 새끼손가락의 순서에 따라 지문을 제공하여야 한다(법 시행규칙 제19조의3).

이 제도는 국가간 인적교류가 급증하고 있는 국제화 시대에 테러범 등 국제범죄자의 입국을 방지하기 위하여 미국, 일본 등 다수국가에서 다음과 같은 취지에서 시행하고 있으며, 우리나라는 2010년 5월 14일 도입되었다.[51]

첫째, 위·변조 수법의 지능화·다양화로 출입국심사관의 육안 검사로는 적발에 한계 있는 현실에서 위·변조 여권을 이용하는 외국인의 불법입국을 효과적으로 방지할 수 있다. 둘째, 외국인범죄 발생 시 해당 외국인의 신원 확인을 통하여 신속한 검거 및 사건해결을 기할 수 있으며, 사고를 당한 외국인의 신원도 신속하게 확인할 수 있다. 셋째, 국제 범죄조직원의 입국봉쇄를 위한 외국인 신원관리 시스템이 부재한 우리 현실에서 테러 등의 위험으로부터 국민의 생명을 보호하고 국가시설의 안전을 보장할 수 있다. 넷째, 과거 국내에서 범죄를 저지른 자나 불법체류자 등의 신분세탁을 통한 재입국을 방지하여 외국인에 의한 범죄 우려를 최소화할 수 있다. 다섯째, 경찰청에서 보관하고 있는 외국인 범죄자의 지문을 외국인 입국심사 시 신원확인 자료로 활용이 가능하다.

(나) 예외 - 지문정보 등의 생체제공 제외 대상
다만, ⅰ) 17세 미만인 사람, ⅱ) 외국정부 또는 국제기구의 업무를 수행하기 위하여 입국하는 사람과 그 동반 가족, ⅲ) 외국과의 우호 및 문화교류 증진, 경제활동 촉진 또는 대한민국의 이익 등을 고려하여 지문 및 얼굴에 관한 정보의 제공을 면제하는 것이 필요하다고 대통령령으로 정하는 사람은 지문정보 등의 제공 제외대상이다(법 제12조의2 제1항 단서). 위와 같은 지문정보 등의 제공 제외대상자는 일반적으로 상대국과의 외교관계적 측면을 고려하거나 아니면 범죄나 위해한 행동을 할 가능성이 없는 자들이다.

---

51) 법무부 출입국·외국인 정책본부, 앞의 책 207면.

(2) 입국허가 불허

출입국관리공무원은 외국인이 입국심사 본인확인을 위한 지문 및 얼굴에 관한 생체정보를 제공하지 아니하는 경우에는 그의 입국을 허가하지 아니할 수 있다(법 제12조의2 제2항).

(3) 관련자료 제출요청 및 활용

(가) 자료제출 요청

법무부장관은 입국심사에 필요한 경우에는 관계 행정기관이 보유하고 있는 외국인의 지문 및 얼굴에 관한 생체정보의 제출을 요청할 수 있으며(법 제12조의2 제3항), 이에 따라 협조를 요청받은 관계 행정기관은 정당한 이유 없이 그 요청을 거부하여서는 아니 된다(법 제12조의2 제4항).

(나) 관련자료 활용

출입국관리공무원은 입국심사시 본인확인을 위하여 제공받은 지문 및 얼굴에 관한 생체정보와 입국심사에 필요하여 관계 행정기간에 자료제출 요구를 통하여 제출받은 생체자료를 입국심사에 활용할 수 있다(법 제12조의2 제5항).

(4) 관련자료의 보유 및 관리

법무부장관은 입국심사시 본인확인을 위하여 제공받은 지문 및 얼굴에 관한 정보와 입국심사에 필요하여 관계 행정기간에 자료제출 요구를 통하여 제출받은 자료를 「개인정보 보호법」에 따라 보유하고 관리한다(법 제12조의2 제6항).

(5) 지문 및 얼굴에 관한 정보 제공 의무의 면제

(가) 지문 및 얼굴에 관한 정보 제공 의무 면제자

국과의 우호 및 문화교류 증진, 경제활동 촉진 또는 대한민국의 이익 등을 고려하여 지문 및 얼굴에 관한 정보의 제공을 면제하는 것이 필요하다고 대통령령으로 정하는 사람(법 시행령 제12조의 제2항 제3호)이란 다음의 어느 하나에 해당하는 사람을 말한다(법 시행령 제15조의2 제1항).

1) 다음의 어느 하나에 해당하는 외국인 중 중앙행정기관의 장의 요청에 따라 지문 및 얼굴에 관한 정보 제공 의무를 면제할 필요가 있다고 법무부장관이 인정한 사람

가) 전·현직 국가 원수, 장관 또는 그에 준하는 고위 공직자로서 국제 우호 증진을 위하여 입국하려는 사람

나) 교육·과학·문화·예술·체육 등의 분야에서 저명한 사람

다) 투자사절단 등 경제 활동 촉진을 위하여 입국이 필요하다고 인정되는 사람

2) 별표 1의2 중 3. 협정(A-3) 체류자격에 해당하는 사람

[별표 1의2]

장기체류자격(제12조 관련)

체류자격 (기호)	체류자격에 해당하는 사람 또는 활동범위
3. 협정 (A-3)	대한민국정부와의 협정에 따라 외국인등록이 면제되거나 면제할 필요가 있다고 인정되는 사람과 그 가족

3) 그 밖에 대한민국의 이익 등을 고려하여 지문 및 얼굴에 관한 정보 제공 의무를 면제할 필요가 있다고 법무부장관이 인정하는 사람

(나) 외국인의 지문 및 얼굴에 관한 정보 제공의무 면제요청 절차

1) 면제요청 방법

중앙행정기관의 장은 외국인이 지문 및 얼굴에 관한 정보 제공 의무를 면제받을 수 있도록 요청하려면 외국인의 신원을 확인하고, 입국 24시간 전까지 요청 사유와 입국·출국 예정일 등을 법무부장관에게 제출하여야 하며(법 시행령 제15조의2 제2항),

2) 심사 및 결정

이에 따른 요청을 받은 법무부장관은 해당 외국인의 지문 및 얼굴에 관한 정보 제공 의무를 면제할 것인지를 지체 없이 심사하여 결정하여야 한다(법 시행령 제15조의2 제3항).

3) 면제거부 통지

법무부장관은 심사 결과 해당 외국인의 지문 및 얼굴에 관한 정보 제공 의무를 면제하지 않기로 결정한 때에는 그 이유를 분명히 밝혀 요청한 기관의 장에게 알려야 한다(법 시행령 제15조의2 제4항).

라. 선박 등의 제공금지

2000년대 들어 불법입국이 알선 브로커 등에 의해 집단으로 이루어지고 있음에 따라 국제사회는 발리회의 실무전문가 회의를 개최하여 밀입국 및 국제적 인신매매 관련정보의 교류 및 관련 법제 정비를 추진하기로 함에 따라 신설된 규정이다.

(1) 불법입국을 위한 선박 등 제공

누구든지 외국인을 불법으로 입국 또는 출국하게 하거나 대한민국을 거쳐 다른 국가에 불법으로 입국하게 할 목적으로 다음의 행위를 하여서는 아니 된다(법 제12조의3 제1항).

(가) 선박 등이나 여권 또는 사증, 탑승권이나 그 밖에 출입국에 사용될 수 있는 서류 및 물품을 제공하는 행위

【판시사항】

불법취업을 위하여 입국하려는 비자면제국가 국민에게 2002년 월드컵 경기의 입장권을 구입하여 제공하는 행위가 구 출입국관리법 제12조의2 제1항 소정의 '출입국에 사용될 수 있는 서류 등의 제공'에 해당하지 여부 (출처 : 대법원 2003. 5. 16. 자 2002모338 결정)

【결정요지】

불법취업을 위하여 입국하려는 비자면제국가 국민에게 2002년 월드컵 경기의 입장권을 구입하여 제공하는 행위가 구 출입국관리법 제12조의2 제1항 소정의 '출입국에 사용될 수 있는 서류 등의 제공'에 해당하지 않는다.

(나) (가)의 행위를 알선하는 행위

> 【판시사항】
>
> 구 출입국관리법 제12조의2 제1항의 입법취지(대법원 2003. 5. 16. 자 2002모338 결정)
>
> 【결정요지】
>
> 구 출입국관리법(2002. 12. 5. 법률 제6745호로 개정되기 전의 것)은 제12조의2 제1항에서 외국인을 불법으로 입국시킬 목적으로 선박 등(법 제2조 제8호에 의하면, 선박·항공기·기차·자동차 기타의 교통수단을 말한다)이나 여권·선원수첩·사증·탑승권 그 밖에 출입국에 사용될 수 있는 서류 및 물품을 제공하는 행위를 금지하고, 제94조 제2의2호에서 이를 위반한 자를 처벌하고 있는 바, 이는 외국인을 정상적인 입국심사절차를 거치지 아니하고 불법으로 입국시키기 위하여 밀입국에 사용되는 교통수단이나 여권·선원수첩·사증·탑승권 등 밀입국에 직접 사용되는 서류 및 물품을 제공하여 불법입국의 편의를 제공하는 자를 처벌하려는 데 그 취지가 있다.

(2) 은닉 또는 도피를 위한 교통수단의 제공 등

누구든지 불법으로 입국한 외국인에 대하여 다음의 행위를 하여서는 아니 된다(법 제12조의3 제2항).

(가) 해당 외국인을 대한민국에서 은닉 또는 도피하게 하거나 그러한 목적으로 교통수단을 제공하는 행위

(나) (가)의 행위를 알선하는 행위

마. 외국인의 여권 등의 보관

(1) 위·변조된 외국인의 여권 등 보관

위조되거나 변조된 외국인의 여권·선원신분증명서에 관하여는 출입국관리공무원은 위조되거나 변조된 국민의 여권 또는 선원신분증명서를 발견하였을 때에는 위조·변조된 여권이 재사용할 수 없도록 이를 회수하여 보관할 수 있다(법 제12조의4 제1항).

(2) 강제퇴거대상자의 여권 등 보관

출입국관리공무원은 이 법을 위반하여 조사를 받고 있는 사람으로서 강제퇴거 대상자(법 제46조)에 해당하는 출입국사범의 여권·선원신분증명서를 발견하면 회수하여 보관할 수 있다

(법 제12조의4 제2항).

이는 강제퇴거대상자자를 대한민국 밖으로 강제퇴거 시키려고 할 때 여권이나 선원신분증 명서가 반드시 필요하지만, 상당수 외국인이 강제퇴거 집행을 지연시키거나 신분을 감출 의도로 여권이나 선원신분증명서를 감추거나 폐기하는 경우에 대비하여 이들의 여권이나 선원신분증명서를 반견하면 즉시 이를 확보하여 신속하게 강제퇴거명령을 집행하기 위하여 마련된 규정이다.[52]

바. 조건부 입국허가

(1) 조건부 입국허가 대상

지방출입국 · 외국인관서의 장은 외국인이 입국허가의 요건을 갖추지 못하였지만 입국하여야 할 특별한 사정이 있는 다음의 어느 하나에 해당하는 외국인에 대하여는 대통령령으로 정하는 바에 따라 조건부로 임시적 입국을 허가할 수 있다(법 제13조 제1항). 이에 따라 조건부 입국을 허가하고자 할 때에는 그 외국인으로부터 여권과 사증이 유효할 것의 요건을 갖추지 못한 부득이한 사유를 입증하는 서류 또는 사유서를 받아야 한다(법 시행규칙 제22조 제1항).

(가) 입국심사 시 여권의 분실 등의 사유로 여권과 사증 등(법 제12조 제3항 제1호) 입국허가 요건을 갖추지 못하였다면, 입국을 거부하는 것이 원칙이다. 그러나 일정 기간 내에 그 요건을 갖출 수 있다고 인정되는 사람은 조건부로 임시적 입국을 허가할 수 있다

(나) ⅰ) 감염병환자, 마약류중독자, 그 밖에 공중위생상 위해를 끼칠 염려가 있다고 인정되는 사람, ⅱ)「총포 · 도검 · 화약류 등의 안전관리에 관한 법률」에서 정하는 총포 · 도검 · 화약류 등을 위법하게 가지고 입국하려는 사람, ⅲ) 대한민국의 이익이나 공공의 안전을 해치는 행동을 할 염려가 있다고 인정할 만한 상당한 이유가 있는 사람, ⅳ) 경제질서 또는 사회질서를 해치거나 선량한 풍속을 해치는 행동을 할 염려가 있다고 인정할 만한 상당한 이유가 있는 사람, ⅴ) 사리 분별력이 없고 국내에서 체류활동을 보조할 사람이 없는 정신장애인, 국내체류비용을 부담할 능력이 없는 사람, 그 밖에 구호(救護)가 필요한 사람ⅵ) 강제퇴거명령을 받고 출국한 후 5년이 지나지 아니한 사람, ⅶ) 1910년 8월 29일부터 1945년 8월 15일까지 사이에 ① 일본 정부, ② 일본 정부와 동맹 관계에 있던 정부, ③ 일본 정부의 우월한 힘이 미치던 정부의 어느 하나

---

52) 법무부 출입국 · 외국인정책본부, 앞의 책 213면.

에 해당하는 정부의 지시를 받거나 그 정부와 연계하여 인종, 민족, 종교, 국적, 정치적 견해 등을 이유로 사람을 학살·학대하는 일에 관여한 사람, ⅷ) ⅰ)부터 ⅶ)까지의 규정에 준하는 사람으로서 법무부장관이 그 입국이 적당하지 아니하다고 인정하는 사람의 어느 하나에 해당된다고 의심되거나 입국목적이 체류자격에 맞을 것 등의 요건을 갖추지 못하였다고 의심되어 특별히 심사할 필요가 있다고 인정되는 사람

(다) 그 외 지방출입국·외국인관서의 장이 조건부 입국을 허가할 필요가 있다고 인정되는 사람

(2) 조건부 입국허가 기간

(가) 허가기간

청장·사무소장 또는 출장소장은 조건부 입국을 허가할 때에는 72시간의 범위에서 허가기간을 정할 수 있다(법 시행령 제16조 제1항).

(나) 허가기간 연장사유 및 연장기간

청장·사무소장 또는 출장소장은 조건부 입국허가를 받은 외국인이 부득이한 사유로 그 허가기간 내에 조건을 갖추지 못하였거나 조건을 갖추지 못할 것으로 인정될 때에는 허가기간 72시간을 초과하지 아니하는 범위에서 조건부 입국허가기간을 연장할 수 있다(법 시행령 제16조 제2항).

(3) 조건부 입국허가를 받은 외국인에 대한 입국심사

(가) 심사요건 등

출입국관리공무원은 조건부 입국허가를 받은 외국인이 그 허가기간 내에 여권 및 사증이 유효하고, 입국목적이 체류자격에 부합하며, 체류기간이 법무부령으로 정하는 바에 따라 정하여졌고, 입국의 금지 또는 거부의 대상이 아닐 것 등의 요건을 갖추었다고 인정되면 입국심사(법 시행령 제15조 제1항부터 제3항까지의 규정에 따른)를 하여야 한다. 이 경우 입국일은 조건부 입국허가일로 한다(법 시행령 제16조 제3항).

(나) 조건부 입국허가서 회수

출입국관리공무원은 조건부 입국허가를 받은 외국인에 대한 입국심사를 할 때에는 그 외국인의 조건부 입국허가서를 회수하여야 한다(법 시행령 제16조 제4항). 또한 출입국관리공

무원은 조건부 입국허가를 받은 외국인이 위 (가)에 따른 입국심사를 받지 아니하고 출국할 때에는 조건부 입국허가서를 회수하여야 한다(법 시행령 제16조 제5항).

(4) 조건부입국허가서 발급

지방출입국·외국인관서의 장은 조건부 입국을 허가할 때에는 조건부입국허가서를 발급하여야 한다. 이 경우 그 허가서에는 주거의 제한, 출석요구에 따를 의무 및 그 밖에 필요한 조건을 붙여야 하며(법 제13조 제2항), 이에 따라 조건부입국허가서를 발급하는 때에는 이를 조건부입국허가서발급대장에 기재하여야 한다(법 시행규칙 제22조 제2항).

■ 출입국관리법 시행규칙 [별지 제23호서식] 〈개정 2018. 5. 15.〉

허가번호(No.) :

조건부입국허가서
(CONDITIONAL ENTRY PERMIT)

대상자 (Person to w hom the Per mit is issued)	성명 (Full name)	
	성별 (Sex) 남 Male[ ] 여 Female[ ]	
	생년월일 (Date of Birth)	
	국적 (Nationality)	
	여권번호 (Passport No.)	
	선박명 (Vessel Name)	

위 사람에 대해 「출입국관리법」 제13조에 따라 아래와 같이 조건부입국을 허가합니다.

You are hereby granted conditional entry permission under the following conditions pursuant to Article 13 of the Immigration Act.

조건 / 제한 (Restriction s / Conditions)	허가기간 (Period of permit)
	행동범위 (Area of movement)
	기타 (Others)

〈유의사항 / Notice〉

1. 출석요구를 받았을 때에는 지정된 일시 및 장소에 출석하여야 합니다.

   You must appear at a designated place and time when your attendance is requested.

2. 조건부입국허가 기간 중에는 입국수속에 필요한 행동 이외의 행동을 하여서는 안 됩니다.

   You must refrain from any behavior or actions other than required for the entry procedure during the period of conditional entry.

3. 조건에 위반할 때에는 이 허가를 취소하고, 예치된 보증금의 전부 또는 일부를 국고에 귀속할 수 있으며, 「출입국관리법」에 따라 처벌됩니다.

   Failure to observe any of the above conditions shall cause an immediate rescission of the permit. In addition, the full amount or portion of the bond that you deposited will be confiscated to the national funds, and you will be subject to punishment pursuant to the Immigration Act.

년 월 일

Date   year   month   day

CHIEF, ○ ○ IMMIGRATION OFFICE

■ 출입국관리법 시행규칙 [별지 제24호서식] 〈개정 2016. 9. 29.〉

조건부입국허가서 발급대장

허가일	허가번호	국적	성 명	생년월일	성별	입국일자	탑승선박명	사 유	조건부입국 허가사항				조치결과	비고
									허가기간	주거제한	보증금 예치여부	기타조건		

사. 보증금의 예치 및 반환과 국고귀속 절차

(1) 보증금의 예치

지방출입국·외국인관서의 장은 조건부 입국을 허가할 때에는 조건부입국허가서를 발급시 필요하다고 인정할 때에는 1천만원 이하의 보증금을 예치(預置)하게 할 수 있다(법 제13조 제2항).

(2) 보증금의 국고귀속

지방출입국·외국인관서의 장은 조건부 입국허가를 받은 외국인이 그 조건을 위반하였을 때에는 그 예치된 보증금의 전부 또는 일부를 국고(國庫)에 귀속시킬 수 있다(법 제13조 제3항).

(3) 보증금액수 산정방법

청장·사무소장 또는 출장소장은 외국인에게 보증금을 예치하게 할 때에는 그 외국인의 소지금·입국목적·체류비용과 그 밖의 사정을 고려하여 보증금액을 정하여야 한다(법 시행령 제17조 제1항).

(4) 보증금 국고귀속 사유 통지

청장·사무소장 또는 출장소장은 보증금을 예치받은 때에는 허가서에 붙인 주거의 제한, 출석요구에 따를 의무 및 그 밖에 필요한 조건을 위반하는 경우 그 보증금을 국고에 귀속시킬 수 있다는 뜻을 그 외국인에게 알려야 하며, 보증금의 예치 및 납부 등에 관한 절차는 정부가 보관하는 보관금 취급에 관한 절차에 따른다(법 시행령 제17조 제2항).

(5) 보증금의 반환

예치된 보증금은 그 외국인이 조건부 허가기간 내에 여권과 사증이 유효하고, 입국목적이 체류자격에 부합하며, 체류기간이 법무부령으로 정하는 방에 따라 정하였고, 입국의 금지 또는 거부의 대상이 아닐 것 등의 요건을 갖추어 입국심사를 받은 때 또는 허가기간 내에 위의 요건을 갖추지 못하여 출국할 때 돌려주어야 한다(법 시행령 제17조 제3항).

(6) 보증금의 전부 또는 일부 국고귀속 사유

청장·사무소장 또는 출장소장은 조건부 입국허가를 받은 사람이 도주하거나 정당한 사유 없이 2회 이상 출석요구에 따르지 아니한 때에는 보증금 전부를, 그 밖의 이유로 허가조건을 위반한 때에는 그 일부를 국고에 귀속시킬 수 있다(법 시행령 제17조 제4항).

(7) 보증금 국고귀속 통지서 발급

청장·사무소장 또는 출장소장은 제4항에 따라 보증금을 국고에 귀속시키려면 국고귀속 결정 사유 및 국고귀속 금액 등을 적은 보증금 국고귀속 통지서를 그 외국인에게 발급하여야 한다(법 시행령 제17조 제1항).

아. 주한미군지위협정 해당자의 입국

출입국관리공무원이 「대한민국과 아메리카합중국간의 상호방위조약 제4조에 의한 시설과 구역 및 대한민국에서의 합중국군대의 지위에 관한 협정」의 적용을 받는 자에 대하여 입국심사(법 시행령 제15조 제1항부터 제3항까지의 규정에 따른)를 하는 때에는 신분증명서등에 의하여 그의 신분을 확인하고 여권에 주한미군지위협정 해당자인을 찍어야 하며, 법 시행령 체류자격 부여인을 찍을 때(법 시행령 제29조 제3항에 따른) 또는 체류자격 변경허가인을 찍을 때(법 시행령 제30조 제3항에 따른)에도 또한 같다

제2절 외국인의 상륙

본 절은 상륙허가의 종류 및 허가 조건을 규정하고 있다. 상륙허가의 종류에는 승무원의 상륙허가, 긴급상륙허가, 재난상륙허가, 난민임시상륙허가 등이 있다.

1. 승무원의 상륙허가

가. 승무원의 상륙허가

(1) 허가대상 및 허가기간

외국인이 대한민국에 입국하기 하기 위해서는 유효한 여권과 사증 등 등 입국허가 요건을

충족한 상태에서 입국심사를 받고 통과를 하여야만 입국할 수 있는 것이 원칙이다. 하지만 국제항을 통항하는 선박 등에서 근무하는 외국인 승무원의 특성을 고려하여 일반적인 외국인의 입국심사에 비하여 보다 간결한 절차에 따라 출입국관리공무원은 ⅰ) 승선 중인 선박 등이 대한민국의 출입국항에 정박하고 있는 동안 휴양 등의 목적(쇼핑, 광관 등을 포함)으로 상륙하려는 외국인승무원, ⅱ) 대한민국의 출입국항에 입항할 예정이거나 정박 중인 선박 등으로 옮겨 타려는 외국인승무원의 어느 하나에 해당하는 외국인승무원에 대하여 선박 등의 장 또는 운수업자나 본인이 신청하면 15일의 범위에서 승무원의 상륙을 허가할 수 있다.

(2) 허가대상 제외

다만, ⅰ) 감염병환자, 마약류중독자, 그 밖에 공중위생상 위해를 끼칠 염려가 있다고 인정되는 사람, ⅱ) 「총포·도검·화약류 등의 안전관리에 관한 법률」에서 정하는 총포·도검·화약류 등을 위법하게 가지고 입국하려는 사람, ⅲ) 대한민국의 이익이나 공공의 안전을 해치는 행동을 할 염려가 있다고 인정할 만한 상당한 이유가 있는 사람, ⅳ) 경제질서 또는 사회질서를 해치거나 선량한 풍속을 해치는 행동을 할 염려가 있다고 인정할 만한 상당한 이유가 있는 사람, ⅴ) 사리 분별력이 없고 국내에서 체류활동을 보조할 사람이 없는 정신장애인, 국내체류비용을 부담할 능력이 없는 사람, 그 밖에 구호(救護)가 필요한 사람, ⅵ) 강제퇴거명령을 받고 출국한 후 5년이 지나지 아니한 사람, ⅶ) 1910년 8월 29일부터 1945년 8월 15일까지 사이에 일본 정부, 일본 정부와 동맹 관계에 있던 정부, 일본 정부의 우월한 힘이 미치던 정부의 어느 하나에 해당하는 정부의 지시를 받거나 그 정부와 연계하여 인종, 민족, 종교, 국적, 정치적 견해 등을 이유로 사람을 학살·학대하는 일에 관여한 사람, ⅷ) 위 ⅰ)부터 ⅶ)까지 의 규정에 준하는 사람으로서 법무부장관이 그 입국이 적당하지 아니하다고 인정하는 사람의 어느 하나에 해당하는 외국인승무원에 대하여는 그러하지 아니하다(법 제14조 제1항).

나. 상륙허가신청 시 확인서류

(1) 원칙

출입국관리공무원은 상륙허가신청을 받으면 ⅰ) 승선 중인 선박등이 대한민국의 출입국항에 정박하고 있는 동안 휴양 등의 목적으로 상륙하려는 외국인승무원이 선원인 경우에는 여권 및 선원신분증명서, ii) 대한민국의 출입국항에 입항할 예정이거나 정박 중인 선박등으로 옮겨 타려는 외국인승무원이 선원인 경우에는 여권 및 대통령령으로 정하는 서류. 다만, 국제친선, 관광 또는 대한민국의 이익 등을 위하여 입국하는 사람으로서 대통령령으로 정하는 바에 따라 따로 입국허가를 받은 사람에 해당하는 사람인 경우에는 여권, iii) 그 밖의 외국인승무원의 경우에는 여권 등의 서류를 확인하여야 한다(법 제14조 제2항 본문). 이렇듯 신원확인은 선원신분증명서와 여권을 선택적으로 활용할 수 있다.

(2) 예외

다만, 외국과의 협정 등에서 선원신분증명서로 여권을 대신할 수 있도록 하는 경우에는 선원신분증명서의 확인으로 여권의 확인을 대신할 수 있다(법 제14조 제2항 단서).

다. 상륙허가서 발급

외국인승무원에 대한 상륙은 출입국관리공무원의 상륙허가서 발급으로 이루어진다. 따라서 출입국관리공무원은 외국인승무원에 대하여 상륙허가를 할 때에는 승무원 상륙허가서를 발급하여야 한다. 이 경우 승무원 상륙허가서에는 상륙허가의 기간, 행동지역의 제한 등 필요한 조건을 붙일 수 있다(법 제14조 제3항).

다만, 이에도 불구하고 대한민국의 출입국항에 입항할 예정이거나 정박 중인 선박 등으로 옮겨 타려는 외국인승무원 상륙허가에 관하여는 법 제12조(입국심사)를 준용한다(법 제14조 제4항).

라. 상륙기간 연장

지방출입국·외국인관서의 장은 승무원 상륙허가를 받은 외국인승무원에 대하여 필요하다고 인정하면 그 상륙허가의 기간을 연장할 수 있다(법 제14조 제5항). 이 경우 상륙허가서는 재발급하여야 하며, 이미 발급한 상륙허가서는 회수하여야 한다. 상륙허가 기간 연장은 상륙허가를 신청한 자가(법 시행령 제21조 제1항) 연장사유 등을 적은 상륙허가 기간 연장신청서를 청장·사무소장 또는 출장소장에게 제출하여야 하며, 1회 연장할 수 있는 기간은 15일 이내이다.

마. 상륙허가서의 사용범위

발급받은 상륙허가서는 승무원 그 선박 등이 최종 출항할 때까지 국내의 다른 출입국항에서도 계속 사용할 수 있다(법 제14조 제6항). 통상 승무원의 상륙은 타고 있는 선박 등이 기항한 하나의 출입국항에 상륙하는 단일항 상륙과 타고 있는 선박 등이 기항하는 둘 이상의 출입국항에 상륙하는 경우인 복수항 상륙으로 나뉘는데, 본 조항은 그 중 복수상륙허가에 대하여 규정한 것이다. 법 시행령 제18조 제3항에 따라 다른 선박 등에 옮겨 타거나 국내의 다른 출입국항에 상륙하기 위하여 상륙허가 신청을 할 때에는 그 이유를 소명하는 자료를 첨부하여 상륙허가 신청을 하면 출입국관리공무원은 상륙허가서를 발급할 때 상륙 이유란에 복수항 상륙허가 대상자임을 표기하여야 한다.[53]

상륙허가 대상자의 행동지역은 원칙적으로 상륙을 허가한 사무소의 관할 구역으로 제한되어 있다. 하지만 법 제14조 제6항에 따라 복수항 상륙허가를 받은 경우, 법 제14조의2에 따라 관광상륙허가를 받은 외국인 승객이 관광을 목적으로 받은 관광상륙허가서를 관할구역 밖의 지역에서 계속 사용하려는 경우 등에는 출입국관리공무원의 허가를 받아 관할구역 외의 지역을 행동지역으로 정할 수 있다.[54]

사. 외국인승무원의 지문 및 얼굴에 관한 정보의 제공 등

외국인승무원 또한 지문 및 얼굴에 관한 정보의 제공 의무자이다. 따라서 일반적인 입국심사를 받아 입국하는 외국인과 동일하게 상륙허가를 받는 외국인승무원 또한 지문 및 얼굴에 관한 정보의 제공 등에 관하여는 입국 시 지문 및 얼굴에 관한 정보의 제공 등에 관한 규정인 법 제12조의2를 준용한다. 다만, 승무원이 선원이고 상륙허가 절차상 지문 및 얼굴에 관한 정보를 제공하는 것이 곤란한 경우에는 그러하지 아니하다(법 제14조 제7항).

아. 벌칙

제14조 제1항에 따른 승무원 상륙허가 또는 제14조의2 제1항에 따른 관광상륙허가를 받지 아니하고 상륙한 사람 및 제14조 제3항에 따른 승무원 상륙허가 또는 제14조의2 제3항에 따른 관광상륙허가의 조건을 위반한 사람은 3년 이하의 징역 또는 2천만원 이하의 벌금

---

53) 법무부 출입국·외국인정책본부, 앞의 책 221면.
54) 이민법연구회, 앞의 책 121면.

에 처한다(법 제93조의2).

2. 관광상륙허가

가. 관광상륙허가

(1) 허가대상 및 기간

출입국관리공무원은 관광을 목적으로 대한민국과 외국 해상을 국제적으로 순회(巡廻)하여 운항하는 여객운송선박(크루즈 관광) 중 법무부령으로 정하는 선박에 승선한 외국인승객 (크루즈 관광객)에 대하여 그 선박의 장 또는 운수업자가 상륙허가를 신청하면 3일의 범위 에서 승객의 관광상륙을 허가할 수 있다(법 제14조의2 제1항 본문). 여기서의 대상은 선박 에 승선한 외국인승객(크루즈 관광객)이므로 승무원은 그 대상이 되지 아니한다.

한편, 여기서 법무부령으로 정하는 선박이란 ⅰ) 국제총톤수 2만 톤 이상일 것, ⅱ)「해운 법」 제4조에 따라 순항여객운송사업 또는 복합해상여객운송사업 면허를 받은 선박(같은 법 제6조에 따라 해상여객운송사업의 승인을 받았거나 「선박의 입항 및 출항 등에 관한 법률」 제4조에 따라 출입신고나 출입허가를 받은 선박을 포함한다)일 것, ⅲ)「관광진흥 법」 제4조에 따라 같은 법 시행령 제2조 제1항 제3호 라목 2)에 따른 크루즈업을 등록한 선박(법무부장관이 정하는 숙박시설, 식음료시설 및 위락시설 등을 갖춘 선박을 포함한다) 일 것, ⅳ) 그 밖에 국경관리의 필요성 등을 고려하여 법무부장관이 정하는 요건을 갖추었 을 것 등의 요건을 모두 갖춘 선박을 말한다(법 시행규칙 제24조의2 제1항). 위와 같은 대 상선박의 요건에도 불구하고 대규모 국제행사나 국제교류·협력 등 국가이익을 위하여 외국 인승객의 출입국을 지원할 필요가 있는 경우 법무부장관은 국제총톤수 2만 톤 이상일 것의 요건을 완화하여 적용하거나 적용하지 아니할 수 있다(법 시행규칙 제24조의2 제2항). 이 렇듯 관광상륙허가는 그 대상이 위에서 각 열거한 여객운송선박으로 한정되며, 항공기 승 객에 대하여는 이를 허락하지 않으며, 신청권자도 본인이 아닌 선박의 장이나 운수업자만 이 가능하다는 데 특징이 있다.

(2) 허가대상 제외

다만, ⅰ) 감염병환자, 마약류중독자, 그 밖에 공중위생상 위해를 끼칠 염려가 있다고 인정 되는 사람, ⅱ)「총포·도검·화약류 등의 안전관리에 관한 법률」에서 정하는 총포·도검·화약류 등을 위법하게 가지고 입국하려는 사람, iii) 대한민국의 이익이나 공공의 안전을 해치는 행동을 할 염려가 있다고 인정할 만한 상당한 이유가 있는 사람, iv) 경제질서 또는 사회질서를 해치거나 선량한 풍속을 해치는 행동을 할 염려가 있다고 인정할 만한 상당한 이유가 있는 사람, v) 사리 분별력이 없고 국내에서 체류활동을 보조할 사람이 없는 정신장애인, 국내체류비용을 부담할 능력이 없는 사람, 그 밖에 구호(救護)가 필요한 사람, vi) 강제퇴거명령을 받고 출국한 후 5년이 지나지 아니한 사람, vii) 1910년 8월 29일부터 1945년 8월 15일까지 사이에 일본 정부, 일본 정부와 동맹 관계에 있던 정부, 일본 정부의 우월한 힘이 미치던 정부의 어느 하나에 해당하는 정부의 지시를 받거나 그 정부와 연계하여 인종, 민족, 종교, 국적, 정치적 견해 등을 이유로 사람을 학살·학대하는 일에 관여한 사람, viii) 위 i)부터 vii)까지의 규정에 준하는 사람으로서 법무부장관이 그 입국이 적당하지 아니하다고 인정하는 사람의 어느 하나에 해당하는 외국인승무원에 대하여는 그러하지 아니하다(법 제14조의2 제1항 단서).

나. 관광상륙허가 신청 시 제출서류

출입국관리공무원은 외국인승객의 상륙허가 신청을 받으면 i) 외국인승객의 여권, ii) 외국인승객의 명부, iii) 그 밖에 법무부령으로 정하는 서류를 확인하여야 한다(법 제14조의2 제2항). 여기서 법무부령으로 정하는 서류란, i) 국제톤수증서나 운항선박 명세서 등 제24조의2에서 정한 선박에 해당함을 증명하는 서류, ii) 출국보증 각서, iii) 여행계획서, iv) 영 제18조의3제2항제3호다목에 따른 협정 및 합의 등에 관한 이행사항 확인을 위하여 법무부장관이 필요하다고 인정하는 서류, v) 그 밖에 외국인승객의 관광상륙허가를 위하여 필요한 서류로서 법무부장관이 정하는 서류 등을 말한다(법 시행규칙 제24조의3 제1항).

한편, 출입국관리공무원은 법무부령으로 정하는 서류 중 제출할 필요가 없다고 인정하거나 선박의 장 또는 운수업자가 이미 제출하여 보관 중인 서류에 대해서는 해당 서류를 제출하지 아니하도록 할 수 있다(법 시행규칙 제24조의3 제2항).

다. 관광상륙허가의 허가서 및 상륙허가기간의 연장

관광상륙허가의 허가서 및 상륙허가기간의 연장에 관하여는 법 제14조 제3항 및 제5항을 준용한다. 이에 따라 출입국관리공무원은 허가를 할 때에는 승무원 상륙허가서를 발급하여야 하며, 이 경우 승무원 상륙허가서에는 상륙허가의 기간, 행동지역의 제한 등 필요한 조건을 붙일 수 있다. 또한, 지방출입국·외국인관서의 장은 승무원 상륙허가를 받은 외국인승무원에 대하여 필요하다고 인정하면 그 상륙허가의 기간을 연장할 수 있다. 이 경우 '승무원 상륙허가서'는 '관광상륙허가서'로, '승무원 상륙허가'는 '관광상륙허가'로, '외국인승무원'은 '외국인승객'으로 본다(법 제14조의2 제3항).

라. 외국인승객의 지문 및 얼굴에 관한 정보 제공 등

관광상륙허가를 받으려는 외국인승객의 지문 및 얼굴에 관한 정보 제공 등에 관하여는 법 제12조의2(입국 시 지문 및 얼굴에 관한 정보의 제공 등)를 준용한다. 다만, 외국인승객의 관광상륙허가 절차상 지문 및 얼굴에 관한 정보의 제공이 곤란한 경우에는 그러하지 아니하다(법 제14조의2 제4항). 여기서 절차상 정보의 제공이 곤란한 경우라 함은 예를 들어, 많게는 수천 명이 탑승하는 크루즈 선박의 외국인 승객에 대해 출입국관리공무원이 그들을 상대로 하나하나 지문 및 얼굴에 관한 정보를 제공받고 본인 여부를 확인한다는 것과 같이 물리적으로 시간적으로 불가능한 사유 등을 말한다.

마. 관광상륙허가의 기준

(1) 상륙허가신청시 고려사항

관광을 목적으로 대한민국과 외국 해상을 국제적으로 순회(巡廻)하여 운항하는 여객운송 선박의 외국인승객에 대하여 그 선박의 장 또는 운수업자가 관광상륙허가를 신청할 때에는 외국인승객이 다음의 기준에 해당하는지를 검토한 후 신청하여야 하며(법 시행령 제18조의3 제1항), 출입국관리공무원이 관광상륙허가를 할 때에도 다음의 사항을 고려하여야 한다(법 시행령 제18조의3 제2항).

(가) 본인의 유효한 여권을 소지하고 있는지 여부

(나) 대한민국에 관광목적으로 하선(下船)하여 자신이 하선한 기항지에서 자신이 하선한 선박으로 돌아와 출국할 예정인지 여부

(다) 다음 각 목의 어느 하나에 해당하는 사람으로서 법무부장관이 정하는 사람에 해당하는지 여부

1) 사증면제협정 등에 따라 대한민국에 사증 없이 입국할 수 있는 사람

2) 「제주특별자치도 설치 및 국제자유도시 조성을 위한 특별법」 제197조에 따라 제주특별자치도에 사증 없이 입국하여 제주특별자치도에 체류하려는 사람

3) 대한민국과 상호 단체여행객 유치에 관한 협정 등을 체결하거나 그 밖의 방법으로 합의한 국가의 국민

4) 1)부터 3)까지의 규정에 준하여 관광상륙허가를 할 필요가 있는 사람

(라) 그 밖에 국제친선 및 관광산업 진흥 등 국익을 고려하여 법무부장관이 정하는 요건을 갖추었는지 여부

(2) 관광상륙허가 금지

출입국관리공무원은 다음의 어느 하나에 해당하는 경우에는 관광상륙허가를 하여서는 아니 된다(법 시행령 제18조의3 제3항).

(가) 외국인승객이 법 제11조에 따른 입국의 금지 또는 거부 대상인 경우

(나) 관광상륙허가를 신청한 선박의 장 또는 운수업자가 과거에 관광상륙허가를 받았던 외국인승객이 선박으로 돌아오지 아니한 비율이 법무부장관이 정하는 기준을 초과하는 등 외국인승객을 성실히 관리하지 아니하였다고 인정되는 경우

(다) 그 밖에 대한민국의 안전을 위한 국경관리 및 체류관리 필요성 등을 고려하여 법무부장관이 관광상륙허가를 하지 아니할 필요가 있다고 인정하는 경우

(3) 관광상륙허가의 효력상실

관광상륙허가는 외국인승객이 하선하였던 선박이 출항하는 즉시 효력을 상실한다. 상륙허가기간이 연장된 경우에도 또한 같다(법 시행령 제18조의3 제4항).

(4) 상륙허가기간의 연장

법 제14조의2제3항에 따라 상륙허가기간을 연장하는 경우에 그 기준에 대해서는 제2항 및 제3항을 준용한다(법 시행령 제18조의3 제5항).

바. 관광상륙허가의 절차

(1) 관광상륙허가 신청서 등 제출

선박의 장 또는 운수업자는 관광상륙허가를 신청할 때에는 관광상륙허가 신청서와 외국인 승객의 여권, 외국인승객의 명부, 그 밖에 법무부령으로 정하는 서류를 출입국관리공무원에게 제출하여야 한다(법 시행령 제18조의4 제1항). 이외 관광상륙허가의 절차에 관하여 필요한 세부사항은 법무부장관이 정한다(법 시행령 제18조의3 제3항).

(2) 단체 관광상륙허가서 발급

출입국관리공무원은 관광상륙허가서를 발급하는 경우 외국인승객의 국내 여행일정의 동일성 등을 고려하여 단체 관광상륙허가서로 발급할 수 있다(법 시행령 제18조의3 제2항). 이외 관광상륙허가의 절차에 관하여 필요한 세부사항은 법무부장관이 정한다(법 시행령 제18조의3 제3항).

사. 미수교국가국민에 대한 상륙허가

(1) 해당 출입국항 주재 공무원의 의견청취절차

(가) 원칙

출입국관리공무원은 미수교국가의 국민에 대하여 상륙허가(법 제14조, 제14조의2, 제15조 및 제16조에 따른)를 하려는 경우에 필요하면 해당 출입국항에 주재하는 관계기관의 공무원에게 의견을 물을 수 있다(법 시행규칙 제23조 제1항 본문).

(나) 예외

다만, ⅰ) 해당 출입국항에 주재하는 관계기관 공무원과의 의견이 일치하지 아니하는 경우, ⅱ) 그 밖에 청장·사무소장 또는 출장소장이 결정하기 곤란하다고 인정하는 경우의 어느 하나에 해당하는 경우의 상륙허가에 있어서는 청장·사무소장 또는 출장소장이 법무부장관의 승인을 얻어야 한다(법 시행규칙 제23조 제1항 단서).

(2) 출입국항에 주재 공무원에 통보 및 외국인동향조사부 작성.

출입국관리공무원은 미수교국가의 국민에 대하여 상륙허가를 한 때에는 그 사실을 출입국항에 주재하는 관계기관의 공무원에게 통보하는 외에 수시로 상륙자의 동향을 파악하여 이를 외국인동향조사부에 기재하여야 한다(법 시행규칙 제23조 제2항).

아. 상륙허가대상자의 행동지역

출입국관리공무원은 상륙을 허가(법 제14조, 제14조의2, 제15조 및 제16조에 따른)할 때에는 관할구역55)을 행동지역으로 정한다. 다만, 다음의 어느 하나에 해당하는 경우에는 관할구역 외의 지역을 행동지역으로 정할 수 있다(법 시행규칙 제24조).

(1) 법 제14조제6항에 따라 승무원이 승무원상륙허가서를 국내의 다른 출입국항에서 계속 사용하려는 경우
(2) 법 제14조의2제1항에 따라 관광상륙허가를 받은 외국인승객이 같은 조 제3항에 따른 관광상륙허가서를 관광목적으로 관할지역 밖에서 계속 사용하려는 경우
(3) 그 밖에 출입국관리공무원이 행동지역을 확대할 필요가 있다고 인정하는 경우

3. 긴급상륙허가

가. 긴급상륙허가 사유 및 기간 등

(1) 허가사유 및 기간

출입국관리공무원은 선박 등에 타고 있는 외국인(승무원을 포함한다)이 질병, 부상, 그 밖의 사고로 인하여 해당 외국인이 선박에 계속 머무는 것이 곤란하고 그 치료 등을 위하여 긴급히 상륙할 필요가 있다고 인정되면 해당 외국인이 아닌 그 선박 등의 장이나 운수업자의 신청을 받아 30일의 범위에서 긴급상륙을 허가할 수 있다(법 제15조 제1항). 이와 같이 치료 등의 목적으로 긴급상륙하는 자의 간병이 필요하다고 인정되는 경우 간병을 위해 동반 상륙하는 자에 대하여도 긴급상륙허가가 가능하다 할 것이다. 또한 여권미소지자, 입국금지자에 대하여서도 긴급상륙허가가 가능하나 이 경우에는 간병인은 허가되지 않는다.

---

55) 출장소장의 경우는 소속 청 또는 사무소의 관할구역을 말한다.

(2) 상륙허가 신청서 제출

선박 등에 타고 있는 외국인의 긴급상륙허가를 신청할 때에는 선장 또는 운수업자 등이 상륙허가 신청서에 그 이유를 소명하는 서류 예를 들어 진단서 등을 첨부하여 출입국관리공무원에게 제출하여야 한다(법 시행령 제19조).

나. 긴급상륙허가 및 연장

출입국관리공무원은 이에 따른 허가를 할 때에는 승무원 상륙허가서를 발급하여야 한다. 이 경우 승무원 상륙허가서에는 상륙허가의 기간, 행동지역의 제한 등 필요한 조건을 붙일 수 있다. 또한, 지방출입국·외국인관서의 장은 승무원 상륙허가를 받은 외국인승무원에 대하여 필요하다고 인정하면 해당 그가 타고 온 선박의 출항 여부와 무관하게 허가된 범위 내에서 상륙하게 할 수 있으며, 애초의 긴급상륙 사유가 계속되는 한 상륙허가의 기간을 연장할 수 있는데, 그 기간이 90일을 초과하더라도 외국인 등록대상은 아니다.

한편, 긴급상륙허가서의 별도 양식은 없기 때문에 이 경우 "승무원 상륙허가서"는 "긴급상륙허가서"로, "승무원 상륙허가"는 "긴급상륙허가"로 본다(법 제15조 제2항).

다. 긴급상륙에 따른 비용부담자

선박 등의 장이나 운수업자는 긴급상륙한 사람의 생활비·치료비·장례비와 그 밖에 상륙 중에 발생한 모든 비용을 부담하여야 한다(법 제15조 제3항). 이처럼 선박 등의 장 또는 그 선박 등을 운항하는 운수업자가 긴급상륙 비용 일체를 부담하도록 한 것은 해당 외국인 보다는 운수업자 등이 그 부담능력이 확실하기 때문에 그에게 지불책임을 부담케 한 것이다.

4. 재난상륙허가

가. 재난상륙허가 신청 및 기간 등

(1) 허가신청 및 기간

지방출입국·외국인관서의 장은 조난을 당한 선박 등에 타고 있는 외국인(승무원을 포함한다)을 긴급히 구조할 필요가 있다고 인정하면 그 선박 등의 장, 운수업자, 「수상에서의 수색·구조 등에 관한 법률」에 따른 구호업무 집행자 또는 그 외국인을 구조한 선박등의 장의 신청에 의하여 30일의 범위에서 재난상륙허가를 할 수 있다(법 제16조 제1항). 이때 허가는 긴급상륙허가 시와 같이 재난상륙허가자의 입국요건 구비여부 즉, 여권 등의 소지유무, 입국금지 해당 여부 등과 무관하지만, 간병인 등은 그 대상이 되지 않는 점에 유의하여야 한다.

> **수상에서의 수색·구조 등에 관한 법률 제13조(수난구호의 관할)**
> 해수면에서의 수난구호는 구조본부의 장이 수행하고, 내수면에서의 수난구호는 소방관서의 장이 수행한다. 다만, 국제항행에 종사하는 내수면 운항선박에 대한 수난구호는 구조본부의 장과 소방관서의 장이 상호 협조하여 수행하여야 한다.

(2) 재난보고서 제출

선박등의 장 또는 운수업자 등이 재난상륙허가를 신청할 때에는 상륙허가 신청서에 재난선박 등의 명칭, 재난장소 및 일시와 그 사유 등을 적은 재난보고서를 첨부하여 청장·사무소장 또는 출장소장에게 제출하여야 한다.

나. 상륙허가서 발급 및 연장

출입국관리공무원은 이에 따른 허가를 할 때에는 승무원 상륙허가서를 발급하여야 한다. 이 경우 승무원 상륙허가서에는 상륙허가의 기간, 행동지역의 제한 등 필요한 조건을 붙일 수 있다. 또한, 지방출입국·외국인관서의 장은 승무원 상륙허가를 받은 외국인승무원에 대하여 그 타고 온 선박의 출항과는 관계없이 허가된 범위 내에서 상륙케 할 수 있으며, 재난상륙사유가 존속하는 등 기간 연장이 필요하다고 인정하면 그 상륙허가의 기간을 연장할 수 있는데, 이 경우 그 기간이 90일을 초과하더라도 외국인 등록대상은 아님은 긴급상륙하가와 같다.

한편, 재난상륙허가서의 별도의 서식은 없기 때문에 이 경우 "승무원 상륙허가서"는 "재난상륙허가서"로, "승무원 상륙허가"는 "재난상륙허가"로 본다(법 제16조 제2항).

다. 재난상륙에 따른 비용부담자

재난상륙허가를 받은 사람의 상륙 중 생활비·치료비·장례비와 그 밖에 상륙 중에 발생한 모든 비용에 관하여는 선박 등의 장이나 운수업자가 모든 비용을 부담하여야 한다. 이 경우 운수업자 등이 부담한 비용을 추후 외국인 본인에게 구상할 수 있는지의 여부에 대해서는, 기본적으로는 외국인과 운수업자 등 사이의 계약 등에 근거하는 민사문제로 처리되어야 할 사항이다. 이 경우 "긴급상륙"은 "재난상륙"으로 본다(법 제16조 제3항).

5. 난민 임시상륙허가

국제법상 국가는 그 영토주권에 근거하여 본국에서 박해를 받을 우려가 있는 자가 비호를 요구해 온 경우에 그 자를 영토 내에 받아 들여 보호를 해 줄 수 있는 권리가 인정되고 있다. 이러한 국가의 권리를 비호권(庇護權)이라고 한다.

인종, 종교, 국적, 특정 사회집단의 구성원인 신분 또는 정치적 견해 등으로 본국에서 박해를 받을 우려가 있는 자는 외국의 상륙·체류가 허용됨에 따라, 그 국가가 가지는 영토주권의 효과로서 본국으로부터의 박해를 면할 수 있다. 이것을 일반적으로 영토적 비호권을 부여한 것이라 한다.

가. 난민 임시상륙 허가사유 및 기간 등

(1) 허가사유 및 기간

지방출입국·외국인관서의 장은 선박 등에 타고 있는 외국인이 「난민법」 제2조 제1호에 규정된 이유나 그 밖에 이에 준하는 이유로 그 생명·신체 또는 신체의 자유를 침해받을 공포가 있는 영역에서 도피하여 곧바로 대한민국에 비호(庇護)를 신청하는 경우 그 외국인을 상륙시킬 만한 상당한 이유가 있다고 인정되면 법무부장관의 승인을 받아 90일의 범위에서 난민 임시상륙허가를 할 수 있다. 이 경우 법무부장관은 외교부장관과 협의하여야 한다 (법 제16조의2 제1항).

한편, 해당 외국인이 단순히 경제적인 이유를 비롯하여 보다 좋은 생활을 추구하기 위하여 본국을 탈출한 경우 일명 경제난민은 그 대상에서 제외되며, 또한 난민 임시상륙허가는 인도적인 배려 등에 근거한 특례 조치이기 때문에 외국인 입국요건을 갖추지 못한 경우 즉, 여권미소지자나 입국금지자 등의 경우에 상륙이 가능하다.

> **난민법 제2조(정의)**
>
> 이 법에서 사용하는 용어의 뜻은 다음과 같다.
>
> 1. "난민"이란 인종, 종교, 국적, 특정 사회집단의 구성원인 신분 또는 정치적 견해를 이유로 박해를 받을 수 있다고 인정할 충분한 근거가 있는 공포로 인하여 국적국의 보호를 받을 수 없거나 보호받기를 원하지 아니하는 외국인 또는 그러한 공포로 인하여 대한민국에 입국하기 전에 거주한 국가(이하 "상주국"이라 한다)로 돌아갈 수 없거나 돌아가기를 원하지 아니하는 무국적자인 외국인을 말한다.

(2) 난민 임시상륙허가 발급절차

난민 임시상륙허가를 신청할 때에는 해당 외국인이 직접 난민 임시상륙허가 신청서에 그 이유를 소명하는 서류를 첨부하여 청장·사무소장 또는 출장소장에게 제출하여야 한다(법 시행령 제20조의2 제1항). 이에 따라 청장·사무소장 또는 출장소장 등이 신청서를 받으면 의견을 붙여 이를 법무부장관에게 보내야 한다(같은 조 제2항). 그 후 청장·사무소장 또는 출장소장은 법무부장관이 이에 따른 신청에 대하여 승인한 때에는 그 외국인에게 난민 임시상륙허가서를 발급하고, 법무부장관이 정한 시설 등에 그 거소를 지정하여야 한다(같은 조 제3항). 여기서 "법무부장관이 정한 시설 등"이라 함은 난민보호소 기타 법무부장관이 따로 지정하는 장소를 말한다(법 시행규칙 제24조의4 제2항).

(1쪽)

上陸許可申請書 APPLICATION FOR	□ CREW (□ SINGLE, □ MULTIPLE) □ EMERGENCY □ DISASTER □ TOURISM (□ GROUP, □ INDIVIDUAL)	
KOREA IMMIGRATION SERVICE 출입국·외국인정책본부	姓 SURNAME	性別 SEX
	名 GIVEN NAMES	
	生年月日 DATE OF BIRTH(ccyy/mm/dd)	
	國籍 NATIONALITY	
旅券番號 PASSPORT NO.	職業 OCCUPATION	
上陸理由 REASON FOR LANDING	運輸業者 AGENT	
FLIGHT NO./DISEMBARKATION 入港便名	FLIGHT NO./EMBARKATION 出港便名	
前寄港地 PORT ARRIVED FROM	次港地 NEXT PORT OF CALL	

I declare that I will faithfully observe the IMMIGRATION LAW OF THE REPUBLIC OF KOREA, and notify to all crew members and passengers that they must observe the LAW, and assume whole responsibility for all the charges which might be occurred by them.

署名 SIGNATURE OF APPLICATION(AGENT/MASTER)

公 用 欄	OFFICIAL USE ONLY
行動範圍制限 AREA OF MOVEMENT	有效期限 VALID UNTIL(ccyy/mm/dd)
其他 制限/條件 RESTRICTIONS OR CONDITIONS	

Ministry of Justice, Republic of Korea No. (2쪽)

上陸許可書 LANDING PERMIT	□ CREW (□ SINGLE,　□ MULTIPLE) □ EMERGENCY □ DISASTER □ TOURISM (□ GROUP,　□ INDIVIDUAL)		
	姓 SURNAME		性別 SEX
	名 GIVEN NAMES		
	生年月日 DATE OF BIRTH(ccyy/mm/dd)		
	國籍 NATIONALITY		
旅券番號 PASSPORT NO.		職業 OCCUPATION	
上陸事由 REASON FOR LANDING		運輸業者 AGENT	
FLIGHT NO./DISEMBARKATION 入港便名		FLIGHT NO./EMBARKATION 出港便名	
前寄港地 PORT ARRIVED FROM		次港地 NEXT PORT OF CALL	
入國審査印 ENTRANCE SEAL		出國審査印 DEPARTURE SEAL	
行動範圍制限 AREA OF MOVEMENT SEE NEXT PAGE "NOTICE"		有效期限 VALID UNTIL(ccyy/mm/dd)	
其他 制限/條件 RESTRICTIONS OR CONDITIONS (裏面 注意事項 參考) SEE NEXT PAGE "NOTICE"			

(3쪽)

주의사항 NOTICE

1. 이 상륙허가서는 여권 또는 선원수첩과 함께 항시 휴대하여 출입국관리 공무원이나 다른 권한 있는 공무원의 요구가 있으면 제시하여야 합니다.
This Landing Permit shall be carried with passport or seaman's book at all items and presented to the immigration officer or other authorized official upon request.

2. 승무원상륙허가를 받은 사람은 상륙허가기간 만료 전 또는 상륙허가기간 만료 전이라도 승무하고 있는 선박 등이 출항하기 전에는 승선하여야 합니다.
The bearer of this Landing Permit shall go on board not later than the date of expiration of the permit or before vessel, etc. which he/she is on board departs from a port although the period of the validity of the permit has not been expired.

3. 이 허가서는 출국하는 때 또는 승객자격으로 하선입국하는 때 출입국관리 공무원에게 반환해야 합니다.
Surrender this permit to Immigration Officer when leaving Korea or Disembarking for repatriation.

4. 이 허가서 소지자는 대한민국 내에서 승선선박 등의 승무원으로서의 활동 외의 다른 사업을 영위하거나 보수를 받는 활동을 할 수가 없습니다.
The bearer of this landing permit can not do any activity for making money except for the activity done as a crew in Korea.

5. 이 허가서 소지자의 행동범위는 특별히 제한 또는 확대하는 경우를 제외하고는 승선선박 등이 기항한(하는) 지역의 출입국관리사무소 관할구역으로 합니다.
The movement of the bearer of this landing permit shall be limited to the jurisdiction of the immigration office which controls the port at which the vessel make a call except especially restricted or extended.

6. 위 또는 전면에 기재한 조건을 위반한 때는 「출입국관리법」에 따라 처벌됩니다.
Failure to observe any of the above or front conditions must be punished pursuant to the Immigration Law.

상륙허가내용 변경 CHANGED LANDING PERMITTION

허가번호 PERMIT NO.	허가일자 PERMITTED ON	변경허가내용 CONTENTS	확인 인 AUTHORITY

나. 상륙허가서 발급 및 연장 등

(1) 상륙허가서 발급 등

출입국관리공무원은 해당 외국인에게 난민 임시상륙허가절차에 따라 상륙시킬만한 상당한 이유가 있다고 인정될 때에는 이에 따른 허가를 할 수 있고, 이 경우 난민 임시상륙허가서를 발급하여야 한다. 이 경우 난민 임시상륙허가서에는 상륙허가의 기간, 행동지역의 제한 등 필요한 조건을 붙일 수 있다.

허가번호(No.) :

난민임시상륙허가서
(LANDING PERMIT FOR TEMPORARY REFUGEE)

여권용 사진 (PHOTO) 3.5cm×4.5cm	성명 (Full name)	
	성별 (Sex) Male [ ] Female [ ]	생년월일 (Date of Birth)
	국적 (Nationality)	여권번호 (Passport No.)
	선박명 (Vessel Name)	

조건 또는 제한 (Restriction or Conditions)	허가기간 (Period of permit)
	거소 (Designated Place of Stay)
	행동범위 (Area of Movement)
	기타 (Others)

※ 위의 조건에 위반할 때에는 이 허가를 취소할 수 있습니다.
   Failure to observe any of the above conditions shall be the cause for immediate rescission of the permit.

연장허가 (Extension of the period)	허가번호 (Permit No.)	만료일 (Expires On)	허가일 (Permitted On)	허가기관 (Authority)

위 사람에 대하여 「출입국관리법」 제16조의2에 따라 난민임시상륙을 허가합니다.
The above mentioned person is hereby granted landing permit for temporary refugee to enter i
n the Republic of Korea under the conditions stated above pursuant to article 16-2 of the Immigrat
ion Act.

또한, 지방출입국·외국인관서의 장은 난민 임시상륙허가를 받은 외국인승무원에 대하여는 그가 타고 온 선박의 출항여부와 관계없이 허가된 범위 내에서 계속 상륙케 할 수 있고 나아가 허가사유가 존속하는 등 허가기간의 연장이 필요하다고 인정하면 그 상륙허가의 기간을 연장할 수 있는데, 만일 그 기간이 90일을 초과하더라도 외국인 등록대상이 아님에 유의하여야 한다.

이 경우 난민 임시상륙허가서의 별도양식은 없기 때문에 "승무원 상륙허가서"는 "난민 임시상륙허가서"로, "승무원 상륙허가"는 "난민 임시상륙허가"로 본다(법 제16조의2 제2항).

난민임시상륙허가(기간연장) 신청서

(APPLICATION FOR TEMPORARY REFUGEE LANDING PERMIT / PERMIT EXTENSION)

※ [ ]에는 해당되는 곳에 √표를 합니다.

접수번호	접수일	발급일	처리기간

인적 사항 (Personal information)	성명 (Full name)		
	성별 (Sex) 남 Male[ ] 여 Female[ ]		생년월일 (Date of birth)
	국적 (Nationality)		여권번호 (Passport No.)
	직업 (Occupation)		입항편명 (Flight No./Disembarkation)

신청 내용 (Application details)	상륙허가(기간연장) 신청 이유 (Reason for Landing / Extension)
	상륙허가(기간연장) 신청기간 (Period of Landing / Extension)

「출입국관리법」 제16조의2에 따라 위와 같이 신청합니다.
I hereby apply for temporary refugee landing permit, pursuant to Article 16-2 of the Immigration Act.

신청일   년   월   일
(Date of Application)   (year) (month) (day)

(2) 난민임시상륙허가서 발급대장에 기재

청장·사무소장 또는 출장소장은 난민임시상륙허가서를 발급하는 때에는 이를 난민임시상
륙허가서 발급대장에 기재하여야 한다(법 시행규칙 제24조의4 제1항).

■ 출입국관리법 시행규칙 [별지 제30호의5서식] 〈개정 2016. 9. 29.〉

난민임시상륙허가서 발급대장

허가 일자	허가 번호	국적	성명	성별	생년월일	직업	상륙일 선박명	사유	허가 기간	거소

다. 지문 및 얼굴에 관한 정보의 제공 등

비호를 신청한 외국인의 지문 및 얼굴에 관한 정보의 제공 등에 관하여는 제12조의2(입국 시 지문 및 얼굴에 관한 정보의 제공 등)를 준용한다(법 제16조의2 제3항).

6. 각종 상륙허가서 회수 및 출국 등 통보

가. 각종 상륙허가서 회수 등

(1) 상륙허가서 회수

(가) 원칙

출입국관리공무원은 상륙허가서를 발급(법 제14조, 제14조의2, 제15조, 제16조 및 제16조의2에 따라)받은 외국인이 출국하거나, 외국인승무원이 대한민국 안에 정박 중인 선박 등에서 하선하여 승객으로 출국하려는 경우나 관광상륙허가를 받은 외국인승객이 하선하여 다른 선박 등으로 출국하려는 경우 입국심사를 할 때에는 상륙허가서를 회수하여야 한다(법 시행규칙 제24조의5 제1항 본문).

(나) 예외

다만, 법 제14조 제4항에 따른 승무원상륙허가서는 발급받은 외국인이 최종 출입국항에서 출국할 때에 회수하고, 영 제18조의2 제2항에 따른 승무원 복수상륙허가서는 발급받은 외국인이 최종 출국할 때에 회수하여야 한다(법 시행규칙 제24조의5 제1항 단서).

(1면) (4면)

승무원 복수상륙허가서
CREW LANDING PERMIT (MULTIPLE)

사진 3.5cm×4.5cm (여권용 사진)	허가서 번호 Permit No.	
	성 Surname	
	명 Given Names	

성별 Sex	생년월일 Date of birth . . .	국적 Nationality

직위 Position	여권번호 Passport No.
승무 선박명 Vessel Name	소속회사명 Company Name
상륙기간 Period of landing 15days (every times)	행동지역 Area of movement
발급일 Date of issue	유효기간 Validity of permit

발급기관   ○○출입국 · 외국인청
(사무소 · 출장소)장

유의사항 NOTICE

1. 이 허가서는 항시 휴대하여야 하며 출입국관리공무원이나 다른 권한 있는 공무원의 요구가 있는 때에는 제시하여야 합니다.

   This LANDING PERMIT shall be carried at all times and presented to an IMMIGRATION OFFICER or any other authorized official upon request.

2. 이 허가서로 상륙한 자는 상륙허가기간(15일) 이내에 승선하여야 합니다.

   The bearer of this LANDING PERMIT shall board the vessel not later than 15 days from the date of landing.

3. 위 또는 앞면의 조건을 위반한 때에는 「출입국관리법」에 의하여 처벌 받습니다.

   Failure to observe any of the conditions stated above or on the front page of this permit shall be punished pursuant to the IMMIGRATION ACT.

《공용란 FOR OFFICIAL USE ONLY》   《공용란 FOR OFFICIAL USE ONLY》

(2) 상육허가서 회수사실 통보

출입국관리공무원은 상륙허가서를 회수한 때에는 상륙허가서를 발급한 청장·사무소장 또는 출장소장에게 그 사실을 통보하여야 한다(법 시행규칙 제24조의5 제2항).

나. 상륙허가자의 출국 등 통보

(1) 상륙허가자 명단 통보

청장·사무소장 또는 출장소장은 상륙허가를 받은 자가 다른 출입국항으로 출국할 수 있도록 허가하거나 상륙을 허가한 경우에는 지체없이 출국예정항 또는 상륙예정항을 관할하는 청장·사무소장 또는 출장소장에게 그 명단을 통보하여야 한다(법 시행규칙 제25조 제1항).

(2) 만기 미출국자 통보

통보를 받은 청장·사무소장 또는 출장소장은 상륙허가를 받은 자가 상륙허가기간만료일까지 출국하지 아니한 때에는 그 사실을 상륙을 허가한 청장·사무소장 또는 출장소장에게 통보하여야 한다(법 시행규칙 제25조 제2항).

제4장 외국인의 체류와 출국

제4장에서는 외국인의 체류와 출국에 관한 내용을 규정하고 있는데, 제1절에서는 외국인의 체류 등(외국인의 체류, 외국인의 고용의 제한, 외국인을 고용한 자 등의 신고의무, 외국인의 기술연수활동, 외국인유학생의 관리 등, 체류자격 외 활동, 근무처의 변경·추가, 체류범위의 제한, 체류자격 부여, 체류자격 변경허가, 체류기간 연장허가, 결혼이민자에 대한 특칙, 허위서류 제출 등의 금지, 여권등의 휴대 및 제시), 제2절에서는 외국인의 출국 등(출국심사, 외국인 출국의 정지, 외국인 긴급출국정지, 재입국허가)에 관한 내용을 규정하고 있다.

제1절 외국인의 체류

1. 외국인의 체류 및 활동범위

가. 외국인의 체류

대한민국에 입국한 외국인이 대한민국에서 적법하게 체류하기 위해서는 체류자격이 있어야 하고, 이에 따른 체류가격을 가진 외국인은 그 체류자격에 의하여 인정되는 일정한 활동과 체류기간의 범위에서 대한민국에 체류할 수 있다(법 제17조 제1항). 이때의 체류자격은 외국인이 국내에 머물면서 일정한 활동을 할 수 있는 법적 지위를 유형화한 것으로, 그에 따라 일정한 권리를 부여받고 의무를 부담하는 출입국관리법에서 정한 자격을 말한다.[56]

> - 체류기간에 따라 단기체류, 장기체류, 영주로 구분됩니다.
> - – 단기체류 : 체류기간 90일 이하
> - – 장기체류 : 체류기간 91일 이상
> - – 영주 : 체류기간 제한없음.
> - 장기체류와 영주의 경우 입국일로부터 90일 이내에 외국인등록 또는 국내거소신고를 해야 합니다.

---

56) 서울행정법원 2016. 9. 30. 선고 2015구합77189 판결.

나. 외국인의 활동범위 - 정치활동 금지

대한민국에 체류하는 외국인은 이 법 또는 다른 법률에서 정하는 경우를 제외하고는 정치활동을 하여서는 아니 된다(법 제17조 제2항). 이는 체류자격과 기간 내에서 적법하게 체류하는 외국인이더라도 정치활동 부분(예, 선거권, 피선거권, 공무담임권, 국민투표권, 정당활동 등)에 대해서는 이를 금지하는 의무를 부과한 규정이다. 만일 외국인이 이를 위반하여 정치활동을 할 경우 강제퇴거대상자가 될 뿐 그 외 처벌의 대상은 아니다

다. 중지명령

(1) 중지명령 사유

법무부장관은 대한민국에 체류하는 외국인이 정치활동을 하였을 때에는 그 외국인에게 서면으로 그 활동의 중지명령이나 그 밖에 필요한 명령을 할 수 있다(법 제17조 제3항).

(2) 중지명령서 기재사유

법무부장관이 위 (1) 사유로 외국인에게 활동중지를 명하려는 경우에는 활동중지 명령서에 다음의 사항을 적어 직접 발급하거나 청장·사무소장 또는 출장소장을 거쳐 해당 외국인에게 발급하여야 한다(법 시행령 제22조).

(가) 그 활동을 즉시 중지할 것

(나) 명령을 이행하지 아니할 때에는 강제퇴거 등의 조치를 할 것이라는 것

(다) 그 밖에 필요한 것

(3) 활동중지 명령서의 발급 등

청장·사무소장 또는 출장소장이 활동중지 명령서를 발급하는 때에는 수령증을 받아야 하며, 이에 따른 활동중지 명령서를 발급하는 경우 필요하다고 인정하면 해당 소속 단체의 장 또는 신원보증인을 입회하게 하여 중지명령을 지키도록 할 수 있다(법 시행규칙 제27조).

활동중지 명령서
(SUSPENSION ORDER OF ACTIVITIES)

대상자 (Person upon whom the Order is issued)	성명 (Full name)		
	성별 (Sex) 남 Male[ ] 여 Female[ ]		생년월일 (Date of Birth)
	국적 (Nationality)		체류자격 (Status of Sojourn)
	입국일자 (Date of Entry)		체류기간 (Period of Sojourn)
	주소 및 근무처 Address in Korea (Place of Employment)		

「출입국관리법」 제17조제3항의 규정에 따라 다음 활동의 중지를 명합니다. 이 명령을 준수하지 않는 때에는 강제퇴거 등 법에 따른 조치를 취할 것입니다.

I, Minister of Justice, hereby order immediate suspension of the following activities pursuant to Paragraph 3, Article 17 of the Immigration Act. If the abovementioned person fails to observe this ORDER, the person will be subject to punishment that may include but is not limited to deportation, as prescribed by law.

활동내용 :

(Activities)

년   월   일

Date   (year)   (month)   (day)

법무부장관 | 직인 |

Minister of Justice

집행일시 :

(Date of Enforcement Action)

집행관 성명

(Enforcement Officer)   ○ ○ ○   (서명 또는 인) (Signature/Seal)

라. 활동중지대상자 등 보고

(1) 활동중지대상자 보고

청장·사무소장 또는 출장소장은 대한민국의 이익이나 공공의 안전을 해치는 행동을 할 염려가 있다고 인정할 만한 상당한 사유가 발생된 자와 정치활동을 하고 있는 것으로 인정되는 자를 발견한 때에는 지체없이 그 사실을 법무부장관에게 보고하여야 한다(법 시행규칙 제26조 제1항).

(2) 활동중지대상자 보고절차

출장소장이 이에 따른 보고를 하는 때에는 관할 청장 또는 사무소장을 거쳐야 한다. 다만, 긴급을 요하는 때에는 법무부장관에게 직접 보고하고 사후에 청장 또는 사무소장에게 그 결과를 보고하여야 한다(법 시행규칙 제26조 제2항).

마. 벌칙

외국인은 그 체류자격과 체류기간의 범위에서 대한민국에 체류할 수 있는데, 이를 위반하여 체류자격이나 체류기간의 범위를 벗어나서 체류한 사람은 3년 이하의 징역 또는 2천만원 이하의 벌금에 처한다(법 제94조 제7호).

2. 외국인의 취업과 체류자격

국내 체류외국인은 200만 명을 넘어서서 우리나라 전체 인구의 4%를 자지하고 있을 만큼 다수가 국내에 입국해 있는 상태이다. 이들이 국내에 입국하여 체류하는 목적은 다양하지만 그 중 대표적인 체류목적이 취업이며, 이 때문에 불법체류자 또한 급증하고 있는 실정이기도 한다. 이렇듯 외국인의 취업활동은 국내 산업전반에 미치는 영향이 크기 때문에 출입국관리법은 외국인의 취업 및 고용에 대하여 규정하고 있다.

가. 외국인 고용의 제한

(1) 외국인의 취업과 체류자격

(가) 외국인의 취업요건

외국인이 대한민국에서 취업하려면 대통령령으로 정하는 바에 따라 취업활동을 할 수 있는 체류자격을 받아야 한다(법 제18조 제1항). 그러므로 누구든지 이에 따른 체류자격을 가지지 아니한 사람을 고용하여서는 아니 된다(법 제18조 제3항). 한편, 외국인고용법에서는 사용자가 외국인근로자와 근로계약을 해지하거나 대통령령으로 정하는 일정한 사유가 발생한 경우 직업안정기관의 장에게 신고의무를 부과하고 있고(외국인고용법 제17조 제1항), 이 신고를 한 경우 출입국관리법 제19조 제1항에 따른 신고를 한 것으로 본다(외국인고용법 제17조 제2항).

【판시사항】

출입국관리 법령에 따라 취업활동을 할 수 있는 체류자격을 받지 않은 외국인이 타인과의 사용종속관계하에서 근로를 제공하고 그 대가로 임금 등을 받아 생활하는 경우, 노동조합 및 노동관계조정법상 근로자의 범위에 포함되는지 여부(대법원 2015. 6. 25. 선고 2007두4995 전원합의체 판결)

【판결요지】

노동조합 및 노동관계조정법(이하 '노동조합법'이라고 한다) 제2조 제1호, 제5조, 제9조, 구 출입국관리법(2010. 5. 14. 법률 제10282호로 개정되기 전의 것)의 내용이나 체계, 취지 등을 종합하면, 노동조합법상 근로자란 타인과의 사용종속관계하에서 근로를 제공하고 그 대가로 임금 등을 받아 생활하는 사람을 의미하며, 특정한 사용자에게 고용되어 현실적으로 취업하고 있는 사람뿐만 아니라 일시적으로 실업 상태에 있는 사람이나 구직 중인 사람을 포함하여 노동3권을 보장할 필요성이 있는 사람도 여기에 포함되는 것으로 보아야 한다. 그리고 출입국관리 법령에서 외국인고용제한규정을 두고 있는 것은 취업활동을 할 수 있는 체류자격(이하 '취업자격'이라고 한다) 없는 외국인의 고용이라는 사실적 행위 자체를 금지하고자 하는 것뿐이지, 나아가 취업자격 없는 외국인이 사실상 제공한 근로에 따른 권리나 이미 형성된 근로관계에서 근로자로서의 신분에 따른 노동관계법상의 제반 권리 등의 법률효과까지 금지하려는 것으로 보기는 어렵다.

따라서 타인과의 사용종속관계하에서 근로를 제공하고 그 대가로 임금 등을 받아 생활하는 사람은 노동조합법상 근로자에 해당하고, 노동조합법상의 근로자성이 인정되는 한, 그러한 근로자가 외국인인지 여부나 취업자격의 유무에 따라 노동조합법상 근로자의 범위에 포함되지 아니한다고 볼 수는 없다.

(나) 체류자격 및 범위

1) 별표 1 중 5. 단기취업(C-4), 별표 1의2 중 14. 교수(E-1)부터 22. 선원취업(E-10)까지 및 29. 방문취업(H-2)

법 제18조 제1항에 따른 취업활동을 할 수 있는 체류자격은 별표 1 중 5. 단기취업(C-4), 별표 1의2 중 14. 교수(E-1)부터 22. 선원취업(E-10)까지 및 29. 방문취업(H-2)의 체류자격을 말하며, 이 경우 "취업활동"은 해당 체류자격의 범위에 속하는 활동으로 한다(법 시행령 제23조 제1항). 관광취업(H-1)의 자격에 해당하는 사람이 취업활동을 하는 경우도 포함한다. 위에 기재된 체류자격을 소지한 사람은 해당 체류자격의 범위에 속하는 취업활동만 할 수 있다.

[별표 1]

단기체류자격(제12조 관련)

체류자격 (기호)	체류자격에 해당하는 사람 또는 활동범위
5. 단기취업 (C-4)	일시 흥행, 광고 · 패션 모델, 강의 · 강연, 연구, 기술지도 등 별표 1의2 중 14. 교수(E-1)부터 20. 특정활동(E-7)까지의 체류자격에 해당하는 분야에 수익을 목적으로 단기간 취업활동을 하거나 각종 용역계약 등에 의하여 기계류 등의 설치 · 유지 · 보수, 조선 및 산업설비 제작 · 감독 등을 목적으로 국내 공공기관 · 민간단체에 파견되어 단기간 영리활동을 하려는 사람

[별표 1의 2]

장기체류자격(제12조 관련)

체류자격 (기호)	체류자격에 해당하는 사람 또는 활동범위
14. 교수 (E-1)	「고등교육법」 제14조제1항 · 제2항 또는 제17조에 따른 자격요건을 갖춘 외국인으로서 전문대학 이상의 교육기관이나 이에 준하는 기관에서 전문 분야의 교육 또는 연구 · 지도 활동에 종사하려는 사람

	[교수(E-1) 체류자격에 해당하는 사람은 제외한다]
17. 기술지도 (E-4)	자연과학 분야의 전문지식 또는 산업상 특수한 분야에 속하는 기술을 제공하기 위하여 대한민국 내 공공기관·민간단체로부터 초청을 받아 종사하려는 사람
18. 전문직업 (E-5)	대한민국 법률에 따라 자격이 인정된 외국의 변호사, 공인회계사, 의사, 그 밖에 국가공인 자격이 있는 사람으로서 대한민국 법률에 따라 할 수 있도록 되어 있는 법률, 회계, 의료 등의 전문업무에 종사하려는 사람[교수(E-1) 체류자격에 해당하는 사람은 제외한다]
19. 예술흥행 (E-6)	수익이 따르는 음악, 미술, 문학 등의 예술활동과 수익을 목적으로 하는 연예, 연주, 연극, 운동경기, 광고·패션 모델, 그 밖에 이에 준하는 활동을 하려는 사람
20. 특정활동 (E-7)	대한민국 내의 공공기관·민간단체 등과의 계약에 따라 법무부장관이 특별히 지정하는 활동에 종사하려는 사람
21. 비전문취업 (E-9)	「외국인근로자의 고용 등에 관한 법률」에 따른 국내 취업요건을 갖춘 사람(일정 자격이나 경력 등이 필요한 전문직종에 종사하려는 사람은 제외한다)
22. 선원취업 (E-10)	다음 각 목에 해당하는 사람과 그 사업체에서 6개월 이상 노무를 제공할 것을 조건으로 선원근로계약을 체결한 외국인으로서 「선원법」 제2조제6호에 따른 부원(部員)에 해당하는 사람 　가. 「해운법」 제3조제1호·제2호·제5호 또는 제23조제1호에 따른 사업을 경영하는 사람 　나. 「수산업법」 제8조제1항제1호, 제41조제1항 또는 제57조제1항에 따른 사업을 경영하는 사람 　다. 「크루즈산업의 육성 및 지원에 관한 법률」 제2조제7호에 따른 국적 크루즈사업자로서 같은 조 제4호에 따른 국제순항 크루즈선을 이용하여 사업을 경영하는 사람
29. 방문취업 (H-2)	가. 체류자격에 해당하는 사람: 「재외동포의 출입국과 법적 지위에 관한 법률」 제2조제2호에 따른 외국국적동포(이하 "외국국적동포"라 한다)에 해당하고, 다음의 어느 하나에 해당하는 18세 이상인 사람 중에서 나목의 활동범위 내에서 체류하려는 사람으로서 법무부장관이 인정하는 사람[재외동포(F-4) 체류자격에 해당하는 사람은 제외한다] 　1) 출생 당시에 대한민국 국민이었던 사람으로서 가족관계등록부, 폐쇄등록부 또는 제적부에 등재되어 있는 사람 및 그 직계비속 　2) 국내에 주소를 둔 대한민국 국민 또는 별표 1의3 영주(F-5) 제5호에 해당하는 사람의 8촌 이내의 혈족 또는 4촌 이내의 인척으로부터 초청을 받은 사람 　3) 「국가유공자 등 예우 및 지원에 관한 법률」 제4조에 따른 국가유공자와 그 유족 등에 해당하거나 「독립유공자예우에 관한 법률」 제4조에 따른 독립유공자와 그 유족 또는 그 가족에 해당하는 사람 　4) 대한민국에 특별한 공로가 있거나 대한민국의 국익 증진에 기여한 사람

5) 유학(D-2) 체류자격으로 1학기 이상 재학 중인 사람의 부모 및 배우자
6) 국내 외국인의 체류질서 유지를 위하여 법무부장관이 정하는 기준 및 절차에 따라 자진하여 출국한 사람
7) 1)부터 6)까지의 규정에 해당하지 않는 사람으로서 법무부장관이 정하여 고시하는 한국어시험, 추첨 등의 절차에 따라 선정된 사람

나. 활동범위
1) 방문, 친척과의 일시 동거, 관광, 요양, 견학, 친선경기, 비영리 문화예술활동, 회의 참석, 학술자료 수집, 시장조사 · 업무연락 · 계약 등 상업적 용무, 그 밖에 이와 유사한 목적의 활동
2) 한국표준산업분류표에 따른 다음의 산업 분야에서의 활동
   가) 작물 재배업(011)
   나) 축산업(012)
   다) 작물재배 및 축산 관련 서비스업(014)
   라) 연근해 어업(03112)
   마) 양식 어업(0321)
   바) 천일염 생산 및 암염 채취업(07220)
   사) 제조업(10 ~ 34). 다만, 상시 사용하는 근로자 수가 300명 미만이거나 자본금이 80억원 이하인 경우에만 해당한다.
   아) 하수, 폐수 및 분뇨 처리업(37)
   자) 폐기물 수집, 운반, 처리 및 원료재생업(38)
   차) 건설업(41 ~ 42). 다만, 발전소 · 제철소 · 석유화학 건설현장의 건설업체 중 업종이 산업 · 환경설비 공사인 경우는 제외한다.
   카) 육지동물 및 애완동물 도매업(46205)
   타) 기타 산업용 농산물 도매업(46209)
   파) 생활용품 도매업(464)
   하) 기계장비 및 관련 물품 도매업(465)
   거) 재생용 재료 수집 및 판매업(46791)
   너) 기타 생활용품 소매업(475)
   더) 기타 상품 전문 소매업(478)
   러) 무점포 소매업(479)
   머) 육상 여객 운송업(492)
   버) 냉장 및 냉동 창고업(52102). 다만, 내륙에 위치한 업체에 한정한다.
   서) 호텔업(55101). 다만, 「관광진흥법」에 따른 호텔업은 1등급 · 2등급 및 3등급의 호텔업으로 한정한다.
   어) 여관업(55102)
   저) 한식 음식점업(5611)
   처) 외국인 음식점업(5612)
   커) 기타 간이 음식점업(5619)
   터) 서적, 잡지 및 기타 인쇄물 출판업(581)
   퍼) 음악 및 기타 오디오물 출판업(59201)
   허) 사업시설 유지관리 서비스업(741)
   고) 건축물 일반 청소업(74211)
   노) 산업설비, 운송장비 및 공공장소 청소업(74212)
   도) 여행사 및 기타 여행보조 서비스업(752)

	로) 사회복지 서비스업(87) 모) 자동차 종합 수리업(95211) 보) 자동차 전문 수리업(95212) 소) 모터사이클 수리업(9522) 오) 욕탕업(96121) 조) 산업용 세탁업(96911) 초) 개인 간병 및 유사 서비스업(96993) 코) 가구 내 고용활동(97)

2) 체류자격 구분에 따른 취업활동이 자유로운 사람

다음의 어느 하나에 해당하는 사람은 법 시행령 제23조 제1항에도 불구하고 별표 1 및 별표 1의 2의 체류자격 구분에 따른 취업활동의 제한을 받지 아니한다(법 시행령 제23조 제2항).

가) 별표 1의2 중 24. 거주(F-2)의 가목부터 다목까지 및 자목부터 카목까지의 어느 하나에 해당하는 체류자격을 가지고 있는 사람으로서 그의 종전 체류자격에 해당하는 분야에서 활동을 계속하고 있는 사람은 취업활동에 제한을 받지 않는다.

[별표 1의2]

장기체류자격(제12조 관련)

체류자격 (기호)	체류자격에 해당하는 사람 또는 활동범위
24. 거주 (F-2)	가. 국민의 미성년 외국인 자녀 또는 별표 1의3 영주(F-5) 체류자격을 가지고 있는 사람의 배우자 및 그의 미성년 자녀 나. 국민과 혼인관계(사실상의 혼인관계를 포함한다)에서 출생한 사람으로서 법무부장관이 인정하는 사람 다. 난민의 인정을 받은 사람 자. 나이, 학력, 소득 등이 법무부장관이 정하여 고시하는 기준에 해당하는 사람 차. 투자지역, 투자대상, 투자금액 등 법무부장관이 정하여 고시하는 기준에 따라 부동산 등 자산에 투자한 사람 또는 법인의 임원, 주주 등으로서 법무부장관이 인정하는 외국인. 이 경우 법인에 대해서는 법무부장관이 투자금액 등을 고려하여 체류자격 부여인원을 정한다. 카. 자목이나 차목에 해당하는 사람의 배우자 및 자녀(법무부장관이 정하는 요건을 갖춘 자녀만 해당한다)

나) 별표 1의2 중 24. 거주(F-2)의 라목 · 바목 또는 사목의 체류자격을 가지고 있는 사람으로서 그의 종전 체류자격에 해당하는 분야에서 활동을 계속하고 있는 사람으로서 그의 종전 체류 자격에 해당하는 분야에서 활동을 계속하고 있는 사람은 취업활동에 제한을 받지 않는다.

[별표 1의2]

장기체류자격(제12조 관련)

체류자격 (기호)	체류자격에 해당하는 사람 또는 활동범위
24. 거주 (F-2)	라. 「외국인투자 촉진법」에 따른 외국투자가 등으로 다음의 어느 하나에 해당하는 사람 　1) 미화 50만 달러 이상을 투자한 외국인으로서 기업투자(D-8) 체류자격으로 3년 이상 계속 체류하고 있는 사람 　2) 미화 50만 달러 이상을 투자한 외국법인이 「외국인투자 촉진법」에 따른 국내 외국인투자기업에 파견한 임직원으로서 3년 이상 계속 체류하고 있는 사람 　3) 미화 30만 달러 이상을 투자한 외국인으로서 2명 이상의 국민을 고용하고 있는 사람 바. 외교(A-1)부터 협정(A-3)까지의 체류자격 외의 체류자격으로 대한민국에 5년 이상 계속 체류하여 생활 근거지가 국내에 있는 사람으로서 법무부장관이 인정하는 사람 사. 비전문취업(E-9), 선원취업(E-10) 또는 방문취업(H-2) 체류자격으로 취업활동을 하고 있는 사람으로서 과거 10년 이내에 법무부장관이 정하는 체류자격으로 4년 이상의 기간 동안 취업활동을 한 사실이 있는 사람 중 다음 요건을 모두 갖춘 사람 　1) 법무부장관이 정하는 기술 · 기능 자격증을 가지고 있거나 일정 금액 이상의 임금을 국내에서 받고 있을 것(기술 · 기능 자격증의 종류 및 임금의 기준에 관하여는 법무부장관이 관계 중앙행정기관의 장과 협의하여 고시한다) 　2) 법무부장관이 정하는 금액 이상의 자산을 가지고 있을 것 　3) 대한민국 「민법」에 따른 성년으로서 품행이 단정하고 대한민국에서 거주하는 데 필요한 기본 소양을 갖추고 있을 것

다) 별표 1의2 중 27. 결혼이민(F-6)의 체류자격을 가지고 있는 사람으로서 그의 종전 체류자격에 해당하는 분야에서 활동을 계속하고 있는 사람은 취업활동에 제한을 받지 않는다.

[별표 1의2]

장기체류자격(제12조 관련)

체류자격 (기호)	체류자격에 해당하는 사람 또는 활동범위
27. 결혼이민 (F-6)	가. 국민의 배우자 나. 국민과 혼인관계(사실상의 혼인관계를 포함한다)에서 출생한 자녀를 양육하고 있는 부 또는 모로서 법무부장관이 인정하는 사람 다. 국민인 배우자와 혼인한 상태로 국내에 체류하던 중 그 배우자의 사망이나 실종, 그 밖에 자신에게 책임이 없는 사유로 정상적인 혼인관계를 유지할 수 없는 사람으로서 법무부장관이 인정하는 사람

3) 별표 1의2 중 26. 재외동포(F-4) 체류자격을 가지고 있는 사람

별표 1의2 중 26. 재외동포(F-4) 체류자격을 가지고 있는 사람은 제1항에도 불구하고 ⅰ) 단순노무행위를 하는 경우, ⅱ) 선량한 풍속이나 그 밖의 사회질서에 반하는 행위를 하는 경우, ⅲ) 그 밖에 공공의 이익이나 국내 취업질서 등을 유지하기 위하여 그 취업을 제한할 필요가 있다고 인정되는 경우의 어느 하나에 해당하는 경우를 제외하고는 별표 1 및 별표 1의2의 체류자격 구분에 따른 활동의 제한을 받지 아니한다. 다만, 허용되는 취업활동이라도 국내 법령에 따라 일정한 자격이 필요할 때에는 그 자격을 갖추어야 한다(법 시행령 제23조 제3항).

장기체류자격(제12조 관련)

체류자격 (기호)	체류자격에 해당하는 사람 또는 활동범위
26. 재외동포 (F—4)	「재외동포의 출입국과 법적 지위에 관한 법률」 제2조제2호에 해당하는 사람 (단순 노무행위 등 이 영 제23조제3항 각 호에서 규정한 취업활동에 종사하려는 사람은 제외한다)

4) 별표 1의2 중 28. 관광취업(H-1) 체류자격을 가지고 있는 사람

별표 1의2 중 28. 관광취업(H-1) 체류자격을 가지고 있는 사람이 취업활동을 하는 경우에는 제1항에 따른 취업활동을 할 수 있는 체류자격에 해당하는 것으로 본다(법 시행령 제23조 제4항).

[별표 1의2]

장기체류자격(제12조 관련)

체류자격 (기호)	체류자격에 해당하는 사람 또는 활동범위
28. 관광취업 (H-1)	대한민국과 "관광취업"에 관한 협정이나 양해각서 등을 체결한 국가의 국민으로서 협정 등의 내용에 따라 관광과 취업활동을 하려는 사람(협정 등의 취지에 반하는 업종이나 국내법에 따라 일정한 자격요건을 갖추어야 하는 직종에 취업하려는 사람은 제외한다)

(다) 고시사항

1) 법무부장관과 고용노동부장관의 공동고시

다음 각 호의 사항에 대하여 「외국인근로자의 고용 등에 관한 법률」 제4조 제2항에 따라 외국인력정책위원회 심의를 거칠 경우에는 법무부차관과 고용노동부차관은 그 심의 안건을 미리 협의하여 공동으로 상정하고, 심의·의결된 사항을 법무부장관과 고용노동부장관이 공동으로 고시한다(법 시행령 제23조 제7항).

가) 별표 1의2 중 29. 방문취업(H-2) 체류자격의 가목 7)에 해당하는 사람에 대한 연간 허용인원

나) 별표 1의2 중 29. 방문취업(H-2) 체류자격에 해당하는 사람에 대한 사업장별 고용인원의 상한

[별표 1의2]

장기체류자격(제12조 관련)

체류자격 (기호)	체류자격에 해당하는 사람 또는 활동범위
29. 방문취업 (H-2)	가. 체류자격에 해당하는 사람: 「재외동포의 출입국과 법적 지위에 관한 법률」 제2조제2호에 따른 외국국적동포(이하 "외국국적동포"라 한다)에 해당하고, 다음의 어느 하나에 해당하는 18세 이상인 사람 중에서 나목의 활동범위 내에서 체류하려는 사람으로서 법무부장관이 인정하는 사람[재외동포(F-4) 체류자격에 해당하는 사람은 제외한다] 1) 출생 당시에 대한민국 국민이었던 사람으로서 가족관계등록부, 폐쇄등록부 또는 제적부에 등재되어 있는 사람 및 그 직계비속 2) 국내에 주소를 둔 대한민국 국민 또는 별표 1의3 영주(F-5) 제5호에 해당하는 사람의 8촌 이내의 혈족 또는 4촌 이내의 인척으로부터 초청을 받은 사람 3) 「국가유공자 등 예우 및 지원에 관한 법률」 제4조에 따른 국가유공자와 그 유족 등에 해당하거나 「독립유공자예우에 관한 법률」 제4조에 따른 독립유공자와 그 유족 또는 그 가족에 해당하는 사람 4) 대한민국에 특별한 공로가 있거나 대한민국의 국익 증진에 기여한 사람 5) 유학(D-2) 체류자격으로 1학기 이상 재학 중인 사람의 부모 및 배우자 6) 국내 외국인의 체류질서 유지를 위하여 법무부장관이 정하는 기준 및 절차에 따라 자진하여 출국한 사람 7) 1)부터 6)까지의 규정에 해당하지 않는 사람으로서 법무부장관이 정하여 고시하는 한국어시험, 추첨 등의 절차에 따라 선정된 사람 나. 활동범위 1) 방문, 친척과의 일시 동거, 관광, 요양, 견학, 친선경기, 비영리 문화예술 활동, 회의 참석, 학술자료 수집, 시장조사·업무연락·계약 등 상업적 용무, 그 밖에 이와 유사한 목적의 활동 2) 한국표준산업분류표에 따른 다음의 산업 분야에서의 활동 　가) 작물 재배업(011)

나) 축산업(012)

다) 작물재배 및 축산 관련 서비스업(014)

라) 연근해 어업(03112)

마) 양식 어업(0321)

바) 천일염 생산 및 암염 채취업(07220)

사) 제조업(10~34). 다만, 상시 사용하는 근로자 수가 300명 미만이거나 자본금이 80억원 이하인 경우에만 해당한다.

아) 하수, 폐수 및 분뇨 처리업(37)

자) 폐기물 수집, 운반, 처리 및 원료재생업(38)

차) 건설업(41~42). 다만, 발전소·제철소·석유화학 건설현장의 건설업체 중 업종이 산업·환경설비 공사인 경우는 제외한다.

카) 육지동물 및 애완동물 도매업(46205)

타) 기타 산업용 농산물 도매업(46209)

파) 생활용품 도매업(464)

하) 기계장비 및 관련 물품 도매업(465)

거) 재생용 재료 수집 및 판매업(46791)

너) 기타 생활용품 소매업(475)

더) 기타 상품 전문 소매업(478)

러) 무점포 소매업(479)

머) 육상 여객 운송업(492)

버) 냉장 및 냉동 창고업(52102). 다만, 내륙에 위치한 업체에 한정한다.

서) 호텔업(55101). 다만, 「관광진흥법」에 따른 호텔업은 1등급·2등급 및 3등급의 호텔업으로 한정한다.

어) 여관업(55102)

저) 한식 음식점업(5611)

처) 외국인 음식점업(5612)

커) 기타 간이 음식점업(5619)

터) 서적, 잡지 및 기타 인쇄물 출판업(581)

퍼) 음악 및 기타 오디오물 출판업(59201)

허) 사업시설 유지관리 서비스업(741)

고) 건축물 일반 청소업(74211)

노) 산업설비, 운송장비 및 공공장소 청소업(74212)

도) 여행사 및 기타 여행보조 서비스업(752)

로) 사회복지 서비스업(87)

모) 자동차 종합 수리업(95211)

보) 자동차 전문 수리업(95212)

소) 모터사이클 수리업(9522)
오) 욕탕업(96121)
조) 산업용 세탁업(96911)
초) 개인 간병 및 유사 서비스업(96993)
코) 가구 내 고용활동(97)

2) 법무부장관의 고시

법무부장관은 다음의 사항을 결정하는 경우에는 이를 고시할 수 있다(법 시행령 제23조 제8항).

가) 별표 1의2 중 29. 방문취업(H-2) 체류자격의 가목 7)에 해당하는 사람의 사증발급에 관한 중요 사항

나) 제7항 제1호에 따라 결정된 연간 허용인원의 국적별 세부 할당에 관한 사항(이 경우 거주국별 동포의 수, 경제적 수준 및 대한민국과의 외교관계 등을 고려한다)

다) 그 밖에 별표 1의2 중 29. 방문취업(H-2) 체류자격에 해당하는 사람의 입국 및 체류 활동 범위 등에 관한 중요 사항

(2) 근무장소 제한

취업활동을 할 수 있는 체류자격을 가진 외국인이라도 무질서한 취업활동을 방지하기 위하여 지정된 근무처가 아닌 곳에서는 근무하여서는 아니 된다(법 제18조 제2항). 이때, 근무처는 취업활동을 할 수 있는 체류자격을 가진 외국인이 사증이나 해당 체류자격을 받을 때 지정된다. 만일, 체류자격을 가진 외국인이 이를 위반하여 지정된 근무처가 아닌 곳에서 근무할 경우 강제퇴거대상자가 됨은 물론 그 행위에 대하여 1년 이하의 징역 또는 1천만원 이하의 벌금에 처할 수 있다(법 제95조 제5호).

(3) 체류자격 미취득자에 대한 고용 및 알선금지

(가) 불법체류자 고용 및 알선

취업활동을 할 수 있는 체류자격을 가지지 아니한 외국인을 직접 고용한 자가 아니더라도 이를 가지지 아니한 사람의 고용을 알선하거나 권유하여서는 아니 된다(법 제18조 제4항). 이때 알선이나 권유를 업으로 하는지 여부는 불문하며, 만일 이를 위반하여 체류자격을 가지지 아니한 자에 대한 취업의 알선 또는 권유를 한자 중 이를 업으로 한자에 대하여는 3년

이하의 지역 또는 2천만원 이하의 벌금에 처하고(법 제94조 제10호), 이를 업으로 하지 아니한 자에 대하여 이 보다 경한 500만원 이하의 벌금에 처한다(법 제97조 제1호).

한편, 일반적으로 사람을 고용하는 경우 그 외모와 언어 태도 등으로 외국인으로 의심이 드는 경우에는 체류자격이 있는지 여부를 확인할 의무가 출입국관리법상 있다고 할 것이나, 외국인으로 의심이 들지 않는 경우까지 그 사람이 외국인인지 또는 체류자격이 있는지 여부를 확인할 의무는 없다.[57]

【판시사항】
주식회사의 종업원이 취업활동을 할 수 있는 체류자격을 가지지 아니한 외국인을 고용한 행위와 관련하여, 대표이사가 종업원의 그와 같은 행위를 알 수 있는 지위에 있었다는 사정만으로 출입국관리법 제94조 제9호에서 정한 '고용한 사람'에 해당하는지 여부(대법원 2017. 6. 29. 선고 2017도3005 판결)

【판결요지】
출입국관리법은 제94조 제9호에서 "제18조 제3항을 위반하여 취업활동을 할 수 있는 체류자격을 가지지 아니한 사람을 고용한 사람"을 처벌하도록 규정하고, 제18조 제3항에서 누구든지 대통령령으로 정하는 바에 따라 취업활동을 할 수 있는 체류자격을 받지 아니한 외국인을 고용하여서는 아니 된다고 규정하고 있다. 출입국관리법이 제94조 제9호의 '고용한 사람'은 외국인 근로자에 관한 사항에 대하여 사업주를 위하여 행위하는 자를 모두 포함한다는 별도의 규정을 두고 있지 아니한 점, 출입국관리법 제99조의3에서 취업활동을 할 수 있는 체류자격을 가지지 아니한 외국인을 고용한 행위의 이익귀속주체인 사업주를 처벌하는 양벌규정을 두고 있지만, 주식회사의 경우 대표이사가 아니라 회사가 위 규정의 적용대상인 점, 죄형법정주의의 원칙상 형벌법규는 특별한 사정이 없는 한 문언에 따라 엄격하게 해석하여야 하는 점, 출입국관리법의 입법 취지와 외국인 근로자의 고용을 제한하는 규정을 두게 된 입법경위 등을 종합하면, 주식회사의 종업원이 취업활동을 할 수 있는 체류자격을 가지지 아니한 외국인을 고용한 행위와 관련하여, 그 대표이사가 종업원의 그와 같은 행위를 알 수 있는 지위에 있었다는 사정만으로 출입국관리법 제94조 제9호에서 정한 '고용한 사람'에 해당한다고 볼 수 없다.

---

57) 서울북부지방법원 1998. 7. 21. 선고 98고단1702 판결.

(나) 불법체류자 알선

누구든지 체류자격을 가지지 아니한 사람의 고용을 알선할 목적으로 그를 자기 지배하에 두는 행위를 하여서는 아니 된다(법 제18조 제5항). 여기서 자기의 지배하에 둔다는 것은 사실상 실력 행사를 하여 외국인의 의사와 행동을 조정할 수 있는 상태에 두는 것을 의미하는데, 가령 밀입국자를 자신의 거주지에 숨겨두고 도망가지 못하게 하는 경우나 일명 보도방을 운영하면서 단기방문(C-3)자격으로 입국한 외국인을 유흥업소에 공급하는 경우 등이 이에 속한다. 만일 이를 위반하여 불법체류자를 고용 알선목적으로 자기 지배하에 두는 행위를 할 경우 3년 이하의 징역 또는 2천만원 이하의 벌금에 처하게 된다(법 제94조 제11호).

나. 외국인을 고용한 자 등의 신고의무

(1) 외국인을 고용한 자의 신고의무

(가) 사업자의 경우

취업활동을 할 수 있는 체류자격을 가지고 있는 외국인을 고용한 자는 ⅰ) 외국인을 해고하거나 외국인이 퇴직 또는 사망한 경우, ⅱ) 고용된 외국인의 소재를 알 수 없게 된 경우, ⅲ) 고용계약의 중요한 내용을 변경한 경우의 어느 하나에 해당하는 사유가 발생하면 그 사실을 안 날부터 15일 이내에 청장, 사무소장 도는 출장소장에게 신고하여야 한다(법 제19조 제1항). 이는 외국인의 취업활동을 그를 고용한 책임자의 신고를 통하여 효과적으로 관리하는 등 원활한 사무집행을 위한 목적에 따른 규정이다.

여기서 고용계약의 중요한 내용을 변경한 경우란, 다음의 어느 하나에 해당하는 경우로 한다(법 시행령 제24조 제2항).

1) 고용계약기간을 변경한 경우

2) 고용주나 대표자가 변경되거나 근무처 명칭이 변경된 경우 또는 근무처의 이전으로 그 소재지가 변경된 경우. 다만, ⅰ) 국가기관이나 지방자치단체에서 외국인을 고용한 경우, ⅱ) 「초·중등교육법」 제2조 또는 「고등교육법」 제2조에 따른 학교 및 특별법에 따른 고등교육기관에서 외국인을 고용한 경우, ⅲ) 법인의 대표자가 변경된 경우, ⅳ) 법 제21조제1항에 따라 외국인이 근무처를 변경한 경우는 제외한다.

3) 「파견근로자 보호 등에 관한 법률」 등 다른 법률에 따라 근로자를 파견한 경우(파견 사업장이 변경된 경우를 포함한다)

(나) 기술연수생에게 산업기술을 연수시키는 업체의 장의 경우

기술연수활동에 따라 외국인에게 산업기술을 연수시키는 업체의 장에 대하여는 위 ⑴을 준용한다(법 제19조 제2항).

(다) 외국인 변동사유 발생신고서 제출

외국인을 고용한 자 또는 외국인에게 산업기술을 연수시키는 업체의 장은 외국인을 해고하거나 외국인이 퇴직 또는 사망한 경우 등의 사유가 발생하여 신고를 하려는 경우에는 고용·연수 외국인 변동사유 발생신고서를 청장·사무소장 또는 출장소장에게 제출하여야 한다(법 시행령 제24조 제1항).

■ 출입국관리법 시행규칙 [별지 제32호서식] 〈개정 2018. 5. 15.〉

고용 · 연수외국인 변동사유 발생 신고서

(앞쪽)

접수번호	접수일자	처리기간

1. 신고자(사업장) 정보

① 외국인 고 용 사업장	고용보험 사업장관리번호		사업자등록번호(주민등록번호)	사업장명(대표자명)
	연 락 처	휴대전화번호	팩스	
		전화번호	이메일 E-mail	

2. 신고사유 및 신고대상 외국인 정보

② 신 고 사 유	신 고 내 용	[ ]ⓐ 근로계약 해지(해고, 퇴직, 계약기간 변경 등 포함) 　▶ 사유:　※ 뒷면 작성요령에서 사유를 확인(세분류)하여 해당하는 번호를 기재하세요
		[ ]ⓑ 사망　　　　　　　　　　　　　　[ ]ⓒ 5일 이상 무단결근 또는 소재불명(무단이탈)
		[ ]ⓓ 고용사업장 정보변동(대표자, 명칭, 소재지 등 변경)
		[ ]ⓔ 고용승계(사업장 양수 · 양도)　　[ ]ⓕ 지사간 이동(고용주 변동이 없는 경우)
		[ ]ⓖ 근로자를 파견한 경우(파견사업장이 변경된 경우 포함)　[ ]ⓗ 기타(　　　　　　)
	◎ 소재불명(무단이탈) 신고의 경우 아래 사항을 기재하시기 바랍니다. 　– 발생 장소: [ ]사업장, [ ]숙소, [ ]기타(　　　　　　) 　– 외국인근로자 전화번호: 　– 발생사유(구체적으로 기재): ◎ 고용사업장 정보변동의 경우 변경사항을 기재하시기 바랍니다. 　– 변경 전: 　– 변경 후:	

③ 외국인 정 보	연번	성명(영문)	외국인등록번호	체류 자격	사유발생일 (발생사실을 안 날)	신고사 유(ⓐ~ ⓗ)	근로계약 해지(ⓐ)의 경우 세분류(①~⑰) 중 기재
	1						
	2						
	3						
	4						
	5						

「출입국관리법」 제19조 및 같은 법 시행령 제24조에 따라 위와 같이 신고합니다.

신고일자:　　　　년　　　월　　　일

신고인(대리인):　　　　　서명 또는 인

　　○○출입국 · 외국인청(사무소 · 출장소)장　귀하

유의사항

1. 고용주는 고용하고 있는 외국인근로자가 해고, 퇴직, 사망, 소재불명(무단이탈) 또는 고용계약기간 변경, 고용주 변경, 사업장명칭 변경, 사업장 소재지(주소) 변경, 근무장소 변경·추가, 근로자 파견 및 파견사업장 변경 등의 사유가 발생하였을 때는 15일 이내에 신고하여야 합니다.
2. 위 기간 내에 신고하지 아니한 경우에는 「출입국관리법」 제100조제1항에 따라 200만원 이하의 과태료 처분을 받을 수 있으며, 거짓사실을 신고한 경우에는 같은 법 제100조제3항에 따라 50만원 이하의 과태료 처분을 받을 수 있습니다.
3. 동일 사업체 내 근무처 변경·추가(지사 간 이동), 고용주(대표자) 변경 및 사업장 양도·양수로 인한 고용승계 등은 사실관계 확인을 위해 추가 조사(방문 또는 증빙자료 제출)가 필요할 수 있습니다.

작성방법

① 신고하려는 외국인이 근무하고 있는 사업장 정보를 정확하게 기재합니다. (사업자등록번호가 없는 경우, 주민등록번호를 기재합니다)
② 해당 신고사유에 [∨]표로 표시하고, 상세 사유를 구체적으로 기재합니다.
  - 해고, 퇴직, 결근 등의 사유로 신고하는 경우에는 구체적인 유형을 반드시 선택해야 합니다.
  - 소재불명(무단이탈)의 경우 그 발생장소, 외국인근로자 전화번호, 발생사유를 구체적으로 적어야 합니다.
  - 고용사업장 정보변동 중 사업장 명칭, 소재지가 변경된 경우에는 변경 전·후의 사항을 반드시 적어야 합니다.
③ 신고대상 외국인 인적사항을 적습니다. 외국인 성명은 영문 대문자로 적고, 외국인등록번호, 체류자격, 사유발생일(사유발생을 안 날), 신고사유를 정확히 적어야 합니다.
  ※ 신고대상 외국인이 6명 이상일 경우에는 해당 외국인의 인적사항 및 신고사유를 별지로 만들어 첨부할 수 있습니다.
  - 신고사유란에는 신고사유(E-9 별도 신고사항 포함) ⓐ~ⓗ 중에서 선택하여 기재하고, 근로계약해지(ⓐ)의 경우에만 세분류 ①~⑰ 중에서 선택하여 기재해야 합니다. (작성예시
  : 고용승계의 경우 "ⓔ"를 기재하고, 공사종료로 인한 해고는 "ⓐ-⑧"을 기재)
④ 첨부서류란은 필수서류 외에 신고사항별로 추가 제출하는 서류란에 [∨]표를 표시합니다. 예시된 서류 외에 제출하는 서류는 기타란에 적습니다.

대분류	세분류
정당한 사유 없이 5일 이상 무단 결근	-
근로계약 해지, 계약만료	① 계약기간 만료
	② 당사자간 자율 합의로 근로계약 해지
	③ 근로자 태업으로 인한 근로계약 해지
	④ 근로자 무단결근으로 인한 근로계약
	⑤ 기타 근로자 귀책으로 인한 근로계약
휴업, 폐업, 그 밖의 외국인 책임이 아닌 사유	⑥ 장기간 휴업/휴직, 폐업/도산의 확정
	⑦ 경영상 필요에 의한 해고
	⑧ 공사종료
	⑨ 임금 체불 또는 지급 지연
	⑩ 폭행, 상습적 폭언, 성희롱, 성폭행 등
고용허가 취소 또는 고용 제한	⑪ 사업장의 고용허가 취소
	⑫ 사업장의 외국인 고용 제한
근로조건과 근로계약 조건이 상이하거나, 근로조건 위반 등 사용자의 부당한 처우 등으로 인해 사회통념상 근로계약을 유지하기 어려운 경우	⑬ 근로조건이 근로계약 조건과 상이
	⑭ 근로조건 위반
	⑮ 기타
상해 등	⑯ 상해 등
	⑰ 종교적 문화의 특수성

(2) 신고의제

「외국인근로자의 고용 등에 관한 법률」의 적용을 받는 외국인을 고용한 자가 위 (1)에 따른 신고를 한 경우 그 신고사실이 외국인근로자와의 근로계약을 해지하거나 그 밖에 고용과 관련된 중요 사항을 변경하는 등 대통령령으로 정하는 사유에 해당하는 때에는 같은 항에 따른 신고를 한 것으로 본다(법 제19조 제3항, 외국인근로자의 고용 등에 관한 법률 제17조 제1항).

(3) 직업안정기관의 장에 통보

신고를 받은 지방출입국·외국인관서의 장은 그 신고사실이 외국인근로자와의 근로계약을 해지하거나 그 밖에 고용과 관련된 중요 사항을 변경하는 등 대통령령으로 정하는 사유에 해당하는 때에는 지체 없이 외국인을 고용한 자의 소재지를 관할하는 「직업안정법」제2조의2 제1호58)에 따른 직업안정기관의 장에게 통보하여야 한다(법 제19조 제4항).

(4) 외국인을 고용한 자등의 신고사실조사 등

(가) 신고사실조사 및 조치

청장·사무소장 또는 출장소장은 고용·연수외국인 변동사유 발생신고서를 제출받은 경우에는 지체없이 그 사실에 대하여 조사하고 필요한 조치를 취하여야 하며(법 시행규칙 제28조 제1항), 만일, 사정변경으로 허가상태를 더 이상 유지시킬 수 없는 중대한 사유가 발생하는 경우 외국인에 대한 각종 허가의 취소·변경을 할 수 있다(법 제89조).

(나) 고용·연수외국인신고처리대장 정리

청장·사무소장 또는 출장소장은 제1항에 따른 처리결과를 고용·연수외국인신고처리대장에 정리하여야 한다.

---

58) "직업안정기관"이란 직업소개, 직업지도 등 직업안정업무를 수행하는 지방고용노동행정기관을 말한다.

■ 출입국관리법 시행규칙 [별지 제33호서식] 〈개정 2016. 9. 29.〉

고용 · 연수외국인신고처리대장

접수일자	접수번호	신고대상 외국인 인적사항							신고인및 근무처	신고 사항	처리 사항	비고
		국적	성명	외국인등록번호 또는 생년월일	여권 번호	입국 일자	체류자격 (체류기간)					

(다) 직업안정기관의 장에 통보

청장·사무소장 또는 출장소장은 외국인을 고용한 자가 외국인을 해고하거나 외국인이 퇴직 또는 사망하게 된 경우 등의 사실을 신고한 경우 신고받은 사실을 지체없이 외국인을 고용한 자의 소재지를 관할하는 직업안정기관의 장에게 통보할 때 정보화망을 통한 전자적 방법으로 할 수 있다

(라) 과태료

외국인을 고용한 자 등의 신고의무를 자에게는 200만원 이하의 과태료를 부과한다(법 제100조 제1항 제1호).

다. 외국인의 기술연수활동

(1) 기술연수활동지원 조치

법무부장관은 외국에 직접투자한 산업체, 외국에 기술·산업설비를 수출하는 산업체 등 지정된 산업체의 모집에 따라 국내에서 기술연수활동을 하는 외국인(이하 "기술연수생"이라 한다)의 적정한 연수활동을 지원하기 위하여 필요한 조치를 하여야 한다(법 제19조의2 제1항).

(2) 기술연수업체의 지정 등 요건

기술연수활동을 할 수 있는 산업체의 지정, 기술연수생의 모집·입국 등에 필요한 사항은 대통령령으로 정한다(법 제19조의2 제2항).

(가) 기술연수업체 등

외국인이 기술연수활동을 할 수 있는 산업체는 ⅰ) 「외국환거래법」 제3조 제1항 제18호에 따라 외국에 직접 투자한 산업체,[59] ⅱ) 외국에 기술을 수출하는 산업체로서 법무부장관이 기술연수

---

[59] 외환거래법 제3조 제1항 제18호 "해외직접투자"란 거주자가 하는 다음 각 목의 어느 하나에 해당하는 거래·행위 또는 지급을 말한다.
　가. 외국법령에 따라 설립된 법인(설립 중인 법인을 포함한다)이 발행한 증권을 취득하거나 그 법인에 대한 금전의 대여 등을 통하여 그 법인과 지속적인 경제관계를 맺기 위하여 하는 거래 또는 행위로서 대통령령으로 정하는 것
　나. 외국에서 영업소를 설치·확장·운영하거나 해외사업 활동을 하기 위하여 자금을 지급하는 행위로서 대통령령으로 정하는 것

가 필요하다고 인정하는 산업체, iii) 「대외무역법」 제32조 제1항[60])에 따라 외국에 플랜트를 수출하는 산업체 등이다(법 시행령 제24조의2).

(나) 기술연수생의 모집 및 관리
1) 산업체 구분에 따른 모집
외국인이 기술연수활동을 할 수 있는 산업체는 다음의 구분에 따라 외국인을 기술연수생으로 모집하여야 한다(법 시행령 제24조의2 제1항).

가) 「외국환거래법」 제3조 제1항 제18호에 따라 외국에 직접 투자한 산업체
「외국환거래법」 제3조 제1항 제18호에 따라 외국에 직접 투자한 산업체의 경우는 그 합작투자법인 또는 현지법인에서 생산직으로 종사하는 직원

나) 외국에 기술을 수출하는 산업체로서 법무부장관이 기술연수가 필요하다고 인정하는 산업체
외국에 기술을 수출하는 산업체로서 법무부장관이 기술연수가 필요하다고 인정하는 산업체의 경우는 그 기술도입 또는 기술제휴 계약금액이 미화 10만달러 이상인 외국기업에서 생산직으로 종사하는 직원

다) 「대외무역법」 제32조 제1항에 따라 외국에 플랜트를 수출하는 산업체
「대외무역법」 제32조 제1항에 따라 외국에 플랜트를 수출하는 산업체의 경우는 그 플랜트를 수입하는 외국기업에서 생산직으로 종사하는 직원

---

60) 대외무역법 제32조(플랜트수출의 촉진 등)
　　① 산업통상자원부장관은 다음 각 호의 어느 하나에 해당하는 수출(이하 "플랜트수출"이라 한다)을 하려는 자가 신청하는 경우에는 대통령령으로 정하는 바에 따라 그 플랜트수출을 승인할 수 있다. 승인한 사항을 변경할 때에도 또한 같다.
　　　　1. 농업·임업·어업·광업·제조업, 전기·가스·수도사업, 운송·창고업 및 방송·통신업을 경영하기 위하여 설치하는 기재·장치 및 대통령령으로 정하는 설비 중 산업통상자원부장관이 정하는 일정 규모 이상의 산업설비의 수출
　　　　2. 산업설비·기술용역 및 시공을 포괄적으로 행하는 수출(이하 "일괄수주방식에 의한 수출"이라 한다)

(다) 모집제한 연수생

외국인이 기술연수활동을 할 수 있는 산업체의 장은 다음의 어느 하나에 해당하는 외국인을 기술연수생으로 모집해서는 아니 된다(법 시행령 제24조의2 제3항).

1) 대한민국에서 금고 이상의 형을 선고받은 사실이 있거나 외국에서 이에 준하는 형을 선고받은 사실이 있는 사람

2) 대한민국에서 출국명령 또는 강제퇴거명령을 받고 출국한 사람

3) 대한민국에서 6개월 이상 불법으로 체류한 사실이 있는 사람

4) 불법취업할 목적으로 입국할 염려가 있다고 인정되는 사람

5) 법 제11조제1항 각 호의 어느 하나에 해당하는 사람

(라) 기술연수생의 출입국기록 제공

청장·사무소장 또는 출장소장은 관할 지방고용노동관서의 장의 요청이 있으면 기술연수생의 출입국기록을 제공할 수 있다(법 시행령 제24조의2 제4항).

(마) 기타 필요사항

법 시행령 제24조의4 제1항·제3항 및 제4항에서 규정한 사항 외에 기술연수생의 모집 및 관리에 필요한 사항은 법무부장관이 따로 정한다(법 시행령 제24조의2 제7항).

(3) 기술연수생 관리에 관한 사항

기술연수생의 연수장소 이탈 여부, 연수 목적 외의 활동 여부, 그 밖에 허가조건의 위반 여부 등에 관한 조사 및 출국조치 등 기술연수생의 관리에 필요한 사항은 법무부장관이 따로 정한다(법 제19조의2 제3항).

근로기준법상의 근로자에 해당하는지 여부의 판단 기준 및 산업기술연수생인 외국인이 대상 업체의 사업장에서 실질적으로 업체의 지시·감독을 받으면서 근로를 제공하고 수당 명목의 금품을 수령한 경우, 근로기준법 제14조에 정한 근로자로 볼 수 있는지 여부(대법원 2005. 11. 10. 선고 2005다50034 판결)

근로기준법상의 근로자에 해당하는지 여부를 판단함에는 그 계약의 형식이 민법상의 고용계약인지 또는 도급계약인지에 관계없이 그 실질면에서 근로자가 사업 또는 사업장에 임금을 목적으로 종속적인 관계에서 사용자에게 근로를 제공하였는지 여부에 따라 판단하여야 하고, 그러한 종속적인 관계가 있는지 여부를 판단함에는 업무의 내용이 사용자에 의하여 정하여지고 취업규칙 또는 복무(인사)규정 등의 적용을 받으며 업무수행과정에서도 사용자로부터 구체적 개별적인 지휘·감독을 받는지 여부, 사용자에 의하여 근무시간과 근무장소가 지정되고 이에 구속을 받는지 여부, 근로자 스스로가 제3자를 고용하여 업무를 대행케 하는 등 업무의 대체성 유무, 비품·원자재·작업도구 등의 소유관계, 보수의 성격이 근로 자체에 대한 대상적 성격이 있는지 여부와 기본급이나 고정급이 정하여져 있는지 여부 및 근로소득세의 원천징수 여부 등 보수에 관한 사항, 근로제공관계의 계속성과 사용자에의 전속성의 유무와 정도, 사회보장제도에 관한 법령 등 다른 법령에 의하여 근로자의 지위를 인정받는지 여부, 양 당사자의 사회·경제적 조건 등을 종합적으로 고려하여 판단하여야 한다.
따라서 산업기술연수사증을 발급받은 외국인이 정부가 실시하는 외국인 산업기술연수제도의 국내 대상 업체에 산업기술연수생으로 배정되어 대상 업체와 사이에 연수계약을 체결하였다 하더라도 그 계약의 내용이 단순히 산업기술의 연수만으로 그치는 것이 아니고 대상 업체가 지시하는 바에 따라 소정시간 근로를 제공하고, 그 대가로 일정액의 금품을 지급받으며 더욱이 소정시간 외의 근무에 대하여는 근로기준법에 따른 시간외 근로수당을 지급받기로 하는 것이고, 이에 따라 당해 외국인이 대상 업체의 사업장에서 실질적으로 대상 업체의 지시·감독을 받으면서 근로를 제공하고 수당 명목의 금품을 수령하여 왔다면 당해 외국인도 근로기준법 제14조에 정한 근로자에 해당한다.

3. 외국인유학생의 관리 등

가. 외국인유학생의 관리

입국하려는 외국인은 일반체류자격 또는 영주자격을 가져야 하는데, 이에 따른 체류자격 중 유학이나 연수활동을 할 수 있는 체류자격을 가지고 있는 외국인(이하 "외국인유학생"이라 한다)이 재학 중이거나 연수중인 학교(「고등교육법」 제2조 각 호에 따른 학교[61]를 말한다. 이하 같다)의 장은 그 외국인유학생의 효율적 관리를 위해서 담당직원을 지정하고 이를 지방출입국·외국인관서의 장에게 알려야 한다(법 제19조의4 제1항).

(1) 유학활동을 할 수 있는 체류자격

유학활동을 할 수 있는 체류자격이란 법 시행령 제12조 관련 별표 1의 유학(D-2) 체류자격을 주로 의미하고, 그 외 유학활동을 하고 있는 거주(F-2)자격, 영주(F-5)자격, 재외동포(F-4)자격을 포함할 뿐만 아니라 유학(D-2)자격으로 체류자격외활동허가를 받은 다른 체류자격까지 실무상 인정한다. 다만, 수학활동이 본래의 체류 활동에 부수되는 비영리 활동임을 감안하여 원래의 체류 목적을 침해하지 않는 범위 내에서 정규 교육기관에서 교육을 받고자 하는 외교(A-1)부터 협정(A-3)까지, 문화예술(D-1), 취재(D-5)부터 무역경영(D-9)까지, 교수(E-1)부터 특정활동(E-7)까지의 자격과 방문동거(F-1)부터 결혼이민(F-6)까지, 방문취업(H-2) 등 체류자격을 가진 사람은 체류기간의 범위 내에서 유학(D-2)으로의 체류자격외 활동을 허가를 받지 않아도 유학자격에 해당하는 활동을 할 수 있다.[62]

---

61) 고등교육법 제2조(학교의 종류)
　　고등교육을 실시하기 위하여 다음 각 호의 학교를 둔다.
　　1. 대학
　　2. 산업대학
　　3. 교육대학
　　4. 전문대학
　　5. 방송대학·통신대학·방송통신대학 및 사이버대학(이하 "원격대학"이라 한다)
　　6. 기술대학
　　7. 각종학교
62) 이민법연구회, 앞의 책 162면.

(2) 연수활동을 할 수 있는 체류자격

연수활동을 할 수 있는 체류자격이란 법 시행령 제12조 관련 별표 1의 일반연수(D-4) 체류자격을 말한다.

나. 외국인유학생의 미등록 사실 등 신고

외국인이 재학 중이거나 연수 중인 학교의 장은 다음 각 호의 어느 하나에 해당하는 사유가 발생하면 그 사실을 안 날부터 15일 이내에 청장, 사무소장 또는 출장소장에게 신고(정보통신망에 의한 신고를 포함한다)하여야 한다(법 제19조의4 제2항).

(1) 입학하거나 연수허가를 받은 외국인유학생이 매 학기 등록기한까지 등록을 하지 아니하거나 휴학을 한 경우, 만일 위 기간 내에 신고를 하지 아니할 경우 200만원 이하의 과태료에 처해진다(법 제100조 제1항).

(2) 제적 · 연수중단 또는 행방불명 등의 사유로 외국인유학생의 유학이나 연수가 끝난 경우, 만일 위 기간 내에 신고를 하지 아니할 경우 200만원 이하의 과태료에 처해진다(법 제100조 제1항).

다. 외국인유학생의 관리를 위한 학교장의 업무 등

(1) 학교장의 업무

외국인이 재학 중이거나 연수 중인 학교의 장은 다음의 업무를 수행하여야 있으며(법 시행령 제24조의8 제1항), 법무부장관은 각 업무수행 절차에 관하여 필요한 세부 사항을 정할 수 있다(같은 조 제4항).

(가) 법 제19조의4 제1항에 따른 외국인유학생(이하 "외국인유학생"이라 한다)의 출결사항(出缺事項) 및 학점 이수(履修) 등 관리

(나) 외국인유학생 이탈 방지를 위하여 필요한 상담

(다) 청장 · 사무소장 · 출장소장에 대한 제1호 및 제2호에 따른 관리 및 상담 현황 통보(정보통신망에 의한 통보를 포함한다)

(2) 외국인유학생 관리 담당직원 지정

위 (1)의 업무는 외국인학생이 재학 또는 연수 중인 학교장에 의하여 지정된 담당 직원이 수행할 수 있다(법 시행령 제24조의8 제3항).

4. 체류자격 외 활동

외국인은 자신에게 부여된 체류자격과 체류기간의 범위 내에서 대한민국에 체류할 수 있기 때문에 말일 대한민국에 체류하는 외국인이 그 체류자격에 해당하는 활동과 함께 다른 체류자격에 해당하는 활동을 하려면 미리 법무부장관의 체류자격 외 활동허가를 받아야 한다(법 제20조). 이는 자신의 체류자격에 해당하는 주된 활동과 병행하기 위한 부수적인 활동을 목적으로 하는 것이기 때문에 만일 그 범위를 넘어서는 경우 체류자격 변경허가를 받아야 한다.

■ 출입국관리법 시행규칙 [별지 제36호서식] 〈개정 2018. 5. 15.〉

체류자격 외 활동허가서 PERMIT TO ENGAGE IN ACTIVITIES NOT COVERED BY THE STATUS OF SOJOURN		허가번호 Permit No.	
		허가일자 Date of Permit	
성명	Surname	성별 Sex	남 Male[ ] 여 Female[ ]
	Given names	생년월일 Date of Birth	
	국적 Nationality		
	직장명 Name of workplace		
	허가내용 This permit allows you to	허가기간 Permitted period	
발급일자 Date of Issue			
CHIEF, ○○IMMIGRATION OFFICE			

가. 체류자격 외 활동허가절차

(1) 체류자격 외 활동허가 신청서 등 제출

대한민국에 체류하는 외국인이 그 체류자격에 해당하는 활동과 함께 다른 체류자격에 해당하는 활동을 허가받으려는 외국인은 체류자격 외 활동허가 신청서에 법무부령으로 정하는 서류를 첨부하여 청장·사무소장 또는 출장소장에게 제출하여야 한다(법 시행령 제25조 제1항).

(2) 법무부장관에 송부

청장·사무소장 또는 출장소장은 체류자격 외 활동허가 신청서를 제출받은 때에는 의견을 붙여 지체 없이 법무부장관에게 보내야 한다(법 시행령 제25조 제2항).

(3) 청장 등의 활동허가시 조치

청장·사무소장또는 출장소장은 법무부장관이 체류자격 외 활동허가신청에 대하여 이를 허가한 때에는 여권에 체류자격 외 활동허가인을 찍거나 체류자격 외 활동허가 스티커를 붙여야 한다. 다만, 여권이 없거나 그 밖에 필요하다고 인정할 때에는 체류자격 외 활동허가인을 찍는 것과 체류자격 외 활동허가 스티커를 붙이는 것을 갈음하여 체류자격 외 활동허가서를 발급할 수 있다(법 시행령 제25조 제3항).

[별지 제35호서식] 〈개정 2018. 5. 15.〉

1. 체류자격외활동허가인(날인 방식)

체류자격외활동허가

PERMISSION FOR ENGAGING IN ACTIVITIES

NOT COVERED BY THE STATUS OF SOJOURN

허가번호

NO. :

허가내용

The facts of permit:

허가기간

Valid until :

허가일:

Date of permit :

○○출입국 · 외국인청(사무소 · 출장소)장

Chief, ○○ Immigration Office

50mm×50mm

2. 체류자격외활동허가 스티커(부착 방식)

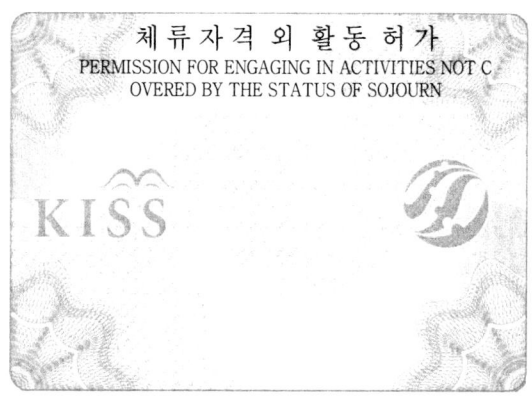

나. 체류자격외활동허가의 한계 등

청장·사무소장 또는 출장소장은 체류자격외활동허가신청을 받은 때에는 이를 심사하고, 심사결과 새로이 종사하고자 하는 활동이 주된 활동인 것으로 인정되는 때에는 체류자격변경허가를 받도록 하여야 한다(법 시행규칙 제29조). 이는 자칫 경계가 불분명할 수 있는 체류자격변경 제도와 체류자격외 활동허가제도를 구별하기 위한 조치이다.

다. 벌칙

체류자격 외 활동허가를 받지 아니하고 다른 체류자격에 해당하는 활동을 한 사람은 3년 이하의 징역 또는 2천만원 이하의 벌금에 처한다(법 제94조 제12호).

5. 근무처의 변경·추가

가. 근무처의 변경·추가 허가

(1) 원칙 – 허가

대한민국에 체류하는 외국인이 그 체류자격의 범위에서 그의 근무처를 변경하거나 추가하려면 미리 법무부장관의 허가를 받아야 한다(법 제21조 제1항 본문). 여기서 근무처 변경·추가란 기존에 근무처를 가진 외국인이 동일한 체류자격의 범위 내에서 근무처를 변경하거나, 근무하고 있는 근무처를 추가하여 복수의 근무처에서 활동하는 것이므로, 신청할 당시에 근무처를 가지고 있지 아니한 외국인은 제외된다.

(가) 근무처의 변경·추가 허가절차

1) 근무처 변경·추가 허가 신청서제출

외국인이 근무처의 변경 또는 추가에 관한 허가를 받으려면 근무처 변경·추가 허가 신청서에 법무부령으로 정하는 서류를 첨부하여 청장·사무소장 또는 출장소장에게 제출하여야 한다(법 시행령 제26조 제1항).

2) 법무부장관에 송부

청장·사무소장 또는 출장소장은 근무처 변경·추가 허가 신청서를 제출받은 때에는 의견을 붙여 지체 없이 법무부장관에게 보내야 한다(법 시행령 제26조 제2항).

(나) 청장 등의 추가 · 변경허가시 조치
1) 근무처 변경시 조치
청장 · 사무소장 또는 출장소장은 법무부장관이 근무처 변경허가 신청에 대하여 허가한 때에는 여권에 근무처 변경허가인을 찍고 변경된 근무처와 체류기간을 적거나 근무처 변경허가 스티커를 붙여야 한다(법 시행령 제26조 제3항).

[별지 제38호서식] 〈개정 2010.1.12〉

1. 근무처변경허가인(날인방식)

근 무 처 변 경 허 가
PERMIT FOR CHANGE OF EMPLOYMENT

Name(D.O.B):

No.:

Date of permit:

Workplace:

Period of Sojourn:

Chief, ○ ○ Immigration Office

50mm×50mm

2. 근무처변경허가 스티커(부착방식)

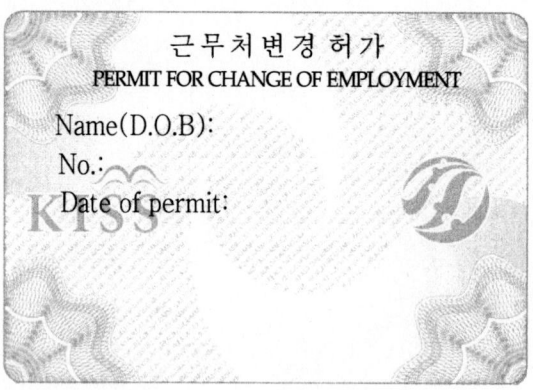

70mm×50mm(편면 인쇄용아트지)

1. 근무처추가허가인(날인방식)

근 무 처 추 가 허 가
PERMIT FOR ADDITIONAL EMPLOYMENT

Name(D.O.B):

No.:

Date of permit:

Workplace:

Valid until:

Chief, ○○ Immigration Office

50mm×50mm

2. 근무처추가허가 스티커(부착방식)

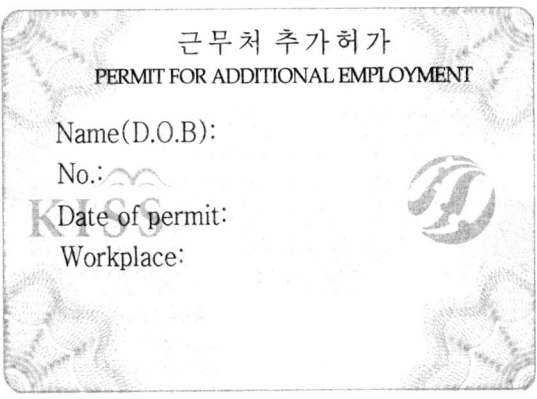

70mm×50mm(편면 인쇄용아트지)

2) 근무처 추가허가시 조치

청장·사무소장 또는 출장소장은 법무부장관이 근무처 추가허가 신청에 대하여 허가한 때에는 여권에 근무처 추가허가인을 찍고 추가된 근무처와 유효기간을 적거나 근무처 추가허가 스티커를 붙여야 한다(법 시행령 제26조 제4항).

(2) 예외 – 신고

다만, 전문적인 지식·기술 또는 기능을 가진 사람으로서 대통령령으로 정하는 사람은 근무처를 변경하거나 추가한 날부터 15일 이내에 법무부장관에게 신고하여야 한다(법 제21조 제1항 단서). 또한, 이에 해당하는 외국인은 지정된 근무처가 아닌 곳에서 근무하여서는 아니 된다는 법 제18조 제2항을 적용하지 아니한다(법 제21조 제3항).

[별지 제38호의4서식] 〈개정 2018. 5. 15.〉

1. 신고인 (날인 방식)	2. 신고 스티커 (부착 방식)
근무처변경·추가신고 REPORT ON ALTERATION OR ADDITION OF EMPLOYMENT PLACE 성명(Name) 외국인등록번호 : 신고내용 : 신고일 : ○○출입국·외국인청(사무소·출장소)장	근무처변경·추가신고 REPORT ON ALTERATION OR ADDITION OF EMPLOYMENT PLACE 성명(Name) 외국인등록번호 : 신고내용 : 신고일 : ○○출입국·외국인청(사무소·출장소)장 ① 스티커 크기 : 70*50mm ② 대지 크기 : 74*54mm ③ 기본 색상 : 연녹색

여기서 대통령령으로 정하는 사람이란, 별표 1의2 중 14. 교수(E-1)부터 20. 특정활동(E-7)까지의 체류자격 중 어느 하나의 체류자격을 가진 외국인으로서 법무부장관이 고시하는 요건을 갖춘 사람을 말한다(법 시행령 제26조의2 제1항).

통합신청서(신고서) 通合申請書(申告書)

ㅁ **업무선택** 申請の種類

		寫 眞
[ ]외국인등록 外国人登録	[ ]체류자격 외 활동허가 在留資格外活動許可	3.5cm × 4.5cm
[ ]등록증재발급 登録証再発行	[ ]근무처변경 · 추가허가 勤務先変更 · 追加許可	촬영일부터 6개월이 경과하지 않아야 함
[ ]체류기간 연장허가 在留期間更新許可	[ ]재입국허가(단수, 복수) 再入国許可(単数, 複数)	6ケ月以内に撮影されたもの
[ ]체류자격 변경허가 在留資格変更許可	[ ]체류지 변경신고 在留地変更届	외국인 등록 및 등록증 재발급 시에만 사진 부착
[ ]체류자격 부여 在留資格取得	[ ]등록사항 변경신고 登録事項変更届	外国人登録／再発行のみ 写真貼付

성 명 姓名	성 姓		명 名			성 별 性別	[ ]남 男 [ ]여 女
생년월일 또는 외국인등록번호 生年月日, 外国人登録番号の後段7桁	년 年	월 月	일 日	외국인등록번호 후단 外国人登録番号の後段7桁		국 적 国籍	
여권번호 旅券番号			여권발급일자 旅券発行日			여권유효기간 旅券有効期限	
대한민국 내 주소 韓国における 住居地							
전화번호 電話番号				휴대전화번호 携帯電話番号			
본국 주소 本国における 居住地						전화번호 電話番号	
근무처 勤務先	원 근무처 以前の勤務先		사업자등록번호 事業者登録番号			전화번호 電話番号	
	예정 근무처 予定の勤務先		사업자등록번호 事業者登録番号			전화번호 電話番号	
재입국신청기간 再入国申請期間			전자우편 電子メール				
반환용계좌번호(외국인등록 및 외국인등록증 재발급 신청 시에만 기재) 返還口座番号 (外国人登録及び外国人登録証再発行の時だけ記載が必要)							
신청일 申請日			신청인 서명 또는 인 申請人の署名				
신청인 제출서류 申請人提出書類	「출입국관리법 시행규칙」 별표 5의2(체류자격 외 활동허가신청 등 첨부서류)의 체류자격별 · 신청구분별 첨부서류 「出入国管理法の施行規則」[別表5の2](在留資格外活動許可申請等の添付書類)の在留資格別 · 申請区分別の添付書類参考						
담당 공무원 확인사항 担当公務員の確認事項	「출입국관리법 시행규칙」 별표 5의2(체류자격외활동허가신청등 첨부서류)에 따라 사업자등록증 사본, 법인등기사항전부증명서, 건설업등록증 사본, 주민등록표 초 · 초본, 공장등록증명서가 첨부서류로 되어 있는 경우 「出入国管理法の施行規則」[別表5の2](在留資格外活動許可申請等の添付書類)により, 事業者登録証の写本 · 法人登記事項全部証明 · 建設業登録証写本 · 住民登録票写本 · 住民登録謄本又は初本 · 工場登録証明が添付書類とされている場合						

행정정보 공동이용 동의서 行政情報の共同利用への同意

본인은 이 건 업무처리와 관련하여 담당 공무원이 「전자정부법」 제36조에 따른 행정정보의 공동이용을 통하여 위의 담당 공무원 확인 사항을 확인하는 것에 동의합니다. * 동의하지 아니하는 경우에는 신청인이 직접 관련 서류를 제출하여야 합니다.
本人は、この件の業務処理に関連して担当公務員が「電子政府法」第36条による行政情報の共同利用を通して担当公務員が確認事項を確認することを同意します。 * 同意しない場合には、関連書類を申請人自分で用意しなければなりません。

■ 출입국관리법 시행규칙 [별지 제34호의3서식] 〈개정 2018. 9. 21.〉

통합신청서(신고서) 综合申请表 (申报表)

□ 업무선택 申请原因

[ ] 외국인 등록 外国人登录	[ ] 체류자격외 활동허가 滞留资格外活动许可	护照照片 여권용사진(35㎜×45㎜) 촬영일부터 6개월이 경과하지 않아야 함 照片必须于最近6个月内拍摄 외국인 등록 및 등록증 재발급 시에만 사진 부착 仅限办理外国人登录或者 补办外国人登录证的人员粘贴
[ ] 등록증 재발급 登录证补办	[ ] 근무처변경·추가허가 / 신고 工作单位变更·添加许可 / 申报	
[ ] 체류기간 연장허가 滞留期限延长许可	[ ] 재입국허가 (단수, 복수) 再入境许可 (一次、多次)	
[ ] 체류자격 변경허가 滞留资格变更许可	[ ] 체류지 변경신고 滞留地变更申报	
[ ] 체류자격 부여 滞留资格申领	[ ] 등록사항 변경신고 登录事项变更申报	

성 명 姓 名	성 姓	명 名	성별 性別	[ ]남 男 [ ]여 女
생년월일 또는 외국인등록번호 出生日期或外国人登录证号码后七位	년 年	월 月	일 日	외국인등록번호 후단 外国人登录证号码后七位	국 적 国 籍	

여권 번호 护照号码		여권 발급일자 护照签发日期		여권 유효기간 护照有效期至	

대한민국 내 주소 在韩住址	

전화 번호 联系电话		휴대 전화 手机号码	

본국 주소 本国地址		전화 번호 联系电话	

근무처 工作单位	원 근무처 现工作单位		사업자등록번호 事业者登记证号		전화 번호 联系电话	
	예정 근무처 拟工作单位		사업자등록번호 事业者登记证号		전화 번호 联系电话	

재입국 신청 기간 再入境申请期限		전자우편 电子邮件	

반환용 계좌번호(외국인등록 및 외국인등록증 재발급 신청 시에만 기재) 退还账号信息 (仅限办理外国人登录或者补办外国人登录证的人员填写)	

신청일 申请日期		신청인 서명 또는 인 签字或盖章	

신청인 제출서류 申请人所需材料	「출입국관리법 시행규칙」 별표 5의2(체류자격외활동허가신청 등 첨부서류)의 체류자격별·신청구분별 첨부서류 참고 请见「出入国管理法施行规则」附加表5之2 (滞留资格外活动许可申请等附件) 的各类滞留资格及业务文件的附件
담당공무원 확인사항 受理公务确认事项	「출입국관리법 시행규칙」 별표 5의2(체류자격외활동허가신청 등 첨부서류)의 체류자격별·신청구분별 첨부서류 참고 请见「出入国管理法施行规则」附加表5之2 (滞留资格外活动许可申请等附件) 的各类滞留资格及业务文件的附件

행정정보 공동이용 동의서(行政信息共同使用同意)

본인은 이 건 업무처리와 관련하여 담당 공무원이 「전자정부법」 제36조에 따른 행정정보의 공동이용을 통하여 위의 담당 공무원 확인 사항을 확인하는 것에 동의합니다. *동의하지 아니하는 경우에는 신청인이 직접 관련 서류를 제출하여야 합니다.
本人同意办理本业务时相关公务员按照《电子政府法》第36条规定共同使用相关行政信息并查阅相关内容。

*若不同意，申请人需要亲自提交相关材料。

장기체류자격(제12조 관련)

체류자격 (기호)	체류자격에 해당하는 사람 또는 활동범위
14. 교수 (E-1)	「고등교육법」 제14조제1항·제2항 또는 제17조에 따른 자격요건을 갖춘 외국인으로서 전문대학 이상의 교육기관이나 이에 준하는 기관에서 전문 분야의 교육 또는 연구·지도 활동에 종사하려는 사람
15. 회화지도 (E-2)	법무부장관이 정하는 자격요건을 갖춘 외국인으로서 외국어전문학원, 초등학교 이상의 교육기관 및 부설어학연구소, 방송사 및 기업체 부설 어학연수원, 그 밖에 이에 준하는 기관 또는 단체에서 외국어 회화지도에 종사하려는 사람
16. 연구 (E-3)	대한민국 내 공공기관·민간단체으로부터 초청을 받아 각종 연구소에서 자연과학 분야의 연구 또는 산업상 고도기술의 연구·개발에 종사하려는 사람[교수(E-1) 체류자격에 해당하는 사람은 제외한다]
17. 기술지도 (E-4)	자연과학 분야의 전문지식 또는 산업상 특수한 분야에 속하는 기술을 제공하기 위하여 대한민국 내 공공기관·민간단체로부터 초청을 받아 종사하려는 사람
18. 전문직업 (E-5)	대한민국 법률에 따라 자격이 인정된 외국의 변호사, 공인회계사, 의사, 그 밖에 국가공인 자격이 있는 사람으로서 대한민국 법률에 따라 할 수 있도록 되어 있는 법률, 회계, 의료 등의 전문업무에 종사하려는 사람[교수(E-1) 체류자격에 해당하는 사람은 제외한다]
19. 예술흥행 (E-6)	수익이 따르는 음악, 미술, 문학 등의 예술활동과 수익을 목적으로 하는 연예, 연주, 연극, 운동경기, 광고·패션 모델, 그 밖에 이에 준하는 활동을 하려는 사람
20. 특정활동 (E-7)	대한민국 내의 공공기관·민간단체 등과의 계약에 따라 법무부장관이 특별히 지정하는 활동에 종사하려는 사람

(가) 신고절차

1) 근무처변경·추가신고서 제출

근무처의 변경·추가 신고를 하려는 사람은 근무처 변경·추가 신고서에 법무부령으로 정하는 서류를 첨부하여 청장·사무소장 또는 출장소장에게 제출하여야 한다(법 시행령 제26조의2 제2항).

2) 법무부장관에 송부

청장·사무소장 또는 출장소장은 제출받은 신고서와 첨부서류를 지체 없이 법무부장관에게 보내야 한다(법 시행령 제26조의2 제3항).

(나) 청장 등의 신고·수리시 조치

청장·사무소장 또는 출장소장은 법무부장관이 근무처 변경·추가 신고를 수리한 때에는 신고인의 여권에 근무처 변경·추가 신고인을 찍고, 변경되거나 추가된 근무처와 체류기간 또는 유효기간을 적거나 근무처 변경·추가 신고 스티커를 붙여야 한다(법 시행령 제26조의2 제4항).

나. 고용제한

누구든지 근무처의 변경허가·추가허가를 받지 아니한 외국인을 고용하거나 고용을 알선하여서는 아니 된다. 다만, 다른 법률에 따라 고용을 알선하는 경우에는 그러하지 아니하다(법 제21조 제2항).

다. 벌칙 및 과태료

(1) 벌칙

근무처의 변경허가 또는 추가허가를 받지 아니한 외국인의 고용을 업으로 알선한 사람은 3년 이하의 징역 또는 2천만원 이하의 벌금에 처하고(법 제94조 제13호), 단순히 외국인의 고용을 알선한 사람은 500만원 이하의 벌금에 처한다(법 제94조 제2호).

또한 본 조 제21조 제1항 본문을 위반하여 허가를 받지 아니하고 근무처를 변경하거나 추가한 사람 또는 제21조 제2항을 위반하여 근무처의 변경허가 또는 추가허가를 받지 아니한 외국인을 고용한 사람은 1년 이하의 징역이나 1천만원 이하의 벌금에 처한다(법 제95조 제6호).

(2) 과태료

제21조제1항 단서의 신고의무를 위반한 사람에게는 200만원 이하의 과태료를 부과한다(법 제100조 제3호).

6. 활동범위 제한 등

가. 활동범위의 제한

법무부장관은 공공의 안녕질서나 대한민국의 중요한 이익을 위하여 필요하다고 인정하면 대한민국에 체류하는 외국인에 대하여 거소(居所) 또는 활동의 범위를 제한하거나 그 밖에 필요한 준수사항을 정할 수 있다(법 제22조).

나. 활동범위 등 제한통지서 발급

법무부장관은 공공의 안녕질서나 대한민국의 중요한 이익을 위하여 필요하다고 인정하여 외국인의 거소 또는 활동범위를 제한하거나 준수사항을 정한 때에는 그 제한사항 또는 준수사항과 그 이유를 적은 활동범위 등 제한통지서를 해당 외국인에게 직접 발급하거나 청장·사무소장 또는 출장소장을 거쳐 해당 외국인에게 발급하여야 한다(법 시행령 제27조).

다. 활동범위 등 제한통지서의 발급 절차

법무부장관이 활동범위 등 제한통지서를 발급하는 때에는 수령의 증을 받아야 하며, 청장·사무소장 또는 출장소장이 활동범위 등 제한통지서를 발급하는 경우 필요하다고 인정하면 해당 소속 단체의 장 또는 신원보증인을 입회하게 하여 활동범위의 제한 명령을 지키도록 할 수 있다(법 시행규칙 제30조).

■ 출입국관리법 시행규칙 [별지 제39호서식] 〈개정 2016. 9. 29.〉

활동범위 등 제한통지서
(RESTRICTION ORDER ON THE SCOPE OF ACTIVITIES)

대상자 (Person upon whom the Order is issued)	성명 (Full name)		
	성별 (Sex) 남 Male[ ] 여 Female[ ]		생년월일 (Date of Birth)
	국적 (Nationality)		입국일자 (Date of Entry)
	체류자격 (Status of Sojourn)		체류기간 (Period of Sojourn)
	직업 및 근무처 (Occupation and Workplace)		
	주소 (Address in Korea)		
제한사항 및 이유 (Restrictions and the Reasons)	주거 제한 (Restriction of Residence)		
	기타 제한 (Other Restrictions)		
	제한 이유 (Reason for Restriction)		
	기타 (Remarks)		

위 사람에 대해 「출입국관리법」 제22조 및 같은 법 시행령 제27조에 따라 대한민국 내에서의 활동범위 등을 제한하였음을 통지합니다.

It is hereby notified that restrictions are imposed on the abovementioned person in respect of the activities permitted in the Republic of Korea pursuant to Article 22 of Immigration Act and Article 27 of Enforcement Decree of the Immigration Act.

년　　월　　일

Date　　(year)　(month)　(day)

법무부장관　　　[직인]

Minister of Justice

집행일시 (Date of Execution) :

집행관 성명 (Enforcement Official) :　○ ○ ○　(서명 또는 인) (signature or seal)

라. 활동범위 등 제한통지서를 교부받은 자에 대한 보고 등

청장·사무소장 또는 출장소장은 활동범위등제한통지서를 교부받은 자에 대하여는 그 동향을 조사하고 결과를 지체없이 법무부장관에게 보고하여야 하며, 그 명령 또는 제한조치를 한 사유가 소멸되었다고 인정하는 때에는 그 해제를 법무부장관에게 건의하여야 한다(법 시행규칙 제31조).

마. 체류자격부여 등의 심사기준

청장·사무소장 또는 출장소장은 법 제23조부터 제25조까지의 규정에 따라 체류자격의 부여, 변경허가 및 연장허가를 하려면 외국인이 제9조의2제1호부터 제3호까지, 제5호 및 제6호의 요건을 갖추었는지를 심사해야 한다(법 시행규칙 제31조의2).

바. 통지방법의 예외

활동범위 등 제한통지서를 발급할 때 본인이 없거나 그 밖에 본인에게 직접 발급할 수 없는 사유가 있을 때에는 동거인이나 그 외국인이 소속된 단체의 장에게 발급할 수 있다. 이 경우 본인에게 발급한 것으로 본다(법 시행규칙 제28조 제1항). 그 외 긴급한 경우 먼저 구두로 알릴 수 있는데, 이 경우 구두로 알린 후 지체 없이 활동중지명령서 또는 활동범위 등 제한통지서를 발급하여야 한다(법 시행규칙 제28조 제2항).

사. 벌칙

외국인에 대한 거소 또는 활동범위 제한 등을 위반한 사람은 강제퇴거의 대상이 되며(법 제46조 제1항 제10호), 3년 이하의 징역 또는 2천만원 이하의 벌금에 처한다(법 제94조 제14호).

7. 체류자격 부여 및 변경허가 등

가. 체류자격 부여

(1) 체류자격 취득기간

대한민국에서 출생하여 일반체류자격이나 대한민국에 영주할 수 있는 체류자격을 가지지 못하고 체류하게 되는 외국인은 그가 출생한 날부터 90일 이내에, 대한민국에서 체류 중 대한민국의 국적을 상실하거나 이탈하는 등 그 밖의 사유로 일반체류자격이나 영주자격 등의 체류자격을 가지지 못하고 체류하게 되는 외국인은 그 사유가 발생한 날부터 60일 이내에 체류자격을 받아야 한다(법 제23조).

(2) 체류자격 취득절차

(가) 체류자격부여신청서 등 제출

체류자격을 받으려는 사람은 체류자격 부여 신청서에 법무부령으로 정하는 서류를 첨부하여 청장·사무소장 또는 출장소장에게 제출하여야 하고, 청장·사무소장 또는 출장소장은 지체 없이 법무부장관에게 보내야 한다(법 시행령 제29조 제1항). 다만, 법 시행규칙 제78조 제4항에 따라 법무부장관은 청장·사무소장 또는 출장소장에 시행규칙 별표6(체류자격외 활동허가 등 권한의 위임범위)에서 정한 범위 내에서 상당부분 체류자격 부여 권한을 위임하고 있다.

(나) 체류자격부여 및 기간통보

법무부장관은 체류자격부여 신청에 따라 체류자격을 부여할 때에는 체류기간을 정하여 청장·사무소장 또는 출장소장에게 통보하여야 한다(법 시행령 제29조 제2항).

(다) 체류자격 등 부여시 조치

청장·사무소장 또는 출장소장은 체류자격부여 및 체류기간 등의 통보를 받은 때에는 신청인의 여권에 체류자격 부여인을 찍고 체류자격과 체류기간 등을 적거나 체류자격 부여 스티커를 붙여야 한다(법 시행령 제29조 제3항).

1. 체류자격부여인(날인 방식)

체류자격부여

GRANT FOR STATUS OF SOJOURN

NO. :

The bearer of this passport has been granted the status of sojourn as

___

Date of Issue :

Chief, ○○Immigration Office

Period of Sojourn :

50mm×50mm

2. 체류자격부여 스티커(부착 방식)

체 류 자 격 부 여

GRANT FOR STATUS OF SOJOURN

Name(D.O.B):

No.:

The bearer of this passport has been granted the status of sojourn as ___

Date of Issue:

(3) 체류기간 계산방법 및 상한

(가) 체류기간 계산방법

1) 원칙

체류기간 계산시 초일은 산입하지 않는다. 만일 기간 계산시 기간 만료일이 공휴일인 경우에는 그 다음날을 만료일로 하되, 단, 기간만료일이 토요일인 경우 익일을 만료일로 한다. 또한, 체류기간 만료 2개월 전에 각종 허가 등을 신청하는 경우 허가일로부터 기산하며, 입국시 입국심사관이 여권에 날인한 입국심사인의 날짜에 체류기간을 더하여 체류기간만료일을 계산한다.

한편, 사증없이 입국하는 경우 체류기간 계산은 입국시 입국심사관이 여권에 날인한 입국심사인에 기재한 체류기간이 체류기간만료일이 되고, 사증을 소지하고 입국하는 경우 체류기간 계산은 입국일로부터 계산하여 사증(VISA)에 기재된 체류기간이 체류기간 만료일이 된다. 또한, 등록외국인의 체류기간 계산은 외국인등록증 사진 우측하단에 기재된 날짜 중 아래날짜가 체류기간만료일이며, 체류기간을 연장하였을 경우 외국인등록증 뒷면에 기재된 날짜가 체류기간만료일이다.

2) 예외

체류기간만료일이 공휴일인 경우에는 그 다음날이 체류기간 만료일이 되고, 체류기간을 월 또는 연으로 정한 경우에 최종의 월에 해당하는 날이 없는 경우 그 월의 말일로 체류기간이 만료된다.

(나) 체류기간 상한

체류자격 부여허가를 하는 경우 장기체류자격자의 체류자격별 체류기간의 상한은 아래 별표 1과 같다. 다만, 법무부장관은 국제관례나 상호주의 원칙 또는 국가이익에 비추어 필요하다고 인정하는 때에는 그 상한을 달리 정할 수 있다(법 시행규칙 제37조 제1항).

[별표 1]

체류자격별 체류기간의 상한(제18조의3 관련)

체류자격(기호)	체류기간의 상한	체류자격(기호)	체류기간의 상한
외교(A-1)	재임기간	구직(D-10)	6개월
공무(A-2)	공무수행기간	교수(E-1)	5년
협정(A-3)	신분존속기간 또는 협정 상의 체류기간	회화지도(E-2)	2년
		연구(E-3)	5년
문화예술(D-1)	2년	기술지도(E-4)	5년
유학(D-2)	2년	전문직업(E-5)	5년
기술연수(D-3)	2년	예술흥행(E-6)	2년
일반연수(D-4)	2년	특정활동(E-7)	3년
취재(D-5)	2년	비전문취업(E-9)	3년
종교(D-6)	2년	선원취업(E-10)	3년
주재(D-7)	3년	방문동거(F-1)	2년
기업투자(D-8)	영 별표 1의2 11. 기업투자(D-8)란의 가목에 해당하는 사람 : 5년	거주(F-2)	5년
		동반(F-3)	동반하는 본인에 정하여진 기간
		재외동포(F-4)	3년
	영 별표 1의2 11. 기업투자(D-8)란의 나목·다목에 해당하는 사람 : 2년	결혼이민(F-6)	3년
		기타(G-1)	1년
		관광취업(H-1)	협정 상의 체류기간
무역경영(D-9)	2년	방문취업(H-2)	3년

※ 위 별표에도 불구하고 법무부장관은 필요하다고 인정하는 경우 법 제25조에 따라 체류기간의 상한을 초과하여 체류를 허가할 수 있음

(4) 벌칙

체류자격을 받지 아니하고 체류한 사람은 강제퇴거 대상이 되며(법 제46조 제1항 제8호), 3년 이하의 징역 또는 2천만원 이하의 벌금에 처한다(법 제94조 제15호).

나. 체류자격 변경허가

(1) 체류자격 변경허가

대한민국에 체류하는 외국인이 기존의 체류자격과 다른 체류자격에 해당하는 활동을 하려면 미리 법무부장관의 체류자격 변경허가를 받아야 한다(법 제24조 제1항). 이러한 체류

자격 변경허가는 예외적으로 국내에서 다른 체류자격으로 변경하는 설권행위이자 재량행위로, 외국인이 체류자격 변경허가를 받을 수 있다는 것을 보장하는 것은 아니며, 그 신청절차를 보장한다는 취지이다.[63]

【판시사항】

출입국관리법상 체류자격 변경허가가 설권적 처분의 성격을 가지는지 여부(적극) 및 허가권자가 허가 여부를 결정할 재량을 가지는지 여부(적극) / 이때 재량 행사의 한계(대법원 2016. 7. 14. 선고 2015두48846 판결)

【판결요지】

출입국관리법 제10조, 제24조 제1항, 구 출입국관리법 시행령(2014. 10. 28. 대통령령 제25669호로 개정되기 전의 것) 제12조 [별표 1] 제8호, 제26호 (가)목, (라)목, 출입국관리법 시행규칙 제18조의2 [별표 1]의 문언, 내용 및 형식, 체계 등에 비추어 보면, 체류자격 변경허가는 신청인에게 당초의 체류자격과 다른 체류자격에 해당하는 활동을 할 수 있는 권한을 부여하는 일종의 설권적 처분의 성격을 가지므로, 허가권자는 신청인이 관계 법령에서 정한 요건을 충족하였더라도, 신청인의 적격성, 체류 목적, 공익상의 영향 등을 참작하여 허가 여부를 결정할 수 있는 재량을 가진다. 다만 재량을 행사할 때 판단의 기초가 된 사실인정에 중대한 오류가 있는 경우 또는 비례·평등의 원칙을 위반하거나 사회통념상 현저하게 타당성을 잃는 등의 사유가 있다면 이는 재량권의 일탈·남용으로서 위법하다.

【판시사항】

베트남 국적으로 비전문취업(E-9) 자격을 받고 대한민국에 입국한 갑이 체류기간이 만료되었는데도 7년 이상 불법체류를 해오다가 베트남 출신 혼인귀화자인 을과 혼인신고를 하고 국민의 배우자(F-6-1) 자격으로 체류자격 변경허가 신청을 하였으나 관할 출입국관리사무소장이 '배우자 국적취득 후 3년 미만, 7년 4개월의 불법체류'를 이유로 신청을 반려하고 자진출국할 것을 통보한 사안에서, 처분이 재량권을 일탈·남용한 경우에 해당하는지 여부(대구고등법원 2016. 8. 5. 선고 2016누4547 판결 : 확정)

---

63) 법무부 출입국·외국인정책본부, 앞의 책 271면.

【판결요지】

베트남 국적으로 비전문취업(E-9) 자격을 받고 대한민국에 입국한 갑이 체류기간이 만료되었는데도 7년 이상 불법체류를 해오다가 베트남 출신 혼인귀화자인 을과 혼인신고를 하고 국민의 배우자(F-6-1) 자격으로 체류자격 변경허가 신청을 하였으나 관할 출입국관리사무소장이 '배우자 국적취득 후 3년 미만, 7년 4개월의 불법체류'를 이유로 신청을 반려하고 자진출국할 것을 통보한 사안에서, 혼인귀화자가 국적을 취득한 후 3년 이내에 다른 외국인을 결혼이민자로 초청하는 행위를 제한한 것은 혼인귀화자가 국민과의 혼인을 이유로 대한민국 국적을 취득한 후 단기간 내에 이혼하고 다른 외국인을 결혼이민자로 초청하지 못하도록 함으로써 건전한 국제결혼 문화를 정착시키고, 다문화가정의 조기해체를 방지하고자 하는 취지인데, 국내에서 장기간 불법체류를 한 외국인이 혼인귀화로 대한민국 국적을 취득한 사람과 결혼하여 임신이나 출산을 하였다는 이유로 배우자의 국적취득 후 3년 경과 여부에 관계없이 체류자격 변경을 허가할 경우 위와 같은 제도의 취지가 몰각될 뿐만 아니라 강제퇴거가 예정되어 있는 불법체류자들이 국내에서의 체류를 연장하기 위한 방편으로 혼인귀화자를 상대로 결혼과 임신을 시도하는 현상이 발생할 우려도 있는 점 등을 종합하면, 처분으로 갑 등이 입는 불이익이 그로 인하여 달성하려는 공익에 비하여 지나치게 커서 처분이 재량권을 일탈·남용한 경우에 해당하지 않는다.

(2) 변경허가 기간

ⅰ) 주한외국공관(대사관과 영사관을 포함한다)과 국제기구의 직원 및 그의 가족, ⅱ) 대한민국정부와의 협정에 따라 외교관 또는 영사와 유사한 특권 및 면제를 누리는 사람과 그의 가족, ⅲ) 대한민국정부가 초청한 사람 등으로서 법무부령으로 정하는 사람의 어느 하나에 해당하는 사람으로서 그 신분이 변경되어 체류자격을 변경하려는 사람은 신분이 변경된 날부터 30일 이내(사후 변경허가)에 법무부장관의 체류자격 변경허가를 받아야 한다(법 제24조 제2항).

(3) 변경허가 절차

(가) 체류자격변경허가신청서 등 제출

체류자격 변경허가를 받으려는 사람은 체류자격변경허가신청서에 법무부령으로 정하는 서류를 첨부하여 청장·사무소장 또는 출장소장에게 제출하여야 한다(법 시행령 제30조 제1항).

(나) 법무부장관에 송부

청장·사무소장 또는 출장소장은 체류자격변경허가신청서를 제출받은 때에는 의견을 붙여 지체 없이 법무부장관에게 보내야 한다(법 시행령 제30조 제2항).

(다) 체류자격변경허가시 조치

1) 체류자격변경허가시

청장·사무소장 또는 출장소장은 법무부장관이 체류자격변경허가신청에 대하여 허가한 때에는 여권에 체류자격 변경허가인을 찍고 체류자격, 체류기간 및 근무처 등을 적거나 체류자격 변경허가 스티커를 붙여야 한다.

[별지 제41호서식] 〈개정 2008.7.3〉

1. 체류자격변경허가인(날인 방식)

체류자격변경허가

PERMISSION FOR CHANGE OF

STATUS OF SOJOURN

NO. :

Status of sojourn of the bearer of this passport is amended as _____

Date of Issue :

Chief, ○○Immigration Office

Period of Sojourn :

50mm×50mm

2. 체류자격변경허가 스티커(부착 방식)

2) 외국인등록증 발급 또는 재발급시

다만, 외국인등록증을 발급 또는 재발급할 때에는 외국인등록증의 발급 또는 재발급으로
이를 갈음한다(법 시행령 제30조 제3항).

(라) 체류기간 상한

체류자격 변경 허가를 하는 경우 장기체류자격자의 체류자격별 체류기간의 상한은 아래 별표 1과 같다. 다만, 법무부장관은 국제관례나 상호주의 원칙 또는 국가이익에 비추어 필요하다고 인정하는 때에는 그 상한을 달리 정할 수 있다(법 시행규칙 제37조 제1항).

[별표 1]

체류자격별 체류기간의 상한(제18조의3 관련)

체류자격(기호)	체류기간의 상한	체류자격(기호)	체류기간의 상한
외교(A-1)	재임기간	구직(D-10)	6개월
공무(A-2)	공무수행기간	교수(E-1)	5년
협정(A-3)	신분존속기간 또는 협정 상의 체류기간	회화지도(E-2)	2년
		연구(E-3)	5년
문화예술(D-1)	2년	기술지도(E-4)	5년
유학(D-2)	2년	전문직업(E-5)	5년
기술연수(D-3)	2년	예술흥행(E-6)	2년
일반연수(D-4)	2년	특정활동(E-7)	3년
취재(D-5)	2년	비전문취업(E-9)	3년
종교(D-6)	2년	선원취업(E-10)	3년
주재(D-7)	3년	방문동거(F-1)	2년
기업투자(D-8)	영 별표 1의2 11. 기업투자(D-8)란의 가목에 해당하는 사람 : 5년	거주(F-2)	5년
		동반(F-3)	동반하는 본인에 정하여진 기간
		재외동포(F-4)	3년
	영 별표 1의2 11. 기업투자(D-8)란의 나목·다목에 해당하는 사람 : 2년	결혼이민(F-6)	3년
		기타(G-1)	1년

(4) 벌칙

체류자격 변경허가를 받지 아니하고 다른 체류자격에 해당하는 활동을 한 사람은 강제퇴거 대상자가 되며(법 제46조 제1항 제8호), 아울러 3년 이하의 징역 또는 2천만원 이하의 벌금에 처한다(법 제94조 제16호).

다. 체류기간 연장허가

(1) 체류기간 연장허가

외국인이 체류자격에 해당하는 활동을 마치지 못하여 그 체류자격을 유지하면서 국내에 계속 체류하려면 체류기간이 끝나기 전에 법무부장관의 체류기간 연장허가를 받아야 한다(법 제25조). 이러한 체류기간 연장허가는 연장한 기간 동안 해당 체류자격범위 내에서 국내에 체류할 수 있도록 하는 외국인에 대한 설권행위로서, 허가권자가 신청의 적격성, 체류목적, 공익 등을 참작하여 허가여부를 결정할 수 있는 재량행위이다. 또한 체류기간 연장허가 역시 체류자격 변경허가와 동일하게 재입국에 대한 예외적인 조치이다.[64]

【판시사항】

갑과 혼인하여 대한민국 국민의 배우자로 체류자격을 얻어 입국한 베트남 국적 여성 을이 갑을 상대로 이혼 및 위자료 청구소송을 제기하여 일부승소판결이 확정된 후 체류기간 연장허가 신청을 하였으나, 관할 출입국관리사무소장이 '혼인의 진정성 결여 및 배우자의 귀책사유 불명확 등'을 이유로 위 신청을 불허하는 처분을 한 사안에서, 제반 사정들을 고려하면 을이 자신에게 책임이 없는 사유로 갑과 정상적인 혼인생활을 할 수 없었다고 보이므로 을 역시 혼인관계 파탄에 책임이 있다고 판단하여 위 처분을 한 것은 재량권을 일탈·남용한 것으로 위법한지의 여부(울산지방법원 2017. 5. 11. 선고 2016구합7006 판결 : 항소)

【판결요지】

갑과 혼인하여 대한민국 국민의 배우자로 체류자격을 얻어 입국한 베트남 국적 여성 을이 갑을 상대로 이혼 및 위자료 청구소송을 제기하여 일부승소판결이 확정된 후 체류기간 연장허가 신청을 하였으나, 관할 출입국관리사무소장이 '혼인의 진정성 결여 및 배우자의 귀책사유 불명확 등'을 이유로 위 신청을 불허하는 처분을 한 사안에서, 갑은 2년여에 걸친 혼인생활 동안 자주 술을 마시고 늦게

---

64) 대구고등법원 2016. 8. 5. 선고 2016누4547 판결.

귀가하거나 외박을 하는 등 가정생활을 소홀히 한 반면, 을은 언어 소통이 잘 되지 않는 어려운 상황에서도 아이를 낳아 가정을 꾸리고자 하는 의지가 있었고, 아이를 낳을 것을 제안하였으나 갑의 거절로 이러한 바람이 무산된 점, 혼인관계가 해소되었기 때문에 을이 국내에 머무를 중요한 이유가 없어졌다고 볼 여지는 있으나 을이 국내에 입국한 후 가출할 때까지 약 2년간 부부의 공동생활이 유지되었고 최종적으로 혼인관계가 해소될 때까지 약 4년의 기간이 경과하였으며 을은 이 기간을 통하여 대한민국에 터전을 잡고 삶을 영위하여 왔는데 이것을 단지 남편의 잘못으로 발생한 이혼을 이유로 송두리째 부인한다면 그 결과는 을에게 지나치게 가혹한 점 등 제반 사정들을 고려하면, 을이 자신에게 책임이 없는 사유로 갑과 정상적인 혼인생활을 할 수 없었다고 보이므로 이와 달리 을 역시 혼인관계 파탄에 책임이 있다고 판단하여 위 처분을 한 것은 재량권을 일탈·남용한 것으로 위법하다.

【판시사항】

이혼소송에서 조정을 갈음하는 확정된 결정조서에 유책배우자를 특정하는 내용의 기재가 있는 경우, 행정청의 처분 등에 대하여 제기된 항고소송에서 법원이 채택한 증거에 기초하여 자유로운 심증에 의하여 혼인관계 파탄의 책임 유무를 인정할 수 있는지 여부(대법원 2014. 9. 4. 선고 2014두36402 판결)

【참조판례】

이혼소송에서 확정된 조정을 갈음하는 결정조서는 확정판결과 동일한 효력이 있으나(가사소송법 제59조 제2항, 민사소송법 제220조), 그 결정조서에 유책배우자를 특정하는 내용의 기재가 있다고 하더라도 이를 확정판결에서 인정된 사실과 같이 볼 수는 없으므로, 행정청의 처분 등에 대하여 제기된 항고소송에서 법원은 채택한 증거에 기초하여 자유로운 심증에 의하여 혼인관계 파탄의 책임 유무를 인정할 수 있다.

【판시사항】

파키스탄 국적인 甲의 체류기간 연장신청에 대하여 乙 출입국관리사무소장이 범죄경력이 있는 점 등을 이유로 출국을 명하는 처분을 한 사안에서, 위 처분은 재량권을 일탈·남용하였다고 한 사례 [인천지법 2015. 11. 5., 선고, 2015구합50805, 판결 : 확정]

【판결요지】

파키스탄 국적인 甲의 체류기간 연장신청에 대하여 乙 출입국관리사무소장이 업무상과실장물보관

죄 및 농지법위반죄의 범죄경력이 있는 점 등을 이유로 체류기간 연장신청을 불허하는 취지에서 甲에게 출국을 명하는 처분을 한 사안에서, 甲이 업무상과실장물보관죄로 기소유예 처분을 받았으나 과실범에 불과하고 사안이 경미하다고 보아 기소유예 처분을 받은 점 등을 종합하면, 처분으로 달성하고자 하는 공익에 비하여 甲이 입는 불이익이 지나치게 크므로, 위 처분은 재량권을 일탈·남용하였다

(2) 체류기간 연장허가 절차

(가) 체류기간 연장허가 신청서 등 제출

체류기간 연장허가를 받으려는 사람은 체류기간이 끝나기 전에 체류기간 연장허가 신청서에 법무부령으로 정하는 서류를 첨부하여 청장·사무소장 또는 출장소장에게 제출하여야 한다(법 시행령 제31조 제1항). 문제는 체류기간 연장허가 신청서 제출 후 그 심사기간 동안 이미 부여받은 체류기간이 도과되는 경우인데, 이때는 체류기간 도과전에 연장허가 신청을 하였기 때문에 불법체류자로 보지는 않는다.

(나) 법무부장관에 송부

청장·사무소장 또는 출장소장은 체류기간 연장허가 신청서를 제출받은 때에는 의견을 붙여 지체 없이 법무부장관에게 보내야 한다(법 시행령 제31조 제2항).

(다) 체류기간 연장허가시 조치

청장·사무소장 또는 출장소장은 법무부장관이 체류기간 연장허가 신청에 대하여 허가한 때에는 여권에 체류기간 연장허가인을 찍고 체류기간을 적거나 체류기간 연장허가 스티커를 붙여야 한다. 다만, 외국인등록을 마친 사람에 대하여 체류기간 연장을 허가한 때에는 외국인등록증에 허가기간을 적음으로써 이를 갈음한다(법 시행령 제31조 제3항).

1. 체류기간연장허가인(날인 방식)

체류기간연장허가

PERMISSION FOR EXTENSION

OF SOJOURN PERIOD

NO. :

The period of sojourn is extended

Until _____

Date of Issue:

Chief, ○○Immigration Office

50mm×50mm

2. 체류기간연장허가 스티커(부착 방식)

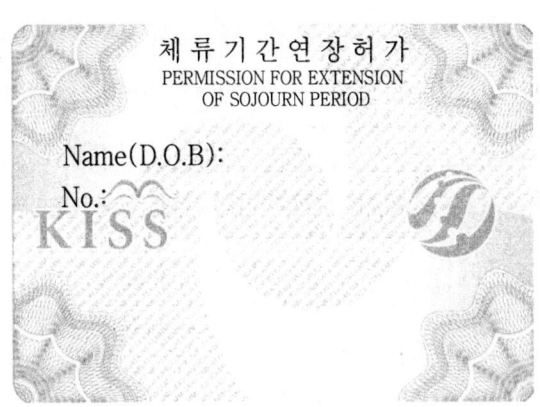

(라) 체류기간 상한

1) 체류자격별 체류기간 상한

체류기간 연장허가 시 장기체류자격자의 체류자격별 체류기간의 상한은 아래 별표 1과 같
다. 다만, 법무부장관은 국제관례나 상호주의 원칙 또는 국가이익에 비추어 필요하다고 인
정하는 때에는 그 상한을 달리 정할 수 있다(법 시행규칙 제37조 제1항).

[별표 1]

체류자격별 체류기간의 상한(제18조의3 관련)

체류자격(기호)	체류기간의 상한	체류자격(기호)	체류기간의 상한
외교(A-1)	재임기간	구직(D-10)	6개월
공무(A-2)	공무수행기간	교수(E-1)	5년
협정(A-3)	신분존속기간 또는 협정 상의 체류기간	회화지도(E-2)	2년
		연구(E-3)	5년
문화예술(D-1)	2년	기술지도(E-4)	5년
유학(D-2)	2년	전문직업(E-5)	5년
기술연수(D-3)	2년	예술흥행(E-6)	2년
일반연수(D-4)	2년	특정활동(E-7)	3년
취재(D-5)	2년	비전문취업(E-9)	3년
종교(D-6)	2년	선원취업(E-10)	3년
주재(D-7)	3년	방문동거(F-1)	2년
기업투자(D-8)	영 별표 1의2 11. 기업투자(D-8)란의 가목에 해당하는 사람 : 5년	거주(F-2)	5년
		동반(F-3)	동반하는 본인에 정하여진 기간
	영 별표 1의2 11. 기업투자(D-8)란의 나목·다목에 해당하는 사람 : 2년	재외동포(F-4)	3년
		결혼이민(F-6)	3년

2) 영 별표 1의2 중 체류자격 29. 방문취업(H-2)의 자격을 가진 사람의 경우

가) 원칙 - 3년 초과금지

영 별표 1의2 중 체류자격 29. 방문취업(H-2)의 자격을 가진 사람에 대하여 체류기간연장을 허가하는 경우 그의 체류기간이 계속하여 3년을 초과하지 아니하도록 하여야 한다(법 시행규칙 제37조 제2항 본문).

[별표 1의2]

장기체류자격(제12조 관련)

체류자격 (기호)	체류자격에 해당하는 사람 또는 활동범위
29. 방문취업 (H-2)	가. 체류자격에 해당하는 사람: 「재외동포의 출입국과 법적 지위에 관한 법률」 제2조제2호에 따른 외국국적동포(이하 "외국국적동포"라 한다)에 해당하고, 다음의 어느 하나에 해당하는 18세 이상인 사람 중에서 나목의 활동범위 내에서 체류하려는 사람으로서 법무부장관이 인정하는 사람[재외동포(F-4) 체류자격에 해당하는 사람은 제외한다] 1) 출생 당시에 대한민국 국민이었던 사람으로서 가족관계등록부, 폐쇄등록부 또는 제적부에 등재되어 있는 사람 및 그 직계비속 2) 국내에 주소를 둔 대한민국 국민 또는 별표 1의3 영주(F-5) 제5호에 해당하는 사람의 8촌 이내의 혈족 또는 4촌 이내의 인척으로부터 초청을 받은 사람 3) 「국가유공자 등 예우 및 지원에 관한 법률」 제4조에 따른 국가유공자와 그 유족 등에 해당하거나 「독립유공자예우에 관한 법률」 제4조에 따른 독립유공자와 그 유족 또는 그 가족에 해당하는 사람 4) 대한민국에 특별한 공로가 있거나 대한민국의 국익 증진에 기여한 사람 5) 유학(D-2) 체류자격으로 1학기 이상 재학 중인 사람의 부모 및 배우자 6) 국내 외국인의 체류질서 유지를 위하여 법무부장관이 정하는 기준 및 절차에 따라 자진하여 출국한 사람 7) 1)부터 6)까지의 규정에 해당하지 않는 사람으로서 법무부장관이 정하여 고시하는 한국어시험, 추첨 등의 절차에 따라 선정된 사람 나. 활동범위 1) 방문, 친척과의 일시 동거, 관광, 요양, 견학, 친선경기, 비영리 문화예술활동, 회의 참석, 학술자료 수집, 시장조사·업무연락·계약 등 상업적 용무, 그 밖에 이와 유사한 목적의 활동 2) 한국표준산업분류표에 따른 다음의 산업 분야에서의 활동 　가) 작물 재배업(011) 　나) 축산업(012) 　다) 작물재배 및 축산 관련 서비스업(014)

라) 연근해 어업(03112)

마) 양식 어업(0321)

바) 천일염 생산 및 암염 채취업(07220)

사) 제조업(10~34). 다만, 상시 사용하는 근로자 수가 300명 미만이거나 자본금이 80억원 이하인 경우에만 해당한다.

아) 하수, 폐수 및 분뇨 처리업(37)

자) 폐기물 수집, 운반, 처리 및 원료재생업(38)

차) 건설업(41~42). 다만, 발전소·제철소·석유화학 건설현장의 건설업체 중 업종이 산업·환경설비 공사인 경우는 제외한다.

카) 육지동물 및 애완동물 도매업(46205)

타) 기타 산업용 농산물 도매업(46209)

파) 생활용품 도매업(464)

하) 기계장비 및 관련 물품 도매업(465)

거) 재생용 재료 수집 및 판매업(46791)

너) 기타 생활용품 소매업(475)

더) 기타 상품 전문 소매업(478)

러) 무점포 소매업(479)

머) 육상 여객 운송업(492)

버) 냉장 및 냉동 창고업(52102). 다만, 내륙에 위치한 업체에 한정한다.

서) 호텔업(55101). 다만, 「관광진흥법」에 따른 호텔업은 1등급·2등급 및 3등급의 호텔업으로 한정한다.

어) 여관업(55102)

저) 한식 음식점업(5611)

처) 외국인 음식점업(5612)

커) 기타 간이 음식점업(5619)

터) 서적, 잡지 및 기타 인쇄물 출판업(581)

퍼) 음악 및 기타 오디오물 출판업(59201)

허) 사업시설 유지관리 서비스업(741)

고) 건축물 일반 청소업(74211)

노) 산업설비, 운송장비 및 공공장소 청소업(74212)

도) 여행사 및 기타 여행보조 서비스업(752)

로) 사회복지 서비스업(87)

모) 자동차 종합 수리업(95211)

보) 자동차 전문 수리업(95212)

소) 모터사이클 수리업(9522)

오) 욕탕업(96121)

조) 산업용 세탁업(96911)

초) 개인 간병 및 유사 서비스업(96993)

코) 가구 내 고용활동(97)

나) 예외 – 5년 미만 연장

다만, 고용주의 추천 등 법무부장관이 정하는 요건에 해당하는 사람에 대해서는 5년 미만의 범위에서 체류기간의 연장을 허가할 수 있다(법 시행규칙 제37조 제2항 단서).

3) 영 별표 1의2 중 체류자격 5. 유학(D-2)의 자격에 해당하는 사람의 부ㆍ모 또는 배우자로서 체류자격 29. 방문취업(H-2)의 자격으로 체류하고 있는 사람의 경우

위 2)에도 불구하고 영 별표 1의2 중 체류자격 5. 유학(D-2)의 자격에 해당하는 사람의 부ㆍ모 또는 배우자로서 체류자격 29. 방문취업(H-2)의 자격으로 체류하고 있는 사람에 대해서는 그 유학자격으로 체류 중인 사람의 체류기간을 초과하지 아니하도록 하여야 한다(법 시행규칙 제37조 제1항).

[별표 1의2]

장기체류자격(제12조 관련)

5. 유학 (D-2)	전문대학 이상의 교육기관 또는 학술연구기관에서 정규과정의 교육을 받거나 특정 연구를 하려는 사람

(마) 벌칙

체류기간 연장허가를 받지 아니하고 체류기간을 초과하여 계속 체류하는 사람은 3년 이하의 징역 또는 2천만원 이하의 벌금에 처한다(법 제94조 제17호).

라. 체류기간 연장 불허시 출국통지

(1) 체류기간 연장 불허시 불허통지서 발급 및 체류방법

(가) 체류기간 연장 등 불허통지서 발급

법무부장관은 체류자격 부여, 체류자격 변경허가, 체류기간 변경허가(법 시행령 제29조 부터 제31조까지)의 규정에 따른 허가 등을 하지 아니할 때에는 신청인에게 체류기간 연장 등 불허결정 통지서를 발급하여야 한다(법 시행령 제30조 제1항).

(나) 체류기간 연장 불허가시 체류방법

체류자격 변경허가를 하지 아니할 때에는 이미 허가된 체류자격으로 체류하게 할 수 있다
(법 시행령 제30조 제1항).

(2) 출국기간 통지

(가) 원칙

체류기간 연장 등 불허결정 통지서에는 그 발급일부터 14일을 초과하지 아니하는 범위에
서 출국기한을 분명하게 밝혀야 한다(법 시행령 제33조 제2항 본문).

■ 출입국관리법 시행규칙 [별지 제43호의3서식] 〈신설 2018. 9. 21.〉

체류기간 연장 불허결정 통지서
DISAPPROVAL NOTICE ON THE EXTENSION OF SOJOURN PERIOD

발행번호 (No.   )

인적사항 Personal Information	성명 Name in Full	
	생년월일 Date of Birth	국적 Nationality
	성별 [ ] 남 [ ] 여 Sex [ ] M [ ] F	
	대한민국 내 주소 Address in Korea	
불허사유 Reasons for Denial		
출국기한 Deadline for Departure		

1. 「출입국관리법 시행령」 제33조에 따라 귀하의 체류기간 연장 신청에 대하여는 허가하지 아니하기로 결정하였음을 통보합니다.

   In accordance with Article 33 of the Enforcement Decree of the Immigration Act, we notify you that your application for the extension of sojourn period has been denied.

2. 귀하는 위 처분에 대하여 이의가 있을 때에는 이 통지서를 받은 날부터 90일 이내에 행정심판 또는 행정소송을 제기할 수 있습니다.

   ※ 행정심판을 청구할 때에는 온라인행정심판(www.simpan.go.kr), 행정소송을 청구할 때에는 전자소송(ecfs.scourt.go.kr)을 통하여 온라인으로도 청구할 수 있습니다.

   A person who has an objection to the above disposition may file an administrative appeal or an administrative litigation within 90 days after receipt of the disapproval notice.

   ※ You may file an administrative appeal online (www.simpan.go.kr) and an administrative litigation on the Internet (ecfs.scourt.go.kr)

년   월   일
Date

CHIEF, ○ ○ IMMIGRATION OFFICE

(나) 예외

다만, 법무부장관이 필요하다고 인정할 때에는 이미 허가된 체류기간의 만료일을 출국기한
으로 할 수 있으며, 이미 허가된 체류자격으로 체류하게 할 때에는 그 출국기한을 적지 아
니할 수 있다(법 시행령 제33조 제2항 단서).

(3) 체류기간연장등불허결정통지서 발급대장

청장·사무소장 또는 출장소장은 체류기간연장등불허결정통지서를 발급하는 때에는 국적·
성명·출국기한등을 체류기간연장등불허결정통지서 발급대장에 기재하여야 한다. 다만, 체
류자격 변경허가를 하지 아니하여 이미 허가된 체류자격으로 체류하게 되는 경우에는 출국
기한을 기재하지 아니할 수 있다(법 시행규칙 제36조).

체류자격 부여 불허결정 통지서
DISAPPROVAL NOTICE ON THE GRANT OF STATUS OF SOJOURN

발행번호 (No.   )

인적사항 Personal Information	성 명 Name in Full	
	생년월일 Date of Birth	국적 Nationality
	성 별 [ ] 남 [ ] 여 Sex [ ] M [ ] F	
	대한민국 내 주소 Address in Korea	
불허사유 Reasons for Denial		
출국기한 Deadline for Departure		

1. 「출입국관리법 시행령」 제33조에 따라 귀하의 체류자격 부여 신청에 대하여는 허가하지 아니하기로 결정하였음을 통보합니다.

   In accordance with Article 33 of the Enforcement Decree of the Immigration Act, we notify you that your application for the grant of status of sojourn has been denied.

2. 귀하는 위 처분에 대하여 이의가 있을 때에는 이 통지서를 받은 날부터 90일 이내에 행정심판 또는 행정소송을 제기할 수 있습니다.

   ※ 행정심판을 청구할 때에는 온라인행정심판(www.simpan.go.kr), 행정소송을 청구할 때에는 전자소송(ecfs.scourt.go.kr)을 통하여 온라인으로도 청구할 수 있습니다.

   A person who has an objection to the above disposition may file an administrative appeal or an administrative litigation within 90 days after receipt of the disapproval notice.

   ※ You may file an administrative appeal online (www.simpan.go.kr) and an administrative litigation on the Internet (ecfs.scourt.go.kr)

년   월   일

Date

CHIEF, ㅇㅇIMMIGRATION OFFICE

마. 체류자격 부여 등에 따른 출국예고

(1) 체류자격 부여 등에 따른 출국예고

체류자격 부여, 체류자격 변경허가, 체류기간 연장허가(법 제23조 부터 제25조까지)의 규정에 따라 법무부장관이 체류자격을 부여하거나 체류자격 변경 등의 허가를 하는 경우 그 이후의 체류기간 연장을 허가하지 아니하기로 결정한 때에는 청장·사무소장 또는 출장소장은 허가된 체류기간 내에 출국하여야 한다는 뜻을 여권에 적어야 한다(법 시행령 제34조).

이렇듯 허가된 체류기간내에 출국하여야 한다는 뜻을 기재하고자 하는 때에는 여권에 출국예고인을 찍음으로써 이에 갈음할 수 있다(법 시행규칙 제38조 제1항).

[별지 제55호서식] 〈개정 2018. 5. 15.〉

출국예고인

연장불가(FINAL EXTENSION)

You are requested to leave Korea not later than
_____.

○○출입국·외국인청(사무소·출장소)장 ㊞

Chief, ○○Immigration Office

70mm×25mm

체류자격 변경 불허결정 통지서
DISAPPROVAL NOTICE ON THE CHANGE OF STATUS OF SOJOURN

발행번호 (No.   )

인적사항 Personal Information	성 명 Name in Full		
	생년월일 Date of Birth		국적 Nationality
	성 별 [ ] 남 [ ] 여 Sex [ ] M [ ] F		
	대한민국 내 주소 Address in Korea		
불허사유 Reasons for Denial			
출국기한 Deadline for Departure			

1. 「출입국관리법 시행령」 제33조에 따라 귀하의 체류자격 변경 신청에 대하여는 허가하지
   아니하기로 결정하였음을 통보합니다.

   In accordance with Article 33 of the Enforcement Decree of the Immigration Act, we
   notify you that your application for the change of status of sojourn has been denied.

2. 귀하는 위 처분에 대하여 이의가 있을 때에는 이 통지서를 받은 날부터 90일 이내에 행정심판
   또는 행정소송을 제기할 수 있습니다.
   ※ 행정심판을 청구할 때에는 온라인행정심판(www.simpan.go.kr), 행정소송을 청구할 때에는
   전자소송(ecfs.scourt.go.kr)을 통하여 온라인으로도 청구할 수 있습니다.

   A person who has an objection to the above disposition may file an administrative appeal or an
   administrative litigation within 90 days after receipt of the disapproval notice.
   ※ You may file an administrative appeal online (www.simpan.go.kr) and an administrative
   litigation on the Internet (ecfs.scourt.go.kr)

년   월   일
Date

CHIEF, ○ ○ IMMIGRATION OFFICE

(2) 체류자격 외 활동허가 신청 등에 관한 온라인 방문 예약

다음에 따른 신청 또는 신고를 하려는 사람은 방문하는 출입국·외국인청, 출입국·외국인사무소, 출입국·외국인청 출장소 또는 출입국·외국인사무소 출장소의 명칭, 방문 일시, 신청·신고 업무 등을 방문하는 전날까지 법무부장관이 정하는 정보통신망에 입력(이하 "온라인 방문 예약"이라 한다)해야 한다. 다만, 임산부 및 「장애인복지법」 제2조제1항에 따른 장애인 등 법무부장관이 정하는 외국인은 온라인 방문 예약을 하지 않을 수 있다(법 시행령 제34조의2).

(가) 법 제20조에 따른 체류자격 외 활동허가 신청

(나) 법 제21조제1항 본문에 따른 근무처의 변경·추가 허가 신청 및 같은 항 단서에 따른 근무처의 변경·추가 신고

(다) 법 제23조에 따른 체류자격 부여 신청

(라) 법 제24조에 따른 체류자격 변경허가 신청

(마) 법 제25조에 따른 체류기간 연장허가 신청

(바) 법 제31조에 따른 외국인등록 신청

바. 출국을 위한 체류기간 연장허가

(1) 출국을 위한 체류기간 연장사유

청장·사무소장 또는 출장소장은 허가된 체류기간이 만료되는 자가 다음의 어느 하나에 해당하는 경우에는 그 체류기간을 연장할 수 있다. 다만, 체류연장기간이 30일을 초과하는 때에는 법무부장관의 승인을 얻어야 한다(법 시행규칙 제32조 제1항).

(가) 외국인등록을 한 자로서 그 체류자격의 활동을 마치고 국내여행 등을 목적으로 일시 체류하고자 하는 경우

(나) 출국할 선박등이 없거나 그밖에 부득이한 사유로 출국할 수 없는 경우

(2) 체류기간연장허가신청서 제출

체류기간연장허가를 받고자 하는 자는 체류기간연장허가신청서에 그 사유를 소명하는 자료를 첨부하여 청장·사무소장 또는 출장소장에게 제출하여야 한다(법 시행규칙 제32조 제2항).

(3) 체류기간 연장 등 허가대장

출국을 위한 체류기간 연장시 그 사실을 체류기간 연장 등 허가대장에 기재하여야 한다.

■ 출입국관리법 시행규칙 [별지 제48호서식] 〈개정 2018. 5. 15.〉

체류기간 연장 등 허가대장

○○출입국 · 외국인청(사무소 · 출장소)

연번	외국인 등록번호	성명	국적	허가일	허가 번호	허가 사항	허가내용 (체류기간 연장, 체류자격 변경 등)	비고

(4) 수수료 면제

위 (1)의 사유로 인하여 체류기간연장을 허가하는 때에는 수수료를 받지 아니한다(법 시행규칙 제32조 제3항).

사. 출국기한의 유예

(1) 출국기한의 유예사유 등

(가) 출국기한 유예사유

청장·사무소장·출장소장 또는 외국인보호소의 장(이하 "보호소장"이라 한다)은 체류기간 연장등불허결정통지를 받은 자나 출국권고 또는 출국명령을 받은 자가 출국할 선박 등이 없거나 질병 기타 부득이한 사유로 그 기한내에 출국할 수 없음이 명백한 때에는 그 출국기한을 유예할 수 있다(법 시행규칙 제33조 제1항). 이러한 출국기간 유예는 출국기한을 유예받고자 하는 자의 신청을 전제로 한다. 한편, 법원은 대학원 석사과정에 재학 중인 외국인의 석사학위논문 심사와 대여금청구의 민사소송 수행으로 출입국관리법 시행규칙 제33조 제1항에서 정하는 출국기한 내에 출국할 수 없음이 명백한 부득이한 사유에 해당하지 않는다고 판시한 사례가 있다.[65]

---

65) 대구고등법원 2018. 5. 4. 선고 2017누5240 판결.

■ 출입국관리법시행규칙 [별지 제44호서식] 〈개정 2018. 6. 12.〉

출국기한유예신청서
(Application For Postponement Of The Termination Of Departure)

접수번호	접수일자	처리일자	처리기간

신청인 (Applicant)	성명 (Full name)			
	한자성명 (漢字姓名)		성별 (Sex)	[ ] 남/M [ ] 여/F
	생년월일 (Date of Birth)		국적 (Nationality)	
	본국 주소 (Address in Home Country)			
	(연락처 Tel. :)			
	국내 체류지 (Address in Korea)			
	(연락처 Tel. :)			
	출국 예정일 (Approximate Date Of Departure)			
	출국 예정항 (Approximate Port Of Departure)			
	신청 사유 (Reason For Application)			

동반자 (Dependent)	연번 (No.)	성명 (Full name)	생년월일 (Date Of Birth)	성별 (Sex)	관계 (Relation)	비고 (Remarks)
				[ ] M [ ] F		
				[ ] M [ ] F		
				[ ] M [ ] F		
				[ ] M [ ] F		

소명 자료 (Supporting evidence)	

「출입국관리법 시행규칙」 제33조에 따라 위와 같이 신청합니다.
I hereby apply for Postponement Of The Termination Of Departure, pursuant to Article 33 of the provisions for enforcement of the Immigration Act.

신청일 　　　　년　　월　　일
(Date of Application)　(year) (month) (day)

신청인 　　　　(서명 또는 인)
(Applicant)　　　(signature or seal)

(나) 출국을 위한 기한연장과의 차이

출국기한의 유예는 체류기간연장 등 불허결정토지, 출국권고 또는 출국명령 등의 종국적 처분을 통하여 더 이상 해당 체류자격 또는 다른 체류자격으로 체류할 수 없는 상태이나, 출국할 선박 등이 없거나 질병 기타 부득이한 사유로 인하여 출국을 원하나 출국할 수 없는 장애사실이 발생할 경우 일정한 기한을 정하여 출국의무만을 부여하고 동 기간 내에 출국할 수 있도록 배려한 처분으로 출국을 위한 기한연장과는 법적성격에 차이가 있다.[66]

(2) 출국기간유예사유 소명

출국기한을 유예받고자 하는 자는 출국기한유예신청서에 그 사유를 소명하는 자료를 첨부하여 청장·사무소장·출장소장 또는 보호소장에게 제출하여야 한다(법 시행규칙 제33조 제2항).

(3) 출국기간유예 결정

청장·사무소장·출장소장 또는 보호소장은 출국기한유예신청에 따른 신청서류를 심사한 결과 그 출국기한의 유예가 필요하다고 인정하는 경우 출국할 선박 등이 없는 때에는 출국예상인원 및 선박 등의 사정 등을 참작하여 법무부장관이 따로 정하는 기간까지, 그 밖의 경우에는 그 사유가 소멸할 때까지 그 출국기한을 유예할 수 있다(법 시행규칙 제33조 제3항).

아. 각종 허가 등의 대장

청장·사무소장 또는 출장소장은 체류자격 외 활동(영 제25조), 근무처의 변경·추가 허가(영 제26조) 및 체류자격의 부여(영 제29조), 체류자격 변경허가(영 제30조), 체류기간 연장허가(영 제31조)의 규정에 따른 허가를 하는 때에는 이를 허가대장에 기재하여야 한다(법 시행규칙 제35조).

8. 각종 허가등 신청 및 수령

다음에 해당하는 신고, 허가 등의 신청이나 수령은 본인이 직접 하거나 법무부장관이 정하는 사람이 대리하게 할 수 있으며, 이에 따른 대리신청 및 수령에 관하여 필요한 사항은 법무부

---

66) 이민법연구회, 앞의 책 183면.

장관이 따로 정한다(법 시행규칙 제34조).

가. 외국인을 고용한 자의 신고(영 제24조), 영 제26조의2(근무처의 변경·추가 신고), 영 제44조(외국인등록사항 변경의 신고) 또는 외국인등록증의 반납 등(영 제45조)에 따른 신고

나. 체류자격 외 활동허가(영 제25조), 근무처의 변경·추가 허가(영 제26조), 체류자격 부여(영 제29조), 체류자격 변경허가(영 제30조), 체류기간 연장허가(법 제31조) 또는 이 규칙 제39조의7에 따른 각종 허가

다. 영 제41조에 따라 발급된 외국인등록증의 수령 및 영 제42조에 따른 외국인등록증 재발급의 신청과 수령

라. 영 제42조의2에 따른 영주자격을 가진 외국인에게 발급하는 외국인등록증(이하 "영주증"이라 한다) 재발급의 신청과 수령

마. 법 시행규칙 제17조에 따른 사증발급인정서 발급의 신청과 수령

9. 결혼이민자 및 성폭력자에 대한 특칙

가. 결혼이민자에 대한 특칙

(1) 권리구제절차 종료시까지 체류기간 연장

법무부장관은 「가정폭력범죄의 처벌 등에 관한 특례법」 제2조 제1호의 가정폭력[67]을

---

67) 가정폭력 행위 등 처벌에 관한 특례법
　제2조(정의) 이 법에서 사용하는 용어의 뜻은 다음과 같다.
　　1. "가정폭력"이란 가정구성원 사이의 신체적, 정신적 또는 재산상 피해를 수반하는 행위를 말한다.
　　2. "가정구성원"이란 다음 각 목의 어느 하나에 해당하는 사람을 말한다.
　　　가. 배우자(사실상 혼인관계에 있는 사람을 포함한다. 이하 같다) 또는 배우자였던 사람
　　　나. 자기 또는 배우자와 직계존비속관계(사실상의 양친자관계를 포함한다. 이하 같다)에 있거나 있었던 사람
　　　다. 계부모와 자녀의 관계 또는 적모(嫡母)와 서자(庶子)의 관계에 있거나 있었던 사람
　　　라. 동거하는 친족
　　3. "가정폭력범죄"란 가정폭력으로서 다음 각 목의 어느 하나에 해당하는 죄를 말한다.
　　　가. 「형법」 제2편제25장 상해와 폭행의 죄 중 제257조(상해, 존속상해), 제258조(중상해, 존속중상해), 제258조의2(특수상해), 제260조(폭행, 존속폭행)제1항·제2항, 제261조(특수폭행) 및 제264조(상습범)의 죄
　　　나. 「형법」 제2편제28장 유기와 학대의 죄 중 제271조(유기, 존속유기)제1항·제2항, 제272조(영아유기), 제273조(학대, 존속학대) 및 제274조(아동혹사)의 죄
　　　다. 「형법」 제2편제29장 체포와 감금의 죄 중 제276조(체포, 감금, 존속체포, 존속감금), 제277조(중체포, 중감금, 존속중체포, 존속중감금), 제278조(특수체포, 특수감금), 제279조(상습범) 및 제280조(미수범)의 죄
　　　라. 「형법」 제2편제30장 협박의 죄 중 제283조(협박, 존속협박)제1항·제2항, 제284조(특수협박),

이유로 법원의 재판, 수사기관의 수사 또는 그 밖의 법률에 따른 권리구제 절차가 진행 중인 대한민국 국민의 배우자인 외국인이 체류기간 연장허가를 신청한 경우에는 그 권리구제 절차가 종료할 때까지 체류기간 연장을 허가할 수 있다(법 제25조의2 제1항).

(2) 피해 회복 등을 위한 체류기간 연장

법무부장관은 권리구제절차 종료시까지의 체류 연장기간 만료 이후에도 피해 회복 등을 위하여 필요하다고 인정하는 경우 체류기간 연장허가를 할 수 있다(법 제25조의2 제2항).

나. 성폭력피해자에 대한 특칙

(1) 권리구제절차 종료시까지 체류기간 연장

법무부장관은 「성폭력범죄의 처벌 등에 관한 특례법」 제2조제1항[68]의 성폭력범죄를 이

제285조(상습범)(제283조의 죄에만 해당한다) 및 제286조(미수범)의 죄

마. 「형법」 제2편제32장 강간과 추행의 죄 중 제297조(강간), 제297조의2(유사강간), 제298조(강제추행), 제299조(준강간, 준강제추행), 제300조(미수범), 제301조(강간등 상해 · 치상), 제301조의2(강간등 살인 · 치사), 제302조(미성년자등에 대한 간음), 제305조(미성년자에 대한 간음, 추행), 제305조의2(상습범)(제297조, 제297조의2, 제298조부터 제300조까지의 죄에 한한다)의 죄

바. 「형법」 제2편제33장 명예에 관한 죄 중 제307조(명예훼손), 제308조(사자의 명예훼손), 제309조(출판물등에 의한 명예훼손) 및 제311조(모욕)의 죄

사. 「형법」 제2편제36장 주거침입의 죄 중 제321조(주거 · 신체 수색)의 죄

아. 「형법」 제2편제37장 권리행사를 방해하는 죄 중 제324조(강요) 및 제324조의5(미수범)(제324조의 죄에만 해당한다)의 죄

자. 「형법」 제2편제39장 사기와 공갈의 죄 중 제350조(공갈), 제350조의2(특수공갈) 및 제352조(미수범)(제350조, 제350조의2의 죄에만 해당한다)의 죄

차. 「형법」 제2편제42장 손괴의 죄 중 제366조(재물손괴등)의 죄

카. 가목부터 차목까지의 죄로서 다른 법률에 따라 가중처벌되는 죄

68) 성폭력행위 등 처벌에 관한 특례법

제2조(정의) ① 이 법에서 "성폭력범죄"란 다음 각 호의 어느 하나에 해당하는 죄를 말한다.

1. 「형법」 제2편제22장 성풍속에 관한 죄 중 제242조(음행매개), 제243조(음화반포등), 제244조(음화제조등) 및 제245조(공연음란)의 죄

2. 「형법」 제2편제31장 약취(略取), 유인(誘引) 및 인신매매의 죄 중 추행, 간음 또는 성매매와 성적 착취를 목적으로 범한 제288조 또는 추행, 간음 또는 성매매와 성적 착취를 목적으로 범한 제289조, 제290조(추행, 간음 또는 성매매와 성적 착취를 목적으로 제288조 또는 추행, 간음 또는 성매매와 성적 착취를 목적으로 제289조의 죄를 범하여 약취, 유인, 매매된 사람을 상해하거나 상해에 이르게 한 경우에 한정한다), 제291조(추행, 간음 또는 성매매와 성적 착취를 목적으로 제288조 또는 추행, 간음 또는 성매매와 성적 착취를 목적으로 제289조의 죄를 범하여 약취, 유인, 매매된 사람을 살해하거나 사망에 이르게 한 경우에 한정한다), 제292조[추행, 간음 또는 성매매와 성적 착취를 목적으로 한 제288조 또는 추행, 간음 또는 성매매와 성적 착취를 목적으로 한 제289조의 죄로 약취, 유인, 매매된 사람을 수수(授受) 또는 은닉한 죄, 추행, 간음 또는 성매매와

유로 법원의 재판, 수사기관의 수사 또는 그 밖의 법률에 따른 권리구제 절차가 진행 중인 외국인이 체류기간 연장허가를 신청한 경우에는 그 권리구제 절차가 종료할 때까지 체류기간 연장을 허가할 수 있다(법 제25조의3 제1항).

(2) 피해 회복 등을 위한 체류기간 연장

법무부장관은 권리구제절차 종료시까지의 체류 연장기간 만료 이후에도 민사소송 등 피해 회복 등을 위하여 필요하다고 인정하는 경우 체류기간 연장을 허가할 수 있다(법 제25조의3 제2항).

10. 허위서류 제출 등의 금지

가. 금지행위 유형

누구든지 체류자격 외 활동(법 제20조), 근무처의 변경 · 추가(법 제21조), 체류자격 부여(법 제23조), 체류자격 변경허가(법 제24조), 체류기간 변경허가(법 제25조), 결혼이민자에 대한 특칙(법 제25조의2) 및 성폭력 피해자에 대한 특칙(법 제25조의3)에 따른 허가 신청과 관련하여 다음의 어느 하나에 해당하는 행위를 해서는 아니 된다(법 제26조).

(1) 위조 · 변조된 문서 등을 입증자료로 제출하거나 거짓 사실이 적힌 신청서 등을 제출하는 등 부정한 방법으로 신청하는 행위

(2) 위 가.의 행위를 알선 · 권유하는 행위

성적 착취를 목적으로 한 제288조 또는 추행, 간음 또는 성매매와 성적 착취를 목적으로 한 제289조의 죄를 범할 목적으로 사람을 모집, 운송, 전달한 경우에 한정한다] 및 제294조(추행, 간음 또는 성매매와 성적 착취를 목적으로 범한 제288조의 미수범 또는 추행, 간음 또는 성매매와 성적 착취를 목적으로 범한 제289조의 미수범, 추행, 간음 또는 성매매와 성적 착취를 목적으로 제288조 또는 추행, 간음 또는 성매매와 성적 착취를 목적으로 제289조의 죄를 범하여 발생한 제290조제1항의 미수범 또는 추행, 간음 또는 성매매와 성적 착취를 목적으로 제288조 또는 추행, 간음 또는 성매매와 성적 착취를 목적으로 제289조의 죄를 범하여 발생한 제291조제1항의 미수범 및 제292조제1항의 미수범 중 추행, 간음 또는 성매매와 성적 착취를 목적으로 약취, 유인, 매매된 사람을 수수, 은닉한 죄의 미수범으로 한정한다)의 죄

3. 「형법」 제2편제32장 강간과 추행의 죄 중 제297조(강간), 제297조의2(유사강간), 제298조(강제추행), 제299조(준강간, 준강제추행), 제300조(미수범), 제301조(강간등 상해 · 치상), 제301조의2(강간등 살인 · 치사), 제302조(미성년자등에 대한 간음), 제303조(업무상위력등에 의한 간음) 및 제305조(미성년자에 대한 간음, 추행)의 죄

4. 「형법」 제339조(강도강간)의 죄 및 제342조(제339조의 미수범으로 한정한다)의 죄

5. 이 법 제3조(특수강도강간 등)부터 제15조(미수범)까지의 죄

나. 처벌

허위서류 제출 등의 금지규정을 위반한 자는 3년 이하의 징역이나 2천만원 이하의 벌금에 처한다(법 제94조 17의 2호).

11. 여권 등의 휴대 및 제시

가. 여권 등의 휴대

(1) 원칙

대한민국에 체류하는 외국인은 항상 여권 · 선원신분증명서 · 외국인입국허가서 · 외국인등록증 또는 상륙허가서(이하 "여권 등"이라 한다)를 지니고 있어야 한다. 이렇듯 국내에 체류하는 외국인에게 여권 등의 소지 의무를 부과한 이유는 출입국관리공무원 등이 국내 체류 외국인의 인적사항, 체류조건 등의 준수여부 등을 보다 효율적으로 확인 · 관리하기 위한 목적에서 이다.

(2) 예외

다만, 17세 미만인 외국인의 경우에는 여권등의 소지의무가 부과되지 아니하는데(법 제27조 제1항), 이는 대한민국 국민의 경우 주민등록증 발급 대상이 17세 이상이기 때문에 이를 고려한 규정이다(주민등록법 제24조).

나. 여권 등의 제시

대한민국의 체류하는 외국인은 출입국관리공무원이나 권한 있는 공무원(경찰관, 해양경찰관, 검찰수사관, 세관직원, 기타 관련 사법경찰관, 지방자치단체 외국인 관련 업무 수행자 등)이 그 직무수행과 관련하여 여권 등의 제시를 요구하면 여권 등을 제시하여야 한다(법 제26조 제2항).

다. 벌칙

여권등의 휴대 및 제시규정을 위반하여 여권 등을 휴대하지 아니하거나, 제시를 거부한 자는 100만원 이하의 벌금에 처한다(법 제98조 제1항).

제2절 외국인의 출국

1. 외국인의 출국심사절차

가. 외국인의 출국심사

외국인이 출국할 때에는 유효한 여권을 가지고 출국하는 출입국항에서 출입국관리공무원의 출국심사를 받아야 하는데(법 제28조 제1항), 이 경우 출입국관리공무원은 「출입국관리법」, 「출입국관리법 시행령」 및 이 규칙이 정하는 바에 따라 대한민국의 국민에 대한 출입국심사를 하는 때에는 여권명의인의 본인 여부 및 여권의 위·변조여부, 출입국규제여부 기타 법무부장관이 따로 정한 사항 등을 확인하여야 한다.

(1) 출국심사절차

(가) 여권제출 및 출국신고서 제출

외국인이 출국심사를 받을 때에는 여권을 출입국관리공무원에게 제출하고 질문에 답하여야 한다. 다만, 출입국관리공무원은 ⅰ) 출국심사 또는 입국심사를 할 때 여권자동판독기 등 정보화기기를 이용하여 개인별 출입국기록을 확보할 수 없는 경우, ⅱ) 출국항이 아닌 곳에서 출국심사 또는 입국심사를 하는 경우, ⅲ) 그 밖에 법무부령으로 정하는 경우의 어느 하나에 해당하는 경우에는 여권과 출국신고서를 함께 제출하게 할 수 있다.

또한, 출입국관리공무원은 제12조의2제1항 또는 제3항(입국시 생체정보의 제공)에 따라 제공 또는 제출받은 생체정보를 출국심사에 활용할 수 있다

출국신고서 (외국인용)

DEPARTURE CARD 出國申告書 (外國人用)		
Family Name / 姓		漢字姓名
Given Name / 名		
Date of Birth / 生年月日 (YYYY-MM-DD)		□ Male / 男 □ Female / 女
Nationality / 國籍		Passport No. / 旅券番號
Flight(Vessel) No. / 便名 · 船名		Port of Landing / 目的地

80mm(가로)×60mm(세로)인쇄용지(OCR급) 105g/㎡

(나) 출국적격여부 등 확인

출입국관리공무원은 출국심사를 할 때에는 출국의 적격 여부와 그 밖에 필요한 사항을 확인하여야 한다.

(다) 출국적격심사 후 조치

출입국관리공무원은 출국심사를 마친 때에는 여권에 출국심사인을 찍어야 한다. 다만, 외국인이 출국하는 데 지장이 없다고 판단하는 경우 등 법무부장관이 정하는 경우에는 출국심사인의 날인을 생략할 수 있다.

나. 대한민국 선박 등에 고용된 외국인승무원의 출국

(1) 외국인승무원의 출국심사 방법

출입국관리공무원은 대한민국 선박등에 고용된 외국승무원이 출국하는 경우에는 승무원등록증 또는 선원신분증명서의 확인으로 출국신고서의 제출과 출국심사인 날인을 갈음할 수 있다. 다만, 선박 등의 승무원이 최초로 출국하거나 최종적으로 입국하는 경우에는 그러하지 아니하다.

(2) 승무원등록

선박 등에 고용된 외국승무원이 최초로 출국하는 경우에는 승무원등록을 하여야 한다. 다만, 부정기적으로 운항하는 선박 등의 승무원인 경우에는 그러하지 아니하다.

다. 출국항이 아닌 장소에서 출국심사

외국인은 출국심사를 출입국항에서 받아야 하지만, 천재지변 등 부득이한 사유로 출국항으로 출국할 수 없을 때에는 관할 지방출입국·외국인관서의 장의 허가를 받아 출국항이 아닌 장소에서 출입국관리공무원의 출국심사를 받은 후 출국할 수 있다(법 제28조 제2항).

라. 위·변조된 여권 등의 보관 등

(1) 위·변조된 여권 등의 보관

출입국관리공무원은 위조되거나 변조된 국민의 여권 또는 선원신분증명서를 발견하였을 때에는 회수하여 보관할 수 있다(법 제28조 제3항).

(2) 여권 등의 보관·통지

출입국관리공무원은 여권 또는 선원신분증명서를 보관할 때에는 여권 또는 선원신분증명서의 소지인에게 그 사유를 알리고, 그 사실을 발급기관의 장에게 알릴 수 있다.

(3) 보관중인 여권 등 송부

출입국·외국인청의 장, 출입국·외국인사무소의 장, 출입국·외국인청 출장소의 장 또는 출입국·외국인사무소 출장소의 장은 i) 수사기관의 장이 수사상 필요하여 송부를 요청한 경우, ii) 발급기관의 장이 요청한 경우의 어느 하나에 해당할 때에는 보관 중인 여권 또는 선원신분증명서를 요청기관 또는 발급기관의 장에게 보낼 수 있다.

마. 선박 등의 출입

출입국관리공무원은 출국심사를 하기 위하여 선박 등에 출입할 수 있다(법 제28조 제4항).

바. 정보화기기에 의한 출국심사 갈음

(1) 정보화기기에 의한 출국심사 갈음

외국인의 출국심사는 ⅰ) 17세 이상으로서 법 제31조에 따른 외국인등록이 유효한 사람, 「재외동포의 출입국과 법적 지위에 관한 법률」 제6조에 따른 국내거소신고가 유효한 사람, 대한민국과 상호 간에 정보화기기를 이용한 출입국심사를 할 수 있도록 양해각서·협정 등을 체결하거나 그 밖의 방법으로 합의한 국가의 국민으로서 법무부장관이 정하는 사람, 그 밖에 법무부장관이 정보화기기에 의한 입국심사를 받을 필요가 있다고 인정하는 사람 및 ⅱ) 법무부령으로 정하는 바에 따라 스스로 지문과 얼굴에 관한 정보를 등록하였을 것, ⅲ) 그 밖에 법무부장관이 정하여 고시하는 요건을 갖추고 있을 것의 어느 하나에 해당하는 사람일 것의 요건을 모두 갖춘 외국인은 정보화기기에 의한 입국심사를 받을 수 있다. 또한 출국심사를 마친 외국인에 대해서는 출국심사인의 날인을 생략할 수 있다(법 시행령 제35조 제4항). 이 경우 "입국심사"는 "출국심사"로, "자동입국심사"는 "자동출국심사"로 본다.

(2) 정보화기기에 의한 출국심사 갈음 절차

(가) 자동출국심사 등록신청서 제출

정보화기기에 의한 출국심사를 받기 위하여 지문과 얼굴에 관한 정보를 등록하려는 외국인은 청장·사무소장 또는 출장소장에게 자동출국심사 등록신청서를 제출하여야 한다. 다만, 법무부장관은 필요하다고 인정하는 외국인의 경우에는 정보화기기를 통하여 자동입국심사 등록을 신청하게 할 수 있다.

(나) 자동출국심사 등록 확인인 날인 등

청장·사무소장 또는 출장소장은 신청을 받으면 위 1)의 출국심사요건(영 제15조 제4항 각 호의 요건)을 갖추었는지 확인하고, 신청자의 여권에 자동입국심사 등록 확인인을 날인하거나 자동출국심사 등록 스티커를 붙여야 한다(법 시행규칙 제19조의2 제2항).

(다) 외국인의 등록해지 및 등록정보 정정

1) 등록해지 및 등록정보 정정 신청

자동출국심사 절차에 따라 등록을 한 외국인이 등록을 해지하거나 등록정보를 정정하려면 청장·사무소장 또는 출장소장에게 ⅰ) 등록을 해지하려는 경우: 자동입국심사 등록 해지신청서, ⅱ) 등록정보를 정정하려는 경우: 자동출국심사 등록정보 정정신청서의 구분에 따른 서류를 제출하여야 한다. 다만, 법무부장관은 필요하다고 인정하는 외국인의 경우에는 정보화기기를 통하여 등록 해지 또는 등록정보 정정을 신청하게 할 수 있다(법 시행규칙 제19조의2 제3항).

2) 등록해지 및 정정

청장·사무소장 또는 출장소장은 해지 또는 정정 신청을 접수하면 지체 없이 그 등록을 해지하거나 등록정보를 정정하여야 한다(법 시행규칙 제19조의2 제4항).

(라) 등록해지

청장·사무소장 또는 출장소장은 자동출국심사 등록을 한 외국인이 사정변경으로 영 제15조 제4항 각 호[69]의 요건을 갖추지 못하게 되면 그 등록을 해지할 수 있다(법 시행규칙 제19조의2 제5항).

(마) 양해각서 등에 따른 예외 규정

법무부장관은 대한민국과 상호 간에 정보화기기를 이용한 출입국심사를 할 수 있도록 양해각서·협정 등을 체결하거나 그 밖의 방법으로 합의한 국가의 국민으로서 법무부장관이 정하는 사람(영 제15조 제4항 제1호 나목)에 해당하는 사람의 자동출국심사 등록 절차에 관하여는 해당 국가와의 양해각서·협정 등을 고려하여 달리 정할 수 있다(법 시행규칙 제19조의2 제6항).

---

69) 법 시행령 제15조 ④ 다음 각 호의 요건을 모두 갖춘 외국인은 법 제12조제2항에 따라 정보화기기에 의한 입국심사를 받을 수 있다. 이 경우 법 제38조제1항제1호에 따라 지문과 얼굴에 관한 정보를 제공한 외국인으로서 정보화기기를 이용한 입국심사에 지장이 없는 경우에는 제2호의 요건을 갖춘 것으로 본다.
　　1. 17세 이상으로서 다음 각 목의 어느 하나에 해당하는 사람일 것
　　　가. 다음의 어느 하나에 해당하는 사람
　　　　1) 법 제31조에 따른 외국인등록이 유효한 사람
　　　　2)「재외동포의 출입국과 법적 지위에 관한 법률」제6조에 따른 국내거소신고가 유효한 사람
　　　나. 대한민국과 상호 간에 정보화기기를 이용한 출입국심사를 할 수 있도록 양해각서·협정 등을 체결하거나 그 밖의 방법으로 합의한 국가의 국민으로서 법무부장관이 정하는 사람
　　　다. 그 밖에 법무부장관이 정보화기기에 의한 입국심사를 받을 필요가 있다고 인정하는 사람
　　2. 법무부령으로 정하는 바에 따라 스스로 지문과 얼굴에 관한 정보를 등록하였을 것
　　3. 그 밖에 법무부장관이 정하여 고시하는 요건을 갖추고 있을 것

사. 출국심사 시 지문 및 얼굴에 관한 정보 활용

입국하려는 외국인은 입국심사를 받을 때 법무부령으로 정하는 방법으로 지문 및 얼굴에 관한 정보를 제공하고 본인임을 확인하는 절차에 응하여야 하는데, 출입국관리공무원은 이에 따라 제공받은 지문 및 얼굴에 관한 정보와 관계 행정기관에 요청하여 제출받은 외국인의 지문 및 얼굴에 관한 자료를 출국심사에 활용할 수 있다(법 제28조 제6항).

아. 출국권고서 등의 회수 및 송부

출입국관리공무원은 출국권고(법 제67조)에 따른 출국권고서 또는 출국명령(법 제68조)에 따른 출국명령서를 교부받은 자와 체류기간 연장 등을 허가하지 아니할 때의 출국금지(영 제33조)에 따른 체류기간연장등불허결정통지서를 교부받은 자에 대하여 출국심사를 하는 때에는 출국권고서 · 출국명령서 또는 체류기간연장등불허결정통지서를 회수하여 이를 발급한 청장 · 사무소장 · 출장소장 또는 보호소장에게 송부하여야 한다(법 시행규칙 제39조 제6항).

자. 벌칙

법 제28조 제1항, 제2항의 규정을 위반하여 출국한 자는 3년 이하의 징역이나 2천만원 이하의 벌금에 처해진다(법 제94조 제18호).

2. 외국인 출국정지 및 긴급출국정지

가. 외국인 출국의 정지

(1) 외국인 출국정지의 원칙 및 세부기준

외국인의 출국정지는 필요 최소한의 범위에서 하여야 하며(법 시행규칙 제39조의 제1항), 법무부장관은 출국정지 중인 외국인에 대하여 동일한 사유로 출국정지의 요청을 받은 경우 거듭 출국정지 하지 아니한다. 이 경우 출국정지를 요청한 기관의 장에게 그 사실을 통보하여야 한다(법 시행규칙 제39조의 제2항).

(2) 출국정지 대상자

(가) 출국정지 대상자

법무부장관은 출국하려는 외국인이 ⅰ) 형사재판에 계속(係屬) 중인 사람, ⅱ) 징역형이나 금고형의 집행이 끝나지 아니한 사람, ⅲ) 1천만원 이상의 벌금이나 2천만원 이상의 추징금을 내지 아니한 사람, ⅳ) 5천만원 이상의 국세 · 관세 또는 지방세를 정당한 사유 없이 그 납부기한까지 내지 아니한 사람, ⅴ) 그 밖에 1)부터 ⅳ)까지의 규정에 준하는 사람으로서 대한민국의 이익이나 공공의 안전 또는 경제질서를 해칠 우려가 있어 그 출국이 적당하지 아니하다고 법무부령으로 정하는 사람(제4조 제1항 각 호)의 어느 하나 및 ⅵ) 소재를 알 수 없어 기소중지결정이 된 사람 또는 도주 등 특별한 사유가 있어 수사진행이 어려운 사람(3개월 이내), ⅶ) 기소중지결정이 된 경우로서 체포영장 또는 구속영장이 발부된 사람(영장 유효기간 이내)(행정사 제2항 각호)에 해당하는 경우에 그에 대한 출국을 정지할 수 있다(법 제29조 제1항).

(나) 세부 기준

1) 행정사 제1항 제5호 및 제29조 제1항에 따라 출국을 정지할 수 있는 대상자
행정사 제1항 제5호 및 제29조 제1항에 따라 출국을 정지할 수 있는 대상자는 다음의 어느 하나에 해당하는 외국인이다(법 시행규칙 제39조의3 제1항).
가) 2억원 이상의 국세를 포탈한 혐의로 세무조사를 받고 있는 사람
나) 20억원 이상의 허위 세금계산서 또는 계산서를 발행한 혐의로 세무조사를 받고 있는 사람
다) 그 밖에 출국 시 국가안보 또는 외교관계를 현저하게 해칠 우려가 있다고 법무부장관이 인정하는 사람

2) 행정사 제2항 및 제29조 제1항에 따라 출국을 정지할 수 있는 대상자
행정사 제2항 및 제29조 제1항에 따라 출국을 정지할 수 있는 대상자는 사형, 무기, 장기 3년 이상의 징역 또는 금고에 해당하는 범죄 혐의로 수사를 받고 있거나 그 소재를 알 수 없어서 기소중지결정이 된 외국인으로 한다(법 시행규칙 제39조의3 제2항).

(3) 출국정지 절차 – 관련규정 준용

국민의 출국금지에 관한 규정인 행정사 제1항 또는 제2항 각 호의 어느 하나에 해당하는 외국인에 대하여는 출국을 정지할 경우에 행정사 제3항부터 제5항까지와 출국금지기간의 연장(행정사의2) 출국금지의 해제(행정사의3), 출국금지결정 등의 통지(행정사의4), 출국 금지결정 등에 대한 이의신청(행정사의5)까지의 규정을 준용한다. 이 경우 "출국금지"는 "출국정지"로 본다(법 제29조 제2항).

(가) 출국금지요청

중앙행정기관의 장 및 법무부장관이 정하는 관계 기관의 장은 소관 업무와 관련하여 위 (1)의 어느 하나에 해당하는 사람이 있다고 인정할 때에는 법무부장관에게 출국금지를 요청할 수 있다(행정사 제3항).

(나) 출국금지

출입국관리공무원은 출국심사를 할 때에 형사재판에 계속 중인 사람 등 출국이 금지된 사람을 출국시켜서는 아니 된다(행정사 제4항).

(4) 출국정지 대상자에 대한 출국정지기간

(가) 출국정지 대상자에 대한 출국정지기간은 다음과 같다(법 시행령 제36조 제1항).

1) 3개월 이내

형사재판에 계속(係屬) 중인 사람, 징역형이나 금고형의 집행이 끝나지 아니한 사람, 대통령령으로 정하는 금액 이상의 벌금이나 추징금을 내지 아니한 사람, 대통령령으로 정하는 금액 이상의 국세·관세 또는 지방세를 정당한 사유 없이 그 납부기한까지 내지 아니한 사람, 그 밖에 위의 규정에 준하는 사람으로서 대한민국의 이익이나 공공의 안전 또는 경제질서를 해칠 우려가 있어 그 출국이 적당하지 아니하다고 법무부령으로 정하는 사람의 어느 하나에 속하는 외국인의 출국정지기간은 3개월 이내이다.

2) 10일 이내

소재를 알 수 없어 기소중지결정이 된 사람 또는 도주 등 특별한 사유가 있어 수사진행이 어려운 사람 및 기소중지결정이 된 경우로서 체포영장 또는 구속영장이 발부된 사람의 어느 하나에 속하는 외국인의 출국정지기간은 10일 이내이다.

다만, ⅰ) 도주 등 특별한 사유가 있어 수사진행이 어려운 외국인: 1개월 이내, ⅱ) 소재를 알 수 없어 기소중지결정이 된 외국인 : 3개월 이내, ⅲ) 기소중지결정이 된 경우로서 체포영장 또는 구속영장이 발부된 외국인 : 영장 유효기간 이내임에 유의하여야 한다.

(나) 기소중지자 소재지 발견시 - 10일 이내

도주 등 특별한 사유가 있어 수사진행이 어려운 외국인, 소재를 알 수 없어 기소중지결정된 외국인, 기소중지결정이 된 경우로서 체포영장 또는 구속영장이 발부된 외국인 중 기소중지 결정된 사람의 소재가 발견된 경우에는 출국정지 예정기간을 발견된 날부터 10일 이내로 한다(법 시행령 제36조 제2항).

(다) 출국정지기간의 계산

출국정지기간을 계산할 때에는 그 기간이 일(日) 단위이면 첫날은 시간을 계산하지 않고 1일로 산정하고, 월(月) 단위이면 역서(曆書)에 따라 계산한다. 이 경우 기간의 마지막 날이 공휴일 또는 토요일이더라도 그 기간에 산입(算入)한다. 이 경우 "출국금지기간"은 "출국정지기간"으로 본다(법 시행령 제36조 제3항).

(5) 출국정지 해제 및 불복절차

출국정지의 사유가 소멸한 경우에 즉시 출국정지를 해제하고, 출국정지나 출국정지 연장의 결정을 한 때에는 즉시 당사자에게 서면으로 통지하여야 한다. 이때 출국정지 및 출국정지 연장결정에 대하여는 10일 이내에 법무부장관에게 이의신청을 할 수 있다.

Issuing No. :

법 무 부
Ministry of Justice

년 월 일
Date

귀하
To :

출국정지 해제통지서
Notice of Removal of Departure Suspension

귀하에 대한   년 월 일의 출국정지(출국정지기간   . . . ~   . . .)를 아래와 같이 해제하였음을 통지합니다.

I hereby notify you that measures of departure suspension which were imparted upon you dated   .   .   . have been removed as follows :

출국정지 해제일
Date of removal of departure suspension :

출국정지 해제 사유
Reason for removal of departure suspension :

출국정지 해제 요청기관
Institution which requested removal of departure suspension :

법무부장관
Minister of Justice
(Official seal affixed)

(6) 출국정지가 해제된 외국인의 출국

출국정지로 인하여 허가받은 체류기간까지 출국하지 못한 외국인은 출국정지 해제 일부터 10일 이내에는 체류기간 연장 등 별도의 절차를 밟지 아니하고 출국할 수 있다(법 시행령 제37조).

나. 외국인 긴급출국정지

(1) 긴급출국정지 사유 및 출국금지 요청

수사기관은 범죄 피의자인 외국인이 범죄 피의자로서 사형·무기 또는 장기 3년 이상의 징역이나 금고에 해당하는 죄를 범하였다고 의심할 만한 상당한 이유가 있고, 피의자가 증거를 인멸할 염려가 있는 때 및 도망하거나 도망할 우려가 있는 때의 어느 하나에 해당하는 사유가 있으며, 긴급한 필요가 있는 때에는 중앙행정기관의 장 및 법무부장관이 정하는 관계 기관의 장의 출국금지요청규정(법 제4조제3항)에도 불구하고 출국심사를 하는 출입국관리공무원에게 출국금지를 요청할 수 있다(법 제29조2 제1항).

[별지 제8호의2서식] 〈신설 2012.1.19〉

출국금지 등 심사결정서

접수번호	접수일	처리기간

「출입국관리법 시행령」 제2조의3제1항 및 제2항, 제3조제4항에 따라 출국금지 등의 요청에 대하여 아래와 같이 심사·결정합니다.

요청항목	☐ 출국금지	☐ 출국금지기간 연장	☐ 출국금지 해제
접수일	요청기관	요청부서	
사건번호	문서번호	결정일	

대상자 인적사항	성 명		성별	
	주민등록번호		국 적	
	여권번호		여권유효기간 만료일	
	주 소			

기 간		통지여부 (미통지 사유)	

요청사유	

(2) 긴급출국정지절차

외국인의 출국정지에 관하여는 법 제4조의6 제2항부터 제6항까지의 규정을 준용한다. 이 경우 "출국금지"는 "출국정지"로, "긴급출국금지"는 "긴급출국정지"로 본다(법 제29조2 제2항).

(가) 출국정지 요청자 출국금지

긴국출국정지 요청을 받은 출입국관리공무원은 출국심사를 할 때에 출국정지가 요청된 사람을 출국시켜서는 아니 된다.

출국금지 등 요청서

접수번호	접수일	처리기간

문서번호 :　　　　　　　　　　수　신 :

요청일 :　　　　　　　　　　요청기관 :　　　　　| 직인 |

「출입국관리법」 제4조제3항, 제4조의2제2항, 제4조의3제2항 및 같은 법 시행령 제2조제2항, 제2조의2제2항, 제3조제3항에 따라 다음과 같이 요청합니다.

요청항목	□ 출국금지		□ 출국금지기간 연장		□ 출국금지 해제	
사건번호		최초요청 공문번호		담당부서 (연락처)		
대상자 인적사항	성　명	(한 자)			성별	
	주민등록번호			국 적		
	주　소			직 업		
	여권번호			여권 유효기간 만료일		
요청기간	※ 출국금지 예정기간 또는 출국금지기간 연장 예정기간을 기재					
요청사유 (구체적으로　기재)						

(나) 긴급출국정지 승인 요청

수사기관은 제1항에 따라 긴급출국정지를 요청한 때로부터 6시간 이내에 법무부장관에게 긴급출국정지 승인을 요청하여야 한다. 이 경우 검사의 수사지휘서 및 범죄사실의 요지, 긴급출국금지의 사유 등을 기재한 긴급출국금지보고서를 첨부하여야 한다.

(다) 출국금지의 해제

1) 출국금지 해제 사유 및 절차

법무부장관은 출국금지 사유가 소멸되거나 출국금지를 할 필요가 없음이 명백한 경우에는 즉시 출국금지를 해제하여야 하며, 또한 수사기관이 긴급출국금지 승인 요청을 하지 아니한 때에는 수사기관 요청에 따른 출국금지를 해제하여야 한다. 나아가 수사기관이 긴급출국금지 승인을 요청한 때로부터 12시간 이내에 법무부장관으로부터 긴급출국금지 승인을 받지 못한 경우에도 또한 같다.

이에 따라 법무부장관이 출국이 정지된 외국인의 출국정지를 해제할 수 있는 사유는 아래와 같다(법 시행규칙 제39조의4 제2항).

가) 출국정지로 인하여 외국과의 우호관계를 현저히 해칠 우려가 있는 경우

나) 출국정지로 인하여 회복하기 어려운 중대한 손해를 입을 우려가 있다고 인정되는 경우

다) 그 밖에 인도적 사유 등으로 출국정지를 해제할 필요가 있다고 인정되는 경우

2) 해제된 외국인의 출국기간

출국정지로 인하여 허가받은 체류기간까지 출국하지 못한 외국인은 출국정지 해제일부터 10일 이내에는 체류기간 연장 등 별도의 절차를 밟지 아니하고 출국할 수 있다(법 시행령 제37조).

3) 재 긴급출국정지 요청 제한

출국금지가 해제된 경우에 수사기관은 동일한 범죄사실에 관하여 다시 긴급출국금지 요청을 할 수 없다.

(3) 외국인 긴급출국정지 보고

출입국관리공무원은 외국인의 긴급출국정지를 한 경우에는 즉시 법무부장관에게 보고하여야 한다(법 시행규칙 제39조의6).

3. 재입국허가절차

가. 재입국허가신청

법무부장관은 90일 이상 초과하여 체류하기 위해 외국인등록을 하거나 그 등록이 면제된 외국인이 체류기간 내에 출국하였다가 재입국하려는 경우 그의 신청을 받아 재입국을 허가할 수 있다. 다만, 영주자격을 가진 사람과 재입국허가를 면제하여야 할 상당한 이유가 있는 사람으로서 법무부령으로 정하는 사람에 대하여는 재입국허가를 면제할 수 있다(법 제30조 제1항).

1. 재입국허가인(날인 방식)

재입국허가
RE-ENTRY PERMIT

NO. :   Status :

Good for _____ re-entry into the Republic of Korea

Until _____.

Date of Issue:

Chief, ○○Immigration Office

50mm×50mm

2. 재입국허가 스티커(부착 방식)

재 입 국 허 가
RE-ENTRY PERMIT

Name(D.O.B):

No.:   Status:

Good for _____ re-entry into the
Republic of Korea until _____
Date of Issue:
Chief, ○○ Immigration Office

이를 기초로 하여 보면 90일 이하 대한민국에 체류하는 단기체류자 및 그 외 승무원상륙허가(법 제14조), 관광상륙허가(법 제14조의2), 긴급상륙허가(법 제15조), 재난상륙허가(법 제16조), 난민임시상륙허가(법 제16조의2)를 받고 상륙한 자는 허가의 대상에서 제외된다. 다만, 난민의 인정을 받은 자가 출국하고자 하는 때에는 신청에 의하여 난민여행증명서가 발급되므로 본 항의 재입국허가의 대상은 아니다(법 제76조의5 제3항).[70]

(1) 재입국허가신청서 제출
재입국허가를 받고자 하는 자는 재입국허가신청서에 그 사유를 소명하는 서류를 첨부하여 청장·사무소장 또는 출장소장에게 제출하여야 한다(법 시행규칙 제39조의7 제1항).

(2) 법무부장관에 송부
청장·사무소장 또는 출장소장은 제1항에 따른 재입국허가신청서를 받은 때에는 의견을 붙여 지체없이 이를 법무부장관에게 송부하여야 한다(법 시행규칙 제39조의7 제2항).

(3) 재입국허가기간
재입국허가기간은 허가받은 체류기간을 초과하지 아니하는 범위 내에서 이를 정한다(법 시행규칙 제39조의7 제3항).

(4) 재입국허가서 발급
청장·사무소장 또는 출장소장은 재입국허가신청에 대하여 법무부장관의 허가가 있는 때에는 여권에 재입국허가인을 찍고 재입국허가기간을 기재하거나 재입국허가 스티커를 부착하되, 무국적자 또는 대한민국과 수교(修交)하지 아니한 국가나 법무부장관이 외교부장관과 협의하여 지정한 국가의 국민은 대통령령으로 정하는 바에 따라 재외공관의 장이나 지방출입국·외국인관서의 장이 발급한 외국인입국허가서를 가지고 입국할 수 있는 국가의 국민에 대하여는 재입국허가서를 발급하여야 하며(법 시행규칙 제39조의7 제4항), 그 사실을 재입국허가대장에 기재한다.

---

70) 법무부 출입국·외국인정책본부, 앞의 책 284면.

앞표지(바깥쪽)

재입국허가서

PERMIT TO REENTER

THE REPUBLIC OF KOREA

대한민국 법무부

MINISTRY OF JUSTICE

REPUBLIC OF KOREA

88mm×125mm[백상지(150 g/㎡)

재입국허가서
REENTRY PERMIT

1. 이 허가서는 소지인에게 여권 대신 사용할 수 있는 여행증명서를 소지하게 할 목적으로만 교부되며, 소지인의 국적에는 어떠한 영향도 미치지 아니합니다.

   This Permit is issued solely with a view to providing the holder with a travel document which can serve in lieu of a passport. It is without prejudice to and in no way affects the holder's nationality.

2. 소지인이 이 허가서를 발급한 국가 이외의 국가에 거주를 정한 뒤에 다시 여행하고자 하는 때에는 그 거주국의 주무관청에 신청하여 새로운 증명서를 발급받아야 합니다.

   Should the holder take up residence in a country other than that which issued this document, he/she must, if he/she wishes to travel again, apply to the competent authorities of his/her country of residence for a new document.

3. 단수 재입국허가서는 1회 입국에 한하여 사용할 수 있으며, 복수 재입국허가서는 유효기간동안 여러 번 입국할 수 있는 효력을 가집니다.

   Single Permit is valid for ONE ENTRY ONLY, meanwhile Multiple Permit is good for MULTIPLE ENTRIES during the period of validity.

—9—

88mm×125mm[백상지(150g/㎡)

앞표지(안쪽)

대한민국/REPUBLIC OF KOREA

재입국허가서 REENTRY PERMIT	종류/Type [ ]단수 Single [ ]복수 Multiple	허가번호/Permit No.

성/Surname

여권용 사진 PHOTO 3.5cm×4.5cm	명/Given names 생년월일/Date of birth 성별/Sex 등록번호/Registration No. 국적/Nationality　　출생지/Place of birth 발급일/Date of issue　유효기간/Period of Validity 대한민국내 주소/Address in Korea 발급기관/Issuing Authority　○○ 출입·외국인청사무소·출장소장　[인] Chief, ○ ○ Immigration Office

125mm×88mm[백상지(120g/㎡) 또는 백상지(80g/㎡)]

동반자녀(Accompanied child)

성명 Full name	성별 Sex	생년월일 Date of birth

재입국허가기간 연장

EXTENSION OF REENTRY PERMIT

—4—

125mm×88mm[백상지(120g/㎡) 또는 백상지(80g/㎡)]

사증

VISAS

This permit contains 10 pages, inclusive of cover.

—10—

125mm×88mm[백상지(120g/㎡) 또는 백상지(80g/㎡)]

■ 출입국관리법 시행규칙 [별지 제49호서식] 〈개정 2018. 5. 15.〉

재입국허가대장

○○출입국 · 외국인청(사무소 · 출장소)

허가일	허가번호	성명	성별	생년월일	국적	체류자격	직장명	직위	단수/복수	허가기간	사유

재입국허가확인인

법무부회신	번호 일자		년　월　일

재입국허가확인
VERIFICATION OF REENTRY PERMIT

체류자격
Status of Sojourn
재입국허가일
Date of Approval
재입국허가만료일
Valid Until
여권 재발급으로 인하여 위 사실을 확인함
　　　　　　　　　　　　　년　　　월　　　일

(공관인)
　　　　(영사서명)

35mm

◀────── 50mm ──────▶

나. 재입국허가 구분

재입국허가는 한 차례만 재입국할 수 있는 단수재입국허가와 2회 이상 재입국할 수 있는 복수재입국허가로 구분한다(법 제30조 제2항). 이 경우 단수와 복수 재입국의 법률상 효력은 동일하며, 다만 출입국 횟수와 허가수수료 및 재입국 기간 등에서 차이가 있을 뿐이다.

(1) 복수재입국허가의 기준

복수재입국 허가의 기준은 상호주의원칙등을 고려하여 법무부장관이 따로 정한다(법 시행규칙 제40조).

(2) 재입국허가기간

가) 재입국허가의 최장기간

재입국허가의 최장기간은 다음의 구분에 의한다(법 시행규칙 제41조 제1항).

① 단수재입국허가 : 1년

② 복수재입국허가 : 2년

나) 최장기간 3년

다음의 어느 하나에 해당하는 사람에 대하여는 복수재입국허가의 최장기간을 제1항 제2호에 따른 2년에도 불구하고 3년으로 한다(법 시행규칙 제41조 제2항).

① 영 별표 1의2 중 체류자격 11. 기업투자(D-8)의 자격에 해당하는 사람으로서 법무부장관이 정하는 일정금액 이상을 투자한 사람

[별표 1의2]

장기체류자격(제12조 관련)

체류자격 (기호)	체류자격에 해당하는 사람 또는 활동범위

11. 기업투자
(D-8)
	가. 「외국인투자 촉진법」에 따른 외국인투자기업의 경영·관리 또는 생산·기술 분야에 종사하려는 필수전문인력으로서 법무부장관이 인정하는 사람(국내에서 채용하는 사람은 제외한다)
	나. 지식재산권을 보유하는 등 우수한 기술력으로「벤처기업육성에 관한 특별조치법」제2조의2 제1항제2호다목에 따른 벤처기업을 설립한 사람 중 같은 법 제25조에 따라 벤처기업 확인을 받은 사람 또는 이에 준하는 사람으로서 법무부장관이 인정하는 사람
	다. 다음의 어느 하나에 해당하는 사람으로서 지식재산권을 보유하거나 이에 준하는 기술력 등을 가진 사람 중 법무부장관이 인정한 법인 창업자
	  1) 국내에서 전문학사 이상의 학위를 취득한 사람
	  2) 외국에서 학사 이상의 학위를 취득한 사람
	  3) 관계 중앙행정기관의 장이 지식재산권 보유 등 우수한 기술력을 보유한 사람으로 인정하여 추천한 사람

② 영 별표 1의2 중 체류자격 24. 거주(F-2)의 자격에 해당하는 사람으로서 법무부장관이 정하는 일정금액·일정기간 이상을 국내산업체에 투자하고 계속하여 기업활동에 종사하고 있는 사람

장기체류자격(제12조 관련)

체류자격 (기호)	체류자격에 해당하는 사람 또는 활동범위
24. 거주 (F-2)	가. 국민의 미성년 외국인 자녀 또는 별표 1의3 영주(F-5) 체류자격을 가지고 있는 사람의 배우자 및 그의 미성년 자녀 나. 국민과 혼인관계(사실상의 혼인관계를 포함한다)에서 출생한 사람으로서 법무부장관이 인정하는 사람 다. 난민의 인정을 받은 사람 라. 「외국인투자 촉진법」에 따른 외국투자가 등으로 다음의 어느 하나에 해당하는 사람 　1) 미화 50만 달러 이상을 투자한 외국인으로서 기업투자(D-8) 체류자격으로 3년 이상 계속 체류하고 있는 사람 　2) 미화 50만 달러 이상을 투자한 외국법인이 「외국인투자 촉진법」에 따른 국내 외국인투자기업에 파견한 임직원으로서 3년 이상 계속 체류하고 있는 사람 　3) 미화 30만 달러 이상을 투자한 외국인으로서 2명 이상의 국민을 고용하고 있는 사람 마. 별표 1의3 영주(F-5) 체류자격을 상실한 사람 중 국내 생활관계의 권익보호 등을 고려하여 법무부장관이 국내에서 계속 체류하여야 할 필요가 있다고 인정하는 사람(강제퇴거된 사람은 제외한다) 바. 외교(A-1)부터 협정(A-3)까지의 체류자격 외의 체류자격으로 대한민국에 5년 이상 계속 체류하여 생활 근거지가 국내에 있는 사람으로서 법무부장관이 인정하는 사람 사. 비전문취업(E-9), 선원취업(E-10) 또는 방문취업(H-2) 체류자격으로 취업활동을 하고 있는 사람으로서 과거 10년 이내에 법무부장관이 정하는 체류자격으로 4년 이상의 기간 동안 취업활동을 한 사실이 있는 사람 중 다음 요건을 모두 갖춘 사람 　1) 법무부장관이 정하는 기술·기능 자격증을 가지고 있거나 일정 금액 이상의 임금을 국내에서 받고 있을 것(기술·기능 자격증의 종류 및 임금의 기준에 관하여는 법무부장관이 관계 중앙행정기관의 장과 협의하여 고시한다) 　2) 법무부장관이 정하는 금액 이상의 자산을 가지고 있을 것 　3) 대한민국 「민법」에 따른 성년으로서 품행이 단정하고 대한민국에서 거주하는 데 필요한 기본 소양을 갖추고 있을 것 아. 「국가공무원법」 또는 「지방공무원법」에 따라 공무원으로 임용된 사람으로서 법무부장관이 인정하는 사람 자. 나이, 학력, 소득 등이 법무부장관이 정하여 고시하는 기준에 해당하는 사람 차. 투자지역, 투자대상, 투자금액 등 법무부장관이 정하여 고시하는 기준에 따라 부동산 등 자산에 투자한 사람 또는 법인의 임원, 주주 등으로서 법무부장관이 인정하는 외국인. 이 경우 법인에 대해서는 법무부장관이 투자금액 등을 고려하여 체류자격 부여인원을 정한다. 카. 자목이나 차목에 해당하는 사람의 배우자 및 자녀(법무부장관이 정하는 요건을 갖춘 자녀만 해당한다)

다. 재입국허가기간 연장허가

외국인이 질병이나 그 밖의 부득이한 사유로 허가받은 기간 내에 재입국할 수 없는 경우에는 그 기간이 끝나기 전에 법무부장관의 재입국허가기간 연장허가를 받아야 한다(법 제30조 제3항).

(1) 재입국허가기간연장허가신청서 제출

재입국허가기간연장허가를 받고자 하는 자는 재입국허가기간연장허가신청서에 그 사유를 소명하는 서류를 첨부하여 재외공관의 장에게 제출하여야 한다(법 시행규칙 제39조의8 제1항).

(2) 재입국허가 연장기간

재입국허가기간 연장허가기간은 재입국허가기간의 만료일부터 3개월 이내에서 이를 정할 수 있다. 이 경우 그 연장허가기간은 허가받은 체류기간을 초과할 수 없다(법 시행규칙 제39조의8 제2항).

(3) 여권 등에 연장허가기간 기재 등

재입국허가기간연장허가를 받은 자의 여권 또는 재입국허가서에는 재입국허가기간연장허가인을 찍고 연장허가기간을 기재하여야 한다(법 시행규칙 제39조의8 제3항).

라. 재입국허가기간 연장허가 권한 위임

재입국허가를 받은 사람(재입국허가가 면제된 사람을 포함한다)이 출국 후 선박등이 없거나 질병 또는 그 밖의 부득이한 사유로 그 허가기간 또는 면제기간 내에 재입국할 수 없는 경우에 받아야 하는 재입국허가기간 연장허가에 관한 법무부장관의 권한은 재외공관의 장에게 위임할 수 있다(법 제30조 제4항). 이는 외국인이 재입국허가 기간연장 신청시 외국에 거주하고 있다는 현실적 이유 때문에 체류하는 곳의 재외공관에 신청하고, 그곳에서 판단하는 것이 보다 효율적이라는 판단에 따라 재외공관의 장에게 위임하는 규정을 둔 것이다.

마. 재입국허가서의 회수 등

출입국관리공무원은 재입국허가서를 발급받은 자가 ⅰ) 단수재입국허가서의 명의인이 입국하는 때, ⅱ) 복수재입국허가서의 명의인이 최종 입국하는 때의 어느 하나에 해당하는 때에는 재입국허가서를 회수하여 이를 발급한 청장·사무소장 또는 출장소장에게 송부하여야 한다(법 시행규칙 제42조).

바. 재외공관장의 재입국허가 확인

(1) 재입국허가 확인신청 및 사실조회신청

재외공관의 장은 재입국허가를 받고 출국하여 외국에 체류중인 자가 여권분실 등의 사유로 재입국허가의 확인을 신청할 때에는 지체없이 외교부장관을 거쳐 법무부장관에게 사실조회를 하여야 한다(법 시행규칙 제43조 제1항).

(2) 재외공관의 장에 회보

법무부장관은 사실조회 신청을 받은 때에는 이미 허가된 체류자격·재입국허가일자·재입국허가기간등을 외교부장관을 거쳐 해당 재외공관의 장에게 회보한다(법 시행규칙 제43조 제2항).

(3) 재외공관장의 환인인 날인 등

재외공관의 장은 회보를 받은 때에는 신청인의 새 여권에 재입국허가확인인을 찍고 서명하여야 한다(법 시행규칙 제43조 제3항).

(4) 재입국허가서 분실시 조치

재외공관의 장은 제39조의7에 따른 재입국허가서를 발급받은 사람이 외국에서 이를 분실한 때에는 제1항 및 제2항의 규정에 의한 절차에 따라 확인을 거쳐 재입국허가확인서를 발급하여야 한다(법 시행규칙 제43조 제4항).

■ 출입국관리법 시행규칙 [별지 제60호서식] 〈개정 2016. 9. 29.〉

재입국허가확인서
(VERIFICATION OF REENTRY PERMIT)

법무부 회신번호 :

법무부 회신일자 :

대상자 (Person to whom the Verification relates)	성명 (Full name)
	성별 (Sex) 남 Male[ ] 여 Female[ ]
	생년월일 (Date of Birth)
	국적 (Nationality)
	체류자격 (Status of Sojourn)
	재입국허가일 (Date of Approval)
	재입국허가 만료일 (Valid Until)
	사유 (Reasons)
동반자 (Dependent)	성명 (Full name)
	성별 (Sex) 남 Male[ ] 여 Female[ ]
	생년월일 (Date of Birth)
	관계 (Relation)

위 사항을 확인합니다.

I hereby certify that the above information has been verified.

년   월   일

Date   (year)   (month)   (day)

Embassy (Consulate General) of the Republic of Korea in ○ ○

영사 성명 Consul :   (서명 또는 인) (signature or seal)

사. 재입국허가 면제기준 등

(1) 재입국허가 면제대상자

(가) 원칙

영주자격을 가진 사람과 재입국허가를 면제하여야 할 상당한 이유가 있는 사람으로서 법무부령으로 정하는 사람에 대하여는 재입국허가를 면제할 수 있는데, 여기서 "법무부령으로 정하는 사람"이란 다음과 같다(법 시행규칙 제44조의2 제1항 본문).

1. 영 별표 1의3 체류자격 영주(F-5)의 자격을 가진 사람으로서 출국한 날부터 2년 이내에 재입국하려는 사람

2. 영 별표 1의2 중 체류자격 1. 외교(A-1)부터 25. 동반(F-3)까지, 27. 결혼이민(F-6)부터 30. 기타(G-1)까지의 자격을 가진 사람으로서 출국한 날부터 1년(남아 있는 체류기간이 1년보다 짧을 경우에는 남아있는 체류기간으로 한다) 이내에 재입국하려는 사람

(나) 예외 – 면제 제외자

다음의 어느 하나에 해당하는 사람은 제외한다(법 시행규칙 제44조의2 제1항 단서).

1) 법 제11조에 따라 입국이 금지되는 외국인

제11조(입국의 금지 등)

① 법무부장관은 다음 각 호의 어느 하나에 해당하는 외국인에 대하여는 입국을 금지할 수 있다.

1. 감염병환자, 마약류중독자, 그 밖에 공중위생상 위해를 끼칠 염려가 있다고 인정되는 사람

2. 「총포·도검·화약류 등의 안전관리에 관한 법률」에서 정하는 총포·도검·화약류 등을 위법하게 가지고 입국하려는 사람

3. 대한민국의 이익이나 공공의 안전을 해치는 행동을 할 염려가 있다고 인정할 만한 상당한 이유가 있는 사람

4. 경제질서 또는 사회질서를 해치거나 선량한 풍속을 해치는 행동을 할 염려가 있다고 인정할 만한 상당한 이유가 있는 사람

5. 사리 분별력이 없고 국내에서 체류활동을 보조할 사람이 없는 정신장애인, 국내체류비용을 부담할 능력이 없는 사람, 그 밖에 구호(救護)가 필요한 사람

6. 강제퇴거명령을 받고 출국한 후 5년이 지나지 아니한 사람

7. 1910년 8월 29일부터 1945년 8월 15일까지 사이에 다음 각 목의 어느 하나에 해당하

는 정부의 지시를 받거나 그 정부와 연계하여 인종, 민족, 종교, 국적, 정치적 견해 등을 이유로 사람을 학살·학대하는 일에 관여한 사람

가. 일본 정부

나. 일본 정부와 동맹 관계에 있던 정부

다. 일본 정부의 우월한 힘이 미치던 정부

8. 제1호부터 제7호까지의 규정에 준하는 사람으로서 법무부장관이 그 입국이 적당하지 아니하다고 인정하는 사람

2) 법 시행규칙 규칙 제10조 각 호의 어느 하나에 해당하는 사람

법 시행규칙 제10조(사증발급의 승인)

재외공관의 장은 다음 각 호의 어느 하나에 해당하는 자에 대하여 사증을 발급하고자 하는 때에는 제9조의 규정에 불구하고 법무부장관의 승인을 얻어야 하며, 그 승인에 관한 절차는 제8조제2항부터 제4항까지의 규정에 따른다.

1. 국민에 대하여 사증발급을 억제하고 있는 국가의 국민

2. 「국가보안법」 제2조의 규정에 의한 반국가단체에 소속하고 있는 자

3. 법무부장관이 그 사증발급에 관하여 특별히 승인을 얻어야만 사증발급을 받을 수 있도록한 사증발급규제자

4. 「재외동포의 출입국과 법적 지위에 관한 법률」 제5조제2항의 규정에 의한 대한민국의 안전보장과 질서유지·공공복리·외교관계 기타 대한민국의 이익을 해할 우려가 있다고 판단되는 자

5. 기타 법무부장관이 대한민국의 이익등을 보호하기 위하여 따로 지정한 국가의 국민 또는 단체에 소속하고 있는 자

(2) 재입국허가면제기간 연장

재입국허가면제 대상자에 해당하는 사람에 대한 재입국허가면제기간 연장에 관하여는 제39조의8을 준용한다(법 시행규칙 제44조의2 제2항).

(가) 재입국 허가기간 연장허가신청서 제출

재입국허가기간연장허가를 받고자 하는 자는 재입국 허가기간 연장허가신청서에 그 사유를 소명하는 서류를 첨부하여 재외공관의 장에게 제출하여야 한다.

재입국허가기간 연장허가 신청서
Application For Permission For Extending Of Reentry Permit

[ ]에 해당되는 곳에 √표를 합니다.

접수번호 Receipt No	접수일자 Receipt Date	처리기간 Processing Period

종 류 Type	[ ] 단 수 Single [ ] 복 수 Mutiple			

신 청 인 Applicant	성 명 Name In Full			한자 성명 漢子 姓名	
	성 별 Gender	[ ]M [ ]F	생년월일 Date Of Birth	국 적 Nationality	
	직장 및 직위 Place & Position Of Employment				
	한국 내 주소 Address In Korea			전화번호 Telephone	
	본국 주소 Address In Home Country				
	여권 번호 Passport No.			여권 유효기간 Passport Validity	
	재입국 허가번호 Reentry Permit No.		허가일 Date Of Permit	유효 기간 Date Of Expiration	
	연장신청 기간 Intended Period Of Extension		연장신청 사유 Reason For Application		

동 반 자 Dependent	연 번 No.	성 명 Name In Full	생년 월일 Date Of Birth	성 별 Gender	관 계 Relation	비 고 Remarks
				[ ]M [ ]F		
				[ ]M [ ]F		

「출입국관리법 시행규칙」 제39조의7에 따라 위와 같이 신청합니다.
I hereby apply for Postponement Of The Termination Of Departure, pursuant to Article 39–7 of the provisions for enforcement of the Immigration Law.

(나) 재입국허가 연장기한

재입국허가기간 연장허가기간은 재입국허가기간의 만료일부터 3개월 이내에서 이를 정할 수 있다. 이 경우 그 연장허가기간은 허가받은 체류기간을 초과할 수 없다.

(다) 여권 등에 허가인 날인 등

재입국허가기간연장허가를 받은 자의 여권 또는 재입국허가서에는 재입국허가기간연장허가인을 찍고 연장허가기간을 기재하여야 한다.

[별지 제62호서식]

재입국허가기간연장허가인

재입국허가기간 연장허가

PERMISSION FOR EXTENDING OF

REENTRY PERMIT

NO.   Status :

(   ) reentry permit extended

until _____,

if passport remains valid.

년   월   일

(공관인)   (영사서명)

35mm

4. 외국인의 출국정지 절차 등

외국인의 출국정지 및 출국정지기간 연장 절차 등에 관하여는 제6조의2 제2항, 제6조의3, 제6조의4 제1항·제2항, 제6조의5, 제6조의6 제3항 및 제6조의7 부터 제6조의12까지를 준용한다. 이 경우 "출국금지"는 "출국정지"로 본다(법 시행규칙 제39조의5).

법 시행규칙 제6조의2(출국금지 대상자)

② 법 제4조 제2항 제1호에서 도주 등 특별한 사유가 있어 수사 진행이 어려운 사람은 도주 등으로 체포영장 또는 구속영장이 발부되거나 지명수배된 사람으로 한다.

법 시행규칙 제6조의3(출국금지의 세부기준)

① 법무부장관은 필요하다고 인정하는 경우에는 법 제4조제1항 또는 제2항에 따른 출국금지 대상자에 대한 세부기준을 정할 수 있다.

② 제1항에 따른 세부기준은 중앙행정기관 및 법무부장관이 정하는 관계 기관과의 협의를 거쳐 정하여야 한다.

법 시행규칙 제6조의4(출국금지 등의 요청 시 첨부서류)

① 영 제2조제2항 본문에서 "법무부령으로 정하는 서류"란 다음 각 호의 서류를 말한다.

  1. 다음 각 목의 사항에 대한 소명 자료

    가. 당사자가 법 제4조제1항 또는 제2항에 따른 출국금지 대상자에 해당하는 사실

    나. 출국금지가 필요한 사유

  2. 검사의 검토의견서(법 제4조제2항에 따른 범죄 수사 목적인 경우에만 해당한다)

② 영 제2조의2제2항에서 "법무부령으로 정하는 서류"란 다음 각 호의 서류를 말한다.

  1. 다음 각 목의 사항에 대한 소명 자료

    가. 당사자가 법 제4조제1항 또는 제2항에 따른 출국금지 대상자에 해당하는 사실

    나. 출국금지기간 연장이 필요한 사유

  2. 검사의 검초의견서(법 제4조제2항에 따른 범죄 수사 목적인 경우에만 해당한다)

법 시행규칙 제6조의6(출국금지의 해제)

③ 법무부장관은 영 제3조제4항에 따라 출국금지 해제요청에 관하여 심사·결정하면 심사결정서를 작성하여야 한다.

법 시행규칙 제6조의7(출국금지결정 등의 통지서)

① 법 제4조의4제1항 또는 제2항에 따른 통지는 다음 각 호의 구분에 따른 서면으로 한다.

　　1. 법 제4조제1항 또는 제2항에 따라 출국금지한 경우: 출국금지 통지서

　　2. 법 제4조의2제1항에 따라 출국금지기간을 연장한 경우: 출국금지기간 연장통지서

　　3. 법 제4조의3에 따라 출국금지를 해제한 경우: 출국금지 해제통지서

② 제1항 각 호에 따른 통지서는 본인에게 직접 교부하거나 우편 등의 방법으로 보내야 한다.

법 시행규칙 제6조의8(출국금지결정 등 통지의 예외)

① 법 제4조의4제3항제1호에 따라 대한민국의 안전 또는 공공의 이익에 중대하고 명백한 위해를 끼칠 우려가 있어 출국금지나 출국금지기간 연장의 통지를 하지 아니할 수 있는 경우는 출국이 금지된 사람이 다음 각 호의 어느 하나에 해당하는 죄와 관련된 혐의자인 경우로 한정한다.

　　1. 「형법」 중 내란 · 외환의 죄

　　2. 「국가보안법」 위반의 죄

　　3. 「군형법」 중 반란 · 이적의 죄

　　4. 「군형법」 중 군사기밀 누설죄와 암호부정 사용죄

② 영 제2조의2제2항에 따른 출국금지 요청기관의 장은 영 제3조의3제1항에 따라 당사자에게 통지하지 아니할 것을 요청하는 경우에는 출국금지 요청서의 출국금지 사유란 또는 출국금지기간 연장요청서의 연장요청 사유란에 그 이유를 기재하여야 한다.

③ 법무부장관은 영 제3조의3제2항에 따라 출국금지 또는 출국금지기간 연장을 결정한 사실을 통지하지 아니하기로 한 경우에는 출국금지 등의 심사결정서에 그 이유를 기재하여야 한다.

법 시행규칙 제6조의9(출국금지 여부의 확인)

① 출국이 금지된 사람(본인으로부터 소송 등을 위임받은 변호인을 포함한다)은 법무부장관이나 청장 · 사무소장 또는 출장소장에게 본인의 출국금지 사실을 확인할 수 있다. [개정 2018.5.15 제927호(출입국 · 외국인청 등 설치에 따른 국적법 시행규칙 등)]

② 제1항에 따른 사실확인 절차 등 필요한 사항은 법무부장관이 정한다.

법 시행규칙 제6조의10(출국금지결정 등에 대한 이의신청서)

① 법 제4조의5제1항에 따라 출국금지결정이나 출국금지기간 연장결정에 대하여 이의신청을 하려는 사람은 같은 항에서 정한 기간 내에 법무부장관에게 이의신청서를 제출하여야 한다.

② 법무부장관은 영 제3조의4에 따라 심사·결정을 하면 이의신청에 대한 심사결정서를 작성하고, 그 사본을 이의신청인과 출국금지 또는 출국금지기간 연장을 요청한 기관의 장에게 보내야 한다.

법 시행규칙 제6조의11(중앙행정기관 등과의 협의사항)

① 법무부장관은 중앙행정기관 및 법무부장관이 정하는 관계 기관과 다음 각 호의 사항을 협의한다.

    1. 출국금지제도의 운영 및 개선에 관한 사항

    2. 출국금지 또는 이의신청의 심사, 출국금지의 해제에 관한 사항 중 협의가 필요한 사항

    3. 그 밖에 출국금지 업무와 관련하여 협의가 필요한 사항

② 법무부장관은 제1항의 협의사항과 관련하여 필요한 경우 중앙행정기관 및 법무부장관이 정하는 관계 기관에 필요한 자료나 의견 제출을 요청할 수 있다.

법 시행규칙 제6조의12(문서관리 등)

① 법무부장관은 다음 각 호의 문서를 비치·관리하여야 한다. 이 경우 전자적 처리가 불가능한 경우가 아니면 전자적 방법으로 관리할 수 있다.

    1. 출국금지 통지서 발급대장

    2. 출국금지 이의신청 처리대장

    3. 그 밖에 법무부장관이 필요하다고 인정한 문서

② 법무부장관은 출국금지 요청, 출국금지기간의 연장 요청, 출국금지의 해제 요청과 관계 기관에 대한 통보 등의 업무를 정보화망을 통한 전자적 방법으로 처리할 수 있다.

법 무 부
MINISTRY OF JUSTICE

TO :   Date   .   .   .

출국정지(출국정지기간 연장) 통지서
NOTICE OF(EXTENSION OF PERIOD OF) SUSPENSION OF DEPARTURE

I hereby notify you that your departure shall be suspended(the period of suspension of your departure was extended) in accordance with article 29 of the immigration law, as follows :

□ Date of suspension of departure :   From   .   .   .
                                                   To   .   .   .

□ Extended period of suspension of departure : From   .   .   .
                                                   To   .   .   .

Cause for(extension of) suspension of departure :

Institution which requested(for extension of) suspension of departure :

귀하는 위 처분에 대하여 이의가 있을 때에는 「출입국관리법」 제29조제2항에 따라 이 통지서를 받은 날부터 10일 이내에 법무부장관에게 이의신청을 하거나, 이 통지서를 받은 날부터 90일 이내에 행정심판 또는 행정소송을 제기할 수 있습니다.

※ 행정심판을 청구할 때에는 온라인행정심판(www.simpan.go.kr), 행정소송을 청구할 때에는 전자소송(ecfs.scourt.go.kr)을 통하여 온라인으로도 청구할 수 있습니다.

A person who has an objection to the above disposition may file an objection with the Minister of Justice within 10 days after receipt of the notice of(extension of period of) suspension of departure in accordance with Article 29 paragraph 2 of the Immigration Act or may file an administration appeal or an administrative litigation within 90 days from the date of receiving the notice.

※ You may file an administrative appeal online (www.simpan.go.kr) and an administrative litigation on the Internet (ecfs.scourt.go.kr)

MINISTER OF JUSTICE
(OFFICIAL SEAL AFFIXED)

출국금지 통지서 발급대장

발급 번호	발급일	인적사항			요청 기관	출국금지 처분일	처분사유	비고
		성명	생년월일	주소				

출국금지결정 등 이의신청서

접수번호	접수일	처 리 기간	15일

신청인	성 명		
	생년월일	성 별	[ ]남 [ ]여
	주소		
		(전화번호:)	

　년　　월　　일 출국금지(출국금지기간 연장)결정에 대하여 이의가 있으므로 「출입국관리법」 제4조의5제1항에 따라 붙임과 같이 소명자료를 첨부하여 이의신청을 합니다.

년　　월　　일

신청인
(서명 또는 인)

법무부장관　　귀하

첨부서류	소명자료	수수료 없음

[별지 제12호의2서식] 〈신설 2012.1.19〉

출국금지 이의신청 처리대장

접수		신청인		출국금지 내용			이의신청 취지	심사·결정		비고
번호	월일	성명	생년월일	요청기관	금지기간	금지사유		월일	내용	

제5장
외국인의 등록 및 사회통합 프로그램

제1절 외국인의 등록

주민등록에 관한 사항을 규정하고 있는 주민등록법 제1조는 주민의 거주관계 등 인구의 동태를 항상 명확하게 파악하여 주민생활의 편익을 증진시키고 행정사무를 적정하게 처리하도록 하기 위하여 대한민국에 거주하는 국민들의 주민등록을 의무화하고 있다. 그러나 그러한 주민등록대상에서 외국인은 명문으로 배제되어 있어, 이에 관한 행정사무 및 체류질서 등의 유지를 위하여 외국인에 대한 별도의 등록이 필요한 실정인데, 본절은 이러한 필요성에 의거하여 외국인등록절차 등을 규정한 것이다.

1. 외국인등록절차 등

가. 외국인등록

(1) 외국인체류 시 등록절차

(가) 원칙

외국인이 입국한 날부터 90일을 초과하여 대한민국에 체류하려면 대통령령으로 정하는 바에 따라 입국한 날부터 90일 이내에 그의 체류지를 관할하는 지방출입국·외국인관서의 장에게 외국인등록을 하여야 한다(법 제31조 제1항 본문). 이러한 외국인등록제도를 둔 이유는 국내에 거주하는 외국인의 체류지, 체류 목적, 체류 기간, 근무처 등을 정확히 파악함으로서 외국인을 효율적으로 관리하여 공공의 안녕과 외국인의 체류질서를 확보하려는 목적에서이다.

1) 외국등록신청서 등 제출

대한민국에서 90일 이상 체류하기 위하여 외국인등록을 하려는 사람은 외국인등록 신청서에 여권과 그 밖에 법무부령으로 정하는 서류를 첨부하여 체류지 관할 청장·사무소장 또는 출장소장에게 제출하여야 한다(법 시행령 제40조 제1항).

구성하지 않는다. 그러나 신청인이 업무담당자에게 허위의 주장을 하면서 이에 부합하는 허위의 소명 자료를 첨부하여 제출한 경우, 그 수리 여부를 결정하는 업무담당자가 관계 규정이 정한 바에 따라 그 요건의 존부에 관하여 나름대로 충분히 심사를 하였으나 신청사유 및 소명자료가 허위임을 발견하지 못하여 그 신청을 수리하게 될 정도에 이르렀다면, 이는 업무담당자의 불충분한 심사가 아니라 신청인 의 위계행위에 의한 것으로서 위계에 의한 공무집행방해죄가 성립한다.

2) 외국등록번호부여 등

체류지 관할 청장·사무소장 또는 출장소장은 외국인등록을 마친 사람에게 외국인등록번호 를 부여하고 등록외국인대장에 적어야 한다(법 시행령 제40조 제2항).

(나) 예외

다만, 다음의 어느 하나에 해당하는 외국인의 경우에는 외국인등록의 의무가 면제된다(법 제31 조 제1항 단서).

1) 주한외국공관(대사관과 영사관을 포함한다)과 국제기구의 직원 및 그의 가족

2) 대한민국정부와의 협정에 따라 외교관 또는 영사와 유사한 특권 및 면제를 누리는 사람과 그의 가족

3) 대한민국정부가 초청한 사람 등으로서 법무부령으로 정하는 사람, 이에 해당하는 자는 외교·산업·국방상 중요한 업무에 종사하는 자 및 그의 가족 기타 법무부장관이 특별히 외국인등록을 면제할 필요가 있다고 인정하는 자로 한다(법 시행규칙 제45조 제1항). 법무부장관이 이에 따라 외국인등록을 면제하기로 결정한 때에는 이를 체류지를 관할 하는 청장·사무소장 또는 출장소장(이하 "체류지 관할 청장·사무소장 또는 출장소장"이라 한다)에게 통보한다(같은 조 제2항).

(2) 등록면제대상자의 외국인등록

외국인이 입국한 경우 입국한 날로부터 90일 이내에 그 체류지를 관할하는 지방출입국의 장 등에게 외국인을 등록을 하여야 함에도 불구하고, 주한외국공관(대사관과 영사관을 포 함한다)과 국제기구의 직원 및 그의 가족, 대한민국정부와의 협정에 따라 외교관 또는 영 사와 유사한 특권 및 면제를 누리는 사람과 그의 가족, 대한민국정부가 초청한 사람 등으로 서 법무부령으로 정하는 사람의 어느 하나에 해당하여 면제대상 외국인이라도 본인이 원하

는 경우 체류기간 내에 외국인등록을 할 수 있다(법 제31조 제2항). 이는 등록면제대상 외국인이더라도 국내에 체류시 직면하게 되는 여러 문제들(예를 들어, 금융거래나 자녀의 학교 입학 등)을 효율적으로 해결하고 이를 통해 자신들의 생활편의 증진을 위하여 인정된 제도이다.

(3) 체류자격을 부여받은 자의 외국인등록시기

국내 입국한 외국인은 입국일로부터 90일 이내에 외국인등록을 하여야 하지만, 체류자격을 받은 외국인이(법 제 23조) 국내에 90일 이상 체류하고자 하는 때에는 체류자격을 받는 때에 외국인등록을 하여야 하는데(법 제31조 제3항), 그 이유는 업무처리 관례상 체류자격 부여와 외국인등록을 동시에 처리하기 때문이다.

(4) 체류자격 변경허가를 받은 자 – 체류자격 변경허가를 받는 때

체류자격 변경허가를 받아(법 제24조) 입국한 날부터 90일을 초과하여 체류하게 되는 외국인은 체류자격 변경허가를 받는 때에 외국인등록을 하여야 한다(법 제31조 제4항).

(5) 외국인등록번호 부여 등

(가) 외국인등록번호 부여

지방출입국 · 외국인관서의 장은 일정기간 체류할 목적으로 입국하여 외국인등록을 한 사람에게는 대통령령으로 정하는 방법에 따라 개인별로 고유한 등록번호(이하 "외국인등록번호"라 한다)를 부여하여야 한다(법 제31조 제5항).

(나) 외국인등록번호의 체계 등

외국인등록번호는 생년월일 · 성별 · 등록기관 등을 표시하는 13자리 숫자로 하고, 1인 1번호로 하며, 이미 부여한 번호를 다른 사람에게 부여해서는 아니 된다. 그 외 외국인등록번호의 체계와 부여절차에 필요한 사항은 법무부장관이 정한다(법 시행령 제40조의3).

(6) 벌칙

제31조의 등록의무를 위반한 사람은 강제퇴거 대상이 되며(법 제46조 제1항 제12호), 1년 이하의 징역 또는 1천만원 이하의 벌금에 처한다(법 제95조 제7호).

나. 외국인등록사항

외국인등록시의 외국인등록사항은 다음과 같다(법 제32조).

(1) 성명, 성별, 생년월일 및 국적

(2) 여권의 번호 · 발급일자 및 유효기간

(3) 근무처와 직위 또는 담당업무

(4) 본국의 주소와 국내 체류지

(5) 체류자격과 체류기간

(6) (1)부터 (5)까지에서 규정한 사항 외에 법무부령으로 정하는 사항, 위의 규정에 의한 외국인등록사항은 ⅰ) 입국일자 및 입국항, ⅱ) 사증에 관한 사항, ⅲ) 동반자에 관한 사항, ⅳ) 사업자 등록번호 등이다(법 시행규칙 제47조).

한편, 재외동포의 출입국과 법적 위지에 관한 법률 제6조 및 같은 법 시행령 제7조에 따라 외국국적동포가 국내거소신고를 하려는 경우에는 ⅰ) 신고인의 성명 · 성별 및 생년월일, ⅱ) 국내거주 주소, ⅲ) 국내거소, ⅳ) 직업, ⅴ) 국적 및 그 취득일, ⅵ) 여권번호 및 그 발급일, ⅶ) 그 밖에 법무부장관이 정하는 사항을 적은 국내거소신고서를 제출하여야 한다.

[서식] 거소신고서

■ 재외동포의 출입국과 법적 지위에 관한 법률 시행규칙 [별지 제1호서식]

재외동포(F-4) 통합신청서(신고서)
OVERSEAS KOREAN(F-4) APPLICATION FORM (REPORT FORM)

□ **업무선택 SELECT APPLICATION**

[ ] 외국국적동포 국내거소신고 OVERSEAS KOREAN REGISTRATION	[ ] 체류기간 연장허가 EXTENSION OF SOJOURN PERIOD	PHOTO 여권용사진(35mm×45mm) 촬영일부터 6개월이 경과하지 않아야 함 taken within last 6 months 국내거소신고 및 거소증 재발급 시에만 사진 부착 Photo only for Domestic Residence (Reissued)
[ ] 국내거소 이전신고 REPORT ON ALTERATION OF DOMESTIC RESIDENCE	[ ] 체류자격 변경허가 CHANGE OF STATUS OF SOJOURN	
[ ] 국내거소신고증 재발급 REISSUANCE OF DOMESTIC EXTENSION OF SOJOURN PERIOD CARD	[ ] 체류자격 부여 GRANTING STATUS OF SOJOURN	

성 명 Name In Full	성 Surname		명 Given names					한글성명 漢字姓名	
생년월일 Date of Birth	년 yy		월 mm	일 dd		성별 sex	[ ]남 M [ ]여 F	국 적 Nationality/ Others	
외국인등록번호(국내거소신고번호) Foreign Resident Registration No. Overseas Korean Resident No.(If any)									
여권 번호 Passport No.			여권 발급일자 Passport Issue Date			여권 유효기간 Passport Expiry Date			

Occupation		Workplace	Business Registration No.	phone No.	
외국국적 취득일(Date of Acquisition of Foreign Nationality)					
반환용 계좌번호[국내거소신고증 발급 신청 시에만 기재] Refund Bank Account No. only for Issuance Of Domestic Resident Card					
신청일 Date of application			신청인 서명 또는 인 Signature/Seal		

신청인 제출서류	「출입국관리법 시행규칙」 별표 5의2(체류자격외 활동허가신청 등 첨부서류)의 체류자격별 · 신청구분별 첨부서류 참고
담당공무원 확인사항	「출입국관리법 시행규칙」 별표 5의2(체류자격외 활동허가신청 등 첨부서류)의 체류자격별 · 신청구분별 첨부서류 참고

행정정보 공동이용 동의서 (Consent for sharing of administrative information)

본인은 이 건 업무처리와 관련하여 담당 공무원이 「전자정부법」 제36조에 따른 행정정보의 공동이용을 통하여 위의 담당 공무원 확인 사항을 확인하는 것에 동의합니다.   *동의하지 아니하는 경우에는 신청인이 직접 관련 서류를 제출하여야 합니다.

I, the undersigned, hereby consent to allow all documents and information required for the processing of this application to be viewed by the public servant in charge. As specified under E-government Law, article 36. *If you disagree, you will present all related documents yourself.

신청인 Applicant	서명 또는 인 signature/seal	신청인의 배우자 Spouse of applicant		서명 또는 인 신청인의 부 또는 모 signature/seal Father/Mother of applicant	서명 또는 인 signature/seal

공 용 란 (For Official Use Only)					
기본 사항	최초입국일		체류자격	체류기간	
접수 사항	접수일자		접수번호		
허가(신고) 사항	허가(신고) 일자		허가번호	체류자격	
				체류기간	
결 재	담 당			청장/소장	
				가 / 부	

다. 외국인등록증의 발급절차

(1) 외국인등록증의 발급

(가) 원칙

외국인이 입국한 날로부터 90일을 초과하여 체류하기 위해서는 지방출입국관서의 장 등에 외국인등록을 하여야 한다. 이에 따라 외국인등록 의무가 있는 사람 또는 등록의무는 없지만 본인의 의사에 따라 외국인등록 신청을 하는 사람 등으로부터 유효하게 외국인등록을 신청 받은 지방출입국·외국인관서의 장은 대통령령으로 정하는 바에 따라 그 외국인에게 외국인등록증을 의무적으로 발급하여야 한다(법 제33조 제1항 본문).

(나) 예외

다만, 그 외국인이 17세 미만인 경우에는 대한민국 국민의 주민등록증 발급 연령이 17세 이상 이라는 점을 감안하여 이를 발급하지 아니할 수 있다(법 제33조 제1항 단서). 다만, 이를 발급받지 아니한 외국인이 17세가 된 때에는 90일 이내에 체류지 관할 지방출입국·외국인관서의 장에게 외국인등록증 발급신청을 하여야 하는데(법 제33조 제2항), 만일 이를 위반하여 외국인등록증 발급신청을 하지 아니할 경우에는 50만원 이하의 과태료에 처한다(법 제100조 제3항 제1호).

(2) 외국인등록증 발급 후 조치 등

(가) 외국인등록증 발급대장 기재

등록을 한 외국인(이하 "등록외국인"이라 한다)의 체류지 관할 청장·사무소장 또는 출장소장은 외국인등록증을 발급하는 때에는 그 사실을 외국인등록증 발급대장에 적어야 한다(법 시행령 제41조 제1항).

■ 출입국관리법 시행규칙 [별지 제71호서식] 〈개정 2018. 5. 15.〉

외국인등록증 발급대장

○○출입국 · 외국인청(사무소 · 출장소)

번호	발급일자	외국인등록번호	국적	성명	체류자격	체류기간	비고

(나) 외국인등록번호 스티커 부착

체류지 관할 청장 · 사무소장 또는 출장소장은 외국인등록증을 발급하지 아니한 17세 미만의 외국인에 대해서는 여권에 외국인등록번호 스티커를 붙여야 한다(법 시행령 제41조 제2항).

(다) 외국인등록증 발급신청

외국인등록증 발급을 신청하려면 외국인등록증 발급신청서에 여권과 사진 1장을 첨부하여 체류지 관할 청장 · 사무소장 또는 출장소장에게 제출하여야 한다(법 시행령 제41조 제3항).

(라) 외국인등록증의 재질 등

외국인등록증의 재질 및 규격, 외국인등록증에 기재할 사항과 사용할 직인 등 필요한 사항은 법무부장관이 정한다(법 시행령 제41조 제4항).

(3) 외국인등록증의 유효기간

영주자격을 가진 외국인에게 발급하는 외국인등록증(이하 "영주증"이라 한다)의 유효기간은 등록외국인의 외국인등록증 유효기간이 통상 2~3년임에 반하여 10년으로 정하고 있기 때문에(법 제33조 제3항), 영주증을 발급받은 사람은 유효기간이 끝나기 전까지 영주증을 재발급 받아야 한다(법 제33조 제4항). 만일, 영주자격을 가진 외국인이 위 기간 내에 영주증을 재발급 받지 아니할 경우 200만원 이하의 과태료가 부과된다(법 제100조 제1항 제4호). 이는 영주자격을 가진 외국인의 경우 한번 교부받은 영주증으로 반영구적 체류가 가능하기 때문에 체류기간 중 그들에게 발생하는 신분상황 변경 등 여러 변경상황을 확인하고, 그들에 대한 효율적 관리의 필요성 때문에 규정된 조항이다.

(4) 외국인등록증의 재발급

(가) 외국인등록증 재발급 사유

체류지 관할 청장 · 사무소장 또는 출장소장은 외국인등록증을 발급받은 사람에게 다음의 어느 하나에 해당하는 사유가 있으면 외국인등록증을 재발급 할 수 있다(법 시행령 제42조 제1항).

1) 외국인등록증을 분실한 경우
2) 외국인등록증이 헐어서 못 쓰게 된 경우

3) 외국인등록증의 적는 난이 부족한 경우

4) 법 제24조에 따라 체류자격 변경허가를 받은 경우

5) 법 제35조제1호의 사항에 대한 외국인등록사항 변경신고를 받은 경우

6) 위조방지 등을 위하여 외국인등록증을 한꺼번에 갱신할 필요가 있는 경우

(나) 외국인등록증 재발급 신청서 제출 및 제출기한

외국인등록증을 재발급받으려는 사람은 외국인등록증 재발급 신청서에 사진 1장을 첨부하여 그 사유가 발생한 날부터 14일 이내에 체류지 관할 청장·사무소장 또는 출장소장에게 제출하여야 한다.

한편, ⅰ) 외국인등록증이 헐어서 못 쓰게 된 경우, ⅱ) 외국인등록증의 적는 난이 부족한 경우, ⅲ) 체류자격 변경허가를 받은 경우, ⅳ) 외국인등록사항 변경신고를 받은 경우, ⅴ) 위조방지 등을 위하여 외국인등록증을 한꺼번에 갱신할 필요가 있는 경우 등의 사유로 외국인등록증의 재발급 신청을 할 때에는 그 신청서에 원래의 외국인등록증을 첨부하여야 한다(법 시행령 제42조 제2항).

(다) 외국인등록증 재발급 및 사유 기재 등

체류지 관할 청장·사무소장 또는 출장소장은 외국인등록증을 재발급(영 제42조)하는 때에는 종전의 외국인등록번호를 사용하고 외국인등록증발급대장의 비고란에 재발급 사유를 기재하여야 한다(법 시행규칙 제48조 제2항). 재발급시 신청서에 첨부된 외국인등록증은 파기한다(법 시행령 제42조 제3항).

2. 영주증 재발급에 관한 특례 등

가. 영주증 재발급 신청

외국인등록증의 발급 등 규정(법 제33조)에도 불구하고 이 법(법률 제15492호 출입국관리법 일부개정 법률을 말한다. 이하 이 조에서 같다) 시행 당시 종전의 규정에 따라 영주자격을 가진 사람은 다음의 구분에 따른 기간 내에 체류지 관할 지방출입국·외국인관서의 장에게 영주증을 재발급받아야 한다(법 제33조의2 제1항).

(1) 이 법 시행 당시 영주자격을 취득한 날부터 10년이 경과한 사람

이 법 시행 당시 영주자격을 취득한 날부터 10년이 경과한 사람은 이 법 시행일부터 2년 이내에 체류지 관할 지방출입국·외국인관서의 장에게 영주증을 재발급받아야 한다.

(2) 이 법 시행 당시 영주자격을 취득한 날부터 10년이 경과하지 아니한 사람

이 법 시행 당시 영주자격을 취득한 날부터 10년이 경과하지 아니한 사람은 10년이 경과한 날부터 2년 이내에 체류지 관할 지방출입국·외국인관서의 장에게 영주증을 재발급받아야 한다.

나. 영주증재발급 통지서 송부

체류지 관할 지방출입국·외국인관서의 장은 이 법 시행 당시 영주자격을 취득한 날부터 10년이 경과한 사람 및 이 법 시행 당시 영주자격을 취득한 날부터 10년이 경과하지 아니한 사람에게 영주증 재발급 신청기한 등이 적힌 영주증 재발급 통지서를 우편 등으로 지체 없이 개별적으로 송부하여야 한다. 다만, 소재불명 등으로 영주증 재발급 통지서를 송부하기 어려운 경우에는 관보에 공고하여야 한다(법 제33조의 제2항).

■ 출입국관리법 시행규칙 [별지 제67호의2서식] 〈신설 2018. 9. 21.〉

(앞 쪽)

영 주 증
PERMANENT RESIDENT CARD

사진 22mm x 28mm	외국인 등록번호 123456-1234567	성 별 F
	성 명 HONG SPECIMEN	
	국 가 지 역 REPUBLIC OF UTOPIA	
	체류자격 영 주(F-5)	

발급일자

OO출입국·외국인청(사무소·출장소)장
CHIEF, OO IMMIGRATION OFFICE

85.6mm×54mm(polycarbonate 0.76T)

(뒤 쪽)

• 유효기간(Valid Until) :
• 체류지(Address)

신고일	체 류 지

유효확인 http://www.hikorea.go.kr
민원안내 국번없이 ☎1345

다. 영주증 유효기간의 특례

영주자격을 가진 외국인에게 발급하는 외국인등록증(이하 "영주증"이라 한다)의 유효기간은 10년이다. 따라서 위 기간 전에 영주증을 재발급 받지 아니할 경우 그 영주증의 효력은 상실된다(법 제33조 제3항). 그럼에도 불구하고 이 법 시행 당시 종전의 규정에 따라 영주자격을 가진 사람의 경우 영주자격을 취득한 날로부터 10년이 경과하거나 또는 법 개정을 사실을 알지 못하여 영주증을 재발급 받지 못할 경우 그로 인하여 발생하는 외국인의 피해 및 법적 혼란을 피하기 위한 목적으로 영주증을 재발급받기 전까지 이를 유효한 것으로 본다(법 제33조의2 제3항).

라. 영주증의 재발급

영주자격을 가진 외국인에게 발급하는 외국인등록증(이하 "영주증"이라 한다)을 재발급받으려는 사람은 영주증 유효기간 또는 법 제33조의2 제1항 각 호에 규정된 기간 만료일까지 법무부령으로 정하는 신청서에 여권, 체류지 입증서류, 원래의 영주증 및 사진 1장을 첨부하여 체류지 관할 청장·사무소장 또는 출장소장에게 제출하여야 한다. 이 경우 체류지 관할 청장·사무소장 또는 출장소장은 신청에 따라 영주증을 재발급할 때에는 그 사실을 영주증 발급대장에 적고, 재발급 신청 시 제출받은 원래의 영주증은 파기한다(법 시행령 제42조의2).

마. 재발급시 영주증 발급대장 기재 등

체류지 관할 청장·사무소장 또는 출장소장은 영주증 재발급 신청에 따라 영주증을 재발급할 때에는 그 사실을 영주증 발급대장에 적고, 재발급 신청 시 제출받은 원래의 영주증은 파기한다(법 시행규칙 제42조2 제1항). 또한 이때 종전의 외국인등록번호를 사용하고 외국인등록증발급대장의 비고란에 재발급 사유를 기재하여야 한다(법 시행규칙 제48조).

바. 벌칙

만일, 기한 내에 영주증을 재발급 받지 않은 외국인에게는 200만원 이하의 과태료가 부과된다(법 제100조 제1항 제4호).

3. 외국인등록증 등의 채무이행 확보수단 제공 등의 금지

가. 금지행위의 유형

누구든지 외국인등록증의 부정 사용되는 것을 방지하기 위한 목적으로 다음의 어느 하나에 해당하는 행위를 하여서는 아니 된다(법 제33조의3).

(1) 외국인의 여권이나 외국인등록증을 취업에 따른 계약 또는 채무이행의 확보수단으로 제공받거나 그 제공을 강요 또는 알선하는 행위

(2) 제31조제5항에 따른 외국인등록번호를 거짓으로 생성하여 자기 또는 다른 사람의 재물이나 재산상의 이익을 위하여 사용하거나 이를 알선하는 행위

(3) 외국인등록번호를 거짓으로 생성하는 프로그램을 다른 사람에게 전달하거나 유포 또는 이를 알선하는 행위

(4) 다른 사람의 외국인등록증을 부정하게 사용하거나 자기의 외국인등록증을 부정하게 사용한다는 사정을 알면서 다른 사람에게 제공하는 행위 또는 이를 각각 알선하는 행위

【판시사항】

외국인등록증 부정사용에 의한 출입국관리법위반 사례(인천지방법원 2016. 4. 14. 선고 2016고단750 판결)

【판결요지】

피고인 A는 베트남 국적의 외국인으로서 2006. 9. 16.경 부산 감천항을 출발하는 선박에 탑승하여 출국하였다가 다음날인 2006. 9. 17.경 경남 고현항에서 무단 하선하는 방법으로 입국한 후 불법 체류하다가 2016. 2. 3.경 인천공항 출입국관리사무소 소속 직원에게 검거되었다. 피고인은 2006. 9. 17.경부터 2016. 2. 3.까지 부산, 울산 일대에 거주하면서 체류자격 없이 대한민국에 체류하였다. 위와 같이 체류자격 없이 체류하는 사실이 발각될 것을 우려하여, 2015. 7.경 체류자격 내에서 체류 중인 자신의 동생 팜OO으로부터 외국인등록증을 교부받은 후 팜OO의 외국인등록증을 마치 자신의 외국인등록증인 것처럼 사용하기로 하고, 2015. 7. 9. 대구 수성구에 잇는 대구광역시 차량등록사업에서 행정사를 통하여 그랜저 승용차에 관한 소유권 이전등록을 신청하면서, 그곳 담당 공무원에게 팜OO의 외국인등록증을 마치 자신의 외국인등록증인 것처럼 제시하도록 하여 다른 사람의 외국인등록증을 부정하게 사용하였다. 또한 2016. 1. 30.경 대구 달성군에 있는 현풍드림통신 휴대폰 대리점에서 휴대전화를 개통하면서 그곳 담당직원에게 팜OO의 외국인등록증을 마치 자신의 외국인등록증인 것처럼 제시하여 다른 사람의 외국인등록증을 부정하게 사용하여 징역 1년을 선고받은 사례.

(5) 다른 사람의 외국인등록번호를 자기 또는 다른 사람의 재물이나 재산상의 이익을 위하여 부정하게 사용하거나 이를 알선하는 행위

나. 처벌

이 규정을 위반한 경우 3년 이하의 징역 또는 2천만원 이상의 벌금에 처하며(법 제94조 제19호), 특히 제1호를 위반한 행위와의 관계에서 법인 또는 개인의 양벌규정이 적용된다. 다만, 이 경우 법인 또는 개인이 그 위반행위를 방지하기 위하여 해당 업무에 관하여 상당한 주의와 감독의무를 게을리 하지 아니하였다는 사실이 인정될 경우에는 양벌규정으로 처벌되지 아니한다.

4. 외국인등록표 등의 작성 및 관리

가. 등록외국인기록표 작성 · 비치 등

(1) 등록외국인기록표 등 작성 및 송부

외국인등록을 받은(법 제31조) 지방출입국 · 외국인관서의 장은 등록외국인기록표를 작성 · 비치하고, 외국인등록표를 작성하여 그 외국인이 체류하는 시(「제주특별자치도 설치 및 국제자유도시 조성을 위한 특별법」 제10조에 따른 행정시를 포함하며, 특별시와 광역시는 제외한다. 이하 같다) · 군 · 구(자치구가 아닌 구를 포함한다. 이하 이 조, 제36조 및 제37조에서 같다) 및 읍 · 면 · 동의 장에게 보내야 한다(법 제34조 제1항).

■ 출입국관리법 시행규칙 [별지 제66호의4서식] 〈개정 2013.1.1〉

외국인등록번호 표시

ALIEN REGISTRATION No.

No.:

Name:

Date of Birth:

Date of Issue:

Chief, ○ ○ Immigration Office

70mm×50mm(편면 인쇄용아트지)

(2) 등록외국인기록표 작성방법

등록외국인기록표는 외국인의 인적사항, 여권 사항, 근무처, 국내 체류지 등의 내용을 포함한 20여개의 사항이 기재되는데, 체류지 관할 청장·사무소장 또는 출장소장은 이러한 등록외국인기록표를 개인별로 작성하여 갖추어 두어야 한다(법 시행령 제43조 제1항).

(3) 등록외국인기록표 기재사항

체류지 관할 청장·사무소장 또는 출장소장은 등록외국인에 대하여 각종 허가 또는 통고처분을 하거나 신고 등을 받은 때에는 그 내용을 등록외국인기록표에 적어 관리하여야 한다(법 시행령 제43조 제2항).

(4) 등록외국인기록보관철 적성 및 관리방법

체류지 관할 청장·사무소장 또는 출장소장은 등록외국인별로 등록외국인기록보관철을 만들어 등록외국인기록표와 각종 허가 또는 통고처분관련서류 등을 합철하여 관리하여야 한다. 다만, 정보화업무처리절차에 의하여 처리한 때에는 그러하지 아니하다(법 시행규칙 제49조 제2항).

나. 외국인등록표의 관리

(1) 외국인등록대장 관리

시·군·구 및 읍·면·동의 장은 외국인등록표를 받았을 때에는 그 등록사항을 외국인등록대장에 적어 관리하여야 한다(법 제34조 제2항).

■ 출입국관리법 시행규칙 [별지 제66호서식] 〈개정 2018. 5. 15.〉

등록외국인대장

○○출입국·외국인청(사무소·출장소)

번 호	등록연월일	외국인등록번호	국 적	성 명	성 별	생년월일	비 고

(2) 외국인등록대장 비치 및 외국인등록대장 관리방법

시 · 군 · 구[71] 및 읍 · 면 · 동의 장은 외국인등록대장을 갖추어 두어야 하며(법 제34조 제2항), 외국인이 최초로 외국인등록을 하거나 관할 구역으로 전입하여 외국인등록표를 받은 때에는 그 내용을 외국인등록대장에 적어 관리하고, 다른 관할 구역으로 체류지를 옮기거나 체류지 관할 청장 · 사무소장 또는 출장소장으로부터 외국인등록 말소통보를 받은 때에는 외국인등록 대장의 해당 사항에 붉은 줄을 그어 삭제하고 그 사유와 연월일을 적어야 한다(법 시행령 제43조 제3항).

(3) 외국인등록표 보존기간

시 · 군 · 구 및 읍 · 면 · 동의 장은 외국인등록 말소통보를 받은 외국인의 외국인등록표를 말소된 날부터 1년간 보존하여야 한다(법 시행령 제43조 제4항).

다. 등록외국인기록표 등 작성 및 관리 사항

등록외국인기록표, 외국인등록표 및 외국인등록대장의 작성과 관리에 필요한 사항은 대통령령으로 정한다(법 제34조 제3항).

라. 정보화업무처리절차에 의한 적성

체류지 관할 청장 · 사무소장 또는 출장소장은 등록외국인기록표 및 외국인등록표의 작성 (법 제34조 제1항)을 정보화업무처리절차에 의하여 할 수 있다(법 시행규칙 제49조 제1항).

5. 외국인등록사항의 변경신고

가. 변경신고 사항

외국인등록을 마친 외국인이 국내에 합법적으로 체류하는 동안 본인의 신분에 관한 다음의 어느 하나에 해당하는 사항이 변경되었을 때에는 대통령령으로 정하는 바에 따라 15일 이내에 체류지 관할 지방출입국 · 외국인관서의 장에게 외국인등록사항 변경신고를 하여야 한다(법 제35조).

---

71) 자치구가 아닌 구를 포함한다. 이하 이 조 및 제44조부터 제46조까지에서 같다.

(1) 성명, 성별, 생년월일 및 국적

(2) 여권의 번호, 발급일자 및 유효기간

(3) 위 (1) 및 (2)에서 규정한 사항 외에 법무부령으로 정하는 사항, 여기서 법무부령으로 정하는
사항이라 함은 다음의 어느 하나에 해당하는 사항을 말한다(법 시행규칙 제49조의2)

(가) 영 별표 1의2 중 4. 문화예술(D-1), 5. 유학(D-2) 및 7. 일반연수(D-4)부터 12. 무
역경영(D-9)까지 중 어느 하나에 해당하는 자격을 가지고 있는 사람의 경우에는 소
속기관 또는 단체의 변경(명칭변경을 포함한다)이나 추가한 경우이다.

[별표 1의2] 〈신설 2018. 9. 18.〉

장기체류자격(제12조 관련)

체류자격 (기호)	체류자격에 해당하는 사람 또는 활동범위
4. 문화예술 (D-1)	수익을 목적으로 하지 않는 문화 또는 예술 관련 활동을 하려는 사람(대한민국의 전통문화 또는 예술에 대하여 전문적인 연구를 하거나 전문가의 지도를 받으려는 사람을 포함한다)
5. 유학 (D-2)	전문대학 이상의 교육기관 또는 학술연구기관에서 정규과정의 교육을 받거나 특정 연구를 하려는 사람
7. 일반연수 (D-4)	법무부장관이 정하는 요건을 갖춘 교육기관이나 기업체, 단체 등에서 교육 또는 연수를 받거나 연구활동에 종사하려는 사람[연수기관으로부터 체재비를 초과하는 보수(報酬)를 받거나 유학(D-2)·기술연수(D-3) 체류자격에 해당하는 사람은 제외한다]
8. 취재 (D-5)	외국의 신문사, 방송사, 잡지사 또는 그 밖의 보도기관으로부터 파견되거나 외국 보도기관과의 계약에 따라 국내에 주재하면서 취재 또는 보도활동을 하려는 사람
9. 종교 (D-6)	가. 외국의 종교단체 또는 사회복지단체로부터 파견되어 대한민국에 있는 지부 또는 유관 종교단체에서 종교활동을 하려는 사람 나. 대한민국 내의 종교단체 또는 사회복지단체의 초청을 받아 사회복지활동을 하려는 사람 다. 그 밖에 법무부장관이 인정하는 종교활동 또는 사회복지활동에 종사하려는 사람

	전문적인 지식·기술 또는 기능을 제공하거나 전수받으려는 사람(상장법인의 해외 현지 법인이나 해외지점 중 본사의 투자금액이 미화 50만 달러 미만인 경우는 제외한다)
11. 기업투자 (D-8)	가. 「외국인투자 촉진법」에 따른 외국인투자기업의 경영·관리 또는 생산·기술 분야에 종사하려는 필수전문인력으로서 법무부장관이 인정하는 사람(국내에서 채용하는 사람은 제외한다) 나. 지식재산권을 보유하는 등 우수한 기술력으로 「벤처기업육성에 관한 특별조치법」 제2조의2제1항제2호다목에 따른 벤처기업을 설립한 사람 중 같은 법 제25조에 따라 벤처기업 확인을 받은 사람 또는 이에 준하는 사람으로서 법무부장관이 인정하는 사람 다. 다음의 어느 하나에 해당하는 사람으로서 지식재산권을 보유하거나 이에 준하는 기술력 등을 가진 사람 중 법무부장관이 인정한 법인 창업자 　1) 국내에서 전문학사 이상의 학위를 취득한 사람 　2) 외국에서 학사 이상의 학위를 취득한 사람 　3) 관계 중앙행정기관의 장이 지식재산권 보유 등 우수한 기술력을 보유한 사람으로 인정하여 추천한 사람
12. 무역경영 (D-9)	대한민국에 회사를 설립하여 경영하거나 무역, 그 밖의 영리사업을 위한 활동을 하려는 사람으로서 필수 전문인력에 해당하는 사람[수입기계 등의 설치, 보수, 조선 및 산업설비 제작·감독 등을 위하여 대한민국 내의 공공기관·민간단체에 파견되어 근무하려는 사람을 포함하되, 국내에서 채용하는 사람과 기업투자(D-8) 체류자격에 해당하는 사람은 제외한다]

(나) 영 별표 1의2 중 체류자격 13. 구직(D-10)의 자격에 해당하는 사람의 경우에는 연수 개시 사실 또는 연수기관의 변경(명칭변경을 포함한다)한 경우이다.

[별표 1의2] 〈신설 2018. 9. 18.〉

장기체류자격(제12조 관련)

체류자격 (기호)	체류자격에 해당하는 사람 또는 활동범위
13. 구직 (D-10)	가. 교수(E-1)부터 특정활동(E-7)까지의 체류자격[예술흥행(E-6) 체류자격 중 법무부장관이 정하는 공연업소의 종사자는 제외한다]에 해당하는 분야에 취업하기 위하여 연수나 구직활동 등을 하려는 사람으로서 법무부장관이 인정하는 사람 나. 기업투자(D-8) 다목에 해당하는 법인의 창업 준비 등을 하려는 사람으로서 법무부장관이 인정하는 사람

(다) 영 별표 1의2 중 29. 방문취업(H-2)의 자격에 해당하는 사람으로서 개인·기관·단체 또는 업체에 최초로 고용된 경우에는 그 취업개시 사실이다. 방문취업(H-2) 체류자

격은 법 시행령 제23조 제1항에 따라 취업활동을 할 수 있는 체류자격이나 외국인근로자의 고용 등에 관한 법률 제12조 제7항에서 출입국관리법 제21(근무처의 변경·추가)의 적용을 배제함에 따라 체류관리 차원에서 방문취업동포가 취업을 개시한 사실 및 고용업체 변경사실 등을 신고하도록 규정한 것이다.

[별표 1의2] 〈신설 2018. 9. 18.〉

장기체류자격(제12조 관련)

체류자격 (기호)	체류자격에 해당하는 사람 또는 활동범위
29. 방문취업 (H-2)	가. 체류자격에 해당하는 사람: 「재외동포의 출입국과 법적 지위에 관한 법률」 제2조제2호에 따른 외국국적동포(이하 "외국국적동포"라 한다)에 해당하고, 다음의 어느 하나에 해당하는 18세 이상인 사람 중에서 나목의 활동범위 내에서 체류하려는 사람으로서 법무부장관이 인정하는 사람[재외동포(F-4) 체류자격에 해당하는 사람은 제외한다] 1) 출생 당시에 대한민국 국민이었던 사람으로서 가족관계등록부, 폐쇄등록부 또는 제적부에 등재되어 있는 사람 및 그 직계비속 2) 국내에 주소를 둔 대한민국 국민 또는 별표 1의3 영주(F-5) 제5호에 해당하는 사람의 8촌 이내의 혈족 또는 4촌 이내의 인척으로부터 초청을 받은 사람 3) 「국가유공자 등 예우 및 지원에 관한 법률」 제4조에 따른 국가유공자와 그 유족 등에 해당하거나 「독립유공자예우에 관한 법률」 제4조에 따른 독립유공자와 그 유족 또는 그 가족에 해당하는 사람 4) 대한민국에 특별한 공로가 있거나 대한민국의 국익 증진에 기여한 사람 5) 유학(D-2) 체류자격으로 1학기 이상 재학 중인 사람의 부모 및 배우자 6) 국내 외국인의 체류질서 유지를 위하여 법무부장관이 정하는 기준 및 절차에 따라 자진하여 출국한 사람 7) 1)부터 6)까지의 규정에 해당하지 않는 사람으로서 법무부장관이 정하여 고시하는 한국어시험, 추첨 등의 절차에 따라 선정된 사람 나. 활동범위 1) 방문, 친척과의 일시 동거, 관광, 요양, 견학, 친선경기, 비영리 문화예술활동, 회의 참석, 학술자료 수집, 시장조사·업무연락·계약 등 상업적 용무, 그 밖에 이와 유사한 목적의 활동 2) 한국표준산업분류표에 따른 다음의 산업 분야에서의 활동 가) 작물 재배업(011) 나) 축산업(012) 다) 작물재배 및 축산 관련 서비스업(014) 라) 연근해 어업(03112) 마) 양식 어업(0321) 바) 천일염 생산 및 암염 채취업(07220) 사) 제조업(10~34). 다만, 상시 사용하는 근로자 수가 300명 미만이거나 자본금이 80억원 이하인 경우에만 해당한다.

아) 하수, 폐수 및 분뇨 처리업(37)

자) 폐기물 수집, 운반, 처리 및 원료재생업(38)

차) 건설업(41 ~ 42). 다만, 발전소 · 제철소 · 석유화학 건설현장의 건설업체 중 업종이 산업 · 환경설비 공사인 경우는 제외한다.

카) 육지동물 및 애완동물 도매업(46205)

타) 기타 산업용 농산물 도매업(46209)

파) 생활용품 도매업(464)

하) 기계장비 및 관련 물품 도매업(465)

거) 재생용 재료 수집 및 판매업(46791)

너) 기타 생활용품 소매업(475)

더) 기타 상품 전문 소매업(478)

러) 무점포 소매업(479)

머) 육상 여객 운송업(492)

버) 냉장 및 냉동 창고업(52102). 다만, 내륙에 위치한 업체에 한정한다.

서) 호텔업(55101). 다만, 「관광진흥법」에 따른 호텔업은 1등급 · 2등급 및 3등급의 호텔업으로 한정한다.

어) 여관업(55102)

저) 한식 음식점업(5611)

처) 외국인 음식점업(5612)

커) 기타 간이 음식점업(5619)

터) 서적, 잡지 및 기타 인쇄물 출판업(581)

퍼) 음악 및 기타 오디오물 출판업(59201)

허) 사업시설 유지관리 서비스업(741)

고) 건축물 일반 청소업(74211)

노) 산업설비, 운송장비 및 공공장소 청소업(74212)

도) 여행사 및 기타 여행보조 서비스업(752)

로) 사회복지 서비스업(87)

모) 자동차 종합 수리업(95211)

보) 자동차 전문 수리업(95212)

소) 모터사이클 수리업(9522)

오) 욕탕업(96121)

조) 산업용 세탁업(96911)

초) 개인 간병 및 유사 서비스업(96993)

코) 가구 내 고용활동(97)

(라) 영 별표 1의2 중 29. 방문취업(H-2)의 자격에 해당하는 사람으로서 개인 · 기관 · 단체 또는 업체에 이미 고용되어 있는 경우에는 그 개인 · 기관 · 단체 또는 업체의 변경(명칭변경을 포함한다)

■ 출입국관리법 시행규칙 [별지 제72호서식] 〈개정 2018. 5. 15.〉

방문취업 동포 취업개시 등 신고서

접수번호	접수일자		처리기간 즉시

신 고 인	성 명			한자 성명 漢子 姓名	
	성 별	[ ]남 [ ]여	생년 월일	국 적	
	외국인등록번호				
	연락처	주 소:			
		전화번호(휴대전화):			
		전자우편:			

※ [ ]에는 해당되는 곳에 √표를 하고, 최초 취업인 경우 현 사업장만 내용 기재

신고 내용	신고 사유	[ ] 최초 취업 [ ] 사업장 등의 변경				
	종전 사업장	사업자등록번호	사업장명	전화번호	업종	직위 및 담당업무
	현사업장	사업자등록번호	사업장명	전화번호	업종	직위 및 담당업무

「출입국관리법」 제35조, 같은 법 시행규칙 제49조의2제4호 및 제5호에 따라 위와 같이 신고합니다.

신고일자:　　　　년　　월　　일

신고인:　　　　(서명 또는 인)

출입국 · 외국인청(사무소 · 출장소)장　　　귀하

신고인 제출서류	외국인등록증 사본, 특례고용가능확인서 사본, 표준근로계약서 사본
담당공무원 확인사항	사업자등록증 사본

행정정보 공동이용 동의서

본인은 이 건 업무처리와 관련하여 담당 공무원이 「전자정부법」 제36조에 따른 행정정보의 공동이용을 통하여 위의 담당 공무원 확인 사항을 확인하는 것에 동의합니다.　　*동의하지 아니하는 경우에는 신청인이 직접 관련 서류를 제출하여야 합니다.

신고인　　　　　　　　서명 또는 인

나. 외국인등록사항 변경의 신고 절차

(1) 외국인등록사항 변경신고서 제출

외국인등록사항의 변경신고(법 제35조)를 하려는 사람은 변경된 날로부터 14일 이내에 외국인등록사항 변경신고서에 외국인등록증과 여권을 첨부하여 체류지 관할 청장·사무소장 또는 출장소장에게 제출하여야 한다(법 시행령 제44조 제1항).

(2) 등록외국인기록표 정리 및 외국인등록증 재발급 등

(가) 변경신고를 받은 경우

체류지 관할 청장·사무소장 또는 출장소장은 변경신고를 받은 때에는 등록외국인기록표를 정리하여야 하며, 성명, 성별, 생년월일 및 국적(법 제35조 제1호)의 변경사항에 대해서는 외국인등록증을 재발급하고 외국인등록사항 변경 사실을 그 외국인이 체류하는 시·군·구 및 읍·면·동의 장에게 통보하여야 한다(법 시행령 제44조 제2항).

(나) 변경사실을 통보받은 경우

시·군·구 및 읍·면·동의 장은 외국인등록사항 변경 사실을 통보받으면 지체 없이 외국인등록표를 정리하여야 한다(법 시행령 제44조 제3항).

다. 과태료

제100조(과태료)

제35조 외국인등록사항의 변경신고 규정을 위반한 자에게는 100만원 이하의 과태료를 부과한다(법 제100조 제2항 제1호).

6. 체류지 변경의 신고

가. 체류지 변경신고서 제출

등록외국인의 체류지는 조세의 부과·징수, 각종 사회 보장 급부 등의 행정자료 및 외국인관리를 정보로 사용되기 때문에, 등록을 한 외국인이 체류지를 변경하여 그에 따른 전입신고를 하려는 등록외국인은 전입한 날로부터 15일 이내에 체류지 변경신고서를 새로운 체류지의 시 · 군 · 구 또는 읍 · 면 · 동의 장이나 새로운 체류지 관할 청장 · 사무소장 또는 출장소장에게 제출하여야 한다(법 시행령 제45조 제1항).

나. 전입신고 방법

(1) 외국인등록증제출

외국인이 전입신고를 할 때에는 외국인등록증을 제출하여야 한다(법 제36조 제2항).

[판시사항]
주택임대차보호법 제3조 제1항에 의한 대항력 취득의 요건이 재외동포의 출입국과 법적 지위에 관한 법률에 의한 재외국민이 임차인인 경우에도 마찬가지로 적용되는지 여부[대법원 2016. 10. 13., 선고, 2015다14136, 판결]

[판결요지]
주택임대차보호법 제3조 제1항에 의한 대항력 취득의 요건인 주민등록은 임차인 본인뿐 아니라 그 배우자나 자녀 등 가족의 주민등록도 포함되고(대법원 1996. 1. 26. 선고 95다30338 판결 등 참조), 이러한 법리는 재외동포법에 의한 재외국민이 임차인인 경우에도 마찬가지로 적용된다고 보아야 한다. 2015. 1. 22. 시행된 개정 주민등록법에 따라 재외국민도 주민등록을 할 수 있게 되기 전까지는 재외국민은 주민등록을 할 수도 없고 또한 외국인이 아니어서 출입국관리법 등에 의한 외국인등록 등도 할 수 없어 주택임대차보호법에 의한 대항력을 취득할 방도가 없었던 점을 감안하면, 재외국민이 임대차계약을 체결하고 동거 가족인 외국인 또는 외국국적동포가 외국인등록이나 국내거소신고 등을 한 경우와 재외국민의 동거 가족인 외국인 또는 외국국적동포가 스스로 임대차계약을 체결하고 외국인등록이나 국내거소신고 등을 한 경우와 사이에 법적 보호의 차이를 둘 이유가 없기 때문이다.

■ 출입국관리법 시행규칙 [별지 제67호서식] 〈개정 2018. 9. 21.〉

앞 쪽

외국인등록증
ALIEN REGISTRATION CARD

사진 22mm x 28mm	외국인 등록번호 **123456-1234567** 성 별 **F** 성 명 **HONG SPECIMEN** 국 가 지 역 **REPUBLIC OF UTOPIA** 체류자격 **기업투자(D-8)**

발급일자
OO출입국·외국인청(사무소·출장소)장
CHIEF, OO IMMIGRATION OFFICE

85.6mm×54mm(polycarbonate 0.76T)

뒤 쪽

● **체류기간 (Duration of Stay)**

허가일자	만료일자	확 인

● **체류지 (Address)**

신고일	체 류 지

유효확인 http://www.hikorea.go.kr
민원안내 국번없이 ☎1345

(2) 전입신고 기한

등록을 한 외국인이 체류지를 변경하였을 때에는 전입한 날부터 14일 이내에 새로운 체류지의 시·군·구 또는 읍·면·동의 장이나 그 체류지를 관할하는 지방출입국·외국인관서의 장에게 전입신고를 하여야 한다(법 제36조 제1항).

(3) 체류지 변경신고 필인 날인 및 교부 등

전입신고를 받은 시·군·구 또는 읍·면·동의 장이나 청장·사무소장 또는 출장소장은 외국인등록증에 변경사항을 적은 후 체류지 변경신고 필인을 찍어 신고인에게 내주고, 법 제36조 제7항[72])에 따라 체류지 변경통보서를 종전 체류지 관할 청장·사무소장 또는 출장소장에게 보내야 한다(법 제36조 제2항, 법 시행령 제45조 제2항).

(4) 체류지 변경 사실 및 전입신고 사실 통보

(가) 체류지변경사실 통보

전입신고를 받은 지방출입국·외국인관서의 장은 지체 없이 새로운 체류지의 시·군·구 또는 읍·면·동의 장에게 체류지 변경 사실을 통보하여야 한다(법 제36조 제3항).

【판시사항】
주택을 임차한 외국인이 체류지변경신고 한 경우 주택임대차보호법 소정의 주민등록을 마친 것으로 볼 수 있는지 여부[서울민사지법 1993. 12. 16., 선고, 93가합73367, 제11부판결 : 확정]

【판결요지】
외국인이 주택을 임차하여 출입국관리법에 의한 체류지변경신고를 하였다면 거래의 안전을 위하여 임차권의 존재를 제3자가 명백히 인식할 수 있는 공시의 방법으로 마련된 주택임대차보호법 제3조 제1항 소정의 주민등록을 마쳤다고 보아야 한다.

---

72) 법 제36조 제7항 전입신고를 받은 시·군·구 또는 읍·면·동의 장이나 지방출입국·외국인관서의 장은 대통령령으로 정하는 바에 따라 그 사실을 지체 없이 종전 체류지를 관할하는 지방출입국·외국인관서의 장에게 통보하여야 한다.

(나) 전입신고사실 통보

전입신고를 받은 시·군·구 또는 읍·면·동의 장이나 지방출입국·외국인관서의 장은 대통령령으로 정하는 바에 따라 그 사실을 지체 없이 종전 체류지를 관할하는 지방출입국·외국인관서의 장에게 통보하여야 한다(법 제36조 제7항).

다. 등록외국인기록표 송부 및 정리 등

변경사항을 통보받은 종전 체류지 관할 청장·사무소장 또는 출장소장은 새로운 체류지 관할 청장·사무소장 또는 출장소장에게 등록외국인기록표를 보내야 하며, 새로운 체류지 관할 청장·사무소장 또는 출장소장은 지체 없이 이를 정리하여야 한다(법 시행령 제45조 제3항).

라. 외국인등록표의 이송요청

(1) 이송요청

직접 전입신고를 받거나 지방출입국·외국인관서의 장으로부터 체류지 변경통보를 받은 시·군·구 또는 읍·면·동의 장은 지체 없이 종전 체류지의 시·군·구 또는 읍·면·동의 장에게 체류지 변경신고서 사본을 첨부하여 외국인등록표의 이송을 요청하여야 한다(법 제36조 제4항).

(2) 이송기한

외국인등록표 이송을 요청받은 종전 체류지의 시·군·구 또는 읍·면·동의 장은 이송을 요청받은 날부터 3일 이내에 새로운 체류지의 시·군·구 또는 읍·면·동의 장에게 외국인등록표를 이송하여야 한다(법 제36조 제5항).

(3) 외국인등록표의 정리 및 관리

외국인등록표를 이송받은 시·군·구 또는 읍·면·동의 장은 신고인의 외국인등록표를 정리하고 그 등록사항을 외국인등록대장에 적어 관리하여야 한다(법 제36조 제6항).

■ 출입국관리법 시행규칙 [별지 제70호서식] 〈개정 2016. 9. 29.〉

외국인등록대장

○○○시·군·구

번호	등록일자	외국인등록번호	국적	성명	성별	생년월일	체류자격	체류기간	비고

마. 벌칙

등록외국인의 체류지가 변경되었으나 이를 신고하지 아니한 경우 100만원 이하의 벌금이 부과된다(법 제98조 제2항).

참고로 재외동포의 출입과 법적 지위에 관한 법률 제6조의 규정은 "신고한 국내거소를 이전한 때에는 14일 이내에 그 사실을 신거소(新居所)가 소재한 시·군·구 또는 읍·면·동의 장이나 신거소를 관할하는 지방출입국·외국인관서의 장에게 신고하여야 한다."고 규정하고 있다.

> **재외동포의 출입국과 법적 지위에 관한 법률 제6조(국내거소신고)** ① 재외동포체류자격으로 입국한 외국국적동포는 이 법을 적용받기 위하여 필요하면 대한민국 안에 거소(居所)를 정하여 그 거소를 관할하는 지방출입국·외국인관서의 장에게 국내거소신고를 할 수 있다.
>
> ② 제1항에 따라 신고한 국내거소를 이전한 때에는 14일 이내에 그 사실을 신거소(新居所)가 소재한 시·군·구(자치구가 아닌 구를 포함한다. 이하 이 조 및 제7조에서 같다) 또는 읍·면·동의 장이나 신거소를 관할하는 지방출입국·외국인관서의 장에게 신고하여야 한다.
>
> ③ 제2항에 따라 거소이전 신고를 받은 지방출입국·외국인관서의 장은 신거소가 소재한 시·군·구 또는 읍·면·동의 장에게, 시·군·구 또는 읍·면·동의 장은 신거소를 관할하는 지방출입국·외국인관서의 장에게 각각 이를 통보하여야 한다.
>
> ④ 국내거소신고서의 기재 사항, 첨부 서류, 그 밖에 신고의 절차에 관하여 필요한 사항은 대통령령으로 정한다.
>
> **제17조(과태료)** ① 제6조 제2항을 위반하여 국내거소의 이전 사실을 신고하지 아니한 자에게는 200만원 이하의 과태료를 부과한다.

7. 외국인등록증의 반납 등

가. 출국 등의 사유로 인한 반납

(1) 원칙

등록을 한 외국인(법 제31조)이 체류자격에 해당하는 활동을 마치고 출국할 때에는 출입국관리공무원에게 외국인등록증을 반납하여야 한다. 적법하게 발급된 외국인등록증(법 제33조)이라 하더라도 통상 외국인의 영구출국, 귀화, 사망 등의 사유가 발생하게 되면 등록증의 효력도 상실되기 때문에 외국인등록증의 악용 등을 방지하기 위한 목적에서 이를 반납할 의무를 부담토록 한 것이다.

(2) 예외

다만, 다음의 어느 하나에 해당하는 경우에는 그러하지 아니하다(법 제37조 제1항).

(가) 재입국허가를 받고 일시 출국하였다가 그 허가기간 내에 다시 입국하려는 경우

(나) 복수사증 소지자나 재입국허가 면제대상 국가의 국민으로서 일시 출국하였다가 허가된 체류기간 내에 다시 입국하려는 경우

(다) 난민여행증명서를 발급받고 일시 출국하였다가 그 유효기간 내에 다시 입국하려는 경우

나. 등록한 외국인이 국민이 되거나 사망 등의 사유로 인한 외국인등록증반납

(1) 구체적 사유

등록을 한 외국인(법 제31조)이 국민이 되거나 사망한 경우 또는 ⅰ) 주한외국공관(대사관과 영사관을 포함한다)과 국제기구의 직원 및 그의 가족, ⅱ) 대한민국정부와의 협정에 따라 외교관 또는 영사와 유사한 특권 및 면제를 누리는 사람과 그의 가족, ⅲ) 대한민국정부가 초청한 사람 등외국인등록 면제대상으로 전환되는 사람(법 제31조 제1항 각 호)의 어느 하나에 해당하게 된 경우(같은 조 제2항에 따라 외국인등록을 한 경우는 제외한다)에는 외국인등록증을 반납하여야 한다(법 제37조 제2항).

(2) 외국인등록증 반납시기와 방법

위 (1)의 경우 외국인등록증을 반납하여야 하는데, 그 시기와 방법은 다음 각 호의 구분에 따른다(법 시행령 제46조 제2항).

1) 등록외국인이 국민이 된 경우에는 주민등록을 마친 날부터 30일 이내에 본인·배우자·부모 또는 제89조제1항에 규정된 사람이 외국인등록증을 체류지 관할 청장·사무소장 또는 출장소장에게 반납하여야 한다.

2) 등록외국인이 사망한 경우에는 그 배우자·부모, 제89조제1항에 규정된 사람이 그 사망을 안 날부터 30일 이내에 외국인등록증에 진단서 또는 검안서나 그 밖에 사망 사실을 증명하는 서류를 첨부하여 체류지 관할 청장·사무소장 또는 출장소장에게 반납하여야

한다.

3) 등록외국인이 법 제31조제1항 각 호의 어느 하나에 해당하게 된 경우에는 체류자격 변경허가를 받을 때에 외국인등록증을 체류지 관할 청장·사무소장 또는 출장소장에게 반납하여야 한다.

다. 외국인등록증 일시보관

(1) 일시보관 사유

지방출입국·외국인관서의 장은 대한민국의 이익을 위하여 필요하다고 인정하면 ⅰ) 재입국허가를 받고 일시 출국하였다가 그 허가기간 내에 다시 입국하려는 경우, ⅱ) 복수사증 소지자나 재입국허가 면제대상 국가의 국민으로서 일시 출국하였다가 허가된 체류기간 내에 다시 입국하려는 경우, ⅲ) 난민여행증명서를 발급받고 일시 출국하였다가 그 유효기간 내에 다시 입국하려는 경우의 어느 하나에 해당하는 외국인의 외국인등록증을 일시 보관할 수 있다(법 제37조 제4항).

(2) 외국인등록증 반환

외국인의 외국인등록증 일시보관의 경우 그 외국인이 허가된 기간 내에 다시 입국하였을 때에는 15일 이내에 지방출입국·외국인관서의 장으로부터 외국인등록증을 돌려받아야 하고, 그 허가받은 기간 내에 다시 입국하지 아니하였을 때에는 외국인등록증을 반납한 것으로 보아 그가 출국한 때에 외국인등록은 효력이 상실한 것으로 본다(법 제37조 제5항).

(3) 보관물대장 기재 및 보관증 발급 등

청장·사무소장 또는 출장소장은 외국인등록증을 일시 보관하는 경우에는 보관물 대장에 그 사실을 적은 후 보관증을 발급하고, 이를 보관한 후 그 외국인이 허가된 기간 내에 다시 입국하여 그 반환을 요청(법 제37조 제5항)하는 때에는 보관하고 있는 외국인등록증을 즉시 돌려주어야 한다(법 시행령 제46조 제5항).

라. 외국인등록증반납사실 통보 및 말소절차 등

(1) 외국인등록증반납사실 통보

출입국관리공무원은 등록한 외국인이 출국할 때 외국인등록증을 반납한 경우 및 일시본관 중인 외국인등록증을 허가받은 기간 내에 다시 입국하지 아니하여 이를 반납한 것으로 간주하는 경우에는 그 외국인의 출국사실을 지체 없이 체류지 관할 청장·사무소장 또는 출장소장에게 통보하여야 한다(법 시행령 제46조 제1항).

(2) 외국인등록 말소통보

체류지 관할 청장·사무소장 또는 출장소장은 외국인의 출국사실을 통보받거나 외국인등록증을 반납받은 때에는 그 체류지의 시·군·구 또는 읍·면·동의 장에게 외국인등록 말소통보를 하여야 한다(법 시행령 제46조 제3항).

(3) 외국인등록표 정리

통보를 받은 시·군·구 및 읍·면·동의 장은 지체 없이 외국인등록표를 정리하여야 한다(법 시행령 제46조 제4항).

외국인등록표

외국인등록번호							사진 3.5cm×4.5cm (여권용 사진)
성명				성별			
생년월일		국적		여권번호			
입국일자		체류자격		체류기간			
직업			전화번호				
세대주명				세대주와의 관계			
등록일자		체류지					
작성기관							

등록사항 변경 기재

변경일자	변경내역			통보기관	확인 인
	변경항목	변경 전	변경 후		

체류지 변경사항

등록표대장번호	주소	전화번호	전입	변동사유
	(/)			
	(/)			
	(/)			

경유 기관	1	2	3	4	5	6	7

비고

(4) 외국인등록증 파기

외국인등록증을 반납받은 출입국관리공무원 및 청장·사무소장·출장소장은 외국인등록증 반납(법 시행규칙 제46조 제1항 및 제3항) 등에 따른 절차를 마친 후 그 외국인등록증을 파기한다(법 시행령 제46조 제6항).

마. 벌칙

외국인등록증 반납 의무를 위반한 자에게는 100만원 이하의 과태료를 부과한다(법 제100조).

참고로 재외동포의 출입과 법적 지위에 관한 법률 제177조의 규정에 따른 국내거소증 반납의무를 위반한 자에게는 100만원 이하의 과태료를 부과한다.

> **재외동포의 출입과 법적 지위에 관한 법률 제17조(과태료)** ② 제8조를 위반하여 국내거소신고증을 반납하지 아니한 자에게는 100만원 이하의 과태료를 부과한다.

8. 외국인등록사항의 말소 절차 등

가. 외국인등록사항의 말소사유

외국인 기록 관리의 정확성 유지를 위하여 지방출입국·외국인관서의 장은 등록을 한 외국인(법 제31조)이 다음의 어느 하나에 해당하는 경우에는 외국인등록사항(법 제32조)을 말소할 수 있다(법 제37조의2 제1항).

(1) 등록한 외국인의 출국(제37조 제1항) 또는 등록을 한 외국인이 국민이 되거나 사망한 경우 등으로(법 제37조 제2항) 외국인등록증을 반납한 경우

(2) 출국 후 재입국허가기간(재입국허가를 면제받은 경우에는 면제받은 기간 또는 체류허가기간) 내에 입국하지 아니한 경우

(3) 그 밖에 출입국관리공무원이 직무수행 중 제1호 또는 제2호에 준하는 말소 사유를 발견한 경우

나. 말소시기

청장·사무소장 또는 출장소장은 외국인등록사항의 말소시 다음의 구분에 따른 시기에 외국인등록사항을 말소할 수 있다(법 시행령 제47조 제1항).

(1) 외국인등록증을 반납한 경우(법 제37조 제1항 본문) : 외국인등록증을 반납받은 때

(2) 등록외국인이 국민이 된 경우: 등록외국인의 대한민국 국적 취득 사실을 확인한 때

(3) 등록외국인이 사망한 경우: 진단서 또는 검안서 등을 통하여 등록외국인의 사망 사실을 확인한 때

(4) ⅰ) 주한외국공관(대사관과 영사관을 포함한다)과 국제기구의 직원 및 그의 가족, ⅱ) 대한민국정부와의 협정에 따라 외교관 또는 영사와 유사한 특권 및 면제를 누리는 사람과 그의 가족, ⅲ) 대한민국정부가 초청한 사람 등으로서 법무부령으로 정하는 사람의 어느 하나에 해당하게 된 경우: 외교(A-1)·공무(A-2)·협정(A-3) 체류자격 등 해당 체류자격으로 체류자격 변경허가를 받은 사실을 확인한 때

(5) 등록외국인이 출국 후 재입국허가기간(재입국허가를 면제받은 경우에는 면제받은 기간 또는 체류허가기간) 내에 입국하지 아니한 경우: 재입국허가기간(면제받은 기간 또는 체류허가기간)이 지난 때

(6) 그 밖에 등록외국인이 법무부령으로 정하는 말소 사유에 해당하는 경우: 그 사유를 확인한 때, 여기서 "법무부령으로 정하는 말소 사유에 해당하는 경우"란 등록외국인에게 ⅰ)「재외동포의 출입국과 법적 지위에 관한 법률」제6조에 따라 국내거소신고를 한 경우, ⅱ)「국적법」제20조에 따라 대한민국 국적을 보유하고 있다고 판정된 경우의 어느 하나에 해당하는 사유가 발생한 경우를 말한다(법 시행규칙 제49조의3).

다. 등록외국인대장 말소표시 등

청장·사무소장 또는 출장소장은 외국인등록사항을 말소할 때에는 해당 등록외국인대장에 말소의 뜻을 표시하고 말소 사유와 연월일 및 담당 공무원의 성명을 적어야 한다(법 시행령 제47조 제2항).

라. 말소대장 작성 및 관리

청장 · 사무소장 또는 출장소장은 외국인등록사항을 말소하였을 때에는 등록외국인 말소대장을 작성하여 따로 관리하여야 한다(법 시행령 제47조 제3항).

마. 말소된 외국인이 새로 외국인등록을 하는 경우

청장 · 사무소장 또는 출장소장은 외국인등록사항이 말소된 외국인이 새로 외국인등록을 하는 경우(법 제31조)에는 말소되기 전에 해당 외국인에게 부여하였던 외국인등록번호와 같은 외국인등록번호를 부여한다(법 시행령 제47조 제4항).

9. 정보통신망을 이용한 체류지 변경사실 통보 등의 업무처리

시(「제주특별자치도 설치 및 국제자유도시 조성을 위한 특별법」 제10조에 따른 행정시를 포함한다. 이하 같다) · 군 · 구(자치구가 아닌 구를 포함한다. 이하 같다) 또는 읍 · 면 · 동의 장이나 청장 · 사무소장 · 출장소장은 다음의 어느 하나에 해당하는 사항을 정보통신망을 이용하여 처리할 수 있다(법 시행규칙 제49조의4).

가. 체류지 변경사실의 통보 및 외국인등록표의 이송(법 제36조)

나. 외국인등록증 반납사실의 통보(법 제37조 제3항)

다. 외국인등록의 말소 통보(영 제43조 제3항)

라. 체류지 변경통보서의 송부 및 같은 조 제3항에 따른 등록외국인기록표의 송부(영 제45조 제2항)

마. 외국인등록 말소 통보(영 제46조 제3항)

■ 출입국관리법 시행규칙 [별지 제68호서식] 〈개정 2016. 9. 29.〉

등록외국인기록표

외국인등록번호				

영문성명(한글표기)		한자성명

성별	남 : M 여 : F	생년월일	국적	

여권사항 번호		발급일	만료일	직업	전화번호

출생국가 또는 지역		특이사항

대한민국 내 체류지		등록일(체류지 변경일)

대한민국 내 체류 가족사항(관계란 : 배우자:1, 부모:2, 자녀:3, 기타:9)

관계	성명	성별	외국인등록번호
			— —

체류자격 사항 구분란(구분란 : 사증발급 또는 자격부여:1, 자격변경:2, 체류기간연장:3, 갱신:4, 출국기한연장:5, 기타:9)

구분	체류자격	만료일	허가일	허가번호	구분	체류자격	만료일	허가일	허가번호
				— —					— —

근무처 사항(구분란 : 근무처지정:1, 변경:2, 근무처추가:3, 자격외활동:4, 기타:9)
※ 근무처 지정 시는 허가번호 없음

구분	근무처명칭	직위 또는 담당업무	만료일	허가일	허가번호
					— —

재입국허가 사항(구분란 : 단수 : S, 복수 : M, 재입국기간연장 : E)

구분	만료일	허가일	허가번호	구분	만료일	허가일	허가번호
			— —				— —

주요활동 및 신분변동 사항(구분란 : 출생 : 1, 입국 : 2, 등록자격변경 : 3, 외국국적취득 : 4, 등록면제 : 5, 출국 : 6, 사망 : 7, 한국국적취득 : 8, 국민처우 : 9, 기타 : 0)

10. 지문 및 얼굴에 관한 정보의 제공 등

가. 지문 및 얼굴에 관한 정보제공 대상

(1) 외국인의 지문 및 얼굴정보 제공

국내체류 외국인 200만 시대 그에 따라 장기체류 외국인도 급증하고 관련 범죄도 함께 급증하고 있는 추세이다. 이에 맞추어 외국인에 의한 범죄 발생 및 불법체류를 효과적으로 억제하는 효율적이고 체계적인 외국인 관리를 위하여 다음의 어느 하나에 해당하는 외국인은 법무부령으로 정하는 바에 따라 지문 및 얼굴에 관한 생체정보를 제공하여야 한다(법 제38조 제1항).

(가) ⅰ) 외국인등록(법 제31조)을 하여야 하는 사람(같은 조 제2항에 따라 외국인등록을 하려는 사람은 제외한다), ⅱ)「재외동포의 출입국과 법적 지위에 관한 법률」제6조[73])에 따라 국내거소신고[74])를 하려는 사람의 어느 하나에 해당하는 사람으로서 17

---

[73] 제6조(국내거소신고) ① 재외동포체류자격으로 입국한 외국국적동포는 이 법을 적용받기 위하여 필요하면 대한민국 안에 거소(居所)를 정하여 그 거소를 관할하는 지방출입국·외국인관서의 장에게 국내거소신고를 할 수 있다.
② 제1항에 따라 신고한 국내거소를 이전한 때에는 14일 이내에 그 사실을 신거소(新居所)가 소재한 시·군·구(자치구가 아닌 구를 포함한다. 이하 이 조 및 제7조에서 같다) 또는 읍·면·동의 장이나 신거소를 관할하는 지방출입국·외국인관서의 장에게 신고하여야 한다.
③ 제2항에 따라 거소이전 신고를 받은 지방출입국·외국인관서의 장은 신거소가 소재한 시·군·구 또는 읍·면·동의 장에게, 시·군·구 또는 읍·면·동의 장은 신거소를 관할하는 지방출입국·외국인관서의 장에게 각각 이를 통보하여야 한다.
④ 국내거소신고서의 기재 사항, 첨부 서류, 그 밖에 신고의 절차에 관하여 필요한 사항은 대통령령으로 정한다.
[74] 국내거소신고제도
1. 개념
「재외동포의 출입국과 법적지위에 관한 법률」(이하 "재외동포법"이라 한다)에 따라 외국국적동포의 대한민국에서의 출입국과 대한민국내에서의 법적지위보장과 체류기간동안의 재외동포에 대한 각종 편의제공 및 효과적인 체류관리 등을 위하여 필요한 기준으로서 활용하기 위한 제도이다. 이 제도는 외국국적동포에게 국내체류에 있어서 특히 주민등록증 또는 외국인등록증에 갈음하는 증표로서의 효력을 부여함으로써 예컨대, 출입국과 체류, 부동산거래, 금융거래, 외국환거래, 의료보험, 연금, 국가유공자·독립유공자와 그 가족의 보상금 지급 등의 제반 활동상의 편의제공 및 각종활동의 지원수단으로서의 의의가 있다. 이러한 국내거소신고는 본인이 주소지 관할 출입국관리사무소에 신청하면되고 이때 대리신청은 불가하다.
2. 효력
재외동포법에 해당되는 외국국적동포가 거소신고를 하면 일반 외국인에 비해 출입국 및 국내 체류에 있어 여러 가지 편의를 제공받음(부동산거래, 금융 및 외국환거래, 의료보험 등)은 물론 단순노무활동 및 사행행위를 제외하고는 국내에서 모든 취업활동이 허용되는 등 광범위한 혜택을 받을 수 있다. 또한 국내거소신고증 또는 국내거소신고사실증명은 법령에 규정된 각종 절차와 거래관계 등에 있어서 주민등록증, 주민등록등본·초본, 외국인등록증 또는 외국인등록사실증명을 요하는 경우 이에 갈음할 수 있으며, 외국국적동포의 국내거소신고 및 국내거소이전신고는 출입국관리법에 의한 외국인등록 및 체류지변경신고를 한 것으로 본다. 그 외 국내거소신고를 한 외국국적동포는 체류기간내에 출국하였다가 재입국하는 경우

세 이상인 사람

(나) 이 법을 위반하여 조사를 받거나 그 밖에 다른 법률을 위반하여 수사를 받고 있는 사람

(다) 신원이 확실하지 아니한 사람

(라) (1)부터 (3)까지에서 규정한 사람 외에 법무부장관이 대한민국의 안전이나 이익 또는 해당 외국인의 안전이나 이익을 위하여 특히 필요하다고 인정하는 사람

(2) 지문 및 얼굴에 관한 생체정보의 제공 방법과 시기

법 제38조 제1항 각 호[위 (1)]의 어느 하나에 해당하는 외국인은 다음에서 정한 때에 출입국관리공무원이 지정하는 정보화기기를 통하여 양쪽 모든 손가락의 지문 및 얼굴에 관한 정보를 제공하여야 한다(법 시행규칙 제50조).

(가) ⅰ) 외국인등록(법 제31조)을 하여야 하는 사람(같은 조 제2항에 따라 외국인등록을 하려는 사람은 제외한다), ⅱ) 「재외동포의 출입국과 법적 지위에 관한 법률」 제6조에 따라 국내거소신고를 하려는 사람의 어느 하나에 해당하는 사람으로서 17세 이상인 사람(법 제38조 제1항 제1호)

외국인등록 또는 국내거소신고를 하는 때로 한다. 다만, 17세가 되기 전에 외국인등록 또는 국내거소신고를 한 사람은 17세가 된 날부터 90일 이내로 한다.

(나) 이 법을 위반하여 조사를 받거나 그 밖에 다른 법률을 위반하여 수사를 받고 있는 사람(법 제38조 제1항 제2호)

1) 법 제51조 제1항 및 제3항에 따라 보호되거나 법 제59조 제2항 및 법 제68조 제4항에

재입국허가가 없이 출입국 할 수 있다.

3. 재외동포체류자격(F-4)의 활동범위

재외동포(F-4) 체류자격 소지자가 국내거소신고를 하면 단순노무활동 및 사행행위 등을 제외하고는 국내에서 모든 취업활동이 허용되는 등 광범위한 혜택을 받을 수 있다.

4. 체류기간 연장

허가받은 체류기간을 초과하여 국내에 계속 체류하고자 하는 재외동포(F-4) 체류자격 외국국적동포는 체류기간연장허가를 받아야 하며, 체류기간연장허가는 거소를 관할하는 출입국관리사무소를 직접 방문하여 신청하거나 '외국인을 위한 전자정부' 하이코리아에 홈페이지 전자민원으로도 신청할 수도 있다. 이때는 여권, 외국국적동포국내거소신고증, 신청서, 체류지입증서류 등의 서류들을 함께 준비하여 제출하여야 한다. 최초 연장시에는 국적상실 폐쇄된 기본증면서(2008.1.1 이후 폐쇄된 경우) 또는 국적상실표기된 제적등본(2008.1.1 이전 제적된 경우) 등을 제출하여야 한다.

따라 강제퇴거명령서를 발급받은 때로 한다.

> **제51조(보호)** ① 출입국관리공무원은 외국인이 제46조제1항 각 호의 어느 하나에 해당된다고
> 의심할 만한 상당한 이유가 있고 도주하거나 도주할 염려가 있으면 지방출입국·외국인관서
> 의 장으로부터 보호명령서를 발급받아 그 외국인을 보호할 수 있다.
> ③ 출입국관리공무원은 외국인이 제46조제1항 각 호의 어느 하나에 해당된다고 의심할 만
> 한 상당한 이유가 있고 도주하거나 도주할 염려가 있는 긴급한 경우에 지방출입국·외국인
> 관서의 장으로부터 보호명령서를 발급받을 여유가 없을 때에는 그 사유를 알리고 긴급히
> 보호할 수 있다.
>
> **제59조(심사 후의 절차)** ③ 지방출입국·외국인관서의 장은 제2항에 따라 강제퇴거명령을 하
> 는 때에는 강제퇴거명령서를 용의자에게 발급하여야 한다.
>
> **제68조(출국명령)** ④ 지방출입국·외국인관서의 장은 출국명령을 받고도 지정한 기한까지 출
> 국하지 아니하거나 제3항에 따라 붙인 조건을 위반한 사람에게는 지체 없이 강제퇴거명령서
> 를 발급하여야 한다.

2) 법 제102조 제1항에 따라 100만원 이상의 통고처분을 받거나 법 제102조 제3항 또는
   법 제105조 제2항에 따라 고발당한 때로 한다.

> **제102조(통고처분)** ① 지방출입국·외국인관서의 장은 출입국사범에 대한 조사 결과 범죄의
> 확증을 얻었을 때에는 그 이유를 명확하게 적어 서면으로 벌금에 상당하는 금액(이하 "범칙
> 금"이라 한다)을 지정한 곳에 낼 것을 통고할 수 있다.
> ③ 지방출입국·외국인관서의 장은 조사 결과 범죄의 정상이 금고 이상의 형에 해당할 것
> 으로 인정되면 즉시 고발하여야 한다.
>
> **제105조(통고처분의 불이행과 고발)** ② 지방출입국·외국인관서의 장은 출입국사범이 제1항
> 에 따른 기간에 범칙금을 내지 아니하면 고발하여야 한다. 다만, 고발하기 전에 범칙금을 낸
> 경우에는 그러하지 아니하다.

(다) 신원이 확실하지 아니한 사람(법 제38조 제1항 제3호)

신원이 확실하지 아니한 사람은 법 제47조에 따라 조사를 받는 때로 한다.

(라) 법무부장관이 대한민국의 안전이나 이익 또는 해당 외국인의 안전이나 이익을 위하여 특히
     필요하다고 인정하는 사람(법 제38조제1항 제4호)

법무부장관이 대한민국의 안전이나 이익 또는 해당 외국인의 안전이나 이익을 위하여 특히
필요하다고 인정하는 사람은 법무부장관이 해당 외국인의 지문 및 얼굴에 관한 정보를 제
공받을 필요가 있다고 인정하는 때로 한다.

나. 정보제공 거부자에 대한 체류기간 연장불허

지방출입국·외국인관서의 장은 지문 및 얼굴에 관한 정보의 제공을 거부하는 외국인에게는
체류기간 연장허가 등 이 법에 따른 허가를 하지 아니할 수 있다(법 제38조 제2항).

다. 지문 및 얼굴에 관한 생체정보의 제공

법무부장관은 경찰청장 등 관계 기관의 장으로부터 지문 및 얼굴에 관한 정보의 제공을 요
청받은 때에는 「개인정보 보호법」에 따라 정보를 제공하여야 하며, 필요한 경우 이에 따른 정보
제공업무를 전담할 청장 또는 사무소장을 지정할 수 있다(법 시행규칙 제52조)

라. 생체정보의 공동이용

법무부장관은 관계 기관이 선박등의 탑승권 발급, 출입국항의 보호구역 진입 및 선박 등의
탑승 등의 업무를 위하여 요청하는 경우에는 이 법에 따라 수집·처리한 생체정보를 제공할
수 있다(법 제38조의2).

마. 외국인이 제공한 지문 등 생체정보의 보관

법무부장관은 외국인이 제공한 지문 및 얼굴에 관한 생체정보를 「개인정보 보호법」에 따
라 보유하고 관리한다(법 제38조 제3항).

제2절 사회통합 프로그램

대한민국에 체류하는 이민자가 우리사회 구성원으로 적응 · 자립 하는 데 필요한 기본소양(한국어와 한국문화, 한국사회이해)을 체계적으로 함양할 수 있도록 하는 법무부 주관 교육프로그램을 말한다. 이는 법무부장관이 지정한 운영기관에서 소정의 교육을 이수한 이민자에게 체류허가 및 영주권 · 국적 부여 등 이민정책과 연계한 혜택을 제공함으로써 참여자의 성취도를 높이고 교육효과를 극대화하여 이민자 사회통합정책의 핵심적인 역할을 수행하도록 한다.

1. 사회통합 프로그램 시행

가. 사회통합 프로그램 시행권자

사회통합 프로그램 시행의 주체인 법무부장관은 보다 체계적인 이민정책을 추진하기 위해 그 대상인 대한민국 국적, 영주자격 등을 취득하여 90일 이상 합법적으로 체류하려는 외국인의 사회적응을 지원하기 위한 교육, 정보 제공, 상담 등의 사회통합 프로그램(이하 "사회통합 프로그램"이라 한다)을 시행할 수 있다(법 제39조 제1항).

나. 법인 · 단체 등 사회통합 프로그램 운영기관지정 등

(1) 운영기관지정

법무부장관은 법무부가 직접 사회통합 프로그램을 시행할 수도 있지만 보다 효율적으로 사회통합 프로그램을 시행하기 위하여 필요한 전문인력 및 시설 등을 갖춘 지방자치단체, 다문화가족지원센터, 대학, 비영리법인 또는 단체를 사회통합 프로그램 운영기관으로 지정할 수 있다(법 제39조 제2항).

(2) 운영기관 지정요건 등

(가) 운영기관 지정요건

사회통합 프로그램 운영기관(이하 "운영기관"이라 한다)으로 지정받으려는 기관, 법인 또는 단체는 다음의 요건을 갖추고 법무부령으로 정하는 바에 따라 운영계획서 등을 첨부하여 법무부장관에게 신청하여야 한다(법 시행령 제49조 제1항).

1) 상시 활용이 가능한 사무실 및 교육장소의 확보

2) 법무부령으로 정하는 전문인력의 확보, 여기서 말하는 전문인력이란 다음의 요건을 갖춘 사람을 말한다(법 시행규칙 제52조의2 제2항).

　　가) 영 제48조제1항제1호의 한국어 교육 강사 : ⅰ)「국어기본법 시행령」제13조에 따른 한국어교원 3급 이상 자격을 소지한 사람, ⅱ)「국어기본법 시행령」별표 1에 따른 한국어교원 양성과정 이수자 등 한국어 교육을 할 수 있는 자격이나 학력 등을 갖추었다고 법무부장관이 인정하는 사람의 어느 하나에 해당하는 사람

[별표 1]

한국어교원 자격 취득에 필요한 영역별 필수이수학점 및 필수이수시간(제13조제1항 관련)

번호	영역	과목 예시	대학의 영역별 필수이수학점		대학원의 영역별 필수이수 학점	한국어 교원 양성과정 필수이수 시간
			주전공 또는 복수전공	부전공		
1	한국어학	국어학 개론, 한국어 음운론, 한국어 문법론, 한국어 어휘론, 한국어 의미론, 한국어 화용론(話用論), 한국어사, 한국어 어문규범 등	6학점	3학점	3~4학점	30시간
2	일반 언어학 및 응용 언어학	응용 언어학, 언어학 개론, 대조 언어학, 사회 언어학, 심리 언어학, 외국어 습득론 등	6학점	3학점		12시간
3	외국어로서의 한국어 교육론	한국어 교육 개론, 한국어 교육과정론, 한국어 평가론, 언어 교수 이론, 한국어 표현 교육법(말하기, 쓰기), 한국어 이해 교육법(듣기, 읽기), 한국어 발음 교육론, 한국어 문법 교육론, 한국어 어휘 교육론, 한국어 교재론, 한국 문화 교육론, 한국어 한자 교육론, 한국어 교육 정책론, 한국어 번역론 등	24학점	9학점	9~10학점	46시간

나) 영 제48조제1항 제2호의 한국사회 이해 교육 강사 : ⅰ) 별표 2 제1호에 따라 다문화사회 전문가로 인정받은 사람, ⅱ) 그 밖에 한국사회 이해 교육을 할 수 있는 자격이나 학력 등을 갖추었다고 법무부장관이 인정하는 사람, ⅲ) 영 제48조제1항 제3호에 따른 외국인의 사회적응 지원 교육 등을 위하여 필요한 자격을 갖추었다고 법무부장관이 인정하는 사람의 어느 하나에 해당하는 사람

[별표 2]

다문화사회 전문가 인정 요건 및 이수 과목
(제53조의2제2항제2호가목 관련)

1. 다문화사회 전문가 인정 요건: 다음 각 목의 어느 하나에 해당하는 사람

가. 제53조의2제2항제1호에 따른 한국어 교육 강사로 제2호에 따른 다문화사회 전문가 양성과정의 교과목 및 교육시간을 이수한 사람

나. 「고등교육법」 제29조 및 제30조에 따른 대학원에서 제3호에 따른 다문화사회 관련 과목(이하 이 표에서 "관련과목"이라 한다) 중 필수과목을 9학점, 선택과목을 6학점 이상 이수하고 석사학위를 취득하거나 박사과정을 수료하고 법무부장관이 정하는 교육을 이수한 사람. 다만, 대학(「고등교육법」 제2조제1호부터 제6호까지의 규정에 따른 대학을 말한다. 이하 같다)에서 관련과목 중 필수과목을 이수한 경우에는 선택과목 학점으로 필수과목 학점을 대체할 수 있다.

다. 대학에서 관련과목 중 필수과목을 15학점, 선택과목을 9학점 이상 이수하고 학사학위를 취득한 사람으로서 법무부장관이 정하는 교육을 이수한 사람

라. 가목부터 다목까지의 어느 하나에 해당하는 사람 중 다음의 어느 하나에 해당하는 사람으로서 법무부장관이 정하는 교육을 이수한 사람

1) 법무부장관이 정하는 이민·다문화사회통합과 관련된 업무에 3년 이상 종사한 경력이 있는 사람

2) 「고등교육법」 제29조 및 제30조에 따른 대학원에서 관련과목 중 필수과목을 9학점, 선택과목을 6학점 이상 이수하고 박사학위를 취득한 사람

2. 다문화사회 전문가 양성과정의 교과목 및 교육시간

3) 시설물 배상책임보험 및 화재보험 가입

4) 그 밖에 운영인력 확보 등 운영기관의 지정에 필요한 사항으로서 법무부장관이 정하여 고시하거나 인터넷 홈페이지에 게시하는 요건

(나) 운영기관의 지정절차

1) 운영기관 지정신청서 제출

사회통합 프로그램 운영기관으로 지정(영 제49조제1항)받으려는 기관, 법인 또는 단체(이하 "지정신청인"이라 한다)는 별지 제81호서식의 사회통합 프로그램 운영기관 지정신청서에 다음 각 호의 서류를 첨부하여 소재지 관할 청장·사무소장 또는 출장소장을 거쳐 법무부장관에게 제출하여야 한다(법 시행규칙 제53조의2 제1항).

가) 사회통합 프로그램의 운영계획서 및 일정표

나) 강사의 자격을 입증하는 서류

다) 법인등기사항전부증명서(기관 또는 단체의 경우에는 사업자등록증 또는 고유번호증 사본을 말한다)

라) 영 제49조제1항 각 호의 요건을 갖추었음을 입증하는 서류

■ 출입국관리법 시행규칙 [별지 제81호서식] 〈개정 2018. 5. 15.〉

사회통합 프로그램 운영기관 지정신청서

※ [ ]에는 해당되는 곳에 √표를 합니다. (앞쪽)

접수번호		접수일		처리기간	20일
명 칭		대표자		운영경력 (대표자)	개월 ( )
소 재 지				전화번호	
시설확보	[ ]소유 [ ]임차 / [ ]독립 [ ]복합			개관일자	( )
운영과목	[ ]한국어 [ ]한국사회 이해 [ ]기타( )				

시설내역	전체 연면적		강의실		휴게실	
	m²		m² 개		m² 개	
			m² 개		m² 개	
			m² 개		m² 개	

인력현황	강사	과목명	성 명	자 격	과목명	성 명	자 격
		※ 기재란이 부족할 경우 별지로 첨부					
	행정 인력 등	성 명		자 격	성 명		자 격
		※ 기재란이 부족할 경우 별지로 첨부					

「출입국관리법 시행령」 제49조 및 같은 법 시행규칙 제53조의2에 따라 사회통합 프로그램 운영기관의 지정을 위와 같이 신청합니다.

처 리 절 차

이 신청서는 아래와 같이 처리됩니다.

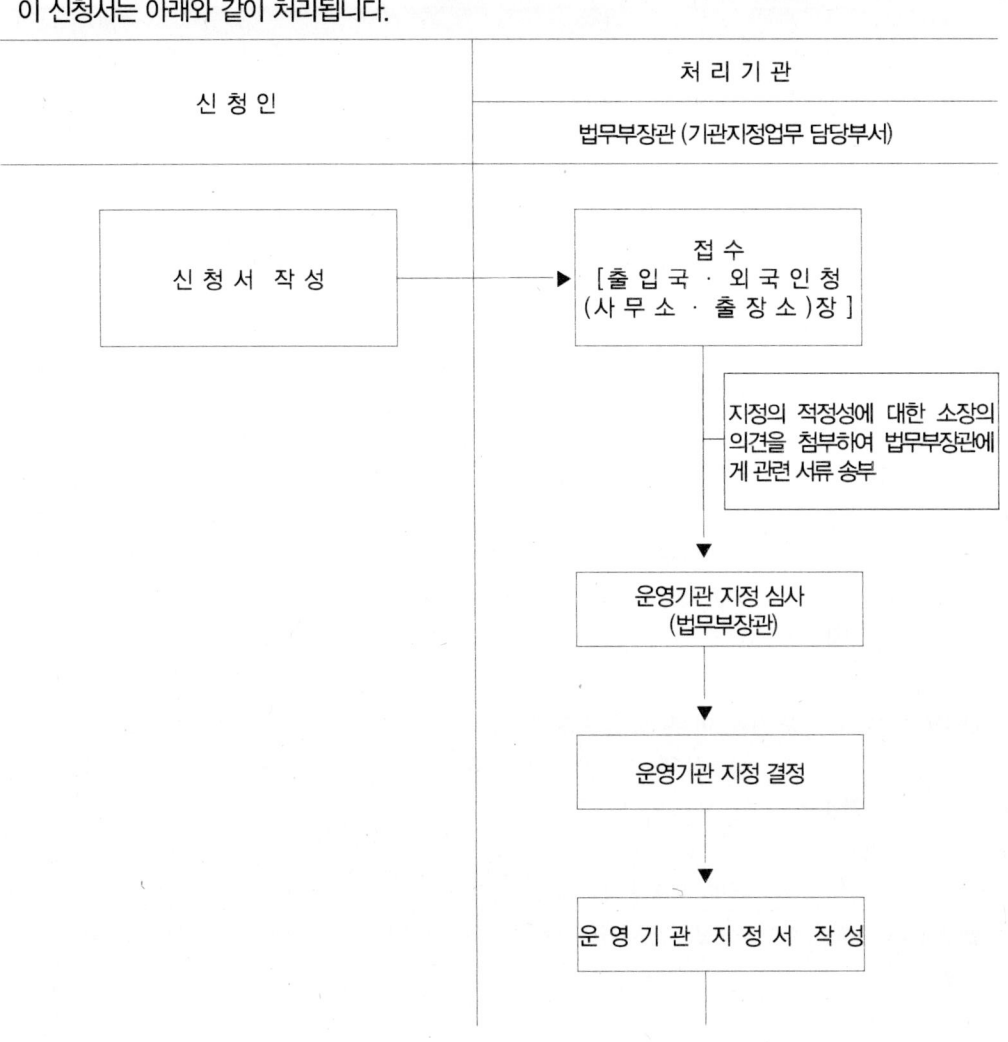

신 청 인	처 리 기 관
	법무부장관 (기관지정업무 담당부서)

신 청 서 작 성 → 접 수
[출 입 국 · 외 국 인 청
(사 무 소 · 출 장 소)장]

지정의 적정성에 대한 소장의
의견을 첨부하여 법무부장관에
게 관련 서류 송부

↓

운영기관 지정 심사
(법무부장관)

↓

운영기관 지정 결정

↓

운 영 기 관 지 정 서 작 성

2) 지정요건 및 지적적정성에 대한 의견첨부

사회통합 프로그램 운영기관 지정신청서 등을 제출받은 청장·사무소장 또는 출장소장은 제출받은 서류를 법무부장관에게 송부할 때에는 지정신청인이 지정요건을 갖추었는지와 지정의 적정성에 대한 의견을 첨부하여야 한다(법 시행규칙 제53조의2 제3항).

3) 운영기관 지정결과 공고 및 지정서 발급

법무부장관은 지정신청인을 사회통합 프로그램 운영기관으로 지정한 때에는 그 결과를 공고하고, 지정신청인에게 운영기관 지정서를 지체 없이 발급하여야 한다(법 시행규칙 제53조의2 제4항).

4) 기타 운영기관의 지정신청 절차

법 시행규칙 제53조의2 제1항부터 제4항까지에서 규정한 사항 외에 운영기관의 지정 신청 절차 등에 관하여 필요한 사항은 법무부장관이 정한다(법 시행규칙 제53조의2 제5항).

(3) 운영기관 지정시 고려사항

법무부장관은 운영기관 지정신청을 받은 때에는 다음의 사항을 고려하여 지정 여부를 결정하여야 한다(법 시행령 제49조 제2항).

(가) 사회통합 프로그램 관련 업무 수행경력 및 전문성

(나) 전문인력의 확보 및 교육시설·기자재 등의 구비 수준

(다) 운영계획서의 충실성 및 실행가능성

(라) 최근 3년 이내에 제50조제3항에 따라 지정 취소된 사실이 있는지 여부

(마) 운영재원 조달 방법 및 능력

(바) 그 밖에 사회통합 프로그램 참여자들의 접근성 및 이용의 편리성 등 법무부장관이 중요하다고 인정하는 사항

(4) 운영기관 지정시 가점요소

법무부장관은 다음의 어느 하나에 해당하는 기관, 법인 또는 단체가 국가나 지방자치단체로부터 사회통합 프로그램을 운영할 수 있는 충분한 경비 지원을 받는 경우 운영재원 조달 방법 및 능력의 요건을 판단할 때 가점을 부여할 수 있다(법 시행령 제49조 제3항).

(가) 지방자치단체 및 그 소속기관

(나) 「다문화가족지원법」 제12조에 따른 다문화가족지원센터

(다) 「사회복지사업법」 제34조의5에 따른 사회복지관 중 같은 법 제34조의2에 따라 둘
이상의 사회복지시설을 통합하여 설치·운영하거나 둘 이상의 사회복지사업을 통합하
여 수행하는 사회복지관

(라) 「고등교육법」 제2조제1호부터 제6호까지의 규정에 따른 대학 및 그 소속기관

(마) 그 밖에 법무부장관이 제1호부터 제4호까지에 준한다고 인정하는 기관, 법인 또는 단체

(5) 운영기간 지정기간

운영기관의 지정기간은 2년 이내로 한다(법 시행령 제49조 제4항).

(6) 지정된 운영기관의 업무

지정된 운영기관은 다음 각 호의 업무를 수행한다(법 시행령 제49조 제5항).

1. 사회통합 프로그램의 운영

2. 출입국·외국인정책 관련 정보 제공 및 홍보

3. 외국인 사회통합과 다문화 이해 증진

4. 그 밖에 외국인의 사회적응 지원을 위하여 필요한 업무

(7) 운영기관의 관리 및 지정 취소

(가) 운영기관의 자료제출 요구 등

법무부장관은 운영기관의 사회통합 프로그램 운영 실태를 파악하기 위하여 필요한 경우 운
영기관에 관련 자료의 제출 또는 보고를 요구할 수 있다(법 시행령 제50조 제1항).

(나) 운영기관에 대한 경고 및 시정요구

법무부장관은 법을 위반하거나 운영실태를 파악하기 위한 자료 제출 또는 보고 요구에 응
하지 아니하는 운영기관에 대하여 경고하거나 시정을 요구할 수 있다(법 시행령 제50조 제
2항). 이에 따른 경고 및 시정 요구 등 운영기관 관리 및 지정 취소에 관한 세부 사항은 법
무부령으로 정한다(법 시행령 제50조 제4항).

(다) 운영기관 취소사유

법무부장관은 운영기관이 다음의 어느 하나에 해당하는 경우 운영기관 지정을 취소할 수 있다(법 시행령 제50조 제3항).

1) 거짓이나 부정한 방법으로 운영기관으로 지정받은 경우

2) 제49조제1항 각 호의 요건을 갖추지 못하게 된 경우

3) 법 제39조제4항에 따라 지원받은 경비를 부당하게 집행한 경우

4) 제2항에 따른 시정 요구에 정당한 이유 없이 불응한 경우

5) 제2항에 따른 경고나 시정 요구를 받은 사항을 반복하여 위반하는 경우

(라) 운영기관에 대한 처분기준

운영기관에 대한 경고 및 시정 요구와 지정 취소의 처분기준 등 운영기관 관리 및 지정 취소에 관한 세부 사항은 아래 별표 3과 같다(법 시행령 제50조 제4항, 법 시행규칙 제53조의3).

[별표 3]

운영기관에 대한 처분기준(제53조의3 관련)

1. 일반기준

　　가. 위반행위의 횟수에 따른 행정처분의 기준은 운영기관으로 지정받은 이후 같은 유형의 행정처분을 받은 경우에 적용한다. 이 경우 처분의 기준은 최초의 처분을 한 날을 기준으로 한다.

　　나. 위반행위가 고의나 중대한 과실이 아닌 사소한 부주의나 오류로 인한 경우에는 개별기준에도 불구하고 지정 취소는 시정 요구로, 시정 요구는 경고로 그 처분을 감경할 수 있다.

2. 개별기준

경우 2) 전문인력을 갖추지 못하게 된 경우	법 제39조제5항	요구 시정 요구	취소 시정 요구	지정 취소
3) 시설물 배상책임보험 및 화재보험을 갖추지 못하게 된 경우 가) 보험을 중간에 해지한 경우 나) 보험기간과 운영기간이 불일치하는 경우 다) 보험금액이 적정 수준에 미치지 못하는 경우	법 제39조제5항	시정 요구	지정 취소	
4) 그 밖의 지정요건을 갖추지 못하게 된 경우	법 제39조제5항	시정 요구	지정 취소	
라. 법 제39조제4항에 따라 지원받은 경비를 부당하게 집행한 경우	법 제39조제5항	시정 요구	지정 취소	
마. 시정 요구에 정당한 이유 없이 불응한 경우	법 제39조제5항	시정 요구	지정 취소	
바. 그 밖에 법을 위반한 경우	법 제39조제5항	경고	시정 요구	지정 취소

다. 전문인력 양성 등

법무부장관은 대통령령으로 정하는 바에 따라 사회통합 프로그램의 시행에 필요한 전문인력을 양성할 수 있다(법 제39조 제3항).

(1) 다문화사회 전문가 등 전문인력 양성과정을 개설·운영

법무부장관은 사회통합 프로그램 시행에 필요한 전문인력을 양성하기 위하여 다문화사회 전문가 등 전문인력 양성과정을 개설·운영한다(법 시행령 제51조 제1항).

(2) 자질향상을 위한 보수교육

법무부장관은 전문인력의 자질 향상을 위하여 필요한 경우 보수교육을 실시할 수 있다(법 시행령 제51조 제2항).

(3) 전문인력 양성 및 보수교육 위탁

법무부장관은 전문인력의 효율적인 양성을 위하여 「고등교육법」 제2조 제1호부터 제6호[75])까지의 규정에 따른 대학이나 사회통합 프로그램 관련 분야에 전문성을 갖춘 기관, 법

---

75) 고등교육법 제2조(학교의 종류)

인 또는 단체에 전문인력 양성과정이나 보수교육을 위탁할 수 있다(법 시행령 제51조 제3항).

(4) 전문인력 양성에 필요한 사항

위 (1)부터 (3)까지에서 규정한 사항 외에 전문인력의 양성에 필요한 사항은 법무부장관이 정한다(법 시행령 제51조 제4항).

라. 경비 등 지원

국가와 지방자치단체는 ⅰ) 제2항에 따라 지정된 운영기관의 업무 수행에 필요한 경비, ⅱ) 제3항에 따른 전문인력 양성에 필요한 경비의 전부 또는 일부를 예산의 범위에서 지원할 수 있다(법 제39조 제4항). 이에 필요한 경비는 주로 법무부가 국고보조금을 교부하여 지원하거나 여성가족부나 지방자치단체에서 일부 지원하기도 한다.

마. 사회통합 프로그램 운영에 필요한 사항

사회통합 프로그램의 내용 및 개발, 운영기관의 지정·관리 및 지정 취소, 그 밖에 사회통합 프로그램의 운영에 필요한 사항은 대통령령으로 정한다(법 제39조 제5항).

2. 사회통합 프로그램 이수자에 대한 우대

가. 이수자 우대

법무부장관은 사회통합 프로그램의 참여확대 및 참여자의 학습 동기 배가를 위하여 사증 발급, 체류 관련 각종 허가 등을 할 때에 이 법 또는 관계 법령에서 정하는 바에 따라 사회통합 프로그램 이수자를 우대할 수 있다(법 제40조).

고등교육을 실시하기 위하여 다음 각 호의 학교를 둔다.
1. 대학
2. 산업대학
3. 교육대학
4. 전문대학
5. 방송대학·통신대학·방송통신대학 및 사이버대학(이하 "원격대학"이라 한다)
6. 기술대학
7. 각종학교

나. 구체적인 우대내용

사회통합 프로그램 이수자가 받을 수 있는 우대 혜택의 주요내용은, ⅰ) 귀화신청시에 국적필기시험 및 국적면접심사 면제, ⅱ) 국적심사 대기기간 단축, ⅲ) 사회통합 프로그램 5단계 이수를 완료한 결혼이민자(F-6-1)가 영주 자격으로 체류자격 변경허가를 신청하는 경우 실태조사 면제, ⅳ) 점수제에 의한 전문인력(F-2-7)의 체류자격 변경신청 시 가점 부여, ⅴ) 사회통합 프로그램 최종 5단계를 이수하면 영주(F-5)자격으로 체류자격 변경 시 한국어능력 입증면제 등이다.[76]

【판시사항】
출입국관리법 시행규칙 제9조의4 제2항 위헌확인(헌법재판소 2013. 11. 28. 선고 2011헌마520 결정).

【결정요지】
2. 청구인의 주장요지
(1) 이 사건 심판대상조항은 '배우자의 국적'이라는 사회적 신분에 의하여 특정 7개국 국적의 배우자와 혼인한 자와 그 외 국적의 배우자와 혼인한 자를 차별하고 있는데, 이러한 차별대우는 국제결혼의 부작용을 최소화하고 바람직한 다문화가정 형성지원을 위한 것이다. 그러나 이 사건 프로그램 이수대상자는 이미 국제결혼을 한 자들이어서 스스로 국제결혼 여부를 재검토하여 부작용을 최소화한다는 목적을 달성할 수 없고, 특정 7개국 국적의 배우자를 둔 국민에게만 의무화하는 것은 대상자들에게 자괴감과 사회적 편견을 심어 주며, 3시간의 간략한 설명으로는 국제결혼에 대한 인식을 재고하거나 바람직한 다문화 가정상을 제시하지 못하므로 그 차별대우의 목적과 수단 사이에 비례관계가 성립하지 아니한다. 따라서 이 사건 심판대상조항은 청구인의 평등권을 침해한다.
(2) 이 사건 프로그램은 이미 국제결혼을 한 국민을 대상으로 하고 있고, 모든 국민이 아니라 특정 7개국 국적의 배우자를 둔 국민을 대상으로 하고 있어 국제결혼의 부작용을 최소화하는 수단으로 적합하지 아니하며, 평일에만 이 사건 프로그램이 운영되고 있기 때문에 이수대상자들은 선택의 여지 없이 위 일시장소만을 이용할 수밖에 없어 기본권의 침해가 최소화되어 있지 아니하고, 이 사건 프로그램 이수는 대상자들에게 모욕감 및 수치심을 느끼게 하는 것에 반해, 이 사건 프로그램으로 달성할 수 있는 공익은 미미하다. 따라서 이 사건 심판대상조항은 청구인의 인격권, 행복추구권 및 일반적 행동자유권을 침해한다.

---

76) 이민법연구회, 앞의 책 255면.

3. 판단

(1) 법률 또는 법률조항 자체가 헌법소원의 대상이 될 수 있으려면 그 법률 또는 법률조항에 의하여 구체적인 집행행위를 기다리지 아니하고 직접, 현재 자기의 기본권을 침해받아야 한다. 여기서 말하는 기본권침해의 직접성이란 집행행위에 의하지 아니하고 법률 그 자체에 의하여 자유의 제한, 의무의 부과, 권리 또는 법적 지위의 박탈이 생긴 경우를 말하므로, 당해 법률에 근거한 구체적인 집행행위를 통하여 비로소 기본권침해의 법률효과가 발생하는 경우에는 직접성이 없다(헌재 1992. 11. 12. 91헌마192, 판례집 4, 813, 823; 헌재 1998. 11. 26. 96헌마55등, 판례집 10-2, 756, 762 참조).

(2) 이 사건에서 보건대, 출입국관리법 시행규칙 제9조의4 제2항에서는 이 사건 프로그램의 이수대상자를 이 사건 고시에서 정하도록 위임하고 있고, 이 사건 고시에서는 이 사건 프로그램 이수대상자를 정하는 한편, 그 면제대상자도 아울러 규정하고 있는바, 외국인 배우자의 국가 또는 제3국에서 유학, 파견근무 등으로 45일 이상 계속 체류하면서 교제한 경우, 국내에서 외국인 배우자가 91일 이상 합법체류하면서 초청자와 교제한 경우 및 배우자 임신, 출산, 그 밖에 인도적인 고려가 필요하다고 인정하는 경우에는 특정 7개국 국적의 배우자라 하더라도 이 사건 프로그램을 이수를 면제할 수 있도록 규정하고 있다. 위 각 규정을 종합하여 보면, 특정 7개국 국적의 배우자인 청구인이 이 사건 프로그램을 이수하여야 하는지 여부는 이 사건 심판대상조항에 의하여 바로 확정되는 것이 아니라, 행정청이 청구인의 경우는 위 면제사유에 해당하지 않는다고 보아 청구인에게 이 사건 프로그램을 이수한 후 이 사건 프로그램을 이수하였다는 증명서를 첨부하거나 초청장에 이 사건 프로그램 이수번호를 기재하도록 요구하는 때 또는 이 사건 프로그램을 이수하였다는 증명서를 첨부하지도 않고 초청장에 이 사건 프로그램 이수번호를 기재하지도 않았다는 이유로 사증발급을 거부하는 처분을 하는 때에 비로소 확정된다고 할 것이다. 따라서 청구인이 주장하는 기본권침해 역시 이 사건 심판대상조항에 의하여 직접 발생하는 것이 아니라, 행정청의 위와 같은 요구행위 또는 사증발급거부처분에 의하여 비로소 현실적으로 발생한다고 보아야 할 것이다.

(3) 그러므로 이 사건 심판청구는 기본권침해의 직접성 요건을 갖추지 못하여 부적법하다.

3. 사회통합 자원봉사위원

가. 사회통합위원의 지정

법무부장관은 효율적인 사회통합사업의 추진을 위한 예산 및 인원 부족의 현실적 한계에 따라 외국인의 사회통합을 지원하기 위하여 법무부령으로 정하는 바에 따라 지방출입국·외국인관서에 사회통합 자원봉사위원(이하 "사회통합위원"이라 한다)을 둘 수 있다(법 제41조 제1항).

나. 사회통합위원의 직무

사회통합위원은 다음의 직무를 수행한다(법 제41조 제2항).

(1) 외국인 및 고용주 등의 법 준수를 위한 홍보활동

(2) 외국인이 한국사회의 건전한 사회구성원으로 정착하기 위한 체류 지원

(3) 영주자격 및 국적을 취득하려는 자에 대한 지원

(4) 그 밖에 대한민국 국민과 국내 체류 외국인의 사회통합을 위하여 법무부장관이 정하는 사항

다. 비용의 지급

사회통합위원은 명예직으로 하되 직무수행에 필요한 비용의 전부 또는 일부를 지급할 수 있다(법 제41조 제3항).

라. 사회통합위원의 위촉 등 필요사항

사회통합위원의 위촉 및 해촉, 정원, 자치 조직, 비용의 지급, 그 밖에 필요한 사항은 법무부령으로 정한다(법 제41조 제4항).

마. 사회통합 자원봉사위원의 위촉 및 해촉

(1) 자원봉사위원의 자격

사회통합 자원봉사위원은 다음의 요건을 갖춘 자 중에서 법무부장관이 위촉한다(법 시행규칙 제53조의6 제1항).

(가) 인격 및 행동에 있어 사회적으로 신망을 받을 것

(나) 외국인의 사회통합지원 및 사회봉사에 대한 열의를 가지고 있을 것

(다) 「국가공무원법」 제33조 각 호의 결격사유에 해당하지 아니할 것

(2) 사회통합위원의 해촉사유

법무부장관은 사회통합위원이 다음의 어느 하나에 해당하는 때에는 해촉할 수 있다(법 시행규칙 제53조의6 제2항).

(가) 사회통합위원의 직무를 태만히 하거나 직무수행실적이 없는 때

(나) 직무수행과 관련하여 비위행위가 있는 때

(다) 품위 손상이나 그 밖의 사유로 인하여 사회통합위원으로서 적당하지 아니하다고 인정되는 때

4. 사회통합 프로그램 자문위원회

가. 자문위원회 설치

사회통합 프로그램에 관한 다음의 사항(이하 "사회통합 프로그램 업무"라 한다)에 대하여 법무부장관의 자문에 응하기 위하여 법무부장관 소속으로 사회통합프로그램 자문위원회(이하 "자문위원회"라 한다)를 둔다(법 시행규칙 제53조의4 제1항).

(1) 영 제48조에 따른 사회통합 프로그램의 개발 · 운영

(2) 영 제49조에 따른 운영기관의 지정

(3) 영 제50조에 따른 운영기관의 관리 및 지정 취소

(4) 영 제51조에 따른 전문인력 양성

나. 자문위원회 구성

자문위원회는 위원장 1명을 포함한 15명 이내의 위원으로 구성한다(법 시행규칙 제53조의4 제2항).

다. 자문위원회 위원의 자격요건 등

자문위원회 위원은 다음의 사람이 되며, 위원장은 위원 중에서 법무부장관이 지명한다(법 시행규칙 제53조의4 제3항).

(1) 관련 분야의 학식과 경험이 풍부한 사람으로서 법무부장관이 위촉하는 사람

(2) 법무부 출입국 · 외국인정책본부장

(3) 법무부 소속 공무원 중 법무부장관이 임명하는 사람

라. 자문위원의 임기

자문위원의 임기는 2년으로 한다(법 시행규칙 제53조의4 제4항).

마. 지방자문위원회 설치

법무부장관은 사회통합 프로그램 업무에 필요한 경우 청장 또는 사무소장 소속으로 지방 사회통합프로그램 자문위원회(이하 "지방자문위원회" 라 한다)를 둘 수 있다(법 시행규칙 제53조의4 제5항).

바. 기타 자문위원회 구성 등에 필요한 사항

법 시행규칙 제53조의4 제1항부터 제5항까지에서 규정한 사항 외에 자문위원회 및 지방자문위원회의 구성 및 운영에 필요한 사항은 법무부장관이 정한다(법 시행규칙 제53조의4 제6항).

5. 결혼이민자 등의 조기 적응 지원을 위한 프로그램

가. 결혼이민자 등의 조기 적응 지원을 위한 프로그램 시행

법무부장관은 대한민국에 결혼이민자 등의 자격으로 입국하려고 하거나 최초로 입국한 외국인의 한국사회 조기 적응을 지원하기 위하여 체류허가 · 영주자격 · 국적 신청 및 기초생활 법질서 등의 교육, 정보 제공 및 상담 등의 프로그램을 시행할 수 있다(법 시행규칙 제53조의5 제1항).

나. 프로그램의 구체적인 내용 및 운영방법 등

프로그램의 구체적인 내용 및 운영 방법, 그 밖에 프로그램의 운영에 필요한 사항은 법무부장관이 정한다(법 시행규칙 제53조의5 제2항).

6. 특별사회통합 자원봉사위원

가. 특별사회통합위원 위촉

청장 · 사무소장 · 출장소장, 외국인보호소장 및 출입국 · 외국인지원센터장은 다음에 관한 해당 기관의 업무를 지원할 사람이 필요한 경우 특별사회통합 자원봉사위원(이하 '특별사회통합위원'이라 한다)을 위촉할 수 있다(법 시행규칙 제53조의7 제1항).

(1) 외국인 고충상담 및 민원안내
(2) 외국인의 체류지 변경신고 등 각종 신고사항에 관한 사실확인 및 생활지도

나. 위촉 및 해촉

특별사회통합위원의 위촉 및 해촉에 관하여는 제53조의6을 준용한다(법 시행규칙 제53조의7 제2항).

(1) 특별사회통합위원의 자격

특별사회통합위원은 다음의 요건을 갖춘 자 중에서 법무부장관이 위촉한다(법 시행규칙 제53조의6 제1항).

(가) 인격 및 행동에 있어 사회적으로 신망을 받을 것

(나) 외국인의 사회통합지원 및 사회봉사에 대한 열의를 가지고 있을 것

(다) 「국가공무원법」 제33조 각 호의 결격사유에 해당하지 아니할 것

(2) 특별사회통합위원의 해촉사유

법무부장관은 특별사회통합위원이 다음의 어느 하나에 해당하는 때에는 해촉할 수 있다(법 시행규칙 제53조의6 제2항).

(가) 특별사회통합위원의 직무를 태만히 하거나 직무수행실적이 없는 때

(나) 직무수행과 관련하여 비위행위가 있는 때

(다) 품위 손상이나 그 밖의 사유로 인하여 특별사회통합위원으로서 적당하지 아니하다고 인정되는 때

7. 사회통합위원 등의 정원

가. 사회통합위원 및 특별사회통합위원의 정원

사회통합위원 및 특별사회통합위원의 정원은 출입국·외국인청, 출입국·외국인사무소 또는 출장소별로 등록외국인의 수, 기관의 규모(직원 수 및 업무량을 말한다) 등을 고려하여 등록외국인 100명당 1명의 범위에서 법무부장관이 정한다(법 시행규칙 제53조의8 제1항).

나. 특별사회통합위원의 기관별 정원

외국인보호소장 및 출입국·외국인지원센터장이 위촉하는 특별사회통합위원의 정원은 기관별로 30명의 범위에서 법무부장관이 정한다(법 시행규칙 제53조의8 제2항).

8. 사회통합위원 등의 자치조직

사회통합위원 및 특별사회통합위원의 체계적인 활동을 도모하기 위하여 법무부장관이 정하는 바에 따라 사회통합위원 및 특별사회통합위원의 자치조직을 둘 수 있다(법 시행규칙 제53조의9).

9. 비용의 지급

사회통합위원과 특별사회통합위원에 대하여는 예산의 범위에서 그 직무수행에 필요한 실비를 지급한다(법 시행규칙 제53조의10).

10. 세부 운영사항

법 시행규칙 제53조의6부터 제53조의10까지에서 규정한 사항 외에 사회통합위원 및 특별사회통합위원의 운영에 필요한 세부사항은 법무부장관이 정한다(법 시행규칙 제53조의11).

제6장
강제퇴거 등

국내 체류 외국인의 수는 2019년 9월 말 기준 245만 명을 넘어섰으며 그중 전체 외국인 체류자의 약 15.5%인 38만여 명이 불법체류자이다. 국내 불법체류 외국인 수는 매년 증가하고 있으며 그에 따라 강제퇴거외국인의 단속도 강화될 수밖에 없다. 이에 따라 출입국관리법에서는 제6장에서는 외국인을 추방하는 절차로서 강제퇴거의 대상자(제1절), 조사(제2절), 심사결정을 위한 보호(제3절), 심사 및 이의신청(제4절), 강제퇴거명령서의 집행(제5절), 보호의 일시해제(제6절), 출국권고(제7절) 등의 내용을 규정하고 있다.

제1절 강제퇴거의 대상자

1. 강제퇴거의 대상자

가. 강제퇴거 대상요건

외국인관서의 장은 불법입국자, 불법체류자, 범죄를 범하여 일정한 형을 선고받은 외국인 등 대한민국에 유해한 행위를 한 외국인, 대한민국의 이익·공공의 안전 또는 경제·사회질서를 해하거나 선량한 풍속을 해하는 행동을 할 염려가 있는 외국인 등 대한민국의 기본질서에 어긋난다고 인정되는 자에 대하여 이 장에서 규정된 절차에 따라 해당 외국인을 대한민국 밖으로 강제퇴거시킬 수 있다(법 제46조 제1항).

> 【판시사항】
> 출입국관리법 제46조에 의한 강제퇴거의 요건과 그 입증책임(대법원 1996. 11. 12. 선고 96누1221 판결)
>
> 【판결요지】
> 출입국관리법 소정의 외국인으로서 대한민국 밖으로 강제퇴거를 시키기 위하여는 상대방이 대한민국의 국적을 가지지 아니한 외국인이라고 단정할 수 있어야 하고, 따라서 재외 국민이 다른 나라의 여권을 소지하고 대한민국에 입국하였다 하더라도 그가 당초에 대한민국의 국민이었던 점이 인정되

는 이상 다른 나라의 여권을 소지한 사실 자체만으로는 그 나라의 국적을 취득하였다거나 대한민국의 국적을 상실한 것으로 추정·의제되는 것이 아니므로, 다른 특별한 사정이 없는 한 그와 같은 재외 국민을 외국인으로 볼 것은 아니고, 다른 나라의 여권을 소지하고 입국한 재외 국민이 그 나라의 국적을 취득하였다거나 대한민국의 국적을 상실한 외국인이라는 점에 대하여는 관할 외국인보호소장 등 처분청이 이를 입증하여야 한다.

이는 외국인관서의 장이 아래와 같은 사유에 해당하는 외국인에 대하여 강제퇴거를 할 수 있다는 임의규정이다. 따라서 외국인 아래 각 사유의 어느 하나에 해당한다고 하여 무조건 강제퇴거 하여야 하는 것은 아니고 강제퇴거의 대상이더라도 해당요건의 경중 등을 고려하여 강제퇴거를 명할지 여부에 관한 재량권을 가지고 있다.

【판시사항】
강제퇴거명령처분 취소(대전지방법원 2008구합985 판결)

【판결요지】
국가가 자국에 바람직하지 못하다고 판단하는 외국인을 추방할 수 있는 권리는 국제법상 확립된 권리이므로, 어떠한 외국인을 바람직하지 않다고 판단하여 추방할 것인지에 관해서는 국가가 자유로이 결정할 수 있다. 이에 근거하여 우리 출입국관리법 제46조 제1항은 각 호에서 강제퇴거대상자를 규정하면서, 피고로 하여금 공익의 관점에서 위 각 호에 해당하는 외국인에 대하여 강제퇴거를 명할지 여부에 관하여 판단할 수 있는 재량의 여지를 주고 있다. 피고가 외국인에 대하여 강제퇴거를 명할지 여부에 관한 재량권을 가지고 있다고 하더라도, 재량권 행사의 기초가 된 사실에 오인이 있거나 재량권 행사가 비례원칙 또는 평등의 원칙을 위한 경우에는 재량권의 일탈·남용에 해당하여 위법하다.

(1) 법 제7조를 위반한 사람

있다.

1. 재입국허가를 받은 사람 또는 재입국허가가 면제된 사람으로서 그 허가 또는 면제 받은 기간이 끝나기 전에 입국하는 사람

2. 대한민국과 사증면제협정을 체결한 국가의 국민으로서 그 협정에 따라 면제대상이 되는 사람

3. 국제친선, 관광 또는 대한민국의 이익 등을 위하여 입국하는 사람으로서 대통령령으로 정하는 바에 따라 따로 입국허가를 받은 사람

4. 난민여행증명서를 발급받고 출국한 후 그 유효기간이 끝나기 전에 입국하는 사람

③ 법무부장관은 공공질서의 유지나 국가이익에 필요하다고 인정하면 제2항제2호에 해당하는 사람에 대하여 사증면제협정의 적용을 일시 정지할 수 있다.

④ 대한민국과 수교(修交)하지 아니한 국가나 법무부장관이 외교부장관과 협의하여 지정한 국가의 국민은 제1항에도 불구하고 대통령령으로 정하는 바에 따라 재외공관의 장이나 지방출입국·외국인관서의 장이 발급한 외국인입국허가서를 가지고 입국할 수 있다.

(2) 법 제7조의2를 위반한 외국인 또는 같은 조에 규정된 허위초청 등의 행위로 입국한 외국인

제7조의2(허위초청 등의 금지)

누구든지 외국인을 입국시키기 위한 다음 각 호의 어느 하나의 행위를 하여서는 아니 된다.

1. 거짓된 사실의 기재나 거짓된 신원보증 등 부정한 방법으로 외국인을 초청하거나 그러한 초청을 알선하는 행위

2. 거짓으로 사증 또는 사증발급인정서를 신청하거나 그러한 신청을 알선하는 행위

(3) 법 제11조제1항 각 호의 어느 하나에 해당하는 입국금지 사유가 입국 후에 발견되거나 발생한 사람

1. 감염병환자, 마약류중독자, 그 밖에 공중위생상 위해를 끼칠 염려가 있다고 인정되는 사람

2. 「총포·도검·화약류 등의 안전관리에 관한 법률」에서 정하는 총포·도검·화약류 등을 위법하게 가지고 입국하려는 사람

3. 대한민국의 이익이나 공공의 안전을 해치는 행동을 할 염려가 있다고 인정할 만한 상당한 이유가 있는 사람

4. 경제질서 또는 사회질서를 해치거나 선량한 풍속을 해치는 행동을 할 염려가 있다고 인정할 만한 상당한 이유가 있는 사람

5. 사리 분별력이 없고 국내에서 체류활동을 보조할 사람이 없는 정신장애인, 국내체류비용을 부담할 능력이 없는 사람, 그 밖에 구호(救護)가 필요한 사람

6. 강제퇴거명령을 받고 출국한 후 5년이 지나지 아니한 사람

7. 1910년 8월 29일부터 1945년 8월 15일까지 사이에 다음 각 목의 어느 하나에 해당하는 정부의 지시를 받거나 그 정부와 연계하여 인종, 민족, 종교, 국적, 정치적 견해 등을 이유로 사람을 학살·학대하는 일에 관여한 사람

   가. 일본 정부

   나. 일본 정부와 동맹 관계에 있던 정부

   다. 일본 정부의 우월한 힘이 미치던 정부

8. 제1호부터 제7호까지의 규정에 준하는 사람으로서 법무부장관이 그 입국이 적당하지 아니하다고 인정하는 사람

(4) 법 제12조제1항·제2항 또는 제12조의3을 위반한 사람

제12조(입국심사)

① 외국인이 입국하려는 경우에는 입국하는 출입국항에서 출입국관리공무원의 입국심사를 받아야 한다.

② 제1항에 관하여는 제6조제1항 단서 및 같은 조 제3항을 준용한다.

제12조의3(선박등의 제공금지)

① 누구든지 외국인을 불법으로 입국 또는 출국하게 하거나 대한민국을 거쳐 다른 국가에

불법으로 입국하게 할 목적으로 다음 각 호의 행위를 하여서는 아니 된다.

    1. 선박등이나 여권 또는 사증, 탑승권이나 그 밖에 출입국에 사용될 수 있는 서류 및 물품을 제공하는 행위

    2. 제1호의 행위를 알선하는 행위

② 누구든지 불법으로 입국한 외국인에 대하여 다음 각 호의 행위를 하여서는 아니 된다.

    1. 해당 외국인을 대한민국에서 은닉 또는 도피하게 하거나 그러한 목적으로 교통수단을 제공하는 행위

    2. 제1호의 행위를 알선하는 행위

(5) 법 제13조 제2항에 따라 지방출입국·외국인관서의 장이 붙인 허가조건을 위반한 사람

제13조(조건부 입국허가)

② 지방출입국·외국인관서의 장은 제1항에 따른 조건부 입국을 허가할 때에는 조건부입국허가서를 발급하여야 한다. 이 경우 그 허가서에는 주거의 제한, 출석요구에 따를 의무 및 그 밖에 필요한 조건을 붙여야 하며, 필요하다고 인정할 때에는 1천만원 이하의 보증금을 예치(預置)하게 할 수 있다.

(6) 법 제14조 제1항, 제14조의2 제1항, 제15조제1항, 제16조 제1항 또는 제16조의2 제1항에 따른 허가를 받지 아니하고 상륙한 사람

제14조(승무원의 상륙허가)

① 출입국관리공무원은 다음 각 호의 어느 하나에 해당하는 외국인승무원에 대하여 선박등의 장 또는 운수업자나 본인이 신청하면 15일의 범위에서 승무원의 상륙을 허가할 수 있다. 다만, 제11조제1항 각 호의 어느 하나에 해당하는 외국인승무원에 대하여는 그러하지 아니하다.

    1. 승선 중인 선박등이 대한민국의 출입국항에 정박하고 있는 동안 휴양 등의 목적으로 상륙하려는 외국인승무원

    2. 대한민국의 출입국항에 입항할 예정이거나 정박 중인 선박등으로 옮겨 타려는 외국인승무원

제14조의2(관광상륙허가)

① 출입국관리공무원은 관광을 목적으로 대한민국과 외국 해상을 국제적으로 순회(巡廻)하여 운항하는 여객운송선박 중 법무부령으로 정하는 선박에 승선한 외국인승객에 대하여 그 선박의 장 또는 운수업자가 상륙허가를 신청하면 3일의 범위에서 승객의 관광상륙을 허가할 수 있다. 다만, 제11조제1항 각 호의 어느 하나에 해당하는 외국인승객에 대하여는 그러하지 아니하다.

제15조(긴급상륙허가)

① 출입국관리공무원은 선박등에 타고 있는 외국인(승무원을 포함한다)이 질병이나 그 밖의 사고로 긴급히 상륙할 필요가 있다고 인정되면 그 선박등의 장이나 운수업자의 신청을 받아 30일의 범위에서 긴급상륙을 허가할 수 있다.

제16조(재난상륙허가)

① 지방출입국·외국인관서의 장은 조난을 당한 선박등에 타고 있는 외국인(승무원을 포함한다)을 긴급히 구조할 필요가 있다고 인정하면 그 선박등의 장, 운수업자, 「수상에서의 수색·구조 등에 관한 법률」에 따른 구호업무 집행자 또는 그 외국인을 구조한 선박등의 장의 신청에 의하여 30일의 범위에서 재난상륙허가를 할 수 있다.

제16조의2(난민 임시상륙허가)

① 지방출입국·외국인관서의 장은 선박등에 타고 있는 외국인이 「난민법」 제2조제1호에 규정된 이유나 그 밖에 이에 준하는 이유로 그 생명·신체 또는 신체의 자유를 침해받을 공포가 있는 영역에서 도피하여 곧바로 대한민국에 비호(庇護)를 신청하는 경우 그 외국인을 상륙시킬 만한 상당한 이유가 있다고 인정되면 법무부장관의 승인을 받아 90일의 범위에서 난민 임시상륙허가를 할 수 있다. 이 경우 법무부장관은 외교부장관과 협의하여야 한다.

(7) 제14조 제3항(제14조의2 제3항에 따라 준용되는 경우를 포함한다), 제15조 제2항, 제16조 제2항 또는 제16조의2 제2항에 따라 지방출입국·외국인관서의 장 또는 출입국관리 공무원이 붙인 허가조건을 위반한 사람

제14조(승무원의 상륙허가)

③ 출입국관리공무원은 제1항에 따른 허가를 할 때에는 승무원 상륙허가서를 발급하여야 한다. 이 경우 승무원 상륙허가서에는 상륙허가의 기간, 행동지역의 제한 등 필요한 조건을 붙일 수 있다.

제15조(긴급상륙허가)

② 제1항의 경우에는 제14조제3항 및 제5항을 준용한다. 이 경우 "승무원 상륙허가서"는 "긴급상륙허가서"로, "승무원 상륙허가"는 "긴급상륙허가"로 본다.

제16조(재난상륙허가)

② 제1항의 경우에는 제14조제3항 및 제5항을 준용한다. 이 경우 "승무원 상륙허가서"는 "재난상륙허가서"로, "승무원 상륙허가"는 "재난상륙허가"로 본다.

제16조의2(난민 임시상륙허가)

② 제1항의 경우에는 제14조제3항 및 제5항을 준용한다. 이 경우 "승무원 상륙허가서"는 "난민 임시상륙허가서"로, "승무원 상륙허가"는 "난민 임시상륙허가"로 본다.

(8) 법 제17조 제1항·제2항, 제18조, 제20조, 제23조, 제24조 또는 제25조를 위반한 사람

제17조(외국인의 체류 및 활동범위)

① 외국인은 그 체류자격과 체류기간의 범위에서 대한민국에 체류할 수 있다.

② 대한민국에 체류하는 외국인은 이 법 또는 다른 법률에서 정하는 경우를 제외하고는 정치활동을 하여서는 아니 된다.

제18조(외국인 고용의 제한)

① 외국인이 대한민국에서 취업하려면 대통령령으로 정하는 바에 따라 취업활동을 할 수 있는 체류자격을 받아야 한다.

② 제1항에 따른 체류자격을 가진 외국인은 지정된 근무처가 아닌 곳에서 근무하여서는 아니 된다.

③ 누구든지 제1항에 따른 체류자격을 가지지 아니한 사람을 고용하여서는 아니 된다.

④ 누구든지 제1항에 따른 체류자격을 가지지 아니한 사람의 고용을 알선하거나 권유하여서는 아니 된다.

⑤ 누구든지 제1항에 따른 체류자격을 가지지 아니한 사람의 고용을 알선할 목적으로 그를 자기 지배하에 두는 행위를 하여서는 아니 된다.

제20조(체류자격 외 활동)

대한민국에 체류하는 외국인이 그 체류자격에 해당하는 활동과 함께 다른 체류자격에 해당하는 활동을 하려면 미리 법무부장관의 체류자격 외 활동허가를 받아야 한다.

제23조(체류자격 부여)

대한민국에서 출생하여 제10조에 따른 체류자격을 가지지 못하고 체류하게 되는 외국인은 그가 출생한 날부터 90일 이내에, 대한민국에서 체류 중 대한민국의 국적을 상실하거나 이탈하는 등 그 밖의 사유로 제10조에 따른 체류자격을 가지지 못하고 체류하게 되는 외국인은 그 사유가 발생한 날부터 30일 이내에 대통령령으로 정하는 바에 따라 체류자격을 받아야 한다.

제24조(체류자격 변경허가)

① 대한민국에 체류하는 외국인이 그 체류자격과 다른 체류자격에 해당하는 활동을 하려면 미리 법무부장관의 체류자격 변경허가를 받아야 한다.

② 제31조제1항 각 호의 어느 하나에 해당하는 사람으로서 그 신분이 변경되어 체류자격을 변경하려는 사람은 신분이 변경된 날부터 30일 이내에 법무부장관의 체류자격 변경허가를 받아야 한다.

제25조(체류기간 연장허가)

외국인이 체류기간을 초과하여 계속 체류하려면 대통령령으로 정하는 바에 따라 체류기간이 끝나기 전에 법무부장관의 체류기간 연장허가를 받아야 한다.

(9) 법 제21조 제1항 본문을 위반하여 허가를 받지 아니하고 근무처를 변경·추가하거나 같은 조 제2항을 위반하여 외국인을 고용·알선한 사람

제21조(근무처의 변경·추가)

① 대한민국에 체류하는 외국인이 그 체류자격의 범위에서 그의 근무처를 변경하거나 추가하려면 미리 법무부장관의 허가를 받아야 한다.

(10) 법 제22조에 따라 법무부장관이 정한 거소 또는 활동범위의 제한이나 그 밖의 준수사항을 위반한 사람

제22조(활동범위의 제한)

법무부장관은 공공의 안녕질서나 대한민국의 중요한 이익을 위하여 필요하다고 인정하면 대한민국에 체류하는 외국인에 대하여 거소(居所) 또는 활동의 범위를 제한하거나 그 밖에 필요한 준수사항을 정할 수 있다.

(11) 법 제26조를 위반한 외국인

제26조(허위서류 제출 등의 금지)

누구든지 제20조, 제21조, 제23조 부터 제25조까지, 제25조의2 및 제25조의3에 따른 허가 신청과 관련하여 다음 각 호의 어느 하나에 해당하는 행위를 해서는 아니 된다.

1. 위조·변조된 문서 등을 입증자료로 제출하거나 거짓 사실이 적힌 신청서 등을 제출하는 등 부정한 방법으로 신청하는 행위
2. 제1호의 행위를 알선·권유하는 행위

(12) 법 제28조제1항 및 제2항을 위반하여 출국하려고 한 사람

(13) 법 제31조에 따른 외국인등록 의무를 위반한 사람

> **제31조(외국인등록)**
>
> ① 외국인이 입국한 날부터 90일을 초과하여 대한민국에 체류하려면 대통령령으로 정하는 바에 따라 입국한 날부터 90일 이내에 그의 체류지를 관할하는 지방출입국·외국인관서의 장에게 외국인등록을 하여야 한다. 다만, 다음 각 호의 어느 하나에 해당하는 외국인의 경우에는 그러하지 아니하다.
>
>   1. 주한외국공관(대사관과 영사관을 포함한다)과 국제기구의 직원 및 그의 가족
>   2. 대한민국정부와의 협정에 따라 외교관 또는 영사와 유사한 특권 및 면제를 누리는 사람과 그의 가족
>   3. 대한민국정부가 초청한 사람 등으로서 법무부령으로 정하는 사람
>
> ② 제1항에도 불구하고 같은 항 각 호의 어느 하나에 해당하는 외국인은 본인이 원하는 경우 체류기간 내에 외국인등록을 할 수 있다.
>
> ③ 제23조에 따라 체류자격을 받는 사람으로서 그 날부터 90일을 초과하여 체류하게 되는 사람은 제1항 각 호 외의 부분 본문에도 불구하고 체류자격을 받는 때에 외국인등록을 하여야 한다.
>
> ④ 제24조에 따라 체류자격 변경허가를 받는 사람으로서 입국한 날부터 90일을 초과하여 체류하게 되는 사람은 제1항 각 호 외의 부분 본문에도 불구하고 체류자격 변경허가를 받는 때에 외국인등록을 하여야 한다.
>
> ⑤ 지방출입국·외국인관서의 장은 제1항부터 제4항까지의 규정에 따라 외국인등록을 한 사람에게는 대통령령으로 정하는 방법에 따라 개인별로 고유한 등록번호(이하 "외국인등록번호"라 한다)를 부여하여야 한다.

(14) 법 제33조의3을 위반한 외국인

> 2. 제31조제5항에 따른 외국인등록번호를 거짓으로 생성하여 자기 또는 다른 사람의 재물이나 재산상의 이익을 위하여 사용하거나 이를 알선하는 행위
>
> 3. 외국인등록번호를 거짓으로 생성하는 프로그램을 다른 사람에게 전달하거나 유포 또는 이를 알선하는 행위
>
> 4. 다른 사람의 외국인등록증을 부정하게 사용하거나 자기의 외국인등록증을 부정하게 사용한다는 사정을 알면서 다른 사람에게 제공하는 행위 또는 이를 각각 알선하는 행위
>
> 5. 다른 사람의 외국인등록번호를 자기 또는 다른 사람의 재물이나 재산상의 이익을 위하여 부정하게 사용하거나 이를 알선하는 행위

(15) 금고 이상의 형을 선고받고 석방된 사람

(16) 그 밖에 제1호부터 제10호까지, 법 제10호의2, 제11호, 제12호, 제12호의2 또는 제13호에 준하는 사람으로서 법무부령으로 정하는 사람.

여기서 "법무부령으로 정하는 사람"이란 다음의 어느 하나에 해당하는 사람으로서 청장·사무소장·출장소장 또는 외국인보호소장이 강제퇴거함이 상당하다고 인정하는 사람을 말한다(법 시행규칙 제54조의2).

(가) ⅰ)「형법」제2편 제24장 살인의 죄, 제32장 강간과 추행의 죄 또는 제38장 절도와 강도의 죄중 강도의 죄를 범한 자, ⅱ)「성폭력범죄의 처벌 등에 관한 특례법」위반의 죄를 범한 자, ⅲ)「마약류관리에 관한 법률」위반의 죄를 범한 자, ⅳ) 「특정범죄 가중처벌 등에 관한 법률」제5조의2·제5조의4·제5조의5·제5조의9 또는 제11조 위반의 죄를 범한 자, ⅴ)「국가보안법」위반의 죄를 범한 자, ⅵ)「폭력행위 등 처벌에 관한 법률」제4조 위반의 죄를 범한 자, ⅶ)「보건범죄단속에 관한 특별조치법」위반의 죄를 범한 자의 어느 하나에 해당하는 죄를 범한 사람

(나)「배타적 경제수역에서의 외국인어업 등에 대한 주권적 권리의 행사에 관한 법률」을 위반한 사람

(다)「영해 및 접속수역법」을 위반한 사람

나. 영주자격자

(1) 원칙

영주자격을 가진 사람은 제1항에도 불구하고 대한민국 밖으로 강제퇴거되지 아니한다.

(2) 예외

다만, 영주자격자라도 다음의 어느 하나에 해당하는 사람은 그러하지 아니하다(법 제46조 제2항).

(가) 「형법」 제2편 제1장 내란의 죄 또는 제2장 외환의 죄를 범한 사람

(나) 5년 이상의 징역 또는 금고의 형을 선고받고 석방된 사람 중 법무부령으로 정하는 사람, 여기서 법무부령으로 정하는 사람이란, 다음의 어느 하나에 해당하는 자로서 법무부장관이 강제퇴거함이 상당하다고 인정하는 자를 말한다(법 시행규칙 제54조 제1항).

① 「형법」 제2편제24장 살인의 죄, 제32장 강간과 추행의 죄 또는 제38장 절도와 강도의 죄중 강도의 죄를 범한 자

② 「성폭력범죄의 처벌 등에 관한 특례법」 위반의 죄를 범한 자

③ 「마약류관리에 관한 법률」 위반의 죄를 범한 자

④ 「특정범죄 가중처벌 등에 관한 법률」 제5조의2 · 제5조의4 · 제5조의5 · 제5조의9 또는 제11조 위반의 죄를 범한 자

⑤ 「국가보안법」 위반의 죄를 범한 자

⑥ 「폭력행위 등 처벌에 관한 법률」 제4조 위반의 죄를 범한 자

⑦ 「보건범죄단속에 관한 특별조치법」 위반의 죄를 범한 자

(다) 법 제12조의3 제1항 또는 제2항을 위반하거나 이를 교사(敎唆) 또는 방조(幇助)한 사람

제12조의3(선박등의 제공금지)

① 누구든지 외국인을 불법으로 입국 또는 출국하게 하거나 대한민국을 거쳐 다른 국가에 불법으로 입국하게 할 목적으로 다음 각 호의 행위를 하여서는 아니 된다.

    1. 선박등이나 여권 또는 사증, 탑승권이나 그 밖에 출입국에 사용될 수 있는 서류 및 물품을 제공하는 행위

    2. 제1호의 행위를 알선하는 행위

② 누구든지 불법으로 입국한 외국인에 대하여 다음 각 호의 행위를 하여서는 아니 된다.

    1. 해당 외국인을 대한민국에서 은닉 또는 도피하게 하거나 그러한 목적으로 교통수단을 제공하는 행위

    2. 제1호의 행위를 알선하는 행위

제2절 조사

1. 조사

출입국관리공무원은 강제퇴거의 대상자(법 제46조 제1항 각 호)의 어느 하나에 해당된다고 의심되는 외국인(이하 "용의자"라 한다)에 대하여는 그 사실을 조사할 수 있다(법 제47조). 여기서 조사라 함은 출입국관리공무원이 강제퇴거사유의 어느 하나에 해당하는 혐의가 있는 외국인을 발견하여 그 동정을 관찰하면서 용의사실을 입증하고 심사 이후의 절차에 있어서 강제퇴거사유에 해당함을 입증하기 위한 증거자료를 수집하는 등의 활동을 말한다.[77]

---

77) 법무부 출입국 · 외국인정책본부, 앞의 책 349면.

【판시사항】

출입국관리공무원이 불법체류자 단속을 위하여 제3자의 주거나 사업장 등을 검사하고자 하는 경우에 주거권자나 관리자의 사전 동의가 필요한지 여부(대법원 2009. 3. 12. 선고 2008도7156 판결)

【판결요지】

영장주의 원칙의 예외로서 출입국관리공무원 등에게 외국인 등을 방문하여 외국인동향조사 권한을 부여하고 있는 위 법 규정의 입법 취지 및 그 규정 내용 등에 비추어 볼 때, 출입국관리공무원 등이 출입국관리법 제81조 제1항에 근거하여 제3자의 주거 또는 일반인의 자유로운 출입이 허용되지 아니한 사업장 등에 들어가 외국인을 상대로 조사하기 위해서는 그 주거권자 또는 관리자의 사전 동의가 있어야 한다고 할 것이다. 따라서 관리자의 사전 동의 없이 사업장에 진입하여 불법체류자 단속 업무를 개시한 사안에서, 공무집행행위의 적법성이 부인되어 공무집행방해죄가 성립하지 않는다. 그러므로 따라서 피고인이 피해자 공소외 1을 칼로 찌른 행위는 특수공무집행방해죄를 구성하지 않는다고 판단한 제1심판결을 그대로 유지하였는바, 위 법리와 기록에 비추어 살펴보면 원심의 사실인정과 판단은 정당한 것으로 수긍할 수 있고, 거기에 상고이유로 주장하는 바와 같은 출입국관리법상 조사의 절차에 관한 법리오해, 채증법칙 위반으로 인한 사실오인 등의 위법이 없다.

2. 인지보고 등

가. 인지보고

출입국관리공무원은 조사에 착수(법 제47조)할 때에는 용의사실 인지보고서를 작성하여 청장·사무소장·출장소장 또는 외국인보호소의 장(이하 "보호소장"이라 한다)에게 제출하여야 한다(법 시행령 제57조).

용의사실 인지보고서

용의자 인적사항	성명	
	성별	생년월일
	국적	
	대한민국 내 주소 및 연락처	
용의 사실		

○○출입국 · 외국인청(사무소 · 출장소)	담 당	실(팀)장	과장	청(소)장
제 호				
년 월 일 접수				

210mm×297mm[백상지(80 g/㎡) 또는 중질지(80 g/㎡)]

나. 사건부의 등재 등

(1) 사건부의 등재

출입국관리공무원은 용의사실인지보고서(영 제57조의 규정) 또는 출입국사범심사결정통고서(영 제104조 제3항의 규정)를 작성하는 때에는 사건부에 소정의 사항을 기재하고 용의사실인지보고서 또는 출입국사범심사결정통고서에 사건번호를 기재하여야 한다(법 시행규칙 제54조의3 제1항).

(2) 사건부 작성방법

사건번호는 사건마다 접수연도와 접수순서에 따라 연도표시 일련번호로 표시한다.

■ 출입국관리법 시행규칙 [별지 제86호의2서식] 〈개정 2018. 5. 15.〉

사 건 부

사 건 제 호	
접수	년 월 일
구분	인지 또는 로부터 인수
담당	직급 성명

용의자	국적		성별	
	성명		체류자격	
	생년월일		연락처	
	주거(소)			

죄명	출입국관리법 제 조 항 위반

처분	보호	명령서발부 : 년 월 일	보호기간 : 년 월 일까지
		보호장소 :	보호기간연장 : 년 월 일까지
		보호통지 : 년 월 일	강제퇴거를 위한보호 : 년 월 일
		보호에 대한 이의신청 : 년 월 일	보호해제 : 년 월 일
	강제퇴거	명령서발부 : 년 월 일	이의신청 : 년 월 일
		집행 : 년 월 일	송환국 :
	출국명령	명령서발부 : 년 월 일	출국기한 : 년 월 일까지
		출국일자 : 년 월 일	출국항 :
	출국권고	권고서발부 : 년 월 일	출국권고기한 : 년 월 일
		출국일자 : 년 월 일	출국항 :
	통고처분	통고서발부 : 년 월 일	납부기한 : 년 월 일까지
		통고금액 : 만원	납부일자 : 년 월 일
		처분 후 조치 : 체류기간 연장, 체류지 변경, 외국인등록, 체류자격 변경, 체류자격 부여, 근무처변경(추가), 체류자격 외 활동, 기타	
	과태료	통지서발부 : 년 월 일	납부기한 : 년 월 일까지
		부과금액 : 만원	납부일자 : 년 월 일
	고발	일자 : 년 월 일	사유 : 직고발, 불이행

3. 용의자에 대한 출석요구 및 신문

가. 용의자의 출석요구 및 신문 등

(1) 용의자의 출석요구 및 신문

출입국관리공무원은 조사에 필요하면 용의자의 출석을 요구하여 신문(訊問)할 수 있으며(법 제48조 제1항), 이에 따라 용의자의 출석을 요구할 때에는 출석요구의 취지, 출석일시 및 장소 등을 적은 출석요구서를 발급하고 그 발급사실을 출석요구서 발급대장에 적어야 한다. 다만, 긴급한 경우에는 출석요구를 구두로 할 수 있다(법 시행령 제58조). 문제는 이러한 용의자에 대한 출석요구 및 신문이 임의조사이기 때문에 용의자가 반드시 이에 응할 의무가 없다는 것이다. 따라서 용의자가 출입국관리공무원의 출석요구 등에 응하지 아니할 경우 이를 강제할 방법이 문제되는데, 이런 경우에 출입국관리공무원은 해당 외국인이 강제퇴거대상자의 어느 하나에 해당할 만한 이유가 있을 뿐만 아니라 악의적으로 출석요구에 응하지 아니하고 있는 만큼 도주나 도주의 염려가 크다는 이유 등으로 청장 등으로부터 보호명령을 발급받아 그 외국인을 보호할 수 있고(법 제51조), 긴급한 경우에는 긴급보호서를 발급하여 출석을 거부한 용의자에 대한 보호조치를 취할 수 있으므로, 이러한 절차를 이용하여 조사를 실시하면 될 것이다.

【판시사항】

출입국관리공무원이 불법체류자 단속을 위하여 제3자의 주거나 사업장 등을 검사하고자 하는 경우에 주거권자나 관리자의 사전 동의가 반드시 필요한지 여부[의정부지법 2008. 4. 23., 선고, 2008고단291, 판결 : 항소]

【판결요지】

출입국관리법 제81조 제1항은 "출입국관리공무원 및 대통령령이 정하는 관계기관 소속공무원은 외국인이 이 법 또는 이 법에 의한 명령에 따라 적법하게 체류하고 있는지 여부를 조사하기 위하여 외국인, 그 외국인을 고용한 자, 그 외국인의 소속단체 또는 그 외국인이 근무하는 업소의 대표자와 그 외국인을 숙박시킨 자를 방문하여 질문을 하거나 기타 필요한 자료의 제출을 요구할 수 있다"라고 규정하고 있고, 같은 법 제100조 제2항 제3호는 정당한 이유 없이 장부 또는 자료제출 요구를 거부 또는 기피한 경우 '행정질서벌'인 100만 원 이하의 과태료에 처하도록 하고 있는바, 식품위생법 제17조 제1항, 제77조 제2호, 마약류 관리에 관한 법률 제41조 제1항, 제64조 제8호 등과 비교하여 본 법률 규정의 형식, 사용된 문언의 객관적 의미, 위반행위에 대한 제재의 방식 등을 종합하여 볼 때, 출입국관리법의 위 규정들이 출입국관리공무원으로 하여금 주거권자나 관리자의 의사에 반하여 주거나 사업장, 영업소 등에 들어가 외국인 동향을 조사할 권한을 부여하고 있다고 볼 수 없고, 달리 출입국관리법에 이를 인정할 근거 규정이 없다. 더욱이 출입국관리법에 의한 행정조사에 영장주의가 적용되지 않는 점, 출입국관리법 제50조가 불법체류 용의자의 주거를 검사하는 경우 용의자의 동의를 얻도록 규정하고 있는 점까지 고려하면, 출입국관리공무원이 불법체류자 단속을 위하여 제3자의 주거나 사업장 등을 검사하고자 하고자 하는 경우는 주거권자나 관리자의 사전 동의가 반드시 필요하다고 해석된다. 동의는 묵시적으로 표현될 수도 있을 것이나, 이 경우는 명시적 동의에 준할 만한 명백한 상황이라야 할 것이고, 출입국관리공무원이 주거권자나 관리자에게 주거나 사업장 등에 들어감과 동시에 조사의 개시를 고지하는 것만으로 동의의 요건이 충족된다고 보기 어렵다.

■ 출입국관리법 시행규칙 [별지 제87호서식] 〈개정 2018. 5. 15.〉

제 호

_____ 귀하   ____ 년 월 일

To :   Date of Issue

출 석 요 구 서

SUMMONS

귀하의 「출입국관리법」 위반사건에 관하여 문의할 일이 있으니   년 월 일 시에 ○○출입국 · 외국인청(사무소 · 출장소) ○○과에 출석하여 주시기 바랍니다.

출석 할 때에는 반드시 이 출석요구서와 신분증(주민등록증, 외국인등록증, 운전면허증, 여권 등), 도장 및 아래 증거자료와 기타 귀하가 필요하다고 생각하는 자료를 가지고 오시기 바랍니다.

You are hereby requested to appear before ○○ division of ○○ immigration office by___on the___th of _____. for inquiries in connection with a suspected violation of Immigration Act.

You must bring with you to the office this summons, your identification (resident registration certificate, alien registration certificate, driver's license, passport, etc.) and seal along with the evidential materials listed below and any other materials that you consider relevant.

1.

2.

문의할 사항이 있으면 ○○출입국 · 외국인청(사무소 · 출장소) ○○과 (전화 :   , 담당자 : ○○○)로 연락 주시기 바랍니다.

Please call ○○ division of ○○ immigration office at (☎   —   )(Name of person in charge: ○○○) for further information.

	담당공무원 ○ ○ ○
○○출입국·외국인청(사무소·출장소)장	Officer in charge
	직인
CHIEF, ○○IMMIGRATION OFFICE	

95mm×150mm[백상지(80g/㎡) 또는 중질지(80g/㎡)]

■ 출입국관리법 시행규칙 [별지 제88호서식] 〈개정 2016. 9. 29.〉

출석요구서 발급대장

발급 번호	발급 일자	성명	성별	생년 월일	국적	대한민국 내 주소	발급 사유	출석 일시	발급자	확인	비고

(2) 진술기재 및 통역제공의 필수성 여부

용의자에 대한 조사 후 그에 따른 용의자의 진술기재 및 통역제공은 문언상 필수적인 아니어서 강제퇴거 대상자를 반드시 조사하거나, 강제퇴거 대상자인 외국인에게 통역을 제공하거나 외국인의 진술을 조서에 적어야 되는 것은 아니다.[78]

---

78) 대구지방법원 2018. 2. 21. 선고 2017구단12082 판결.

용의자 신문조서

국 적 :

성 명 :

주민등록번호(외국인등록번호, 국내거소신고번호) :

위의 사람에 대한 「출입국관리법」 위반 사건에 관하여   년   월   일

○○출입국 · 외국인청(사무소, 출장소, 보호소) ○○과 ○○에서 특별사법경찰관

○○○은 특별사법경찰리 ○○○를 참여하게 한 후, 아래와 같이

용의자임에 틀림없음을 확인하다.

문 용의자의 국적, 성명, 주민등록번호(외국인등록번호, 국내거소신고번호), 직업, 등록기준지, 주소, 연락처 등을 말하시오.

답 국적은

   성명은

   주민등록번호(외국인등록번호, 국내거소신고번호)는

   주민등록 주소(국내 체류지, 국내거소)는

   등록기준지는

   직장 주소는

   연락처는 (자택 전화)   (휴대전화)

(진술거부권 및 변호인 조력권 고지 등 확인)

1. 귀하는 일체의 진술을 하지 아니하거나 개개의 질문에 대하여 진술을 하지
   아니할 수 있습니다.

2. 귀하가 진술을 하지 아니하더라도 불이익을 받지 아니합니다.

3. 귀하가 진술을 거부할 권리를 포기하고 행한 진술은 법정에서 유죄의 증거로
   사용될 수 있습니다.

4. 귀하가 신문을 받을 때에는 변호인을 참여하게 하는 등 변호인의 조력을 받을 수
   있습니다.

문 용의자는 위와 같은 권리들이 있음을 고지 받았나요?

답

문 용의자는 진술거부권을 행사할 것인가요?

답

문 용의자는 변호인의 조력을 받을 권리를 행사할 것인가요?

답

문 이에 특별사법경찰관은 용의사실에 관하여 다음과 같이 용의자를 신문하다.

문

답

위 조서를 진술자에게 열람하게 하였으며(읽어 주었으며) 진술한대로 오기나

변경할 것이 전혀 없다고 말하므로 간인한 후 서명 날인(무인)하게 하다.

진술자　　　　　(인)

통역자　　　　　(인)

년　월　일

○○출입국 · 외국인청(사무소, 출장소, 보호소)

특별사법경찰관 출입국관리주사(보)　○ ○ ○　(인)

특별사법경찰관리 출입국관리서기(보)　○ ○ ○　(인)

210mm×297mm[백상지(80 g/㎡) 또는 중질지(80 g/㎡)]

나. 신문시 다른 출입국관리공무원 입회

출입국관리공무원이 신문을 할 때에는 신문내용의 정확성 및 객관성을 확보하고 나아가 용의자에 대한 인권보호 등을 위한 목적으로 다른 출입국관리공무원을 참여하게 하여야 한다(법 제48조 제2항).

다. 진술조서 작성 등

(1) 진술조서 작성의무

(가) 신문조서 작성의무

용의자를 출석시켜 신문을 할 때에는 용의자가 한 진술은 조서(調書)에 적어야 한다(법 제48조 제3항). 이때 출입국관리공무원은 그 신문을 시작하기 전에 용의자에게 구두 또는 서면으로 진술을 거부할 수 있음을 알리고, 그 사실을 용의자신문조서에 기재하여야 한다(출입국사범 단속

과정의 적법절차 및 인권보호 준칙 제15조). 또한, 출입국관리공무원은 신문을 하는 때에는 용의자에게 변호인을 참여하게 할 수 있음을 미리 알려주어야 하고, 용의자 또는 변호인이 신청하는 경우 변호인의 참여를 허용하여야 한다(같은 준칙 제16조 2, 3항).

(나) 신문조서 기재사항

1) 용의자신문조서에는 다음 각 호의 사항을 적어야 한다(법 시행령 제59조 제1항).

가) 국적 · 성명 · 성별 · 생년월일 · 주소 및 직업

나) 출입국 및 체류에 관한 사항

다) 용의사실의 내용

라) 그 밖에 범죄경력 등 필요한 사항

2) 통역 · 번역자의 조서간인 등

출입국관리공무원은 통역이나 번역을 하게 한 때(법 제48조제6항 또는 제7항)에는 통역하거나 번역한 사람으로 하여금 조서에 간인(間印)한 후 서명 또는 기명날인하게 하여야 한다(법 시행령 제59조 제2항).

(2) 진술조서 작성방법

출입국관리공무원은 조서작성 시 그것의 진정성립 및 증거능력 등의 확보를 위하여 조서를 용의자에게 읽어 주거나 열람하게 한 후 오기(誤記)가 있고 없음을 물어야 하고, 용의자가 그 내용에 대한 추가 · 삭제 또는 변경을 청구하면 그 진술을 조서에 적어야 한다(법 제48조 제4항).

(3) 용의자의 간인 및 서명날인 등

조서에는 용의자로 하여금 간인(間印)한 후 서명 또는 기명날인(記名捺印)하게 하고, 용의자가 서명 또는 기명날인할 수 없거나 이를 거부할 때에는 그 사실을 조서에 적어야 한다(법 제48조 제5항). 이는 진술자의 서명이 없는 신문조서는 원칙적으로 증거로 인정되지 않기 때문이다.

라. 청각장애인 등에 대한 조사

출입국관리공무원은 용의자를 심문함에 있어 국어가 통하지 아니하는 사람이나 청각장애인 또는 언어장애인의 진술은 통역인에게 통역하게 하여 해당 외국인의 방어권을 충실히 보장하여야 한다. 다만, 청각장애인이나 언어장애인에게는 문자로 묻거나 진술하게 할 수 있다

(법 제48조 제6항, 출입국사범 단속과정의 적법절차 및 인권보호 준칙 제21조).

마. 진술의 번역

용의자의 진술 중 국어가 아닌 문자나 부호가 있으면 이를 번역하게 하여야 한다(법 제48조 제7항). 이는 이후 공판절차 등에서 번역 등을 위한 불필요한 시간 및 분쟁을 방지하고자 진술의 명확성을 확보하기 위한 조치이다.

바. 신문과정의 영상녹화

(1) 영상녹화 절차

출입국관리공무원은 불법입국 알선자, 위·변조여권 행사자, 밀입국자, 기타 중요사범에 대해서는 신문과정을 영상녹화 할 수 있으며, 이에 따라 영상녹화를 하는 때에는 용의자 또는 변호인에게 미리 그 사실을 알려주어야 하며 신문을 시작하는 때부터 종료 시까지 전 과정을 영상녹화 하여야 한다. 다만, 참고인에 대해 영상녹화를 하고자 하는 때에는 미리 참고인의 동의를 받아야 한다(출입국사범 단속과정의 적법절차 및 인권보호 준칙 제19조 제1,2항).

(2) 용의자의 기명날인 등

영상녹화가 완료된 때에는 용의자 또는 변호인 앞에서 지체 없이 그 원본을 봉인하고 용의자로 하여금 기명날인 또는 서명하게 하여야 한다(출입국사범 단속과정의 적법절차 및 인권보호 준칙 제19조 제3항).

4. 참고인에 대한 출석요구 및 진술

가. 참고인에 대한 출석요구 및 진술

(1) 출석요구 등

출입국관리공무원은 조사에 필요하면 참고인[79]에게 출석을 요구하여 그의 진술을 들을 수 있다(법 제49조 제1항). 이에 따라 참고인의 출석을 요구할 때에는 출석요구의 취지, 출석일시 및 장소 등을 적은 출석요구서를 발급하고 그 발급사실을 출석요구서 발급대장에 적어야 한다. 다만, 긴급한 경우에는 출석요구를 구두로 할 수 있다(법 시행령 제58조). 다만,

---

79) 참고인은 법 제46조의 강제퇴거사건의 용의자 이외의 제3자를 말한다.

참고인의 출석 요구 등 또한 임의성을 띄기 때문에 동인이 출석 등을 거부할 경우 이를 강제할 방법은 없다.

■ 출입국관리법 시행규칙 [별지 제87호의2서식] 〈개정 2018. 5. 15.〉

제 호

_____ 귀하   년 월 일

To :   Date of Issue

참고인 출석요구서
SUMMONS FOR REFERENCE

_____의 「출입국관리법」 위반사건에 관하여 참고인으로 문의할 일이 있으니   년   월   일 시에 ○○출입국·외국인청(사무소·출장소) ○○과에 출석하여 주시기 바랍니다.

출석 할 때에는 반드시 이 출석요구서와 신분증(주민등록증, 외국인등록증, 운전면허증, 여권 등), 도장 및 아래 증거자료와 기타 귀하가 필요하다고 생각하는 자료를 가지고 오시기 바랍니다.

You are hereby requested to appear as a reference before ○ ○ division of ○ ○ immigration office by___on the___th of ____,____. for inquiries in connection with a violation of Immigration Act by_____.

You must bring with you to the office this summons, your identification (resident registration certificate, alien registration certificate, driver's license, passport, etc) and seal along with the evidential materials listed below, and any other materials that you consider relevant.

1.

2.

문의할 사항이 있으면 ○○출입국·외국인청(사무소·출장소) ○○과 (전화 :   , 담당자 : ○○ ○)로 연락하여 주시기 바랍니다.

Please call ○ ○ division of ○ ○ immigration office at (☎   –   )(Name of person in charge: ○ ○ ○) for further information.

담당공무원 ○ ○ ○
Officer in charge

C

HIEF, ○○IMMIGRATION OFFICE

(2) 출석요구 승인

출입국관리공무원은 용의자 또는 참고인의 출석을 요구하고자 할 때에는 미리 청장·사무소장·출장소장 또는 보호소장의 승인을 얻어야 한다. 다만, 긴급한 사유로 인하여 승인을 얻지 아니하고 출석을 요구할 때에는 사후에 지체없이 이를 보고하여 승인을 얻어야 한다(법 시행규칙 제55조).

나. 참고인의 진술

참고인의 진술에 관하여는 법 제48조 제2항부터 제7항까지의 규정을 준용한다(법 제49조 제2항). 다만, 출입국관리공무원은 진술내용이 복잡하거나 참고인이 원하는 경우에는 서면으로 진술하게 할 수 있다(법 시행령 제60조 제2항).

(1) 신문시 다른 출입국관리공무원 입회

출입국관리공무원이 신문을 할 때에는 다른 출입국관리공무원을 참여하게 하여야 한다(법 제48조 제2항).

(2) 진술조서 작성 등

(가) 진술조서 작성의무

참고인을 출석시켜 신문을 할 때에는 용의자가 한 진술은 조서(調書)에 적어야 한다(법 제48조 제3항).

(나) 진술조서 작성방법

출입국관리공무원은 조서를 참고인에게 읽어 주거나 열람하게 한 후 오기(誤記)가 있고 없음을 물어야 하고, 참고인이 그 내용에 대한 추가·삭제 또는 변경을 청구하면 그 진술을 조서에 적어야 한다(법 제48조 제4항).

(3) 참고인의 간인 및 서명날인 등

조서에는 참고인으로 하여금 간인(間印)한 후 서명 또는 기명날인(記名捺印)하게 하고, 참고인이 서명 또는 기명날인할 수 없거나 이를 거부할 때에는 그 사실을 조서에 적어야 한다(법 제48조 제5항).

(4) 청각장애인 등에 대한 조사

국어가 통하지 아니하는 사람이나 청각장애인 또는 언어장애인의 진술은 통역인에게 통역하게 하여야 한다. 다만, 청각장애인이나 언어장애인에게는 문자로 묻거나 진술하게 할 수 있다(법 제48조 제6항).

(5) 진술의 번역

참고인의의 진술 중 국어가 아닌 문자나 부호가 있으면 이를 번역하게 하여야 한다(법 제48조 제7항).

(6) 통역·번역자의 조서간인 등

출입국관리공무원은 통역이나 번역을 하게 한 때(법 제48조제6항 또는 제7항)에는 통역하거나 번역한 사람으로 하여금 조서에 간인(間印)한 후 서명 또는 기명날인하게 하여야 한다(법 시행령 제60조 제1항).

5. 검사 및 서류 등의 제출요구 등

가. 검사 및 서류 등의 제출요구

출입국관리공무원은 강제퇴거 대상자에 해당하는 용의자를 조사할 때 용의자가 용의사실을 부인하거나 용의자가 제출한 서류만으로는 용의사실을 증명하기에 충분하지 아니하다고 인정되는 경우에는 그 용의자와 관련 있는 제3자의 주거 또는 물건을 검사하거나 서류 또는 물건을 제출하게 할 수 있다. 이 경우 미리 그 제3자의 동의를 받아야 한다(법 제50조, 법 시행령 제61조).

출입국관리공무원이 불법체류자 단속을 위하여 제3자의 주거나 사업장 등을 검사하고자 하고자 하는 경우는 주거권자나 관리자의 사전 동의가 반드시 필요하다. 동의는 묵시적으로 표현될 수도 있을 것이나, 이 경우는 명시적 동의에 준할 만한 명백한 상황이라야 할 것이고, 출입국관리공무원이 주거권자나 관리자에게 주거나 사업장 등에 들어감과 동시에 조사의 개시를 고지하는 것만으로 동의의 요건이 충족된다고 보기 어렵다. 따라서 용의자의 동의가 없는 경우에는 결국 형사소송법상의 압수·수색영장을 발급받아 집행할 수밖에 없다.

【판시사항】

[1] 출입국관리공무원이 불법체류자 단속을 위하여 제3자의 주거나 사업장 등을 검사하고자 하는 경우에 주거권자나 관리자의 사전 동의가 반드시 필요한지 여부(적극)

[2] 출입국관리공무원이 주거권자나 관리자의 사전 동의 없이 사업장에 진입하여 불법체류자에 대한 단속업무를 개시한 사안에서, 동의를 받을 수 없었던 급박한 사정도 존재하지 않았으므로 공무집행행위 전체의 적법성이 부인되어 공무집행방해죄가 성립하지 않는다고 한 사례(의정부지방법원 2008. 4. 23. 선고 2008고단291 판결 : 항소)

【판결요지】

[1] 출입국관리법 제81조 제1항은 "출입국관리공무원 및 대통령령이 정하는 관계기관 소속공무원은 외국인이 이 법 또는 이 법에 의한 명령에 따라 적법하게 체류하고 있는지 여부를 조사하기 위하여 외국인, 그 외국인을 고용한 자, 그 외국인의 소속단체 또는 그 외국인이 근무하는 업소의 대표자와 그 외국인을 숙박시킨 자를 방문하여 질문을 하거나 기타 필요한 자료의 제출을 요구할 수 있다"라고 규정하고 있고, 같은 법 제100조 제2항 제3호는 정당한 이유 없이 장부 또는 자료제출 요구를 거부 또는 기피한 경우 '행정질서벌'인 100만 원 이하의 과태료에 처하도록 하고 있는바, 식품위생법 제17조 제1항, 제77조 제2호, 마약류 관리에 관한 법률 제41조 제1항, 제64조 제8호 등과 비교하여 본 법률 규정의 형식, 사용된 문언의 객관적 의미, 위반행위에 대한 제재의 방식 등을 종합하여 볼 때, 출입국관리법의 위 규정들이 출입국관리공무원으로 하여금 주거권자나 관리자의 의사에 반하여 주거나 사업장, 영업소 등에 들어가 외국인 동향을 조사할 권한을 부여하고 있다고 볼 수 없고, 달리 출입국관리법에 이를 인정할 근거 규정이 없다. 더욱이 출입국관리법에 의한 행정조사에 영장주의가 적용되지 않는 점, 출입국관리법 제50조가 불법체류 용의자의 주거를 검사하는 경우 용의자의 동의를 얻도록 규정하고 있는 점까지 고려하면, 출입국관리공무원이 불법체류자 단속을 위하여 제3자의 주거나 사업장 등을 검사하고자 하고자 하는 경우는 주거권자나 관리자의 사전 동의가 반드시 필요하다고 해석된다. 동의는 묵시적으로 표현될 수도 있을 것이나, 이 경우는 명시적 동의에 준할 만한 명백한 상황이라야 할 것이고, 출입국관리공무원이 주거권자나 관리자에게 주거나 사업장 등에 들어감과 동시에 조사의 개시를 고지하는 것만으로 동의의 요건이 충족된다고 보기 어렵다.

[2] 출입국관리공무원이 주거권자나 관리자의 사전 동의 없이 사업장에 진입하여 불법체류자에 대한 단속업무를 개시한 사안에서, 동의를 받을 수 없었던 급박한 사정도 존재하지 않았으므로 공무집행행위 전체의 적법성이 부인되어 공무집행방해죄가 성립하지 않는다고 한 사례.

나. 제출물조서 등

출입국관리공무원은 서류 또는 물건을 제출받은 때(법 제50조 및 이 영 제61조)에는 제출 경위 등을 적은 제출물조서와 제출한 물건 등의 특징과 수량을 적은 제출물목록을 작성하여야 하며(법 시행령 제62조 제1항), 이에 따른 제출물조서 및 제출물목록의 작성은 신문조서(법 제59조 제1항) 또는 진술조서(법 제60조)에 제출물에 관한 사항을 적는 것으로 갈음할 수 있다(법 시행령 제62조 제2항).

■ 출입국관리법 시행규칙 [별지 제91호서식] 〈개정 2018. 6. 12.〉

제출물조서

_____에 대한 「출입국관리법」 위반 용의사건에 관하여　년　월　일 출입국관리주사(주사보) ○○○은 출입국관리서기(서기보) ○○○를 참여하게 하고 별지목록의 물건을 다음과 같이 제출하게 하다.

제출자	성명	
	생년월일	
	국적	
	주소	
	연락처	

제출 경위

년　　월　　일

○○출입국 · 외국인청(사무소 · 출장소)

출입국관리주사(주사보)　○　○　○　(서명 또는 인)

출입국관리서기(서기보)　○　○　○　(서명 또는 인)

다. 제출물목록의 교부

출입국관리공무원은 제출물목록을 작성(영 제62조 제1항의 규정)한 때에는 제출물목록 부본 1부를 제출인에게 교부하여야 한다(법 시행규칙 제56조).

■ 출입국관리법 시행규칙 [별지 제92호서식] 〈개정 2016. 9. 29.〉

제출물목록

물건번호	품목	수량	특징	소지자 또는 제출자의 주소와 성명	소유자의 주소와 성명	비고

라. 제출물의 보관 및 반환절차

(1) 제출물보관대장에 기재

출입국관리공무원은 법 제50조(검사 및 서류 등의 제출요구) 및 영 제61조의 규정(검사 및 서류제출 요구)에 의하여 서류 또는 물건을 제출받은 때에는 이를 제출물보관대장에 기재하여야 한다(법 시행령 제57조 제1항).

■ 출입국관리법 시행규칙 [별지 제93호서식] 〈개정 2016. 9. 29.〉

제출물보관대장

보관 번호	제출 일자	제출자				품명	수량	특징	제출 사유	반환 일자	수령인 서명	비고
		성명	생년 월일	국적	대한민국 내 주소							

(2) 제출물 반환

출입국관리공무원은 제출물을 보관할 필요가 없다고 인정하는 때에는 지체없이 이를 제출
인에게 반환하여야 한다(법 시행령 제57조 제2항).

(3) 제출물보관대장에 반환사실 기재 등

출입국관리공무원은 제출물을 반환하는 때에는 그 반환사실을 제출물보관대장에 기재하고
수령인의 서명을 받아야 한다. 이 경우 제56조의 규정에 의하여 제출물목록 부본을 교부한
사실이 있는 때에는 이를 회수하여 그 정본과 함께 보관하여야 한다(법 시행령 제57조 제3
항).

제3절 심사결정을 위한 보호

1. 보호

가. 도주우려 강제퇴거대상자 보호

출입국관리공무원의 자의적인 판단에 따른 보호처분의 남용을 방지하기 위하여 출입국관리공무원은 외국인이 강제퇴거의 대상자(법 제46조제1항 각 호)의 어느 하나에 해당된다고 의심할 만한 상당한 이유가 있고 도주하거나 도주할 염려가 있다는 등의 요건 충족시 지방출입국·외국인관서의 장으로부터 보호명령서를 발급받아 그 외국인을 보호할 수 있다(법 제51조 제1항). 이는 강제퇴거명령서가 발부된 후 강제퇴거집행을 위한 보호와 구분된다.

한편, 강제퇴거대상자인 외국인에 대하여는 출입국관리법 제51조 제1항에 따라 보호명령서만으로 신병을 확보하기 위한 보호조치를 취할 수 있을 뿐 아니라 긴급을 요하는 경우에는 보호명령서 없이도 긴급보호조치를 취할 수 있는 것이므로, 외국인의 출입국에 관한 보호명령에 대하여는 체포·구속·압수 또는 수색 등과 같은 강제처분을 함에 있어 법관이 발부한 영장의 제시를 요구하도록 규정한 헌법 제12조가 적용되지 않는다. 따라서 출입국관리법의 보호명령에 영장주의의 원칙이 적용되지는 않는다.[80]

(1) 보호의 의뢰 등

출입국관리공무원은 보호명령서가 발급된 외국인(법 제51조 제1항)이나 강제퇴거명령서가 발급된 외국인(법 제63조제1항)을 외국인보호실, 외국인보호소 또는 그 밖에 법무부장관이 지정하는 장소(이하 "보호시설"이라 한다)에 보호하려면 소속 청장·사무소장·출장소장 또는 보호소장으로부터 보호의뢰의 사유 및 근거를 적은 보호의뢰서를 발급받아 이를 보호의뢰를 받는 보호시설의 장에게 보내야 한다(법 시행령 제64조 제1항).

---

80) 서울행정법원 2009. 6. 5. 선고 2009구합10253 판결.

■ 출입국관리법시행규칙 [별지 제97호서식] 〈개정 2018. 5. 15.〉

번호(No.) :

보호의뢰서

수신 :　　　　　귀하

보호 대상자	성명	
	성별 남[ ] 여[ ]	
	생년월일	
	국적	
	대한민국 내 주소	

위 사람에 대하여 「출입국관리법 시행령」 제64조에 따라 다음과 같이 보호를 의뢰합니다.

보호의뢰 사유	
보호 장소	
보호 기간	부터　　　　까지
비　　고	

년　　월　　일

○○출입국 · 외국인청(사무소 · 출장소)장　　　　| 직인 |

210mm×297mm[백상지(80 g / ㎡) 또는 중질지(80 g / ㎡)]

(2) 보호장소 변경

출입국관리공무원은 보호의뢰한 외국인이 다음의 어느 하나에 해당하는 사유가 있으면 다른 보호시설로 보호장소를 변경할 수 있다(법 시행령 제64조 제2항).

(가) 법에 따른 외국인에 대한 조사

(나) 출국집행

(다) 보호시설 내 안전 및 질서유지

(라) 외국인에 대한 의료제공 등 필요한 처우

■ 출입국관리법시행규칙 [별지 제97호의2서식] 〈개정 2018. 5. 15.〉

번호(No.) :

보호장소 변경 의뢰서

수신 :   귀하

보호 대상자	성명	
	성별 남[ ] 여[ ]	
	생년월일	
	국적	
	보호사유	
	위반법조	

「출입국관리법」 제51조, 제63조 및 같은 법 시행령 제64조제1항의 규정에 따라 보호된 위 외국인의 보호장소를 같은 법 시행령 제64조제2항에 따라 다음과 같이 변경하고자 합니다.

변경 사유	
변경 사항	
최초 보호일	년 월 일
변경 의뢰기간	년 월 일부터 년 월 일까지 (일간)

(3) 보호장소 변경의뢰서 송부 등

출입국관리공무원은 보호장소를 변경하려면 소속 청장·사무소장·출장소장 또는 보호소장으로부터 보호장소의 변경사유 등을 적은 보호장소 변경 의뢰서를 발급받아 그 외국인을 보호하고 있는 보호시설의 장과 변경되는 보호시설의 장에게 각각 보내야 한다(법 시행령 제64조 제3항).

나. 보호명령서 발급신청

(1) 보호명령서 발급신청

출입국관리공무원은 도주 등의 우려가 있는 강제퇴거 대상 외국인에 대한 보호명령서의 발급을 신청할 때에는 보호의 필요성을 인정할 수 있는 자료를 첨부하여 제출하여야 한다(법 제51조 제2항). 이때, 제출될 수 있는 자료는 용의자의 여권 등 신분증, 출입국 기록, 본인진술서가 고용주의 확인서, 출소자의 경우 판결문 사본 등 신병관계 기관의 관련 문서 등으로써 보호의 필요성을 소명할 수 있는 것을 말한다.

■ 출입국관리법시행규칙 [별지 제95호서식] 〈개정 2018. 5. 15.〉

번호(No.) :

보호명령서
(DETENTION ORDER)

보호 대상자 (Person upon whom the Order is issued)	성명 (Full name)	
	성별 (Sex) 남 Male[ ] 여 Female[ ]	
	생년월일 (Date of Birth)	
	국적 (Nationality)	
	직업 (Occupation)	
	대한민국 내 주소 (Address in Korea)	

위 사람을 「출입국관리법」 제51조 및 제63조에 따라 다음과 같이 보호할 것을 명합니다. 보호된 자 또는 그 변호인, 법정대리인, 배우자, 직계친족, 형제자매나 가족은 법무부장관에게 보호에 대한 이의신청을 할 수 있습니다.

Pursuant to Article 51, Article 63 of the Immigration Act, the abovementioned person is hereby ordered to be detained as specified below. A person detained or his/her lawyer, legal representative, spouse, lineal relative, sibling or family member on his/her behalf, may file an objection against the detention with the Minister of Justice.

보호의 사유 (Reason for Detention)	
보호 장소 (Place of Detention)	
보호 기간 (Period of Detention)	부터 (from) 까지 (to)
비 고 (Remarks)	

년 월 일
Date (year) (month) (day)

CHIEF, ○○IMMIGRATION OFFICE

집행자 : (서명 또는 인)
Enforcement officer : (signature or seal)

(2) 보호명령서 발급신청서 등 제출

출입국관리공무원은 보호명령서의 발급을 신청할 때에는 보호의 사유를 적은 보호명령서 발급신청서에 조사자료 등을 첨부하여 청장·사무소장·출장소장 또는 보호소장에게 제출하여야 한다(법 시행령 제63조 제1항).

■ 출입국관리법 시행규칙 [별지 제94호서식] 〈개정 2018. 5. 15.〉

보호명령서발부신청서

1. 용의자 인적사항

성 명			
생 년 월 일		성 별	
국 적		직 업	
대한민국내 주소			

2. 신청내용

보 호 장 소	
보 호 기 간	년 월 일부터 년 월 일까지
보 호 사 유	

「출입국관리법 시행령」 제63조제1항에 따라 보호명령서의 발부를 위와 같이 신청합니다.

붙임서류:

년 월 일

출입국관리공무원 (서명 또는 인)

○○출입국·외국인청장/사무소장 귀하
(출장소)

(3) 용의자에 보호명령서 제시

출입국관리공무원은 청장·사무소장·출장소장 또는 보호소장이 출입국관리공무원의 보호명령서 발급신청에 대하여 보호명령결정을 한 때에는 청장·사무소장·출장소장 또는 보호소장으로부터 보호의 사유, 보호장소 및 보호기간 등을 적은 보호명령서를 발급받아 용의자에게 보여 주어야 한다(법 시행령 제63조 제2항).

(4) 보호명령서 등 발부대장

1) 보호명령서 발부시 대장기재

청장·사무소장·출장소장 또는 보호소장은 보호명령서를 발부(법 제51조 제1항)하는 때에는 보호명령서 발부대장에 이를 기재하여야 한다(법 시행규칙 제58조 제1항).

2) 보호명령서발부대장 기재사유

입국관리공무원은 다음의 어느 하나에 해당하는 조치를 한 때에는 보호명령서발부대장에 그 사실을 기재하여야 한다(법 시행규칙 제58조 제2항).

(가) 보호기간을 연장한 때(영 제65조의 규정)

(나) 보호통지서를 송부한 때(영 제68조의 규정)

(다) 보호통지서를 송부하지 아니한 때(법 제54조 단서의 규정)

(라) 보호사항변경통지서를 송부한 때(제60조의 규정)

(마) 보호를 해제(보호의 일시해제의 경우를 포함한다)한 때

3) 긴급보호서 발부 시 긴급보호서발부대장 기재

입국관리공무원은 긴급보호서를 발부(법 제51조 제4항)하는 때에는 긴급보호서발부대장에 이를 기재하여야 한다(법 시행규칙 제58조 제3항).

다. 긴급보호조치

(1) 긴급보호조치 사유

출입국관리공무원은 ⅰ) 외국인이 강제퇴거 대상자(법 제46조제1항 각 호)의 어느 하나에 해당된다고 의심할 만한 상당한 이유가 있고, ⅱ) 도주하거나 도주할 염려가 있으며, ⅲ)

지방출입국·외국인관서의 장으로부터 보호명령서를 발급받을 여유가 없을 때에는 그 사유를 알리고 긴급히 보호할 수 있다(법 제51조 제3항). 긴급보호조치는 위의 세가지 요건을 모두 충족하여야 하며, 만일 이중 어느 하나라도 결여할 경우 긴급보호조치는 불가하다.

【판시사항】

긴급보호 및 보호명령 집행행위 등 위헌확인(헌법재판소 2012. 8. 23. 선고 2008헌마430 결정)

【결정요지】

외국인등록을 하지 아니한 채 오랜 기간 불법적으로 체류하면서 스스로 출국할 의사가 없는 청구인들을 사무소장등의 보호명령서가 아닌 출입국관리공무원의 긴급보호서를 발부하여 보호한 것이 이에 필요한 긴급성의 요건을 갖추지 못하였다고 볼 수 없다.

【판시사항】

벌금형을 선고받은 외국인에 대한 긴급보호조치 등(서울행정법원 2009구합10253 판결)

【판결요지】

원고가 피고측으로부터 소환통보를 받고 자신출석하였다가 곧바로 그 자리에서 긴급보호조치를 받은 것은 담당공무원이 원고가 출입국관리법 제46조 제1항 제3호, 제4호에 규정된 강제퇴거대상자에 해당된다고 의심할 만한 상당한 이유가 있다고 인정하면서 만약 원고가 강제퇴거대상자라는 사실을 알게 된 경우 도주의 우려가 있어 긴급을 요한다는 판단 하에 신병확보목적으로 긴급보호조치를 취하였는바, 이는 출입국관리법 제51조 제3항에 규정된 긴급보호의 요건을 충족한 것으로서 원고에게 보장된 헌법상 신체의 자유를 침해하였다고 보기 어렵다.

(2) 긴급보호서 작성

출입국관리공무원은 외국인을 긴급히 보호하면 즉시 긴급보호서를 작성하여 그 외국인에게 내보여야 하며(법 제51조 제4항), 이에 따라 긴급보호서를 작성할 때에는 긴급보호의 사유, 보호장소 및 보호시간 등을 적어야 한다(법 시행령 제64조 제4항).

번호(No.) :

긴급보호서
(IMMEDIATE DETENTION ORDER)

보호 대상자 (Person upon w hom the Order is issued)	성명 (Full name)
	성별 (Sex) 남 Male[ ] 여 Female[ ]
	생년월일 (Date of Birth)
	국적 (Nationality)
	체류자격 (status of sojourn)
	대한민국 내 주소 (Address in Korea)

위 사람을 「출입국관리법」 제51조제3항의 규정에 따라 다음과 같이 긴급보호할 것을 명합니다.

The abovementioned person is ordered to be detained immediately as specified below, pursu ant to the paragraph 3 of Article 51 of the Immigration Act.

긴급보호의 사유 (Reason for im mediate detenti on)	
긴급보호 장소 (Place of immedi ate detention)	
긴급보호 기간 (Period of imme diate detention)	부터 까지 (from) (to)

(3) 긴급보호 시 보호명령서 발급시간 등

출입국관리공무원은 긴급보호조치로 외국인을 보호한 경우에는 48시간 이내에 청장·사무소장·출장소장 또는 보호소장으로부터 보호명령서를 발급받아 외국인에게 내보여야 하며, 보호명령서를 발급받지 못한 경우에는 즉시 보호를 해제하여야 한다(법 제51조 제5항). 이를 통해 청장 등은 출입국관리공무원의 자의적인 판단에 따른 긴급보호처분의 남용을 방지는 사후통제적 역할을 한다.

라. 벌칙

법 제51조 제1항·제3항에 따라 보호 또는 일시보호된 사람으로서 도주하거나 보호 또는 강제퇴거 등을 위한 호송 중에 도주한 사람(법 제93조의2제1항 제1호 또는 제2호에 해당하는 사람은 제외한다)은 1년 이하의 징역 또는 1천만원 이하의 벌금에 처한다(법 제95조 제8호).

2. 보호기간 및 보호장소

가. 보호기간

(1) 보호기간

보호된 외국인의 강제퇴거 대상자 여부를 심사·결정하기 위한 보호기간은 10일 이내로 한다.

(2) 보호기간 연장

다만, 부득이한 사유가 있으면 지방출입국·외국인관서의 장의 허가를 받아 10일을 초과하지 아니하는 범위에서 한 차례만 연장할 수 있다(법 제52조 제1항). 따라서 최대한 보호기간은 20일 이다.

(가) 보호기간 연장절차

1) 보호기간 연장허가서 발급

출입국관리공무원은 보호기간을 연장하려면 청장·사무소장·출장소장 또는 보호소장으로부터 연장기간, 연장 사유 및 적용 법조문 등을 적은 보호기간 연장허가서를 발급받아야 한다(법 시행령 제65조 제1항).

■ 출입국관리법시행규칙 [별지 제100호서식] 〈개정 2018. 5. 15.〉

번호(No.) :

보호기간 연장허가서
(EXTENSION OF DETENTION PERIOD)

보호 대상자 (Person to whom the Extension relates)	성명 (Full name)	
	성별 (Sex) 남 Male[ ] 여 Female[ ]	
	생년월일 (Date of Birth)	
	보호 장소 (Place of Detention)	
	보호 기간 (Period of Detention)	

「출입국관리법」 제52조제1항의 규정에 따라 보호기간을 아래와 같이 연장합니다.

The period of detention is extended as specified below, pursuant to Article 52 ① of the Immigration Act.

연장 기간 (Period of Extension)	부터 (from) 까지 (to)
연장 사유 (Reason for Extension)	
비고 (Remarks)	

년   월   일
Date   (year) (month) (day)

CHIEF, ○○ IMMIGRATION OFFICE

2) 연장허가서 부본발송

출입국관리공무원은 보호기간 연장허가서가 발급된 용의자가 보호시설에 보호되어 있는 때에는 청장·사무소장·출장소장 또는 보호소장으로부터 연장기간 및 연장 사유 등을 적은 보호기간 연장허가서 부본(副本)을 발급받아 그 외국인을 보호하고 있는 보호시설의 장에게 보내야 한다(법 시행령 제65조 제2항).

(나) 연장불허 시 보호해제

출입국관리공무원은 청장·사무소장·출장소장 또는 보호소장이 보호기간 연장을 허가하지 아니한 때에는 지체 없이 보호를 해제하여야 한다. 이 경우 용의자가 보호시설에 보호되어 있을 때에는 청장·사무소장·출장소장 또는 보호소장으로부터 보호해제 사유 등을 적은 보호해제 의뢰서를 발급받아 그 외국인을 보호하고 있는 보호시설의 장에게 보내야 한다(법 시행령 제65조 제3항).

나. 보호장소

외국인을 보호할 수 있는 장소는 외국인보호실, 외국인보호소(현재, 화성외국인보호소 및 청주외국인보호 등 2개 기관이 있다) 또는 그 밖에 법무부장관이 지정하는 장소(이하 "보호시설"이라 한다)로 한다(법 제52조 제2항). 여기서 "그 밖에 법무부장관이 지정하는 장소"란 구치소·교도소 그밖에 법무부장관이 따로 지정하는 장소를 말한다(법 시행규칙 제59조).

3. 보호기간 중의 보호해제

출입국관리공무원은 보호기간 만료 전이라도 보호할 필요가 없다고 인정할 때에는 청장·사무소장·출장소장 또는 보호소장의 허가를 받아 보호를 해제할 수 있다. 이 경우 용의자가 보호시설에 보호되어 있을 때에는 청장·사무소장·출장소장 또는 보호소장으로부터 보호해제 사유 등을 적은 보호해제 의뢰서를 발급받아 그 외국인을 보호하고 있는 보호시설의 장에게 보내야 한다(법 시행령 제66조).

4. 보호명령서의 집행

가. 보호명령서 제시

출입국관리공무원이 보호명령서를 집행할 때에는 보호의 적법성 및 용의자에 대한 보호사유, 보호기간 등을 알려 그에 대한 방어권행사 등을 용이하게 할 수 있도록 용의자에게 보호명령서를 내보여야 한다(법 제53조).

나. 이의신청 가능성 고지여부

보호명령서 집행의 경우 강제퇴거명령서의 집행과 달리 이의신청을 할 수 있다는 뜻을 기재한 보호명령서를 교부할 의무는 없다.

5. 보호시설의 장의 의무

용의자를 보호한 경우 보호시설의 장은 청장·사무소장·출장소장 또는 보호소장으로부터 외국인의 보호나 보호해제를 의뢰받은 때에는 지체 없이 그 외국인을 보호하거나 보호해제를 하여야 한다(법 시행령 제67조).

6. 보호의 통지

가. 배우자 등에게 보호의 일시·장소·사유 등 통지

출입국관리공무원은 용의자를 보호한 때에는 심리적 안정 및 방어권 보장 등의 차원에서 국내에 있는 그의 법정대리인·배우자·직계친족·형제자매·가족·변호인 또는 용의자가 지정하는 사람(이하 "법정대리인등"이라 한다)에게 3일 이내에 보호의 일시·장소 및 이유를 서면으로 통지하여야 한다. 다만, 법정대리인등이 없는 때에는 그 사유를 서면에 적고 통지하지 아니할 수 있다(법 제54조 제1항).

나. 영사에게 보호의 일시·장소· 이유 통지

출입국관리공무원은 위 가.항에 따른 통지 외에 보호된 사람이 원하는 경우에는 긴급한 사정이나 그 밖의 부득이한 사유가 없으면 국내에 주재하는 그의 국적이나 시민권이 속하는 국가의 영사에게 보호의 일시·장소 및 이유를 통지하여야 한다(법 제54조 제2항).

다. 보호의 통지

보호의 통지는 보호의 사유·일시 및 장소와 이의신청을 할 수 있다는 뜻을 적은 보호통지서로 3일 이내에 하여야 한다(법 시행규칙 제68조).

번호(No.) :

보호통지서
(DETENTION NOTICE)

귀하

To :

보호 대상자 (Person to whom the Notice relates)	성명 (Full name)
	성별 (Sex) 남 Male[ ] 여 Female[ ]
	생년월일 (Date of Birth)
	국적 (Nationality)
	대한민국 내 주소 (Address in Korea)

위 사람은   년   월   일「출입국관리법」   (제51조   ) 에 따라 아래와 같이 보호시설에
제63조

보호되었음을 통지합니다.

It is hereby notified that the above mentioned person is detained in a detention facility as specified below, pursuant to

Article (51   ) of the Immigration Act.
           63

보호의 사유 (Reason for Detention)	
보호 장소 (Place of Detention)	
보호 기간 (Period of Detention)	부터 까지 from to

보호된 자 또는 그 변호인, 법정대리인, 배우자, 직계친족, 형제자매나 가족은 위 처분에 대하여 이의가 있을 때에는 법무부장관에게 보호에 대한 이의신청을 하거나, 이 통지서를 받은 날부터 90일 이내에 행정심판 또는 행정소송을 제기할 수 있습니다.

　　※ 행정심판을 청구할 때에는 온라인행정심판(www.simpan.go.kr), 행정소송을 청구할 때에는 전자소송(ecfs.scourt.go.kr)
　　　을 통하여 온라인으로도 청구할 수 있습니다.

The person detained, or his/her lawyer, legal representative, spouse, lineal relative, sibling, or family member on his/her behalf who has an objection to the above disposition may file an objection against the detention with the Minister of Justice or file an administrative appeal or an administrative litigation within 90 days after receipt of the detention notice.

　　※ You may file an administrative appeal online (www.simpan.go.kr) and an administrative litig-ation on the
　　　Internet (ecfs.scourt.go.kr).

라. 보호사항변경통지서의 송부

출입국관리공무원은 보호통지를 한 후 보호장소를 변경하거나 보호기간을 연장한 때에는 법 제54조에 규정된 자에게 보호사항 변경통지서를 송부하여야 한다(법 시행규칙 제60조).

번호(No.) :

보호사항 변경통지서
(NOTICE ON CHANGES OF PLACE AND/OR PERIOD OF DETENTION)
귀하

To :

보호 대상자 (Person to whom the Notice relates)	성명 (Full name)
	성별 (Sex) 남 Male[ ] 여 Female[ ]
	생년월일 (Date of Birth)
	국적 (Nationality)
	대한민국 내 주소 (Address in Korea)

「출입국관리법 시행규칙」 제60조에 따라 위 사람에 대한 보호장소 또는 보호기간이 아래와 같이 변경되었음을 통지합니다.

In accordance with Article 60 of the Enforcement Rules of the Immigration Act, it is hereby notified that the place and/or the period of detention of the abovementioned person has been changed as follows.

보호 장소 (Place of Detention)	에서 (from)	으로 (to)
보호 기간 (Period of Detention)	부터 (from)	까지 (to)

년   월   일

Date   (year)   (month)   (day)

○○출입국 · 외국인청(사무소 · 출장소)장   직인

CHIEF, ○○IMMIGRATION OFFICE

7. 보호에 대한 이의신청

가. 이의신청

보호명령서에 따라 보호된 사람이나 그의 법정대리인, 배우자, 직계친족, 형제자매, 가족, 변호인 또는 용의자가 지정하는 사람 등은 보호된 용의자의 인권보호 및 방어권 등의 차원에서 지방출입국·외국인관서의 장을 거쳐 법무부장관에게 보호명령 처분에 대한 위법·부당을 이유로 이의신청을 할 수 있다(법 제55조 제1항).

(1) 이의신청서 제출

이의신청을 하려는 사람은 이의신청서에 이의의 사유를 소명하는 자료를 첨부하여 청장·사무소장·출장소장 또는 보호소장에게 제출하여야 한다(법 시행령 제69조 제1항).

■ 출입국관리법 시행규칙 [별지 제105호서식] 〈개정 2018. 6. 12.〉

보호에 대한 이의신청서
WRITTEN OBJECTION AGAINST DETENTION

접수번호 Receipt No	접수일 Receipt Date		처리기간 Processing Period	15일 015days
신청인 Applicant	성 명 Name in Full			
	생년월일 Date of Birth		성 별 Gender	[ ]남 [ ]여 [ ]M [ ]F
	국 적 Nationality			
	대한민국내 주소 Address in Korea			
			(전화번호:　　　　　　　　) (Telephone:　　　　　　　　)	

나는 　 년 　월 　일자 ○○출입국 · 외국인청(사무소, 출장소, 보호소)장의 보호명령에 대하여 이의가 있으므로 「출입국관리법」 제55조에 따라 이의사유를 소명하는 서류를 덧붙여 이의신청합니다.

　Since I have an objection against the detention order to the under mentioned person as of made by the Chief of Immigration Office, I hereby file an objection together with the written statement of reason for the objection pursuant to Article 55 of the Immigration Law.

년　　　　월　　　　일
(Year)　　(Month)　　(Day)

신청인
Applicant

(서명 또는 인)
Signature/Seal

(2) 이의신청서 송부

청장 · 사무소장 · 출장소장 또는 보호소장은 이의신청서를 제출받은 때에는 의견을 붙여 지체 없이 법무부장관에게 보내야 한다.

나. 이의신청에 대한 결정 등

법무부장관은 신체의 자유를 제한하는 보호에 대한 이의신청을 받은 경우 지체 없이 관계 서류를 심사하여 그 신청이 이유 없다고 인정되면 결정으로 기각하고, 이유 있다고 인정되면 결정으로 보호된 사람의 보호해제를 명하여야 한다(법 제55조 제2항).

(1) 결정서 송부

법무부장관은 이의신청에 대한 결정을 한 때에는 주문(主文) · 이유 및 적용 법조문 등을 적은 이의신청에 대한 결정서를 작성하여 청장 · 사무소장 · 출장소장 또는 보호소장을 거쳐 신청인에게 보내야 한다(법 시행령 제70조 제1항).

■ 출입국관리법시행규칙 [별지 제106호서식] 〈개정 2018. 6. 12.〉

이의신청에 대한 결정서

신청인	성명	
	성별 남[ ] 여[ ]	
	생년월일	
	국적	
	대한민국 내 주소	

위 사람이 「출입국관리법」 제(55 / 6C) 조에 따라 년 월 일에 제기한 이의신청에 대해

아래와 같이 결정한다.

주문	
사실 및 이유	
적용 법조	
비 고	

년 월 일

(2) 보호해제 및 보호해제 의뢰서 송부

청장·사무소장·출장소장 또는 보호소장은 법무부장관의 보호해제 결정이 있으면 지체 없이 보호를 해제하여야 한다. 이 경우 용의자가 보호시설에 보호되어 있을 때에는 보호해제 의뢰서를 보호시설의 장에게 보내야 한다(법 시행령 제70조 제2항).

다. 관계인의 진술청취

법무부장관은 심사의 객관성 등을 담보하기 위하여 결정에 앞서 필요하면 관계인의 진술을 들을 수 있다(법 제55조 제3항).

8. 외국인의 일시보호

가. 외국인의 일시보호 사유 등

출입국관리공무원은 입국이 허가되지 아니한 자 등의 도주방지 등을 방지하고 효율적 실효성 있는 출국조치를 위하여 다음의 어느 하나에 해당하는 외국인을 48시간을 초과하지 아니하는 범위에서 외국인보호실에 일시보호할 수 있다(법 제56조 제1항).

(1) 제12조 제4항에 따라 입국이 허가되지 아니한 사람, 여기서 입국이 허가되지 아니한 사람이란 여권과 사증 등이 유효하지 않거나 입국금지 대상자 이거나 입국목적이 체류자격과 부합하지 아니하는 사람 등을 말한다.

(2) 제13조 제1항에 따라 조건부 입국허가를 받은 사람으로서 도주하거나 도주할 염려가 있다고 인정할 만한 상당한 이유가 있는 사람, 여기서 조건부 입국허가를 받은 사람이란, 입국당시 입국허가요건을 구비하지 못하였지만 일정기간 내에 이를 갖출 수 있다고 판단하여 주거제한 등의 조건을 붙여 입국이 허가된 사람을 말한다.

(3) 제68조 제1항에 따라 출국명령을 받은 사람으로서 도주하거나 도주할 염려가 있다고 인정할 만한 상당한 이유가 있는 사람, 여기서 출국명령을 받은 사람이란, 강제퇴거대상자(법 제46조 제1항)에 해당하여 자비로 자진 출국하고자 하는 사람을 말한다.

나. 일시보호명령서 교부 등

(1) 일시보호명령서 교부

출입국관리공무원은 외국인을 일시보호할 때에는 청장·사무소장 또는 출장소장으로부터 일시보호명령서를 발급받아 그 외국인에게 보여 주어야 한다(법 시행령 제71조 제1항).

■ 출입국관리법시행규칙 [별지 제107호서식] 〈개정 2018. 5. 15.〉

번호(No.) :

일시보호명령서
(TEMPORARY DETENTION ORDER)

보호 대상자 (Person upon whom the Order is issued)	성명 (Full name)
	성별 (Sex) 남 Male[ ] 여 Female[ ]
	생년월일 (Date of Birth)
	국적 (Nationality)
	대한민국 내 주소 (Address in Korea)

위의 사람을 「출입국관리법」 제56조의 규정에 따라 다음과 같이 일시보호 할 것을 명합니다.

The abovementioned person is ordered to be detained temporarily as specified below, pursuant to Article 56 of the Immigration Act.

일시보호 사유 (Reason for Temporary Detention)	
보호 장소 (Place of Detention)	
보호 기간 (Period of Detention)	부터　　　까지 (from)　　　(to)
비 고 (Remarks)	

년　　월　　일

Date　　(year)　(month)　(day)

CHIEF, ○○IMMIGRATION OFFICE

집행자 :　　　　　(서명 또는 인)

(Enforcement officer) :　　(signature or seal)

(2) 일시보호명령서 기재사항

청장 등이 발급하는 일시보호명령서에는 일시보호의 사유, 보호장소 및 보호시간 등을 적어야 한다(법 시행령 제71조 제2항).

(3) 일시보호 장소

일시보호할 수 있는 장소는 출입국관리사무소 또는 출장소에 설치된 외국인보호시설이다.

다. 보호기간 연장

(1) 연장사유

출입국관리공무원은 일시보호한 외국인을 출국교통편의 미확보, 질병, 그 밖의 부득이한 사유로 48시간 내에 송환할 수 없는 경우에는 지방출입국·외국인관서의 장의 허가를 받아 48시간을 초과하지 아니하는 범위에서 한 차례만 보호기간을 연장할 수 있다(법 제56조 제2항).

(2) 일시보호기간 연장허가서 교부

출입국관리공무원은 일시보호기간을 연장할 때에는 청장·사무소장 또는 출장소장으로부터 연장기간, 연장 사유 및 적용 법조문 등을 적은 일시보호기간 연장허가서를 발급받아 그 외국인에게 보여 주어야 한다(법 시행령 제71조 제3항).

보호(일시보호)기간 연장허가서 발급신청서

1. 피보호자 인적사항

성 명			
생 년 월 일		성 별	
국 적		직 업	
대한민국내 주소			
보 호 일 시			
보 호 기 간			
보 호 장 소			

2. 신청내용

연 장 기 간		부터	까지
연 장 사 유			

「출입국관리법」 제52조제1항, 제56조제2항 및 같은 법 시행령 제65조제1항, 제71조제3항에 따라 보호(일시보호)기간 연장허가를 위와 같이 신청합니다.

붙임서류:

년   월   일

출입국관리공무원   (서명 또는 인)

○○출입국 · 외국인청장/사무소장   귀하
            (출장소)

라. 일시보호명령서발부대장

청장·사무소장 또는 출장소장은 일시보호명령서를 발부하거나 일시보호기간 연장허가서를 발부하는 때에는 이를 일시보호명령서발부대장에 기재하여야 한다(법 시행규칙 제61조).

■ 출입국관리법 시행규칙 [별지 제108호서식] 〈개정 2016. 9. 29.〉

일시보호명령서발부대장

발부번호	발부일시	성명	생년월일	국적	일시보호의 사유	보호 장소	보호 시간	비고

9. 피보호자의 긴급이송 등

가. 피보호자 긴급이소

지방출입국 · 외국인관서의 장은 천재지변이나 화재, 그 밖의 사변으로 인하여 출입국사무소나 외국인청 등의 보호실, 외국인 보호소, 구치소, 교도소 등의 보호시설에서 계속 보호할 보호자의 인명피해 및 안전보장의 우려가 있는 등 피난할 방법이 없다고 인정되면 보호시설에 보호되어 있는 사람(이하 "피보호자"라 한다)을 다른 장소로 이송할 수 있다(법 제56조의2 제1호).

나. 보호조치 해제

지방출입국 · 외국인관서의 장은 제1항에 따른 이송이 불가능하다고 판단되면 외국인의 생명 · 신체 등의 안전을 위하여 외국인의 보호조치를 해제할 수 있다(법 제56조의2 제2호).

10. 피보호자 인권의 존중 등

가. 인권존중 및 차별금지

피보호자의 인권은 최대한 존중하여야 하며, 국적, 성별, 종교, 사회적 신분 등을 이유로 피보호자를 차별하여서는 아니 된다(법 제56조의3 제1항).

나. 성별분리보호

남성과 여성은 분리하여 보호하여야 한다. 다만, 어린이의 부양 등 특별한 사정이 있는 경우에는 그러하지 아니하다(법 제56조의3 제2항).

다. 특별보호 대상

지방출입국 · 외국인관서의 장은 피보호자가 다음의 어느 하나에 해당하는 외국인인 경우에는 특별히 보호하여야 하며(법 제56조의3 제3항), 이에 따른 보호를 위한 특별한 조치 및 지원에 관한 구체적인 사항은 법무부령으로 정한다(같은 조 제4항).

(1) 환자

(2) 임산부

(3) 노약자

(4) 19세 미만인 사람

(5) (1)부터 (4)까지에 준하는 사람으로서 지방출입국·외국인관서의 장이 특별히 보호할
　　필요가 있다고 인정하는 사람

11. 강제력의 행사

가. 강제력 행사의 요건 및 최소침해 등

출입국관리공무원은 피보호자의 생명과 신체의 안전과 시설의 질서 유지 등을 위하여 다음
의 어느 하나에 해당하면 그 피보호자에게 강제력을 행사할 수 있고, 다른 피보호자와 격리
하여 보호할 수 있다. 이 경우 피보호자의 생명과 신체의 안전, 도주의 방지, 시설의 보안
및 질서유지를 위하여 필요한 최소한도에 그쳐야 한다(법 제56조의4 제1항). 한편, 이에
따른 강제력은 청장 등의 명령 없이는 행사하지 못하며, 다만, 긴급할 때에는 이를 행사한
후 지체 없이 청장 등에게 보고하여야 한다(외국인보호규칙 제42조).

(1) 자살 또는 자해행위를 하려는 경우

(2) 다른 사람에게 폭행, 상해, 협박 등의 위해를 끼치거나 끼치려는 경우

(3) 도주하거나 도주하려는 경우

(4) 출입국관리공무원의 직무집행을 정당한 사유 없이 거부 또는 기피하거나 방해하는 경
　　우, 다만 피보호자의 정당한 요구를 출입국관리공무원이 들어 주지 아니하여 이에 항
　　의하거나 출입구관리공무원의 직무명령을 거부하는 경우는 포함되지 않는다.

(5) (1)부터 (4)까지에서 규정한 경우 외에 보호시설 및 피보호자의 안전과 질서를 현저
　　히 해치는 행위를 하거나 하려는 경우

나. 유형력 행사시 장구사용 제한

강제력을 행사할 때에는 신체적인 유형력(有形力)을 행사하거나 경찰봉, 가스분사용총, 전
자충격기 등 법무부장관이 지정하는 보안장비만을 사용할 수 있는데(법 제56조의4 제2
항), 이에 규정된 보호장비는 청장등의 명령 없이는 사용하지 못한다. 다만, 긴급할 때에
는 이를 사용한 후 지체 없이 청장등에게 보고하여야 한다. 또한 보호장비는 징계목적으로
사용할 수 없으며, 포승(捕繩)과 수갑은 자살·자해·도주 또는 폭행의 우려가 있는 보호외국

인에게 사용하고, 머리보호장비는 제지에 불응하여 고성을 지르거나 자해의 우려가 있는 보호외국인에게 사용한다. 청장등은 이에 따라 보호장비를 사용한 후 그 요건이 종료되었을 때에는 담당공무원으로 하여금 보호장비를 즉시 해제하도록 지시하여야 한다. 그 외 보호장비를 채워 둔 보호외국인에 대해서는 2시간마다 한 번씩 움직임을 살피고, 머리보호장비를 채운 보호외국인은 줄곧 살펴보아야 한다(외국인보호규칙 제43조).

또한 무기를 사용할 경우에는 ⅰ) 보호외국인·담당공무원 또는 그 밖에 다른 사람의 생명이나 신체에 중대한 위해를 가하거나 가하려고 할 때, ⅱ) 사람의 생명이나 신체에 중대한 위해를 가할 수 있는 흉기나 위험물을 소지하여 담당공무원이 버릴 것을 지시하였음에도 불구하고 이에 따르지 아니할 때, ⅲ) 집단난동을 일으키거나 일으키려고 할 때, ⅳ) 도주하는 보호외국인이 담당공무원의 제지에 따르지 아니하고 계속하여 도주할 때, ⅴ) 인화·발화 물질, 폭발성 물건 등 위험물질을 이용하여 건물·시설이나 인명에 중대한 위험을 가하거나 가하려고 할 때의 어느 하나에 해당할 때에는 그 사태를 합리적으로 판단하여 피보호자의 피해가 최소화할 수 있는 가장 적정한 장비를 비교·형량하여 사용하여야 한다(외국인보호규칙 제44조).

【판시사항】
교도소 내 질서유지를 위한 계구 사용의 요건과 한계(대법원 1998. 11. 27. 선고 98다17374 판결)

【판결요지】
구 행형법(1995. 1. 5. 법률 제4936호로 개정되기 전의 것) 제14조는 수형자의 도주, 폭행, 소요 또는 자살의 방지, 기타 필요한 경우에는 포승·수갑 등의 계구를 사용할 수 있음을 규정하고, 같은 법 제62조는 미결수용자에 대하여 이를 준용하고 있는바, 계구의 사용은 사용 목적과 필요성, 그 사용으로 인한 기본권의 침해 정도, 목적 달성을 위한 다른 방법의 유무 등 제반 사정에 비추어 상당한 이유가 있는 경우에 한하여 그 목적 달성에 필요한 최소한의 범위 내에서만 허용된다고 봄이 상당하다. 따라서, 소년인 미결수용자가 단지 같은 방에 수감되어 있던 다른 재소자와 몸싸움을 하는 것이 적발되어 교도관으로부터 화해할 것을 종용받고도 이를 거절하였다는 이유로 교도관이 위 미결수용자를 양 손목에 수갑을 채우고 포승으로 양 손목과 어깨를 묶은 후 독거실에 격리수용하였고 그 다음날 위 미결수용자가 수갑과 포승을 풀고 포승을 이용하여 자살하였는데, 위 미결수용자가 그 당시 폭행, 소요 또는 자살이나 자해를 행하려고 시도한 바 없었고, 장차 격리수용할 경우 위와 같은 행동을 감행할 염려가 있다고 볼 만한 정황이 없었던 경우, 설사 위 미결수용자가 다른 재소자와 재차 싸움을 벌일 염려가 있고 규율 위반으로 장차 징벌에 처할 필요가 있었다고 하더라도, 이러한 목적을 달성하기 위하여는 그들을 서로 격리수용하거나 독거수감하는 것만으로 족하고, 소년수인 위미결수용자에 대하여 반드시 계구를 사용하였어야 할 필요성이 있었다고 보기 어렵다 할 것임에도 불구하고 교도관이 위 미결수용자를 포승으로 묶고 수갑을 채운 상태로 독거수감하였을 뿐 아니라, 그 이후 위 미결수용자가 별다른 소란행위 없이 싸운 경위의 조사에 응하고 식사를 하는 등의 상태에서는 더 이상 계구를 사용할 필요가 없다고 할 것임에도 그가 자살한 상태로 발견되기까지 무려 27시간 동안이나 계속하여 계구를 사용한 것은 그 목적 달성에 필요한 한도를 넘은 것으로서 위법한 조치에 해당한다는 이유로 국가배상책임을 인정한 사례.

다. 강제력 사용전 경고

강제력을 행사하려면 사전에 해당 피보호자에게 경고하여야 한다. 다만, 긴급한 상황으로 사전에 경고할 만한 시간적 여유가 없을 때에는 그러하지 아니하다(법 제56조의4 제3항).

라. 강제퇴거 등을 호송시 사용장구

출입국관리공무원은 i) 자살 또는 자해행위를 하려는 경우, ii) 다른 사람에게 위해를 끼치거나 끼치려는 경우, iii) 도주하거나 도주하려는 경우, iv) 출입국관리공무원의 직무집행을 정당한 사유 없이 거부 또는 기피하거나 방해하는 경우, v) i)부터 iv)까지에서 규정한 경우 외에 보호시설 및 피보호자의 안전과 질서를 현저히 해치는 행위를 하거나 하려는 경우의 어느 하나에 해당하거나 보호시설의 질서유지 또는 강제퇴거를 위한 호송 등을 위하여 필요한 경우에는 다음 각 호의 보호장비를 사용할 수 있다(법 제56조의4 제4항). 이에 따른 보호장비의 사용 요건 및 절차 등에 관하여 필요한 사항은 법무부령으로 정한다 (법 제56조의4 제5항).

(1) 수갑

(2) 포승

(3) 머리보호장비

(4) (1)부터 (3)까지에서 규정한 사항 외에 보호시설의 질서유지 또는 강제퇴거를 위한 호송 등을 위하여 특별히 필요하다고 인정되는 보호장비로서 법무부령으로 정하는 것

12. 신체 등의 검사

가. 보호시설의 안전과 질서유지를 위한 신체 등 검사

출입국관리공무원은 보호시설의 안전과 질서유지를 위하여 필요하면 보호시설에 보호되어 있는 피보호자의 신체·의류 및 휴대품을 검사할 수 있다(법 제56조의5 제1항).

【판시사항】
유치장 수용자에 대한 신체검사가 허용되는 범위(대법원 2001. 10. 26. 선고 2001다51466 판결)

【판결요지】
행형법에서 유치장에 수용되는 피체포자에 대한 신체검사를 허용하는 것은 유치의 목적을 달성하고, 수용자의 자살, 자해 등의 사고를 미연에 방지하며, 유치장 내의 질서를 유지하기 위한 것인 점에 비추어 보면, 이러한 신체검사는 무제한적으로 허용되는 것이 아니라 위와 같은 목적 달성을 위하여 필요한 최소한도의 범위 내에서 또한 수용자의 명예나 수치심을 포함한 기본권이 부당하게 침해되는 일이 없도록 충분히 배려한 상당한 방법으로 행하여져야만 할 것이고, 특히 수용자의 옷을 전부 벗긴 상태에서 앉았다 일어서기를 반복하게 하는 것과 같은 방법의 신체검사는 수용자의 명예나 수치심을 심하게 손상하므로 수용자가 신체의 은밀한 부위에 흉기 등 반입이나 소지가 금지된 물품을 은닉하고 있어서 다른 방법(외부로부터의 관찰, 촉진에 의한 검사, 겉옷을 벗고 가운 등을 걸치게 한 상태에서 속옷을 벗어서 제출하게 하는 등)으로는 은닉한 물품을 찾아내기 어렵다고 볼 만한 합리적인 이유가 있는 경우에 한하여 허용된다고 할 것이다.
따라서 수용자들이 공직선거 및 선거부정방지법상 배포가 금지된 인쇄물을 배포한 혐의로 현행범으로 체포된 여자들로서, 체포될 당시 신체의 은밀한 부위에 흉기 등 반입 또는 소지가 금지되어 있는 물품을 은닉하고 있었을 가능성은 극히 낮았다고 할 것이고, 그 후 변호인 접견시 변호인이나 다른 피의자들로부터 흉기 등을 건네받을 수도 있었다고 의심할 만한 상황이 발생하였기는 하나, 변호인 접견절차 및 접견실의 구조 등에 비추어, 가사 수용자들이 흉기 등을 건네받았다고 하더라도 유치장에 다시 수감되기 전에 이를 신체의 은밀한 부위에 은닉할 수 있었을 가능성은 극히 낮다고 할 것이어서, 신체검사 당시 다른 방법으로는 은닉한 물품을 찾아내기 어렵다고 볼 만한 합리적인 이유가 있었다고 할 수 없으므로, 수용자들의 옷을 전부 벗긴 상태에서 앉았다 일어서기를 반복하게 한 신체검사는 그 한계를 일탈한 위법한 것이라고 한 사례.

나. 여성인 경우 검사특례

피보호자가 여성인 경우 검사는 여성 출입국관리공무원이 하여야 한다. 다만, 여성 출입국관리공무원이 없는 경우에는 지방출입국 · 외국인관서의 장이 지명하는 여성이 할 수 있다(법 제56조의5 제2항). 이와 비슷한 경우로, 형의 집행 및 수용자의 처우에 관한 법률 제93조에서도 여성의 신체 · 의류 및 휴대폰에 대한 검사는 여성교도관이 하여야 한다고 규정하고 있다.

13. 면회 등

가. 피보호자의 면회 등

피보호자의 권리보호 및 인권보장의 차원에서 피보호자는 다른 사람과 면회, 서신수수 및 전화통화(이하 "면회등"이라 한다)를 할 수 있다(법 제56조의6 제1항).

> **【판시사항】**
>
> 변호인의 접견 교통권에 대한 제한 가부(대법원 1990. 2. 13. 자 89모37 결정)
>
> **【결정요지】**
>
> 형사소송법 제34조가 규정한 변호인의 접견교통권은 신체구속을 당한 피고인이나 피의자의 인권보장과 방어준비를 위하여 필수불가결한 권리이므로, 법령에 의한 제한이 없는 한 수사기관의 처분은 물론, 법원의 결정으로도 이를 제한할 수 없는 것이다.
> 따라서 구치소에 구속되어 검사로부터 수사를 받고 있던 피의자들의 변호인으로 선임되었거나 선임되려는 변호사들이 피의자들을 접견하려고 1989. 7. 31. 구치소장에게 접견신청을 하였으나 같은 해 8. 9.까지도 접견이 허용되지 아니하고 있었다면, 수사기관의 구금 등에 관한 처분에 대하여 불복이 있는 경우 행정소송절차와는 다른 특별절차로서 준항고 절차를 마련하고 있는 형사소송법의 취지에 비추어, 위와 같이 피의자들에 대한 접견이 접견신청일로부터 상당한 기간이 경과하도록 허용되지 않고 있는 것은 접견불허처분이 있는 것과 동일시된다고 봄이 상당하다.

나. 면회의 제한

지방출입국 · 외국인관서의 장은 보호시설의 안전이나 질서, 피보호자의 안전 · 건강 · 위생을 위하여 부득이하다고 인정되는 경우 및 특별 계호 등으로 독방에 격리 중인 자가 보호소의 안전과 질서를 해칠 현저한 우려가 있을 때, 보호외국인이 면회를 거부하였을 때, 면회신청인이 제2항부터 제8항까지의 규정을 위반하여 면회를 신청한 경우, 그 신청의 보정이 가능하다고 판단하여 보정요청을 하였음에도 보정하지 아니하였을 때, 화재, 보호외국인의 집단난동, 보호시설 안팎에서의 시위나 유형력(有形力) 행사 등 긴급사태로 인하여 청장등이 보호시설의 안전과 질서유지를 위하여 모든 면회를 중지하기로 하였을 때, 그 밖에 보호시설의 안전·질서유지나 보호외국인의 안전·건강·위생을 위하여 부득이하다고 인정될 때 등의 사유에 속하는 경우에는 면회 등을 제한할 수 있다(법 제56조의6 제2항, 외국인보호규칙 제33조 제10항).

【판시사항】
미결수용자의 서신 검열(헌법재판소 1995. 7. 21. 선고 93헌마144 결정)

【결정요지】
헌법 제18조는 "모든 국민은 통신의 비밀을 침해받지 아니한다."고 규정하여 통신의 비밀을 침해받지 아니할 권리를 기본권으로 보장하고 있다. 따라서 통신의 중요한 수단인 서신의 당사자나 내용은 본인의 의사에 반하여 공개될 수 없으므로 서신의 검열은 원칙으로 금지된다고 할 것이다. 그러나 위와 같은 기본권도 절대적인 것은 아니므로 헌법 제37조 제2항에 따라 국가안전보장·질서유지 또는 공공복리를 위하여 필요한 경우에는 법률로써 제한할 수 있고, 다만 제한하는 경우에도 그 본질적인 내용은 침해할 수 없다.

다. 면회 등의 절차

면회등의 절차 및 그 제한 등에 관한 구체적인 사항은 법무부령으로 정한다(법 제56조의6 제3항).

(1) 준수사항 통지

청장등은 보호외국인에 대하여 면회를 신청한 경우 준수사항을 알리고 면회하게 하여야 한다(외국인보호규칙 제33조 제1항).

(2) 면회신청 방법

면회신청인은 면회 당일 본인의 신분을 증명하는 서류(대한민국 국민인 경우에는 주민등록증·운전면허증·공무원증, 외국인인 경우에는 여권 등을 말한다)를 제시하고 법무부장관이 정하는 면회신청서를 작성하여 담당공무원에게 제출하여야 한다(외국인보호규칙 제33조 제2항).

(3) 면회시간 등

(가) 면회신청 시간

면회의 신청·접수 및 면회시간은 「국가공무원 복무규정」에 따른 근무시간 중 오전 9시 30분부터 11시 30분까지와 오후 1시 30분부터 4시 30분까지로 한다. 다만, 긴급하거나 부득이한 사정으로 청장등이 허가한 경우에는 그러하지 아니하다(외국인보호규칙 제33조 제3항).

(나) 면회방법

또한, 면회는 한 사람씩 한다. 다만, 청장등은 보호시설의 안전과 질서유지에 반하는 경우를 제외하고는 보호외국인의 가족·형제자매·직계친족이 동시에 면회하게 할 수 있다. 면회는 면회실에서 하여야 한다. 다만, 청장등은 면회실 외의 장소에서 면회가 필요하다고 인정하는 경우 그 장소를 지정하여 면회를 하게 할 수 있다(외국인보호규칙 제33조 제4, 5항).

(다) 면회시간 및 연장

면회시간은 30분 이내로 한다. 다만, 청장등은 면회인이 면회시간의 연장을 요청하였을 때에는 다른 면회인의 면회에 방해가 되지 아니하고 면회 연장이 부득이하다고 판단되는 경우에 면회시간을 연장할 수 있다. 면회인은 같은 보호외국인에 대하여 하루에 한 번만 면회를 할 수 있다. 다만, 청장등은 다른 면회인의 면회에 방해가 되지 아니하고 면회 횟수 연장이 부득이하다고 판단되는 경우에 면회 횟수를 늘릴 수 있다(외국인보호규칙 제33조 제6, 7항).

(라) 면회 횟수

보호외국인의 면회 횟수는 1일 2회로 한다. 다만, 청장등은 보호시설의 안전과 질서유지에 지장을 주지 아니하고 면회 횟수의 증가가 부득이하다고 판단되는 경우에 면회 횟수를 늘릴 수 있다(외국인보호규칙 제8항).

라. 통신 등에 관한 사항

(1) 문서와 편지의 송·수신

보호외국인이 발송하는 문서나 편지는 긴급한 경우를 제외하고는 자유시간에 쓰게 하여야 한다. 다만, 보호외국인이 편지를 직접 쓸 수 없는 경우에는 그의 요청에 따라 다른 사람이 대신하여 쓰게 할 수 있다. 이때 보호외국인이 발송하는 편지의 용지 및 우편요금은 자신이 부담한다. 다만, 자신이 부담할 수 없는 보호외국인에게는 편지의 용지와 우표를 국가가 지급할 수 있다.

또한, 청장등은 보호외국인이 받은 봉인된 우편물에 대하여 보호외국인이 보는 앞에서 개봉할 수 있고, 그 우편물에 흉기, 도주용 물품, 점화성 물질, 마약 등 보호시설의 안전과 질서유지 또는 위생에 반하는 물품이 있을 때에는 이를 따로 보관하여야 한다. 다만, 제34조 각 호의 어느 하나에 해당하는 사람이 보낸 문서와 편지는 열람할 수 없다(외국인보호규칙 제35조).

(2) 전화 및 전보

보호외국인은 다른 사람과 전화통화를 하거나 전보를 보낼 수 있으며, 보호외국인의 전화통화 제한에 관하여는 제33조 제10항 제1호·제2호·제4호 및 같은 조 제11항 제3호를 준용한다. 이 경우 "면회"는 "전화통화"로 본다(외국인보호규칙 제36조).

14. 영상정보 처리기기 등을 통한 안전대책

가. 영상정보 처리기기 설치요건

지방출입국·외국인관서의 장은 피보호자의 자살·자해·도주·폭행·손괴나 그 밖에 다른 피보호자의 생명·신체를 해치거나 보호시설의 안전 또는 질서를 해치는 행위를 방지하기 위하여 필요한 범위에서 영상정보 처리기기[CCTV] 등 필요한 시설을 설치할 수 있다(법 제56조의7 제1항, 외국인보호규칙 제37조 제2항).

나. 영상정보 보존

청장등은 담당공무원으로 하여금 보호시설의 안전과 질서유지에 반하는 보호외국인의 말·행동·증거물 등에 대하여 비디오테이프에 녹화하거나 사진으로 찍어서 보존하게 할 수 있으며, 나아가 청장등은 영상정보 처리기기에 의하여 녹화된 영상물의 내용이 보호외국인의 처우와 관리를 위하여 중요하다고 인정되는 경우 해당 녹화 부분이 멸실 · 훼손되지 않도록 적절한 조치를 하여야 한다(외국인보호규칙 제37조 제3, 4항).

다. 설치 · 운영제한

설치된 영상정보 처리기기는 피보호자의 인권 등을 고려하여 외국인의 사생활, 초상권 등의 침해가 없는 필요한 최소한의 범위에서 설치 · 운영되어야 한다(법 제56조의7 제2항, 외국인보효규칙 제37조 제5항).

> **【판시사항】**
> 보호외국인의 사전동의 없이 실시한 비디오 촬영의 인격권 침해여부(서울중앙지방법원 2004가단 122640 판결)
>
> **【판결요지】**
> 3차례 비디오 촬영사건 중 업무상 필요성 없이 시범적으로 비디오 촬영을 하고자 보호외국인의 동의 없이 실시한 2회 비디오 촬영은 보호외국인의 초상권 등의 인격권을 침해한 것으로 불법행위를 구성하며, 공무원 등의 불법행위에 대하여 국가배상법 제2조 제1항에 의해 원고에게 그 손해를 배상할 의무가 있다. 그러나 아침점호에 참석하지 아니한 보호외국인을 비디오 촬영한 것은 다수의 외국인을 보호하기 있기 때문에 어느 정도의 질서유지를 위한 필요조치라고 보아 불법행위를 구성하다고 보기 어렵다.

라. 영상정보 처리기기 설치 · 운영 등에 필요한 사항

영상정보 처리기기 등의 설치 · 운영 및 녹화기록물의 관리 등에 필요한 사항은 법무부령으로 정한다(법 제56조의7 제3항).

15. 청원

가. 청원사유 등

피보호자의 인권과 권리증진을 위하여 피보호자는 보호시설에서의 처우에 대하여 불복하는 경우에는 법무부장관이나 지방출입국 · 외국인관서의 장에게 청원(請願)할 수 있다(법 제58조의8 제1항). 한편, 청장등은 위에서 규정하고 있는 청원 사유가 아닌 보호외국인의 고충사항에 대해서는 법무부장관이 정하는 외국인 고충상담에 관한 구체적 사항과 절차에 따라 처리할 수 있으며, 이에 따른 업무를 수행하기 위하여 소속 공무원 중에서 고충상담관을 지정하여야 한다(외국인보호규칙 제30조).

나. 청원의 제출방법

청원은 서면으로 작성하여 봉(封)한 후 제출하여야 한다. 다만, 지방출입국 · 외국인관서의 장에게 청원하는 경우에는 말로 할 수 있다(법 제58조의8 제2항).

다. 불이익처우 금지

피보호자는 청원을 하였다는 이유로 불리한 처우를 받지 아니한다(법 제58조의8 제3항).

라. 청원의 절차 등에 관한 필요한 사항

청원의 절차 등에 관하여 필요한 사항은 법무부령으로 정한다(법 제58조의8 제4항).

16. 이의신청 절차 등의 게시

피보호자의 권리와 인권보호의 차원에서 보호외국인의 권리구제절차에 대한 정보의 접근성을 용이하게 하기 위하여 지방출입국 · 외국인관서의 장은 보호에 대한 이의신청(법 제55조), 면회 등(법 제56조의6) 및 청원(법 제56조의8)에 관한 절차를 보호시설 안의 잘 보이는 곳에 게시하여야 한다(법 제56조의9).

17. 피보호자의 급양 및 관리 등

가. 급양 및 관리

피보호자의 기본권 인권 및 처우에 관한 중요사항[법 제56조의2(피보호자의 긴급이송 등), 법 제56조의3(피보호자 인권의 존중 등), 법 제56조의4(강제력의 행사), 법 제56조의5(신체 등의 검사), 법 제56조의6(면회 등), 법 제56조의7(영상정보 처리기기 등을 통한 안전대책), 법 제56조의8(청원), 제56조의9] 외에 보호시설에서의 피보호자에 대한 급양(給養)이나 관리 및 처우, 보호시설의 경비(警備)에 관한 사항과 그 밖에 필요한 사항은 법무부령(외국인보호규칙 시행세칙, 보호외국인 급식 관리 규정 등)으로 정한다(법 제57조).

나. 안전을 위한 조치

(1) 응급환자에 대한 조치

의약품의 투약은 보호외국인의 동의를 받아야 할 수 있다. 다만, 청장등은 의사가 「응급의료에 관한 법률」에 따라 보호외국인이 의사결정능력이 없거나 보호외국인의 생명이 위험하거나 심신에 중대한 장애를 줄 수 있다고 진단하였을 때에는 의사나 간호사로 하여금 보호외국인의 동의 없이 의약품을 투약하도록 할 수 있으며, 그 외 자살, 자해, 장기간 단식 등으로 인하여 보호외국인의 생명이 위험하거나 심신에 중대한 장애를 줄 우려가 있어 치료가 불가피하다는 의사의 진단에도 불구하고 보호외국인이 치료를 거부할 때에는 보호외국인 스스로 치료에 협조하도록 설득하여야 한다. 그럼에도 불구하고 보호외국인이 치료를 계속 거부할 때에는 담당공무원으로 하여금 강제력을 행사하여 의사나 간호사의 투약을 지원하게 하고, 부득이한 경우 보호장비를 사용하게 할 수 있다(외국인보호규칙 제41조).

(2) 환자 발견 시 조치

정신질환·마약중독 등이 의심되거나 응급조치가 필요한 보호외국인은 외부의 의료기관에 격리하여 보호할 수 있다. 또한, 청장등은 검사에서 보호외국인에게 급히 치료받아야 할 질병·상처 또는 신체적 이상이 있음을 발견하였을 때에는 지체 없이 보호시설 안에 있는 의사(이하 "담당의사"라 한다)에게 진료를 받게 하여야 한다. 다만, 담당의사가 없는 경우에는 외부 의료기관에서 진료를 받게 하여야 하며, 이에 따라 진료를 받는 경우 그 진료비는 보호외국인이 부담한다. 다만, 보호외국인이 그 진료비를 납부할 능력이 없을 때에는 국비로 부담할 수 있다(외국인보호규칙 제7조).

(3) 건강진단

청장등은 1개월 이상 보호하는 보호외국인에게는 2개월마다 1회 이상 담당의사 또는 외부 의사의 건강진단을 받게 하여야 하며, 보호외국인이 임산부나 노약자인 경우에는 특별히 보호하여야 하고, 임산부나 노약자가 진료신청을 하였을 때에는 우선적으로 담당의사의 건강진단을 받게 하여야 한다(외국인보호규칙 제20조).

(4) 환자진료

청장등은 보호외국인이 병을 앓거나 상처를 입었을 때에는 담당의사의 진료를 받게 하여야 하며, 만일 보호시설 안의 의료설비·의약품 및 인력으로 치료할 수 없는 병을 가진 보호외국인이 자기 부담으로 외부 의료기관에서 진료받기를 요청하는 경우에는 병이나 상처의 정도와 도주 우려 등을 판단한 후 이를 허가할 수 있다. 다만, 환자의 생명이 위급하다고 판단되는 경우 담당공무원은 그 보호외국인을 지체 없이 외부의 의료기관으로 옮겨 치료받게 한 후에 그 사실을 청장등에게 보고하여야 한다(외국인보호규칙 제21조).

(5) 감염병자 및 정신질환자 처리)

청장등은 보호외국인이 감염병에 걸렸거나 걸렸다고 의심될 때에는 지체 없이 다른 보호외국인과 격리시킨 후 관할 보건소장에게 이를 알려야 하며, 이 경우 격리된 보호외국인이 사용한 보호시설·장비 및 물품에 대해서는 소독 등 적절한 조치를 하여야 한다(외국인보호규칙 제22조).

(6) 위독 또는 사망의 통보

청장등은 보호외국인이 질병이나 상처 등으로 위독할 때에는 그 외국인의 국적 또는 시민권이 속하는 나라의 영사나 가족에게 그 사실을 알려야 한다. 또한, 보호외국인이 사망한 때에는 그 사유를 관할 지방검찰청·지청 검사에게 알려 검시(檢屍)를 받은 후, 그 외국인의 국적 또는 시민권이 속하는 나라의 영사나 그 가족에게 사망 일시, 사망 원인, 병명 및 14일 이내에 사체를 인수할 것을 알려야 한다. 다만, 영사에게 알릴 경우에는 지체 없이 하여야 한다(외국인보호규칙 제23조).

제4절 심사 및 이의신청

1. 심사결정절차

가. 심사결정

지방출입국·외국인관서의 장은 출입국관리공무원이 강제퇴거 대상자에 해당하는 것으로 의심이 되는 용의자에 대한 조사를 마치면 지체 없이 용의자가 강제퇴거의 대상자(제46조 제1항 각 호)의 어느 하나에 해당하는지를 심사하여 강제퇴거, 출국명령, 출국권고, 통고처분, 체류허가, 고발, 혐의없음 등의 결정을 하여야 한다(법 제58조).

> **법 제46조(강제퇴거의 대상자)** ① 지방출입국·외국인관서의 장은 이 장에 규정된 절차에 따라 다음 각 호의 어느 하나에 해당하는 외국인을 대한민국 밖으로 강제퇴거시킬 수 있다.
>
>   1. 제7조를 위반한 사람
>   2. 제7조의2를 위반한 외국인 또는 같은 조에 규정된 허위초청 등의 행위로 입국한 외국인
>   3. 제11조제1항 각 호의 어느 하나에 해당하는 입국금지 사유가 입국 후에 발견되거나 발생한 사람
>   4. 제12조제1항·제2항 또는 제12조의3을 위반한 사람
>   5. 제13조제2항에 따라 지방출입국·외국인관서의 장이 붙인 허가조건을 위반한 사람
>   6. 제14조제1항, 제14조의2제1항, 제15조제1항, 제16조제1항 또는 제16조의2제1항에 따른 허가를 받지 아니하고 상륙한 사람
>   7. 제14조제3항(제14조의2제3항에 따라 준용되는 경우를 포함한다), 제15조제2항, 제16조제2항 또는 제16조의2제2항에 따라 지방출입국·외국인관서의 장 또는 출입국관리공무원이 붙인 허가조건을 위반한 사람
>   8. 제17조제1항·제2항, 제18조, 제20조, 제23조, 제24조 또는 제25조를 위반한 사람
>   9. 제21조제1항 본문을 위반하여 허가를 받지 아니하고 근무처를 변경·추가하거나 같은 조 제2항을 위반하여 외국인을 고용·알선한 사람
>   10. 제22조에 따라 법무부장관이 정한 거소 또는 활동범위의 제한이나 그 밖의 준수사항을 위반한 사람

10의2. 제26조를 위반한 외국인

11. 제28조제1항 및 제2항을 위반하여 출국하려고 한 사람

12. 제31조에 따른 외국인등록 의무를 위반한 사람

12의2. 제33조의3을 위반한 외국인

13. 금고 이상의 형을 선고받고 석방된 사람

14. 그 밖에 제1호부터 제10호까지, 제10호의2, 제11호, 제12호, 제12호의2 또는 제1
3호에 준하는 사람으로서 법무부령으로 정하는 사람

나. 심사결정서 작성

청장·사무소장·출장소장 또는 보호소장은 심사결정을 한 때에는 주문·이유 및 적용 법조문
등을 분명히 밝힌 심사결정서를 작성하여야 한다(법 시행령 제72조).

■ 출입국관리법시행규칙 [별지 제109호서식] 〈개정 2018. 5. 15.〉

심사결정서

용의자	성명
	성별 남[ ] 여[ ]
	생년월일
	국적
	대한민국 내 주소

위 사람에 대한 조사를 마치고 심사한 결과 아래와 같이 결정한다.

주문	
사실 및 이유	
적용 법조	
비고	

2. 심사 후의 절차

가. 즉시 보호해제 등

(1) 즉시 보호해제

지방출입국 · 외국인관서의 장은 심사 결과 용의자가 강제퇴거의 대상자(법 제46조 제1항 각 호)의 어느 하나에 해당하지 아니한다고 인정하면 지체 없이 용의자에게 그 뜻을 알려야 하고, 용의자가 보호되어 있으면 즉시 보호를 해제하여야 한다(법 제59조 제1항).

(2) 보호해제의뢰서 송부

청장 · 사무소장 · 출장소장 또는 보호소장은 보호를 해제하는 경우 용의자가 보호시설에 보호되어 있을 때에는 보호해제 사유 등을 적은 보호해제 의뢰서를 보호시설의 장에게 보내야 한다(법 시행령 제73조).

■ 출입국관리법시행규칙 [별지 제102호서식] 〈개정 2018. 5. 15.〉

번호(No.) :

보호해제 의뢰서

보호 대상 자	성명
	성별 남[ ] 여[ ]
	생년월일
	국적
	대한민국 내 주소

년   월   일 보호 의뢰한 위 사람에 대하여 다음과 같이 보호해제를 의뢰합니다.

보호해제 사유	
근거 조항	
비고	

년 월 일

나. 강제퇴거명령 및 강제퇴거명령서의 발급

(1) 강제퇴거명령

(가) 강제퇴거명령 대상자

지방출입국·외국인관서의 장은 심사 결과 용의자가 강제퇴거의 대상자(제46조제1항 각 호)의 어느 하나에 해당한다고 인정되면 강제퇴거명령을 할 수 있다(법 제59조 제2항).

(나) 강제퇴거명령서 교부

청장·사무소장·출장소장 또는 보호소장은 강제퇴거명령을 결정한 때에는 명령의 취지 및 이유와 이의신청을 할 수 있다는 뜻을 적은 강제퇴거명령서를 발급하여 그 부본을 용의자에게 교부하여야 한다(법 시행령 제74조).

(2) 강제퇴거명령서 발급

(가) 용의자에 강제퇴거명령서 발급

지방출입국·외국인관서의 장은 강제퇴거명령을 하는 때에는 강제퇴거명령서를 용의자에게 발급하여야 한다(법 제59조 제3항).

강제퇴거명령서
DEPORTATION ORDER

Date　．　．　．

대상자 Subject of Deportation Order	성　명 Name in Full		
	생년월일 Date of Birth	성 별 Sex	[ ]남 [ ]여 [ ]M [ ]F
	국적 Nationality	직 업 Occupation	
	대한민국 내 주소 Address in Korea		

강제퇴거 이유(적용 법규정) Reason for Deportation (Applicable Provision)	
집행방법 Mode of Execution	
송환국 Country of Repatriation	

1. 「출입국관리법」 제59조에 따라 위와 같이 강제퇴거명령서를 발급합니다.
   In accordance with Article 59 of the Immigration Act, the deportation order is issued to the person above.
2. 귀하는 이 명령서를 받은 날부터 7일 이내에 법무부장관에게 이의신청을 하거나, 90일 이내에 행정심판 또는 행정소송을 제기할 수 있습니다.
   ※ 행정심판을 청구할 때에는 온라인행정심판(www.simpan.go.kr), 행정소송을 청구할 때에는 전자소송(ecfs.scourt.go.kr)을 통하여 온라인으로도 청구할 수 있습니다.
   A person who has an objection to the above disposition may file an objection with the Minister of Justice within 7 days after receipt of the deportation order or file an administrative appeal or an administrative litigation within 90 days from the date of receiving the deportation order.
   ※ You may file an administrative appeal online (www.simpan.go.kr) and an administrative litigation on the Internet (ecfs.scourt.go.kr).

CHIEF, ○○IMMIGRATION OFFICE

(나) 강제퇴거명령서의 기재요령

강제퇴거명령서에는 적용법조 · 퇴거이유 · 송환국 등을 명시하여야 한다(법 시행규칙 제63조).

(다) 사건부 기재

청장 · 사무소장 · 출장소장 또는 보호소장은 강제퇴거명령서를 발부하는 때에는 이를 사건부에 기재하여야 한다(법 시행규칙 제62조)

(3) 불복절차 고지

지방출입국 · 외국인관서의 장은 강제퇴거명령서를 발급하는 경우 법무부장관에게 이의신청을 할 수 있다는 사실을 용의자에게 알려야 한다(법 제59조 제4항).

3. 이의신청

출입구관리법에서 이의신청이라 함은 보호명령을 받은 외국인이 그 보호명령이 위법 또는 부당함을 이유로 법무부장관에게 그 명령의 취소 · 변경 등을 청구하는 불복절차를 말한다.

가. 이의신청 기한

용의자는 강제퇴거명령에 대하여 이의가 있어 가령, 강제퇴거대상자에 포함되지 않는다거나, 포함된다고 하여도 강제퇴거명령이 가혹하니 보다 경미한 출국명령 또는 출국권고의 해달라는 사유 등으로 이의신청을 하려면 강제퇴거명령서를 받은 날부터 7일 이내에 지방출입국 · 외국인관서의 장을 거쳐 법무부장관에게 이의신청서를 제출하여야 한다(법 제60조 제1항).

나. 이의신청 처리절차

(1) 이의신청서 접수 및 심사결정서 등 송부

청장 · 사무소장 · 출장소장 또는 보호소장은 이의신청서를 받은 때에는 의견을 붙여 심사결정서와 조사기록을 첨부한 후 법무부장관에게 제출하여야 한다(법 제60조 제2항).

■ 출입국관리법 시행규칙 [별지 제111호서식] 〈개정 2018. 5. 15.〉

강제퇴거명령에 대한 이의신청서
(WRITTEN OBJECTION AGAINST DEPORTATION ORDER)

접수번호 (Receipt No)		접수일 (Receipt Date)	
신청인 (Applicant)	성명 (Full name)		
	생년월일 (Date of Birth)	성별 (Sex) [ ]남 male [ ]여 Female	
	국적 (Nationality)		
	대한민국 내 주소 (Address in Korea) (연락처 (Phone No.) :)		
이의신청 사유 (Reasons for objection)	※ 별지 작성 가능 You may write on a separate sheet of paper.		
소명자료(첨부) (Attachment: Supporting documents)			

나는   년   월   일자 출입국 · 외국인청(사무소 · 출장소)장의 강제퇴거명령에 대하여 이의가 있으므로 「출입국관리법」 제60조제1항에 따라 이의 사유를 소명할 수 있는 서류를 덧붙여 이의신청합니다.

I have an objection against the Deportation Order issued by the Chief of Immigration Office on ____. __. ___. Accordingly, I hereby file an objection with supporting documents attached, pursuant to Article 60(1) of the Immigration Act.

(2) 심사결정 및 결과통보 등

(가) 심사결정 및 결과통보

법무부장관은 이의신청서 등을 접수하면 이의신청이 이유 있는지를 최종적으로 심사 · 결정하여 그 결과를 지방출입국 · 외국인관서의 장에게 알려야 한다(법 제60조 제3항).

(나) 이의신청에 대한 결정서작성 등

법무부장관은 심사결정을 하는 때에는 주문 · 이유 및 적용 법조문 등을 분명히 밝힌 이의신청에 대한 결정서를 작성하여 청장 · 사무소장 · 출장소장 또는 보호소장을 거쳐 용의자에게 발급하여야 한다. 다만, 긴급한 경우에는 구두로 통지한 후 결정서를 발급할 수 있다(법 시행령 제75조 제2항).

(3) 용의자에 이의신청 결정통보 등

(가) 이유 있다는 통보를 받은 경우

1) 즉시 보호해제

지방출입국 · 외국인관서의 장은 법무부장관으로부터 이의신청이 이유 있다는 결정을 통지받으면 지체 없이 용의자에게 그 사실을 알리고, 용의자가 보호되어 있으면 즉시 그 보호를 해제하여야 한다(법 제60조 제4항).

2) 보호해제의뢰서 발송

청장 · 사무소장 · 출장소장 또는 보호소장은 보호를 해제하는 경우에 용의자가 보호시설에 보호되어 있을 때에는 보호해제 사유 등을 적은 보호해제 의뢰서를 보호시설의 장에게 보내야 한다.

(나) 이유 없다는 통보를 받은 경우

지방출입국 · 외국인관서의 장은 법무부장관으로부터 이의신청이 이유 없다는 결정을 통지받으면 지체 없이 용의자에게 그 사실을 알리고 강제퇴거집행을 위한 절차를 진행하여야 한다(법 제60조 제5항).

한편, 이의신청이 이유 없다는 통보를 받은 용의자는 이에 대한 불복절차로 행정소송을 통하여 다툴 수 있지만, 본 조의 강제퇴거 처분에 대한 이의신청제도를 별도로 규정하고 있으므로 강제퇴거처분은 행정심판법에 따른 행정심판의 대상이 되지는 않음에 유의하여야 한다. 이와 관련된 서울행정법원 2015. 11. 24. 선고 2015구단52114 판결 또한 ⅰ) 행정심판청구는 엄격한 형식을 요하지 않으므로, 원고의 이 사건 이의신청은 그 형식 여하에 불구하고 행정심으로 볼 여지가 는 점, ⅱ) 이의신청의 상대방이 처분기관인 지방 출입국관리소장이 아닌 그 상위기관인 법무부장관인 점, ⅲ) 갑 제1호증, 을 제4호증의 각 기재에 의하면 이 사건 각 처분에 대한 처분서에는 이의신청절차만이 안내되어 있고, 따로 행정심판 또는 행정소송절차에 대한 기재는 없는 점, ⅳ) 그럼에도 불구하고 원고가 위 안내에 따라 이의신청 절차를 거치느라 이 사건 소송을 늦게 제기하였다고 하여 이를 제소기간이 도과하였다고 보는 것은 법률에 대해 잘 알지 못하는 일반 국민들에게 가혹한 측면이 있는 점 등을 종합하면, 이 사건 이의신청은 행정심판의 일정이라고 판단한 바 있다.

4. 체류허가의 특례

가. 체류허가 특례사유

(1) 체류허가 특례인정

법무부장관이 심사결정을 할 때 이의신청이 이유 없다고 인정되는 경우 원칙적으로 용의자는 국내의 체류가 부정되고 강제퇴거 되어야 하지만 이러한 경우라도 용의자가 대한민국 국적을 가졌던 사실이 있거나 그 밖에 대한민국에 체류하여야 할 특별한 사정이 있다고 인정되면 그의 체류를 허가할 수 있다(법 제61조 제1항).

(2) 특별체류허가 사유

법 제61조 제1항에 따른 그 밖에 대한민국에 체류하여야 할 특별한 사정은 다음의 어느 하나에 해당하는 경우로 한다.

(가) 용의자가 별표 1의3 영주(F-5) 체류자격을 가지고 있는 경우

[별표 1의3]

영주자격에 부합하는 사람(제12조의2제1항 관련)

체류자격 (기호)	영주자격에 부합하는 사람의 범위
영주 (F-5)	법 제46조제1항 각 호의 어느 하나에 해당하지 않는 사람으로서 다음 각 호의 어느 하나에 해당하는 사람 1. 대한민국「민법」에 따른 성년으로서 별표 1의2 중 10. 주재(D-7)부터 20. 특정활동(E-7)까지의 체류자격이나 별표 1의2 중 24. 거주(F-2) 체류자격으로 5년 이상 대한민국에 체류하고 있는 사람 2. 국민 또는 영주자격(F-5)을 가진 사람의 배우자 또는 미성년 자녀로서 대한민국에 2년 이상 체류하고 있는 사람 및 대한민국에서 출생한 것을 이유로 법 제23조에 따라 체류자격 부여 신청을 한 사람으로서 출생 당시 그의 부 또는 모가 영주자격(F-5)으로 대한민국에 체류하고 있는 사람 중 법무부장관이 인정하는 사람 3. 「외국인투자 촉진법」에 따라 미화 50만 달러를 투자한 외국인투자가로서 5명 이상의 국민을 고용하고 있는 사람 4. 별표 1의2 중 26. 재외동포(F-4) 체류자격으로 대한민국에 2년 이상 계속 체류하고 있는 사람으로서 대한민국에 계속 거주할 필요가 있다고 법무부장관이 인정하는 사람 5. 「재외동포의 출입국과 법적 지위에 관한 법률」 제2조제2호의 외국국적동포로서 「국적법」에 따른 국적 취득 요건을 갖춘 사람 6. 종전 「출입국관리법 시행령」(대통령령 제17579호로 일부개정되어 2002. 4. 18. 공포ㆍ시행되기 이전의 것을 말한다) 별표 1 제27호란의 거주(F-2) 체류자격(이에 해당되는 종전의 체류자격을 가진 적이 있는 사람을 포함한다)이 있었던 사람으로서 대한민국에 계속 거주할 필요가 있다고 법무부장관이 인정하는 사람 7. 다음 각 목의 어느 하나에 해당하는 사람으로서 법무부장관이 인정하는 사람 　가. 국외에서 일정 분야의 박사 학위를 취득한 사람으로서 영주자격(F-5) 신청 시 국내 기업 등에 고용된 사람 　나. 국내 대학원에서 정규과정을 마치고 박사학위를 취득한 사람 8. 법무부장관이 정하는 분야의 학사 학위 이상의 학위증 또는 법무부장관이 정하는 기술자격증이 있는 사람으로서 국내 체류기간이 3년 이상이고, 영주자격(F-5) 신청 시 국내기업에 고용되어 법무부장관이 정하는 금액 이상의 임금을 받는 사람 9. 과학ㆍ경영ㆍ교육ㆍ문화예술ㆍ체육 등 특정 분야에서 탁월한 능력이 있는 사람 중 법무부장관이 인정하는 사람 10. 대한민국에 특별한 공로가 있다고 법무부장관이 인정하는 사람 11. 60세 이상으로서 법무부장관이 정하는 금액 이상의 연금을 국외로부터 받고 있는 사람 12. 별표 1의2 중 29. 방문취업(H-2) 체류자격으로 취업활동을 하고 있는 사람으로서 같은

표 중 24. 거주(F-2)란의 사목 1)부터 3)까지의 요건을 모두 갖추고 있는 사람 중 근속기간이나 취업지역, 산업 분야의 특성, 인력 부족 상황 및 국민의 취업 선호도 등을 고려하여 법무부장관이 인정하는 사람

13. 별표 1의2 중 24. 거주(F-2) 자목에 해당하는 체류자격으로 대한민국에서 3년 이상 체류하고 있는 사람으로서 대한민국에 계속 거주할 필요가 있다고 법무부장관이 인정하는 사람

14. 별표 1의2 중 24. 거주(F-2) 차목에 해당하는 체류자격을 받은 후 5년 이상 계속 투자 상태를 유지하고 있는 사람으로서 대한민국에 계속 거주할 필요가 있다고 법무부장관이 인정하는 사람과 그 배우자 및 자녀(법무부장관이 정하는 요건을 갖춘 자녀만 해당한다)

15. 별표 1의2 중 11. 기업투자(D-8) 다목에 해당하는 체류자격으로 대한민국에 3년 이상 계속 체류하고 있는 사람으로서 투자자로부터 3억원 이상의 투자금을 유치하고 2명 이상의 국민을 고용하는 등 법무부장관이 정하는 요건을 갖춘 사람

16. 5년 이상 투자 상태를 유지할 것을 조건으로 법무부장관이 정하여 고시하는 금액 이상을 투자한 사람으로서 법무부장관이 정하는 요건을 갖춘 사람

17. 별표 1의2 중 11. 기업투자(D-8) 가목에 해당하는 체류자격을 가지고 「외국인투자촉진법 시행령」 제25조제1항제4호에 따른 연구개발시설의 필수전문인력으로 대한민국에 3년 이상 계속 체류하고 있는 사람으로서 법무부장관이 인정하는 사람

18. 별표 1의2 중 24. 거주(F-2) 다목에 해당하는 체류자격으로 2년 이상 대한민국에 체류하고 있는 사람

(나) 용의자가 대한민국정부로부터 훈장 또는 표창을 받은 사실이 있거나 대한민국에 특별한 공헌을 한 사실이 있는 경우

(다) 그 밖에 국가이익이나 인도주의에 비추어 체류하여야 할 특별한 사정이 있다고 인정되는 경우

나. 특별체류허가서 교부 등

(1) 특별체류허가서 교부

법무부장관은 체류허가를 한 때에는 체류자격, 체류기간과 그 밖에 필요한 준수사항을 적은 특별체류허가서를 발급하여 청장·사무소장·출장소장 또는 보호소장을 거쳐 그 용의자에게 교부하여야 한다((법 시행령 제76조 제2항).

번호(No.) :

특별체류허가서
(SPECIAL PERMIT FOR SOJOURN)

인적사항 (Personal details)	성명 (Full name)	
	성별 (Sex) 남 Male[ ] 여 Female[ ]	
	생년월일 (Date of Birth)	
	국적 (Nationality)	
	대한민국 내 주소 (Address in Korea)	

위 사람에 대하여 「출입국관리법」 제61조의 규정에 의하여 아래 조건으로 체류를 특별허가합니다. 다만, 조건을 지키지 아니한 때에는 이 허가를 취소할 수 있습니다.

The above mentioned person is hereby granted special permission to reside in the Republic of Korea under the following conditions pursuant to Article 61 of the Immigration Act. However failure to observe such conditions may result in rescission of the permit.

특별허가 조건 (Conditions for Special Permission)	1.
	2.
	3.

Date   년   월   일
(year) (month) (day)

법무부장관   직인

Minister of Justice

(2) 특별체류허가서 작성 및 발급 등

법무부장관은 특별체류허가를 하는 때에는 주문·이유 및 적용 법조문 등을 분명히 밝힌 특별체류허가서를 작성하여 청장·사무소장·출장소장 또는 보호소장을 거쳐 용의자에게 발급하여야 한다. 다만, 긴급한 경우에는 구두로 통지한 후 결정서를 발급할 수 있다(법 시행령 제76조 제3항).

다. 체류조건 부과

법무부장관은 대한민국에 체류하여야 할 특별한 사정이 있어 그의 체류를 허가를 할 때 체류기간 등 필요한 조건을 붙일 수 있다(법 제61조 제2항).

제5절 강제퇴거명령서의 집행

1. 강제퇴거명령서의 집행

가. 강제퇴거명령 집행자

강제퇴거명령을 받은 외국인을 대한민국 밖의 지역으로 송환하는 강제퇴거명령서의 집행은 출입국관리공무원이 한다(법 제62조 제1항).

나. 강제퇴거명령 집행의뢰

다만, 지방출입국·외국인관서의 장은 사법경찰관리에게 강제퇴거명령서의 집행을 의뢰할 수 있다(법 제62조 제2항).

■ 출입국관리법시행규칙 [별지 제114호서식] 〈개정 2018. 5. 15.〉

번호(No.) :

강제퇴거명령 집행의뢰서

수신 :

대상자	성명	
	성별 남[ ] 여[ ]	
	생년월일	
	국적	
	강제퇴거명령서 번호	

「출입국관리법」 제62조제2항에 따라 위 사람에 대하여 발부된 강제퇴거명령서의 집행을 의뢰합니다.

년   월   일

○○출입국 · 외국인청(사무소 · 출장소)장   직인

다. 송환국에 송환 등

출입국관리공무원이 강제퇴거명령서를 집행할 때에는 그 명령을 받은 사람에게 강제퇴거명령서를 내보이고 지체 없이 그를 제64조에 따른 송환국으로 송환하여야 한다. 다만, 선박 등의 장이나 운수업자가 송환하게 되는 경우(법 제76조 제1항)에는 출입국관리공무원은 그 선박 등의 장이나 운수업자에게 그를 인도하는 방법으로 강제퇴거 명령서를 집행할 수 있다(법 제62조 제3항). 이 경우 인도할 자의 인적사항 및 강제퇴거사유와 법 제76조의 규정에 의한 송환의무가 있음을 기재한 송환지시서를 교부하고, 그 의무를 이행할 것과 강제퇴거명령을 받은 자를 인도받은 뜻을 기재한 인수증을 받아야 한다(법 시행령 제77조 제4항).

■ 출입국관리법시행규칙 [별지 제116호서식] 〈개정 2018. 5. 15.〉

인수증
(RECEIPT CERTIFICATE)

대상자 (Person ordered to be repatriated)	성명 (Full name)
	성별 (Sex) 남 Male[ ] 여 Female[ ]
	생년월일 (Date of Birth)
	국적 (Nationality)

위 사람 및 그에 대한 송환지시서를 틀림없이 수령하였습니다.

I hereby certify that the custody of the abovementioned person and the repatriation order for him/her have been received.

년   월   일

Date   (year)   (month)   (day)

수령인 (Received by) :   (서명 또는 인) (signature or seal)

라. 송환제한 자

강제퇴거명령서를 집행할 때에는 그 명령을 받은 사람에게 강제퇴거명령서를 내보이고 지체 없이 그를 제64조에 따른 송환국으로 송환하여야 함에도 불구하고 강제퇴거명령을 받은 사람이 다음의 어느 하나에 해당하는 경우에는 송환하여서는 아니 된다. 다만, 「난민법」에 따른 난민신청자가 대한민국의 공공의 안전을 해쳤거나 해칠 우려가 있다고 인정되는 사람 또는 중대한 범죄에 대한 유죄판결이 확정되고 그 국가공동체에 대하여 위험한 존재가 된 사람은 추방하거나 송환할 수 있다(법 제62조 제4항).

(1) 「난민법」에 따라 난민인정 신청을 하였으나 난민인정 여부가 결정되지 아니한 경우

(2) 「난민법」 제21조에 따라 이의신청을 하였으나 이에 대한 심사가 끝나지 아니한 경우

난민법 제21조(이의신청)

① 제18조제2항 또는 제19조에 따라 난민불인정결정을 받은 사람 또는 제22조에 따라 난민인정이 취소 또는 철회된 사람은 그 통지를 받은 날부터 30일 이내에 법무부장관에게 이의신청을 할 수 있다. 이 경우 이의신청서에 이의의 사유를 소명하는 자료를 첨부하여 지방출입국·외국인관서의 장에게 제출하여야 한다.

② 제1항에 따른 이의신청을 한 경우에는 「행정심판법」에 따른 행정심판을 청구할 수 없다.

③ 법무부장관은 제1항에 따라 이의신청서를 접수하면 지체 없이 제25조에 따른 난민위원회에 회부하여야 한다.

④ 제25조에 따른 난민위원회는 직접 또는 제27조에 따른 난민조사관을 통하여 사실조사를 할 수 있다.

⑤ 그 밖에 난민위원회의 심의절차에 대한 구체적인 사항은 대통령령으로 정한다.

⑥ 법무부장관은 난민위원회의 심의를 거쳐 제18조에 따라 난민인정 여부를 결정한다.

⑦ 법무부장관은 이의신청서를 접수한 날부터 6개월 이내에 이의신청에 대한 결정을 하여야 한다. 다만, 부득이한 사정으로 그 기간 안에 이의신청에 대한 결정을 할 수 없는 경우에는 6개월의 범위에서 기간을 정하여 연장할 수 있다.

⑧ 제7항 단서에 따라 이의신청의 심사기간을 연장한 때에는 그 기간이 만료되기 7일 전까지 난민신청자에게 이를 통지하여야 한다.

2. 강제퇴거명령을 받은 사람의 보호 및 보호해제

가. 일시보호대상

(1) 일시보호 사유

지방출입국·외국인관서의 장은 강제퇴거명령을 받은 사람을 여권 미소지 또는 교통편 미확보 등의 사유로 즉시 대한민국 밖으로 송환할 수 없으면 송환할 수 있을 때까지 그를 외국인보호실, 외국인보호소, 기타 법무부장관이 지정한 보호시설에 보호할 수 있다(법 제63조 제1항).

> **【판시사항】**
>
> 출입국관리법 제63조 제1항의 보호명령의 성질(대법원 2001. 10. 26. 선고 99다68829 판결)
>
> **【판결요지】**
>
> 출입국관리법 제63조 제1항은, 강제퇴거명령을 받은 자를 즉시 대한민국 밖으로 송환할 수 없는 때에 송환이 가능할 때까지 그를 외국인 보호실·외국인 보호소 기타 법무부장관이 지정하는 장소에 보호할 수 있도록 규정하고 있는바, 이 규정의 취지에 비추어 볼 때, 출입국관리법 제63조 제1항의 보호명령은 강제퇴거명령의 집행확보 이외의 다른 목적을 위하여 이를 발할 수 없다는 목적상의 한계 및 일단 적법하게 보호명령이 발하여진 경우에도 송환에 필요한 준비와 절차를 신속히 마쳐 송환이 가능할 때까지 필요한 최소한의 기간 동안 잠정적으로만 보호할 수 있고 다른 목적을 위하여 보호기간을 연장할 수 없다는 시간적 한계를 가지는 일시적 강제조치라고 해석된다.

(2) 강제퇴거를 위한 보호명령서 제시

청장·사무소장·출장소장 또는 보호소장은 강제퇴거명령서에 의한 보호의 경우 기간이 정해져 있지 아니하므로 강제퇴거명령을 받은 사람을 송환할 수 있을 때까지 보호할 수 있고, 이 경우에는 강제퇴거를 위한 보호명령서를 발급하여 이를 강제퇴거명령을 받은 사람에게 보여 주어야 한다(법 시행령 제78조 제1항).

나. 일시보호 기간 등

(1) 일시보호 기간 및 갱신승인

지방출입국·외국인관서의 장은 즉시 송환불능자를 보호할 때 그 기간이 3개월을 넘는 경우에는 3개월마다 미리 법무부장관의 승인을 받아야 한다(법 제63조 제2항). 이에 따라 청장·사무소장·출장소장 또는 보호소장이 법무부장관의 승인을 받으려면 보호기간 연장의 필요성을 소명하여야 한다(법 시행령 제78조 제2항).

한편, 강제퇴거대상자의 경우 출국에 필요한 여권 및 항공권의 발급 등에 일정한 기간이 소요되어 2017년 기준으로 보호외국인 1인당 평균 보호기간은 10일 정도이며, 일부 외국인이 장기간 보호되는 사유로는 ⅰ) 체불임금 등 개인의 고충해결, ⅱ) 각종 소송, ⅲ) 여권발급 문제, ⅳ) 보호 중 난민신청 등의 사유로 인해 즉시 송환이 불가능하거나 보호외국인의 사정에 따른 경우가 대부분이다.[81]

(2) 일시보호기간 갱신승인 불허시 보호해제

지방출입국 · 외국인관서의 장은 보호기간이 3개월이 넘는 경우 그 3개월 마다 법무부장관의 승인을 받아야 하는데, 만일 그러한 승인을 받지 못하면 지체 없이 보호를 해제하여야 한다(법 제63조 제3항).

다. 보호해제 불가사유

지방출입국 · 외국인관서의 장은 강제퇴거명령을 받은 사람이 다른 국가로부터 입국이 거부되는 등의 사유로 송환될 수 없음이 명백하게 된 경우에는 그의 보호를 해제할 수 있다(법 제63조 제4항).

라. 보호해제시 주거제한 등 조건부과 등

(1) 주거제한 등의 조건부과

강제퇴거명령을 받아 보호된 사람의 경우 송환될 때까지 보호시설에서 보호하는 것이 원칙이다. 하지만 지방출입국 · 외국인관서의 장은 특별한 사정에 의해 보호를 해제하는 경우(제3항 또는 제4항), 그 보호를 해제하더라도 강제퇴거명령을 받은 자가 도주 등의 우려가 상존하기 때문에 주거의 제한이나 그 밖에 필요한 조건을 붙여 해제할 수 있다(법 제63조 제5항).

(2) 보호해제 통보서 발급

청장 · 사무소장 · 출장소장 또는 보호소장은 보호를 해제(법 제63조제3항 또는 제4항)할 때에는 해제사유, 주거의 제한과 그 밖에 필요한 조건을 적은 보호해제 통보서를 강제퇴거명령을 받은 사람에게 발급하여야 한다. 이 경우 청장 · 사무소장 · 출장소장 또는 보호소장은 강제퇴거명령을 받은 사람이 보호시설에 보호되어 있을 때에는 보호해제 사유 등을 적은 보호해제 의뢰서를 보호시설의 장에게 보내야 한다(법 시행령 제78조 제3항).

---

81) 이민법연구회, 앞의 책 352면.

■ 출입국관리법시행규칙 [별지 제117호서식] 〈개정 2018. 5. 15.〉

번호(No.) :

보호해제 통보서
(NOTIFICATION FOR RELEASE)

수신 :
To :

대상자 (Person to whom the Notification relates)	성명 (Full name)
	성별 (Sex) 남 Male[ ] 여 Female[ ]
	생년월일 (Date of Birth)
	국적 (Nationality)

위 사람에 대해 아래의 조건으로 보호를 해제함을 통보합니다.
It is hereby notified that the abovementioned person is released on the following conditions.

보호 해제조건 (Conditions of Release)	해제기간 중 거주지 (Place of Residence during Release)
	기타 (Others)

년   월   일
Date   (year)   (month)   (day)

○○출입국 · 외국인청(사무소 · 출장소)장

직인

CHIEF, ○○IMMIGRATION OFFICE

(3) 보호해제자에 대한 동향 파악

청장·사무소장·출장소장 또는 보호소장은 보호를 해제한 사람에 대해서는 주거의 제한, 그 밖의 조건 이행 여부 등 동향을 파악하여야 한다(법 시행령 제78조 제4항).

마. 집행정지

출입국관리법 제63조 제1항, 같은 법 시행령 제78조 제1항에 기한 보호명령은 강제퇴거명령을 받은 자를 즉시 대한민국 밖으로 송환할 수 없는 경우에 송환할 수 있을 때까지 일시적으로 보호하는 것을 목적으로 하는 처분이므로, 강제퇴거명령을 전제로 하는 것이나, 그렇다고 하여 강제퇴거명령의 집행이 정지되면 그 성질상 당연히 보호명령의 집행도 정지되어야 한다고 볼 수는 없다.[82]

> 【판시사항】
> 출입국관리법상의 강제퇴거명령에 대하여는 집행정지를 허용하면서, 강제퇴거명령의 집행을 위한 보호명령에 대하여는 그 집행정지시 공공복리에 중대한 영향을 미칠 우려가 있다는 이유로 집행정지를 허용하지 않은 사례(대법원 1997. 1. 20. 자 96두31 결정)
>
> 【결정요지】
> 출입국관리법상의 강제퇴거명령 및 그 집행을 위한 같은 법 제63조 제1항, 같은법시행령 제78조 제1항 소정의 보호명령에 대하여 그 취소를 구하는 소송이 제기되고 나아가 강제퇴거명령의 집행이 정지되었다면, 강제퇴거명령의 집행을 위한 보호명령의 보호기간은 결국 본안소송이 확정될 때까지의 장기간으로 연장되는 결과가 되어 그 보호명령이 그대로 집행된다면 본안소송에서 승소하더라도 회복하기 어려운 손해를 입게 된다고 할 것이나, 그 보호명령의 집행을 정지하면 외국인의 출입국 관리에 막대한 지장을 초래하여 공공복리에 중대한 영향을 미칠 우려가 있다는 이유로, 그 보호명령의 집행정지를 허용하지 않은 사례.

---

82) 대법원 1997. 1. 20. 선고 96두31 결정.

바. 관련규정 준용

일시보호자(제1항)에 대하여는 법 제53조(보호명령서의 집행), 법 제54조(보호의 통지), 제55조(보호에 대한 이의신청), 제56조의2(보호자의 긴급이송 등), 제56조의3(피보호자의 인권의 존중 등), 제56조의4(강제력의 행사), 제56조의5(신체 등의 검사), 제56조의6(면회 등), 제56조의7(영상정보 처리기기 등을 통한 안전대책), 제56조의8(청원), 제56조의9(이의신청 절차 등의 게시) 및 제57(피보호자의 급양 및 관리 등)조를 준용한다(법 제63조 제6항).

사. 벌칙

법 제63조 제1항에 따라 보호 또는 일시보호된 사람으로서 도주하거나 보호 또는 강제퇴거 등을 위한 호송 중에 도주한 사람은 1년 이하의 징역 또는 1천만원 이하의 벌금에 처한다(법 제95조 제8호).

3. 송환국

가. 송환국가

강제퇴거명령을 받은 사람은 국적이나 시민권을 가진 국가로 송환된다(법 제64조 제1항).

나. 송환국가 송환불능시 대체국

다만, 강제퇴거명령을 받은 사람의 국적이나 시민권을 가진 국가로 송환할 수 없는 경우에는 다음의 어느 하나에 해당하는 국가로 송환할 수 있다(법 제64조 제2항). 다만, 이러한 경우에도 아래의 국가들이 강제퇴거를 받은 자에 대한 인수를 할 의무가 없으므로, 이를 결정할 때에는 강제퇴거명령을 받은 자에 대한 집행상의 문제 및 해당 국가의 인수가능성 등의 문제를 종합적으로 고려하여 결정하여야 할 것이다.

(1) 대한민국에 입국하기 전에 거주한 국가

(2) 출생지가 있는 국가

(3) 대한민국에 입국하기 위하여 선박등에 탔던 항(港)이 속하는 국가

(4) 제1호부터 제3호까지에서 규정한 국가 외에 본인이 송환되기를 희망하는 국가

제6절 보호의 일시해제

1. 보호 일시해제 심사기준

가. 구체적 심사사항

청장·사무소장·출장소장 또는 보호소장은 직권으로 또는 청구에 따라 피보호자의 국내 체류기간 중 불이익을 받은 사항의 구제 또는 질병 치료 등의 기회제공을 목적으로 보호의 일시해제를 하는 경우에는 다음의 사항을 심사하여야 한다(법 시행령 제79조의2 제1항).

(1) 피보호자의 생명·신체에 중대한 위협이나 회복할 수 없는 재산상 손해가 발생할 우려가 있는지 여부

(2) 국가안전보장·사회질서·공중보건 등의 국익을 해칠 우려가 있는지 여부

(3) 피보호자의 범법사실·연령·품성, 조사과정 및 보호시설에서의 생활태도

(4) 도주할 우려가 있는지 여부

(5) 그 밖에 중대한 인도적 사유가 있는지 여부

나. 일시해제의 세부 기준 등

일시해제의 세부 기준과 방법에 관하여 필요한 사항은 법무부장관이 정한다(법 시행령 제79조의2 제2항).

2. 보호의 일시해제

가. 직권에 의한 보호의 일시해제

(1) 보증금 예치 및 주거제한 등

지방출입국·외국인관서의 장은 직권으로 또는 피보호자(그의 보증인 또는 법정대리인등을 포함한다)의 청구에 따라 보호일시해제 대상자 또는 강제퇴거명령서를 발부받고 보호되는 피보호자의 정상(情狀), 해제요청사유, 자산, 그 밖의 사항을 고려하여 2천만원 이하의 보증금을 예치시키고 주거의 제한이나 그 밖에 필요한 조건을 붙여 보호를 일시해제할 수 있다(법 제65조 제1항).

(2) 보증금납부능력 등 소명자료 제출요구

청장·사무소장·출장소장 또는 보호소장은 직권으로 보호의 일시해제를 하는 경우에는 보호명령서 또는 강제퇴거명령서의 집행으로 보호시설에 보호되어 있는 사람(이하 "피보호자"라 한다), 피보호자의 보증인 또는 국내에 있는 그의 법정대리인·배우자·직계친족·형제자매·가족·변호인 또는 용의자가 지정하는 사람(법 제54조 제1항) 등에게 보증금 납부능력을 소명하는 자료 등 보호의 일시해제 심사에 필요한 자료를 요청할 수 있다(법 시행령 제79조 제1항). 다만, 불법체류자는 보증능력이 없는 자이므로 피보호자가 아닌 한 보호의 일시해제 청구권이 없다.

나. 보호의 일시해제 청구 절차 등

보호의 일시해제 청구, 보증금의 예치 및 반환의 절차는 대통령령으로 정한다(법 제65조 제2항).

(1) 일시해제청구서 제출 등

보호의 일시해제를 청구하려는 사람은 보호 일시해제 청구서에 청구의 사유 및 보증금 납부능력을 소명하는 자료를 첨부하여 청장·사무소장·출장소장 또는 보호소장에게 제출하여야 한다(법 시행령 제79조 제2항).

보호일시해제청구서
APPLICATION FOR PERMISSION OF TEMPORARY RELEASE

접수번호 Receipt No	접수일 Receipt Date	처리기간 Processing Period	즉시 Immediately

피보호자 Detainee	1. 성 명 Name in Full		성 별 Sex	
	2. 생년월일 Date of Birth		3. 국 적 Nationality	
	4. 대한민국내 주소 Address in Korea			
	5. 직 업 Occupation			

보호명령서 Detention Order	명령서발부일자 Date of Issue		명령서번호 No. of the Order	
청 구 사 유 Reason for Application				
붙 임 서 류 Documents Attached				

위 사람에 대한 보호일시해제를 신청하오니 허가하여 주시기 바랍니다.
I hereby apply for permission of temporary release of the above— mentioned person.

신 청 인 Applicant	국 적 Nationality
	성 명 Name in Full
	생년월일 Date of birth
	주 소 Address in Korea
	관 계 Relationship

년 Year   월 Month   일 Day

신청인 서명
Signature of applicant

○○출입국 · 외국인청장/사무소장 귀하
출장소
To: Chief, ○○ Immigration Office

(2) 일시해제결정서 발급 등

청장·사무소장·출장소장 또는 보호소장은 직권으로 또는 청구를 받아 보호의 일시해제를 하는 경우 특별한 사정이 없으면 지체 없이 관계 서류를 심사하여 주문·이유 및 적용 법조문 등을 적은 보호 일시해제 결정서를 피보호자[83]에게 발급하여야 한다(법 시행령 제79조 제3항).

(3) 보호해제결정서 기재사유

보호를 일시해제하기로 결정한 때에는 그 결정서에 보호해제기간, 보증금의 액수·납부일시 및 장소, 주거의 제한, 그 밖에 필요한 조건 외에 보증금을 내면 보호를 일시해제하며, 조건을 위반하면 보호의 일시해제를 취소하고 보증금을 국고에 귀속시킬 수 있다는 뜻을 적어야 한다(법 시행령 제79조 제4항).

(4) 보호해제 의뢰서 송부

청장·사무소장·출장소장 또는 보호소장은 보호를 일시해제하기로 결정한 경우에 용의자가 보호시설에 보호되어 있을 때에는 보호해제기간을 분명히 밝힌 보호해제 의뢰서를 보호시설의 장에게 보내야 한다(법 시행령 제79조 제5항).

(5) 보증금 예치절차

보증금 예치 절차에 관하여는 제17조제2항을 준용한다(법 시행령 제79조 제6항). 이에 따라 청장·사무소장 또는 출장소장은 보증금을 예치받은 때에는 보호해제결정서에 기재한 조건을 위반하는 경우 그 보증금을 국고에 귀속시킬 수 있다는 뜻을 그 외국인에게 알려야 하며, 보증금의 예치 및 납부 등에 관한 절차는 정부가 보관하는 보관금 취급에 관한 절차에 따른다.

(6) 보증금 반환

예치된 보증금은 국고 귀속의 경우를 제외하고는 그 외국인이 출국하거나 보호 일시해제를

---

83) 그의 보증인 또는 국내에 있는 그의 법정대리인·배우자·직계친족·형제자매·가족·변호인 또는 용의자가 지정하는 사람 등을 포함한다.

취소하는 때에 보증금을 낸 사람에게 반환하여야 한다(법 시행령 제79조 제7항).

3. 보호 일시해제의 취소

가. 보호의 일시해제 사유

지방출입국·외국인관서의 장은 보호로부터 일시해제된 사람이 다음의 어느 하나에 해당하면 보호의 일시해제를 취소하고 다시 보호의 조치를 할 수 있다(법 제66조 제1항).

(1) 도주하거나 도주할 염려가 있다고 인정되는 경우
(2) 정당한 사유 없이 출석명령에 따르지 아니한 경우
(3) (1) 및 (2)에서 규정한 사항 외에 일시해제에 붙인 조건을 위반한 경우

나. 일시해제취소서 발급 및 보증금 국고귀속 등

지방출입국·외국인관서의 장은 보호의 일시해제를 취소하는 경우 보호 일시해제 취소서를 발급하고 보증금의 전부 또는 일부를 국고에 귀속시킬 수 있다(법 제66조 제2항).

■ 출입국관리법 시행규칙 [별지 제120호서식] 〈개정 2018. 5. 15.〉

보호 일시해제 취소서
(CANCELLATION OF TEMPORARY RELEASE)

수신 :
To :

용의자 (Person accused)	성명 (Full name)	
	생년월일 (Date of Birth)	성별 (Sex) [ ]남 Male [ ]여 Female
	국적 (Nationality)	직업 (Occupation)
	대한민국 내 주소 (Address in Korea)	

위 사람의 보호 일시해제 청구에 대해 다음과 같이 결정한다.
With reference to the request for temporary release of the abovementioned person, the decision thereon is as follows.

보호일시해제 허가서 (Permit for Temporary Release)	발부일자 (Date of Issue)
	번호 (Reference No.)

「출입국관리법」 제66조제1항에 따라 위 사람에 대하여 허가한 보호일시해제를 아래 사유로 취소합니다.
Pursuant to Paragraph 1, Article 66 of the Immigration Act, the Permit for Temporary Release granted to the abovementioned person has been cancelled for the reason understated.

취소사유 및 보호장소 (Reason for Cancellation and Place of Detention)	취소사유 (Reason for Cancellation)
	보호장소 (Place of Detention)

다. 보증금 국고귀속 절차

보증금의 국고 귀속절차는 대통령령으로 정한다(법 제66조 제3항).

라. 보호 일시해제 취소절차

(1) 보호 일시해제 취소서 발급 및 기재사항

청장·사무소장·출장소장 또는 보호소장은 보호 일시해제 취소서를 발급할 때에는 그 취소서에 취소 사유, 보호할 장소 등을 적어 피보호자(그의 보증인 또는 그의 법정대리인·배우자·직계친족·형제자매·가족·변호인 또는 용의자가 지정하는 사람 등을 포함한다)에게 교부하고, 지체 없이 그 용의자를 다시 보호하여야 한다(법 시행령 제80조 제1항).

(2) 보증금의 국귀속절차

보증금의 국고귀속 절차에 관하여는 제17조 제4항 및 제5항을 준용한다(법 시행령 제80조 제2항).

(가) 보증금 국고귀속 사유

청장·사무소장 또는 출장소장은 조건부 입국허가를 받은 사람이 도주하거나 정당한 사유 없이 2회 이상 출석요구에 따르지 아니한 때에는 보증금 전부를, 그 밖의 이유로 허가조건을 위반한 때에는 그 일부를 국고에 귀속시킬 수 있다(법 시행령 제17조 제항).

(나) 보증금 국고귀속 통지서 발급

청장·사무소장 또는 출장소장은 보증금을 국고에 귀속시키려면 국고귀속 결정 사유 및 국고귀속 금액 등을 적은 보증금 국고귀속 통지서를 그 외국인에게 발급하여야 한다(법 시행령 제17조 제5항).

4. 보호의 일시해제 절차 등의 게시

지방출입국·외국인관서의 장은 보호의 일시해제(법 제65조) 및 보호 일시해제의 취소(법 제66조)에 따른 보호의 일시해제 및 그 취소에 관한 절차를 보호시설 안의 잘 보이는 곳에

게시하여야 한다(법 제66조의2).

제1장 총 칙

제1조(목적) 이 규정은 「출입국관리법」(이하 "법"이라 한다) 제65조·제66조 및 「출입국관리법 시행령」(이하 "영"이라 한다) 제79조·제80조에 따른 보호의 일시해제 및 보호일시해제의 취소에 관한 세부 운용기준과 절차 등에 관한 사항을 정함을 목적으로 한다.

제2조(종류) 보호의 일시해제(이하 "일시해제"라 한다) 종류는 다음 각 호와 같다.

    1. '일반해제'는 보호명령을 한 사무소장·출장소장 또는 외국인보호소장(이하 "소장"이라 한다)이 그의 권한으로 일시해제를 결정하는 처분을 말한다.

    2. '특별해제'는 일반해제의 요건을 충족하지는 못하나 부득이하게 일시해제를 하여야 할 상당한 사유가 있다고 인정되어 보호명령을 한 소장이 법무부장관에게 미리 보고한 후 결정하는 처분을 말한다.

제3조(청구자격) 소장에게 일시해제를 청구할 수 있는 자는 다음 각 호와 같다.

    1. 피보호자

    2. 피보호자의 신원보증인·법정대리인·배우자·직계친족·형제자매·가족·변호인

제4조(기본 심사기준) 소장은 피보호자에 대한 일시해제의 청구가 있는 경우에는 다음 각 호의 사항을 심사하여야 한다.

    1. 보호명령서 또는 강제퇴거명령서의 집행으로 인하여 피보호자의 생명·신체에 중대한 위험이나 회복할 수 없는 재산상 손해를 초래할 우려가 있는지 여부

    2. 국가안전보장·사회질서·공중보건 등의 국익을 해할 우려가 있는지 여부

    3. 피보호자의 범법사실, 연령, 품성, 조사과정 및 보호시설에서의 생활태도

    4. 도주할 우려가 있는지 여부

    5. 그 밖에 중대한 인도적 사유가 있는지 여부

제5조(제출서류) 제3조의 청구자격이 있는 자가 일시해제를 청구하는 때에는 다음 각 호의 서류를 소장에게 제출하여야 한다.

    1. 영 제79조제1항에 의한 보호일시해제 청구서

    2. 일시해제 청구사유 입증자료

    3. 보증금 납부능력 소명 자료

제2장 보호의 일시해제

제1절 일반해제의 기준 및 절차

제6조(대상) ① 소장은 일시해제 청구된 자가 다음 각 호의 어느 하나에 해당하는 사유로 보호된 자가 아닌 경우에 일반 해제를 할 수 있다.

    1. 출입국심사를 받지 아니하고 불법으로 입국 또는 출국 하였거나 하려고 한 자

    2. 위·변조된 여권이나 사증 또는 위명여권을 사용하여 입·출국하였거나 하려고 한 자

    3. 불법 입·출국을 알선한 자

    4. 불법 입·출국에 이용되는 운송수단을 제공한 자

    5. 일시해제 후 도주 등의 사유로 일시해제가 취소된 사실이 있는 자

    6. 보호명령서 발부일 부터 과거 5년 이내에 형사처벌 또는 강제퇴거명령을 받은 사실이 있는 자

    7. 「전염병예방법」이 지정한 후천성면역결핍증(AIDS) 등 전염병에 감염된 자

    8. 「마약류관리에 관한 법률」에 따른 마약·향정신성의약품 및 대마 등 마약류에 중독된 자

    9. 그 밖에 국가안전보장·사회질서·공중보건 등에 중대한 위해를 끼칠 우려가 있는 자

② 소장은 제1항에도 불구하고 일시해제 청구된 자가 법 절차에 따라 조사나 보호를 받는 과정에서 다음 각 호의 어느 하나에 해당하는 행위를 한 때에는 원칙적으로 일반 해제를 할 수 없다.

    1. 폭행·공용물손괴·방화 등 범죄행위

    2. 정당한 사유 없이 시위·단식을 하거나 이를 선동하는 행위

    3. 자해행위

    4. 그 밖에 보호시설의 안전이나 질서를 해치는 행위

제7조(심사 절차 및 확인사항) ① 소장은 일시해제 청구가 있는 경우 제4조부터 제16조까지의 기준 및 절차를 준수하여야 한다.

② 소장은 일시해제 청구사유가 신병치료를 위한 것일 때에는 의사의 진단서 또는 병원진료 사실 확인서를 제출받아 확인하여야 한다.

③ 소장은 일시해제 청구사유가 소송과 직접 관련이 있는 경우에는 소장사본·소제기증명원 등을 제출하게 한 후 다음 각 호의 요건을 모두 충족하는지 여부를 확인하여야 한다.

　　1. 피보호자가 소송의 원고이고, 소송가액이 1천만 원 이상일 것

　　2. 피보호자가 소송수행을 위하여 6일 이상 외출할 필요성이 있을 것

　　3. 보호명령 또는 강제퇴거명령에 대한 취소소송을 제기한 경우가 아닐 것

④ 소장은 피보호자가 소송가액 1천만 원 이상의 소송 당사자로서 법률구조공단으로부터 구조결정을 받은 때에는 청구자로부터 법률구조결정서 사본을 제출받아 확인하여야 한다.

⑤ 소장은 일시해제 청구사유가 임대차 보증금과 관련된 사항인 때에는 다음 각 호의 요건을 모두 충족하는지 여부를 확인하여야 한다.

　　1. 임대차계약서의 진정성

　　2. 임대차 보증금이 1천만 원 이상일 것

　　3. 임대인이 보증금의 반환을 회피하는 등의 사유로 피보호상태에서는 보증금의 반환을 기대하기 어려운 경우일 것

⑥ 소장은 일시해제 청구사유가 체불임금과 관련된 때에는 다음 각 호의 요건을 모두 충족하는지 여부를 확인하여야 한다.

　　1. 체불임금이 1천만원 이상일 것

　　2. 고용주의 임금 체불확인서 또는 지불각서, 노동부 발급 체불금품확인원 중 하나가 있을 것

　　3. 피보호상태에서는 체불임금의 청구 및 수령을 기대하기 곤란한 경우일 것

⑦ 소장은 피보호자의 배우자 또는 직계 존·비속 등이 국내에서 사망한 경우 등 인도적 차원에서 일시해제함이 상당하다고 인정되는 경우에는 사망진단서, 입원치료 사실확인서 등 관련 입증자료를 제출받아 심사하여야 한다.

제8조(보증금의 예치) ① 소장은 피보호자를 일시해제하려는 경우에는 다음 각 호의 요건을 고려하여 일시해제 청구인에게 3백만원 이상 1천만원 이하의 보증금을 예치하게 하여야 한다.

　　1. 보증금을 예치하려는 자의 자산상태

　　2. 일시해제 청구된 피보호자의 출석 담보 가능성

② 소장은 신원보증인이 과거에 다른 피보호자의 일시해제를 위한 신원보증 책임을 이행하

지 않은 사실이 있는 때에는 최소 보증금을 5백만원 이상으로 하여야 한다.

제9조(거주지 신고 등) ① 일시해제를 청구하는 자는 피보호자의 일시해제 기간 중 연락이 가능한 거주지와 전화번호 등 연락처를 소장에게 제출하여야 한다.

② 일시해제 결정된 자가 거주지와 전화번호 등 연락처를 변경하였을 때에는 그 사실을 14일 이내에 일시해제한 소장에게 신고하여야 한다.

제10조(해제사유 점검) ① 소장은 일시해제된 자를 월 1회 이상 출석하게 하여 일시해제 청구 사유의 해소 상황을 확인하고, 그 결과를 별지 제1호 서식의 보호일시해제 후속상황 점검표에 기재하여 기록을 유지하여야 한다.

② 소장은 일시해제된 자가 제1항의 규정에 의한 출석의무를 이행하지 아니한 때에는 소재 등을 파악하기 위한 실태조사를 하여야 한다.

제11조(신원보증인) ① 소장은 다음 각 호에 규정된 자로부터 피보호자의 일시해제를 위한 신청이 있는 때에는 피보호자의 신원을 보증하게 할 수 있다.

　　1. 대한민국 안에 주소를 두고 있는 국민

　　2. 외국인등록을 마치고 합법적으로 체류하고 있는 외국인

② 소장은 제1항 각 호에 규정된 자가 피보호자의 일시해제를 위한 신원보증을 하고자 할 때에는 「출입국관리법 시행규칙」 제77조제1항에 의한 신원보증서를 제출하게 하여야 한다. 다만, 신원보증서는 공증이 필요하지 않다.

제12조(신원보증 제한) 소장은 신원보증인이 되려는 자가 다음 각 호의 어느 하나에 해당하는 사유로 과거에 일시해제를 위한 신원보증 책임을 이행하지 않은 사실이 있는 때에는 그의 신원보증을 1년간 제한할 수 있다. 다만, 그 제한기간은 신원보증인이 되려는 자(단체의 경우 소속 구성원)가 신원보증을 하여 일시해제된 자의 최근 일시해제취소일부터 기산한다.

　　1. 신원보증 신청일을 기준으로 최근 1년 이내에 신원보증책임을 이행하지 않은 사실이 있는 때

　　2. 특정단체 소속의 구성원이 신원보증을 하려는 경우에는 신원보증 신청일부터 최근 1년 이내에 그 구성원들이 신원보증책임을 불이행한 횟수를 합한 수가 3회 이상인 때

제13조(보호일시해제결정서 발급) ① 소장은 일시해제 청구에 대한 결정을 한 때에는 영 제79조제2항에 따라 보호일시해제청구에 대한 결정서에 주문·이유 및 적용법조 등을 기재하여 청구인에게 발급하여야 한다.

② 소장은 피보호자를 일시해제하기로 결정한 때에는 그 결정서에 일시해제기간, 보증금의 액수·납부일시 및 장소, 해제기간 중 거주지 및 기타 필요한 사항을 기재하여야 한다.

③ 소장은 보호일시해제청구에 대한 결정서의 '(4)기타'란에 다음 각 호에 규정된 사항을 기재하여야 한다.

   1. 월 1회 이상 출석하여 일시해제 청구사유 진행상황을 신고할 것
   2. 일시해제 사유가 소멸된 때에는 사유가 소멸된 날부터 14일 이내에 그 사실을 신고할 것
   3. 거주지와 전화번호 등 연락처를 변경한 때에는 변경일부터 14일 이내에 그 사실을 신고할 것
   4. 일시해제기간 중 취업 등 영리활동을 하지 않을 것

제14조(결정서 재발급) 소장은 일시해제된 자가 보호일시해제청구에 대한 결정서 또는 제20조제3항에 의한 보호일시해제기간연장 결정서를 분실하거나 훼손하여 재발급을 신청한 때에는 그 경위를 확인한 후 결정서를 발급하여야 한다.

제15조(보호일시해제기간) 소장은 제13조제2항에 의한 일시해제기간을 정할 때에는 일시해제 청구사유를 해소하기에 적당한 기간을 부여하여야 한다. 다만, 1회에 부여할 수 있는 기간은 6개월을 초과할 수 없다.

제16조(보호일시해제 집행) 소장은 피보호자를 일시해제하기로 결정한 때에는 「외국인보호규칙」 제51조에 의한 퇴소명령서를 발부하고 지체 없이 보호를 해제하여야 한다. 이 경우 해당 외국인이 외국인보호소 등에 보호의뢰 되어 있는 때에는 영 제79조제4항에 따라 보호해제의뢰서를 외국인보호소 등의 장에게 송부하여야 한다.

제2절 특별해제의 기준 및 절차

제17조(대상 및 심사절차) ① 소장은 일시해제 청구된 피보호자가 다음 각 호의 하나에 해당하는 경우에는 그 사실을 법무부장관에게 미리 보고한 후 일시해제할 수 있다.

   1. 일반해제 대상 및 요건에는 해당되지 아니하나 일시해제가 부득이하다고 인정되는 경우
   2. 최소 보증금 예치 능력이 부족하나 일시해제가 부득이하다고 인정되는 경우
   3. 신원보증인이 없으나 일시해제가 부득이하다고 인정되는 경우

② 소장은 제1항의 규정에 의한 보고를 할 때에는 일시해제가 부득이한 사유, 최소 보증금 감액 또는 신원보증 면제 등에 대한 사유를 명기하고 관련 입증서류를 첨부하여야 한다.

③ 소장은 제6조의 규정에도 불구하고 전염병환자 및 산업재해 피해자가 특별해제를 청구하는 때에는 다음 각 호에서 정하는 바에 따라 심사하여야 한다.

　　1. 「전염병예방법」이 지정한 후천성면역결핍증(AIDS) 등 전염병에 감염된 자에 대하여는 보건당국과 협의하여 결정할 것

　　2. 밀입국, 위·변조여권 행사, 무단하선 등으로 체류자격 없이 산업재해의 보상심사 또는 재심청구 중인 자에 대하여는 근로복지공단에서 발행하는 보험급여지급확인원·산업재해보상(또는 재심)청구서를 제출받아 확인할 것

제18조(준용규정) 제17조에서 정한 사항 이외의 특별해제의 심사기준 및 절차 등에 관한 사항은 제1절의 규정을 준용한다.

제3장 보호일시해제 기간의 연장

제19조(청구시기 및 접수증 발급) ① 제3조에 규정된 자가 일시해제 청구사유가 해소되지 않은 사유로 일시해제기간 연장을 청구하려는 때에는 일시해제기간 만료일까지 다음 각 호의 서류를 갖추어 소장에게 청구하여야 한다.

　　1. 별지 제2호 서식의 보호일시해제기간 연장청구서

　　2. 기간연장이 부득이하다는 것을 소명할 수 있는 자료

② 소장은 제1항 규정에 의하여 일시해제기간 만료일 이전에 기간연장 청구를 받았으나 그 사유의 확인에 상당한 기간이 소요될 것으로 예상되어 만료일 이전에 기간연장 여부를 결정하기 곤란하다고 판단되는 때에는 별지 제3호 서식의 보호일시해제기간 연장청구 접수증을 발급하여야 한다.

제20조(기간연장 심사결정) ① 소장은 제19조제1항에 의한 일시해제기간연장 청구를 접수한 때에는 이를 심사하여 연장 여부를 결정하여야 한다.

② 소장은 제1항의 경우에 다음 각 호의 사항을 고려하여 일시해제기간의 연장을 허가할 수 있다. 다만, 1회에 연장하는 일시해제기간은 6개월 이내로 한다.

　　1. 일시해제 요청사유의 해소 노력 및 그 결과

　　2. 일시해제기간 연장 청구 사유

3. 기타 일시해제기간 연장의 불가피성

③ 소장은 제1항의 규정에 의한 기간연장허가로 인하여 일시해제기간이 최초 결정일부터 1년을 초과하게 되는 경우에는 1년이 초과되는 때마다 제1항 각 호에 규정된 사항에 대한 의견을 첨부하여 법무부장관에게 미리 보고하여야 한다.

④ 소장은 일시해제 기간을 연장하기로 결정한 때에는 별지 제4호 서식에 의한 보호일시해제기간 연장결정서에 주문 및 이유를 명기하여 일시해제기간 연장을 청구하는 자, 신원보증인 또는 법정대리인 등에게 발급하여야 한다.

⑤ 소장은 제3항의 규정에 따라 보호일시해제기간 연장결정서를 발급하는 때에는 기간이 만료되는 보호일시해제청구에 대한 결정서를 회수하여야 한다.

제21조(기간만료일 이후 심사결정 시 처리절차) 소장은 제20조제1항에 따라 기간연장 심사를 할 때에 부득이한 사유로 일시해제기간 만료일 이후에 기간연장 여부를 결정할 경우에는 다음 각 호의 규정에 따라 처리하여야 한다.

1. 기간연장을 하기로 결정한 때에는 일시해제기간 만료일 익일부터 일시해제기간을 연장한다.

2. 기간연장을 하지 않기로 결정한 때에는 그 결정일에 일시해제를 취소한 후 보호조치한다. 이 경우 취소절차는 제24조의 규정에 의한다.

3. 제2호의 경우 일시해제기간 만료일부터 기간연장 불허결정일까지의 기간은 기간연장으로 보며, 이를 출입국관리정보시스템에 기록한다.

제4장 보호일시해제 취소

제22조(취소사유) 소장은 일시해제된 자가 다음 각 호의 어느 하나에 해당되는 때에는 일시해제를 취소할 수 있다.

1. 일시해제 사유가 소멸된 때

2. 정당한 이유없이 제10조에 의한 출석의무를 이행하지 아니한 때

3. 도주하거나 도주할 염려가 있다고 인정되는 때

4. 보호일시해제청구서상의 청구사유가 허위로 밝혀진 때

5. 기타 일시해제에 붙인 조건을 위반한 때

제23조(취소일) 소장은 제22조에 따라 일시해제를 취소하는 때에는 다음 각 호의 규정에 따라

일시해제 취소일을 결정하여야 한다.

1. 일시해제 사유가 소멸된 때에는 제13조제3항제2호에 규정된 신고기한의 다음날

2. 일시해제기간 만료일까지 일시해제한 사무소에 복귀하지 않은 때에는 일시해제기간 만료일의 다음날

3. 일시해제기간 중에 일시해제 조건을 위반한 때에는 그 위반행위가 발생한 날

4. 출석의무를 불이행한 때에는 제10조제2항에 의한 실태조사를 마친 날

5. 일시해제자가 도주할 염려가 있는 때에는 소장이 이를 인정한 날

6. 보호일시해제청구서상의 청구사유가 허위인 때에는 그 사실이 밝혀진 날

제24조(취소절차) ① 소장은 제23조에 따라 일시해제 취소일을 결정한 때에는 그 날부터 7일 이내에 법 제66조제2항에 의한 보호일시해제취소서를 일시해제가 취소된 자에게 발급하고 지체없이 그를 다시 보호하여야 한다.

② 소장은 일시해제가 취소된 자의 소재불명 등으로 보호일시해제취소서를 발급할 수 없을 때에는 신원보증인에게 발급하여야 한다.

제25조(보증금 국고귀속) ① 소장은 법 제66조제2항에 따라 보호일시해제취소서를 발부한 자의 보증금을 국고에 귀속시키고자 하는 때에는 일시해제 취소일부터 1개월 이내에 하여야 한다. 다만, 부득이한 사유로 1개월을 초과하게 되는 경우에는 미리 법무부장관에게 보고하여 그 기한을 유예할 수 있다.

② 제1항의 규정에 의한 보증금의 국고귀속절차는 영 제80조제2항의 규정에 따른다.

③ 소장은 보증금을 국고에 귀속시키고자 하는 때에는 일시해제 취소 결정일부터 15일 이내에 보증금국고귀속통지서를 일시해제가 취소된 자에게 우선 발급하고, 그에게 발급할 수 없는 때에는 신원보증인에게 발급하여야 한다.

부 칙

제1조(시행일) 이 규정은 2009. 7. 1.부터 시행한다.

제2조(폐지규정) 보호일시해제지침(출국관리과61540-927, 2003. 12. 1)은 이 규정의 시행일부터 폐지한다.

제7절 출국권고 등

이 절은 출입국관리법을 위반한 외국인에 대해 법 제46조에 규정된 강제퇴거절차를 거치지 않고 출국을 요구하는 제도에 대하여 규정하고 있으며, 법 제67조에서는 출국권고, 제68조에서는 출국명령에 대하여 규정하고 있다.

1. 출국권고

가. 출국권고 사유

지방출입국·외국인관서의 장은 대한민국에 체류하는 외국인이 출입국관리법에 대한 무지 등의 사유로 법 위반이라는 결과를 초래하였지만 그러한 행위가 처음이고 위반 기간이 10일 이내인 경우 등 다음의 어느 하나에 해당하면 그 외국인에게 벌칙 등의 처벌을 하지 않고 자진하여 출국할 것을 권고할 수 있다(법 제67조 제1항).

(1) 법 제17조와 제20조를 위반한 사람으로서 그 위반 정도가 가벼운 경우, 이에 따른 그 위반정도가 가벼운 경우는 법 제17조 또는 제20조를 처음 위반한 사람으로서 그 위반기간이 10일 이내인 경우로 한다(법 시행령 제81조).

> **법 제17조(외국인의 체류 및 활동범위)**
> ① 외국인은 그 체류자격과 체류기간의 범위에서 대한민국에 체류할 수 있다.
> ② 대한민국에 체류하는 외국인은 이 법 또는 다른 법률에서 정하는 경우를 제외하고는 정치활동을 하여서는 아니 된다.
> ③ 법무부장관은 대한민국에 체류하는 외국인이 정치활동을 하였을 때에는 그 외국인에게 서면으로 그 활동의 중지명령이나 그 밖에 필요한 명령을 할 수 있다.
>
> **제20조(체류자격 외 활동)**
> 대한민국에 체류하는 외국인이 그 체류자격에 해당하는 활동과 함께 다른 체류자격에 해당하는 활동을 하려면 미리 법무부장관의 체류자격 외 활동허가를 받아야 한다.

(2) (1)에서 규정한 경우 외에 이 법 또는 이 법에 따른 명령을 위반한 사람으로서 법무부장관이 그 출국을 권고할 필요가 있다고 인정하는 경우

나. 출국권고 방식

(1) 출국권고서 발급

지방출입국 · 외국인관서의 장은 출국권고를 할 때에는 출국권고서를 발급하여야 한다(법 제67조 제2항).

■ 출입국관리법 시행규칙 [별지 제121호서식] 〈개정 2018. 5. 15.〉

번호(No.) :

출국권고서
(WRITTEN ADVICE TO EXIT)

인적사항 (Personal details)	성명 (Full name)	
	생년월일 (Date of Birth)	성별 (Sex) [ ]남 Male [ ]여 Female
	국적 (Nationality)	
	대한민국 내 주소 (Address in Korea)	

「출입국관리법」 제67조제2항에 따라 위 사람에 대해 다음과 같이 출국을 권고합니다.
Pursuant to Paragraph 2, Article 67 of the Immigration Act, the abovementioned person is advised to leave the Republic of Korea as per following instructions.

출국권고 이유 (Reason for the Advice)	
적용 법규정 (Applicable Provision)	
출국기한 (Deadline for Departure)	
기타 (Others)	

(2) 사건부 기재

청장·사무소장 또는 출장소장은 출국권고서를 발부하는 때에는 이를 사건부에 기재하여야 한다(법 시행규칙 제64조 제1항).

다. 출국기한

출국권고서를 발급하는 경우 발급한 날부터 5일의 범위에서 출국기한을 정할 수 있다(법 제67조 제3항). 다만, 해당 외국인에게 출국권고 기한 내에 출국할 수 없는 불가피한 사유가 발생한 경우 청장 등에게 출국기한 유예신청을 할 수 있으나(법 시행규칙 제33조), 출국권고에 대한 출국기한의 유예를 신청함이 없이 출국권고 기한 내에 출국하지 않는 경우에는 출국명령의 대상이 된다(법 제68조 제1항 제2호).

2. 출국명령

강제퇴거명령이 강제력을 동원하여 외국인을 국외로 추방하는 절차인데 반해, 출국명령은 행정상 필요성 및 강제퇴거대상자인 외국인 본인의 의사를 고려한 처분이라는 점에서 차이가 있다.[84] 이러한 출국명령은 그 성질상 행정절차를 모두 거치기 어려운 절차에 해당하고, 출입국관리법에서는 별도의 규정을 통해 행정절차에 준하는 절차를 따로 두어 거치도록 하고 있으므로 행정절차법의 적용대상은 아니다. 설령 행정절차법이 적용된다 하더라도 가령 당사자 스스로 범죄경력을 발급받아 사무소를 방문하였고, 출입국관리공무원이 처분사유를 분명히 고지하였으며, 처분사유와 근거법령을 기재한 심사결정서를 제시하였고, 이에 당사자가 서명하였을 경우 처분사유를 충분히 알 수 있었을 경우에는 그 처분에는 행정절차법상의 위법이 없다.

---

84) 장혁진·최영재, 앞의 책, 269면.

가. 출국명령 사유

지방출입국·외국인관서의 장은 국내체류 중 법을 위반하여 법 제46조 제1항 각호의 어느 하나에 해당되어 강제퇴거 대상자가 된 외국인이라도 다음의 어느 하나에 해당하는 외국인에게는 출국명령을 할 수 있다(법 제68조 제1항). 이에 따라 외국인에 대한 출국명령 여부를 결정함에 있어서는 그로 인하여 입게 될 당사자의 불이익보다는 국가의 이익과 안전 도모라는 공익적 측면이 더욱 강조되어야 한다. 즉, 출국명령은 대상자가 대한민국에서 형성한 기반을 포기해야 하는 등 현 상태에 침익적 변동을 가져오고, 또한 대상자의 국내 체류가 대한민국의 질서에 어긋난다고 판단될 경우 언제라도 재차 동일한 처분이 가능하므로 공익과 사이의 비교·형량에 있어 체류자격변경 불허가 처분에 비하여 신중을 가할 필요가 있다.[85]

(1) 법 제46조제1항 각 호의 어느 하나에 해당한다고 인정되나 자기비용으로 자진하여 출국하려는 사람

---

85) 서울행정법원 2014. 9. 12. 선고 2014구합6487 판결.

해당하는 외국인을 대한민국 밖으로 강제퇴거시킬 수 있다.

1. 제7조를 위반한 사람
2. 제7조의2를 위반한 외국인 또는 같은 조에 규정된 허위초청 등의 행위로 입국한 외국인
3. 제11조제1항 각 호의 어느 하나에 해당하는 입국금지 사유가 입국 후에 발견되거나 발생한 사람
4. 제12조제1항·제2항 또는 제12조의3을 위반한 사람
5. 제13조제2항에 따라 지방출입국·외국인관서의 장이 붙인 허가조건을 위반한 사람
6. 제14조제1항, 제14조의2제1항, 제15조제1항, 제16조제1항 또는 제16조의2제1항에 따른 허가를 받지 아니하고 상륙한 사람
7. 제14조제3항(제14조의2제3항에 따라 준용되는 경우를 포함한다), 제15조제2항, 제16조제2항 또는 제16조의2제2항에 따라 지방출입국·외국인관서의 장 또는 출입국관리공무원이 붙인 허가조건을 위반한 사람
8. 제17조제1항·제2항, 제18조, 제20조, 제23조, 제24조 또는 제25조를 위반한 사람
9. 제21조제1항 본문을 위반하여 허가를 받지 아니하고 근무처를 변경·추가하거나 같은 조 제2항을 위반하여 외국인을 고용·알선한 사람
10. 제22조에 따라 법무부장관이 정한 거소 또는 활동범위의 제한이나 그 밖의 준수사항을 위반한 사람
10의2. 제26조를 위반한 외국인
11. 제28조제1항 및 제2항을 위반하여 출국하려고 한 사람
12. 제31조에 따른 외국인등록 의무를 위반한 사람
12의2. 제33조의3을 위반한 외국인
13. 금고 이상의 형을 선고받고 석방된 사람
14. 그 밖에 제1호부터 제10호까지, 제10호의2, 제11호, 제12호, 제12호의2 또는 제13호에 준하는 사람으로서 법무부령으로 정하는 사람

(2) 법 제67조에 따른 출국권고를 받고도 이행하지 아니한 사람

에 해당하면 그 외국인에게 자진하여 출국할 것을 권고할 수 있다.

    1. 제17조와 제20조를 위반한 사람으로서 그 위반 정도가 가벼운 경우

    2. 제1호에서 규정한 경우 외에 이 법 또는 이 법에 따른 명령을 위반한 사람으로서 법무부장관이 그 출국을 권고할 필요가 있다고 인정하는 경우

② 지방출입국·외국인관서의 장은 제1항에 따라 출국권고를 할 때에는 출국권고서를 발급하여야 한다.

③ 제2항에 따른 출국권고서를 발급하는 경우 발급한 날부터 5일의 범위에서 출국기한을 정할 수 있다.

(3) 법 제89조에 따라 각종 허가 등이 취소된 사람

제89조(각종 허가 등의 취소·변경)

① 법무부장관은 외국인이 다음 각 호의 어느 하나에 해당하면 제8조에 따른 사증발급, 제9조에 따른 사증발급인정서의 발급, 제12조제3항에 따른 입국허가, 제13조에 따른 조건부 입국허가, 제14조에 따른 승무원 상륙허가, 제14조의2에 따른 관광상륙허가 또는 제20조·제21조 및 제23조 부터 제25조까지의 규정에 따른 체류허가 등을 취소하거나 변경할 수 있다.

    1. 신원보증인이 보증을 철회하거나 신원보증인이 없게 된 경우

    2. 거짓이나 그 밖의 부정한 방법으로 허가 등을 받은 것이 밝혀진 경우

    3. 허가조건을 위반한 경우

    4. 사정 변경으로 허가상태를 더 이상 유지시킬 수 없는 중대한 사유가 발생한 경우

    5. 제1호부터 제4호까지에서 규정한 경우 외에 이 법 또는 다른 법을 위반한 정도가 중대하거나 출입국관리공무원의 정당한 직무명령을 위반한 경우

② 법무부장관은 제1항에 따른 각종 허가 등의 취소나 변경에 필요하다고 인정하면 해당 외국인이나 제79조에 따른 신청인을 출석하게 하여 의견을 들을 수 있다.

③ 제2항의 경우에 법무부장관은 취소하거나 변경하려는 사유, 출석일시와 장소를 출석일 7일 전까지 해당 외국인이나 신청인에게 통지하여야 한다.

(4) 법 제89조의2 제1항에 따라 영주자격이 취소된 사람. 다만, 제89조의2 제2항에 따라 일반체류자격을 부여받은 사람은 제외한다.

법 제89조의2(영주자격의 취소 특례)

① 법무부장관은 영주자격을 가진 외국인에 대해서는 제89조제1항에도 불구하고 다음 각 호의 어느 하나에 해당하는 경우에 한정하여 영주자격을 취소할 수 있다. 다만, 제1호에 해당하는 경우에는 영주자격을 취소하여야 한다.

    1. 거짓이나 그 밖의 부정한 방법으로 영주자격을 취득한 경우

    2. 「형법」, 「성폭력범죄의 처벌 등에 관한 특례법」 등 법무부령으로 정하는 법률에 규정된 죄를 범하여 2년 이상의 징역 또는 금고의 형이 확정된 경우

    3. 최근 5년 이내에 이 법 또는 다른 법률을 위반하여 징역 또는 금고의 형을 선고받고 확정된 형기의 합산기간이 3년 이상인 경우

    4. 대한민국에 일정금액 이상 투자 상태를 유지할 것 등을 조건으로 영주자격을 취득한 사람 등 대통령령으로 정하는 사람이 해당 조건을 위반한 경우

    5. 국가안보, 외교관계 및 국민경제 등에 있어서 대한민국의 국익에 반하는 행위를 한 경우

(5) 법 제100조 제1항부터 제3항까지의 규정에 따른 과태료 처분 후 출국조치하는 것이 타당하다고 인정되는 사람

법 제100조(과태료)

① 다음 각 호의 어느 하나에 해당하는 자에게는 200만원 이하의 과태료를 부과한다.

    1. 제19조의 신고의무를 위반한 자

    2. 제19조의4제1항 또는 제2항 각 호의 어느 하나에 해당하는 규정을 위반한 사람

    3. 제21조제1항 단서의 신고의무를 위반한 사람

    4. 제33조제4항 또는 제33조의2제1항을 위반하여 영주증을 재발급받지 아니한 사람

    5. 과실로 인하여 제75조제1항(제70조제1항 및 제2항에서 준용하는 경우를 포함한다) 또는 제2항(제70조제1항 및 제2항에서 준용하는 경우를 포함한다)에 따른 출·입항보고를 하지 아니하거나 출·입항보고서의 국적, 성명, 성별, 생년월일, 여권번호에 관한 항목을 최근 1년 이내에 3회 이상 사실과 다르게 보고한 자

② 다음 각 호의 어느 하나에 해당하는 자에게는 100만원 이하의 과태료를 부과한다.

    1. 제35조나 제37조를 위반한 사람

    2. 제79조를 위반한 사람

(6) 법 제102조 제1항에 따른 통고처분(通告處分) 후 출국조치하는 것이 타당하다고 인정되는 사람

법 제102조(통고처분)

　① 지방출입국 · 외국인관서의 장은 출입국사범에 대한 조사 결과 범죄의 확증을 얻었을 때에는 그 이유를 명확하게 적어 서면으로 벌금에 상당하는 금액(이하 "범칙금"이라 한다)을 지정한 곳에 낼 것을 통고할 수 있다.

【판시사항】

인체면역결핍바이러스(HIV) 감염을 이유로 국내 체류 외국인에 대하여 한 출국명령이 재량권을 일탈 · 남용한 것으로서 위법하다고 한 사례(서울행정법원 2008. 4. 16. 선고 2007구합24500 판결 : 항소)

【판결요지】

후천성면역결핍증(AIDS)을 유발하는 인체면역결핍바이러스(HIV)에 감염되었다는 이유로 국내 체류 외국인을 출국하도록 한 명령은 그 처분으로 보호하고자 하는 전염병 예방이라는 공익의 달성 여부가 확실하지 않은 반면, 외국인의 거주 · 이전의 자유, 가족결합권을 포함한 행복추구권 등을 심각하게 침해하여 사회통념상 현저하게 타당성을 잃은 것으로서 재량권을 일탈 · 남용한 위법이 있다고 한 사례.

나. 출국명령서 발급 등

(1) 출국명령서 발급

지방출입국 · 외국인관서의 장은 출국명령을 할 때는 출국명령서를 발급하여야 한다(법 제68조 제2항).

출 국 명 령 서
DEPARTURE ORDER

Date　.　.　.

대상자 Subject of Departure Order	성 명 Name in Full			
	생년월일 Date of Birth		성 별 Sex	[ ] 남　[ ] 여 [ ] M　[ ] F
	국적 Nationality		직 업 Occupation	
	대한민국 내 주소 Address in Korea			

출국명령 이유(적용 법규정) Reason for Order (Applicable Provision)	
출국기한 Deadline for Departure	
주거제한 Restriction on Residence	
기타 필요한 조건 The Others	

1. 「출입국관리법」 제68조에 따라 위와 같이 출국명령서를 발급합니다.
In accordance with Article 68 of the Immigration Act, the departure order is issued to the person above.

2. 귀하는 위 처분에 대하여 이의가 있을 때에는 이 명령서를 받은 날부터 90일 이내에 행정심판 또는 행정소송을 제기할 수 있습니다.
   ※ 행정심판을 청구할 때에는 온라인행정심판(www.simpan.go.kr), 행정소송을 청구할 때에는 전자소송(ecfs.scourt.go.kr)을 통하여 온라인으로도 청구할 수 있습니다.

   A person who has an objection to the above disposition may file an administrative appeal or an administrative litigation within 90 days after receipt of the departure order.
   ※ You may file an administrative appeal online (www.simpan.go.kr) and an administrative litigation on the Internet (ecfs.scourt.go.kr)

CHIEF, ○ ○ IMMIGRATION OFFICE

(2) 출국명령 기한

출국명령서를 발부하는 때에는 그 발부 일부터 30일의 범위 내에서 출국기한을 정하여야 한다(법 시행규칙 제65조 제1항).

(3) 사건부 기재

청장·사무소장·출장소장 또는 보호소장은 출국명령서를 발부하는 때에는 이를 사건부에 기재하여야 한다(법 시행규칙 제65조 제2항).

다. 출국기한 등 조건부과

출국명령서를 발급할 때에는 법무부령으로 정하는 바에 따라 출국기한을 정하고 주거의 제한이나 그 밖에 필요한 조건을 붙일 수 있으며, 필요하다고 인정할 때에는 2천만원 이하의 이행보증금을 예치하게 할 수 있다(법 제68조 제3항).

라. 강제퇴거명령서 발급

지방출입국·외국인관서의 장은 출국명령을 받고도 지정한 기한까지 출국하지 아니하거나 출국명령서에 붙인 조건을 위반한 사람에게는 지체 없이 강제퇴거명령서를 발급하여야 하며, 그 예치된 이행보증금의 전부 또는 일부를 국고에 귀속시킬 수 있다(법 제68조 제4항).

3. 출국명령 이행보증금의 예치 및 반환과 국고 귀속절차

가. 이행보증금 예치

청장·사무소장·출장소장 또는 보호소장은 법 제68조제3항(출국명령서를 발급할 때에는 법무부령으로 정하는 바에 따라 출국기한을 정하고 주거의 제한이나 그 밖에 필요한 조건을 붙일 수 있으며, 필요하다고 인정할 때에는 2천만원 이하의 이행보증금을 예치하게 할 수 있다)에 따라 ⅰ) 법 제68조제1항 각 호에 해당하는 출국명령의 사유와 그 동기, ⅱ) 외국인의 법 위반 전력, 나이, 환경 및 자산, ⅲ) 도주할 우려, ⅳ) 그 밖의 인도적 사유의 사항을 고려하여 외국인에게 이행보증금을 예치하게 할 수 있다(법 시행령 제81조의2 제1항).

나. 외국인에 통지사항

청장·사무소장·출장소장 또는 보호소장은 이행보증금을 예치받을 때에는 ⅰ) 법 제68조제3항에 따른 출국기한을 위반한 경우, ⅱ) 법 제68조제3항에 따른 주거의 제한이나 그 밖의 필요한 조건을 위반하는 경우의 어느 하나에 해당하는 경우 그 이행보증금을 국고에 귀속시킬 수 있다는 뜻을 그 외국인에게 알려야 한다.

다. 이행보증금 예치 등의 절차

이행보증금의 예치 및 납부 등에 관한 절차는 정부가 보관하는 보관금 취급에 관한 절차에 따른다.

라. 이행보증금 국고귀속

(1) 국고귀속

청장·사무소장·출장소장 또는 보호소장은 예치된 이행보증금을 ⅰ) 제2항제1호의 경우(출국기한 위반): 이행보증금 전부 또는 일부 ⅱ) 제2항제2호의 경우(주거제한 등 위반): 이행보증금의 일부다음 각 호의 구분에 따라 국고에 귀속시킬 수 있다. 이 경우 구체적인 귀속금액의 기준은 법무부장관이 정한다. 한편, 청장·사무소장·출장소장 또는 보호소장은 국고에 귀속하는 경우를 제외하고는 예치된 이행보증금을 그 외국인이 출국하는 때 반환해야 한다.

(2) 국고귀속보고

청장·사무소장·출장소장 또는 보호소장은 법 제13조제3항, 제66조제2항 또는 제68조제4항에 따라 보증금 또는 이행보증금의 국고귀속을 결정한 때에는 그 사실을 법무부장관에게 보고해야 한다(법 시행규칙 제68조).

마. 국고통지서 기재사유 및 발급

청장·사무소장·출장소장 또는 보호소장은 이행보증금을 국고에 귀속하려면 국고 귀속 통지서에 국고 귀속결정 사유 및 국고 귀속금액 등을 기재하여 그 외국인에게 발급해야 한다.

제7장
선박 등의 검색

선박 등이 출입국항에 출·입항할 때에는 불법출입국 등의 방지목적으로 출입국관리공무원의 검색을 받아야 하는데, 출입국관리법 제7장 및 제8장은 대한민국에 출입국하는 선박 등의 관리에 대한 사항을 규정하고 있다.

1. 선박 등의 검색 및 심사

가. 선박 등의 검색

(1) 선박등의 검색권자

외국인이 우리나라에 입국하기 위한 수단으로 선박 등의 교통수단이 이용되고 있는데, 이러한 선박 등이 출입국항에 출·입항할 때에는 밀입국 등의 방지를 위하여 출입국관리공무원의 검색을 받아야 한다(법 제69조 제1항).

(2) 검색 및 심사 선박등의 범위

법 제69조에 따라 출입국관리공무원의 검색 및 심사를 받아야 할 선박 등의 범위는 다음과 같다(법 시행령 제82조의2).

(가) 국내항과 외국항 간을 운항하는 대한민국 또는 외국의 선박 등

(나) 국내항과 원양구역 간을 운항하는 대한민국 또는 외국선박(외국인이 승선하지 아니한 선박은 제외한다)

(다) (가) 또는 (나)에 해당하는 선박 등으로서 국내항에 기항한 후 국내항 간을 운항하는 선박 등

나. 출입국항 외의 장소에서의 검색 및 출입국심사

(1) 출·입항 예정통보서에 그 사유의 소명자료 첨부 및 제출 등

원칙적으로 선박 등이 출입국하는 경우에는 사전에 출입할 출입항예정통보서를 제출하여야 하

지만, 선박 등의 장이나 운수업자는 선박 등이 부득이하게 출입국항이 아닌 장소에 출·입항하여야 할 사유가 발생하면 이에 따른 출·입항 예정통보서에 그 사유를 소명하는 자료를 첨부하여 미리 지방출입국·외국인관서의 장에게 제출하고 검색을 받아야 한다. 다만, 항공기의 불시착, 선박의 조난 등 불의의 사고가 발생하면 지체 없이 그 사실을 지방출입국·외국인관서의 장에게 보고하여 검색을 받아야 한다(법 제69조 제2항).

(2) 허가간주

선박 등의 장 또는 운수업자가 청장·사무소장 또는 출장소장에게 출·입항예정통보서를 제출한 때에(법 제69조 제2항)는 다음의 어느 하나에 해당하는 허가를 신청한 것으로 본다(법 시행령 제83조 제1항).

(가) 법 제3조제1항 단서 및 제6조제1항 단서에 따른 허가

> **법 제3조(국민의 출국)**
>
> ① 대한민국에서 대한민국 밖의 지역으로 출국(이하 "출국"이라 한다)하려는 국민은 유효한 여권을 가지고 출국하는 출입국항에서 출입국관리공무원의 출국심사를 받아야 한다. 다만, 부득이한 사유로 출입국항으로 출국할 수 없을 때에는 관할 지방출입국·외국인관서의 장의 허가를 받아 출입국항이 아닌 장소에서 출입국관리공무원의 출국심사를 받은 후 출국할 수 있다.
>
> **제6조(국민의 입국)**
>
> ① 대한민국 밖의 지역에서 대한민국으로 입국(이하 "입국"이라 한다)하려는 국민은 유효한 여권을 가지고 입국하는 출입국항에서 출입국관리공무원의 입국심사를 받아야 한다. 다만, 부득이한 사유로 출입국항으로 입국할 수 없을 때에는 지방출입국·외국인관서의 장의 허가를 받아 출입국항이 아닌 장소에서 출입국관리공무원의 입국심사를 받은 후 입국할 수 있다.

(나) 법 제12조 제2항 및 제28조 제2항에 따른 허가

> **법 제12조(입국심사)**
>
> ① 외국인이 입국하려는 경우에는 입국하는 출입국항에서 출입국관리공무원의 입국심사를 받아야 한다.
>
> ② 제1항에 관하여는 제6조제1항 단서 및 같은 조 제3항을 준용한다.
>
> **제28조(출국심사)**
>
> ① 외국인이 출국할 때에는 유효한 여권을 가지고 출국하는 출입국항에서 출입국관리공무원의 출국심사를 받아야 한다.
>
> ② 제1항의 경우에 출입국항이 아닌 장소에서의 출국심사에 관하여는 제3조제1항 단서를 준용한다

(3) 출입국항 외의 장소에 입항등의 허가시 검색 방법

청장·사무소장 또는 출장소장은 선박 등의 주무관청이 해당 선박 등의 출·입항을 허가한 때에는 특별한 사유가 없으면 법 제69조 제2항에 따른 검색을 하여야 한다(법 시행령 제83조 제2항). 이에 따라 선박 등의 장이나 운수업자는 선박 등이 부득이하게 출입국항이 아닌 장소에 출·입항하여야 할 사유가 발생하면 출·입항 예정통보서에 그 사유를 소명하는 자료를 첨부하여 미리 지방출입국·외국인관서의 장에게 제출하고 검색을 받아야 한다. 다만, 항공기의 불시착, 선박의 조난 등 불의의 사고가 발생하면 지체 없이 그 사실을 지방출입국·외국인관서의 장에게 보고하여 검색을 받아야 한다.

(4) 허가간주

출입국관리공무원이 법 제69조에 따른 검색 및 심사를 시작한 때에는 청장·사무소장 또는 출장소장이 법 시행령 제83조 제1항 각 호의 신청을 허가한 것으로 본다. 다만, 출입국관리공무원은 청장·사무소장 또는 출장소장이 제1항 각 호의 허가를 할 수 없는 특별한 사유가 있을 때에는 지체 없이 선박 등의 장 또는 운수업자에게 그 뜻을 통보하여야 한다.

다. 검색시 심사사항

출입국관리공무원은 검색을 할 때에는 승선자의 자격 및 밀승선 여부 등 다음의 사항을 심

사하여야 한다(법 제69조 제3항). 다만, 출입국관리공무원의 검색으로 인하여 선박 등의 출항이 지연될 우려가 있거나 기타 필요한 때에는 선박 등의 출항에 앞서 여권 또는 선원신분증명서 등 필요한 서류를 제출케 하여 사전에 승무원 및 승객에 대한 자격을 심사하게 할 수 있다.[86]

(1) 승무원과 승객의 출입국 적격 여부 또는 이선(離船) 여부

(2) 법령을 위반하여 입국이나 출국을 하려는 사람이 선박 등에 타고 있는지 여부

(3) 출입국항 또는 출입국항이 아닌 장소에 정박하는 선박 등에 출입하려는 사람은 지방출입국 · 외국인관서의 장의 승선허가를 받아야 하는데(법 제72조), 이에 따른 승선허가를 받지 아니한 사람이 있는지 여부

라. 선박 등의 검색 및 심사시 확인사항

(1) 확인사항

출입국관리공무원이 선박 등에 승선하여 법 제69조 및 제70조에 따른 검색 및 심사를 할 때에는 다음 각 호의 사항을 확인하여야 한다(법 시행령 제82조 제1항).

(가) 여권 또는 선원신분증명서가 유효한지 여부

(나) 승무원 또는 승객이 정당한 절차에 따라 승선하였는지 여부

(다) 승선 중인 승무원 또는 승객과 법 제75조제1항에 따라 제출된 승무원명부 및 승객명부의 명단이 일치하는지 여부

(라) 승무원 또는 승객 중에 출입국이 금지된 사람이 있는지 여부

(마) 입항선박의 경우 검색 전에 승무원 또는 승객이 하선한 사실이 있는지 여부

(바) 출항선박의 경우 검색 시까지 선박으로 돌아오지 아니한 승무원 또는 승객이 있는지 여부

(사) 승무원 또는 승객 외에 승선허가를 받지 아니하고 선박 등에 무단출입한 사람이 있는지 여부

(아) 정당한 절차를 거치지 아니하고 출입국하려는 사람이 선박 등에 숨어 있는지 여부

(2) 사전심사 요건

청장 · 사무소장 또는 출장소장은 출입국관리공무원의 승선검색으로 인하여 선박 등의 출항이 지연될 우려가 있거나 그 밖에 필요하다고 인정할 때에는 선박 등의 출항에 앞서 여권 또는 선원신분증명서 등 필요한 서류를 제출하게 하여 미리 승무원 및 승객의 자격을 심사하게 할 수 있다.

---

86) 법무부 출입국 · 외국인정책본부, 앞의 책 451면.

마. 항해일지 등 서출제출 및 열람 요구

출입국관리공무원은 검색과 심사를 할 때에는 과거 기항지나 선박의 구조 등을 확인하여 밀승선 가능성 등을 판단하기 위하여 선박 등의 장에게 항해일지나 그 밖에 필요한 서류(선박국적증명서, 국제선박 등록증, 외국인 선원 고용승인 자료, 선원수첩, 해원명부, 선원부, 승무정원증서, 용ㆍ대선 관련 서류 등)의 제출 또는 열람을 요구할 수 있다(법 제69조 제4항).

바. 신원확인을 위한 질문 및 신분증 등 제시요구

출입국관리공무원은 선박 등에 승선 중인 승무원ㆍ승객, 그 밖의 출입자(법 제72조에 따라 승선허가를 받은 사람이거나, 검역법 등 다른 법률에 따라 출입할 수 있는 사람을 의미한다)의 신원을 확인하기 위하여 이들에게 질문을 하거나 그 신분을 증명할 수 있는 서류 등(승무원ㆍ승객의 경우는 여권 또는 여권에 갈음하는 증명서, 국내항간 승선허가를 받은 경우에는 주민등록증, 운전면허증, 승선허가서 등)을 제시할 것을 요구할 수 있다(법 제69조 제5항).

사. 선박 등의 검색과 서류심사

지방출입국ㆍ외국인관서의 장은 선박 등의 검색을 법무부령으로 정하는 바에 따라 서류심사로 갈음하게 할 수 있다(법 제69조 제6항). 이에 따라 서류심사로 갈음하게 할 수 있는 경우는 다음 각호와 같다(법 시행규칙 제65조의2).

(1) 폭풍등으로 인하여 승선에 위험이 따르는 경우

(2) 선박 등이 국내항에 기항한 후 다른 국내항간을 출입항하는 경우

(3) 기타 선박 등에 승선하여 검색할 필요가 없다고 인정하는 경우

아. 검색 후 출항불능시 검색방법

선박 등의 장은 출항검색이 끝난 후 3시간 이내에 출항할 수 없는 부득이한 사유가 생겼을 때에는 지방출입국ㆍ외국인관서의 장에게 그 사유를 보고하고 출항 직전에 밀출 및 밀입국을 시도하려는 의도를 차단하기 위한 목적으로 다시 검색을 받아야 한다(법 제69조 제7항).

자. 벌칙

법 제69조(법 제70조제1항 및 제2항에서 준용하는 경우를 포함한다)를 위반한 사람은 3년 이하의 징역 또는 2천만원 이하의 벌금에 처한다(법 제94조 제20호).

2. 내항 선박 등의 검색 등에 대한 준용 규정 등

가. 불의의 사고 등 특별한 사고로 내항시 책임

원칙적으로 국내항간을 운항하는 내항 선박의 경우는 출입국관리법의 적용을 받지 않지만, 대한민국 영역에서 사람이나 물건을 수송하는 선박, 항공기, 그 밖의 교통기관이 불의의 사고나 항해상의 문제 등 특별한 사정으로 외국에 기항(寄港)한 후 입항할 경우에는 선박 등의 검색 및 선박 등의 장이나 운수업자의 책임에 관하여 제7장(선박 등의 검색)과 제8장(선박 등의 장 및 운수업자의 책임)을 준용한다(법 제70조 제1항).

나. 환승을 위해 국내공항 간 운항하는 항공기에 대한 책임

대한민국에 입국하거나 대한민국으로부터 출국하려는 사람의 환승을 위하여 국내공항 간을 운항하는 항공기에 대해서도 항공기의 검색 및 항공기의 장이나 운수업자의 책임에 관하여 제7장과 제8장을 준용한다. 다만, 제76조 제1항에 따른 송환 의무는 출발지 공항까지로 한정하며, 그 이후 대한민국 밖으로의 송환 의무는 송환 대상 외국인이 환승하기 직전에 탔던 항공기의 장이나 운수업자에게 있다(법 제70조 제2항).

3. 출입국의 정지 등

가. 출입국의 정지사유

지방출입국 · 외국인관서의 장은 ⅰ) 승무원과 승객의 출입국 적격 여부 또는 이선(離船) 여부, ⅱ) 법령을 위반하여 입국이나 출국을 하려는 사람이 선박 등에 타고 있는지 여부, ⅲ) 제72조에 따른 승선허가를 받지 아니한 사람이 있는지 여부(법 제69조 제3항)에 따른 심사 결과 위법한 사실을 발견하였을 때에는 관계 승무원 또는 승객의 출국이나 입국을 정지시킬 수 있다(법 제71조 제1항).

나. 출입국의 정지기간

출입국의 정지는 조사로 인한 과도한 인권침해 등을 방지하기 위하여 위법한 사실의 조사에 필요한 기간에만 할 수 있다(법 제71조 제2항). 다만, 조사를 마친 뒤에도 계속하여 출입국을 금지하거나 정지시킬 필요가 있을 때에는 별도로 법 제4조(출국의 금지) · 제11조(입국의 금지) 또는 제29조(외국인 출국의 정지)에 따른 법무부장관의 결정을 받아야 한다(법 제71조 제3항).

다. 승객·승무원 등에 대한 출국 금지 및 선박 등에 대한 출항 일시정지 등 조치

지방출입국·외국인관서의 장은 선박 등에 대한 검색 및 심사결과 위법사항 등을 발견하였을 때에는 법 제71조 제1항, 제4조(출국의 금지) 또는 제29조(외국인 출국의 정지)에 따라 승객이나 승무원의 출국을 금지하거나 정지시키기 위하여 필요하다고 인정하면 선박 등에 대하여 출항의 일시정지 또는 회항(回航)을 명하거나 선박 등에 출입하는 것을 제한할 수 있는데(법 제71조 제4항), 이에 따른 선박 등의 출항의 일시정지 등은 선의의 승객이나 승무원에게 예기치 못한 피해를 줄 우려가 있고 또 과도한 규제로 인해 출항에 차질이 발생할 수도 있기 때문에 직무수행에 필요한 최소한의 범위에서 하여야 한다(법 제71조 제6항).

라. 출항의 일정정지 등의 사유 통보

지방출입국·외국인관서의 장은 선박 등에 대하여 출항의 일시정지 또는 회항을 명하거나 출입을 제한하는 경우에는 지체 없이 그 사실을 선박 등의 장이나 운수업자에게 알권리 보장 및 상황 대처를 할 수 있도록 통보하여야 한다. 출항의 일시정지·회항명령 또는 출입제한을 해제한 경우에도 또한 같다(법 제71조 제5항).

4. 승선허가

가. 승선허가신청 및 허가권자

출입국항 또는 출입국항이 아닌 장소에 정박하는 선박 등에 출입하려는 사람은 불법으로 출국하는 것을 막기 위하여 지방출입국·외국인관서의 장의 승선허가를 받아야 한다. 다만, 그 선박 등의 승무원으로서 사전에 상륙허가 절차에 따라 상륙하는 후 귀선하는 경우 및 승객 또는 다른 법령에 따라 출입할 수 있는 공무집행을 위해 승선 출입하는 검역관, 세관원, 도선사, 경찰관, 개항장 단속 공무원, 선원 감독관, 선박 검사관 등은 그러하지 아니하다(법 제72조 제1항).

(1) 승선허가신청서 제출

승선허가를 받으려는 사람은 승선허가 신청서에 승선사유를 소명하는 자료를 첨부하여 청장·사무소장 또는 출장소장에게 제출하여야 한다. 다만, 부득이한 사유가 있을 때에는 선박 등의 장 또는 운수업자가 대리하여 신청서를 제출할 수 있다(법 시행령 제84조 제1항).

■ 출입국관리법 시행규칙 [별지 제125호서식] 〈개정 2016. 9. 29.〉

(승선 · 출입국심사장 출입) 허가신청서

※ 색상이 어두운 란은 신청인이 적지 않습니다.
※ [ ]에는 해당되는 곳에 √표를 합니다.

접수번호	접수일	발급일	처리기간 즉시

신청 종류	승선허가 신청 [ ] 출입국심사장출입 허가 신청 [ ]		

	성명	생년월일	여권번호	주소
승 선 자 (출 입 자)				

	선박명 등
	승선(출입)자 소속회사
신청 내용	승선(출입) 이유
	승선(출입) 기간
	첨부서류 : 승선(출입)사유를 소명하는 자료

「출입국관리법」 제72조에 따라 위와 같이 신청합니다.

년   월   일

신청인 성명   (서명 또는 인)

공용란 (FOR OFFICIAL USE ONLY)

(2) 수리 등을 위한 승선허가신청

선박 등이 대한민국안의 출입국항 또는 출입국항 외의 장소 간을 항해하는 동안 그 선박 등의 수리·청소·작업, 그 밖에 필요한 목적으로 그 선박 등에 출입하려는 사람이 승선허가를 받으려는 때에는 그 선박 등의 장 또는 운수업자가 승선허가신청서에 승선사유를 소명하는 자료를 첨부하여 청장·사무소장 또는 출장소장에게 제출하여야 한다(법 시행령 제84조 제2항).

나. 출입국심사장 출입허가 신청 등

출입국심사장 출입허가를 받으려는 사람은 출입국심사장 출입허가 신청서에 출입사유를 소명하는 자료를 첨부하여 청장·사무소장 또는 출장소장에게 제출하여야 한다(법 제71조 제2항).

(1) 출입국심사장의 위치

출입국심사장은 출국 또는 입국심사를 위하여 출입국항에 설치된 장소로 한다(법 시행령 제84조 제3항). 이때 출입국심사장은 일정 장소에 국한되지 않고 출입국 심사 업무와의 연관성을 기준으로 출입국 심사와 관련된 업무를 수행하기 위하여 본래의 출입국심사장에 인접하는 일정 구역 내에 머물고 있는 경우에도 이 장소를 출입국 심사장의 연장선상에 있는 것으로 간주한다.[87]

(2) 불법출입국 방지조치

출입국항을 관할하는 청장·사무소장 또는 출장소장은 출입국심사장에서의 불법출입국을 방지하기 위하여 필요한 조치를 할 수 있다(법 시행령 제84조 제4항).

다. 승선허가서
(1) 승선·출입국심사장출입허가서 발급

청장·사무소장 또는 출장소장은 승선허가 또는 출입국심사장출입허가를 하고자 하는 때에는 승선·출입국심사장출입허가서를 발급하여야 한다(법 시행규칙 제66조 제1항).

---

87) 법무부 출입국·외국인정책본부, 앞의 책 460면.

■ 출입국관리법 시행규칙 [별지 제126호서식] 〈개정 2018. 5. 15.〉

허가번호(No.) :

(승선 · 출입국심사장 출입) 허가서

허가 종류	승선 허가 [ ] 출입국심사장출입 허가 [ ]

허가 내용	선박명 등
	승선(출입)자 소속회사명
	승선 이유(출입이유)
	승선기간(출입기간)
	승선구간(출입장소)

승 선 자 (출 입 자)	성명	생년월일	여권번호	주소

「출입국관리법」 제72조에 따라 위와 같이 허가합니다.

년   월   일

(2) 승선 · 출입국심사장출입허가서발급대장 기재

청장 · 사무소장 또는 출장소장은 승선 · 출입국심사장 출입허가서를 발급하는 때에는 이를 승선 · 출입국심사장출입허가서발급대장에 기재하여야 한다(법 시행규칙 제66조 제2항).

■ 출입국관리법 시행규칙 [별지 제126호의2서식] 〈개정 2016. 9. 29.〉

승선 · 출입국심사장 출입허가서 발급대장

발급일자	발급번호	국적	성명	성별	생년월일	소속 회사명	허가기간	사유	비고

라. 벌칙

이 규정은 출입국 심사장의 질서 및 불법 입출국의 방지를 위한 것이며, 위반자에 대하여는 500만원 이하의 벌금에 처한다(법 제97조 제3호).

제8장
선박 등의 장 및 운수업자의 책임

대한민국에 입국하려는 외국인은 대부분 선박 또는 항공기를 이용해서 도착하므로 입국심 사관이 외국인의 입국심사 등을 원활하게 진행하고 대한민국에 불법 입국·불법상륙을 저지 하는 등 적정한 외국인의 출입국관리를 도모하기 위해서는 운수업자 등의 협력이 불가피하 다. 따라서 본장에서는 입국심사관이 행하는 심사 및 조사, 기타 직무수행에 대한 일반적 의무를 비롯하여 외국인의 불법입국을 저지하기 위한 여권 등의 확인, 여권 등을 가지고 있 지 아니한 자가 선박 등을 타고 있는 것을 안 때에 보고 및 상륙방지, 입국이 금지되거나 거 부된 자 및 강제퇴거 명령을 받은 자 등의 송환업무에 관하여 운수업자 등에 부여하는 책임 과 의무를 규정하고 있다.

1. 운수업자 등의 일반적 의무 등

선박 등의 장이나 운수업자는 외국인의 무단 입국 및 상륙방지, 유효한 여권 및 사증을 소지하 지 아니한 자의 탑승방지, 승선허가 출국심사를 받지 아니한 자의 탑승 방지 등 출입국관리공무 원이 선박 등의 검색 및 출입국심사를 위한 직무수행에 특히 필요하다고 인정되는 다음의 사항 을 지켜야 한다(법 제73조).

가. 입국이나 상륙을 허가받지 아니한 사람의 입국·상륙 방지, 이는 입국심사나 상륙허가 등의 적법한 절차를 거치지 않고 비정상적으로 입국 및 상륙을 시도하려는 자를 방지하 는 의무를 부과한 것이다.

나. 유효한 여권(선원의 경우에는 여권 또는 선원신분증명서를 말한다)과 필요한 사증을 지니지 아니한 사람의 탑승방지, 이는 출국하거나 입국하는 때 유효한 여권을 가지고 있지 아니한 국민, 외국인입국시 유효한 여권과 법무부장관이 발급한 사증을 소지하지 아니한 자, 사증 없이 입국할 수 있는 자에 해당하지 않는 자, 외국인 입국허가서를 소 지하지 않은 자 등이다.

다. 승선허가나 출국심사를 받지 아니한 사람의 탑승방지, 이는 국내에 정박 중이거나 출항 예정인 경우에 적용되며, 출국심사를 받지 않은 국민, 출국심사를 받지 않은 외국인, 승선허가를 받지 않은 사람의 탑승을 방지하기 위한 것이다.

라. 이 법에 따른 출국 또는 입국 요건을 갖추지 못하여 선박 등에 탑승하기에 부적당하다고 출입국관리공무원이 통보한 사람의 탑승방지, 이 경우 선박 등의 장은 출입국관리공무원이 통보한 자에 대한 탑승을 방지할 의무를 진다.

마. 가.부터 라.까지에 규정된 입국·상륙·탑승의 방지를 위하여 출입국관리공무원이 요청하는 감시원의 배치, 선박의 장 또는 운수업자에게 불법 입·출국, 불법 상륙·탑승, 무단 승·하선을 방지하기 위해 출입국관리공무원의 요청이 있을 때에는 그 해당하는 선박 등에 감시원을 배치하도록 하고 있는 것을 말한다.

바. 이 법을 위반하여 출입국을 하려는 사람이 숨어 있는지를 확인하기 위한 선박 등의 검색, 이는 외국인 또는 국민 등이 대한민국에 불법 입국 및 불법 상륙, 선박 등에 무단 승하선하는 것을 방지하기 위해 선장 등에게 부여된 의무이다.

사. 선박 등의 검색과 출입국심사가 끝날 때까지 선박 등에 무단출입하는 행위의 금지

아. 선박 등의 검색과 출국심사가 끝난 후 출항하기 전까지 승무원이나 승객의 승선·하선 방지, 이는 출입국관리공무원이 선박 등의 검색 또는 출국심사 등을 완료하기 전에 불법으로 출입하는 행위 방지 및 출국심사 완료 후 무단 승·하선을 방지하기 위한 목적이다.

자. 출입국관리공무원이 선박 등의 검색과 출입국심사를 위한 직무수행에 특히 필요하다고 인정하여 명하는 사항, 이는 출입국관리공무원이 직무수행과정에서 선박 등의 장에게 과도한 의무를 부과하는 행위를 방지하기 위한 목적으로 그 범위를 한정한 것이다.

이상과 같이 본조 각호의 궁극적인 목적은 외국인 또는 국민 등이 대한민국에 불법 입국 및 불법상륙, 선박 등에 무단 승·하선하는 것을 방지하기 뤼해 선박 등의 장 또는 운수업자가 부담해야 하는 일반적인 준수사항을 정하고 있다.

차. 벌칙
선박 등의 장 또는 운수업자가 법 제73조 각 호의 준수사항을 위반할 경우 1천만원 이하의 벌금에 처한다(법 제96조 제2호)

2. 승객예약정보의 열람 및 제공 등

가. 승객예약정보의 열람 및 제공

운수업자는 출입국관리공무원이 다음의 어느 하나에 해당하는 업무를 수행하기 위하여 예약정보의 확인을 요청하는 경우에는 입국금지 대상자의 입국 봉쇄 및 출입국절차를 대폭 간소화 등을 위해 지체 없이 예약정보시스템을 열람하게 하거나 표준화된 전자문서로 제출하여야 한다.

다만, 천재지변·정전 또는 이에 준하는 사유로 정보시스템 또는 통신장애가 발생한 때 및 표준 전자문서를 송신할 수 있는 시스템이 구축되지 않은 경우 등의 부득이한 사유로 표준화된 전자문서로 제출할 수 없을 때에는 지체 없이 그 사유를 밝히고 서류로 제출할 수 있다(법 제73조 의2 제1항).

(1) 법 제7조 제1항·제7조의2 또는 제12조의3 제1항을 위반하였거나 위반하였다고 의심 할 만한 상당한 이유가 있는 사람에 대한 조사

> **법 제7조(외국인의 입국)**
> ① 외국인이 입국할 때에는 유효한 여권과 법무부장관이 발급한 사증(査證)을 가지고 있어 야 한다.
>
> **제7조의2(허위초청 등의 금지)**
> 누구든지 외국인을 입국시키기 위한 다음 각 호의 어느 하나의 행위를 하여서는 아니 된다.
> 　1. 거짓된 사실의 기재나 거짓된 신원보증 등 부정한 방법으로 외국인을 초청하거나 그러한 초청을 알선하는 행위
> 　2. 거짓으로 사증 또는 사증발급인정서를 신청하거나 그러한 신청을 알선하는 행위
>
> **제12조의3(선박 등의 제공금지)**
> ① 누구든지 외국인을 불법으로 입국 또는 출국하게 하거나 대한민국을 거쳐 다른 국가에 불법으로 입국하게 할 목적으로 다음 각 호의 행위를 하여서는 아니 된다.
> 　1. 선박 등이나 여권 또는 사증, 탑승권이나 그 밖에 출입국에 사용될 수 있는 서류 및 물품을 제공하는 행위
> 　2. 제1호의 행위를 알선하는 행위

(2) 법 제11조 제1항 각 호의 어느 하나에 해당하거나 해당한다고 의심할 만한 상당한 이유가 있는 사람에 대한 조사

> **법 제11조(입국의 금지 등)**
>
> ① 법무부장관은 다음 각 호의 어느 하나에 해당하는 외국인에 대하여는 입국을 금지할 수 있다.
>
> 1. 감염병환자, 마약류중독자, 그 밖에 공중위생상 위해를 끼칠 염려가 있다고 인정되는 사람
>
> 2. 「총포·도검·화약류 등의 안전관리에 관한 법률」에서 정하는 총포·도검·화약류 등을 위법하게 가지고 입국하려는 사람
>
> 3. 대한민국의 이익이나 공공의 안전을 해치는 행동을 할 염려가 있다고 인정할 만한 상당한 이유가 있는 사람
>
> 4. 경제질서 또는 사회질서를 해치거나 선량한 풍속을 해치는 행동을 할 염려가 있다고 인정할 만한 상당한 이유가 있는 사람
>
> 5. 사리 분별력이 없고 국내에서 체류활동을 보조할 사람이 없는 정신장애인, 국내체류비용을 부담할 능력이 없는 사람, 그 밖에 구호(救護)가 필요한 사람
>
> 6. 강제퇴거명령을 받고 출국한 후 5년이 지나지 아니한 사람
>
> 7. 1910년 8월 29일부터 1945년 8월 15일까지 사이에 다음 각 목의 어느 하나에 해당하는 정부의 지시를 받거나 그 정부와 연계하여 인종, 민족, 종교, 국적, 정치적 견해 등을 이유로 사람을 학살·학대하는 일에 관여한 사람
>
>   가. 일본 정부
>
>   나. 일본 정부와 동맹 관계에 있던 정부
>
>   다. 일본 정부의 우월한 힘이 미치던 정부
>
> 8. 제1호부터 제7호까지의 규정에 준하는 사람으로서 법무부장관이 그 입국이 적당하지 아니하다고 인정하는 사람

나. 열람 및 제공받는 문서의 범위

열람하거나 문서로 제출받을 수 있는 자료의 범위는 다음의 문서로 한정한다(법 제73조의2 제2항).

(1) 성명, 국적, 주소 및 전화번호

(2) 여권번호, 여권의 유효기간 및 발급국가

(3) 예약 및 탑승수속 시점

(4) 여행경로와 여행사

(5) 동반 탑승자와 좌석번호

(6) 수하물(手荷物)

(7) 항공권의 구입대금 결제방법

(8) 여행출발지와 최종목적지

(9) 예약번호

한편, 출입국관리공무원은 조사업무를 수행하는 데 필요한 경우에는 위 각 자료를 조사보고서 등에 적거나 정보화출력물을 첨부하는 방식으로 보존할 수 있다(법 시행령 제85조 제1항).

다. 표준화된 전자문서 제출

운수업자는 출입국관리공무원이 승객의 안전과 정확하고 신속한 출입국심사를 위하여 탑승권을 발급받으려는 승객에 대한 다음의 자료를 요청하는 경우에는 지체 없이 표준화된 전자문서로 제출하여야 한다. 다만, 법무부령으로 정하는 부득이한 사유로 표준화된 전자문서로 제출할 수 없을 때에는 지체 없이 그 사유를 밝히고 서류로 제출할 수 있다(법 제73조의2 제3항).

(1) 성명, 성별, 생년월일 및 국적

(2) 여권번호와 예약번호

(3) 출항편, 출항지 및 출항시간

(4) 입항지와 입항시간

(5) 환승 여부

(6) 생체정보

라. 자료의 열람 및 문서제출 요청권자

(1) 문서제출 등 요청권자

개인정보의 보호를 위하여 자료를 열람하거나 문서로 제출하여 줄 것을 요청할 수 있는 출입국관리공무원은 지방출입국·외국인관서의 장이 지정하는 사람으로 한정한다(법 제73조의2 제4항).

(2) 개별식별번호 부여

청장·사무소장 또는 출장소장은 위 (1)항에 따라 지정된 출입국관리공무원에게 개인식별 고유번호를 부여하여야 한다(법 시행령 제85조 제2항).

마. 선박탑승 부적격자 통보

지정된 출입국관리공무원은 제출받은 자료를 검토한 결과 이 법에 따른 출국 또는 입국 요건을 갖추지 못하여 선박 등에 탑승하기에 부적당한 사람이 발견된 경우에는 그 사람의 탑승을 방지하도록 선박 등의 장이나 운수업자에게 통보할 수 있다(법 제73조의2 제5항).

바. 비밀누설 및 제공금지 등

지정된 출입국관리공무원은 직무상 알게 된 예약정보시스템의 자료를 누설하거나 권한 없이 처리하거나 다른 사람의 이용에 제공하는 등 부당한 목적을 위하여 사용하여서는 아니 된다(법 제73조의2 제6항).

사. 자료의 열람과 제출 시기 등

운수업자가 출입국관리공무원에게 자료를 열람하게 하거나 제출하는 시기는 다음 각 호와 같다(법 시행령 제85조 제3항).

(1) 법 제73조의2제1항 각 호의 조사를 위한 승객예약정보의 열람을 허용하는 경우: 출입국관리공무원이 요청한 즉시

(2) (1)의 승객예약정보를 전자문서로 제출하는 경우: 제출을 요청한 때부터 30분 이내

(3) 법 제73조의2 제3항에 따라 출입국관리공무원이 요청한 승객에 대한 자료를 전자문서로 제출하는 경우: 해당 선박 등의 출항 30분 전까지.

다만, 전자문서의 제출 이후 법 제73조의2제3항 각 호의 자료 중 변동이 있는 경우에는 출항 전까지로 한다.

3. 사전통보의 의무 등

가. 출 · 입항예정통보서 제출

선박 등이 출입국항에 출 · 입항하는 경우에 그 선박 등의 장이나 운수업자는 지방출입국 · 외국인관서의 장에게 출 · 입항 예정일시와 그 밖에 필요한 사항을 적은 출 · 입항 예정통보서를 미리 제출하여야 한다. 다만, 항공기의 불시착이나 선박의 조난 등 불의의 사고가 발생한 경우에는 지체 없이 그 사실을 알려야 한다(법 제74조). 이는 사전에 선박 등의 검색 및 심사를 위한 규정으로 출입국관리 행정절차를 원활히 수행하기 위한 목적에서이다.

■ 출입국관리법 시행규칙 [별지 제130호서식] 〈개정 2018. 5. 15.〉

출 · 입항 예정통보서

※ 색상이 어두운 란은 신청인이 적지 않습니다.
※ [ ]에는 해당되는 곳에 √표를 합니다.

접수번호		접수일		처리기간 즉시	
1.호출부호/선박번호 □□□□□□□□		2.선명	3.국적		4.연도/입항회수 □□-□□□
5.총톤수 □□□,□□□		6.국제 총톤수 □□□,□□□	7.선박길이/너비/깊이 (m / m / m)		
8.선박종류 □□		9.입항시 흘수 (선수 : □□,□ m, 선미 : □□,□ m,) 만재시 흘수 (선수 : □□,□ m, 선미 : □□,□ m,)			
10.적재화물 / 화물명 □□		적재톤수 / 양하톤수 (M/T / M/T)		11.위험물 적재 유[ ] 무[ ]	
12.선주명 □□-□-□□□□		13.대리점 □□-□-□□□ □	14.사업구역 외항[ ] 내항[ ]		
15.입항목적 양적해[ ] 양해[ ] 적해[ ] 선박수리[ ] 해난 [ ] 기타[ ]			16.입항예정일시 (년 월 일 시 분)		
17.출항지 □□-□□□ (항명 :)		18.전출항지 및 일시 □□-□□□ (항명 : / 년 월 일 시)		19.계선장소 □□-□□	
20.출항 예정일시 (년 월 일 시)			21.차항지 □□-□□□ 항명	22.목적지 □□-□□□ 항명	
23.선원수(해기사 명, 보통선원 명) / 승객수(한국인 명, 외국인 명)					
24.사회주의국가(북한 포함) 기항지 및 출항일자 (□□-□□□ 항명 : / 년 월 일)			25.검역종류 일반[ ] 무전[ ] 특별[ ] 면제[ ]		
26.검역대상 전염병 환자, 사망자 유[ ] 무[ ]			27.도선여부 도선[ ] 면제[ ](년 월 일)		
28.예선신청 유[ ] 무[ ] 입항(마력 척), 출항(마력 척)					
29.항만시설 사용료(선박입항료, 화물입항료, 접안료, 정박료) / 면제(전액[ ], 일부[ ]					

나. 출 · 입항 예정통보

선박 등의 장 또는 운수업자는 선박 등의 출 · 입항 예정통보를 늦어도 해당 선박 등의 출 · 입항 24시간 전에 하여야 한다. 다만, 정규편 선박 등이 출 · 입항하는 경우이거나 그 밖에 특별한 사유가 있으면 그러하지 아니하다(법 시행령 제86조).

다. 출입항통보 및 보고

선박 등의 장 또는 운수업자는 선박 등이 자연의 재해 · 기기의 고장 · 피난 기타 부득이한 사유로 출입항예정통보를 하지 아니하고 출입국항 또는 출입국항외의 장소에 입항한 때에는 그 선박 등이 입항한 즉시 청장 · 사무소장 또는 출장소장에게 입항통보를 하여야 한다(법 시행규칙 제67조 제1항).

4. 선박 등의 장이나 운수업자의 보고의 의무

가. 출 · 입항보고서 제출(표준화된 문서 제출)

출입국심사를 받지 아니한 자의 탑승이나 상륙허가를 받지 아니한 자의 무단상륙, 상륙허가를 받고 상륙한 자의 미귀선 등을 방지하기 위하여 출입국항이나 출입국항이 아닌 장소에 출 · 입항하는 선박 등의 장이나 운수업자는 대통령령으로 정하는 사항을 적은 승무원명부와 승객명부를 첨부한 출 · 입항보고서를 지방출입국 · 외국인관서의 장에게 제출하여야 한다(법 제75조 제1항). 이때 출 · 입항보고서는 표준화된 전자문서로 제출하여야 한다. 이는 대한민국에 입항하는 선박 등에 승선하고 있는 승무원, 승객의 성명 기타 필요한 사항을 사전에 관할 장등에게 보고하게 함으로써 입국규제 등을 적절하게 행할 수 있기 위한 것이다.

■ 출입국관리법 시행규칙 [별지 제132호서식] 〈개정 2016. 9. 29.〉

승객명부 (PASSENGER LIST)
[ ]입항(Arrival) [ ]출항(Departure)

[ ]최초 (Notice)
[ ]변경 (Change)
[ ]최종 (Final)
[ ]취소 (Cancel)

※ [ ]에는 해당되는 곳에 √표를 합니다. Please check (√) that apply.

제출번호
(적하목록 No.: MRN)   □ □ □ □ — □ □ □ □ — □ □ □ □ □

선박명 (Name of Vessel)

호출부호 · 선박번호 또는 IMO번호 (Call sign · Official No. or IMO No.)

당해연도 입항횟수 (Number of entries made this year)

번호 (No.)	성명 (Full Name)	성별 (Sex)	국적 (Nationality)	생년월일 (Birth Date)	여권번호 (Passport No.)	승선 · 하선 구분 (Embarking/ Disembarking)	승선지/승선 일 (Port & Date of embarkation)	신고 물품 소지 여부 Any items to declare (Yes / No)

다만, 법무부령으로 정하는 부득이한 사유로 표준화된 전자문서로 제출할 수 없을 때에는 지체 없이 그 사유를 밝히고 서류로 제출할 수 있다(법 제75조 제2항). 여기서 "부득이한 사유로 인하여 표준화된 전자문서로 제출할 수 없는 때"라 함은 ⅰ) 천재지변·정전 또는 이에 준하는 사유로 정보시스템 또는 통신장애가 발생한 때, ⅱ) 청장·사무소장 또는 출장소장과 출입국항에 출입항하는 항공기의 장 또는 항공기에 관한 사업을 영위하는 운수업자간에 표준전자문서를 송·수신할 수 있는 시스템이 구축되지 아니한 경우로서 청장·사무소장 또는 출장소장이 정당한 사유가 있다고 인정하는 때의 어느 하나에 해당하는 때를 말한다(법 시행규칙 제67조 제3항).

(1) 출·입항보고서 기재사항

(가) 승무원명부 및 승객명부의 경우

출·입항보고서 중 출입국항에 출·입항하는 선박 등의 장 또는 선박 등에 관한 사업을 하는 운수업자가 제출하여야 하는 승무원명부와 승객명부에는 승무원 및 승객 각자에 대하여 다음의 사항을 적어야 한다(법 시행령 제87조 제2항).

1) 국적

2) 여권에 적힌 성명

3) 생년월일

4) 성별

5) 여행문서의 종류 및 번호

6) 환승객인지 여부(승객만 해당한다)

7) 승객의 얼굴에 관한 정보(법 제14조의2에 따라 관광상륙허가를 신청하려는 경우만 해당한다)

■ 출입국관리법 시행규칙 [별지 제131호서식] 〈개정 2016. 9. 29.〉

승무원명부 (CREW LIST)
[ ]입항(Arrival) [ ]출항(Departure)

[ ]최초 (Notice)
[ ]변경 (Change)
[ ]최종 (Final)
[ ]취소 (Cancel)

※ [ ]에는 해당되는 곳에 √표를 합니다. Please check (√) that apply.

제출번호
(적하목록   No.:   □ □ □ □ — □ □ □ □ — □ □ □ □ □
MRN)

선박명 (Name of Vessel)

호출부호 · 선박번호 또는 IMO번호 (Call sign · Official No. or IMO No.)

당해연도 입항횟수 (Number of entries made this year)

번호 (No.)	직명 (Rank)	성명 (Full Name)	성별 (Sex)	국적 (Nationality)	생년월일 (Birth Date)	여권번호 (선원수첩 번호) Passport No. (Seaman's pocketbook No.)	승선 · 하선 구분 (Embarking/ Disembarking)	승선지/ 승선일 (Port & Date of embarkation)	신고물품 소지 여부 Any items to declare (Yes / No)

(나) 선박 등에 관한 정보

출·입항보고서 중 출입국항에 출·입항하는 선박 등의 장 또는 선박 등에 관한 사업을 하는 운수업자가 제출하여야 하는 선박 등에 관한 정보에는 다음의 사항을 적어야 한다(법 시행령 제87조 제3항).

1) 선박 등의 종류

2) 등록기호 및 명칭

3) 국적

4) 출항지 및 출항시간

5) 경유지 및 경유시간

6) 입항지 및 입항시간

7) 승무원·승객·환승객의 수

(2) 출·입국보고서 누락사항 보완요구

청장·사무소장 또는 출장소장은 법 제75조 제1항 및 제2항에 따라 표준 전자문서로 제출된 출·입항보고서에 승무원명부 또는 승객명부 중 빠진 사람이 있는 등 보완할 사항이 있는 경우에는 지체 없이 선박 등의 장 또는 운수업자에게 보완하여 제출하도록 할 수 있다.

나. 출·입항보고서의 제출시기 등

출·입항보고서의 제출시기는 다음의 구분에 따른다(법 시행령 제87조 제5항).

1) 입항의 경우

입항의 경우 출·입항보고서 제출시기는 국내 입항 2시간 이전까지(법 제14조의2에 따라 관광상륙허가를 신청하려는 경우는 24시간 이전까지를 말한다)이다. 다만, 출발국 출항 후 국내 입항까지의 시간이 2시간(관광상륙허가를 신청하려는 경우는 24시간을 말한다) 미만인 경우에는 출발국에서 출항 후 20분 이내까지 할 수 있다(법 제75조 제3항).

2) 출항의 경우

출항의 경우 출·입항보고서 제출시기는 출항 준비가 끝나는 즉시이다.

[　]최초 (Notice)

외항선 [　]입항(Arrival) [　]출항(Departure) 보고서
(General Declaration)

[　]변경 (Change)

[　]최종 (Final)

[　]취소 (Cancel)

제출번호 (적하목록 No. : M RN)	□□□□-□□□□-□□□□	처리기간 Period of proc essing	즉시 Immediately

1. 선박 제원 Vessel Description
· 선박명 Name of Vessel :
· 선박 국적 Nationality of Vessel :
· 호출부호, 선박번호 또는 IMO번호 :
  Call sign, Official No. or IMO No.
· 국제 총톤수 International Gross Tonnage :
· 선박 종류 Vessel Type :
	2. 입항/출항일시 Date/time of arrival/departure
	  ____년(yyyy)__월(mm)__일(dd)__시(hh)__분(mm)

	3. 입항 목적 Purpose of Arrival □ □
	4. 항해 구분 Voyage Type □ □
	5. 검역 구분 Quarantine Type □
	6. 해당 연도 입항 횟수 Number of Arrival this year □ □ □

7. 선사 또는 대리점 명칭, 부호, 주소 Name, Code and Address of Owner (Operator) or Agent of Vessel

8. 세관 · 출입국 · 검역(C.I.Q.) 수속 장소 및 일시 Date/Place of C.I.Q. Processing

9. 항해기록 Brief Particulars of Voyage
  · 최초 출항지 / 최종 목적지 Original Port/ Destination Port : □ □−□ □ □
  · 전 출항지 및 출항 일시 Time, Date of Departure from Last Port : □ □−□ □ □
    ____년(yyyy)___월(mm)___일(dd)___시(hh)___분(mm)
  · 경유지 Stopovers :   /   /   /   /   /
  · 경유지 출항일 Date of Departure :   /   /   /   /   /
  · 출항 예정 일시 Estimated Date and Time of Departure : ____년(yyyy) __월(mm)__일(dd)
  · 차항지(次巷地) Next Port : □ □−□ □ □

10. 선박 계선 장소[선석(船席), 장소] Position of the ship(Berth or Station)

11. 항만시설 사용료 할인율 및 할인 사유 Rate & Basis for Port Charge
  · 할인율 Rate : □   · 사유 Basis : □

12. 예선 및 도선 사용 신청 여부 Any request of Tugboat & Pilot
  1. 예선 Tug boat □ (Yes/No)   2. 도선 Pilot □ (Yes/No)

13. 화물 명세 Brief description of cargo · 화물명 Name of Cargo(Unit : Ton) : · 적재 톤수 Total Cargo : · 적하/양하 톤수 Load/Unload Cargo : · 위험물 톤수 Dangerous Cargo : · 환적(換積) 톤수 Transshipment Cargo :	14. 승무원 수 Number of crew · 전 체 Total : 명 · 한국인 Korean : 명 · 외국인 Foreigner : 명

16. 승무원 및 승객의 변동 유무 Any Change in Passengers or Crew? □ (Yes/No)
  ○ 외국항에서의 한국승무원 변동사항 Any Change of Korean crew in foreign ports
   · 승 선 Embarked :   명   · 전 선 Transference :   명
   · 하 선 Disembarked :   명   · 낙 오 Quit or missed ship: 명
  ○ 이 항에서 승선 또는 하선하는 승무원/승객 수 Number of Crew or Passenger Embarked/Disembarked at this port
   - 승무원 Crew
   · 승선 출국 Embarked :   명   · 하선 입국 Disembarked : 명
   · 전 입 Embarkation for ship to ship movement : 명
   · 전 선 Disembarkation for ship to ship movement : 명
   - 승 객 Passenger
   · 승 선 Embarked : 명   · 하 선 Disembarked : 명

17. 비 고 remarks

○ 사회안전 위해물품 소지 여부?   [ ]Yes [ ]No
   - 소지 시 If Yes, ([ ]마약류 Illicit drugs [ ]총기 및 도검류 Arms)

○ 승무원의 면세품 소지 유무? Any crew having duty free items? [ ]Yes [ ]No

○ 면세 선용품(船用品) 적재 유무 Any duty free supplies for ship? [ ]Yes [ ]No

○ 국외에서의 선용품 구입 또는 수리 여부? Any ship's supplies purchased or repaired from outside of Korea? [ ]Yes [ ]No

○ 승무원 복수항 상륙허가자 또는 복수 승무원 상륙허가자 승선 유무? Any crew members with landing permission during ship's staying in Korea or with multiple landing permit? [ ]Yes [ ]No

○ 검역감염병 등 환자/사망자 발생 유무? Any infectious diseases or deaths on board? [ ]Yes [ ]No

○ 국적 취득 조건부 나용선(裸傭船) 여부? Did you get a BBCHPO(Hire/Purchase Bare Boat Charter)? [ ]Yes [ ]No

○ 유류오염 손해배상을 위한 보장계약 체결 여부? Any insurance of other financial security to cover the liability for oil pollution damage? [ ]Yes [ ]No

○ 유효한 보장계약증명서 또는 손해배상 보장계약증명서의 비치 여부? CLC Certificate or bunker Convention Certificate on board? [ ]Yes [ ]No

○ 북한으로 반입되는 화물 또는 북한으로부터 반출되는 화물 적재 여부? Loading of cargoes originating from or destined for the Democratic People's Republic of Korea ? [ ]Yes [ ]No

○ 최근 1년 이내에 북한기항 여부? Is this ship called a port of the Democratic People's Republic of Korea within 1 years from now? [ ]Yes [ ]No
   - 기항한 경우 기항한 북한 항만명은? [   ] In case what name of the port is?

○ 부선 호출부호 Call sign of Ship towed or Barge with no power:

작성방법 및 유의사항

1. 입 · 출항 24시간 전에는 "최초"란에, 입 · 출항 확정시에는 "최종"란에, 변경 시에는 "변경"란에, 취소 시에는 "취소"란에 각각 표시해 주시기 바랍니다. If you are before you arrive or depart, fill the "Notice". If you definitely arrive or depart, fill the "Final". If you change it, fill the "Change". If you cancel it, fill the "Cancel".

2. 3번의 「입항 목적」은 다음 해당 코드를 적습니다. Fill out 「purpose of arrival」 of No.3 with following code which is related with

01. 적하 · 양하 Load/Unload	02. 적하 Load	03. 양하 Unload	04. 선박 수리 repaired ship
05. 해난 maritime distress	06. 승무원 교대 change of crew	07. 여객 상륙 landing flight	08. 급유 refueling
09. 선용품 적재 ship's stores	99. 기타 etc.		

3. 4번의 「항해 구분」은 다음 코드 중 해당하는 선박만 적습니다. Fill out 「Classification of Voyage」 of No.4 with a related to the ship of following code.

01. 외국적 내항선 foreign coaster	02. 일시 외항 temporary outport	03. 내외항 자격 변경 ner/outer harb
04. 나포선박 seizure ship	05. 개인 항해 personal voyage	06. 신조선 New shi
07. 수출 선박 export ship	08. 선명 변경 change of ship's name	09. 폐선 예정 be ex
10. 남북한 출입 South–North immigration	11. 실습선 또는 관공선 school ship or government ship	12. 원양 조업선 pela

4. 5번의 「검역 구분」은 다음 코드를 적습니다. Fill out 「Type of Quarantine」 of No.5 with following code.

1. 승선 검역 Joined ship quarantine	2. 전자 검역 electronic quarantine	3. 특별 검역 Special qua
4. 검역조사 생략 Skipping the examination of quarantine		5. 검역 완료 Quarantine

5. 8번의 「수속 장소 및 일시」는 입항 · 출항 전 C.I.Q. 기관의 수속을 받으려는 예정 장소와 일시를 적습니다. Fill out 「Date/Place of CIQ Processing」 of No.8 with expected place and date that you may process the C.I.Q. institution before arrival/departure

   1. 항구명 Name of Port 2. 내항 Inner Port 3. 외항 Outer Port

6. 9번 중 「경유지 및 경유지 출항일」은 모든 경유지를 대상으로 최초 출항지로부터 경유되는 역순으로 적습니다. Fill out 「Stop overs and Date of Departure」 of No.9 with any transit from the first target via the transit in reverse order.

7. 10번의 「선박 계선 장소(선석, 장소)」는 선박의 접안 또는 계선 장소를 적습니다. Fill out 「Position of the ship (Berth or Station)」 of No.10 with the pier or anchoring site of ship

8. 11번의 「항만시설 사용료 할인율 및 할인 사유」는 다음 코드를 각각 적습니다. Fill out 「Rate & Basis for port charge」 of No.11 with following each code.
   - 할 인 discount : 1. 10% 2. 15% 3. 50% 4. 80% 5. 100%
   - 사 유 reason : 1. 군함 warship 2. 관공선 government ship 3. 수리 repair
        4. 해난 maritime distress 5. 투자비 보전 preservation of investment 9. 그 밖의 사유 etc.

9. 13번 중 「화물명」 코드란에는 「통일상품명 및 부호체계에 관한 국제협약」에 따른 통일체계 품목분류표(HS code) 중 대표화

물 두 자리 코드와 총 적재화물 중 적하 · 양하/위험물/환적에 해당하는 톤수를 적습니다. Fill out 「Name of Cargo」 of No.13 with representative luggage of Unified system item classification table (HS code) by international convention about unified product name and code system AND Number of Load/Unload/dangerous/transshipment cargo of total supplies cargo.

10. 15번 중 ※는 국내 항 간의 승선 허가자와 동승 출항 예정 외국인의 입국 허가자 수를 적습니다. Fill out ※ of No.15 with the number of permitted person between domestic ports and inward permitted person.

11. 16번 중 「이 항에서 승선 또는 하선하는 승무원/승객 수」 란은 입항 시에는 승선 · 하선 예정 인원을, 출항 시에는 승선 · 하선 인원을 각각 적습니다. Fill out 「Crew or Passengers Embarked/Disembarked at this port」 of No.16 with expected number(or number) of Crew of passengers Embarked/Disembarked if you arrive (or depart).

12. 첨부서류 중 "선용품 목록 및 승무원 휴대품 목록"은 세관장이 필요하다고 인정하는 경우에 현장에서 확인하고 받습니다. Confirm on the spot and receive "Ship's Stores List and Crew's Effects List" of supplementary Documents if customs director admitted to need them(or it).

13. 서면 제출 시 입항 · 출항 시마다 다음 표에 따른 부수(部數)를 제출합니다. Number of copies to submit (every time of arrival or departure respectively)

제 출 서 류	지방해양항만청 Maritime & port Administration	세 관 Customs	출입국 · 외국인청 (사무소 · 출장소) Immigration Office	검 역 소 Quarantine Office
외항선 입항 · 출항 통보서 General Declaration	1	1	1	1
승무원명부 Crew List	1	1	1	1
승객명부 Passenger List	1	1	1	1
선용품 목록 Ship's Stores List		1		
승무원 휴대품 목록 Crew's Effects List		1		

※ 지방해양항만청에 제출하는 승무원명부 및 승객명부는 입항 · 출항 통보 시에만 제출합니다.
Submit Crew List and Passenger List to Maritime & port Administration when you arrive or depart only.

210mm×297mm[백상지(80 g/㎡) 또는 중질지(80 g/㎡)]

다. 선박 등의 장 · 운수업자의 보고의무 등

출입국항이나 출입국항이 아닌 장소에 입항하는 선박 등의 장이나 운수업자는 여권(선원의 경우에는 여권 또는 선원신분증명서를 말한다)을 가지고 있지 아니한 사람이 그 선박 등에 타고 있는 것을 알았을 때에는 지체 없이 지방출입국 · 외국인관서의 장에게 보고하고 그의 상륙을 방지하여야 할 의무가 있다(법 제75조 제4항). 이는 출입국심사관이 불법입국자의 입국금지 및 상륙 방지 조치 등 관련 규정에 따른 적절한 조치를 취할 수 있도록 하기 위한 목적이다.

한편, 법 제7조 제1항은 유효한 여권을 소지하지 않은 외국인 또는 출입국심사관으로부터 입국 또는 상륙허가 등을 받지 않고 대한민국에 입국 또는 상륙할 목적을 가지는 외국인이 대한민국의 영역에 들어오는 것을 금지하고 있으며, 이 규정에 위반한 외국인의 경우 법 제46조 제1항 각호의 의거하여 강제퇴거대상자가 되며, 법 제94조 제2항에 의하여 처벌한다.

라. 선박 등의 장·운수업자의 보고사항

출입국항이나 출입국항이 아닌 장소에서 출항하는 선박 등의 장이나 운수업자는 상륙허가 등을 받아 국내에 상륙한 자가 이탈 없이 출국하는 것을 확인하기 위한 목적으로 다음의 사항을 지방출입국·외국인관서의 장에게 보고하여야 한다(법 제75조 제5항).

(1) 승무원 상륙허가를 받은 승무원 또는 관광상륙허가를 받은 승객이 선박 등으로 돌아왔는지 여부

(2) 정당한 출국절차를 마치지 아니하고 출국하려는 사람이 있는지 여부

5. 송환의 의무

가. 송환사유 및 송환지시서 발급 등

(1) 송환사유

운수업자는 독자적인 운송수단을 가지고 있으므로 다음의 어느 하나에 해당하는 외국인이 탔던 선박 등의 장이나 운수업자는 그의 비용과 책임으로 그 외국인을 지체 없이 대한민국 밖으로 송환하여야 한다(법 제76조 제1항).

(가) 법 제7조 또는 제10조에 따른 요건을 갖추지 아니한 사람, 이는 여권이 유효기간이 도과되거나, 유효한 여권을 소지하지 아니하거나, 법무부장관이 발급한 사증을 소지하지 아니하거나, 외국인 입국허가서를 소지하지 아니한 외국인을 말한다.

있다.
1. 재입국허가를 받은 사람 또는 재입국허가가 면제된 사람으로서 그 허가 또는 면제받은 기간이 끝나기 전에 입국하는 사람
2. 대한민국과 사증면제협정을 체결한 국가의 국민으로서 그 협정에 따라 면제대상이 되는 사람
3. 국제친선, 관광 또는 대한민국의 이익 등을 위하여 입국하는 사람으로서 대통령령으로 정하는 바에 따라 따로 입국허가를 받은 사람
4. 난민여행증명서를 발급받고 출국한 후 그 유효기간이 끝나기 전에 입국하는 사람

제10조(체류자격)
입국하려는 외국인은 다음 각 호의 어느 하나에 해당하는 체류자격을 가져야 한다.
1. 일반체류자격: 이 법에 따라 대한민국에 체류할 수 있는 기간이 제한되는 체류자격
2. 영주자격: 대한민국에 영주(永住)할 수 있는 체류자격

(나) 법 제11조에 따라 입국이 금지되거나 거부된 사람

제11조(입국의 금지 등)
① 법무부장관은 다음 각 호의 어느 하나에 해당하는 외국인에 대하여는 입국을 금지할 수 있다.
1. 감염병환자, 마약류중독자, 그 밖에 공중위생상 위해를 끼칠 염려가 있다고 인정되는 사람
2. 「총포·도검·화약류 등의 안전관리에 관한 법률」에서 정하는 총포·도검·화약류 등을 위법하게 가지고 입국하려는 사람
3. 대한민국의 이익이나 공공의 안전을 해치는 행동을 할 염려가 있다고 인정할 만한 상당한 이유가 있는 사람
4. 경제질서 또는 사회질서를 해치거나 선량한 풍속을 해치는 행동을 할 염려가 있다고 인정할 만한 상당한 이유가 있는 사람
5. 사리 분별력이 없고 국내에서 체류활동을 보조할 사람이 없는 정신장애인, 국내체류 비용을 부담할 능력이 없는 사람, 그 밖에 구호(救護)가 필요한 사람
6. 강제퇴거명령을 받고 출국한 후 5년이 지나지 아니한 사람
7. 1910년 8월 29일부터 1945년 8월 15일까지 사이에 다음 각 목의 어느 하나에 해당

하는 정부의 지시를 받거나 그 정부와 연계하여 인종, 민족, 종교, 국적, 정치적 견해 등을 이유로 사람을 학살·학대하는 일에 관여한 사람

　가. 일본 정부

　나. 일본 정부와 동맹 관계에 있던 정부

　다. 일본 정부의 우월한 힘이 미치던 정부

8. 제1호부터 제7호까지의 규정에 준하는 사람으로서 법무부장관이 그 입국이 적당하지 아니하다고 인정하는 사람

(다) 법 제12조 제4항에 따라 선박 등의 장이나 운수업자의 귀책사유로 입국이 허가되지 아니한 사람

제12조(입국심사)

③ 출입국관리공무원은 입국심사를 할 때에 다음 각 호의 요건을 갖추었는지를 심사하여 입국을 허가한다.

1. 여권과 사증이 유효할 것. 다만, 사증은 이 법에서 요구하는 경우만을 말한다.

2. 입국목적이 체류자격에 맞을 것

3. 체류기간이 법무부령으로 정하는 바에 따라 정하여졌을 것

4. 제11조에 따른 입국의 금지 또는 거부의 대상이 아닐 것

④ 출입국관리공무원은 외국인이 제3항 각 호의 요건을 갖추었음을 증명하지 못하면 입국을 허가하지 아니할 수 있다.

(라) 법 제14조에 따라 상륙한 승무원 또는 제14조의2에 따라 관광상륙한 승객으로서 그가 타고 있던 선박 등이 출항할 때까지 선박 등으로 돌아오지 아니한 사람, 즉, 상륙허가 등을 받고 상륙한 승무원 또는 승객이 그 선박이 출항할 때까지 승선하지 아니하고 이탈한 경우를 말한다.

> 다. 다만, 제11조제1항 각 호의 어느 하나에 해당하는 외국인승무원에 대하여는 그러하지
> 아니하다.
>> 1. 승선 중인 선박 등이 대한민국의 출입국항에 정박하고 있는 동안 휴양 등의 목적으
>> 로 상륙하려는 외국인승무원
>> 2. 대한민국의 출입국항에 입항할 예정이거나 정박 중인 선박 등으로 옮겨 타려는 외국
>> 인승무원
>
> **제14조의2(관광상륙허가)**
> ① 출입국관리공무원은 관광을 목적으로 대한민국과 외국 해상을 국제적으로 순회(巡廻)하
> 여 운항하는 여객운송선박 중 법무부령으로 정하는 선박에 승선한 외국인승객에 대하여 그
> 선박의 장 또는 운수업자가 상륙허가를 신청하면 3일의 범위에서 승객의 관광상륙을 허가
> 할 수 있다. 다만, 제11조제1항 각 호의 어느 하나에 해당하는 외국인승객에 대하여는 그러
> 하지 아니하다.

(마) 법 제46조제1항 제6호 또는 제7호에 해당하는 사람으로서 강제퇴거명령을 받은 사람

> **제46조(강제퇴거의 대상자)**
> ① 지방출입국·외국인관서의 장은 이 장에 규정된 절차에 따라 다음 각 호의 어느 하나에
> 해당하는 외국인을 대한민국 밖으로 강제퇴거시킬 수 있다.
>> 6. 제14조제1항, 제14조의2제1항, 제15조제1항, 제16조제1항 또는 제16조의2제1항에
>> 따른 허가를 받지 아니하고 상륙한 사람
>> 7. 제14조제3항(제14조의2제3항에 따라 준용되는 경우를 포함한다), 제15조제2항, 제
>> 16조제2항 또는 제16조의2제2항에 따라 지방출입국·외국인관서의 장 또는 출입국
>> 관리공무원이 붙인 허가조건을 위반한 사람

(2) 송환지시서 발급

(가) 송환지시서 발급권자

청장·사무소장 또는 출장소장은 선박 등의 장 또는 운수업자에게 위 (1)의 어느 하나에 해당하
는 외국인을 송환할 것을 요구할 때에는 송환지시서를 발급하여야 한다. 다만, 긴급할 때에는
구두로 요구할 수 있으며, 이 경우에는 지체 없이 송환지시서를 발급하여야 한다(법 시행령 제8
8조 제1항).

■ 출입국관리법 시행규칙 [별지 제115호서식] 〈개정 2018. 5. 15.〉

번호(No.) :

송환지시서
(REPATRIATION ORDER)

귀하

To

송환 대상자 (Person to be repatriated)	성명 (Full name)
	성별 (Sex) 남 Male [　] 여 Female [　]
	생년월일 (Date of Birth)
	국적 (Nationality)
	비고 (Remark)

「출입국관리법」 제76조에 따라 위의 사람을 귀하의 부담으로 대한민국 밖으로 송환하여야 함을 지시합니다.

It is hereby notified that you must repatriate the abovementioned person at your expense to the exterior of the Republic of Korea pursuant to Article 76 of the Immigration Act.

송환 사유 (Reason for R epatriation)	

년　　월　　일

Date　　(year)　(month)　(day)

CHIEF, ○ ○ IMMIGRATION OFFICE

(나) 송환결과 보고

선박 등의 장 또는 운수업자는 송환을 마친 때에는 그 결과를 서면으로 청장·사무소장 또는 출장소장에게 보고하여야 한다(법 시행령 제88조 제2항).

■ 출입국관리법 시행규칙 [별지 제136호서식] 〈개정 2018. 5. 15.〉

번호(No.) :   호

송환 결과보고서 (REPATRIATION REPORT)

○○출입국·외국인청(사무소·출장소)장 귀하

대상자 (Person to whom the Report relates)	성명 (Full name)
	성별 (Sex) 남 Male [ ] 여 Female [ ]
	생년월일 (Date of Birth)
	국적 (Nationality)
송환 내용 (Repatriation Details)	송환일시 (Date of Repatriation)
	송환국 (Country of Repatriation)
	송환방법 (Means of Repatriation)
	송환근거 (Ground of Repatriation)
	기타 (Others)

「출입국관리법」 제76조에 따라 위 사람의 송환을 마치고 이를 보고합니다.
I hereby report that repatriation of the abovementioned person has been completed as follow, in accordance with Article 76 of the Immigration Act.

(다) 식비 등 비용부담

선박 등의 장 또는 운수업자는 송환을 요구받은 외국인을 송환할 때까지 그의 교통비·숙식비 등 비용을 부담하고 그를 보호하여야 한다(법 시행령 제88조 제3항).

나. 효과적인 송환을 위한 장소제공

지방출입국·외국인관서의 장은 위 가.항의 송환사유에도 불구하고 외국인의 효과적인 송환을 위하여 필요한 경우에는 그 외국인을 송환할 때까지 선박 등의 장이나 운수업자에게 출입국항에 있는 일정한 장소를 제공할 수 있다. 이 경우 선박 등의 장이나 운수업자는 제공되는 장소 또는 그 장소에 머무르는 외국인의 관리에 관하여 지방출입국·외국인관서의 장의 협조요청이 있는 경우에는 특별한 사유가 없으면 이에 따라야 한다(법 제76조 제2항).

제8장의 2
난민여행증명서 발급 등

난민이란 법 제2조 제3호에서 정의하는 바와 같이 난민협약 제1조 또는 난민의 지위에 관한 의정서 제1조의 규정에 의하여 난민협약의 적용을 받는 자이다. 즉 인종, 종교, 국적 혹은 특정 사회적 집단의 구성이라는 사실 또는 정치적 의견을 이유로 박해를 받을 우려가 있다는 충분한 근거가 있는 공포로 인하여 국적국 밖에 있는 자로 그 국적국의 보호를 받을 수 없는 자 또는 그러한 공포로 인해 국적국의 보호를 원하지 아니하는 자, 또는 그러한 사건의 결과로 인하여 종전의 상주국 밖에 있는 무국적자로서, 상주국에 돌아갈 수 없거나, 또는 그러한 공포로 인해 상주국으로 돌아가는 것을 원하지 아니하는 자를 말한다. 이러한 난민은 그 성격상 국적국의 여권 등 여행문서를 받는 것을 불가능한 경우가 대부분이다. 따라서 이들의 국내외 여행 및 이주를 보다 자유롭게 하기 위해 난민여행증명서 발급제도가 도입된 것이다.

1. 난민여행증명서

가. 난민영행증명서 발급

(1) 원칙

법무부장관은 「난민법」에 따라 난민인정을 받은 후 국내에 체류하고 있던 난민인정자가 출국하려고 할 때에는 그의 신청에 의하여 대통령령으로 정하는 바에 따라 난민여행증명서를 발급하여야 한다(법 제76조의5 제1항 본문). 이러한 난민여행증명서는 외국인의 여권으로서 성격을 가지며 난민협약 가입국에서 유효한 여행문서로서 인정되어(난민협약부속서 제7항), 국내외 여행은 물론 해외이주 등을 보다 자유롭게 할 수 있는 수단이 된다.

> **난민지위에 관한 협약 제28조(여행증명서)**
>
> 1. 체약국은 합법적으로 그 영역내에 체재하는 난민에게 국가안보 또는 공공질서를 위하여 어쩔 수 없는 이유가 있는 경우를 제외하고는, 그 영역외로의 여행을 위한 여행증명서를 발급하고, 이 여행증명서에 관하여서는 이 협정 부속서의 규정을 적용한다. 체약국은 그 영역내에 있는 다른 난민에게도 이러한 여행증명서를 발급할 수 있으며, 또한 체약국은 특히 그 영역내에 있는 난민으로서 합법적으로 거주하고 있는 국가로부터 여행증명서를 받을 수 없는 자에게 이러한 여행증명서의 발급에 관하여 호의적으로 고려한다. 2. 종전의 국제협정의 체약국이 국제협정이 정한 바에 따라 난민에게 발급한 여행증명서는 이 협약의 체약국에 의하여 유효한 것으로 인정되고 또한 이 조에 따라 발급된 것으로 취급된다.

(가) 난민여행증명서 발급신청서 등 제출

난민여행증명서의 발급을 신청하려는 외국인은 난민여행증명서 발급신청서에 난민인정증명서, 외국인등록증(외국인등록을 한 경우에만 해당한다) 및 사진 2장을 첨부하여 법무부장관에게 제출하여야 한다(법 시행령 제88조의5 제1항).

난민여행증명서 (재)발급신청서
(APPLICATION FOR ISSUANCE(REISSUANCE) OF REFUGEE TRAVEL DOCUMENT)

접수번호	접수일자	처리일자	처리기간

신청인 (Applicant)	성 (Surname)		성별 (Sex)	남 Male [ ] 여 Female [ ]
	명 (Given Names)			
	국적 (Nationality)		생년월일 (Date of Birth)	
	출생지 (Place of Birth)			
	한국 내 주소 (Address in Korea)			
	전화번호 (Phone No.)			
	여행국가명 (Destination)			
	여행목적 (Purpose of Travel)			
	여행 예정기간 (Duration of Travel)	From : ~ Until :		
	재발급 사유 (Reasons for Reissuance)	분실 Lost [ ] 훼손 Destroyed [ ] 기타 Other [ ]		

「출입국관리법 시행령」 제88조의5제1항 (「출입국관리법 시행령」 제88조의6제2항)에 따라 위와 같이 신청합니다.

I hereby submit an application for issuance / reissuance of refugee travel document as detailed above in accordance with paragraph 1, Article 88-5 of Enforcement Decree of the Immigration Act or paragraph 2, Article 88-6 of Enforcement Decree of the Immigration Act.

신청일 (Date of Application)   년 (year)   월 (month)   일 (day)

신청인   서명 또는 인
Applicant   signature or seal

○○ 출입국관리사무소(출장소)장 귀하

TO : CHIEF, ○○ IMMIGRATION OFFICE(BRANCH OFFICE)

(나) 난민여행증명서 발급 등

법무부장관은 위 (가)의 신청에 대하여 난민여행증명서를 발급할 때에는 그 사실을 난민여
행증명서 발급대장에 적고 난민여행증명서를 신청인에게 교부하여야 한다.

■ 출입국관리법 시행규칙 [별지 제126호의12서식] 〈개정 2016. 9. 29.〉

앞표지(바깥쪽)

여행증명서

TRAVEL DOCUMENT

(CONVENTION OF 28 JULY 1951)

대한민국

REPUBLIC OF KOREA

대한민국/REPUBLIC OF KOREA

여 행 증 명 서 TRAVEL DOCUMENT	종류/TYPE PZ	발행국/Country code KOR	여행증명서번호/Document No.

여권용 사진
PHOTO
3.5cm×4.5cm

성/Surname

이름/Given names

생년월일/Date of birth   등록번호/Registration No.

성별/Sex   출생지/Place of birth

발급일/Date of issue   발행관청/Issuing Authority

만료일/Date of expiry   MINISTRY OF JUSTICE

125mm×88mm[백상지(120g/㎡) 또는 백상지(80g/㎡)]

명의인 서명

Signature of bearer ....

1. 이 증명서는 다음 국가에 대하여

유효합니다.

This document is valid for the

following countries. ....

2. 이 증명서의 발급 근거 문서

Document(s) on the basis of which

this document is issued. ....

대한민국 법무부장관

MINISTER OF JUSTICE

REPUBLIC OF KOREA

관인

유효기간 연장 갱신

EXTENSION or RENEWAL of VALIDITY

1. 허가일 Date of permit

   만료일 Date of expiry

   허가기관 Authority _____

2. 허가일 Date of permit

   만료일 Date of expiry

   허가기관 Authority _____

3. 허가일 Date of permit

   만료일 Date of expiry

   허가기관 Authority _____

THIS DOCUMENT CONTAINS 32 PAGES.

사 증

VISAS

1951. 7. 28 난민지위에 관한 협약

Convention of 28 July 1951.

여행증명서
TRAVEL DOCUMENT
(Convention of 28 July 1951)

1. 이 증명서는 명의인에게 여권에 갈음하여 사용할 수 있도록 발급된 여행증명서로서, 명의인의 국적에는 어떤 영향도 미치지 아니합니다.
This document is issued solely with a view to providing the holder with a travel document which can serve in lieu of a national passport. It is without prejudice to and in no way affects the holder's nationality.

2. 명의인은 이 증명서 유효기간 내에는 대한민국에 재입국할 수 있습니다.
The holder is authorized to return to the Republic of KOREA within the period of the validity of this document.

3. 명의인이 대한민국 이외의 국가에 거주를 정한 뒤에 다시 여행하고자 하는 때에는 그 거주국의 주무관청에 신청하여 새로운 증명서를 발급받아야 합니다.
Should the holder take up residence in a country other than the Republic of KOREA
he/she must, if he/she wishes to travel again, apply to the competent authorities of his/her country of residence for a new document.
※ The old travel document shall be withdrawn by the authority issuing the new document and returned to the authority which issued it.

(2) 예외

다만, 그의 출국이 대한민국의 안전을 해칠 우려가 있다고 인정될 때에는 그러하지 아니하다(법 제76조의5 제1항 단서).

나. 난민여행증명서의 유효기간

난민지위에 관한 협의 부속서의 규정에 따른 난민여행증명서의 유효기간은 그 발급기관의 재량에 의해 1년 또는 2년으로 한다고 규정되어 있지만, 우리나라는 종전 2년에서 2016. 3. 29. 법 개정시 난민여행증명서의 유효기간은 3년으로 연장하였다(법 제76조의5 제2항).

> **난민지위에 관한 협약 부속서**
>
> 제5항 여행증명서의 유효기간은 그 발급기관의 재량에 의해 1년 또는 2년으로 한다.

다. 증명서 유효기간내 출입국자유

(1) 원칙 - 출입국자유

법무부장관이 교부한 난민여행증명서를 소지한 출입국을 보장하기 위하여 난민여행증명서를 발급받은 사람은 그 증명서의 유효기간 만료일까지 횟수에 제한 없이 대한민국에서 출국하거나 대한민국으로 입국할 수 있다. 이 경우 입국할 때에는 재입국허가(법 제30조)를 받지 아니하여도 된다(법 제76조의5 제3항).

> **난민지위에 관한 협약 부속서**
>
> 제13항 제1호 체약국은 제28조의 규정에 의해 발급한 증명서 명의인에 대하여 그 여행증명서의 유효기간 내 언제라도 당해 체약국의 영역에 들어오는 것을 허가할 것을 약속한다.

(2) 예외 - 특히 필요한 경우 출입국제한

법무부장관은 특히 필요하다고 인정되면 3개월 이상 1년 미만의 범위에서 입국할 수 있는 기간을 제한할 수 있다(법 제76조의5 제4항).

> **난민지위에 관한 협약 부속서**
>
> 제13항 제3호 체약국은 예외적인 경우 또는 난민의 체재가 일정기간에 한하여 허가된 경우, 난민이 당해 체약국의 영역에 돌아올 수 있는 기간을 여행증명서 발급시 3개월 이하가 아닌 기간으로 한정할 수 있다.

라. 난민여행증명서 유효기간 연장사유 및 연장기간 등

(1) 연장사유 및 기간 등

법무부장관은 난민여행증명서를 발급받고 출국한 외국인이 질병이나 그 밖의 부득이한 사유로 그 증명서의 유효기간 내에 재입국할 수 없는 경우에는 그의 신청을 받아 6개월을 초과하지 아니하는 범위에서 그 유효기간의 연장을 허가할 수 있다(법 제76조의5 제5항).

> **난민지위에 관한 협약 부속서**
>
> 제6항 제2호 외교기관 또는 영사기관으로서 특별히 그 권을 부여받은 기관은 자국정부가 발급한 여행증명서의 유효기간을 6개월을 초과하지 않는 범위 내에서 연장할 권리를 가진다.

(2) 난민여행증명서의 유효기간 연장허가에 관한 권한 위임 등

(가) 권한의 위임권자

법무부장관은 유효기간 연장허가에 관한 권한을 대통령령으로 정하는 바에 따라 재외공관의 장에게 위임할 수 있다(법 제76조의5 제6항).

(나) 위임에 따른 연장허가 절차

1) 재외공관의 장에게 난민여행증명서 유효기간 연장허가 신청서 제출

법 제76조의5 제5항에 따라 난민여행증명서 유효기간 연장허가를 신청하려는 외국인은 난민여행증명서 유효기간 연장허가 신청서에 그 사유를 소명하는 서류를 첨부하여 재외공관의 장에게 제출하여야 한다(법 시행령 제88조의7 제2항).

난민여행증명서 유효기간 연장허가 신청서

(APPLICATION FOR EXTENSION OF THE VALIDITY
OF REFUGEE TRAVEL DOCUMENT)

접수번호	접수일자	처리일자	처리기간	

신청인 (Applicant)	성 (Surname)		성별 (Sex)	남 Male [ ] 여 Female [ ]
	명 (Given Names)			
	국적 (Nationality)		생년월일 (Date of Birth)	
	한국 내 주소 (Address in Korea)			
	현재 체류지 (Present Address)			
	전화번호 (Phone No.)			
	난민여행증명서번호 (Refugee Travel Document No.)	발급일 (Date of Issue)	유효기간(Date of Expiration)	
	출국일자 (Date of Exit from Korea)	출국항 (Port of Exit from Korea)		
	연장신청기간 (Requested period of extension)	연장신청사유 (Reasons for Application)		

「출입국관리법 시행령」 제88조의7제2항에 따라 위와 같이 신청합니다.

I hereby submit an application for extension of the validity of refugee travel document as detailed above in accordance with paragraph 2, Article 88-7 of the Immigration Act.

신청일 (Date of Application)　　　년 (year)　　　월 (month)　　　일 (day)

신청인 (Applicant)　　　　　(서명 또는 인) (signature or seal)

2) 연장허가 방법

재외공관의 장은 유효기간 연장허가 신청을 한 외국인에 대하여 유효기간의 연장을 허가할 때에는 난민여행증명서에 유효기간 연장허가기간 등을 적어야 한다(법 시행령 제88조의7 제3항).

3) 법무부장관에 보고 및 체류지 관할 관청의 장에 통보

재외공관의 장은 난민여행증명서 유효기간 연장허가를 한 때에는 지체 없이 그 사실을 법무부장관에게 보고하여야 한다(법 시행령 제88조의7 제4항). 이에 따라 법무부장관이 재외공관의 장으로부터 난민여행증명서 유효기간연장허가보고서를 받은 때에는 이를 체류지 관할 청장·사무소장 또는 출장소장에게 통보한다(법 시행규칙 제67조의12).

2. 난민인정증명서 등의 반납

가. 난민인정증명서 반납사유

「난민법」에 따른 난민인정자는 강제퇴거명령을 받거나 난민의 인정의 취소·철회되는 경우 등 다음의 어느 하나에 해당하면 그가 지니고 있는 난민인정증명서나 난민여행증명서를 지체 없이 지방출입국·외국인관서의 장에게 반납하여야 한다(법 제76조의6 제1항).

(1) 법 제59조제3항, 제68조제4항 또는 제85조제1항에 따라 강제퇴거명령서를 발급받은 경우

제59조(심사 후의 절차)

③ 지방출입국·외국인관서의 장은 제2항에 따라 강제퇴거명령을 하는 때에는 강제퇴거명령서를 용의자에게 발급하여야 한다.

제68조(출국명령)

④ 지방출입국·외국인관서의 장은 출국명령을 받고도 지정한 기한까지 출국하지 아니하거나 제3항에 따라 붙인 조건을 위반한 사람에게는 지체 없이 강제퇴거명령서를 발급하여야 한다.

제85조(형사절차와의 관계)

① 지방출입국·외국인관서의 장은 제46조제1항 각 호의 어느 하나에 해당하는 사람이 형의 집행을 받고 있는 중에도 강제퇴거의 절차를 밟을 수 있다.

(2) 법 제60조 제5항에 따라 강제퇴거명령에 대한 이의신청이 이유 없다는 통지를 받은 경우

> **제60조(이의신청)**
>
> ⑤ 지방출입국·외국인관서의 장은 법무부장관으로부터 이의신청이 이유 없다는 결정을 통지받으면 지체 없이 용의자에게 그 사실을 알려야 한다.

(3) 「난민법」에 따라 난민인정결정 취소나 철회의 통지를 받은 경우

> **제22조(난민인정결정의 취소 등)** ① 법무부장관은 난민인정결정이 거짓 서류의 제출이나 거짓 진술 또는 사실의 은폐에 따른 것으로 밝혀진 경우에는 난민인정을 취소할 수 있다.
>
> ② 법무부장관은 난민인정자가 다음 각 호의 어느 하나에 해당하는 경우에는 난민인정결정을 철회할 수 있다.
>
> 1. 자발적으로 국적국의 보호를 다시 받고 있는 경우
> 2. 국적을 상실한 후 자발적으로 국적을 회복한 경우
> 3. 새로운 국적을 취득하여 그 국적국의 보호를 받고 있는 경우
> 4. 박해를 받을 것이라는 우려 때문에 거주하고 있는 국가를 떠나거나 또는 그 국가 밖에서 체류하고 있다가 자유로운 의사로 그 국가에 재정착한 경우
> 5. 난민인정결정의 주된 근거가 된 사유가 소멸하여 더 이상 국적국의 보호를 받는 것을 거부할 수 없게 된 경우
> 6. 무국적자로서 난민으로 인정된 사유가 소멸되어 종전의 상주국으로 돌아갈 수 있는 경우
>
> ③ 법무부장관은 제1항 또는 제2항에 따라 난민인정결정을 취소 또는 철회한 때에는 그 사유와 30일 이내에 이의신청을 할 수 있다는 뜻을 기재한 난민인정취소통지서 또는 난민인정철회통지서로 그 사실을 통지하여야 한다. 이 경우 통지의 방법은 제18조제6항을 준용한다.

나. 난민여행증명서 반납

(1) 난민여행증명서 반납명령 및 기간

법무부장관은 난민여행증명서를 발급받은 사람이 대한민국의 안전을 해치는 행위를 할 우려가 있다고 인정되면 그 외국인에게 14일 이내의 기간을 정하여 난민여행증명서의 반납을 명할 수 있다(법 제76조의6 제2항).

번호(No.)

난민여행증명서 반납명령서
(ORDER TO RETURN REFUGEE TRAVEL DOCUMENT)

귀하

To

대상자 (Person upon whom the Order is issued)	성명 (Full name)
	성별 (Sex) 남 Male[ ] 여 Female[ ]
	생년월일 (Date of Birth)
	국적 (Nationality)
	주소 (Address in Korea)
	난민여행증명서 번호 (Refugee travel Document No.)

「출입국관리법」제76조의6에 따라 귀하가 소지하고 있는 난민여행증명서를 ____년___월
__일까지 반납할 것을 명령합니다.

   Under the provision of article 76-6 of the Immigration Act, you are ordered to return your
refugee travel document by_____.

반납명령 이유 (Reason For This Order)	

년   월   일

Date   (year)   (month)   (day)

Minister of Justice

(2) 난민여행증명서 반납명령서 교부

법무부장관은 위 (1)에 따라 난민여행증명서의 반납을 명하려면 난민여행증명서 반납명령서를 청장·사무소장 또는 출장소장을 거쳐 그 외국인에게 교부하여야 한다(법 시행령 제88조의8).

다. 반납명령 불응시 효력

난민여행증명서 행사의 자격이 없는 자가 이를 사용하는 것을 방지하기 위하여 난민여행증명서를 반납하였을 때에는 그 때에, 지정된 기한까지 반납하지 아니하였을 때에는 그 기한이 지난 때에 그 난민여행증명서는 각각 효력을 잃는다(법 제76조의6 제3항).

라. 난민여행증명서의 재발급

(1) 재발급사유

법무부장관은 난민여행증명서를 발급받은 사람에게 다음의 어느 하나에 해당하는 사유가 있으면 난민여행증명서를 재발급할 수 있다(법 시행령 제88조의6 제1항).

(가) 난민여행증명서가 분실되거나 없어진 경우

(나) 난민여행증명서가 훼손되어 못 쓰게 된 경우

(다) 그 밖에 법무부장관이 재발급할 필요가 있다고 인정하는 경우

위 (나) 또는 (다)의 사유로 재발급신청을 하는 경우에는 신청서에 원래의 난민여행증명서를 첨부하여야 한다(법 시행령 제88조의6 제3항).

(2) 난민여행증명서 재발급신청서 및 첨부서류 제출

난민여행증명서를 재발급받으려는 사람은 난민여행증명서 재발급신청서에 그 사유를 소명하는 서류와 사진 2장을 첨부하여 그 사유가 발생한 날부터 14일 이내에 법무부장관에게 제출하여야 한다. 다만, 대한민국 밖에서 난민여행증명서를 재발급받으려는 사람은 재외공관의 장을 거쳐 법무부장관에게 제출하여야 한다(법 시행령 제88조의6 제2항).

(3) 난민여행증명서의 재발급 및 교부 절차 등

법무부장관은 난민여행증명서를 재발급할 때에는 그 사실을 난민여행증명서 발급대장에 적고 난민여행증명서를 신청인에게 교부하여야 한다. 다만, 신청인이 대한민국 밖에 있는 경우에는 재외공관의 장을 거쳐 신청인에게 교부하여야 한다(법 시행령 제88조의6 제4항).

난민여행증명서 발급대장

발급일자	발급번호	국적	성명	생년월일	성별	유효기간	여행국가	비고

3. 난민에 대한 체류허가의 특례

가. 특례사유

법무부장관은 「난민법」에 따른 난민인정자가 강제퇴거명령서를 받은 날부터 7일 이내에 지방출입국·외국인관서의 장을 거쳐 법무부장관에게(법 제60조 제1항) 이의신청을 한 경우, 대한민국의 국적을 가졌던 사실이 있거나, 기타 대한민국에 체류하여야 할 특별한 사정이 있다고 인정되는 경우[88]에 해당되지 아니하고 이의신청이 이유 없다고 인정되는 경우에도 그의 체류를 허가할 수 있다. 여기서 기타 특별한 사정이란 ⅰ) 용의자가 별표 1의3 영주(F-5) 체류자격을 가지고 있는 경우, ⅱ) 용의자가 대한민국정부로부터 훈장 또는 표창을 받은 사실이 있거나 대한민국에 특별한 공헌을 한 사실이 있는 경우, ⅲ) 그 밖에 국가이익이나 인도주의에 비추어 체류하여야 할 특별한 사정이 있다고 인정되는 경우의 어느 하나에 해당하는 경우로 한다(법 시행령 제76조 제1항). 이 경우 체류기간 등 필요한 조건을 붙일 수 있다(법 제76조의7).

나. 특례인정여부에 대한 법무부장관의 재량

체류를 허가해야 할 사정이 있는지 여부는 법무부장관의 재량에 맡기고 있다. 이와 같은 체류 허가의 성질에 비추어 볼 때 법무부장관이 체류허가를 부여하지 않는 것에 대하여 위법의 문제가 발생하지는 않는다. 다만, 그러한 판단을 함에는 난민 개인의 사익 및 공익침해 정도 등에 이익교량 및 비례의 원칙을 고려하여야 할 것이다.

4. 난민여행증명서 발급 등 사무의 대행

가. 난민여행증명서 발급 등 사무대행

법무부장관은 난민여행증명서의 발급 및 재발급에 관한 사무의 일부를 대통령령으로 정하는 바에 따라 난민여행증명서 발급 신청인의 체류지 관할 지방출입국·외국인관서의 장에게 대행하게 할 수 있다(법 제76조의8).

---

[88] 법 제61조 제1항 법무부장관은 제60조 제3항에 따른 결정을 할 때 이의신청이 이유 없다고 인정되는 경우라도 용의자가 대한민국 국적을 가졌던 사실이 있거나 그 밖에 대한민국에 체류하여야 할 특별한 사정이 있다고 인정되면 그의 체류를 허가할 수 있다.

나. 대행 사무

법무부장관은 다음의 사무를 체류지 관할 청장 · 사무소장 또는 출장소장에게 대행하게 한다 (법 시행령 제88조의10 제1항).

(1) 제88조의5제1항 및 제88조의6제2항에 따른 난민여행증명서의 발급 · 재발급 신청의 접수

(2) 신청인의 신원 확인 등 심사

(3) 난민여행증명서의 제작

(4) 제88조의5제2항 및 제88조의6제4항에 따른 난민여행증명서의 발급 · 재발급 및 교부

(5) 법 제87조에 따른 수수료의 징수

(6) 그 밖에 법무부장관이 난민여행증명서의 발급 및 재발급과 관련하여 대행하게 할 필요가 있다고 인정하는 사무

다. 대행사무현황 보고

체류지 관할 청장 · 사무소장 또는 출장소장은 사무를 대행한 현황을 법무부장관에게 보고하여야 한다(법 시행령 제88조의10 제2항).

라. 난민여행증명서 발급거부시 사유 보고

체류지 관할 청장 · 사무소장 또는 출장소장은 난민여행증명서 발급 · 재발급 신청을 한 외국인이 대한민국의 안전을 해칠 우려가 있다고 인정될 때에 해당하여 난민여행증명서를 발급하지 아니한 경우에는 그 사실을 법무부장관에게 보고하여야 한다(법 시행령 제88조의10 제3항).

5. 난민 등의 처우

외국인이 난민의 지위를 신청하였을 경우 난민의 지위를 인정할 것인지 여부에 대한 결정뿐만 아니라 난민인정을 받은 자의 처우도 중요한 문제가 되고 있다. 이에 따라 난민 등의 처우에 관한 근거규정을 마련한 것이다.

가. 인도적 체류허가시 체류기간 등 통보

법무부장관은 「난민법」 제2조 제3호에 따라 인도적 체류 허가를 하기로 한 때에는 체류자격과 체류기간 등 필요한 사항을 정하여 청장·사무소장 또는 출장소장에게 통보하여야 한다(법 시행규칙 제88조의9 제1항).

> **난민법 제2조 제3호** "인도적 체류 허가를 받은 사람"(이하 "인도적체류자"라 한다)이란 제 1호에는 해당하지 아니하지만 고문 등의 비인도적인 처우나 처벌 또는 그 밖의 상황으로 인하여 생명이나 신체의 자유 등을 현저히 침해당할 수 있다고 인정할 만한 합리적인 근거가 있는 사람으로서 대통령령으로 정하는 바에 따라 법무부장관으로부터 체류허가를 받은 외국인을 말한다.

나. 통보시 청장 등의 조치

청장·사무소장 또는 출장소장은 통보를 받았을 때에는 「난민법」 제2조 제3호의 체류허가를 받은 외국인의 여권에 체류자격 부여인, 체류자격 변경허가인 또는 체류기간 연장허가인을 찍고 체류자격과 체류기간 등을 적거나 체류자격 부여, 체류자격 변경허가 또는 체류기간 연장허가 스티커를 붙여야 한다. 다만, 외국인등록을 마친 사람에게는 외국인등록증에 그 사실을 적는 것으로써 이를 갈음한다(법 시행규칙 제88조의9 제2항).

제9장 보칙

1. 무기등의 휴대 및 사용

본조는 출입국관리공무원의 무기 휴대 및 사용에 관한 규정이다. 무기의 사용은 인간의 생명과 신체에 위해를 가할 수 있는 점을 감안하여 그 사용요건을 법률로 엄격히 규정한 것이다.

가. 무기 및 장구 등 휴대

출입국관리공무원은 그 직무를 집행하기 위하여 필요하면 무기 등(「경찰관 직무집행법」 제10조 및 제10조의2부터 제10조의4까지의 규정에서 정한 장비, 장구, 분사기 및 무기를 말하며, 이하 "무기등"이라 한다)을 지닐 수 있다(법 제77조 제1항).

> **경찰관 직무집행법 제10조(경찰장비의 사용 등)**
> ① 경찰관은 직무수행 중 경찰장비를 사용할 수 있다. 다만, 사람의 생명이나 신체에 위해를 끼칠 수 있는 경찰장비(이하 이 조에서 "위해성 경찰장비"라 한다)를 사용할 때에는 필요한 안전교육과 안전검사를 받은 후 사용하여야 한다.
> ② 제1항 본문에서 "경찰장비"란 무기, 경찰장구(警察裝具), 최루제(催涙劑)와 그 발사장치, 살수차, 감식기구(鑑識機具), 해안 감시기구, 통신기기, 차량·선박·항공기 등 경찰이 직무를 수행할 때 필요한 장치와 기구를 말한다.
> ③ 경찰관은 경찰장비를 함부로 개조하거나 경찰장비에 임의의 장비를 부착하여 일반적인 사용법과 달리 사용함으로써 다른 사람의 생명·신체에 위해를 끼쳐서는 아니 된다.
> ④ 위해성 경찰장비는 필요한 최소한도에서 사용하여야 한다.
> ⑤ 경찰청장은 위해성 경찰장비를 새로 도입하려는 경우에는 대통령령으로 정하는 바에 따라 안전성 검사를 실시하여 그 안전성 검사의 결과보고서를 국회 소관 상임위원회에 제출하여야 한다. 이 경우 안전성 검사에는 외부 전문가를 참여시켜야 한다.
> ⑥ 위해성 경찰장비의 종류 및 그 사용기준, 안전교육·안전검사의 기준 등은 대통령령으로 정한다.

제10조의2(경찰장구의 사용)

① 경찰관은 다음 각 호의 직무를 수행하기 위하여 필요하다고 인정되는 상당한 이유가 있을 때에는 그 사태를 합리적으로 판단하여 필요한 한도에서 경찰장구를 사용할 수 있다.

    1. 현행범이나 사형·무기 또는 장기 3년 이상의 징역이나 금고에 해당하는 죄를 범한 범인의 체포 또는 도주 방지

    2. 자신이나 다른 사람의 생명·신체의 방어 및 보호

    3. 공무집행에 대한 항거(抗拒) 제지

② 제1항에서 "경찰장구"란 경찰관이 휴대하여 범인 검거와 범죄 진압 등의 직무 수행에 사용하는 수갑, 포승(捕繩), 경찰봉, 방패 등을 말한다.

제10조의3(분사기 등의 사용)

경찰관은 다음 각 호의 직무를 수행하기 위하여 부득이한 경우에는 현장책임자가 판단하여 필요한 최소한의 범위에서 분사기(「총포·도검·화약류 등의 안전관리에 관한 법률」에 따른 분사기를 말하며, 그에 사용하는 최루 등의 작용제를 포함한다. 이하 같다) 또는 최루탄을 사용할 수 있다. 〈개정 2015. 1. 6.〉

    1. 범인의 체포 또는 범인의 도주 방지

    2. 불법집회·시위로 인한 자신이나 다른 사람의 생명·신체와 재산 및 공공시설 안전에 대한 현저한 위해의 발생 억제

제10조의4(무기의 사용)

① 경찰관은 범인의 체포, 범인의 도주 방지, 자신이나 다른 사람의 생명·신체의 방어 및 보호, 공무집행에 대한 항거의 제지를 위하여 필요하다고 인정되는 상당한 이유가 있을 때에는 그 사태를 합리적으로 판단하여 필요한 한도에서 무기를 사용할 수 있다. 다만, 다음 각 호의 어느 하나에 해당할 때를 제외하고는 사람에게 위해를 끼쳐서는 아니 된다.

    1. 「형법」에 규정된 정당방위와 긴급피난에 해당할 때

    2. 다음 각 목의 어느 하나에 해당하는 때에 그 행위를 방지하거나 그 행위자를 체포하기 위하여 무기를 사용하지 아니하고는 다른 수단이 없다고 인정되는 상당한 이유가 있을 때

        가. 사형·무기 또는 장기 3년 이상의 징역이나 금고에 해당하는 죄를 범하거나 범

하였다고 의심할 만한 충분한 이유가 있는 사람이 경찰관의 직무집행에 항거하
거나 도주하려고 할 때

나. 체포·구속영장과 압수·수색영장을 집행하는 과정에서 경찰관의 직무집행에
항거하거나 도주하려고 할 때

다. 제3자가 가목 또는 나목에 해당하는 사람을 도주시키려고 경찰관에게 항거할 때

라. 범인이나 소요를 일으킨 사람이 무기·흉기 등 위험한 물건을 지니고 경찰관으
로부터 3회 이상 물건을 버리라는 명령이나 항복하라는 명령을 받고도 따르지
아니하면서 계속 항거할 때

3. 대간첩 작전 수행 과정에서 무장간첩이 항복하라는 경찰관의 명령을 받고도 따르지
아니할 때

② 제1항에서 "무기"란 사람의 생명이나 신체에 위해를 끼칠 수 있도록 제작된 권총·소
총·도검 등을 말한다.

③ 대간첩·대테러 작전 등 국가안전에 관련되는 작전을 수행할 때에는 개인화기(個人火
器) 외에 공용화기(共用火器)를 사용할 수 있다.

나. 무기 등의 사용

출입국관리공무원은 「경찰관 직무집행법」 제10조 및 제10조의2부터 제10조의4까지의
규정에 준하여 무기등을 사용할 수 있다(법 제77조 제2항).

【판시사항】

분사기를 사용하지 아니하고 겨누는 행위만으로 분사기를 사용한 것을 간주할 수 있는지 여부(서울
중앙지방법원 2007가단252979 판결)

【판결요지】

출입국관리공무원이 불법체류자들의 거주지에 동의 없이 진입한 후 분사기를 겨누는 등으로 신병을
확보하여 긴급 보호한 사안에서 동의 없이 거주지에 진입한 점 및 도주하려 하거나 위해를 가하려는
정황이 없는 상태에서 분사기 사용은 부적법하므로 불법체류자들에 대한 국가의 불법행위를 인정한
사례

2. 관계 기관의 협조

가. 관계기관에 자료제출 등 협조요청

출입국관리공무원은 다음의 조사에 필요하면 출입국관리 행정의 원활한 수행을 위하여 관계 기관이나 단체에 자료의 제출이나 사실의 조사 등에 대한 협조를 요청할 수 있다(법 제78조 제1항).

(1) 법 제47조에 따른 조사

> **법 제47조(조사)**
> 출입국관리공무원은 제46조제1항 각 호의 어느 하나에 해당된다고 의심되는 외국인(이하 "용의자"라 한다)에 대하여는 그 사실을 조사할 수 있다.

(2) 출입국사범에 대한 조사

나. 관계기관에 정보제공 요청

법무부장관은 다음의 직무를 수행하기 위하여 관계 기관에 해당 각 호의 정보 제공을 요청할 수 있다(법 제78조 제2항).

(1) 출입국심사(정보화기기를 이용하는 출입국심사에 관하여 외국과의 협정이 있는 경우에는 그 협정에 따른 직무수행을 포함한다): 범죄경력정보·수사경력정보, 여권발급정보·주민등록정보, 가족관계등록 전산정보 또는 환승 승객에 대한 정보

(2) 사증 및 사증발급인정서 발급 심사: 범죄경력정보·수사경력정보, 관세사범정보, 여권발급정보·주민등록정보, 사업자의 휴업·폐업 여부에 대한 정보, 납세증명서, 가족관계등록 전산정보 또는 국제결혼 중개업체의 현황 및 행정처분 정보

(3) 외국인체류 관련 각종 허가 심사: 범죄경력정보·수사경력정보, 범칙금 납부정보·과태료 납부정보, 여권발급정보·주민등록정보, 외국인의 자동차등록정보, 사업자의 휴업·폐업 여부에 대한 정보, 납세증명서, 외국인의 조세체납정보, 외국인의 국민건강보험 및 노인장기요양보험 관련 체납정보, 외국인의 과태료 체납정보, 가족관계등록 전산정보

또는 국제결혼 중개업체의 현황 및 행정처분 정보, 숙박업소 현황, 관광숙박업소의 현황, 외국인관광 도시민박업소의 현황, 한옥체험업소의 현황, 대통령령으로 정하는 외국인의 소득금액 정보

(4) 출입국사범 조사: 범죄경력정보·수사경력정보, 외국인의 범죄처분결과정보, 관세사범정보, 여권발급정보·주민등록정보, 외국인의 자동차등록정보, 납세증명서, 가족관계등록 전산정보 또는 국제결혼 중개업체의 현황 및 행정처분 정보, 숙박업소 현황, 관광숙박업소의 현황, 외국인관광 도시민박업소의 현황, 한옥체험업소의 현황

(5) 사실증명서 발급: 여권발급정보·주민등록정보 또는 가족관계등록 전산정보

다. 관계기관의 정보제공 의무 등

출입국관리공무원으로부터 협조 요청 또는 정보제공 요청을 받은 관계 기관이나 단체는 정당한 이유 없이 요청을 거부하여서는 아니 된다(법 제78조 제3항).

라. 제출받은 정보등 관리

제출받은 자료 또는 제2항에 따라 제공받은 정보는 「개인정보 보호법」에 따라 보유하고 관리한다(법 제78조 제4항).

3. 허가신청 등의 의무자

가. 허가신청 등의 의무자

국내 체류외국인이 출입국관리법에 따른 체류자격 외 활동허가 등 각종 체류허가를 신청하거나 체류지 변경 등 신고를 하려는 경우 본인 직접하는 것이 원칙이지만, 다음의 어느 하나에 해당하는 사람이 17세 미만인 경우 본인이 그 허가 등의 신청을 하지 아니하면 적정한 체류관리의 유지를 위하여 그의 부모나 그 밖에 대통령령으로 정하는 사람이 그 신청을 하여야 한다(법 제79조). 여기서 "그 밖에 대통령령으로 정하는 사람"이란 ⅰ) 사실상의 부양자, ⅱ) 형제자매, ⅲ) 신원보증인, ⅳ) 그 밖의 동거인 등을 말한다(법 시행령 제89조 제1항).

(1) 제20조에 따라 체류자격 외 활동허가를 받아야 할 사람

(2) 제23조에 따라 체류자격을 받아야 할 사람

(3) 제24조에 따라 체류자격 변경허가를 받아야 할 사람

(4) 제25조에 따라 체류기간 연장허가를 받아야 할 사람

(5) 제31조에 따라 외국인등록을 하여야 할 사람

(6) 제35조에 따라 외국인등록사항 변경신고를 하여야 할 사람

(7) 제36조에 따라 체류지 변경신고를 하여야 할 사람

나. 허가신청의 대행

외국인 등은 사증발급인정서 발급신청 등의 업무를 외국인의 체류 관련 신청 등을 대행하는 대행기관에 대행하게 할 수 있도록 하고, 대행기관이 되려는 자는 일정한 요건을 갖추어 법무부장관에게 등록하도록 하며, 등록취소 등에 대한 법적 근거를 마련하였다(제79조의2 및 제79조의3).

(1) 대행기관

외국인, 외국인을 고용한 자, 외국인에게 산업기술을 연수시키는 업체의 장 또는 외국인유학생이 재학 중이거나 연수 중인 학교의 장(이하 "외국인등"이라 한다)은 다음호에 해당하는 업무를 외국인의 체류 관련 신청 등을 대행하는 자(이하 "대행기관"이라 한다)에게 대행하게 할 수 있다(법 제79조의2 제1항).

(가) 제9조에 따른 사증발급인정서 발급신청

(나) 제19조 제1항(같은 조 제2항에 따라 준용하는 경우를 포함한다)에 따른 신고

(다) 제19조의4 제2항에 따른 신고

(라) 제20조에 따른 활동허가의 신청

(마) 제21조 제1항 본문에 따른 근무처 변경·추가 허가의 신청

(바) 제21조 제1항 단서에 따른 근무처 변경·추가의 신고

(사) 제23조 제1항에 따른 체류자격 부여의 신청

(아) 제24조에 따른 체류자격 변경허가의 신청

(자) 제25조 제1항에 따른 체류기간 연장허가의 신청

(차) 그 밖에 외국인등의 출입국이나 체류와 관련된 신고·신청 또는 서류 수령 업무로서 법무부령으로 정하는 업무, 여기서 법무부령으로 정하는 업무란 ⅰ) 법 제30조 제1항에 따른

재입국허가의 신청, ii) 법 제33조 제1항 본문에 따라 발급된 외국인등록증의 수령 및 영 제42조에 따라 재발급된 외국인등록증의 수령, iii) 법 제33조 제3항에 따라 발급된 영주증의 수령 및 영 제42조의2에 따라 재발급된 영주증의 수령, iv) 법 제35조에 따른 외국인등록사항 변경신고, v) 법 제36조 제1항에 따른 체류지 변경의 신고 등의 업무를 말한다.

(2) 대행기관의 등록

대행기관이 되려는 자는 다음의 요건을 갖추어 법무부장관에게 등록하여야 한다(같은 조 제2항).

(가) 변호사 또는 행정사 자격

(나) 대행업무에 필요한 교육이수

(다) 법인인 경우에는 제1호 및 제2호의 요건을 충족하는 인력을 갖출 것

(3) 대행기관의 등록절차 등

(가) 등록신청

대행기관(이하 "대행기관"이라 한다)으로 등록하려는 자는 같은 조 제2항에 따라 별지 제126호의16서식에 따른 대행기관 등록신청서에 i)「변호사법」제15조에 따른 개업신고 사실을 확인할 수 있는 서류(변호사인 경우로 한정한다) 또는「행정사법 시행규칙」제9조에 따른 행정사업무신고확인증(행정사인 경우로 한정한다), ii) 교육을 이수했음을 증명하는 서류, iii) 출입증을 발급받을 대행기관의 대표 및 소속 직원의 신분증 사본 등의 서류를 첨부하여 대행기관의 사무소 소재지를 관할하는 청장·사무소장 또는 출장소장에게 등록을 신청해야 한다(법 시행규칙 제68조의2 제1항).

대행기관 등록신청서

접수번호	접수일자	처리일자	처리기간

공통 기재사항	법인(영업소)의 명칭		사업자등록번호	
	법인(영업소)의 주소		전화번호	

대행기관 정보	성명(법인의 경우 대표자의 성명)		주민등록번호(법인등록번호)	
	주소(법인의 경우 대표자의 주소)			

대행기관 소속 직원	연번	성명	주민등록번호

「개인정보 보호법」 제15조(개인정보의 수집·이용) 및 제24조(고유식별정보의 처리 제한)에 따라 개인정보 및 고유식별정보를 제공하는데 동의합니다.　　　　　　　[ ] 동의　　[ ] 동의 안 함

본인은 「출입국관리법」 제79조의2 및 같은 법 시행규칙 제68조의2에 따라 대행기관 등록을 신청합니다.

신청일　　　년　　　월　　　일

신청인(대표자) 제출서류	담당 공무원 확인사항
1. 「변호사법」제15조에 따른 개업신고를 한 사실을 확인할 수 있는 서류(변호사인 경우만 해당합니다) 또는 「행정사법 시행규칙」 제9조에 따른 행정사업무신고확인증(행정사인 경우만 해당합니다) 2. 법무부장관이 시행하는 대행업무에 필요한 교육을 4시간 이상 이수하였음을 증명하는 서류 3. 출입증을 발급받을 대행기관 대표 및 소속 직원의 신분증 사본	1. 사업자등록증 2. 법인 등기사항증명서(법인만 해당합니다)

행정정보 공동이용 동의서

본인은 이 건 업무처리와 관련하여 담당 공무원이 「전자정부법」 제36조제1항에 따른 행정정보의 공동이용을 통해 위의 사업자등록증을 확인하는 것에 동의합니다.
 * 행정정보의 공동이용을 통한 사업자등록증 확인에 동의하지 않는 경우 신청인이 직접 해당 서류를 제출해야 합니다.

신청인(대표자)   (서명 또는 인)

(나) 청장 등의 처리

청장·사무소장 또는 출장소장은 등록신청서를 제출받은 경우에는 「전자정부법」제36조 제1항에 따른 행정정보의 공동이용을 통해 ⅰ) 사업자등록증, ⅱ) 법인 등기사항증명서(법인만 해당한다) 등의 서류를 확인해야 한다. 다만, 신청인이 제1호의 서류 확인에 동의하지 않은 경우에는 그 서류를 첨부하게 해야 한다.

(다) 필수 교육이수

대행기관으로 등록하려는 자(법인인 경우에는 변호사 또는 행정사 자격을 갖춘 소속 직원을 말한다)는 법무부장관이 시행하는 대행업무에 필요한 교육을 4시간 이상 이수해야 한다.

(라) 등록증 등 교부

청장·사무소장 또는 출장소장은 등록한 대행기관에 등록증과 출입증을 발급해야 한다.

(마) 등록증 재발급

대행기관은 등록증 및 출입증의 기재사항에 변동이 있거나, 등록증 및 출입증을 분실 또는 훼손한 경우 등에는 등록하였던 청장·사무소장 또는 출장소장에게 신청하여 등록증 및 출입증을 다시 발급받아야 한다.

(바) 기타

위의 규정 사항 외에 대행업무에 필요한 대행기관의 등록, 교육의 일정·장소·과목, 등록증 및 출입증의 발급·재발급 등에 필요한 사항은 법무부장관이 정한다.

다. 부 또는 모가 신청 등을 할 수 없는 경우

부 또는 모가 법 제79조에 따른 신청 등을 할 수 없는 경우에는 제1항에 규정된 사람 순으로 신청 등의 의무자가 된다(법 시행령 제89조 제2항).

라. 벌칙

허가신청 등의 의무자가 이를 해태한 경우 100만원 이하의 과태료에 처한다(법 제100조 제2항 제2호).

4. 사실조사

가. 출입국관리공무원 등의 사실조사 등

출입국관리공무원이나 권한 있는 공무원은 이 법에 따른 신고 또는 등록의 정확성을 유지하기 위하여 법 제19조(외국인을 고용한 자 등의 신고의무)·제31조(외국인등록)·제35조(외국인등록사항의 변경신고) 및 제36조(체류지 변경의 신고)에 따른 신고 또는 등록의 내용이 사실과 다르다고 의심할 만한 상당한 이유가 있으면 그 사실을 조사할 수 있다(법 제80조 제1항). 이에 따라 권한있는 기관에서 사실조사한 결과 신고 또는 등록의 내용이 사실과 다른 것을 발견한 때에는 지체 없이 그 내용을 청장·사무소장 또는 출장소장에게 통보하여야 한다(법 시행령 제90조). 이렇듯 사실조사 등은 출입국관리공무원 또는 권한 있는 공무원이 신고 또는 등록에 대해 내용이 사실과 다르다고 의심할 만한 상당한 이유가 있을 때 이루어지는 것이므로 조사 권한이 무제한 인정되는 것은 아니다.

나. 사실조사 명령

(1) 사실소사 명령

법무부장관은 다음에 따른 업무의 수행에 필요하다고 인정하면 출입국관리공무원에게 그 사실을 조사하게 할 수 있다(법 제80조 제2항).

(가) 법 제9조에 따른 사증발급인정서의 발급

(나) 법 제20조, 제21조, 제24조 및 제25조에 따른 허가나 제23조에 따른 체류자격 부여

> **제20조(체류자격 외 활동)**
>
> 대한민국에 체류하는 외국인이 그 체류자격에 해당하는 활동과 함께 다른 체류자격에 해당하는 활동을 하려면 미리 법무부장관의 체류자격 외 활동허가를 받아야 한다.
>
> **제21조(근무처의 변경·추가)**
>
> ① 대한민국에 체류하는 외국인이 그 체류자격의 범위에서 그의 근무처를 변경하거나 추가하려면 미리 법무부장관의 허가를 받아야 한다. 다만, 전문적인 지식·기술 또는 기능을 가진 사람으로서 대통령령으로 정하는 사람은 근무처를 변경하거나 추가한 날부터 15일 이내에 법무부장관에게 신고하여야 한다.
>
> ② 누구든지 제1항 본문에 따른 근무처의 변경허가·추가허가를 받지 아니한 외국인을 고

용하거나 고용을 알선하여서는 아니 된다. 다만, 다른 법률에 따라 고용을 알선하는 경우에는 그러하지 아니하다.

③ 제1항 단서에 해당하는 사람에 대하여는 제18조제2항을 적용하지 아니한다.

제24조(체류자격 변경허가)

① 대한민국에 체류하는 외국인이 그 체류자격과 다른 체류자격에 해당하는 활동을 하려면 미리 법무부장관의 체류자격 변경허가를 받아야 한다.

② 제31조제1항 각 호의 어느 하나에 해당하는 사람으로서 그 신분이 변경되어 체류자격을 변경하려는 사람은 신분이 변경된 날부터 30일 이내에 법무부장관의 체류자격 변경허가를 받아야 한다.

제25조(체류기간 연장허가)

외국인이 체류기간을 초과하여 계속 체류하려면 대통령령으로 정하는 바에 따라 체류기간이 끝나기 전에 법무부장관의 체류기간 연장허가를 받아야 한다.

제23조(체류자격 부여)

대한민국에서 출생하여 제10조에 따른 체류자격을 가지지 못하고 체류하게 되는 외국인은 그가 출생한 날부터 90일 이내에, 대한민국에서 체류 중 대한민국의 국적을 상실하거나 이탈하는 등 그 밖의 사유로 제10조에 따른 체류자격을 가지지 못하고 체류하게 되는 외국인은 그 사유가 발생한 날부터 30일 이내에 대통령령으로 정하는 바에 따라 체류자격을 받아야 한다.

(2) 행정정보 공동이용을 통한 서류 등 조사

출입국관리공무원은 사실조사를 위하여 필요한 경우에는 「전자정부법」 제36조 제1항에 따른 행정정보 공동이용을 통하여 아래의 서류를 조사할 수 있다(법 시행령 제90조 제2항).

(가) 법 제9조에 따른 사증발급인정서 발급 심사에 필요한 서류로서 법무부령으로 정하는 서류 중 신청인이 확인에 동의한 서류, 여기서 "법무부령으로 정하는 서류"란 별표 5에 따른 체류자격별 사증발급 신청 등 첨부서류 및 체류자격별 사증발급인정서 발급 심사에 필요한 서류를 말한다(법 시행규칙 제68조의2 제1항).

[별표 5] 〈개정 2018. 9. 21.〉 [시행일:2019. 1. 1.] 선원취업(E-10)

사증발급 신청 등 첨부서류 (제76조제1항 관련)

《유의 사항》
1. 재외공관의 장 또는 청장·사무소장·출장소장은 특히 필요하다고 인정되는 때에는 첨부서류의 일부를 더하거나 뺄 수 있다.
2. 재입국허가의 신청은 첨부서류 없이 한다. 다만, 외교(A-1)·공무(A-2)·협정(A-3) 체류자격 소지자는 재직을 증명하는 서류를 첨부하여야 한다.
3. 신청인이 체류자격 외 활동허가 등 대한민국에서 체류허가를 신청 할 때 이미 제출하여 출입국·외국인청, 출입국·외국인사무소 또는 출장소에 보관 중인 서류는 제출을 생략할 수 있다.
4. 첨부서류 중 분량이 많은 서류는 이를 발췌하여 사용하게 하는 등 필요 없는 서류를 제출하게 하는 일이 없도록 하여야 한다.
5. 신원보증서의 보증기간이 4년 이상인 때에도 4년을 한도로 하여 이를 인정하고, 각종 허가를 할 때의 허가기간은 신원보증서의 보증기간을 초과할 수 없다.

체류자격 (기호)	첨부 서류
공통 사항	○ 여권 및 여권사본 ○ 재외공관 지정병원에서 발급한 결핵 건강진단서 　- 결핵 고위험 국가에 거주하는 결핵 고위험 국가의 국민이 대한민국에 90일을 초과하여 체류할 목적으로 사증을 신청하는 등 법무부장관이 정하는 요건에 해당하는 경우에만 제출한다.
외교 (A-1)	○ 파견·재직을 증명하는 서류 또는 해당국 외교부장관의 협조공한(신분사실증명의 제시 등에 의하여 해당 신분임이 확인되는 때에는 구술서로 갈음할 수 있음) ※ 외교관여권 소지여부 확인. 다만, 일반여권을 소지한 사람은 외교업무 수행자 및 그 가족에 한정한다.
공무 (A-2)	○ 파견·재직을 증명하는 서류 또는 해당국 외교부장관이나 소속부처 장관의 공한(공무수행임을 입증하는 내용을 명시하여야 한다) ※ 관용여권 또는 신분증명서 소지여부 확인. 다만, 일반여권을 소지한 사람은 공무수행자 또는 국제기구 근무자 및 그 가족에 한정한다.

(C-4)	○ 소관 중앙행정기관의 장의 고용추천서[「공연법」에 따른 공연활동의 경우에는 「영화 및 비디오물의 진흥에 관한 법률」에 따른 영상물등급위원회(이하 "영상물등급위원회"라 한다)의 공연추천서] · 협조공문 또는 고용의 필요성을 입증할 수 있는 서류
문화예술 (D-1)	○ 초청장 ○ 문화예술단체임을 입증하는 서류 – 전문가의 지도인 경우에는 그 사람의 경력증명서 ※ "전문가"란 무형문화재 또는 국가공인 기능보유자 등을 말한다. ○ 이력서 또는 경력증명서 ○ 체류 중 일체의 경비지불능력을 증명하는 서류
유학 (D-2)	1. 정규과정의 교육을 받고자 하는 경우 ○ 수학능력 및 재정능력 심사결정 내용이 포함된 표준입학허가서(총 · 학장 발행) 2. 특정의 연구를 하고자 하는 경우 ○ 연구활동임을 입증하는 서류 ○ 최종학력증명서 ○ 신원보증서 또는 재정입증 관련서류
기술연수 (D-3)	○ 연수산업체가 작성한 연수계획서 ○ 임금 또는 급여대장 사본 ○ 외국인 기술연수 해당 산업체임을 입증할 수 있는 서류 ○ 신원보증서
일반연수 (D-4)	1. 대학부설 어학원에서 어학을 배우는 학생 또는 대학 간 학술교류협정으로 산학연수를 위한 교환학생의 경우 ○ 입학 또는 재학을 입증하는 서류 ○ 재정입증 관련서류 또는 대학 간 학술교류협정 서류 ○ 신원보증서(학비 등 체류 중 필요한 경비지불능력을 입증하지 못하거나 법무부장관이 특히 필요하다고 인정하는 경우에 한정한다) 2. 초 · 중 · 고등학교에 재학하는 학생의 경우 ○ 입학허가서 ○ 재학증명서 또는 졸업증명서 ○ 재정입증 관련서류 3. 그 밖의 연수의 경우 ○ 연수를 증명하는 서류 ○ 연수기관의 설립 관련서류 ○ 재정입증 관련서류 – 연수기관이 체류경비 등을 부담하는 경우는 경비 부담 확인서 – 그 밖의 경우에는 국내송금이나 환전 증명서 ○ 신원보증서(연수비용 등 체류 중 필요한 경비 지급 능력을 증명하지 못하거나 법무부장관이 특히 필요하다고 인정하는 경우에만 해당한다)

주 재 (D-7)	1. 영 별표 1의2 중 10. 주재(D-7)란의 가목에 해당하는 사람 ○ 외국 소재 회사 등 재직증명서 ○ 인사명령서(파견명령서) ○ 국내 지점 등 설치 입증서류 ○ 외국환 매입증명서 등 영업자금 도입실적 입증서류(또는 사업계획서) 2. 영 별표 1의2 중 10. 주재(D-7)란의 나목에 해당하는 사람 ○ 본사의 등기사항전부증명서 ○ 해외 직접투자신고 수리서 또는 해외지점 설치신고 수리서 ○ 해외 송금사실 입증서류 ○ 해외지사의 법인등기사항전부증명서 또는 사업자등록증 ○ 해외지사에서의 재직증명서 및 납부내역증명서 ○ 인사명령서(파견명령서)

기업투자
(D-8)
	1. 영 별표 1의2 중 11. 기업투자(D-8)란의 가목에 해당하는 사람
	○ 파견명령서 또는 재직증명서
	○ 외국인투자신고서(법인등기사항전부증명서 또는 사업자등록증 사본) 또는 투자기업등
	  록증 사본
	2. 영 별표 1의2 중 11. 기업투자(D-8)란의 나목에 해당하는 사람
	○ 벤처기업확인서 또는 이에 준하는 서류
	○ 지식재산권, 그 밖에 이에 준하는 기술과 그 사용에 관한 권리 등을 보유하고 있음을
	  입증하는 서류
	3. 영 별표 1의2 중 11. 기업투자(D-8)란의 다목에 해당하는 사람
	○ 학력증명서
	○ 지식재산권 보유 또는 이에 준하는 기술력 등 입증서류
	○ 법인등기사항전부증명서

무역경영 (D-9)	1. 선박건조 · 설비제작 감독 또는 수출설비(기계)의 설치 · 운영 · 보수 업무를 하려는 경우 ○ 재직증명서 ○ 법인등기사항전부증명서 또는 사업자등록증 사본 ○ 영업자금 도입실적 증빙서류 또는 사업계획서 사본 ○ 연간 납세증명서 2. 회사경영, 영리사업을 하는 경우 ○ 사업자등록증 사본 ○ 사업자금 도입관련 입증서류 ○ 사업장 존재 입증서류 3. 한국무역협회장으로부터 무역업 고유번호를 부여받고 무역업을 하는 경우 ○ 사업자등록증 사본 ○ 무역업 고유번호부여증(한국무역협회 발행) ○ 사업장 존재 입증서류 ○ 무역업 점수제 해당 점수 입증서류

	○ 창업준비 계획서
교수 (E-1)	○ 경력증명서 ○ 고용계약서 또는 임용예정 확인서
회화지도 (E-2)	1. 교육부 또는 시·도 교육청 주관으로 모집·선발되어 초·중등학교에서 외국어 회화지도에 종사하려는 사람 ○ 학위증(졸업증명서) 또는 재학증명서(자국 소재 대한민국 공관 확인 필요) ○ 시·도 교육감이나 국립국제교육원장이 발급한 합격통지서·초청장 또는 시·도 교육감의 고용추천서 2. 그 밖의 기관·단체에서 외국어 회화지도에 종사하려는 사람 ○ 학위증 사본(자국 소재 대한민국 공관이 확인한 것을 말한다) ○ 국적국의 관할 기관이 발급한 범죄경력에 관한 증명서(국적국 정부, 국적국 주재 대한민국 공관 또는 국내 국적국 공관이 확인한 것을 말한다) ○ 건강확인서(별지 제21호의3서식) ○ 고용계약서 ○ 학원 또는 단체 설립 관련서류
연구 (E-3)	○ 초청기관 설립 관련서류 ○ 학위증 및 경력증명서 ○ 고용계약서
기술지도 (E-4)	○ 파견명령서 또는 재직증명서 ○ 기술도입 계약 신고수리서·기술도입 계약서(또는 용역거래인증서) 또는 방위산업체 지정서 사본 ○ 사업자등록증, 법인등기사항전부증명서 등 공공기관·민간단체 설립사실에 관한 입증서류
전문직업 (E-5)	○ 학위증 및 자격증 사본 ○ 소관 중앙행정기관의 장의 고용추천서(경제자유구역 내에서 취업활동을 하려는 사람은 관할 특별시장·광역시장·도지사의 고용추천서) 또는 고용의 필요성을 입증할 수 있는 서류 ○ 고용계약서
예술흥행 (E-6)	1. 「공연법」에 따라 공연을 하고자 하는 경우 ○ 영상물등급위원회의 공연추천서 ○ 공연계획서 2. 「관광진흥법」에 따른 호텔업시설, 유흥업소 등에서 제1호를 제외한 공연 또는 연예활동에 종사하고자 하는 경우 ○ 영상물등급위원회의 공연추천서 ○ 연예활동 계획서 ○ 자격증명서 또는 경력증명서 ○ 신원보증서 3. 그 밖의 경우 ○ 소관 중앙행정기관의 장의 고용추천서 또는 고용의 필요성을 입증할 수 있는 서류 ○ 자격증명서 또는 경력증명서

	○ 소관 중앙행정기관의 장의 고용추천서(경제자유구역 내에서 취업활동을 하려는 사람은 관할 특별시장 · 광역시장 · 도지사의 고용추천서) 또는 고용의 필요성을 입증할 수 있는 서류 ○ 사업자등록증, 법인등기사항전부증명서 등 공공기관 · 민간단체 설립사실에 관한 입증서류 ○ 신원보증서(법무부장관이 고시한 근무처 변경 · 추가 신고가 제한되는 직종의 종사자만 해당한다)
비전문취업 (E-9)	○ 「외국인근로자의 고용 등에 관한 법률」 제8조에 따른 외국인근로자 고용허가서 ○ 표준근로계약서 ○ 사업자등록증, 법인등기사항전부증명서 등 사업 또는 사업장 관련 입증서류 ○ 국적국의 권한 있는 기관이 발급한 공적 문서로서 국적국 내에서의 범죄경력이 포함되어 있는 증명서 ○ 건강확인서(별지 제21호의3서식) ○ 신원보증서 ○ 그 밖에 법무부장관이 필요하다고 인정하는 서류
선원취업 (E-10)	○ 선원근로계약서 ○ 「해운법」에 따른 내항여객운송사업 면허증 · 내항화물운송사업 등록증 · 순항여객운송사업 면허증 또는 「수산업법」에 따른 정치망어업 면허증[관리선 사용지정(어선사용승인)증을 포함한다] · 근해어업 허가증 ○ 「선원법」 제2조제18호에 따른 해양항만관청의 고용추천서 ○ 국적국의 권한 있는 기관이 발급한 공적 문서로, 국적국 내에서의 범죄경력이 포함되어 있는 증명서 ○ 건강확인서(별지 제21호의3서식) ○ 신원보증서 ○ 그 밖에 법무부장관이 필요하다고 인정하는 서류
방문동거 (F-1)	1. 국내에 거주하는 가족 또는 친족을 방문하는 경우 ○ 가족 또는 친족 관계 입증서류(결혼증명서 · 가족관계기록사항에 관한 증명서 또는 출생증명서) ○ 신원보증서 ※ 해외입양인의 경우 입양기관의 확인서 또는 양부모 진술서 2. 초 · 중 · 고등학교에 재학하는 학생의 경우 ○ 가족 또는 친족 관계 입증서류(가족관계기록사항에 관한 증명서 또는 출생증명서) ○ 입학허가서 ○ 입학 또는 재학을 증명하는 서류 ○ 재정입증 관련서류 3. 영 별표 1의2 중 1. 외교(A-1) 또는 2. 공무(A-2)자격을 가지고 있는 사람의 가사보조인의 경우 ○ 외국공관의 요청 공문 ○ 고용계약서 ○ 고용인의 신분증명서 사본 4. 미화 50만불 이상 투자한 사람의 가사보조인의 경우 ○ 외국인투자신고서(법인등기사항전부증명서 또는 사업자등록증 사본) 또는 투자기업등록증 사본

	○ 고용인의 재직증명서 ○ 고용계약서 5. 영 별표 1의2. 중 10. 주재(D-7), 12. 무역경영(D-9) 및 14. 교수(E-1)부터 20. 특정활동 (E-7)까지의 체류자격에 해당하거나 같은 체류자격에서 같은 표 중 24. 거주(F-2)란의 바목 또는 영 별표 1의3 영주(F-5)란의 제1호로 체류자격을 변경한 사람의 가사보조인인 경우 ○ 고용계약서 ○ 고용인의 신분증명서 ○ 고용인의 재직증명서 ○ 신원보증서 6. 그 밖의 경우 ○ 영 제12조에 따른 방문동거 자격을 입증하는 서류 ○ 신원보증서
거 주 (F-2)	1. 영 별표 1의2 중 24. 거주(F-2)란의 가목에 해당하는 사람 ○ 결혼증명서 또는 가족관계기록에 관한 증명서 ○ 출생증명서(자녀초청인 경우에만 해당한다) ○ 소득금액증명 등 소득요건 입증서류 ○ 국내 배우자의 신원보증서[영 별표 1의3 영주(F-5) 체류자격 소지자의 배우자만 해당한다] ○ 외국인 배우자 초청장(해당자에 한함) ○ 초청인의 신용정보조회서(한국신용정보원이 발행한 것을 말한다) ○ 국적국 또는 거주국의 관할 기관이 발급한 혼인 당사자의 범죄경력에 관한 증명서 ○ 혼인당사자의 건강진단서(「의료법」 제3조제2항제3호에 따른 병원급 의료기관이나 「지역보건법」 제10조에 따른 보건소가 발행한 것을 말한다. 다만, 외국인 배우자는 해당 국적국 또는 거주국에서 통용되는 유사한 입증자료로 갈음할 수 있다) ○ 외국인 배우자의 결혼배경 진술서 ○ 주거요건 입증서류 ○ 한국어 구사요건 관련 입증서류 2. 영 별표 1의2 중 24. 거주(F-2)란의 나목에 해당하는 사람 ○ 가족관계기록사항에 관한 증명서 ○ 출생증명서 ※ 국민과의 사실상의 혼인관계에서 출생한 자녀인 사실을 입증하는 서류 3. 영 별표 1의2 중 24. 거주(F-2)란의 라목·마목 또는 바목에 해당하는 사람 ○ 재정입증 관련 서류 ○ 신원보증서 4. 영 별표 1의2 중 24. 거주(F-2)란의 사목에 해당하는 사람 ○ 해당 기술·기능 자격증이나 임금 관련 서류 ○ 국내 자산 입증 서류 ○ 신원보증서

	사실을 증명하는 서류 - 외국국적을 취득한 원인 및 그 연월일을 증명하는 서류 - 납부내역증명서, 소득금액증명원 등 체류기간 중 단순노무행위 등 영 제23조제3항 각호에서 규정한 취업활동에 종사하지 아니할 것임을 소명하는 서류(법무부장관이 고시하는 불법체류가 많이 발생하는 국가의 외국국적동포에 한정한다) - 그 밖에 법무부장관이 필요하다고 인정하는 서류 ○ 부모의 일방 또는 조부모의 일방이 대한민국의 국적을 보유하였던 사람으로서 외국국적을 취득한 사람 - 직계존속이 대한민국의 국민이었던 사실을 증명하는 서류 - 본인과 직계존속이 외국국적을 취득한 원인 및 그 연월일을 증명하는 서류 - 직계존비속의 관계임을 증명하는 서류(출생증명서 등) - 납부내역증명, 소득금액증명 등 체류기간 중 단순노무행위 등 영 제23조제3항 각 호에서 규정한 취업활동에 종사하지 아니할 것임을 소명하는 서류(법무부장관이 고시하는 불법체류가 많이 발생하는 국가의 외국국적동포에 한함) - 그 밖에 법무부장관이 필요하다고 인정하는 서류
영 주 (F-5)	1. 영 별표 1의3 영주자격(F-5)란의 제3호에 해당하는 사람 ○ 외국인투자기업 등록증명서 ○ 법인등기사항전부증명서 또는 사업자등록증 ○ 소득금액증명 등 소득입증서류 2. 영 별표 1의3 영주자격(F-5)란의 제9호에 해당하는 사람 ○ 점수제 해당항목 입증서류
결혼이민 (F-6)	1. 영 별표 1의2 중 27. 결혼이민(F-6)란의 가목에 해당하는 사람 ○ 혼인성립 증명 서류 ○ 한국인 배우자의 가족관계증명서 및 기본증명서 ○ 소득요건 입증서류 ○ 초청인의 신용정보조회서(한국신용정보원이 발행한 것을 말한다) ○ 한국인 배우자의 신원보증서(최소보증기간은 입국일부터 2년으로 한다) ○ 외국인 배우자 초청장 ○ 외국인 배우자의 결혼배경 진술서 ○ 주거요건 입증서류 ○ 한국어 구사요건 관련 입증서류 2. 이 규칙 제9조의4제2항에 따라 법무부장관이 고시하는 요건에 해당하는 사람의 경우에는 다음 서류를 추가로 제출하여야 한다. ○ 국적국 또는 거주국의 관할 기관이 발급한 혼인당사자의 범죄경력에 관한 증명서 ○ 혼인당사자의 건강진단서(후천성면역결핍증 및 성병감염, 결핵감염, 정상적인 결혼생활에 지장을 초래할 수 있는 정신질환 여부 등에 관한 사항을 포함한다) -「의료법」제3조제2항제3호에 따른 병원급 의료기관이나「지역보건법」제10조에 따른 보건소가 발행한 것을 말한다. 다만, 외국인 배우자는 해당 국적국 또는 거주국에서 통용되는 유사한 입증자료로 갈음할 수 있다. 3. 영 별표 1의2 중 27. 결혼이민(F-6)란의 나목에 해당하는 사람 ○ 가족관계기록에 관한 증명서(국민과 사실상 혼인관계임을 증명하는 서류를 포함한다) ○ 자녀양육을 증명할 수 있는 서류

관광취업 (H-1)	○ 왕복항공권 ○ 일정기간 체류할 수 있는 경비소지 입증서류 ○ 여행일정 및 활동계획서
방문취업 (H-2)	○ 공통서류 – 국적국의 권한 있는 기관이 발급한 공적 문서로, 국적국 내에서의 범죄경력이 포함되어 있는 증명서. 다만, 영 별표 1의2 중 29. 방문취업(H-2)란의 가목3), 4)에 해당하는 사람과 만 60세 이상인 사람은 제외한다. – 건강확인서(별지 제21호의3서식 사용). 다만, 영 별표 1의2 중 29. 방문취업(H-2)란의 가목3), 4)에 해당하는 사람은 제외한다. ○ 출생 당시에 대한민국 국민이었던 사람으로서 가족관계등록부·폐쇄등록부 또는 제적부에 등재되어 있는 사람 – 가족관계기록사항에 관한 증명서 또는 제적등본. 다만, 가족관계등록부·폐쇄등록부 또는 제적부가 없는 경우에는 이주일자 또는 국적국에서의 출생일자 및 동포임을 증명하는 국적국의 공적 서류 등 법무부장관이 인정하는 서류로 대체할 수 있다. ○ 부모의 일방 또는 조부모의 일방이 대한민국 국적을 보유하였던 사람 – 가족관계기록사항에 관한 증명서 또는 제적등본 등 직계존속이 대한민국 국민이었던 사실을 증명하는 서류 – 직계존비속 관계를 증명할 수 있는 서류(출생증명서 등) ○ 국내에 주소를 둔 대한민국 국민과 친족관계에 있는 사람 중 가족관계등록부·폐쇄등록부 또는 제적부에 등재되지 아니한 사람으로서 그 친족의 초청을 받은 사람 – 친족의 가족관계기록사항에 관한 증명서, 친족과의 관계를 증명하는 서류, 초청사유서, 초청자의 신원보증서 ○ 국가(독립)유공자 및 유족 등 – 독립유공자증·국가유공자증 또는 독립유공자유족증·국가유공자유족증 등 국가(독립)유공자 또는 그 유족임을 증명하는 서류[유족증서가 없는 경우 국가(독립)유공자와의 유족 또는 가족관계를 증명할 수 있는 서류] – 재외동포임을 증명하는 국적국의 공적 서류 등 법무부장관이 인정하는 서류 ○ 대한민국에 특별한 공로가 있거나 대한민국의 국익증진에 기여한 사람 – 훈·포장 증서 또는 중앙행정기관의 장이 수여한 표창장 – 재외동포임을 증명하는 국적국의 공적 서류 등 법무부장관이 인정하는 서류 ○ 영 별표 1의2 중 5. 유학(D-2) 체류자격으로 대한민국에 체류 중인 사람의 부·모 및 배우자 – 재학증명서 – 유학 중인 사람과의 관계를 증명할 수 있는 서류 – 동포임을 증명하는 국적국의 공적 서류 등 법무부장관이 인정하는 서류 ○ 국내 외국인의 체류질서 유지를 위하여 법무부장관이 정하는 기준 및 절차에 따라 자진하여 출국한 사람 – 청장·사무소장 또는 출장소장이 발급한 출국확인서 등 사실관계 확인서류 – 동포임을 증명하는 국적국의 공적 서류 등 법무부장관이 인정하는 서류 ○ 국내에 친족이 없고 가족관계등록부·폐쇄등록부 또는 제적부에 등재되지 아니한 사람 – 동포임을 증명하는 국적국의 공적 서류 등 법무부장관이 인정하는 서류 – 그 밖에 법무부장관이 필요하다고 인정하는 서류

외국인 배우자 초청장

〈유의사항〉

▶ 이 초청장은 외국인 배우자를 초청하는 국내 초청인이 한국어로 작성하여야 합니다.

▶ 원칙적으로 초청장에 기재된 정보에 따라 심사가 진행되니 영사 및 출입국관리공무원이 심사에 참고할 수 있도록 초청인께서는 해당하는 모든 질문에 답변하시고, 답변과 관련된 입증서류가 있는 경우에는 모두 제출하시기 바랍니다.

▶ 해당하는 답변을 누락하거나 입증서류를 제출하지 않은 경우에는 심사가 지연되거나 불허될 수 있습니다.

▶ 배우자 초청에 필요한 요건을 갖추지 못하였거나 요건을 입증하는 서류가 없음에도 거짓된 사실을 기재하거나 위 · 변조된 서류를 제출하는 경우에는 관련 법령에 따라 처벌될 수 있습니다.

▶ 요건을 갖추지 못하였거나 요건을 입증하는 서류가 없는 경우에는 그 사유를 기재한 사유서를 제출하여 주시기 바랍니다.

▶ 귀하께서 제공한 정보는 「개인정보 보호법」에 따라 보호되며, 다른 법령에 근거가 없는 한 「출입국관리법」에 따른 업무에만 활용됩니다.

1. 초청인의 인적사항

1.1 성명	1.2 성별 [ ]남 [ ]여
1.3 출생국가 [ ] 한국 [ ] 한국 외의 지역 (　　　　　　) ※ 귀화 일자 (　　년　　월　　일)	1.4 생년월일 　　년　　월　　일
1.5 주소	

1.6 집 전화번호	1.7 휴대전화번호	1.8 전자우편 주소

2. 교제 및 혼인경위

2.1 언제 배우자를 처음 만났습니까?
　　　년　　월　　일

2.2 어디에서 배우자를 처음 만났습니까?

2.3 배우자를 소개해 준 사람이 있습니까?　　[ ] 예　(아래 내용을 작성)
　　　　　　　　　　　　　　　　　　　　[ ] 아니오 (→ 2.4로 이동)

2.3.1 소개인의 성명 (중개업체의 경우 상호명도 기재합니다)	2.3.2 소개인의 생년월일 (중개업체의 경우 사업자등록번호도 기재합니다)

2.5 첫 만남 이후 어떻게 관계를 발전시켜 혼인하게 되었는지 설명하고, 교제사실을 입증할 수 있는 자료(예시: 통화내역, 사진 등)가 있다면 제출하시오.

　　(※ 시간, 장소 등을 구체적으로 표시해야 하며, 설명할 내용이 많을 경우 아래에 "별지작성"이라고 기재하고, 별지에 작성하여 제출하기 바랍니다)

2.6 첫 만남 이후 배우자의 국가에 방문한 적이 있습니까?

　　　　　　　　　　　　[ ] 예 (　　)회　　　　[ ] 아니오

2.7 첫 만남 이후 배우자가 한국에 방문한 적이 있습니까?

　　　　　　　　　　　　[ ] 예 (　　)회　　　　[ ] 아니오

2.8 배우자와 결혼식을 하였습니까?

　　[ ] 예 (언제:　　년　　월　　일 / 어디에서:　　　　　　) [ ] 아니오

2.9 한국에 혼인신고한 날짜는 언제입니까?　　　　　　　　년　　　월　　　일

2.10 한국에서 혼인신고 시 신고서에 기재한 증인 2명은 누구입니까?
　　　(초청인이 국민인 경우에만 작성합니다)

성명	생년월일	연락처

2.11 초청하려는 배우자와 동거한 적이 있습니까?

　　[ ] 예 (동거장소:　　　　　　 / 동거기간:　　　　부터　　　　까지)

　　[ ] 아니오

2.12 초청인의 부모, 형제자매, 자녀가 혼인사실에 대해 알고 있습니까?

　　　(초청인에게 형제자매, 자녀가 있는 경우 빠짐없이 모두 작성하여야 하고, 작성 공간이 부족할 경우 별지에 작성하며, 사망한 경우 연락처에 "사망"으로 기재합니다)

관계	성명	연락처	혼인사실을 알고 있는지 여부
부			안다 / 모른다
모			안다 / 모른다
			안다 / 모른다
			안다 / 모른다
			안다 / 모른다
			안다 / 모른다
			안다 / 모른다

210mm×297mm[백상지 80g/㎡(재활용품)]

2.13 위 표(2.12)에 기재된 가족 중 초청인이 혼인한 사실을 모르고 있는 사람이 있는 경우에는 그 이유를 설명하시오.

3. 초청인의 혼인경력

3.1 초청인은 과거 혼인한 적이 있습니까? [ ] 예
　　(한국인 및 외국인과의 혼인을 모두 포함합니다) [ ] 아니오 (→4로 이동)

3.2 과거 혼인경력에 대하여 상세히 적으시오.

배우자의 성명	생년월일	배우자의 국적	혼인기간								
			년	월	일부터	년	월	일까지
			년	월	일부터	년	월	일까지
			년	월	일부터	년	월	일까지

3.3 과거에 국제결혼으로 외국인을 한국으로 초청한 적이 있습니까? [ ] 예 (　　)회
　　　　　　　　　　　　　　　　　　　　　　　　　　　　　　　　　[ ] 아니오 (→4로 이동)

3.4 가장 최근에 외국인 배우자를 초청한 날은 언제입니까?
　　(날짜는 당시 결혼사증 신청일을 말합니다. 정확한 날짜를 모를 경우 연월까지만 기
　　재합니다)　　　　　　　　　　　　　　　　　　　　　　　　　　　년　　월　　일

4. 소득요건

▶ 초청인과 초청하려는 배우자 사이에 자녀가 있는 등 소득요건 면제 대상에 해당되는 경우 4.7로 이동

4.1 초청인과 함께 사는 가족은 몇 명입니까? (아래 표에 인원 수를 기재합니다)

구 분
초청인과 외국인 배우자
초청인과 주민등록표상 세대를 같이 하는 직계가족 (부모, 조부모, 과거 혼인관계에서 출생한 자녀 중 함께 사는 가족의 수)
합 계

4.2 위 표에 기재된 가족의 인원 수에 따라 초청인이 충족해야 하는 소득요건은 얼마입니까?
　　(법무부고시를 참조하여 작성합니다)
　　　　　　　　　　　　　　　　　　　　　　　　　　　　　　　　　　원

4.3.4 초청인이 현재 취업하고 있는 직장에서 일하기 시작한 날짜는 언제입니까?

년   월   일부터 근무

4.3.5 초청인은 현재 취업하고 있는 직장에서 초청장 작성일부터 과거 1년간 얻은 세전 수입은 얼마입니까?

원

　　[여기에 기재한 금액이 소득요건 기준(4.2에 기재한 금액)을 충족하는 경우 5로 이동]

4.3.6 초청인은 초청장 작성일부터 과거 1년간 한국에서 취업한 적이 있습니까?　　　　　　[ ] 예
　　(현재 다니고 있는 직장 외에 과거에 다녔던 직장을 말합니다)　　　　　　　　　[ ] 아니오 (→4.4로 이동)

4.3.7 초청인이 초청장 작성일부터 과거 1년간 취업하였던 직장명, 주소, 고용주의 이름과 연락처를 적으시오.

직장명	주소	고용주 성명	고용주(직장) 연락처

4.3.8 초청인이 초청장 작성일부터 과거 1년간 위 직장에서 근무한 기간 및 직장에서 얻은 세전 소득은 얼마입니까?

직장명	근무한 기간	세전 소득
	년　월　일부터　년　월　일까지	원
	년　월　일부터　년　월　일까지	원

4.3.9 위 표(4.3.8)에서 기재한 세전 소득의 합은 얼마입니까?

원

4.3.10 초청인이 현재 취업하고 있는 직장에서 얻은 소득(4.3.5에 기재한 금액)과 과거 취업하였던 직장에서 얻은 소득(4.3.9에 기재한 금액)의 합은 얼마입니까?

원

　　[여기에 기재한 금액이 소득요건 기준(4.2에 기재한 금액)을 충족하는 경우 5로 이동]

4.4 사업소득 (농림수산업 소득도 "사업소득"에 포함됩니다)

4.4.1 초청인은 초청장 작성일부터 과거 1년간 사업을 한 적이 있습니까?　　　　　[ ] 예
　　　　　　　　　　　　　　　　　　　　　　　　　　　　　　　　　　　[ ] 아니오 (→4.5로 이동)

4.5 그 밖의 소득 ("그 밖의 소득"은 부동산 임대소득, 이자소득, 배당소득, 연금소득만 해당됩니다)

4.5.1 초청인은 초청장 작성일부터 과거 1년간 부동산 임대, 이자, 배당, 연금에 의한 소득이 있습니까?
　　[　] 예 (아래 내용을 기재)　　　　　[　] 아니오 (→4.6으로 이동)

소득의 종류 (부동산 임대, 이자, 배당, 연금 중 택일)	세전 소득
	원
	원

4.5.2 위 표(4.5.1)에 기재한 소득을 합산한 금액은 얼마입니까?

원

[여기에 기재한 금액과 근로소득(4.3.10에 기재한 금액)과 사업소득(4.4.4에 기재한 금액)의 합이 소득요건 기준(4.2에 기재한 금액)을 충족하는 경우 5로 이동]

4.6 재산

▶ 초청인이 지난 1년간 얻은 소득을 모두 합산하더라도 소득요건 기준을 충족하지 못한 경우에는 초청인의 명의로 된 재산을 이용할 수 있습니다.

▶ 여기에 해당하는 재산은 초청장 작성일을 기준으로 6개월 이상 초청인의 명의로 되어 있는 100만원 이상의 예금, 보험, 증권, 채권, 부동산을 의미하며, 부채를 제외한 순 재산만 인정합니다.

4.6.1 초청인은 위 기준을 충족하는 초청인 명의의 재산이 있습니까?
　　[　] 예 (아래 내용을 작성)　　　　[　] 아니오 (→4.7로 이동)

재산의 종류 (예금, 보험, 증권, 채권, 부동산 중 택일)	재산의 현금가액
	원
	원
	원
합 계	원

※ 현금가액의 계산방법: ① 예금, 보험, 증권, 채권은 초청장 작성일 기준 액면가를 기재합니다. ② 초청인이 소유하고 있는 부동산은 원칙적으로 서류 작성일 기준 공시지가를 기재하되, 국토교통부 실거래가, 시중은행 공표 시세 등을 확인할 수 있는 경우에는 그 가격을 기재할 수 있습니다. ③ 주택 등을 임차한 경우에는 임대차 계약서상의 금액을 기재합니다.

4.6.2 초청인은 대출 등 부채가 있습니까?　　　　　[　] 예　　(　　　　　　　　　　)원
　　　　　　　　　　　　　　　　　　　　　　　　　　[　] 아니오

4.6.3 재산의 합계(4.6.1에 기재한 금액의 합계)에서 부채(4.6.2에 기재한 금액)를 제외한 금액은 얼마입니까?

원

4.7 소득요건의 면제

4.7.1 초청인은 초청하려는 외국인 배우자와의 사이에 출생한 자녀가 있습니까?

[ ] 예   (→5로 이동)
[ ] 아니오

4.7.2 초청인의 소득이나 재산이 4.2에 기재한 금액을 충족하지 못한 경우에도 소득요건을 특별히 면제받을 사유가 있다면 아래에 기재하고 이를 입증할 수 있는 서류를 제출하시오.

5. 주거요건

▶ 외국인 배우자를 초청하는 초청인은 배우자가 입국 후 부부가 함께 지속적으로 거주할 수 있는 정상적인 주거공간을 가지고 있어야 합니다.
▶ 주거공간은 초청인 또는 초청인과 주민등록을 함께 하는 직계가족의 명의로 소유하거나 임차한 곳이어야 하며, 주거공간이 마련되어 있지 않는 경우에는 심사가 지연되거나 신청이 거부될 수 있습니다.
▶ 아래 질문은 이와 관련된 사항입니다.

5.1 배우자가 입국 후 거주할 곳의 주소를 기재하시오.

5.2 위 주거공간에 대한 권리관계는 어떻게 됩니까?
[ ] 초청인 명의로 소유   [ ] 초청인 명의로 임차   [ ] 가족 명의로 소유   [ ] 가족 명의로 임차
(소유의 경우 부동산등기부 등본이나 매매계약서 사본 제출, 임차의 경우 임대차 계약서 사본을 제출하여야 합니다)

5.3 주거공간의 크기는 몇 m²입니까? m²	5.4 주거공간에 방은 몇 개 있습니까? (개) (부엌, 화장실, 욕실, 현관입구, 창고는 방이 아닙니다)

5.5 위 주거공간에 초청인 이외에 현재 거주하고 있는 사람이 있습니까?
[ ] 예 (아래 사항을 작성하시오)   [ ] 아니오

성명	연령	초청인과의 관계	연락처

6. 부부간 의사소통

▶ 초청인과 초청하려는 배우자 사이에 자녀가 있는 등 부부간 의사소통 요건 면제 대상에 해당되는 경우 6.5로 이동

6.1 초청인과 배우자가 일상 대화에 사용하는 언어는 무엇입니까?

[ ] 한국어 (→6.2로 이동)   [ ] 배우자의 모국어 (언어명 :   ) (→6.3로 이동)
[ ] 제3국 언어 (언어명 :   ) (→6.4로 이동)   [ ] 부부간 의사소통이 불가능 (→6.5로 이동)

6.2 배우자가 한국어를 사용할 수 있음을 입증하는 방법은 무엇입니까?

[ ] 한국어능력시험(TOPIK) 1급 이상 취득   [ ] 지정 교육기관에서 한국어 교육과정 이수
[ ] 한국어 관련 학위 취득   [ ] 외국국적동포
[ ] 과거 한국에서 1년 이상 거주 (년   월   일부터   년   월   일까지 거주)
[ ] 그 밖에 배우자가 한국어를 사용할 수 있음을 입증하는 방법이 있는 경우 아래에 설명하시오.

(7로 이동, 초청장 제출 시 배우자가 한국어를 사용할 수 있음을 입증하는 서류가 있는 경우 제출합니다)

6.3 초청인이 배우자의 모국어를 사용할 수 있음을 입증하는 방법은 무엇입니까?

[ ] 배우자의 모국어 관련 국가에서 과거 1년 이상 거주
   국가명 (   ) 거주기간 (년   월   일부터   년   월   일까지 거주)
[ ] (초청인이 귀화자인 경우) 귀화하기 전 국적 국가의 언어와 배우자의 모국어가 동일
[ ] 그 밖에 초청인이 배우자의 모국어를 사용할 수 있음을 입증하는 방법이 있는 경우 아래에 설명하시오.

(7로 이동, 초청장 제출 시 초청인이 배우자의 모국어를 사용할 수 있음을 입증하는 서류가 있는 경우 제출합니다)

6.4 초청인과 배우자가 제3국 언어를 사용할 수 있음을 입증하는 방법은 무엇입니까?

[ ] 초청인과 배우자가 제3국 언어가 사용되는 국가에서 1년 이상 거주
   • 국가명 (   )
   • 초청인의 거주기간 (년   월   일부터   년   월   일까지 거주)
   • 배우자의 거주기간 (년   월   일부터   년   월   일까지 거주)
[ ] 그 밖에 초청인과 배우자가 제3국 언어를 사용할 수 있음을 입증하는 방법이 있는 경우 아래에 설명하시오.

(7로 이동, 초청장 제출 시 초청인과 배우자가 제3국 언어를 사용할 수 있음을 입증하는 서류가 있는 경우 함께 제출합니다)

6.5 의사소통 요건의 면제

6.5.1 초청인은 초청하려는 외국인 배우자와의 사이에 출생한 자녀가 있습니까?　　　[ ] 예　(→7로 이동)
　　　　　　　　　　　　　　　　　　　　　　　　　　　　　　　　　　　[ ] 아니오

6.5.2 초청인과 배우자는 위의 의사소통 요건을 충족하지 못한 경우에도 의사소통 요건을 특별히 면제받을 사유가 있다면 아래에 기재하고 이를 입증할 수 있는 서류를 제출하시오.

7. 국제결혼 안내프로그램 이수 여부

▶ 초청인이 국민인 경우에만 작성하며, 영주자격자인 경우 8로 이동

7.1 외국인 배우자의 국적이 중국, 베트남, 필리핀, 캄보디아, 몽골, 우즈베키스탄, 태국 중 하나입니까?

　[ ] 예　　　　　　　　　[ ] 아니오 (→8로 이동)

7.2 초청인은 아래 중 어느 경우에 해당합니까? (해당하는 경우에만 8로 이동)
　[ ] 외국인 배우자의 국가 또는 제3국에서 유학 또는 파견근무 등으로 45일 이상 계속 체류하면서 상대방과의 교제사실을 입증할 수 있는 경우
　[ ] 국내에서 외국인 배우자가 91일 이상 합법체류하면서 초청인과 교제한 사실을 입증할 수 있는 경우
　[ ] 초청인 또는 외국인 배우자의 임신, 출산 등 인도적 고려가 있는 경우 (아래에 그 사유를 기재합니다)

　[ ] 해당 없음

7.3 초청인은 국제결혼 안내프로그램 이수 대상입니다. 이수번호를 기재하시오.

　(이수번호 :　　　　　　　　　　　　)

7.4 초청인과 배우자는 범죄경력 및 건강정보를 상호 제공하였습니까?

　[ ] 예　　　　　　　　　[ ] 아니오

8. 기타 관련 정보

▶ 배우자의 초청과 관련하여 사증발급 심사에 고려할 그 밖의 정보가 있다면 아래에 기재하시오.
▶ 예를 들어, 심각한 질병이나 장애 등의 인도적 사유가 신청과 관련이 있는 경우에는 아래에 기재하고 관련 서류를 첨부하시오.

9. 서류 작성 시 도움 여부

9.1 이 신청서를 작성하는데 다른 사람의 도움을 받았습니까?

    [   ] 예 (아래 사항을 기재하시오)   [   ] 아니오

성명	주소	연락처	

10. 기재사실 확인 및 초청제한 등에 대한 유의사항

가. 이 초청장을 제출하기에 앞서 초청인은 해당하는 모든 질문에 답변하였는지 확인하여 주십시오.

나. 필요한 답변이나 입증서류가 누락된 경우에는 심사가 지연되거나 신청이 불허될 수 있습니다.

다. 이 초청장에 기재된 답변을 입증할 수 있는 서류는 초청장과 함께 제출해야 하며, 요건을 충족하지 못하거나 입증서류를 제출할 수 없는 경우에는 그 사유를 기재한 사유서를 별도로 작성하여 제출해 주시기 바랍니다.

라. 초청장에 거짓된 사실을 기재하여 외국인 배우자를 초청하거나 이를 알선한 사람은 「출입국관리법」 제7조의2 및 제94조에 따라 3년 이하의 징역 또는 2천만원 이하의 벌금으로 처벌될 수 있으며, 서류를 위·변조하는 경우에는 관련 법령에 따라 처벌될 수 있습니다.

마. 허위 초청으로 사증을 발급받아 입국한 외국인은 체류허가를 받았더라도 「출입국관리법」 제46조에 따라 강제퇴거될 수 있습니다.

바. 외국인을 결혼동거 목적으로 초청한 경우 그 외국인을 초청한 날부터 5년이 지나지 않으면 다른 외국인을 결혼동거 목적으로 초청할 수 없으니 초청 시 유의하시기 바랍니다.

본인은 사실에 근거하여 이 초청장을 작성하였으며, 위의 "기재사실 확인 및 초청제한 등에 대한 유의사항"을 읽고 확인하였습니다.

이에 따라 본인은 배우자 _____ 를 결혼동거 목적으로 초청합니다.

작성일자   년   월   일

초청인   (서명 또는 인)

■ 출입국관리법 시행규칙 [별지 제19호의3서식] 〈신설 2014.10.29.〉

외국인 배우자의 결혼배경 진술서
(Personal Details Form for a Marriage Migrant Visa)

<유의사항>

▶ 이 진술서는 결혼동거 목적의 사증발급 또는 체류자격 변경허가를 받으려는 해당 외국인(신청인)이 작성합니다.

▶ 원칙적으로 이 서류에 기재된 정보에 따라 심사가 진행되니 영사 및 출입국관리공무원이 심사에 참고할 수 있도록 신청인께서는 해당하는 모든 질문에 답변하시고, 답변과 관련된 입증서류가 있는 경우 모두 제출하시기 바랍니다.

▶ 해당하는 답변을 누락하거나 입증서류를 제출하지 않은 경우에는 심사가 지연되거나 불허될 수 있습니다.

▶ 만약 사증발급이나 체류자격 변경허가에 필요한 요건을 갖추지 못하였거나 요건을 입증하는 서류가 없음에도 거짓된 사실을 기재하거나 위·변조된 서류를 제출하는 경우에는 관련 법령에 따라 처벌될 뿐만 아니라, 한국 입국이 금지될 수 있습니다.

▶ 요건을 갖추지 못하였거나 요건을 입증하는 서류가 없는 경우에는 그 사유를 기재한 사유서를 제출하여 주시기 바랍니다.

▶ 귀하께서 제공한 정보는 「개인정보 보호법」에 따라 보호되며, 다른 법령에 근거가 없는 한 출입국관리법에 따른 업무에만 활용됩니다.

<NOTICE>

‣ This form must be completed by a person who apply for a marriage migrant visa or a change of visa status.

‣ In principle, the evaluation of the visa application will be based on the information provided on this personal details form.

‣ Therefore, the applicant should answer all questions to the best of his/her knowledge and submit relevant documentation in order for the consul or the immigration officer to use it as a reference.

‣ If a necessary answer has been omitted or any relevant documentation has not been submitted, the application process may be delayed or result in a disapproval.

‣ If conditions are not met for the visa or falsified information and/or documentation are forged to meet the conditions required to receive the visa, you will be not only penalized under the relevant statute, but also banned from entering the Republic of Korea.

‣ If you are unable to provide proper documentation, submit a statement stating the reason.

‣ The information you provide in this form will be protected according to the Personal Information Protection Act, and will only be used for matters governed by the Immigration Act.

1. 인적사항 / PERSONAL INFORMATION

1.1 여권에 기재된 영문 성명 / Full name in English (as shown in your passport)	1.2 성별 / Sex
성 / Family name 명 / Given name	[ ] 남 / Male [ ] 여 / Female

2. 가족 및 혼인관계 / YOUR FAMILY AND MARITAL STATUS

2.1 신청인의 부모, 형제자매가 혼인사실에 대해 알고 있습니까?

(초청인에게 형제자매, 자녀가 있는 경우 빠짐없이 모두 작성하여야 하고, 작성 공간이 부족한 경우 별지에 작성하며, 사망한 경우 생년월일에 "사망"으로 기재합니다)

Do your parents, brothers or sisters know about your marriage? (If you have any siblings or children, please give brief details on each of them below, and if you need more space, please attach another sheet of paper. For a deceased family member, specify "DECEASED" in the "Date of birth" column below.)

관계 Relations	성 Family name	명 Given name	생년월일 Date of birth	혼인사실을 알고 있는지 여부 Whether aware of your marriage or not
부 Father				안다 / 모른다 Know / Doesn't Know
모 Mother				안다 / 모른다 Know / Doesn't Know
				안다 / 모른다 Know / Doesn't Know
				안다 / 모른다 Know / Doesn't Know
				안다 / 모른다 Know / Doesn't Know
				안다 / 모른다 Know / Doesn't Know
				안다 / 모른다 Know / Doesn't Know

2.2 신청인은 과거에 혼인한 적이 있습니까?

Have you ever been married to a person other than your current spouse before?

[ ] 예 (아래 표를 작성) / Yes (Please provide details about your previous marriages) | [ ] 아니오 / No

배우자의 성명 Name of previous spouse	생년월일 Date of birth	배우자의 국적 Nationality	혼인기간 Marriage period
			. . . ~ . . .
			. . . ~ . . .

2.3 초청인 이외에 혼인관계를 유지하고 있는 다른 배우자가 있습니까?

Is there another person that you maintain marital status with other than your current spouse?

[ ] 예 / Yes　　　　　　[ ] 아니오 / No

3. 과거 입국경력 / HISTORY OF YOUR PAST ENTRIES

3.1 신청인은 과거 한국에 방문한 적이 있습니까?

Have you ever visited the Republic of Korea before?

[ ] 예(아래 표를 작성) / Yes (Please provide details about your visit) | [ ] 아니오 / No

방문기간 Duration of visit	방문목적 Purpose of visit	방문한 지역 Place you visited
. . .~ . . .		
. . .~ . . .		
. . .~ . . .		

(* 3회 이상 방문한 경우 가장 최근에 방문한 기록을 기재)

(* If you visited the Republic of Korea more than 3 times, provide details about the most recent visit.)

3.2 과거 한국 정부로부터 입국거부나 입국금지 또는 강제퇴거나 출국명령을 받은 적이 있습니까?

Have you ever received any of the following orders by the Korean government: refusal of entry, a ban from entering Korea, deportation, or departure order?

[ ] 예 (아래에 관련 일시, 사유 등을 상세히 기재하시오) / Yes (please provide details)

[ ] 아니오 / No

4. 서류작성 시 도움 여부 / ASSISTANCE WITH THIS FORM

4.1 이 진술서를 작성하는데 다른 사람의 도움을 받았습니까?

Did you receive assistance in filling out this form?

[ ] 예 (아래 사항을 기재하시오) / Yes (Provide details below) | [ ] 아니오 / No

5. 기재사실 확인 및 유의사항 / CONFIRMATION OF SUBMITTED INFORMATION

가. 이 진술서를 제출하기에 앞서 신청인은 해당하는 모든 질문에 답변하였는지 확인하여 주십시오.
나. 필요한 답변이나 입증서류가 누락된 경우에는 심사가 지연되거나 신청이 불허될 수 있습니다.
다. 이 진술서에 기재된 답변을 입증할 수 있는 서류가 있다면 진술서와 함께 제출하여 주시기 바랍니다.
라. 진술서에 거짓된 사실을 기재하는 경우에는 신청이 불허되며, 관계 법령에 따른 벌칙 등 불이익을 받을 수 있습니다.
마. 거짓된 사실을 기재하여 사증을 발급받아 입국하거나 체류허가를 받은 경우에도 「출입국관리법」 제46조에 따라 강제퇴거될
　수 있습니다.

a. Ahead of submitting this form, make sure you answered all of the questions to the best of your knowledge.
b. If a necessary answer has been omitted, the evaluation process for the application may be delayed or disapproved.
c. If you have documents proving the information written in this form, please submit them together at the time of application.
d. If false information is knowingly or willingly provided on this form, your application can be refused, and you can be penalized in a
　ccordance with the relevant statute.
e. Even if you are issued a visa and subsequently admitted to the Republic of Korea, proving false or misleading information on this fo
　rm could be grounds for deportation in accordance with the Article 46 of the immigration Act.

본인은 사실에 근거하여 이 진술서를 작성하였으며, 위의 "기재사실 확인 및 유의사항"을 읽고 확인하
였습니다.

I certify that I have read and understood the above policies, and the foregoing information as well as the att
ached documentation is true and correct.

| 작성일자(Date) | 년(YY) | 월(MM) | 일(DD) |

신청인　　　　　　　　(서명 또는 인)

Applicant's name　　　　(Signature)

(나) 법 제20조, 제21조, 제24조 및 제25조에 따른 허가 심사 또는 법 제23조에 따른 체류자격 부여 심사에 필요한 서류로서 법무부령으로 정하는 서류 중 신청인이 확인에 동의한 서류의 서류, 여기서 "법무부령으로 정하는 서류"란 별표 5의2에 따른 체류자격 외 활동허가 신청 등의 첨부서류를 말한다(법 시행규칙 제68조 제2항).

[별표 5의2] 〈개정 2018. 9. 21.〉 [시행일:2019. 1. 1.] 선원취업(E-10)

체류자격 외 활동허가 신청 등 첨부서류(제76조제2항 관련)

《유의사항》

○ 각 체류자격별 "체류자격 외 활동허가"란은 대한민국에 체류하는 외국인이 그가 현재 가지고 있는 체류자격에 해당하는 활동과 병행하여 해당 체류자격 외 활동허가란에 있는 활동을 하려는 경우에 제출해야 하는 첨부서류를 정한 것이다.

○ 각 체류자격별 "근무처의 변경·추가 허가"란은 대한민국에 체류하는 외국인이 그가 현재 가지고 있는 체류자격의 활동범위에서 근무처를 변경하거나 추가하려는 경우에 제출해야 하는 첨부서류를 정한 것이다.

○ 각 체류자격별 "체류자격 변경허가"란은 대한민국에 체류하는 외국인이 그가 현재 가지고 있는 체류자격과는 다른 아래의 해당 체류자격 변경허가란에 있는 체류자격으로 변경하려는 경우에 제출해야 하는 첨부서류를 정한 것이다.

○ 각 체류자격별 "체류자격 부여"란은 대한민국 국적을 잃거나 대한민국에서 출생하였거나 그 밖의 사유로 법 제10조의 체류자격을 가지지 못하고 체류하게 되는 외국인이 아래의 해당 체류자격 부여란에 있는 체류자격을 받으려는 경우에 제출해야 하는 첨부서류를 정한 것이다.

○ 각 체류자격별 "체류기간 연장허가"란 및 "외국인등록"란은 대한민국에 체류하는 외국인이 그의 현재 체류자격을 유지하는 것을 전제로 제출해야 하는 첨부서류를 정한 것이다.

○ 제출서류 중 「전자정부법」 제36조제1항에 따른 행정정보의 공동이용을 통하여 담당 공무원이 정보의 내용을 확인할 수 있는 경우에는 제출하지 아니한다. 다만, 정보주체가 이에 동의하지 않을 때에는 해당 서류를 첨부해야 한다.

○ 제출서류 중 해외에서 발급된 서류는 자국 정부의 아포스티유(Apostille) 확인 또는 주재국 대한민국 공관의 영사확인을 받아 첨부해야 한다.

○ 청장·사무소장 또는 출장소장은 접수 및 심사과정에서 신분관계 확인 등을 위하여 특히 필요

하다고 인정될 때에는 별표 5에 준하여 첨부서류를 더하거나 뺄 수 있다.

O 첨부서류는 원본을 제출해야 하며, 부득이한 경우 심사관이 원본 확인 후 반환한다. 이 경우 필요하면 사본에 접수 담당자의 원본대조필 도장을 찍는다. 다만, 영 제94조의3에 따른 전자민원 창구를 통한 신청 시에는 본인의 원본대조 서명으로 대신한다.

체류자격 (기호)	신청구분	첨부서류
공통사항	전체 공통사항	O 여권, 외국인등록증 ※ 외국인등록증은 외국인등록을 한 경우에만 제출
	체류기간 연장허가	O 체류지 입증서류
	체류자격 변경허가	O 보건소 등이 발급한 결핵확인서(법 제10조의2제1항제1호에 따른 단기체류자격으로 입국한 결핵 고위험 국가의 국민이 90일을 초과하여 체류하기 위해 체류자격 변경허가를 신청하는 등 법무부장관이 정하는 요건에 해당하는 경우에 해당한다)
	출국을 위한 체류기간 연장허가	O 출국예약 항공권 사본
	외국인 등록	O 여권용 사진(3.5cm×4.5cm) 1장 [외국인등록용 표준사진규격] – 여권용 사진(3.5cm×4.5cm)으로 얼굴 길이가 2.5cm ~ 3.5cm 사이일 것 – 무배경 또는 흰색배경에 테두리가 없을 것 – 외국인등록증 신청일 전 6개월 이내에 촬영되고 정면을 응시하고 있을 것 – 색안경, 모자 등 얼굴 일부가 가려지는 장식용 물품을 착용하지 아니할 것. 다만, 시각장애인 등이 의료목적으로 착용하는 경우는 제외한다. O 체류지 입증서류
외교 (A-1)	체류자격 부여	O 본인인 경우 – 자국 대사관의 협조공문 O 피부양가족인 경우 – 출생증명서 등 신분관계 증명서류 – 부양자의 외교관신분증
	체류자격 변경허가	O 본인인 경우 – 자국 대사관의 협조공문 O 피부양가족인 경우 – 출생증명서 등 신분관계 증명서류 – 부양자의 외교관신분증

협정 (A-3)	체류자격 부여	○ 본인인 경우 - 신분증명서 - 초청계약자 등이 발급한 복무확인서, 재직증명서 또는 초청계약서 ○ 피부양가족인 경우 - 출생증명서 등 가족관계 증명서류 - 부양자의 신분증명서 - 초청계약자 등이 발급한 복무확인서, 재직증명서 또는 초청계약서
	체류자격 변경허가	○ 본인인 경우 - 신분증명서 - 초청계약자 등이 발급한 복무확인서, 재직증명서 또는 초청계약서 ○ 피부양가족인 경우 - 출생증명서 등 가족관계 증명서류 - 부양자의 신분증명서 - 초청계약자 등이 발급한 복무확인서, 재직증명서 또는 초청계약서
사증면제 (B-1) 관광 · 통과 (B-2) 일시취재 (C-1) 단기방문 (C-3)	체류기간 연장허가	○ 체류기간 연장의 필요성을 소명하는 서류
단기 취업 (C-4)	근무처의 변경 · 추가 허가	○ 첨단기술 분야에 종사하는 경우 - 고용계약서 - 회사 설립 관련 서류 - 첨단기술 분야 증명서류
	체류자격 변경허가	○ 노벨상 수상자 등 저명인사가 강연 등의 활동을 하려는 경우 - 소명자료 - 활동계획서
	체류기간 연장허가	○ 체류기간 연장의 필요성을 소명하는 서류
문화 예술 (D-1)	체류자격 변경허가	○ 연수기관이 작성한 연수일정표 ○ 사업자등록증(법인인 경우에는 법인등기사항전부증명서) 등 문화예술단체 증명서류
	체류기간 연장허가	○ 연수기관이 작성한 연수일정표 ○ 사업자등록증(법인인 경우에는 법인등기사항전부증명서) 등 문화예술단체 증명서류
	외국인 등록	○ 사업자등록증(법인인 경우에는 법인등기사항전부증명서) 등 문화예술단체 증명서류

	등록	○ 건강진단서
기술 연수 (D-3)	체류기간 연장허가	○ 해당 산업체가 발급한 연수기간 연장신청 사유서 및 연수실적 평가서 ○ 국내 산업체의 사업자등록증(법인인 경우에는 법인등기사항전부증명서) 및 「산업집적 　활성화 및 공장설립에 관한 법률」에 따른 공장등록증(또는 공장등록증명서) ○ 국내 산업체의 납부내역증명서 ○ 해외 현지법인의 납세사실 관련 증명서류 ○ 연수생에 대한 연수수당 등 지급 확인서류 ○ 산업재해보상보험, 국민건강보험 가입증명서류 및 연수수당 등 체불에 대비한 보증보 　험 가입 증명서류 ○ 신원보증서
	외국인 등록	○ 사업자등록증(법인인 경우에는 법인등기사항전부증명서) ○ 채용신체검사서 ○ 산업재해보상보험 또는 보증보험 가입 증명서류
일반 연수 (D-4)	체류자격 변경허가	○ 대학 부설 어학원에서 어학 연수를 받거나 초·중·고등학교에 재학하려는 경우 　- 재학증명서 　- 국내체재경비 입증서류 또는 신원보증서(학비 등 체류 중에 필요한 경비 지급능력을 　　증명하지 못하거나 법무부장관이 특히 필요하다고 인정하는 경우에만 해당한다) ○ 그 밖에 일반연수를 받는 경우 　- 연수기관 설립 관련 서류 　- 연수기관장의 추천서 　- 연수기관 작성 연수계획서 　- 국내체재경비 입증서류 또는 신원보증서(연수비용 등 체류 중에 필요한 경비 지급능력 　　을 증명하지 못하거나 법무부장관이 특히 필요하다고 인정하는 경우에만 해당한다)
	체류기간 연장허가	○ 대학 부설 어학원에서 어학 연수를 받는 경우 또는 초·중·고등학교에 재학하는 학생의 　경우 　- 재학증명서 ○ 그 밖의 연수를 받는 경우 　- 연수증명(계획)서 또는 재학증명서
	외국인 등록	○ 대학 부설 어학원에서 어학 연수를 받는 경우 또는 초·중·고등학교에 재학하는 학생인 　경우 　- 재학증명서 　- 건강진단서 ○ 그 밖에 일반연수를 받는 경우 　- 연수기관 설립 관련 서류
취재 (D-5)	체류자격 변경허가	○ 파견명령서 ○ 지국·지사의 설치허가증 또는 사업자등록증(법인인 경우에는 법인등기사항전부증명 　서)

	체류기간 연장허가	○ 재직증명서 또는 파송명령서
	외국인 등록	○ 종교단체 또는 사회복지단체 설립 관련 서류
주재 (D-7)	체류자격 외 활동 허가	○ 영 별표 1의2 중 10. 주재(D-7)란의 가목에 해당하는 사람 - 인사명령서(파견명령서) - 원 근무처와 같은 계열사임을 증명하는 서류(법인등기사항전부증명서 등) - 외국기업의 국내지사 설치신고(허가) 관련 서류 - 원 근무처 장의 추천서 - 영업 정상운영 입증서류
	체류자격 변경허가	○ 영 별표 1의2 중 10. 주재(D-7)란의 가목에 해당하는 사람[영 별표 1의2 중 11. 기업투자 (D-8) 체류자격 소지자가 같은 계열 외국기업 국내지사에 근무하려는 경우에만 해당한 다] - 인사명령서(파견명령서) - 외국기업의 국내지사 설치신고(허가) 관련 서류 - 같은 계열 외국기업임을 증명하는 서류 - 납세증명서 또는 외국환 매입증명서 등 영업자금 도입실적 증명서류 - 사무실 임대차계약서
	체류기간 연장허가	○ 영 별표 1의2 중 10. 주재(D-7)란의 가목에 해당하는 사람 - 인사명령서(파견명령서) - 외국기업의 국내지사 설치신고(허가) 관련 서류 - 외국환 매입증명서 등 영업자금 도입실적 증명서류 - 납세증명서 ○ 영 별표 1의2 중 10. 주재(D-7)란의 나목에 해당하는 사람 - 재직증명서 - 납세증명서
	외국인 등록	○ 사업자등록증(법인인 경우에는 법인등기사항전부증명서)
기업 투자 (D-8)	체류자격 외 활동 허가	○ 영 별표 1의2 중 11. 기업투자(D-8)란의 가목에 해당하는 사람 -「외국인투자 촉진법」에 따른 외국인투자기업 등록증명서 - 사업자등록증(법인인 경우에는 법인등기사항전부증명서) - 파견명령서(투자자를 제외한 임직원만 해당한다) - 영업실적(수출입실적)증명서
	체류자격 변경허가	○ 영 별표 1의2 중 11. 기업투자(D-8)란의 가목에 해당하는 사람 -「외국인투자 촉진법」에 따른 외국인투자기업 등록증명서 - 사업자등록증(법인인 경우에는 법인등기사항전부증명서) - 사무실 임대차계약서 - 영업실적(수출입실적) 증명서 ○ 영 별표 1의2 중 11. 기업투자(D-8)란의 나목에 해당하는 사람 - 벤처기업 확인서 또는 이에 준하는 서류 - 지식재산권, 그 밖에 이에 준하는 기술과 그 사용에 관한 권리 등을 보유하고 있음을 증명하는 서류 ○ 영 별표 1의2 중 11. 기업투자(D-8)란의 다목에 해당하는 사람 - 학력증명서 - 지식재산권 보유 또는 이에 준하는 기술력 등 입증서류 - 법인등기사항전부증명서

	연장허가	– 파견명령서 또는 재직증명서(투자자를 제외한 임직원만 제출한다) – 사업자등록증(법인인 경우에는 법인등기사항전부증명서) – 개인 납세사실 증명서류 또는 부가가치세 과세표준 확인증명 관련 서류 – 영업실적(수출입실적) 증명서 ○ 영 별표 1의2 중 11. 기업투자(D-8)란의 나목 또는 다목에 해당하는 사람 – 사업실적관련 입증서류 – 납세증명서
	외국인 등록	○ 사업자등록증(법인인 경우에는 법인등기사항전부증명서)
무역 경영 (D-9)	체류자격 변경허가	○ 선박건조 · 설비제작 감독 또는 수출설비(기계)의 설치 · 운영 · 보수 업무를 하려는 경우 – 파견명령서 또는 본사 발급 재직증명서 – 선박수주 계약서 또는 설비도입 계약서 – 사업자등록증(법인인 경우에는 법인등기사항전부증명서) – 납세사실 증명서류 ○ 회사경영, 영리사업을 하는 경우 – 사업자등록증 사본 – 사업자금 도입관련 입증서류 – 사업장 존재 입증서류 ○ 한국무역협회장으로부터 무역업 고유번호를 부여받고 무역업을 하는 경우 – 사업자등록증 사본 – 무역업 고유번호부여증(한국무역협회 발행) – 사업장 존재 입증서류 – 무역업 점수제 해당 점수 입증서류
	체류기간 연장허가	○ 선박건조 · 설비제작 감독 또는 수출설비(기계)의 설치 · 운영 · 보수 업무를 하는 경우 – 재직증명서 또는 본사 발급 파견명령서 – 선박수주 계약서 또는 설비도입 계약서 – 사업자등록증(법인인 경우에는 법인등기사항전부증명서) – 개인 납세사실 증명서류 ○ 회사경영, 무역, 영리사업을 하는 경우 – 재직증명서 – 사업자등록증(법인인 경우에는 법인등기사항전부증명서) – 개인 납세사실 증명서류 – 사업장 존재 입증서류 ○ 한국무역협회장으로부터 무역업 고유번호를 부여받고 무역업을 하는 경우 – 사업자등록증 사본 – 무역업 고유번호부여증(한국무역협회 발행) – 사업장 존재 입증서류 – 무역업 점수제 해당 점수 입증서류

(E-1)	활동 허가	○ 원 근무처의 장의 동의서 ○ 대학 또는 단체설립 관련 서류(사업자등록증, 연구기관 증명서류 등) ○ 원 근무처와 동일재단 증명서류
	근무처의 변경 · 추가 허가 또는 신고	○ 원 근무처의 장의 동의서(원근무처의 휴 · 폐교 및 계약기간 만료일 또는 쌍방이 근무하 기로 합의한 날짜까지 근무한 경우에는 제외한다) ○ 고용계약서 ○ 사업자등록증(법인인 경우에는 법인등기사항전부증명서)
	체류자격 변경허가	○ 회사 설립 관련 서류[사업자등록증(법인인 경우에는 법인등기사항전부증명서), 연구 기관 증명서류] ○ 고용계약서 ○ 학위증 또는 경력증명서 ○ 원 근무처 장의 동의서(원 근무처가 있는 경우에만 제출한다) ※ 이공계대학 졸업 유학생 중 교육 · 과학기술 분야의 연구 · 지도 활동에 종사하려는 경우(석사 이상의 학위 취득자만 해당한다) - 졸업증명서 - 고용계약서 - 총장 · 학장의 고용추천서 - 사업자등록증(법인인 경우에는 법인등기사항전부증명서)
	체류기간 연장허가	○ 고용계약서
	외국인 등록	○ 사업자등록증(법인인 경우에는 법인등기사항전부증명서)
회화 지도 (E-2)	체류자격 외 활동 허가	○ 교육부 또는 시 · 도 교육청 주관으로 모집 · 선발되어 초 · 중등학교에서 외국어 회화지 도에 종사하려는 사람 - 학위증(졸업증명서) 또는 재학증명서 - 고용계약서 - 시 · 도 교육감이나 국립국제교육원장이 발급한 합격통지서 또는 초청장 - 사업자등록증 ○ 그 밖의 기관 · 단체에서 외국어 회화지도에 종사하려는 사람 - 학위증 - 고용계약서 - 국적국의 관할 기관이 발급한 범죄경력에 관한 증명서(국적국 정부, 국적국 주재 대한민 국 공관 또는 국내 국적국 공관이 확인한 것을 말한다). - 법무부장관이 지정하는 의료기관이 발행한 마약류검사 결과가 포함된 채용신체검사서 - 학원 및 단체 설립 관련 서류
	근무처의 변경 · 추가 허가 또는 신고	○ 고용계약서 ○ 사업자등록증 및 「학원의 설립 · 운영 및 과외교습에 관한 법률」에 따른 학원설립 · 운영 등록증, 「평생교육법」에 따른 평생교육시설 등록(신고)증 등 단체 설립 관련 서류 ○ 원 근무처 장의 동의서(원 근무처가 휴 · 폐업한 경우 및 계약기간 만료일 또는 쌍방이 근무하기로 합의한 날짜까지 근무한 경우는 제외한다)

		− 국적국 정부 또는 국적국 주재 대한민국 공관 등의 확인을 받은 학력입증서류(학위증 사본, 학위취득증명서 또는 학위취득사실이 기재된 졸업증명서) − 국적국의 관할 기관이 발급한 범죄경력에 관한 증명서(국적국 정부, 국적국 주재 대한민국 공관 또는 국내 국적국 공관이 확인한 것을 말한다) − 법무부장관이 지정하는 의료기관이 발행한 마약류검사 결과가 포함된 채용신체검사서 − 학원 및 단체 설립 관련 서류
	체류기간 연장허가	○ 고용계약서 ○ 사업자등록증(법인인 경우에는 법인등기사항전부증명서)
	외국인 등록	○ 사업자등록증(법인인 경우에는 법인등기사항전부증명서) ○ 법무부장관이 지정하는 의료기관이 발행한 마약류검사 결과가 포함된 채용신체검사서 (교육부 또는 시·도 교육청 주관으로 모집·선발되어 초·중등학교에서 외국어 회화 지도에 종사하려는 사람은 제외한다)
연구 (E-3)	체류자격 외 활동 허가	○ 고용계약서 ○ 원 근무처 장의 동의서(원 근무처가 있는 경우에만 제출한다) ○ 회사설립 관련 서류(사업자등록증 및 연구기관 증명서류)
	근무처의 변경· 추가 허가 또는 신고	○ 원 근무처 장의 동의서(원 근무처가 휴·폐업한 경우 및 계약기간 만료일 또는 쌍방이 근무하기로 합의한 날짜까지 근무한 경우에는 제외한다) ○ 고용계약서 ○ 사업자등록증(법인인 경우에는 법인등기사항전부증명서)
	체류자격 변경허가	○ 회사설립 관련 서류[사업자등록증(법인인 경우에는 법인등기사항전부증명서) 및 연구 기관 증명서류] ○ 고용계약서 ○ 학위증 또는 경력증명서 ○ 원 근무처 장의 동의서(원 근무처가 있는 경우에만 제출한다)
	체류기간 연장허가	○ 고용계약서 ○ 사업자등록증(법인인 경우에는 법인등기사항전부증명서)
	외국인 등록	○ 사업자등록증(법인인 경우에는 법인등기사항전부증명서)
기술 지도 (E-4)	체류자격 외 활동 허가	○ 원 근무처 장의 동의서(원 근무처가 있는 경우에만 제출한다) ○ 기술도입계약서, 기술도입계약 신고를 증명하는 서류, 용역 수출입 관련 확인 서류 또는 「방위사업법」에 따른 방위산업체 지정서 ○ 공공기관·민간단체 설립 관련 서류
	근무처의 변경·추가 허가 또는 신고	○ 기술도입계약서, 기술도입계약 신고를 증명하는 서류, 용역 수출입 관련 확인 서류 또는 「방위사업법」에 따른 방위산업체 지정서 ○ 사업자등록증(법인인 경우에는 법인등기사항전부증명서) ○ 원 근무처 장의 동의서(원 근무처가 휴·폐업한 경우 및 계약기간 만료일 또는 쌍방이 근무하기로 합의한 날짜까지 근무한 경우에는 제외한다)

	등록		
전문 직업 (E-5)	체류자격 외 활동 허가		○ 고용계약서 ○ 학위증 또는 자격증 ○ 사업자등록증(법인인 경우에는 법인등기사항전부증명서)

	근무처의
	변경 · 추가
	허가 또는
	신고
			○ 소관 중앙행정기관의 장의 고용추천서(경제자유구역에서 취업활동을 하려는 사람은
			  관할 특별시장 · 광역시장 · 도지사의 고용추천서) 또는 고용의 필요성을 증명하는 서
			  류
			○ 고용계약서
			○ 원 근무처 장의 동의서(계약기간 만료일 또는 쌍방이 근무하기로 합의한 날짜까지
			  근무한 경우는 제외한다)

	체류기간 연장허가		○ 고용계약서 ○ 사업자등록증(법인인 경우에는 법인등기사항전부증명서)
	외국인 등록		○ 사업자등록증(법인인 경우에는 법인등기사항전부증명서)
예술 흥행 (E-6)	체류자격 외 활동 허가		○ 고용 · 공연 추천서[문화체육관광부 · 영상물등급위원회 · 방송통신위원회 또는 관련 협회(연맹)에서 발급한 것을 말한다] ○ 공연 및 고용계약서 ○ 원 근무처 장의 동의서(원 근무처가 있는 경우에만 제출한다) ○ 사업자등록증(법인인 경우에는 법인등기사항전부증명서)

	근무처의
	변경 ·
	추가 허가
	또는 신고
			1. 「공연법」에 따라 공연을 하려는 경우
			 - 공연 및 고용계약서
			 - 영상물등급위원회의 공연추천서(원 근무처와 같은 조건의 근무처 추가 허가를 신청하
			   는 경우는 제외한다)
			 - 원 근무처 장의 동의서(원 근무처가 휴 · 폐업한 경우 및 계약기간 만료일 또는 쌍방이
			   근무하기로 합의한 날짜까지 근무한 경우는 제외한다)
			 - 사업자등록증(법인인 경우에는 법인등기사항전부증명서)
			2. 「관광진흥법」에 따른 호텔업시설, 유흥업소 등에서 제1호를 제외한 공연 또는 연예활동
			  에 종사하려는 경우
			 - 공연 및 고용계약서
			 - 영상물등급위원회의 공연추천서
			 - 연예활동계획서
			 - 원 근무처 장의 동의서(원 근무처가 휴 · 폐업한 경우 및 계약기간 만료일 또는 쌍방이
			   근무하기로 합의한 날짜까지 근무한 경우는 제외한다)
			 - 신원보증서
			 - 사업자등록증(법인인 경우에는 법인등기사항전부증명서)
			3. 그 밖의 경우
			 - 공연 및 고용계약서
			 - 소관 중앙행정기관의 장의 고용추천서 또는 고용의 필요성을 입증할 수 있는 서류
			 - 원 근무처 장의 동의서(원 근무처가 휴 · 폐업한 경우 및 계약기간 만료일 또는 쌍방이
			   근무하기로 합의한 날짜까지 근무한 경우는 제외한다)
			 - 사업자등록증(법인인 경우에는 법인등기사항전부증명서)

	외국인 등록	○ 사업자등록증 ○ 채용신체검사서(「관광진흥법」에 따른 호텔업시설, 유흥업소 등에서의 공연 또는 연예 활동 종사자만 제출한다)
특정 활동 (E-7)	체류자격 외 활동 허가	○ 소관 중앙행정기관의 장의 고용추천서(경제자유구역에서 취업활동을 하려는 사람은 관할 특별시장·광역시장·도지사의 고용추천서) 또는 고용의 필요성을 증명하는 서 류 ○ 고용계약서 ○ 원 근무처 장의 동의서(원 근무처가 있는 경우에만 제출한다) ○ 사업자등록증(법인인 경우에는 법인등기사항전부증명서)
	근무처의 변경· 추가 허가 또는 신고	○ 소관 중앙행정기관의 장의 고용추천서(경제자유구역에서 취업활동을 하려는 사람은 관할 특별시장·광역시장·도지사의 고용추천서) 또는 고용의 필요성을 증명하는 서 류 ○ 고용계약서 ○ 원 근무처 장의 동의서(원 근무처가 휴·폐업한 경우 및 계약기간 만료일 또는 쌍방이 근무하기로 합의한 날짜까지 근무한 경우는 제외한다) ○ 사업자등록증(법인인 경우에는 법인등기사항전부증명서) ○ 신원보증서(신고가 제한되는 직종의 종사자만 제출한다)
	체류자격 변경허가	○ 소관 중앙행정기관의 장의 고용추천서(경제자유구역에서 취업활동을 하려는 사람은 관할 특별시장·광역시장·도지사의 고용추천서) 또는 고용의 필요성을 증명하는 서 류 ○ 고용계약서 ○ 학력 및 경력입증서류 ○ 졸업증명서, 총장·학장 추천서(이공계대학 졸업 유학생 중 첨단기술 분야 또는 자연과 학 분야에 종사하려는 경우에만 제출한다) ○ 원 근무처 장의 동의서(원 근무처가 휴·폐업한 경우 및 계약기간 만료일 또는 쌍방이 근무하기로 합의한 날짜까지 근무한 경우는 제외한다) ○ 사업자등록증(법인인 경우에는 법인등기사항전부증명서) ○ 신원보증서(신고가 제한되는 직종의 종사자만 제출한다)
	체류기간 연장허가	○ 고용계약서 ○ 신원보증서(신고가 제한되는 직종의 종사자만 제출한다) ○ 납부내역증명서 ○ 사업자등록증(법인인 경우에는 법인등기사항전부증명서)
	외국인 등록	○사업자등록증
비전문 취업 (E-9)	근무처의 변경허가	○ 고용허가서 ○ 근로계약서 ○ 사업자등록증(법인인 경우에는 법인등기사항전부증명서) 또는 고용주의 주민등록표 등본 ○ 신원보증서

취업 (E-10)	변경허가	○ 「선원법」 제2조제18호에 따른 해양항만관청의 고용추천서 ○ 사업자등록증(법인인 경우에는 법인등기사항전부증명서) 및 선박검사증서 ○ 신원보증서
	체류기간 연장허가	○ 선원근로계약서 ○ 신원보증서
	외국인 등록	○ 내항여객운송사업 면허증 또는 내항화물운송사업 등록증 ○ 채용신체검사서 ○ 산업재해보상보험 또는 상해보험 가입증명원 ○ 법무부장관이 지정한 병원에서 발급한 건강진단서
방문 동거 (F-1)	체류자격 부여	○ 출생증명서(한국에서 출생한 경우에만 제출한다) ○ 가족관계기록사항에 관한 증명서 등 친인척관계 입증서류 ○ 친인척 등의 주민등록표 등본

	체류자격
	변경허가
		○ 친인척 방문 목적으로 입국한 사람인 경우
		 - 친인척 관계 증명서류(친인척의 가족관계기록사항에 관한 증명서 또는 주민등록표
		  등본 등)
		 - 신원보증서(성년인 사람만 제출한다)
		○ 귀화허가 또는 국적회복허가 신청자
		 - 귀화허가 또는 국적회복허가 신청사실 증명서
		 - 신원보증서
		○ 미화 50만달러 이상 투자자(그 투자기업 임직원을 포함한다) 또는 전문인력의 가사보조
		  인인 경우
		 - 가사보조인을 고용한 사람의 외국인투자기업 등록증 또는 재직증명서
		 - 고용계약서
		 - 신원보증서
		○ 주한외국공관원의 동반가족 또는 가사보조인인 경우
		 - 공관원 신분증 및 주한대사관의 협조공문
		 - 가족 또는 친족 관계 입증서류
		 - 고용계약서(가사보조인인 경우만 제출한다)

	체류기간 연장허가	○ 국내 친인척 방문 목적으로 입국한 사람인 경우 - 국내 친인척의 주민등록표 등본 - 신원보증서(성년인 사람만 제출한다) ○ 미화 50만달러 이상 투자자(그 투자기업 임직원을 포함한다) 또는 전문인력의 가사보조 인인 경우 - 고용계약서 - 신원보증서 ○ 주한외국공관원의 동반가족 또는 가사보조인인 경우 - 공관원 신분증 및 주한대사관 협조공문 - 고용계약서(가사보조인인 경우만 제출한다)

「지역보건법」 제10조에 따른 보건소가 발행한 것을 말한다. 다만, 외국인 배우자의 경우에는 해당 국적국 또는 거주국에서 통용되는 유사한 입증자료로 갈음할 수 있다)
  - 외국인 배우자 초청장
  - 외국인 배우자의 결혼배경 진술서
  - 주거요건 입증서류
  - 한국어 구사요건 관련 입증서류
○ 영 별표 1의2 중 24. 거주(F-2)란의 나목에 해당하는 사람
  - 가족관계기록사항에 관한 증명서, 출생증명서
    ※ 국민과 사실상의 혼인관계에서 출생한 자녀인 사실을 입증하는 서류
  - 재정입증 관련 서류
○ 영 별표 1의2 중 24. 거주(F-2)란의 라목·마목 또는 바목에 해당하는 사람
  - 재정입증 관련 서류
  - 신원보증서
○ 영 별표 1의2 중 24. 거주(F-2)란의 사목에 해당하는 사람
  - 해당 기술·기능 자격증이나 임금 관련 서류
  - 국내 자산 입증 서류
  - 신원보증서
○ 영 별표 1의2 중 24. 거주(F-2)란의 아목에 해당하는 사람
  - 공무원증 또는 공무원 임용예정 확인서
  - 신원보증서
○ 영 별표 1의2 중 24. 거주(F-2)란의 자목에 해당하는 사람
  - 학위증
  - 한국어능력 입증 서류
  - 소득 관련 입증 서류
  - 경력증명서
  - 연령·학력·소득 등 법무부장관이 고시하는 기준의 해당 여부에 대한 판단에 필요한 증빙자료
  - 그 밖에 고용계약서 등 대한민국에서 거주할 필요가 있음을 입증하는 서류
○ 영 별표 1의2 중 24. 거주(F-2)란의 차목에 해당하는 사람
  - 투자사실 입증 서류
○ 영 별표 1의2 중 24. 거주(F-2)란의 카목에 해당하는 사람
  - 결혼증명서, 가족관계기록에 관한 증명서, 출생증명서(자녀초청인 경우에만 해당한다)

체류기간 연장허가	○ 영 별표 1의2 중 24. 거주(F-2)란의 가목 또는 나목에 해당하는 사람
	  - 가족 또는 친족 관계 증명 서류
	  - 배우자의 신원보증서[영 별표 1의3 영주(F-5) 체류자격 소지자의 배우자만 해당한다]
	○ 영 별표 1의2 중 24. 거주(F-2)란의 차목에 해당하는 사람
	  - 투자사실 입증서류
	○ 그 밖의 경우
	  - 영 별표 1의2 중 24. 거주(F-2) 체류자격을 계속 유지하여야 할 필요가 있음을 입증하는 서류		

(F-4)		※ 2018년 5월 1일 이후 최초로 대한민국 국적을 이탈하거나 상실한 남성인 경우 병적증명서 또는 병역사항이 포함된 주민등록초본 ○ 그 밖에 법무부장관이 필요하다고 인정하는 서류
	체류기간 연장허가	○ 국적을 이탈하거나 상실한 사실이 적힌 가족관계기록에 관한 증명서 또는 제적등본(최초로 체류기간 연장허가를 신청하는 사람만 해당한다) ○ 2005년 12월 29일 이후 최초로 체류기간 연장허가를 신청하는 사람으로서 만 18세~38세 남성인 경우에는 병역 기피 목적으로 대한민국 국적을 이탈하거나 상실한 것이 아니라는 사실을 증명하는 서류를 추가로 제출하여야 한다. 다만, 병역을 마쳤거나 면제처분을 받은 사람 및 제2국민역에 편입된 사람은 제외한다.

영주
(F-5)
	체류자격
	부여
		○ 대한민국에서 출생 당시 그의 부 또는 모가 영 별표 1의3 영주(F-5) 체류자격으로 체류하고 있는 사람
		  - 가족관계 입증서류
		  - 출생증명서
		  - 국적국의 신분을 증명하는 서류
		○ 그 밖의 경우에는 영 별표 1의3 영주(F-5) 체류자격에 해당됨을 증명하는 서류

	체류자격
	변경허가
		○ 영 별표 1의3 영주(F-5)란의 제3호에 해당하는 사람
		  - 외국인투자기업 등록증명서
		  - 법인등기사항전부증명서 또는 사업자등록증
		  - 근로소득 원천징수 영수증 또는 소득금액 증명원
		○ 영 별표 1의3 영주(F-5)란의 제10호에 해당하는 사람
		  - 해당 분야 수상경력 또는 경력증명서
		  - 과학기술논문 인용색인(SCI) 등 논문게재 또는 연구실적 증명서류
		  - 그 밖에 과학, 경영 등 특정 분야에서 인정받았음을 증명하는 서류
		○ 영 별표 1의3 영주(F-5)란의 제14호에 해당하는 사람
		  - 투자사실 증명서류
		○ 영 별표 1의3 영주(F-5)란의 제15호에 해당하는 사람
		  - 투자금을 유치하였다는 사실을 입증하는 서류
		  - 근로소득 원천징수영수증 등 국민 고용사실을 입증하는 서류
		○ 그 밖의 해당자의 경우
		  - 영 별표 1의3 영주(F-5) 체류자격에 해당됨을 증명하는 서류
		  ※ 영 별표 1의3 영주자격(F-5)란의 제1호, 제2호 전단, 제4호부터 제6호까지, 제8호, 제11호부터 제14호까지 또는 제15호에 해당하는 사람의 경우에는 국적국의 권한 있는 기관이 발급한 공적 문서로, 국적국 내에서의 범죄경력이 포함되어 있는 증명서를 추가로 제출하여야 한다.

결혼 이민 (F-6)	체류자격 변경허가	1. 영 별표 1의2 중 27. 결혼이민(F-6)란의 가목에 해당하는 사람 ○ 혼인성립 증명 서류 ○ 한국인 배우자의 가족관계증명서 및 기본증명서 ○ 소득요건 입증서류 ○ 초청인의 신용정보조회서(한국신용정보원이 발행한 것을 말한다) ○ 한국인 배우자의 신원보증서(최소 보증기간은 2년으로 한다) ○ 외국인 배우자 초청장 ○ 외국인 배우자의 결혼배경 진술서 ○ 주거요건 입증서류 ○ 한국어 구사요건 관련 입증서류 2. 이 규칙 제9조의4제2항에 따라 법무부장관이 고시하는 요건에 해당하는 사람은 다음 서류를 추가로 제출하여야 한다. ○ 국적국 또는 거주국의 관할 기관이 발급한 혼인당사자의 범죄경력에 관한 증명서

		○ 혼인당사자의 건강진단서(후천성면역결핍증 및 성병감염, 결핵감염, 정상적인 결혼생활에 지장을 초래할 수 있는 정신질환 여부 등에 관한 사항을 포함한다) – 「의료법」 제3조제2항제3호에 따른 병원급 의료기관이나 「지역보건법」 제10조에 따른 보건소가 발행한 것을 말한다. 다만, 외국인 배우자는 해당 국적국 또는 거주국에서 통용되는 유사한 입증자료로 갈음할 수 있다. 3. 영 별표 1의2 중 27. 결혼이민(F-6)란의 나목에 해당하는 사람 ○ 가족관계기록에 관한 증명서(국민과 사실상 혼인관계임을 증명할 수 있는 서류를 포함한다) ○ 자녀양육을 증명할 수 있는 서류 4. 영 별표 1의2 중 27. 결혼이민(F-6)란의 다목에 해당하는 사람 ○ 사망·실종 사실을 증명할 수 있는 서류 또는 그 밖에 본인의 귀책사유 없이 혼인관계가 단절되었음을 증명할 수 있는 서류
	체류기간 연장허가	1. 영 별표 1의2 중 27. 결혼이민(F-6)란의 가목에 해당하는 사람 ○ 한국인 배우자의 혼인관계 증명서 ○ 한국인 배우자의 주민등록등본 2. 영 별표 1의2 중 27. 결혼이민(F-6)란의 나목에 해당하는 사람 ○ 가족관계기록에 관한 증명서 ○ 자녀양육을 증명할 수 있는 서류 3. 영 별표 1의2 중 27. 결혼이민(F-6)란의 다목에 해당하는 사람 ○ 사망·실종 사실을 증명할 수 있는 서류 또는 그 밖에 본인의 귀책사유 없이 혼인관계가 단절되었음을 증명할 수 있는 서류
기타 (G-1)	체류자격 변경허가	○ 산업재해·질병 또는 사고 등 인도적으로 고려할 만한 사유가 발생한 경우 – 산업재해보상보험급여 지급확인원 또는 사고발생사실 확인원 – 진단서 또는 소견서 – 신원보증서(산업재해를 입은 사람은 제외한다) – 가족관계 입증서류 등 체류자격 변경 필요성을 증명하는 서류 ○ 체불임금과 관련하여 「근로기준법」에 따른 중재와 소송을 진행하는 경우 – 체불임금 확인서류 – 소송제기 관련 증명서류 – 신원보증서
	체류기간 연장허가	○ 체류자격 변경허가 신청 시의 첨부서류 ○ 신원보증서
관광 취업 (H-1)	체류기간 연장허가	○ 활동계획서가 포함된 여행일정표
	외국인 등록	○ 활동계획서가 포함된 여행일정표
방문 취업 (H-2)	체류자격 변경허가	○ 조기적응프로그램 이수증 ○ 범죄경력에 관한 증명서 ○ 그 밖에 법무부장관이 필요하다고 인정하는 서류

다. 조사를 위한 문서 등 제출요구

조사를 하기 위하여 필요하면 신고·등록 또는 신청을 한 자나 그 밖의 관계인을 출석하게 하여 질문을 하거나 문서 및 그 밖의 자료를 제출할 것을 요구할 수 있다(법 제80조 제3항). 이 경우 상대방의 동의를 전제로 하는 임의조사로 규정하고 있어 신고나 등록, 신청을 한 당사자가 출석하지 아니하거나 문서 등 자료제출 요구에 응하지 아니한 경우 불이익 처분을 받을 수 있으므로 간접적으로 수인의무를 부과하고 있다고 볼 수 있으나 그 밖의 관계인이 이에 응하지 아니하여도 별다른 제재수단이 없다.

5. 출입국관리공무원 등의 외국인 동향조사

본조는 출입국관리공무원 및 대통령령이 정하는 관계기관 소속 공무원에게 외국인 동향조사 권한을 부여하고, 출입국관리공무원 등의 질문 및 기타 필요한 자료의 제출을 요구 받은 외국인이나 외국인 관련단체, 외국인 근무업소의 대표자와 외국인을 숙박시킨 자, 국제결혼을 중개하는 자 등은 정당한 이유 없이 이를 거부하지 못하도록 의무를 부과하고 있다. 한편, 이를 위한 출국명령 또는 강제퇴거명령을 위한 조사는 수사기관으로부터 당해 외국인에 대한 형사판결이 출입국행정기관에 통보되는 순간부터 이미 시작된다고 할 것이다.[89]

가. 동향조사 대상자

출입국관리공무원과 대통령령으로 정하는 관계 기관 소속 공무원은 외국인이 이 법 또는 이 법에 따른 명령에 따라 적법하게 체류하고 있는지를 조사하기 위하여 다음의 어느 하나에 해당하는 자를 방문하여 질문하거나 그 밖에 필요한 자료를 제출할 것을 요구할 수 있다(법 제81조 제1항).

여기서 전단의 "대통령령으로 정하는 관계 기관 소속 공무원"이란 ⅰ) 고용노동부 소속 공무원 중에서 고용노동부장관이 지정하는 사람, ⅱ) 중소벤처기업부 소속 공무원 중에서 중소벤처기업부장관이 지정하는 사람, ⅲ) 경찰공무원 중에서 경찰청장이 지정하는 사람, ⅳ) 그 밖에 기술연수생의 보호·관리와 관련하여 법무부장관이 필요하다고 인정하는 관계 중앙행정기관 소속 공무원의 어느 하나에 해당하는 사람을 말한다(법 시행령 제91조의2 제1항). 이들이 외국인의 동향을 조사한 때에는 그 내용을 청장·사무소장 또는 출장소장에게 통보하여야 한다(같은 조 제2항).

(1) 외국인

---

89) 서울행정법원 2016. 4. 28. 선고 2015구단14648 판결.

(2) 외국인을 고용한 자

(3) 외국인의 소속 단체 또는 외국인이 근무하는 업소의 대표자

(4) 외국인을 숙박시킨 자

한편, 출입국관리공무원은 외국인 등의 동향을 조사(법 제81조제1항 및 제2항)한 때에는 그 기록을 유지하여야 하며, 나아가 출입국관리공무원은 활동중지 명령서(법 시행령 제22조) 또는 활동범위 등 제한통지서를 받은 사람(법 시행령 제27조)이 그 명령 또는 제한 내용을 준수하고 있는지를 계속 확인하여 그 기록을 유지하여야 한다. 이에 따른 외국인 동향조사의 보고 및 기록 유지등에 필요한 사항은 법무부령으로 정한다(법 시행령 제90조).

나. 외국인초청 등 관련 업소에 대한 방문 및 자료제출 요구 등

출입국관리공무원은 허위초청 등에 의한 외국인의 불법입국을 방지하기 위하여 필요하면 외국인의 초청이나 국제결혼 등을 알선·중개하는 자 또는 그 업소를 방문하여 질문하거나 자료를 제출할 것을 요구할 수 있다(법 제81조 제2항). 이는 대한민국으로 이민을 오는 수단으로 국제결혼을 많이 활용하고 있기 때문에 이들 중개업소를 방문하여 조사할 필요가 있고 또 일부 혼인당사자에 대한 허위정보 제공 및 인신매매, 윤락업소 공급목적으로 국제결혼을 알선하고 있는 불법적인 업소에 대한 동향조사를 강화함은 물론 이들을 통해 불법목적으로 입국하는 외국인들을 제지할 필요성 때문이다. 이에 따라 질문을 받거나 자료 제출을 요구받은 자는 정당한 이유 없이 거부하여서는 아니 된다(법 제81조 제4항).

다. 거동수상자에 대한 정지 및 질문

출입국관리공무원은 출입국사범에 대한 효과적인 관리 및 통제 그리고 불법체류자의 단속 등을 위하여 거동이나 주위의 사정을 합리적으로 판단하여 이 법을 위반하였다고 의심할 만한 상당한 이유가 있는 외국인에게 정지를 요청하고 질문할 수 있다(법 제81조 제3항). 따라서 질문을 받은 자는 정당한 이유 없이 거부하여서는 아니 된다(법 제81조 제4항).

라. 동향조사 보고 등

(1) 외국인동향조사부 기재

출입국관리공무원은 동향조사의 결과를 외국인동향조사부에 기재하여야 한다(법 시행규칙 제69조 제1항).

외국인동향조사부

인적사항	성명	
	생년월일	성별 [ ]남 [ ]여
	국적	직업(직위)
	여권번호	입국일자
	체류자격	체류기간
	근무처 명칭(연락처)	
	근무처 소재지	
	본국 주소	
	대한민국 내 주소(연락처)	
신원 보증인	성명	
	주소(연락처)	
범죄사실	죄명	
	형량	

동향조사	연월일	내용	비고

(2) 법무부장관에 보고사항

청장·사무소장·출장소장 또는 보호소장은 다음의 어느 하나에 해당하는 사항에 관하여는 이를 지체 없이 법무부장관에게 보고하여야 한다(법 시행규칙 제69조 제2항).

(가) 외국인과 관련된 사안으로서 외교관계에 중대한 영향을 미칠 우려가 있는 사항

(나) 외국인과 관련된 공안사범에 관한 사항

(다) 신문, 통신, 방송등 대중전달매개체에 의한 외국인 및 외국단체와 관련된 주요 정보사항

(라) 출입국관리의 기본정책 수립 및 운영에 필요한 사항

(마) 외국인의 체류관리에 필요한 주요 국내·외 정보사항

(바) 특히 사회의 이목을 끌만한 외국인의 범법사실에 관한 사항

(사) 체류외국인의 특이활동 사항 및 기타 중요하다고 판단되는 사항

(3) 동향조사 결과 분기별 보고

청장·사무소장·출장소장 또는 보호소장은 동향조사의 결과를 분기별로 종합하여 분기 종료후 15일 이내에 법무부장관에게 보고하여야 한다(법 시행규칙 제69조 제3항).

(4) 외국인관련단체 동향기록표를 비치

청장·사무소장·출장소장 또는 보호소장은 외국인동향조사와 관련하여 외국인이 근무하고 있는 기관 또는 단체에 관한 기록을 기재한 외국인관련단체 동향기록표를 비치하여야 한다(법 시행규칙 제69조 제4항).

외국인관련단체 동향기록표

해당 단체	단체명	
	소재지(연락처)	
	단체성격	
	본사 소재지 국가명	
	종업원(내국인, 외국인)	
	사업실적	
단체 대표	성명	
	국적	
	성별	
	생년월일	
	체류자격	
	특이사항	
동향조사	연월일	내용

마. 과태료

법 제81조 제4항에 따른 출입국관리공무원의 장부 또는 자료 제출 요구를 거부하거나 기피한 자에게는 200만원 이하의 과태료를 부과한다(법 제100조 제2항 제3호).

6. 출입국관리공무원의 제복착용 · 신분증 소지 및 재외공관 주재

가. 출입국관리공무원의 제복 및 신분증

(1) 제복착용

출입국관리공무원은 출입국관리에 관한 직무에 종사할 때에는 제복을 착용하여야 한다. 다만, 법무부장관의 허가가 있거나 그 밖에 특별한 사유가 있을 때에는 그러하지 아니하다(법 시행령 제92조 제1항).

(2) 신분증소지

출입국관리공무원은 「사법경찰관리의 직무를 수행할 자와 그 직무범위에 관한 법률」 제3조제5항에 따라 사법경찰관리 직무를 수행[90]할 때에는 사법경찰관리의 신분증을 지녀야 한다(법 시행령 제92조 제2항).

(3) 제복에 관한 필요한 사항

제복에 관하여 필요한 사항은 법무부령으로 정한다(법 시행령 제92조 제3항).

나. 출입국관리공무원의 주재

법무부장관은 다음의 업무에 종사하게 하기 위하여 출입국관리공무원을 재외공관 등에 주재하게 할 수 있다(법 제81조의2).

---

90) 사법경찰관리의 직무를 수행할 자와 그 직무범위에 관한 법률 제3조(교도소장 등)
　⑤ 출입국관리 업무에 종사하는 4급부터 7급까지의 국가공무원은 출입국관리에 관한 범죄와 다음 각 호에 해당하는 범죄에 관하여 사법경찰관의 직무를, 8급 · 9급의 국가공무원은 그 범죄에 관하여 사법경찰리의 직무를 수행한다.
　　1. 출입국관리에 관한 범죄와 경합범 관계에 있는 「형법」 제2편제20장 문서에 관한 죄 및 같은 편 제21장 인장에 관한 죄에 해당하는 범죄
　　2. 출입국관리에 관한 범죄와 경합범 관계에 있는 「여권법」 위반범죄
　　3. 출입국관리에 관한 범죄와 경합범 관계에 있는 「밀항단속법」 위반범죄

(1) 사증 발급사무(법 제7조 제1항 : 외국인이 입국할 때에는 유효한 여권과 법무부장관이 발급한 사증(査證)을 가지고 있어야 한다.)

(2) 외국인입국허가서 발급사무(법 제7조 제4항 : 대한민국과 수교(修交)하지 아니한 국가나 법무부장관이 외교부장관과 협의하여 지정한 국가의 국민은 제1항에도 불구하고 대통령령으로 정하는 바에 따라 재외공관의 장이나 지방출입국·외국인관서의 장이 발급한 외국인입국허가서를 가지고 입국할 수 있다.)

(3) 외국인의 입국과 관련된 필요한 정보수집 및 연락 업무

7. 증표의 휴대 및 제시

출입국관리공무원이나 권한 있는 공무원은 직무집행자의 신분을 명확하게 하고 절차상 적법성에 따라 정당한 직무를 수행하기 위한 목적으로 다음의 어느 하나에 해당하는 직무를 집행할 때에는 그 권한을 표시하는 증표를 지니고 이를 조사 당사자, 참고인 및 이해관계인 등 관계인에게 착수 이전에 동의를 구하는 과정에서 내보여야 한다(법 제82조). 여기서 권한을 표시하는 증표란 당해 직무를 수행하는 자가 이 법에 따른 직무를 수행하는 것을 나타 낼 수 있는 공무원 등 신분증이면 족하다.

가. 법 제50조에 따른 주거 또는 물건의 검사 및 서류나 그 밖의 물건의 제출요구

> **제50조(검사 및 서류 등의 제출요구)**
> 출입국관리공무원은 제47조에 따른 조사에 필요하면 용의자의 동의를 받아 그의 주거 또는 물건을 검사하거나 서류 또는 물건을 제출하도록 요구할 수 있다.

나. 법 제69조(선박 등의 검색 및 심사)(제70조 제1항 및 제2항에서 준용하는 경우를 포함한다)에 따른 검색 및 심사

다. 법 제80조(사실조사)와 제81조(출입국관리공무원 등 외국인 동향조사)에 따른 질문이나 그 밖에 필요한 자료의 제출요구

라. 가.부터 다.까지의 규정에 준하는 직무수행

8. 출입국사범의 신고

가. 출입국사범의 신고

누구든지 출입국관리법을 위반하였다고 의심되는 사람을 발견하면 출입국관리공무원에게 신고할 수 있다(법 제83조).

나. 출입국사범의 신고사실확인

출입국관리공무원이 출입국관리법을 위반하였다고 의심되는 신고를 받은 때에는 그 사실여부를 확인한 후 필요한 조치를 취하여야 한다(법 시행규칙 제70조).

9. 통보의무

가. 국가 · 지방자치단체의 공무원

(1) 원칙

국가나 지방자치단체의 공무원이 그 직무를 수행할 때에 강제퇴거의 대상자(법 제46조 제1항 각 호)의 어느 하나에 해당하는 사람이나 출입국관리법에 위반된다고 인정되는 사람을 발견하면 그 사실을 지체 없이 지방출입국 · 외국인관서의 장에게 알려야 한다. 따라서 직무수행과 무관하게 우연히 알게 된 경우는 포함하지 않는다.

> **【판시사항】**
> 직무유기의 판단기준(대법원 1962. 5. 2. 선고 4294형상127 판결)
>
> **【판결요지】**
> 대법원은 직무유기죄에서 말하는 직무란 공무원법상의 본래의 직무 또는 고유한 직무를 말하며, 공무원 신분관계로 인하여 부수적 · 파생적으로 발생하는 직무는 여기에 포함되지 않으므로, 형사소송법에 의한 고발의무는 형법 제122조의 직무라 할 수 없다고 판시한 사례.

(2) 예외 - 통보의무의 면제

다만, 공무원이 통보로 인하여 그 직무수행 본연의 목적을 달성할 수 없다고 인정되는 경우로서 대통령령으로 정하는 사유에 해당하는 때에는 그러하지 아니하다(법 제84조 제1항). 여기서 "대통령령으로 정하는 사유"란 다음의 어느 하나에 해당하는 사유를 말한다(법 시행령 제92조의2).

(가) 「초·중등교육법」 제2조에 따른 학교에서 외국인 학생의 학교생활과 관련하여 신상
    정보를 알게 된 경우

> **초등교육법 제2조(학교의 종류)**
> 초·중등교육을 실시하기 위하여 다음 각 호의 학교를 둔다.
>   1. 초등학교·공민학교, 2. 중학교·고등공민학교, 3. 고등학교·고등기술학교, 4. 특
>   수학교, 5. 각종학교

(나) 「공공보건의료에 관한 법률」 제2조제3호에 따른 공공보건의료기관에서 담당 공무
    원이 보건의료 활동과 관련하여 환자의 신상정보를 알게 된 경우

> **제2조(정의)**
> 이 법에서 사용하는 용어의 뜻은 다음과 같다.
>   3. "공공보건의료기관"이란 국가나 지방자치단체 또는 대통령령으로 정하는 공공단체
>   (이하 "공공단체"라 한다)가 공공보건의료의 제공을 주요한 목적으로 하여 설립·
>   운영하는 보건의료기관을 말한다.

(다) 그 밖에 공무원이 범죄피해자 구조, 인권침해 구제 등 법무부령으로 정하는 업무를 수
    행하는 과정에서 해당 외국인의 피해구제가 우선적으로 필요하다고 인정하는 경우, 여
    기서 "법무부령으로 정하는 업무"란 다음 각 호의 어느 하나에 해당하는 업무를 말한
    다(법 시행규칙 제70조의2).

1) 「형법」 제2편제24장 살인의 죄, 제25장 상해와 폭행의 죄, 제26장 과실치사상의 죄,
   제28장 유기와 학대의 죄, 제29장 체포와 감금의 죄, 제30장 협박의 죄, 제31장 약취(略
   取), 유인(誘引) 및 인신매매의 죄, 제32장 강간과 추행의 죄, 제37장 권리행사를 방해
   하는 죄, 제38장 절도와 강도의 죄 또는 제39장 사기와 공갈의 죄에 해당하는 범죄 수사
2) 「폭력행위 등 처벌에 관한 법률」, 「성폭력범죄의 처벌 등에 관한 특례법」 또는
   「교통사고처리 특례법」 위반에 해당하는 범죄 수사

3) 「직업안정법」 제46조 제1항 각 호 위반에 해당하는 조사

> **직업안정법 제46조(벌칙)**
>
> ① 다음 각 호의 어느 하나에 해당하는 자는 7년 이하의 징역 또는 7천만원 이하의 벌금에 처한다. [개정 2014.5.20]
>
> 1. 폭행·협박 또는 감금이나 그 밖에 정신·신체의 자유를 부당하게 구속하는 것을 수단으로 직업소개, 근로자 모집 또는 근로자공급을 한 자
> 2. 「성매매알선 등 행위의 처벌에 관한 법률」 제2조제1항제1호에 따른 성매매 행위나 그 밖의 음란한 행위가 이루어지는 업무에 취업하게 할 목적으로 직업소개, 근로자 모집 또는 근로자공급을 한 자

4) 「국가인권위원회법」 제30조 제1항 각 호에 따른 인권침해나 차별행위의 조사와 구제

> **국가인권위원회법 제30조(위원회의 조사대상)**
>
> ① 다음 각 호의 어느 하나에 해당하는 경우에 인권침해나 차별행위를 당한 사람(이하 "피해자"라 한다) 또는 그 사실을 알고 있는 사람이나 단체는 위원회에 그 내용을 진정할 수 있다.[개정 2011.5.19, 2012.3.21]
>
> 1. 국가기관, 지방자치단체, 「초·중등교육법」 제2조, 「고등교육법」 제2조와 그 밖의 다른 법률에 따라 설치된 각급 학교, 「공직자윤리법」 제3조의2제1항에 따른 공직유관단체 또는 구금·보호시설의 업무 수행(국회의 입법 및 법원·헌법재판소의 재판은 제외한다)과 관련하여 「대한민국헌법」 제10조부터 제22조까지의 규정에서 보장된 인권을 침해당하거나 차별행위를 당한 경우
> 2. 법인, 단체 또는 사인(私人)으로부터 차별행위를 당한 경우

5) 그 밖에 법무부장관이 정하는 업무

나. 교도소·소년교도소·소년원의 장 등

교도소·소년교도소·구치소 및 그 지소·보호감호소·치료감호시설 또는 소년원의 장은 위 가. 에 따른 통보대상 외국인이 다음의 어느 하나에 해당하면 법 집행의 실효성 확보를 위하여

그 사실을 지체 없이 지방출입국·외국인관서의 장에게 알려야 한다(법 제84조 제2항).

(1) 형의 집행을 받고 형기의 만료, 형의 집행정지 또는 그 밖의 사유로 석방이 결정된 경우

(2) 보호감호 또는 치료감호 처분을 받고 수용된 후 출소가 결정된 경우

(3) 「소년법」에 따라 소년원에 수용된 후 퇴원이 결정된 경우

10. 형사절차와의 관계

가. 형집행 중 강제퇴거

지방출입국·외국인관서의 장은 강제퇴거의 대상자(법 제46조 제1항 각 호)의 어느 하나에 해당하는 사람이 형의 집행을 받고 있는 중에도 강제퇴거 즉, 강제퇴거명령을 위한 심사결정 및 강제퇴거명령서 발부 등의 절차를 밟을 수 있다(법 제85조 제1항).

나. 강제퇴거명령서 집행시기

외국인에 대한 강제퇴거명령서가 발급되면 그 외국인에 대한 형의 집행이 끝난 후에 강제퇴거명령서를 집행한다. 다만, 그 외국인의 형 집행장소를 관할하는 지방검찰청 검사장(檢事長)의 허가를 받은 경우에는 형의 집행이 끝나기 전이라도 강제퇴거명령서를 집행할 수 있다(법 제85조 제2항).

(1) 약식명령을 청구한 자

청장·사무소장·출장소장 또는 보호소장은 검사가 약식명령을 청구한 사람에 대하여 강제퇴거명령서 또는 출국명령서를 발급한 경우 그가 출국하여도 재판에 지장이 없다는 관할 지방검찰청 검사장의 의견이 있고, 벌금 상당액을 냈을 때에는 지방법원의 약식명령에 앞서 강제퇴거명령서를 집행할 수 있고, 출국명령서를 발급받은 사람을 출국하게 할 수 있다(법 시행령 제93조 제1항).

(2) 벌금이나 추징금을 납부하지 아니한 자

청장·사무소장·출장소장 또는 보호소장은 벌금이나 추징금을 다 내지 아니한 사람에 대하여 강제퇴거명령서 또는 출국명령서를 발급한 경우 그가 벌금이나 추징금을 낼 능력이 없다는 관할 지방검찰청 검사장의 의견이 있으면 이를 다 내지 아니하여도 강제퇴거명령서를 집행할 수 있고, 출국명령서를 발급받은 사람을 출국하게 할 수 있다(법 시행령 제93조 제2항).

11. 신병의 인도

가. 검사의 구속피의자 인도의무

검사는 강제퇴거명령서가 발급된 구속피의자(법 제46조 제1항 각호 사유)에게 불기소처분을 한 경우에는 석방과 동시에 출입국관리공무원에게 그를 인도하여야 한다(법 제86조 제1항).

나. 교도소 · 소년원자 등의 인도의무

교도소 · 소년교도소 · 구치소 및 그 지소 · 보호감호소 · 치료감호시설 또는 소년원의 장은 제84조 제2항에 따라 지방출입국 · 외국인관서의 장에게 통보한 외국인에 대하여 강제퇴거명령서가 발급되면 석방 · 출소 또는 퇴원과 동시에 출입국관리공무원에게 그를 인도하여야 한다(법 제86조 제2항).

12. 출입국관리 수수료

가. 수수료 납부

출입국관리법에 따라 입국허가, 체류허가, 외국인등록증 발급 등을 받는 사람은 법무부령으로 정하는 수수료를 내야 한다(법 제87조 제1항). 그 외 시행규칙에서는 사증 등 발급신청심사 수수료와 각종 허가 등에 관한 수수료로 구분하고 금액을 정하고 있다.

(1) 사증 등 발급신청 심사수수료
(가) 사증의 종류에 따른 심사수수료
사증발급신청에 대한 심사수수료(법 시행규칙 제11조 제1항에 해당하는 경우에는 개인별로 납부하는 수수료액을 말한다)는 다음과 같다(법 시행규칙 제71조 제1항).

1) 단수사증
가) 체류기간 90일 이하: 미합중국통화(이하 "미화"라 한다) 40불 상당의 금액
나) 체류기간 91일 이상: 미화 60불 상당의 금액

2) 복수사증
가) 2회까지 입국할 수 있는 복수사증: 미화 70불 상당의 금액
나) 횟수에 제한 없이 입국할 수 있는 복수사증: 미화 90불 상당의 금액

(나) 재외공관장의 외국인입국허가서 발급시 심사수수료

재외공관의 장이 외국인입국허가서를 발급하는 때의 심사수수료는 위 (1)항의 규정에 의한 상당금액으로 한다(법 시행규칙 제71조 제2항).

(다) 재외공관장의 수수료 기준액 산정방법

재외공관의 장은 위 (가)항 및 (나)항의 수수료를 주재국의 통화로 징수하는 때에는 환시세의 변동을 감안하여 그 기준액을 정하여야 한다. 이 경우 주재국의 공관이 2이상인 경우에는 대사가 이를 정한다(법 시행규칙 제71조 제3항).

(라) 수수료변경 승인

재외공관의 장은 국제관례 또는 상호주의원칙에 비추어 위 (가)항의 규정에 의한 수수료와 달리 정하고자 하는 때에는 법무부장관의 승인을 얻어야 한다(법 시행규칙 제71조 제4항).

[본조제목개정 2002.4.27]

(2) 각종 허가 등에 관한 수수료

외국인의 입국 및 체류와 관련된 허가 및 출입국사실증명 발급 등에 관한 수수료는 다음 각호와 같다(법 시행규칙 제72조).

(가) 청장·사무소장 또는 출장소장이 하는 입국허가 또는 외국인 입국허가서 발급: 5만원. 단, 영 제10조 제4항 단서에 해당하는 경우에는 10만원으로 한다.

> **법 시행령 제10조(외국인입국허가서의 발급 등)**
> ④ 외국인입국허가서의 유효기간은 3개월로 하며, 1회 입국에만 효력을 가진다. 다만, 별표 1의2 중 1. 외교(A-1)부터 3. 협정(A-3)까지의 체류자격에 해당하는 사람으로서 대한민국에 주재하기 위하여 입국하려는 사람에 대한 외국인입국허가서의 유효기간은 3년으로 하며, 2회 이상 입국할 수 있는 효력을 가진다.

(1면)　　　　　　　　　　　　　　　　　　　　　　　　　　　　　　　　　　(4면)

외국인입국허가서
ENTRY PERMIT FOR ALIENS

사진 PHOTO 3.5cm×4.5cm (여권용 사진)	허가서 번호 Permit No. (　　　　) (장관승인번호) (　　　　)
	성 Surname name
	명 Given names

성별 Sex	생년월일 Date of birth	국적 Nationality
직업 Occupation	출생지 Place of Birth(City, Country)	
체류자격 Status	체류기간 Period of sojourn	
참고 Annotation		
발급일 Date of issue	유효기간 Date of expiration	

유의사항 NOTICE

1. 이 허가서는 대한민국을 여행하는 외국인에게 오직 편의를 주기 위하여 발급한 것이며, 소지인의 국적에는 어떠한 변경이나 영향도 주지 않습니다.
   This Permit is issued to an alien solely with a view to facilitating his/her journey to the Republic of Korea. It is without prejudice to and in no way affects the bearer's nationality.

2. 이 허가서는 발급일로부터　(　[ ]3　[ ]36　)개월 안에

   대한민국에 (　[ ] 한번　[ ] 여러번　) 입국할 수 있습니다.

   Good For (　[ ] Single　[ ] Multiple　) journey to the Republic

≪공용란 FOR OFFICIAL USE ONLY≫	

(나) 체류자격 외 활동허가: 12만원. 다만, 영 별표 1의2 중 5. 유학(D-2) 또는 7. 일반연수(D-4) 체류자격을 가지고 있는 사람에 대한 시간제 취업 허용 등 법무부장관이 인정하는 경우에는 2만원으로 한다.

[별표 1의2] 〈신설 2018. 9. 18.〉

장기체류자격(제12조 관련)

체류자격 (기호)	체류자격에 해당하는 사람 또는 활동범위
5. 유학 (D-2)	전문대학 이상의 교육기관 또는 학술연구기관에서 정규과정의 교육을 받거나 특정 연구를 하려는 사람
7. 일반연수 (D-4)	법무부장관이 정하는 요건을 갖춘 교육기관이나 기업체, 단체 등에서 교육 또는 연수를 받거나 연구활동에 종사하려는 사람[연수기관으로부터 체재비를 초과하는 보수(報酬)를 받거나 유학(D-2)·기술연수(D-3) 체류자격에 해당하는 사람은 제외한다]

(다) 근무처의 변경·추가 허가: 12만원

(라) 체류자격부여: 8만원. 다만, 영 별표 1의2 중 27. 결혼이민(F-6) 체류자격에 해당하는 경우에는 4만원으로 한다.

[별표 1의2] 〈신설 2018. 9. 18.〉

장기체류자격(제12조 관련)

체류자격 (기호)	체류자격에 해당하는 사람 또는 활동범위
27. 결혼이민 (F-6)	가. 국민의 배우자 나. 국민과 혼인관계(사실상의 혼인관계를 포함한다)에서 출생한 자녀를 양육하고 있는 부 또는 모로서 법무부장관이 인정하는 사람 다. 국민인 배우자와 혼인한 상태로 국내에 체류하던 중 그 배우자의 사망이나 실종, 그 밖에 자신에게 책임이 없는 사유로 정상적인 혼인관계를 유지할 수 없는 사람으로서 법무부장관이 인정하는 사람

(마) 체류자격 변경 허가: 10만원. 다만, 영 별표 1의3 영주(F-5) 체류자격에 해당하는 경우에는 20만원으로 한다.

[별표 1의3] 〈신설 2018. 9. 18.〉

영주자격에 부합하는 사람(제12조의2제1항 관련)

체류자격 (기호)	영주자격에 부합하는 사람의 범위
영주 (F-5)	법 제46조제1항 각 호의 어느 하나에 해당하지 않는 사람으로서 다음 각 호의 어느 하나에 해당하는 사람 1. 대한민국 「민법」에 따른 성년으로서 별표 1의2 중 10. 주재(D-7)부터 20. 특정활동(E-7)까지의 체류자격이나 별표 1의2 중 24. 거주(F-2) 체류자격으로 5년 이상 대한민국에 체류하고 있는 사람 2. 국민 또는 영주자격(F-5)을 가진 사람의 배우자 또는 미성년 자녀로서 대한민국에 2년 이상 체류하고 있는 사람 및 대한민국에서 출생한 것을 이유로 법 제23조에 따라 체류자격 부여 신청을 한 사람으로서 출생 당시 그의 부 또는 모가 영주자격(F-5)으로 대한민국에 체류하고 있는 사람 중 법무부장관이 인정하는 사람 3. 「외국인투자 촉진법」에 따라 미화 50만 달러를 투자한 외국인투자가로서 5명 이상의 국민을 고용하고 있는 사람 4. 별표 1의2 중 26. 재외동포(F-4) 체류자격으로 대한민국에 2년 이상 계속 체류하고 있는 사람으로서 대한민국에 계속 거주할 필요가 있다고 법무부장관이 인정하는 사람 5. 「재외동포의 출입국과 법적 지위에 관한 법률」 제2조제2호의 외국국적동포로서 「국적법」에 따른 국적 취득 요건을 갖춘 사람 6. 종전 「출입국관리법 시행령」(대통령령 제17579호로 일부개정되어 2002. 4. 18. 공포·시행되기 이전의 것을 말한다) 별표 1 제27호란의 거주(F-2) 체류자격(이에 해당되는 종전의 체류자격을 가진 적이 있는 사람을 포함한다)이 있었던 사람으로서 대한민

	국에 계속 거주할 필요가 있다고 법무부장관이 인정하는 사람
	7. 다음 각 목의 어느 하나에 해당하는 사람으로서 법무부장관이 인정하는 사람 　가. 국외에서 일정 분야의 박사 학위를 취득한 사람으로서 영주자격(F-5) 신청 시 국내 　　기업 등에 고용된 사람 　나. 국내 대학원에서 정규과정을 마치고 박사학위를 취득한 사람
	8. 법무부장관이 정하는 분야의 학사 학위 이상의 학위증 또는 법무부장관이 정하는 기술자격증이 있는 사람으로서 국내 체류기간이 3년 이상이고, 영주자격(F-5) 신청 시 국내기업에 고용되어 법무부장관이 정하는 금액 이상의 임금을 받는 사람
	9. 과학 · 경영 · 교육 · 문화예술 · 체육 등 특정 분야에서 탁월한 능력이 있는 사람 중 법무부장관이 인정하는 사람
	10. 대한민국에 특별한 공로가 있다고 법무부장관이 인정하는 사람
	11. 60세 이상으로서 법무부장관이 정하는 금액 이상의 연금을 국외로부터 받고 있는 사람
	12. 별표 1의2 중 29. 방문취업(H-2) 체류자격으로 취업활동을 하고 있는 사람으로서 같은 표 중 24. 거주(F-2)란의 사목 1)부터 3)까지의 요건을 모두 갖추고 있는 사람 중 근속기간이나 취업지역, 산업 분야의 특성, 인력 부족 상황 및 국민의 취업 선호도 등을 고려하여 법무부장관이 인정하는 사람
	13. 별표 1의2 중 24. 거주(F-2) 자목에 해당하는 체류자격으로 대한민국에서 3년 이상 체류하고 있는 사람으로서 대한민국에 계속 거주할 필요가 있다고 법무부장관이 인정 하는 사람
	14. 별표 1의2 중 24. 거주(F-2) 차목에 해당하는 체류자격을 받은 후 5년 이상 계속 투자 상태를 유지하고 있는 사람으로서 대한민국에 계속 거주할 필요가 있다고 법무부 장관이 인정하는 사람과 그 배우자 및 자녀(법무부장관이 정하는 요건을 갖춘 자녀만 해당한다)
	15. 별표 1의2 중 11. 기업투자(D-8) 다목에 해당하는 체류자격으로 대한민국에 3년 이상 계속 체류하고 있는 사람으로서 투자자로부터 3억원 이상의 투자금을 유치하고 2명 이상의 국민을 고용하는 등 법무부장관이 정하는 요건을 갖춘 사람
	16. 5년 이상 투자 상태를 유지할 것을 조건으로 법무부장관이 정하여 고시하는 금액 이상을 투자한 사람으로서 법무부장관이 정하는 요건을 갖춘 사람
	17. 별표 1의2 중 11. 기업투자(D-8) 가목에 해당하는 체류자격을 가지고 「외국인투자촉 진법 시행령」 제25조제1항제4호에 따른 연구개발시설의 필수전문인력으로 대한민 국에 3년 이상 계속 체류하고 있는 사람으로서 법무부장관이 인정하는 사람
	18. 별표 1의2 중 24. 거주(F-2) 다목에 해당하는 체류자격으로 2년 이상 대한민국에 체류하고 있는 사람

(사) 체류기간 연장 허가: 6만원. 다만, 영 별표 1의2 중 27. 결혼이민(F-6) 체류자격을
가지고 있는 경우에는 3만원으로 한다.

(아) 단수재입국허가: 3만원

(자) 복수재입국허가: 5만원

(차) 재입국허가기간 연장허가: 미화 20달러에 상당하는 금액

(카) 외국인등록증 발급 및 재발급: 3만원

(타) 영주증 재발급: 3만원

(파) 출입국에 관한 사실증명: 2천원(1통당)

(하) 외국인등록 사실증명의 발급 및 열람: 발급은 1통당 2천원, 열람은 1건 1회당 1천원

(거) 난민여행증명서 발급 및 재발급: 1만원

(너) 난민여행증명서 유효기간 연장허가: 미화 5달러에 상당하는 금액

(더) 영 제15조 제4항 제1호 나목에 해당하는 외국인의 자동출입국심사 등록: 법무부장관
   이 정하는 금액

나. 수수료의 납부방법

수수료의 납부방법은 다음 각 호와 같다(법 시행규칙 제73조).

(1) 출입국·외국인청, 출입국·외국인사무소 또는 출장소에 납부하는 경우 : 해당 수수료 금
액에 상당하는 수입인지 또는 정보통신망을 이용한 전자화폐·전자결제. 다만, 다음 각 목의
수수료는 그 목에서 정한 방법으로 납부하여야 한다.

(가) 외국인등록증 발급 및 재발급 수수료: 현금 또는 현금 납입을 증명하는 증표

(나) 영 제15조 제4항 제1호 나목에 해당하는 외국인의 자동출입국심사 등록 수수료: 현
   금, 신용카드·직불카드 또는 정보통신망을 이용한 전자화폐·전자결제 중에서 법무부장
   관이 정하는 방법

> **법 시행령 제15조(입국심사)**
> ④ 다음 각 호의 요건을 모두 갖춘 외국인은 법 제12조제2항에 따라 정보화기기에 의한 입
> 국심사를 받을 수 있다. 이 경우 법 제38조제1항제1호에 따라 지문과 얼굴에 관한 정보를
> 제공한 외국인으로서 정보화기기를 이용한 입국심사에 지장이 없는 경우에는 제2호의 요
> 건을 갖춘 것으로 본다.
>   나. 대한민국과 상호 간에 정보화기기를 이용한 출입국심사를 할 수 있도록 양해각
>   서·협정 등을 체결하거나 그 밖의 방법으로 합의한 국가의 국민으로서 법무부
>   장관이 정하는 사람

(2) 시·군·구 또는 읍·면·동에 납부하는 경우 : 해당 수수료 금액에 상당하는 수입증지 또는
정보통신망을 이용한 전자화폐·전자결제

(3) 재외공관에 납부하는 경우 : 해당 수수료 금액에 상당하는 수입인지·현금 또는 현금의 납입을 증명하는 증표

다. 상호주의에 의한 감면 등

(1) 상호주의에 의한 감면

법무부장관은 국제관례 또는 상호주의원칙이나 그 밖에 법무부령으로 정하는 사유로 필요하다고 인정하면 위 가.항에 따른 수수료를 감면할 수 있고, 협정 등에 수수료에 관한 규정이 따로 있으면 그 규정에서 정하는 바에 따른다(법 제87조 제2항).

(2) 감면대상

(가) 면제대상

법 제87조 제2항에 따라 다음 각 호의 어느 하나에 해당하는 경우에는 수수료를 면제한다(법 시행규칙 제74조 제1항).

1) 국제협력사업 등을 수행하는 대한민국의 기관 또는 단체중 법무부장관이 지정하는 기관 또는 단체가 항공료 및 국내체재비를 부담하기로 하거나 인도주의적 차원에서 초청한 외국인으로서 그의 입국허가 또는 사증발급에 관한 수수료의 면제가 특히 필요하다고 인정되는 경우

2) 대한민국정부, 「정부출연연구기관 등의 설립·운영 및 육성에 관한 법률」에 따라 설립된 정부출연연구기관, 「과학기술분야 정부출연연구기관 등의 설립·운영 및 육성에 관한 법률」에 따라 설립된 과학기술분야 정부출연연구기관 또는 「특정연구기관육성법」에 따라 설립된 특정연구기관 등이 학비 등 국내체재비를 부담하기로 하고 초청한 외국인이 영 별표 1의2 중 4. 문화예술(D-1), 5. 유학(D-2) 또는 7. 일반연수(D-4)에 해당하는 체류활동을 하기 위하여 체류자격변경허가·체류기간연장허가 또는 재입국허가를 신청하는 경우

4. 문화예술 (D-1)	수익을 목적으로 하지 않는 문화 또는 예술 관련 활동을 하려는 사람(대한민국의 전통문화 또는 예술에 대하여 전문적인 연구를 하거나 전문가의 지도를 받으려는 사람을 포함한다)
5. 유학 (D-2)	전문대학 이상의 교육기관 또는 학술연구기관에서 정규과정의 교육을 받거나 특정 연구를 하려는 사람
7. 일반연수 (D-4)	법무부장관이 정하는 요건을 갖춘 교육기관이나 기업체, 단체 등에서 교육 또는 연수를 받거나 연구활동에 종사하려는 사람[연수기관으로부터 체재비를 초과하는 보수(報酬)를 받거나 유학(D-2) · 기술연수(D-3) 체류자격에 해당하는 사람은 제외한다]

3) 영 별표 1의2 중 체류자격 1. 외교(A-1)부터 3. 협정(A-3)까지 또는 체류자격 11. 기업투자(D-8)의 자격에 해당하는 사람

[별표 1의2] 〈신설 2018. 9. 18.〉

장기체류자격(제12조 관련)

체류자격 (기호)	체류자격에 해당하는 사람 또는 활동범위
1. 외교 (A-1)	대한민국정부가 접수한 외국정부의 외교사절단이나 영사기관의 구성원, 조약 또는 국제관행에 따라 외교사절과 동등한 특권과 면제를 받는 사람과 그 가족
2. 공무 (A-2)	대한민국정부가 승인한 외국정부 또는 국제기구의 공무를 수행하는 사람과 그 가족
3. 협정 (A-3)	대한민국정부와의 협정에 따라 외국인등록이 면제되거나 면제할 필요가 있다고 인정되는 사람과 그 가족
11. 기업투자 (D-8)	가. 「외국인투자 촉진법」에 따른 외국인투자기업의 경영 · 관리 또는 생산 · 기술 분야에 종사하려는 필수전문인력으로서 법무부장관이 인정하는 사람(국내에서 채용하는 사람은 제외한다) 나. 지식재산권을 보유하는 등 우수한 기술력으로 「벤처기업육성에 관한 특별조치법」 제2조의2제1항제2호다목에 따른 벤처기업을 설립한 사람 중 같은 법 제25조에 따라 벤처기업 확인을 받은 사람 또는 이에 준하는 사람으로서 법무부장관이 인정하는 사람 다. 다음의 어느 하나에 해당하는 사람으로서 지식재산권을 보유하거나 이에 준하는 기술력 등을 가진 사람 중 법무부장관이 인정한 법인 창업자 1) 국내에서 전문학사 이상의 학위를 취득한 사람 2) 외국에서 학사 이상의 학위를 취득한 사람 3) 관계 중앙행정기관의 장이 지식재산권 보유 등 우수한 기술력을 보유한 사람으로 인정하여 추천한 사람

4) 전자문서로 법 시행령 제72조 제11호(출입국에 관한 사실증명) · 제12호(외국인등록 사

실증명의 발급 및 열람)의 증명을 열람하게 하거나 교부하는 경우

5) 국가이익이나 인도적 사유 등을 고려하여 수수료 면제가 필요하다고 법무부장관이 인정하는 경우

6) 다음 각 목의 어느 하나에 해당하는 자가 출입국에 관한 사실증명을 신청하는 경우

가) 「독립유공자예우에 관한 법률」 제6조에 따라 등록된 독립유공자와 그 유족(선순위자만 해당된다)

나) 「국가유공자 등 예우 및 지원에 관한 법률」 제6조에 따라 등록된 국가유공자와 그 유족(선순위자만 해당된다)

국가유공자 등 예우 및 지원에 관한 법률 제6조(등록 및 결정)

① 독립유공자, 그 유족 또는 가족으로서 이 법의 적용 대상자가 되려는 자는 대통령령으로 정하는 바에 따라 국가보훈처장에게 등록을 신청하여야 한다.

② 국가보훈처장은 제1항에 따른 등록신청을 받은 때에는 대통령령으로 정하는 바에 따라 독립유공자의 요건과 그 유족 또는 가족으로서의 요건을 확인한 후 「국가유공자 등 예우 및 지원에 관한 법률」 제74조의5에 따른 보훈심사위원회(이하 "보훈심사위원회"라 한다)의 심의·의결을 거쳐 독립유공자, 그 유족 또는 가족에 해당하는지를 결정한다. 다만, 독립유공자, 그 유족 또는 가족의 요건이 객관적인 사실에 의하여 확인된 경우로서 대통령령으로 정하는 경우에는 보훈심사위원회의 심의·의결을 거치지 아니할 수 있다.

다) 「고엽제후유의증 등 환자지원 및 단체설립에 관한 법률」 제4조에 따라 등록된 고엽제후유증환자, 고엽제후유의증환자 또는 고엽제후유증 2세 환자

고엽제후유의증 등 환자지원 및 단체설립에 관한 법률 제4조(적용 대상자의 결정·등록 등)

① 다음 각 호의 어느 하나에 해당하는 자가 이 법의 적용 대상자가 되려면 대통령령으로 정하는 바에 따라 국가보훈처장에게 등록을 신청하여야 한다.

1. 월남전에 참전하고 전역한 자등
2. 남방한계선 인접지역에서 복무하고 전역한 자등
3. 고엽제후유증환자의 자녀

라) 「참전유공자예우 및 단체설립에 관한 법률」 제5조에 따라 등록된 참전유공자

참전유공자예우 및 단체설립에 관한 법률 제5조(등록 및 결정)
　① 참전유공자로서 이 법을 적용받으려는 사람은 대통령령으로 정하는 바에 따라 국가보훈처장에게 등록을 신청하여야 한다.
　② 국가보훈처장은 제1항에 따른 등록신청을 받으면 대통령령으로 정하는 바에 따라 참전유공자로서의 요건을 확인한 후 등록할지를 결정한다.
　③ 다음 각 호의 사람 중 해당 등록신청 서류에 의하여 제2조제2호각 목의 어느 하나의 요건에 해당함이 객관적으로 인정되는 사람에 대해서는 그 등록한 날에 이 법에 따른 참전유공자로 등록한 것으로 본다.
　　1. 「국가유공자 등 예우 및 지원에 관한 법률」에 따라 국가유공자로 등록된 사람
　　2. 「보훈보상대상자 지원에 관한 법률」에 따라 보훈보상대상자로 등록된 사람
　　3. 「고엽제후유의증 등 환자지원 및 단체설립에 관한 법률」에 따라 고엽제후유증환자 또는 고엽제후유의증환자로 등록된 사람

마) 「5 · 18민주유공자 예우에 관한 법률」 제7조에 따라 등록된 5 · 18민주유공자와 그 유족(선순위자만 해당된다)

5 · 18민주유공자 예우에 관한 법률 제7조(등록 및 결정)
　① 5 · 18민주유공자, 그 유족 또는 가족이 되려는 사람은 국가보훈처장에게 등록을 신청하여야 한다.
　② 국가보훈처장은 제1항에 따른 등록신청을 받으면 대통령령으로 정하는 바에 따라 제4조 또는 제5조에 따른 요건을 확인한 후 5 · 18민주유공자, 그 유족 또는 가족에 해당하는지를 결정한다.

바) 「특수임무유공자 예우 및 단체설립에 관한 법률」 제6조에 따라 등록된 특수임무유공자와 그 유족(선순위자만 해당된다)

(2) 감경대상

법 제87조 제2항에 따라 다음의 어느 하나에 해당하는 경우에는 해당 호에서 정한 바에 따라 수수료를 감경한다(법 시행규칙 제74조 제2항).

1) 온라인에 의한 근무처의 변경허가 · 추가허가 신청의 경우: 해당 수수료의 10분의 2를 감경

2) 온라인에 의한 체류자격 변경허가 및 체류기간 연장허가 신청의 경우: 해당 수수료의 10분의 2를 감경

3) 온라인에 의한 재입국허가 신청의 경우: 해당 수수료의 10분의 2를 감경

13. 사실증명의 발급 및 열람

가. 출입국사실증명 발급 등

(1) 출입국사실증명 발급

지방출입국 · 외국인관서의 장, 시 · 군 · 구(자치구가 아닌 구를 포함한다. 이하 이 조에서 같다) 및 읍 · 면 · 동 또는 재외공관의 장은 출입국관리법의 절차에 따라 출국 또는 입국한 사실 유무에 대하여 법무부령으로 정하는 바에 따라 출입국에 관한 사실증명을 발급할 수 있다(법 제88조 제1항 본문). 다만, 출국 또는 입국한 사실이 없는 사람에 대하여는 특히 필요하다고 인정되는 경우에만 이 법의 절차에 따른 출국 또는 입국 사실이 없다는 증명을 발급할 수 있다(법 제88조 제1항 단서).

■ 출입국관리법 시행규칙 [별지 제138호서식] 〈개정 2018. 5. 15.〉 ※ 이 증명서는 정부민원포털(www.minwon.go.kr)에서 무료로 발급받을 수 있습니다.

출입국에 관한 사실증명
(CERTIFICATE OF ENTRY & EXIT)

발급번호 (Serial No.)	발급일 (Date of Issue)	쪽수 (Page Count)

대상자 (Person upon whom the Certificate is issued)	성명 (Full name)			
	주민등록번호 (Resident Registration No.) / 생년월일 (Date of Birth)		성별 (Sex)	
	국적 (Nationality)		여권번호 (Passport No.)	

출입국일자 (Dates of Entry and Exit)	출국 (Exit)	입국 (Entry)	출국 (Exit)	입국 (Entry)

조회 기간 (Reference Period)	. . . 부터(from) . . . 까지(to)
기록대조자 확인 (Verified by)	

「출입국관리법」 제88조제1항에 따라 위의 사실을 증명합니다.

I hereby certify that the above information has been verified pursuant to paragraph 1 of Article 88 of the Immigration Act.

(2) 출입국사실증명 발급권자

출입국에 관한 사실증명의 발급은 본인이나 그의 법정대리인 또는 그로부터 위임을 받은 사람이 다음의 어느 하나에 해당하는 자에게 신청하여야 한다(법 시행규칙 제75조 제1항).

(가) 청장·사무소장 또는 출장소장

(나) 시장(「제주특별자치도 설치 및 국제자유도시 조성을 위한 특별법」 제11조에 따른 행정시장을 포함하며, 특별시장과 광역시장은 제외한다. 이하 같다)·군수 또는 구청장(자치구가 아닌 구의 구청장을 포함한다. 이하 같다)

(다) 읍·면 또는 동의 장

(라) 재외공관의 장

나. 외국인등록 사실증명 발급·열람

지방출입국·외국인관서의 장, 시·군·구 또는 읍·면·동의 장은 이 법의 절차에 따라 외국인등록을 한 외국인 및 그의 법정대리인 등 법무부령으로 정하는 사람에게 법무부령으로 정하는 바에 따라 외국인등록 사실증명을 발급하거나 열람하게 할 수 있다(법 제88조 제2항).

(1) 외국인등록 사실증명 발급신청

외국인등록 사실증명의 발급이나 열람은 본인이나 그 법정대리인 또는 그로부터 위임을 받은 자가 청장·사무소장·출장소장이나 시장·군수·구청장 또는 읍장·면장·동장에게 신청하여야 하며(법 시행규칙 제75조 제2항), 이에 따라 외국인등록의 사실증명을 열람하려는 경우에는 외국인등록 사실증명 열람대장에 그 사실을 적어야 한다.

외국인등록 사실증명
(CERTIFICATE OF ALIEN REGISTRATION)

발급번호 (Serial No.)		발급일 (Date of Issue)	
대상자 (Person upon whom the Certificate is issued)	외국인등록번호 (Alien Registration No.)		
	성명 (Full name)		
	성별 (Sex)	생년월일 (Date of Birth)	
	국적 (Nationality)	체류자격 (Status of sojourn)	
	체류기간 (Period of Sojourn)	등록일자 (Date of Registration)	
	등록체류지 (Address)		
	이전의 외국인등록(국내거소신고)번호 (Expired Alien Registration/Domestic Residence Report Number)		

	변경일 (Date)	주소 (Address)	비고 (Remarks)
변경사항 (Record of residential address change)			

	관계 (Relations)	성명 (Name)	성별 (Sex)	생년월일 (Date Of Birth)	외국인등록번호 (Alien Registration No.)
동거 가족 사항 (Members of family who live together)					

※ 동거 가족 사항은 외국인등록 시 동거 가족으로 등록한 사람입니다.
  Members of family who live together are those registered as accompanying family members at the time of your alien registration.

「출입국관리법」 제88조제2항에 따라 위의 사실을 증명합니다.

I hereby certify that the above information has been verified pursuant to Article 88(2) of the Immigration Act.

(2) 본인이나 법정대리인 외 발급신청 사유

다음의 어느 하나에 해당하는 자는 제1항 또는 제2항에도 불구하고 출입국에 관한 사실증명의 발급이나 외국인등록 사실증명의 발급 또는 열람을 신청할 수 있으며(법 시행규칙 제75조 제3항), 이에 따라 외국인등록의 사실증명을 열람하려는 경우에는 외국인등록 사실증명 열람대장에 그 사실을 적어야 한다.

(가) 행방불명, 사망 등으로 본인이 의사표시를 할 수 없는 상태에 있거나 명백하게 본인의 이익을 위해 사용될 것으로 인정되는 경우: 다음 각 목의 어느 하나에 해당하는 사람

　　1) 본인의 배우자

　　2) 본인의 직계 존·비속 또는 형제·자매

　　3) 본인의 배우자의 직계 존·비속 또는 형제·자매(본인의 배우자가 사망한 경우로서, 나목에 해당하는 사람이 없는 경우만 해당한다)

(나) 본인인 외국인이 완전 출국한 경우 : 본인인 외국인을 고용하였던 자 또는 그 대리인

(다) 다음 각 목에 해당하는 경우로서 외국인등록 사실증명을 발급받거나 열람하려는 경우: 채권자

　　1) 채권·채무 관계에 관한 재판에서 승소판결이 확정된 경우

　　2)「주민등록법 시행령」별표 2 제3호 각 목의 어느 하나에 해당하는 금융회사 등이 연체채권 회수를 위하여 필요로 하는 경우

[별표 2]

채권·채무관계 등 정당한 이해관계가 있는 자의 범위(제47조제4항 관련)

1.「민법」제22조에 따른 부재자의 재산관리인 또는 이해관계인
2. 부동산 또는 이에 준하는 것에 관한 권리의 설정·변경·소멸에 관계되는 자

나. 「금융회사부실자산 등의 효율적 처리 및 한국자산관리공사의 설립에 관한 법률」에 따른 한국자산관리공사

다. 「기술보증기금법」에 따른 기술보증기금

라. 「농림수산업자 신용보증법」에 따른 농림수산업자 신용보증기금

마. 「농업협동조합법」에 따른 조합과 농업협동조합중앙회

바. 「무역보험법」에 따른 한국무역보험공사

사. 「보험업법」에 따른 보험회사

아. 「산림조합법」에 따른 산림조합과 산림조합중앙회

자. 「상호저축은행법」에 따른 상호저축은행

차. 「새마을금고법」에 따른 새마을금고와 새마을금고중앙회

카. 「수산업협동조합법」에 따른 조합과 수산업협동조합중앙회

타. 「신용보증기금법」에 따른 신용보증기금

파. 「신용정보의 이용 및 보호에 관한 법률」에 따라 금융위원회로부터 채권추심업 허가를 받은 신용정보회사

하. 「신용협동조합법」에 따른 신용협동조합과 신용협동조합중앙회

거. 「여신전문금융업법」에 따른 여신전문금융회사와 겸영여신업자

너. 「예금자보호법」에 따른 예금보험공사와 정리금융기관

더. 「은행법」 제8조제1항에 따라 인가받은 은행

러. 「은행법」 제58조제1항에 따라 인가를 받은 외국은행의 지점과 대리점

머. 「자산유동화에 관한 법률」에 따른 유동화전문회사

버. 「주택도시기금법」에 따른 주택도시보증공사

서. 「주택저당채권유동화회사법」에 따른 주택저당채권유동화회사

어. 「중소기업은행법」에 따라 설립된 중소기업은행

저. 「중소기업진흥에 관한 법률」에 따른 중소기업진흥공단

처. 「중소기업협동조합법」에 따른 중소기업협동조합

커. 「지역신용보증재단법」에 따른 지역신용보증재단과 신용보증재단중앙회

터. 「한국산업은행법」에 따라 설립된 한국산업은행

퍼. 「한국수출입은행법」에 따라 설립된 한국수출입은행

허. 「한국정책금융공사법」에 따른 한국정책금융공사

고. 「한국주택금융공사법」에 따른 한국주택금융공사

노. 「서민의 금융생활 지원에 관한 법률」 제3조에 따른 서민금융진흥원과 같은 법 제2조제6호에 따른 사업수행기관

---

4. 개인 및 법인 등의 채권·채무와 관계되는 자(제3호에 따른 금융회사 등은 제외한다). 다만, 기한의 이익이 상실되었거나 변제기가 도래한 경우로 한정하며, 개인의 채권·채무관계에서 채무금액 50만원 이하인 경우는 제외한다.

---

3) 해당 외국인과 채권·채무 관계에 있는 경우(기한 경과나 기한의 이익 상실 등으로 변제기가 도래한 경우에 한정하며, 채무금액이 100만원 이하인 경우는 제외한다)

(라) 그 밖에 법무부장관이 공익상 필요하다고 인정하는 자

다. 사증발급 등 신청시의 첨부서류

(1) 체류자격별 첨부서류

(가) 다음에 해당하는 때의 체류자격별 첨부서류는 별표 5와 같다(법 시행규칙 제76조 제1항).

  1) 영 제7조제1항 및 제10조제2항에 따라 사증 또는 외국인입국허가서의 발급을 신청하는 때

  2) 영 제8조제1항제1호 및 제3호에 해당하는 자가 이 규칙 제14조에 따라 입국허가를 신청하는 때

  3) 제17조제2항에 따라 사증발급인정서의 발급을 신청하는 때

(나) 다음에 해당하는 때의 체류자격별 첨부서류는 별표 5의2와 같다(법 시행규칙 제76조 제2항).

  1) 영 제25조에 따라 체류자격외활동허가를 신청하는 때

  2) 영 제26조에 따라 근무처의 변경·추가허가를 신청하는 때

  3) 영 제26조의2에 따라 근무처의 변경·추가 신고를 하는 때

  4) 영 제29조에 따라 체류자격부여를 신청하는 때

5) 영 제30조에 따라 체류자격변경허가를 신청하는 때

6) 영 제31조에 따라 체류기간연장허가를 신청하는 때

7) 영 제40조에 따라 외국인등록을 신청하는 때

(2) 확인에 의한 서류제출 갈음

위 (가) 및 (나)항에 따른 첨부서류 중 「전자정부법」 제36조 제1항에 따라 행정정보의 공동이용을 통하여 첨부서류에 대한 정보를 확인할 수 있는 경우에는 그 확인으로 제출에 갈음한다(법 시행규칙 제76조 제3항).

14. 외국인등록증 등과 주민등록증 등의 관계

가. 주민등록증 등의 외국인등록증 등 사실증명 갈음

외국인의 편의를 위하여 법령에 규정된 각종 절차와 거래관계 등에서 주민등록증이나 주민등록등본 또는 초본이 필요하면 외국인등록증이나 외국인등록 사실증명으로 이를 갈음한다(법 제88조의2 제1항).

나. 외국인등록 등 신고의 주민등록 등 신고갈음

출입국관리법에 따른 외국인등록과 체류지 변경신고는 주민등록과 전입신고를 갈음한다(법 제88조의2 제2항).

이에 따라 외국인 또는 외국국적동포가 구 출입국관리법(2010. 5. 14. 법률 제10282호로 개정되기 전의 것)이나 구 재외동포의 출입국과 법적 지위에 관한 법률(2008. 3. 14. 법률 제8896호로 개정되기 전의 것)에 따라서 한 외국인등록이나 체류지변경신고 또는 국내거소신고나 거소이전신고에 대하여는, 주택임대차보호법 제3조 제1항에서 주택임대차의 대항력 취득 요건으로 규정하고 있는 주민등록과 동일한 법적 효과가 인정된다. 이는 외국인등록이나 국내거소신고 등이 주민등록과 비교하여 공시기능이 미약하다고 하여 달리 볼 수 없기 때문이다.[91]

---

91) 대법원 2016. 10. 13. 선고 2014다218030, 218047 판결

주민등록법

제6조(대상자) ① 시장·군수 또는 구청장은 30일 이상 거주할 목적으로 그 관할 구역에 주소나 거소(이하 "거주지"라 한다)를 가진 다음 각 호의 사람(이하 "주민"이라 한다)을 이 법의 규정에 따라 등록하여야 한다. 다만, 외국인은 예외로 한다.

주민등록법 시행령

제6조의2(외국인 배우자 등에 대한 세대별 주민등록표의 기록 등) ①「출입국관리법」 제31조에 따라 등록한 외국인 또는「재외동포의 출입국과 법적 지위에 관한 법률」 제6조에 따라 국내거소신고를 한 외국국적동포(이하 "외국인등"이라 한다)의 체류지를 관할하는 시장·군수 또는 구청장은 다음 각 호의 요건을 모두 갖춘 외국인등을 별지 제2호서식의 세대별 주민등록표에 기록하여 관리할 수 있다. 이 경우 외국인등을 세대별 주민등록표에 기록하는 순서는 제6조제2항에 따른다.

  1. 외국인등의 체류지[외국인의 경우에는「출입국관리법」 제31조에 따라 등록한 체류지, 외국국적동포의 경우에는「재외동포의 출입국과 법적 지위에 관한 법률」 제6조에 따라 국내거소신고를 한 거소(居所)를 말한다. 이하 이 조에서 같다]가 외국인등이 속할 세대의 세대주의 주민등록지와 일치할 것

  2. 외국인등이 다음 각 목의 어느 하나에 해당할 것

    가. 세대주의 배우자

    나. 세대주의 직계혈족

    다. 세대원(세대주의「민법」 제779조에 따른 가족의 범위로 한정한다. 이하 이 조에서 같다)의 배우자

    라. 세대원의 직계혈족

② 시장·군수 또는 구청장은 제1항에 따라 외국인등을 세대별 주민등록표에 기록하려면 다음 각 호의 어느 하나에 해당하는 사람의 신청이 있어야 한다.

  1. 외국인등 본인

  2. 외국인등이 속할 세대의 세대주

  3. 외국인등이 속할 세대의 세대원

③ 시장·군수 또는 구청장은 제2항에 따른 신청을 받으면 다음 각 호의 사항을 확인한 후

해당 외국인등을 세대별 주민등록표에 기록하여야 한다.

1. 외국인등의 외국인등록자료(국내거소신고자료를 포함한다. 이하 같다)

2. 체류지에서의 거주사실

3. 가족관계기록사항

4. 그 밖에 행정안전부령으로 정하는 사항

④ 시장·군수 또는 구청장은 제3항에 따른 사항을 확인하기 위하여 필요한 경우에는 외국인등의 동의를 받아 관계기관의 장에게 외국인등록자료, 가족관계기록사항에 관한 자료의 제공을 요청할 수 있다. 다만, 외국인등이 동의하지 아니하는 경우에는 해당 외국인등에게 해당 자료를 제출하게 하여야 한다.

⑤ 제1항에 따라 세대별 주민등록표에 기록된 외국인등(이하 이 조에서 "세대별 주민등록표에 기록된 외국인등"이라 한다)이 체류지를 이전하면 새로운 체류지를 관할하는 시장·군수 또는 구청장에게 제2항에 따른 신청을 다시 하여야 한다. 다만, 다음 각 호의 요건을 모두 갖춘 경우에는 새로운 체류지를 관할하는 시장·군수 또는 구청장은 제2항에 따른 신청이 없어도 그 외국인등을 세대별 주민등록표에 기록할 수 있다.

1. 세대별 주민등록표에 기록된 외국인등이 새로운 체류지를 관할하는 시장·군수 또는 구청장(자치구가 아닌 구의 구청장을 포함한다) 또는 읍·면·동의 장에게 「출입국관리법」 제36조제1항에 따른 전입신고나 「재외동포의 출입국과 법적 지위에 관한 법률」 제6조제2항에 따른 국내거소 이전신고를 하였을 것

2. 제1호에 따른 전입신고 또는 국내거소 이전신고와 함께 세대별 주민등록표에 기록된 외국인등이 속하였던 세대에 속하는 사람 전원이 제1호에 따른 전입신고지 또는 국내거소 이전신고지와 동일한 주소지로 법 제16조제1항에 따른 전입신고를 하였을 것

⑥ 시장·군수 또는 구청장은 세대별 주민등록표에 기록된 외국인등에 대한 기록사항에 오류가 있거나 다음 각 호의 어느 하나에 해당하여 그 기록사항을 변경할 필요가 있는 경우에는 외국인등 본인의 신청 또는 직권으로 해당 기록사항을 정정하거나 변경할 수 있다.

1. 외국인등의 성명, 외국인등록번호 또는 국내거소신고번호가 변경되었음을 확인한 경우

2. 이혼 또는 그 밖의 사유로 인하여 세대주 또는 세대원과 외국인등 사이의 가족관계가 변경되었음을 확인한 경우(제7항에 해당하여 삭제하여야 하는 경우는 제외한다)

3. 그 밖에 세대별 주민등록표에 기록된 외국인등의 기록사항을 변경하여야 하는 경우로서 행정안전부령으로 정하는 경우

⑦ 시장·군수 또는 구청장은 세대별 주민등록표에 기록된 외국인등이 다음 각 호의 어느 하나에 해당하는 경우에는 세대별 주민등록표의 해당 외국인등에 관한 기록을 삭제하여야 한다.

1. 본인이 삭제 신청을 한 경우

2. 제9항에 따른 통보를 받은 경우

3. 사실조사 등을 통하여 제1항의 요건을 갖추지 못하게 되었음을 확인한 경우

4. 그 밖에 해당 외국인등을 세대별 주민등록표에서 삭제하여야 하는 경우로서 행정안전부령으로 정하는 경우

⑧ 시장·군수 또는 구청장은 제1항 및 제5항부터 제7항까지의 규정에 따라 외국인등을 세대별 주민등록표에 기록하거나 그 기록사항을 정정·변경·삭제한 경우에는 해당 외국인등의 체류지를 관할하는 지방출입국·외국인관서의 장에게 통보하여야 한다.

⑨ 제8항에 따른 통보를 받은 지방출입국·외국인관서의 장은 세대별 주민등록표에 기록된 외국인등이 「출입국관리법」, 「재외동포의 출입국과 법적 지위에 관한 법률」, 그 밖의 다른 법률에 따라 외국인등록사항이 말소되거나 국내거소신고 원부가 정리된 경우 또는 체류허가의 취소·변경 등에 따라 국내에 체류할 수 없게 된 경우에는 즉시 그 사실을 제8항에 따라 통보한 시장·군수 또는 구청장에게 통보하여야 한다.

⑩ 제1항부터 제9항까지에서 규정한 사항 외에 외국인등에 대한 세대별 주민등록표의 기록 신청 절차와 방법, 세대별 주민등록표 기록사항에 관한 정정·변경·삭제 및 통보 등 외국인등에 대한 세대별 주민등록표의 기록·관리에 관하여 필요한 사항은 행정안전부령으로 정한다.

제47조(주민등록표의 열람 또는 등·초본의 교부) ① 시장·군수 또는 구청장(자치구가 아닌 구의 구청장을 포함한다)이나 읍·면·동장 또는 출장소장(이하 "열람 또는 등·초본 교부기관의 장"이라 한다)은 법 제15조 및 이 영 제22조에 따라 등록기준지의 시장·구청장 또는 읍·면장이 확인한 주민등록자에게만 주민등록표 등·초본을 교부한다. 다만, 세대별 주민등록표에 기록된 외국인등에게는 본인이 속한 세대의 주민등록표 등본을 교부할 수 있고, 외국인 배우자에게는 그 배우자가 속한 세대의 세대주 및 세대원의 주민등록표 등·초본을 교부할 수 있다.

15. 각종 허가 등의 취소·변경

가. 허가 등의 취소·변경 사유

법무부장관은 외국인이 신원보증인이 보증을 철회하거나 신원보증인이 없게 된 경우 등 다음 각 호의 어느 하나에 해당하면 사증발급(법 제8조), 사증발급인정서의 발급(법 제9조), 입국허가(법 제12조 제3항), 조건부 입국허가(법 제13조), 승무원 상륙허가(법 제14조), 관광상륙허가(법 제14조의2)

또는 체류허가(법 제20조·제21조 및 제23조부터 제25조까지의 규정) 등을 취소하거나 변경할 수 있으며(법 제89조 제1항), 이에 따라 체류기간 연장허가 등을 취소 또는 변경한 때에는 해당 외국인에게 취소나 변경된 사실을 알리고 그 뜻을 여권에 적어야 한다(법 시행령 제94조 제1항).

(1) 신원보증인이 보증을 철회하거나 신원보증인이 없게 된 경우

(2) 거짓이나 그 밖의 부정한 방법으로 허가 등을 받은 것이 밝혀진 경우

(3) 허가조건을 위반한 경우

(4) 사정 변경으로 허가상태를 더 이상 유지시킬 수 없는 중대한 사유가 발생한 경우

(5) (1)부터 (4)까지에서 규정한 경우 외에 이 법 또는 다른 법을 위반한 정도가 중대하거나 출입국관리공무원의 정당한 직무명령을 위반한 경우

【판시사항】

처분이 반드시 문서로 행하여 져야하는지 여부(서울행정법원 2015. 6. 19. 선고 2014구합54264 판결)

【판결요지】

체류자격취소처분이 문서로 이루어지지 않았다는 하자에 대하여 본다. 피고가 원고에게 이 사건 체류자격취소처분을 내리면서 별도의 문서로 된 처분서를 교부하지 않고, 원고의 여권에 체류자격이 취소되었다는 내용을 지재한 점은 당사자들 사이에 다툼이 없다. 이와 관련하여 행정절차법 제24조 제1항은 행정청이 처분을 할 때에는 다른 법령 등에 특별한 규정이 없는 경우에는 문서로 하여야 한다고 규정하고 있는데, 출입국관리법 시행령 제94조 제1항은 출입국관리법 제89조 제1항에 따라 체류기간을 취소할 때에는 그 해당 외국인에게 취소나 변경된 사실을 알리고 그 뜻을 여권에 적어야 한다고 규정하고 있다,

그렇다면 피고가 원고에게 이 사건 체류자격취소처분을 내리면서 별도의 처분서를 교부하지 않고 여권에 체류자격 취소의 취지를 기재한 것은 출입국관리법 시행령 제94조 제1항의 규정에 따른 것이고, 행정절차법 제24조 제1항의 취지는 이와 같이 법령에 특별한 규정이 있는 경우에는 처분이 문서로 이루어질 필요가 없다는 것이므로, 이 사건 체류처분취소처분이 문서로 통지되지 않았다고 하여 이를 위법하다고 볼 수는 없다.

나. 의견진술 절차

(1) 의견청취

법무부장관은 각종 허가 등의 취소나 변경에 필요하다고 인정하면 해당 외국인이나 신청인을 출석하게 하여 의견을 들을 수 있다(법 제89조 제2항).

(가) 취소·변경 사유 등의 통지

의견청취를 위하여 법무부장관은 취소하거나 변경하려는 사유, 출석일시와 장소를 출석일 7일 전까지 해당 외국인이나 신청인에게 통지하여야 한다(법 제89조 제3항). 이에 따른 통지는 서면으로 하여야 한다. 다만, 그 외국인 또는 신청인의 소재를 알 수 없는 등의 이유로 통지할 수 없는 경우에는 그러하지 아니하다(법 시행규칙 제94조의2 제1항).

(나) 의견진술 등

통지를 받은 외국인 또는 신청인은 지정된 일시 및 장소에 출석하여 의견을 진술하거나 서면(전자문서를 포함한다)으로 법무부장관에게 의견을 제출할 수 있다. 이 경우 의견진술을 하지 아니하거나 지정된 날까지 서면(전자문서를 포함한다)으로 의견을 제출하지 아니한 때에는 의견이 없는 것으로 본다(법 시행령 제94조의2 제2항).

(다) 외국인의 진술요지 작성방법

외국인 또는 신청인이 출석하여 의견을 진술한 때에는 관계 공무원은 그 요지를 서면(전자문서를 포함한다)으로 작성하여 진술한 사람으로 하여금 이를 확인한 후 서명날인(전자서명을 포함한다)하게 하여야 한다(법 시행령 제94조의2 제3항).

다. 허가서 등의 회수

출입국관리공무원은 사증발급인정서(법 제9조), 조건부 입국허가서(법 제13조), 승무원 상륙허가서(법 제14조), 관광상륙허가서(법 제14조의2) 및 법 제20조에 따라 발급된 체류자격 외 활동허가서를 가진 외국인이 법 시행령 제94조 제1항에 따라 그 허가 등이 취소된 때에는 그 허가서 등을 회수하여야 한다(법 시행령 제94조 제2항).

16. 영주자격의 취소 특례

가. 영주자격 취소 특례 사유

법무부장관은 영주자격을 가진 외국인에 대해서는 각종 허가 등의 취소·변경 사유(법 제89조 제1항)에도 불구하고 일반자격의 취소에 비해 그 요건을 강화하기 위하여 다음의 어느 하나에 해당하는 경우에 한정하여 영주자격을 취소할 수 있다. 다만, 제1호에 해당하는 경우에는 영주자격을 취소하여야 한다(법 제89조의2 제1항).

(1) 거짓이나 그 밖의 부정한 방법으로 영주자격을 취득한 경우

(2) 「형법」, 「성폭력범죄의 처벌 등에 관한 특례법」 등 법무부령으로 정하는 법률에 규정된 죄를 범하여 2년 이상의 징역 또는 금고의 형이 확정된 경우, 여기서 "법무부령으로 정하는 법률"이란 i) 「형법」, ii) 「폭력행위 등 처벌에 관한 법률」, iii) 「성폭력범죄의 처벌 등에 관한 특례법」, iv) 「아동·청소년의 성보호에 관한 법률」, v) 「특정범죄 가중처벌 등에 관한 법률」, vi) 「특정경제범죄 가중처벌 등에 관한 법률」, vii) 「마약류 관리에 관한 법률」, viii) 「보건범죄 단속에 관한 특별조치법」의 어느 하나에 해당하는 법률을 말한다(법 시행규칙 제76조의2).

(3) 최근 5년 이내에 이 법 또는 다른 법률을 위반하여 징역 또는 금고의 형을 선고받고 확정된 형기의 합산기간이 3년 이상인 경우

(4) 대한민국에 일정금액 이상 투자 상태를 유지할 것 등을 조건으로 영주자격을 취득한 사람 등 대통령령으로 정하는 사람이 해당 조건을 위반한 경우, 여기서 대한민국에 일정금액 이상 투자 상태를 유지할 것 등을 조건으로 영주자격을 취득한 사람 등 '대통령령으로 정하는 사람'이란 별표 1의3 중 제16호에 해당하는 사람을 말한다(법 시행령 제94조 제6항).

[별표 1의3] 〈신설 2018. 9. 18.〉

영주자격에 부합하는 사람(제12조의2제1항 관련)

체류자격 (기호)	영주자격에 부합하는 사람의 범위
영주 (F-5)	법 제46조제1항 각 호의 어느 하나에 해당하지 않는 사람으로서 다음 각 호의 어느 하나에 해당하는 사람 　16. 5년 이상 투자 상태를 유지할 것을 조건으로 법무부장관이 정하여 고시하는 금액 이상을 투자한 사람으로서 법무부장관이 정하는 요건을 갖춘 사람

(5) 국가안보, 외교관계 및 국민경제 등에 있어서 대한민국의 국익에 반하는 행위를 한 경우

나. 일반체류자격 부여

법무부장관은 영주자격을 취소하는 경우 대한민국에 계속 체류할 필요성이 인정되고 일반체류자격의 요건을 갖춘 경우 해당 외국인의 신청이 있는 때에는 일반체류자격을 부여할 수 있다(법 제89조의2 제2항).

다. 취소절차

(1) 의견청취

법무부장관은 영주자격 취소 특례사유에 해당하여 이를 취소가 필요하다고 인정하면 해당 외국인에게 출석하게 하여 의견을 들을 수 있다.

(2) 취소사유 등 통지

의견청취를 위하여 법무부장관은 취소사유, 출석일시와 장소를 출석일 7일 전까지 해당 외국인에게 통지하여야 한다.

17. 신원보증

가. 신원보증인

법무부장관은 사증발급, 사증발급인정서발급, 입국허가, 조건부 입국허가, 각종 체류허가, 외국인의 보호 또는 출입국사범의 신병인도(身柄引渡) 등과 관련하여 그 외국인에 대한 신뢰부족에 대한 위험성을 줄이고 초청자 등에 대한 금전적 부담을 부과함으로서 행정행위의 효율성을 담보하고자 필요하다고 인정하면 초청자나 그 밖에 가족관계, 고용관계, 사업관계 등의 관계인에게 그 외국인(이하 "피보증외국인"이라 한다)의 신원을 보증하게 할 수 있다(법 제90조 제1항). 사증발급편람에 따른 예술흥행(E-6), 특정활동(E-7), 거주(F-2)의 경우에는 신원보증을 반드시 받도록 하고 있으며, 실무상으로는 보호된 외국인 또는 출입국사범의 신병 인도 등과 같이 출입국관리법 등을 위한 외국인에 대해서는 불가피한 경우를 제외하고는 신원보증을 받도록 하는 것이 타당하다.

(1) 신원보증서 제출

신원보증을 하는 자는 신원보증인 및 피보증외국인의 인적사항·보증기간·보증내용 등을 기재한 신원보증서를 청장·사무소장·출장소장 또는 보호소장에게 제출하여야 한다(밥 시행규칙 제77조 제1항).

■ 출입국관리법 시행규칙 [별지 제129호서식] 〈개정 2015.6.15.〉

신 원 보 증 서

※ [ ]에는 해당하는 곳에 √ 표시를 합니다.   (앞쪽)

피보증 외국인	성		명		漢字	
	생년월일				성별	[ ]남 [ ]여
	국적				여권번호	
	대한민국 주소				전화번호	
	체류목적					

신원보증인	**가. 인적사항**		
	성명		漢字
	국적		성별 [ ]남 [ ]여
	여권번호 또는 생년월일		전화번호
	주소		
	피보증인과의 관계		
	근무처		직위
	근무처 주소		비고
	나. 보증기간(보증기간의 최장기간은 4년으로 한다)		
	다. 보증내용 　(1) 체류 중 제반 법규를 준수하도록 한다. 　(2) 출국여비 및 이와 관련된 비용에 대한 지불책임을 부담한다. 　(3) 체류 또는 보호 중 발생되는 비용에 대한 지불책임을 부담한다.		

Letter of Guarantee

※ Tick [√] where applicable.

Applicant (a foreign national entering Korea)	Family name	Given names	Name in Chinese character	
	Date of birth		Sex	[ ]male [ ]female
	Nationality		Passport No.	
	Address in Korea		Telephone No.	
	Purpose of sojourn			

Guarantor

a. Personal information

Full name		Name in Chinese character	
Nationality		Sex	[ ]male [ ]female
Passport Number or Date of Birth		Phone No.	
Address			
Relationship to applicant			
Company or organization you work for		Job position	
Work address		Note	

b. Period of guarantee(The period of guarantee shall not exceed 4 years)

c. I shall guarantee the following items:
(1) I shall ensure that the applicant abides by competent laws and regulations of Korea.
(2) I shall shoulder the travel expenses for the applicant's return if he/she is unable to pay them.
(3) I shall shoulder the expenses arising from the applicant's stay or detention in Korea if he/she is unable to pay them.

(2) 외국인 체류시 신원보증서 제출 자격범위

(가) 신원보증서 제출이 필요한 자격

기술연수(D-3), 호텔유흥(E-6-2), 비전문취업(E-9), 선원취업(E-10), 방문동거(F-1), 거주(F-2), 영주(F-5), 방문취업(H-2), 기타(G-1) 및 특정활동(E-7)자격 중 판매사무원(31215), 주방장 및 조리사(441), 디자이너(285), 호텔접수 사무원(3922), 의료코디네이터(S3922), 해삼양식기술자(63019), 조선용접기능공(7430), 숙련우수인재[제조업 현장관리자(700), 건설업 현장관리자(770), 농축어업 현장관리자(600) 등이며, 결혼이민(F-6) 자격은 사증발급이나 체류자격 변경 시 신원보증서 제출한다.

(나) 신원보증서 제출이 필요치 아니한 자격

방문동거(F-1) 자격 중 해외입양아, 주한 외국공관원의 가사보조인, 20세미만의 미성년자 및 영주(F-5) 자격 중 정부수립일(1948.8.15) 이전에 입국한 재한화교 및 한국인의 일본인 처와 그 직계존비속으로서 기존 거주(F-2)자격소지자 그 기타(G-1) 자격 중 산재대상자 및 그 보호자, 산재로 출국후 재입국한 자 등이다.

(3) 보증능력 소명

(가) 신원보증인의 자격

신원보증인은 ⅰ) 대한민국안에 주소를 둔 성년자로서 일정한 직장이나 직업을 가진 자, ⅱ) 출입국관리법 제79조의 허가신청 등의 의무자 : 부모나 사실상의 부양자, 형제자매, 신원보증인 및 기타 동거인, ⅲ) 피보증외국인이 소속하는 기관 또는 단체가 있는 때의 신원보증인은 특별한 사유가 없는 한 그 기관 또는 단체의 장, ⅳ) 국민의 배우자에 대한 신원보증(국민과 혼인한 외국인 배우자에 대하여는 국민인 배우자의 신원보증을 원칙으로 한다. 다만, 국내 부재 등 부득이한 사유가 있을 때에는 사실상의 부양자, 형제자매, 기타 동거인 등이 신원보증을 할 수 있다.) ⅴ) 국민과 혼인한 외국인배우자가 결혼동거 기간 중 국민이 사망하거나 이혼 등 결혼중단사유 발생시 배우자의 친척 또는 친지나 보증능력 있는 제3자도 신원보증을 할 수 있다. (법 시행규칙 제77조 제2항).

(나) 피보증외국인이 소속하는 기관 등의 보증능력

피보증외국인이 소속하는 기관 또는 단체가 있는 때의 신원보증인은 특별한 사유가 없는 한 그 기관 또는 단체의 장으로 하며, 이 경우에는 신원보증인에 대한 보증능력의 소명을 요하지 아니한다(법 시행규칙 제77조 제3항).

(다) 외국인의 신원보증
외국인이 신원보증인이 되는 때에는 지방출입국·외국인관서의 장으로부터 발급받은 외국인등록증을 가지고 있어야 하며, 그 보증기간은 신원보증인의 체류기간을 초과할 수 없다(법 시행규칙 제77조 제4항).

(4) 신원보증인인 국민의 영주목적 출국시
신원보증인인 국민이 외국에서 영주할 목적으로 출국하고자 하는 때에는 피보증외국인은 새로이 신원보증인을 설정하여야 한다. 신원보증인인 외국인이 출국하는 때에도 또한 같다(법 시행규칙 제77조 제5항).

(5) 보증기간
보증기간의 최장기간은 4년으로 한다(법 시행규칙 제77조 제7항).

(6) 신원보증서 생략
청장·사무소장·출장소장 또는 보호소장은 대한민국 또는 외국의 정부기관이 신원보증인이 되거나 법무부장관이 따로 정하는 자에 대하여는 신원보증서의 제출을 생략할 수 있다(법 시행규칙 제77조 제8항).

(7) 신원보증기간 내 체류기간 연장
신원보증서를 제출한 자가 그 신원보증서의 보증기간의 범위내에서 체류기간을 연장하는 경우에는 신원보증서의 추가제출을 요하지 아니한다(법 시행규칙 제77조 제9항).

(8) 신원보증인 자격제한 사유
청장·사무소장·출장소장 또는 보호소장은 신원보증인이 다음의 어느 하나에 해당하는 경우에는 신원보증인의 자격을 1년의 범위에서 제한할 수 있다(법 시행규칙 제77조 제10항).

(가) 신원보증 신청일을 기준으로 최근 1년 이내에 신원보증 책임을 이행하지 않은 사실이 있는 경우

(나) 피보증외국인의 소속 기관·단체 또는 업체의 장이 신원보증인인 경우 신원보증 신청일부터 최근 1년 이내에 3회 이상 신원보증 책임을 이행하지 않은 사실이 있는 경우

나. 신원보증인의 비용부담

법무부장관은 신원보증을 한 사람(이하 "신원보증인"이라 한다)에게 피보증외국인의 체류, 보호 및 출국에 드는 비용의 전부 또는 일부를 부담하게 할 수 있으며(법 제90조 제2항), 신원보증서 상에는 보증내용을 출국여비 및 이와 관련된 비용에 대한 지불책임, 체류 또는 보호 중 발생하는 비용에 대한 지불책임이라고 명시되어 있다(출입국관리법 시행규칙 별지 제129호).

이때 보증의 범위에 관한 문제가 있을 수 있는데, 신원보증인이 피보증 외국인으로 인하여 발생하는 모든 경우에 있어서 그 비용의 전부 또는 일부를 부담한다고 보기는 어렵고, 다만 예외적으로 발생한 사안으로 국가가 그 비용을 부담하기 어려운 경우로 보아야 한다.[92]

다. 신원보증인에 대한 구상권행사 절차

(1) 구상권행사 사유

신원보증인이 피보증외국인의 체류 비용 등에 대한 보증책임을 이행하지 아니하여 국고에 부담이 되게 한 경우에는 법무부장관은 신원보증인에게 구상권(求償權)을 행사할 수 있다(법 제90조 제3항).

(2) 구상금액 산출근거 등 통지

법무부장관이 구상권을 행사하려면 구상금액 산출근거 등을 명확히 밝혀 구상금을 낼 것을 서면으로 신원보증인이나 불법고용주에게 통지하여야 한다(법 시행령 제95조의2 제1항). 이에 따라 통지를 하는 때에는 구상금납부통지서에 납입고지서를 첨부하여야 한다(법 시행규칙 제77조의2 제1항).

---

92) 법무부 출입국·외국인정책본부, 앞의 책 564면.

■ 출입국관리법 시행규칙 [별지 제129호의2서식] 〈개정 2018. 5. 15.〉

번호(No.) :

구상금납부통지서

납부 대상자	성명	
	생년월일	
	국적	
	주소	

구상금액	
구상금액 산 출근거	

「출입국관리법」 제90조의2제2항에 따라 _____의 출국에 소요된 비용_____원 중 국고로 부
담한_____원에 대하여 구상권을 행사하기로 하였으니 통지서를 받은 날로부터 15일 이내에
납부하시기 바랍니다.

년   월   일

첨부 : 구상금납입고지서 1부

(3) 구상금 납부기한

구상금 납부통지를 받은 신원보증인 또는 불법고용주는 그 통지를 받은 날부터 15일 이내에 구상금을 내야 한다(법 시행령 제95조의2 제2항).

(4) 구상권행사처리부 기재

구상권행사담당공무원은 구상권행사 및 수납사항을 구상권행사사건처리부에 기재하여야 한다(법 시행규칙 제77조의 제2항).

■ 출입국관리법 시행규칙 [별지 제129호의3서식] 〈개정 2016. 9. 29.〉

구상권행사 사건처리부

일련번호	구상권통지서번호	피구상자(신원보증인또는 고용주)	구상금액	구상권행사여부결정일자	소송 제기 상황			구상금액 회수상황		완결일자	비고
					제소일자	신소사건부번호	소송결과	회수일자	회수금액		

라. 신원보증인의 보증금예치 절차

(1) 보증금예치 금액

신원보증인이 피보증 외국인의 체류 비용 등을 부담하지 아니할 염려가 있거나 그 보증만으로는 보증목적을 달성할 수 없다고 인정될 때에는 신원보증인에게 피보증외국인 1인당 300만원 이하의 보증금을 예치하게 할 수 있는데(법 제90조 제4항), 만일, 신원보증인이 보증책임(법 제90조 제1항)을 이행하지 아니한 때에는 예치된 보증금으로 피보증외국인의 체류·보호 및 출국에 드는 비용을 충당한다(법 시행령 제95조 제2항).

(2) 보증금의 반환

예치된 보증금은 신원보증인이 보증책임을 이행하거나 보증목적이 달성되었다고 인정될 때에는 신원보증인에게 반환하여야 한다(법 시행령 제95조 제3항).

(3) 보증금의 국고귀속 사유 및 절차

청장·사무소장 또는 출장소장은 보증금을 예치받은 때에는 주거제한, 출석요구에 따를 의무 등의 조건을 위반(법 제13조 제2항)하는 경우 그 보증금을 국고에 귀속시킬 수 있다는 뜻을 그 외국인에게 알려야 하며, 보증금의 예치 및 납부 등에 관한 절차는 정부가 보관하는 보관금 취급에 관한 절차에 따른다(법 시행령 제95조 제1항).

마. 신원보증인의 자격 등의 사항

신원보증인의 자격, 보증기간, 그 밖에 신원보증에 필요한 사항은 법무부령으로 정한다(법 제90조 제5항).

18. 불법취업외국인의 출국비용 부담책임

가. 불법고용주 비용부담

법무부장관은 취업활동을 할 수 있는 체류자격을 가지지 아니한 외국인을 고용한 자(이하 "불법고용주"라 한다)에게 출국비용부담 책임을 지우기 위해 그 외국인의 출국에 드는 항공료 등 비용의 전부 또는 일부를 부담하게 할 수 있다(법 제90조2 제1항). 여기서 취업활동을 할 수 있는 체류자격이란 별표 1 중 5. 단기취업(C-4), 별표 1의2 중 14. 교수(E-1)부터 22. 선원취업(E-10)까지 및 29. 방문취업(H-2) 체류자격으로 한다. 이 경우 "취업활동"은 해당 체류자격의 범위에 속하는 활동으로 한다(법 시행규칙 제23조 제1항).

나. 구상권행사

(1) 구상금산정금액 등 통지

불법고용주가 비용 부담책임을 이행하지 아니하여 국고에 부담이 되게 한 경우에 법무부장관은 그 불법고용주에게 구상권을 행사할 수 있으며(법 제90조의2 제2항). 이에 따라 구상권을 행사하려면 구상금액 산출근거 등을 명확히 밝혀 구상금을 낼 것을 서면으로 불법고용주에게 통지하여야 한다.

(2) 구상금 납부기한

구상금 납부통지를 받은 신원보증인 또는 불법고용주는 그 통지를 받은 날부터 15일 이내에 구상금을 내야 하며, 구상권의 소멸시효는 10년이다.

다. 처벌

불법고용주는 3년 이하의 징역 또는 2천만원 이하의 벌금에 처해진다(법 제94조).

19. 문서 등의 송부

가. 직접교부 및 우편발송

문서 등의 송부는 출입국관리법에 특별한 규정이 있는 경우를 제외하고는 본인, 가족, 신원보증인, 소속 단체의 장의 순으로 직접 내주거나 우편으로 보내는 방법에 따른다(법 제91조 제1항).

나. 공시송달

(1) 공시송달 사유 및 방법

지방출입국 · 외국인관서의 장은 문서 등의 송부가 불가능하다고 인정되면 송부할 문서 등을 보관하고, 그 사유를 청사(廳舍)의 게시판에 게시하여 공시송달(公示送達)한다(법 제91조 제2항).

(2) 공시송달 기한

공시송달은 게시한 날부터 14일이 지난 날에 그 효력이 생긴다(법 제91조 제3항).

20. 권한의 위임권자 및 위임범위

본조는 이 법에 의한 법무부장관의 권한을 출입국관리 기관장에게 위임하거나 이 법에 의한 지방자치단체의 장의 권한을 소속 구청장 등에게 위임할 수 있도록 한 규정이다. 수임청이 위임받은 권한을 재위임할 수도 있다.

> 인 경우를 제외하고는 수임 및 수탁기관에 대하여 수임 및 수탁사무 처리에 필요한 교육을
> 하여야 하며, 수임 및 수탁사무의 처리지침을 통보하여야 한다.
>
> **제4조(재위임)** 특별시장·광역시장·특별자치시장·도지사 또는 특별자치도지사(특별시·광
> 역시·특별자치시·도 또는 특별자치도의 교육감을 포함한다. 이하 같다)나 시장·군수 또
> 는 구청장(자치구의 구청장을 말한다. 이하 같다)은 행정의 능률향상과 주민의 편의를 위하
> 여 필요하다고 인정될 때에는 수임사무의 일부를 그 위임기관의 장의 승인을 받아 규칙으로
> 정하는 바에 따라 시장·군수·구청장(교육장을 포함한다) 또는 읍·면·동장, 그 밖의 소속
> 기관의 장에게 다시 위임할 수 있다.
>
> **제5조(위임 및 위탁사무의 처리)** 수임 및 수탁기관은 수임 및 수탁사무를 처리할 때 법령을
> 준수하고, 수임 및 수탁사무를 성실히 수행하여야 한다.

가. 법무부장관

(1) 위임기관 : 법무부장관 ⇒ 지방출입국·외국인관서의 장

법무부장관은 출입국관리법에 따른 권한의 일부를 신속하고 정확하게 처리하기 위하여 대통령령
으로 정하는 바에 따라 지방출입국·외국인관서의 장에게 위임할 수 있다(법 제92조 제1항).

(2) 위임범위

법무부장관은 법 제92조 제1항에 따라 법 제7조 제1항(외국인의 입국 – 사증소지), 제9조(사증발
급인증서), 제10조의3 제3항(영주자격 완화 및 면제), 제11조(입국의 금지 등), 제20조(체류자격
외 활동), 제21조(근무처의 변경·추가), 제23조(체류자격의 부여), 제24조(체류자격의 변경허
가), 제25조(체류기간 연장허가), 제25조의2(결혼이민자에 대한 특칙), 제25조의3(성폭력피해자
에 대한 특칙), 제30조 제1항(재입국허가 면제), 제78조 제2항(관계기관에 정보제공 요청), 제89
조(각종 허가 등의 취소·변경), 제89조의2(영주자격의 취소 특례), 제90조(신원보증) 및 제90조
의2(문서의 송부 등)에 따른 그의 권한을 법무부령으로 정하는 바에 따라 청장·사무소장·출장
소장 또는 보호소장에게 위임한다(법 시행령 제96조 제1항).

(3) 위임사무 및 위임기관

(가) 단체사증발급

법무부장관은 영 제96조 제1항에 따라 법 제7조 제1항에 따른 사증발급에 관한 권한 중 영 제7조

의3에 따른 단체전자사증 발급 등에 관한 권한을 전자비자센터가 설치되어 있는 청장 또는 사무소장에게 위임한다(법 시행규칙 제78조 제1항).

(나) 전자사증 발급권한

법무부장관은 영 제96조제1항에 따라 법 제7조제1항에 따른 사증발급에 관한 권한 중 제8조의2에 따른 전자사증 발급 대상 외국인에 대한 전자사증 발급권한을 전자비자센터가 설치되어 있는 청장 또는 사무소장에게 위임한다(법 시행규칙 제78조 제2항).

(다) 사증발급인증서의 발급권한

법무부장관은 영 제96조 제1항에 따라 법 제9조에 따른 권한 중 다음의 어느 하나에 해당하는 사람에 대한 사증발급인정서의 발급권한을 청장·사무소장 또는 출장소장에게 위임한다(법 시행규칙 제78조 제3항).

1) 제17조제1항 제1호 및 제3호에 해당하는 사람으로서 체류기간 90일 이하의 영 별표 1 중 3. 일시취재(C-1)·4. 단기방문(C-3)·5. 단기취업(C-4), 영 별표 1의2 중 23. 방문동거(F-1)의 체류자격에 해당하거나 체류기간 2년 이하의 영 별표1의2 중 6. 기술연수(D-3)의 체류자격에 해당하는 사람

2) 제17조 제1항 제2호에 해당하는 사람으로서 별표 1의 체류자격별 체류기간의 상한 이내의 영 별표1의2 중 4. 문화예술(D-1)부터 27. 결혼이민(F-6)까지, 29. 방문취업(H-2) 또는 30. 기타(G-1)의 체류자격에 해당하는 사람

(라) 심사결정에 의한 입국금지 권한

법무부장관은 영 제96조 제1항에 따라 법 제11조에 따른 입국금지에 관한 권한 중 법 제58조에 따른 심사결정에 의한 입국금지 권한을 청장·사무소장·출장소장 또는 보호소장에게 위임한다. 다만, 중앙행정기관의 장 및 법무부장관이 정하는 관계 기관의 장이 소관 업무와 관련하여 요청하는 입국금지에 대해서는 그러하지 아니한다(법 시행규칙 제78조 제4항).

(마) 법 제20조, 제21조, 제23조부터 제25조까지, 제25조의2 및 제25조의3에 따른 권한의 위임 범위

법무부장관이 영 제96조 제1항에 따라 법 제20조, 제21조, 제23조부터 제25조까지, 제25조의2 및 제25조의3에 따른 그의 권한을 청장·사무소장 또는 출장소장에게 위임하는 범위는 별표 6과 같다(법 시행규칙 제78조 제5항).

체류자격 외 활동허가 등 권한의 위임 범위(제78조제5항 관련)

체류자격 (기 호)	업 무 구 분				
	체류자격외 활동	근 무 처 변경·추가	체류자격 부 여	체류자격 변 경	체류기간 연 장
외 교(A-1)			○	○	
공 무(A-2)			○	○	
협 정(A-3)			○	○	
사증면제(B-1)					○
관광통과(B-2)					○
일시취재(C-1)					○
단기방문(C-3)			◁		○
단기취업(C-4)	◁	◁		◁	○
문화예술(D-1)	○	○		◁	○
유 학(D-2)	○	○		◁	○
기술연수(D-3)				◁	○
일반연수(D-4)	○			◁	○
취 재(D-5)				◁	○
종 교(D-6)	◁	◁		◁	○
주 재(D-7)	◁	◁		◁	○
기업 투자 (D-8) 영 별표 1의2 중 11. 기업투자란의 가목에 해당하는 사람	○	○		○	○

	1	2	3	4	5
구직(D-10)	╱	╱	╱	○	○
교 수(E-1)	◁	◁		◁	○
회화지도(E-2)	◁	○		◁	○
연 구(E-3)	◁	◁		◁	○
기술지도(E-4)	◁	◁		◁	○
전문직업(E-5)	◁	◁			○
예술흥행(E-6)	◁	◁		◁	○
특정활동(E-7)	◁	◁		◁	○
비전문취업(E-9)	◁	◁	╱	◁	○
선원취업(E-10)	◁	◁		◁	○
방문동거(F-1)	╱	╱	○	◁	○
거 주(F-2)	╱	╱	◁	◁	○
동 반(F-3)	╱	╱	○	○	○
재외동포(F-4)	╱	╱	○	○	○
영 주(F-5)	╱	╱	◁	◁	╱
결혼이민(F-6)	╱	╱	◁	◁	○
기 타(G-1)	╱	╱	◁	◁	○
관광취업(H-1)	╱	○	╱	╱	◁
방문취업(H-2)	◁	╱	╱	◁	○

비고
1. 표를 보는 방법 : 각 체류자격별 체류자격 외 활동란, 체류자격부여란, 체류자격변경란에는 다른 체류자격에서 해당 체류자격으로의 체류자격 외 활동, 체류자격부여, 체류자격변경에 대한 허가 권한의 위임 여부를 표시하고, 각 체류자격별 근무처 변경·추가란, 체류기간 연장란에는 동일한 체류자격에서 근무처 변경·추가, 체류기간 연장에 대한 허가 권한의 위임 여부를 표시함.
2. ○표는 법무부장관이 그의 권한을 청장·사무소장 또는 출장소장에게 위임한 것을 의미함.
3. ◁표는 법무부장관이 청장·사무소장 또는 출장소장에게 법무부장관이 정하여 고시하는 사무의 일부를 위임한 것을 의미함.
4. ⊠표는 해당사항 없음을 의미하고, 공란(표시 없음)은 법무부장관의 권한임을 의미함.

(바) 각종 하가 등의 취소 · 변경

법무부장관은 영 제96조 제1항에 따라 법 제30조 제1항 및 제89조에 따른 권한을 청장 · 사무소장 또는 출장소장에게, 법 제90조 및 제90조의2에 따른 권한을 청장 · 사무소장 · 출장소장 또는 보호소장에게 위임한다(법 시행규칙 제78조 제6항).

(사) 정보제공 요청 권한

법무부장관은 영 제96조 제1항에 따라 법 제78조 제2항 각 호의 구분에 따른 소관 업무 수행에 필요한 범위에서 관계기관에 정보제공을 요청할 수 있는 권한을 청장 · 사무소장 · 출장소장 또는 보호소장에게 위임한다(법 시행규칙 제78조 제7항).

(4) 법무부장관의 승인사항

청장 · 사무소장 또는 출장소장은 입국금지자, 제10조 제3호에 따른 사증발급 규제자, 그 밖에 법무부장관이 따로 정하는 사람에 대하여 법 제7조 제1항, 제9조, 제20조, 제21조, 제23조부터 제25조까지, 제25조의2, 제25조의3 및 제30조에 따른 허가 등을 하려는 경우에는 제1항부터 제7항까지의 규정에도 불구하고 법무부장관의 승인을 받아야 한다(법 시행규칙 제78조 제8항).

나. 시장

(1) 위임기관 : 시장 ⇒ 구청장

시장(특별시장과 광역시장은 제외한다)은 민원인의 편의를 도모하기 위하여 출입국관리법 법에 따른 권한의 일부를 대통령령으로 정하는 바에 따라 구청장(자치구가 아닌 구의 구청장을 말한다)에게 위임할 수 있다(법 제92조 제2항).

(2) 위임범위

시장(특별시장 및 광역시장은 제외한다)은 법 제92조 제2항에 따라 법 제34조제2항에 따른 그의 권한을 구청장(자치구의 구청장은 제외한다)에게 위임한다(법 시행령 제96조 제2항).

21. 선박 등의 운항 허가에 관한 협의

국토교통부장관 및 해양수산부장관은 출입국항에 여객을 운송하는 선박 등의 운항을 허가할 때에는 신속한 출입국심사 등 출입국심사업무가 원활히 수행될 수 있도록 법무부장관과 미리 협의하여야 한다(법 제92조의2).

22. 남북한 왕래 등의 절차

본조는 남·북한 왕래 절차에 관하여 출입국관리법상 일반적인 사항을 규정한 것이다. 이에 관한 특별법으로는 남북교류협력에 관한 법률이 있는데, 두 법이 충돌할 경우 특별법인 남북한교류협력에 관한 법률이 출입국관리법에 우선한다.[93]

가. 남북한 왕래 출입국절차

군사분계선 이남지역(이하 "남한"이라 한다)이나 해외에 거주하는 국민이 군사분계선 이북지역(이하 "북한"이라 한다)을 거쳐 출입국하는 경우에는 남한에서 북한으로 가기 전 또는 북한에서 남한으로 온 후에 출입국심사를 한다(법 제93조 제1항). 이때 국민의 출입국심사에 관하여는 출입국심사에 관한 법 시행령 제1조를 준용하며, 이 경우 출입국관리공무원은 「남북교류협력에 관한 법률 시행령」 제22조 제1항 제1호·제4호 및 제5호의 사항을 확인하여야 한다(법 시행령 제97조 제1항).

> **남북교류협력에 관한 법률 시행령 제22조(출입심사)** ① 법 제11조에서 "심사"란 다음 각 호의 업무를 말한다.
> 1. 신원의 확인
> 4. 방문증명서 등 필요한 서류의 확인
> 5. 「출입국관리법」에 따른 출국금지의 확인

나. 외국인의 남북한 왕래

(1) 관련 규정 준용

외국인의 남북한 왕래절차에 관하여는 법무부장관이 따로 정하는 경우를 제외하고는 법 시행령 제15조(입국심사) 및 제35조(출국심사)에 관한 규정을 준용한다(법 제93조 제2항).

---

93) 남북한교류협력에 관한 법률 제3조(다른 법률과의 관계) 남한과 북한의 왕래·접촉·교역·협력사업 및 통신역무(役務)의 제공 등 남한과 북한 간의 상호 교류와 협력(이하 "남북교류·협력"이라 한다)을 목적으로 하는 행위에 관하여는 이 법률의 목적 범위에서 다른 법률에 우선하여 이 법을 적용한다.

(2) 외국인이 북한을 거쳐 출입국하는 경우

외국인이 북한을 거쳐 출입국하는 경우에는 이 법의 출입국절차{법 시행령 제15조(입국심사) 및 제35조(출국심사)}에 관한 규정에 따른다(법 제93조 제3항).

남북한 왕래자 등에 대한 출입국심사지침

제7조(방문증명서 소지 북한주민에 대한 출입국심사) ① 북한주민이 남한으로 입국하거나 남한을 거쳐 출국하는 경우에는 출입장소 등에서 여권을 갈음하는 방문증명서 및 출입국신고서를 출입국관리공무원에게 제출하여 심사를 받아야 한다.

② 출입국관리공무원은 제1항에 의한 출입국심사를 마친 때에는 입국심사인 또는 출국심사인을 찍어야 한다.

제8조(출입신고서 제출의 생략 등) ① 출입국관리공무원은 제3조, 제5조, 제6조 및 제7조 따른 방문증명서를 전자식 카드 등으로 발급받은 국민에 대하여는 전자식 카드 등을 제출받아 심사를 하고, 이 경우 출입신고서의 제출을 생략하게 할 수 있다.

② 출입국관리공무원은 여권자동판독기 등 정보화기기를 이용하여 개인별 출입국 또는 출입기록의 확보가 가능한 경우에는 제4조부터 제7조까지의 규정에도 불구하고 출입국신고서 또는 출입신고서 제출을 생략하게 할 수 있다.

③ 출입국관리공무원은 전자식 카드 방문증명서 또는 복수방문증명서 소지자에 대하여는 출발심사인 또는 도착심사인 찍기를 생략하게 할 수 있다. 다만 전자식카드가 아닌 복수방문증명서의 경우 최초 출입시에는 출발심사인과 도착심사인을 찍어야 한다.

---

23. 민감정보 및 고유식별정보의 처리

법무부장관, 청장·사무소장·출장소장·보호소장, 시장·군수·구청장 또는 읍장·면장·동장(해당 권한이 위임·위탁된 경우에는 그 권한을 위임·위탁받은 자를 포함한다)은 법 또는 이 영에 따른 국민의 출입국심사, 외국인의 출입국심사와 상륙·체류 관련 허가, 체류관리 및 각종 신고, 외국인 등록·조사·보호, 강제퇴거, 선박 등의 검색, 선박 등의 장이나 운수업자의 보고, 난민 인정, 사실증명 발급, 남북왕래에 관한 사무 및 그 밖에 이에 준하는 사무를 수행하기 위하여 불가피한 경우 「개인정보 보호법」 제23조에 따른 사상·신념, 건강에 관한 정보, 같은 법 시행령 제18조 제1호 또는 제2호에 따른 유전정보 또는 범죄경력자료에 해당하는 정보, 같은 영 제19조 제1호, 제2호 또는 제4호에 따른 주민등록번호, 여권번호 또는 외국인등록번호가 포함된 자료를 처리할 수 있다(법 시행령 제101조).

24. 규제의 재검토

법무부장관은 다음의 사항에 대하여 다음 각 호의 기준일을 기준으로 3년마다(매 3년이 되는 해의 기준일과 같은 날 전까지를 말한다) 그 타당성을 검토하여 개선 등의 조치를 하여야 한다(법 시행령 제101조의2).

가. 외국인등록증의 발급신청 절차 등에 관한 사항

(1) 법 시행령 제41조 제3항에 따른 외국인등록증의 발급 신청 절차: 2017년 1월 1일

(2) 법 시랭령 제42조 제2항에 따른 외국인등록증의 재발급 신청 절차: 2017년 1월 1일

(3) 법 시행령 제45조 제1항에 따른 체류지 변경신고 절차: 2017년 1월 1일

나. 기타 사항

(1) 법 시행규칙 제9조의4 제2항에 따른 국제결혼 안내프로그램 이수 의무: 2017년 1월 1일

(2) 법 시행규칙 제9조의5 제1항 제3호부터 제5호까지의 결혼동거 목적의 사증발급 요건: 2017년 1월 1일

(3) 법 시행규칙 제17조의3에 따른 사증발급인정서 발급의 기준: 2017년 1월 1일

(4) 법 시행규칙 제39조 제1항에 따른 외국인의 출국심사 절차: 2017년 1월 1일

(5) 법 시행규칙 제76조 제2항 및 별표 5의2에 따른 체류자격외활동허가 등의 신청 시 첨부서류: 2017년 1월 1일

25. 기타

가. 임시납부금 등의 보관

법 또는 이 영에 따른 임시납부금, 보관물 및 제출물 등의 보관 또는 반환 절차에 관하여는 법 또는 이 영에서 규정한 것을 제외하고는 법무부령으로 정한다(법 시행령 제99조).

나. 서식의 제정

법 또는 이 영에 따른 각종 신청서 · 신고서 등의 서식은 법무부령으로 정한다(법 시행령 제100조). 청장 · 사무소장 · 출장소장 또는 보호소장은 이에 따른 출입국관리관계서식중 각종 허가등의 대장을 정보화업무처리절차에 의하여 작성 · 비치할 수 있다(법 시행규칙 제83조 제2항).

다. 각종보고

청장·사무소장·출장소장 또는 보호소장은 다음의 어느 하나에 해당하는 조치를 한 때에는 이를 지체 없이 법무부장관에게 보고하여야 한다. 이 경우 세부적인 보고기준은 법무부장관이 정한다 (법 시행규칙 제81조).

(1) 강제퇴거명령·출국명령 또는 출국권고를 한 때

(2) 외국인을 보호한 때, 보호기간을 연장하거나 보호장소를 변경한 때 또는 보호의 일시해제를 취소한 때

(3) 과태료처분·통고처분 또는 고발조치를 한 때

라. 통계보고

재외공관의 장, 청장·사무소장 및 출장소장은 반기별 사증발급현황(국적별·체류자격별), 월별 내·외국인출국자현황(항구별), 월별 내·외국인입국자현황(항구별), 월별 외국인입국자현황(국적별·체류자격별), 월별 외국인입국자현황(국적별·연령별), 월별 외국인출국자현황(국적별·체류기간별), 월별 상륙허가자현황(국적별), 월별 출입항선박 및 선원현황(국적별), 월별 출입항선박 및 선원현황(항구별), 월별 출입항 항공기 및 승무원현황(국적별), 월별 체류외국인현황(국적별·체류자격별), 월별 등록외국인현황(국적별·체류지역별), 월별 출입국관리법위반자 처리현황(국적별·조치별), 월별 사증발급인정서발급현황(국적별·체류자격별) 등의 통계를 매월 작성하여 다음달 10일까지 법무부장관에게 보고하여야 한다. 이 경우 재외공관의 장은 제1호의 반기별 사증발급현황을 외교부의 정보처리통신망을 통하여 보고할 수 있는데, 이에 따른 보고를 정보화 업무처리 절차를 이용하여 할 수 있다(법 시행규칙 제82조).

■ 출입국관리법 시행규칙 [별지 제66호서식] 〈개정 2016. 9. 29.〉

○○월분 사증발급인정서발급현황(국적별·체류자격별)

```
┌      년   월   일부터
│      년   월   일까지
```

체류자격 \ 지역별합계 국적별	외교 (A-1)	공무 (A-2)	협정 (A-3)	일시취재 (C-1)	단기방문 (C-3)	단기취업 (C-4)	문화예술 (D-1)	유학 (D-2)	기술연수 (D-3)	일반연수 (D-4)	취재 (D-5)	종교 (D-6)	주재 (D-7)	기업투자 (D-8)	무역경영 (D-9)	구직 (D-10)	교수 (E-1)	회화지도 (E-2)	연구 (E-3)	기술지도 (E-4)	전문직업 (E-5)	예술흥행 (E-6)	특정활동 (E-7)	비전문취업 (E-9)	선원취업 (E-10)	방문동거 (F-1)	거주 (F-2)	동반 (F-3)	재외동포 (F-4)	영주 (F-5)	결혼이민 (F-6)	기타 (G-1)	관광취업 (H-1)	방문취업 (H-2)
계																																		
남																																			
여																																					
남																																						
여																																						

■ 출입국관리법 시행규칙 [별지 제146호서식] 〈개정 2016. 9. 29.〉

○○월분 내·외국인출국자현황(항구별)

[ ] 년 월 일부터
[ ] 년 월 일까지

항구별 합계 국적별	인천 공항	부산	인천	김해	제주	대구	여수	광주	청주	김포 공항	울산 공항	김천	오산	포항	광양	평택	통영	사천	거제	군산	동해	속초	고성	성남	판문점	영양 공항	도라산 공항	무안 산	청원 공항	사산	구미	제주 항	당진
한국인																																	
외국인																																	

257mm×728mm[백상지(80 g /㎡) 또는 중질지(80 g /㎡)]

766 | [개정판] 출입국관리법 이론 및 실무

■ 출입국관리법 시행규칙 [별지 제152호서식] 〈개정 2016. 9. 29.〉

○○월분 외국인입국자현황(국적별 · 체류자격별)

□ 년 월 일부터
　 년 월 일까지

체류자격별 국적별	외교 (A-1)	공무 (A-2)	협정 (A-3)	사증 면제 (B-1)	관광 통과 (B-2)	일시 취재 (C-1)	단기 방문 (C-3)	단기 취업 (C-4)	문화 예술 (D-1)	유학 (D-2)	기술 연수 (D-3)	일반 연수 (D-4)	취재 (D-5)	종교 (D-6)	주재 (D-7)	기업 투자 (D-8)	무역 경영 (D-9)	구직 (D-10)	교수 (E-1)	회화 지도 (E-2)	연구 (E-3)	기술 지도 (E-4)	전문 직업 (E-5)	예술 흥행 (E-6)	특정 활동 (E-7)	비전문 취업 (E-9)	선원 취업 (E-10)	방문 동거 (F-1)	거주 (F-2)	동반 (F-3)	재외 동포 (F-4)	영주 (F-5)	결혼 이민 (F-6)	기타 (G-1)	관광 취업 (H-1)	방문 취업 (H-2)	긴급 재난 상륙	재난 상륙	난민 상륙
합계 제																																							
남																																							
여																																							
남																																							
여																																							
남																																							
여																																							
남																																							
여																																							
남																																							
여																																							
남																																							
여																																							
남																																							
여																																							
남																																							
여																																							

국적별

257mm×728mm[백상지(80g/㎡) 또는 중질지(80g/㎡)]

■ 출입국관리법 시행규칙 [별지 제56호서식] 〈개정 2016. 9. 29.〉

○○월분 외국인출국자현황(국적별·체류기간별)

| | | 년 월 일부터 |
| | | 년 월 일까지 |

국적별	계	체류기간별	1일	2일	3일	4일	5일	6~10일	11~20일	1개월 이하	2개월 이하	3개월 이하	6월 이하	1년 이하	2년 이하	3년 이하	5년 이하	10년 이하	10년 초과	승무원
		계																		
		남																		
		여																		
		남																		
		여																		
		남																		
		여																		
		남																		
		여																		
		남																		
		여																		
		남																		
		여																		
		남																		
		여																		
		남																		
		여																		

257mm×728mm[백상지(80g/㎡) 또는 중질지(80g/㎡)]

■ 출입국관리법 시행규칙 [별지 제157호서식] 〈개정 2016. 9. 29.〉

○○월분 상륙허가자현황(국적별)

구분 국적별	소계	승무원상륙	관광상륙	긴급상륙	재난상륙	난민상륙	상륙허가자 총국

210mm×297mm[백상지(120 g/㎡) 또는 백상지(80 g/㎡)]

■ 출입국관리법 시행규칙 [별지 제158호서식] 〈개정 2016. 9. 29.〉

○○월분 출입항선박 및 선원현황(국적별)

구분 국적별	입항 선박수	입항 시 선원수	출항 선박수	출항 시 선원수	비고
합계					

※ 항공기 및 승무원통계는 별도로 할 것

210mm×297mm[백상지(120g/㎡) 또는 백상지(80g/㎡)]

■ 출입국관리법 시행규칙 [별지 제159호서식] 〈개정 2016. 9. 29.〉

○○월분 출입항선박 및 선원현황(항구별)

항구별 구분	입항 선박수	입항 시 선원수	출항 선박수	출항 시 선원수	비고
부산항					
인천항					
제주항					
여수항					
울산항					
김천항					
평택항					
포항항					
광양항					
목포항					
통영항					
사천항					
거제항					
군산항					
동해항					
속초항					
창원항					
서산항					
기 타					
합 계					

210㎜ × 297㎜[백상지(120 g /㎡) 또는 백상지(80 g /㎡)]

■ 출입국관리법 시행규칙 [별지 제160호서식] 〈개정 2016. 9. 29.〉

○○월분 출입항항공기 및 승무원현황(국적별)

구분 국적별	입항 항공기 수	입항 시 승무원 수	출항 항공기 수	출항 시 승무원 수	비고
합계					

210㎜×297㎜[백상지(120g/㎡) 또는 백상지(80g/㎡)]

■ 출입국관리법 시행규칙 [별지 제162호서식] 〈개정 2016. 9. 29.〉

○○월분 등록외국인현황(국적별 · 체류지역별)

20 . . . 현재

국적별 체류 지역별	중국 (한국계)		미국		일본		베트남		필리핀		대만		기타	
	계	영주	기타											
합계														
계														
서울	영주	기타												
경기도	영주	기타												
경남	영주	기타												
인천	영주	기타												
충남	영주	기타												
경북	영주	기타												
부산	영주	기타												
충북	영주	기타												
전남	영주	기타												
울산	영주	기타												
대구	영주	기타												
전북	영주	기타												
광주	영주	기타												
제주	영주	기타												
대전	영주	기타												
강원	영주	기타												

210㎜×297㎜[백상지(120 g /㎡) 또는 백상지(80 g /㎡)]

■ 출입국관리법시행규칙 [별지 제63호서식] 〈개정 2016. 9. 29.〉

○○월분 출입국관리법위반자 처리현황(국적별 · 조치별)

년 월 일부터
년 월 일까지

조치별 / 국적별	강제퇴거	출국명령	출국권고	통고처분 소계	채류	출국	기타	금액	처분면제 소계	채류	출국	기타	고태료 소계	채류	출국	기타	금액	고발	기타
합계																			

210㎜×297㎜[백상지(80g/㎡) 또는 중질지(80g/㎡)]

■ 출입국관리법 시행규칙 [별지 제66호서식] 〈개정 2016. 9. 29.〉

○○출입국관리사무소

○○월분 사증발급인정서발급현황(국적별·체류자격별)

년 월 일
년 월 일   일부터 일까지

체류자격별 / 국적별 합계	외교 (A-1)	공무 (A-2)	협정 (A-3)	일시 취재 (C-1)	단기 방문 (C-3)	단기 취업 (C-4)	문화 예술 (D-1)	유학 (D-2)	기술 연수 (D-3)	일반 연수 (D-4)	취재 (D-5)	종교 (D-6)	주재 (D-7)	기업 투자 (D-8)	무역 경영 (D-9)	구직 (D-10)	교수 (E-1)	회화 지도 (E-2)	연구 (E-3)	기술 지도 (E-4)	전문 직업 (E-5)	예술 흥행 (E-6)	특정 활동 (E-7)	비전문취업 등 (E-9)	선원 취업 (E-10)	방문 동거 (F-1)	거주 (F-2)	동반 (F-3)	재외 동포 (F-4)	영주 (F-5)	결혼 이민 (F-6)	기타 (G-1)	관광 취업 (H-1)	방문 취업 (H-2)
계																																		
남																																		
여																																		
남																																		
여																																		
남																																		
여																																		
남																																		
여																																		
남																																		
여																																		
남																																		
여																																		
남																																		
여																																		
남																																		
여																																		

국적별

257mm×728mm[백상지(80g/㎡) 또는 중질지(80g/㎡)]

제10장 벌칙

1. 7년 이하의 징역

도주할 목적으로 보호시설 등을 손괴하거나 폭행한 사람 등 다음의 어느 하나에 해당하는 사람은 그 행위의 중대성을 감안하여 출입국관리법상 가장 무거운 형인 7년 이하의 징역에 처한다(법 제93조의2 제1항). 나아가 본죄를 범할 목적으로 예비 또는 음모한 자와 미수범은 각각 해당하는 본죄에 준하여 처벌하고, 본죄의 행위를 교사하거나 방조한 자는 정범에 준하여 처벌한다(법 제99조).

가. 이 법에 따라 보호되거나 일시보호된 사람으로서 다음의 어느 하나에 해당하는 사람

(1) 도주할 목적으로 보호시설 또는 기구를 손괴하거나 다른 사람을 폭행 또는 협박한 사람

(2) 2명 이상이 합동하여 도주한 사람

나. 이 법에 따른 보호나 강제퇴거를 위한 호송 중에 있는 사람으로서 다른 사람을 폭행 또는 협박하거나 2명 이상이 합동하여 도주한 사람

다. 이 법에 따라 보호·일시보호된 사람이나 보호 또는 강제퇴거를 위한 호송 중에 있는 사람을 탈취하거나 도주하게 한 사람

2. 7년 이하의 징역 또는 5천만원 이하의 벌금

영리목적으로 외국인을 집단으로 밀입국하게 하는 등 다음의 어느 하나에 해당하는 사람으로서 영리를 목적으로 한 사람은 사안의 중대성을 고려하여 7년 이하의 징역 또는 5천만원 이하의 벌금에 처한다(법 제93조의2 제2항).

가. 법 제12조 제1항 또는 제2항에 따라 입국심사를 받아야 하는 외국인을 집단으로 불법입국하게 하거나 이를 알선한 사람

나. 법 제12조의3 제1항을 위반하여 외국인을 집단으로 불법입국 또는 불법출국하게 하거나 대한민국을 거쳐 다른 국가로 불법입국하게 할 목적으로 선박 등이나 여권·사증, 탑승권, 그 밖에 출입국에 사용될 수 있는 서류 및 물품을 제공하거나 알선한 사람

다. 법 제12조의3 제2항을 위반하여 불법으로 입국한 외국인을 집단으로 대한민국에서 은닉 또는 도피하게 하거나 은닉 또는 도피하게 할 목적으로 교통수단을 제공하거나 이를 알선한 사람

3. 5년 이하의 징역 또는 3천만원 이하의 벌금

다음의 어느 하나에 해당하는 사람은 5년 이하의 징역 또는 3천만원 이하의 벌금에 처한다(법 제93조의3).

가. 법 제12조 제1항 또는 제2항을 위반하여 입국심사를 받지 아니하고 입국한 사람

나. 법 제93조의2 제2항 각 호의 어느 하나에 해당하는 죄를 범한 사람(영리를 목적으로 한 사람은 제외한다)

4. 3년 이하의 징역 또는 2천만원 이하의 벌금

다음의 어느 하나에 해당하는 사람은 3년 이하의 징역 또는 2천만원 이하의 벌금에 처한다(법 제94조).

가. 법 제3조 제1항을 위반하여 출국심사를 받지 아니하고 출국한 사람

나. 법 제7조 제1항 또는 제4항을 위반하여 입국한 사람

다. 법 제7조의2를 위반한 사람

라. 법 제12조의3을 위반한 사람으로서 제93조의2 제2항 또는 제93조의3에 해당하지 아니하는 사람

마. 법 제14조 제1항에 따른 승무원 상륙허가 또는 제14조의2 제1항에 따른 관광상륙허가를 받지 아니하고 상륙한 사람

바. 법 제14조 제3항에 따른 승무원 상륙허가 또는 제14조의2 제3항에 따른 관광상륙허가의 조건을 위반한 사람

사. 법 제17조 제1항을 위반하여 체류자격이나 체류기간의 범위를 벗어나서 체류한 사람

아. 법 제18조 제1항을 위반하여 취업활동을 할 수 있는 체류자격을 받지 아니하고 취업활동을 한 사람

자. 법 제18조 제3항을 위반하여 취업활동을 할 수 있는 체류자격을 가지지 아니한 사람을 고용한 사람. 여기서 고용의 의미는 취업활동을 할 수 있는 체류자격을 가지지 않은 외국인으로부터 노무를 제공받고 이에 대하여 보수를 지급하는 행위를 말한다고 봄이 타당하다. 따라서 사용사업주가 근로자파견계약 또는 이에 준하는 계약을 체결하고 파견사업주로부터 그에게 고용된 외국인을 파견받아 자신을 위한 근로에 종사하게 하였더라도 이를 출입국관리법 제94조 제9호, 제18조 제3항이 금지하는 고용이라고 볼 수 없다.[94]

차. 법 제18조 제4항을 위반하여 취업활동을 할 수 있는 체류자격을 가지지 아니한 외국인의 고용을 업으로 알선·권유한 사람

카. 법 제18조 제5항을 위반하여 체류자격을 가지지 아니한 외국인을 자기 지배하에 두는 행위를 한 사람

파. 법 제20조를 위반하여 체류자격 외 활동허가를 받지 아니하고 다른 체류자격에 해당하는 활동을 한 사람

하. 법 제21조 제2항을 위반하여 근무처의 변경허가 또는 추가허가를 받지 아니한 외국인의 고용을 업으로 알선한 사람

거. 법 제22조에 따른 제한 등을 위반한 사람

너. 법 제23조를 위반하여 체류자격을 받지 아니하고 체류한 사람

더. 법 제24조를 위반하여 체류자격 변경허가를 받지 아니하고 다른 체류자격에 해당하는 활동을 한 사람

러. 법 제25조를 위반하여 체류기간 연장허가를 받지 아니하고 체류기간을 초과하여 계속 체류한 사람

머. 법 제26조(허위서류 제출 등의 금지)를 위반한 사람

버. 법 제28조(출국심사) 제1항이나 제2항을 위반하여 출국심사를 받지 아니하고 출국한 사람

서. 법 제33조의3(외국인등록증 등의 채무이행 확보수단 제공 등의 금지)을 위반한 사람

어. 법 제69조(제70조제1항 및 제2항에서 준용하는 경우를 포함한다)를 위반(선박 등의 검색 및 심사)한 사람

5. 1년 이하의 징역 또는 1천만원 이하의 벌금

다음의 어느 하나에 해당하는 사람은 1년 이하의 징역 또는 1천만원 이하의 벌금에 처한다(법 제95조).

가. 법 제6조 제1항을 위반하여 입국심사를 받지 아니하고 입국한 사람

나. 법 제13조 제2항에 따른 조건부 입국허가의 조건을 위반한 사람

다. 법 제15조 제1항에 따른 긴급상륙허가, 제16조제1항에 따른 재난상륙허가 또는 제16조의2 제1항에 따른 난민 임시상륙허가를 받지 아니하고 상륙한 사람

라. 법 제15조 제2항, 제16조 제2항 또는 제16조의2 제2항에 따른 허가조건을 위반한 사람

---

94) 대법원 2020. 5. 14., 선고, 2018도3690 판결.

마. 법 제18조 제2항을 위반하여 지정된 근무처가 아닌 곳에서 근무한 사람

바. 법 제21조 제1항 본문을 위반하여 허가를 받지 아니하고 근무처를 변경하거나 추가한 사람 또는 제21조 제2항을 위반하여 근무처의 변경허가 또는 추가허가를 받지 아니한 외국인을 고용한 사람

사. 법 제31조의 등록의무를 위반한 사람

아. 법 제51조 제1항·제3항, 제56조 또는 제63조 제1항에 따라 보호 또는 일시보호된 사람으로서 도주하거나 보호 또는 강제퇴거 등을 위한 호송 중에 도주한 사람(제93조의2제1항제1호 또는 제2호에 해당하는 사람은 제외한다)

자. 법 제63조 제5항에 따른 주거의 제한이나 그 밖의 조건을 위반한 사람

6. 1천만원 이하의 벌금

다음의 어느 하나에 해당하는 사람은 1천만원 이하의 벌금에 처한다(법 제96조).

가. 법 제71조 제4항(제70조제1항 및 제2항에서 준용하는 경우를 포함한다)에 따른 출항의 일시 정지 또는 회항 명령이나 선박 등의 출입 제한을 위반한 사람

나. 정당한 사유 없이 법 제73조(제70조제1항 및 제2항에서 준용하는 경우를 포함한다)에 따른 준수사항을 지키지 아니하였거나 제73조의2제1항(제70조제1항 및 제2항에서 준용하는 경우를 포함한다) 또는 제3항(제70조제1항 및 제2항에서 준용하는 경우를 포함한다)을 위반하여 열람 또는 문서제출 요청에 따르지 아니한 사람

다. 정당한 사유 없이 법 제75조제1항(제70조제1항 및 제2항에서 준용하는 경우를 포함한다) 또는 제2항(제70조제1항 및 제2항에서 준용하는 경우를 포함한다)에 따른 보고서를 제출하지 아니하거나 거짓으로 제출한 사람

7. 500만원 이하의 벌금

다음의 어느 하나에 해당하는 사람은 500만원 이하의 벌금에 처한다(법 제97조).

가. 법 제18조 제4항을 위반하여 취업활동을 할 수 있는 체류자격을 가지지 아니한 외국인의 고용을 알선·권유한 사람(업으로 하는 사람은 제외한다)

나. 법 제21조 제2항을 위반하여 근무처의 변경허가 또는 추가허가를 받지 아니한 외국인의 고용을 알선한 사람(업으로 하는 사람은 제외한다)

다. 법 제72조(제70조제1항 및 제2항에서 준용하는 경우를 포함한다)를 위반하여 허가를 받지 아니하고 선박 등이나 출입국심사장에 출입한 사람

라. 법 제74조(제70조제1항 및 제2항에서 준용하는 경우를 포함한다)에 따른 제출 또는 통보 의무를 위반한 사람

마. 법 제75조 제4항(제70조제1항 및 제2항에서 준용하는 경우를 포함한다) 및 제5항(제70조제1항 및 제2항에서 준용하는 경우를 포함한다)에 따른 보고 또는 방지 의무를 위반한 사람

바. 법 제76조 제1항(제70조제1항 및 제2항에서 준용하는 경우를 포함한다)에 따른 송환의무를 위반한 사람

사. 법 제76조의6제1항을 위반하여 난민인정증명서 또는 난민여행증명서를 반납하지 아니하거나 같은 조 제2항에 따른 난민여행증명서 반납명령을 위반한 사람

8. 100만원 이하의 벌금

다음의 어느 하나에 해당하는 사람은 100만원 이하의 벌금에 처한다(법 제98조).

가. 법 제27조에 따른 여권등의 휴대 또는 제시 의무를 위반한 사람

나. 법 제36조제1항에 따른 체류지 변경신고 의무를 위반한 사람

9. 미수범 등

가. 미수범의 처벌

법 제93조의2, 제93조의3, 제94조제1호부터 제5호까지 또는 제18호 및 제95조제1호의 죄를 범할 목적으로 예비하거나 또는 음모한 사람과 미수범은 각각 해당하는 본죄에 준하여 처벌한다(법 제99조 제1항).

나. 정범에 준하여 처벌

위 가.항에 따른 행위를 교사하거나 방조한 사람은 정범(正犯)에 준하여 처벌한다(법 제99조 제2항).

10. 난민에 대한 형의 면제

제93조의3 제1호(이 법에 따라 보호되거나 일시보호된 사람으로서 도주할 목적으로 보호시설 또

는 기구를 손괴하거나 다른 사람을 폭행 또는 협박한 사람 및 2명 이상이 합동하여 도주한 사람), 제94조 제2호(제7조제1항 또는 제4항을 위반하여 입국한 사람)·제5호(제14조제1항에 따른 승무원 상륙허가 또는 제14조의2제1항에 따른 관광상륙허가를 받지 아니하고 상륙한 사람)·제6호(제14조제3항에 따른 승무원 상륙허가 또는 제14조의2 제3항에 따른 관광상륙허가의 조건을 위반한 사람) 및 제15호(제23조를 위반하여 체류자격을 받지 아니하고 체류한 사람), 제16호(제24조를 위반하여 체류자격 변경허가를 받지 아니하고 다른 체류자격에 해당하는 활동을 한 사람), 제17호(제25조를 위반하여 체류기간 연장허가를 받지 아니하고 체류기간을 초과하여 계속 체류한 사람) 또는 제95조 제3호(제15조제1항에 따른 긴급상륙허가, 제16조제1항에 따른 재난상륙허가 또는 제16조의2제1항에 따른 난민 임시상륙허가를 받지 아니하고 상륙한 사람)·제4호(제15조제2항, 제16조제2항 또는 제16조의2제2항에 따른 허가조건을 위반한 사람)에 해당하는 사람이 그 위반행위를 한 후 지체 없이 지방출입국·외국인관서의 장에게 다음 각 호의 모두에 해당하는 사실을 직접 신고하는 경우에 그 사실이 증명되면 그 형을 면제한다(법 제99조의2).

가. 「난민법」 제2조제1호에 규정된 이유로 그 생명·신체 또는 신체의 자유를 침해받을 공포가 있는 영역으로부터 직접 입국하거나 상륙한 난민이라는 사실

나. 위 가.항의 공포로 인하여 해당 위반행위를 한 사실

11. 양벌규정

법인의 대표자나 법인 또는 개인의 대리인, 사용인, 그 밖의 종업원이 그 법인 또는 개인의 업무에 관하여 다음 각 호의 어느 하나에 해당하는 위반행위를 하면 그 행위자를 벌하는 외에 그 법인 또는 개인에게도 해당 조문의 벌금형을 과(科)한다. 다만, 법인 또는 개인이 그 위반행위를 방지하기 위하여 해당 업무에 관하여 상당한 주의와 감독을 게을리하지 아니한 경우에는 그러하지 아니하다(법 제99조의3).

가. 법 제94조 제3호(제7조의2를 위반한 사람)의 위반행위

나. 법 제94조 제9호(제18조제3항을 위반하여 취업활동을 할 수 있는 체류자격을 가지지 아니한 사람을 고용한 사람)의 위반행위

다. 법 제94조 제19호의 위반행위 중 제33조의3 제1호(외국인의 여권이나 외국인등록증을 취업에 따른 계약 또는 채무이행의 확보수단으로 제공받거나 그 제공을 강요 또는 알선하는 행위를 위반한 행위)

라. 법 제94조 제20호[제69조(제70조제1항 및 제2항에서 준용하는 경우를 포함한다)를 위반한 사람]의 위반행위

마. 법 제95조 제6호(제21조제1항 본문을 위반하여 허가를 받지 아니하고 근무처를 변경하거나 추가한 사람 또는 제21조제2항을 위반하여 근무처의 변경허가 또는 추가허가를 받지 아니한 외국인을 고용한 사람)의 위반행위

바. 법 제96조 제1호부터 제3호까지의 규정에 따른 위반행위[제71조제4항(제70조 제1항 및 제2 항에서 준용하는 경우를 포함한다)에 따른 출항의 일시정지 또는 회항 명령이나 선박 등의 출입 제한을 위반한 사람, ⅱ) 정당한 사유 없이 제73조(ⅰ) 제70조 제1항 및 제2항에서 준용하는 경우를 포함한다]에 따른 준수사항을 지키지 아니하였거나 제73조의2 제1항(제70조 제1항 및 제2항에서 준용하는 경우를 포함한다) 또는 제3항(제70조 제1항 및 제2항에서 준용하는 경우를 포함한다)을 위반하여 열람 또는 문서제출 요청에 따르지 아니한 사람, ⅲ) 정당한 사유 없이 제75조제1항(제70조 제1항 및 제2항에서 준용하는 경우를 포함한다) 또는 제2항 (제70조 제1항 및 제2항에서 준용하는 경우를 포함한다)에 따른 보고서를 제출하지 아니하거나 거짓으로 제출한 사람)

사. 법 제97조 제4호부터 제6호까지의 규정에 따른 위반행위(ⅰ) 제74조(제70조제1항 및 제2항 에서 준용하는 경우를 포함한다)에 따른 제출 또는 통보 의무를 위반한 사람, ⅱ) 제75조제4 항(제70조제1항 및 제2항에서 준용하는 경우를 포함한다) 및 제5항(제70조제1항 및 제2항 에서 준용하는 경우를 포함한다)에 따른 보고 또는 방지 의무를 위반한 사람, ⅲ) 제76조제1 항(제70조제1항 및 제2항에서 준용하는 경우를 포함한다)에 따른 송환의무를 위반한 사람)

【판시사항】
주식회사의 종업원이 취업활동을 할 수 있는 체류자격을 가지지 아니한 외국인을 고용한 행위와 관련하여, 대표이사가 종업원의 그와 같은 행위를 알 수 있는 지위에 있었다는 사정만으로 출입국관리법 제94조 제9호에서 정한 '고용한 사람'에 해당하는지 여부(대법원 2017. 6. 29. 선고 2017도3005 판결)

【판결요지】
출입국관리법은 제94조 제9호에서 "제18조 제3항을 위반하여 취업활동을 할 수 있는 체류자격을 가지지 아니한 사람을 고용한 사람"을 처벌하도록 규정하고, 제18조 제3항에서 누구든지 대통령령

으로 정하는 바에 따라 취업활동을 할 수 있는 체류자격을 받지 아니한 외국인을 고용하여서는 아니 된다고 규정하고 있다. 출입국관리법이 제94조 제9호의 '고용한 사람'은 외국인 근로자에 관한 사항에 대하여 사업주를 위하여 행위하는 자를 모두 포함한다는 별도의 규정을 두고 있지 아니한 점, 출입국관리법 제99조의3에서 취업활동을 할 수 있는 체류자격을 가지지 아니한 외국인을 고용한 행위의 이익귀속주체인 사업주를 처벌하는 양벌규정을 두고 있지만, 주식회사의 경우 대표이사가 아니라 회사가 위 규정의 적용대상인 점, 죄형법정주의의 원칙상 형벌법규는 특별한 사정이 없는 한 문언에 따라 엄격하게 해석하여야 하는 점, 출입국관리법의 입법 취지와 외국인 근로자의 고용을 제한하는 규정을 두게 된 입법경위 등을 종합하면, 주식회사의 종업원이 취업활동을 할 수 있는 체류자격을 가지지 아니한 외국인을 고용한 행위와 관련하여, 그 대표이사가 종업원의 그와 같은 행위를 알 수 있는 지위에 있었다는 사정만으로 출입국관리법 제94조 제9호에서 정한 '고용한 사람'에 해당한다고 볼 수 없다.

12. 과태료

행정질서벌이란 일반사회의 법익에 직접 영향을 미치지는 않으나 행정상의 질서에 장해를 야기할 우려가 있는 의무위반에 대해 과태료가 가해지는 제재를 말한다. 과태료는 행정청의 과태료 부과처분이나 법원의 과태료 재판이 확정된 후 5년간 징수하지 아니하거나 집행하지 아니하면 시효로 인하여 소멸한다.

가. 200만원 이하의 과태료

다음의 어느 하나에 해당하는 자에게는 200만원 이하의 과태료를 부과한다(법 제100조 제1항).

(1) 법 제19조의 신고의무를 위반한 자

(2) 법 제19조의4(외국인의 관리) 제1항(체류자격 중 유학이나 연수활동을 할 수 있는 체류자격을 가지고 있는 외국인(이 재학 중이거나 연수 중인 학교의 장은 그 외국인유학생의 관리를 담당하는 직원을 지정하고 이를 지방출입국 · 외국인관서의 장에게 알려야 한다) 또는 제2항 각 호(입학하거나 연수허가를 받은 외국인유학생이 매 학기 등록기한까지 등록을 하지 아니하거나 휴학을 한 경우 및 제적 · 연수중단 또는 행방불명 등의 사유로 외국인유학생의 유학이나 연수가 끝난 경우)의 어느 하나에 해당하는 규정을 위반한 사람

(3) 법 제21조 제1항 단서(전문적인 지식 · 기술 또는 기능을 가진 사람으로서 대통령령으로 정하는 사람은 근무처를 변경하거나 추가한 날부터 15일 이내에 법무부장관에게 신고하여야 한

다.)의 신고의무를 위반한 사람

(4) 법 제33조 제4항(영주증을 발급받은 사람은 유효기간이 끝나기 전까지 영주증을 재발급받아야 한다.) 또는 제33조의2 제1항을 위반하여 영주증을 재발급받지 아니한 사람

(5) 과실로 인하여 법 제75조제1항(제70조제1항 및 제2항에서 준용하는 경우를 포함한다) 또는 제2항(제70조제1항 및 제2항에서 준용하는 경우를 포함한다)에 따른 출·입항보고를 하지 아니하거나 출·입항보고서의 국적, 성명, 성별, 생년월일, 여권번호에 관한 항목을 최근 1년 이내에 3회 이상 사실과 다르게 보고한 자

나. 100만원 이하의 과태료

다음의 어느 하나에 해당하는 자에게는 100만원 이하의 과태료를 부과한다(법 제100조 제2항).

(1) 법 제35조(외국인등록사항의 변경신고)나 제37조(외국인등록증의 반납)를 위반한 사람

(2) 법 제79조(허가신청 등의 의무자)를 위반한 사람

(3) 제81조제4항에 따른 출입국관리공무원의 장부 또는 자료 제출 요구를 거부하거나 기피한 자

다. 50만원 이하의 과태료

다음의 어느 하나에 해당하는 자에게는 50만원 이하의 과태료를 부과한다(법 제100조 제3항).

(1) 법 제33조 제2항을 위반하여 외국인등록증 발급신청을 하지 아니한 사람

(2) 이 법에 따른 각종 신청이나 신고에서 거짓 사실을 적거나 보고한 자(제94조제17호의2에 해당하는 사람은 제외한다)

(3) 단기체류자격 숙박외국인은 「감염병의 예방 및 관리에 관한 법률」에 따른 위기경보의 발령 등 법무부령으로 정하는 경우에 한하여 숙박업자에게 여권 등의 자료를 제공하도록 하고, 숙박업자는 숙박외국인이 제공한 자료를 법무부장관에게 제출하도록 하는 한편, 여권 등의 자료를 제공하지 않은 숙박외국인 또는 숙박외국인의 자료를 제출하지 아니하거나 허위로 제출한 숙박업자

라. 과태료의 부과징수

과태료는 대통령령으로 정하는 바에 따라 지방출입국·외국인관서의 장이 부과·징수한다(법 제100조 제4항).

과태료 부과 사전통지서

사건번호 :

인적사항	성명(법인명 또는 사업자명)	
	생년월일(법인등록번호 또는 사업자등록번호)	
	국적	
	주소(연락처)	

위반사항	위반 법조항	
	위반 내용	

과태료 금액	
의견제출 기한	

1. 「질서위반행위규제법」 제16조 및 같은 법 시행령 제3조에 따라 귀하에게 과태료 부과사실을 사전 통지 하오니, 위반내용에 대해 이의가 있을 경우 위 의견제출 기한 내에 해당 출입국·외국인청(사무소·출장 소)장에게 서면 또는 구술로 의견을 제출할 수 있습니다.

2. 위 기간까지 의견 제출이 없는 경우에는 의견이 없는 것으로 간주하며, 귀하께서 지정된 기한 내에 과 태료를 자진하여 납부하시고자 하는 경우에는 부과금액의 최대 100분의 20까지 감경될 수 있음을 알려 드립니다.

3. 「질서위반행위규제법 시행령」 제2조의2에 따른 과태료감경 대상자는 아래와 같으며 해당 과태료 금 액의 100분 50 범위에서 과태료를 감경받을 수 있습니다. (단, 과태료 체납자는 제외)

   1) 「국민기초생활 보장법」 제2조에 따른 수급자

   2) 「한부모가족 지원법」 제5조 및 제5조의2제2항·제3항에 따른 보호대상자

   3) 「장애인복지법」 제2조에 따른 제1급부터 제3급까지의 장애인

   4) 「국가유공자 등 예우 및 지원에 관한 법률」 제6조의4에 따른 1급부터 3급까지의 상이등급 판정을 받은 사람

   5) 미성년자

4. 이외에 과태료 처분과 관련하여 궁금한 사항이 있으면 아래의 담당공무원에게 문의하여 주시기 바랍니 다.

년   월   일

○ ○ 출입국 · 외국인청(사무소 · 출장소)장   　직인　

(주소:)

(☎ : 02-   , 담당공무원 :   )

210mm×297mm[백상지(80 g/㎡) 또는 중질지(80 g/㎡)]

마. 과태료의 부과기준

과태료의 부과기준은 아래 별표 2와 같다(법 시행령 제102조).

[별표 2] 〈개정 2018. 9. 18.〉

과태료의 부과기준(제102조 관련)

1. 일반기준

가. 위반행위가 둘 이상일 때에는 위반행위마다 부과한다.

나. 하나의 위반행위가 둘 이상의 과태료 부과기준에 해당하면 과태료 금액이 가장 높은 위반행위를 기준으로 과태료를 부과한다.

다. 청장·사무소장 또는 출장소장은 다음의 어느 하나에 해당하는 경우에는 제2호에 따른 과태료 금액의 2분의 1의 범위에서 그 금액을 줄일 수 있다. 다만, 과태료를 체납하고 있는 위반행위자의 경우에는 그렇지 않다.

　1) 위반행위자가 「질서위반행위규제법 시행령」 제2조의2제1항 각 호의 어느 하나에 해당하는 경우

　2) 자연재해나 화재 등으로 위반행위자의 재산에 현저한 손실이 발생하거나 사업 여건의 악화로 위반행위자의 사업이 중대한 위기에 처하는 등의 사정이 있는 경우

　3) 그 밖에 위반행위의 정도, 위반행위의 동기 및 그 결과, 위반행위자의 연령·환경 및 과태료 부담 능력 등을 고려하여 과태료를 줄일 필요가 있다고 인정되는 경우

라. 청장·사무소장 또는 출장소장은 다음의 어느 하나에 해당하는 경우에는 제2호에 따른 과태료 부과 금액의 2분의 1의 범위에서 그 금액을 늘릴 수 있다. 다만, 법 제100조제1항부터 제3항까지의 규정에 따른 과태료 금액의 상한을 넘을 수 없다.

　1) 위반의 내용 및 정도가 중대하여 그 피해가 출입국관리나 외국인 체류관리 등에 미치는 영향이 크다고 인정되는 경우

　2) 최근 3년 이내 법 위반 사실이 있는 경우

　3) 그 밖에 위반행위의 정도, 위반행위의 동기 및 그 결과 등을 고려하여 과태료를 가중할 필요가 있다고 인정되는 경우

마. 위반행위의 횟수에 따른 과태료의 가중된 부과기준은 최근 3년간(제2호차목의 경우에는 최근 1년간) 같은 위반행위로 과태료 부과처분을 받은 경우에 적용한다. 이 경우 기간의 계산은 위반행위에 대하여 과태료 부과처분을 받은 날과 그 처분 후 다시 같은 위반행위를 하여 적발된 날을 기준으로 한다.

바. 마목에 따라 가중된 부과처분을 하는 경우 가중처분의 적용 차수는 그 위반행위 전 부과처분 차수(마목에 따른 기간 내에 과태료 부과처분이 둘 이상 있었던 경우에는 높은 차수를 말한다)의 다음 차수로 한다.

2. 개별기준

위반행위	근거 법조문	위반기간 또는 위반횟수	과태료 금액
가. 법 제19조에 따른 신고의무를 위반한 경우	법 제100조 제1항제1호	3개월 미만	10만원
		3개월 이상 6개월 미만	30만원
		6개월 이상 12개월 미만	50만원
		1년 이상 2년 미만	100만원
		2년 이상	200만원
나. 법 제19조의4제1항에 따른 통지의무를 위반한 경우	법 제100조 제1항제2호	1회	20만원
		2회	50만원
		3회	100만원
		4회 이상	200만원
다. 법 제19조의4제2항에 따른 신고의무를 위반한 경우	법 제100조 제1항제2호	3개월 미만	10만원
		3개월 이상 6개월 미만	30만원
		6개월 이상 12개월 미만	50만원
		1년 이상 2년 미만	100만원
		2년 이상	200만원
라. 법 제21조제1항 단서에 따른 신고의무를 위반한 경우	법 제100조 제1항제3호	3개월 미만	10만원
		3개월 이상 6개월 미만	30만원
		6개월 이상 12개월 미만	50만원
		1년 이상 2년 미만	100만원
		2년 이상	200만원
마. 법 제33조제2항을 위반하여 외국인등록증 발급신청을 하지 않은 경우	법 제100조 제3항제1호	3개월 미만	10만원
		3개월 이상 6개월 미만	20만원
		6개월 이상 12개월 미만	30만원
		1년 이상	50만원
바. 법 제33조제4항 또는 제33조의2제1항을 위반하여 영주증을 재발급받지 않은 경우	법 제100조 제1항제4호	3개월 미만	10만원
		3개월 이상 6개월 미만	30만원
		6개월 이상 12개월 미만	50만원
		1년 이상	100만원

위반행위	해당 법조문	구분	과태료 금액
		2년 미만	
		2년 이상	200만원
사. 법 제35조에 따른 외국인등록사항의 변경 신고의무를 위반한 경우	법 제100조 제2항제1호	3개월 미만	10만원
		3개월 이상 6개월 미만	30만원
		6개월 이상 1년 미만	50만원
		1년 이상	100만원
아. 법 제37조제1항 또는 제2항에 따른 외국인 등록증 반납의무를 위반한 경우	법 제100조 제2항제1호	1회	10만원
		2회	30만원
		3회	50만원
		4회 이상	100만원
자. 과실로 인하여 법 제75조제1항(법 제70조 제1항 및 제2항에서 준용하는 경우를 포함한다) 또는 제2항(법 제70조제1항 및 제2항에서 준용하는 경우를 포함한다)에 따른 출·입항보고를 하지 않은 경우	법 제100조 제1항제5호	1회	20만원
		2회	50만원
		3회	100만원
		4회 이상	200만원
차. 과실로 인하여 법 제75조제1항(법 제70조 제1항 및 제2항에서 준용하는 경우를 포함한다) 또는 제2항(법 제70조제1항 및 제2항에서 준용하는 경우를 포함한다)에 따른 출·입항보고서의 국적, 성명, 성별, 생년월일, 여권번호에 관한 항목을 최근 1년 이내에 3회 이상 사실과 다르게 보고한 경우	법 제100조 제1항제5호	3회	30만원
		4회	50만원
		5회	70만원
		6회	90만원
		7회	120만원
		8회	150만원
		9회 이상	200만원
카. 법 제79조에 따른 신청의무를 위반한 경우	법 제100조 제2항제2호	1년 미만	10만원
		1년 이상 2년 미만	30만원
		2년 이상 3년 미만	50만원
		3년 이상	100만원
타. 법 제81조제4항에 따른 출입국관리공무원의 장부 또는 자료 제출 요구를 거부하거나 기피한 경우	법 제100조 제2항제3호	1회	20만원
		2회	50만원
		3회 이상	100만원
파. 법에 따른 각종 신청이나 신고에서 거짓 사실을 적거나 보고한 경우(법 제94조제17호의2에 해당하는 경우는 제외한다)	법 제100조 제3항제2호	1회	30만원
		2회	40만원
		3회 이상	50만원

■ 출입국관리법시행규칙 [별지 제167호서식] 〈개정 2018. 6. 12.〉

과태료 납부 고지서

사건번호 :

인적사항	성명(법인명 또는 사업자명)
	생년월일(법인등록번호 또는 사업자등록번호)
	국적
	주소(연락처)

위반사항	위반 법조항
	위반 내용

과태료 금액	
납부 기한	

1. 「출입국관리법」 제100조에 따라 위와 같이 과태료를 부과하오니 첨부된 납입고지서를 사용하여 납부기한까지 납부하시기 바랍니다.

2. 위의 과태료 처분에 불복이 있는 경우 그 처분의 고지를 받은 날로부터 60일 이내에 해당 출입국·외국인청(사무소·출장소)장에게 이의를 제기할 수 있으며, 지정된 기한 내에 이의를 제기하지 아니하고 가산금을 납부하지 아니한 때에는 국세(지방세) 체납처분의 예에 따라 과태료를 강제징수할 수 있음을 알려드립니다.

3. 지정된 기한 내에 과태료를 납부하지 아니할 경우, 「질서위반행위규제법」 제52조부터 제54조까지의 규정에 따라 (1) 체납 또는 결손처분자료가 신용정보기관에 제공될 수 있고, (2) 과태료를 3회 이상 체납하고 있고, 체납발생일로부터 각 1년이 경과하였으며, 체납금액 합계가 500만원 이상인 경우에는 관허사업의 제한을 받을 수 있으며, (3) 과태료를 3회 이상 체납하고 있고, 체납발생일로부터 각 1년이 경과하였으며, 체납금액 합계가 1,000만원 이상인 경우에는 법원의 결정으로 30일 이내의 감치에 처할 수 있음을 알려 드립니다.

년 월 일

○○출입국·외국인청
(사무소·출장소)장

직인

(주소 :   )

(☎ :   , 담당공무원 :   )

210mm×297mm[백상지(80 g/㎡) 또는 중질지(80 g/㎡)]

■ 출입국관리법 시행규칙 [별지 제168호서식] 〈개정 2016. 9. 29.〉

과태료부과 및 수납대장

① 일련번호	② 사건번호	③ 통지연월일	④납부기한 ⑤납부연월일	⑥징수결정액 ⑦수납액	⑧ 미수납액	납부의무자		⑪ 위반사항	⑫ 기록자인
						⑨성명	⑩주소		

297mm×420mm[백상지(80 g /㎡) 또는 중질지(80 g /㎡)]

바. 과태료부과

행정청은 질서위반행위가 종료된 날로부터 5년이 경과한 후에는 해당 질서위반행위를 이유로 과태료를 부과할 수 없다.

사. 과태료처분에 대한 이의신청서

과태료처분에 대하여 불복하는 자는 「질서위반행위규제법」 제20조제1항에 따라 이의를 제기할 수 있으며, 이때 관련 서식은 아래 별표 제170호 서식에 의한다. 이에 따른 이의제기가 있는 경우에는 행정청의 과태료부과처분은 그 효력을 상실한다.

아. 법원에 통보

이의제기를 받은 행정청은 이의제기를 받은 날부터 14일 이내에 이에 대한 의견 및 증빙서류를 첨부하여 관할법원에 통보하여야 한다.

과태료처분에 대한 이의제기서

신청인	성명(법인명 또는 사업자명)	
	생년월일(법인등록번호 또는 사업자등록번호)	
	국적	
	주소(연락처)	

처분내용	과태료 금액	
	사건번호	
	위반내용	

과태료 처분에 대한 불복사유	

귀 청(사무소·출장소)의 과태료부과 처분에 대해 불복하므로 「질서위반행위규제법」 제20조제1항에 따라 이의를 제기합니다.

년   월   일

신청인 :　　　　　　(서명 또는 인)

○○출입국·외국인청(사무소·출장소)장 귀하

제11장 고발과 통고처분

제1절 고발

고발이라 함은 고소와 마찬가지로 범죄사실을 수사기관에 신고하여 범인의 소추를 구하는 의사표시이다. 그러므로 단순한 피해신고는 고발이라고 할 수 없다. 그런데 고소와 달리 범인 및 고소권자 이외의 제3자는 누구든지 할 수 있다. 공무원은 그 직무를 행함에 있어서 범죄가 있다고 사료(思料)하는 때에는 고발의 의무가 있다. 여기에서 직무를 행함에 있어서란 범죄의 발견이 직무내용에 포함되는 경우를 말하고 직무집행과 관계없이 우연히 범죄를 발견한 경우는 여기에 해당하지 않는다.

가. 공소제기의 요건

출입국사범에 관한 사건은 지방출입국·외국인관서의 장의 고발이 없으면 공소(公訴)를 제기할 수 없다(법 제101조 제1항). 한편, 출입국관리법에 관한 출입국관리소장의 고발은 구체적인 범죄사실에 대하여 범인의 처벌을 구하는 뜻의 의사표시이지만 반드시 공소장 기재 요건과 동일한 범죄의 일시 장소를 표시하여 사건의 동일성을 특정할 수 있을 정도로 범죄사실을 표시함을 필요로 하는 것은 아니고, 출입국관리법 소정의 어떠한 태양의 범죄인지를 판명할 수 있을 정도의 사실을 일응 확정할 수 있을 정도로 표시하면 족하다.[95]

---

95) 대법원 2000. 4. 21., 선고, 99도3403, 판결

출입국사범 고발서

문서번호 : ○○출입국 · 외국인청(사무소 · 출장소) ○○과
수   신 : ○○ 지방검찰청 검사장(○○ 지청장)

대상자	성명(법인명 또는 사업자명)	
	생년월일(법인등록번호 또는 사업자등록번호)	성별 남[ ] 여[ ]
	직업(직장명)	연락처
	국적	여권번호
	한국 내 주소(법인 또는 사업장 소재지)	

고발내용	죄명
	적용법조
	증거품

참고사항	

붙임서류	1. 의견서 2. 3.

「출입국관리법」 제101조에 따라 위의 사건을 고발합니다.

년   월   일

나. 사건의 인계

출입국관리공무원 외의 수사기관이 위 가.항에 해당하는 사건을 입건(立件)하였을 때에는 지체 없이 관할 지방출입국 · 외국인관서의 장에게 인계하여야 한다(법 제101조 제2항).

다. 사건의 처분 결과 통보

청장 · 사무소장 · 출장소장 또는 보호소장은 인계받은 사건의 처분 결과를 인계기관의 장에게 서면으로 통보한다(법 시행령 제103조).

라. 고발전 수사의 소급 위법성

법률에 의하여 고소나 고발이 있어야 논할 수 있는 죄에 있어서 고소 또는 고발은 이른바 소추조건에 불과하고 당해 범죄의 성립요건이나 수사의 조건은 아니므로, 위와 같은 범죄에 관하여 고소나 고발이 있기 전에 수사를 하였더라도, 그 수사가 장차 고소나 고발의 가능성이 없는 상태하에서 행해졌다는 등의 특단의 사정이 없는 한, 고소나 고발이 있기 전에 수사를 하였다는 이유만으로 그 수사가 위법하게 되는 것은 아니다. 그렇다면 일반사법경찰관리가 출입국사범에 대한 출입국관리사무소장 등의 고발이 있기 전에 수사를 하였더라도, 달리 위에서 본 특단의 사정이 없는 한 그 사유만으로 수사가 소급하여 위법하게 되는 것은 아니다.[96]

---

96) 대법원 2011. 3. 10., 선고, 2008도7724, 판결

제2절 통고처분

1. 통고처분

가. 범칙금 납부통고

지방출입국·외국인관서의 장은 출입국사범에 대한 조사 결과 범죄의 확증을 얻었을 때에는 그 이유를 명확하게 적어 서면으로 벌금에 상당하는 금액(이하 "범칙금"이라 한다)을 지정한 곳에 낼 것을 통고할 수 있다(법 제102조 제1항).

(1) 심사결정와 통고서 작성

청장·사무소장·출장소장 또는 보호소장은 통고처분을 하는 때에는 심사결정서와 통고서를 작성하여야 한다(법 시행령 제104조 제1항).

(2) 통고서의 기재사항 등

통고서에는 다음의 사항을 적고 청장·사무소장·출장소장 또는 보호소장이 서명날인하여야 한다(법 시행령 제104조 제2항).
(가) 통고처분을 받은 사람의 성명·성별·생년월일 및 주소, (나) 범칙금액, (다) 위반사실, (라) 적용 법조문, (마) 납부장소 및 납부기한, (바) 통고처분 연월일

■ 출입국관리법시행규칙 [별지 제141호서식] 〈개정 2018. 6. 12.〉

통 고 서 (WRITTEN NOTIFICATION)

수신 :
To

인적사항 (Person to whom the Notification relates)	성명 (Full name)		생년월일 (Date of Birth)	
	국적 (Nationality)		성별 (Sex) 남 Male[ ] 여 Female[ ]	
	직업 (Occupation)		연락처(Phone No.)	
	대한민국 내 주소 (Address in Korea)			

위반사실 (Offense charged)	
적용 법조문 (Applicable provision)	
범칙금액 (Monetary penalty)	원 (₩)

납부기한 (Deadline for penalty)	0000. 00. 00. 까지	납부장소 (Place of payment)	국고수납기관 (National fund receipt agency)

위 사람에 대한 「출입국관리법」 위반 용의사건을 조사한바, 용의자는 「출입국관리법」 제__조를 위반하였음이 명백하므로 같은 법 제102조에 따라 위 범칙금액을 위 납부기한까지 국고수납기관에 납부할 것을 통고합니다.
위 기한 내에 납부하지 아니할 때에는 「출입국관리법」 제105조에 따라 관할 검찰청에 고발합니다.

Based on the results of our investigation into the alleged violation of the Immigration Act, as well as the statements made by the abovementioned person and persons concerned, the abovementioned person is found to have violated Article____of the Immigration Act. It is hereby notified that the person is required to pay the amount of penalty to the national fund receipt agency no later than the deadline as specified above, in accordance with Article 102 of the Immigration Act.
Failure to pay the penalty within the deadline will result in a complaint being filed with the district public prosecutor's office in accordance with Article 105 of the Immigration Act.

년   월   일

Date   (year) (month) (day)

CHIEF, ○ ○ IMMIGRATION OFFICE

(3) 위반사실이 명백히 인정되고 처분에 다툼이 없는 출입국사범의 경우

청장·사무소장·출장소장 또는 보호소장은 조사 결과 위반사실이 여권 또는 서류 등에 의하여 명백히 인정되고 처분에 다툼이 없는 출입국사범에 대해서는 용의사실 인지보고서, 제59조제1항에 따른 용의자신문조서, 심사결정서 및 통고서를 따로 작성하지 아니하고 출입국사범 심사결정 통고서를 작성하는 것으로 갈음할 수 있다(법 시행령 제104조 제3항).

사건번호	

출입국사범 심사결정 통고서

용의자 인적사항	성명(법인명 또는 사업자명)		생년월일(법인등록번호 또는 사업자등록번호)	
	국적		성별 남[ ] 여[ ]	
	직업		연락처	
	대한민국 내 주소(법인 또는 사업장 소재지)			

용의사실	체류자격		입국일자		입국목적	
	위반법조					
	위반기간	0000. 00. 00.부터 0000. 00. 00.까지 (00년 00개월 00일)				
	과거 범법사실	0 회	위반사실 시인여부	시인[ ] 부인[ ]		

위반내용	

위의 내용을 진술자에게 열람하게 하였으며(읽어 주었으며) 오기나 증감 또는 변경할 것이 전혀 없다고 말하므로 서명(날인)하게 하다.

년　월　일　　진술자　　　　　　(서명 또는 인)

○○출입국 · 외국인청(사무소 · 출장소)　출입국관리주사(보)　　　(서명 또는 인)
출입국관리서기(보)　　　(서명 또는 인)

처분사항	주문	
	이유	
	적용 법조	
	범칙금액	
	납부기한	납부장소
	통고처분 연월일	통고처분 번호

나. 범칙금의 임시납부

지방출입국·외국인관서의 장은 통고처분을 받은 자가 범칙금(犯則金)을 임시납부하려는 경우에는 임시납부하게 할 수 있다(법 제102조 제2항).

(1) 임시납부 방법

범칙금을 임시납부하려는 사람은 청장·사무소장·출장소장 또는 보호소장에게 임시납부 신청서를 제출하고 해당 범칙금을 내야 한다(법 시행령 제107조 제1항).

임시납부신청서
(APPLICATION FOR DEPOSIT)

접수번호 (Receipt No.)		접수일 (Receipt Date)	
신청인 (Applicant)	성명 (Full name)		
	생년월일 (Date of Birth)	성별 (Sex) [ ]남 / M [ ]여 / F	
	국적 (Nationality)	직업 (Occupation)	
	대한민국 내 주소 (Address in Korea)		
	(연락처 (Phone No.) :)		
임시납부금액 (Amount)			

「출입국관리법」 제102조제2항에 따라 위와 같이 신청합니다.

I hereby submit an application for amount of deposit, pursuant to Article 102-2 of the Immigration Act.

년   월   일
Date   (Year)   (Month)   (Day)

신청인 (Applicant)   (서명 또는 인) Signature or Seal

○○출입국 · 외국인청(사무소 · 출장소)장 귀하
To : Chief, ○○ Immigration Office

임시납부금 수령증 (RECEIPT)

제   호(No.)

일금(Amount) : ₩   원(Won)

보관사유(Reason of Deposit) :

위 금액을 임시납부금으로 수령합니다.

It is acknowledged that the abovementioned amount of deposit for the fine has been received.

년   월   일
Date   (Year)   (Month)   (Day)

CHIEF, ○○IMMIGRATION OFFICE

○○출입국 · 외국인청(사무소 · 출장소) 세입세출외 현금출납공무원 :

○○○ 귀하   영수인서명 :

To: Signature of Recipient

(2) 임시납부금 수령증 발급

청장·사무소장·출장소장 또는 보호소장은 임시납부된 범칙금을 받은 때에는 지체 없이 범칙금 임시보관대장에 적고 임시납부금 수령증을 그 납부자에게 발급하여야 한다(법 시행령 제107조 제2항).

(3) 임시납부받은 범칙금 수납기관에 납부

청장·사무소장·출장소장 또는 보호소장은 임시납부받은 범칙금을 수납기관에 내야 한다. [개정 2018.5.8 제28870호(법무부와 그 소속기관 직제)]

다. 즉시고발

지방출입국·외국인관서의 장은 조사 결과 범죄의 정상이 금고 이상의 형에 해당할 것으로 인정되면 즉시 고발하여야 한다(법 제102조 제3항).

라. 관련규정 준용

출입국사범에 대한 조사에 관하여는 법 제47조(조사), 법 제48조(용의자에 대한 출석요구 및 신문), 법 제49조(참고인에 대한 출석요구 및 진술), 법 제50조(검사 및 서류 등의 제출요구)의 규정을 준용한다. 이 경우 용의자신문조서는 「형사소송법」 제244조에 따른 피의자신문조서로 본다(법 제102조 제4항).

2. 신용카드 등에 의한 범칙금의 납부

가. 신용카드 등에 의한 범칙금 납부

범칙금은 대통령령으로 정하는 범칙금 납부대행기관을 통하여 신용카드, 직불카드 등(이하 "신용카드등"이라 한다)으로 낼 수 있다. 이 경우 "범칙금 납부대행기관"이란 정보통신망을 이용하여 신용카드등에 의한 결제를 수행하는 기관으로서 대통령령으로 정하는 바에 따라 범칙금 납부대행기관으로 지정받은 자를 말한다(법 제102조의2). 한편, 이에 따라 범칙금을 신용카드등으로 내는 경우에는 범칙금 납부대행기관의 승인일을 납부일로 보며, 범칙금 납부대행기관은 납부자로부터 신용카드등에 의한 범칙금 납부대행 용역의 대가로 대통령령으로 정하는 바에 따라 납부대행 수수료를 받을 수 있다(법 제102조의2).

나. 납부대행기관

(1) 납부대행기관

위 가.항에서 "대통령령으로 정하는 범칙금 납부대행기관"이란 ⅰ) 「민법」제32조에 따라 금융위원회의 허가를 받아 설립된 금융결제원, ⅱ) 그 밖에 시설, 업무수행능력, 자본금 규모 등을 고려하여 범칙금 납부대행업무를 수행하기에 적합하다고 법무부장관이 인정하는 기관 중에서 같은 항 후단에 따라 법무부장관이 범칙금 납부대행기관으로 지정하는 기관을 말한다(법 시행령 제105조의2).

(2) 납부기관 관보 고시

법무부장관은 법 제102조의2제1항 후단에 따라 범칙금 납부대행기관을 지정하는 경우에는 그 지정 사실을 관보에 고시해야 한다.

(3) 대행수수료 수수

범칙금 납부대행기관은 법 제102조의2제3항에 따라 해당 범칙금액[법 제103조제1항에 따른 범칙금의 양정기준(量定基準)에 따라 가중된 금액을 포함한다]의 1천분의 15를 초과하지 않는 범위에서 범칙금 납부자로부터 납부대행 수수료를 받을 수 있다. 이에 따른 납부대행 수수료에 대하여 법무부장관의 승인을 받아야 한다. 이 경우 법무부장관은 범칙금 납부대행기관의 운영경비 등을 종합적으로 고려하여 납부대행 수수료를 승인해야 한다.

다. 납부대행기관의 지정 등

범칙금 납부대행기관의 지정, 운영 및 납부대행 수수료 등에 관하여 필요한 사항은 대통령령으로 정한다.

3. 범칙금의 양정기준 등

가. 범칙금의 양정기준

범칙금의 양정기준(量定基準)은 법무부령으로 정한다(법 제103조 제1항). 이에 따른 범칙금의 양정기준은 별표 7 및 별표 8과 같다(법 시행규칙 제86조 제1항)

[별표 7] 〈개정 2018. 9. 21.〉

범칙금의 양정기준(제86조제1항 관련)

1. 일반기준

가. 제2호의 개별기준 중 위반인원에 따른 범칙금의 양정기준은 다음과 같다.

   1) 라목에 대해서는 법 제7조의2제1호를 위반한 범칙금 부과대상자의 경우 허위로 초청하거나 알선한 외국인 수에 따르고, 법 제7조의2제2호를 위반한 범칙금 부과대상자의 경우 허위로 사증 또는 사증발급인정서를 신청하거나 알선한 외국인 수에 따른다.

   2) 마목, 사목, 아목 및 주목에 대해서는 범칙금 부과대상자가 불법 입국시키거나 알선한 외국인 수에 따른다.

   3) 러목, 머목, 저목 및 처목에 대해서는 범칙금 부과대상자가 알선하거나 권유한 외국인 수에 따른다.

   4) 버목에 대해서는 범칙금 부과대상자가 불법 고용을 알선할 목적으로 자기 지배하에 둔 외국인 수에 따른다.

   5) 모목에 대해서는 범칙금 부과대상자가 여권이나 외국인등록증을 제공받거나 그 제공을 강요 또는 알선한 외국인 수에 따른다.

   6) 포목, 호목, 구목에 대해서는 무단으로 입국·상륙 또는 탑승한 사람의 수에 따른다.

나. 제2호의 개별기준 중 위반횟수에 따른 범칙금의 양정기준은 최근 3년간 같은 위반행위로 범칙금 부과처분을 받은 경우에 적용한다. 이 경우 기간의 계산은 위반행위에 대하여 범칙금 부과처분을 받은 날과 그 처분 후 다시 위반행위를 하여 적발된 날을 기준으로 한다.

다. 나목에 따라 가중된 부과처분을 하는 경우 가중처분의 적용차수는 그 위반행위 전 부과처분 차수(나목에 따른 기간 내에 범칙금 부과처분이 둘 이상 있었던 경우에는 높은 차수를 말한다)의 다음 차수로 한다.

2. 개별기준

범칙금 부과대상자	해당 법조문	위반인원, 위반횟수 또는 위반기간	범칙금액

다. 법 제7조제1항 또는 제4항을 위반하여 입국한 사람	법 제94조 제2호	1회	200만원
		2회	1,000만원
		3회 이상	2,000만원
라. 법 제7조의2를 위반한 사람	법 제94조 제3호	1명	500만원
		2명 이상 4명 이하	1,000만원
		5명 이상 9명 이하	1,500만원
		10명 이상	2,000만원
마. 법 제12조제1항 또는 제2항에 따라 입국심사를 받아야 하는 외국인을 집단으로 불법입국하게 하거나 이를 알선한 사람으로서 영리를 목적으로 한 사람	법 제93조의2제2항제1호	2명	1,000만원
		3명 이상 6명 이하	3,000만원
		7명 이상 9명 이하	4,000만원
		10명 이상	5,000만원
바. 법 제12조제1항 또는 제2항을 위반하여 입국심사를 받지 아니하고 입국한 사람	법 제93조의3 제1호	1회	500만원
		2회	1,500만원
		3회 이상	3,000만원
사. 법 제12조의3제1항을 위반하여 외국인을 집단으로 불법입국 또는 불법출국하게 할 목적으로 선박 등을 제공하거나 이를 알선한 사람으로서 영리를 목적으로 한 사람	법 제93조의2 제2항제2호	2명	1,000만원
		3명 이상 6명 이하	3,000만원
		7명 이상 9명 이하	4,000만원
		10명 이상	5,000만원
아. 법 제12조의3제2항을 위반하여 불법으로 입국한 외국인을 집단으로 대한민국 안에서 은닉 또는 도피하게 할 목적으로 교통수단을 제공하거나 이를 알선한 사람으로서 영리를 목적으로 한 사람	법 제93조의2 제2항제3호	2명	1,000만원
		3명 이상 6명 이하	3,000만원
		7명 이상 9명 이하	4,000만원
		10명 이상	5,000만원
자. 법 제12조의3을 위반한 사람으로서 제93조의2제2항 또는 제93조의3에 해당하지 아니하는 사람	법 제94조 제4호	1회	500만원
		2회	1,000만원
		3회	1,500만원
		4회 이상	2,000만원
차. 법 제13조제2항에 따른 조건부 입국허가의 조건을 위반한 사람	법 제95조 제2호	1회	100만원
		2회	300만원
		3회	500만원

		1회	50만원
파. 법 제15조제1항에 따른 긴급상륙허가, 제16조제1항에 따른 재난상륙허가 또는 제16조의2제1항에 따른 난민 임시상륙허가를 받지 아니하고 상륙한 사람	법 제95조 제3호	2회	300만원
		3회	500만원
		4회 이상	1,000만원
하. 법 제15조제2항, 제16조제2항 또는 제16조의2제2항에 따른 허가조건을 위반한 사람	법 제95조 제4호	1회	50만원
		2회	300만원
		3회	500만원
		4회 이상	1,000만원
거. 법 제17조제1항을 위반하여 체류자격이나 체류기간의 범위를 벗어나서 체류한 사람	법 제94조 제7호	1개월 미만	100만원
		1개월 이상 3개월 미만	150만원
		3개월 이상 6개월 미만	200만원
		6개월 이상 1년 미만	400만원
		1년 이상 2년 미만	700만원
		2년 이상 3년 미만	1,000만원
		3년 이상	2,000만원
너. 법 제18조제1항을 위반하여 취업활동을 할 수 있는 체류자격을 받지 아니하고 취업활동을 한 사람	법 제94조 제8호	1개월 미만	100만원
		1개월 이상 3개월 미만	150만원
		3개월 이상 6개월 미만	200만원
		6개월 이상 1년 미만	400만원
		1년 이상 2년 미만	700만원
		2년 이상 3년 미만	1,000만원
		3년 이상	2,000만원
더. 법 제18조제2항을 위반하여 지정된 근무처가 아닌 곳에서 근무한 사람	법 제95조 제5호	3개월 미만	100만원
		3개월 이상 6개월 미만	200만원
		6개월 이상 1년 미만	300만원

		1명	500만원
머. 법 제18조제4항을 위반하여 취업활동을 할 수 있는 체류자격을 가지지 아니한 외국인의 고용을 업으로 알선·권유한 사람	법 제94조 제10호	2명 이상 4명 이하	1,000만원
		5명 이상 9명 이하	1,500만원
		10명 이상	2,000만원
버. 법 제18조제5항을 위반하여 체류자격을 가지지 아니한 외국인을 자기 지배하에 두는 행위를 한 사람	법 제94조 제11호	1명	500만원
		2명 이상 4명 이하	1,000만원
		5명 이상 9명 이하	1,500만원
		10명 이상	2,000만원
서. 법 제20조를 위반하여 체류자격 외 활동 허가를 받지 아니하고 다른 체류자격에 해당하는 활동을 한 사람	법 제94조 제12호	1개월 미만	100만원
		1개월 이상 3개월 미만	150만원
		3개월 이상 6개월 미만	200만원
		6개월 이상 1년 미만	400만원
		1년 이상 2년 미만	700만원
		2년 이상 3년 미만	1,000만원
		3년 이상	2,000만원
어. 법 제21조제1항 본문을 위반하여 허가를 받지 아니하고 근무처를 변경하거나 추가한 사람	법 제95조 제6호	3개월 미만	100만원
		3개월 이상 6개월 미만	200만원
		6개월 이상 1년 미만	300만원
		1년 이상 2년 미만	500만원
		2년 이상	1,000만원
저. 법 제21조제2항을 위반하여 근무처의 변경 또는 추가허가를 받지 아니한 외국인의 고용을 알선한 사람(업으로 하는 사람은 제외한다)	법 제97조 제2호	1명	100만원
		2명 이상 4명 이하	200만원
		5명 이상 9명 이하	300만원

		1회	50만원
커. 법 제22조에 따른 제한 등을 위반한 사람	법 제94조 제14호	2회	200만원
		3회	500만원
		4회	1,000만원
		5회 이상	2,000만원
터. 법 제23조를 위반하여 체류자격을 받지 아니하고 체류한 사람	법 제94조 제15호	1개월 미만	20만원
		1개월 이상 3개월 미만	50만원
		3개월 이상 6개월 미만	100만원
		6개월 이상 1년 미만	200만원
		1년 이상 2년 미만	500만원
		2년 이상 3년 미만	1,000만원
		3년 이상	2,000만원
퍼. 법 제24조를 위반하여 체류자격 변경허가를 받지 아니하고 다른 체류자격에 해당하는 활동을 한 사람	법 제94조 제16호	1개월 미만	20만원
		1개월 이상 3개월 미만	50만원
		3개월 이상 6개월 미만	100만원
		6개월 이상 1년 미만	200만원
		1년 이상 2년 미만	500만원
		2년 이상 3년 미만	1,000만원
		3년 이상	2,000만원
허. 법 제25조를 위반하여 체류기간 연장허가를 받지 아니하고 체류기간을 초과하여 계속 체류한 사람	법 제94조 제17호	1개월 미만	20만원
		1개월 이상 3개월 미만	50만원
		3개월 이상 6개월 미만	100만원
		6개월 이상 1년 미만	200만원
		1년 이상 2년 미만	500만원

위반사항	근거 법조문	구분	과태료 금액
노. 법 제26조제2호를 위반한 사람	법 제94조 제17호의2	1명	500만원
		2명 이상 4명 이하	1,000만원
		5명 이상 9명 이하	1,500만원
		10명 이상	2,000만원
도. 법 제27조에 따른 여권등의 휴대 또는 제시 의무를 위반한 사람	법 제98조 제1호	1회	10만원
		2회	20만원
		3회	50만원
		4회 이상	100만원
로. 법 제28조제1항이나 제2항을 위반하여 출국심사를 받지 아니하고 출국한 사람	법 제94조 제18호	1회	200만원
		2회	1,000만원
		3회 이상	2,000만원
모. 법 제31조의 등록의무를 위반한 사람	법 제95조 제7호	1개월 미만	20만원
		1개월 이상 3개월 미만	50만원
		3개월 이상 6개월 미만	100만원
		6개월 이상 1년 미만	200만원
		1년 이상 2년 미만	500만원
		2년 이상	1,000만원
보. 법 제33조의3제1호를 위반한 사람	법 제94조 제19호	1명	500만원
		2명 이상 4명 이하	1,000만원
		5명 이상 9명 이하	1,500만원
		10명 이상	2,000만원
소. 법 제33조의3(제1호를 제외한다)를 위반한 사람	법 제94조 제19호	1회	500만원
		2회	1,000만원
		3회	1,500만원
		4회 이상	2,000만원
오. 법 제36조제1항에 따른 체류지 변경신고 의무를 위반한 사람	법 제98조 제2호	3개월 미만	10만원
		3개월 이상 6개월 미만	30만원
		6개월 이상 1년 미만	50만원

		1회	100만원
초. 법 제63조제5항에 따른 주거의 제한이나 그 밖의 조건에 위반한 사람	법 제95조 제9호	2회	300만원
		3회	500만원
		4회 이상	1,000만원
코. 법 제69조(법 제70조제1항 및 제2항에서 준용하는 경우를 포함한다)를 위반한 사람	법 제94조 제20호	1회	200만원
		2회	500만원
		3회	1,000만원
		4회 이상	2,000만원
토. 법 제71조제4항(법 제70조제1항 및 제2항에서 준용하는 경우를 포함한다)에 따른 출항의 일시정지 또는 회항 명령이나 선박 등의 출입 제한을 위반한 사람	법 제96조 제1호	1회	100만원
		2회	300만원
		3회	500만원
		4회 이상	1,000만원
포. 법 제72조(법 제70조제1항 및 제2항에서 준용하는 경우를 포함한다)를 위반하여 허가를 받지 아니하고 선박 등이나 출입국 심사장에 출입한 사람	법 제97조 제3호	1회	100만원
		2회	200만원
		3회	300만원
		4회 이상	500만원
호. 정당한 사유 없이 법 제73조(법 제70조제1항 및 제2항에서 준용하는 경우를 포함한다) 제1호에 따른 입국이나 상륙허가를 받지 아니한 사람의 입국·상륙방지 의무를 위반한 사람	법 제96조 제2호	1명	500만원
		2명 이상 4명 이하	700만원
		5명 이상	1,000만원
구. 정당한 사유 없이 법 제73조(법 제70조제1항 및 제2항에서 준용하는 경우를 포함한다) 제2호에 따른 유효한 여권과 필요한 사증을 지니지 아니한 사람의 탑승방지 의무를 위반한 사람	법 제96조 제2호	1명	100만원
		2명 이상 4명 이하	200만원
		5명 이상 9명 이하	500만원
		10명 이상	1,000만원
누. 정당한 사유 없이 법 제73조(법 제70조제1항 및 제2항에서 준용하는 경우를 포함한다) 제3호에 따른 승선허가나 출국심사를 받지 아니한 사람의 탑승방지 의무를 위반한 사람	법 제96조 제2호	1명	500만원
		2명 이상 4명 이하	700만원
		5명 이상	1,000만원
두. 정당한 사유 없이 법 제73조(법 제70조제1항 및 제2항에서 준용하는 경우를 포함한다) 제4호부터 제9호까지에 따른 의무를 위반한 사람	법 제96조 제2호	1회	100만원
		2회	200만원
		3회	500만원
		4회 이상	1,000만원
루. 법 제73조의2제1항(법 제70조제1항 및 제2항에서 준용하는 경우를 포함한다) 또는 제3항(법 제70조제1항 및 제2항에서 준용하는 경우를 포함한다)을 위반하여 열람 또는 문서 제출 요청에 따르지 아니한 사람	법 제96조 제2호	1회	100만원
		2회	200만원

부. 정당한 사유 없이 법 제75조제1항(법 제70조제1항 및 제2항에서 준용하는 경우를 포함한다) 또는 제2항(법 제70조제1항 및 제2항에서 준용하는 경우를 포함한다)에 따른 보고서를 제출하지 아니하거나 거짓으로 제출한 사람	법 제96조 제3호	1회	100만원
		2회	300만원
		3회	500만원
		4회 이상	1,000만원
수. 법 제75조제4항(법 제70조제1항 및 제2항에서 준용하는 경우를 포함한다) 및 제5항(법 제70조제1항 및 제2항에서 준용하는 경우를 포함한다)에 따른 보고 또는 방지 의무를 위반한 사람	법 제97조 제5호	1회	100만원
		2회	200만원
		3회	300만원
		4회 이상	500만원
우. 법 제76조제1항(법 제70조제1항 및 제2항에서 준용하는 경우를 포함한다)에 따른 송환의무를 위반한 사람	법 제97조 제6호	1회	100만원
		2회	200만원
		3회	300만원
		4회 이상	500만원
주. 법 제76조의6제1항을 위반하여 난민인정증명서 또는 난민여행증명서를 반납하지 아니하거나 같은 조 제2항에 따른 난민여행증명서 반납명령을 위반한 사람	법 제97조 제7호	1개월 미만	50만원
		1개월 이상 3개월 미만	100만원
		3개월 이상 6개월 미만	200만원
		6개월 이상 1년 미만	300만원
		1년 이상 2년 미만	400만원
		2년 이상	500만원
추. 법 제93조의2제2항 각 호의 어느 하나에 해당하는 죄를 범한 사람(영리를 목적으로 한 사람은 제외한다)	법 제93조의3 제2호	2명 이하	500만원
		3명 이상 6명 이하	1,000만원
		7명 이상 9명 이하	2,000만원
		10명 이상	3,000만원
쿠. 법 제93조의2제2항 각 호의 죄를 범할 목적으로 예비하거나 음모한 사람과 미수범	법 제99조 제1항		본죄에서 정하는 범칙금 기준액과 같음
투. 법 제93조의3 각 호의 죄를 범할 목적으로 예비하거나 음모한 사람과 미수범	법 제99조 제1항		본죄에서 정하는 범칙금 기준액과 같음
푸. 법 제94조제1호부터 제5호까지 또는 제18호의 죄를 범할 목적으로 예비하거나 음모한 사람과 미수범	법 제99조 제1항		본죄에서 정하는 범칙금 기준액과 같음

ㅁ. 법인의 대표자나 법인 또는 개인의 대리인 사용인 그 밖의 종업원이 그 법인 또는 개인의 업무에 관하여 법 제94조제3호에 따른 위반행위를 한 때에 그 법인 또는 개인(다만, 법인 또는 개인이 그 위반행위를 방지하기 위하여 해당 업무에 관하여 상당한 주의와 감독을 게을리 하지 아니한 경우에는 제외한다. 이하 이 표에서 같다)	법 제99조의3 (양벌규정) 제1호		라. 법 제94조제3호 범칙금 기준액적용
ㅂ. 법인의 대표자나 법인 또는 개인의 대리인, 사용인, 그 밖의 종업원이 그 법인 또는 개인의 업무에 관하여 법 제94조제19호의 위반행위 중 제33조의2제1호를 위반한 행위를 한 때에 그 법인 또는 개인	법 제99조의3 (양벌규정) 제3호		보. 법 제94조제19호 범칙금 기준액 적용
ㅅ. 법인의 대표자나 법인 또는 개인의 대리인, 사용인, 그 밖의 종업원이 그 법인 또는 개인의 업무에 관하여 법 제94조제20호에 따른 위반행위를 한 때에 그 법인 또는 개인	법 제99조의3 (양벌규정) 제4호		코. 법 제94조제20호 범칙금 기준액 적용
ㅇ. 법인의 대표자나 법인 또는 개인의 대리인, 사용인, 그 밖의 종업원이 그 법인 또는 개인의 업무에 관하여 법 제96조제1호부터 제3호까지의 규정에 따른 위반행위를 한 때에 그 법인 또는 개인	법 제99조의3 (양벌규정) 제6호		토, 호, 구, 누, 두, 루, 부. 법 제96조 제1호부터 제3호 범칙금 기준액 적용
ㅈ. 법인의 대표자나 법인 또는 개인의 대리인, 사용인, 그 밖의 종업원이 그 법인 또는 개인의 업무에 관하여 법 제97조제4호부터 제6호까지의 규정에 따른 위반행위를 한 때에 그 법인 또는 개인	법 제99조의3 (양벌규정) 제7호		무, 수, 우. 법 제97조 제4호부터 제6호까지 범칙금 기준액 적용

[별표 8] 〈개정 2018. 9. 21.〉

범칙금의 양정기준 (제86조제1항 관련)

범칙금 부과대상자	해당 법조문	고용 인원	위반기간별 범칙금액				
			3개월 미만	3개월 이상 6개월 미만	6개월 이상 1년 미만	1년 이상 2년 미만	2년 이상
1. 법 제18조제3항을 위반하여 취업활동을 할 수 있는 체류자격을 가지지 아니한 사람을 고용한 사람	법 제94조제 9호	1명	250만원	500만원	700만원	900만원	1,100만원
		2명	500만원	600만원	800만원	1,000만원	1,200만원
		3명	600만원	700만원	900만원	1,100만원	1,300만원
		4명	700만원	800만원	1,000만원	1,200만원	1,400만원
		5명	800만원	900만원	1,100만원	1,300만원	1,500만원
		6명	900만원	1,000만원	1,200만원	1,400만원	1,600만원
		7명	1,000만원	1,100만원	1,300만원	1,500만원	1,700만원
		8명	1,100만원	1,200만원	1,400만원	1,600만원	1,800만원
		9명	1,200만원	1,300만원	1,500만원	1,700만원	1,900만원
		10명	1,300만원	1,400만원	1,600만원	1,800만원	2,000만원
		11명이상 14명이하	1,400만원	1,500만원	1,700만원	1,900만원	2,000만원
		15명이상 19명이하	1,500만원	1,600만원	1,800만원	2,000만원	2,000만원
		20명이상 24명이하	1,600만원	1,700만원	1,900만원	2,000만원	2,000만원
		25명이상 29명이하	1,700만원	1,800만원	2,000만원	2,000만원	2,000만원
		30명이상 39명이하	1,800만원	1,900만원	2,000만원	2,000만원	2,000만원
		40명이상 49명이하	1,900만원	2,000만원	2,000만원	2,000만원	2,000만원
		50명이상	2,000만원	2,000만원	2,000만원	2,000만원	2,000만원
2. 법 제21조제2항을 위반하여 근무처의 변경허가 또는 추가허가를 받지 아니한 외국인을 고용한 사람	법 제95조제 6호	1명	200만원	250만원	300만원	400만원	500만원
		2명	250만원	300만원	350만원	450만원	550만원

위반행위	근거 법조문	인원					
3. 법인의 대표자나 법인 또는 개인의 대리인, 사용인, 그 밖의 종업원이 그 법인 또는 개인의 업무에 관하여 법 제94조제9호에 따른 위반행위를 한 때에 그 법인 또는 개인(다만, 법인 또는 개인이 그 위반행위를 방지하기 위하여 해당 업무에 관하여 상당한 주의와 감독을 게을리 하지 아니한 경우에는 제외한다. 이하 이 표에서 같다)	법 제99조의3(양벌규정)제2호	1명	250만원	500만원	700만원	900만원	1,100만원
		2명	500만원	600만원	800만원	1,000만원	1,200만원
		3명	600만원	700만원	900만원	1,100만원	1,300만원
		4명	700만원	800만원	1,000만원	1,200만원	1,400만원
		5명	800만원	900만원	1,100만원	1,300만원	1,500만원
		6명	900만원	1,000만원	1,200만원	1,400만원	1,600만원
		7명	1,000만원	1,100만원	1,300만원	1,500만원	1,700만원
		8명	1,100만원	1,200만원	1,400만원	1,600만원	1,800만원
		9명	1,200만원	1,300만원	1,500만원	1,700만원	1,900만원
		10명	1,300만원	1,400만원	1,600만원	1,800만원	2,000만원
		11명이상 14명이하	1,400만원	1,500만원	1,700만원	1,900만원	2,000만원
		15명이상 19명이하	1,500만원	1,600만원	1,800만원	2,000만원	2,000만원
		20명이상 24명이하	1,600만원	1,700만원	1,900만원	2,000만원	2,000만원
		25명이상 29명이하	1,700만원	1,800만원	2,000만원	2,000만원	2,000만원
		30명이상 39명이하	1,800만원	1,900만원	2,000만원	2,000만원	2,000만원
		40명이상 49명이하	1,900만원	2,000만원	2,000만원	2,000만원	2,000만원
		50명이상	2,000만원	2,000만원	2,000만원	2,000만원	2,000만원
4. 법인의 대표자나 법인 또는 개인의 대리인, 사용인, 그 밖의 종업원이 그 법인 또는 개인의 업무에 관하여 법 제95조제6호의 위반행위 중 제21조제2항을 위반하여 고용 행위를 한 때에 그 법인 또는 개인	법 제99조의3(양벌규정)제5호	1명	200만원	250만원	300만원	400만원	500만원
		2명	250만원	300만원	350만원	450만원	550만원
		3명	300만원	350만원	400만원	500만원	600만원
		4명	350만원	400만원	450만원	550만원	650만원
		5명	400만원	450만원	500만원	600만원	700만원
		6명	450만원	500만원	550만원	650만원	750만원

나. 통고처분 면제

법무부장관은 출입국사범의 나이와 환경, 법 위반의 동기와 결과, 범칙금 부담능력, 그 밖의 정상을 고려하여 통고처분을 면제할 수 있다(법 제103조 제2항).

다. 범칙금의 감경 등

(1) 감경사유 및 범위

범칙금은 청장·사무소장·출장소장 또는 보호소장이 당해출입국사범의 나이와 환경, 법위반의 동기와 결과, 범칙금부담능력, 위반횟수등을 참작하여 기준액의 2분의 1의 범위안에서 이를 경감하거나 가중 할 수 있다(법 시행규칙 제86조 제2항).

(2) 별도의 양정기준 산정

청장·사무소장·출장소장 또는 보호소장은 부득이하다고 인정하는 경우 법무부장관의 승인을 얻어 범칙금의 양정기준과 달리 범칙금을 정할 수 있다. 법 제103조 제2항에 따라 범칙금을 면제하는 경우에도 또한 같다(법 시행규칙 제86조 제3항).

4. 통고처분의 송달

통고처분의 고지는 통고서 송달의 방법으로 한다(법 제104조). 이때 통고서의 송달은 이 법에 특별한 규정이 있는 경우를 제외하고는 본인, 가족, 신원보증인, 소속 단체의 장의 순으로 직접 내주거나 우편으로 보내는 방법에 따른다. 다만, 지방출입국·외국인관서의 장은 이에 따른 통고서의 송부가 불가능하다고 인정되면 송부할 문서 등을 보관하고, 그 사유를 청사(廳舍)의 게시판에 게시하여 공시송달(公示送達)한다. 이 경우 공시송달은 게시한 날부터 14일이 지난 날에 그 효력이 생긴다.

5. 통고처분의 불이행과 고발

가. 범칙금 납부기한

출입국사범은 통고서를 송달받으면 15일 이내에 범칙금을 내야 하는데(법 제105조 제1항), 위 규정에 의하여 통고서를 송달하는 때에는 범칙금납부고지서를 첨부하여야 한다(법 시행규칙 제88조).

나. 범칙금의 수납기관 및 절차 등

(1) 수납기관

통고처분을 받은 사람은 그 범칙금을 납부기간 내에 청장·사무소장·출장소장 또는 보호소장이 지정하는 국고은행, 그 지점 또는 대리점이나 우체국(이하 "수납기관"이라 한다)에 내야 한다(법 제105조 제1항). 위 규정에 의한 수납기관은 한국은행 본·지점과 한국은행이 지정한 국고대리점 및 국고수납대리점 또는 우체국으로 한다(법 시행규칙 제87조).

(2) 영수증서 발급

범칙금을 받은 수납기관은 범칙금을 낸 사람에게 영수증서를 발급하여야 한다(법 시행령 제105조 제2항).

(3) 영수확인 통지서 송부

수납기관은 영수증서를 발급한 때에는 지체 없이 그 통고서를 발행한 청장·사무소장·출장소장 또는 보호소장에게 영수확인 통지서를 보내야 한다(법 시행령 제105조 제3항).

(4) 범칙금의 분할납부

범칙금은 나누어 낼 수 있다(법 시행령 제105조 제4항).

다. 통고처분 불이행에 따른 고발

지방출입국·외국인관서의 장은 출입국사범이 통고서를 송달받은 날로부터 15일 이내에 범칙금을 내지 아니하면 고발하여야 한다. 다만, 고발하기 전에 범칙금을 낸 경우에는 그러하지 아니하다(법 제105조 제2항).

라. 고발제외 사유

출입국사범에 대하여 강제퇴거명령서를 발급한 경우에는 고발하지 아니한다(법 제105조 제3항).

6. 일사부재리

출입국사범이 통고한 대로 범칙금을 내면 동일한 사건에 대하여 다시 처벌받지 아니한다
(법 제106조).

부록

외국인체류 안내매뉴얼

법　　무　　부

출 입 국 · 외 국 인 정 책 본 부

目　次

유 의 사 항

1. 본 메뉴얼에서 주민등록등본 등 국내에서 발급·제출하는 서류의 유효기간은 별도의 유효기간이 설정 되지 않은 경우 **발급일로부터 3개월 이내임.**

2. 출입국·외국인청(사무소·출장소)장은 심사를 위해 특히 필요하다고 인정되는 때에는 **본 매뉴얼상의 제 출서류를 가감할 수 있음.**

3. 신청자가 사증발급, 체류자격 변경허가 등 신청 시 이미 제출하여 등록외국인기록에 보관 중인 서류는 제출 생략

4. 제출 서류 중 분량이 많은 서류는 이를 발췌하여 사용하는 등 필요 없는 서류를 제출하는 일이 없도록 하여 야 함.

5. 신원보증서의 보증기간이 4년 이상인 때에도 4년을 한도로 하여 이를 인정하며, 각종 허가를 할 때의 허가 기간은 신원보증서의 보증기간을 초과할 수 없음.

6. 주민등록등본·가족관계기록사항에 관한 증명서·사업자등록증·납세사실증명·어업면허증 등 전자정부법 제36조 제1항에 따른 행정정보의 공동이용을 통하여 정보의 내용을 확인할 수 있는 경우에는 제출하지 아니함. 다만 정보주체가 이에 동의하지 아니하는 때에는 해당 서류를 첨부하여야 함.

7. 건강진단서, 마약검사확인서 및 채용신체검사서 등의 서류는 발급한 의료기관에서 봉투에 밀봉된 상태로 제출해야 함.(개봉 불가)

8. 각종 체류허가 신청을 하고자 하는 외국인은 반드시 국내에 체류 중에 있어야 하며, 민원 신청 후 출국하 는 경우 불허될 수 있음. 또한, 출국 중에 있는 외국인에 대한 출입국민원 대행기관의 대행신청은 할 수 없음.

9. 출입국관리법 제87조 및 동법 시행규칙 제72조 등에 따라 징수하는 각종 체류허가 등에 관한 수수료 는 심사수수료로써 민원이 접수되면 반환되지 않음.

각종 체류허가 등에 관한 심사수수료

근거	업무명	수수료
▶ 출입국관리법 제87조 및 동법 시행규칙 제72조 ▶ 재외동포의 출입국과 법적 지위에 관한 법률 시행규칙 제12조	체류자격 외 활동허가	12만원
	근무처의 변경·추가	12만원
	체류자격 부여	8만원
	단서, 결혼이민(F-6)	4만원
	체류자격 변경허가	10만원
	영주(F-5)자격 변경허가	20만원
	체류기간 연장허가	6만원
	단서, 결혼이민(F-6)	3만원
	단수재입국허가	3만원
	복수재입국허가	5만원
	외국인등록증 발급 및 재발급	3만원
	거소등록증 발급 및 재발급	3만원
	출입국에 관한 사실증명	2천원
	외국인등록 사실증명	2천원
	국내거소신고 사실증명	2천원

체류자격별 대상 및 제출서류 등 안내메뉴얼

외교(A-1)

자격 해당자 및 활동범위	대한민국정부가 접수한 외국정부의 외교사절단이나 영사기관의 구성원, 조약 또는 국제관행에 따라 외교사절과 동등한 특권과 면제를 받는 자와 그 가족
1회에 부여할 수 있는 체류기간 상한	◼ 재임기간
체류자격외 활동	1. 외교(A-1) 자격을 소지한"주한외국공관원 가족"의 국내취업은 상호주의에 따라 외교부장관(외교사절담당관)의 추천을 받은 자에 한하여 체류자격외 활동허가(청장 · 사무소장 · 출장소장 위임) ㅇ 취업허용 국가 : '18. 6월 현재 27개 국가 일본, 스리랑카, 방글라데시, 이스라엘, 미국, 캐나다, 독일, 영국, 프랑스, 스웨덴, 체코, 폴란드, 러시아, 네덜란드, 벨기에, 헝가리, 뉴질랜드, 덴마크, 노르웨이, 아일랜드, 호주, 파키스탄, 인도, 싱가폴, 포르투갈, 스위스, 콜롬비아('18.6월) ㅇ 취업허용 범위 ‣ 문화예술(D-1), 종교(D-6), 교수(E-1), 회화지도(E-2), 연구(E-3), 기술지도(E-4), 전문직업(E-5) ‣ 예술흥행(E-6) [단, 호텔 · 유흥(E-6-2) 제외] ‣ 특정활동(E-7) [단, 숙련기능점수제(E-7-4) 제외] ※ 주한캐나다대사관 공관원가족에 대한 자격외활동허용범위 확대('09.3.9) - 단순노무분야(D-3, E-9, E-10, H-2 등)을 제외한 모든 체류자격(기준충족자) ㅇ 신청절차 - ① (주한외국공관) 외교부 외교사절담당관실로 고용추천서 발급 공한 요청, ② (외교부) 관할 출입국 · 외국인관서에 고용추천서 공문 발송, ③ (동반가족 또는 대사관직원 등 대리인) 관할 출입국 · 외국인관서에 체류자격외 활동허가 신청서류, 외교부 고용추천서 등 제출 ㅇ 1회 최대 허가기간 : 근로계약 범위 내에서 최장 2년까지 허용 ㅇ 제출서류 - 여권, 통합신청서 - 수수료(자격외 활동 12만원)

▶ 목차

※ 주한 미국 공관원의 동반가족은 상호주의에 따라 수수료 면제
　－ 외교부(외교사절담당관)에서 받은 고용추천서(필수)
　－ 해당 체류자격별 체류자격외 활동 필요서류(자격요건 등 구비)

2. 외교(A-1) 자격을 소지한 국제기구 직원의 동반가족에 대한 체류자격외 활동 허가(상호주의 비적용, 청장·사무소장·출장소장 위임)
　○ 적용대상
　－ 대한민국과 협정을 체결하여 국내에 주소지를 둔 국제기구에서 외교(A-1) 자격으로 근무 중인 직원의 배우자 및 미성년 자녀
　※ 다만, 「녹색기후기금(GCF)」사무국 직원의 경우 배우자 및 미성년 자녀 외에 사무국 직원이 경제적으로 부양하고 있는 가계 구성원인 자녀도 체류자격외 활동 허용
　○ 취업허용 범위
　－ 기술연수(D-3), 비전문취업(E-9), 선원취업(E-10), 방문취업(H-2) 등 단순노무 분야를 제외한 모든 체류자격에 해당하는 활동
　○ 신청절차
　－ 활동하고자 하는 체류자격에 해당하는 자격 등 입증서류 제출(외교부 고용추천서 제출 불요)
　○ 1회 최대 허가기간 : 1년 (체류자격외 활동허가 일반원칙에 따름)
　○ 제출서류
　－ 여권, 통합신청서
　－ 수수료(자격외 활동 12만원)
　－ 해당 체류자격별 체류자격외 활동 필요서류(자격요건 등 구비)

근무처의 변경·추가	🐚 "해당사항 없음"
체류자격 부　여	🐚 출생일부터 90일 이내 신청 🐚 제출서류 ① 신청서(별지 제34호 서식), 여권 ② 출생증명서 사본 ③ 대사관 협조공한 ④ 부양자의 외국공관원 신분증
체류자격 변경허가	1. ① 대한민국 정부가 접수한 외국정부의 외교사절단이나 영사기관의 구성원, ② 조약 또는 국제관행에 따라 외교사절과 동등한 특권과 면제를 받는 자, ③ ① 또는 ②에 해당하는 사람의 동반가족(동반가족의 범위는 아래 표 참고)이 외교(A-1) 자격 이외의 자격으로 입국 시 외교(A-1) 자격으로 체류자격 변경 허가(청장, 사무소장, 출장소장 위임) 　○ 허가 내용 : 외교(A-1), 체류기간(재직기간 내) 　○ 제출 서류 　－ ① 대한민국 정부가 접수한 외국정부의 외교사절단이나 영사기관의 구성원

	: 신청서, 여권, 자국 대사관의 협조 공문, 파견 · 재직을 증명하는 서류 － ② 조약 또는 국제관행에 따라 외교사절과 동등한 특권과 면제를 받는 자 : 신청서, 여권, 파견 · 재직을 증명하는 서류 － ③ ① 또는 ②에 해당하는 사람의 동반가족 : 신청서, 여권, 출생증명서, 가족관계증명서 등 가족관계 입증서류, ① 또는 ②에 해당하는 사람의 신분증 및 파견 · 재직을 증명하는 서류 ※ 청(사무소 · 출장소)장은 입국목적, 초청의 진정성, 초청자 및 피초청자의 자격 확인 등을 심사하기 위해 특히 필요한 경우 첨부서류를 일부 가감할 수 있음
▣ 목차	🔹 주한 외국공관 등에 주재근무하는 자(A-1,A-2)의 동반가족 범위 ※ 근거 : 대한민국 주재 외국 공관원 등을 위한 신분증 발급과 관리에 관한 규칙(외교통상부령 제1호, 2013. 3. 23.)
체류기간 연장허가	🔹 재임기간 범위 내 체류기간연장 🔹 제출 서류 : 체류자격 변경허가와 동일(수수료 면제)
재입국허가	🔹 출국한 날로부터 1년 이내 재입국하려는 경우 면제 🔹 단수사증을 소지한 <u>외교(A-1)~협정(A-3)</u> 소지자 중 재임기간(공무수행기간,신분존속기간 또는 협정상의 체류기간)내에 재입국하고자 하는 경우 대상자의 요청이 있으면 재입국허가 가능 ※ 재임기간 중 유효한 복수사증이 있는 경우는 재입국이 불필요 ‣ 국내 재임기간 내에서 단복수재입국허가(공항만도 복수 가능) ‣ 제출서류 신청서(별지34호),여권, 외교관 신분증, 대사관 협조 공한, 재직 증명 서류
외국인등록 ▣ 목차	🔹 <u>외국인등록</u> 면제 대상이나 본인이 원할 경우 외국인등록증 발급 － 기타 등록외국인에게 부여 되는 각종 의무(등록사항변경 신고, 체류지 변경 신고 등)도 적용 면제 🔹 제출서류 신청서(별지 제34호), 여권원본, 반명함판 천연색 사진(3.5×4.5㎝), 주한외국공관원 신분증 등 신분 입증서류

공무(A-2)

자격 해당자 및 활동범위	대한민국정부가 승인한 외국정부 또는 국제기구의 공무를 수행하는 자와 그 가족
1회에 부여할 수 있는 체류기간 상한	🕮 공무수행기간
체류자격외 활동 ❏ 목차	1. 공무(A-2) 자격을 소지한"주한외국공관원 가족"의 국내취업은 상호주의에 따라 외교부장관(외교사절담당관)의 추천을 받은 자에 한하여 체류자격외 활 동허가(청장·사무소장·출장소장 위임) ㅇ 취업허용 국가 : '18. 6월 현재 27개 국가 일본, 스리랑카, 방글라데시, 이스라엘, 미국, 캐나다, 독일, 영국, 프랑스, 스 웨덴, 체코, 폴란드, 러시아, 네덜란드, 벨기에, 헝가리, 뉴질랜드, 덴마크, 노 르웨이, 아일랜드, 호주, 파키스탄, 인도, 싱가폴, 포르투갈, 스위스, 콜롬비아 ('18.6월) ㅇ 취업허용 범위 ・문화예술(D-1), 종교(D-6), 교수(E-1), 회화지도(E-2), 연구(E-3), 기술 지도(E-4), 전문직업(E-5) ・예술흥행(E-6) [단, 호텔·유흥(E-6-2) 제외] ・특정활동(E-7) [단, 숙련기능점수제(E-7-4) 제외] ※ 주한캐나다대사관 공관원가족에 대한 자격외활동허용범위 확대('09.3.9) – 단순노무분야(D-3, E-9, E-10, H-2 등)을 제외한 모든 체류자격(기 준충족자) ㅇ 신청절차 – ① (주한외국공관) 외교부 외교사절담당관실로 고용추천서 발급 공한 요 청, ② (외교부) 관할 출입국·외국인관서에 고용추천서 공문 발송, ③ (동반가족 또는 대사관직원 등 대리인) 관할 출입국·외국인관서에 체류 자격외 활동허가 신청서류, 외교부 고용추천서 등 제출 ㅇ 1회 최대 허가기간 : 근로계약 범위 내에서 최장 2년까지 허용 ㅇ 제출서류 – 여권, 통합신청서 – 수수료(자격외 활동 12만원) ※ 주한 미국 공관원의 동반가족은 상호주의에 따라 수수료 면제 – 외교부(외교사절담당관)에서 받은 고용추천서(필수) – 해당 체류자격별 체류자격외 활동 필요서류(자격요건 등 구비) 2. 공무(A-2) 자격을 소지한 국제기구 직원의 동반가족에 대한 체류자격외

활동 허가(상호주의 비적용, 청장 · 사무소장 · 출장소장 위임)

ㅇ 적용대상

– 대한민국과 협정을 체결하여 국내에 주소지를 둔 국제기구에서 공무(A-2) 자격으로 근무 중인 직원의 배우자 및 미성년 자녀

※ 다만, 「녹색기후기금(GCF)」사무국 직원의 경우 배우자 및 미성년 자녀 외에 사무국 직원이 경제적으로 부양하고 있는 가계 구성원인 자녀도 체류자격외 활동 허용

ㅇ 취업허용 범위

– 기술연수(D-3), 비전문취업(E-9), 선원취업(E-10), 방문취업(H-2) 등 단순노무 분야를 제외한 모든 체류자격에 해당하는 활동

ㅇ 신청절차

– 활동하고자 하는 체류자격에 해당하는 자격 등 입증서류 제출(외교부 고용추천서 제출 불요)

ㅇ 1회 최대 허가기간 : 1년 (체류자격외 활동허가 일반원칙에 따름)

ㅇ 제출서류

– 여권, 통합신청서

– 수수료(자격외 활동 12만원)

– 해당 체류자격별 체류자격외 활동 필요서류(자격요건 등 구비)

근무처의 변경 · 추가	🐾 해당사항 없음		
체류자격 부 여	🐾 출생일부터 90일 이내 신청 🐾 제출서류		
	필수서류	본인	① 신청서(별지 제34호 서식), 여권 ② 파견 · 재직을 입증하는 서류 또는 자국 소속부처의 장의 협조공문
		부양 가족	① 신청서(별지 제34호 서식), 여권 ② 출생증명서 등 신분관계 입증서류 ③ 부양자의 공무수행을 증명하는 신분증
체류자격 변경허가	🐾 제출서류		
	필수서류	본인	① 신청서(별지 제34호 서식), 여권 ② 파견 · 재직을 입증하는 서류 또는 자국 소속부처의 장의 협조공문
		부양 가족	① 신청서(별지 제34호 서식), 여권 ② 출생증명서 등 신분관계 입증서류 ③ 부양자의 공무수행을 증명하는 신분증

➡ 목차	📌 주한 외국공관 등에 주재근무하는 자 중 공무자격(A-2)의 동반가족 범위 ················· 〈동반가족의 범위〉 ················· 1. 법적 혼인관계의 배우자 (다만, 대한민국 법률에 위배되거나 선량한 풍속이나 그밖의 사회질서에 반하는 경우에는 배우자의 지위를 인정하지 않을 수 있음) 2. 『민법』제4조에 따른 미성년인 미혼 동거 자녀 3. 대학 이상의 학술 연구기관에서 정규 과정의 교육을 받거나 연구를 하려는 26세 이하의 미혼동거 자녀 4. 본인 또는 배우자의 60세 이상의 부모로서 소득이 있는 활동에 종사하지 않는 조건으로 입국한 자 5. 민법상 성년의 미혼동거 자녀로 별도 생계유지가 불가능한 장애인 ··· ※ 근거 : 대한민국 주재 외국 공관원 등을 위한 신분증 발급과 관리에 관한 규칙(외교부령 제1호, 2013. 3. 23.)
체류기간 연장허가	📌 주재 목적이 아니라 단기 공무수행 목적으로 입국한 공무(A-2) 체류자격 소지자가 90일 이상 장기체류를 희망할 경우 출국하여 장기사증을 발급받아 입국하여야 함. 단, 대한민국과의 협정 또는 상호주의에 따라 예외적으로 장기 체류자격으로 변경 또는 체류기간연장 허용
재입국허가	📌 출국한 날로부터 1년 이내 재입국하려는 경우 면제 📌 단수사증을 소지한 외교(A-1)~협정(A-3) 소지자 중 재임기간(공무수행기간,신분존속기간 또는 협정상의 체류기간)내에 재입국하고자 하는 경우 대상자의 요청이 있으면 재입국허가 가능 ※ 재임기간 중 유효한 복수사증이 있는 경우는 재입국이 불필요 ‣ 국내 재임기간 내에서 단복수재입국허가(공항만도 복수 가능) ‣ 신청서류 신청서(별지34호),여권, 외교관 신분증, 대사관 협조 공한, 재직 증명 서류

외국인등록
 	
➡ 목차
	📌 <u>외국인등록 면제 대상</u>이나 본인이 원할 경우 외국인등록증 발급
	  – 기타 등록외국인에게 부여 되는 각종 의무(등록사항변경 신고, 체류지 변경 신고 등)도 적용 면제
	  ※ 인터넷 쇼핑 등 온라인 이용 시 본인 인증 곤란으로 국내생활 불편 해소 목적
	📌 제출서류
	신청서(별지 제34호), 여권원본, 반명함판 천연색 사진(3.5×4.5㎝), 주한외국공관원 신분증 등 신분 입증서류

협정(A-3)

자격 해당자 및 활동범위	대한민국정부와 협정에 의하여 외국인등록이 면제되거나 이를 면제할 필요가 있다고 인정되는 자와 그 가족 • SOFA : 대한민국과 아메리카합중국간의 상호바위조약 제4조에 의한 시설과 구역 및 대한민국에서의 합중국 군대의 지위에 관한 협정 • (Fulbright 협정) 대한민국 정부와 미합중국 정부 간의 교육에 관한 양해각서(일명 풀브라이트 협정) ('50.4.28. 발효) 　- (활동범위) 한국에서의 강의 · 연구 지원, 원어민 영어보조교사(ETA) 지원, 국제교육행정가 연수 등
1회에 부여할 수 있는 체류기간 상한	🦿 신분존속기간 또는 협정상의 체류기간
체류자격외 활동	1. 협정(A-3)자격 소지자의 체류자격외 활동 범위 　🦿 입국시 A-3사증으로 입국하지 아니하고 입국 후 A-3자격변경을 받은 경우에도 체류자격외 활동 허용('07.2.9.시행) 　🦿 허가 대상 : 교수(E-1) 내지 특정활동(E-7) 　🦿 제출서류 　① 신청서(별지34호), 여권, 수수료 ② 복무확인서 ③ S.O.F.A ID 카드 ④ 해당 자격 관련 서류 ⑤ SPONSOR인 경우 소속 기관장(고용주)의 동의서 　※ 자격 외 활동 중인 근무처를 변경하려는 경우 새로운 근무처로 자격외 활동을 다시 신청
근무처의 변경 · 추가	🦿 해당사항 없음
체류자격 부　여 🔁 목차	1. 국내 출생자 　🦿 출생일로부터 90일 이내 신청 　‣ 90일 이내 출국하는 경우 별도허가 불필요 　🦿 제출서류 <table><tr><td>필수서류</td><td>① 신청서(별지 제34호 서식), 여권 ② 출생증명서 등 가족관계 입증서류 ③ 부양자의 신분증명서 ④ 초청계약자 등이 발급한 복무확인서 · 재직증명서 또는 초청계약서</td></tr></table>
체류자격 변경허가	1. SOFA 해당자 신청서류

본인	① 신청서(별지34호), 여권 ② SPONSOR 복무확인서(현역) 또는 재직증명서(군속) ③ 초청계약서(초청계약자)
피부양 가족	① 신청서(별지34호), 여권 ② 출생증명서 등 가족관계 입증서류 ③ 부양자의 신분증명서 ④ 초청계약자 등이 발급한 복무확인서 · 재직증명서 또는 　초청계약서 ⑤ 11세 미만자는 부 · 모의 SOFA ID 카드(11세 이상인 경 　우 본인 ID 카드)

※ 다른 체류자격에서(등록외국인 포함) A-3로 자격변경 가능

2. Fulbright 협정 대상자 체류자격 변경허가
　○ 대상자: A-3-99 사증을 받지 못하고 무비자로 입국한 사람
　○ 신청서류
　　- 신청서(별지34호), 여권, Fulbright I/D 카드, 한미교육위원단 협조공한
　○ 체류부여 기간 : 협조공한상의 장학금 수혜기간

3. A-3소지자가 퇴직 등으로 자격 상실 후 국내에서 자격변경이 가능한 체류
　자격으로 계속 체류하고자 하는 경우 : 신분상실일로부터 30일 이내에 자
　격변경 신청 (30일 이내 출국하는 경우 별도 허가 불필요)

체류기간 연장허가	1. Fulbright 협정 대상자 　○ 신청서류 　　- 신청서(별지34호), 여권, Fulbright I/D 카드, 한미교육위원단 협조공한 　○ 연장기간은 I/D 카드 상의 기간 및 한미교육위원단 협조공한상 요청기간 　　을 확인하여 부여
재입국허가	🪨 출국한 날로부터 1년 이내 재입국하려는 경우 면제 🪨 단수사증을 소지한 <u>외교(A-1)~협정(A-3) 소지자</u> 중 재임기간(공무수행기 　간,신분존속기간 또는 협정상의 체류기간)내에 재입국하고자 하는 경우 대 　상자의 요청이 있으면 재입국허가 가능 　※재임기간 중 유효한 복수사증이 있는 경우는 재입국이 불필요 　‣ 국내 재임기간 내에서 단복수재입국허가(공항만도 복수 가능) 　‣ 제출서류 　　① 신청서(별지34호), 여권, SOFA ID카드(SPONSOR와 Dependent 모두

	필요) ② 복무확인서(재직증명서: 출국일과 동반 가족기재된 것)

외국인등록
 	
◘ 목차
	◉ 외국인등록 면제 대상이나 본인이 원할 경우 외국인등록증 발급
	  – 기타 등록외국인에게 부여 되는 각종 의무(등록사항변경 신고, 체류지
	    변경 신고 등)도 적용 면제
	  ※ 인터넷 쇼핑 등 온라인 이용 시 본인 인증 곤란으로 국내생활 불편 해소
	    목적
	◉ 제출서류
	  ① 신청서(별지 제34호), 여권원본, 반명함판 천연색 사진(3.5×4.5㎝)
	  ② 주한외국공관원 신분증 등 신분 입증서류

사증면제(B-1)

활동범위	협정상의 체류활동
해 당 자	대한민국과 사증면제협정을 체결한 국가의 국민으로서 그 협정에 의한 활동을 하려는 자
1회에 부여할 수 있는 체류기간 상한	협정상의 체류기간
체류자격변경 및 체류기간연장 **➡ 목차**	사증면제협정 또는 관광통과 목적으로 입국한 자에 대하여는 원칙적으로 체류기간 연장이나 체류자격 변경허가를 하지 아니하므로 체류기간이 협정기간 또는 법무부장관이 따로 정하는 기간을 초과하는 경우에는 반드시 사증을 발급 받아 입국하도록 안내 제출서류 ① 신청서(34호 서식), 여권 원본, 수수료 ② 체류기간 연장의 필요성을 소명하는 서류

관광통과(B-2)

활동범위	관광 · 통과
해 당 자	관광 · 통과 등의 목적으로 대한민국에 사증 없이 입국하려는 자
1회에 부여할 수 있는 체류기간 상한	법무부장관이 따로 정하는 기간
체류자격변경 및 체류기간연장 **➡ 목차**	사증면제협정 또는 관광통과 목적으로 입국한 자에 대하여는 원칙적으로 체류기간 연장이나 체류자격 변경허가를 하지 아니하므로 체류기간이 협정기간 또는 법무부장관이 따로 정하는 기간을 초과하는 경우에는 반드시 사증을 발급 받아 입국하도록 안내 제출서류 ① 신청서(34호 서식), 여권 원본, 수수료 ② 체류기간 연장의 필요성을 소명하는 서류

일시취재(C-1)

자격 해당자 및 활동범위	🌸 외국의 신문, 방송, 잡지, 기타 보도기관으로부터 파견되어 단기간 취재·보도활동을 하려는 자 🌸 외국의 보도기관과의 계약에 의하여 단기간 취재·보도활동을 하려는 자 🌸 외국 언론사의 지사설치 준비를 위해 단기간 취재·보도활동을 하려는 자
1회에 부여할 수 있는 체류기간 상한	🌸 90일
체류기간 연장허가 ➡ 목차	🌸 최장체류기간 : 90일 입국일로부터 90일 미만 사증으로 입국한 자 또는 90일 미만 체류기간 받은 자에 대하여 입국일로부터 90일까지 연장 🌸 제출서류 ① 신청서(34호 서식), 여권 원본, 수수료 ② 체류기간연장 필요성 소명 서류(본사의 취재명령서 또는 파견증명서, 외신 보도증 사본 또는 본사발생 재직증명서 등)

단기방문(C-3)

자격 해당자 및 활동범위	☃ 시장조사, 업무연락, 상담, 계약 등의 상용활동 ☃ 관광, 통과, 요양, 친지방문, 친선경기, 각종 행사나 회의 참가 또는 참관, 문화예술, 일반연수, 강습, 종교의식 참석, 학술자료 수집, 그 밖에 이와 유사한 목적으로 90일을 넘지 않는 기간 동안 체류하려는 자 ☞ '11.12.15.부로 단기상용(C-2)와 단기종합(C-3) 체류자격을 통합 ☞ 단기방문(C-3) 자격은 영리를 목적으로 하는 사람에게 발급할 수 없음 ☃ 체류자격 약호

세부 약호	구 분	대 상
C-3-1	단기일반	단기방문(C-3) 활동범위 내에 있는 모든 자 중, 아래 순수관 광(C-3-2) ~ 동포방문(C-3-9)을 제외
C-3-2	단체관광 등	체류기간 경과시 대행사(여행사)가 책임을 지는 보증개별, 단체관광 등 관광, 공항만 소무역활동 등을 목적으로 입국 하려는 자
C-3-3	의료관광	외국인환자 사증 및 사증발급인정서 발급지침 대상자 중 단기방문자
C-3-4	단기상용	시장조사, 업무연락, 상담, 계약, 소규모 무역활동 등 상용 활동자 및 사증없이 입국하는 APEC카드 소지자
C-3-5	협정상 단기상용	협정에 따라 단기상용 목적으로 입국하려는 자 ※ CEFA,FTA 등에 한함 (인도·칠레)
C-3-6	우대기업 초청단기상용	우대기업으로 선정된 기업·단체로부터 초청을 받은 자
C-3-7	도착관광	공항에 입국하여 도착비자를 받아 입국하는 자
C-3-8	동포방문	동포방문 사증 발급 대상자
C-3-9	일반관광	C-3-2(단체관광 등)에 포함되지 않는 일반 관광객
C-3-10	순수환승	대한민국을 경유하여 제 3국으로 여행하려는 자 입국심사 목적 사용 불가
C-3-11	교대선원	국내 정박 또는 정박 예정인 선박에 승무하기 위하여 항공기나 선박의 승객으로 입국하려는 선원

1회에 부여할 수 있는 체류기간 상한 ☑ 목차	☃ 90일

체류기간 연장허가	1. 체류기간 연장 허가 ○ 단기방문(C-3) 활동 범위에 해당하고, 불법취업의 의심이 없으며 연장의 필요성이 인정되는 경우에 입국일로부터 체류기간 90일 범위 내 연장 가 능

	– (연장사유 예시) ① 출국할 선박 등이 없거나 입국당시 예측하지 못한 사고 · 질병 등의 부득이한 사유를 입증하는 경우 ② 친지방문, 어학연수 등을 목적으로 입국한 자로 불법취업이 의심되지 않는 경우 (한국계 외국인, 결혼이민자 가족 등) ③ 상용목적자로 수출입 선적 지연, 출항지연 등의 사유로 체류기간 연장이 필요한 경우 ④ 복수사증 소지자가 입국한 뒤 부여된 체류기간을 초과하여 계속 체류할 필요성을 소명하는 경우 등
	
	2. 단체관광(C-3-2) 사증 소지자에 대한 체류기간연장 제한
	  🗨 단체관광객(C-3-2)과 보증개별사증(C-3-2)을 소지한 자에 대해서는 출국할 항공기 등이 없거나 영주 · 귀화신청 등 <u>부득이한 사유가 있는 경우에 한하여 체류기간 연장 또는 체류자격 변경허가</u>
	
	3. 제출서류
	  ① 신청서(34호 서식), 여권 원본, 수수료
	  ② 체류기간 연장의 필요성을 소명하는 서류

외국인등록
 	
▶ 목차
	🗨 단기상용(C-3-4) 소지자로 91일 이상 체류하고자 하는 칠레 국민
	  ① 신청서(별지 제34호 서식), 여권원본, 표준규격사진 1장, 수수료
	  ② 거래실적, 초청장, 계약서, 수출입관련서류 등 입국목적을 증명하는 서류를 제출받아 C-3로 등록
	  ※ 단기방문(C-3-4, 6M)소지 칠레국민은 6개월 이상 체류불가하고 6개월 이상 체류하고자 하는 자는 D-7, D-8, D-9 으로 체류자격 변경허가를 받아야 함

단기취업(C-4)

자격 해당자 및 활동범위	법무부장관이 관계 중앙행정기관의 장과 협의하여 정하는 농작물 재배·수확(재배·수확과 연계된 원시가공 분야를 포함한다) 및 수산물 원시가공 분야에서 취업 활동을 하려는 사람으로서 법무부장관이 인정하는 사람 (C-4-1~4)
	일시흥행, 광고·패션모델, 강의·강연, 연구, 기술지도 등 수익을 목적으로 단기간 취업활동을 하려는 자(C-4-5)
1회에 부여할 수 있는 체류기간 상한	90일
근무처의 변경·추가 ▷ 목차 ▷ 목차	● 계절근로 단기취업(C-4-1~4) 근무처의 추가는 불가 근무처 변경시 지자체 담당자 동반 필요 근무처 변경 사유 ① 각종 조건 위반 고용주가 시정을 하지 않은 경우 ② 계절근로자의 귀책사유 없이 근로를 계속할 수 없는 경우 ③ 사회통념상 외국인 계절근로자가 최초 계약한 고용주의 작업장에서 근무를 할 수 없는 경우 등 제출서류 ① 통합신청서, 여권, 수수료(12만원) ② 표준근로계약서 사본 ③ 산업재해보험가입 증명원 ④ 전 고용주의 고용포기 사유서 ⑤ 지자체의 재배정 공문 ● 계절근로외 단기취업(C-4-5) 단기취업(C-4) 소지자의 근무처변경·추가허가 권한을 청(사무소·출장소)장에게 위임 근무처 변경 시 주무부처 장의 고용추천서 불필요 　(단, E-1부터 E-7에 해당되는 활동 중 고용추천서가 필수로 되어 있는 업종은 고용추천서 징구) 　- 여권에 근무처변경 허가인을 찍고 변경된 근무처와 체류기간을 적거나 단기취업(C-4) 자격 근무처변경 허가 스티커 부착 근무처 추가 시 근무처 추가 횟수 제한 없음 ※ 소속사의 지시에 따라 E-6-1자격에 해당하는 공연을 하기 위해 공연장소를 변경하는 경우 별도의 허가나 신고 절차 없이 활동 가능 (E-6-2에

	해당하는 활동은 고용주의 변동신고 필요) ※ 단기사증 발급 시 허용된 범위가 아닌 다른 활동을 위한 근무처 변경 신청시 활동 상호간의 관련성이 높고 해당 활동에 필요한 자격요건 갖춘 경우 청(사무소 · 출장소)장이 변경 허용(예:E-6-3가 계약종료 후 공연기획사나 광고주 등과 계약을 맺고 방송출연,가수, 모델활동을 하는 경우) 🔶 신청 서류 ① 신청서(별지 제34호 서식), 여권 원본, 수수료 ② 고용계약서 ③ 회사 설립 관련 서류 ④ 고용추천서(해당자) ⑤ 기타 해당 분야 입증 서류 등
체류자격 변경허가	1. 무사증(B-1 · B-2) 또는 단기방문(C-3) 입국자로 입단테스트 등을 위해 입국한 운동선수·연주자·무용가 및 상금이 걸린 국제대회참가자등의 경우 관련 입증자료제출 받아 청(사무소 · 출장소)장 재량으로 변경허가 🔶 불가피한 사유가 있거나 국익차원에서 필요시 자격변경 허용 🔶 허가 시 체류기간은 <u>입국일로부터 기산</u>, 예술흥행(E-6-2)에 해당하는 활동을 위한 체류자격변경은 불가 2. 노벨상 수상자 등 저명인사가 강연 등의 활동을 하고자 하는 경우 ※ 저명인사란 대학의 총학장이나 세계 유수의 과학지등에 논문이 게재된 인사 등으로 언론에 당사자의 경력이 보도되는 등 객관적 입증이 되는 경우 3. 신청서류 ① 신청서, 여권 원본, 5만원 ② 소명자료, 활동 계획서
체류기간 연장허가 ➡ 목차	1. '10.8.23.부터는 사증발급 시 원칙적으로 체류기간 90일 사증을 발급(입국일로부터 90일 초과는 불가) 2. 신청서류 ① 신청서(별지 34호 서식), 여권 원본, 3만원 ② 단기취업과 관련된 체류기간연장 필요성 소명 서류 예) 고용계약서원본과 사본(용역제공계약서), 사업자등록증 사본 등 3. 출국을 위한 체류기간연장 🔶 청(사무소 · 출장소)장은 출국할 선박 등이 없거나 그 밖에 부득이한 사유로 출국할 수 없는 경우에 한하여 출국을 위한 체류기간 연장허가

문화예술(D-1)

자격 해당자 및 활동범위	수익을 목적으로 하지 아니하는 학술 또는 예술상의 활동을 하려고 하는 자(대한민국의 고유문화 또는 예술에 대하여 전문적인 연구를 하거나 전문가의 지도를 받으려는 자 포함 ※ 일반 태권도학원, 무용 학원 등 영리단체의 초청은 해당되지 않음
1회에 부여할 수 있는 체류기간 상한	🐢 2년
체류자격외 활동	1. 체류 외국인이 <u>대한민국의 고유문화 또는 고유예술</u>에 대하여 전문가의 지도를 받거나 대학부설 어학원에서 한국어를 연수하고자 하는 때에는 체류기간 범위 내에서는 별도의 허가절차 불요 2. <u>영리를 목적으로 하지 않는 자원봉사</u>는 체류기간 범위 내에서 별도의 허가절차 불요 🐢 대상 : 국내 체류외국인 🐢 허용범위 　- 공공기관, 고아원, 양로원, 무료급식소, 자선바자회, 국제전시회, 국제행사 등에서의 자원봉사 　- 식비 및 교통비 지급 가능 3. 문화예술(D-1)소지자가 원래의 체류목적을 침해하지 않은 범위 내에서 정규교육기관(초·중·고 및 대학)의 교육을 받고자 하는 때는 체류기간 범위 내에서 별도의 허가 절차 없이 활동 가능 4. 주한외국공관원 가족(A-1, A-2 자격)의 문화예술(D-1) 자격외 활동 🐢 수익을 목적으로 하지 아니하는 학술 또는 예술 활동 : 허가 필요 🐢 신청서류 ① 신청서(별지34호 서식), 여권 원본, 외교관신분증, 수수료 ② 외교통상부 추천서 ③ 대사관의 협조공문 또는 동의서 ④ 사업자 등록증 또는 고유번호증 등 관련단체 서류 사본 ⑤ 해당 입증서류
	📑 목차 표기 (위 4번 항목 옆)
근무처의 변경 · 추가	➡ 근무처의 변경 · 추가 신고대상 아님 1. 영리목적이 아닌 아래 체류자격 소지자는 근무처의 변경 · 추가 신고가 아닌 외국인등록사항 변경신고를 받아 처리(시행규칙 제49조의 2) ‣ <u>문화예술(D-1), 유학(D-2), 일반연수(D-4) 내지 무역경영(D-9)</u> 자격 소지자는 소속기관 또는 단체의 변경(명칭변경 포함)이나 추가 ‣ <u>구직(D-10)</u> 자격 소지자는 연수 개시 사실 또는 연수기관의 변경(명칭 변

경 포함)

‣ 방문취업(H-2) 자격 소지자는 개인·기관·단체 또는 업체에 최초로 고용된 경우에는 그 취업개시 사실, 이미 고용되어 있는 경우에는 그 개인·기관·단체 또는 업체의 변경(명칭변경 포함)되는 경우

2. 신청서류

① 신청서(별지 제34호 서식), 여권, 수수료 ② 문화예술 단체가 발급한 근무처의 변경·추가 사유서 ③ 부가가치세법에 따른 사업자등록증 등 문화예술단체 입증 서류

체류자격 부　여	"해당사항 없음"
체류자격 변경허가	**1. 문화예술(D-1) 체류자격변경이 가능한 경우** 🔹 해외입양으로 외국국적을 취득한 자 🔹 독일인 • 사증면제(B-1) 자격으로 입국한 독일인에 대한 장기체류자격으로 변경 　가. 허가체류자격 : 기술연수(D-3), 비전문취업(E-9) 및 관광취업(H-1)을 제외한 모든 장기체류자격 　나. 허가기간 : 체류자격별 1회 부여할 수 있는 체류기간의 상한 🔹 6개월 미만 체류하는 캐나다인 • 6월 미만 체류하려는 캐나다국민 중 다음 체류자격에 해당하는 활동을 하려는 자에 대한 체류자격 변경허가 　가. 대상체류자격 : 문화예술(D-1), 종교(D-6), 방문동거(F-1), 동반(F-3), 기타(G-1) 　나. 체류기간 : 입국일로부터 6개월 미만 **2. 제출 서류** <table><tr><td>필수서류</td><td>① 신청서(별지 제34호서식), 여권 원본, 수수료 ② 연수기관이 작성한 연수일정표 ③ 문화예술단체 입증서류(사업자등록증 사본 등)</td></tr><tr><td>심사에 필요한 추가서류</td><td>① 초청사유서 ② 연수증명서 ③ 재정관계(학비, 체재비)입증서류(재정입증서류를 제출하지 못하면 신원보증서 징구)</td></tr></table>
체류기간 연장허가	**1. 제출 서류**

▶ 목차

필수서류	① 신청서(별지 제34호서식), 여권 원본, 외국인등록증, 수수료 ② 연수기관이 작성한 연수일정표 ③ 부가가치세법에 따른 사업자등록증 등 문화예술단체 입증서류 ④ 체류지 입증서류(임대차계약서, 숙소제공 확인서, 체류기간 만료예고 통지우편물, 공공요금 납부영수증, 기숙사비 영수증 등)
추가서류	① 연수증명서

재입국허가	**1. 출국한 날로부터 1년 이내 재입국하려는 경우 면제** – 체류기간이 1년보다 적게 남아있는 경우 체류기간 범위내에서 면제 ※ 단, 입국규제 및 사증발급규제자는 체류지 관할 청(사무소·출장소)에 방문하여 재입국허가를 받아야 함 **2. 복수재입국허가** (사우디아라비아, 이란, 리비아는 복수재입국제한. 단, 동 국가의 국민 중 결혼이민(F‐6), 유학(D‐2), 일반연수(D‐4)는 가능) – 출국 후 체류기간 범위 내에서 1년을 초과하여 2년 내에 재입국을 하려는 경우 – 신청서류 : 신청서(별지 34호서식), 여권 원본, 외국인등록증, 수수료 **3. 재입국허가 면제국가** 독일, 프랑스, 스웨덴, 스위스, 네덜란드, 노르웨이, 덴마크, 핀란드, 벨기에, 룩셈부르크, 리히텐슈타인, 수리남, 칠레(C-3-4, D-7, D-8, D-9)

외국인등록 ▶ 목차	**1. 외국인등록 신청서류** ① 신청서(별지34호 서식), 여권원본, 표준규격사진1장, 수수료 ② 사업자등록증 등 문화예술 단체입증 서류, ③ 체류지 입증서류 **2. 외국인등록사항 변경신고** 🗨 신고사항 : 성명, 성별, 생년월일 및 국적, 여권의 번호·발급일자유효기간 🗨 신고대상 : 소속기관 또는 단체의 변경(명칭변경 포함)이나 추가('10.11.16.) 🗨 신고기한 : 변경일로부터 15일 이내 신고 🗨 신청서류 ① 신청서(별지34호 서식), 여권, 외국인등록증, 수수료 없음 ② 변경사항 입증 서류 : 입학허가서 또는 연수기관 장의 추천서 등

유 학(D-2)

자격 해당자 및 활동범위	전문대학 이상의 교육기관 또는 학술연구기관에서 정규과정의 교육을 받거나 특정의 연구를 하고자 하는 자 - 적용대상별 세부약호 표 아래 참조

- 적용대상별 세부약호

약 호	대 상 자
D-2-1	전문학사과정 유학
D-2-2	학사과정 유학
D-2-3	석사과정 유학
D-2-4	박사과정 유학
D-2-5	연구과정 유학
D-2-6	교환학생 유학
D-2-7	일-학습연계 유학
D-2-8	단기유학

1회에 부여할 수 있는 체류기간 상한	🐢 2년
별도 허가 없이 유학활동이 가능한 체류자격	🐢 외교(A-1) 내지 협정(A-3), 문화예술(D-1), 유학(D-2), 일반연수(D-4-2), 취재(D-5) 내지 무역경영(D-9), 교수(E-1) 내지 특정활동(E-7), 방문동거(F-1) 내지 결혼이민(F-6), 난민신청자(G-1-5), 인도적 체류허가(G-1-6), 방문취업(H-2)자격소지자 및 다른 체류자격 소지자 중 유학(D-2) 체류자격외 활동허가를 받은 자 ※ 원래의 체류목적을 침해하지 않은 범위 내에서 유학활동을 하고자 하는 경우 별도의 허가 절차 없이 가능 ※ 어학연수 가능 체류자격 : 합법 체류자(체류자격 불문) ※ 난민신청자의 경우 별도의 허가절차 없이 유학활동이 가능하나, 추후 유학활동을 근거로 유학자격(D-2)으로의 체류자격변경은 불가함 🐢 관광취업(H-1) 자격 소지자는 협정상 제한이 없는 국가의 경우 별도 허가 없이 연수 및 유학활동 가능. 단, <u>호주, 대만, 아일랜드, 덴마크, 캐나다, 홍콩 국민은 협정상 허용되는 범위 내에서만 별도 허가 없이 연수 가능하지만 협정내용의 범위를 넘는 경우 허가 필요</u> <u>호주</u> : 한국어 이외 정규과정의 교육 이수 불가, <u>대만</u> : 지역문화 이해 등을 위한 어학연수 및 세미나를 제외한 정규 과정의 교육 이수 불가, <u>아일랜드</u> : 훈련 또는 학업과정 이수불가, 단, 한국어과정은 최대 6개월까지 등록 가능, <u>덴마크</u> : 최대 6개월까지 훈련 또는 교육프로그램 이수 가능, <u>캐나다</u> : 한국어 교육을 3개월의 범위내에서 허용, <u>홍콩</u> : 최장 6개월까지 1개과정 단기연수 수강 가능
체류자격외 활동	1. 과학기술연구 분야 학생연구원으로의 자격외 활동 특례 ○ (허가대상) 석·박사과정에 재학중이거나 수료한 학생으로서 소속대학

이외의 정부출연연구기관에서 '학생연구원'으로 고용계약을 맺고 근무하려는 사람
– 정부출연연구 기관의 범위는 아래와 같음
ⅰ) 「과학기술분야 정부출연연구기관 등의 설립·운영에 관한법률」제8조에 따른 연구기관
ⅱ) 「특정연구기관육성법 시행령」제3조에 따른 특정연구기관
ⅲ) 「국제과학비즈니스벨트조성 및 지원에 관한 특별법」제14조에 따른 연구원
※ 과학기술연합대학원대학교(UST), KAIST 소속 학생은 현행 규정상 학점취득 등을 위해 소속 대학의 연구프로젝트에 참여하여 일정 수당을 받는 경우이므로 별도 허가가 불필요함
○ (제출서류) 고용계약서, 연구원의 사업자등록증 사본, 수수료
○ (주의사항) 유학생은 연구자격으로의 자격외활동이 금지되어 있음
– 학생(D-2)의 일반 기업 또는 단체의 연구원으로 자격외 활동은 금지되며, 자격변경을 통해서만 취업이 가능함
– 소속 대학이 아닌 외부 연구소로의 파견, 지원 근무는 엄격히 금지됨

2. 외국인유학생 시간제 취업(아르바이트)
가. 기본원칙
● 통상적으로 학생이 행하는 시간제취업 (단순노무 등) 활동에 한정
※ 출입국관리법 시행령 [별표1-2] 에 해당하는 취업활동에 종사하고자 할 경우 해당자격별 개별 지침 적용 (예시, 대통령 영어봉사장학생, 회화지도강사, 전문통번역 등)
※ 개인과외 교습행위는 그 행위의 장소, 대상 등 특수성을 고려하여 엄격 제한

【허가절차】

고용계약서 작성	시간제취업확인서 작성	신청	허가, 불허
고용당사자간 고용계약 (표준근로계약서 사용기재)	별지서식 대학 유학생 담당자가 작성	첨부서류 온라인 또는 방문 신청	허가스티커부착또는온라인허가서 출력

나. 대 상
● 유학 (D-2) 및 어학연수 (D-4-1, D-4-7) 자격 소지자로 일정수준의 한국어 능력을 보유하고 학교 유학생 담당자의 확인을 받은 사람
※ 어학연수생은 자격 변경일(사증소지자는 입국일)로부터 6개월이 경과된 자에 한함. 중 초·중·고등학교 재학 어학연수생(졸업예

정자는 가능)은 D-4 사증을 소지하고 있어도 시간제취업허가의
대상에 포함되지 않음
🐾 유학과정 경과(전문학사 2년, 학사 4년) 후 학점미달 등으로 졸업요
건을 갖추지 못하여 예외적으로 체류허가를 받은 자는 허가 대상에서
제외
　– 다만, 석·박사과정 종료자에 한해 정규과정 수료 후 논문준비생도
허용할 수 있으며, 이 경우 학점미달, 출석률 미달 등 불성실한 학
업으로 인한 졸업지연이 명백한 경우에는 제외
　☞ 위와 같이 허용하는 경우도 주당 30시간에 한하며, 휴무일, 공휴일,
방학기간 중 무제한 허용 규정은 적용 배제

다. 허용범위

〈한국어 능력별, 학위과정별 허용시간(19.6.11부 시행)〉

대학 유형	학년	한국어 능력 수준 (토픽,KIIP)		시작 시기	허용시간	
					주중	주말, 방학기간
어학 연수 과정	무관	'18.10.1 이전		6개월후	20시간	
		2급	미충족	상동	10시간	
			○	상동	20시간	
전문 학사 과정	무관	'18.10.1 이전		제한없음	20시간	제한없음
		3급	미충족	상동	10시간	
			○	상동	20시간	제한없음
학사 과정	1~2 학년	'18.10.1 이전		제한없음	20시간	제한없음
		3급	미충족	상동	10시간	
			○	상동	20시간	제한없음
	3~4 학년	'18.10.1 이전		제한없음	20시간	제한없음
		4급	×	상동	10시간	
			○	상동	20시간	제한없음
석/ 박사 과정	무관	'18.10.1 이전		제한없음	30시간	제한없음
		4급	×	상동	15시간	
			○	상동	30시간	제한없음

※ 영어트랙 과정 : 학년에 관계 없이 TOEFL 530(CBT 197, iBT 71),
IELTS 5.5, CEFR B2, TEPS 600점 이상 자격증 소지자, 영어 공
용국가는 자격증 제출 면제

〈허용분야(예시)〉
🐾 일반 통역·번역, 음식업 보조, 일반 사무보조 등
🐾 영어마을이나 영어캠프 등에서 가게 판매원, 식당점원, 행사보조요원
등 활동

➡ 목차
체류자격외 활동

※ 중국어, 일본어, 기타 외국어 관련 캠프 등도 준용
- 관광안내 보조 및 면세점 판매 보조 등
 ※ 단, 상기 시간제취업 허용분야에서 종사하고자 하는 경우라도 국내법에 따라 일정한 자격요건을 갖추어야 하는 직종에 취업하는 경우에는 그 자격요건을 갖추어야 함
- 출입국관리법 시행령 별표1의 '비전문취업(E-9)'자격의 허용범위내의 제조업에 대해서는 시간제취업 제한 (모든 제조업, 건설업 제한)
 ※ 단 토픽 4급(KIIP 4단계 이수) 이상인 경우 제조업 예외적으로 허용

〈장소변경〉 : 허가기간 내 고용주를 달리하여 취업 장소 변경
- 신청방법 : 취업 장소 등 변경일로부터 15일 이내에 본인 또는 대학의 유학생담당자가 직접 방문 또는 전자민원을 통해 취업 장소 등 변경 신고

〈허가 기준 등〉
- 제한대상
 − 최근 이수학기 기준 출석률 70% 이하이거나, 평균학점(이수학점 기준) C학점(2.0) 이하인 자로 학업과 취업의 병행이 곤란하다고 판단되는 경우(어학연수과정은 전체 이수학기 평균 출석률 90% 이하이면 제한)
 − 불성실 신고자 : 시간제 취업허가를 받지 않았거나 허가 조건 위반자, 신청사항(장소, 근무시간 등) 부실 입력자 등은 해당 처리기준에 따라 조치(내부기준)
 − 직종제한 : E1~E7 전문분야, E-9, E-10 비전문분야
 − 근무형태 제한 : 파견근로, 원거리(거주지역 기준 1시간 이내 거리) 취업 제한
- 처리요령 : 체류기간 내에서 최장 1년, 동시에 취업할 수 있는 장소는 2곳으로 한정

라. 신청서류
- 여권, 외국인등록증, 신청서, 수수료
- 시간제취업 추천서 (붙임5), 성적 또는 출석 증명서 (FIMS 확인으로 제출에 갈음), 한국어 능력 증빙서류

마. 시간제 취업허가의 특례 (허가를 받지 않아도 되는 대상)
- 유학자격의 본질적 사항을 침해하지 아니하는 범위 내에서 일시적 사

	례금, 상금 기타 일상생활에 수반되는 보수를 받고 행하는 활동은 허가대상에서 제외
	
	바. 허가를 받지 않고 취업한 자의 위반자 처리기준
	   – 건설업, 제조업 분야의 경우 적발횟수와 관계없이 1차 적발시 예외 없이 30일 이내 출국명령, 입국규제는 유예)
	   – 시간제취업 허가 위반자에 대해서는 졸업후 구직(D-10) 자격 변경 제한
	
	3. 유학생(D-2) 배우자의 취업활동 허가
	  🚢 외국인의 취업 허용 업종에 대해 자격외활동허가 후 취업(단순 노무직종은 자격외 활동 제한)

근무처의 변경 · 추가	🚢 해당사항 없음 ※ 영리목적이 아닌 문화예술(D-1), 유학(D-2), 일반연수(D-4) 자격소지자의 소속기관 또는 단체의 변경(명칭변경 포함)과 취재(D-5), 종교(D-6), 주재(D-7), 기업투자(D-8), 무역경영(D-9)자격소지자의 소속기관 또는 단체의 명칭이 변경되는 경우에는 <u>법 제35조의 외국인등록사항 변경신고</u>(시행규칙 제49조의 2)
체류자격 부 여	🚢 해당사항 없음

체류자격 변경허가	
	
	1. 유학(D-2) 체류자격 변경허가
	  가. (기본원칙) 외국인 등록 후 국내에서 합법적으로 체류 중인 장기체류자에 대해서는 자격변경 허용, 단기체류자(B, C 계열 자격)에 대해서는 원칙적으로 자격변경 제한. 다만 아래의 경우 예외적용
	  ① 등록외국인중 기술연수(D-3), 비전문취업(E-9), 선원취업(E-10), 기타(G-1)자격1) 소지자는 자격변경 제한
	  ② 단기체류자 중 아래 국가 및 자격 소지자는 예외적으로 허용
	
	  ⟨자격변경 일람표⟩

현 체류자격			국적	일반국가	고시 21개 국가 + 중점관리 5개 국가
단기		B1/ B2		○	×
	C-3	C31/C34	인증대	○	×('19.6.11 변경)
			비인증대	○	×
		C38		○	○
		C32~C33/C35~7,C39		×	×
장기		D-1~F4 단, 아래 자격 제외		○	○
		D-3, E-9, E-10, G-1		×	×

나. 허가권한 : 관할 청(사무소 · 출장소)장

다. 제출서류

공통서류
① 신청서(별지 제34호 서식), 여권, 사진 1매, 수수료
② 교육기관 사업자등록증 (또는 고유번호증) 사본
③ 표준입학허가서 (대학 총 · 학장 발행)
④ 가족관계 입증서류 (부모의 잔고증명 등을 제출한 경우에 한함)

과정별 제출서류	

전문학사 · 학사 · 석사 · 박사과정	⑤ 최종학력 입증서류
	– 최종학력 입증서류는 원본심사를 원칙 다만, 학위 등 인증보고서는 대학담당자의 원본 대조필인이 있을 경우 사본도 가능하고 개인이 직접 신청하여 발급한 학력입증서류는 유효기간 내에서만 인정, 통상 발급일로부터 30일이며 연장 가능
	– 최종학력 입증서류는 아래 ㉮, ㉯, ㉰ 중 택 1(중국은 반드시 ㉰만 적용)의 방식으로 제출
	  ㉮ 아포스티유 (Apostille) 확인을 받은 학위 (학력) 등 입증서류
	  ㉯ 출신학교가 속한 국가 주재 한국영사 또는 주한 공관 영사확인을 받은 학위 등 입증서류
	  ㉰ 중국의 경우 중국 교육부 운영 학력 · 학위인증센터 발행 학위 등 인증보고서 (중국 내 학력 · 학위 취득자에 한함)
	  ※ 단, 국내 대학 등에서 학위(학력)를 취득한 경우에는 공적확인을 받지 않은 학위증 제출 허용(학

		위증 원본과 출입국정보시스템 기록 등으로 확인 후 사본 저장)
		※ 학위 등 인증보고서가 발급되지 않는 중국 실업계 고등학교 졸업자의 경우 ⅰ) 해당학교 발행 졸업증명서[성 교육청(또는 시교육국)과 주중공관 한국영사 확인 필수]또는 ⅱ) 성 교육청(또는 시교육국) 발행 졸업증명서(주중공관 한국영사 확인 필수)로 최종학력 심사(중국 인적자원사회인력보장부 소속 실업계 고등학교의 경우 인적자원사회인력보장부 인증 + 주중공관 영사 확인 필수)
		⑥ 재정능력 입증서류
		– 1년간 등록금 및 체재비 상당하는 금액
	특정 연구 과정 (D-2-5)	⑦ 최종학력 입증서류(석사학위이상 소지자를 원칙으로 함)
		※ 특정기관육성법에 따른 특정연구기관으로 지정된 대학에 대해서는 본국 학사과정 재학중인 경우에도 연구과정 유학 인정
		⑧ 체재비 입증서류(잔고증명, 연구수당 지급 확인서 등)
		⑨ 특정 연구과정임을 입증하는 서류
	교환학생 (D-2-6)	⑪ 체재비 입증서류 (등록금은 본국에서 납부하는 점을 감안)
		⑫ 소속 (본국) 대학의 장이 발급한 추천서
		⑬ 교환학생임을 입증하는 서류 (초청 대학의 공문, 대학 간 체결한 학생교류 협정서 등)
		⑭ 1학기 이상을 수학하였음을 입증하는 서류 (본국 대학의 재학증명서 등)
체류기간 연장허가	가. 기본원칙	

학사일정을 고려한 체류기간 부여

🐾 유학자격 (D-2-1 내지 D-2-6)
 – 외국인등록 시 : 익년도 3월말 또는 9월말로 조정 후 등록증 발급
 – 변경·연장 시 : <u>2년 이내</u>에서 <u>3월말 또는 9월말</u>까지 허가

	가사, 졸업연기 등을 위한 휴학 불인정 <hr>🦑 개인적인 사정 및 학점미달 등의 사유로 학업 중단 (휴학)자는 체류기간 연장 제한 🦑 다만, 질병·사고 등 부득이한 사유가 있다고 인정되는 경우에는 예외적으로 해당 체류자격으로 변경 등 조치 유학중 학적 등이 변경된 경우 연장제한(어학연수 포함) <hr>🦑 (적용대상) 아래중 하나에 해당하는 경우 　ⅰ) 이전 대학에서 제적(자퇴, 미등록, 징계 불문)에 따라 타 대학으로 편입학, 재입학하는 경우 　ⅱ) 대학 내 잦은 전과, 다른 대학 전학 등으로 신청당시 총 체류기간이 전문학사는 3년, 학사과정은 4년, 석·박사과정은 5년을 이미 초과한 경우 　ⅲ) 동일학위 과정 또는 동일 대학 유학중 야간 또는 주말과정으로 변경된 경우 🦑 원칙적으로 체류허가 제한, 출국 후 해당 대학으로 사증을 받아 재입국 졸업요건 미충족 등에 따른 특례 연장 허용 상한 <hr>－ 입학 후 전문학사 3년, 학사 6년, 석사 5년(3년제 석사과정의 경우 6년), 박사 8년 이내
▶ 목차	나. 제출서류 🦑 신청서, 여권, 외국인등록증, 수수료 🦑 재학 (연구)을 입증하는 서류 　－ (예시) 재학증명서, 교환학생 연장증명서, 연구생 증명서 등 🦑 학업을 정상적으로 수행하고 있음을 입증하는 서류 　－ (예시) 성적증명서, 출석확인서 등 🦑 재정입증 서류 🦑 모집요강 (연수일정 명시) 또는 연수 계획서 (한국어연수생에 한함) 🦑 체류지 입증서류(임대차계약서, 숙소제공 확인서, 체류기간 만료예고 통지우편물, 공공요금 납부영수증, 기숙사비 영수증 등)
재입국허가	🦑 재입국허가 면제 제도 시행('10.12.1.자 개정 시행규칙) 　－ 등록을 필한 외국인 유학생이 <u>출국한 날로부터 1년 이내에 재입국</u>하려

▣ 목차	는 경우 재입국허가 면제 – 체류기간이 1년보다 적게 남아있는 경우 체류기간 범위 내에서 재입국 허가 면제 ※ 단, 입국규제 등의 사유로 재입국허가를 받아야 하는 유학생은 체류지 관할 청(사무소 · 출장소)에 재입국허가를 받아야 함 🌑 등록을 필한 외국인유학생(D-2)이 1년 이후 2년 이내에 재입국하고자 하는 경우에는 신청에 의하여 복수재입국 허가하고, 재입국허가 수수료 징구 – 허가기간은 2년 부여, 체류기간 만료일이 2년 미만인 경우 잔여 체류 기간 범위 내에서 부여
외국인등록	1. 제출서류 🌑 신청서, 여권, 사진 (6개월 내 촬영 반명함) 1장, 재학 (연구생)증명서, 수수료 🌑 결핵검진확인서(대상자에 한함) – 기존 유학지침의 적용유예 규정에 따라, 재외공관에 결핵 검진서 등 을 제출하지 않은 '16.7.1. 이전 사증발급 자에 한함 🌑 체류지 입증서류 2. 등록사항 변경신고 가. 신고사항 : 다음 각 호 어느 하나에 해당하는 사항이 변경되었을 때 🌑 성명, 성별, 생년월일 및 국적 🌑 여권번호, 발급일자 및 유효기간 🌑 학교 변경 (명칭 변경 포함) – 부실대학 등으로의 학교 변경 (편입)은 원칙적으로 제한 – 석사 또는 박사과정 수료 후 동일 과정 수학 (석사 → 석사, 박사 → 박사) 목적으로 학교변경을 신청하는 경우에는 변경 제한 (출국 후 신규 사증발급 대상자임) 나. 신고기한 : 변경일로부터 <u>15일</u> 이내 다. 신고장소 : 관할 청(사무소 · 출장소), 온라인 신청 라. 제출서류 🌑 신청서, 여권, 외국인등록증, 🌑 성명 등 인적사항이 변경되었음을 입증하는 서류 (해당자), 🌑 변경된 학교의 재학증명서 및 전 학교 제적증명서 (해당자)

	🐾 석 · 박사 동일과정 학교변경 필요성 소명자료 (해당자)

외국인유학생 등의
관리 및 신고
	1. 학교의 장의 의무 (법 제19조의 4)
	가. 담당직원 지정 및 통보
	  🐾 외국인유학생이 재학 또는 연수 중인 학교의 장은 외국인유학생의 관리를 담당하는 직원을 지정하고 이를 관할 청(사무소 · 출장소)장*에게 통보하여야 하며, 담당 직원 교체 시에도 즉시 교체사실을 통보하여야 함
	    * 대학소재지 관할 청(사무소 · 출장소)에서 처리 원칙, 분교는 분교소 재지 관할 청(사무소 · 출장소)
	  🐾 통보방법
	  – 유학생정보시스템 (FIMS)을 통한 지정 또는 변경된 담당직원 통보 (등재)
	
	나. 외국인유학생 변동사유 발생 신고
	  🐾 유학생이 재학 또는 연수중인 학교의 장은 외국인 유학생 변동사유 발생 시 아래 구분에 따른 날로부터 15일 이내에 관할 사무소장(출장소장)에게 신고하여야 함
	  ① 매 학기 등록기한까지 등록하지 않은 경우 : 해당 등록기한의 다음 날
	  ② 휴학한 경우 : 휴학일
	  ③ 제적 또는 유학이나 연수를 중단시킨 경우 : 제적하거나 유학이나 연수를 중단시킨 날
	  ④ 행방불명, 학교장이 알지 못하는 사유로 유학/연수가 중단된 경우 : 행방불명 등이 된 사실을 알게 된 날
	  🐾 신고방법 : 유학생정보시스템을 통해 고용 · 연수(유학)외국인 변동사유 발생 신고
	
	다. 외국인유학생의 관리 및 상담
	〈외국인유학생의 학사정보 · 현황의 관리 및 통보〉
	  🐾 외국인유학생이 재학 또는 연수 중인 학교의 장은 외국인유학생의 각종 학사정보를 관리하고, 그 정보를 매 학기 시작 15일 이내에 관할 출입국 · 외국인청(사무소 · 출장소)장에게 통보(등재)하 여야 함
	  🐾 외국인유학생이 재학 또는 연수 중인 학교의 장은 외국인유학생의 교육과정별 (전문학사, 학사 등), 유학중단 사유별 (미등록, 자퇴, 휴학, 제적 등) 등의 현황을 매년 2월 · 5월 · 8월 · 11월 말일까지 (연 4회) 출입국 · 외국인청(사무소 · 출장소)장에게 통보하여야 함

　　　　　　🔘 통보방식 : 유학생정보관리시스템 (FIMS)에 학사정보 및 현황 통보
　　　　　　　(등재)

　　　〈외국인유학생 이탈방지를 위한 상담 및 현황 통보〉
　　　　　🔘 외국인유학생이 재학 또는 연수 중인 학교의 장은 외국인유학생에 대
　　　　　　해 주기적으로 상담을 실시하고, 그 상담현황을 유지하여야 함
　　　　　🔘 학교의 장은 관할 출입국 · 외국인청(사무소 · 출장소)와 유기적인 협
　　　　　　조체제를 유지하여 유학생 이탈방지를 위해 공동으로 노력하여야 함

　　2. 표준입학허가서 발급, 수정 및 삭제 등
　　가. 표준입학허가서 발급
　　　　🔘 사증, 사증발급인정서, 체류자격변경 등의 업무에 필요한 표준입학허
　　　　　가서는 원칙적으로 유학생정보시스템(FIMS)을 통해 확인할 것

　　나. 표준입학허가서 수정 및 삭제
　　　　🔘 학교 담당자는 외국인 유학생에 대해 표준입학허가서를 등록하여야
　　　　　하며 입학허가번호가 생성된 후에는 학교 담당자가 수정할 수 없음
　　　　🔘 입학허가번호가 생성된 후 수정 또는 삭제 요청을 하는 경우 관할 청
　　　　　(사무소 · 출장소) 담당자는 수정 또는 삭제 가능 여부를 확인 후 이
　　　　　를 처리하여야 함

---

1) 단, G-1-6(인도적체류허가)에 대해서는 별도의 허가 없이 사무소장 재량으로 허용

붙임 1	논문지도 일정에 대한 지도교수 확인서

논문지도 일정에 대한 지도교수 확인서

<table>
<tr><td rowspan="7">대상자</td><td>성 명</td><td></td><td>국 적</td><td></td></tr>
<tr><td>외국인
등록번호</td><td></td><td>과정명
(학사, 석사,
박사)</td><td></td></tr>
<tr><td>학과(전공)</td><td></td><td>졸업학점
(평점)</td><td></td></tr>
<tr><td>입학일자</td><td></td><td>수료일자</td><td></td></tr>
<tr><td>전화번호</td><td></td><td>e-mail</td><td></td></tr>
</table>

<table>
<tr><td rowspan="9">논문지도
일 정</td><td>일 정</td><td colspan="3">지도 내용</td></tr>
<tr><td></td><td colspan="3"></td></tr>
<tr><td></td><td colspan="3"></td></tr>
<tr><td></td><td colspan="3"></td></tr>
<tr><td></td><td colspan="3"></td></tr>
<tr><td></td><td colspan="3"></td></tr>
<tr><td></td><td colspan="3"></td></tr>
<tr><td></td><td colspan="3"></td></tr>
</table>

위 학생은 수료 후 본인의 지도하에 상기와 같이 (학사/석사/박사) 학위 논문 준비 중에 있음을 확인하며 위 학생이 국내에서 체류하며 논문을 준비할 수 있도록 체류기간 연장 등의 조치를 하여 주시기 바랍니다.

2018. . .

지도 교수	소속 및 직위			
	성 명	(인 또는 서명)	연락처	

(확인) 유학담당 자	소속 및 직위			
	성 명	(인 또는 서명)	연락처	

○ ○ 출입국 · 외국인청(사무소 · 출장소)장 귀하 [직인]

외국인 연구생 확인서

외국인 연구생 확인서

연구생 인적사항	성 명		생년월일	
	국 적		출신대학명	
	학 위	석사 / 박사	전 공	
	전화번호		e-mail	
연구과정	연구주관 (성 격)	예시) 교육부 위탁, 산업부 위탁 등	주관부서	
	연구과제 (담당분야)			
	연구 일정	※ 연구과제 및 연구일정은 별지로 작성하여 첨부 가능		
	국내체재비 (증빙서류 첨부 필요)	자 비 ※ 잔고증명서 등 입증서류 제출 필요		
		연구수당	월 ( )원	
	동 반 자	유 / 무	명	
	연구책임자	성 명		
		소속 및 직위 (연락처)		

위 연구생은 상기와 같이 (   ) 과정을 연구 (예정) 중임을 확인합니다.

2013.   .   .

○○ 대학교 총 (학) 장 (연구소장)

연구책임자	주 소			
	소속 및 직위			
	성 명	(인 또는 서명)	연락처	

○○ 출입국 · 외국인청(사무소 · 출장소)장 귀하

외국인유학생 시간제취업 확인서

대상자	성 명		외 국 인 등록번호	
	학과(전공)		이수학기	
	전화번호		e-mail	
취업 예정 근무처	업 체 명			
	사 업 자 등록번호		업종	
	주 소			
	고 용 주	(인 또는 서명)	전화 번호	
	취업기간		급여 (시급)	
	근무시간	평일 :	토 · 일요일 :	

위 유학생은 본교에 재학하고 있는 학생으로서 현재의 학습 및 연구 상황으로 볼 때, 상기 예정된 시간제취업 활동을 통해서는 학업(또는 연구 활동)에 지장이 없을 것으로 판단되므로, 이에 확인합니다.

20 . . .

※ 시간제취업허가 허용시간은 어학연수생은 주당 20시간, 학부과정은 주당 20시간 이내(인증대학은 25시간), 석박사과정은 주당 30 시간 이내임.

○○ 출입국 · 외국인청(사무소 · 출장소)장 귀하

유학생담당자 확인란	소속	00 대학	성명	(인 또는 서명)
	인증대학 여부	해당□ 비해당□		
	직위 (연락처)			

붙임 4	외국인유학생 시간제취업 고용주작성 확인서 (한글)

※ 사업자등록증상에 제조업이 있는 경우에만 고용주가 작성

외국인유학생 시간제취업 요건 준수 확인서

대상자	성 명		외 국 인 등록번호	
	취업기간		급여 (시급)	
	근무시간	평일 :	토 · 일요일 :	
	근무내용 (구체적 기재)			
취업 예정 근무처	업 체 명			
	사 업 자 등록번호		업종	
	고 용 주 성 명		전화 번호	

위 유학생을 시간제 취업으로 고용함에 있어 위 기재된 사항을 준수하며, 제조업 등 허가된 이외의 업종에 근로하게 할 경우 출입국관리법 제18조 위반에 따른 처벌을 받을 수 있음을 확인합니다.

20 . . .

고용주 성명 :   (서명)

※ 시간제취업허가 허용시간은 어학연수생은 주당 20시간, 학부과정은 주당 20시간 이내(인증대학은 25시간), 석박사과정은 주당 30 시간 이내임.

○○ 출입국 · 외국인청(사무소 · 출장소)귀하

붙임 : 고용주 신분증 사본 1부.

붙임 5	번역자 확인서

확 인 서 (번역자)

번역자 인적사항			
국적	성명	생년월일	성별

		연락처(☎)
주소		

번역물 원본의 명의인 인적사항			
국적	성명	생년월일	성별

번역 대상물	

첨부한 번역 내용은 원본의 문구에 맞게 사실대로 번역하였으며, 번역 내용이 사실과 다른 경우에는 이에 따른 모든 법적책임을 감수하겠습니다.

20 . . .

번역자 :

법무부장관 귀하

기술연수(D-3)

자격 해당자 및 활동범위	법무부장관이 정하는 연수조건을 갖춘 자로서 <u>국내의 산업체에서 연수를 받고</u> 자 하는 자 – 외국환거래법에 의거 <u>외국에 직접 투자한 산업체</u> – <u>외국에 기술을 수출하는 산업체</u>로서 법무부장관이 산업연수가 필요하다고 　인정하는 산업체 – 대외무역법에 의거 <u>외국에 산업설비를 수출하는 산업체</u>
체류기간 상한	🐾 1년 이내
체류자격외 활동	🐾 원칙적으로 체류자격외 활동 억제
근무처의 변경 · 추가	🐾 해당사항 없음
체류자격 부　여	🐾 해당사항 없음
체류자격 변경허가	🐾 체류자격 변경 불가 원칙
⏹ 목차 체류기간 연장허가	1. 최초 6개월, 이 후 입국한 날부터 1년 범위 내에서 연장허가 　– 연수기간연장의 필요성, 과거이탈율, 범법사항등을 확인하여 연장여부 결 　　정함, 2010.4.5.지침 　▸ 해외투자기업 기술연수생 등에 대한 사증발급인정서 발급 및 관리에 　　관한 지침 (제5조) 　　기술연수생의 연수기간은 원칙적으로 <u>입국한 날로부터 6개월</u>을 초과 　　할 수 없다. 다만, 청(사무소 · 출장소)장이 추가로 연수가 필요하다고 　　인정하는 경우 <u>입국한 날부터 1년</u>을 초과하지 않는 한도 내에서 그 연수 　　기간을 연장할 수 있다. 2. 신청서류 ① 신청서(별지34호 서식), 여권원본, 외국인등록증, 수수료 ② 연수기간 연장신청 사유서(별도서식) ③ 사업자등록증과 공장등록증(또는 공장등록증명서, <u>해당자만 제출</u>) ④ 국내법인 납세증명서 ⑤ 현지법인 납세사실 관련 증명 서류 　– 영업활동에 따른 세금(법인세, 부가가치세) 납입영수증 　– 각종공과금 납입영수증 (전기요금, 수도요금, 건물세, 토지세 중 1)

	⑥ 연수생 임금 및 연수수당 지급 여부 확인서류 　– 현지법인에서 지급한 연수생 임금대장(최근 1개월분) : 연수 후 근무자 및 　　한국파견 연수생 체크 요망 　– 국내기업에서 지급한 연수수당 지급 대장 ⑦ 신원보증서 원본 ⑧ 산업재해보상보험, 국민건강보험 가입증명서류 및 연수수당 등 체불에 대 　비한 보증보험 가입증명서류 ⑨ 체류지 입증서류(임대차계약서, 숙소제공 확인서, 체류기간 만료예고 통지 　우편물, 공공요금 납부영수증, 기숙사비 영수증 등)
재입국허가	🚢 출국한 날부터 1년 이내에 재입국하고자 하는 자의 경우 면제 　– 체류기간이 1년보다 적게 남아있는 경우 체류기간 범위 내에서 면제
외국인등록	1. 신청서류 　① 신청서(별지 34호 서식), 여권, 컬러사진(3.5cm × 4.5cm) 1장, 수수료 　② 사업자등록증 ③ 건강진단서 ④ 산업재해보상보험 또는 보증보험 가입증 　명서류 ⑤ <u>체류지 입증서류</u> 2. 고용변동(연수장소 변경) 　가. 공장 이전 · 증설, 3개월 범위 내 위탁연수로 인한 연수장소 변경 　– 공장이전 또는 증설의 경우 가능(단, 고용주 동일 요건) 　– 위탁연수의 경우 당초 연수업체가 보유하지 않은 기능 · 기술 연수목적 또 　　는 연수목적달성을 위해 부득이한 때에 한하며 3개월 초과 불가
🔳 목차	나. 신청서류 　① 여권원본, 외국인등록증, 고용 · 연수외국인 변동사유발생신고서 　② 사업자등록증 사본 및 공장등록증사본(이전, 증설 관련 서류 포함) 　③ 연수생 명부
훈령연계	해외투자기업 기술연수(D-3-1)생에 대한 사증발급인정서 및 관리에 관한 훈 령

해외투자기업 기술연수생 등에 대한 사증발급인정서 발급 및 관리에 관한 훈령(안)

법무부훈령 제 490 호 2003. 09. 30. 제정
법무부훈령 제 533 호 2005. 11. 30. 개정
법무부훈령 제 644 호 2008. 07. 30. 개정
법무부훈령 제 727 호 2009. 09. 01. 개정
법무부훈령 제 753 호 2009. 12. 22. 개정
법무부훈령 제 853 호 2012. 02. 13. 개정
법무부훈령 제 979 호 2015. 03. 17. 개정
법무부훈령 제1169 호 2018. 08. 01. 개정

제1조(목적) 이 훈령은 「출입국관리법」(이하, "법"이라 한다) 제9조(사증발급인정서) 및 제19조의2(외국인의 기술연수활동)에 근거하여 「출입국관리법시행령」(이하 "시행령"이라 한다) 제24조의2(기술연수업체 등)제1항 각 호의 규정에 의한 산업체[2](이하 "기술연수업체"라 한다)에서 연수하고자 하는 외국인에 대한 사증발급인정서의 발급과 기술연수업체에서 연수하고 있는 외국인(이하 "기술연수생"이라 한다)의 효율적인 관리를 위하여 필요한 사항을 정함을 목적으로 한다.

제2조(연수허용 대상) ① 기술연수업체에서 연수할 수 있는 외국인은 다음 각 호의 어느 하나에 해당하는 자로서 제3조(연수생 요건)의 규정에 의한 요건을 구비하고 시행령 제24조의4(기술연수생의 모집 및 관리)제3항 각 호에 해당하지 아니하는 자로 한다.[3]

　　1. 해당국 정부의 법령에 의해 합법적으로 설립되고 가동되어 3개월이 경과된 해외합작투자법인 또는 우리기업의 해외현지법인[4]의 생산직 직원으로 그 나라에서 기술습득이 불가능하

---

2) 제24조에 따른 산업체는 다음과 같음 1. 외국환거래법 제3조제1항제18호에 따라 외국에 직접 투자한 산업체. 2 외국엔 기술을 수출하는 산업체로서 법무부장관이 기술연수가 필요하다고 인정하는 산업체 3. 대외무역법 제32조제1항에 따라 외국에 플랜트를 수출하는 산업체
3) 체류자격 약호는 아래와 같음

신약호	분류기준(12. 2. 1부 세분류)
D-3-1	'06.12.31. 까지 D-3-1 자격 등록자(해외투자/기술수/산업설비)
D-3-11	해외직접투자('13.1월 이후 등록자 중 해외직접투자업체 연수생, '07.1월 이후 D-3-1 자격등록자 포함)
D-3-12	기술투자('13.1월 이후 등록자 중 기술수출업체 연수생)
D-3-13	플랜트수출('13.1월 이후 등록자 중 플랜트수출업체 연수생)

4) 해외합작투자법인 또는 우리기업의 해외현지법인은 「외국환거래법」 제3조제1항제18호 및 동법시행령 제8조 규정에 따라 해외직접투자를 한 국내 산업체를 의미함

거나 어려워[5] 연수가 필요하다고 인정되는 외국인[6]

    2. 우리나라 기업과 미화 10만불[7] 이상의 기술 도입 또는 기술제휴[8] 계약을 체결하여 <u>기술을 수입</u>하였거나 우리나라 기업으로부터 본선 인도가격 미화 50만불[9] 상당액 이상의 <u>플랜트를 수입한</u> 외국기업의 생산직 직원으로 그 기술 또는 플랜트의 운영을 위하여 연수가 필요하다고 인정되는 외국인

② 법무부장관은 제1항의 규정에도 불구하고 해외합작투자법인이나 우리 기업의 현지법인이 <u>3월 이내에 정상 가동될 것이 인정되고</u> 정상 가동을 위하여 연수받은 직원이 반드시 필요하다고 인정되는 때[10]에는 다음 각 호의 <u>요건을 모두 갖춘</u> 핵심기능 인력에 한하여 정상 가동 전[11]이라도 연수를 허용할 수 있다. 다만, 이 경우 제4조(연수허용인원 기준)의 규정에 의한 연수허용인원의 30%을 초과할 수 없다[12].

    1. 유사분야에서 1년 이상 근무한 경력이 있는 자

---

5) "해외에서 기술습득이 불가능하거나 어려운 경우"란 해외기업에 해당기술을 교육시킬 숙련공 또는 전문가가 없거나 부족한 경우 또는 해외기업에 해당기술을 연수시킬 기계 또는 플랜트가 없거나 부족한 경우를 의미함. 입국목적이 명확한 경우 생산직원에 한정하지 않고 서비스공급을 위한 기술연수도 포함(사례: 해외 생산공장은 부재하나 현지 법인에서 국내 상품의 AS를 위한 기술연수 등은 엄격히 심사하여 예외적으로 인정)

6) 한 기술연수업체가 여러 해외기업에 직접 투자를 한 경우 각 해외기업별로 필요한 연수허용인원을 고려하여 연수허용인원을 결정하되, 총 연수허용인원은 직접투자한 해외기업의 수와 관계없이 제4조에서 정한 연수업체별 연수허용인원을 초과할 수 없음

7) 기술수출은 연수를 받을 1개의 기술을 기준으로 계약이행 기간 동안 기술수출금액 10만불 이상에 해당되어야 하며, 한 기술연수업체가 여러 개의 기술을 각 10만불 이상 수출한 경우에도 총 연수허용인원은 수출한 기술 수와 관계없이 제4조에서 정한 연수허용인원을 초과할 수 없음

8) 기술제휴란 일정한 특허료를 대가로 하여 특정의 특허기술을 상대 기업에게 제공하는 것을 골자로 하는 기술특허계약 (license agreement)을 체결함으로써 협력관계에 들어가는 것을 의미함

9) 「대외무역법」 제32조제1항 및 대외무역관리규정 제70조 규정에 따라 플랜트수출액수가 미화 50만불 이상이어야 하고, 플랜트의 개념은 「대외무역법」 제32조제1항 및 동법 시행령 제51조에 규정된 것에 한함. 또한 플랜트는 연수를 받을 1개의 설비를 기준으로 50만불에 해당되어야 하고, 동일한 설비라면 여러 개를 수출하여 50만불이 되는 경우일지라도 관계없음(다만, 한 기술연수업체가 여러 종류의 플랜트를 각 50만불 이상 수출하였더라도 총 연수허용인원은 수출한 플랜트의 수와 관계없이 제4조에서 정한 연수허용인원을 초과할 수 없음)

10) 가동에 필요한 플랜트·기계 등이 설치되어 있고, 주요 임원 및 간부가 임명되어 있으며, 법인(공장) 설립허가를 받았지만 기업의 가동에 필요한 전문 또는 숙련인력이 없어서 가동을 못하는 등 국내 기술연수업체에서 사전 연수를 받는 것이 필요하다고 인정되는 때를 의미함(관할 출입국·외국인관서의 장은 해외현지법인 설립허가 또는 인가서, 해외현지법인의 주요 임원 및 사원 명단, 설치된 플랜트·기계의 종류, 공장이 가동되지 못하는 이유, 사업계획서, 사전연수가 필요한 이유를 설명하는 사유서, 해외기업의 출자규모 및 생산직근로자 수, 정상 가동 전까지 생산직 직원 채용 계획 등 관련 소명 자료를 연수업체로 하여금 제출토록 할 것)

11) 정상가동기간(3개월)은 사증발급인정서 신청일로부터 계산함

12) 출입국·외국인관서의 장은 사전연수 인정여부 및 총 연수허용인원의 30% 이내에서 몇 %(명)의 연수생의 사전 연수를 허용할 것인지 여부를 검토하여 법무부장관에게 승인 상신할 것(※ 사전연수허용 이후에 추가로 연수생을 초청하는 경우 해외현지법인이 정상으로 가동되었는지를 확인한 후에 제4조의 규정에 의한 총 연수허용인원에서 사전연수허용인원을 제외한 인원 범위 내에서 추가 연수를 허용할 것)

2. 해당분야의 기술자격증 또는 해당분야의 학사학위 이상 소지자

③ 출입국·외국인관서의 장은 외국에 직접투자한 금액이 미화 10만불 미만인 기술연수업체에 최초로 외국인 기술연수생 연수를 허가하고자 하는 때에는 연수의 필요성을 입증하는 서류를 첨부하여 법무부장관의 승인을 받아야 한다.

제3조(연수생 요건) 기술연수생은 다음 각 호의 요건을 갖추어야 한다.[13]

    1. 18세 이상 40세 이하의 신체건강한 자일 것

    2. 현지 법인의 근무경력이 3개월 이상일 것 (다만, 제2조제2항의 규정에 의한 핵심기능인력은 제외)

    3. 과거 연수생 자격으로 체류한 경우 출국한지 1년 이상일 것

    4. 국립국제교육원의 한국어능력시험에서 초급 상(2급) 이상 또는 한국어능력평가원의 한국어능력평가시험(KLAT)에서 2급 이상을 득할 것 (다만, "국내 대학에서 학사학위 이상의 학위를 취득한 자" 또는 "기술연수생 100명당 1명 이상의 통역요원을 상시 배치[14]하고 기술연수생이 입국한 후 월 5시간 이상의 한국어교육을 실시한다는 내용 등이 포함된 '한국어교육 이행각서[15]'를 제출한 기술연수업체에서 연수받고자 하는 자"는 제외)

제4조(연수허용인원 기준) ① 기술연수업체별 연수허용인원 기준은 다음과 같다.

---

13) 시행령 제24조의2제3항에 따라 기술연수 제한대상 외국인은 아래와 같음
  ○ 대한민국에서 금고이상의 형을 받은 사실이 있거나 외국에서 이에 준하는 형을 선고받은 사실이 있는 자
  ○ 대한민국에서 출국명령 또는 강제퇴거명령을 받고 출국한 자
  ○ 대한민국에서 6월이상 불법으로 체류한 사실이 있는 자
  ○ 불법취업의 목적으로 입국할 염려가 있는 자
  ○ 출입국관리법 제11조제1항 각호의 1에 해당하는 자
14) 통역요원은 기술연수생의 국적국 언어 및 한국어를 동시에 구사할 수 있어야 하며, 기술연수생이 연수를 받는 과정에서 언제든지 통역이 가능하도록 상시 배치하여야 함. 통역관의 한국어 능력 요건은 외국인(귀화한 국민 포함)의 경우 토픽 4급 이상 자격증을 소지한 자 또는 법무부 운영 사회통합프로그램 4단계 이상 이수자로 한정하며, 국민인 경우 해당 외국어 능력 시험 중급 자격증 또는 해당국가에 3년 이상 체류 경력을 가지고 있을 것. 국적국 언어가 아닌 영어통역을 하는 경우 해당 연수생 모두의 영어회화 능력(TOEIC700 이상)을 입증해야 함.
15) '한국어 교육 이행각서'는 별도 서식은 없으나, "기술연수생 100명당 1명의 통역요원을 상시 배치하고 기술연수생이 입국한 후 월 5시간 이상의 한국어 교육을 실시할 예정이므로 본 기술연수업체가 초청하고자 하는 기술연수생에 대해 한국어시험성적 제출을 면제하여 주시기 바랍니다. 만약 동 각서의 내용을 이행하지 않을 경우 한국어시험 성적제출 의무를 면제받은 기술연수생의 체류기간 연장이 불허됨은 물론 제4조제3항 규정에 의한 추가 초청 불허 및 추후에 초청하는 연수생에 대해서는 한국말시험성적제출의무가 면제되지 않는 등 어떠한 불이익도 감수할 것입니다."라는 문구와 "기술연수업체의 장의 서명"은 반드시 '한국어교육 이행각서'에 기재해야 함

1. 내국인 상시 근로자[16](임시직 및 기술연수생 제외) 총수의 8% 이내 [17] 단, 최대 200명을 초과할 수 없고, 부득이한 사유로 200명 초과시 법무부장관의 승인 필요

2. 〈삭 제〉

3. 외국국적 동포[18]를 기술연수생으로 초청하는 경우

   : 제1호의 허용인원 외에 외국국적동포 기술연수생 수의 50% 범위 내에서 초과 허용(단, 총 초과허용인원은 제1호의 허용인원 상한의 50%를 초과하지 못함)[19]

4. 연수생 관리 우수업체[20]에서 기술연수생을 초청하는 경우

   : 제1호의 허용인원 상한의 30% 범위 내에서 초과 허용

② 〈삭제〉

③ 출입국·외국인관서의 장은 제1항의 규정에 의한 연수허용인원기준을 초과하여 연수인원을 허가하고자 하는 경우에는 그 사유를 명시하여 법무부장관의 승인을 받아야 한다[21]. 다만, 이 경우 연수허용인원의 50%를 초과할 수 없다.

④ 한 기술연수업체에서 연수목적을 달리하여 초청하는 경우에도 그 기술연수업체에서 연수할 수 있는 연수생의 총수는 제1항의 규정에 의한 연수허용인원을 초과할 수 없다.[22]

⑤ 출입국·외국인관서의 장은 연수생 관리가 부실하여 사증발급인정서 발급 신청일을 기준으로 과거 1년 이내에 초청한 기술연수생의 10% 이상(단, 이탈인원이 2명 이상인 경우에 한함)이 연수장소를 이탈한 업체에 대하여 이탈 기술연수생 수를 연수허용인원에서 제외할 수 있다.[23] 다만,

---

16) 근로자는 「근로기준법」 제2조에 규정된 근로자로 고용보험 가입 내국인피보험자를 의미하며 고용노동부의 고용보험 사이트에서 확인이 가능함

17) 연수허용인원 계산에 있어서 소수점 이하는 절삭함

18) 외국국적 동포의 정의는 「재외동포의 출입국과 법적 지위에 관한 법률」 제2조제2호 및 동법 시행령 규정에 따름

19) 예를 들어 제4조제1항제1호 규정에 의해 연수허용인원이 10명이고, 이중 외국국적동포가 6명이라면 3명의 연수생을 더 초청하여 총 13명을 할 수 있음. 또한, 외국국적동포 수와 관계없이 추가로 초청할 수 있는 총 인원은 동 제1호 규정에 의한 연수허용인원 10명의 50%(5명)을 즉 15명을 초과할 수 없음

20) 연수생관리 우수업체는 신청일 기준 최근 2년 이내에 ①3회 이상 연수생을 초청하고 ②초청한 연수생 중 이탈자가 없으며 ③「출입국관리법」 등을 위반한 사실이 없는 업체를 말함(각 요건 충족)

21) 초과인원을 허용할 수 있는 경우는 사증발급인정서 발급 신청 시를 기준으로 ①연수업체의 해외현지법인에 대한 해외직접투자액수의 총액이 미화 1,000만불 이상인 경우, ②해외현지법인의 총 출자총액이 미화 1,000만불 이상인 경우 또는 ③해외현지법인의 매출규모가 미화 5,000만불이고 그 해외기업의 생산직 직원 수가 1천명 이상인 경우와 같이 해외기업 규모를 볼 때 많은 기능공이 필요하여 국내연수허용인원을 확대해 줄 필요가 있는 경우를 의미함(출입국·외국인관서의 장은 초과인원을 허가하고자 할 경우 허가 사유 및 적절한 허가인원을 검토하여 승인 상신할 것)

22) 한 기술연수업체가 해외직접투자, 기술투자, 플랜트수출 중 두 가지 이상을 하였거나 초청한 연수생들에게 각각 다른 기술을 연수시키더라도 국내 총 연수허용인원은 제4조의 범위 내에서만 인정됨

23) 사증발급인정서 신청 시를 기준으로 과거 1년 이내 이탈한 수를 공제

기술연수업체가 이탈한 연수생에 대해 「출입국관리법」 제19조 및 동 훈령에서 정한 의무를 성실히 이행하였고, 연수생 이탈의 원인을 제공하지 않는 등 연수생 이탈방지를 위한 상당한 주의의무를 다하였으며, 이탈연수생의 소재지를 발견하고 신고하거나 이탈연수생의 출국비용을 부담하는 등 이탈연수생의 출국을 위하여 상당한 노력을 다한 경우에는 그러하지 아니하다.

⑥ 기술연수업체가 소재지를 달리하는 여러 사업장을 가진 경우 연수허용인원은 <u>연수실시 사업장 단위별</u>(사업자등록 기준)로 제1항의 세부기준을 적용한다[24].

⑦ 수개의 국내산업체가 해외에 합작으로 투자한 경우에 총 연수허용인원은 국내사업체 중에서 <u>상시 근로자 수가 가장 많은 업체를 기준</u>으로 하며, 허용인원 내에서 투자업체별로 기술연수생을 배정받아 연수를 실시할 수 있다[25]. 다만, 동일 분야[26]에 대하여는 1개 업체에 대하여만 연수를 허용한다.

제5조(연수기간) ① 〈삭제〉

② 기술연수생의 연수기간은 <u>원칙적으로 입국한 날로부터 6개월</u>을 초과할 수 없다. 다만, 출입국 · 외국인관서의 장이 추가로 연수가 필요하다고 인정하는 경우 입국한 날부터 1년을 초과하지 않는 한도 내에서 그 연수기간을 연장할 수 있다.

③ 기술연수생이 제2항의 단서규정에 의하여 <u>체류기간을 연장</u>[27]하고자 할 경우 그가 연수받고

---

24) 본사에서 직접투자, 플랜트 · 기술수출을 한 경우 원칙적으로 본사에서 연수를 시켜야 하지만 제9조제2항 규정에 의거 본사에서 연수를 시킬 수 없는 경우에 한해 예외적으로 지사에서도 연수를 허용할 수 있음(본사에서 연수를 시키는 경우 지사에 연수생을 배정해서는 안 됨). 동 규정은 이 경우를 대비하여 둔 규정으로서 기술연수업체가 2개 이상의 소재지에 지사를 설치하고 사업장등록을 한 경우 제9조제2항 규정에 의거 기술연수요건을 갖추고 있는 지사들은 예외적으로 각각 연수생을 배정받아 연수를 실시할 수 있으나, 각 지사별 연수 허용인원은 제4조제1항 규정에 의해 각 지사별 내국인 상시 근로자 수에 따라 정해짐

25) 수개의 기업(※지사는 모회사와 동일한 산업체에 속하므로 모회사와 동일한 기업으로 보아야 하나 자회사 및 계열회사는 다른 법인으로 취급되므로 모회사와 다른 기업으로 볼 것)이 해외 현지법인에 합작 투자한 후 각각 기술연수생을 배정받아 연수를 실시하고자 할 경우 근로자 수가 가장 많은 국내 연수업체가 그 지역을 관할하는 출입국 · 외국인관서의 장에게 일괄하여 사증발급인정서를 신청하고, 신청을 접수한 출입국 · 외국인관서의 장이 업체별로 배분한 기술연수생 수가 업체별 연수허용인원 범위 내에 해당되는지 여부, 업체별로 배분한 기술연수생 수를 합한 인원이 근로자 수가 가장 많은 업체의 연수허용인원 범위 내에 해당되는지 여부, 제4조제7항 단서 규정에 의해 1개 업체에서만 연수가 가능한 경우에 해당되는지 여부를 검토한 후 문제가 없는 경우 관할지역 밖에 소재한 연수업체에 배정될 연수생에 대해서는 관련 신청서류를 관할 출입국 · 외국인관서의 장에게 이첩함(관할 출입국 · 외국인관서의 장이 관할 연수업체에 대한 실태조사 및 연수생 보호 · 관리를 해야 하기 때문임)

26) 동일 분야란 동일한 기술 · 기능을 의미함

27) 체류기간 연장은 연수기간 연장의 필요성과 과거 이탈율, 외국인의 범법사항을 확인하여 1년의 범위 내에서 연장을 허가하며 체류기간 연장시 제출서류는 아래와 같음
  1. 신청서(별지34호 서식), 여권원본, 외국인등록증, 수수료
  2. 연수기간 연장신청 사유서(별도서식)

있는 연수업체의 장이 서명한 "연수기간 연장신청 사유서(별첨1)를 <u>출입국ㆍ외국인관서의 장에게</u> 제출하여야 한다.

제6조(실무연수비율) 기술연수생의 실무연수[28]비율은 전체연수시간의 70%를 초과할 수 없다.

제7조(사증발급인정서의 발급 신청 및 접수) ① 기술연수생을 초청하고자 하는 산업체의 장(이하, "초청자"라 한다)은 사증발급인정신청서에 다음 각 호의 서류를 첨부[29]하여 그 업체의 주소지를 관

---

3. 사업자등록증 및 공장등록증 또는 공장등록증명서(해당자만 제출)
4. 국내법인 납세증명서
5. 현지법인 납세사실 관련 증명 서류
 - 영업활동에 따른 세금(법인세, 부가가치세) 납입영수증
 - 각종공과금 납입영수증 (전기요금, 수도요금, 건물세, 토지세 중 1)
6. 연수생 임금 및 연수수당 지급 여부 확인서류
 - 현지법인에서 지급한 연수생 임금대장(최근 1개월분)
 - 국내기업에서 지급한 연수수당 지급 대장
7. 제12조에 따른 이행상황 점검용 연수활동 입증서류(연수실적평가서류)
 - 연수일지, 면담일지, 한국어 교육 일지(해당자만 제출)
8. 신원보증서 원본
9. 산업재해보상보험, 국민건강보험 가입증명서류 및 연수수당 등 체불에 대비한 보증보험 가입증명서류
10. 체류지 입증서류(임대차계약서, 숙소제공 확인서, 체류기간 만료예고 통지우편물, 공공요금 납부영수증, 기숙사비 영수증 등)

28) 실무연수란 판매용 제품이나 부품생산에 필요한 업무를 하면서 기술ㆍ기능 또는 지식을 배우는 것을 의미함(판매할 목적이 아닌 견습용 제품이나 부품을 생산하면서 실습교육을 받는 것은 실무연수가 아님)
29) 신청시 첨부서류는 아래와 같음
 1. 사증발급인정신청서 (별지 제21호 서식), 여권사본, 표준규격사진 1매
 2. 피초청자가 기술연수생 요건을 구비하였음을 입증하는 서류
 ① 현지법인등록증(또는 설립인가서) 사본 (영사확인 必)
 ② 현지법인의 장이 발급한 피초청자 재직증명서 및 여권사본 (영사확인 必)
 ③ 한국어능력입증자료
 3. 연수내용을 확인할 수 있는 연수계획서
 4. 초청자의 신원보증서 (피보증인이 2인 이상인 경우의 신원보증서는 사증발급인정신청서의 "피초청자명단"을 첨부하여 한 장만 작성)
 5. 초청업체가 연수허용대상 업체임을 입증할 수 있는 서류
 ① 해외직접투자산업체의 경우
 - 해외직접투자신고(수리)서 (원행원본 대조필)
 - (현금투자 시) 송금영수증 또는 송금사실확인서(원본 또는 은행 원본 대조필)
 - (현물투자 시) 세관 발행 "수출면장" 확인(승인번호란의 투자인증 번호 확인
  ※ 해외투자신고수리액 중 미투자분이 있는 경우 미투자분에 대한 향후 투자계획서 추가 제출
 ② 기술수출산업체의 경우
 - 기술수출계약서(국문) 사본
 - 「대외무역법」 또는 「산업기술의 유출방지 및 보호에 관한 법률」 등에 의하여 지식경제부 장관의 승인을 받아야 하는 경우에는 승인서를 제출
 ③ 플랜트수출 산업체의 경우

할하는 <u>출입국 · 외국인관서의 장에게</u>30) 사증발급인정서 발급을 신청하여야 한다.31)

    1. 피초청자가 기술연수생 요건을 구비하였음을 입증하는 서류32)

    2. 연수내용을 확인할 수 있는 연수계획서(별첨3)

    3. 「출입국관리법시행규칙」 제77조의 규정에 의한 초청자의 신원보증서33)

    4. 초청업체가 연수허용대상 업체임을 입증할 수 있는 서류34)

    5. 연수허용인원 산정에 필요한 초청업체의 내국인 상시 근로자 수 입증서류35)

② <u>출입국 · 외국인관서의 장</u>이 제1항의 규정에 의하여 사증발급인정신청서를 접수한 때에는 사증발급인정신청서접수대장(별첨4)에 접수일자, 업체명, 기술연수생 성명 등을 전산입력하고, 접수증(별첨5)을 교부하여야 한다.

제8조(사증발급인정서 발급심사) ① 주소지관할 출입국 · 외국인관서의 장이 제7조의 규정에 의하여 사증발급인정서 발급신청을 접수한 때에는 다음 각 호의 사항에 대하여 심사하여야 한다.

    1. 연수목적이 아닌 단순인력으로서의 활용 여부

    2. 자체 연수시설(공정)과 적정한 숙박시설 구비 등 연수환경

    3. 기술연수생의 한국어능력, 기술 · 기능자격소지 여부, 학력 등 개인적 조건

    4. 연수신청인원의 적정성(적정성을 심사할 때 해외현지법인의 생산직 상시 근로자 수, 국내

     – 플랜트수출승인서(변경승인서 포함)

    6. 연수허용인원 산정에 필요한 초청업체의 내국인 상시 근로자 수 입증서류

     – 노동부 홈페이지(고용보험 싸이트)에서 출력한 '사업장별 피보험자격내역서'를 제출 받아 확인

    7. 기타 자체 연수시설(공정)과 적정한 숙박시설 구비 등 연수환경을 확인할 수 있는 자료(기숙사 시설 내부 사진 등)

30) 공관장 재량으로 사증을 발급할 수 없음

31) 서류간소화 차원에서 과거 1년 이내에 서류를 제출한 적이 있는 기술연수업체에 대해서는 특별한 사유가 없는 한 동일한 서류 제출을 면제하고, 특히 국가, 지방자치단체, 금융감독원, 무역협회 등 공신력 있는 기관 등의 홈페이지 등에서 확인이나 출력이 가능한 상장기업 또는 전자공시업체의 서류인 경우에는 원칙적으로 동 서류 제출을 면제하고, 팩스 또는 전자우편으로도 제출을 허용하여 신청인의 불편을 최소화할 것

32) 현지법인등록증(또는 설립인가서) 사본과 현지법인의 장이 발급한 피초청자 재직증명서 및 여권사본, 제3조3호 한국어능력입증자료를 제출하도록 함 (현지법인등록증(또는 설립인가서) 사본과 현지법인의 장이 발급한 피초청자 재직증명서는 주재국 우리공관이 있는 경우 영사확인을 받도록 함)

33) 피보증인이 2인 이상인 경우의 신원보증서는 사증발급인정신청서의 "피초청자명단"을 첨부하여 한 장만 작성하면 됨

34) 해외직접투자허가(신고)서 또는 기술수출계약서, 플랜트수출승인서 중 해당서류와 사업자등록증 사본을 제출받음 (「대외무역법」 또는 「산업기술의 유출방지 및 보호에 관한 법률」 등에 의하여 산업통상자원부 장관의 승인을 받아야 하는 경우에는 승인서를 제출하게 하고, 사업자등록증은 신청인이 「전자정부법」에 따른 행정정보의공동이용을 통한 확인에 동의하지 않는 경우에만 제출하게 함)

35) 고용노동부 홈페이지(고용보험 싸이트)에서 출력한 '사업장별 피보험자격내역서'를 제출받아 확인

연수업체에서 해외현지법인에 기술지도를 위해 파견된 인원이 있는지 여부와 그 인원 수, 연수업체에서 제공하는 연수생 숙박시설의 규모, 제4조제5항 적용여부 등을 고려)

5. 국내 연수업체와 해외현지법인의 업종이 동일한 지 여부

6. 국내 연수업체와 해외현지법인의 정상가동 여부

7. 국내 연수업체가「산업집적활성화 및 공장설립에 관한 법률」제13조(공장설립 등의 승인) 및 제13조의2(인·허가 등의 의제)에 따라 공장설립 승인을 받아야 할 의무가 있는 업체[36]에 해당되는 경우 공장등록증이 있는지 여부

② 주소지관할 출입국·외국인관서의 장은 연수업체의 운영실태와 제7조제1항제2호의 연수계획 서의 연수사항 등을 조사하여 연수계획조사보고서(별첨6)를 작성하여야 한다.

③ 연수대상 산업체별 세부심사기준은 별표4와 같다.

제9조(사증발급인정서 발급) ① 주소지관할 출입국·외국인관서의 장은 제8조의 규정에 의한 심사 결과 기술연수생을 초청할 필요성 및 타당성이 인정되는 때에는 체류자격 기술연수(D-3-1), 체류 기간 6개월 이내의 사증발급인정서를 발급하여 초청자에게 이를 교부하여야 한다.

② 주소지관할 출입국·외국인관서의 장은 모기업에 생산시설이 없으나 현지법인의 가동을 위해 기술연수가 불가피하다고 인정되는 경우에 동일 업종 지사, 자회사, 특정 계열회사(주재(D-7)관 련 사증발급지침에서 정하는 계열회사)[37] 내에서의 연수를 허용할 수 있다.

제10조(사증의 발급) 재외공관의 장은 기술연수목적으로 입국하고자 하는 외국인이 사증발급을 신청 하는 때에는 제9조의 규정에 의해 출입국·외국인관서의 장이 발급한 사증발급인정서를 제출받아 그 인정서의 내용에 따라 기술연수사증을 발급하여야 한다[38].

---

36)「산업집적활성화 및 공장설립에 관한 법률」에 의해 공장건설면적이 500제곱미터 이상인 공장의 경우 공장설립 승인을 받아야 함

37) 사증발급편람 규정상 특정 계열회사의 개념: 특정 계열회사란 ①모회사(C)가 해외에 자회사(A)와 국내에 다른 자회사(B)를 가지고 있는 경우 A회사와 B회사는 서로 상대방의 계열회사이고, ②해외에 있는 회사(C)의 사원들이 다른 두 개의 회사(A, B) 양자에 대하여 각각 주식총수의 100분의 50을 초과하는 주식을 가지거나 각각 출자 총액의 100분의 50을 초과하여 출자한 경우에도 A회사와 B회사는 서로 상대방의 계열회사임

38) 그러나 허위 또는 위·변조된 서류를 제출하여 사증발급인정서를 발급받거나 입국규제자에 대해 착오로 사증발급 인정서가 발급된 자 등과 같이 행정법상 법률에 특별한 규정이 없더라도 무효 또는 취소할 사유가 있는 자에 대해서는 사증발급인정서가 발급되었더라도 당연히 사증담당 영사가 사증발급을 거부할 수 있고, 거부한 경우 사증발급인정서를 발급한 관할 출입국관리사무소장에게 통보해야 함(사증발급인정서나 사증은 입국허가를 받기 위한 추천 서류 중의 하나에 불과하며, 최종적인 입국허가는 공항만 출입국관리사무소 입국심사관에 의해 행해짐)

제11조(연수실태조사 및 기술연수업체 관리) ① 주소지관할 출입국·외국인관서의 장은 기술연수업체의 기술연수생관리실태 및 현지법인의 운영실태를 제8조에 따라 조사[39]하고 다음 각 호의 어느 하나에 해당하는 업체에 대해서는 그 명단을 출입국정보시스템에 입력하여 전국 출입국·외국인관서의 장에서 공동 활용할 수 있도록 하여야 한다[40].

1. 「출입국관리법」 제19조제1항 규정에 의한 신고의무를 이행하지 않은 업체

2. 국내 기술연수업체 또는 연수생을 파견한 현지법인·외국기업의 가동상태가 중단된 업체

3. 사증발급인정서 발급 또는 체류기간연장을 받기 위하여 허위로 작성한 서류 또는 위·변조된 서류를 제출한 업체

4. 국내 연수업체에서 연수수당(연수생이 소속된 해외법인에서 지급한 기본급 이외에 국내연수업체가 지급하는 별도 수당)을 체불하거나, 1일 8시간을 초과하여 실시한 실무연수 또는 정규 근무시간 이외의 야간에 실시한 실무연수에 대해 기본급의 150%를 지급하지 않은 업체

5. 기술연수생의 여권, 금품 또는 임금 등을 강제로 보관하거나 저축한 업체

6. 입국항공료 등의 입국 비용을 기술연수생에게 부담시킨 업체

7. 기술연수생이 해외현지법인에서 근무한 업종과 다른 업종에서 연수시킨 업체

8. 제6조 규정에 의한 실무연수비율을 위반한 업체

9. 제1호 내지 8호에 해당되지 않는 업체 중 시행규칙 제17조의3제2항 제1호 내지 제4호에서 규정하고 있는 「출입국관리법」 규정 또는 다른 법률을 위반한 업체

② 〈삭 제〉

③ 주소지관할 출입국·외국인관서의 장은 제1항의 규정에 의한 실태조사를 하는 때에는 기술연수업체의 임직원이나 기술연수생에 대하여 인권침해 또는 부당한 처우를 하여서는 아니된다.

④ 주소지관할 출입국·외국인관서의 장은 제1항 각 호의 어느 하나에 해당하는 업체에 대하여 다음 각 호의 조치를 취하여야 한다.

1. 제1항제1호에 해당하는 업체: 법 제100조제1항제1호 규정에 의한 과태료 부과

2. 제1항제2호에 해당하는 업체: 제5조제2항 단서에 의한 체류기간 연장 불허

---

39) 연수실태조사의 방법은 현장방문조사, 전화·팩스·인터넷 조사, 설문지 조사 등을 통해 할 수 있으나, ①최초로 기술연수생을 초청한 업체, ② 전화·팩스·공공기관단체 등의 홈페이지로 조사한 결과 실제적으로 휴·폐업되어 정상적으로 운영되고 있지 않다고 의심되는 업체는 반드시 현장방문조사를 하여야 함

40) 실태조사결과 제11조제1항 각 호에 해당하는 업체는 출입국정보시스템에 입력할 것

3. 제1항제3호에 해당하는 업체: 법 제7조의2 위반으로 통고처분(또는 형사고발) 및 연수중인 기술연수생의 체류허가를 취소 (만약 기술연수생이 해외현지법인의 직원이 아니거나 해외현지법인이 위장투자업체로 밝혀진 경우 고용노동부에 통보하여 연수생에게 소급하여 「최저임금법」상 최저임금 이상을 지급토록 추가조치를 할 것)

4. 제1항제4호에 해당하는 업체: 고용노동부 관할 지방사무소장에게 통보 및 제5조제2항 단서에 의한 체류기간 연장 불허

5. 제1항제5호에 해당하는 업체 : 형사고발 및 제5조제2항 단서에 의한 체류기간 연장 불허

6. 제1항제6호에 해당하는 업체 : 위장투자업체로 의심되므로 해외투자법인의 존재여부, 기술연수생이 해외투자법인에 근무하였는지 여부 등에 대해 특별 조사 실시 및 제5조제2항 단서에 의한 체류기간 연장 불허

7. 제1항제7호에 해당하는 업체: 제5조제2항 단서에 의한 체류기간 연장 불허

8. 제1항제8호에 해당하는 업체: 제5조제2항 단서에 의한 체류기간 연장 불허, 시행규칙 제17조의3제2항제7호 규정에 따라 적발된 날로부터 1년간 연수생 초청 금지

9. 제1항제9호에 해당하는 업체: 통고처분 또는 형사고발, 제5조제2항 단서에 의한 체류기간 연장 불허 및 시행규칙 제17조의3제2항 규정에 따라 사증발급인정서 발급 불허 (다만, 법 제18조제3항 및 법 제21조제2항 위반자에 대해서는 통고처분을 불이행하여 고발한 날 또는 수사기관의 고발요청에 따라 고발한 경우 수사기관이 기소한 날로부터 1년간 사증발급인정서 발급 제한)

제12조(기술연수업체 이행사항 점검) ① 주소지관할 출입국 · 외국인관서의 장은 기술연수업체의 요청에 의하여 제4조제3항 규정에 의한 연수생 추가 초청을 위한 사증발급인정서를 발급하거나 연수 중인 연수생에 대하여 체류기간 연장허가를 하는 때에는 다음 각 호의 사항이 이행되고 있는지 여부를 사전에 점검하여야 한다.

1. 입국 후 1개월 이내에 한국문화, 출입국관리법령, 기타 준수사항 등의 내용을 포함하는 16시간 이상의 자체교육 실시 및 모든 연수 내용을 [별첨7]의 연수일지에 기록하였는지 여부(제3조제3호 단서에 규정된 '한국어교육 이행각서'를 제출한 기술연수업체의 경우 그 각서의 내용을 이행하였는지 여부)

2. 직원 중에서 외국 실정에 밝은 자를 고충상담관으로 선발 · 지정하여 기술연수생의 개인신상문제, 인권침해, 기타 고충을 상담하도록 조치하였는지 여부

3. 연수장소에 기술연수생의 안전을 위한 필요 시설 및 장비를 구비하였는지 여부

4. 기술연수생 숙소에 냉난방시설, 취사시설, 샤워시설 등을 설치하고 TV, 오락기구 등을 비치하였는지 여부

② 주소지관할 <u>출입국·외국인관서의 장</u>은 제1항의 규정에 의한 점검결과 기술연수업체가 제1항 각 호의 사항을 이행하고 있지 않는 경우에는 정당한 사유가 있는 경우를 제외하고는 기술연수생의 초청 또는 체류기간의 연장을 허가하지 아니한다.

③ 주소지관할 <u>출입국·외국인관서의 장</u>은 기술연수생이 외국인 등록을 할 때 기술연수업체로 하여금 다음 각 호의 어느 하나에 해당하는 서류를 추가로 제출하도록 하여야 한다.

1. 기술연수생의 연수수당 체불방지를 위한 보증보험, 산업재해보상보험(또는 산업재해보상보험에 준하여 산업재해를 보상하는 상해보험[41]) 가입을 증명하는 서류

2. 기술연수생 입국 후에 국내 병원에서 실시한 건강검진 관련 서류[42]

제13조(연수생 관리 부실업체의 연수제한)

① 주소지관할 <u>출입국·외국인관서의 장</u>은 다음 각 호의 사유에 해당하는 기술연수업체에 대하여 기술연수생의 초청을 허가하지 아니한다.

1. 시행규칙 제17조의3제2항 제1호 내지 제6호 규정에 해당하는 자가 대표이사, 사장 또는 연수를 책임지는 임원(이사 또는 감사)으로 있는 연수업체. 단, 법 제18조제3항 및 법 제21조 제2항 위반자에 대해서는 통고처분을 불이행하여 고발한 날 또는 수사기관의 고발요청에 따라 고발한 경우 수사기관이 기소한 날로부터 1년간 사증발급인정서 발급 제한

② 주소지관할 <u>출입국·외국인관서의 장</u>은 다음 각 호에 규정된 법률을 위반한 현행범인 자가 대표이사, 사장 또는 연수를 책임지는 임원(이사 또는 감사)으로 있는 연수업체에 대하여 <u>출입국·외국인관서의 장</u>이 범죄행위를 인지한 때부터 범죄피의자의 범칙금 납부 완료 전 또는 형의 선고를 받기 전까지 사증발급인정서 발급 여부에 대한 결정을 유보할 수 있다[43].

---

41) 연수생이 소속된 해외법인에서 기본급을 받고 국내에서 연수수당만을 받은 기술연수생의 경우 산업재해보상보험에 가입해야 하는 대상이 아니므로 산업재해보상보험 대신에 이에 준하여 산업재해를 보상해 주는 상해보험에 가입할 수 있도록 허용한 것임

42) 〈삭 제〉

43) 시행규칙 제17조의3제2항 규정에 의해 사증발급인정서 발급이 금지되는 행위를 저지른 현행범이 범칙금 납부 완료 전 또는 형이 선고되기 전에 사증발급인정서를 신청하여 사증발급인정서가 발급되는 사례를 막기 위함(만약, 사증발급인정서 발급여부에 대한 결정을 유보하지 않고, 일단 사증발급인정서 발급을 허용한 후 범칙금 납부 완료 후 또는 형이 선고된 후 사증발급인정서를 취소할 경우 사용자 귀책사유로 인해 이미 입국하여 연수를 받고 있는 외국인이 피해를 보는 사례가 발생할 수 있으므로 이를 사전에 방지할 필요)

1. 법 제7조의2, 법 제12조의3, 법 제18조제3항 내지 제5항, 법 제21조제2항, 법 제33조의2제

    1호 규정

2. 시행규칙 제17조의3제2항제3호 및 제4호에 규정된 「출입국관리법」 이외의 법률

③ 주소지 관할 출입국·외국인관서의 장은 제2항 규정에 의하여 사증발급인정서 발급여부에 대
한 결정을 유보할 때에는 그 사유를 기술연수업체에 통보하여야 한다.

제14조(위탁연수)

① 기술연수중인 자가 국내 공장이전, 증설로 연수를 중단하게 될 경우 동일한 고용주 및 동종 업
체에 한하여 예외적으로 위탁연수를 허용한다.

② 기술연수중인 자가 당초 연수업체가 보유하지 않은 기능·기술 연수목적 또는 연수목적 달성을
위해 부득이한 경우 고용관계에 변화 없이 제한적으로 위탁연수를 허용한다.

③ 위탁연수는 법 제19조에 따라 고용주의 변동사유발생 신고로 하며 그 기간은 3개월을 초과할
수 없다.

제15조(준용규정)

이 훈령에 정한 사항 외에 해외투자기업 기술연수와 관련된 사항에 대해서는 "사증발급인정서 발
급 등에 관한 업무처리지침" 및 "체류관리업무 매뉴얼"의 규정을 준용한다.[44]

제16조(재검토기한)

법무부장관은 「훈령·예규 등의 발령 및 관리에 관한 규정」 제7조(대통령훈령 제334호)에 따라 2
021년 10월1일 기준으로 매 3년이 되는 시점(매 3년째의 9월30일까지를 말한다) 마다 이 훈령
발령 후의 법령이나 현실 여건의 변화 등을 검토하여 이 훈령 폐지, 개정 등의 조치를 하여야 한
다.

---

44) ① 체류자격외활동허가는 원칙적으로 억제   ② 체류자격부여, 체류자격변경, 근무처변경 및 추가는 제한.

부   칙(제979호 2015. 3.17)

제1조(시행일) 이 훈령은 공포일부터 시행한다.

부   칙(제1169호 2018. 8. 1.)

제1조(시행일) 이 훈령은 2018년 10월 1일부터 시행한다

【별표 1】〈삭제〉

【별표 2】〈삭제〉

【별표 3】〈삭제〉

【별표 4】

산업체별 세부 심사기준

1. 해외직접투자산업체

○ 해외직접투자산업체임을 입증하는 서류 확인

– 외국환은행의 "해외직접투자신고(수리)서" 사본

※ 해외직접투자

■ 외국법령에 의하여 설립된 법인이 발행한 증권을 취득하거나 당해 법인에 대한 금전의 대여 등을 통하여 당해 법인과 지속적인 경제관계를 맺기 위하여 하는 거래 또는 행위로서「외국환거래법시행령」제8조 제1항에서 정하는 것

■ 외국에서 영업소를 설치 · 확장 · 운영하거나 해외사업 활동을 하기 위하여 자금을 지급하는 행위로서「외국환거래법시행령」제8조 제2항에서 정하는 것

○ 해외직접투자업체 여부는 은행의 허가(신고 · 인증)의 사실여부 확인과 허가(신고) 등의 금액이 아니라 투자금액 즉, 해외현지법인에 송금한 금액을 기준으로 판단

– 송금사실은 필히 송금한 은행이 발급한 송금영수증이나 송금사실확인서 원본을 제출받아 해당 은행에 송금사실과 투자허가(신고) 등의 내용 직접 확인 (확인자 성명을 기재)

• 해외투자 신고후 투자금액 송금 등 투자이행 사실 여부

• 투자금액 송금후 즉시 회수, 자금도피 및 투자 취소 여부

• 투자금액 사용내역 등

– 현물 투자한 경우 세관 발행 "수출면장" 확인 (승인번호란의 투자인증 번호 확인)

○ 합작투자의 경우 양측 투자자의 출입국사실 유무 및 재직사실 여부 확인

○ 합작투자 전후의 재무제표로 시설 증설 및 자본금 증액 여부 확인

○ 투자금액이 소액이거나 해외직접투자 허가(신고) 등을 받은 후 6개월 이내에 사증발급인정서 발급을 신청하는 경우는 정밀 심사

– 현지법인의 가동예정일자 등 투자 진행 상황

– 투자금액과 현지법인의 규모, 업종 등을 비교 검토

– 투자계획서 등은 투자계획의 타당성 및 투자회사의 운영실태 등을 심사, 해외투자를 빙자한 외국인력 이용의 수단은 아닌지 여부

- 사설알선업체 등의 개입에 의한 투자허가(신고) 여부 철저 확인
• 투자허가(신고) 및 송금한 은행에 투자사실 등의 조회
- 투자업종 및 현지법인의 생산직 종사자 인원에 따라 연수허용 인원의 탄력적 허가
- 출입국·외국인관서의 장은 연수의 타당성을 종합적으로 검토하여 적정한 인원의 연수허가
• 투자허가(신고) 등을 받은 금액을 전액 투자하지 아니한 경우에는 투자계획서를 제출하게 하고, 추가 투자사실 확인 후 체류기간연장허가 또는 연수인원 추가 초청허가가 가능함을 안내
ㅇ 국내의 외국투자기업이 제3국에 재투자한 현지기업 직원에 대한 기술연수는 인력활용차원이 아닌 현지 기업의 원활한 운영을 도와주기 위한 순수한 연수목적에 한하여 허용
- 전액 외국인투자기업의 경우
• 순수목적의 연수여부에 대한 실태조사를 실시하여 재투자의 목적·불가피성 등을 면밀히 검토(인력활용을 위한 위장투자 등)한 후 타당성이 인정될 경우에는 법무부장관에게 승인 상신
- 내국인(기업)과 합작투자기업의 경우
• 내국 기업과 동일한 심사기준과 절차에 따라 처리
※ 해외직접투자자는 외국환거래규정에 따라 다음의 보고서 또는 서류를 외국환은행의 장에게 제출하므로 심사 시 활용
- 외화증권취득보고서 : 투자금액 납입 후 6월 이내
- 외화채권 취득 보고서 : 대여자금 제공 후 6월 이내
- 원리금회수보고서 : 즉시
- 송금(투자)보고서 : 송금 또는 투자 즉시
- 연간사업실적 및 결산보고서 : 회계기간 종료 후 5월 이내
- 청산보고서 및 부속명세서 : 청산자금 영수 후 즉시
- 투자사업의 진행상황 및 자산변동보고서 : 회계기간 종료 후 5월 이내
ㅇ 연수생에 대해서 국내에서는 기초생활비(생필품, 의약품 등 구입비) 및 수당만 지급하고 봉급은 자국의 현지회사에서 가족 또는 연수생에게 지급하는지 여부 확인

2. 기술수출산업체
ㅇ 기술수출산업체임을 입증하는 서류 확인
- 기술수출계약서(국문) 사본
■ 시행령 제24조의2(기술연수업체등)제1항제2호 및 24조의4(기술연수생의 모집 및 관리)제1항제2호

의 규정에 따라 기술수출대가가 미화 10만불 이상인 경우에 한함

－ 관련 법령에 의하여 수출시 지식경제부 장관의 승인을 받아야 하는 경우에는 승인서 확인

○ 기술수출계약 내용 확인

－ 계약기간

－ 기술용역제공 여부(기술정보 및 자료제공인 경우는 연수 불필요)

－ 기술자 초청 훈련 계획

－ 기술수출 대가 및 수취방법과 기간 내에 송금되었는지 여부

■ 선취금 · 경상기술료 · 정액기술료 수취 여부 확인

○ 기술수출계약이 체결된 경우라도 기술연수의 타당성에 대한 실질심사 강화

－ 장기간 기술수출 필요성

－ 기술수출대금 회수 기간 및 방법

3. 플랜트수출산업체

○ 플랜트 수출 산업체임을 입증하는 서류 확인

－ 플랜트수출승인서(변경승인서 포함)

■ 「대외무역법시행령」 제91조제8항의 규정에 의한 지식경제부장관의 플랜트수출 및 변경승인권한은 「산업발전법」에 의해 설립된 한국기계산업진흥회의 장에게 위탁. 다만, 연불금융지원의 경우에는 한국수출입은행장에게 위탁

※ 일괄수주방식에 의한 수출(플랜트와 함께 기술용역 및 시공을 포괄적으로 하는 수출)로서 국토해양부장관의 동의가 필요한 경우는 제외(지식경제부장관의 승인 필요)

○ 플랜트수출이라 함은 제품을 제조하기 위한 기계, 장치 등의 하드웨어와 그 설치에 필요한 엔지니어링, 노하우, 건설시공 등의 소프트웨어가 결합된 생산 단위체의 종합수출을 뜻함

○ 플랜트수출의 범위(「대외무역법」 제32조 및 동 관리규정 제5장)

－ 농업, 임업, 어업, 광업, 제조업, 전기 · 가스, 수도사업, 운송, 창고업 및 방송 · 통신업을 영위하기 위하여 설치하는 기계장치 및 발전설비, 담수설비 및 용수처리설비 등 산업활동을 위하여 필요한 설비(「대외무역법시행령」 제51조 각 호의 설비)중 본선인도가격(FOB)으로 미화 50만달러 상당액이상의 수출

－ 플랜트 · 기술용역 및 시공을 포괄적으로 행하는 수출

※ "시공"이라 함은 토목공사, 건축공사, 플랜트설치공사를 말함. (동법 시행령 제52조)

ㅇ 착수금이나 수출대금 수취여부 확인

ㅇ 플랜트수출계약이 승인된 경우라도 기술연수의 타당성에 대한 실질심사 강화

– 플랜트수출계약 내용 중 기술 또는 기능 연수 대상 및 방법 등 확인

– 수출대금 회수 기간 및 방법

연수기간 연장신청 사유서

<table>
<tr><td rowspan="4">연수
업체</td><td>업체명</td><td colspan="4"></td><td>대표자</td><td></td></tr>
<tr><td>사업장
소재지</td><td colspan="6"></td></tr>
<tr><td rowspan="2">업태</td><td rowspan="2"></td><td rowspan="2">업종</td><td rowspan="2"></td><td colspan="2">연락처</td><td></td></tr>
<tr><td colspan="2">담당자</td><td></td></tr>
<tr><td rowspan="5">연장신청
대상자</td><td>국적</td><td colspan="2">성명</td><td colspan="2">외국인등록번호</td><td colspan="2">체류허가기간</td></tr>
<tr><td></td><td colspan="2"></td><td colspan="2"></td><td colspan="2"></td></tr>
<tr><td></td><td colspan="2"></td><td colspan="2"></td><td colspan="2"></td></tr>
<tr><td></td><td colspan="2"></td><td colspan="2"></td><td colspan="2"></td></tr>
<tr><td></td><td colspan="2"></td><td colspan="2"></td><td colspan="2"></td></tr>
<tr><td>연장사유</td><td colspan="7"></td></tr>
<tr><td rowspan="4">연장기간별
연수내용</td><td>기간</td><td colspan="6">연수기술내용</td></tr>
<tr><td></td><td colspan="6"></td></tr>
<tr><td></td><td colspan="6"></td></tr>
<tr><td></td><td colspan="6"></td></tr>
<tr><td rowspan="3">기연수
받은 내용</td><td></td><td colspan="6"></td></tr>
<tr><td></td><td colspan="6"></td></tr>
<tr><td></td><td colspan="6"></td></tr>
</table>

※ 첨부 1. 연장신청대상자 명단

20 . . .

연수업체의 장(대표) 성명   **(서명 또는 인)**

210mm×297mm(일반용지 70g/㎡)

연수계획서

연수업체	업체명				대표자	
	사업장소재지					
	업태		업종		담당자	
					연락처	
	사업자 등록번호		법인 등기부등본 등기번호			
	상시 내국인 근로자 수		연수생 현황	최대허용인원		
				현재연수인원		
	연수허용인원			추가연수가능인원		
	추가허용인원 및 사유			금회신청연수인원		
해외 현지 법인 실태	설립일자		생산직원수			
	공장가동일자		기연수자 수			
	월급여액		연수대상자			
연수계획	연수일정별 연수내용	기간	기술연수 내용			
	연수장소					
	숙소					
	연수수당		수당지급방법			

※ 첨부 : 피초청자 명단 1부

20 . . .

초청자(대표자)　　　　　　　　　(서명 또는 인)

210mm×297mm(일반용지 70g/㎡)

연 수 일 지

년 월 일(요일)

연수담당관 (연수계획 작성 및 연수 감독자)	성명		생년월일	
	직책		해당업종 근무 기간	※현재 근무 중인 사업장 이외의 근무경력은 ( )안에 별도 표기
고충상담관 (연수생의 생활지도 및 고충상담 담당자)	성명		생년월일	
	직책		현 사업장 근무기간	※ 현재 근무 중인 사업장에서 근무연수만 기재
연수 내용	실무연수	시간	※ 특별한 사유가 없는 경우 1일 8시간 초과 및 야간연수 금지	
		내용	(구체적으로 기재)	
	비실무 연수	시간	※예시: "2시간(오전 9시 – 10시, 오후 13시 – 14시)	
		내용	공장견학, 실무연수에 필요한 이론교육, 출입국관리법 교육, 한국어교육, 직장생활에 필요한 예절교육 등과 같이 구체적으로 기재	

※ 실제 연수를 받은 연수생이 서명을 한 '기술연수생 명단'을 동 연수일지에 첨부하여 보관할 것

연수 담당관   (서명)

210mm×297mm(일반용지 70g/㎡)

일반연수(D-4)

활동범위 및 자격 해당자	유학(D-2) 자격에 해당하는 교육기관 또는 학술연구기관 외에 교육기관이나 기업체 · 단체 등에서 교육 또는 연수를 받거나 연구활동에 종사하려는 자
1회에 부여할 수 있는 체류기간 상한	● 2년
체류자격외 활동	● 원칙적으로 체류자격외 활동 억제(확인 필요) 1. "유학(D-2) 자격 체류자격외 활동 허가" 참조 2. 일반연수(D-4-1) 자격소지자의 회화지도(E-2) 자격외 활동 ※ 어학연수(D-4-1)자격 소지자는 어학연수(D-4-1)자격 취득일부터 6개월 경과된 경우 체류자격외 활동 가능
근무처의 변경 · 추가	● 해당사항 없음 ※ 영리목적이 아닌 문화예술(D-1), 유학(D-2), 일반연수(D-4) 자격소지자 의 소속기관 또는 단체의 변경(명칭변경 포함)과 취재(D-5), 종교(D-6), 주재(D-7), 기업투자(D-8), 무역경영(D-9)자격소지자의 소속기관 또는 단체의 명칭이 변경되는 경우에는 법 제35조의 외국인등록사항 변경신고를 받아 처리(시행규칙 제49조의 2)
체류자격 부 여	● 해당사항 없음

체류자격 변경허가
 	
☑ 목차
체류자격 변경허가
	1. 어학연수(한국어연수: D-4-1, 외국어연수: D-4-7) 체류자격 변경허가
	가. (기본원칙) 외국인 등록 후 국내에서 합법적으로 체류 중인 장기체류자에
	대해서는 자격변경 허용, 단기체류자(B, C 계열 자격)에 대해서는 원칙적
	으로 자격변경 제한. 단, 등록외국인중 기술연수(D-3), 비전문취업(E-
	9), 선원취업(E-10), 기타(G-1)자격 소지자는 자격변경 제한
	※ 고등학교 졸업 이상 학력 소지자만 어학연수 체류자격 변경허가 가능
	(단, 외국어 연수(D-4-7)는 고등학교 이하의 학교 재학생도 가능)
	※ 학력입증 절차는 유학(D-2) 비자 신청 시와 동일
	
	나. 제출서류
	
	| 공통서류
		① 신청서, 여권, 외국인등록증 (소지자), 사진 1매, 수수료
		② 교육기관 사업자등록증 또는 고유번호증 사본
		③ 표준입학허가서* (대학 총 · 학장 발행)
		 * 유학생정보시스템(FIMS) 정보확인으로 제출에 갈음하고
		  국립국제교육원 초청 장학생은 교육원장이 발급한 '초청장'으로
		  대체
		④ 재정 입증서류*	

초, 중, 고등학교 재학생* *졸업예정자 는 제외	* 부 · 모 잔고증명서 제출 시 가족관계증명서 추가 제출 필요 ⑤ 재학증명서 또는 최종학력입증서류 ⑥ 연수계획서(강의시간표, 강사구성표, 연수시설 등의 내용을 포함
	⑦ 유학생보험증서* 또는 국민건강보험 * 체류기간 이상의 보험기간이 명시된 국내외 보험사의 보험증서
법무부장관 고시국가 국민	연령 등을 고려할 때, 어학연수 필요성이 적다고 판단되는 경우 어학연수 필요성 소명자료를 추가로 요구할 수 있음

2. 졸업생에 대한 일반연수(D-4-2) 자격 등으로의 변경

가. 대　상
- 국내대학 (전문대 포함) 졸업예정자로서 외국인 투자기업 또는 외국에 투자한 국내기업에서 연수가 필요하다고 인정되는 자

나. 연수장소
- 취업한 해외 소재 내국인 투자기업의 국내 모기업 또는 외국지사
- 취업한 해외 소재 외국기업의 국내소재 본사 또는 지사 · 계열사

다. 제출서류
① 신청서, 여권, 외국인등록증, 사진 1매, 수수료
② 연수의 필요성을 입증하는 서류 (취업확인서, 연수계획서 등)
③ 외국인 투자기업임을 입증하는 서류
④ 외국인 투자기업 또는 외국에 투자한 국내기업임을 입증하는 서류

3. 고등학교 이하 외국인유학생(D-4-3) 자격으로 변경

가. 해당자
- 국내에서 현재 합법적으로 외국인 등록을 하고 장기체류하고 있는 자로 서 아래 교육기관의 입학허가를 받은 자(사증면제협정 입국자 포함)
※ 단, 장기체류자중 기타 (G-1)자격 소지자는 제한, 단기체류자도 제외

나. 교육기관
- 「초중등교육법」제2조 제1호~3호에 따른 초등학교, 중학교, 고등학교(공 민학교, 고등공민학교, 방송통신중 · 고등학교, 고등기술학교는 제외), 제5호 각종학교 중 외국인학교*(대안학교 등 제외),「경제자유구역 및 제

체류자격 변경허가

주국제자유도시 외국교육기관 설립·운영에 관한 특별법」제2조 제2호에 따른 외국교육기관

* 「초중등교육법」제60조의2(외국인학교) ① 국내에 체류 중인 외국인의 자녀와 외국에서 일정 기간 거주하고 귀국한 내국인 중 대통령령으로 정하는 사람을 교육하기 위하여 설립된 학교 → 초중등교육법에 따라, 외국인학교 외국인 입학대상은 단독 입국한 외국인 자녀와 귀화자의 자녀를 포함

라. 해당자

자비부담 외국인 유학생	■ <u>상기 교육기관(국공립은 제한)에서 입학허가를 받아 입학 예정 이거나 재학 중인 외국인유학생</u>으로서 <u>체재비 등 요건을 갖추고 지정된 후견인이 있는 자</u> ■ 체재비(학비 + 1년간 생활비) · 학비(수업료, 기숙사비, 입학금 등 유학관련 비용 일체) · 1년 간 생활비: 1인 기준 한화 600만원 상당(후견인으로 부모 1인 동반 시 부모 1년 생활비 한화 1,200만원 상당 별도 추가)* * 외국인유학생의 생활비는 '13년 보건복지부 고시 최저생계비 (1인 572,168원) 수준 상당액(연간 600만원)을 적용하고, 동반 부모의 체재비는 거주지 등이 갖추어지지 않은 점을 고려 최저생계비 2배 수준 상당액(연간 1200만원)을 적용 ■ 후견인 · 국내 체류 중인 국민 또는 외국인 · 불법체류 다발국가(21개국)* 외국인유학생의 후견인은 연간소득 2,600만원 이상 또는 1억 4,000만원 이상에 상당하는 자산 보유 등 재정요건**을 갖춘 자로 한정 (재정요건은 연간소득이나 자산 요건 중 택일 가능) * <u>불법체류 다발국가(21개국)</u>: 중국, 필리핀, 인도네시아, 방글라데시, 베트남, 몽골, 태국, 파키스탄, 스리랑카, 인도, 미얀마, 네팔, 이란, 우즈베키스탄, 카자흐스탄, 키르기즈스탄, 우크라이나, 나이지리아, 가나, 이집트, 페루 ** 연간소득이나 자산은 본인 및 배우자 소득 또는 자산의 합산이 가능하며, 연간소득 및 자산의 기준은 대한

▣ 목차
체류자격 변경허가

	민국 '12년 1인당 국민소득(GNI) 한화 2,550만원, '12년 중위가구 평균 순자산 1억 3,800만원 수준을 고려한 것임 · 외국인인 경우 외국인등록을 한 국내 장기 체류가 가능한 자격 소지자 · 후견인 1인 당 후견 가능한 외국인유학생은 2명 이내로 제한 ☞ 단, 고등학교(중학교 이하 제외) 전·입학자로 해당학교 기숙사 입소자는 후견인 면제(학교장 명의 입소확인서 필요)
정부기관 또는 공공기관 초청 외국인 유학생	■ 상기 교육기관에서 입학허가를 받고 입학 예정이거나 재학 중인 외국인 유학생으로서 <u>정부기관 또는 공공기관 초청 전액 장학생인 자</u> ■ <u>체재비 및 후견인은 초청 기관장의 공문으로 갈음</u>
법인 등 단체 초청 외국인 유학생	■ 상기 교육기관에서 입학허가를 받고 입학 예정이거나 재학 중인 외국인 유학생으로서 <u>법인, 종교단체 등 단체 초청 전액 장학생인 자</u> ■ <u>재정요건 및 후견인은 초청 단체장의 공문으로 갈음할 수 있으나, 초청 단체의 공신력, 재정능력 등의 확인이 필요하다고 판단되는 경우 단체의 재정능력 입증 및 별도의 후견인 지정 요청 가능</u>

	첨부서류
공통서류	① 신청서 (별지 제34호 서식), 여권, 외국인등록증(소지자), 표준규격사진 1매, 수수료 ② 교육기관 사업자등록증(또는 고유번호증) 사본 ③ 입학허가서(학교장 발행, 붙임 1 서식)* 및 재학증명서 (해당자) 　* 외국인유학생(D-4-3) 자격변경자는 재학여부와 관계없이 입학허가서 제출 필요 ④ 최종 학력 입증서류(졸업증명서 또는 재학증명서 등)
자비부담 외국인유 학생 추가서류	⑤ 학비 내역을 확인할 수 있는 자료 (수업료·기숙사비·입학금 등 유학관련 비용 일체를 확인할 수 있는 학교 공문 또는 모집 요강 등) ⑥ 체재비 입증서류(학비 + 1년간 생활비) 　- 학비(수업료, 기숙사비, 입학금 등 유학관련 비용 일체)

		– 1년간 생활비 체재비(1개월 이상 계속 예치된 기준 이상 금액의 잔고증명서 또는 입출금내역서 등)
		⑦ 후견 보증서* (붙임 2 서식)
		  * 부모(2촌 이내 친인척)가 후견인이 되는 경우에도 후견 보증서 작성
		  – 후견인 면제 대상자는 학교장 명의 '기숙사 입소확인서' 제출
		⑧ 후견인 재정능력 입증서류 (불법체류 다발국가 국민에 한함)
		  – 국내외 정부기관 또는 은행이 발행(인증 또는 공증)한 원천징수영수증, 부동산소유증명, 부동산거래계약서, 예금잔고증명 등
		⑨ 가족관계 입증서류 (불법체류 다발국가 국민에 한함)
		  – 원본을 제출하도록 하고(번역본 첨부 원칙*), 부모의 영문성명을 알 수 있는 여권 사본 등 자료 첨부**
		    * 외국어로 작성된 원본은 번역본을 첨부하고, 번역본 첨부 시에는 번역자 확인서(붙임 3 양식)를 추가로 제출하여야 함
		    ** 〈가족관계 입증서류 예시〉 중국 : 호구부 또는 친족관계공증, 필리핀 : Family Census, 인도네시아 : 가족관계증명서 (KARTU KELUARGA), 방글라데시 : 점머 까꺼즈 또는 점마 싸이드티켓, 베트남 : 호적부 (So Ho Khau) 또는 출생증명서 (Giay khai sinh), 몽골 : 친족관계증명서, 파키스탄 : Family Certificate, 스리랑카 : 빠울러 서티피케이트, 미얀마 : 가족관계증명서 (잉타웅수사옌), 네팔 : 전마달다, 키르기즈스탄, 카자흐스탄 · 우즈벡 · 우크라이나 · 태국 : 출생증명서

	정부기관 등 기관(단체) 초청 장학생 추가서류	⑤ 전액 장학생 입증서류(기관, 단체의 공문) ⑥ 후견 보증서(필요시, 붙임 2 서식) ⑦ 초청 단체 재정건전성 입증자료(필요시) – 해당단체의 법인등기부등본 등을 통해 자산 내역 파악
	※ 출입국 · 외국인청(사무소 · 출장소)장은 초청의 진정성, 초청자 및 피초청자의 자격 확인 등을 심사하기 위해 첨부서류의 일부를 가감할 수 있음	

4. 우수사설 교육기관 외국인연수(D-4-6)

가. 허용대상

🌑 국내 합법적으로 체류하는 등록외국인으로 연수생 기준에 해당하는 자

※ 변경제한 : B2, C3 자격 소지자 및 기술연수(D-3), 비전문취업(E-9), 선원취업(E-10), 기타(G-1) 자격자는 자격변경 제한

나. 연수 허용기관 기준 (다음 ① ~ ⑤ 요건 모두 충족)

• 국내 상장기업 설립 또는 연계 전문기술 교육기관

※ 국내 상장기업 연계 전문기술 교육기관은 국내 상장기업이 설립에 준하는 투자를 하거나 주도적으로 경영에 참여하는 등 실질적으로 관리하는 교육기관을 말함

• 대학부설 전문기술 교육기관

※ 대학 내에 정식으로 운영 중인 특화된 전문기술 교육 기관(어학당 처럼 독립적인 부속 교육기관)을 의미하며 여러 과정을 함께 진행하는 일반 평생 교육원은 제외됨

• 해외에 본사가 있는 유명 전문기술 교육기관의 국내 지사 또는 독점 운영 계약 체결 교육기관

※ 유명 전문기술 교육기관은 미국, 유럽, 일본 등 해당 기능분야 선진국 소재 교육기관을 말하며, 사증 등을 신청하는 교육기관이 해외 언론 기사, 배출 전문인력의 현황 등 관련 자료를 제출하여 그 타당성을 입증하여야 함

•「근로자직업능력 개발법」제32조1항에 따라 고용노동부장관으로부터 허가 받은 비영리법인형태의 직업능력개발훈련법인 >>> 명단 별첨

•「학점인정 등에 관한 법률 제3조 및 동법 시행령 제3조」에 따라 교육부장 관으로부터 학습과정에 대해 평가인정을 받은 법인형태의 직업기술 분야 평생직업교육학원* >>>> 명단별첨

* '직업기술 분야 평생직업교육학원' 이라 함은「학원의 설립운영 및 과외교습에 관한 법률」제6조에 따라 설립된 학원으로 동법 시행령 제3조의3 제1항 별표2에 따른 '직업기술 분야의 교습과정'을 운영하는 학원을 말함

•「평생교육법」제31조(학교형태의 평생교육시설)에 따른 전공대학교

– 전공대학 : 국제예술대, 백석예술대, 정화예술대

② 설립된 후 1년 이상 경과된 교육기관

③ 교육과정 학비가 반기 기준 400만원(연 기준 800만원) 이상인 교육기관

④ 국가기술자격법 시행규칙 제3조 별표2 또는 학원의 설립운영 및 과외교

습에 관한 법률 시행령 제3조의3 제1항 별표2의 직업기술 교육으로 한정
- 단, 경영·사무관리 및 문화관광 계열, 도배, 미장, 세탁, 장의, 호스피스, 청소 직종 등은 연수과정에서 제외
- 연수 부실방지를 위해 본 지침에서 허용하고 있는 D-4-6 연수과정의 과정별 합산 국민 교육생 유치실적이 신청일로부터 최근 1년간 100명 이하인 교육기관은 연수생 초청 제한
※ D-4-6 연수과정에 해당하는 경우라도 1회성으로 단기간 운영한 과정에 참여한 국민 교육생 수는 유치실적 산정 시 제외(예. 항공사로부터 위탁받아 3일간 실시한 항공서비스 연수과정 등)
⑤ 주중(월-금) 최소 4일 이상, 주당 최소 15시간 이상의 연수과정을 주간에 운영
⑥ 연수생을 위한 기숙사를 갖춘 교육기관
※ 기관에 부속되어 있지 않은 임차 시설인 경우 불인정. 단, 교육기관 대표자 명의로 교육생을 위해 장기 임대계약을 체결한 주거시설은 예외적으로 허용하나, 고시원, 여관, 모텔 등 지속적으로 거주하기 어려운 시설은 불인정

다. 외국인 연수생 기준 (다음 ① ~ ③ 요건 모두 충족)
① 만 18세 이상 30세 이하로, 고등학교 이상의 학력소지자
② 연수기간동안의 국내 체재비를 입증하는 자
- 체류기간 6개월 이상인 경우 등록금 외에 체재비 미화 5,000불 이상
- 체류기간 6개월 미만인 경우는 등록금, 해당 기간 체재비(월 60만원*)를 입증
③ 연수에 필요한 한국어능력*을 보유한 자
- 한국어 능력 기준 : 국립국제교육원 시행 TOPIK 1급 이상 또는 세종학당 초급1 이상 과정 수료자
☞ KLAT 한국어 자격증은 `19.12.31까지만 인정

라. 연수기관별 허용 쿼터 및 불체자 발생 제재
● 연수허용 인원은 과정에 상관없이 연수기관 당 총 100명 이내로 하되, 불법체류자 발생 수만큼 연수허용 쿼터 감축
● 초청자의 법위반 및 불법체류자 과다발생 등에 대한 신규 초청 제한조치
- 연수기관은 아래 사항 발생시 그 사실을 안날부터 15일 이내에 관할 청(사무소·출장소)장에게 신고하여야 하며, 연간 2회 이상 해당신고를 어길 경우 6개월간 신규초청 불허
※ 초청한 연수생의 미입국, 입국 후 미등록, 연수도중 완전출국 또는 소

재불명, 연수 종료 후 미출국 등(신고절차 등은 법 제19조를 준용함)
- 초청인원 대비 아래 불체율에 해당될 경우 1년간 신규초청 불허하고, 불허 기간 중 추가 불체자 발생율이 초청인원의 2%를 넘어설 경우 연수중단
※ 초청인원 15명 이하(불체율 30%), 초청인원 16명 ~ 50명(불체율 20%), 초청인원 51명 이상(불체율 15%), 단, 불체자가 자진하여 출국하는 경우(강제퇴거, 출국명령자 등은 제외)는 불체율 산정에서 제외

첨부서류	
연수생 준비서류	• 신청서(별지 제34호 서식), 여권사본, 표준규격사진 1매 • 최종학력 입증서류(공증) 및 입학허가서(교육기관장 발행) • 재정능력 입증서류 (잔고증명, 부모 재정능력 등) • 등록금 또는 교육비 납입증명서 • 한국어 능력 입증서류(토픽 1급이상, 세종학당 초급1과정 이상 수료자- 수료증)
연수기관 준비서류	• 교육기관설립관련 서류 • 교육기관 법인등기부등본(등기사항전부증명서, 법원 발행) • 사업자등록증 또는 고유번호증 사본 • 연수계획서(강의시간표, 강사구성표, 연수시설, 학비 등의 내용 포함) • 기숙사 보유 입증서류 • 학원설립·운영 등록증(교육청 발행, 직업기술과정) • 직업능력개발훈련법인 설립허가서(직업능력개발 훈련법인 입증 등 관련입증서류, 직업능력개발훈련법인에 한함) • 상장기업입증서류 및 교육기관이 해당 기업과 연계 또는 기업에 의해 설립되었음을 입증하는 서류(국내 상장기업 연계 또는 설립기관에 한함) 　※ 공적증명서로 증명이 어려운 경우에도 그에 준하는 서류로 관련성 입증 가능 • 대학부설 시설 전문교육기관임을 입증하는 서류(대학부설 교육기관에 한함)

<table>
<tr>
<td></td>
<td>

• 해외 교육기관의 국내지사 또는 독점 운영계약자임을 입증하는 서류(해외교육기관 국내지사에 한함)
• <u>교육기관의 국민 교육생 유치 실적* 증빙 서류</u>
  <u>* 본 지침에서 허용하고 있는 D-4-6 연수과정의 국민 교육생 유치실적</u>
• 기타 교육기관 정상운영 및 교육과정 정상 운영 능력 입증 서류

※ 출입국·외국인청(사무소·출장소)장은 초청의 진정성, 초청자 및 피초청자의 자격 확인 등을 심사하기 위해 첨부서류의 일부를 가감할 수 있음

---

5. 사증면제(B-1) 자격으로 입국한 독일인에 대한 장기체류자격으로 변경
  가. 허가체류자격 : 기술연수(D-3), 비전문취업(E-9) 및 관광취업(H-1)을 제외한 모든 장기체류자격

  나. 허가기간 : 체류자격별 1회 부여할 수 있는 체류기간의 상한

</td>
</tr>
<tr>
<td>체류기간 연장허가</td>
<td>

1. 어학연수생(D-4-1, D-4-7)에 대한 체류기간 연장허가
가. 기본원칙

가사휴직 불인정

◉ 개인적인 사정 및 학점미달 등의 사유로 학업 중단 (휴학)자는 체류기간 연장 제한
◉ 다만, 질병·사고 등 부득이한 사유가 있다고 인정되는 경우에는 예외적으로 해당 체류자격으로 변경 등 조치

인증대학 재학생에 대한 인센티브 제공

◉ <u>(대상)</u> 인증대학 재학생 중 평균학점 (이수학점 기준) C학점 (평점 2.0) 이상인 자
◉ <u>(제출서류) 원칙적으로 미 징구</u>
 – FIMS 상 학사정보 확인으로 대체하고 <u>재정입증 서류 생략</u>

부실대학 등 재학생에 대한 심사 강화

◉ <u>(대상)</u> 부실대학 등 재학생 중 평균학점 (이수학점 기준) D학점 (평점 1.

</td>
</tr>
</table>

0 이하) 이하인 자
- (제출서류) FIMS 상 학사정보 활용 (재학여부, 학점 등), 재정입증 서류

연수중 학적 등이 변경된 경우 연장제한(어학연수 포함)

- (적용대상) 아래중 하나에 해당하는 경우
ⅰ) 이전 대학에서 제적(자퇴, 미등록, 징계 불문)에 따라 타 대학으로 연수장소를 변경, 편입, 재입학하는 경우
ⅱ) 동일 과정 또는 동일 대학 유학중 야간 또는 주말과정으로 변경된 경우
- 원칙적으로 체류허가 제한, 출국 후 해당 대학으로 사증을 받아 재입국

온라인 또는 유학생 담당자를 통한 연장 징려 (혼잡 완화 방안)

- (대상) 인증 대학 재학생 등 직접방문 심사대상이 아닌자
- (신청예시)
  - 온라인 신청 : 유학생 본인 또는 유학생 담당자
  ※ 유학생담당자의 경우 최대 8명까지 일괄 신청 가능
  - 직접방문 : 유학생 본인 또는 유학생 담당자

나. 제출서류
① 신청서 (별지 34호 서식), 여권, 외국인등록증, 수수료
② 재학을 입증하는 서류
  - 재학증명서, 교환학생 연장증명서, 연구생 증명서 등
③ 학업을 정상적으로 수행하고 있음을 입증하는 서류
  - 성적증명서, 출석확인서 등
④ 재정입증 서류
⑤ 모집요강 (연수일정 명시) 또는 연수계획서 (한국어연수생에 한함)
⑥ 체류지 입증서류(임대차계약서, 숙소제공 확인서, 체류기간 만료예고 통지우편물, 공공요금 납부영수증, 기숙사비 영수증 등)
⑦ 유학생보험증서 또는 국민건강보험 증서(초·중·고 재학생 중 해당자)

2. 고등학교 이하 교육기관 외국인유학생(D-4-3)의 체류기간연장 제출서류
  ① 신청서(별지 제34호 서식), 여권, 외국인등록증, 수수료
  ② 재학 입증하는 서류 (재학증명서, 입학허가서 등)
  ③ 학비 등 체재비 입증 서류 (학비납입증, 1개월 이상 계속 예치된 기준액 이상의 잔고증명서, 초청 단체 공문 등)

<table>
<tr>
<td rowspan="2"></td>
<td>

④ 후견보증서 및 재정능력 입증서류(후견인이 변경되는 경우)

⑤ 체류지 입증서류(임대차계약서, 숙소제공 확인서, 체류기간 만료예고 통지우편물, 공공요금 납부영수증, 기숙사비 영수증 등)

3. 한식조리연수생(D-4-5)의 체류기간연장 제출서류

① 신청서 (별지 34호 서식), 여권, 외국인등록증, 수수료

② 사업자등록증 (또는 고유번호증) 사본, 법인등기부 등본 (해당자)

③ 연수비 납입증명서 (연수비 추가 납입 시 해당)

　※ 연수기관이 연수비 및 체재경비 등을 부담하는 경우에는 연수기관이 발행한 경비부담 확인서로 대체

④ 연수 계속의 필요성을 소명하는 서류 (연장 사유 및 연수 일정 등이 포함된 계획서 등)

⑤ 연수기관 장의 추천서 (연수성적 및 출석율 명시)

⑥ 한국어능력 입증서류 (한국어기초능력 증명 면제신청서 제출자에 한함)

⑦ 건강진단서 (치료예정확인서 제출자에 한함)

⑧ 체류지 입증서류(임대차계약서, 숙소제공 확인서, 체류기간 만료예고 통지우편물, 공공요금 납부영수증, 기숙사비 영수증 등)

4. 우수사설교육기관 외국인연수(D-4-6)의 체류기간연장 제출서류

① 신청서 (별지 34호 서식), 여권, 외국인등록증 수수료

② 연수를 정상적으로 수행하고 있음을 입증하는 서류

③ 재정능력입증서류

④ 연수계획서 (체류기간 1년 초과자)

　※ 일반연수 기간은 원칙적으로 입국일로부터 최대 1년

</td>
</tr>
<tr>
<td>

재입국허가

1. 재입국허가 면제 제도 시행('10.12.1.자 개정 시행규칙)

– 등록을 필한 외국인이 출국한 날로부터 1년 이내에 재입국하려는 경우 재입국허가 면제

– 체류기간이 1년보다 적게 남아있는 경우 체류기간 범위 내에서 재입국허가 면제

※ 단, 입국규제 등의 사유로 재입국허가를 받아야 하는 유학생은 체류지 관할 청(사무소·출장소)에 재입국허가를 받아야 함

2. 복수재입국허가 (사우디아라비아, 이란, 리비아는 복수재입국제한. 단, 동 국가의 국민 중 결혼이민(F-6), 유학(D-2), 일반연수(D-4)는 가능)

– 출국 후 체류기간 범위 내에서 1년을 초과하여 2년 내에 재입국을 하려는 경우

– 신청서류 : 신청서(별지 34호서식), 여권 원본, 외국인등록증, 수수료

</td>
</tr>
</table>

외국인등록	1. 외국인등록 제출서류
	① 신청서(별지34호 서식), 여권원본, 표준규격사진1장, 수수료
	② 재학증명서, ③ 체류지 입증서류
	
	2. 한식조리연수의 외국인등록 제출서류
	① 신청서(별지34호 서식), 여권원본, 표준규격사진1장, 수수료
	② 연수기관 사업자등록증 (또는 고유번호증) 사본
	③ 법무부 지정병원에서 발급한 건강진단서
	
	3. 고등학교 이하 외국인유학생(D-4-3) 제출서류
	① 신청서(별지34호 서식), 여권, 사진(6개월 내 촬영 반명함) 1장, 수수료*
	  * 정부 등 초청 국비 장학생도 시행규칙 제74조에 의거 등록 및 등록증
	   (재)발급 수수료 납부 대상자임
	② 재학 증명서**
	  ** 은행계좌 개설, 숙소 임차 등의 사유로 입학 전 외국인등록을 신청하고
	   자 하는 경우 학비 납입증명서로 대체 가능
	③ 장학생 입증서류 (해당자, 기관·단체의 공문)
	
	4. 외국인등록사항 변경신고
	가. 신고사항 : 성명, 성별, 생년월일 및 국적, 여권의 번호·발급일자유효기
	    간
	나. 신고대상 : 소속기관 또는 단체의 변경(명칭변경 포함)이나 추가('10.11.1
	    6.)
	다. 신고기한 : 변경일로부터 15일 이내 신고
	라. 제출서류
	  ① 외국인등록사항변경신고서, 여권 및 외국인등록증, 수수료 없음
	  ② 재학증명서 및 前 학교 제적증명서(학교변경의 경우)
	
	5. 외국인유학생 체류지변경신고
	가. 전입한 날로부터 15일 이내에 신체류지 시·군·구청장 또는 신체류지
	    관할 출입국·외국인청(사무소·출장소)장에게 신고
	나. 제출서류
	   체류지변경신고서, 여권 및 외국인등록증

기타	1. 우수사설교육기관 연수중인 학생의 현장실습
	○ 실습생 요건 : 체류기간 6개월이 경과한 연수생으로 한국어능력 토픽 2급
	  (세종한국어 2급 또는 KIIP 2단계 이상 이수자 포함) 이상 소지자 중 출석
	  율이 90% 이상이고 교육기관장의 추천을 받은 연수생

▣ 목차

○ 실습 분야 : 해당 교육과정과 직접적으로 연계되는 분야로 한정 운영
○ 실습 기관 : 교육기관별 10곳 이내(교육기관이 명단 별도 관리)
  - 교육기관과 현장실습 협약(업종, 시간, 조건 등 표기)을 체결한 기관으로 국민 고용인원이 5명 이상인 기관(사업장 포함)
  - 교육기관에서 50㎞이내에 위치한 기관
○ 실습 제한기관 : 최근 5년 이내 근로기준법, 산업안전보건법 위반으로 과태료이상의 처벌을 받은 기관
○ 실습기관의 의무 : 진로지도를 위한 현장 실습 지도자(멘토)를 지정하여야 하며, 노동인권교육, 산업안전보건교육, 성희롱 예방 교육 등 실시하여 인권침해 예방
 ※ 현장실습 지도자 : 해당분야 3년 이상 경력을 소지하고 중급이상의 자격증을 소지한 자
○ 실습시간 : 현장실습은 주말을 포함하여 주당 28시간 이내로 하며, 21시 이후의 현장 실습 활동은 일체 금함
○ 실습활동의 제한 : 해당 분야 기능향상 활동이라고 하더라도 아래의 경우 제한
  - 제조업 분야 단순 생산직 및 건설업 분야
  - 배달, 파견 등 해당 기관의 관리를 벗어나서 하는 외부 활동
○ 제출서류
  - 연수기관 : 현장실습 표준협약서(실습기관과의 MOU 체결 및 실습 요건, 수당, 실습시간, 장소, 실습내용, 휴식시간부여, 야간 실습 금지 등 포함), 실습기관 현장실사 확인서(자체 서식)
  - 실습기관 : 사업자등록증, 대표자 및 담당자 인적사항(신분증 사본)
  - 연수생 : 현장실습 계획서(자체 서식)
○ 현장실습 사전신고 처리(시범운영, 별도 전산시스템 개발 시 까지)
  - 적용 법조 : 출입관리법 제18조(외국인 고용의 제한) 및 제19조(외국인을 고용한 자의 신고의무), 제20조(체류자격외활동)의 예외조항
  - 신고절차 : ❶ 연수기관장이 관할지방 출입국외국인관서장에게 관련 서류를 준비하여 방문 신고(수수료 없음) ❷ 관련서류를 징구하고 신고사항에 대해 유학생 시간제 취업허가 항목에 입력(별도 전산 개발 시 까지) ❸ 유학생 시간제취업허가서 서식을 활용하여 신고확인서 발급
○ 허가를 받지 않은 자에 대한 행정 제재
  - 외국인 : 불법취업 위반으로 관련 규정에 따라 처리
  - 교육기관 : 1차 적발일로부터 1년간 현장실습 허가 제한, 현장실습 제한 기간 중 적발된 경우 사증발급 추가 제한
  - 실습기관 : 불법고용에 해당되므로 관련 규정에 따라 처리
○ 허가 조건을 위반한 자의 행정 제재

- 외국인 : 연수기간 중 일체의 현장실습 허가 제한
- 교육기관 : 적발일로부터 6개월간 현장실습 허가 제한
- 실습기관 : 적발일로부터 1년간 현장실습 허가 제한

2. 우수사설교육기관의 기타 교육
○ 사회통합프로그램 참여
- 연수생들이 특정활동(E-7) 자격 변경 요건을 갖추기 위해 연수기관은 법무부에서 시행하는 사회통합프로그램 참여 방법 등 안내
○ 한국어 교육 과정 운영
- 연수기관은 기관에 등록된 연수생만을 대상으로 자체적으로 학업수행에 필요한 한국어 교육(한국어 강가 자격증 소지자)을 실시 할 수 있음
- 한국어 과정 운영에 따른 추가 교육비 징구는 엄격히 금지되며, 필수 기술연수 시간(주 15시간이상)에서 제외

3. 우수사설교육기관 연수 수료생 취업 특례
○ 특정활동(E-7) 자격변경 허용
- 전문학사 이상 소지 연수생이 해당 연수과정을 정상적으로 수료하고 특정활동(E-7) 요건을 갖춰 자격변경을 신청할 경우 허용
※ 단, 취업예정 일자리가 전문 기술·기능직에 해당(현 E-7 85개 직종)하고 소지 학위 및 연수과정의 전공과 관련성이 있는 경우에 한함
- (우수사설기관 연수 수료자) 해외 전문학사 이상 학력 소지자 중 해당 전공분야의 국내 연수과정(D-4-6, 20개월 이상)을 정상적으로 수료하고 국내 공인 자격증 취득과 사회통합프로그램을 4단계 이상을 이수한 외국인에 대해 해당 전공분야로의 자격변경을 허용 (E-7-4 분야 제외). 단, 개별 직종에서 별도 요건을 정한 경우 해당 요건을 충족해야 함
※ 취업예정 일자리가 전문 기술·기능직에 해당하고 소지 학위 및 연수과정의 전공과 관련성이 있는 경우에 한함

교육부 학점인정법에 의거 평가 인정된 기술계 학원(19.4.1)

<교육부과>

연번	기관명	연락처	비고
1	디아프(DIAF)패션디자인학원		
2	서울사다패션스쿨학원		
3	에스모드서울패션디자인학원		
4	한국방송아카데미		
5	한국자동차정비학원		
6	나래스트 청량리미용학원		

직업능력개발훈련법인 명단('19.6.1.)

고용부

번호	훈련법인명(정식)	설립허가일	소 재 지	지청(센터)
1	(재)국제인재능력개발원 (구. 현대전산원, 강북IT직업전문학교, 강북직업전문학교)	'92.10.13	서울 동대문구 난계로 250	서울청 (서울센터)
2	(재)서울직업전문학교	'88.12.24	서울 종로구 종로 375(숭인동 165)	서울청 (서울센터)
3	(재)세우방송예술직업전문학교	'96.03.06	서울 동대문구 장안3동 465-11	서울청 (서울센터)
4	(재)청년취업훈련센터 (구. 한국항공직업전문학교, 서울항공직업전문학교)	'01.08.21	서울 동대문구 왕산로 60-1	서울청 (서울센터)
5	재단법인 다산인재개발원 (구. 한국기술개발직업전문학교, 한국IT직업전문학교)	'98.09.19	서울 서초구 양재동 145-5	서울청 (서초센터)
6	한국세무직업전문학교 (구. 반도직업전문학교)	'93.12.14	서울 서초구 강남대로305, 현대렉스온 2525호	서울청 (서초센터)
7	직업능력개발훈련법인 서울종합예술실용학교	'99.04.12	서울 강남구 테헤란로 505(삼성동 157-36)	서울강남
8	(재)세종직업전문학교 (구.(재)한양직업전문학교, 2014.8.14 변경)	'93.02.24	서울 용산구 동자동6-1	서울서부
9	(재)서울예술실용전문학교 (구. 한성직업전문학교)	'74.08.26	서울 서대문구 홍제동 319-1	서울서부
10	(재)아세아항공직업전문학교	'93.02.11	서울 용산구 원효로1가 1-2	서울서부

11	(재)서울현대교육재단	'93.02.24	서울 영등포구 당산동6가 341-4,7	서울남부
12	(재)서울호서직업전문학교	'93.01.27	서울 강서구 등촌3동 680-1	서울남부
13	한국산업교육원	'01.07.23	서울 영등포구 신길동 65-80	서울남부
14	(재)현대산업직업전문학교 (구. 현대전산직업전문학교)	'93.02.11	서울 양천구 중앙로 305	서울남부
15	(재)고려직업전문학교 (구. 고려정보직업전문학교)	'00.09.28	서울 동작구 노량진동 128-2	서울관악
16	직업능력개발훈련법인 서연 부설 서강직업전문학교	'99.05.31	서울 금천구 독산1동 335-7	서울관악
17	서울디자인직업전문학교 (구. 서울디지털디자인직업전문학교)	'97.01.06	서울 금천구 독산1동 151-7	서울관악
18	(재)원화 (구. 서울남부직업전문학교, 한국디지털미디어콘텐츠교육원)	97.05.20.	서울 금천구 가산디지털1로 131, 비와이씨하이시티 B동 704호	서울관악
19	(재)한국산업훈련협회	'86.07.18	서울 구로구 디지털로34길 43, 907(코오롱싸이언스밸리 1차)	서울관악
20	재단법인 한국공업직업전문학교	'88.12.24	인천시 남구 경인로 214(도화1 동 620-5)	중부청
21	재단법인 로이교육재단 (구. 글로벌에듀)	'87.03.30	인천 부평구 부평대로 283, A동 B208호(청천동)	인천북부
22	(재)BBS미용예술실용전문학교 (구. 부천직업전문학교, BBS부천미용직업전 문학교)	'99.02.19	경기 부천시 부천로2번길 29, 1, 2,3,5층	부천
23	(재)한국전기직업전문학교	'98.06.29	경기 포천시 일동면 길명리 321 -6	의정부
24	한국직업교육재단 (구. 재단법인 열린직업전문학교)	'99.09.20	경기 시흥시 마유로 418번길 18, 정왕프라자 507~508	안산
25	재단법인 한국호텔관광교육재단	'89.06.14	경기 안산시 단원구 중앙대로 93 7 (고잔동)	안산
26	(재)부산인재개발원 (구. 윤익인력개발원)	'92.12.29	부산시 수영구 수영로 525(광안 동)	부산동부
27	재단법인 이찬 (구. 경남직업능력개발원)	'93.07.10	경남 창원시 마산회원구 합포로 274	창원
28	(재)김해직업훈련원	'99.08.20	경남 김해시 분성로 172번길 16	양산
29	(재)한국산업기술개발원	'93.12.30	경남 거제시 연초면 거제대로 42 13	통영
30	재단법인 경기교육원 (구. 대구기술교육원, 성광직업전문학교, 영남직업전문학교)	'93.09.09	대구 동구 율하서로 98	대구청
31	직업능력개발훈련법인 대구대재단	'00.10.26	대구 남구 대명동 2288	대구청
32	(재)대구직업전문학교	'98.11.12	대구 북부 칠성동 2가 538-13	대구청
33	(재)영진산업인력개발원	'99.06.14	경북 칠곡군 지천면 연화리 산87	대구서부
34	(재)중앙전산직업전문학교	'98.09.07	경북 영주시 영주시 하망동 545 -39	영주
35	대원산업기술교육원	'93.01.27	광주 북구 동운로 96	광주청
36	상무대학직업전문학교	'92.12.03	광주 서구 동천동 136	광주청
37	재단법인 한국능력개발원	'92.12.29	광주시 동구 무등로 339 (계림	광주청

			동)	
38	백제직업전문학교	'93.05.21	전북 전주시 서노송동 617-3	전주
39	재단법인 중앙종합직업전문학교	'90.04.16	전남 목포시 석현동 668-10	목포
40	전남인력개발원 (구. 한국직업전문학교)	'98.04.30	전남 목포시 상동 891-2	목포
41	(재)대덕인재개발원 (구. 대덕직업전문학교, 대덕전문학교, 대덕정보기술연구원)	'89.05.03	대전시 중구 중앙로 76 (대흥동)	대전청
42	대한산업인력개발원 (구. 청주직업전문학교)	'00.06.13	충북 청주시 서원구 사직대로 270	청주
43	재단법인 덕우직업전문학교	'94.03.18	충남 아산시 탕정면 탕정면로 207번길 38	천안
44	직업능력개발훈련법인 (재)새천안직업전문학교 (구. 한림직업전문학교, 진명직업전문학교)	'01.04.10	충남 천안시 서북구 쌍용15길 36	천안

※ 교육부 학점인정법에 의거 평가 인정된 기술계 학원 및 직업능력개발훈련법인 명단은 관계법령
  에 근거한 지정 기준 변경에 따라 상기와 다를 수 있음

참고 : 현장실습 관련 서식

현장실습 기업 방문조사 카드(예시)					
기업명					
주소					
담당자	성명		부서		직위	
연락처	전화		e-mail		FAX	
상시근로자 수					
실습 가능 직무명 및 직무내용 (구체적으로 기술)					
자체 신입사원 프로그램 여부 및 주요 내용			학습 중심 현장실습 연계 가능성		
학과 전공과의 관련성					
사업장 면적	m²	현장실습 지도자	– 동일직종 자격증 유/무 ( ) – 동일분야 현장경력 ( )년		
가입보험	□ 건강보험 □ 국민연금 □ 산재보험 □ 상해보험 □ 고용보험 □ 직업훈련재해보험				
식사	1일 ( )식			실습생 부담액:	
실습 시 수당	수당 ( )원				
실습 희망인원	○○과	○○과	○○과	계	
	남 ( )명 여 ( )명	남 ( )명 여 ( )명	남 ( )명 여 ( )명	남 ( )명 여 ( )명	
구비서류	□ 이력서 □ 주민등록등본 □ 자격증사본 □ 학교장추천서 □ 학교생활기록부사본 □ 기타 ( )				
유해사업장 여부					
기타의견					

OO기업 현장실습 프로그램 구성 및 운영계획서(예시)

회사명		부서명		주소	
담당자 (전담지도자)		직위		연락처	전화:
					E-mail:
사업장 면적	㎡	현장실습 지도자		- 자격증 유/무 ( ) - 동일분야 현장경력 ( )년	
실습기간					
실습목표					
전공관련성					
관련 교과목					
기타 필요사항					

현장실습 프로그램(안)

구분	주차	실습내용	실습방법	담당자	비고
오리엔테이션					
기초 교육					
실무 교육					
평가					

현장실습 표준협약서(예시)

제1조 (목적) 이 현장실습협약서는 _____회사대표(이하 "사업주"라 한다)와 _____연수생(이하"현장실습생"이라 한다) _____연수기관(이하"직업교육 훈련기관 대표"이라 한다) 상호간에 현장실습에 필요한 사항을 정하고 이를 성실하게 준수할 것을 약정함을 그 목적으로 한다.

제2조 (용어의 정의) "현장실습생"은 임금을 목적으로 근로를 제공하는 근로자와 달리 교육 또는 훈련을 목적으로 사업 또는 사업장에서 일(업무)을 경험하는 자를 말한다.

제3조 (현장실습 기간) ① 현장실습 기간은 20____.____.____. ~ 20____.____.____으로 한다.
② 현장실습 기간은 "현장실습생" 및 "직업교육훈련기관 대표"와의 합의에 의해 수업일수 범위 내에서 정할 수 있다.

제4조 (현장실습 장소) 현장실습은 "사업주"와 "직업교육훈련기관 대표", "현장실습생"이 합의하는 업체에서 실시한다. 단, 현장실습 장소와 연수기관의 거리는 편도 1시간 이내 또는 편도 50km 이내에 있는 곳으로 편성한다.

제5조 (현장실습 방법) ① 현장실습은 직업교육훈련과정에 의거 "사업주"가 "직업교육 훈련기관 대표"와 협의하여 작성한 현장실습계획에 따라 실시한다.
② "사업주"는 "현장실습생"이 재학 중인 직업교육훈련기관에 출석하여 직업교육훈련 및 평가를 받도록 협조하여야 한다.
③ "직업교육훈련기관 대표"는 "현장실습생"의 현장실습에 앞서, 현장실습계획, 현장 실습방법, 준수사항, 관련법 등을 포함한 사전교육을 실시하여야 하며, 사전교육 내용은 "사업주"와 협의하여야 한다.

제6조 (사업주의 의무) "사업주"는 현장실습이 학습 중심의 직업교육으로 실시될 수 있도록 하며 다음 각 호의 사항을 준수한다.
1. "현장실습생"의 전공과 희망을 고려하여 현장실습부서에 배치하고, "현장실습생"이 다양하고 폭넓은 현장 경험을 쌓을 수 있도록 기회를 제공한다.
2. 현장실습을 지도할 능력을 갖춘 담당자를 배치하여 "현장실습생"의 현장실습을 성실하게 지도한다.
3. 현장실습 지도자는 해당 공인자격 소지 및 현장경력 3년 이상 근무한 자로 선정한다.
4. "직업교육훈련기관 대표"가 현장실습계약의 이행 여부 등을 확인하고자 할 경우 이에 협조하는 한편 그 확인결과를 현장실습에 반영하도록 노력한다.
5. "현장실습생"에게 「근로기준법」, 「산업안전보건법」 등 노동관계법령에 대한 교육을 실시하여야 한다.
6. "현장실습생"에게 직장 내 성희롱 예방교육을 실시하여야 한다.

제7조 (현장실습생의 권리) ① "현장실습생"은 학습중심의 현장실습 교육을 받을 수 있도록 적정한 지도를 받을 수 있는 권리를 가진다.
② "현장실습생"은 현장실습기간 중 산업재해로부터 보호받을 권리와 산업재해 시 적정한 보상을 받을 권리를 가진다.

③ "현장실습생"은 고의 또는 중대한 과실이 있는 경우를 제외하고는 현장실습과 관련하여 불이익을 받지 않을 권리를 가진다.

제8조 (현장실습생의 의무) "현장실습생"은 다음 각 호의 사항을 준수한다.
  1. 현장실습교육을 성실하게 수행한다.
  2. 현장실습기간 중 현장실습표준협약서 및 사규 등 제반수칙을 준수한다.
  3. 현장실습 도중 알게 된 "사업주"의 기밀을 누설하지 않는다.
  4. 현장실습 도중 이탈하는 일이 없도록 한다.

제9조 (현장실습 시간과 휴식) ① 현장실습시간은 1일에 ___시간(현장실습 초기의 적응기간 ___일은 ___시간)으로 하되 1주일에 최대 28시간으로 제한 한다.
② 현장실습 중 휴식시간은 ___분(집체교육훈련 시 1시간당 ___분)으로 한다.
③ 휴일 및 휴가는 "사업주"가 정한 취업규칙을 준용하되, 1주 1회 이상의 휴일을 주어야 한다.
④ "사업주"는 야간(오후 10시부터 오전6시까지) 및 휴일에 "현장실습생"에게 현장실습을 시켜서는 아니 된다.

제10조 (현장실습 수당, 식비 및 용품 등) ① 현장실습 수당은 다음과 같이 지급할 수 있다.
  ※ 수당지급일 : 매월 ____일
  ※ 수당액 : _____원
  ※ 지급방법 : □ 은행지급(계좌번호 : _____) / □ 직접지급
  ※ 산정기간 : 당월   일부터 당(익)월   일까지
② 중식의 제공 여부는 "사업주"가 정하는 취업규칙을 준용한다.
③ "사업주"는 현장실습기간 중 "현장실습생"에게 현장실습교재, 작업복 등 기타 업체에 필요한 물품을 무상으로 제공한다.

제11조 (현장실습의 평가 및 열람) ① "사업주"는 "직업교육훈련기관 대표"가 정한 기준에 따라 "현장실습생"의 현장실습 내용을 평가하여 그 결과를 "직업교육훈련기관 대표"에게 통보한다.
② 현장실습 종료 후 "현장실습생"이 요구한 경우에는 현장실습 평가의 결과를 열람할 수 있다.

제12조 (재해보상) "사업주"는 "현장실습생"이 현장실습과 관련하여 재해를 입은 경우에는 「산업재해보상보험법」에 따라 재해보상을 한다. 다만, "사업주"의 사업이 「산업재해 보상보험법」이 적용되지 아니하는 경우에는 「산업재해보상보험법」의 보상에 준하는 재해보상을 한다.

제13조 (상벌) ① "사업주"는 "현장실습생"의 현장실습태도가 우수하여 타의 모범이 되거나 현장실습기간 중 특별한 선행이 있는 경우에는 포상할 수 있다.
② "사업주"는 "현장실습생"이 현장실습계약서, 기타 현장실습관련 수칙을 위반할 경우 그 내용을 "현장실습생"의 소속직업교육훈련기관의 장에게 통보한다.

제14조 (실습중단) ① "사업주"는 "현장실습생"이 현장실습협약서, 기타 현장실습관련 수칙을 위반하였을 경우 소속 "직업교육훈련기관의 대표"에게 통보하여 중단 등 필요한 조치를 취하여야 한다. 이 경우에는 반드시 "현장실습생"에게 소명기회를 부여하여야 한다.
② "현장실습생"은 "직업교육훈련기관 대표"와 협의하여 "사업주"에게 중단을 요구할 수 있다. 이 경우 "직업교

육훈련기관 대표"는 "사업주"에게 관련 사항을 문서로 통보 해야 한다.

제15조 (현장실습 내용의 변경) 현장실습생의 소질 · 건강 · 기능 습득의 정도 또는 기타의 사유로 인하여 "사업주"가 현장실습 내용을 변경하고자 할 때에는 "현장실습생"과 "직업교육훈련기관 대표"의 동의를 얻어야 한다.

제16조 (현장실습중단 방지) "사업주"는 "사업주"의 귀책사유로 인하여 "현장실습생"의 현장실습이 중단될 경우에는 "직업교육훈련기관 대표"와 협의하여 "사업주"와 동일하거나 유사한 직종의 다른 현장실습 기업으로 "현장실습생"을 알선하는 등 "현장실습생"의 현장실습이 중단되지 않도록 노력하여야 한다.

제17조 (수료증명서) 제5조제1항에 따른 현장실습계획에 따라 "현장실습생"의 현장실습이 종료된 이후 "사업주"는 "현장실습생"이 요구하는 경우 현장실습 수료증명서를 교부한다.

제18조 (준용) 본 협약은 다른 법령에 우선하며 이 협약서에 없는 조항의 경우 「직업교육 훈련촉진법」, 「근로기준법」을 준용한다.

본 협약서는 3부를 작성하여 "사업주", "현장실습생", "직업교육훈련기관 대표"가 기명날인한 후 각각 1부씩 보관한다.

20   .   .

(사업주)   회 사 명
              대표이사   (인)

(현장실습생)   주   소
                성   명   (인)

(직업교육훈련기관 대표)   직업교육훈련기관명
                대   표   (인)

자격 해당자 및 활동범위	● 외국인 신문, 방송, 잡지, 기타 보도기관으로부터 파견되어 국내에 주재하면서 취재 · 보도 활동을 하는 자 ● 외국의 보도기관과의 계약에 의하여 국내에서 주재하면서 취재 · 보도 활동을 하는 자 ● 국내에 지사나 지국이 이미 개설된 외국의 신문, 방송, 잡지, 기타 보도기관으로부터 파견되어 국내에서 취재 · 보도활동을 하는 자
1회에 부여할 수 있는 체류기간 상한	● 2년
체류자격외 활동	**1. 체류자격외활동허가 면제범위 확대** 　원래의 체류목적을 침해하지 않은 범위 내에서 정규교육기관(초 · 중 · 고 및 대학)의 교육을 받고자 하는 때는 체류기간 범위 내에서 별도의 허가 절차 불요 **2. 체류자격외 활동 허가(신고)대상이 아닌 회화지도(E-2) 활동** 　(회화지도 강사에 대한 사증발급 및 체류관리에 관한 통합지침) 　가. 직장 내에서 동료직원 등을 대상으로 하는 회화지도 활동

적용대상	교수(E-1) ~ 특정활동(E-7), 취재(D-5) ~ 무역경영(D-9)자격으로 외국인등록을 마친 합법 체류자
허용기준	소속된 직장 내에서 동료직원 등을 대상으로 하는 외국어 회화지도 활동

나. 영리 또는 유상 목적이 아닌 사회봉사활동 차원의 회화지도 활동

적용대상	외국인등록(등록면제자 포함)을 마친 합법 체류자
허용기준	학교 · 종교 등 사회복지시설 · 주민센터 등에서 영리 또는 유상 목적이 아닌 사회봉사활동 차원의 회화지도 활동

다. 공통사항
　– 회화지도 활동이 주된 활동이 되거나 허용기준 등을 벗어난 회화지도 활동은 자율 허용대상에서 제외

근무처의 변경 · 추가	● 근무처 변경 · 추가 신고대상 아님 ※ 영리목적이 아닌 문화예술(D-1), 유학(D-2), 일반연수(D-4) 자격소지자

	의 소속기관 또는 단체의 변경(명칭변경 포함)과 취재(D-5), 종교(D-6), 주재(D-7), 기업투자(D-8), 무역경영(D-9)자격소지자의 소속기관 또는 단체의 명칭이 변경되는 경우에는 법 제35조의 외국인등록사항 변경신고를 받아 처리(시행규칙 제49조의 2)
체류자격 부 여	🐌 해당사항 없음
체류자격 변경허가	1. 일시취재(C-1) 자격 소지자에 대하여 국내 장기취재 필요성이 입증될 경우 장기취재(D-5) 자격으로의 변경허가 2. 사증면제(B-1) 자격으로 입국한 독일인에 대한 장기체류자격으로 변경 가. 허가체류자격 : 기술연수(D-3), 비전문취업(E-9) 및 관광취업(H-1)을 제외한 모든 장기체류자격 나. 허가기간 : 체류자격별 1회 부여할 수 있는 체류기간의 상한 3. 제출서류 ① 신청서 (별지 34호 서식), 여권, 수수료 ② 파견명령서(본사 발행) ③ 지국·지사의 설치허가증(문화체육관광부에서 발행) 또는 사업자등록증 사본
체류기간 연장허가	1. 제출서류 ① 신청서(별지34호 서식), 여권 및 외국인등록증, 수수료 ② 재직증명서 또는 파견명령서(본사발행) ③ 체류지 입증서류(임대차계약서, 숙소제공 확인서, 체류기간 만료예고 통지우편물, 공공요금 납부영수증, 기숙사비 영수증 등)
재입국허가 ➡ 목차	1. 재입국허가 면제 제도 시행('10.12.1.자 개정 시행규칙) - 등록을 필한 외국인이 <u>출국한 날로부터 1년 이내에 재입국하려는 경우 재입국허가 면제</u> - 체류기간이 1년보다 적게 남아있는 경우 체류기간 범위 내에서 재입국허가 면제 ※ 단, 입국규제 및 사증발급규제자는 체류지 관할 청(사무소·출장소)에 방문하여 재입국허가를 받아야 함 2. 복수재입국허가 (사우디아라비아, 이란, 리비아는 복수재입국제한. 단, 동 국가의 국민 중 결혼이민(F-6), 유학(D-2), 일반연수(D-4)는 가능) - 출국 후 체류기간 범위 내에서 1년을 초과하여 2년 내에 재입국을 하려는 경우

	– 신청서류 : 신청서(별지 34호서식), 여권 원본, 외국인등록증, 수수료

외국인등록	**1. 외국인등록 신청서류**
	① 신청서(별지34호 서식), 여권원본, 표준규격사진1장, 수수료
	② 지국 · 지사의 설치허가증 또는 '부가가치세법'에 따른 사업자등록증
	   ※ 국내에 지국이나 지사가 없는 경우에는 본사의 파견명령서 및 해외홍보
	     원 등 관련기관 추천서로 갈음할 수 있음
	③ 체류지 입증서류
	
	2. 외국인등록사항 변경신고
	가. 신고사항 : 성명, 성별, 생년월일 및 국적, 여권의 번호·발급일자·유효기간
	나. 신고대상 : 소속기관 또는 단체의 변경(명칭변경 포함)이나 추가('10.11.1
	   6.)
	다. 신고기한 : 변경일로부터 15일 이내 신고
	라. 제출서류

▣ 목차	① 신청서(별지 34호 서식), 여권 및 외국인등록증, 수수료 ② 변경관련 입증서류

종 교(D-6)

자격 해당자 및 활동범위	● 외국의 종교단체 또는 사회복지단체로부터 국내에 등록된 그 지부에 파견되어 근무하는 자 ● 외국의 종교단체 또는 사회복지단체로부터 파견되어 국내 유관 종교단체에서 종교 활동을 하는 자 ● 소속 종교단체가 운영하는 의료, 교육, 구호단체 등으로부터 초청되어 선교 또는 사회복지 활동에 종사하는 자 ● 국내 종교단체의 추천을 받아 그 종교단체에서 수도, 수련, 연구 활동을 하는 자 ● 국내 종교단체 또는 사회복지단체로부터 초청되어 사회복지활동에만 종사하는 자
1회에 부여할 수 있는 체류기간 상한	● 2년
체류자격외 활동 ◪ 목차	**1. 체류자격외활동허가 면제범위 확대** 　원래의 체류목적을 침해하지 않은 범위 내에서 정규교육기관(초·중·고 및 대학)의 교육을 받고자 하는 때는 체류기간 범위 내에서 별도의 허가 절차 불요('09.6.15.부 시행) **2. 체류자격외 활동 허가(신고)대상이 아닌 회화지도(E-2) 활동** 　가. 직장 내에서 동료직원 등을 대상으로 하는 회화지도 활동 {표1} 　나. 영리 또는 유상 목적이 아닌 사회봉사활동 차원의 회화지도 활동 {표2} 　다. 공통사항 　　- 회화지도 활동이 주된 활동이 되거나 허용기준 등을 벗어난 회화지도 활동은 자율 허용대상에서 제외

표1:

적용 대상	교수(E-1) ~ 특정활동(E-7), 취재(D-5) ~ 무역경영(D-9)자격으로 외국인등록을 마친 합법 체류자
허용 기준	소속된 직장 내에서 동료직원 등을 대상으로 하는 외국어 회화지도 활동

표2:

적용 대상	외국인등록(등록면제자 포함)을 마친 합법 체류자
허용 기준	학교·종교 등 사회복지시설·주민센터 등에서 영리 또는 유상 목적이 아닌 사회봉사활동 차원의 회화지도 활동

	3. 동일 종교재단 산하기관 근무자의 종교(D-6), 교수(E-1) 상호간 체류자격외 활동 가능 가. 종교(D-6) → 교수(E-1)의 경우 제출서류 ① 신청서(별지34호 서식), 여권 및 외국인등록증, 수수료 ② 동일재단입증서류 ③ 고용계약서 원본 및 사본 ④ 학위증 ⑤ 사업자등록증 사본 ⑥ 원근무처장의 동의서 나. 교수(E-1) → 종교(D-6)의 경우 제출서류 ① 신청서(별지34호 서식), 여권 및 외국인등록증, 수수료 ② 동일재단입증서류 ③ 원근무처의 동의서 ④ 해당단체 설립허가서
근무처의 변경 · 추가	🍎 근무처 변경 · 추가 허가(신고) 대상 아님 ※ 영리목적이 아닌 문화예술(D-1), 유학(D-2), 일반연수(D-4) 자격소지자의 소속기관 또는 단체의 변경(명칭변경 포함)과 취재(D-5), 종교(D-6), 주재(D-7), 기업투자(D-8), 무역경영(D-9)자격소지자의 소속기관 또는 단체의 명칭이 변경되는 경우에는 법 제35조의 외국인등록사항 변경신고를 받아 처리(시행규칙 제49조의 2)
체류자격 부　여	🍎 해당사항 없음
체류자격 변경허가 🔲 목차	【원칙적 불가 ⇨ 예외적으로 아래의 경우만 가능】 1. 사증면제(B-1) 자격으로 입국한 독일인에 대한 장기체류자격으로 변경 　가. 허가체류자격 : 기술연수(D-3), 비전문취업(E-9) 및 관광취업(H-1)을 제외한 모든 장기체류자격 　나. 허가기간 : 체류자격별 1회 부여할 수 있는 체류기간의 상한 2. 사증면제(B-1) 자격으로 입국한 캐나다 국민에 대한 장기체류자격으로 변경 　☞ 대상체류자격 : 문화예술(D-1), 종교(D-6), 방문동거(F-1), 동반(F-3), 기타(G-1) 　☞ 체류기간 : 입국일로부터 6개월 미만 3. 제출서류 ① 신청서(별지34호 서식), 여권, 표준규격사진1장, 수수료 ② 파송명령서(파송단체 발행) ③ 해당 단체 설립허가서 ④ 사업자등록증 사본 또는 고유번호증 사본
체류기간 연장허가	1. 제출서류 ① 신청서(별지34호 서식), 여권 및 외국인등록증, 수수료 ② 재직증명서 또는 파송명령서(파송단체 발행) ③ 체류지 입증서류(임대차계약서, 숙소제공 확인서, 체류기간 만료예고 통지우편물, 공공요금 납부영수증, 기숙사비 영

	수증 등)

재입국허가	1. 재입국허가 면제 제도 시행('10.12.1.자 개정 시행규칙)
	  – 등록을 필한 외국인이 **출국한 날로부터 1년 이내에 재입국하려는 경우 재입국허가 면제**
	  – 체류기간이 1년보다 적게 남아있는 경우 체류기간 범위 내에서 재입국허가 면제
	  ※ 단, 입국규제 및 사증발급규제자는 체류지 관할 청(사무소·출장소)에 방문하여 재입국허가를 받아야 하며 수수료 제출 대상임
	
	2. 복수재입국허가 (사우디아라비아, 이란, 리비아는 복수재입국제한. 단, 동 국가의 국민 중 결혼이민(F-6), 유학(D-2), 일반연수(D-4)는 가능)
	  – 출국 후 체류기간 범위 내에서 1년을 초과하여 2년 내에 재입국을 하려는 경우
	  – 신청서류 : 신청서(별지 34호서식), 여권 원본, 외국인등록증, 수수료

외국인등록	1. 외국인등록 신청서류
	  ① 신청서(별지34호 서식), 여권원본, 표준규격사진1장, 수수료
	  ② '종교단체 또는 사회복지단체 설립' 관련 서류 ③ 체류지 입증서류
	
	2. 외국인등록사항 변경신고
	  가. 신고사항 : 성명, 성별, 생년월일 및 국적, 여권의 번호·발급일자유효기간
	  나. 신고대상 : 소속기관 또는 단체의 변경(명칭변경 포함)이나 추가('10.11.16.)
	  다. 신고기한 : 변경일로부터 15일 이내 신고
	  라. 제출서류
	    ① 신청서(별지 34호 서식), 여권 및 외국인등록증, 수수료
	    ② 변경관련 입증서류

➡ 목차

주 재(D-7)

<table>
<tr>
<td>자격 해당자 및
활동범위</td>
<td>
▪ 외국의 공공기관, 단체 또는 회사의 본사, 지사, 기타 사업소 등에서 1년 이상 근무한 자로서
- 대한민국에 있는 그 계열회사, 자회사, 지점 또는 사무소 등에 필수전문인력으로 파견되어 근무하려는 자
다만, 기업투자(D-8)자격에 해당하는 자는 제외하며,
(1) 국가기간산업 또는 국책사업에 종사하려는 경우
(2) 그 밖에 법무부장관이 필요하다고 인정하는 경우에는 1년 이상의 근무요건을 적용하지 아니함.
▪ 상장법인(코스닥상장법인 포함, 이하같음) 또는 공공기관이 설립한 해외 현지법인이나 해외지점에서 1년 이상 근무한 자로서 대한민국에 있는 그 본사나 본점에 파견되어 전문 적인 지식 · 기술 또는 기능을 제공하거나 전수받으려는 자
(다만, 상장법인의 해외 현지법인이나 해외지점 중 본사의 투자금액 또는 영업기금이 미화 50만 달러 미만인 경우는 제외)
</td>
</tr>
<tr>
<td>1회에 부여할 수
있는 체류기간
상한</td>
<td>▪ 3년</td>
</tr>
<tr>
<td>체류자격외 활동

■ 목차
체류자격외 활동</td>
<td>
1. 체류자격외활동허가 면제범위 확대
원래의 체류목적을 침해하지 않은 범위 내에서 정규교육기관(초 · 중 · 고 및 대학)의 교육을 받고자 하는 때는 체류기간 범위 내에서 별도의 허가 절차 불요('09.6.15.부 시행)

2. 체류자격외 활동 허가(신고)대상이 아닌 회화지도(E-2) 활동
가. 직장 내에서 동료직원 등을 대상으로 하는 회화지도 활동
<table>
<tr><td>적용
대상</td><td>교수(E-1) ~ 특정활동(E-7), 취재(D-5) ~ 무역경영(D-9)자격으로
외국인등록을 마친 합법 체류자</td></tr>
<tr><td>허용
기준</td><td>소속된 직장 내에서 동료직원 등을 대상으로 하는 외국어 회화지도 활동</td></tr>
</table>
나. 영리 또는 유상 목적이 아닌 사회봉사활동 차원의 회화지도 활동
<table>
<tr><td>적용
대상</td><td>외국인등록(등록면제자 포함)을 마친 합법 체류자</td></tr>
<tr><td>허용
기준</td><td>학교 · 종교 등 사회복지시설 · 주민센터 등에서 영리 또는 유상 목적이 아닌
사회봉사활동 차원의 회화지도 활동</td></tr>
</table>
</td>
</tr>
</table>

<table>
<tr><td></td><td>다. 공통사항
　－ 회화지도 활동이 주된 활동이 되거나 허용기준 등을 벗어난 회화지도
　　활동은 자율 허용대상에서 제외

3. 기업투자(D-8) 자격 소지자에 대한 동일계열 회사 내의 주재(D-7)자격의 체
　류자격외 활동
　① 신청서(별지34호 서식) 여권 및 외국인등록증, 표준규격사진1장, 수수료
　② 파견명령서(본사 발행) ③ 원근무처와 동일계열사 입증서류(법인등기사항
　전부증명서 원본 등) ④사업자등록증 사본 ⑤ 외국기업의 국내지사설치 신고
　(허가)관련 서류(지사 설치허가서 등) ⑥ 원근무처장의 동의서 ⑦ 영업실적
　증명 서류 －법인 납세사실증명원 등

4. 외국인투자기업 CEO 등 우수전문인력의 대학 강연활동</td></tr>
</table>

➡ 목차

4. 외국인투자기업 CEO 등 우수전문인력의 대학 강연활동

활동 범위	대학에서 90일 이내 강의활동을 하려는 자에 대한 단기취업(C-4)자격으로의 자격외 활동
대 상	① 투자자 등(D-7, D-8, D-9)의 자격 소지자 중 　국내기업(투자기업포함)에서 상근이사 이상의 직으로 근무하는 자 ② 전문인력(E-1, E-3 ~ E-5, E-7) 자격소지자
제출 서류	① 신청서(별지 34호 서식), 여권 및 외국인등록증, 수수료 ② 총(학)장의 추천서 ③ 고유번호증(사업자등록증)사본 ④고용계약서원본 및 사본 ⑤ 원근무처장의 동의서

**근무처의
변경 · 추가**

➡ 근무처 변경 · 추가 허가(신고) 대상 아님 : 외국인등록사항 변경신고

※ 영리목적이 아닌 아래 체류자격 소지자는 외국인등록사항 변경신고를 받
　아 처리　(시행규칙 제49조의 2)
　가. 문화예술(D-1), 유학(D-2), 일반연수(D-4) 내지 무역경영(D-9) 자격
　　소지자는 소속기관 또는 단체의 변경(명칭변경 포함)

　나. 구직(D-10) 자격 소지자는 연수 개시 사실 또는 연수기관의 변경(명칭
　　변경 포함)

　다. 방문취업(H-2) 자격 소지자는 개인 · 기관 · 단체 또는 업체에 최초로
　　고용된 경우에는 그 취업개시 사실, 이미 고용되어 있는 경우에는 그
　　개인 · 기관 · 단체 또는 업체의 변경(명칭변경 포함)되는 경우

※ 주재(D-7) 내지 무역경영(D-9)자격 소지자의 같은 계열회사내의 이동일

	경우 아래 서류를 징구하여 '외국인등록사항 변동신고'로 업무처리 ① 신청서(별지34호 서식), 여권 및 외국인등록증, 수수료 ② 파견명령서 원본(외국 본사발행) ③ 동일계열사 입증서류(법인등기사항전부증명서 등) ④ 추가 변경근무처의 영업자금도입증빙서류(외국환매입증명서, 임대차계 약서 등) ⑤ 추가 변경근무처의 법인등기사항전부증명서 원본 ⑥ 추가 변경 근무처의 사업자등록증 사본
체류자격 부 여	🐜 해당사항 없음
체류자격 변경허가 ▶ 목차 체류자격 변경허가 ▶ 목차	1. 사증면제(B-1) 자격으로 입국한 독일인에 대한 장기체류자격으로 변경 　　가. 허가체류자격 : 기술연수(D-3), 비전문취업(E-9) 및 관광취업(H-1)을 　　　　제외한 모든 장기체류자격 　　나. 허가기간 : 체류자격별 1회 부여할 수 있는 체류기간의 상한 2. 기업투자(D-8)자격 소지자의 동일계열 외국기업의 주재(D-7)자격으로의 자 　격변경 허가

2. 기업투자(D-8)자격 소지자의 동일계열 외국기업의 주재(D-7)자격으로의 자격변경 허가

대상	기업투자(D-8) 자격을 소지하고 외국인투자기업에 <u>필수전문인력으로</u> <u>근무하고 있는 자</u>로 동일계열 외국기업에서 설치한 국내지사, 자회사, 주재사무소, 법무부장관이 정하는 계열회사 등에 파견(전근)명령을 받아 근무하려는 합법체류자
제출 서류	① 신청서(별지34호 서식), 여권 및 외국인등록증, 표준규격사진1장,수수료 ② 신청사유서 ③ 파견명령서(외국본사 발행) 원본 또는 재직예정증명서 ④ 외국기업의 국내지사 설치허가서 사본 또는 연락사무소 설치허가서 　　사본(외국환은행 발행) ⑤ 동일계열 외국기업 입증 서류(법인등기사항전부증명서 등) ⑥ 근무하려는 기업의 <u>연간납세증명서</u> 또는 외국환매입증명서 등 영업자금 　　도입실적 증명서류 ⑦ 사무실 임대차 계약서 원본 ⑧ 근무 중인 외국인 현황 《필요 시 추가 서류》 　개인 납세사실증명원 원본(근로소득원천징수영수증(작년) 또는 　소득금액증명원(최근 기록)
기타	신설지사 및 과거 출입국관리법 위반 신청자의 경우 반드시 실태조사(확인필요)

3. 단기방문(C-3-4)사증을 소지한 칠레국민에 대한 주재(D-7), 기업투자(D-8), 무역경영(D-9)자격으로 체류자격 변경허가

자격 요건	관리자나 임원자격 또는 전문지식과 관련된 자격으로 일방당사국의 기업에 고용되어 그 기업, 자회사 또는 계열사에 근무하려는 자

▶ 목차

	제출 서류	① 신청서(별지34호 서식), 여권, 표준규격사진1장, 수수료 ② 외국소재 회사 등 재직증명서 ③ 파견명령서(본사 발행) ④ 국내 지점 등 설치 입증서류(지사 또는 연락사무소 설치허가서 등) ⑤ 외국환매입증명서 등 영업자금 도입실적 입증서류 ⑥ 이력서 또는 경력증명서 ⑦ 사업자등록증 사본 ⑧ 연간 납세사실증명서

체류기간 연장허가	**무역경영(D-9) 등 자격소지자에 대한 체류기간연장 시 「개인 납세사실증명원」 징구** 외국인이 국내사업장 등에서 업무를 수행하고 <u>급여를 외국의 본사에서 지</u><u>급 받는 경우</u>에도 당해 국가와의 조세협약 등에서 별도의 규정이 있는 경우를 제외하고는 <u>을종근로소득세 부과 대상 : 세금 탈루 방지, 납세 질서 확립</u> 가. 을근납세조합에 가입하여 당해 납세조합이 매월 원천징수한 후 연말 　　정산으로 납세의무가 종결된 자 　　➠ 을근납세조합장이 발급한 <u>을종근로소득원천징수영수증</u> 제출 나. 을근납세조합에 가입하지 않고 종합소득세를 신고·납부한 자 　　➠ 주소지 관할 세무서장이 발급한 <u>소득금액증명원</u> 제출 　※ 을종근로소득의 경우 소득을 지급하는 자가 국내에 있지 않기 때문에 　　근로자 본인이 스스로 납세의무 이행, 을종근로소득이 있는 자가 을 　　근납세조합에 가입하지 않은 경우에는 다음해 5월에 종합소득신고, 　　납세조합에 가입하면 납세조합에서 매월 소득세를 원천징수하여 다 　　음달 10까지 관할 세무서에 납부 　　☞ 납세사실증명원 발급문의 : ☎국번없이 126(국세청고객만족센터)

1. 제출서류

영 별표 1의 16. 주재(D-7)란의 "가"목 해당자	① 신청서(별지34호 서식), 여권 및 외국인등록증, 수수 　료 ② 파견명령서(외국본사 발행) 또는 외국본사 재직증명 　서 ③ 국내지사설치허가서 사본 또는 연락사무소 설치허가 　서 사본 (외국환은행 발행) ④ 영업자금도입실적증빙서류 : 외국환매입증명서, 임대

▶ 목차		차계약서 등 ⑤ 개인 납세사실증명 서류 　- 개인 납세사실증명원 원본 또는 근로소득원천징수 　　영수증(작년의 기록) 또는 소득금액증명원 ⑥ 체류지 입증서류(임대차계약서, 숙소제공 확인서, 체 　류기간 만료예고 통지우편물, 공공요금 납부영수증, 　기숙사비 영수증 등)
	영 별표 1의 16. 주재(D-7)란의 "나"목 해당자	① 신청서(별지34호 서식), 여권 및 외국인등록증, 수수 　료 ② 재직증명서 ③ 납세사실증명 서류 ④ 체류지 입증서류(임대차계약서, 숙소제공 확인서, 체 　류기간 만료예고 통지우편물, 공공요금 납부영수증, 　기숙사비 영수증 등)
	외국법자문법률 사무소의 구성원, 소속 자문사, 사무직원	① 신청서(별지34호 서식), 여권 및 외국인등록증, 수수 　료 ② 국내지점 등 설치 신고서 및 사업자등록증 ③ 외국법자문법률사무소 및 외국법자문사 등록증 사본 ④ 파견명령서 (본사발행, 파견기간 명시) 및 재직증명 　서 (국내지점) ⑤ 납세증명서 및 납세사실증명서 (개인 및 회사) ⑥ 체류지 입증서류(임대차계약서, 숙소제공 확인서, 체 　류기간 만료예고 통지우편물, 공공요금 납부영수증, 　기숙사비 영수증 등)
재입국허가		1. 재입국허가 면제 제도 시행('10.12.1.자 개정 시행규칙) 　- 등록을 필한 외국인이 출국한 날로부터 1년 이내에 재입국하려는 경우 재 　　<u>입국허가 면제</u> 　- 체류기간이 1년보다 적게 남아있는 경우 체류기간 범위 내에서 재입국허 　　가 면제 　※ 단, 입국규제 및 사증발급규제자는 체류지 관할 청(사무소·출장소)에 방 　　문하여 재입국허가를 받아야 하며 수수료 제출 대상임 2. 복수재입국허가 (사우디아라비아, 이란, 리비아는 복수재입국제한. 단, 동 국 　가의 국민 중 결혼이민(F-6), 유학(D-2), 일반연수(D-4)는 가능) 　- 출국 후 체류기간 범위 내에서 1년을 초과하여 2년 내에 재입국을 하려는 　　경우

	– 신청서류 : 신청서(별지 34호서식), 여권 원본, 외국인등록증, 수수료

외국인등록	**1. 외국인등록 신청서류**
	① 신청서(별지34호 서식), 여권원본, 표준규격사진1장, 수수료
	② 사업자등록증 (외국법자문법률사무소 등록증 : 해당자에 한함)
	
	2. 외국인등록사항 변경신고
	가. 신고사항 : 성명, 성별, 생년월일 및 국적, 여권의 번호·발급일자·유효기간
	나. 신고대상 : 소속기관 또는 단체의 <u>변경(명칭변경 포함)</u>이나 추가('10.11.16.)
	다. 신고기한 : 변경일로부터 15일 이내 신고
	라. 제출서류
	  ① 신청서(별지 34호 서식), 여권 및 외국인등록증, 수수료
	  ② 변경관련 입증서류
	
	<u>※ 주재(D-7) 내지 무역경영(D-9)자격 소지자의 같은 계열회사내의 이동일 경우 아래 서류를 징구하여 '외국인등록사항 변동신고'로 업무처리</u>
	① 신청서(별지34호 서식), 여권 및 외국인등록증, 수수료 ② 파견명령서 원본(외국 본사발행) ③ 동일계열사 입증서류(법인등기사항전부증명서 등) ③ 추가 변경근무처의 영업자금도입증빙서류(외국환매입증명서, 임대차계약서 등) ④ 추가 변경근무처의 법인등기사항전부증명서 원본 ⑤ 추가 변경근무처의 사업자등록증 사본

	▣ 목차

▨ 필수전문인력

구 분	해당범위
임원 (EXECUTIVE)	조직 내에서 조직 관리를 제1차적으로 지휘하며 의사결정에 광범위한 권한을 행사하고 그 기업의 최고위 임원으로서 이사회, 주주로부터 일반적인 지휘·감독만을 받는 자 (임원은 서비스의 실질적인 공급 또는 조직의 서비스에 관련된 업무는 직접 수행할 수 없음)
상급관리자 (SENIOR MANAGER)	기업 또는 부서단위 조직의 목표와 정책의 수립 및 시행에 책임을 지고 계획·지휘·감독에 관한 권한과 직원에 대한 고용 및 해고권 또는 이에 관한 추천권을 가지며, 다른 감독직·전문직·관리직 종사자의 업무를 결정·감독·통제하거나 일상 업무에 재량권을 행사하는 자(피감독자가 전문서비스 공급자가 아닌 일선감독자를 포함하지 않으며 직접적으로 서비스 공급행위에 종사하는 자도 포

기타

▣ 목차

		함되지 않음)
	전 문 가 (SPECIALIST)	해당기업 서비스의 연구 · 설계 · 기술 · 관리 등에 필수적 인 고도의 전문적 이고 독점적인 경험과 지식을 가진 자

기업투자(D-8)

자격 해당자 및 활동범위	1. 「외국인투자촉진법」에 따른 외국인투자기업 대한민국 법인*의 경영 · 관리 또는 생산 · 기술 분야에 종사하려는 필수 전문인력**[이하 '법인에 투자(D-8-1)'로 구분] 　* 설립완료 법인만 해당,　** 국내에서 채용하는 사람은 제외 2. 지식재산권을 보유하는 등 우수한 기술력으로 「벤처 기업육성에 관한 특별조치법」 제2조의2제1항제2호다목에 따른 벤처기업을 설립한 사람 중 같은 법 제25조에 따라 벤처기업 확인을 받은 기업의 대표자 또는 기술성이 우수한 것으로 평가를 받은 기업의 대표자 [이하 '벤처 투자(D-8-2)'로 구분] 3. 「외국인투자촉진법」에 따른 외국인투자기업인 대한민국 국민(개인)이 경영하는 기업의 경영 · 관리 또는 생산 · 기술 분야에 종사하려는 필수전문인력* [이하 '개인기업에 투자(D-8-3)'로 구분] 　* 국내에서 채용하는 사람은 제외 4. <u>국내에서 전문학사 이상의 학위를 취득한 사람, 또는 국외에서 학사 이상의 학위를 취득한 사람, 또는 관계 중앙행정기관의 장이 추천한 사람으로서</u> 지식재산권을 보유하거나 이에 준하는 기술력 등을 가진 법인 * 창업자 [이하 '기술 창업(D-8-4)'으로 구분]

1회에 부여할 수 있는 체류기간 상한	법인에 투자(D-8-1) 및 개인기업에 투자(D-8-3)	5년
	벤처투자(D-8-2) 및 기술창업(D-8-4)	2년

체류자격외 활동 ☑ 목차	1. 체류자격외활동허가 면제범위 확대(체류관리과-325, '09.06.15.) 　원래의 체류목적을 침해하지 않은 범위 내에서 정규교육기관(초 · 중 · 고 및 대학)의 교육을 받고자 하는 때는 체류기간 범위 내에서 별도의 허가 절차 불요('09.6.15.부 시행) 2. 외국인투자기업 CEO 등 우수전문인력의 대학 강연활동 《체류정책과-402, 2007.06.20.》

	활동 범위	대학에서 90일 이내 강의활동을 하려는 자에 대한 단기취업(C-4)자격으로의 자격외 활동
	대 상	① 투자자 등(D-7, D-8, D-9)의 자격 소지자 중 국내기업(투자기업포함)에서 상근이사 이상의 직으로 근무하는 자

	② 전문인력(E-1, E-3 ~ E-5, E-7) 자격소지자
제출서류	① 신청서(별지 34호 서식), 여권 및 외국인등록증, 수수료 ② 총(학)장의 추천서 ③ 고유번호증(사업자등록증)사본 ④고용계약서원본 및 사본 ⑤ 원근무처장의 동의서
	※ 90일을 초과하여 정기적으로 대학에서 강의활동을 하고자 하는 자는 본부 승인상신

근무처의 변경·추가	➡ 기업투자(D-8) 자격은 '근무처 변경·추가 허가(신고)' 대상 아님 : 외국인등록사항 변경신고 ※ 영리목적이 아닌 아래 체류자격 소지자는 <u>외국인등록사항 변경신고</u>를 받아 처리 (시행규칙 제49조의 2) 　가. <u>문화예술(D-1), 유학(D-2), 일반연수(D-4) 내지 무역경영(D-9) 자격</u> 소지자는 소속기관 또는 단체의 변경(명칭변경 포함) 　나. <u>구직(D-10)</u> 자격 소지자는 연수 개시 사실 또는 연수기관의 변경(명칭 변경 포함) 　다. <u>방문취업(H-2)</u> 자격 소지자는 개인·기관·단체 또는 업체에 최초로 고용된 경우에는 그 취업개시 사실, 이미 고용되어 있는 경우에는 그 개인·기관·단체 또는 업체의 변경(명칭변경 포함)되는 경우 ※ 주재(D-7) 내지 무역경영(D-9)자격 소지자의 같은 계열회사내의 이동일 경우 아래 서류를 징구하여 '외국인등록사항 변동신고'로 업무처리 ① 신청서(별지34호 서식), 여권 및 외국인등록증, 수수료 ② 파견명령서 원본(외국 본사발행) ③ 동일계열사 입증서류(법인등기사항전부증명서 등) ④ 추가 변경근무처의 영업자금도입증빙서류(외국환매입증명서, 임대차계약서 등) ⑤ 추가 또는 변경근무처의 납세증명서 및 납세사실증명서(법인파견 해당자, 개인투자가의 경우 해당 업체가 이미 설립되어 운영되고 있을 경우) ⑥ 추가 변경근무처의 법인등기사항전부증명서 원본 ⑦ 추가 또는 변경근무처의 사업자등록증 사본 ⑧ 추가 또는 변경 근무처의 투자기업 등록증 사본
체류자격 부여	🐾 해당사항 없음
체류자격 변경허가	**【공통기준】** **1. 허가요건** **가. 법인에 투자(D-8-1)** 　🐾 투자대상이 대한민국 법인일 것

- 투자금액이 1억원 이상으로, 투자한 법인의 의결권 있는 주식총수의 100분의 10이상을 소유(외국인투자촉진법시행령 제2조제2항1호)하거나 법인의 주식 등을 소유하면서 임원 파견, 선임 계약 등을 체결(외국인투자촉진법시행령 제2조제2항2호)
- ※ 투자금은 투자자 본인 명의 금액을 원칙으로 함(다만, 배우자 및 미성년 자녀 명의 반입 또는 대리송금은 예외적으로 인정)

나. 벤처 투자(D-8-2)
- 지식재산권을 보유하는 등 우수한 기술력으로「벤처 기업육성에 관한 특별조치법」제2조의2제1항제2호다목에 따른 벤처기업을 설립(또는 설립예비)*한 사람 중 같은 법 제25조에 따라 벤처기업 확인(또는 예비 벤처기업 확인)**을 받은 기업의 대표자 또는 기술성이 우수한 것으로 평가***를 받은 기업의 대표자
- * 기술평가보증기업 및 예비벤처기업(해당 벤처기업의 법인설립 또는 사업자등록을 준비 중인 경우 및 동 기업의 창업 후 6개월 이내의 기업)도 해당
- ** 벤처기업 또는 예비벤처기업인지 여부의 확인은 기술신용보증기금 (기술신용보증기금법), 중소기업진흥공단(중소기업진흥에 관한 법률) 또는 한국벤처캐피탈협회(벤처 기업육성에 관한 특별조치 법)에서 실시
- *** 평가는 기술신용보증기금(기술신용보증기금법) 또는 중소기업진흥공단(중소기업진흥에 관한 법률)으로부터 받은 것을 말함

다. 개인기업에 투자(D-8-3)
- 투자대상이 대한민국 국민(개인)이 경영하는 기업일 것
- 투자금액이 1억원 이상으로, 투자한 기업의 출자총액의 100분의 10이상을 소유(외국인투자촉진법시행령 제2조제2항1호)하고 사업자등록증상 한국인과 공동대표로 등재될 것
- ※ 투자금은 투자자 본인 명의 금액을 원칙으로 함(다만, 배우자 및 미성년 자녀 명의 반입 또는 대리송금은 예외적으로 인정)
- 공동사업자인 국민의 사업자금이 1억원 이상일 것

라. 기술창업(D-8-4)
 ⅰ) 점수제 적용 대상자
   ○ 국내에서 전문학사 이상의 학위를 취득한 사람, 또는 국외에서 학사 이상의 학위를 취득한 사람, 또는 관계 중앙행정기관의 장이 추천한

	사람일 것
	○ 점수제에 따라 총 448점 중 80점 이상의 점수를 득점 하였을 것
	– 필수항목은 반드시 1개 이상 충족하여야 함
	○ 대한민국 법인을 설립하고 법인등기 및 사업자등록을 완료하였을 것
	ⅱ) 점수제 적용 면제자(기술창업 특례 대상자)
	○ K-Startup 그랜드챌린지 참여자로서 아래 요건을 모두 갖춘 자
	– 최근 2년 이내 K-Startup 그랜드챌린지 참여자*로서 선발되어 사업화지원을 받고 있거나, 지원을 받은 사실이 있는 자
	* 중기부 초청으로 K-Startup 그랜드챌린지 참여를 위해 입국한 단기체류 외국인으로 한정 (K-Startup 그랜드챌린지 참여 시 등록한 기술력을 보유하거나 상용화하고 있는 해외 법인의 대표 또는 그 소속 직원인 경우 특례 적용 배제)
🔲 목차 체류자격 변경허가	– 아래 요건을 모두 갖춘 법인을 설립하였을 것
	· (대표자) 사업 참여자로서 기술력을 보유한 당사자일 것
	· (업 종) 사업 참여 근거가 되는 기술력과 관련 있는 업종일 것
	· (설립조건) 사업 참여일 이후 신규 설립된 법인일 것
	– 중기부장관으로부터 기술창업(D-8-4) 체류자격변경허가 추천을 받았을 것
	○ 「창업지원사업 통합 공고」에 따른 정부 창업지원사업 수혜자(고기술 기반 사업으로 한정)로 아래 요건을 모두 갖춘 자
	– 최근 2년 이내 「창업지원사업 통합 공고*」에 따른 정부 창업지원사업 수혜자(고기술 기반 사업으로 한정)로 선정되어 정부로부터 3천만원 이상의 직접 사업비를 지원받았을 것
	* 중기부에서 「중소기업창업 지원법」 제5조에 따라 매년 통합 공고
	– 법인 설립 및 중기부장관 추천서 발급 기준은 상기 K-Startup 그랜드챌린지 참여자 인정 기준과 동일하게 적용

※ 허가의 예외(자격변경 불가 대상) : 출국 후 사증을 받아 입국하도록 안내

연번	내 용
1	기술연수(D-3), 비전문취업(E-9), 선원취업(E-10), 방문취업(H-2), 기타(G-1), 관광취업(H-1) 자격으로 입국한 아일랜드, 프랑스, 영국인 (다른 나라 국민은 가능)
2	투자자가 아닌 자를 임원으로 등재 뒤, 해당외국인의 체류자격변경을 신청하는 경우 이들은 외국투자기업에서 파견된 자 또는 개인투자자에 포함되

🔲 목차
체류자격 변경허가

▶ 기업투자(D-8) 자격으로 변경이 허용되지 않는 자격은 원칙적으로 자격변경을 허용하지 않되, <u>투자의 진정성이 인정되는 등 특별한 사유가 있는 경우</u>(투자금액이 3억 이상 고액이거나 상당한 투자실적이 있는 경우 등)에는 <u>정밀심사 후 관할 지방출입국·외국인관서의장 권한으로 자격변경 허용</u> (가급적 3억 미만 소액투자자는 출국 후 사증발급을 받아 입국하도록 안내)

1. 법인에 투자(D-8-1)한 외국인에 대한 체류자격 변경허가

🔖 제출서류

기본 서류	① 신청서(별지34호 서식), 여권 및 외국인등록증, 표준규격사진1장, <u>수수료</u> ② 사업자등록증 사본, 법인등기사항전부증명서, 주주변동상황명세서 원본 ③ 외국인투자신고서 또는 투자기업등록증 사본 ④ 주재활동의 경우 파견명령서(파견기간이 명시된 해외 본사 및 해외 본사의 제3국 소재 지사 발행) 및 재직증명서 ⑤ <u>투자자금 도입관련 입증서류</u> 　㉮ 현금출자의 경우 　　- 해당국 세관이나 본국 은행 (금융기관)의 외화반출허가(신고)서 (해당자) 　　- 투자자금 도입 내역서 (송금확인증, 외국환 매입증명서, 세관신고서 등) 　㉯ 현물출자의 경우 　　- 현물출자완료 확인서 사본(관세청장 발행) 　　- 세관 수입신고필증 사본 ⑥ 영업실적(수출입실적 등) 증명서 ⑦ 체류지 입증서류(부동산 임대차계약서 등) ⑧ 사업장 존재 입증 서류 (사무실 임대차 계약서, 사업장 전경·사무공간·간판 사진 등 자료)
추가 서류	《 투자금액 3억원 미만 개인투자자에 대한 추가서류》 ⑨ 자본금 사용내역 입증서류 (물품구매 영수증, 사무실 인테리어 비용, 국내은행 계좌 입출금 내역서 등) ⑩ 해당 업종 또는 분야의 사업 경험 관련 국적국 서류 (필요시

징구)

※ 외국인투자기업등록지위를 갖춘 금융지주회사에서 100%출자한 자회사의 필수전문인력인 경우 제출서류

① 신청서(별지34호 서식), 여권 및 외국인등록증, 표준규격사진 1장, 수수료
② 금융지주회사의 인가서 및 외국인투자기업등록증
③ 자회사의 법인등기사항전부증명서 및 주주명부(금융지주회사가 100% 출자한 자회사임을 입증하는 서류)
④ 해외본사의 파견명령서(해외본사의 제3국 지사 발행 파견명령서도 인정)
⑤ 금융지주회사 및 자회사의 사업자등록증사본

2. 벤처 투자(D-8-2) 외국인에 체류자격 변경허가

🔖 제출서류

기본 서류	① 신청서(별지34호 서식), 여권, 외국인등록증(해당자), 표준규격사진1장 ② 사업자등록증 사본, 법인등기사항전부증명서 ③ 벤처기업 관련 서류 　－ 벤처기업확인서 또는 예비벤처기업확인서 ④ 지식재산권을 보유하는 등 우수한 기술력을 가지고 있음을 입증하는 서류 　－ 특허증(특허청), 실용신안등록증(특허청), 디자인등록증(특허청), 상표등록증(특허청), 저작권등록증(한국저작권위원회) 등 사본 　－ 기술신용보증기금 또는 중소기업진흥공단의 기술성 우수평가서 ⑤ 체류지 입증서류(부동산 등 임재차계약서 등) ⑥ 사무실 임대차계약서 ⑦ 영업실적(수출입실적 등) 증명서

3. 개인기업 투자(D-8-3)에 대한 체류자격 변경허가

🐾 제출서류

기본 서류	① 신청서(별지34호 서식), 여권, 외국인등록증(해당자), 　표준규격사진 1장 ② 공동사업자가 표시된 사업자등록증 사본, 공동사업자약 　정서 원본 ③ 외국인투자신고서 또는 투자기업등록증 사본 ④ 공동사업자인 국민의 사업자금(사용 내역) 입증서류 ⑤ 주재활동의 경우 파견명령서(파견기간이 명시된 해외 본 　사 및 해외 본사의 제3국 소재 지사 발행) 및 재직증명서 ⑥ 투자자금 도입관련 입증서류 　㉠ 현금출자의 경우 　　- 해당국 세관이나 본국 은행 (금융기관)의 외화반출허 　　　가(신고)서 (해당자) 　　- 투자자금 도입 내역서 (송금확인증, 외국환 매입증명 　　　서, 세관신고서 등) 　㉡ 현물출자의 경우 　　- 현물출자완료 확인서 사본(관세청장 발행) 　　- 세관 수입신고필증 사본 ⑥ 영업실적(수출입실적 등) 증명서 ⑦ 체류지 입증서류(부동산 임대차계약서 등) ⑧ 사업장 존재 입증 서류 (사무실 임대차 계약서, 사업장 전 　경 · 사무공간 · 간판 사진 등 자료)
추가 서류	⑨ 투자금액 3억원 미만 신청자에 대한 추가서류 　- 자본금 사용내역 입증서류 (물품구매 영수증, 사무실 인 　　테리어 비용, 국내은행 계좌 입출금 내역서 등) 　- 해당 업종 또는 분야의 사업 경험 관련 국적국 서류 (필 　　요시 징구)

4. 기술창업(D-8-4) 외국인에 대한 체류자격 변경허가

🐚 제출서류

> **【기본 제출 서류】**
> - 신청서, 여권, 표준규격 사진, 체류지 입증서류(부동산 임대차 계약서 등)
> - 법인등기사항전부증명서 및 사업자등록증 사본
> ☞ 법인 설립이 완료되지 않은 경우에는 법인등기사항전부증명서 및 사업자등록증 사본 제출을 생략가능하며, 6개월 이내에 법인등기사항전부증명서 및 사업자등록증 사본 제출 및 체류기간 연장 필요(→점수제 적용 대상자만 해당)
> - 학위증명서 사본 또는 관계 중앙행정기관의 장의 추천서

㉮ 점수제 적용대상자 제출서류
- 지식재산권 보유(등록)자는 특허증·실용신안등록증·디자인등록증 사본
  ☞ 지식재산권 보유 검색은 특허청의 '특허정보넷 키프리스'(www.kipris.or.kr/khome/main.jsp) 활용
- OECD 국가 지식재산권 보유(등록)자는 그 사실을 입증할 수 있는 서류 사본(아포스티유 확인을 원칙으로 하되, 미가입 국가 국민은 OECD 국가 주재 대한민국 영사 확인으로 갈음)
- 특허 등 출원자는 특허청장 발행 출원사실증명서
- 법무부장관이 지정한 '글로벌창업이민센터'의 장이 발급한 창업이민종합지원시스템(OASIS) 해당 항목 이수(수료, 졸업) 증서, 입상확인서, 선정공문 등 입증서류
- 기타 점수제 해당 항목 등 입증서류

㉯ 점수제 적용 면제 대상자(기술창업 특례 대상자) 제출서류
- (K-Startup 그랜드 챌린지 참여자) 기본 제출서류 + 중기부 발행 K-startup 그랜드챌린지 참여 확인서, 중기부장관 추천 공문 (확인서 및 추천서는 최초 체류자격변경허가 시에만 징구)
- (정부 창업지원사업 수혜자) 기본 제출서류 + 중기부장관 추천서

5. 사증면제(B-1) 자격으로 입국한 독일인에 대한 장기체류자격으로 변경

가. 허가체류자격 : 기술연수(D-3), 비전문취업(E-9) 및 관광취업(H-1)을 제외한 모든 장기체류자격

	나. 허가기간 : 체류자격별 1회 부여할 수 있는 체류기간의 상한
	6. 단기방문(C-3-4) 자격소지 칠레국민에 대한 주재(D-7), 기업투자(D-8), 무역경영(D-9)의 요건을 갖춘 자에 대한 체류자격 변경허가 (한-칠레 자유무역협정(FTA)에 따른 사증발급 지침: 입국심사과-3379, '04.03.30.) 🖺 자격요건 : 관리자나 임원의 자격으로 또는 핵심적 기술과 관련된 자격으로 아래 활동을 하고자 하는 기업인 – 당해 기업인이 주로 자신이 국민인 일방당사국의 영역과 입국하고자 하는 타방 당사국의 영역 간에 <u>실질적인 상품 또는 서비스 무역에 종사하는 자</u> – 당해 기업인 또는 동 기업인의 기업이 상당한 자본을 투자했거나 투자하는 과정에 있을 때, 이 투자의 설립, 개발, 관리 또는 그 운영에 대한 자문 또는 핵심적인 기술 서비스의 제공하는 자 🖺 제출서류 : 자격요건을 확인할 수 있는 서류
체류기간 연장허가 ➡ 목차 체류기간 연장허가	1. 법인에 투자(D-8-1)한 외국인에 대한 체류기간 연장허가 🖺 제출서류

	기본 서류

	① 신청서(별지34호 서식), 여권 및 외국인등록증, 표준규격 사진1장, 수수료
	 ② 사업자등록증 사본, 법인등기사항전부증명서, 주주변동상황명세서 원본
	 ③ 외국인투자신고서 또는 투자기업등록증 사본
	 ④ 주재활동의 경우 파견명령서(파견기간 명시) 및 재직증명서
	 ⑤ 투자자금 도입관련 입증서류
	    – 해당국 세관이나 본국 은행 (금융기관)의 외화반출허가(신고)서 (해당자)
	    – 투자자금 도입 내역서 (송금확인증, 외국환 매입증명서, 세관신고서 등)
	 ⑦ 개인 납세사실 증명서류 또는 부가가치세 과세표준 확인증명 관련서류
	 ⑧ 영업실적(수출입실적 등) 증명서
	 ⑨ 사업장 존재 입증 서류 (사무실 임대차 계약서, 사업장 전경 · 사무공간 · 간판 사진 등 자료)
	 ⑩ 체류지 입증서류(임대차계약서, 숙소제공 확인서, 체류기간 만료예고 통지우편물, 공공요금 납부영수증, 기숙사비 영수증 등)

추가 서류	《 투자금액 3억원 미만 개인투자자에 대한 추가서류》 ⑪ 자본금 사용내역 입증서류 (물품구매 영수증, 사무실 인테리어 비용, 국내은행 계좌 입출금 내역서 등) ⑫ 해당 업종 또는 분야의 사업 경험 관련 국적국 서류 (필요시 징구)

※ 외국인투자기업등록지위를 갖춘 금융지주회사에서 100%출자한 자회사의 필수전문인력인 경우 제출서류

① 신청서(별지34호 서식), 여권 및 외국인등록증, 표준규격사진1장, <u>수수료</u>
② 금융지주회사의 인가서 및 외국인투자기업등록증
③ 자회사의 법인등기사항전부증명서 및 주주명부(금융지주회사가 100% 출자한 자회사임을 입증하는 서류)
④ 해외본사의 파견명령서
⑤ 금융지주회사 및 자회사의 사업자등록증사본

2. 벤처 투자(D-8-2) 외국인에 체류기간 연장허가
🔹 제출서류

기본 서류	① 신청서(별지34호 서식), 여권, 외국인등록증(해당자), 표준규격사진1장 ② 사업자등록증 사본, 법인등기사항전부증명서 ③ 벤처기업 관련 서류 　– 벤처기업확인서 또는 예비벤처기업확인서 ④ 지식재산권을 보유하는 등 우수한 기술력을 가지고 있음을 입증하는 서류 　– 특허증(특허청), 실용신안등록증(특허청), 디자인등록증(특허청), 상표등록증(특허청), 저작권등록증(한국저작권위원회) 등 사본 　– 기술신용보증기금 또는 중소기업진흥공단의 기술성 우수평가서 ⑤ 사업실적관련 입증서류 ⑥ 납세증명서 ⑦ 체류지 입증서류(임대차계약서, 숙소제공 확인서, 체류기간 만료예고 통지우편물, 공공요금 납부영수증, 기숙사비 영수증 등)

3. 개인기업 투자(D-8-3)에 대한 체류기간 연장허가

🔖 제출서류

기본
서류
	① 신청서(별지34호 서식), 여권, 외국인등록증(해당자), 표준
	규격사진1장
	② 공동사업자가 표시된 사업자등록증 사본, 공동사업자약정
	서 원본
	③ 외국인투자신고서 또는 투자기업등록증 사본
	④ 공동사업자인 국민의 사업자금(사용 내역) 입증서류
	⑤ 주재활동의 경우 파견명령서(파견기간 명시) 및 재직증명서
	⑥ 투자자금 도입관련 입증서류
	  − 해당국 세관이나 본국 은행 (금융기관)의 외화반출허가(신
	    고)서 (해당자)
	  − 투자자금 도입 내역서 (송금확인증, 외국환 매입증명서,
	    세관신고서 등)
	⑦ 개인 납세사실 증명서류 또는 부가가치세 과세표준 확인증
	명 관련서류
	⑧ 영업실적(수출입실적 등) 증명서
	⑨ 사업장 존재 입증 서류 (사무실 임대차 계약서, 사업장 전
	경 · 사무공간 · 간판 사진 등 자료)
	⑩ 체류지 입증서류(임대차계약서, 숙소제공 확인서, 체류기간
	만료예고 통지우편물, 공공요금 납부영수증, 기숙사비 영수
	증 등)

추가
서류
	⑪ 투자금액 3억원 미만 신청자에 대한 추가서류
	  − 자본금 사용내역 입증서류 (물품구매 영수증, 사무실 인테
	    리어 비용, 국내은행 계좌 입출금 내역서 등)
	  − 해당 업종 또는 분야의 사업 경험 관련 국적국 서류 (필요
	    시 징구)

4. 기술창업(D-8-4) 외국인에 대한 체류기간 연장허가

🔖 제출서류

기본 서류	① 신청서(별지34호 서식), 여권, 외국인등록증(해당자), 표 준규격사진1장 ② 법인등기사항전부증명서 및 사업자등록증 사본 ③ 학위증명서 사본 또는 관계 중앙행정기관의 장의 추천서 ④ 지식재산권을 보유하고 있거나 이에 준하는 기술력을 가 지고 있음을 입증하는 서류

⑤ 특허증(특허청), 실용신안등록증(특허청), 디자인등록증
(특허청), 상표등록증(특허청), 등 사본
⑥ 정부지원 사업에 선정된 창업아이템임을 입증할 수 있는
해당 정부부처 공문(해당 외국인 성명 명시) 등
⑦ 사업실적관련 입증서류
⑧ 납세증명서
⑨ 체류지 입증서류(임대차계약서, 숙소제공 확인서, 체류기
간 만료예고 통지우편물, 공공요금 납부영수증, 기숙사비
영수증 등)

※ 외국인투자가 등록 말소여부 조회(체류관리과-156, 2012.01.06.)
🔘 각 사무소 ID 및 비밀번호 통해 KOTRA "외국인투자기업 등록정보조회
시스템" 활용
– 사이트 : http://insc.kisc.org/ext/moj/main.jsp
– 검색 및 조회 가능 사항 : 외국인투자기업명, 등록말소여부, 등록번호,
사업자등록번호, 투자자명, 주소 등
– 사증발급, 입국허가, 체류허가, 조사, 귀화허가 심사 등에 활용
➡ 재외공관에서는 KOTRA 투자종합상담센터 (02-3497-1966)를 통해
유선 확인 가능

〈무역경영(D-9) 등 자격소지자에 대한 체류기간연장 시
「개인 납세사실증명원」 징구(체류심사과-5472, '05.12.20.)〉

> 외국인이 국내사업장 등에서 업무를 수행하고 급여를 외국의 본사에서 지급
> 받는 경우에도 당해 국가와의 조세협약 등에서 별도의 규정이 있는 경우를 제외하
> 고는 을종근로소득세 부과 대상 : 세금 탈루 방지, 납세 질서 확립

가. 을근납세조합에 가입하여 당해 납세조합이 매월 원천징수한 후
연말정산으로 납세의무가 종결된 자
➡ 을근납세조합장이 발급한 을종근로소득원천징수영수증 제출
나. 을근납세조합에 가입하지 않고 종합소득세를 신고 · 납부한 자
➡ 주소지 관할 세무서장이 발급한 소득금액증명원 제출
※ 을종근로소득의 경우 소득을 지급하는 자가 국내에 있지 않기 때
문에 근로자 본인이 스스로 납세의무 이행, 을종근로소득이 있는
자가 을근납세조합에 가입하지 않은 경우에는 다음해 5월에 종
합소득신고, 납세조합에 가입하면 납세조합에서 매월 소득세를
원천징수하여 다음달 10까지 관할 세무서에 납부
☞ 납세사실증명원 발급문의 : ☎국번없이 126(국세청고객만족
센터)

재입국허가	1. 재입국허가 면제 제도 시행('10.12.1.자 개정 시행규칙) – 등록을 필한 외국인이 <u>출국한 날로부터 1년 이내에 재입국하려는 경우 재입국허가 면제</u> – 체류기간이 1년보다 적게 남아있는 경우 체류기간 범위 내에서 재입국허가 면제 ※ 단, 입국규제 및 사증발급규제자는 체류지 관할 청(사무소·출장소)에 방문하여 재입국허가를 받아야 함 2. 복수재입국허가 (사우디아라비아, 이란, 리비아는 복수재입국제한. 단, 동 국가의 국민 중 결혼이민(F-6), 유학(D-2), 일반연수(D-4)는 가능) – 출국 후 체류기간 범위 내에서 1년을 초과하여 2년 내에 재입국을 하려는 경우 – 신청서류 : 신청서(별지 34호서식), 여권 원본, 외국인등록증, 수수료면제

외국인등록
 	
➡ 목차
	1. 외국인등록 신청서류
	① 신청서(별지34호 서식), 여권원본, 표준규격사진1장, 수수료
	② 사업자등록증, 법인등기사항전부증명서(법인기업인 경우)
	③ 체류지입증서류(부동산 임대차계약서 등)
	  ☞ <u>재외공관*에서 기업투자(D-8) 자격을 직접 받아 입국한 외국인은 체류자격 변경신청 시 제출서류를 준용해서 제출</u>
	    * 사증발급인정서에 의해 비자를 받은 사람은 제외
	
	2. 확인사항
	  💬 신청서 상의 체류지에 실제 거주하고 있는지 여부
	  💬 외국인등록사항* 및 체류관리 필수사항** 출입국관리시스템 입력 철저
	    * 입국일자 및 입국항, 사증사항, 동반자사항, 세대주 및 세대주와의 관계, 사업자등록번호
	    ** 투자금액, 업종, 공동사업자 여부(특히, 국민이 경영하는 기업에 투자한 자는 3억원 미만의 공동·추가 사업자인 경우 반드시 참고사항에 표시) 등

무역경영(D-9)

<table>
<tr><td>활동범위</td><td>• 회사경영, 무역, 영리사업
• 수출설비(기계)의 설치 · 운영 · 보수
• 선박건조, 설비제작 감독</td></tr>
<tr><td>해 당 자</td><td>• 대외무역법령 및 대외무역관리규정에 의하여 한국무역협회장으로부터 무역거래자별 무역업 고유번호를 부여받은 무역거래자
• 산업설비(기계) 도입회사에 파견 또는 초청되어 그 장비의 설치 · 운영 · 보수 (정비)에 필요한 기술을 제공하는 자
• 선박건조 및 산업설비 제작의 감독을 위하여 파견되는 자(발주자 또는 발주사가 지정하는 전문용역 제공회사에서 파견되는 자)</td></tr>
<tr><td>1회에 부여할 수 있는 체류기간 상한</td><td>• 2년</td></tr>
<tr><td>체류자격외 활동

▶ 목차</td><td>1. 체류자격외활동허가 면제범위 확대
원래의 체류목적을 침해하지 않은 범위 내에서 정규교육기관(초 · 중 · 고 및 대학)의 교육을 받고자 하는 때는 체류기간 범위 내에서 별도의 허가 절차 불요('09.6.15.부 시행)

2. 외국인투자기업 CEO 등 우수전문인력의 대학 강연활동
<table>
<tr><td>활동 범위</td><td>대학에서 90일 이내 강의활동을 하려는 자에 대한 단기취업(C-4)자격으로의 자격외 활동</td></tr>
<tr><td>대 상</td><td>① 투자자 등(D-7, D-8, D-9)의 자격 소지자 중 국내기업(투자기업포함)에서 상근이사 이상의 직으로 근무하는 자
② 전문인력(E-1, E-3 ~ E-5, E-7) 자격소지자</td></tr>
<tr><td>제출 서류</td><td>① 신청서(별지 34호 서식), 여권 및 외국인등록증, 수수료 ② 총(학)장의 추천서 ③ 고유번호증(사업자등록증)사본 ④ 고용계약서원본 및 사본 ⑤ 원근무처장의 동의서</td></tr>
</table>
</td></tr>
<tr><td>근무처의 변경 · 추가</td><td>➡ 근무처 변경 · 추가 허가(신고) 대상 아님 : 외국인등록사항 변경신고

※ 영리목적이 아닌 아래 체류자격 소지자는 <u>외국인등록사항 변경신고</u>를 받아 처리 (시행규칙 제49조의 2)
가. <u>문화예술(D-1), 유학(D-2), 일반연수(D-4) 내지 무역경영(D-9) 자격</u> 소지자는 소속기관 또는 단체의 변경(명칭변경 포함)

나. <u>구직(D-10) 자격</u> 소지자는 연수 개시 사실 또는 연수기관의 변경(명칭</td></tr>
</table>

	변경 포함)
	다. 방문취업(H-2) 자격 소지자는 개인·기관·단체 또는 업체에 최초로 고용된 경우에는 그 취업개시 사실, 이미 고용되어 있는 경우에는 그 개인·기관·단체 또는 업체의 변경(명칭변경 포함)되는 경우 ※ 주재(D-7) 내지 무역경영(D-9)자격 소지자의 동일 계열회사내의 이동인 경우 아래 제출서류를 징구하여 외국인등록사항 변경신고로 처리 ▣ 수주선박건조 및 산업설비제작 감독 또는 수출설비(기계)의 설치·운영·보수 등에 필요한 기술을 제공하는 자의 경우 ▣ 제출서류 ① 신청서(별지34호 서식), 여권 및 외국인등록증, 수수료 ② 파견명령서 원본 본사발행) 또는 재직증명서(본사발행) ③ 선박수주계약서 또는 설비도입 계약서
체류자격 부 여	▣ "해당사항 없음"
☑ 목차 체류자격 변경허가	1. 부득이한 사유로 사증면제(B-1) 또는 단기사증을 소지하고 입국한 외국인 중 아래 해당자에 대한 무역경영(D-9) 체류자격 변경허가 가. 산업설비(기계)도입회사에 파견 또는 초청되어 그 장비의 설치, 운영, 보수 등에 필요한 기술을 제공하는 자 나. 수주선박건조 및 산업설비제작의 감독을 위해 파견되는 자(발주사 또는 발주사가 지정하는 전문용역제공회사에서 파견되는 자 포함) 다. 제출서류 ① 신청서(별지34호 서식), 여권, 표준규격사진 1장, 수수료 ② 체류자격변경 사유서 ③ 파견명령서 또는 재직증명서(본사 발급) ④ 선박수주계약서 또는 설비도입계약서 ⑤ 사업자등록증 사본 ⑥ 납세사실증명(외국인개인납세내역이 없는 경우 회사 것으로 접수) 2. 외국인 개인사업자에 대한 체류자격 변경허가 (2012.10.29. 시행) 가. 대상자 ▣ 신규사업자 – 「외국환거래법」 및 「외국환거래규정」에 따라 3억원 이상의 외자를 도입한 「부가가치세법」에 의한 사업자등록을 필하고 국내에서 회사를 경영하거나 영리사업을 하고자 하는 개인사업자

- 「외국인투자촉진법」에 따라 3억원 이상을 국내에 투자하고 투자기업등록증을 발급받은 개인사업자

> **≪ 자격변경 제외 체류자격 ≫**
>
> 기술연수 (D-3), 비전문취업 (E-9), 선원취업 (E-10), 기타 (G-1), 순수관광 및 단체관광 (C-3-2), 의료관광 (C-3-3), 관광취업 (H-1)*, 방문취업 (H-2)
> * 관광취업 (H-1)은 협정에 자격변경을 허용하지 않는 국가 (프랑스, 아일랜드, 영국) 국민에 대해서만 자격 변경 불허

- 국내 대학에서 석사 이상 학위를 취득(예정자 포함)한 유학(D-2) 및 구직(D-10) 자격자로 1억원 이상을 투자(투자금 중 최대 5,000만원까지는 국내에서 조성된 자금을 인정하나, 나머지 자금은 반드시 「외국환거래법」 및 「외국환거래규정」에 따른 외자이어야 함)한 후 「부가가치세법」에 의한 사업자등록을 필하고 국내에서 회사를 경영하거나 영리사업을 하고자 하는 자
  단, 국내 대학 학사 학위 취득자(예정자 포함)로 '창업이민종합지원시스템 (OASIS-1부터 8)'에서 총40점 이상의 학점을 취득한 경우는 허용

🗨 시행일 이전 기업투자(D-8) 자격으로 체류하고 있던 개인사업자
  ※ 기존 투자금액이 3억원 미만이라도 가능. 단, 재입국기간 도과 등의 사유로 기업투자 (D-8)자격을 상실한 경우에는 신규사업자와 동일하게 자본금 3억원의 요건을 충족하여야 함

나. 제출서류

> ① 신청서 (시행규칙 별지 제34호 서식), 여권, 수수료
> ② 사업자등록증 사본, 영업허가증 (해당자), 투자기업등록증 (소지자)
> ③ 공동사업약정서 원본 및 사본 (해당자)
> ④ 공동사업자의 연간 소득 입증 서류 (해당자)
> ⑤ 사업자금 도입관련 입증서류 (송금확인증, 외국환 매입증명서, 세관 신고서, 해당국세관 반출신고서 등)
> ⑥ 자본금 사용내역 입증서류 (물품구매 영수증, 사무실 인테리어 비용, 국내은행 계좌 입출금내역서 등)
> ※ 유학생 무역경영자(D-9-5)의 국내 형성 자금에 대해서는 본인의 잔고증명 또는 자본금 사용 내역 등의 자료로 합산하여 투자금 산정
> ⑦ OASIS 교육 이수증(해당자)
> ⑧ 영업실적 입증서류 (수출입면장, 부가세예정 또는 확정 신고서 등)
> ※ 체류자격 변경 전 단기사증 (C-3-4) 등을 소지하고 영업행위를

한 경우에만 해당

⑨ 주거지 입증 서류 (임대차계약서, 월세 지급 입증서류 등)

⑩ 사업장 존재 입증 서류 (임대차계약서, 사업장 · 사무공간 · 간판사진 등 자료)

※ 단기임차 (6개월 미만), 주거전용 임차, 온라인 사업장은 원칙적으로 불인정하되, 예외적으로 사업특성상 부득이한 경우에 한해 허용 (창고임대차계약서 등)

3. 사증면제(B-1) 자격으로 입국한 독일인에 대한 장기체류자격으로 변경

  가. 허가체류자격 : 기술연수(D-3), 비전문취업(E-9) 및 관광취업(H-1)을 제외한 모든 장기체류자격

  나. 허가기간 : 체류자격별 1회 부여할 수 있는 체류기간의 상한

4. 단기방문(C-3-4) 자격소지 칠레국민에 대한 주재(D-7), 기업투자(D-8), 무역경영(D-9)의 요건을 갖춘 자에 대한 체류자격 변경허가

🗨 자격요건 : 관리자나 임원의 자격으로 또는 핵심적 기술과 관련된 자격으로 아래 활동을 하고자 하는 기업인

  – 당해 기업인이 주로 자신이 국민인 일방당사국의 영역과 입국하고자 하는 타방 당사국의 영역 간에 실질적인 상품 또는 서비스 무역에 종사하는 자

  – 당해 기업인 또는 동 기업인의 기업이 상당한 자본을 투자했거나 투자하는 과정에 있을 때, 이 투자의 설립, 개발, 관리 또는 그 운영에 대한 자문 또는 핵심적인 기술 서비스의 제공하는 자

🗨 제출서류 : 자격요건을 확인할 수 있는 서류

체류기간 연장허가	1. 점수제 무역비자(D-9-1) 소지자의 기강연장

1. 점수제 무역비자(D-9-1) 소지자의 기강연장

  가. <u>허가요건</u> : 무역비자 점수제의 총 50점 중 필수항목 점수가 5점 이상인 자로 각 연장기준 적용 〈붙임1 점수표의 '체류기간 연장기준'〉

    <u>– (추천서 특례) 무역교육 기관이 자체 심사를 거쳐 외국인을 추천할 경우 필수항목 점수(5점)로 인정하여 체류기간 연장 허용</u>

    <u>○ (심화교육과정 특례) 무역교육 기관에서 심화교육 과정(30시간 이상)을 이수한 외국인에게 체류기간 연장 허가에 필요한 항목별 점수(선택항목)에 3점 추가 부여</u>

  나. 신청서류

    ○ 신청서 (별지 제34호 서식), 여권, 외국인등록증, 수수료 등

    ○ 사업자등록증 사본, 사업장 존재 입증서류(임대차계약서 등)

    ○ 주거지 입증 서류 (임대차계약서, 월세 지급 입증서류 등)

○ 점수제 해당 점수 입증서류
  – 무역실적 입증서류(택1)
    ① 한국무역협회장 또는 한국무역통계진흥원장[45])이 발행하는 "수출입실적증명서"
    ② 외국환 은행 발행 "수출실적 증명원"
    ③ 온라인몰 거래내역(단, 수출입실적 미신고 내역 중 최대 40%까지 인정)
  – 내국인 고용 입증은 고용보험관련 서류 제출(정규직으로 6개월 이상 계속고용)
  – 납세실적은 국세청 발급 "소득세 납세사실증명" 제출

2. 선박건조 · 설비제작 감독 또는 수출설비(기계)의 설치 · 운영 · 보수 업무를 하려는 경우
  ① 신청서(별지34호 서식), 여권 및 외국인등록증, 수수료
  ② 파견명령서 또는 재직증명서(본사 발행)
  ③ 선박수주계약서 또는 설비도입계약서
  ④ 사업자등록증 사본
  ⑤ 개인 납세사실증명원 (해당외국인)
   예) 납세조합 발행– 을종근로소득원천징수영수증
       세무서– 소득금액증명원
  ⑥ 체류지 입증서류(임대차계약서, 숙소제공 확인서, 체류기간 만료예고 통지우편물, 공공요금 납부영수증, 기숙사비 영수증 등)

3. 외국인 개인사업자, 유학생 출신 무역경영자
  ① 신청서(별지34호 서식), 여권 및 외국인등록증, 수수료
  ② 사업자등록증 사본, 영업허가증 (해당자), 투자기업등록증 (소지자)
  ③ 정상적으로 사업을 영위하고 있음을 입증하는 서류
    – 소득금액증명원, 납세증명서*, 납세사실증명원 등
    ※ 증명서 유효기간 : 발급한 날부터 30일 이내인 것
    ※ 납세실적이 저조하거나 없는 경우는 추가 서류 징구할 수 있음
  ④ 체류지 입증서류(임대차계약서, 숙소제공 확인서, 체류기간 만료예고 통지우편물, 공공요금 납부영수증, 기숙사비 영수증 등)
  ⑤ 사업장 존재 입증서류(임대차계약서, 사업장 전경 · 사무공간 간판사진 등 자료)
  ⑥ 국민 고용 입증서류(원천징수 · 고용보험 등 6개월 이상 계속 입증서류) – "해당자만 제출"

🔖 목차

	〈무역경영(D-9) 등 자격소지자에 대한 체류기간연장 시「개인 납세사실 증명원」징구〉 외국인이 국내사업장 등에서 업무를 수행하고 급여를 외국의 본사 에서 지급 받는 경우에도 당해 국가와의 조세협약 등에서 별도의 규정이 있는 경우를 제외하고는 을종근로소득세 부과 대상 : 세금 탈루 방지, 납세 질서 확립 가. 을근납세조합에 가입하여 당해 납세조합이 매월 원천징수한 후 연 말정산으로 납세의무가 종결된 자 ➡ 을근납세조합장이 발급한 을종근로소득원천징수영수증 제출 나. 을근납세조합에 가입하지 않고 종합소득세를 신고·납부한 자 ➡ 주소지 관할 세무서장이 발급한 소득금액증명원 제출 ※ 을종근로소득의 경우 소득을 지급하는 자가 국내에 있지 않기 때문 에 근로자 본인이 스스로 납세의무 이행, 을종근로소득이 있는 자 가 을근납세조합에 가입하지 않은 경우에는 다음해 5월에 종합소 득신고, 납세조합에 가입하면 납세조합에서 매월 소득세를 원천징 수하여 다음달 10까지 관할 세무서에 납부 ☞ 납세사실증명원 발급문의 : ☎국번없이 126(국세청고객만족센 터)
재입국허가	1. 재입국허가 면제 제도 시행('10.12.1.자 개정 시행규칙) – 출국한 날로부터 1년 이내에 재입국하려는 경우 재입국허가 면제 – 체류기간이 1년보다 적게 남아있는 경우 체류기간 범위 내에서 재입국허가 면제 ※ 단, 입국규제 및 사증발급규제자는 체류지 관할 청(사무소·출장소)에 방 문하여 재입국허가를 받아야 함 (제출서류 : 신청서 (별지 34호 서식), 여권, 외국인등록증, 수수료) 2. 복수재입국허가 (사우디아라비아, 이란, 리비아는 복수재입국제한. 단, 동 국 가의 국민 중 결혼이민(F-6), 유학(D-2), 일반연수(D-4)는 가능) – 출국 후 체류기간 범위 내에서 1년을 초과하여 2년 내에 재입국을 하려는 경우 – 신청서류 : 신청서(별지 34호서식), 여권 원본, 외국인등록증, 수수료
외국인등록	1. 제출서류 (외국인 개인사업자는 "2"번 참조) ① 신청서(별지34호 서식), 여권원본, 표준규격사진1장, 수수료

② 사업자등록증, 임대차계약서 등 주거지 입증서류

2. 외국인 개인사업자 제출서류
① 신청서(별지34호 서식), 여권원본, 표준규격사진1장, 수수료
② 사업자등록증, 임대차계약서 등 주거지 입증서류
③ 국민고용예정서약서 (해당자만 제출)

3. 외국인등록사항 변경신고
가. 신고사항 : 성명, 성별, 생년월일 및 국적, 여권의 번호 · 발급일자 · 유효기간
나. 신고대상 : 소속기관 또는 단체의 변경(명칭변경 포함)이나 추가('10.11.16.)
다. 신고기한 : 변경일로부터 14일 이내 신고
라. 제출서류
① 신청서(별지 34호 서식), 여권 및 외국인등록증, 수수료 없음
② 변경관련 입증서류
※ 주재(D-7) 내지 무역경영(D-9)자격 소지자의 동일 계열회사내의 이동인 경우 아래 제출서류를 징구하여 외국인등록사항 변경신고로 처리
◈ 수주선박건조 및 산업설비제작 감독 또는 수출설비(기계)의 설치 · 운영 · 보수 등에 필요한 기술을 제공하는 자의 경우
◈ 제출서류
① 신청서(별지34호 서식), 여권 및 외국인등록증, 수수료 ② 파견명령서 원본 본사발행) 또는 재직증명서(본사발행) ③ 선박수주계약서 또는 설비도입계약서

---

45) 관세법에 따른 무역실적 교부 대행기관이며, 한국무역협회는 대외무역관리규정에 따라 수출입 실적을 교부함

[붙임1] 무역업(D-9-1) 자격 점수제 항목 및 점수

1. 사증발급인정서 발급 및 체류자격 변경 기준
□ 점수요건 : 총160점 중 60점 이상 득점자로 필수항목 점수가 10점 이상인 자
　　　　　　⇒ 최초 허가 시 <u>체류기간은 1년만 부여함</u>
□ 동일자격 소지 외국인과 공동대표인 경우 1/n 점수 적용

가. 필수항목 : 최대 65점
◆ 무역실적(신청일 기준 최근 2년간 연 평균 실적) : 최대 30점

구 분	수출 실적		무역 실적 (수출+수입)	
	30만불 이상	10만불 이상	50만불 이상	30만불 이상
배 점	30	20	15	10

〈참고〉: 항목 간 중복 산정 불가(가장 높은 점수치 하나만 산정가능)

◆ 무역분야 전문성 : 최대 35점

구 분	무역 관련분야 경력Ⓐ	무역관련 분야 전공Ⓑ	무역 전문교육 이수Ⓒ
배 점	20	15	10

〈참고〉: Ⓐ 해당자에 한해 Ⓑ또는Ⓒ중 1개만 중복 인정 가능
〈범례〉: Ⓐ 국내・외 공・사 기관에서 무역 분야 정규직 근무경력 2년 이상인 경우
　　　　Ⓑ 국내・외 대학에서 무역관련 분야 전공으로 학사학위 이상 취득한 경우〈붙임2〉
　　　　Ⓒ 법무부장관이 인정하는 기관 및 과정만 인정〈붙임3〉

나. 선택항목 : 최대 95점
◆ 국내 체류기간(신청일 기준으로 산정) : 최대 20점

구 분	외국인등록을 한 후 계속해서 국내 체류			외국인등록 없이 최근 2년간 200일 이상 체류
	5년 이상	3년 이상	1년 이상	
배 점	20	15	10	5

〈참고〉: 항목 간 중복 산정 불가(가장 높은 점수치 하나만 산정가능)

◆ 학력 : 최대 20점

구 분	박사	석사	학사	전문학사
배 점	20	15	10	5

〈참고〉: 항목 간 중복 산정 불가(가장 높은 점수치 하나만 산정가능)

◆ 가점 : 최대 55점

구 분	국내유학 경험Ⓐ	자본금 1억 이상Ⓑ	토픽 3급↑ 또는 KIIP 이수
배 점	30	15	10

〈참고〉: 항목 간 중복 산정 가능
〈범례〉: Ⓐ 국내대학에서 2년 이상 유학하고 전문학사 학위 이상을 취득한 경우
Ⓑ 해당 무역업 운영관련 본인 소유 자금에 한함(융자금 등은 제외)

2. 체류기간 연장허가 기준
□ 동일자격 소지 외국인과 공동대표인 경우 1/n 점수 적용
가. 연장허가 시 적용 항목별 점수 : 총 50점

◆ 무역실적(신청일 기준 최근 2년간 연 평균 실적) : 최대 30점 ⇒ [필수항목]

구 분	수출 실적				무역 실적 (수출+수입) 7만불 이상	전문교육 기관 연장 추천서
	50만불 이상	30만불 이상	10만불 이상	5만불 이상		
배 점	30	25	15	8	5	5

〈참고〉: 항목 간 중복 산정 불가(가장 높은 점수치 하나만 산정가능), 전문교육기관장의 연장
추천서는 동일인에 대하여 최대 4회까지만 인정

◆ 내국인 고용(신청일 기준 6개월 이상 계속 고용중인 정규직만 해당) : 최대 10점

구 분	3명 이상	2명 이상	1명 이상
배 점	10	5	2

〈참고〉: 항목 간 중복 산정 불가(가장 높은 점수치 하나만 산정가능)

◆ 납세실적(연간 개인 소득세 납부실적) : 최대 7점

구 분	500만원 이상	400만원~ 500만원 미만	300만원~ 400만원 미만	200만원~ 300만원 미만
배 점	7	5	3	1

〈참고〉: 국세청 발급 전년도 소득세 납세사실증명 기준

◆ 무역전문교육 심화과정 이수자 : 3점
– 무역전문교육기관이 개설하여 법무부로부터 승인을 받은 심화과정을 이수한 자로 신청일 기준
1년 이내 교육 이수자

나. 연장허가 기준 : 필수항목이 5점 이상인 자로 아래 해당점수 득점자

⇒ <u>필수항목 점수가 없는 자는 연장 불허</u>

◆ 1차 연장허가 시 적용기준 (D-9-1 비자발급 또는 체류자격 변경 후 최초 연장허가를 말함)

점　수	10점 이하Ⓐ	11점~20점	21점 이상
허가기간	6개월	1년	2년

〈참고〉: Ⓐ의 경우도 반드시 필수항목(무역실적) 점수가 5점 이상이어야 하며,
　　　　 2차 연장허가 부터 10점 이하 해당자는 연장허가가 불허됨을 고지

◆ 2차 연장허가부터 적용기준

점　수	10점 이하	11점~30점	31점 이상
허가기간	연장 불허	1년	2년

구 직(D-10)

활동범위	<ul><li>(구직활동) 국내 기업·단체 등에서 행하는 구직활동 뿐만 아니라 정식 취업 전에 연수비를 받고 행하는 단기 인턴과정을 포함</li><li>(기술창업활동) 창업이민교육프로그램 참가, 지식재산권 등 특허출원 준비 및 출원, 창업법인 설립 준비 등 창업과 관련된 제반 준비활동</li></ul>
해 당 자	<ul><li>교수(E-1)·회화지도(E-2)·연구(E-3)·기술지도(E-4)·전문직업(E-5)·예술흥행(E-6)*·특정활동(E-7) 자격에 해당하는 분야에 취업하기 위해 연수나 구직활동을 하려는 자 * 단, 예술흥행(E-6) 자격 중 유흥업소 등의 흥행활동(E-6-2)은 제외하고, 순수예술 및 스포츠분야만 허용, E-7 자격 중 준전문인력과 숙련기능인력은 해외신청 불가</li><li>기업투자(D-8) 자격 '다'목*에 해당하는 기술창업 준비 등을 하려는 자 * 학사이상의 학위를 가진 사람으로서 지식재산권을 보유하거나 이에 준하는 기술력 등을 가진 사람 중 법무부장관이 인정한 법인 창업자 (기술창업이민자)</li></ul>
1회에 부여할 수 있는 체류기간 상한	<ul><li>6개월</li></ul>
세부약호	<table><tr><th>약호</th><th>분류기준</th><th>참 고</th></tr><tr><td>D-10-1</td><td>일반구직(점수제 적용)</td><td>→ E1~E7, /'18.10. 점수제로 전환</td></tr><tr><td>D-10-2</td><td>기술창업 준비</td><td>→ D-8-4 /'14. 4. 신설</td></tr></table>
체류자격외 활동	<ul><li>해당사항 없음</li></ul>
근무처의 변경·추가	<ul><li>해당사항 없음</li></ul>
체류자격 부 여	<ul><li>해당사항 없음</li></ul>
체류자격 변경허가	가. 점수제 구직활동(D-10-1) 1) 대상 및 요건 　○ (학력 및 구직분야) 학사 학위(국내 전문학사 포함) 이상의 학위를 소지한 외국인으로 출입국관리법시행령 별표1. 외국인의 체류자격 중 E-1~E-7 자격에 해당하는 분야에 구직을 하려는 사람 　※ 단, 예술흥행(E-6) 자격의 경우 유흥업소 등에서 흥행활동(E-6-2)은 적용제외, E-7 자격 중 준전문인력과 숙련기능인력은 해외신청 불가

○ (점수요건) 별첨 구직자격 점수표에 따라 총 190점 중 기본항목이 20점 이상이면서 총 득점이 60점 이상인 사람

○ (전공 및 직종) 자격요건을 구비하고 취업희망 직종이 전공분야 및 허용 대상인 전문직종에 해당하는 경우 사증발급 허용

  - 특별한 전문지식이나 기술을 보유하였다고 판단되는 경우에 재외공관장 추천 등을 통해 적극적으로 사증발급*

    * 소정의 첨부서류 이외에 우수인재 입증서류(언론보도, 유관단체 추천서 등)를 제출하게 하여 재외공관장 재량으로 사증발급

      - 취업희망 직종이 전공과목과 직접 관련이 있거나 관련이 많은 경우에는 구직사증 발급 허용

2) 제한대상

○ (법위반자) 최근 1년 이내 출입국관리법 등을 위반하여 자비귀국 등으로 출국명령을 받은 적이 있거나, 통고처분 또는 벌금을 부과 받은 합산 금액이 200만원을 초과하는 경우* 신청 제한

    * 단, 입국규제된 사실이 없고 기업 등의 초청을 받아 인턴사원 등으로 연수 예정인 경우에는 1회에 한해 사증발급 허용((인턴 목적 D-10 자격 체류는 최대 1년을 넘을 수 없음)

  - 점수제 구직(D-10-1) 자격은 추가로 국내 체류 중 불법취업, 자격외 활동 위반, 시간제취업 위반 등 취업과 관련 출입국관리법 위반 이력이 있는 경우 신청 대상에서 제외*

    * 제외기준 : 국내체류 중 상기와 관련된 출입국관리법령 위반으로 40만원 이상의 벌금, 범칙금, 과태료 처분을 받은 이력이 있는 경우

○ (제도남용 방지) 무분별한 사증신청에 따른 체류질서 문란 방지차원에서 아래 경우에는 원칙적으로 사증발급 제한

  - 최근 1년 이내 구직(D-10) 자격으로 6개월 이상 체류*한 적이 있는 경우

    * 단, 국내 기업·단체 등의 초청을 받아 인턴사원 등으로 연수예정인 경우에는 1회에 한해 사증발급 허용인턴 목적 D-10자격 체류는 최대 1년을 넘을 수 없음)

나. 기술창업(D-10-2)

1) 발급대상

○ 학사(국내 전문학사) 이상의 학위를 소지(학위 수여예정자 포함)하고 지식재산권이나 이에 준하는 기술력을 바탕으로 창업 준비를 하려는 자

  - 학위 소지 여부는 점수제(D-10-1) 규정을 준용

2) 제한대상
  ○ (법위반자) 최근 1년 이내 출입국관리법 등을 위반하여 자비귀국 등으로
    출국명령을 받은 적이 있거나, 통고처분 또는 벌금을 부과 받은 합산 금
    액이 200만원을 초과하는 경우 신청 제한

3) 발급기준
  ○ 지식재산권 중 특허권, 실용신안권, 디자인권을 보유하고 있거나 출원
    중인 경우에는 사증발급 허용
  ○ 법무부 · 중소기업청이 지정한 '글로벌창업이민센터'에서 시행하는 창업
    이민종합지원시스템(OASIS)의 교육과정 일부 또는 전부를 이수하였거
    나 참여 중인 경우에는 사증발급 허용
  ○ 상기 이외의 경우에는 기술창업계획서를 제출받아 전공과 창업직종과의
    연관성, 창업 준비에 소요되는 체재경비 등을 종합 심사하여 타당한 경
    우 사증발급 허용
  ○ 중벤부 K-Startup 그랜드챌린지* 참여자로서 정보통신산업진흥원장으
    로부터 체류자격변경허가 추천서를 발급받은 경우 구직(D-10-2) 체류
    자격변경 허용(학력요건 및 OASIS 참여 실적 요건 면제)
    * 중소기업벤처부에서 주관하는 사업으로 연간 40여명의 해외우수창업인
      재를 국내로 초청하여 일정기간 집합교육 실시 후 기술창업을 위한 법
      인설립 및 사업화 지원
    ※ 특례적용 대상자는 중벤부 초청으로 K-Startup 그랜드챌린지 참여
      를 위해 입국한 단기체류 외국인으로 한정 (K-Startup 그랜드챌린지
      참여 시 등록한 기술력을 보유하거나 상용화하고 있는 해외 법인의
      대표 또는 그 소속 직원인 경우 특례 적용 배제)

다. 제출서류
1) 일반구직(D-10-1)
  ○ 공통서류(신청서, 사진, 여권사본, 수수료, 신분증사본 등)
  ○ 구직활동 계획서
  ○ 학위증
  - 국내 전문대학 이상 졸업자 : 학력증명서*
      * 출입국관리정보시스템(유학생정보시스템)으로 확인되는 경우에
        는 제출 면제
  - 세계 우수대학 대학 졸업자 : 학력증명서*
      * 졸업(예정)증명서, 학위증, 학위취득증명서 중 1종만 제출
  ○ 근무경력 증빙서류(해당자에 한함)
  - 근무기간, 장소, 직종 등이 포함된 경력증명서(재직증명서)

○ 국내 연수 활동 증빙서류(해당자에 한함)
- 연구(연수)기관의 장이 연구주제(연수과정), 연구(연수)기간, 수료여부 등을 명기하여 발급한 증명서
  ※ 연구기관 연구활동 수료자 : 수료증명서
  ※ 연수기관 연수활동 수료자 : 연수활동 수료증명서
  ※ 교환학생 : 학교장 발행 교환학생 경력 확인 증명
○ 한국어 능력 입증서류(해당자에 한함)
- TOPIK(유효기간 이내) 또는 KIIP 이수증빙서류
○ 고용추천서(해당자에 한함)
- 관계 중앙행정기관장 추천 : 부처(위임기관) 발행 고용추천서
- 재외공관장 추천 : 공관 내부추천 문서
  * 학력입증서류, 경력증명서, 해당 단체 추천서 또는 관련 입증자료 (권위 있는 국제 또는 국내대회 입상 및 언론 등에 보도된 경우)
○ 고소득 전문가 입증서류(해당자에 한함)
- 자국 공공기관이 발행한 전년도 근로소득 입증서류

2) 창업준비(D-10-2)
○ 공통서류(신청서, 사진, 여권사본, 수수료, 신분증사본 등)
○ 학력증명서(국내 전문학사 및 국내외 학사 이상)
※ 글로벌창업이민센터(한국발명진흥회, 생산성본부, 서울정보산업진흥원, 정보통신산업진흥원)에서 우수한 기술력을 인정하여 추천한 외국인에 대해서는 학력요건 폐지
○ 기술창업계획서
○ 체재비 입증서류(유학 사증 준용)
○ 특허증·실용신안등록증·디자인등록증 사본 또는 특허 등 출원사실증명서(해당자)
○ 창업이민종합지원시스템 교육과정 이수증 또는 교육참여 확인서(해당자)
※ K-Startup 그랜드챌린지 참여자 제출서류
  ① K-Startup 그랜드챌린지 참여 확인서(중벤부장관 또는 정보통신산업진흥원 발행)
  ② 정보통신산업진흥원 발행 체류자격변경허가 추천서
  ③ 기술창업계획서

라. 신청요령
🍂 신분이 변동(예정 포함)되는 즉시 체류지 관할 청 등에 신청

마. 심사 기준

* 국내 전문대학 이상에서 유학(D-2)자격으로 2년 이상 과정을 이수하고 전문학사 이상의 학위를 취득한(예정자는 제외)46) 유학생 (2019.1.1.부터 점수제로 일원화하여 적용)
** 유흥업소 등에서의 흥행활동(E-6-2)은 제외하고, 순수예술이나 스포츠 분야만 허용
* 유학생이 최초 자격변경 시 또는 K-Startup 그랜드챌린지참여자의 최초 자격변경시, 전문인력 자격변경 시 재정입증 서류 제출 면제

【점수제 구직비자(D-10-1) 세부평가 및 배점표】

□ 점수요건 : 총 190점 중 기본항목이 20점 이상으로 총 득점이 60점 이상인 자

※ 단, 불법취업, 시간제취업 등 취업과 관련된 출입국관리법령 위반으로 40만원 이상의 벌금, 범칙금, 과태료 처분을 받은 이력이 있는 경우 신청 대상에서 제외됨

가. 기본항목 : 최대 50점 중 20점 이상인 자
 1) 연령 : 최대 20점

구 분	20 ~ 24세	25~ 29세	30~ 34세	35~ 39세	40세~49세
배 점	10	15	20	15	5

〈범례〉 연령은 만 나이로 계산, 예시 – 49세12월30일까지는 점수 5점을 부여함

 2) 최종학력 : 최대 30점

구 분	국내	국내 · 국외		
	전문학사	학사	석사	박사
배 점	15	15	20	30

〈범례〉 : 학위증만 인정(졸업증, 수료증, 자격증 등 불인정)

나. 선택항목 : 최대 70점
 1) 최근 10년 이내 근무 경력 : 최대 15점

구 분	국내근무			국외근무		
	1년~2년	3년~4년	5년 이상	3년~4년	5년~6년	7년 이상
배 점	5	10	15	5	10	15

〈범례〉 : 최근 10년 이내 국내 + 국외 경력 중복 산정 가능하며, 학위취득 후 전공 관련 유사 분야 경력에 한정함

☞ 유사경력 여부는 신청자가 관련 증빙서류를 제출하여 입증 입증하여야
하며, 인턴 등 구직과정에서의 경력은 제외함

2) 국내 유학(2년 이상)경력 : 최대 30점

구 분		전문학사	학사	석사	박사
배 점	졸업 후 3년 이내	20	20	30	30
	졸업 후 3년 이후	5	10	15	20

〈범례〉: 유학경력은 정규대학에서 2년 이상 학적을 유지한 경우에 한함[유
학(D-2)에 해당하는 체류자격을 가질 수 있는 요건을 갖춘 경우를
말함(원격대학, 사이버대학 등 제외), 교환학생 및 복수학위 학생은
2년 이상 국내유학 경험이 있을 것]
※ 최종 학력과 국내 경험은 중복 적용 가능

3) 기타 국내 연수, 교육 경력(1년 이상) : 최대 5점

구 분		대학 연구생 (D-2-5)	교환학생 (D-2-6)	국공립 기관 연수(D-4-2)	어학연수 (D-4-1)	우수사설 기관 연수 (D-4-6)
배 점	1년~1년6개월	3	3	3	3	3
	1년 7개월 이상	5	5	5		5

〈범례〉: 대학, 기관 등에서 연수기간을 기재하여 발급한 경력, 이력, 이수
증 등으로 요건 입증
※ 최종 학력과 국내 연수, 교육, 학력은 기간요건을 충족할 경우 중복
적용 가능(ex. 학력 + 국내 유학 + 어학연수 + 교환학생)

4) 한국어능력 : 최대 20점

토픽(TOPIK) 또는 사회통합프로그램(KIIP)			
2급/2단계	3급/3단계	4급/4단계	5급/5단계 이상
5	10	15	20

〈참고〉: 토픽은 공식점수표(유효기간내의 것만 인정), 사회통합프로그램
(KIIP)은 공식 이수증이나 단계별 확인서

다. 가점 부여 (중복 산정 가능) : 총 70점
1) 관계 중앙행정기관장 및 재외공관장의 구직비자 발급 추천 최대 20점
 - 구직분야 관련 중앙행정기관장 또는 재외공관장이 전문인력임을 확인하
여 비자발급 관련 추천을 하는 경우 최대 20점 이내에서 점수를 차등 부

여가 가능함
  - 관계부처 고용추천서 발급 절차와 요건을 준용하며 이 경우 취업예정 기업이 없으므로 기업에 대한 요건 심사를 생략함

2) 글로벌기업 근무 경력자 : 20점
  - 최근 3년 이내 Fortune誌 선정 500대 기업에서 신청일 기준 최근 10년 이내 1년 이상 근무한 경력자

3) 세계 우수대학 졸업자 : 20점
  - 최근 3년 이내 Time誌 선정 200대 대학의 졸업생
  - 최근 3년 이내 QS 세계대학순위 500위 이내 대학의 졸업생

4) 이공계 학사 학위 이상 소지자 : 5점
  - 국내 전문학사 학위 소지자 중 이공계 분야도 가점 부여
  ※ 이공계 분야 국외 전문학사 등은 학력검증이 불가하므로 대상에서 제외

5) 고소득 전문직 종사 경력자 : 5점
  - 직전 근무처의 연봉이 5만 달러 이상인 외국인에 대하여 해당국가 정부 발행 소득 증빙서류를 통해 확인이 될 경우 가점 부여

라. 법 위반자에 대한 감점항목 : 최대 60점

구분	출입국관리법 위반Ⓐ			기타 국내 법령 위반Ⓑ		
	1회	2회 이상	3회 이상	1회	2회 이상	3회 이상
배점	5	10	30	5	10	30

〈참고〉: 항목 간 합산(Ⓐ+Ⓑ)점수를 적용함
〈범례〉: Ⓐ 신청일 기준 5년 이내 위반 횟수만 기산하며 처벌여부와 상관없이 위반이 확정된 건은 모두 포함(처벌면제, 경고 및 과태료 포함)하며, 4회 이상 위반자는 신청제한
　　　　Ⓑ 5년 이내 위반 횟수만 기산

체류기간 연장허가	가 첨부서류 ○ 구직활동계획서 또는 기술창업계획서(지난 6개월 동안의 구직 또는 기술창업 준비활동 내역 및 향후 계획이 포함되어야 함) ○ 국가기술자격증 또는 성적증명서*(국내 전문대학 졸업 전문학사에 대해서만 적용) 　* 출입국관리정보시스템(유학생정보시스템)으로 확인되는 경우에는 제출면제

○ 체류경비 입증서류 (직전 6개월간의 체류경비 조달 내역이 포함된 은행
거래내역 및 이후 6개월간의 체류경비 입증 은행잔고증명 제출을 원칙
으로 함)

* 불명확한 경비내역에 대해서는 신청자에게 소명의 의무가 있으며, 등
록사항변경신고 위반(연수 활동 미신고)이 확인된 경우 기간연장 불
허, 출국 후 사증발급으로 재입국

○ 체류지 입증서류

나. 체류기간상한
○ 체류기간의 상한은 최대 2년으로 하고, 신청자의 전문성 등에 따라 체류
기간의 상한을 차등 규정
○ 아래 어느 하나에 해당하는 사람은 최대 2년 부여
  ① 3년 이내 국내대학 전문학사 이상 학위 취득자
  ② 3년 이내 세계 500대 기업 1년 이상 근무경력자
  ③ 3년 이내 Time誌 선정 200대 대학, QS 500위 대학 졸업자
  ④ 점수제 평가에 따라 총점이 80점 이상인 자
  ⑤ 특허권 · 실용신안권 · 디자인권 보유 또는 출원 중인 사람
  ⑥ 창업이민 점수제 평가점수가 50점 이상인 자*
  * 창업이민 점수제 평가항목 및 배점 등은 해당 지침 및 〈붙임1〉 참조
  ⑦ K-Startup 그랜드챌린지 참여자로서 정보통신산업진흥원장의 체류
    자격변경허가 추천을 받은 자
○ (E-7 근무처변경 허가 직종)의 경우는 최대 6개월
  - 국민고용 보호 체류질서 확립차원에서 법무부장관이 근무처변경 · 추가
    신고 대상에서 제외하기로 고시(법무부고시 제11-510, '11.10.10)한 아
    래직종* 종사자
  * 디자이너(285), 판매사무원(31215), 주방장 및 조리사(441), 호텔접
    수사무원(3922), 의료코디네이터(S3922), 해삼양식기술자(63019),
    조선용접기능공(7430), 뿌리산업체 숙련기능공(S740), 일반제조업
    체 및 건설업체 숙련기능공(S700), 농축어업 숙련기능인(S610)
○ (위 요건에 해당하지 않는) 기타의 경우는 최대 1년
  - 구직비자 점수제 평가 점수가 80점 미만인자
  - 인턴 목적 국내 체류는 최대 1년(이 경우도 동일 기업 · 단체에서 최대 6
    개월을 넘을 수 없음)

| 재입국허가 | 1. 재입국허가 면제 제도 시행('10.12.1.자 개정 시행규칙)
- 등록을 필한 외국인이 출국한 날로부터 1년 이내에 재입국하려는 경우 재입
국허가 면제
- 체류기간이 1년보다 적게 남아있는 경우 체류기간 범위 내에서 재입국허 |

➡ 목차	가 면제
	※ 단, 입국규제 및 사증발급규제자는 체류지 관할 청(사무소·출장소)에 방문하여 재입국허가를 받아야 하며 수수료 제출 대상임
	
	2. 복수재입국허가 (사우디아라비아, 이란, 리비아는 복수재입국제한. 단, 동 국가의 국민 중 결혼이민(F-6), 유학(D-2), 일반연수(D-4)는 가능)
	  – 출국 후 체류기간 범위 내에서 1년을 초과하여 2년 내에 재입국을 하려는 경우
	  – 신청서류 : 신청서(별지 34호서식), 여권 원본, 외국인등록증, 수수료

외국인등록	1. 외국인등록 제출서류
	  – 신청서, 반명함판 천연색 사진(3..5 × 4.5㎝) 1장, 체류지 입증서류, 여권 사본
	2. 외국인등록사항 변경신고
	가. 신고사항 : 성명, 성별, 생년월일 및 국적, 여권의 번호·발급일자유효기간
	나. 신고대상 : 소속기관 또는 단체의 <u>변경(명칭변경 포함)이나 추가</u>('10.11.16.)
	다. 신고기한 : 변경일로부터 <u>15일</u> 이내 신고
	라. 제출서류
	  ① 신청서(별지 34호 서식), 여권 및 외국인등록증, 수수료 없음
	  ② 변경관련 입증서류

연수 개시 및 연수기관 변경 등 신고
 	
➡ 목차
	가. 연수활동 일반
	  ○ (근거법령) 출입국관리법 제35조(외국인등록사항의 변경신고), 영 제44조, 규칙 제49조의2(외국인등록사항변경의 신고) 3호*
	    * 영 별표 1 중 체류자격 18의2. 구직(D-10)의 자격에 해당하는 자의 경우에는 연수개시 사실 또는 연수기관의 변경(명칭변경을 포함한다)
	  ○ 대상요건
	  – 외국인 : 외국인등록을 마친 일반구직(D-10-1) 자격 소지자로서 구직기간 중에 기업 등의 인턴사원 등으로 연수를 받는 외국인*
	    * 외국인등록을 하지 않는 상태라도 외국인등록 의무기간(입국일로부터 90일 이내) 중에 신고사유가 발생한 경우에는 신고를 하도록 함 (입법취지 등 감안)
	
	나. 연수개시 신고 등 심사기준
	  ○ (연수개시 신고) 사유 발생일로부터 <u>15일</u> 이내 체류지 관할 청장 등에게 신고
	  ○ (연수기간) 구직자격 소지 기간 동안 총 6개월 이내에서 허용

○ (연수수당) 시급을 기준으로 최저임금 이상의 수준에서 고용계약서에 따라 적정하게 지급되어야 함

○ (연수분야) E1~ E7에 해당하는 직종. 단순 아르바이트 활동 등은 대상에서 제외

○ (연수기관) E1~ E7을 고용할 수 있는 요건을 갖춘 업체 및 기관에 한하여 허용

○ (근무시간) 인턴활동의 기준은 현행 노동법이 준용되므로 1일 8시간, 주당 40시간 이내임

－ 구직자격(D10) 외국인이 실습사원(인턴) 자격으로 연수를 진행하는 경우 별도 규정이 없는 경우 고용부의 [일경험 수련생에 대한 법적 지위 판단과 보호를 위한 가이드라인] 규정을 준용

○ (연수기관 변경) 구직기간 중에 기업 등의 인턴사원 등으로 채용*되어 연수를 개시하거나 연수기관을 변경한 경우(명칭 변경을 포함)

＊ 1월 이상 6월 미만 동안 소정의 연수수당을 받고 인턴(연수·수습) 사원 형태로 근무하기로 계약을 체결한 경우(인턴사원 채용여부 테스트 차원의 단기 근무는 제외)

다. 연수 신고의 반려

○ 요건을 갖추지 못한 외국인의 인턴활동 또는 외국인 채용 요건을 갖추지 못한 기업이 인턴 고용계약을 맺은 경우

○ 연수(인턴) 남용 근무처에 대한 근무처 신고 반려

－ 최근 6개월 이내에 인턴으로 활용하고 채용으로 연결되지 않은 외국인의 수가 기업 상시근로자 수(외국인 포함)의 10% (10인 미만 기업의 경우 20%) 이상인 기업에 대해서는 신규 연수를 제한. 단, 인턴과정을 통해 채용한 인력이 있는 경우는 제외

○ 구직자격 소지 기간 동안 총 6개월 이상의 인턴활동 기록이 있는 경우 신고 반려

라. 신청 첨부서류

○ 외국인등록사항변경신고서

○ 연수(인턴) 계약서

○ 연수기관 등록서류(사업자 등록증 사본 등)

○ 해당 기업이 고용보험가입자 명부

---

46) 국내 대학 졸업예정자는 제한, 유학생 체류기간이 남아 있는 경우 특별한 사유가 없는 한 졸업시까지는 구직자격으로 변경 제한(불법 체류율 산정 회피 목적, 성적불량 등으로 졸업요건을 못 갖춘 경우 졸업 예정자에 대해서도 변경 제한)

【점수제 구직비자(D-10-1) 배점표】

□ 총 <u>190점</u> 중 기본항목이 20점 이상으로 총 득점이 60점 이상인자

배점항목			배점기준		배점	비고
기본	연령		20~24세		10	50점
			25~29세		15	
			30~34세		20	
			35~39세		15	
			40세~49세		5	
	최종학력	국내		전문학사	15	
		국내/국외		학사	15	
				석사	20	
				박사	30	
선택	취업경력	국내	국외			70점
		1년~2년	3년~4년		5	
		3년~4년	5년~6년		10	
		5년이상	7년이상		15	
	국내유학	전문학사(졸업후 3년이내)			5(30)	
		학 사(졸업후 3년이내)			10(30)	
		석 사(졸업후 3년이내)			15(30)	
		박 사(졸업후 3년이내)			20(30)	
	국내 연수	대학 연구생 (D-2-5) 교환학생 (D-2-6) 국공립기관 연수(D-4-2) 사설 기관 연수 (D-4-6)	12개월~18개월		3	
			19개월이상		5	
		어학연수 (D-4-1)	12개월~		3	
	한국어 능력	토픽(TOPIK) / 사회통합 프로그램(KIIP)		5급/5단계 이상	20	
				4급/4단계	15	
				3급/3단계	10	
				2급/2단계	5	
가점	① 관계 중앙행정기관장, 재외공관장 구직비자 발급 추천				20	70점
	② 세계 우수대학 졸업자(타임지 200대, QS 500대)				20	
	③ 글로벌기업근무 경력자(포천지 500대)				20	
	④ 이공계 학사(국내 전문학사 포함) 학위 소지자				5	
	⑤ 고소득(5만달러) 전문직 종사 경력자				5	
감점	위반횟수	1회	2회	3회		
	출입국관리법	5	10	30		
	기타 국내법령	5	10	30		

점수제 항목 및 점수

□ 창업비자 요건
  ○ 학사학위 이상* 소지자 또는 관계 중앙행정기관의 장이 추천한 사람 + 법인설립(설립절차가 진행중인 경우 포함) + 총448점 중 80점이상 점수 득점자(필수항목 중 1개 이상 해당되어야 함)
    * 국내 전문학사(해외 학사) 이상 졸업자, 학위를 이미 취득한 경우만 인정하고 취득 예정자는 제외함

□ 세부내용
① 필수항목 및 점수(313점) : 1개 이상 필수

구분	지식재산권 보유(등록)		지식재산권 출원		보유(등록) 완료된 지식재산권의 공동 발명자(창작자)		연구(E3) 자격으로 3년 체류	⑤, ⑦	1억원 이상 투자유치 받은 사람*
	특허 또는 실용	디자인	특허 또는 실용	디자인	특허 또는 실용	디자인			
배점	80	50	20	10	5	3	15	각 25	80

② 선택항목 및 점수(135점)

구 분	②, ③	①, ④, ⑥	학 력		토픽3급 이상 이수 또는 KIIP 3단계 이상 이수	신규 법인설립
			국내·외 대학 박사학위 소지	국내 대학 학사 또는 석사학위 소지		
배 점	각 25	각 15	10	5	10	15

〈범례〉: * AC·VC 등으로부터 1억원 이상을 투자 받은 사실을 글로벌창업이민센터가 확인하여 추천한 자
  ① 지식재산권 소양 기초교육(OASIS-1) 수료, ② 지식재산권 소양 심화교육(OASIS-2) 수료, ③ 창업 소양교육(OASIS-4) 수료, ④ 창업코칭 및 멘토링(OASIS-5) 수료, ⑤ 발명·창업대전(OASIS-6) 상위 5개 팀 이내, ⑥ 창업인큐베이터(OASIS-7) 졸업, ⑦ 법무부장관이 인정하는 정부 또는 지자체 지원 사업에 선정된 외국인의 창업아이템(OASIS-9)

〈참고〉: ⓐ 지식재산권 보유(등록), 출원, 공동발명 및 OASIS-6, OASIS-9의 경우 2명 이상이 공동 보유(등록), 출원, 발명 및 참여(선정)인 경우에는 해당 점수를 전체 수만큼 나눈 점수만 인정함.
  ⓑ 동일항목이 2개 이상인 경우 하나만 점수로 인정(예: 디자인 출원이 3개라도 10점만 인정)

교 수(E-1)

활동범위	🔹 고등교육법에 의한 자격요건을 갖춘 외국인으로서 전문대 이상의 교육기관이나 이에 준하는 기관에서 교육 또는 연구지도
해 당 자	🔹 한국과학기술원 등 학술기관 교수 🔹 전문대학 이상의 교육기관에서 임용하는 전임강사 이상이 교수 🔹 대학 또는 대학부설연구소의 특수분야 연구교수
1회에 부여할 수 있는 체류기간 상한	🔹 5년
체류자격외 활동 ➡ 목차 체류자격외 활동	**1. 체류자격외활동허가 면제범위 확대** 원래의 체류목적을 침해하지 않은 범위 내에서 정규교육기관(초·중·고 및 대학)의 교육을 받고자 하는 때는 체류기간 범위 내에서 별도의 허가 절차 불요('09.6.15.부 시행) **2. 체류자격외 활동 허가 대상이 아닌 회화지도(E-2) 활동** (회화지도 강사에 대한 사증발급 및 체류관리에 관한 통합지침) 가. 직장 내에서 동료직원 등을 대상으로 하는 회화지도 활동 <table><tr><td>적용 대상</td><td>교수(E-1) ~ 특정활동(E-7), 취재(D-5) ~ 무역경영(D-9)자격으로 외국인등록을 마친 합법 체류자</td></tr><tr><td>허용 기준</td><td>소속된 직장 내에서 동료직원 등을 대상으로 하는 외국어 회화지도 활동</td></tr></table> 나. 영리 또는 유상 목적이 아닌 사회봉사활동 차원의 회화지도 활동 <table><tr><td>적용 대상</td><td>외국인등록(등록면제자 포함)을 마친 합법 체류자</td></tr><tr><td>허용 기준</td><td>학교·종교 등 사회복지시설·주민센터 등에서 영리 또는 유상 목적이 아닌 사회봉사활동 차원의 회화지도 활동</td></tr></table> 다. 공통사항 – 회화지도 활동이 주된 활동이 되거나 허용기준 등을 벗어난 회화지도 활동은 자율 허용대상에서 제외 **3. 외국인투자기업 CEO 등 우수전문인력의 대학 강연활동**

활동 범위	대학에서 90일 이내 강의활동을 하려는 자에 대한 단기취업(C-4)자격으로의 자격외 활동
대상	① 투자자 등(D-7, D-8, D-9)의 자격 소지자 중 국내기업(투자기업포함)에서 　상근이사 이상의 직으로 근무하는 자 ② 전문인력(E-1, E-3 ~ E-5, E-7) 자격소지자
제출 서류	① 신청서(별지 34호 서식), 여권 및 외국인등록증, 수수료 ② 총(학)장의 추천서 ③ 고유번호증(사업자등록증)사본 ④ 고용계약서원본 및 사본 ⑤ 원근무처장의 동의서

4. 교수(E-1) 또는 연구(E-3) 자격을 소지한 외국고급과학 기술인력에 대한 교수
(E-1), 연구(E-3)간 상호 체류자격외 활동

　가. 허가대상
　　● 전문대학이상의 교육기관이나 정부출연연구소, 국 · 공립연구소, 기업부
　　　설연구소 등 이공계 연구기관에 근무하고자 하는 자로서 교육부장관의
　　　고용추천을 받은 자

　나. 자격기준
　　● 이공계 석사학위 이상의 소지자로서 해당분야의 연구개발 업무에 3년 이
　　　상 종사한 경력이 있는 자
　　● 이공계 박사학위 소지한 자

　다. 제출서류
　　① 신청서(별지 34호 서식), 여권 및 외국인등록증, 표준규격사진 1장, 수수
　　료 ② 고용계약서 또는 임용예정확인서 ③ 원 고용주의 동의서 ④ 교육부
　　장관의 고용추천서 ⑤ 사업자등록증 사본 ⑥ 연구기관 입증서류

5. 단기취업(C-4-5) 특정활동(E-7) 자격을 소지한 외국첨단기술 인력이 유사첨
단 기술분야인 교수(E-1), 연구(E-3), 기술지도(E-4) 자격으로의 활동

　가. 허가대상
　　● 벤처기업 등의 정보기술(IT) 분야, 전자상거래 등 기업정보화(e-busine
　　　ss)분야 또는 생물산업(BT), 나노기술(NT), 신소재분야(금속 · 세라믹 ·
　　　화학), 수송기계, 디지털가전, 환경 · 에너지분야에 종사하는 자로서
　　● 소관부처(과학기술정보통신부, 교육부 등) 장관의 고용추천이 있는 자

나. 자격기준

🔹 정보기업(IT) 또는 전자상거래 등 관련분야에 5년이상 종사한 경력이 있는 자

🔹 관련학과의 학사 이상 학력소지자로서 해당분야에 2년 이상 종사한 경력이 있는 자, 단 국내에서 4년 전 과정을 수료하고 학사학위를 취득한 자에 대하여는 해당분야 종사경력 불요

🔹 관련학과 석사학위이상 소지자

다. 신청서류

① 신청서(별지 34호 서식), 여권 및 외국인등록증, 표준규격사진 1장, 수수료 ② 고용계약서 (원본 및 사본) ③ 원고용주의 동의서 ④ 소관부처 장관의 고용추천서 ⑤ 경력증명서(학사학위 소지자는 학위증 사본 첨부)

6. "A-1, A-2 소지자"에 대한 자격외활동 허가

가. 취업허용 범위

‣ 외국어회화강사(E-2), 외국인학교교사(E-7), 외국어교열요원(E-7)으로의 활동, 문화예술(D-1), 종교(D-6), 교수(E-1), 연구(E-3), 주한외국공관이나 외국기관 등에서 고용하는 행정요원(E-7), 특정활동(E-7)중 벤처기업 등의 정보기술(IT)·E-business에 종사하고자 하는 자로 소관부처 장관의 고용추천을 받은 자

나. 제출서류

① 신청서(별지 34호 서식), 여권 및 외교관신분증, 수수료 ② 고용계약서 ③ 사업자등록증 및 연구기관 입증서류 ④ 학위증 원본 ⑤ 경력증명서 ⑥ 외교부고용추천서 ⑦ 교육부장관 고용추천서(고급과학기술인력 명기)

7. 협정(A-3) 자격 소지자의 교수(E-1) 자격외 활동

가. 자격요건

🔹 연구(E-3) 자격요건을 충족하는 자

나. 제출서류

① 신청서(별지 34호 서식), 여권 및 SOFA ID, 수수료 ② 고용계약서 ③ 사업자등록증 및 연구기관 입증서류 ④ 학위증 원본 ⑤ 경력증명서 ⑥ 교육부장관 고용추천서(고급과학기술인력 명기) ⑦ SPONSOR인 경우 원근무처장

의 동의서

8. 고액투자외국인 및 전문인력 배우자에 대한 취업

가. 허용대상
- 🌼 고급과학기술인력(SCIENCE 카드) 및 첨단기술인력(GOLD 카드), 정보기술인력(IT카드)자격 소지한 전문 외국인력의 배우자
- 🌼 미화 50만불 이상 투자(법인포함)한 투자자격 소지자의 배우자
- 🌼 전문 외국 인력자격(E-1, E-2, E-3, E-4, E-5, E-6-2를 제외한 E-6, E-7)소지자의 배우자

나. 허용분야
- 🌼 단순노무(D-3, E-9)를 제외한 모든 직종에 대한 체류자격외 활동허가

다. 허가기간 : 배우자의 체류기간까지(계속연장 가능)

라. 제출서류 : 규칙 제76조에 의한 체류자격별 첨부서류(신원보증서 생략)
   ※ 특정활동(E-7)에 종사하고자 하는 경우에는 E-7자격 사증발급인정서 발급 지침 준용

9. 동일 종교재단 산하기관 근무자의 종교(D-6), 교수(E-1) 상호간 체류자격외 활동 가능

가. 종교(D-6) → 교수(E-1)의 경우 제출서류
   ① 신청서(별지34호 서식), 여권 및 외국인등록증, 수수료 ② 동일재단입증서류 ③ 고용계약서 원본 및 사본 ④ 학위증 ⑤ 사업자등록증 사본 ⑥ 원근무처장의 동의서

나. 교수(E-1) → 종교(D-6)의 경우 제출서류
   ① 신청서(별지34호 서식), 여권 및 외국인등록증, 수수료 ② 동일재단입증서류 ③ 원근무처의 동의서 ④ 해당단체 설립허가서

근무처의 변경·추가	1.'10.11.15.부 사후 신고제로 개정(출입국관리법시행령 제26조의2제1항) 전문인력 활용도 제고를 통한 국가경쟁력 강화차원에서 전문인력에 대해서는 기존 사전허가를 사후신고만으로 근무처를 변경·추가할 수 있도록 제도 개선 《법무부고시 제11-510》

➡ 목차	➠ 대학교수가 전공과 관련하여 일시적인 강연·강의·연구 등의 활동을 다른 대학에서 하는 경우 근무처 추가신고 불필요 가. 자격요건 🔹 교수(E-1) 자격으로 외국인등록을 하고 체류하고 있는 자로 변경·추가되는 근무처에서 활동하는데 필요한 자격요건을 구비하고 있는 자 　※ 자격요건을 갖추었더라도 본인 귀책사유로 해고 또는 중도 퇴직한 자로서 원고용주의 이적동의를 받지 못한 자는 제외 나. 신고절차 등 🔹 신고의무자(외국인)는 <u>신고사유 발생일로부터 15일 이내</u>에 관할 출입국·외국인청(사무소·출장소)장에게 신고(<u>대리인의 신고 허용</u>) 　※ 여권에 근무처변경·추가신고 스티커나 신고인을 부착 또는 날인·기재하여야 하기 때문에 방문신고를 원칙으로 함 (다만, 신고기한 임박 등 긴급한 경우에는 FAX로 선 접수하고 조속히 방문하여 스티커 부착 등의 조치를 하도록 안내) 다. 제출서류 ① 근무처변경·추가 신고서[별지 제38호의3서식], 여권 및 외국인등록증, 수수료 ② 사업자등록증 ③ 원 근무처 장의 동의서 ④ 고용계약서 　※ <u>원 근무처 장의 동의서</u>는 계약기간 만료일 또는 쌍방이 근무하기로 합의한 날짜까지 근무한 경우에는 제출을 면제하며, 원 근무처의 휴·폐업 및 임금체불 등의 사유가 있는 경우에는 입증서류 또는 사유서로 대체 가능
체류자격 부 여	🔹 해당사항 없음
체류자격 변경허가	1. ① 부득이한 사유로 무사증입국하거나 비취업사증을 소지한 외국고급인력에 대한 교수(E-1), 연구(E-3)로 체류자격 변경 허가 및 ② 교수(E-1), 연구(E-3) 상호간 체류자격 변경허가 가. 대 상 🔹 전문대학이상의 교육기관이나 정부출연연구소, 국·공립연구소, 기업부설연구소 등의 연구기관에 근무하고자 하는 자(<u>이공계, 인문계, 예·체능계 등의 고급외국인력</u>) 　※ 외국고급과학기술인력에 대해서만 허용하던 것을 <u>인문계, 예체능계 등으로 확대 및 과학기술부장관 고용추천서 삭제</u> 나. 자격기준

🐚 석사학위 이상으로 해당분야 경력 3년 종사한 경력이 있는 자

🐚 박사학위 소지자

다. 제출서류

① 신청서(제 34호 서식), 여권, 표준규격사진 1장, 수수료 ② 고용계약서 원본 및 사본(또는 임용예정 확인서) ③ 경력증명서(학위증 사본 첨부) ④ 회사설립관련서류(사업자등록증, 연구기관 입증서류) ⑤ 원 근무처장의 동의서(원 근무처가 있는 경우)

2. 전문외국인력의 <u>배우자</u>에 대한 전문직자격으로의 변경허가

가. 허가대상

🐚 전문외국인력《E-1 내지 E-5, E-6(E-6-2는 제외), E-7》자격소지자의 배우자로서 동반(F-3)자격 소지자

나. 허가분야

🐚 전문직 《E-1 내지 E-5, E-6(E-6-2는 제외), E-7》에 해당하는 모든 직종에 대한 체류자격 변경허가

다. 제출서류

① 신청서(별지 34호서식), 여권 및 외국인등록증, 표준규격사진1장, 수수료 ② 사업자등록증 ③ 학위증(원본 및 사본) 또는 경력증명서 ④ 고용계약서(원본 및 사본) ⑤ 원 근무처의 장의 동의서(원 근무처가 있는 경우만 해당)

3. 유학(D-2), 구직(D-10) ➡ 교수(E-1)자격으로의 변경

가. 자격요건 (아래 ①, ②, ③ 요건을 모두 충족하여야 함)

> ① 구직(D-10) 자격 또는 유학(D-2) 자격을 소지하고 합법 체류 중인 자
>
> ② 취업활동을 하려는 분야가 교수(E-1)·회화지도(E-2)·연구(E-3)·기술지도(E-4)·전문직업(E-5)·예술흥행(E-6)·특정활동(E-7) 체류자격에 해당하고 해당 자격요건 등을 구비하여야 함
>
> ③ 취업하려는 해당 기관·단체 등의 대표자와 고용계약을 체결하여야 함

※ 유학(D-2) 자격 소지자는 구직(D-10)자격으로 변경할 수 있는 요건을 갖춘 <u>졸업예정자를 의미</u> (단, 자국 또는 제3국의 대학에서 이미 학사 이상의 학위를 취득하고 필요한 경력요건 등을 갖춘 경우에는 재학 중이라 하더라도 변경 허용)

	나. 제출서류 ① 신청서(별지 34호서식), 여권 및 외국인등록증, 수수료 ② 고용계약서 ③ 학위증 또는 경력증명서 　– 조교수 이상의 자격기준에 해당하는 전임교수 등의 경우 제출 생략 ④ 고용업체 등 설립관련 서류(사업자등록증, 등기부등본 등) 4. 이공계대학 졸업 유학생 중 교육·과학기술 분야의 연구·지도 활동에 종사하려는 경우(석사 이상의 학위 취득자만 가능 　🐾 제출서류 　① 신청서(별지 34호서식), 여권 및 외국인등록증, 수수료 ② 졸업증명서 ③ 고용계약서 ④ 총(학)장의 고용추천서 ⑤ 사업자등록증 5. 사증면제(B-1) 자격으로 입국한 독일인에 대한 장기체류자격으로 변경 　가. 허가체류자격 : 기술연수(D-3), 비전문취업(E-9) 및 관광취업(H-1)을 제외한 모든 장기체류자격 　나. 허가기간 : 체류자격별 1회 부여할 수 있는 체류기간의 상한
체류기간 연장허가	🐾 제출서류 ① 신청서(제 34호 서식), 여권, 표준규격사진 1장, 수수료 ② 고용계약서 원본 및 사본, 기타 심사에 필요한 자료*(필요시 1~2종 제출) 　* 교원활용계획서, 수강생 현황, 근로소득원천징수부 등 ③ 체류지 입증서류(임대차계약서, 숙소제공 확인서, 체류기간 만료예고 통지우편물, 공공요금 납부영수증, 기숙사비 영수증 등)
재입국허가	1. 재입국허가 면제 제도 시행('10.12.1.자 개정 시행규칙) 　– 등록을 필한 외국인이 <u>출국한 날로부터 1년 이내에 재입국하려는 경우 재입국허가 면제</u> 　– 체류기간이 1년보다 적게 남아있는 경우 체류기간 범위 내에서 재입국허가 면제 　※ 단, 입국규제 및 사증발급규제자는 체류지 관할 청(사무소·출장소)에 방문하여 재입국허가를 받아야 함 2. 복수재입국허가 (사우디아라비아, 이란, 리비아는 복수재입국제한. 단, 동 국가의 국민 중 결혼이민(F-6), 유학(D-2), 일반연수(D-4)는 가능) 　– 출국 후 체류기간 범위 내에서 1년을 초과하여 2년 내에 재입국을 하려는

	경우 – 신청서류 : 신청서(별지 34호서식), 여권 원본, 외국인등록증, 수수료

외국인등록	1. 외국인등록 신청서류
	① 신청서(별지34호 서식), 여권원본, 표준규격사진1장, 수수료
	② '부가가치세법'에 따른 사업자등록증
	
	2. 외국인등록사항 변경신고
	  가. 신고사항 : 성명, 성별, 생년월일 및 국적, 여권의 번호 · 발급일자 · 유효
	      기간
	  나. 신고기한 : 변경일로부터 14일 이내 신고
	  다. 제출서류
	    ① 신청서(별지 34호 서식), 여권 및 외국인등록증, 수수료 없음
	    ② 변경관련 입증서류

활동범위	🌑 법무부장관이 정하는 자격요건을 갖춘 외국인으로서 외국어전문학원*, 초등학교 이상의 교육기관 및 부설어학연구소, 방송사 및 기업체부설 어학연수원 기타 이에 준하는 기관 또는 단체에서 외국어 회화지도 가. 회화지도의 개념 ▶ 외국어전문학원·교육기관·기업·단체 등에서 수강생에게 외국어로 상호 의사소통하는 방법을 지도하는 활동 ▶ 따라서 외국어로 특정 어학이나 문학 또는 통·번역 기법 등을 지도하는 것은 회화지도 활동에 해당하지 않음 나. 활동장소 ▶ 외국어전문학원*, 초등학교 이상의 교육기관 및 부설어학연구소, 방송사 및 기업체부설 어학연수원 기타 이에 준하는 기관 또는 단체 　* 정보통신기술 등을 활용한 원격교습 형태의 학교교과교습학원 포함 (학원법 개정) 【 기타 이에 준하는 기관 또는 단체 】 ▶ 평생교육법에 의해 설치된 평생교육시설로서 법무부장관이 정한 기준에 부합하는 시설 ▶ 다른 법령(조례 포함)에 의하여 국가 또는 지방자치단체가 설치·운영하는 평생교육 시설 ▶ 근로자직업능력개발법에 따라 설립된 직업능력개발훈련시설과 직업능력개발훈련법인 ▶ 건설기술관리법령에 따라 건설기술인력교육훈련 대행기관으로 지정을 받은 (재)건설산업교육원 ▶ 소속 직원이 회화지도 학습을 할 수 있는 어학기자재 등이 구비된 강의실을 보유한 법인기업 및 공공기관
해당자	① 외국어 학원 등의 강사 ▶ 해당 외국어를 모국어로 하는 국가의 국민으로서 해당 외국어를 모국어로 하는 국가에서 <u>대학 이상의 학교를 졸업</u>하고, <u>학사 이상의 학위를 소지한 자</u> 또는 이와 동등 이상의 학력이 있는 자 ▶ 국내 대학 졸업자에 대한 특례 　- 해당 외국어를 모국어로 하는 국가에서 <u>고등학교 또는 전문대학을 졸업</u>

하고 국내의 대학에서 학사 이상의 학위를 취득한 경우 자격 인정

▶ 공용어 사용 국가 국민에 대한 특례
 - 영·중·일어를 제외한 나머지 외국어에 대해 해당 외국어를 공용어로 사용하는 국가의 국민 중 아래 요건을 갖출 시 회화지도 자격 부여
 • 해당 외국어에 대한 공인된 교원자격을 소지하거나 해당 외국어 관련 학과 학사 학위 이상을 소지할 것
 • 임금요건이 전년도 국민 1인당 GNI의 80% 이상 일 것
 ※ 단, 주한공관문화원 등 비영리기관에 대해서는 당해연도 최저임금 이상 요건 적용

② 교육부 또는 시·도교육감 주관으로 모집·선발된 자로서 초·중·고등학교에서 근무하려는 자

원어민 영어보조교사(EPIK)

▶ 영어를 모국어로 하는 국가* 국민으로서 출신국가에서 대학을 졸업하고 학사학위 이상의 학위를 취득한 자
 * 영어 모국어 국가(7개국) : 미국, 영국, 캐나다, 남아공, 뉴질랜드, 호주, 아일랜드

한-인도 CEPA협정에 따른 영어보조교사

▶ 인도 국적자로서 대학 이상의 학교를 졸업하고 학사이상의 학위와 교사 자격증(영어전공)을 소지한 자

정부초청 해외 영어봉사장학생(TaLK)

▶ 영어를 모국어로 하는 국가 국민으로서
 - 출신국가에서 대학 2년 이상을 이수(단, 영국인의 경우에는 영국대학 1년 이상 이수)하였거나 전문대학 이상을 졸업한 자
 - 또는 10년 이상 해당 외국어로 정규교육을 받고 국내 대학에서 2년 이상을 이수하였거나 전문대학 이상을 졸업한 자

원어민 중국어보조교사(CPIK)

▶ 중국 국적자로서 중국 내 대학 이상의 학교를 졸업하고, 학사 이상의 학위증과 중국 국가한어판공실이 발급한 '외국어로서 중국어 교사 자격증서'

◘ 목차
해 당 자

	를 소지한 자
	③ 전문인력 및 유학생의 비영어권 배우자에 대한 영어 회화지도 강사 허용('17.7.3.) ▶ 전문인력(E-1~E-7)* 및 유학생(이공계 석·박사 이상에 한함)의 배우자로서 영어권 출신이 아니라도 TESOL**자격을 소지하고 학사 이상의 학위를 소지한 자 또는 동등 이상의 학력이 있는 자 * 호텔·유흥(E-6-2) 자격은 제외함 ** TESOL: 영어가 모국어가 아닌 사람이 비영권국가에서 영어를 가르칠 수 있도록 자격을 부여하는 영어전문 교사 양성과정
1회에 부여할 수 있는 체류기간 상한	🌑 2년
체류자격외 활동 **➡ 목차** 체류자격외 활동	1. 체류자격외활동허가 면제범위 확대 원래의 체류목적을 침해하지 않은 범위 내에서 정규교육기관(초·중·고 및 대학)의 교육을 받고자 하는 때는 체류기간 범위 내에서 별도의 허가 절차 불요('09.6.15.부 시행) 2. 체류자격외 활동 허가(신고)대상이 아닌 회화지도(E-2) 활동 (회화지도 강사에 대한 사증발급 및 체류관리에 관한 통합지침) 가. 직장 내에서 동료직원 등을 대상으로 하는 회화지도 활동 {table} 나. 영리 또는 유상 목적이 아닌 사회봉사활동 차원의 회화지도 활동 {table2} 다. 공통사항 – 회화지도 활동이 주된 활동이 되거나 허용기준 등을 벗어난 회화지도

직장 내에서 동료직원 등을 대상으로 하는 회화지도 활동 표:

적용대상	교수(E-1)~특정활동(E-7), 취재(D-5)~무역경영(D-9)자격으로 외국인등록을 마친 합법 체류자
허용기준	소속된 직장 내에서 동료직원 등을 대상으로 하는 외국어 회화지도 활동

영리 또는 유상 목적이 아닌 사회봉사활동 차원의 회화지도 활동 표:

적용대상	외국인등록(등록면제자 포함)을 마친 합법 체류자
허용기준	학교·종교 등 사회복지시설·주민센터 등에서 영리 또는 유상 목적이 아닌 사회봉사활동 차원의 회화지도 활동

활동은 자율 허용대상에서 제외

3. 회화지도(E-2)자격 요건을 갖춘 등록외국인(A-1, A-2, A-3포함)
  가. 허용대상 및 허가권한
  ● 회화지도(E-2) 자격요건을 갖춘 등록외국인(A-1, A-2, A-3 포함)이면 허용대상으로 하고, 허가권한은 원칙적으로 청장 등에게 위임*
  나. 제출서류 및 확인사항

▶ 목차
체류자격외 활동

시·도교육감과 근로계약을 체결한 영어보조교사

① 신청서(별지 34호 서식), 여권 및 외국인등록증, 수수료
② 합격증명서 ③ 고용계약서
※ 학력·범죄경력증명서 및 채용신체검사서는 관할 교육청이 자율검증하므로 제출 면제

상기 영어보조교사를 제외한 회화지도강사

① 신청서(별지 34호 서식), 여권 및 외국인등록증, 수수료
② 고용계약서 원본과 사본 ③ 사업자등록증 사본
④ 공적확인*을 받은 학력증명서
 – 과거에 공적확인을 받은 학력 입증서류를 제출한 경우에는 제출 면제
  * 아포스티유확인(협약국가) 또는 해외주재 한국공관 영사확인(아포스티유협약 미체결 국가) 또는 자국 정부기관의 별도 확인 문서(일본의 경우)
   ➡ 국내 대학에서 학위를 취득한 경우에는 공적확인 받지 않은 학위증 사본 제출
⑤ 신청일로부터 6개월 이내에 발급 받은 공적확인*을 받은 범죄경력증명서
 – 과거에 공적확인을 받은 범죄경력증명서를 제출하고 체류하다 출국한 후 3개월 이내 신청하는 경우에는 제출 면제, 입국일 기준 해외체류기간이 3개월을 초과한 경우에는 외국인등록 시에 새로 제출하도록 안내
  * 아포스티유확인(협약국가) 또는 해외주재 한국공관 영사확인(아포스티유협약 미체결 국가) 또는 국내 자국 공관의 영사확인(국내체류자)
 – 범죄경력*이 있는 경우에는 원칙적으로 불허

▶ 목차
체류자격외 활동

⑥ 채용신체검사서*

　* 법무부장관이 지정하는 의료기관이 발급한 공무원채용신체검사규정 별지서식기준에 해당하는 신체검사와 마약검사(필로폰, 코카인, 아편, 대마는 필수 검사항목)결과를 포함

⑦ 학원설립운영등록증 사본(해당자)

⑧ 평생교육시설등록증 사본(해당자)

4. 대통령 영어봉사 장학생에 대한 체류자격외 활동

가. 대 상

🔳 교육부(시·도교육감) 주관 "대통령 영어봉사 장학생(정부초청 해외 영어봉사장학생)"으로 선발된 자에 한함

🔳 유학(D-2)자격을 소지한 대학생 중 영어를 모국어로 사용하는 국가 출신으로서,

– 영어를 모국어로 하는 국가에서 대학 2년 이상 이수하였거나 10년 이상 영어에 의한 정규 교육을 받은 후 국내 대학에서 2년 이상 이수한 자

나. 제출서류

① 신청서(별지 34호서식), 여권, 외국인등록증, <u>수수료 면제</u> ② "대통령 영어봉사 장학생" 합격통지서(국립국제교육원장 또는 시·도 교육감 발급) ③ 고용계약서 ④ 사업자등록증 사본

5. 캠프 외국인강사 체류자격외 활동허가

가. 허용기준

허가	🔳 평생교육법상 평생교육시설로 등록(신고)된 경우 – 지방자치단체(영어문화원, 외국어체험마을 등) 주관 시에도 평생교육시설로 등록(신고)한 경우 ※ 캠프운영 주체 문제는 교육부 소관사항으로 평생교육시설로 등록된 경우 별다른 제한이 없음
불허	🔳 학원 등에서 기존시설을 벗어나 캠프를 운영하거나 개최가능 단체의 명의를 빌려 실제로 학원 측에서 운영하는 경우 (학원설립운영 및 과외교습에 관한 법률 제8조)

나. 대상자

①	교수(E-1) 자격 소지자로 회화지도(E-2) 체류자격외 활동 허가를 받은 자
②	회화지도(E-2) 소지자 근무처추가 허가 받은 자
③	단기취업(C-4-5, 영어캠프)자격 소지자 : 별도신고나 허가절차 불요

6. 고액투자외국인 및 전문인력 배우자에 대한 취업
  가. 허용대상
  - 고급과학기술인력(SCIENCE 카드) 및 첨단기술인력(GOLD 카드), 정보
    기술인력(IT카드)자격 소지한 전문 외국인력의 배우자
  - 미화 50만불 이상 투자(법인포함)한 투자자격 소지자의 배우자
  - 전문 외국 인력자격(E-1, E-2, E-3, E-4, E-5, E-6-2를 제외한 E-
    6, E-7)소지자의 배우자

  나. 허용분야
  - 단순노무(D-3, E-9)를 제외한 모든 직종에 대한 체류자격외 활동허가

  다. 허가기간 : 배우자의 체류기간까지(계속연장 가능)

  라. 제출서류 : 규칙 제76조에 의한 체류자격별 첨부서류(신원보증서 생략)
    ※ 특정활동(E-7)에 종사하고자 하는 경우에는 E-7자격 사증발급인정서
       발급 지침 준용

근무처의 변경·추가	가. 개 요 - 전문인력 활용도 제고를 통한 국가경쟁력 강화차원에서 회화지도 강사들에 대해서도 신고만으로 근무처를 변경·추가할 수 있도록 허용 - 근무처는 '현재 근로계약이 체결되어 근무 중인 고용업체' 이외에도 '고용계약 범위 내에서 고용주의 지시에 따라 체류자격에 해당하는 활동을 하는 장소'도 지정된 근무처에 포함됨〔체류관리과-5514('10.8.31.)참조〕
▶ 목차 근무처의 변경·추가	┌─── 【 지정된 근무처 (예시) 】 ───┐ • A교육감 소속 B초등학교 원어민 영어교사가 순회하며 영어수업을 하는 관내 C, D초등학교 등 • A학원 외국어회화지도 강사가 방문하여 회화지도를 하는 기업 등(단, 기업 등은 회화지도강사를 고용할 수 있는 조건을 구비하여야 하고, 기업 등에서의 월간 강의시간은 A학원의 월간 강의 시간의 1/3을 초과하지 못함)

- 기타 위 사유에 준하는 경우의 근무(활동)장소

※ 공통사항 : 근로계약 및 체류자격에 해당하는 활동범위에 해당하고, 해당 외국인과 활동하는 장소(사업체)의 장 사이에 별도의 근로계약이나 보수지급이 없어야 하며, 파견근로 형태의 근무방식이 아니어야 함

나. 신고대상자 및 신고절차 등

🐦 신고대상자

- 고용계약기간까지 정상 근무하고 근무처를 변경하거나 고용업체의 휴·폐업 등으로 업체를 변경한 자
- 본인 귀책사유로 해고 또는 중도 퇴직한 후 원 고용주의 이적 동의를 받고 업체를 변경하는 자
- 현 고용주의 동의를 받고 다른 근무처와 추가로 고용계약을 체결한 자
- 현 고용주의 지시에 따라 월 평균 강의시간의 1/3 범위 내에서 다른 업체에서 강의를 하는 대가로 별도의 보수를 받는 자

▶ 해당 외국인이 현 고용주와 E-2 강사를 고용할 수 있는 다른 기관·단체가 체결한 강의계약에 따라 강의를 하고 계약에 따라 별도의 대가를 받는다면 사실상 3자 계약형태의 근무처추가로 볼 수 있으므로 신고대상에 추가하는 것이 타당

▶ 강의실 및 수강생 규모에 비해 과다한 인원을 채용하고 있다고 의심되는 업체에 대해서는 불법과외 등 편법인력 활용 예방 차원에서 실태조사를 실시하여 허용여부 결정
 - E-2 강사별 강의시간표 등을 심사하여 시간표대로 강의가 이뤄지고 있는지와 월 강의시간의 1/3 이상을 외부 출장형태로 활용하고 있는지를 확인하여 이를 위반한 경우에는 사증발급인정서 발급을 불허하고, 사유 해소 시까지 추가고용을 제한

🐦 신고제외대상자(법무부고시 2011-510, '11.10.4. 붙임 8 참조)
 - 변경·추가되는 근무처에서 활동하는데 필요한 자격요건을 구비하지 못한 정부초청 청소년영어봉사장학생*
 * 대학졸업(학사학위) 이상의 학력요건을 갖추지 못한 경우 외국어학원 등의 회화지도강사 자격요건을 갖추지 못했기 때문에 근무처변경 자체가 불가
 - 자격요건을 갖추었더라도 본인 귀책사유로 해고되거나 중도 퇴직한 후 원 고용주의 이적이나 근무처 추가 동의를 받지 못한 자

▶ 목차

	◈ 신고절차 – 근무처를 변경·추가한 회화지도강사는 신고사유 발생일로부터 15일 이내에 관할 청장 등에게 '근무처변경·추가신고서(붙임 9)와 소정의 첨부서류를 제출하여 신고 (대리인의 신고 허용) – 여권에 근무처변경·추가신고 스티커나 신고인을 부착 또는 날인·기재하여야 하기 때문에 방문신고를 원칙으로 함* ◈ 첨부서류 – 고용계약서, 사업자등록증, 원 근무처 장의 동의서*, 시설 설립 관련서류 등 * 단, 원 근무처 장의 동의서는 계약기간 만료일 또는 쌍방이 근무하기로 합의한 날짜까지 근무한 경우에는 제출을 면제하며, 원 근무처의 휴·폐업 및 임금체불 등의 사유가 있는 경우에는 입증서류 또는 사유서로 대체 가능 ※ 잔여 체류기간이 (새 고용계약기간 + 1개월)보다 짧은 경우, 체류기간 연장 허가를 받아야하며 체류기간 연장허가 심사에 필요한 구비서류 추가 제출
체류자격 부　여	◈ 해당사항 없음
체류자격 변경허가	가. 허가대상 및 허가권한 　◈ 등록외국인(A-1, A-2, A-3 포함)과 시·도교육감 초청 초·중등학교 영어보조교사로 채용되어 강의를 하려는 자에 대해서는 소지한 체류자격에 상관없이 청장 등에게 허가권한 위임 나. 첨부서류 　◈ 첨부서류 – 공적확인을 받은 학력·범죄경력증명서 및 채용신체검사서, 고용계약서, 단체 등 설립관련 서류, 기타 심사에 필요한 입증자료 등 ▶ 과거에 공적확인을 받은 학력·범죄경력증명서, 채용신체검사서를 제출한 사실이 확인되고, 구직(D-10)자격 등으로 체류자격을 변경하여 계속 체류 중인 자는 동 서류의 제출을 면제 ▶ 시·도교육감과 고용계약을 체결한 초·중등학교의 영어보조교사는 '고용계약서'와 원어민영어보조교사 '합격증'만 제출* * 학력·범죄경력증명서 및 채용신체검사서는 관할 교육청이 자율 검증 ※ 채용신체검사서는 반드시 봉투에 밀봉된 상태로 제출(개봉하지

말 것)

▶ 고용계약서상 임금이 최소임금(당해연도 최저임금) 기준에 미달하는 경우에는 원칙적으로 체류자격변경 허가를 억제

1. 교육부(시·도 교육감) 초청 외국인영어강사*로 채용되어 초·중·고교생을 대상으로 강의를 하려는 자에 대하여는 소지한 자격에 상관없이 E-2 자격변경 가능

① 신청서(별지 34호 서식), 여권 및 외국인등록증(해당자), 표준규격사진 1장, 수수료

② 시·도 교육감이나 국립국제교육원장이 발급한 합격통지서 또는 통지서

③ 고용계약서 원본과 사본

④ 학교 사업자등록증 사본(또는 고유번호증사본)

* 단, 시·도교육감과 고용계약을 체결한 초·중등학교의 영어보조교사 등은 학력·경력 증명서 및 채용신체검사서 제출을 면제하고 '합격증명서'와 '고용계약서' 등 최소서류만 징구(또한 과거 회화지도 강사로 체류 시에 공적확인을 받은 학력·범죄경력증명서 및 채용신체검사서를 제출한 적이 있고, 현재 구직(D-10) 등의 자격으로 체류 중인 등록외국인에 대해서도 상기 3가지 서류의 제출을 면제)

2. 회화지도(E-2)요건을 갖춘 등록 외국인(A-1,A-2,A-3포함)

가. 허용대상 및 허가권한

🔘 회화지도(E-2) 자격요건을 갖춘 등록외국인(A-1, A-2, A-3 포함)이면 허용대상으로 하고, 허가권한은 원칙적으로 청장 등에게 위임*

나. 제출서류 및 확인사항

① 신청서(별지 34호 서식), 여권 및 외국인등록증, 표준규격사진1장, 수수료

② 고용계약서 원본과 사본 ③ 사업자등록증 사본

④ 공적확인*을 받은 학력증명서

– 과거에 공적확인을 받은 학력 입증서류를 제출한 경우에는 제출 면제

* 아포스티유확인(협약국가) 또는 해외주재 한국공관 영사확인(아포스티유협약 미체결 국가) 또는 국내 한국대학교육협의회의 확인(공통) 또는 자국 정부기관의 별도 확인 문서(일본의 경우)

➡ 국내 대학에서 학위를 취득한 경우에는 공적확인 받지 않은 학위증 사본 제출 허용

⑤ 신청일로부터 6개월 이내에 발급 받은 공적확인*을 받은 범죄경력증명

서

 - 과거에 공적확인을 받은 범죄경력증명서를 제출하고 체류하다 출국한 후 3개월 이내 신청하는 경우에는 제출 면제, 입국일 기준 해외 채류기간이 3개월을 초과한 경우에는 외국인등록 시에 새로 제출하도록 안내

 * 아포스티유확인(협약국가) 또는 해외주재 한국공관 영사확인(아포스티유협약 미체결 국가) 또는 국내 자국 공관의 영사확인(국내체류자)

 - 범죄경력*이 있는 경우에는 원칙적으로 불허

⑥ 공적확인을 받은 제3국 범죄경력증명서('20. 1. 1. 시행)

 - 자국 이외의 국가에서 학위를 취득한 경우 제출

 - 범죄경력증명서의 내용 및 기준 등은 상기 ⑤ 자국 범죄경력증명서 규정 준용

⑦ 채용신체검사서* (반드시 봉투에 밀봉된 상태로 제출, 개봉 불가)

 * 법무부장관이 지정하는 의료기관이 발급한 공무원채용신체검사규정 별지서식기준에 해당하는 신체검사와 마약검사(필로폰, 코카인, 아편, 대마는 필수 검사항목)결과를 포함

⑧ 학원설립운영등록증 사본(해당자)

⑨ 평생교육시설등록증 사본(해당자)

3. 유학(D-2), 구직(D-10) ➡ 회화지도(E-2)자격으로의 변경

가. 자격요건 (아래 ①, ②, ③요건을 모두 충족하여야 함)

> ① 구직(D-10) 자격 또는 유학(D-2) 자격을 소지하고 합법 체류 중인 자
> ② 취업활동을 하려는 분야가 교수(E-1)·회화지도(E-2)·연구(E-3)· 기술지도(E-4)·전문직업(E-5)·예술흥행(E-6)·특정활동(E-7) 체류자격에 해당하고 해당 자격요건 등을 구비하여야 함
> ③ 취업하려는 해당 기관·단체 등의 대표자와 고용계약을 체결하여야 함

 ※ <u>유학(D-2) 자격 소지자</u>는 구직(D-10)자격으로 변경할 수 있는 요건을 갖춘 졸업예정자를 의미 (단, 자국 또는 제3국의 대학에서 이미 학사 이상의 학위를 취득하고 필요한 경력요건 등을 갖춘 경우에는 재학 중이라 하더라도 변경 허용)

나. 제출서류

① 신청서(별지 34호서식), 여권 및 외국인등록증, 수수료 ② 고용계약서 ③ 학위증 또는 경력증명서 ④ 고용업체 등 설립관련 서류(사업자등록증, 학원설립증, 등기부등본 등) ⑤ 범죄경력증명서(<u>자국 및 제3국(해당자)</u>) ⑥ 채용신체검사서(반드시 봉투에 밀봉된 상태로 제출, 개봉 불가)

	4. 사증면제(B-1) 자격으로 입국한 독일인에 대한 장기체류자격으로 변경
	가. 허가체류자격 : 기술연수(D-3), 비전문취업(E-9) 및 관광취업(H-1)을 제외한 모든 장기체류자격
	나. 허가기간 : 체류자격별 1회 부여할 수 있는 체류기간의 상한
	➡ 회화지도(E-2) 자격을 갖춘 자
체류기간 연장허가 ◧ 목차	1. 제출 서류
	① 신청서(별지 34호서식), 여권 및 외국인등록증, 수수료
	② 고용계약서 원본 및 사본
	③ 사업자등록증 사본 ④ 학원설립운영등록증 사본(해당자)
	⑤ 평생교육시설 및 법인기업 등에서 취업중인 경우(수강생 현황 및 강의시간표, 근로소득원천징수부 등의 자료를 활용하여 종합적으로 심사하여 결정)
	⑥ 범죄경력증명서 및 학력입증서류 보완대상인 기존 체류자의 경우에는 해당서류 보완 필요
	⑦ 체류지 입증서류(임대차계약서, 숙소제공 확인서, 체류기간 만료예고 통지우편물, 공공요금 납부영수증, 기숙사비 영수증 등)
	⑧ 강의시간표
	※ 교육부 또는 시·도·교육감 초청 원어민영어강사는 ① 범죄경력증명서 ② 학력검증 ③ 채용신체검사 서류 제출 불필요
	2. 체류기간 특례
	🖥 한-인도 CEPA협정에 의한 영어보조교사
	- 취업기간 : 1년
	🖥 정부초청 영어봉사장학생(TaLK) 및 중국어보조교사(CPIK)
	- 취업기간 : 최대 2년
재입국허가	1. 재입국허가 면제 제도 시행('10.12.1.자 개정 시행규칙)
	- 등록을 필한 외국인이 <u>출국한 날로부터 1년 이내에 재입국하려는 경우 재입국허가 면제</u>
	- 체류기간이 1년보다 적게 남아있는 경우 체류기간 범위 내에서 재입국허가 면제
	※ 단, 입국규제 및 사증발급규제자는 체류지 관할 청(사무소·출장소)에 방문하여 재입국허가를 받아야 함
	2. 복수재입국허가 (사우디아라비아, 이란, 리비아는 복수재입국제한. 단, 동국가의 국민 중 결혼이민(F-6), 유학(D-2), 일반연수(D-4)는 가능)
	- 출국 후 체류기간 범위 내에서 1년을 초과하여 2년 내에 재입국을 하려는

	경우 – 신청서류 : 신청서(별지 34호서식), 여권 원본, 외국인등록증, 수수료
외국인등록	1. 외국인등록 신청서류 ① 신청서(별지34호 서식), 여권원본, 표준규격사진1장, 수수료 ② '부가가치세법'에 따른 사업자등록증 ③ 채용신체검사서 (반드시 봉투에 밀봉된 상태로 제출, 개봉 불가) – 법무부고시 제2011–23 (2011.1.27.)(붙임 6)에 따라 법무부장관이 지정한 채용신체검사의료기관에서 발행한 것이어야 함* * 단, 시 · 도교육감이 채용한 원어민 영어보조교사 및 정부초청 해외 영어봉사장학생은 제출을 면제 (관할 교육관청에 제출하여 자율 검증) ④ 체류지 입증서류
	2. 외국인등록사항 변경신고 가. 신고사항 : 성명, 성별, 생년월일 및 국적, 여권의 번호 · 발급일자 · 유효기간 나. 신고기한 : 변경일로부터 14일 이내 신고 다. 제출서류 ① 신청서(별지 34호 서식), 여권 및 외국인등록증, 수수료 없음 ② 변경관련 입증서류

활동범위	○ 자연과학분야의 연구 또는 산업상 고도기술의 연구개발 종사 ○ 고급과학기술인력 ○ 사회과학 · 인문학 · 예체능 분야의 연구 인력
해 당 자	1. 특정 연구기관 육성법, 정부출연 연구기관 등의 설립 · 운영 및 육성에 관한 법률, 과학기술분야 정부출연연구기관 등의 설립 · 운영 및 육성에 관한 법률에 의한 연구기관에서 자연과학·사회과학 · 인문학 · 예체능 분야의 연구 또는 산업상의 고도기술의 연구개발에 종사하는 자 2. 방위사업법의 규정에 의한 연구기관에서 연구 활동에 종사하는 과학기술자 3. 산업기술혁신촉진법 등 관련법령에 따라 자연과학분야 또는 산업상의 고도 산업기술을 개발하기 위하여 다음의 기관 또는 단체와 계약을 맺어 동 기관 또는 단체에서 연구하는 과학기술자 　– 기업부설연구소 　– 산업기술연구조합육성법에 의한 산업기술연구조합 　– 교육법에 의한 대학 또는 전문대학 　– 국 · 공립 연구기관 　– 산업기술혁신촉진법에 의한 기술 지원공공기관 　– 민법 또는 다른 법률에 의하여 설립된 과학기술분야의 비영리법인인 연구기관 　– 기타 과학기술분야의 연구기관이나 단체와 영리를 목적으로 하는 법인 4. 정부출연연구소, 국 · 공립연구소, 기업부설연구소 등 이공계 연구기관에서 자연과학분야의 연구 또는 산업상 고도기술의 연구개발에 종사하고자 하는 자 5. 전문대학 이상의 교육기관 또는 기타 학술연구기관 등에서 사회과학 · 인문학 · 예체능 분야의 연구를 하고자 하는 자
자격요건	○ ① 박사 학위 소지자 ○ ② 석사 학위 소지자로서 3년 이상 경력자(단, 국내 석사 학위 소지자 경력 요건 면제)
관리기준	○ 전공분야와 종사분야가 상이한 자, 형식적 요건을 갖추었다 하더라도 과다하게 저임금으로 활용하고 있다고 판단되는 경우에는 사증발급, 자격변경, 기간연장 등 제한

1회에 부여할 수 있는 체류기간 상한	🔊 5년

체류자격외 활동	1. 체류자격외활동허가 면제범위 확대 　원래의 체류목적을 침해하지 않은 범위 내에서 정규교육기관(초·중·고 　및 대학)의 교육을 받고자 하는 때는 체류기간 범위 내에서 별도의 허가 절 　차 불요
➡ 목차 **체류자격외** **활동**	2. 외국인투자기업 CEO 등 우수전문인력의 대학 강연활동

활동범위	대학에서 90일 이내 강의활동을 하려는 자에 대한 단기취업(C-4-5)자격으로의 자격 외 활동
대　상	① 투자자 등(D-7, D-8, D-9)의 자격 소지자 중 　국내기업(투자기업포함)에서 상근이사 이상의 직으로 　근무하는 자 ② 전문인력(E-1, E-3 ~ E-5, E-7) 자격소지자
제출서류	① 신청서(별지 34호 서식), 여권 및 외국인등록증, 수수료 ② 총(학)장의 추천서 ③ 고유번호증(사업자등록증)사본 ④ 고용계약서 ⑤ 원근무처장의 동의서

※ 90일을 초과하여 정기적으로 대학에서 강의활동을 하고자 하는 자는
　본부 승인상신

3. 교수(E-1) 또는 연구(E-3) 자격을 소지한 외국고급과학 기술인력에 대한
　교수(E-1), 연구(E-3)간 상호 체류자격외 활동

　가. 허가대상
　ㅇ 전문대학이상의 교육기관이나 정부출연연구소, 국·공립연구소, 기업부
　　설연구소 등 이공계 연구기관에 근무하고자 하는 자

　나. 자격기준
　ㅇ ① 박사 학위 소지자
　ㅇ ② 석사 학위 소지자로서 3년 이상 경력자(단, 국내 석사 학위 소지자 경
　　　력 요건 면제)

　다. 제출서류
　① 신청서(별지 34호 서식), 여권 및 외국인등록증, 표준규격사진 1장, 수

수료

② 고용계약서 또는 임용예정확인서

③ 원 고용주의 동의서

④ 고용기관 설립 관련 서류(사업자등록증 또는 법인등기사항전부증명서 또는 연구기관 입증서류 등)

⑤ 석사 학위 이상 학위증

4. 단기취업(C-4-5) 특정활동(E-7) 자격을 소지한 외국첨단기술 인력이 유사 첨단 기술분야인 교수(E-1), 연구(E-3), 기술지도(E-4) 자격으로의 활동

가. 허가대상

○ 벤처기업 등의 정보기술(IT) 분야, 전자상거래 등 기업정보화(e-business)분야 또는 생물산업(BT), 나노기술(NT), 신소재분야(금속·세라믹·화학), 수송기계, 디지털가전, 환경·에너지분야에 종사하는 자

나. 자격기준

○ ① 박사 학위 소지자

○ ② 석사 학위 소지자로서 3년 이상 경력자(단, 국내 석사 학위 소지자 경력 요건 면제)

다. 신청서류

① 신청서(별지 34호 서식), 여권 및 외국인등록증, 표준규격사진 1장, 수수료

② 고용계약서 또는 임용예정확인서

③ 원고용주의 동의서

④ 고용기관 설립 관련 서류(사업자등록증 또는 법인등기사항전부증명서 또는 연구기관 입증서류 등)

⑤ 석사 학위 이상 학위증

5. "A-1, A-2 소지자"에 대한 자격외활동 허가

가. 취업허용 범위

‣ 외국어회화강사(E-2), 외국인학교교사(E-7), 외국어교열요원(E-7)으로의 활동, 문화예술(D-1), 종교(D-6), 교수(E-1), 연구(E-3), 주한외국공관이나 외국기관 등에서 고용하는 행정요원(E-7), 특정활동(E-7)중 벤처기업 등의 정보기술(IT)·E-business에 종사하고자 하는 자

나. 제출서류
① 신청서(별지 34호 서식), 여권 및 외교관신분증, 수수료
② 고용계약서 또는 임용예정확인서
③ 고용기관 설립 관련 서류(사업자등록증 또는 법인등기사항전부증명서 또는 연구기관 입증서류 등)
④ 석사 학위 이상 학위증
⑤ 외교부고용추천서

6. 협정(A-3) 자격 소지자의 연구(E-3)

가. 자격요건
○ 연구(E-3) 자격요건을 충족하는 자

나. 제출서류
① 신청서(별지 34호 서식), 여권 및 SOFA ID, 수수료
② 고용계약서 또는 임용예정확인서
③ 고용기관 설립 관련 서류(사업자등록증 또는 법인등기사항전부증명서 또는 연구기관 입증서류 등)
④ SPONSOR인 경우 원근무처장의 동의서

7. 고액투자외국인 및 전문인력 배우자에 대한 취업

가. 허용대상
○ 고급과학기술인력(SCIENCE 카드) 및 첨단기술인력(GOLD 카드), 정보기술인력(IT카드)자격 소지한 전문 외국인력의 배우자
○ 미화 50만불 이상 투자(법인포함)한 투자자격 소지자의 배우자
○ 전문 외국 인력자격(E-1, E-2, E-3, E-4, E-5, E-6-2를 제외한 E-6, E-7)소지자의 배우자

나. 허용분야
○ 단순노무(D-3, E-9)를 제외한 모든 직종에 대한 체류자격외 활동허가

다. 허가기간 : 배우자의 체류기간까지(계속연장 가능)

라. 제출서류 : 규칙 제76조에 의한 체류자격별 첨부서류

	※ 특정활동(E-7)에 종사하고자 하는 경우에는 E-7자격 사증발급인정서 발급 지침 준용
근무처의 변경·추가	1. '10.11.15.부 사후 신고제로 개정(출입국관리법시행령 제26조의2제1항) 전문인력 활용도 제고를 통한 국가경쟁력 강화차원에서 전문인력에 대해서는 기존 사전허가를 사후신고만으로 근무처를 변경·추가할 수 있도록 제도 개선 《법무부고시 제11-510》 가. 자격요건 ㅇ 연구(E-3) 자격으로 외국인등록을 하고 체류하고 있는 자로 변경·추가되는 근무처에서 활동하는데 필요한 자격요건을 구비하고 있는 자 ※ 자격요건을 갖추었더라도 본인 귀책사유로 해고 또는 중도 퇴직한 자로서 원고용주의 이적동의를 받지 못한 자는 제외 나. 신고절차 등 ㅇ 신고의무자(외국인)는 신고사유 발생일로부터 15일 이내에 관할 출입국·외국인청(사무소·출장소)장에게 신고(대리인의 신고 허용) ※ 여권에 근무처변경·추가신고 스티커나 신고인을 부착 또는 날인·기재하여야 하기 때문에 방문신고를 원칙으로 함 (다만, 신고기한 임박 등 긴급한 경우에는 FAX로 선 접수하고 조속히 방문하여 스티커 부착 등의 조치를 하도록 안내) ㅇ 선의의 고용주 보호와 체류질서 유지 차원에서 본인 귀책사유로 해고 또는 중도 퇴직한 경우에는 원 고용주의 동의가 없으면 적용대상에서 제외됨을 유의 (근무처변경허가 또는 사증발급인정서 신청 대상자임) ㅇ 신고자가 신고기한을 도과한 경우에는 과태료 처분 및 사건 종결 후 신고를 수리하고, 결격사유 등으로 적용대상에서 제외되는 자가 허가 없이 변경·추가된 근무처에서 취업한 경우에는 법 위반 경위 및 위반정도 등을 종합 심사하여 처리* * 최초 위반인 경우에는 통고처분 후 근무처변경 등을 허용하고, 최근 2년 이내 위반횟수가 2회 이상이거나 외국인초청 제한업체가 고용을 한 경우에는 원칙적으로 통고처분 후 출국조치(위반 고용업체에 대해서는 가중처벌 및 추가 초청제한) 다. 제출서류 ① 근무처변경·추가 신고서[별지 제38호의3서식], 여권 및 외국인등록증, 수수료 없음

② (사업자등록증 또는 법인등기사항전부증명서 또는 연구기관 입증서류 등)

③ 원 근무처 장의 동의서

④ 고용계약서 또는 임용예정확인서

※ 원 근무처 장의 동의서는 계약기간 만료일 또는 쌍방이 근무하기로 합의한 날짜까지 근무한 경우에는 제출을 면제하며, 원 근무처의 휴·폐업 및 임금체불 등의 사유가 있는 경우에는 입증서류 또는 사유서로 대체 가능

라. 체류허가 절차

○ 근무처변경·추가 신고는 체류허가 신청이 아닌 신고행위에 불과하기 때문에 대상자가 최초 부여받은 체류기간을 초과하여 체류하려면 별도의 체류기간 연장허가 신청이 필요함

○ 잔여체류기간이 [변경된 고용계약기간+1개월]보다 적으면 연장신청을 받아 [변경된 고용계약기간+1개월]까지 연장

  – 잔여체류기간이 [변경된 고용계약기간+1개월]보다 많으면 [변경된 고용계약기간+1개월]로 체류기간 단축조정

마. 신분변동자(해고 또는 중도퇴직자) 처리

○ 고용주로부터 해고 또는 중도퇴직 등의 사실이 신고된 외국인에 대해서는 사실관계를 확인하여 체류자격 또는 근무처변경, 체류기간 조정 및 출국기한 등을 지정

○ 해당 외국인들이 전문지식 등을 가진 우수인재 등인 점을 감안, 동일 직종에 계속하여 취업하고자 하는 경우에는 구직(D-10) 체류자격으로 변경 허용

○ 신분변동일로부터 즉시 체류자격변경허가를 받도록 안내하고, 세부업무 처리는 「구직(D-10) 사증발급 및 체류관리통합지침」

○ 다른 체류자격에 해당하는 활동을 하려는 경우에는 신분변동일로부터 즉시 체류자격변경허가를 받도록 안내

○ 법정기한을 도과하여 체류자격 변경허가를 신청한 경우에는 제반사항을 심사하여 체류허가 여부를 결정

체류자격 부 여 ▶ 목차	○ 해당사항 없음
체류자격 변경허가	1. ① 부득이한 사유로 무사증입국하거나 비취업사증을 소지한 외국고급인력에 대한 교수(E-1), 연구(E-3)로 체류자격 변경 허가 및 ② 교수(E-1), 연구(E-3) 상호간 체류자격 변경허가

가. 대 상
　　ㅇ 전문대학이상의 교육기관이나 정부출연연구소, 국·공립연구소, 기업부설연구소 등의 연구기관에 근무하고자 하는 자

나. 자격기준
　　ㅇ ① 박사 학위 소지자
　　ㅇ ② 석사 학위 소지자로서 3년 이상 경력자(단, 국내 석사 학위 소지자 경력 요건 면제)

다. 제출서류
　　① 신청서(제 34호 서식), 여권, 표준규격사진 1장, 수수료 ② 고용계약서 또는 임용예정확인서 ③ 석사 학위 이상 학위증 ④ 고용기관 설립 관련 서류(사업자등록증 또는 법인등기사항전부증명서 또는 연구기관 입증서류 등) ⑤ 원 근무처장의 동의서(원 근무처가 있는 경우)

2. 자연과학분야의 연구 또는 산업상의 고도기술의 연구개발 종사자로서 아래 단체에 근무예정인 연구원 대하여는 소지자격에 관계 없이 연구(E-3)자격으로 변경허가

가. 대상자
　　ㅇ 특정기관육성법, 기타 특별법의 적용을 받는 연구기관에 종사하는 과학기술자
　　ㅇ 방위산업에 관한 특별조치법 의한 연구기관에서 연구 활동에 종사하는 과학기술자
　　ㅇ 국·공립 연구기관에서 근무하는 과학기술자

나. 제출 서류
　　① 신청서(별지 34호서식), 여권 및 외국인등록증, 표준규격사진1장, 수수료 ② 고용기관 설립 관련 서류(사업자등록증 또는 법인등기사항전부증명서 또는 연구기관 입증서류 등) ③ 석사 학위 이상 학위증 ④ 고용계약서 또는 임용예정확인서 ⑤ 원 근무처의 장의 동의서(원 근무처가 있는 경우만 해당)

다. 자격기준
　　ㅇ ① 박사 학위 소지자
　　ㅇ ② 석사 학위 소지자로서 3년 이상 경력자(단, 국내 석사 학위 소지자 경

력 요건 면제)

3. 전문외국인력의 배우자에 대한 전문직자격으로의 변경허가

  가. 허가대상
    ○ 전문외국인력《E-1 내지 E-5, E-6(E-6-2는 제외), E-7》자격소지자의
      배우자

  나. 허가분야
    ○ 전문직《E-1 내지 E-5, E-6(E-6-2는 제외), E-7》에 해당하는 모든
      직종에 대한 체류자격 변경허가

  다. 제출서류
    ① 신청서(별지 34호서식), 여권 및 외국인등록증, 표준규격사진1장, 수수
    료 ② 고용기관 설립 관련 서류(사업자등록증 또는 법인등기사항전부증명서
    또는 연구기관 입증서류 등) ③ 석사 학위 이상 학위증 ④ 고용계약서 또는
    임용예정확인서 ⑤ 원 근무처의 장의 동의서(원 근무처가 있는 경우만 해
    당)

4. 사증면제(B-1) 자격으로 입국한 독일인에 대한 장기체류자격으로 변경

  가. 허가체류자격 : 기술연수(D-3), 비전문취업(E-9) 및 관광취업(H-1)을
    제외한 모든 장기체류자격

  나. 허가기간 : 체류자격별 1회 부여할 수 있는 체류기간의 상한

5. 유학(D-2), 구직(D-10) ➡ 연구(E-3)자격으로의 변경

➡ 목차

  가. 자격요건 (아래 ①, ②, ③ 요건을 모두 충족하여야 함)

	① 구직(D-10) 자격 또는 유학(D-2) 자격을 소지하고 합법 체류 중인 자 ② 취업활동을 하려는 분야가 교수(E-1)·회화지도(E-2)·연구(E-3)·기술지도(E-4)·전문직업(E-5)·예술흥행(E-6)·특정활동(E-7) 체류자격에 해당하고 해당 자격요건 등을 구비하여야 함 ③ 취업하려는 해당 기관·단체 등의 대표자와 고용계약을 체결하여야 함 ※ 유학(D-2) 자격 소지자는 구직(D-10)자격으로 변경할 수 있는 요건을 갖춘 졸업예정자를 의미 (단, 자국 또는 제3국의 대학에서 이미 학사 이상의 학위를 취득하고 필요한 경력요건 등을 갖춘 경우에는 재학 중이라 하더라도 변경 허용) 나. 제출서류 ① 신청서(별지 34호서식), 여권 및 외국인등록증, 수수료 ② 고용계약서 또는 임용예정확인서 ③ 석사 학위 이상 학위증 ④ 고용기관 설립 관련 서류 (사업자등록증 또는 법인등기사항전부증명서 또는 연구기관 입증서류 등)
체류기간 연장허가	1. 제출서류 ① 신청서(별지 34호서식), 여권 및 외국인등록증, 수수료 ② 고용계약서 또는 임용예정확인서 ③ 고용기관 설립 관련 서류(사업자등록증 또는 법인등기사항전부증명서 또는 연구기관 입증서류 등) ④ 체류지 입증서류(임대차계약서, 숙소제공 확인서)
재입국허가	1. 재입국허가 면제 제도 시행('10.12.1.자 개정 시행규칙) – 등록을 필한 외국인이 출국한 날로부터 1년 이내에 재입국하려는 경우 재입국허가 면제 – 체류기간이 1년보다 적게 남아있는 경우 체류기간 범위 내에서 재입국허가 면제 ※ 단, 입국규제 및 사증발급규제자는 체류지 관할 청(사무소·출장소)에 방문하여 재입국허가를 받아야 함 2. 복수재입국허가 (사우디아라비아, 이란, 리비아는 복수재입국제한. 단, 동 국가의 국민 중 결혼이민(F-6), 유학(D-2), 일반연수(D-4)는 가능) – 출국 후 체류기간 범위 내에서 1년을 초과하여 2년 내에 재입국을 하려는 경우 – 신청서류 : 신청서(별지 34호서식), 여권 원본, 외국인등록증, 수수료

외국인등록	1. 외국인등록 신청서류
	  ① 신청서(별지34호 서식), 여권원본, 표준규격사진1장, 수수료
	  ② '부가가치세법'에 따른 사업자등록증
	  ③ 체류지 입증서류
	
	2. 외국인등록사항 변경신고
	  가. 신고사항 : 성명, 성별, 생년월일 및 국적, 여권의 번호·발급일자·유효기간
	  나. 신고기한 : 변경일로부터 15일 이내 신고
	  다. 제출서류
	  ① 신청서(별지 34호 서식), 여권 및 외국인등록증, 수수료 없음
	  ② 변경관련 입증서류

▶ 목차	

기술지도(E-4)

활동범위	📌 공·사기관에서 자연과학분야의 전문지식 또는 산업상의 특수분야에 속하는 기술 제공
해당자	📌 「외국인투자촉진법」의 규정에 의한 기술도입 계약에 따라 대한민국 국민 또는 대한민국 법인에게 기술을 제공하는 자 📌 국내에서 구할 수 없는 산업사의 고도기술 등을 국내 공·사기관에 제공하는 자
1회에 부여할 수 있는 체류기간 상한	📌 5년
체류자격외 활동 ➡ 목차 체류자격외 활동	1. 체류자격외활동허가 면제범위 확대 　원래의 체류목적을 침해하지 않은 범위 내에서 <u>정규교육기관(초·중·고 및 대학)의 교육을 받고자 하는</u> 때는 체류기간 범위 내에서 별도의 허가 절차 불요('09.6.15.부 시행) 2. 외국인투자기업 CEO 등 우수전문인력의 대학 강연활동

활동범위	<u>대학에서 90일 이내 강의활동</u>을 하려는 자에 대한 단기취업(C-4) 자격으로의 자격 외 활동
대상	① 투자자 등(D-7, D-8, D-9)의 자격 소지자 중 국내기업(투자기업 포함)에서 상근이사 이상의 직으로 근무하는 자 ② 전문인력(E-1, E-3, E-4, E-5, E-7) 자격소지자
제출서류	① 신청서(별지 34호 서식), 여권 및 외국인등록증, 수수료 ② 총(학)장의 추천서 ③ 고유번호증(사업자등록증)사본 ④ 고용계약서원본 및 사본 ⑤ 원근무처장의 동의서

3. 단기취업(C-4) 특정활동(E-7) 자격을 소지한 외국첨단기술 인력이 유사 첨단 기술분야인 <u>교수(E-1)</u>, 연구(E-3), 기술지도(E-4) 자격으로의 활동
가. 허가대상
　📌 벤처기업 등의 정보기술(IT) 분야, 전자상거래 등 기업정보화(e-business)분야 또는 생물산업(BT), 나노기술(NT), 신소재분야(금속·세라믹·화학), 수송기계, 디지털가전, 환경·에너지분야에 종사하는 자로서

    🐾 소관부처(과학기술정보통신부, 교육부 등) 장관의 고용추천이 있는 자

나. 자격기준
    🐾 정보기업(IT) 또는 전자상거래 등 관련분야에 5년 이상 종사한 경력이 있는 자
    🐾 관련학과의 학사 이상 학력소지자로서 해당분야에 2년 이상 종사한 경력이 있는 자, 단 국내에서 4년 전 과정을 수료하고 학사학위를 취득한 자에 대하여는 해당분야 종사경력 불요
    🐾 관련학과 석사학위이상 소지자

다. 신청서류
    ① 신청서(별지 34호 서식), 여권 및 외국인등록증, 표준규격사진 1장, 수수료 ② 고용계약서 (원본 및 사본) ③ 원고용주의 동의서 ④ 소관부처 장관의 고용추천서 ⑤ 학력증명서 및 경력증명서(학사학위 소지자는 학위증 사본 첨부) ⑥ 사업자등록증 사본

4. 고액투자외국인 및 전문인력 배우자에 대한 취업
가. 허용대상
    🐾 고급과학기술인력(SCIENCE 카드) 및 첨단기술인력(GOLD 카드), 정보기술인력(IT카드)자격 소지한 전문 외국인력의 배우자
    🐾 미화 50만불 이상 투자(법인포함)한 투자자격 소지자의 배우자
    🐾 전문 외국 인력자격(E-1, E-2, E-3, E-4, E-5, E-6-2를 제외한 E-6, E-7)소지자의 배우자

나. 허용분야
    🐾 단순노무(D-3, E-9)를 제외한 모든 직종에 대한 체류자격외 활동허가

다. 허가기간 : 배우자의 체류기간까지(계속연장 가능)

라. 제출서류 : 규칙 제76조에 의한 체류자격별 첨부서류(신원보증서 생략)
    ※ 특정활동(E-7)에 종사하고자 하는 경우에는 E-7자격 사증발급인정서 발급 지침 준용

근무처의 변경·추가	1. '10.11.15.부 사후 신고제로 개정(출입국관리법시행령 제26조의2제1항) 전문인력 활용도 제고를 통한 국가경쟁력 강화차원에서 전문인력에 대해서는 기존 사전허가를 사후신고만으로 근무처를 변경·추가할 수 있도록 제도 개선

➡ 목차

《법무부고시 제11-510》

가. 자격요건
- 기술지도(E-4) 자격으로 외국인등록을 하고 체류하고 있는 자로 변경·추가되는 근무처에서 활동하는데 필요한 자격요건을 구비하고 있는 자
  ※ 자격요건을 갖추었더라도 본인 귀책사유로 해고 또는 중도 퇴직한 자로서 원고용주의 이적동의를 받지 못한 자는 제외

나. 신고절차 등
- 신고의무자(외국인)는 <u>신고사유 발생일로부터 15일 이내</u>에 관할 출입국·외국인청(사무소·출장소)장에게 신고<u>(대리인의 신고 허용)</u>
  ※ 여권에 근무처변경·추가신고 스티커나 신고인을 부착 또는 날인·기재하여야 하기 때문에 방문신고를 원칙으로 함 (다만, 신고기한 임박 등 긴급한 경우에는 FAX로 선 접수하고 조속히 방문하여 스티커 부착 등의 조치를 하도록 안내)

다. 제출서류
① 근무처변경·추가 신고서[별지 제38호의3서식], 여권 및 외국인등록증, 수수료 없음 ② 사업자등록증 ③ 원 근무처 장의 동의서 ④ 고용계약서 ⑤ 기술도입계약신고수리서, 기술도입계약서(또는 용역거래인증서) 또는 방위산업체지정서 사본 등
  ※ <u>근무처 변경 시 소관부처 장관의 고용추천서 필요</u>
  ※ <u>원 근무처 장의 동의서</u>는 계약기간 만료일 또는 쌍방이 근무하기로 합의한 날짜까지 근무한 경우에는 제출을 면제하며, 원 근무처의 휴·폐업 및 임금체불 등의 사유가 있는 경우에는 입증서류 또는 사유서로 대체 가능

➡ 목차	(위 내용)
체류자격 부 여	- 해당사항 없음
체류자격 변경허가	1. 유학(D-2), 구직(D-10) ➡ 기술지도(E-4)자격으로의 변경 가. 자격요건 (아래 ①, ②, ③ 요건을 모두 충족하여야 함) ① 구직(D-10) 자격 또는 유학(D-2) 자격을 소지하고 합법 체류 중인 자 ② 취업활동을 하려는 분야가 　교수(E-1)·회화지도(E-2)·연구(E-3)·<u>기술지도(E-4)</u>·전문직업(E-5)·예술흥행(E-6)·특정활동(E-7) 체류자격에 해당하고 해당 자격요건 등을 구비하여야 함 ③ 취업하려는 해당 기관·단체 등의 대표자와 고용계약을 체결하여야 함 　※ 유학(D-2) 자격 소지자는 구직(D-10)자격으로 변경할 수 있는 요건을

갖춘 졸업예정자를 의미 (단, 자국 또는 제3국의 대학에서 이미 학사 이상의 학위를 취득하고 필요한 경력요건 등을 갖춘 경우에는 재학 중이라 하더라도 변경 허용)

나. 제출서류
① 신청서(별지 34호서식), 여권 및 외국인등록증, 수수료 ② 파견명령서(본사발행) 또는 재직증명서 ③ 기술도입계약신고수리서, 기술도입계약서(또는 용역거래인증서) 또는 방위산업체지정서 사본 ④ 사업자등록증 사본 ⑤ 소관 부처 장관의 고용추천서(필요시)

2. 자연과학분야의 전문지식 또는 산업상의 특수분야에 속하는 기술을 제공하려는 아래 기술자에 대하여는 소지자격에 관계없이 기술지도(E-4)자격으로 변경허가
　🔹 외국인투자촉진법, 조세특례제한법 또는 항공우주산업개발촉진법의 규정에 의한 기술도입계약에 따라 기술을 제공하는 자
　🔹 방위산업에 관한 특별조치법의 규정에 의한 방위산업체에 기술을 제공하는 자
　🔹 정부 또는 정부투자기관관리기본법에 의한 정부투자기관과의 계약에 의하여 산업상의 기술을 제공하는 자

3. 사증면제(B-1) 자격으로 입국한 독일인에 대한 장기체류자격으로 변경
　가. 허가체류자격 : 기술연수(D-3), 비전문취업(E-9) 및 관광취업(H-1)을 제외한 모든 장기체류자격

　나. 허가기간 : 체류자격별 1회 부여할 수 있는 체류기간의 상한

4. 전문외국인력의 배우자에 대한 전문직자격으로의 변경허가
　가. 허가대상
　🔹 전문외국인력《E-1 내지 E-5, E-6(E-6-2는 제외), E-7》자격소지자의 배우자로서 동반(F-3)자격 소지자

　나. 허가분야
　🔹 전문직 《E-1 내지 E-5, E-6(E-6-2는 제외), E-7》에 해당하는 모든 직종에 대한 체류자격 변경허가

　다. 제출서류
　① 신청서(별지 34호서식), 여권 및 외국인등록증, 표준규격사진1장, 수수료
　② 사업자등록증 ③ 학위증(원본 및 사본) 또는 경력증명서 ④ 고용계약서

	(원본 및 사본) ⑤ 원 근무처의 장의 동의서(원 근무처가 있는 경우만 해당)
체류기간 연장허가	1. 제출서류 ① 신청서(별지 34호 서식), 여권 및 외국인등록증, 수수료 ② 파견명령서(본사발행) 또는 재직증명서 ③ 기술도입계약신고수리서, 기술도입계약서(또는 용역거래인증서) 또는 방위산업체지정서 사본 ④ 사업자등록증 사본 ⑤ 체류지 입증서류(임대차계약서, 숙소제공 확인서, 체류기간 만료예고 통지우편물, 공공요금 납부영수증, 기숙사비 영수증 등)
재입국허가	1. 재입국허가 면제 제도 시행('10.12.1.자 개정 시행규칙) – 등록을 필한 외국인이 <u>출국한 날로부터 1년 이내에 재입국하려는 경우 재입국허가 면제</u> – 체류기간이 1년보다 적게 남아있는 경우 체류기간 범위 내에서 재입국허가 면제 ※ 단, 입국규제 및 사증발급규제자는 체류지 관할 청(사무소 · 출장소)에 방문하여 재입국허가를 받아야 함 2. 복수재입국허가 (사우디아라비아, 이란, 리비아는 복수재입국제한. 단, 동 국가의 국민 중 결혼이민(F – 6), 유학(D – 2), 일반연수(D – 4)는 가능) – 출국 후 체류기간 범위 내에서 1년을 초과하여 2년 내에 재입국을 하려는 경우 – 신청서류 : 신청서(별지 34호서식), 여권 원본, 외국인등록증, 수수료
외국인등록	1. 외국인등록 신청서류 ① 신청서(별지34호 서식), 여권원본, 표준규격사진1장, 수수료 ② '부가가치세법'에 따른 사업자등록증 ③ 체류지 입증서류 2. 외국인등록사항 변경신고 가. 신고사항 : 성명, 성별, 생년월일 및 국적, 여권의 번호 · 발급일자 · 유효기간 나. 신고기한 : 변경일로부터 15일 이내 신고 다. 제출서류 ① 신청서(별지 34호 서식), 여권 및 외국인등록증, 수수료 없음 ② 변경관련 입증서류

전문직업(E-5)

활동범위	대한민국의 법률에 의하여 인정된 외국의 국가공인자격증을 소지한 자로서 대한민국의 법률에 의하여 행할 수 있도록 되어 있는 전문업무 종사
해 당 자	국토해양부장관의 추천을 받은 항공기조종사 최신의학 및 첨단의술 보유자로서 보건복지부장관의 고용추천을 받아 다음 의료기관에 근무하고자 하는 자 – 국가 또는 지방자치단체 의료기관 – 의료법인 – 비영리법인 및 정부투자기관에서 개설한 의료기관 국내의 의(치)과 대학을 졸업한 후 대학부속병원 또는 보건복지부장관이 지정한 병원 등에서 인턴·레지던트 과정을 연수하는 자 남북교류 협력에 관한 법률 규정에 따라 남북협력사업 승인을 받은 자가 금강산 관광개발사업 등의 목적으로 초청하는 관광선 운항에 필요한 선박 등의 필수전문인력 국내 운수회사 등에 고용되어 선장 등 선박 운항의 필수전문요원으로 근무하고자 하는 자
<u>1회에 부여할 수 있는 체류기간 상한</u>	5년
<u>체류자격외 활동</u> ▶ 목차 체류자격외 활동	1. 체류자격외활동허가 면제범위 확대 원래의 체류목적을 침해하지 않은 범위 내에서 <u>정규교육기관(초·중·고 및 대학)의 교육을 받고자 하는</u> 때는 체류기간 범위 내에서 별도의 허가 절차 불요('09.6.15.부 시행) 2. 고액투자외국인 및 전문인력 배우자에 대한 취업 가. 허용대상 　고급과학기술인력(SCIENCE 카드) 및 첨단기술인력(GOLD 카드), 정보기술인력(IT카드)자격 소지한 전문 외국인력의 배우자 　미화 50만불 이상 투자(법인포함)한 투자자격 소지자의 배우자 　전문 외국 인력자격(E-1, E-2, E-3, E-4, E-5, <u>E-6-2를 제외한 E-6</u>, E-7)소지자의 배우자 나. 허용분야 　<u>단순노무(D-3, E-9)</u>를 제외한 모든 직종에 대한 체류자격외 활동허가

다. 허가기간 : 배우자의 체류기간까지(계속연장 가능)

라. 제출서류 : 규칙 제76조에 의한 체류자격별 첨부서류(신원보증서 생략)
  ※ 특정활동(E-7)에 종사하고자 하는 경우에는 E-7자격 사증발급인정서
  발급 지침 준용

4. 외국인투자기업 CEO 등 우수전문인력의 대학 강연활동

활동 범위	대학에서 90일 이내 강의활동을 하려는 자에 대한 단기취업(C-4)자격으로의 자격외 활동
대상	① 투자자 등(D-7, D-8, D-9)의 자격 소지자 중 국내기업(투자기업포함)에서 상근이사 이상의 직으로 근무하는 자 ② 전문인력(E-1, E-3, E-4, E-5, E-7) 자격소지자
제출 서류	① 신청서(별지 34호 서식), 여권 및 외국인등록증, 수수료 ② 총(학)장의 추천서 ③ 고유번호증(사업자등록증)사본 ④ 고용계약서원본 및 사본 ⑤ 원근무처장의 동의서

근무처의 변경·추가	1. '10.11.15.부 사후 신고제로 개정(출입국관리법시행령 제26조의2제1항)
	전문인력 활용도 제고를 통한 국가경쟁력 강화차원에서 전문인력에 대해서는 <u>기존 사전허가를 사후신고</u>만으로 근무처를 변경·추가할 수 있도록 제도 개선
	《법무부고시 제11-510》
	가. 자격요건
	🖱 전문직업(E-5) 자격으로 외국인등록을 하고 체류하고 있는 자로 변경·추가되는 근무처에서 활동하는데 필요한 자격요건을 구비하고 있는 자
	※ 자격요건을 갖추었더라도 본인 귀책사유로 해고 또는 중도 퇴직한 자로서 원고용주의 이적동의를 받지 못한 자는 제외
➡ 목차 근무처의 변경·추가	나. 신고절차 등
	🖱 신고의무자(외국인)는 <u>신고사유 발생일로부터 15일 이내</u>에 관할 청(사무소·출장소)장에게 신고(<u>대리인의 신고 허용</u>)
	※ 여권에 근무처변경·추가신고 스티커나 신고인을 부착 또는 날인·기재하여야 하기 때문에 방문신고를 원칙으로 함 (다만, 신고기한 임박 등 긴급한 경우에는 FAX로 선 접수하고 조속히 방문하여 스티커 부착 등의 조치를 하도록 안내)

	다. 제출서류 ① 근무처변경 · 추가 신고서[별지 제38호의3서식], 여권 및 외국인등록증, 수수료 없음 ② 사업자등록증 ③ 원 근무처 장의 동의서 ④ 고용계약서 ※ 근무처 변경 시 소관부처 장관의 고용추천서 필요 ※ 원 근무처 장의 동의서는 계약기간 만료일 또는 쌍방이 근무하기로 합의한 날짜까지 근무한 경우에는 제출을 면제하며, 원 근무처의 휴 · 폐업 및 임금체불 등의 사유가 있는 경우에는 입증서류 또는 사유서로 대체 가능
체류자격 부　　여	🖥 해당사항 없음
체류자격 변경허가 ▣ 목차 체류자격 변경허가	1. 유학(D-2), 구직(D-10) ➡ 전문직업(E-5)자격으로의 변경 　가. 자격요건 (아래 ①, ②, ③요건을 모두 충족하여야 함) 　┌───┐ 　│ ① 구직(D-10) 자격 또는 유학(D-2) 자격을 소지하고 합법 체류 중인 자 　│ ② 취업활동을 하려는 분야가 교수(E-1) · 회화지도(E-2) · 연구(E-3) · 　│ 　 기술지도(E-4) · 전문직업(E-5) · 예술흥행(E-6) · 특정활동(E-7) 　│ 　 체류자격에 해당하고 해당 자격요건 등을 구비하여야 함 　│ ③ 취업하려는 해당 기관 · 단체 등의 대표자와 고용계약을 체결하여야 함 　└───┘ 　※ 유학(D-2) 자격 소지자는 구직(D-10)자격으로 변경할 수 있는 요건을 갖춘 졸업예정자를 의미 (단, 자국 또는 제3국의 대학에서 이미 학사 이상의 학위를 취득하고 필요한 경력요건 등을 갖춘 경우에는 재학 중이라 하더라도 변경 허용) 　나. 제출서류 ① 신청서(별지 34호서식), 여권 및 외국인등록증, 수수료 ② 파견명령서(본사발행) 또는 재직증명서 ③ 기술도입계약신고수리서, 기술도입계약서(또는 용역거래인증서) 또는 방위산업체지정서 사본 ④ 사업자등록증 사본 ⑤ 소관부처 장관의 고용추천서(필요시) 2. 사증면제(B-1) 자격으로 입국한 독일인에 대한 장기체류자격으로 변경 　가. 허가체류자격 : 기술연수(D-3), 비전문취업(E-9) 및 관광취업(H-1)을 제외한 모든 장기체류자격 　나. 허가기간 : 체류자격별 1회 부여할 수 있는 체류기간의 상한 3. 전문외국인력의 배우자에 대한 전문직자격으로의 변경허가

	가. 허가대상 🔹 전문외국인력《E-1 내지 E-5, E-6(E-6-2는 제외), E-7》자격소지자의 　　배우자로서 동반(F-3)자격 소지자 나. 허가분야 🔹 전문직《E-1 내지 E-5, E-6(E-6-2는 제외), E-7》에 해당하는 모든 　　직종에 대한 체류자격 변경허가 다. 제출서류 　① 신청서(별지 34호서식), 여권 및 외국인등록증, 표준규격사진1장, 수수 　　료 　② 사업자등록증 ③ 학위증(원본 및 사본) 또는 경력증명서 ④ 고용계약서 　(원본 및 사본) ⑤ 원 근무처의 장의 동의서(원 근무처가 있는 경우만 해당)
체류기간 연장허가	1. 제출서류 　① 신청서(별지34호 서식), 여권원본, 표준규격사진1장, 수수료 　② 고용계약서 사본 　③ '부가가치세법'에 따른 사업자등록증 　④ 체류지 입증서류(임대차계약서, 숙소제공 확인서, 체류기간 만료예고 통 　　지우편물, 공공요금 납부영수증, 기숙사비 영수증 등)
재입국허가 **▶ 목차**	1. 재입국허가 면제 제도 시행('10.12.1.자 개정 시행규칙) 　– 등록을 필한 외국인이 <u>출국한 날부터 1년 이내에 재입국</u>하려는 경우 재입국 　　<u>허가 면제</u> 　– 체류기간이 1년보다 적게 남아있는 경우 체류기간 범위 내에서 재입국허 　　가 면제 　※ 단, 입국규제 및 사증발급규제자는 체류지 관할 청(사무소·출장소)에 방 　　문하여 재입국허가를 받아야 함 2. 복수재입국허가 (사우디아라비아, 이란, 리비아는 복수재입국제한. 단, 동 　국가의 국민 중 결혼이민(F-6), 유학(D-2), 일반연수(D-4)는 가능) 　– 출국 후 체류기간 범위 내에서 1년을 초과하여 2년 내에 재입국을 하려는 　　경우 　– 신청서류 : 신청서(별지 34호서식), 여권 원본, 외국인등록증, 수수료
외국인등록	1. 외국인등록 신청서류 　① 신청서(별지34호 서식), 여권원본, 표준규격사진1장, 수수료 　② '부가가치세법'에 따른 사업자등록증 　③ 체류지 입증서류

2. 외국인등록사항 변경신고

  가. 신고사항 : 성명, 성별, 생년월일 및 국적, 여권의 번호 · 발급일자 · 유효기간

  나. 신고기한 : 변경일로부터 15일 이내 신고

  다. 제출서류

    ① 신청서(별지 34호 서식), 여권 및 외국인등록증, 수수료 없음

    ② 변경관련 입증서류

예술흥행(E-6)

활동범위	● 수익이 따르는 음악, 미술, 문학 등의 예술활동 ● 수익을 목적으로 하는 연예, 연주,연극, 운동경기, 광고, 패션모델 등으로 출연하는 흥행활동
해 당 자	● 창작활동을 하는 작곡가, 화가, 조각가, 공예가, 저술가 및 사진작가 등의 예술가 ● 음악, 미술, 문학, 사진, 연주, 무용, 영화, 체육, 기타 예술상의 활동에 관한 지도를 하는 자 　(예 : 프로 및 아마추어 스포츠 감독, 오케스트라 지휘자 등) ● 출연형태나 명목을 불문하고 수익을 위하여 개인 또는 단체로 연예, 연주, 연극, 운동 등을 하는 자 　(예 : 프로 및 아마추어 스포츠 선수 등) ● 스스로 연예, 연주, 연극 등에 출연하려는 자 뿐만 아니라 분장사, 매니저 등 동행하는 자를 포함함
1회에 부여할 수 있는 체류기간 상한	● 2년
체류자격외 활동 ■ 목차 체류자격외 활동	1. 합법체류 등록외국인(A-1, A-2, A-3 포함)으로서 방송*, 영화, 모델활동을 하고자 하는 경우 　* 비영리목적으로 지상파방송에 게스트 등으로 임시(1회 및 비연속성) 출연하는 경우에는 일상생활의 부수적 활동으로 간주하여 별도의 허가 없이 활동 허용(식비, 교통비 등 실비 수준의 사례금 수령 가능) 가. 제외대상 　● 세부자격 약호 E-6-2 활동에 종사하려는 경우는 체류자격외 활동허가 대상에서 제외 나. 제출서류 　① 신청서(별지 34호 서식), 여권 및 외국인등록증, 수수료 　② 고용계약서 　③ 공연추천서(문화체육관광부 또는 방송통신위원회의 추천 필요) 　④ 사업자등록증 등 단체 등 설립관련 서류 　⑤ 원 근무처장의 동의서(해당자) 　⑥ A-1, A-2자격 소지자의 경우 외교통상부장관(의전외빈담당관)의 추천서 　　☞ 제출서류 및 체류실태 등을 종합 심사하여 허가여부를 결정

2. 체류자격외활동허가 면제범위 확대

원래의 체류목적을 침해하지 않은 범위 내에서 <u>정규교육기관(초·중·고 및 대학)의 교육을 받고자 하는 때</u>는 체류기간 범위 내에서 별도의 허가 절차 불요('09.6.15.부 시행)

3. 고액투자외국인 및 전문인력 배우자에 대한 취업

가. 허용대상
- 고급과학기술인력(SCIENCE 카드) 및 첨단기술인력(GOLD 카드), 정보기술인력(IT카드)자격 소지한 전문 외국인력의 배우자
- 미화 50만불 이상 투자(법인포함)한 투자자격 소지자의 배우자
- 전문 외국 인력자격(E-1, E-2, E-3, E-4, E-5, <u>E-6-2를 제외한 E-6</u>, E-7)소지자의 배우자

나. 허용분야
- 단순노무(D-3, E-9)를 제외한 모든 직종에 대한 체류자격외 활동허가

다. 허가기간 : 배우자의 체류기간까지(계속연장 가능)

라. 제출서류 : 규칙 제76조에 의한 체류자격별 첨부서류(신원보증서 생략)
  ※ 특정활동(E-7)에 종사하고자 하는 경우에는 E-7자격 사증발급인정서 발급 지침 준용

근무처의 변경·추가	E-6-1(음악, 미술, 문학 등의 예술, 방송연예활동)	사후 신고대상
	E-6-3(운동선수, 프로팀 감독, 매니저)	

1. '10.11.15.부 사후 신고제로 개정(출입국관리법시행령 제26조의2제1항)

전문인력 활용도 제고를 통한 국가경쟁력 강화차원에서 전문인력에 대해서는 기존 사전허가를 사후신고만으로 근무처를 변경·추가할 수 있도록 제도 개선

《법무부고시 제11-510》

가. 자격요건
- 호텔업 시설, 유흥업소 공연활동 종사자(E-6-2)를 제외한 예술흥행(E-6) 자격으로 외국인등록을 하고 체류하고 있는 자로 변경·추가되는 근무처에서 활동하는 데 필요한 자격요건을 구비하고 있는 자
  ※ 자격요건을 갖추었더라도 본인 귀책사유로 해고 또는 중도 퇴직한 자

로서 원고용주의 이적동의를 받지 못한 자는 제외

나. 신고절차 등
🔹 신고의무자(외국인)는 <u>신고사유 발생일로부터 15일 이내</u>에 관할 청(사무소 · 출장소)장에게 신고(대리인의 신고 허용)
※ 여권에 근무처변경 · 추가신고 스티커나 신고인을 부착 또는 날인 · 기재하여야 하기 때문에 방문신고를 원칙으로 함 (다만, 신고기한 임박 등 긴급한 경우에는 FAX로 선 접수하고 조속히 방문하여 스티커 부착 등의 조치를 하도록 안내)

다. 제출서류
① 근무처변경 · 추가 신고서[별지 제38호의3서식], 여권 및 외국인등록증, 수수료 없음 ② 사업자등록증 ③ 원 근무처 장의 동의서 ④ 고용계약서 ⑤ 고용추천서 또는 공연 추천서
※ 사유서와 신원보증서는 원칙적으로 제출 생략
※ <u>원 근무처 장의 동의서</u>는 계약기간 만료일 또는 쌍방이 근무하기로 합의한 날짜까지 근무한 경우에는 제출을 면제하며, <u>원 근무처의 휴 · 폐업 및 임금체불 등의 사유가 있는 경우에는 입증서류 또는 사유서로 대체 가능</u>

E-6-2(호텔업 시설, 유흥업소 등에서의 공연)	사전 허가대상

1. 세부자격 약호가 E-6-2인 호텔 등 관광유흥업소 종사 연예인으로서 소속된 공연기획사 등이 변경되거나 추가되어 <u>고용주 변동이 있는 경우</u>*
* 파견사업자(고용주)의 변동 없이 파견근로자보호법령 절차에 따라 공연장소를 변경하거나 추가하는 것은 근무처변경 · 추가허가대상이 아니고 고용주 신고사항임 (법 제19조 및 시행령 제24조)

가. 허가요령
🔹 근무처변경 · 추가 사유 발생 시 미리 관할 출입국 · 외국인청장 등에게 체류자격 변경 · 추가허가를 신청
🔹 청장 등은 첨부서류 등을 심사하여 최대 1년의 범위 내에서 고용계약기간 동안 체류기간을 부여

나. 제출서류
① 신청서(별지 제34호 서식), 여권 및 외국인등록증, 수수료 ② 사업자등록증 ③ 원 근무처 장의 동의서 ④ 고용계약서 ⑤ 공연 추천서(영상물등급

변경·추가	위원회 발행) ⑥ 신원보증서 원본 2. 세부자격 약호가 E-6-2인 호텔 등 관광유흥업소 종사 연예인으로서 파견사업자(고용주)의 변동 없이 파견근로자보호법령 절차에 따라 공연장소를 변경하거나 추가하는 경우(고용주 신고사항) 가. 신고요령 🔹 공연장소 변경 시 변경일로부터 15일 이내에 관할 출입국·외국인청장 등에게 고용변동 신고 ※ 입국 후 6개월 이내 공연장소 변경 불가, 단, 원 공연장소의 휴·폐업 등 부득이한 사정이 있는 경우에는 가능 나. 제출서류 ① 고용·연수외국인 변동사유 발생신고서(별지 제32호 서식), 여권 및 외국인등록증 ② 사업자등록증(파견사업주, 사용사업주 모두) ③ 고용주 신분증(직원의 경우 위임장, 재직증명서, 직원신분증) ④ 파견사업자와 사용사업주 간 파견근로계약서 ⑤ 공연 추천서(영상물등급위원회 발행) ⑥ 공연장소 시설확인서
체류자격 부 여	🔹 해당사항 없음
체류자격 변경허가	<table><tr><td>세부자격 약호 E-6-1 및 E-6-3에 해당하는 경우 제한적으로 허용</td></tr></table> ☞ 아래 자격변경 대상자를 제외하고 <u>국제적으로 명성이 있는 전문예술·체육인의 경우 본부승인을 얻어 변경 허용</u> ☞ 허가기간 : 변경허가일로부터 <u>최대 2년의 범위 내에서 근로계약기간 + 1개월 부여</u> 1. 유학(D-2), 구직(D-10) ➡ 예술흥행(E-6)자격으로의 변경 가. 자격요건 (아래 ①, ②, ③요건을 모두 충족하여야 함) ① 구직(D-10) 자격 또는 유학(D-2) 자격을 소지하고 합법 체류 중인 자 ② 취업활동을 하려는 분야가 교수(E-1) · 회화지도(E-2) · 연구(E-3) · 기술지도(E-4) · 전문직업(E-5) · 예술흥행(E-6) · 특정활동(E-7) 체류자격에 해당하고 해당 자격요건 등을 구비하여야 함 ③ 취업하려는 해당 기관 · 단체 등의 대표자와 고용계약을 체결하여야 함 ※ <u>유학(D-2) 자격 소지자</u>는 구직(D-10)자격으로 변경할 수 있는 요건을

갖춘 <u>졸업예정자를 의미</u> (단, 자국 또는 제3국의 대학에서 이미 학사 이상의 학위를 취득하고 필요한 경력요건 등을 갖춘 경우에는 재학 중이라 하더라도 변경 허용)

나. 제출서류
① 신청서(별지 34호서식), 여권 및 외국인등록증, 표준규격사진 1장, 수수료 ② 고용계약서(또는 공연계약서) ③ 사업자등록증 ④ 고용·공연추천서 (문화체육관광부, 영상물등급위원회, 방송통신위원회, <u>프로스포츠 연맹</u> 등 발급)

2. 무사증(B-1·B-2자격) 또는 단기사증(C-3자격) 입국자 ➡ 예술흥행(E-6) 체류자격 변경허가
  가. 불가피한 사유가 있거나 국익차원에서 필요시에는 자격변경 허용*
    * 입단 테스트 등을 받기 위해 입국한 운동선수·연주자·무용가 및 상금이 걸린 국제대회 참가자 등의 경우 관련 입증자료 등을 제출받아 청장 등이 재량으로 체류자격 변경허가(체류기간 기산일 기준은 자격변경일이 아닌 입국일임)
    * 청장 등이 판단하기 어려운 경우에는 본부의 승인을 받아 처리하고, 호텔·흥행(E-6-2) 분야에 해당하는 활동은 체류자격 변경을 금지

3. 일반 체류자격*으로 장기 체류 중인 자가 현재의 체류자격 활동을 그만두고 귀국 전에 단기간 방송출연 또는 모델활동 등을 하려는 경우 예술흥행(E-6) 체류자격 변경허가
  * E-6 또는 취업에 제한이 없는 체류자격(F-2, F-4, F-5 등) 소지자 제외

4. 사증면제(B-1) 자격으로 입국한 <u>독일인</u>에 대한 장기체류자격으로 변경
  가. 허가체류자격 : 기술연수(D-3), 비전문취업(E-9) 및 관광취업(H-1)을 제외한 모든 장기체류자격

  나. 허가기간 : 체류자격별 1회 부여할 수 있는 체류기간의 상한

5. 전문외국인력의 배우자에 대한 전문직자격으로의 변경허가
  가. 허가대상
    ● 전문외국인력《E-1 내지 E-5, E-6(E-6-2는 제외), E-7》자격소지자의 배우자로서 동반(F-3)자격 소지자

  나. 허가분야

➡ 목차	▦ 전문직《E-1 내지 E-5, E-6(E-6-2는 제외), E-7》에 해당하는 모든 직종에 대한 체류자격 변경허가 다. 제출서류 ① 신청서(별지 34호서식), 여권 및 외국인등록증, 표준규격사진 1장, 수수료 ② 고용계약서(또는 공연계약서) ③ 사업자등록증 ④ 고용·공연추천서(문화체육관광부, 영상물등급위원회, 방송통신위원회, 프로스포츠 연맹 등 발급)
체류기간 연장허가	가. 대상자 ▦ 근로계약기간 연장, 근무처 변경 등으로 계속하여 체류하여야 할 필요성이 있는 E-6자격 등록외국인 나. 허가기준 : 1회 부여 체류기간연장 허가기간 표: E-6-1, E-6-3 / 근로계약기간 + 1개월(최대 2년) E-6-2 / 공연추천기간 또는 근로계약기간(최대 1년. 단, 영등위 추천서 상 연소자 유해성 여부가 '유해'인 경우에는 최대 6개월) 다. 제출서류 ① 신청서(별지 34호서식), 여권 및 외국인등록증, 수수료 ② 고용추천서 또는 공연추천서 ※ 추천서 발행기관 : 영상물등급위원회, 문화체육관광부, 방송통신위원회 등 ③ 고용계약서 (또는 공연계약서) ④ 사업자등록증 사본 ⑤ 신원보증서(E-6-2자격만 징구) ⑥ 체류지 입증서류(임대차계약서, 숙소제공 확인서, 체류기간 만료예고 통지우편물, 공공요금 납부영수증, 기숙사비 영수증 등) ⑦ 건강보험특실 확인서(E-6-2자격만 징구) ⑧ 기타 심사에 필요한 자료 * (필요 시 1 – 2종 제출) * 재직증명서, 외국인 고용현황, 근로소득원천징수부 등
재입국허가	1. 재입국허가 면제 제도 시행('10.12.1.자 개정 시행규칙) – 등록을 필한 외국인이 출국한 날부터 1년 이내에 재입국하려는 경우 재입국허가 면제 – 체류기간이 1년보다 적게 남아있는 경우 체류기간 범위 내에서 재입국허가 면제 ※ 단, 입국규제 및 사증발급규제자는 체류지 관할 청(사무소·출장소)

	에 방문하여 재입국허가를 받아야 함 2. 복수재입국허가 (사우디아라비아, 이란, 리비아는 복수재입국제한. 단, 동 국가의 국민 중 결혼이민(F-6), 유학(D-2), 일반연수(D-4)는 가능) – 출국 후 체류기간 범위 내에서 1년을 초과하여 2년 내에 재입국을 하려는 경우 – 신청서류 : 신청서(별지 34호서식), 여권 원본, 외국인등록증, 수수료

외국인등록
 	
☑ 목차
외국인등록
 	
☑ 목차
	1. 외국인등록 신청서류 및 확인사항
	 가. 신청서류
	  ① 신청서(별지34호 서식), 여권원본, 표준규격사진1장, 수수료
	  ② '부가가치세법'에 따른 사업자등록증 사본*
	  * 해당 외국인을 고용한 단체 및 기업 등의 사업자등록증 또는 고유번호증 등 (직접 고용관계가 없는 경우에는 초청단체 또는 소속 단체 등의 사업자등록증 등)
	  ③ 채용신체검사서* 1부 (E-6-2만 제출)
	  * 공무원채용신체검사서 발급 절차에 따르고, HIV반응 및 마약검사 항목은 필수 검사항목이 아니며, 회화지도(E-2) 강사 등에 대한 지정병원제 규정 비적용
	  ④ 체류지 입증서류
	
	2. 외국인등록사항 변경신고
	 가. 신고사항 : 성명, 성별, 생년월일 및 국적, 여권의 번호·발급일자유효기간
	
	 나. 신고기한 : 변경일로부터 15일 이내 신고
	
	 다. 제출서류
	  ① 신청서(별지 34호 서식), 여권 및 외국인등록증, 수수료 없음
	  ② 변경관련 입증서류

신분변동	1. 해고 · 중도퇴직자 – 사유가 발생한 날로부터 <u>15일</u> 이내에 관할 청장 등에게 신고

활동범위 및 해당자	대한민국 내의 공·사기관 등과의 계약에 따라 법무부장관이 특별히 지정하는 활동에 종사하려고 하는 사람
1회에 부여할 수 있는 체류기간 상한	📜 3년(주무부처 추천 우수인재, 지역특화발전특구 및 첨단의료복합단지 내 E-7 직종 종사자, 경제자유구역 내 의료연구개발기관의 연구원에 대해서는 5년)
적용대상 및 도입기준 등	**1. 적용대상 [출입국관리법 시행령 별표 1의2 20. 특정활동(E-7)]** 📜 대한민국 내의 공·사기관 등과의 계약에 따라 법무부장관이 특별히 지정하는 활동에 종사하려는 사람 – '특정활동'이란 법무부장관이 국가경쟁력 강화 등을 위해 전문적인 지식·기술 또는 기능을 가진 외국인력 도입이 특히 필요하다고 지정한 분야(이하 '도입직종')에서의 활동을 의미* * 국가 및 지방자치단체는 전문적인 지식·기술 또는 기능을 가진 외국인력의 유치를 촉진할 수 있도록 그 법적 지위 및 처우의 개선에 필요한 제도와 시책을 마련하기 위하여 노력하여야 한다. (재한외국인처우기본법 제16조) 📜 (도입직종의 유형) '한국표준직업분류' 상 대분류 항목과 직능수준 등을 감안하여 전문직종, 준전문직종, 일반기능, 숙련기능직종으로 구분 – (관리·전문직종) 대분류 항목 1(관리자)과 2(전문가 및 관련 종사자)의 직종(직능 수준 3, 4) 중 법무부 장관이 선정한 67개 직종* * 경제이익단체 고위임원 등 15개 직종 관리자와 생명과학전문가 등 52개 직종 전문가 및 관련 종사자 – (준전문 직종) 대분류 항목 3(사무종사자)과 4(서비스종사자), 5(판매종사자)의 직종(직능수준 2, 3) 중 법무부 장관이 선정한 9개 직종* * 항공운송사무원 등 5개 직종 사무종사자와 운송서비스 종사자 등 4개 직종 서비스 종사자 – (일반기능직종) 대분류 항목 6(농림어업 숙련종사자)·7(기능원 및 관련 기능 종사자)· 8(장치기계조작 및 조립종사자)의 직종(직능수준 2) 중 법무부 장관이 선정한 7개 직종* * 일반 : 동물사육사, 양식기술자, 할랄도축원 등 기능원 및 관련 기능인력 – (숙련기능직종) 대분류 항목 6(농림어업 숙련종사자)·7(기능원 및 관련 기능 종사자)· 8(장치기계조작 및 조립종사자)의 직종(직능수준 2) 중 점수제를 적용하는 법무부 장관이 선정한 3개 직종*

적용대상 및 도입기준 등 (목차)

* 점수제 : 농림축산어업, 제조, 건설 등 분야 숙련기능인력

신 약호	분류기준	참고
E-7-1	전문인력	관리자 및 전문가 (67개 직종)
E-7-2	준전문인력	사무 및 서비스종사자 (9개 직종)
E-7-3	일반기능인력	기능원 및 관련기능종사자(7개 직종)
E-7-4	숙련기능인력(점수제)	'17.8.1신설 (3 개직종)
E-7-91	FTA 독립전문가	T6(구약호)

2. 도입직종 선정 및 관리 등

● (직종 선정) 중앙부처를 대상으로 정기 또는 수시로 전문외국인력 도입이 필요한 신규 직종 수요조사 등을 실시하고, <u>외국인력 도입의 필요성 및 효과, 국민대체성 등을 종합 검토하여 선정</u>
 - 수요조사 시 직종별 학력 및 경력요건, 고용업체 요건 등에 관한 의견도 수렴하고, 체류관리 상의 문제 우려 등으로 사전검토가 필요한 경우 외국인정책위원회 산하 전문인력 유치지원 실무분과위원회*의 협의결과를 참고
   * 전문인력 유치지원 실무분과위원회 (위원장 : 기획재정부 경제정책국장, 위원:교육부 · 과기부 · 외교부 · 법무부 · 문화체육관광부 · 산업통상자원부 · 보건복지부 · 고용노동부 · 국가정보원 · 중소기업벤처부 담당과장)
 - <u>'21.5. 현재 86개 직종(277개 세부분류) 선정</u>

● (관리) 도입직종 현황, 직종별 도입인원 등의 통계산출 및 분석, 관리 등이 가능하도록 직종별로 코드번호 부여
 - 직종별 코드번호는 '한국표준직업분류' 상 소분류(세 자리 수), 세분류(네 자리 수), 세세분류(다섯 자리 수)를 기준으로 아라비아 숫자로 부여
 - 기존 직종에서 분리 · 신설되는 직종의 경우에는 가장 유사한 직종의 코드번호 앞에 'S'를 붙임 (예 : S ------)

● (유사직종 도입 허용기준) 신청직종과 가장 유사한 직종의 자격요건 등 충족여부, 도입의 필요성 및 국민대체성 등을 종합 심사하여 타당한 경우 가장 유사한 직종으로 고용 허용
 - 대분류 항목 1 · 2에 해당하는 전문직종은 청장 등이 재량으로 허용하고, 대분류 항목 3-8에 해당하는 준전문직종, 숙련기능직종은 법무부장관의 승인 필요

3. 도입직종별 자격요건 및 도입 방법

가. 자격요건
 - ⚙ (일반요건) 다음 요건 중 하나를 충족하여야 함
   - 도입직종과 연관성이 있는 분야의 석사 이상 학위 소지
   - 도입직종과 연관성이 있는 학사학위 소지 + 1년 이상의 해당분야 경력
     (경력은 학위취득 이후의 경력만 인정)
   - 도입직종과 연관성이 있는 분야에 5년 이상의 근무경력

 - ⚙ (특별요건) 우수인재 유치 및 육성형 인재 활용 등의 차원에서 특례를 정한 우수인재와 직종 특성을 감안하여 별도의 학력 또는 경력요건을 정한 직종에 종사하는 경우에는 해당 요건을 충족하여야 함
   - (세계 500대 기업 1년 이상 전문직종 근무경력자) 도입직종에 정한 학력 및 경력요건 등을 갖추지 못하였더라도 고용의 필요성 등이 인정되면 허용
   - (세계 우수 대학* 대학졸업(예정) 학사학위 소지자) 전공분야 1년 이상 경력요건을 갖추지 못하였더라도 고용의 필요성 등이 인정되면 허용
   * 타임誌 200대 대학 및 QS 세계대학순위 500위 이내 대학을 의미
   - (국내 전문대학졸업(예정)자) 전공과목과 관련이 있는 도입허용 직종에 취업하는 경우 1년 이상의 경력요건을 면제하고, 고용의 필요성 등이 인정되면 허용
   - (국내 대학 졸업(예정) 학사이상 학위 소지자) 도입허용 직종에 취업하는 경우 전공과목과 무관하게, 고용의 필요성 등이 인정되면 허용(학사 이상의 경우 1년이상의 경력 요건 면제), 일/학습연계유학(D-2-7)자격 졸업자는 국민고용비율 적용을 면제함
   - (주무부처 고용추천을 받은 첨단 과학가술분야 우수인재) 사증 등의 우대 대상이라는 점을 감안하여 일반요건보다 강화된 기준으로 고용추천

〈첨단과학기술인력 우대 고용추천〉

구분	골드카드	해외기술인력도입지원사업
고용추천기관	산업통상자원부(KOTRA)	중소벤처기업부장관 (중소벤처기업진흥공단)
시행연도	2000년	2001년
추천대상자 요건	▪동종 5년 이상 경력 ▪학사+1년 이상 경력	

	■ 석사 이상
	* 국내 학위취득자는 해당 분야 경력 불요
추천대상 직종	* KOTRA : IT, 기술경영, 나노, 디지털 전자, 바이오, 수송 및 기계, 신소재, 환경 및 에너지 등 8개 분야(공 · 사 기관) * 중소기업진흥공단 : 부동산업, 유흥주점업, 사행업 등을 제외한 전 업종

- (특정 일본인 소프트웨어 기술자 등) 일본정보처리개발협회소속 중앙정보교육연구소(CAIT) 및 정보처리기술자시험센터(JITEC)가 인정하는 소프트웨어개발기술자와 기본정보기술자 자격증을 소지한 일본인에 대해서는 자격기준과 무관하게 사증발급인정서 발급 등 허용
- (부처추천 전문능력 구비 우수인재) 연간 총 수령보수가 전년도 1인당 국민총소득(GNI)의 1.5배 이상이고 소관 중앙행정기관의 장(경제자유구역의 지정 및 운영에 관한 특별법 또는 지역특화발전특구에 대한 규제특례법 등의 적용을 받는 경우에는 관할 특별시장 · 광역시장 · 도지사, 제주특별자치도지사 포함)의 추천을 받은 경우 전문인력(67개 직종)에 한해 학력, 경력 모두 면제가능 *
* 소관 중앙행정기관의 장(경제자유구역의 지정 및 운영에 관한 특별법 또는 지역특화발전특구에 대한 규제특례법 등의 적용을 받는 경우에는 관할 특별시장 · 광역시장 · 도지사, 제주특별자치도지사 포함)의 고용추천서를 필수로 제출하여야 하며, 최초 허가 시 체류기간 1년만 부여하고 이후 연장 시 반드시 세무서장 발행 소득금액증명원을 제출받아 실제 수령보수 등을 확인 후 정상 절차에 따라 연장여부 결정
- (고소득 전문직 우수인재) 연간 총 수령보수가 전년도 1인당 국민총소득(GNI)의 3배 이상 되는 경우 직종에 관계없이 학력, 경력 모두 면제가능(주무부처장관의 고용추천 불필요)
- (우수사설기관 연수 수료자) 해외 전문학사 이상 학력 소지자 중 해당 전공분야의 국내 연수과정(D-4-6, 20개월 이상)을 정상적으로 수료하고 국내 공인 자격증 취득과 사회통합프로그램을 4단계 이상을 이수한 외국인에 대해 해당 전공분야로의 자격변경을 허용 (E-7-4 분야 제외)
- (요리사, 뿌리산업체 숙련기능공, 조선용접공 등) 직종별 해당 기준 적용

나. 도입 방법
- (원칙) 기업 스스로 채용이 필요한 분야의 전문 외국인력을 발굴하여 자격검증 등을 거쳐 채용한 후 사증발급을 신청하거나 체류자격 변경허가 등을 신청하면 법무부에서 결격여부 등을 심사하여 허용여부 결정
- (뿌리산업체 숙련기능공 등) 체류자격 변경허가 요건을 갖춘 비전문 취업자격자 등의 자격변경을 허용하고, 뿌리산업 분야 민관합동 전문가들의

기량검증을 통과한 자들로 인재 POOL을 구성하여 쿼터 범위 내에서 선발하는 방안도 허용(기존 조선용접공 도입절차 준용)

다. 고용추천서
　○ 개별 직종별 심사기준에서 고용추천서 발급 대상 및 발급 부처 등을 정하고 있음(근거 영 제7조제3,4항)
　○ (필수) 직종별 심사기준에서 고용추천서 징구가 "필수" 사항으로 규정된 경우에는 접수시 반드시 추천서가 첨부되어야 함
　○ (면제) 다음에 해당하는 경우는 고용추천서 징구 면제
　　– 대학 및 공공기관에서 고용하고자 하는 경우
　　– 사기업이라도 대기업 관리자에 해당하는 자를 고용하는 경우
　○ (전자고용추천서 시스템 운영) 대한민국 비자포털(visa.go.kr)에 전문인력 고용추천을 위한 전자고용추천시스템 운영

라. 첨부서류 및 신청절차
　○ (공통 첨부서류) 체류자격 변경 또는 체류자격외 활동허가 등 신청 시에도 적정하게 준용
　– 피초청(외국인)인 준비서류 : 여권사본, 반명함판 칼라사진 1매, 고용계약서, 자격요건 입증서류(학위증, 경력증명서, 자격증 등)
　※ 국외에서 발급한 서류는 반드시 국문 또는 영문 번역본 첨부, 주요핵심서류에 대해서는 영사 공증 또는 아포스티유 확인서 제출
　– 초청인 준비 서류 : 고용단체 등 설립관련서류, 외국인 고용의 필요성을 입증할 수 있는 서류(초청사유서*, 고용추천서** 등), 신원보증서(법무부장관이 고시한 근무처변경, 추가 신고가 제한되는 직종 종사자만 해당), 납세증명서(국세완납증명서), 지방세 납세증명
　* 외국인 고용의 필요성 및 외국인활용계획, 기대효과 등을 구체적으로 작성
　** 고용추천 필수 직종에 한해 징구하되, 소관 중앙행정기관의 장(경제자유구역의 지정 및 운영에 관한 특별법 또는 지역특화발전특구에 대한 규제특례법 등의 적용을 받는 경우에는 관할 특별시장·광역시장·도지사)이 발급한 추천서 징구
　– 신원보증서(법무부 장관이 고시한 근무처변경·추가 신고가 제한되는 직종의 종사자만 해당)

마. 초청자 자격요건 및 심사기준
　○ (자격요건) 특정활동(E-7) 자격 외국인을 고용할 수 있도록 허용된 직종의 업체나 단체 등의 대표로서 아래 경우에 모두 해당하지 않아야 함

	– 출입국관리법 시행규칙 제17조의3 제2항 제1호 내지 제6호에 규정된 사증발급인정서 발급제한 대상자에 해당하는 경우 – 허용직종별 고용업체 요건이나 업체당 외국인 고용허용 인원 및 최소 임금 요건 등을 갖추지 못한 경우 – 고용업체에 세금(국세, 지방세) 체납 사실이 있는 경우 ○ (심사기준) 사증발급인정서 발급 제한대상인지 여부, 고용업체 요건 충족 및 정상 운영 여부, 저임금 활용여부 등을 종합 심사 – (숙련기능인력 고용업체) 판매사무원, 주방장 및 조리사 등 숙련기능 인력들을 초청한 경우에는 직종별 심사기준에 따라 고용업체 요건 충족 및 정상 운영 여부, 저임금 활용 여부 등을 종합 심사하여 허가 여부 및 적정 허용인원을 판단
체류자격외 활동	**1. 체류자격외활동허가 면제범위 확대** 원래의 체류목적을 침해하지 않은 범위 내에서 <u>정규교육기관(초·중·고 및 대학)의 교육을 받고자 하는 때</u>는 체류기간 범위 내에서 별도의 허가 절차 불요('09.6.15.부 시행) **2. 외국인투자기업 CEO 등 우수전문인력의 대학 강연활동**

활동범위	대학에서 90일 이내 강의활동을 하려는 자에 대한 단기취업(C-4-5)자격으로의 자격 외 활동
대　상	① 투자자 등(D-7, D-8, D-9)의 자격 소지자 중 국내기업(투자기업포함)에서 상근이사 이상의 직으로 근무하는 자 ② 전문인력(E-1, E-3~E-5, E-7) 자격소지자
제출서류	① 신청서(별지 34호 서식), 여권 및 외국인등록증, 수수료 ② 주무부처 장의 고용추천서 ③ 사업자등록증 사본 ④ 고용계약서 ⑤ 원 근무처장의 동의서

체류자격외 활동	**3. "주한외국공관원 가족"의 국내취업**은 상호주의에 따라 <u>외교부장관(외교사절담당관)의 추천을 받은 자</u>에 한하여 체류자격외 활동허가 🌳 취업허용 국가 : '18. 6월 현재 27개 국가

일본, 스리랑카, 방글라데시, 이스라엘, 미국, <u>캐나다</u>, 독일, 영국, 프랑스, 스웨덴, 체코, 폴란드, 러시아, 네덜란드, 벨기에, 헝가리, 뉴질랜드, 덴마크, 노르웨이, 아일랜드, 호주, 파키스탄, 인도, 싱가폴, <u>포르투갈, 스위스, 콜롬비아('18.6월)</u>

🖚 취업허용 범위

‣ 각급 대학, 학원 등에서 외국어강의(E-2)

‣ 영화, TV단역 출연 등 문화활동 관련 직종(E-6), 문화연구언론기관등의 교열 · 통역 · 번역 등 외국어관련 직종 및 외국인 학교 교사(E-7), 기타 내국인 대체불능 직종

‣ D-1, D-6, E-1, E-3

‣ E-7중 외국인투자기업, 외국기업 국내지사 등의 국내 채용 필수전문인력, 외국계회사의 경영자문 컨설턴트 등의 직종

※ 주한캐나다대사관 공관원가족에 대한 자격외활동허용범위 확대('09.3.9)
  – 단순노무분야(D-3, E-9, E-10, H-2 등)을 제외한 모든 체류자격(기준충족자)

4. "A-1, A-2 소지자"에 대한 자격외활동 허가 범위(청장, 사무소장, 출장소장 위임)

🖚 취업허용 범위

‣ 외국어회화강사(E-2), 외국인학교교사(E-7), 외국어교열요원(E-7)으로의 활동, 문화예술(D-1), 종교(D-6), 교수(E-1), 연구(E-3), 주한외국공관이나 외국기관 등에서 고용하는 행정요원(E-7),특정활동(E-7)중 벤처기업 등의 정보기술(IT) · E-business에 종사하고자 하는 자로 소관부처장관의 고용추천을 받은 자

🖚 외교부(외교사절담당관)에서 받은 고용추천서 필수

🖚 해당 자격 입증 서류 : 해당 체류 자격의 자격외활동서류

5. 고액투자외국인 및 전문인력 배우자에 대한 취업

가. 허용대상

🖚 고급과학기술인력(SCIENCE 카드) 및 첨단기술인력(GOLD 카드), 정보기술인력(IT카드)자격 소지한 전문 외국인력의 배우자

🖚 미화 50만불 이상 투자(법인포함)한 투자자격 소지자의 배우자

🖚 전문 외국 인력자격(E-1, E-2, E-3, E-4, E-5, <u>E-6-2를 제외한 E-6</u>, E-7)소지자의 배우자

나. 허용분야
🔹 단순노무(D-3, E-9)를 제외한 모든 직종에 대한 체류자격외 활동허가

다. 허가기간 : 배우자의 체류기간까지(계속연장 가능)

라. 제출서류 : 규칙 제76조에 의한 체류자격별 첨부서류(신원보증서 생략)
※ 특정활동(E-7)에 종사하고자 하는 경우에는 E-7자격 사증발급인정서
발급 지침 준용

6. 방문동거(F-1) 자격을 소지한 중국동포 중 취업자격 구비 등 일정요건에 해당
하는 자에 대한 유학(D-2), 일반연수(D-4) 및 교수(E-1) 내지 <u>특정활동(E-7)</u>
<u>으로의 자격외 활동</u>
① 신청서(별지 34호 서식), 여권 및 외국인등록증, 수수료
② 주무부처 장의 고용추천서 또는 고용필요성 입증서류 ③ 고용계약서 ④
사업자등록증 ⑤ 학위증 또는 자격증

7. 방문동거(F-1), 동반(F-3)자격 소지자의 외국어회화강사(E-2), <u>외국인학교교</u>
<u>사(E-7)로의 자격외 활동</u>
① 신청서(별지 34호 서식), 여권 및 외국인등록증, 수수료
② 고용계약서 ③ 사업자등록증 ④ 해당국교원 자격증 원본(교원자격증이
없는 경우 '학위증 및 경력증명서') ⑤범죄경력증명서(E-2 자격요건과 동
일) ⑥채용신체검사서(E-2 자격요건과 동일) ⑦학교장 요청서 ⑧외국인교
사 현황

8. 방문동거(F-1), 동반(F-3)자격 소지자의 <u>국가기관 및 공공단체(지방자치단체,</u>
<u>정부투자기관)에서 외국어교열요원(E-7)</u>
① 신청서(별지 34호 서식), 여권 및 외국인등록증, 수수료
② 고용계약서 ③ 사업자등록증 사본 ④ 추천서(해당 기관장)
⑤ 학위증(원본 및 사본)

9. 제주영어교육도시 종사자에 대한 체류자격외활동허가 특례

가. 국제학교의 보조교사, 강사, 보조사감, 행정사무원
🔹 (자격요건) 국제학교 재학생 부모나 교직원의 직계 가족, 18세 이상 해외
본교 졸업생으로서 학사 이상 학위 소지 또는 해당분야 2년 이상 근무경
력 또는 TESOL 등 영어교육관련 자격증 소지

	나. 식품접객업소 또는 상점 등 상업시설의 판매종사자
	🔖 (자격요건) 영어를 모국어로 사용하는 국가 국민인 국제학교 재학생 부모나 교직원의 가족, 18세 이상 해외 본교 졸업생은 별도 자격요건 없이 허용*
	* 단, 영어를 모국어로 사용하지 않는 국가의 국민인 재학생 부모나 교직원의 가족, 해외 본교 졸업생에 대해서는 공인영어시험 TOEIC 800점 이상 또는 TESOL 자격증 소지자로 한정
근무처의 변경·추가 ➡ 목차 근무처의 변경·추가	**1. 근무처변경 추가 신고** {표}

<table>
<tr><td>사전
허가대상</td><td>판매사무원(31215), 주방장 및 조리사(441), 디자이너(285), 호텔접수사무원(3922), 의료코디네이터(S3922), 양식기술자(6301), 조선용접기능공(7430), 뿌리산업체 숙련기능공(S740), 일반제조업체 및 건설업체(S700), 농축어업(S610)</td></tr>
<tr><td>사후
신고대상</td><td>상기 10개 직종을 제외한 특정활동(E-7)</td></tr>
</table>

➡ '10.11.15.부 사후 신고제로 개정(출입국관리법시행령 제26조의2제1항)

> 전문인력 활용도 제고를 통한 국가경쟁력 강화차원에서 전문인력에 대해서는 기존 사전허가를 사후신고만으로 근무처를 변경·추가할 수 있도록 제도 개선

《법무부고시 제11-510》
 ※ 주방장 및 조리사의 경우 원 근무처 외 타 근무처에서의 근무시간은 원 근무처 근무시간의 1/3을 초과하지 못함

가. 자격요건
 🔖 판매사무원 등 10개 직종을 제외한 특정활동(E-7) 자격 소지자로서 외국인등록을 하고 체류하고 있는 자로 변경·추가되는 근무처에서 활동하는 데 필요한 자격요건을 구비하고 있는 자
 ※ 자격요건을 갖추었더라도 본인 귀책사유로 해고 또는 중도 퇴직한 자로서 원고용주의 이적동의를 받지 못한 자는 제외

나. 신고절차 등
 🔖 신고의무자(외국인)는 신고사유 발생일로부터 15일 이내에 관할 출입국·외국인청(사무소·출장소)장에게 신고(대리인의 신고 허용)
 ※ 여권에 근무처변경·추가신고 스티커나 신고인을 부착 또는 날인·기

재하여야 하기 때문에 방문신고를 원칙으로 함

🔹 선의의 고용주 보호와 체류질서 유지 차원에서 본인 귀책사유로 해고 또는 중도 퇴직한 경우에는 원 고용주의 동의가 없으면 적용대상에서 제외됨을 유의 (근무처변경허가 또는 사증발급인정서 신청 대상자임)

다. 제출서류

① 통합신청서[별지 제34호~제34호의2 서식], 여권 및 외국인등록증, 수수료 없음 ② 주무부처 장의 고용추천서 또는 고용의 필요성을 입증하는 서류 ③ 고용계약서 ④ 원 근무처 장의 동의서* ⑤ 고용계약서 ⑥ 사업자등록증

※ 사유서와 신원보증서는 원칙적으로 제출 생략

* 원 근무처 장의 동의서는 계약기간 만료일 또는 쌍방이 근무하기로 합의한 날짜까지 근무한 경우에는 제출을 면제하며, 원 근무처의 휴·폐업 및 임금체불 등의 사유가 있는 경우에는 입증서류 또는 사유서로 대체 가능

2. 근무처 변경 추가 허가

가. 적용대상자

🔹 고용업체별 허용인원 제한 등이 있어 사전관리가 필요한 판매사무원(312 15), 주방장 및 조리사(441), 디자이너(285), 호텔접수사무원(3922), 의료코디네이터(S3922), 양식기술자(6301), 조선용접기능공(7430), 숙련기능공(뿌리산업체(S740), 일반제조업체 및 건설업체(S700), 농축어업(S610))(법무부고시 제11-510, '11.10.4. 참조)

나. 제출서류

① 휴·폐업사실증명서, 임금체불 관련 공적 입증서류, 매출감소 등 경영악화 사실을 입증할 수 있는 부가세신고서 등 (해당서류 중 1종)

② 원 고용주의 이적동의서 (휴·폐업, 임금체불 등 부당행위, 고용계약조건 위반 행위, 고용계약기간 종료 시까지 근무한 경우는 제외)

③ 새로 고용 계약한 업체의 자격요건 등을 심사할 수 있는 서류 (사증발급인정서 발급 신청 시 첨부서류에 준하여 제출)

체류자격 부여	🔹 해당사항 없음
체류자격 변경허가	1. 체류자격변경허가 일반기준 🔹 허용대상 - 특정활동(E-7) 자격 허용직종별 요건을 갖춘 체류외국인 ※ 단기체류(B계열, C계열), 기술연수(D-3), 비전문취업(E-9), 선원취업(E-10), 기타(G-1) 체류자격은 자격변경 제한

(left margin: ▶ 목차)

🐚 첨부서류 및 확인사항, 심사기준 등
 – 사증발급인정서 신청 시 첨부서류 및 심사기준 등을 준용
🐚 국민대체성, 국익, 업체운영 실태 및 국민고용 등과 연계하여 고용의 필요
성과 신청인원의 적정성 심사
 – 원칙적으로 국민고용자의 20% 범위 내에서 E-7외국인 고용을 허용
  ▶ 5명 미만의 국민을 고용 중인 내수 위주 업체 또는 현재 고용 중인 E-7자
   격자가 총 국민고용자의 20%를 초과하는 업체에 대해서는 신규 및 대체
   인력 초청과 체류자격변경, 근무처변경·추가 등을 원칙적으로 불허
  ▶ 단, 주무부처(KOTRA, 한국무역협회) 등의 추천이 있는 경우 첨단산업분
   야는 총 국민근로자의 50% 범위 내에서, 특수 언어지역 대상 우량 수출업
   체는 총 국민근로자의 70% 범위 내에서 청장 등이 추가 고용을 허용하고,
   별도 기준이 있는 직종의 경우에는 해당 기준을 적용
 – 정부초청 장학생으로 '일/학습연계유학(D-2-7)'자격 졸업자는 모든 직종
  (전문/준전문/숙련기능)에 대해 국민고용비율 적용을 면제함

【 업체별 고용허용인원 등 설정 직종 】

○ 고용업체 + 허용인원 : 국내복귀기업 생산관리자(1413), 선박관리전문가(1512),
 여행상품 개발자(2732), 판매사무원(31215), 호텔 접수사무원(3922), 의료 코디
 네이터(S3922), 고객상담 사무원(3991), 관광통역 안내원(43213), 주방장 및 조
 리사(441), 양식 기술자(6301), 조선용접기능공(7430), 숙련기능공(S740, S70
 0, S610)
○ 고용업체 : 음식서비스 관련 관리자(1522), 행사기획자(2735)
○ 허용인원 : 기계공학기술자(2351), 제도사(2395), 디자이너(285)

 – 저임금 편법인력 활용을 방지하기 위해 기본급이 당해연도 최저임금 기준
  미만일 경우 발급 제한
  → 반드시 고용계약서에 월 기본급 대비 근로시간을 명시하여야함(최저임
   금 위반 등이 발생하지 않도록 하기 위한 조치임, 1일 및 월간 근무시간
   명시 등)

2. 문화예술(D-1), 유학(D-2), 일반연수(D-4), 취재(D-5), 종교(D-6), 주재(D-
 7), 기업투자(D-8), 무역경영(D-9), 구직(D-10), 교수(E-1), 회화지도(E-2),
 연구(E-3), 기술지도(E-4), 전문직업(E-5), 예술흥행(E-6)*체류자격으로 합
 법 체류 중인 등록외국인 및 그 동반 배우자(F-3) ➡ 특정활동(E-7)자격으로
 의 변경
  * 관광진흥법에 의한 호텔업시설, 유흥업소 등에서 공연하는자(E-6-2)는
   제외]

가. 자격요건 (아래 요건을 모두 충족하여야 함)

> ① 취업활동을 하려는 분야가 교수(E-1) · 회화지도(E-2) · 연구(E-3) · 기술지
> 도(E-4) · 전문직업(E-5) · 예술흥행(E-6) · 특정활동(E-7) 체류자격에 해
> 당하고 해당 자격요건 등을 구비하여야 함
> ② 취업하려는 해당 기관 · 단체 등의 대표자와 고용계약을 체결하여야 함

나. 제출서류
① 신청서(별지 34호서식), 여권 및 외국인등록증, 표준규격사진 1장, 수수
료 ② 고용계약서 ③ 고용업체 등 설립관련 서류(사업자등록증, 등기부등본
등) ④ 경력증명서 ⑤ 주무부처 장의 고용추천서 또는 고용의 필요성을 입증
하는 서류 ⑥ 납세증명서(국세완납증명서), 지방세 납세증명
※ 국내 전문학사 및 학사학위 소지자는 학사 + 1년 이상의 경력이 요구되는
직종에 대해서도 취업허용 및 고용추천서 제출 생략(단, 고용추천 필수
직종은 제외)

⇨ 목차

3. 사증면제(B-1) 자격으로 입국한 독일인에 대한 장기체류자격으로 변경

가. 허가체류자격 : 기술연수(D-3), 비전문취업(E-9) 및 관광취업(H-1)을
제외한 모든 장기체류자격

나. 허가기간 : 체류자격별 1회 부여할 수 있는 체류기간의 상한

4. 외국인학교 교사(E-7)로의 자격변경

가. 대 상
🌑 소지하고 있는 사증에 관계없이 외국인학교 교사로 근무하기 위해 채용
절차를 밟고 있는 합법체류자

나. 체류허가 기간
🌑 최초 체류자격 변경 시 : 고용계약기간을 감안하여 1년 범위 내
🌑 체류기간 연장 시 : 고용계약기간을 감안하여 2년 범위 내에서 부여

다. 제출서류
① 신청서(별지 34호 서식), 여권 및 외국인등록증, 표준규격사진 1장, 수수
료

② 고용계약서 ③ 해당국 교원자격증(교원 자격증이 없는 경우 '학위증 및 경력증명서') ④ 학교장 추천서 ⑤ 원 근무처 장의 동의서(해당자) ⑥ 신원보증서 ⑦ 학교설립관련 서류 ⑧ 범죄경력증명서(E-2 자격과 동일) ⑨ 채용신체검사서 ⑩ 납세증명서(국세완납증명서), 지방세 납세증명
  ※ 아래 자율검증대상자는 범죄경력증명서 제출이 면제됨

> 해당국 교원자격증 소지자, 채용박람회를 통해 채용된 교사, 최근 5년 이내 국내에서 회화지도강사(E-2) 또는 외국인교사(E-7)로 3년 이상 근무한 자

  ※ 채용신체검사서는 법무부장관이 지정하는 의료기관이 발급한 공무원채용신체검사규정 별지서식기준에 해당하는 신체검사와 마약검사(필로폰, 코카인, 아편, 대마는 필수 검사항목) 결과를 포함해야 하며 최근 3개월 이내 발급한 것

5. 부득이한 사유로 무사증 입국하거나 비취업사증을 소지한 첨단기술분야 외국 우수인력에 대한 특정활동(E-7) 자격으로의 변경허가

가. 대 상
  ● 벤처기업 등 제조업체의 IT분야에 근무하고자 하는 자
  ● 전자상거래 및 정보기술 관련지식을 겸비하고 e-business 등 IT응용산업 분야에 근무하고자 하는 자
  ● 생물산업(BT), 나노기술(NT), 신소재분야(금속·세라믹·화학), 수송기계, 디지털전자, 환경·에너지 분야에 종사하고자 하는 자

나. 자격 기준
  ● 정보기술(IT) 및 전자상거래와 기업정보화(e-business) 등 관련분야에 5년 이상 종사한 경력이 있는 자
  ● 동 관련학과의 학사이상 학력소지자로서 해당분야에 2년 이상 종사한 경력이 있는 자, 단 국내에서 4년 전 과정을 수료하고 학사학위를 취득한 자에 대하여는 해당분야 종사경력 불요
  ● 관련학과 석사학위이상 소지자

다. 제출 서류
① 신청서(별지 34호 서식), 여권 및 외국인등록증, 표준규격사진 1장, 수수료 ② 고용계약서 ③ 경력증명서(학사이상 학위소지자는 학위증 사본 첨부) ④ 사업자등록증 ⑤ 소관부처장관의 고용추천서 ⑥ 납세증명서(국세완납증명서), 지방세 납세증명

6. 비전문취업(E-9) 자격 등으로 5년 이상 제조업 등에 합법취업 중인 자로 연령, 학력, 자격증 또는 임금요건 등을 모두 갖춘 <u>숙련기능인력 점수제 특정활동(E-7-4) 체류자격 변경허가('17.8.1.시행)</u>

가. 자격요건 (①, ②, ③ 모두 충족하여야 함)
① 변경 가능 체류자격 : 비전문취업(E-9)·선원취업(E-10)·방문취업(H-2) 자격 체류자로 쿼터 한도(500명)에서 (직종별 구분 없이 허가 순서로 쿼터적용)
② 근무직종 및 근무기간 : 최근 10년 이내에 E-9·E-10·H-2 자격으로 제조업·건설업·농축어업 직종에 5년 이상 취업활동을 하고 있는 자
③ 숙련기능인력 점수제 해당자 : <u>아래 〈점수항목 및 점수표〉 참고</u>

나. 허용업종 및 업체별 허용인원 기준
　🐾 국내 고용상황을 감안, 취업허용직종은 제조·건설·농축어업직종으로 제한하고, 업체별 최대 5명(제조·건설업 5명, 농축어업 3명)까지 고용허용*
※ 단, 현재 E-9 및 E-10 외국인 근로자를 고용하고 있는 기업의 경우 최소 1명 고용 허용

다. 제출서류 : 아래 별도 자료 참고

라. 유의사항
ㅇ 형사범, 조세체납자, 출입국관리법 4회이상 위반자의 경우 체류자격 변경신청자격에서 제외
ㅇ 제출서류 중 해외에서 발급된 서류는 자국정부의 아포스티유 확인 또는 주재국 한국공관의 영사확인을 받아 제출
ㅇ 추후 기간연장시 아래의 점수표에 따라 점수를 충족할 경우에만 연장이 가능하므로 각별한 주의가 필요함

마. 직종별 설명 및 요건 (후단 참조)

| 체류기간 연장허가 | 1. 제출 서류 및 확인사항 |

가. 제출서류
① 신청서(별지 34호 서식), 여권 및 외국인등록증, 수수료 ② 고용계약서
③ 개인 소득금액 증명(필수)
　- 소득금액증명원(세무서 발급) 또는 근로소득원천징수영수증(소속회사 발

연장허가

급)
④ 사업자등록증 사본 또는 법인등기부등본
⑤ 신원보증서 원본(아래 직종에 한해 징구)

> 판매사무원(31215), 주방장 및 조리사(441), 디자이너(285), 호텔접수사무원
> (3922), 의료코디네이터(S3922), 양식기술자(6301), 조선용접기능공(743
> 0), 숙련기능공(뿌리산업체(S740), 일반제조업체 및 건설업체(S700), 농축어
> 업(S610))

⑥ 체류지 입증서류(임대차계약서, 숙소제공 확인서, 체류기간 만료예고 통
지우편물, 공공요금 납부영수증, 기숙사비 영수증 등)
⑦ 고용주 납부내역증명, 납세증명서, 지방세 납세증명서(정상영업 및 세금
체납여부확인)

2. 협정상 사증 · 체류허가 특례적용대상자에 대한 특례사항 규정

가. 한 · 인도 포괄적경제제동반자협정(CEPA) : 독립전문가(IP)

🔖 적용대상
- 국내법인 또는 개인사업자와 서비스공급계약을 체결한 전문가로서의 자
격요건을 갖추고 해당 분야에서 1년 이상 경력이 있는 자*
* 협정상 양허직종(162개)에서 서비스를 제공하기 위해 '서비스공급계약'
을 체결한 독립전문가에게만 적용 (고용계약을 체결하고 E-7 허용직
종에서 취업하는 전문인력에 대해서는 E-7지침 일반 적용)

🔖 사증특례
- 최대 1년의 범위 내에서 계약기간을 체류기간으로 하는 단수사증발급
인정서 발급 (계약기간이 1년이 초과하는 경우에는 1년 부여)

🔖 체류특례
- 체류기간연장허가, 근무처변경 · 추가허가, 체류자격변경허가, 체류자
격외활동허가 제한 (사고 · 질병 등 인도적 사유로 체류허가의 필요성
이 인정되는 경우는 일반 체류지침에 따라 처리)

나. 한 · 러 한시적 근로활동에 관한 협정 : 국내 채용 전문인력

🔖 적용대상
- 모회사의 국내지사 · 지점, 연락사무소, 자회사, 계열회사의 직원으로
국내에서 채용되고 해당 직종의 자격요건을 갖춘 자*
* 국내업체 등과 고용계약을 체결하고 E-7허용직종에서 취업하는 전문
인력에 대해서는 E-7지침 일반 적용 (복수사증 발급 및 체류허가 등

➡ 목차

우대)

🐘 사증·체

- 1년 유효한 복수사증발급인정서를 발급하고, <u>1회에 한해 6개월간 체류기간연장*</u>을 허용하며 가족동반은 허용하지 않음

    * 외국인등록일 기준 직전 입국일로부터 최장 1년 6개월까지만 체류가능하며, <u>귀국 후 본사에서 다시 주재원 등으로 파견하는 경우에는 해당 체류자격의 사증(D-7 또는 D-8) 발급</u>

3. 외국법자문법률사무소에 파견되는 구성원, 외국법자문사 및 외국법자문법률사무소에 파견되는 사무직원

  가. 제출서류
    ① 신청서(별지 34호 서식), 여권 및 외국인등록증, 수수료
    ② 국내 법률사무소 설립관련 서류
    ③ 고용계약서
    ④ 체류지 입증서류(임대차계약서, 숙소제공 확인서, 체류기간 만료예고 통지우편물, 공공요금 납부영수증, 기숙사비 영수증 등)

재입국허가	1. 재입국허가 면제 제도 시행('10.12.1.자 개정 시행규칙)
	  – 등록을 필한 외국인이 <u>출국한 날부터 1년 이내에 재입국하려는 경우 재입국허가 면제</u>
	  – 체류기간이 1년보다 적게 남아있는 경우 체류기간 범위 내에서 재입국허가 면제
	  ※ 단, 입국규제 및 사증발급규제자는 체류지 관할 청(사무소·출장소)에 방문하여 재입국허가를 받아야 함
	
	2. 복수재입국허가 (사우디아라비아, 이란, 리비아는 복수재입국제한. 단, 동 국가의 국민 중 결혼이민(F-6), 유학(D-2), 일반연수(D-4)는 가능)
	  – 출국 후 체류기간 범위 내에서 1년을 초과하여 2년 내에 재입국을 하려는 경우
	  – 신청서류 : 신청서(별지 34호서식), 여권 원본, 외국인등록증, 수수료

외국인등록	1. 외국인등록 신청서류
	  ① 신청서(별지34호 서식), 여권원본, 표준규격사진1장, 수수료
	  ② '부가가치세법'에 따른 사업자등록증
	  ③ 채용신체검사서(외국인학교 등의 교사만 해당)
	  ④ 체류지 입증서류
	
	2. 외국인등록사항 변경신고

☑ 목차	가. 신고사항 : 성명, 성별, 생년월일 및 국적, 여권의 번호·발급일자유효기간 나. 신고기한 : 변경일로부터 15일 이내 신고 다. 제출서류 　① 신청서(별지 34호 서식), 여권 및 외국인등록증, 수수료 없음 　② 변경관련 입증서류
기타 참고사항	**1. 국민고용 보호를 위한 심사기준** 　○ (적용원칙) 전문인력에 대해서는 국민대체가 어렵고, 국부창출 및 고용창출에 기여도가 높은 점 감안하여 임금요건 기준을 제외하고는 원칙적으로 적용하지 않음 　① 아래 각호의 경우 예외적으로 국민고용보호심사 기준 적용 　ⅰ) 전문인력 중 초청장 남발 우려가 있는 기계공학 기술자, 제도사, 여행상품개발자, 해외영업원, 통 · 번역가, 고객상담 사무원 등에 대해서는 국민고용 보호 심사 기준을 예외적으로 적용* 　ⅱ) 전문인력중 국민고용보호 직종과 준전문인력, 일반기능인력, 숙련기능인력은 국민고용 침해 소지가 없도록 고용업체 자격요건 및 업체당 외국인 고용 허용인원 상한, 최저 임금요건 등을 설정하여 적용 　② 위 ①의 ⅰ), ⅱ)에도 불구하고 아래의 각호의 경우 직종에 관계없이 일반원칙에 따라 업체규모 · 고용비율 등 국민고용 보호를 적용하지 않음 　ⅰ) 체류자격외활동허가 또는 근무처추가를 받아 파트타임으로 근무하는 경우에는 적용하지 않음 　ⅱ) 정부초청 장학생으로 '일/학습연계유학(D-2-7)'자격 졸업자는 전문/준전문/일반기능에 대해 국민고용비율, 업체규모 적용을 면제하고 유사직종을 폭넓게 적용하여 허용 　○ 국민고용 보호를 위한 일반 심사기준 　- (고용업체의 규모) 국민 고용자가 5명 미만이고 내수 위주인 업체는 원칙적으로 초청을 제한, 고용인원은 고용부의 고용보험가입자명부에 최저임금을 충족하는 3개월 이상 등재된 인원을 말함 　☞ 3개월 이상 고용보험 가입자 명부를 제출해야 되므로 원칙적으로 개업 후 최소 3개월 이후 신청 가능 　- (고용업체의 업종) 업종 특성을 감안하여 별도의 고용업체 요건을 정한 경우에는 해당 요건을 충족하여야 함 　- (외국인 고용비율) 국민고용 보호 직종은 원칙적으로 국민고용자의 20% 범위 내에서 외국인 고용을 허용 　※ 화교(F2, F5), 결혼이민자(F6), 영주자격(F5)인 경우 외국인 고용인

원에서 제외하되, F-2등 취업가능 체류자격은 외국인 고용인원에 포함하여 비율 산정

※ 내국인 고용 입증은 고용보험관련 서류 제출(정규직으로 3개월 이상 계속 고용, 신설 기업이라도 내국인 고용비율이 적용되는 업종은 일반적으로 사업자등록일 기준 3개월이 지난 후 신청함을 원칙으로 함)

※ 총 국민고용자의 20%를 초과하여 국민고용 보호 심사기준 적용대상 E-7 외국인을 고용 중인 업체는 신규 및 대체인력 초청과 체류자격 변경, 근무처변경·추가 등을 원칙적으로 불허

- (임금요건) 저임금 편법인력 활용 방지를 위해 동종 직무를 수행하는 동일 경력 내국인의 평균임금과 연계하여 전문인력 수준에 따라 직종별로 차등 적용하여 심사

ⅰ) 전문인력 : 전년도 국민 1인당 GNI의 80% 이상

ⅱ) 준전문인력, 일반기능인력, 숙련기능인력 : 최저임금 이상 적용

ⅲ) 단, 일부직종*에 대해서는 해당 직종에서 별도로 정하는 기준을 따름

* 준전문인력, 일반기능인력 중 전년도 GNI 0.8배 이상 : 온라인쇼핑판매원, 양식기술자 등

【임금요건 심사 기준】

◦ 제출서류 : 계약서, 세무서 발행 전년도 소득금액 증명(기간연장, 근무처 변경 시 필수)

◦ 전년도 국민1인당 GNI : 한국은행이 매년 발표하며, 한국은행 홈페이지 통계사이트에 매년 공시하는 금액을 기준으로 함. 신청일 기준으로 공시금액을 기준으로 함

연도	1인당 GNI (달러)	적용환율 (원)	1인당 GNI (원)	1인당GNI 1개월(원)	1인당 GNI 80%(원)	월평균 급여(원)
2016	27,681	1,160	32,109,960	2,675,830	25,687,968	2,140,664
2017	29,745	1,130	33,611,850	2,800,988	26,889,480	2,240,790
2018	33,434	1,100	36,787,000	3,065,583	29,429,600	2,452,467
2019	32,047	1,165	37,356,000	3,113,000	29,884,800	2,490,400
2020	31,755	1,180	37,473,000	3,122,750	29,978,400	2,498,200

* 매년 3월경 발표하는 잠정 국민소득을 기준으로 하므로, 이후 수정된 확정 국민소득과는 일부 차이가 발생할 수 있음(예: '19년 잠정금액은 32,047$이나, 확정금액은 32,115$)

* 당해연도 최저임금 : 최저임금법(제10조)에 따라 고용노동부장관이 매년 8월경 고시하는 금액에 따르며, 별도 규정이 없으면 1월1일부터 해당 연도 최저임금을

적용

연도별	시급(원)	일급(원)	월급(원)
2017	6,470	51,760	1,352,230
2018	7,530	60,240	1,573,770
2019	8,350	66,800	1,745,150
2020	8,590	68,720	1,795,310
2021	8,720	69,760	1,822,480

∘ 고용계약서 : 반드시 고용계약서에 월 기본급 대비 근로시간을 명시하도록 하여 최저임금 위반 등이 발생하지 않도록 조치(1일 및 월간 근무시간 명시)
∘ 심사기준 적용
  - 시급 및 월급 모두 최저임금 요건을 충족할 것, 근무시간이 적어 총액을 충족하지 못하는 경우 고용 제한
  - 급여가 심사기준 이하인 경우 원칙적으로 발급 제한

2. 주의해야할 경과규정

① 기존 특정활동(E-7) 자격으로 체류중인 외국인요리사에 대해서는 '18. 1. 1.이후에는 현 규정을 적용하되, 요건을 충족하지 못할 경우 허가 제한
② '17. 8.1이전 숙련기능인력으로 전환하여 체류 중인 숙련기능인은 '19.1.1. 이후에는 새로운 규정을 적용하되, 요건을 충족하지 못할 경우 허가제한
③ '18.5.1 신규 도입직종 중 과거 유사직종(해외영업원, 상품판매원, 통번역원 등)으로 부여한 외국인은 재고용 계약, 체류기간 연장 등을 위해 방문 시 상기 직종으로 변경

⟨특정활동(E-7) 허용직종 현황⟩ 86개

구 분	직 종(코드)
1. 전문인력 (E-7-1) (67개 직종)	**가. 관리자 : 15개 직종 => E-7-1** 　1) 경제이익단체 고위임원(S110) 　2) 기업 고위임원(1120) 　3) 경영지원 관리자(1212 舊1202) 　4) 교육 관리자(1312) 　5) 보험 및 금융관리자(1320) 　6) 문화 · 예술 · 디자인 및 영상관련 관리자(1340) 　7) 정보통신관련 관리자(1350) 　8) 기타 전문서비스 관리자(1390) 　9) 건설 및 광업 관련 관리자(1411) 　10) 제품 생산관련 관리자(1413) 　11) 농림 · 어업관련 관리자(14901) 　12) 영업 및 판매 관련 관리자(1511) 　13) 운송관련 관리자(1512) 　14) 숙박 · 여행 · 오락 및 스포츠 관련 관리자(1521) 　15) 음식서비스관련 관리자(1522) **나. 전문가 및 관련종사자 : 52개 직종 => E-7-1** 　1) 생명과학 전문가(2111) 　2) 자연과학 전문가(2112) 　3) 사회과학 연구원(2122) 　4) 컴퓨터 하드웨어 기술자(2211) 　5) 통신공학 기술자(2212) 　6) 컴퓨터시스템 설계 및 분석가(2221) 　7) 시스템 소프트웨어 개발자(2222) 　8) 응용 소프트웨어 개발자(2223) 　9) 웹 개발자(2224 舊2228) 　10) 데이터 전문가(2231 舊2224) 　11) 네트워크시스템 개발자(2232 舊2225) 　12) 정보 보안 전문가(2233 舊2226) 　13) 건축가(2311) 　14) 건축공학 기술자(2312-신설) 　15) 토목공학 전문가(2313 舊2312)

16) 조경 기술자(2314 舊2313)

17) 도시 및 교통관련 전문가(2315 舊2314)

18) 화학공학 기술자(2321)

19) 금속 · 재료 공학 기술자(2331)

20) 전기공학 기술자(2341 舊2351)

21) 전자공학 기술자(2342 舊2352)

22) 기계공학 기술자(2351 舊2353)

23) 플랜트공학 기술자(23512 舊23532)

24) 로봇공학 전문가 (2352)

25) 자동차 · 조선 · 비행기 · 철도차량공학 전문가(S2353)

26) 산업안전 및 위험 전문가(2364)

27) 환경공학 기술자(2371 舊2341)

28) 가스 · 에너지 기술자(2372 舊9233)

29) 섬유공학 기술자(2392)

30) 제도사(2395 舊2396)

31) 간호사(2430)

32) 대학 강사(2512)

33) 해외기술전문학교 기술강사(2543)

34) 교육관련 전문가(2591 舊25919)

35) 외국인학교 · 외국교육기관 · 국제학교 · 영재학교 등의 교사(2599)

36) 법률 전문가(261)

37) 정부 및 공공 행정 전문가(2620)

38) 특수기관 행정요원(S2620)

39) 경영 및 진단 전문가(2715)

40) 금융 및 보험 전문가(272)

41) 상품기획 전문가(2731)

42) 여행상품 개발자(2732)

43) 광고 및 홍보 전문가(2733)

44) 조사 전문가(2734)

45) 행사 기획자(2735)

46) 해외 영업원(2742)

47) 기술 영업원(2743)

48) 기술경영 전문가(S2743)

49) 번역가 · 통역가(2814)

50) 아나운서(28331)

51) 디자이너(285)

	52) 영상관련 디자이너(S2855)

2. 준전문인력
(E-7-2)
(9개 직종)
	가. 사무종사자 : 5개직종 =〉E-7-2
	  1) 면세점 또는 제주영어교육도시 내 판매 사무원(31215)
	  2) 항공운송 사무원(31264)
	  3) 호텔 접수 사무원(3922)
	  4) 의료 코디네이터(S3922)
	  5) 고객상담 사무원 (3991)
	
	나. 서비스 종사자 : 4개 직종 =〉E-7-2
	  1) 운송 서비스 종사자(431)
	  2) 관광 통역 안내원(43213)
	  3) 카지노 딜러(43291)
	  4) 주방장 및 조리사(441)

3. 일반기능인력
(E-7-3)
(7개 직종)
	가. 일반 기능 인력 : 7개 직종 =〉E-7-3
	  1) 동물 사육사(61395)
	  2) 양식기술자(6301)
	  3) 할랄 도축원(7103)
	  4) 악기제조 및 조율사(7303)
	  5) 조선용접공(7430)
	  6) 항공기 정비원(7521)
	  7) 선박 도장공(78369)

4. 숙련기능
점수제인력
(E-7-4)
(3개 직종)
	나. 숙련기능 인력(점수제) : 3개 직종 =〉E-7-4
	  1) 뿌리산업체 숙련기능공(S740)
	  2) 농림축산어업 숙련기능인(S610)
	  3) 일반 제조업체 및 건설업체 숙련기능공(S700)

《특정활동(E-7) 직종별 세부관리기준》

가. 관리자 (15개 직종)

1) 경제이익단체 고위임원(S110)

○ (직종설명) 경영자단체 등 경제 이익단체의 정책, 정관 및 규칙을 결정·작성하고 그 수행 및 적용하는 부서를 조직, 지휘 및 통제하며, 대외적으로 소속단체를 대표·대리하는 자

○ (도입 가능직업 예시) 경제관련 단체 고위임원

○ (자격요건, 사증발급 및 체류관리 등) 기업의 자율성 존중 차원에서 학력 및 경력요건을 정하지 않고, 사증발급 등은 일반 기준 적용

2) 기업 고위임원(1120)

○ (직종설명) 이사회나 관리기구에 의해서 설정된 지침의 범위 내에서 기업 또는 단체 (특수이익단체 제외)를 대표하고, 2명 이상 다른 고위 임직원의 협조를 받아 경영방침을 결정하고 활동을 기획, 지휘 및 조정하는 자

○ (도입 가능직업 예시) 기업의 회장, 부회장, 대표이사, 사장, 부사장

○ (자격요건, 사증발급 및 체류관리 등) 기업의 자율성 존중 차원에서 학력 및 경력요건을 정하지 않고, 사증발급 등은 일반 기준 적용

3) 경영지원 관리자(1212)

○ (직종설명) 경영자의 포괄적인 지휘 하에 다른 부서의 관리자와 의논하여 경영, 인사 등의 경영지원 업무와 생산 활동을 지원하는 업무에 관련된 활동을 기획, 지휘 및 조정하는 자*

　* 후술하는 직종코드 "1312" 내지 "1522" 외의 업종에 종사하는 관리자

○ (도입 가능직업 예시) 총무 및 인사 관리자, 기획·홍보 및 광고 관리자, 재무 관리자, 자재 및 구매 관리자, 그 외 경영부서 관리자

○ (자격요건, 사증발급 및 체류관리 등) 일반 기준 적용

【 관리자(직종코드 1212 내지 1522)에 대한 공통 심사기준 】

▶ 해당 기업의 운영부서 현황, 독립성 및 해당 운영부서의 일반직원 수, 해당 관리자(외국인)의 임금수준 등을 고려하여 심사
▶ 원칙적으로 해당 기업의 본사 운영부서 관리자에 한함
▶ 대기업 종사 "관리자"에 대해서는 고용추천서 징구 면제('07.12.5. 규제개혁 장관회의 결정)
▶ 해당 직종별 고용추천기관을 적시한 경우는 대기업이 아닌 중소기업 종사 "관리자"에 한해 징구 가능함을 유의
　※ 대기업 및 중소기업 구별기준은 「중소기업기본법시행령」제3조 및 별표 1 참조

4) 교육 관리자(1312)

○ (직종설명)유치원 및 초중등학교(외국인학교, 외국교육기관, 국제학교 포함) 등 교육기관의 업무를 기획, 지휘 및 조정하는 자

○ (도입 가능직업 예시) 초중등학교 교장 및 교감, 유치원 원장 및 원감 (외국인학교, 외국교육기관, 국제학교 포함)

○ (자격요건) 학사 이상 학위 소지자로서 관련 법령에 정한 교사 등의 자격 및 경력요건을 갖추고, 소정의 절차에 따라 채용된 자

○ (사증발급 및 체류관리 등) 일반 기준 적용

5) 보험 및 금융관리자(1320)

○ (직종설명) 보험 및 연금 사업체, 은행, 증권사, 신탁회사나 유사한 금융기관 등의 부서 운영을 계획, 조직, 지휘 및 관리하고 개인 및 사업대출, 예금인수, 증권·선물매매, 투자자금 운용, 신탁관리, 부동산이나 기타 관련 활동의 청산을 맡고 있는 기관 등의 부서 운영을 계획, 조직, 지휘 및 관리하는 자

○ (도입 가능직업 예시) 보험 관리자, 금융 관리자 ※ 도입 불가 : 대부 관련업체

○ (고용추천서 발급) 금융위원회 (은행업 : 은행과, 보험업 : 보험과, 투자증권 : 자본시장과)

○ (자격요건) 일반 기준에 따름

　– 단, 학사 학위자로서 경력이 미흡하지만 금융위원회가 전문성이 있고 국가경쟁력 강화에 필요하다고 인정하여 추천한 경우에는 실질심사 후 허가여부를 결정

○ (사증발급 및 체류관리 등) 일반 기준 적용

6) 문화·예술·디자인 및 영상관련 관리자(1340)

○ (직종설명) 신문사, 방송사, 영화사 및 출판사, 디자인, 영상관련 분야 기관의 운영을 기획, 지휘 및 조정하는 자

○ (도입 가능직업 예시) 문화 및 예술관련 관리자, 디자인관련 관리자, 영상관련 관리자, 신문사·방송사·영화사 운영부서 관리자 (TV 편성국장, 라디오방송 운영자, 신문사 편집국장 등)

○ (고용추천서 발급) 중소벤처기업부장관(중소벤처기업진흥공단)

○ (자격요건, 사증발급 및 체류관리 등) 일반 기준 적용

7) 정보통신 관련 관리자(1350)

○ (직종설명) 정보통신 또는 전산 부서의 종사자들을 지휘·감독하고 경영주 또는 기술진의 특정한 정보 요구사항을 검토하여 프로젝트의 성격을 규정하고, 새로운 프로그램 검증과 운영체제를 도입하기 위하여 컴퓨터 운영 계획 및 전산장비의 구입에 관한

사항을 협의하고 조정하는 자
- ○ (도입 가능직업 예시) 하드웨어회사 관리자, 하드웨어 개발부서 관리자, 소프트웨어 회사 관리자, 소프트웨어 개발부서 관리자, 정보처리회사 관리자, 정보 운영부서 관리자, 통신업 운영부서 관리자, 통신회사 영업부서 관리자
- ○ (고용추천서 발급) 산업통상자원부장관(KOTRA)/중소벤처기업부장관(중소벤처기업 진흥공단)
- ○ (자격요건, 사증발급 및 체류관리 등) 일반 기준 적용

8) 기타 전문 서비스 관리자(1390)
- ○ (직종설명) 시장 및 여론조사, 해외고급인력 헤드헌팅 등과 같은 전문서비스를 제공하는 사업체의 운영을 계획, 조직, 지시하며 관리하는 자
- ○ (도입 가능직업 예시) 시장 및 여론조사 관리자, 해외고급인력 헤드헌팅 서비스 관리자
- ○ (자격요건, 사증발급 및 체류관리 등) 일반 기준 적용

9) 건설 및 광업관련 관리자(1411)
- ○ (직종설명) 지반조성 및 관련 발파, 시굴 및 굴착, 정지 등의 토공사, 건설용지에 각종 건물 및 구축물을 신축 · 증축 · 개축 · 수리 및 보수 · 해체 등과 관련된 활동을 기획, 지휘 및 조정하는 자와 석탄, 석유, 천연가스, 금속 · 비금속광물 채굴 및 채취 등과 관련된 활동을 기획, 지휘 및 조정하는 자
- ○ (도입 가능직업 예시) 건설업 건설부서 관리자, 광업 생산부서 관리자
- ○ (고용추천서 발급) 건설업 건설부서 관리자 : 국토교통부장관(해외건설정책과)
- ○ (자격요건, 사증발급 및 체류관리 등) 일반 기준 적용

10) 제품생산 관련 관리자(1413)
- ○ (직종설명) 식품, 섬유 및 의복, 화학, 금속, 기계, 전기 · 전자 제품 등의 생산관리 및 제품수리, 기술과 관련한 사업체 및 부서의 운영을 기획, 지휘 및 조정하는 자
- ○ (도입 가능직업 예시) 식품 공장장, 식품생산 공정 관리자, 식품 생산계획 관리자, 섬유 · 의복 공장장, 섬유 · 의복 생산 공정 관리자, 섬유 · 의복 생산계획 관리자, 화학제품 공장장, 화학제품 생산 공정 관리자, 화학제품 생산계획 관리자, 금속제품 공장장, 금속제품 생산 공정 관리자, 금속제품 생산계획 관리자, 기계제품 공장장, 기계제품 생산 공정 관리자, 기계제품 생산계획 관리자, 전기제품 공장장, 전기제품 생산 공정 관리자, 전기제품 생산계획 관리자, 국내복귀기업의 생산관리자
- ○ (고용추천서 발급) 중소벤처기업부장관(중소벤처기업진흥공단)/식품분야 : 보건복지부장관(보건산업정책과)/국내복귀기업의 생산관리자(필수) : 산업통상자원부장관(KOTRA)

○ (자격요건, 사증발급 및 체류관리 등) 일반 기준 적용 (단, 국내복귀기업의 생산관리
  자는 별도 요건 적용)
○ (국내복귀기업 특례)
  − (자격요건) '해외진출기업의 국내복귀 지원에 관한 법률' 제7조에 따라 산업통상자원
    부장관이 지원대상 국내복귀기업으로 선정한 기업*
  * 지원대상 국내복귀기업 선정확인서(해외진출기업의 국내복귀 지원에 관한 법률 시
    행규칙 별지 제7호 서식)를 발급받은 기업
  − (생산관리자 자격요건) 국내복귀기업의 해외법인에 고용되어 5년 이상 근무하여야
    하고, 학위가 없는 경우에는 해당직종 기술자격증을 보유하고 있거나 해당 분야 전
    문가임을 입증할 수 있는 수상경력이나 관련 언론보도 또는 KOTRA 현지 KBC직원
    의 경력확인을 받은 경력증명서*를 제출하여야 함
  * 단, KOTRA 현지 KBC직원이 주재하고 있지 않은 공관에서는 영사확인을 받은 경
    력증명서 제출
  − (업체당 고용허용인원 기준) 고용보험 가입 내국인 피보험자(3개월 평균) 수의 30%
    를 범위 내에서 허용인원으로 산정
○ (사증발급 및 체류관리 등) 일반 기준 적용

11) 농림·축산·어업 관련 관리자(14901)
○ (직종설명) 작물생산, 축산, 조경, 영림, 벌목 등 임업 등과 관련된 사업체의 생산 활
  동을 기획, 지휘 및 조정하는 자
○ (도입 가능직업 예시) 농림기업 관리자, 어업기업 관리자, 인증평가 관리자
○ (고용추천서 발급) 농림기업 관리자 : 농림축산식품부장관 (경영인력과)/어업기업 관
  리자 : 해양수산부장관(양식산업과)
○ (자격요건) 어업기업 및 인증평가 관리자는 학력 및 경력에 대해 일반 기준을 적용하
  고, 농림기업 관리자는 별도요건* 적용
  * 도입직종과 연관성이 있는 분야의 석사 이상 학위 소지 또는 도입직종과 연관성이
    있는 분야의 학사 학위 + 3년 이상의 해당분야 경력
○ (사증발급 및 체류관리 등) 일반 기준 적용

12) 영업 및 판매 관련 관리자(1511)
○ (직종설명) 도소매 사업체 및 일반 영업부서의 운영을 기획, 지휘하는 자와 전자통신
  및 전산, 산업용기계, 자동차 분야 기술영업 부서의 활동을 기획, 지휘하는 일을 담당
  하는 기술영업 관리자, 무역 및 무역중개 업체의 운영을 기획, 지휘, 조정하는 자
○ (도입 가능직업 예시) 영업 관련 관리자, 판매 관련 관리자, 무역 관련 관리자   ※
  도입 불가 : 영업소장 등
○ (고용추천서 발급) IT분야 : 산업통상자원부장관(KOTRA)

○ (자격요건, 사증발급 및 체류관리 등) 일반 기준 적용

13) 운송관련 관리자(1512)

○ (직종설명) 국제 여객 · 화물 등의 수송사업체 및 기타 운수사업체의 운영을 기획, 지휘 및 조정하는 자

○ (도입 가능직업 예시) 선박회사 관리자, 선박운송부서 관리자, 항공회사 관리자, 항공운송부서 관리자, 선박관리업체 선박관리전문가, 선박운송업체 선박관리전문가

○ (고용추천서 발급) 선박관리업체 또는 선박운송업체의 선박관리 전문가(필수) : 해양수산부장관(선원정책과)

○ (자격요건) 일반 기준 적용 단, 선박관리업체 또는 선박운송업체의 선박관리전문가는 별도 자격, 경력, 매출요건 적용

○ (선박관리전문가 특례)

　－ (선박관리자 자격요건) 선장, 기관장, 1등 항해사 · 기관사로 승선경력자는 선박관리자 경력 1년 이상, 2등 또는 3등 항해사 · 기관사로 승선경력자는 선박관리자 경력 5년 이상

　－ (선박관리업체 자격요건) 해양수산부 등록 + 최근 3년간 연평균 관리선박이 10척 이상 + 선원임금을 제외한 외화수입이 연간 100만불 이상이거나 선원임금을 제외한 연매출액이 10억 원 이상

　－ (업체당 고용허용인원) 기본요건 (관리선박 10척 + 외화수입 100만불 + 매출액 10억원) 당 1명씩 (업체 당 최대 5명)

○ (사증발급 및 체류관리 등) 일반 기준 적용

14) 숙박 · 여행 · 오락 및 스포츠 관련 관리자(1521)

○ (직종설명) 숙박 및 여행, 오락, 스포츠 관련 사업체나 부서의 운영을 기획, 지휘 및 조정하는 자

○ (도입 가능직업 예시) 호텔 관리자, 호텔 총지배인, 카지노 관리자, 여행업체(일반여행업, 국외여행업) 관리자, 관광레저사업체 (종합유원시설업, 휴양콘도미니엄업) 관리자, 경기장 운영부서 관리자 (골프장 등)   ※ 도입 불가 : 여관 관리자

○ (고용추천서 발급) 여행업체 관리자(필수) 및 관광레저사업체 관리자(필수) : 문화체육관광부장관(관광산업과)

○ (첨부서류) 일반 기준 적용 (단, 여행업체 관리자는 관광사업등록증 사본 추가)

○ (자격요건, 사증발급 및 체류관리 등) 일반 기준 적용

15) 음식 서비스 관련 관리자(1522)

○ (직종설명) 음식점 등에서 음식 및 음료서비스 운영을 기획, 지휘 및 조정하는 자

○ (도입 가능직업 예시) 음식서비스업체 관리자

○ (자격요건, 사증발급 및 체류관리 등) 일반 기준 적용

○ (고용업체 요건) 전국에 10개 이상의 지점 또는 프렌차이즈 운영

나. 전문가 및 관련 종사자 (52개 직종)

1) 생명과학 전문가(2111)

○ (직종설명) 생물학, 의약, 식품, 농업, 임업 등 생명과학 분야의 이론과 응용에 관한 연구를 수행하는 자로, 생명과학 관련 사업체, 식품제조업체, 제약회사, 화장품 회사, 의료기기 제조업체 등에서 일하는 자

○ (도입 가능직업 예시) 생물학(식물학, 생태학, 세균학, 유전학)·의학(해부학, 생화학, 생리학, 생물리학, 병리학)·약학(독극물 약학)·농학(농경학, 농작물학, 원예학)·임학(임상공학, 산림학, 토양학)·수산학(담수 생물학, 해양 생물학)·식품학·향장학·의공학·축산학(동물학) 전문가

○ (고용추천서 발급) 생물학 : 산업통상자원부장관(KOTRA) /의학, 약학, 식품학, 향장학, 의공학 : 보건복지부장관(보건산업정책과) /농학, 임학, 축산학 : 농림축산식품부장관(경영인력과) /수산학 : 해양수산부장관(양식산업과)

○ (자격요건) 일반 기준 적용, 단 농학·임학·축산학 분야 전문가는 별도요건 적용

○ (사증발급 및 체류관리 등) 일반기준 적용

2) 자연과학 전문가(2112)

○ (직종설명) 자연과학 분야의 이론과 응용에 관한 연구를 수행하는 자로, 자연과학 관련 사업체 등에서 일하는 자

○ (도입 가능직업 예시) 순수 수학·응용 수학·기하학·인구 통계학·응용 통계학·수리 통계학·조사 통계학·분석 통계학·통계·표본·해양과학·측지학·지구 자기학·지형학·화산학·지구 물리학·지진학 전문가

○ (고용추천서 발급) 중소벤처기업부장관(중소벤처기업진흥공단) : 중소기업에 한함

○ (자격요건, 사증발급 및 체류관리 등) 일반 기준 적용

3) 사회과학 연구원(2122)

○ (직종설명) 경제학 등의 관련 지식을 응용하여 사회과학을 연구하여 그에 대한 개념, 이론 및 운영기법을 개선, 개발하고 학술적 논문 및 보고서를 작성하는 자로, 관련 사업체 및 연구기관 등에서 일하는 자

○ (도입 가능직업 예시) 계량경제학·조세경제학·노동경제학·금융경제학·농업경제학·재정학·산업사회학 연구원

○ (자격요건, 사증발급 및 체류관리 등) 일반 기준 적용

4) 컴퓨터 하드웨어 기술자(2211)

○ (직종설명) 가정, 산업, 군사 또는 과학용 컴퓨터나 컴퓨터 관련 장비를 연구, 설계, 개발하고 시험하는 자로, 컴퓨터와 컴퓨터 관련 장비 및 구성요소에 대한 제조, 설치를 감독하고 검사하며, 컴퓨터 제조업체 및 관련 사업체 등 다양한 부문에 고용된 자

○ (도입 가능직업 예시) 컴퓨터 하드웨어 설계 기술자, 컴퓨터 기기 기술자, 컴퓨터 네트워크장비 개발자, 컴퓨터 제어시스템 개발원, 기록장치 개발원(자기 광자기 등), 디스크 드라이브 개발원, 하드 디스크 개발원, 컴퓨터 메인보드 개발원, 콘트롤러 개발원, 입·출력장치 개발원

○ (고용추천서 발급) 산업통상자원부장관(KOTRA), 중소벤처기업부장관(중소벤처기업 진흥공단) : 중소기업에 한함

○ (자격요건, 사증발급 및 체류관리 등) 일반 기준 적용

5) 통신공학 기술자(2212)

○ (직종설명) 유·무선 통신망의 설계, 시공, 보전 및 음성, 데이터, 방송에 관계되는 통신방식, 프로토콜, 기기와 설비에 관한 연구와 설계, 분석, 시험 및 운영하며, 통신시스템의 설계, 제작, 설치, 보수, 유지 및 관리업무를 계획하고 이에 관한 기술자문과 감리를 수행하는 자

○ (도입 가능직업 예시) 핸드폰회로 개발원, 무선전화기 개발원, 모뎀개발 설계 기술자, 디지털수신기 개발원, 인터폰 및 전화기 개발자, DMB폰 개발자, DMB수신기 개발자, ADSL장비 개발자, HFC망 운영 기술자, VMS장비 운용원, SMS장비 운용원, 유무선통신망운용 기술자, 무선통신망 관리원, 인터넷통신망운영 기술자, 회선 관리원, 통신공사 감리원, 교환기 개발자, 무선중계장치개발 설계기술자, 광단국장치개발 설계 기술자, 통신응용서비스장비 개발자, VMS장비 개발자, CDMA기술연구 개발자, RF통신연구 개발자, 무선데이터망 개발자, 유선통신망 기획원, 통신지능망연구 개발자, 통신선로 설계 기술자, 네트워크통신기기개발 설계 기술자, 인공위성TV수신기개발설계 기술자, 유무선통신 기기개발설계 기술자, 광통신기기 설계 개발자, 교환기개발 설계 기술자, 문자서비스 장비 운용원, 디지털방송 장비 개발자, 전송기 개발자, 통신망 설계 기술자

○ (고용추천서 발급) 산업통상자원부장관(KOTRA), 중소벤처기업부장관(중소벤처기업 진흥공단) : 중소기업에 한함

○ (자격요건, 사증발급 및 체류관리 등) 일반 기준 적용

6) 컴퓨터 시스템 설계 및 분석가(2221)

○ (직종설명) 컴퓨터 시스템의 입력 및 출력자료의 형식, 자료처리 절차와 논리, 자료접근 방법 및 데이터베이스의 특징과 형식 등 컴퓨터 시스템의 전반요소들을 구체적으로 결정 및 설계하고 분석하는 자

○ (도입 가능직업 예시) 정보시스템 컨설턴트, 네트워크 컨설턴트, 데이터베이스 컨설턴트, 정보보안 컨설턴트, 컴퓨터 시스템 감리전문가, 컴퓨터 시스템 설계가, 컴퓨터 시스템 분석가

○ (고용추천서 발급) 산업통상자원부장관(KOTRA), 중소벤처기업부장관(중소벤처기업진흥공단) : 중소기업에 한함

○ (자격요건, 사증발급 및 체류관리 등) 일반 기준 적용

7) 시스템 소프트웨어 개발자(2222)

○ (직종설명) 컴퓨터 시스템의 자체기능 수행명령체계인 시스템 소프트웨어를 연구 및 개발하고 설계하며, 이와 관련한 프로그램을 작성하는 업무를 수행하는 자

○ (도입 가능직업 예시) EMBEDED프로그램 개발자, 리눅스 개발자, MICOM제어 기술자, 운영체계소프트웨어 개발자, FIRMWARE 개발자

○ (고용추천서 발급) 산업통상자원부장관(KOTRA), 중소벤처기업부장관(중소벤처기업진흥공단) : 중소기업에 한함

○ (자격요건, 사증발급 및 체류관리 등) 일반 기준 적용

8) 응용 소프트웨어 개발자(2223)

○ (직종설명) 기업이나 개인 등이 사용할 수 있는 워드프로세서, 회계 관리, 데이터베이스, 통계처리, 문서결재 프로그램 등 각종 소프트웨어를 개발하고 컴퓨터시스템의 사용 환경에 따라 소프트웨어의 환경을 변경하는 자

○ (도입 가능직업 예시) 자료관리 응용 프로그래머, 재무관리 응용 프로그래머, 정보처리 응용 프로그래머, 게임 프로그래머, 온라인 게임 프로그래머, 프로토콜 개발자, 네트워크 프로그래머

○ (고용추천서 발급) 산업통상자원부장관(KOTRA), 중소벤처기업부장관(중소벤처기업진흥공단) : 중소기업에 한함

○ (자격요건, 사증발급 및 체류관리 등) 일반 기준 적용

9) 웹 개발자(2224 舊2228)

○ (직종설명) 웹 서버 구축 및 운영에 대한 기술적인 책임을 지며 웹의 신기술을 습득하고 적용하며, 시험하는 업무를 수행하는 자

○ (도입 가능직업 예시) 웹 엔지니어, 웹 프로그래머, 웹 마스터

○ (고용추천서 발급) 산업통상자원부장관(KOTRA), 중소벤처기업부장관(중소벤처기업진흥공단) : 중소기업에 한함

○ (자격요건, 사증발급 및 체류관리 등) 일반 기준 적용, 단 국민고용 20% 규정 적용

10) 데이터 전문가(2231)

○ (직종설명) 수집 자료의 효용성, 안정성 등을 확보하기 위하여 데이터베이스를 설계 · 개선하고, 데이터베이스를 구축할 업무를 파악하여 데이터 물리구조를 설계하고 크기를 산정하여 최적화 배치를 하며, 데이터베이스, 온라인 성능의 추이를 분석하고 소프트웨어를 변경하거나 운영을 통제하는 자

○ (도입 가능직업 예시) 데이터 베이스 전문가, 데이터 베이스 설계가, 데이터 베이스 매니저, 데이터 베이스 프로그래머, 데이터 베이스 관리자

○ (고용추천서 발급) 산업통상자원부장관(KOTRA), 중소벤처기업부장관(중소벤처기업 진흥공단) : 중소기업에 한함

○ (자격요건, 사증발급 및 체류관리 등) 일반 기준 적용

11) 네트워크 시스템 개발자(2232)

○ (직종설명) 소프트웨어, 하드웨어 및 네트워크 장비에 관한 지식을 이용하여 네트워크를 개발, 기획하고 설계 및 시험 등의 업무를 수행하는 자

○ (도입 가능직업 예시) 네트워크엔지니어, VAN기술자, 네트워크시스템 분석가, WAN 기술자, 인트라넷 기술자, 네트워크서버구축운영 기술자, LAN 기술자

○ (고용추천서 발급) 산업통상자원부장관(KOTRA), 중소벤처기업부장관(중소벤처기업 진흥공단) : 중소기업에 한함

○ (자격요건, 사증발급 및 체류관리 등) 일반 기준 적용

12) 정보 보안 전문가(2233)

○ (직종설명) 해커의 해킹으로부터 온라인, 오프라인 상의 보안을 유지하기 위하여 필요한 보안프로그램을 개발하고, 보안 상태를 점검하며 보안을 위한 다각적인 해결책을 제시하는 자

○ (도입 가능직업 예시) 인터넷보안 전문가, 정보보안 연구원

○ (고용추천서 발급) 산업통상자원부장관(KOTRA), 중소벤처기업부장관(중소벤처기업 진흥공단) : 중소기업에 한함

○ (자격요건, 사증발급 및 체류관리 등) 일반 기준 적용

13) 건축가 (2311)

○ (직종설명) 주거용, 상업 및 공업용 건물 등에 관하여 연구하고 이들을 설계하며, 건설, 유지 및 보수를 기획하는 자, 또한 건축의 실내에 대한 연구 및 유지 · 보수를 기획하고 설계하며, 시공에 관한 전반적인 감독을 하는 자

○ (도입 가능직업 예시) 건물건축가, 건축사

○ (고용추천서 발급) 국토교통부 장관(해외건설정책과)

○ (자격요건, 사증발급 및 체류관리 등) 일반 기준 적용

14) 건축공학 기술자(2312)

○ (직종설명) 상업용, 공공시설 및 주거용 빌딩의 건설 및 수리를 위한 설계를 개념화하고 계획하며 개발하는 자

○ (도입 가능직업 예시) 건물구조 기술자, 건축감리 기술자, 건축시공 기술자, 건축설비 기술자, 건축안전 기술자, 건축 기술자

○ (자격요건, 사증발급 및 체류관리 등) 일반 기준 적용

15) 토목공학 전문가(2313)

○ (직종설명) 도로, 공항, 철도, 고속도로, 교량, 댐, 건축물, 항구 및 해안 시설물 등 다양한 구조물의 건설 사업을 계획, 설계, 관리하는 자

○ (도입 가능직업 예시) 건물건설 토목기술자, 구조물 토목기술자, 도로건설 토목기술자, 공항만 건설 토목기술자

○ (고용추천서 발급) 국토교통부장관(해외건설정책과)

○ (자격요건, 사증발급 및 체류관리 등) 일반 기준 적용

16) 조경 기술자(2314)

○ (직종설명) 조경 설계를 계획하고 상업용 프로젝트, 오피스단지, 공원, 골프코스 및 주택지 개발을 위한 조경건설을 검토하는 자

○ (도입 가능직업 예시) 조경설계사, 조경시설물 설계사

○ (고용추천서 발급) 국토교통부장관(해외건설정책과)

○ (자격요건, 사증발급 및 체류관리 등) 일반 기준 적용

17) 도시 및 교통설계 전문가(2315)

○ (직종설명) 토지의 활용, 물리적 시설을 관리하고 도시 및 전원지역, 지방을 위한 관련 서비스에 대해 계획을 세우고 정책을 권고하는 자와 교통시설물 계획, 설계 및 운영을 위해 과학적인 원리와 기술을 적용하고 교통의 양, 속도, 신호의 효율성, 신호등 체계의 적절성 및 기타 교통상태에 영향을 미치는 요인에 대한 연구를 수행하는 자

○ (도입 가능직업 예시) 도시설계가, 교통기술자, 교통안전시설물 설계가, 교통신호설계 및 분석전문가

○ (고용추천서 발급) 국토교통부장관(해외건설정책과)

○ (자격요건, 사증발급 및 체류관리 등) 일반 기준 적용

18) 화학공학 기술자(2321)

○ (직종설명) 화학공정 및 장비를 연구, 설계, 개발하며 산업화학, 플라스틱, 제약, 자원, 펄프 및 식품가공 플랜트의 운영 및 유지 관리를 감독하는 자

○ (도입 가능직업 예시) 석유화학 기술자, 가솔린 기술자, 천연가스화학 기술자, 천연가

스 생산·분배 기술자, 음식료품 기술자, 양조생산 기술자, 고무화학 기술자, 플라스틱화학 기술자, 타이어생산 기술자, 농약 기술자, 비료 기술자, 도료 기술자, 의약품 기술자, 화장품 기술자

○ (고용추천서 발급) 산업통상자원부장관(KOTRA), 중소벤처기업부장관(중소벤처기업진흥공단) : 중소기업에 한함

○ (자격요건, 사증발급 및 체류관리 등) 일반 기준 적용

19) 금속·재료공학 기술자(2331)

○ (직종설명) 금속과 합금의 특성을 연구하고 새로운 합금을 개발하며 현장에서 금속추출의 기술적인 분야, 합금제조 및 가공에 관하여 기획, 지휘하거나 세라믹, 유리, 시멘트 등의 연구 개발에 종사하며 제조 공정을 지휘·감독하는 자

○ (도입 가능직업 예시) 금속 기술자, 금속물리 기술자, 금속분석 기술자, 금속표면처리 기술자, 금속도금 기술자, 금속탐상 기술자, 요업·세라믹 공학 기술자

○ (고용추천서 발급) 산업통상자원부장관(KOTRA), 중소벤처기업부장관(중소벤처기업진흥공단) : 중소기업에 한함

○ (자격요건, 사증발급 및 체류관리 등) 일반 기준 적용

20) 전기공학 기술자(2341)

○ (직종설명) 전기 장비, 부품 또는 상업, 산업, 군사, 과학용 전기시스템을 설계, 개발, 시험하거나 제조 및 설비·설치를 감독하는 자

○ (도입 가능직업 예시) 전기제품 개발 기술자, 발전설비 설계 기술자, 송배전설비 기술자, 전기제어계측 기술자

○ (고용추천서 발급) 산업통상자원부장관(KOTRA), 중소벤처기업부장관(중소벤처기업진흥공단) : 중소기업에 한함

○ (자격요건, 사증발급 및 체류관리 등) 일반 기준 적용

21) 전자공학 기술자(2342)

○ (직종설명) 전자이론과 재료속성에 관한 지식을 활용하여 상업, 산업, 군사용이나 과학용 전자부품 및 시스템을 연구, 설계, 개발하며 시험하고, 항공우주선유도, 추진제어, 계측기, 제어기와 같은 전자회로 및 부품을 설계하는 자

○ (도입 가능직업 예시) 전자장비 기술자, 전자공학 기술자, 반도체 공정기술자, 반도체 공정장비 기술자, 반도체 소자기술자, 공장자동화 설계 기술자, 메카트로닉스개발 기술자, 카일렉트로닉스개발 기술자, 생산자동화공정 개발자, 빌딩자동화설계 기술자, 전자제어 프로그래머, FA설계 기술자, 전자제어계측 기술자, 초음파의료기기 개발자, 뇌파기 개발자, 심전도기 개발자, 마취기 개발자, 심장세동제거기 개발자, 투석기 개발자, MRI 개발자, CT 스캐너 개발자

○ (고용추천서 발급) 산업통상자원부장관(KOTRA), 중소벤처기업부장관(중소벤처기업 진흥공단) : 중소기업에 한함
○ (자격요건, 사증발급 및 체류관리 등) 일반 기준 적용

22) 기계공학 기술자(2351)

○ (직종설명) 난방, 환기, 공기정화, 발전, 운송 및 생산을 위한 기계장치와 시스템을 연구, 설계, 개발하고, 기계시스템의 평가, 설치, 운영 및 유지관리와 관련된 업무를 수행하는 자
○ (도입 가능직업 예시) 프레스금형 설계기술자, 플라스틱금형 설계기술자, 주조금형 설계기술자, 사출금형 설계기술자, 난방기기 기술자, 공기조절장치 기술자, 환기장치 기술자, 환풍기계 기술자, 냉동기계 기술자, 열교환기 설계원, 클린룸공조설비 설계 기술자, GHP 개발자, 열교환기 개발자, 공기정화 설계기술자, 건설기계(설계) 기술자, 토공용건설기계설계개발 기술자, 도로포장용건설기계설계개발 기술자, 운반용건 설기계설계개발 기술자, 쇄석기 · 천공기 · 항타 및 항발기 설계개발기술자, 농업용기 계(설계) 공학 기술자, 광업용기계(설계) 공학 기술자, 섬유기계(설계) 공학 기술자, 식품기계(설계) 공학 기술자, 공작기계(설계) 공학 기술자, 유압기계(설계) 공학 기술 자, 산업용 로봇 설계 기술자
○ (고용추천서 발급) 제도 남용에 따라 고용추천서 발급 제도 폐지
○ (자격요건) 일반 기준 적용
 – 단, 국내 E-9 자격으로 체류하였던 자가 5년 이상 경력요건으로 신청시에는 학사학 위 이상일 것
○ (국민고용 보호 심사기준) 적용 대상
 – (고용업체 요건 등) 국민고용 보호를 위한 심사기준을 준용하되 상시근로자 수가 10 인 이하인 경우 고용 제한
 – (고용허용인원) 업체당 최대 2명
○ (사증발급 및 체류관리 등) 일반기준 적용. 단, 기간연장 등 요건은 아래 사항 적용
 – (기간연장) 체류기간 연장 심사 시 전년도 급여기록을 확인하여 임금요건, 업체요건 등을 미충족시 체류허가 등 제한
  • 요건미비 외국인에 대해서는 연장허가 기간 단축 부여 또는 체류허가 제한
  • 제출된 고용계약서에 따라 임금을 지급하지 않고 이를 위반 · 남용한 해당 기업에 대해서는 신규 초청 제한
 – (근무처변경) 근무처 변경 및 추가 제한. 단, 휴폐업 및 경영악화 등에 따른 근무처 변경 시에만 예외적으로 허용(국적 불문)
 – (구직자격 변경) E-7(기계공학기술자, 제도사)자격을 가진 사람이 구직자격 변경을 신청한 경우 불체다발 21개국 국민은 3개월 + 3개월로 허용, 이외 국가는 구직(D-1 0)자격 규정대로 처리

－ 상기 해당자가 구직자격에서 새로운 근무처를 찾은 경우에는 출국 후 사증발급인정
서를 통해 재입국하는 것을 원칙으로 함(국적 불문)

23) 플랜트공학 기술자(23512)
  ○ (직종설명) 공장 및 대규모 설비의 건설을 위한 수주, 설계, 시공, 감리 등의 업무에
    종사하는 자
  ○ (도입 가능직업 예시) 산업설비플랜트 설계 기술자, 발전설비플랜트 설계 기술자, 환
    경설비플랜트 설계 기술자, 자동화설비플랜트 설계 기술자, 산업설비 설계 기술자,
    오수처리시설 설계 기술자, 화학플랜트 설계 기술자, 화공장치플랜트공학 기술자, 수
    처리시스템플랜트 설계 기술자 선박분야 특수(보온ㆍ보냉기술 등) 설비 기술자
  ○ (고용추천서 발급) 건설업 : 국토교통부장관(해외건설정책과)/건설업 외 직종 : 산업
    통상자원부장관(KOTRA) 특수 설비 및 제작 기술자(필수, 산업통상자원부장관 ; 해양
    플랜트과)
  ○ (자격요건, 사증발급 및 체류관리 등) 일반 기준 적용

24) 로봇공학 전문가 (2352)
  ○ (직종설명) 산업용 로봇을 가동시키기 위하여 특별기능에 따라 프로그램을 작성, 운
    영, 통제하는 로봇 기술을 연구 개발하는 자
  － 원자력 설비 및 장비, 정밀기구, 카메라 및 영사기, 기계적 기능의 의료장비를 연구
    하고 설계, 제조 또는 유지를 기획 지위하는 분야도 포함
  ○ (도입 가능직업 예시) 로봇공학 시험원. 단, 산업용로봇 조작원(85302)는 제외
  ○ (고용추천서 발급) 해당사항 없음
  ○ (자격요건,) 별도 요건 적용, 국내ㆍ외 석사학위 이상[47]
  ○ (사증발급 및 체류관리 등) 일반 기준 적용

25) 자동차ㆍ조선ㆍ비행기ㆍ철도차량공학 전문가(S2353)
  ○ (직종설명) 차량의 내연기관, 차체, 제동장치, 제어장치, 기타 구성품에 관하여 연구,
    설계 및 자문하는 자 /선체와 선박의 상부구조, 선박엔진 등에 관하여 연구, 설계 및 자
    문하고 이들의 개발, 건조, 유지 및 보수를 계획하고 감독하는 자 /항공기, 인공위성,
    발사체(로봇)와 같은 비행체의 개발ㆍ제작ㆍ운용에 관하여 연구ㆍ설계 및 자문하며 이
    들의 제조 및 운용을 지휘, 통제, 조언하는 자 /기관차, 철도(고속철 포함)에 사용되는
    기관을 연구, 설계 및 자문하며 이들의 제조 및 운영을 지휘, 통제, 조언하는 자
  ○ (도입 가능직업 예시) 자동차 설계가, 자동차기계 기술자, 카 일렉트로닉스 기술자,
    자동차엔진설계 기술자, 조선공학 기술자, 선박안전시스템 개발자, 선박배관설계 기
    술자, 조선의장 설계 기술자, 선체설계 기술자, TRIBON선박 설계 기술자, 해양구조
    설계 기술자, 조선배관 설계 기술자, 조선기장 설계 기술자, 항공기 설계가, 항공기

기계 기술자, 인공위성 기술자, 비행체 기술자, 디젤기계 기술자, 가스터빈 기술자

○ (고용추천서 발급) 산업통상자원부장관(KOTRA), 중소벤처기업부장관(중소벤처기업 진흥공단) : 중소기업에 한함

○ (자격요건, 사증발급 및 체류관리 등) 일반 기준 적용

26) 산업안전 및 위험 관리자(2364)

○ (직종설명) 산업재해가 일어날 가능성이 높은 화학 · 석유, 석탄공업, 목재 및 가공업, 플라스틱 · 금속공업, 기계 및 장비 제조업, 건설업, 비금속 · 광물제조업, 농 · 축산 · 어업 등 분야에서 위험을 진단, 조사, 예방, 교육 등에 종사하며 산업재해 원인조사, 재발방지, 대책수립, 근로자의 안전 보건 교육 및 계도 개선 건의 등을 담당하는 자

○ (도입 가능직업 예시) 산업안전 기술자, 안전관리 시험원, 노동안전 및 보건관리원, 전기설비 감리 시험원, 건물안전 관리원, 전기안전 및 보건 관리원, 안전관리 기술자, 차량안전 및 보건 관리원, 산업안전 시험원 및 교육자

○ (고용업체 요건) 국가기관, 지방자치단체, 정부출연연구기관, 기타 공공기관으로서 교육훈련기관 등을 갖춘 기관에 한함

○ (자격요건, 사증발급 및 체류관리 등) 일반 기준 적용

27) 환경공학 기술자(2371)

○ (직종설명) 다양한 공학 원리를 활용하여 환경보건에 위협이 되는 것을 예방, 통제하며 개선과 관련된 공학적인 일을 설계하고 계획하거나 수행하는 자

○ (도입 가능직업 예시) 대기환경 기술자, 수질환경 기술자, 토양환경 기술자, 소음진동 기술자, 폐기물 처리 기술자, 환경 컨설턴트, 환경오염 측정센서(장비) 기술자, 공해 저감장치 설계가, 생태산업 조성전문가, 청정생산 설계가

○ (고용추천서 발급) 산업통상자원부장관(KOTRA) : 환경 컨설턴트, 환경오염 측정센서(장비) 기술자, 공해저감장치 설계가, 생태산업 조성전문가, 청정생산 설계가/중소벤처기업부장관(중소벤처기업진흥공단) : 중소기업에 한함

○ (자격요건, 사증발급 및 체류관리 등) 일반 기준 적용

28) 가스 · 에너지 기술자(2372)

○ (직종설명) 채광, 석유 또는 가스의 채취 및 추출과 합금, 도기 및 기타 재료의 개발에 관한 상업적 규모의 기법 설계, 개발, 유지에 대하여 연구하고 특정재료, 제품 및 공정의 기술적 분야에 관하여 연구, 자문하는 자

○ (도입 가능직업 예시) 에너지 기술자, 탐사 기술자, 석유 기술자, 선광 기술자, 시추 기술자

○ (고용추천서 발급) 산업통상자원부장관(KOTRA), 중소벤처기업부장관(중소벤처기업 진흥공단) : 중소기업에 한함

○ (자격요건, 사증발급 및 체류관리 등) 일반 기준 적용

29) 섬유공학 기술자(2392)
○ (직종설명) 신소재 등을 이용하여 새로운 섬유를 개발하고 섬유제품 제조를 위한 각 종 공정에 대한 연구와 개발 및 시험, 분석을 하는 자
○ (도입 가능직업 예시) 섬유소재 개발 기술자, 섬유공정 개발 기술자, 염색공정 개발 기술자
○ (고용추천서 발급) 산업통상자원부장관(KOTRA), 중소벤처기업부장관(중소벤처기업 진흥공단) : 중소기업에 한함
○ (자격요건, 사증발급 및 체류관리 등) 일반 기준 적용

30) 제도사(2395)
○ (직종설명) 기계, 전기 · 전자 장비의 속성과 구조에 대한 지식을 기반으로 CAD/CAM을 활용하여 시스템 혹은 각각 부품에 대한 설계업무를 수행하는 자
○ (도입 가능직업 예시) 기계 제도사, 전기 · 전자 제도사
○ (고용추천서 발급) 제도 남용으로 고용추천제도 폐지
○ (자격요건, 사증발급 및 체류관리 등) 일반 기준 적용

〈제도사(캐드원)관련 국내국가기술 자격증 예시〉
- 전자캐드 기능사, 전자회로설계 산업기사
- 산업기사, 기계설계 기사, 건설기계 기사, 일반기계 기사, 치공구설계 산업기사, 생산자동화 산업기사, 농업기계 기사, 프레스금형설계 기사, 프레스금형 산업기사, 사출금형설계 기사, 사출금형 산업기사, 조선 기사, 기계가공기능장
- 전산응용 건축제도 기능사, 전산응용 토목제도 기능사, 전산응용 기계제도 기능사, 전산응용 조선제도 기능사

〈제도사(캐드원 관련 해외취득 국제 자격증〉
- CADTC(캐드설계기술 관리사), ACU(Autodesk Certified User), ACP(AutoCAD Professional)
※ Auto Cad 1,2급(ATC), Auto Cad 공인강사, 인벤터 1,2급 등 민간 자격증은 공식자격 증으로는 불인정

○ (국민고용 보호 심사기준) 적용 대상
- (고용업체 요건 등) 국민고용 보호를 위한 심사기준 준용하되 아래의 경우 사증 발급 및 체류허가 억제
  I) 일반생산 현장과 분리된 별도의 설계(CAD) 공간이 없거나, 일반생산직 근로자로

활용할 가능성이 높은 경우

II) 상시근로자 수가 10인 이하인 경우

 - (고용허용인원 제한) 업체당 최대 2명

○ (사증발급 및 체류관리 등) 일반기준 적용. 단 기간연장 등 요건은 아래 사항 적용

 - (체류허가 요건) 체류기간 연장 심사 시 전년도 급여기록을 확인하여 임금요건을 미충족 시 체류허가 등 제한

   I) 요건미비 외국인에 대해서는 연장허가 기간 단축 부여 또는 체류허가 제한

   II) 제출된 고용계약서에 따라 임금을 지급하지 않고 이를 위반 · 남용한 해당 기업에 대해서는 신규 초청 제한

 - (근무처변경) 근무처 변경 및 추가 제한. 단, 휴폐업 및 경영악화 등에 따른 근무처 변경 시에만 예외적으로 허용(국적 불문)

 - (구직자격 변경) E-7(기계공학기술자, 제도사)자격을 가진 사람이 구직자격 변경을 신청한 경우 불체다발 21개국 국민은 3개월 + 3개월로 허용, 이외 국가는 구직(D-10)자격 규정대로 처리

 - 상기 해당자가 구직자격에서 새로운 근무처를 찾은 경우에는 출국 후 사증발급인정서를 통해 재입국하는 것을 원칙으로 함(국적 불문)

31) 간호사(2430)

○ (직종설명) 의사의 진료를 돕고 의사의 처방이나 규정된 간호기술에 따라 치료를 행하며, 의사 부재 시에는 비상조치를 취하기도 하며, 환자의 상태를 점검, 기록하고 환자나 가족들에게 체료, 질병예방에 대한 설명을 하는 자

○ (도입기능 직업 예시) 전문 간호사, 일반 간호사

○ (자격요건) 의료법 제7조에 따라 보건복지부장관으로부터 간호사 면허 취득*

 * 간호조무사는 대상자가 아님

○ (고용업체 요건) 의료법에 의한 의료기관

○ (사증발급 및 체류관리 등) 일반기준 적용*

 * 별도 허가 등의 절차 없이 의료코디네이터(S3922)활동도 가능

32) 대학 강사(2512) - 2019. 8. 1. 시행

○ (직종설명) 대학에서 학생들에게 강의를 하고, 세미나 및 실험을 하며, 계열별 전공과목의 시험을 출제하고 평가하는 자

○ (도입 가능직업 예시) 인문 · 사회 · 교육계열 강사, 자연 · 공학 · 의약계열 강사, 예 · 체능계열 강사

○ (자격요건) 고등교육법 제14조 제2항 · 제14조의2 규정에 따라 전문대학 이상의 교육기관에 채용된 강사로서 관련학과 석사 이상의 학위 소지

○ (첨부서류) 경력증명서 및 학위증 사본, 고용계약서 또는 임용예정확인서, 초청학교

설립관련 서류(사업자등록증 사본 또는 고유번호증 사본)

○ (심사기준) 석사이상 학위 소지 여부 및 전공과목과 담당과목의 연관성 여부, 고등교
육법령 등에 정한 채용절차 등 준수여부

– 학칙 또는 학교법인의 정관으로 정하는 바에 따라 채용되고, 계약기간이 1년 이상이
라 하더라도 담당과목과 직접 관련성이 있는 석사 이상의 학위를 소지하고 있지 않
으면 원칙적으로 발급 불허*

* 다만, 복수전공 및 담당과목 관련 전문 자격증이나 경력입증서류 등으로 해당분야
전문지식을 갖추었다고 인정되는 학사 학위소지자에 대해서는 예외적으로 사증발
급인정서 발급을 허용

○ (임금요건) 강사의 교수시간 등을 고려하여 시간당 단가가 교육부에서 고시하는 강사
강의료 평균단가* 이상일 경우 허용(매년 대학정보공시 공개 전까지는 이전연도 기
준 적용)

* '19년 1학기의 경우 국 · 공립대 : 73,872원, 사립대 54,143원임

○ (사증발급 및 체류관리 등) 일반 기준 적용

33) 해외기술전문학교 기술강사(2543)

○ (직종 설명) 시 · 도지사가 서비스외투지역으로 지정 · 고시한 기술 및 직업훈련학교에
서 디자인, 이 · 미용, S/W, 요리 등의 기술교육을 가르치는 사람

○ (도입 가능직업 예시) 디자인 전문강사, 이·미용 전문강사, S/W 전문강사, 요리 전문
상사

○ (자격요건) 아래 ①~③ 중 한 가지 이상을 갖추어야 함

① 디자인, 이 · 미용, S/W, 요리 등 관련 석사 또는 학사 + 해당분야 3년 이상 경력

② 해외기술전문학교에서 2년 이상 디자인, 이 · 미용, S/W, 요리 등의 교육 이수 +
해당분야 5년 이상 경력

③ 해외기술전문학교에서 1년 이상 디자인, 이 · 미용, S/W, 요리 등의 교육 이수 +
해당분야 7년 이상 경력

○ (고용업체 요건) 시 · 도지사가 외국인투자 촉진법 제18조 및 시행령 제25조에 따라
서비스외투지역으로 지정 · 고시한 기술 및 직업훈련학교

* 외투지역 지정여부는 지자체 고시를 통해 확인

○ (사증발급 및 체류관리 등) 일반 기준 적용

34) 교육관련 전문가(2591)

○ (직종설명) 교과과정, 교육방법 및 기타 교육 실무 등에 대한 연구와 교육기관에 그들
의 도입에 관하여 조언 및 기획하는 자

○ (도입 가능직업 예시) 시청각 교육 전문가, 교육교재 전문가, 교원 등에 대한 연수 및
관리전문가

○ (자격요건) 별도 요건 적용, 석사 이상, 학사 및 경력 1년 이상

○ (사증발급) 체류기간 상한 2년 내의 단수사증

○ (체류관리 등) 일반 기준 적용

35) 외국인학교 · 외국교육기관 · 국제학교 · 영재학교 등의 교사(2599)

○ (직종설명) 외국인학교(외국인유치원), 외국교육기관, 국제고등학교, 영재학교 등에서 학생을 교육시키는 업무를 수행하는 자

○ (도입 가능직업 예시) 외국인학교(외국인유치원) 교사(초중등교육법 제60조의2, 유아교육법 제16조), 외국교육기관 교사(경제자유구역의 지정 및 운영에 관한 법률 제22조), 국제고등학교 교사(경제자유구역의 지정 및 운영에 관한 법률 제22조), 지역특화발전특구에 대한 규제특례법에 의한 초 · 중등학교 교사, 관할 시 · 도교육감이 추천하는 국제중 · 외국어고 · 국제고 · 자사고 교사, 영재교육진흥법에 의한 영재학교 등의 교사, 제주특별자치도 설치 및 국제자유도시조성특별법에 의한 국제학교 등의 교사(기간제 교원 및 사감 포함) · 강사 · 보조교사 · 보조사감 · 행정사무원 등

○ (고용추천서 발급) 제주 국제학교 등의 교사 등(필수) : 제주특별자치도지사 /국제중 · 외국어고 · 국제고 · 자사고 교사(필수) : 관할 시 · 도교육감

○ (자격요건) 도입 가능직업에 따라 달리 정함

▶ 외국인학교(외국인유치원) 또는 외국교육기관의 교사 : 학사 이상 및 경력 2년 이상 (또는 해당국 교원자격)

▶ 국제고 또는 시 · 도교육감 추천 국제중 · 외국어고 · 국제고 · 자사고 등

– 외국인 교사 : 우리나라 교원자격 소지자 또는 해당국 교원자격을 소지하고 교육경력 3년 이상

– 외국인강사 : 학사 이상

▶ 영재학교 교사 : 박사학위, 석사 및 경력 3년 이상

▶ 제주특별자치도 설치 및 국제자유도시조성특별법에 의한 국제고등학교 · 국제학교

– 보조교사, 강사, 보조사감, 행정사무원

• 학사 이상의 학위 소지

• 단, 국제학교 재학생 부모, 교직원의 가족, 18세 이상 해외 본교 졸업생은 해당 분야 2년 이상 근무 경력 또는 TELSOL 등 영어교육 관련 자격증 소지

○ (첨부서류 및 심사기준)

❶ 범죄경력증명서 : 교육대상이 주로 청소년임을 감안하여 회화지도(E-2)강사에 준하여 범죄경력증명서 등을 추가로 제출받아 검증(채용신체검사서는 외국인등록 또는 체류자격 변경허가 신청 시 제출)

– 단, 해당국 교원자격증 소지자, 채용박람회를 통해 채용된 교사, 최근 5년 이내 국내에서 회화지도강사(E-2) 또는 외국인교사(E-7)로 3년 이상 근무한 자 등은 교육기관에서 자율로 검증(범죄경력증명서 제출을 면제)하고, 범죄경력 관련

문제를 발생시킨 교육기관에 대해서는 최대 2년간 자율검증 제한
- ❷ 교사자격증 : 교사자격증을 소지한 외국인 교원에 대해서는 학위증 제출 생략
  - 사본 제출시 재외공관 공증(아포스티유), 단 원본 제출할 경우 공증 절차 생략
- ❸ 경력증명서 : 원본을 제출하는 경우 공증절차 생략
○ (제주국제학교 보조교사 등 특례) 제주국제학교 보조교사, 강사, 보조사감, 행정사무원으로 활동하려는 국제학교 재학생 부모나 교직원의 가족은 체류자격외활동허가를 통해 취업을 허용
  - 18세 이상 해외 본교 졸업생으로서 해당분야 2년 이상 근무경력 또는 TESOL 등 영어교육관련 자격증 소지자 중 무사증 입국자, 관광취업(H-1) 자격 영어모국어 국가 국민은 체류자격변경 허가를 통해 취업을 허용*
  - * 단, 영국과 아일랜드 국민은 관광취업협정에 따라 체류자격변경을 제한
○ (사증발급) 일반기준 적용
  - 단, 경제자유구역의 지정 및 운영에 관한 특별법에 의한 국제학교는 특별법 시행령 제20조제5항에 따라 교사는 체류기간 상한 5년 내의 단수사증, 외국인강사는 체류기간 상한 3년 내의 단수사증
○ (체류관리 등) 일반 기준 적용

36) 법률 관련 전문가(261)
○ (직종설명) 외국 법률에 의한 법률 관련 전문가로서 해당 지식에 대한 자문, 번역 등을 포괄하며, 사건 변호·기소·소송절차 이외의 법적 기능을 수행하는 자
○ (도입 가능직업 예시) 외국 법률에 의한 변호사, 외국 법률에 의한 변리사, 외국법자문사법에 의한 외국법 자문사
○ (고용추천서 발급) 변리사 : 특허청(인재개발팀)
○ (자격요건) 외국 법률에 의한 해당 자격증 소지자, 외국법자문사법에 의한 외국법자문사 승인을 받고 대한변호사협회에 등록한 자(외국법자문사인 경우)
○ (국민고용 보호 심사기준) 비적용 대상
○ (첨부서류) 외국 법률에 의한 해당 자격증, 대한변호사협회 발행 외국법자문사 등록증(외국법자문사인 경우)
○ (사증발급 및 체류관리 등) 일반 기준 적용 (단, 외국법자문사는 근무처 추가 불가*)
  - * 외국법자문사는 동시에 2개 이상의 외국법자문법률사무소, 법률사무소, 법무법인, 법무법인(유한) 또는 합작법무법인에 소속(고용)되거나 그 직책을 겸임할 수 없음 (외국법자문사법 제25조 제2항)

37) 정부행정 전문가(2620)
○ (직종설명) 국가 또는 지방자치단체에서 연구·기술·교육 등의 직무를 수행하는 공무원

○ (자격요건) 국가공무원법 제26조의 3(계약직공무원규정) 및 지방공무원법 제25조의 2(지방계약직공무원규정)에 규정된 요건
○ (첨부서류) 해당 중앙행정기관의 장 및 지방자치단체의 장의 협조공문
○ (사증발급, 체류관리 등) 일반 기준 적용

38) 특수기관 행정요원(S2620)
○ (직종설명) 주한 외국공관 등에서 일반 행정·기능 업무를 처리하는 자
○ (도입 가능직업 예시) 주한 외국공관의 행정·기능요원, 주한 외국문화원의 행정·기능요원, 주한 상공회의소의 행정·기능요원, 국제기구 등 행정요원(A-2 대상자 제외)
※ 주한공관원 등의 가사보조인은 방문동거(F-1) 자격 대상임을 유의
○ (첨부서류) 주한 외국공관 등의 협조공문
○ (사증발급) 체류기간 상한 2년 내의 단수사증*
* 단, 자국 국적의 행정·기능요원에 대한 체류기간 1년 이하의 단수사증 발급권한은 재외공관장에게 위임
○ (체류관리 등) 일반 기준 적용

39) 경영 및 진단 전문가(2715)
○ (직종설명) 경영과 관련된 개선점을 제안하고 계획하며 실행하기 위해 기업운영·경영방법이나 조직의 기능을 분석·재설계하는 것과 같은 서비스와 자문을 제공하거나, 외국 법률에 의한 회계 관련 전문가로서 기업 또는 회계법인의 회계문제에 관하여 조언하고 자문하는 자
○ (도입 가능직업 예시) 경영 컨설턴트, 외국 법률에 의한 회계사
○ (고용추천서 발급) 경영 컨설턴트 : 산업통상자원부장관(KOTRA) / 중소벤처기업부장관(중소벤처기업진흥공단) ※ 중소기업에 한함
○ (자격요건, 사증발급 및 체류관리 등) 일반 기준 적용 (단, 외국 법률에 의한 회계사는 회계사 자격증 소지)

40) 금융 및 보험전문가(272)
○ (직종설명) 은행, 증권, 보험, 자산운용 등의 금융회사에서 재무이론의 지식을 응용하여 금융에 관련된 각종 자료를 조사·분석하여 투자자에게 제공하고 관련 상품을 개발하는 자
○ (도입 가능직업 예시) 투자 및 신용 분석가, 자산 운용가, 보험 및 금융상품 개발자, 증권 및 외환딜러
  - 도입 불가 : 대부 관련업체
○ (고용추천서 발급) 금융위원회(은행업/은행과, 보험업/보험과, 투자증권/ 자본시장

과)*

    * 단, 학위 없는 경력 5년 이상자는 고용추천서 필수 징구

○ (자격요건, 사증발급 및 체류관리 등) 일반 기준 적용

41) 상품기획 전문가(2731)

○ (직종설명) 해외 소비자의 구매 패턴, 수요예측, 소비유형을 파악하여 시장성 있는 상품을 기획하고 상품의 효과적인 생산, 판매 등을 위한 전략을 수립하는 자 및 해외 특정상품과 서비스에 관한 현재의 판매수준, 소비자의 평가 등에 관한 정보를 체계적으로 수집 · 연구하고, 소비자의 현재 또는 장래 취향을 조사 · 분석하여 효율적인 판매전략을 수립하거나 그에 대해 조언을 제공하는 자

○ (도입 가능직업 예시) 해외 상품기획자(상품개발 담당자), 해외 마케팅 전문가(판촉기법전문가)

○ (고용추천서 발급) 보건산업 및 의료분야를 제외한 분야 : 산업통상자원부장관(KOTRA) /보건산업 및 의료분야 : 보건복지부장관(해외의료총괄과)

○ (자격요건, 사증발급 및 체류관리 등) 일반 기준 적용

42) 여행상품 개발자(2732)

○ (직종설명) 국내외 여행사간 업무연락 및 고객의 요구에 부합하는 여행상품을 기획 · 개발하고 고객을 위하여 여행계획을 수립하여 단체관광 여행을 조직하고, 여러 가지 이용 가능한 교통수단, 비용 및 편의성에 관한 정보를 획득하고, 여행계획에 관해 조언을 제공하는 자

○ (도입 가능직업 예시) 관광여행 기획자, 여행상품 개발원

    – 제한 : 관광통역안내원 (43213)

○ (고용추천서 발급) 문화체육관광부장관(관광산업과) ※ 필수

○ (첨부서류) 관광사업자등록증 사본(일반여행업), 외국인관광객 유치실적 증빙서류 추가

○ (자격요건) 일반요건 적용. 단, 학위 없이 경력으로 요건을 충족하는 경우는 제한(관련분야 5년 이상 경력자는 발급 제한)

○ (국민고용 보호 심사기준) 일반기준 적용 대상 + 업체자격 및 고용허용인원은 별도 기준 적용(최대 3명 범위 내)

– (업체자격요건) 관광진흥법 제4조에 따라 관할 지자체에 관광사업등록을 필하고 최근 2년간 평균 연간 외국인 관광객 유치실적이 2,000명 이상(한국여행업협회 발급 외국인 관광객 유치실적 증명서 제출) 또는 이에 상응하는 실적*을 갖춘 일반여행업체**

    * 해외 전세기 유치실적, 외국인 관광객 유치 관련 지자체 감사패, 우수여행사(문체부 지정) 또는 우수여행상품 보유 여행사(한국여행업협회 지정 등)

    ** 국내 또는 국외를 여행하는 내국인 및 외국인을 대상으로 하는 일반 여행업체만

해당하고, 내국인만을 대상으로 하는 국내 · 국외여행업체는 제외

  – (고용허용인원) 업체당 최대 2명, 다만, 최근 2년간 평균 연간 외국인 관광객 유치실적이 5,000명 이상이거나 자국 소재 대학의 한국학 관련 학과 졸업자 또는 국내 대학 졸업 외국인을 고용하는 경우에는 사유 당 1명씩 추가 고용 가능 (최대 3명)

  – (기타사항) 업체규모, 고용비율, 최저임금 등 별도로 국민고용 보호 내용이 없는 경우 일반기준 전면 적용

○ (사증발급 및 체류관리 등) 일반 기준 적용

43) 광고 및 홍보 전문가(2733)

○ (직종설명) 광고(홍보)의 필요성 분석, 효과적인 광고(홍보)전략, 적합한 광고(홍보물) 제작 등을 기획하고 제안하며, 기획을 실행하기 위한 계획을 수립 · 실행 · 감독하고 광고(홍보) 후 그 효과를 사후적으로 분석하는 자

○ (도입 가능직업 예시) 광고 전문가, 홍보 전문가

○ (자격요건, 사증발급 및 체류관리 등) 일반 기준 적용

44) 조사 전문가(2734)

○ (직종설명) 해외 진출 관련 고객의 요청에 따라 통계학, 경제학 및 사회학 등의 전문지식을 활용하여 각종 조사, 연구 등을 실시하고 그에 대한 결과를 분석하여 현상 파악과 장래 추세를 분석, 그 결과를 보고하는 자

○ (도입 가능직업 예시) 해외 시장 조사 전문가

○ (고용추천서 발급) 산업통상자원부장관(KOTRA)*

  * 골드카드 8대 분야(e-business, NT, BT, 수송기계, 디지털 전자, 신소재, 환경 · 에너지, 기술경영)에 한함

○ (자격요건, 사증발급 및 체류관리 등) 일반 기준 적용

45) 행사 기획자(2735)

○ (직종설명) 관광협회, 업계 및 전문가 협회, 컨벤션 및 컨퍼런스, 정부 및 이벤트 기획사 등에서 컨퍼런스, 정기총회, 회의, 세미나, 전시회, 시사회, 축제행사 및 기타 연예관련 공연행사 등을 계획, 조직하며 조정하는 자

○ (도입 가능직업 예시) 공연기획자*, 행사 전시 기획자, 국제회의 기획자

  * 공연기획자 업무범위 : 시나리오 설계 및 아티스트 선정, 공연장 준비, 공연제작 프로듀싱 및 마케팅, 공연진행 관리(고객안전 포함) 및 공연 사후평가

○ (고용추천서 발급) 공연기획자 : 문화체육관광부장관(공연전통예술과) ※ 필수

  단, 매출 연간 50억 이상 업체의 경우 사무소장 재량으로 생략 가능

○ (고용업체요건) 연간 10억 원 이상의 매출 실적이 있고 외국인 행사기획자 고용 후 외국인 대상으로 1년 이내 국내 · 외 공연, 회의, 국제행사 계획이 있을 것

○ (첨부서류) 공연·국제회의 계획서 등, 법무 재무제표 및 공연티켓 통신판매사업자 등의 공연매출증명서 (공연기획자) 추가
○ (자격요건, 사증발급 및 체류관리 등) 일반 기준 적용

46) 해외 영업원(2742)

○ (직종설명) 해외 진출 관련 해외 바이어에게 상품을 판매하는데 필요한 영업활동과 해외 판매자에게 상품을 수입하기 위한 영업활동을 수행하는 자 및 기타 해외영업 활동을 통해 국가경쟁력 강화에 기여하는 자
※ 인터넷을 통하여 각종 상품을 해외에 판매하기 위해 온라인 쇼핑몰상에서 판매할 상품을 선정하여 등록하고 재고를 관리하며, 고객문의에 응대하고 주문상품을 발송하기 위한 업무 전반을 관리하는 자를 포함
○ (도입 가능직업 예시) 해외 영업원, 무역 영업원, 수출입 영업원 ※ 도입제한 : 무역 사무원(3125)
 – 도입제한 : 국내 쇼핑몰 판매원, 판매 상품을 관리하는 사람 및 배송을 위한 상품을 포장하는 일만 수행하는 사람, 무역사무원(3125)
○ (고용추천서 발급) 산업통상자원부장관(KOTRA, 무역협회)*
 * 고용업체 또는 업체당 허용인원의 특례기준 적용대상자는 고용추천서 필수
○ (국민고용 보호 심사기준) 적용 대상
 – 외국인투자업체, 특수언어지역 대상 수출업체는 별도기준 적용
 – 고용업체요건 및 업체당 허용인원 등 국민고용 보호를 위한 심사기준을 적용하되 외국인투자업체, 특수언어지역 대상 수출업체는 특례* 적용
 * (연간매출액 10만불 이상 + 국민고용인원 1명 이상인 외국인투자업체) 및 (연간매출액 10만불 이상 + 특수 언어지역 대상 수출업체)는 외국인 1명 고용 허용
 * 특수 언어지역 대상 연간 50만불 이상 수출업체 : 국민고용인원의 70% 범위 내 외국인 고용을 허용
  – (기타사항) 업체규모, 고용비율, 최저임금 등 별도로 국민고용 보호 내용이 없는 경우 일반기준 전면 적용
○ (자격요건, 사증발급 및 체류관리 등) 일반 기준 적용
◆ 해외영업원 별도적용 1 : 해외 온라인 상품 판매원(해외 영업원, 무역 영업원, 수출입 영업원은 위의 기존 규정 적용)
○ (고용업체 요건) 아래의 요건을 모두 충족할 것
 ⅰ) 업태가 무역업 일 것 (무역협회 등록 기업일 것)
 ⅱ) 전년도 해외 수출실적이 50억 이상일 것
 ⅲ) 판매원을 위한 사무공간을 갖추었을 것(원격근무, 파견근무 불인정)
○ (학력 및 경력 요건) 별도 요건 적용
 ⅰ) 국내 전문학사 이상 학력 소지자

ⅱ) 해외 학사 학력 소지하고 해당분야 경력 1년 이상인자 또는 석사학력 이상인자

○ (자격요건) 한국어 능력시험(TOPIK) 3급 이상 자격증 소지자

○ (사증발급 및 체류관리 등) 일반기준을 적용하되 사후관리 강화

  – (사증발급인정서) 체류기간 상한 1년의 단수사증 발급

  – (체류기간연장) 체류기간 연장 심사 시 전년도 급여기록을 확인하여 임금요건을 미충족 시 체류허가 등 제한

    · 요건 미비 외국인에 대해서는 연장허가 기간 단축 부여

    · 제출된 고용계약서에 따라 임금을 지급하지 않고 이를 위반 · 남용한 해당 기업에 대해서는 신규 초청(취업) 제한

  – (근무처 변경) 근무처 변경 및 추가 제한, 휴폐업 및 경영악화 등으로 부득이 한 근무처 변경 시에도 출국 후 사증발급 후 재입국

  – (자격외 활동) 자격외 활동 허가 제한

  – (추가 제출서류) 무역실적 증빙서류, 사무공간 확보 증빙서류, 한국어 능력 입증서류

○ (허용인원 기준) : 전년 수출 실적이 50억 이상인 경우에 한 함

  – 실적이 50억 이상~100억 이하인 경우 최대 40명 이내

  – 실적이 100억원 이상인 경우 인원제한 없음. 단, 해당분야 고용인력 70% 이내에서 허용

47) 기술 영업원(2743)

○ (직종설명) 산업용 장비, 정보통신 장비, 그 외의 부품이나 제품, 설비의 사용법이나 보수 등 기술에 관한 전문적 지식을 활용하여 기계나 장비, 설비 등을 판매하고 고객에게 기술적인 지도를 수행하는 자

○ (도입 가능직업 예시) 의약품 판매원, 네트워크 · 컴퓨터하드디스크 · 멀티미디어시스템 · 컴퓨터소프트웨어 · 통신기기 · 전산장비 · 반도체장비 · 웹개발 · 계측장비 · 모바일솔루션 · 통신부품 · 데이터복구 · 전자부품 · 보안솔루션 · PCB · 인터넷솔루션 · CCTV시스템 · ERP프로그램 · GPS · IT솔루션 · ITS · KMS · 교환기 · 초음파기 · 네트워크장비 · MRI · 영상기기 · 산소호흡기 · 휴대폰부품 · 심전도기 · SMPS · 의료장비 · 농업용트랙터 · 수입의료장비 · 엔진 · 펌프 · 자동차부품 · 공작기계 · 자동화설비 · 모터 · 유압기계 · 기계부품 · 환경설비 · 자동화기기 · 절삭공구 · 식품포장기계 · 조선기자재 · 플랜트설비 · 금형기계 · 철강재 · 산업용보일러 · 산업용펌프 · 건설장비 기술 영업원

○ (고용추천서 발급) 산업통상자원부장관(KOTRA), 중소벤처기업부장관(중소벤처기업진흥공단) : 중소기업에 한함

○ (자격요건, 사증발급 및 체류관리 등) 일반 기준 적용

48) 기술 경영 전문가(S2743)

○ (직종설명) 공학지식과 경영지식을 접목시켜 경영기법을 통해 효율적 기술관리 및 기술혁신 업무를 수행하는 자
○ (도입 가능직업 예시) 연구개발(R&D) 전략 전문가, 기술 인프라 전문가, 제품 및 생산기술 전문가, 기술사업화 전문가, IT컨설팅 전문가
○ (고용추천서 발급) 산업통상자원부장관(KOTRA) ※ 필수
○ (자격요건, 사증발급 및 체류관리 등) 일반 기준 적용

49) 번역가 · 통역가(2814)
○ (직종설명) 한 나라의 언어를 다른 나라의 언어로 옮겨 표현하는 전문적 작업을 수행하는 자와 사용하는 언어가 서로 다른 사람들 사이에서 순조로운 의사소통을 가능하도록 대화내용을 상대방 언어로 전환 · 표현하여 전달해 주는 자
○ (도입 가능직업 예시) 각종 통번역 전문 기업 등의 번역가, 통역가
○ (자격요건) 석사 이상, 학사 및 경력 1년 이상자로서 모국어 이외의 다른 외국어 또는 한국어를 유창하게 구사*
  * 활동분야와 관련이 있는 분야에 대한 지식이 있어야 하고, 모국어를 제외한 다른 외국어의 구사능력은 해당국 유학경력, 어학능력 공인자격증 (한국어 토픽 6급 또는 KIIP 5단계 이상) 등으로 확인
○ (고용업체 요건 등) 국민고용 보호를 위한 심사기준 준용
○ (사증발급 및 체류관리 등) 일반 기준 적용

50) 아나운서(28331)
○ (직종설명) 준비된 뉴스, 광고, 특별 공지사항 등의 원고를 읽거나 기타 방송 프로그램의 진행을 통해 중요한 정보와 새로운 소식을 전해 주는 직무를 수행하는 자
○ (도입 가능직업 예시) 아나운서
○ (고용추천서 발급) 방송통신위원회 ※ 필수
○ (자격요건, 사증발급 및 체류관리 등) 일반 기준 적용

51) 디자이너(285)
○ (직종설명) 생활용품 · 가구 · 완구 등의 제품과 의류 · 신발 등의 패션디자인 및 인테리어 디자인 · 자동차 디자인 등의 분야에 예술적 기법을 사용하는 자
○ (도입 가능직업 예시) 제품 디자이너 (자동차, 가구 등 디자이너), 패션 디자이너 (직물, 의상, 액세서리, 가방 및 신발 디자이너), 실내장식 디자이너 (인테리어 디자이너, 디스플레이어), 시각 디자이너 (광고, 포장, 북 디자이너, 삽화가 등)
○ (고용추천서 발급) 중소벤처기업부장관(중소벤처기업진흥공단) : 중소기업에 한함
○ (자격요건, 사증발급 및 체류관리 등) 일반 기준 적용
○ (업체당 고용허용인원) 내국인 피보험자 수에 따라 업체당 최대 3명

- 50명 미만 : 1명, 50명 ~ 99명 : 2명, 100명 이상 : 3명

52) 영상관련 디자이너(S2855)

○ (직종설명) 영화 또는 방송드라마를 제작하기 위하여 무대 및 세트의 장식을 계획하여 디자인하고 배치하는 자와 컴퓨터 그래픽을 통하여 방송, 영화, 게임에 필요한 자막이나 그림 등을 디자인하는 자

○ (도입 가능직업 예시) 무대 및 세트 디자이너, 웹 디자이너(멀티미디어 등), 게임그래픽 디자이너, 캐릭터 디자이너, 영화 CG 디자이너

○ (고용추천서 발급) 문화체육관광부장관(영상콘텐츠산업과)
　– 추천대상 : 영화 및 TV 프로그램 제작업체

○ (자격요건, 사증발급 및 체류관리 등) 일반 기준 적용

III. 준전문인력에 대한 세부기준

1. 적용대상 유형

○ (사무종사자) '한국표준직업분류'(통계청 고시 제2017-191호, '18.1.1.시행) 상 대분류 항목 3(사무종사자)의 직종 중 법무부장관이 선정한 5개 직종

○ (서비스종사자) '한국표준직업분류' 상 대분류 항목 4(서비스 종사자)의 직종 중 법무부장관이 선정한 4개 직종

2. 직종별 세부 심사기준

가. 사무종사자 (5개 직종)

1) 면세점 또는 제주특별자치도 내 판매사무원(31215)

○ (직종설명) ①면세점 등에서 외국인을 대상으로 수출 증대 및 판매확대를 위하여 판매계획을 입안하고 직접 판매 업무에 종사 ② 영어상용화를 위해 제주 영어교육도시 내 식품접객업소 또는 상점 등 상업시설에서 판매업무에 종사하는 자 ③ 제주특별자치도 내 음식점에서 한국어 통역과 판매업무에 종사하는 자

○ (도입 가능직업 예시) 면세점 판매 사무원, 외국인관광객 면제판매장 판매 사무원, 제주영어교육도시 내 식품접객업소 또는 상점 등 상업시설의 판매종사자, 제주특별자치도 내 음식점 통역·판매사무원

○ (국민고용 보호 심사기준) 적용 대상 (별도 기준 적용)
　– (기타사항) 업체규모, 고용비율, 최저임금 등 별도로 국민고용 보호 내용이 없는 경우 일반기준 전면 적용

○ (유형별 판매사무원 자격요건)
　① 면세점, 외국인관광객 면세판매장

ⅰ) 여행사 등의 관광가이드 경력 3년 이상자

※ 해당 경력은 면세점 판매사무원 경력으로 한정(일반판매직 경력 불인정)하며, 관광가이드 경력도 면세점 근무경력으로 인정이 가능

ⅱ) 면세점 판매사무원 경력 3년 이상

ⅲ) 관광가이드 + 면세점 판매사무원 경력 3년 이상

ⅳ) 국내 전문대학 이상 졸업(예정)자(전공불문, 경력불문)

ⅴ) 해외 4년제 대학(학사학위)이상 졸업자(전공불문, 경력 불문)

② 제주영어교육도시 내 상업시설 : 국제학교 재학생 부모나 교직원의 가족, 18세 이상 해외 본교 졸업생*

* 영어를 모국어로 하는 국가의 국민은 별도 자격요건 없으나 영어를 모국어로 사용하지 않는 국가의 국민인 경우에는 공인영어시험(TOEIC) 점수가 800점 이상이거나 TESOL 자격증 소지자로 제한

③ 제주특별자치도 내 음식점 : 아래중 하나의 요건을 갖춘자

ⅰ) 국립국제교육원 시행 한국어능력시험(TOPIK) 2급 이상 자격 소지자

ⅱ) 사회통합프로그램(KIIP) 2단계 이상 이수자

ⅲ) 국내 전문대학 이상의 교육기관에서 2년 이상의 정규과정을 이수한 자

ⅳ) 국내 대학에서 정규 한국어 연수 과정(D-4-1)을 6개월 이상 수료하고 한국어능력시험(TOPIK) 1급 이상을 취득한 자

ⅴ) 현지 정규대학에서 실시하는 한국어 교육과정을 3개월 이상 이수한 자('19. 12. 31. 까지 적용)

▶ ⅴ) 요건에 해당하는 사람에 한해서는 사증발급인정서 발급에도 불구하고 한국어 구사능력 확인을 위한 영사인터뷰 실시 후 사증발급

※ 자격 요건을 갖춘 경우 폭넓게 체류자격변경 허용(단, 단기사증 및 D-3, E-9, E-10, G-1 등 자격은 제외)

○ (면세점, 외국인관광객 면세판매장 최소요건 및 허용인원 산정기준)

- (최소요건) 외국인관광객 면세판매장 지정 또는 보세판매장 특허 + 연매출 2억4천만 원(월 2,000만 원) 이상 + 사업장 면적 200㎡ 이상(계약서, 일반건축물대장, 영업신고증 중 택일하여 계산) + 상시 2인 이상의 국민고용

○ (제주특별자치도 내 음식점 최소요건 및 허용인원 산정기준)

- (최소요건) 사업장 면적 100㎡ 이상 + 연간 매출액 1억원 이상 + 상시 2명 이상의 국민고용

☞ 단, 연간 매출 3억 이상인 식당(한식, 양식, 중식, 일식당에 한함)에 대해서는 면적요건을 70%만 충족하여도 최소 1명 허용

- (허용인원 산정기준) 연간 매출액 기준으로 업체당 최대 3명

허용인원	1명		2명	3명
면적	70㎡이상	100㎡이상	100㎡이상	100㎡이상
매출	3억~5억 미만	1억~3억 미만	5억~10억미만	10억이상
국민고용	1인 이상	1인 이상	2인 이상	3인 이상

☞ 단, 면적이 70 ~99㎡인 경우 매출액이 1억원 이상이고 자방자치단체로부터 모범 음식점으로 지정된 경우 최소 1명의 외국인 고용을 허용

- (국민고용) 신청일 기준 고용보험가입자명부에 3개월 이상 등재 + 법정 최저임금 이상의 월 급여를 지급(직원급여지급명세서로 시급과 월급 모두 충족)하는 경우에 한하여 국민고용 인원으로 산정
- (이탈자 발생업체 공제) 이탈자 발생 시 이탈일로부터 1년간 이탈 인원 수를 고용허용 인원에서 공제
- (체류 관리부실 업체 고용 제한) 신청일 기준 임금체불 등으로 인하여 기타(G-1)자격으로 변경한 업체에 대해서는 외국인 인권보호 및 외국인의 남용 방지를 위해 체류관리를 적정하게 하지 않은 고용주에 대한 신규 고용 1년간 제한(이탈인원에 포함시켜 고용인원에서 1년간 공제)
○ (사증발급) 체류기간 상한 2년 내의 단수사증 발급
○ (제주영어교육도시 내 상업시설 종사자 특례) 제주국제학교 재학생 부모나 교직원의 가족은 체류자격외활동허가, 18세 이상 해외 본교 졸업생 중 무사증 입국자는 체류자격변경 허가를 통해 취업 허용
○ (체류관리 등) 일반 기준 적용
- 단, 제주도 음식점 통역판매 사무원의 제주도외 지역에서의 구직(D-10)자격 변경 금지, 사증발급인정서 발급 통해 재입국
○ (추가 제출서류) 사업장 면적 입증서류, 매출요건 입증서류, 고용보험가입자명부, 사업장용 고용보험피보험자격 취득 내역

2) 항공운송 사무원(31264)

○ (직종설명) 항공운송 사업체에서 승객을 위하여 예약을 접수, 항공권을 발권하고, 손님이 제시한 항공권의 유효성을 점검하며 승객명, 탑승구간, 비행편명 등에 의한 예약상황을 조회하고 좌석을 배정하는 업무를 수행하는 자
○ (도입 가능직업 예시) 항공운송 사무원
○ (자격요건) 석사 이상, 학사 및 경력 1년 이상
○ (사증발급 및 체류관리 등) 일반 기준 적용

3) 호텔 접수사무원(3922)

○ (직종설명) 호텔에서 고객에 대해 접수 및 예약을 하고, 고객이 방문하였을 경우 예약 여부를 확인하고 이에 대한 조치를 취하거나, 각종 안내 서비스 업무를 수행하는 자
○ (도입 가능직업 예시) 프런트데스크 담당원
○ (고용추천서 발급) 문화체육관광부장관(관광산업과) ※ 필수
○ (자격요건) 일반기준 적용. 단, 학위 없이 경력으로 요건을 충족하는 경우는 제한(관련분야 5년 이상 경력자는 발급 제한)
○ (고용업체 기준) 관광진흥법시행령 제2조 규정의 관광호텔업, 수상관광호텔업, 한국전통호텔업 및 가족 호텔업 중 전년도 연간 숙박인원에서 외국인 비율이 40%를 초과하는 호텔
○ (업체당 허용인원 기준) 국민고용 보호를 위해 호텔 당 최대 2명, 총 400명 이내 (시범도입)
○ (사증발급) 체류기간 상한 2년의 단수사증
○ (체류관리 등) 일반 기준 적용

4) 의료 코디네이터(S3922)
○ (직종설명) 병원에서 진료 등을 위해 입국하려는 외국인환자 안내 및 유치활동보조, 진료 예약 및 통역, 고객관리 등 외국인환자를 위한 종합적인 서비스를 제공 하는 자
○ (도입 가능직업 예시) 의료 코디네이터
○ (국민고용 보호 심사기준) 적용 대상 (별도 기준 적용)
 - (고용업체 기준) 의료해외진출 및 외국인환자 유치 지원에 관한 법률 제6조에 따라 등록한 외국인환자유치의료기관 및 외국인환자 유치업자
 - (업체당 허용인원 기준) 유치의료기관은 2명 이내, 유치업자는 1명 이내(다만, 최근 1년간 외국인환자 유치실적이 인원 1,000명 이상인 경우에는 초과 1,000명당 1명씩 추가고용 허용)
   ▶ (「의료해외진출법」제14조에 따른 '지정유치기관'에 대한 특례) 지정유치의료기관 당 3명 이내, 지정유치업자는 2명 이내(최근 1년간 외국인환자 유치실적이 인원 1,000명 이상인 경우에는 초과 1,000명당 1명씩 추가고용 허용)
 - (기타사항) 업체규모, 고용비율, 최저임금 등 별도로 국민고용 보호 내용이 없는 경우 일반기준 전면 적용
○ (고용추천서 발급) 보건복지부 장관(해외의료총괄과) ※ 필수
○ (자격요건) 아래 요건중 하나 이상을 충족하는 자
① 의사 · 간호사 · 약사 등 보건의료인 자격증 소지자 또는 관련 학과를 졸업한 전문학사 이상 학위 소지자
② 국내 대학을 졸업(예정자 포함)한 학사 이상의 학위 소지자(수여예정자 포함)로서 한국보건복지인력개발원법에 의한 국제의료코디네이터 전문과정 또는 의료통역 전문

과정을 이수한 자

③ 국가기술자격법 시행규칙 별표2에 규정된 '국제의료관광 코디네이터' 자격증을 취득한 자

④ 「의료해외진출법」제13조에 따른 '의료통역능력검정시험 인증서'를 취득한 자

○ (첨부서류) '국제의료관광 코디네이터' 국가기술자격증 사본(해당자), 국제의료코디네이터 전문과정 수료증사본(해당자), 의료통역 전문과정 수료증 사본(해당자), 의료통역능력검정시험 인증서 사본(해당자), 외국인환자 유치기관등록증 등 사본, 신원보증서 등 추가

○ (사증발급) 체류기간 상한 2년의 단수사증

○ (체류관리 등) 일반 기준

5) 고객상담 사무원(3991)

○ (직종설명) 각 업체에 소속되어 국제용역, 해외영업에 한하여 종사하는 자로 외국인 고객을 대상으로 각종 서비스 홍보, 전화판촉, 영업 등의 업무를 수행하는 자. 서비스 대상을 선정하고 스크립터를 작성한 후 전화, 이메일, SNS를 통하여 여러 가지 상품에 대한 서비스 내용을 제공하고, 구매·이용·사용·상담·불만접수 등의 처리를 담당

○ (도입가능 분야) 국제용역 수행 및 해외 영업을 위한 온라인 상담 사무원. 단, 해당직무가 국민의 대체성이 사실상 없음을 증명하여야 함

－ 제외자 : 텔레마케터, 방문·노점·이동 판매원(지정 근무처 이외 장소 금지), 홍보도우미, 판촉원 등

○ (국민고용 보호 심사기준) 적용대상 (별도 기준 적용)

－ (고용업체 요건) 아래의 요건을 모두 충족할 것

　ⅰ) 국제용역 계약에 따라 해외 국가 국민에 대해 서비스를 제공하거나 국내에서 해외에 서비스를 제공 할 것

　ⅱ) 상시근로자 500명 이상이고, 국제용역계약 또는 국제용역 서비스 제공에 따른 전년도 매출액이 50억원 이상 일 것

　　(해외업체의 용역을 수주하였거나, 해외사업 진출 업체임을 입증하여야함)

　ⅲ) 업체가 직접고용(아웃소싱 금지)하고 별도의 사무공간을 갖추었을 것(원격근무 금지)

－ (임금요건) 월평균 총 급여가 전년도 동일 사업장내의 동일 업무수행 내국인 평균임금 이상일 것

－ (기타사항) 업체규모, 고용비율, 최저임금 등 별도로 국민고용 보호 내용이 없는 경우 일반기준 전면 적용

○ (학력 및 경력 요건) 별도 요건 적용, 단, 관계부처 고용추천이 있는 경우 학력, 경력 요건 면제

   ⅰ) 국내 전문학사 이상 학력 소지자

   ⅱ) 해외 학사 학력 소지자로 해당분야 경력 1년 이상인자 또는 석사 학력 이상인 자

○ (자격요건) 한국어 능력시험(TOPIK) 2급 이상 또는 KIIP 2단계 이수 또는 토익 (TOEIC) 730점 이상 자격 소지자

○ (사증발급 및 체류관리 등) 일반기준을 적용하되 사후관리 강화

- (사증발급인정서) 체류기간 상한 1년의 단수사증 발급

- (체류기간연장) 체류기간 연장 심사시 전년도 급여기록을 확인하여 임금요건을 미충족시 체류허가 등 제한

  • 요건미비 외국인에 대해서는 연장허가 기간 단축 부여 또는 체류허가 제한

  • 제출된 고용계약서에 따라 임금을 지급하지 않고 이를 위반·남용한 해당 기업에 대해서는 신규 초청(취업) 제한

- (근무처 변경) 근무처 변경 및 추가를 원칙적으로 제한하며, 휴폐업 및 경영악화 등으로 부득이한 근무처변경시에만 예외적으로 허용하고, 근무처 변경시에는 출국 후 사증을 발급 받아 재입국

  - (자격외 활동) 자격외 활동 허가 제한

- (추가 제출서류) 국제용역계약서, 사무공간 확보 증빙서류, 한국어 능력 입증서류, 실적 입증서류

○ (허용인원 기준)

- 국제용역 매출 실적이 50억 이상 ~ 100억 이하인 경우 최대 40명 이내

- 국제용역 분야 매출액이 100억원 이상인 경우 인원제한 없음, 단, 해당분야 고용인력 70% 이내에서 허용

나. 서비스 종사자 (4개 직종)

1) 운송 서비스 종사자(431)

○ (직종설명) 선박 등에서 여객의 안락과 안전을 확보하고 여객의 편의를 도모하는 자

○ (도입 가능직업 예시) 국제 여객선 승무원(금강산 관광선 등), 국제선 항공사 객실승무원, 국내 운수회사 선박 등의 승무원   ※ 도입 불가 : 선박 웨이터

○ (자격요건) 석사 이상, 학사 및 경력 1년 이상, 경력 3년 이상

○ (사증발급) 체류기간 상한 2년 내의 단수사증 (체류기간 1년 이하의 단수사증은 공관장 재량 발급)

○ (체류관리 등) 일반 기준 적용

 ※ 국내 운영 대한민국선박에 근무하는 외국인선원 체류자격 구분

  • (전문인력) 선원법 제3조제2호 규정에 의한 선장, 동조 제4호 규정에 의한 직원 (항해사, 기관장, 기관사, 통신사, 운항사, 어로장, 사무장, 의사)

   ▶ 대한민국법률에 의하여 인정된 외국의 국가공인자격증을 소지하고 대한민국법률

에 따라 해당업무를 수행할 수 있는 선장 등 : 전문직업(E-5)

▶ 정기여객선 승무원, 금강산관광선 승무원, 항공사승무원과 같이 승객에게 직접적
으로 서비스를 제공하는 자로서 학위증 및 이력서 등을 통하여 전문서비스 종사자
로 판단되는 경우 : 특정활동(E-7)

• (비전문인력) 물건운송, 하역, 주방보조, 청소 등 단순노무에 종사하는 부원과 어선
원 등 : 선원취업(E-10)

2) 관광통역 안내원(43213)

○ (직종설명) 국내를 여행하는 외국인에게 외국어를 사용하여 관광지 및 관광대상물을
설명하거나 여행을 안내하는 등 여행 편의를 제공하는 자

○ (도입 가능직업 예시) 관광통역 안내원

○ (고용추천서 발급) 문화체육관광부장관(관광산업과) ※ 필수

○ (자격요건) 석사 이상, 외국대학 '한국학' 관련 학사 및 경력 1년 이상, 국내대학 관
광 · 역사계열학과 졸업자(졸업예정자 포함), 전문대학 이상 졸업자로서 국내 관광통
역안내사 자격증 취득자

○ (첨부서류) 관광사업자등록증 사본(일반여행업), 외국인관광객 유치실적 증빙자료
추가

○ (고용업체 기준) 관광사업등록을 필하고 최근 2년 평균 연간 외국인 관광객 유치실
적이 2,000명 이상(한국여행업협회 발급 외국인 관광객 유치실적 증명서 제출) 또는
이에 상응하는 실적*을 갖춘 일반여행업체

* 해외 전세기 유치실적, 외국인 관광객 유치관련 지자체 감사패, 우수여행사(문체부
지정) 또는 우수여행상품 보유 여행사(한국여행업협회 지정 등)

– (기타사항) 업체규모, 고용비율, 최저임금 등 별도로 국민고용 보호 내용이 없는 경
우 일반기준 전면 적용

○ (업체당 허용인원 기준) 고용업체 기준을 충족하는 경우 업체당 최대 2명*

* 단, 외국인관광객 유치실적이 2,000명 이상인 경우 상기 허용인원에서 외국인관
광객 2,000명 당 1명씩 추가고용 허용

○ (사증발급) 체류기간 상한 2년의 단수사증*

* 단, 우리국민을 안내원으로 종사하도록 허용하지 않는 국가에 대해서는 상호주의
를 적용하여 억제

○ (체류관리 등) 일반 기준 적용

3) 카지노 딜러(43291)

○ (직종설명) 카지노에서 승부도박을 진행하는 자

○ (도입 가능직업 예시) 카지노 딜러

○ (고용추천서 발급) 문화체육관광부장관(관광산업과)

○ (자격요건) 별도 요건 적용, 경력 5년 이상
○ (사증발급) 체류기간 상한 2년의 단수사증
○ (체류관리 등) 일반 기준 적용

4) 주방장 및 조리사(441)
○ (직종설명) 호텔, 음식점, 선박 등에서 조리계획을 세우고 음식점 및 기타 시설 안에서 조리사와 조리실 보조의 작업을 감독, 조정하는 자(주방장) 및 직접 음식을 만들기 위하여 각종 식료품을 준비하고 조리하는 자
○ (도입 가능직업 예시) 양식 주방장 및 조리사, 중식 주방장 및 조리사, 일식 주방장 및 조리사, 기타 국가 음식 주방장 및 조리사
  ※ 도입 불가 : 한식 주방장 및 조리사, 분식 · 커피 · 전통차 조리사[한식조리사(4411) · 음료조리사(4415) · 기타 조리사(4419)]
○ (국민고용 보호 심사기준) 적용 대상 (별도 기준 적용)
 – (기타사항) 업체규모, 고용비율, 최저임금 등 별도로 국민고용 보호 내용이 없는 경우 일반기준 전면 적용
○ (자격요건 및 검증방법) 국내 · 외 교육기간, 입상경력, 자격증 수준 등에 따라 달리 정함
① 국제적으로 인정되는 국내 · 외 요리경연대회 입상경력자 : 자격증 및 경력요건 면제*
  * 수상경력 입증서류는 영사확인을 받아 제출하게 하되, 언론 보도 등으로 명백하게 확인이 되는 경우에는 영사확인 등 생략 가능
② 국외 자격증, 교육, 경력(해당 자격증 취득이후) 소유자

자격증 + 교육	경력	비고
중급 이상의 자격증	경력요건 면제	중식 1.2급이상
초급 수준 자격증	경력 3년 이상	
6개월 이상 교육이수자	경력 5년 이상*	중식제외
기타	경력 10년 이상**	중식, 일식, 양식 제외

  * 조리사 자격증, 경력증명서, 교육 이수증은 아포스티유 확인 또는 주재국 한국공관 영사확인을 받아 제출(단, 관광진흥법시행규칙 제25조에 따라 5성급으로 인정받은 호텔에서 직접 확인절차를 거쳐 선발한 주방장이나 전문 요리사의 경우에는 영사확인 등 생략 가능)
  ** 정규과정이 없는 현지 향토음식 등의 경우에만 허용
③ 국내 교육 + 자격증, 경력 소유자
 – 학.석사이상 : 전공 불문 + 한국산업인력공단에서 조리관련 기능사 이상의 자격증 취득 + 경력 2년(단, 국내 교육기간이 2년 이상인 경우 면제)
 – 전문학사 : 관련분야 학위 + 한국산업인력공단에서 조리관련 기능사 이상의 자격증 취득 + 경력 2년(단, 국내 교육기간이 2년 이상인 경우 면제)

- 사설기관 연수 : 관련 분야 연수(D-4-6) ＋ 한국산업인력공단에서 조리관련 기능사 이상의 자격증 취득 ＋ 경력 2년(단, 국내에서 D-4-6 사증을 소지한 채 20개월 이상 관련분야 연수를 이수한 경우 경력 면제)

○ (고용업체 일반요건) 관광호텔, 관광식당, 외국인관광객 전문식당, 항공사기내식 사업부, 관광편의시설 지정은 받지 않았지만 최소 사업장면적·부가세액*·국민고용기준을 모두 갖춘 외국음식 전문식당

  * 부가세액은 관할 세무서장 발행 '부가가치세과세표준증명'상의 '납부세액'의 연간 합계액을 말함

○ (고용업체별 사업장 면적 등 최소요건)

구 분	사업장면적	연간 부가세	내국인 고용인원
중식당	200㎡ 이상	500만원 이상	3명(고용보험가입자명부에 3개월 이상 등재된 국민·화교 등 영주권자·결혼이민자)
일반식당	60㎡ 이상	300만원 이상	2명(상동)
안산다문화마을 특구 식당	30㎡ 이상	200만원 이상	1-2명(상동) (면적 151㎡ 이상, 부가세 750만 원 이상 시만 적용)

- (관광편의시설업 지정업체) 관광편의시설업 지정을 받은 업체는 사업장 면적요건이 최소기준의 50%이상이면 연간 부가세액과 내국인 고용요건을 갖춘 경우 인정
  단, 안산 다문화마을 특구 내 업체는 상기 표와 같이 중식당과 일반식당 구분 없이 동일한 기준 적용(안산 다문화마을 특구는 상기 관광편의시설업 지정업체에 대한 특례를 적용하지 않음)

- (내국인 고용인원 산정) 고용보험가입자명부에 3개월* 이상(신규업체는 3개월 이내) 등재된 국민·화교 등 영주권자·결혼이민자를 모두 포함

* 개업일이 신청일 기준 3개월 이내이거나, 내국인 고용인원 최소기준을 충족한 업체가 추가 또는 대체인력 신청 시에는 고용보험 가입기간을 적용하지 않음

- (최소요건 심사기준) 형식상 최소요건을 갖추었다 하더라도 외국인관광객 등 이용현황 및 유치 가능성이 전무하고, 저임금 외국인요리사 활용 목적으로 판단되는 경우에는 원칙적으로 초청을 제한

○ (심사기준) 기본원칙

① 사업장면적·부가세납부액*·고용인원별 허용인원의 합계 평균치로 산정하되 내국인 고용인원에 따른 허용인원을 초과하지 않도록 함

  * (예외) 부가세납부액 확인이 불가능한 신규 설립업체, 세금환급 또는 면세로 매출대비 정상 부가세 납부액 확인이 곤란한 경우 등은 동종 유사규모업체의 평균 부가세납부액 또는 현재까지의 월 평균 부가세납부액을 연간 부가세납부액으로

환산하여 산정하거나, 부가가치세과세표준증명의 매출과세표준(수입금액)의 계(과세분+면세분)에 해당하는 연간합계 금액을 기준으로 산정할 수 있음

② (체류 관리부실 업체 고용 제한) 신청일 기준 임금체불 등으로 인하여 기타(G-1)자격으로 변경한 외국인이 있거나, 이탈자가 있는 업체에 대해서는 해당 인원수를 자격변경일 또는 이탈일로부터 1년 간 고용허용인원에서 공제

③ (내국인 고용인원) 신청일 기준 고용보험가입자명부에 3개월 이상 등재 + 법정 최저임금 이상의 월 급여를 지급(직원급여지급명세서로 시급과 월급 모두 충족)하는 경우에 한하여 내국인 고용인원으로 산정

   ※ 외국인단체관광객 전용식당, 외국인관광객 유치 등 우수업체, 관광편의시설지정 업체 등에 대해서는 신청일 기준 고용보험가입자명부에 3개월 이상 등재되고, 법정 최저임금 미만의 월 급여(시급은 최저임금 요건 충족할 것)를 지급 받는 사람 2명을 내국인 고용인원 1명으로 환산하여 계산

④ (상시근로 어려운 업체 및 파견근로의 고용 제한) 웨딩홀, 출장뷔페, 이벤트 업체 등

○ (업체별 허용인원 산정기준) 최소요건을 갖추고 외국인요리사 채용의 필요성이 인정될 때 아래 산정 기준표에 따라 허용인원 산정

〈업체 유형별 외국인 요리사 고용허용인원 산정기준〉

구분 / 허용 인원		1	2	3	4	5	6	7	8	9	10	11	12
① 사업장 면적(㎡)	중식당	200~	250~	300~	350~	400~	500~	600~	700~	800~	900~	1,000~	1,000~
	일반식당	60~	70~	100~	150~	200~	250~	300~	350~	400~	500~	600~	700~
②납세실적 (부가세) 단위: 만원48)	중식	500~	600~	800~	1,000~	1,500~	2,000~	2,500~	3,000~	3,500~	4,000~	5,000~	6,000~
	일반	300~	500~	600~	800~	1,000~	1,500~	2,000~	2,500~	3,000~	3,500~	4,000~	5,000~
매출과세표준 합계 (단위 : 억원)		0.6~	0.75~	1억~	2억~	3억~	4억~	5억~	6억~	7억~	9억~	11억~	12억~
③내국인 고용인원 (단위:명)	중식당	3~4	5	6	7	8	9	10	11~12	13~15	16~17	18~19	20~
	일반식당	2	3	4	4	5	6	7	8	9	10	11	12~

〈안산 다문화마을 특구 내 기준〉

구분 \ 허용인원	1명	2명	3명	4명	5명
사업장 면적	30~50㎡	51~100㎡	101~150㎡	151~200㎡	200㎡초과
연간 부가세납부액	200만 원 이상	250만 원 이상	500만 원 이상	750만 원 이상	1,000만 원 이상
매출과세표준 합계	4천만원 이상	5천만원 이상	1억원 이상	1억5천만원 이상	2억원 이상
내국인 고용인원	–	–	–	1명	2명

○ (추가 첨부서류)
▶ 요리사 자격요건 입증서류 : 택1
  – 국내외 인정되는 요리경연대회 입상서류(원본제시, 사본제출)
  – 자격증(원본제시, 사본제출) 및 경력증명서 (3년 또는 5년)
  – 경력증명서 (10년, 향토음식에 한함)
▶ 고용업체 요건 서류 :
  – 고용보험 가입자 목록(공통)
  – 사업장용 고용보험피보험자격 취득 내역(공통)
  – 사업장 면적 입증서류(공통)
  – 부가가치세과세표준증명(세무서장 발행, 공통)
  – 관광편의시설업 지정 서류 (해당자에 한함)
  – 외국인관광객 면세판매장(세무서장 지정) 또는 보세판매장(세관장 특허) 서류 (해당
    업체에 한함)
○ (사증발급) 체류기간 상한 2년의 단수사증
○ (체류관리 등) 일반 기준 적용

Ⅳ. 기능인력에 대한 세부기준

1. 적용대상자
  ○ (일반 기능인력) '한국표준직업분류' 상 대분류 항목 6(농림어업 숙련 종사자) 및 항
    목 7(기능원 및 관련 기능 종사자)직종 중 법무부장관이 선정한 6개 직종
  ○ (숙련기능인력 점수제) '한국표준직업분류' 상 대분류 항목 6(농림어업 숙련 종사자)
    및 항목 7(기능원 및 관련 기능 종사자)직종 중 점수제 평가에 따라 E-9, E-10, H
    -2 자격에서 체류자격변경이 허용되는 법무부장관이 선정한 3개 직종
  ※ 국내 체류 중 음주운전, 폭행, 절도 등 형사범죄경력이 있는 경우 사증발급인정서 발
    급 억제대상임

2. 직종별 세부 심사기준

가. 일반 기능분야 종사자 (7개 직종, E-7-3)

1) 동물사육사(61395)
   ○ (직종설명) 동물원, 경마장, 경주용 동물 등을 전문적으로 사육하는 농장 등에서 풍부한 전문지식과 경험을 바탕으로 동물들에게 먹이를 주며 건강상태를 상세히 체크하고, 동물의 습성과 성향을 숙지하고 훈련시키는 자
   ○ (도입 가능직업 예시) 동물사육사
   ○ (자격요건) 일반 요건 적용
   ○ (사증발급) 체류기간 상한 2년의 단수사증
   ○ (체류관리 등) 일반 기준 적용

2) 양식기술자(6301)
   ○ (직종설명) 해삼양식장에서 해삼 종묘 생산 및 해삼 사료의 개발과 가공에 종사하면서 관련 기술을 전수하고 제공하는 자
   ○ (도입 가능직업 예시) 해삼양식 기술자 또는 새우양식 기술자만 허용
   ○ (국민고용 보호 심사기준) 적용 대상(별도 기준 적용)
   – (고용업체 기준) 해양수산부에서 정하는 요건을 구비한 업체*
      * 해양수산부는 수산종자산업육성법에 따라 빌급된 수신종지생산업허가증, 사업계획서, 중국기업등기부등본 사본, 고용계약서, 재직(경력)증명서, 이력서, 졸업증명서 등을 제출 받아 심사 후 고용추천서 발급
   – (급여요건) 월급여는 전년도 월 평균 GNI 80% 이상
   ○ (고용추천서 발급) 해양수산부 장관(양식산업과) ※ **필수**
   ○ (자격요건) 수산분야 학사이상 학위, 수산분야 전문학사학위 + 해당 양식기술 분야 2년 이상 경력, 해당 양식기술 분야 5년 이상 경력
   ○ (추가 제출서류) 종묘생산(또는 양식) 어업허가증 사본, 신원보증서, 수산종자생산업 허가증(해당자에 한함)
   ○ (허용인원 기준) 1개 업체당 3명 이내 (단, 해양수산부와 법무부가 협의하여 달리 정한 경우는 예외)
   ○ (사증발급) 체류기간 상한 2년의 단수사증
   ○ (체류관리 등) 일반 기준 적용

3) 할랄 도축원(7103)
   ○ (직종설명) 이슬람 율법에 따라 도축(도계)할 수 있는 자격과 경력을 갖추고 국내 할랄 도축(도계)장에서 도축 등의 업무에 종사하는 자

○ (도입 가능직업 예시) 도축원, 도살원

○ (국민고용 보호 심사기준) 적용 대상(별도 기준 적용)

- (고용업체 요건) 한국이슬람교중앙연합회(KMF) 또는 해외 국가별 주요 인증기관에서 할랄 도축(도계)장 인증을 받은 업체*

  * 할랄 전용 도축(도계)장 또는 전용라인을 설치하고 최소 3인의 무슬림 도축인력을 확보한 업체에 대해 인증서 발급

- (업체당 허용인원) 연간 매출액 기준으로 80억 원 이하인 업체는 3명 이내, 80억 원을 초과하는 업체는 7명 이내

- (기타사항) 업체규모, 고용비율, 최저임금 등 별도로 국민고용 보호 내용이 없는 경우 일반기준 전면 적용

○ (고용추천서 발급) 농림축산식품부 장관(축산정책과) ※ 필수

○ (자격요건) 고등학교 이상 졸업 + 5년 이상 할랄 도축 경력(단, 관련 자격증 소지자의 경우에는 3년 이상 근무경력)

○ (사증발급) 체류기간 상한 2년 이내의 단수사증

○ (체류관리 등) 일반 기준 적용

4) 악기 제조 및 조율사(7303)

○ (직종설명) 악기 제조사에서 나무나 플라스틱, 철 등의 원료를 가공하여 피아노, 바이올린 등 각종 악기를 제조하거나 조율하는 자

○ (도입 가능직업 예시) 악기 제조사, 조율사

○ (자격요건) 경력 10년 이상

○ (사증발급) 체류기간 상한 2년의 단수사증

○ (체류관리 등) 일반 기준 적용

5) 조선용접공(7430)

○ (직종설명) 조선 분야 등의 비철금속 성형 및 제조에 관한 숙련 기능을 보유한 자

○ (도입 가능직업 예시) 조선분야 숙련용접공(Tig 용접, CO2용접, 알곤용접)

○ (도입 절차)

- (기량검증대상자 선발) KOTRA가 송출국가 정부기관에 대상자 추천 요청(선발인원의 3배수) → 용접자격증 및 경력증명서 등 심사 후 기량검증대상 선발(선발인원의 2배수)

- (기량검증) 조선협회(업계) + 한국선급(KR) + 현지 KOTRA 직원들로 기량검증단을 구성하여 현지 기량검증 실시 → 기량검증 통과자에게 기량검증 확인서 발급 및 의뢰업체에 배정

○ (고용추천서 발급) 산업통상자원부장관(KOTRA) ※ 필수

○ (자격요건) 중급이상 조선용접공 자격증 취득 후 2년 이상 경력 + 현지 기량검증 통

과

- (용접자격증) 국내 조선소에서 일반적으로 통용되는 AWS 등*의 기준을 적용하여 발급된 중급**이상의 FCAW, GMAW, GTAW 용접기술 분야의 자격증(신원, 기량 수준, 적용기준 등이 명시되어 있으며, 발급처의 직인 또는 책임자의 서명 등이 포함된 출입증(또는 사원증), 시험결과지 및 재직증명서 등을 포함)으로 한정

  * AWS(미국용접협회), ASME(미국기계기술자협회), ISO(국제표준화기구), EN(유럽표준), 국제선급협회[한국선급(KR), 미국선급(ABS), 영국선급(LR), 노르웨이 · 독일선급(DNVGL) 등]

  ** 용접자세 중 아래보기(일반적으로 F, 1G로 표기) 및 수평(일반적으로 H, 2G로 표기)을 제외

○ (제출서류) 국제선급회사 등 발급 자격증, 기량검증단 발급 기량검증확인서 추가

  ※ 송출국 정부에서 발행한 자격증 및 경력사항이 포함된 확인서를 아포스티유(또는 영사확인) 받아 제출하는 경우에도 인정

○ (고용업체 기준) 조선소 및 선박관련 블록제조업 중 최근 3년간 연평균 매출액이 10억원 이상 + 상시 근로자 10인 이상 + 최근 2년 이내 법위반 및 이탈자가 발생하지 않은 업체*

  * 제출서류 및 전산기록 등으로 대상 외국인 및 고용업체의 요건 등을 심사하고, 실태조사가 특히 필요하다고 판단되는 경우 실태조사 실시

○ (허용인원 기준) 국민고용 보호를 위해 총 600명(취부용접공 포함)이내 도입 및 관리

○ (사증발급) 체류기간 상한 2년의 단수사증

○ (체류관리 등) 일반 기준 적용하되, 사후관리 강화*

  * 조선협회 주관으로 체류자 대상 한국어교육 및 기량 미달자에 대한 사내(위탁)기술교육을 실시하고, 휴 · 폐업 및 임금체불 등으로 정상근무가 어려운 경우 조선용접공 추가 채용이 필요한 관리우수업체로 재취업 유도

○ (기타사항) 업체규모, 고용비율, 최저임금 등 별도로 국민고용 보호 내용이 없는 경우 일반기준 전면 적용

6) 항공기 정비원(7521)

○ (직종설명) 항공기(헬리콥터 포함)의 동력장치, 착륙장치, 조종 장치, 기체, 유압 및 기압 시스템 등의 고장여부, 범위, 정도 등을 파악하여 안전하게 운행할 수 있도록 조립, 조정, 정비하는데 관련된 제반업무를 수행하는 자

○ (도입 가능직업 예시) 비행기 정비원, 헬리콥터 정비원

○ (고용추천서 발급) 국토교통부장관(항공기술과) ※ 필수

○ (자격요건) 일반요건 적용

○ (사증발급) 체류기간 상한 2년의 단수사증

○ (체류관리 등) 일반 기준 적용

7) 선박 도장공(78369)

- ○ (직종설명) 도장용구를 사용해 페인트, 래커, 에나멜 등을 건축, 선박 등에 도장하는 자로서, 도장하기 위해 표면을 손질하거나 선박의 목조부분 및 내부장치를 도장하는 자 등이 포함됨
- ○ (도입 가능직업 예시) 선박 도장공(도장 전처리, 도료 작업, 타이코트(서로 다른 도료 간 접착력 향상) 작업 등 도장 공정 전 과정 포함)
  - * 실무상 스프레이 사수, 터치업조 롤러, LQC(Line Quality Control) 등으로 지칭될 수 있음
- ○ (자격요건) 선박도장 관련 전문학사 이상의 학위를 소지하고, 관련 분야에서 일정기간 근무한 경력이 있는자
- – 학력 : 선박도장 관련 전문학사 이상의 학위소지

- ▶ 전공명 : 화학, 화학공학, 재료공학, 조선공학, 건축공학, 자동차공학, 기계공학
- ▶ 상기 전공명에 해당하지 않으나 관련성이 있다고 판단되는 전공인 경우, 도장 관련 과목을 3과목 이상 이수한 경우 인정 가능
  - * 도장관련 과목(예시) : 건축재료 계획, 건축시공, 자동차튜닝, 도장실무 등

- – 경력 : 도장 관련 분야에서 아래에 해당하는 기간 이상 근무

- ▶ 전문학사 : 5년 이상
- ▶ 학사 이상 : 1년 이상
- ▶ 경력 판단기준 : 해당업체의 업종, 담당직무 등을 종합하여 판단

- – 유학생 특례 : 국내에서 선박도장 관련 전문학사 이상의 학위를 취득한 경우에는 산업부 지정기관에서 수행하는 도장분야 기량검증 통과 시 경력요건 면제
  - * 기량검증기관 : 산업부 지정기관(예: 조선해양플랜트협회)
- ○ (국민고용 보호 심사기준) 적용대상(별도기준 적용)
- ○ (추가 제출서류) 산업부장관 업체 추천서, 유학생의 경우 산업부 지정기관의 기량검증 통과확인서 추가 ※ 필수
- ○ (허용인원 기준) 연간 총 300명 한도 내에서 허용
- ○ (자격요건) 일반요건 적용
- ○ (사증발급) 체류기간 상한 2년의 단수사증
- ○ (체류관리 등) 일반 기준 적용
- ○ (기타사항) 별도 지시 없는 한 2022년 12월 31일까지 시범운영

나. 숙련기능 점수제 종사자 (3개 직종, E-7-4)

1) 뿌리산업체 숙련기능공(S740)

○ (직종설명) 주조, 금형, 소성가공, 용접, 표면처리, 열처리 등 공정기술을 활용하여 소재를 부품으로, 부품을 완제품으로 생산하는 뿌리산업체에서 필요로 하는 기술이나 숙련된 기능을 보유하고, 생산현장에서 단순노무인력을 지도·관리하며 생산활동을 주도하는 자

○ (도입 가능직업 예시) 주철관·주철제 제조업체, 회·가단·구상흑연·보통강·특수강(합금강)·알루미늄·동·기타 비철금속 주물업체, 주물주조기계 제조업체, 프레스용·플라스틱용·기타 금형 제조업, 몰드 베이스·기타 주형 관련 부속품 제조업체, 공업용 노·전기노 제조업체, 노 부속품 및 부품 제조업체, 금속 표면처리용 화합물 제조업체, 도금업체, 도장 및 기타 파막처리업체, 기타 금속처리 제품 제조업체, 페놀·에폭시 동박적층판 제조업체, 전기도금 및 전기분해용 기기 제조업체, 금속 표면처리기 제조업체, 분말야금 제품 제조업체, 보통강·특수강·기타 철강·스테인레스·알루미늄·동·기타 비철금속 단조물 제조업체, 자동차용 프레스·기타 프레스 가공품 제조업체, 액압·기계프레스 제조업체, 금속 단조기·금속 일반기 제조업체, 나사 전조기·금속선 가공기·기타 금속 성형기계·금속성형기계의 부품 제조업체, 천연·합성수지 접착제 제조업체, 접착 테이프·기타 1차 비철금속 제품 제조업체, 용접봉 제조업체, 아크·저항·기타 전기 용접기 제조업체, 가스 용접 및 절단기 제조업체, 반도체 조립장비 제조업체,   칩 마운터 제조업체 등(뿌리산업법 시행령 제2조 별표 세세분류)

○ (국민고용 보호 심사기준) 적용 대상 (별도 기준이 설정된 경우를 제외하고 일반기준 전면 적용)

○ (유형별 자격요건 및 허가절차) 현지 선발자와 국내 전문대학 이상 졸업자, 비전문취업(E-9)자 등 각각의 특성에 부합하도록 자격요건 및 허가절차 등 별도 설정

① 현지 선발자 : 관계부처 및 단체 등과 협의하여 세부사항 등 결정 후 별도 시행 예정

② 뿌리산업 인력 양성대학 졸업자 : 체류자격변경(원칙)

- (자격요건) 뿌리산업학과 전공 + 뿌리산업 분야 기능사 이상 자격증 취득 또는 정부·업계 등으로 구성된 기량검증단의 기량검증 통과

- (허가절차 등) 계약기간 범위 내에서 최대 2년의 체류기간을 부여(연간 300명 한도에서 체류자격 변경을 허용)

③ 국내 체류 E-9, E-10, H-2 자격자 : 체류자격 변경(원칙)

- (자격요건) 별첨의 숙련기능인력 점수제 해당자(별도 자료는 2020년1월1일부터 적용)

- (쿼터운영) 1,000명 이내에서 국민고용창출 우수기업 및 고득점자, 내국인 구직 기피 직종에 등에 대해 별도 쿼터 운영(농림축산어업, 일반제조업 및 건설업 포함)

구 분		인원
기본쿼터		680명
별도쿼터	고득점 + 국민 고용창출 우수기업	200명
	내국인 구직 기피 직종으로 관계부처에서 확인한 기업	370명
총 계		1,250명

- 내국인 구직기피 관련 관계부처 확인대상
ⅰ) 점수요건을 충족한 뿌리산업 및 제조업의 성실재입국자로 고용노동부 장관의 추천*
   을 받은 자 200명
ⅱ) 점수요건 충족한 뿌리산업 및 농림축산어업의 성실재입국자 중 산업통상자원부, 농
   림축산식품부, 해양수산부 장관의 고용 추천을 받은 자 170명(산업부 70명, 농림부
   /해수부 각 50명)
○ (제출서류) 기량검증단 발급 기량검증확인서*, 뿌리산업체증명서, 체류자격 변경허
   가 요건 구비 입증서류 등 추가
 * 기량검증 확인서는 원칙적으로 유효기간 내에서 유효함. 단, ⅰ)국내에서 해당 업종
   에 계속 근무중인 경우, ⅱ) 직종에 종사하지 않지만 국내 계속 체류하며 발급 후 3
   년 이내인 경우 등 유효기간이 만료되었더라도 해당 분야 기량을 보유하고 있다고
   인정되는 경우 유효하다고 인정 가능함
○ (고용업체 기준) 아래 요건을 충족하는 업체
 ① 선발자 및 양성대졸업자 등 : 국민고용 피보험자 수가 10명 이상인 업체(단 뿌리산
   업체인 경우 국민고용 피보험자 수가 5명 이상)
 ② E-9 등 자격변경자 : 신청일 기준 현재 E-9,E-10 외국인 근로자를 1인 이상 고용
   중인 업체
○ (업체당 허용인원 기준) 국민고용 피보험자 수에 따라 최대 5명까지 허용*
 - 허용인원 : 한시적으로 분야별로 별도 적용 가능, 합산하지 않음

업종별 \ 허용인원		1명	2명	3명	4명	5명
제조업 (국민피보험자 수)	일반	10 - 49명	50-149명	150-299명	300-499명	500명 이상
	뿌리	5-9명	10-29명	30-49명	50-99명	100명 이상
건설업 (연평균 공사금액)		50억원 미만	50-300 억원 미만	300-500 억원 미만	500-700 억원 미만	700 억원 이상
농축어업 (상시근로자 수)		30명 이하	31-99명	100명 이상	-	-

- 뿌리 양성대학 졸업자 : 내국인 고용비율 20% 이내에서 별도 허용
○ (사증발급) 예외적으로 사증발급인정서 (기술인력 양성대학 졸업생)발급
- 체류기간 상한 2년의 단수사증 발급(단, E-9 등이 사증발급인정서 발급 희망 시에는 체류기간 1년의 단수로 발급)
○ (체류관리 기준) 동일 업체에 계속 취업을 전제로 체류기간을 연장하고, 근무처 변경 · 추가는 사전허가사항으로 이 경우 요건(점수제) 충족여부를 재심사
- (근무처변경 및 추가) 원칙적으로 근무처 변경·추가 제한 대상이나, △원 근무처장의 동의가 있거나(이적동의서 징구), △근로계약기간이 만료된 경우, △고용업체의 휴폐업 및 경영악화 등으로 계속 고용이 어렵거나 임금 체불 및 인권침해 등 부득이한 사유가 있는 경우에는 근무처변경을 허용
- (다른 직종으로의 변경) 일반 제조업체나 다른 직종으로 변경하는 것도 엄격하게 제한, 원칙적으로 E-7-4 이외의 다른 직종(E-7-1)으로 자격변경은 불가하며, 사증발급을 통해 다른 직종으로 재입국 허용
  · E-7-4내의 구직을 위해 D-10으로 자격 변경시 최초 3개월(E-9 준용)을 부여하고 최대 6개월을 넘을 수 없으며, 6개월이 넘는 경우에는 출국 후 사증발급인정서를 통해 재입국 허용
- (기간연장) 기간연장시 자격변경에 준하여 요건을 재심사하여 점수요건 미충족시 체류기간 연장 허가 제한
  ※ 단, 2017년 8월1일 이전 E-7 자격으로 변경 한 외국인이 동일 요건(근무처 변경 없이)을 유지하고 있는 경우에 한하여 기존 요건을 준용하여 체류기간 연장, 근무처 변경 등 새로운 허가를 요할 경우에는 개정된 점수제 요건을 적용하여 심사, '19.1.1부터는 모든 E-7-4 자격자의 기간연장 요건 심사시 점수표 전면적용

2) 농림축산어업 숙련기능인(S610)
○ (직종설명) 농산물 생산과 원예, 조경, 가축 번식 및 사육, 낙농제품생산, 어패류 양식 등에 필요한 지식과 경험을 바탕으로 현장에서 주도적으로 활동을 기획하고 수행하는 자
○ (도입 가능직업 예시) 곡식작물 재배원, 채소 및 특용작물 재배원, 과수작물 재배원, 원예작물 재배원, 조경원, 낙농업 관련 종사원, 가축 사육 종사원, 어패류 양식원
○ (자격요건) 숙련기능인력 점수제 해당자(별도자료)
○ (허가절차) 체류자격 변경 요건 입증서류를 첨부하여 관할 출입국 · 외국인청(사무소 · 출장소)에 체류자격 변경 신청 → 청장 등은 심사 후 체류자격 변경을 허가하고, 최대 2년의 범위 내에서 계약기간을 감안하여 체류기간 부여
○ (고용업체당 허용인원) 원칙적으로 농업경영체등록(국립농산물품질관리원) 또는 고용보험가입자명부에 등재된 근로자 숫자에 따라 최대 3명까지 허용

○ (사증발급) 체류자격 변경 원칙
○ (체류관리 기준) 동일 업체에 계속 취업 시 1년 단위로 체류기간 연장을 허가하며, 근무처 변경 · 추가 시에도 사전허가를 받도록 함
– 원칙적으로 근무처 변경을 제한 (단, 고용업체가 휴폐업 및 경영악화 등으로 계속 고용이 어렵거나 임금 체불 및 인권침해 등 부득이한 사유가 있는 경우에는 예외적으로 허용)
– 농축어업 분야가 아닌 제조업 등 다른 직종으로 변경은 원칙적으로 금지
– 2천만 원 이상의 자산을 보유하면 가족동반을 허용하고, E-7자격으로 1년 이상 취업 시에는 점수평가에 의한 거주(F-2) 자격변경지침에 따라 자격변경 신청을 허용

3) 일반 제조업체 및 건설업체 숙련기능공(S700)
○ (직종설명) 뿌리산업체를 제외한 일반 제조업체 및 건설업체에서 필요로 하는 기술이나 숙련된 기능을 보유하고, 생산현장에서 생산 활동을 주도하고 단순노무인력을 지도하며 관리하는 자
○ (도입 가능직업 예시) 뿌리산업체를 제외한 일반 제조업체, 건설업체
○ (국민고용 보호 심사기준) 적용 대상, 허용인원 별도 기준 적용
○ (고용업체당 허용인원) => 뿌리산업체 숙련공 부분 참조
○ (자격요건) 후단의 숙련기능인력 점수제 해당자
○ (허가절차 및 체류관리 기준) 뿌리산업체 숙련기능공(S740) 관리기준 준용

〈숙련기능인력 점수제 항목〉(2021. 1 .1부 적용)
숙련기능인력(E-7-4) 점수제 평가 항목
▫ 적용대상 : 최근 10년 이내 5년 이상 E-9, E-10, H-2자격으로 국내에서 정상적으로 취업활동을 하고 있는 외국인
– 제외 : 형사범, 세금체납자, 출입국관리법 4회 이상 위반한 사람
〈참고〉: 단 세금을 완납한 사람은 신청가능

▫ 점수요건 : 아래 중 어느 하나의 기준을 충족해야 함(최대 203점)
1. 산업기여가치 '연간소득' 점수가 10점 이상인 자로 총 득점이 52점 이상인 자
2. 미래기여가치 합계 점수가 35점 이상인 자로 총 득점이 72 이상인 자

가. 기본항목 : 최대 90점
1). 산업 기여 가치
◆ 연간소득 : 최대 20점

구 분	3,300만원 이상	3,000만원 이상	2,600만원 이상
배 점	20	15	10

〈범례〉: 신청일 기준 최근 2년 각 2,600만원 이상의 연간소득(세무서발행 소득금액증명원 기준)이 있는 경우에 한하며, 2년 치 평균 금액을 소득으로 산정하여 배점 부여

2). 미래 기여 가치

◆ 숙련도 : 최대 20점

구 분	자격증 소지Ⓐ			기량검증 통과Ⓑ
	기사	산업기사	기능사	
배 점	20	15	10	10

〈참고〉: 항목 간 중복 산정 불가(가장 높은 점수치 하나만 산정가능)
　　　　Ⓐ 신청일 현재 근무 중인 분야와 직접 관련된 국내 자격증으로, 국가기술자격법 시행규칙 별표2의 "기술·기능분야" 기술자격에 한함
　　　　Ⓑ 법무부장관이 정하는 기관에서 시행하는 기량검증을 말함

◆ 학력 : 최대 10점

구 분	학사	전문학사	고졸
배 점	10	10	5

〈참고〉: 항목 간 중복 산정 불가(가장 높은 점수치 하나만 산정가능)
〈범례〉: 취득 지역은 국내외 불문하되 정규과정만 해당

◆ 연령 : 최대 20점

구 분	~ 24세	~ 27세	~ 30세	~ 33세	~ 36세	~ 39세
배 점	20	17	14	11	8	5

◆ 한국어능력 : 최대 20점

토픽(TOPIK) 또는 사회통합프로그램(KIIP)			
5급/5단계 이상	4급/4단계 이상	3급/3단계 이상	2급/2단계 이상
20	15	10	5

〈참고〉: 토픽은 공식점수표(유효기간내의 것만 인정), 사회통합프로그램(KIIP)은 공식 이수증이나 단계별 확인서(사전평가 점수는 인정되지 않음)

나. 선택항목 : 최대 113점

◆ 근속기간 : 동일업체 근속 기간에 따라 연도별로 최대 10점

〈범례〉: 법무부에 해당업체 고용된 사실을 신고한 기간이 1년이 넘으면 1점. 2년이 넘으면 2점을 부여하며, 민원인이 별도 제출할 서류는 없으며 가점부분에 기재로 갈음

◆ 보유 자산 : 최대 35점

구 분	2년 이상 국내 정기적금Ⓐ			국내 자산Ⓑ		
	1억원 이상	6천만원 이상	3천만원 이상	1억원 이상	8천만원 이상	5천만원 이상
배 점	15	10	5	20	15	10

〈참고〉: Ⓐ와 Ⓑ간 중복 산정 가능(단, 이 경우 Ⓑ는 Ⓐ금액을 제외한 금액만 인정)
〈범례〉: Ⓐ는 월 단위 적립식 적금을 말하며 월 적립금이 80만 원 이상인 경우만 해당
　　　　Ⓑ는 신청일 기준 1년 이상 보유중인 본인소유 부동산(토지/주택/건물)만 해당
　　　　Ⓐ와 Ⓑ 모두 신청자 본인의 순수 자산임을 입증한 경우만 인정

◆ 최근 10년 이내 국내 관련분야 근무경력 : 최대 15점

구 분	뿌리산업 분야 및 농·축산·어업 분야 Ⓐ		일반 제조업, 건설업 분야 등Ⓑ	
	6년 이상	4년 이상	6년 이상	4년 이상
배 점	15	10	10	5

〈참고〉: 항목 간 중복 산정 불가(가장 높은 점수치 하나만 산정가능)
〈범례〉: Ⓐ 점수는 신청일 현재 1년 이상 계속 뿌리산업 및 농축산어업 분야에 근무 중인 사람으로 해당 분야 근무기록만 인정

◆ 관련직종 국내 교육 또는 연수경험 : 최대 10점

구 분	국내 교육경험Ⓐ		국내 연수경험Ⓑ	
	학사이상 취득	전문학사 취득	1년 이상	6개월~1년 미만
배 점	10	8	5	3

〈참고〉: 항목 간 중복 산정 불가(가장 높은 점수치 하나만 산정가능)
〈범례〉: Ⓐ는 국내 대학에서 정규과정 유학하고 해당 직종관련 전문학사 이상 학위취득

자만 해당

Ⓑ는 국내 사설기관연수(D-4-6)자격 연수허용기관에서의 해당 직종관련 연수
만 인정

◆ 가점 : 최대 43점

구 분	국내 유학경험 Ⓐ			관련 중앙부처 추천 Ⓑ	읍, 면지역 근무경력 ⓒ		
	석사 이상	학사 이하	전문 학사		4년이상	3년이상	2년이상
배 점	10	5	3	10	10	7	5
구 분	사회 공헌 Ⓓ		납세실적 (300만원이 상)Ⓔ	코로나19 관련 계절근로 참여		
	표창	사회 봉사		1개월	2개월	3개월
배 점	5	3	5	1	2	3

〈참고〉: 항목 간 중복 산정 가능

〈범례〉: Ⓐ 국내대학에서 2년 이상 유학하고 전문학사 학위 이상을 취득한 경우에 해당
하며 상기 '학위소지' 및 '학력' 항목과 중복 산정 가능(해당직종 관련 전공불
문)

Ⓑ 신청일 기준 근무 중인 종사분야와 관련되는 중앙부처 고용추천에 한해 인
정하며, 중앙 부처의 장은 최대 10점의 범위 내에서 점수를 차등하여 추천
이 가능함

ⓒ 읍,면 지역 기준 : 근무처가 인구 20만 이상인 광역시 이상 및 경기도를 제
외한 전국 읍, 면지역에 위치할 것
경력 산정 기준 : 신청일 기준 10년 이내 읍,면지역에 1년 이상 근무한 경력
합산

Ⓓ (훈·포장/표창) 국가나 지방자치단체로부터 수여받은 것 만 해당(건당 2점,
최대5점), (자원봉사) 1년 이상 200시간 이상의 국내 사회봉사(공공자원봉
사로 지역사회 공헌 입증-사무소장 및 출장소장이 판단) : 표창/사회봉사
간 합산 불가(어느 하나만 적용)

Ⓔ 신청일 기준 최근 1년 연간 소득세 납세실적을 말함

Ⓕ 비전문취업(E-9)으로 체류했던 자로서 체류기간 만료 후 2020.8.21.이후
시행된 계절근로 사업에 고용노동부 추천을 받아 참여한 경우, 기간에 따라
가점 부여 (참여여부는 별도 제출서류가 아닌 전산시스템 상 근로기록에 따
라 판단함)

다. 감점항목 : 최대 50점

구 분	출입국관리법 위반Ⓐ			기타 국내 법령 위반Ⓑ		
	1회	2회 이상	3회 이상	1회	2회 이상	3회 이상
배 점	5	10	50	5	10	50

〈참고〉 : 항목 간 합산(Ⓐ+Ⓑ)점수를 적용함
〈범례〉 : Ⓐ 신청일 기준 10년 이내 위반 횟수만 기산하며 처벌여부와 상관없이 위반이 확정된 건은 모두 포함(처분면제, 과태료 포함)하며, 4회 이상 위반자는 신청제한
        Ⓑ 10년 이내 위반 횟수만 기산하되 관할사무소에서 체류허가로 심사결정한 경우에 한함

〈숙련기능점수제(E-7-4) 제출서류 목록〉

【체류자격 변경 시 공통서류】

가. 기본서류
- 통합신청서(별지 34호), 여권, 외국인등록증, 수수료 13만원, 표준규격 사진 1장, 신원보증서(별지 129호), 고용사유서(활용계획서), 표준근로계약서, 재직증명서, 사업자등록증 사본, 고용보험가입자목록(또는 4대 사회보험가입장 가입자 명부), 납세증명서, 지방세납세증명서, 결핵검진확인서(해당자)
  ※ 표준근로계약서상의 급여는 최저임금 이상일 것(근무시간 및 시간당 임금, 기본급 명시)

나. 업체별 허용인원 산정 입증 서류
 - 제조업(뿌리산업체 포함) : 고용보험가입자 목록
 - 건설업 : 공사금액 입증 서류
 - 농림축산어업 : 고용보험가입자 목록

【해당 외국인의 점수제 입증 서류】

가. 기본항목
 1) 산업기여 가치
  ◆ 연간소득

- 세무서장 발행 소득금액증명원 (전년도 2년간)
- 소득금액증명원 상 소득금액이 2년 연속 2,600만원을 넘어야 함
- 정기선발
  ▶ 2021년 1분기 : 2019년 소득금액증명원, 2020년 근로소득지급명세서('21.3.10. 이후 홈택스에서 발급)
  ▶ 2021 2~4분기 : 2019년, 2020년 소득금액증명원
- 수시선발
  ▶ 2021.1.1.~3.19. : 2018년, 2019년 소득금액증명원
  ▶ 2021.3.20.~5.30. : 2019년 소득금액증명원, 2020년 근로소득지급명세서
  ▶ 2021.6.1.~ : 2019년, 2020년 소득금액증명원

2) 미래기여 가치
◆ 숙련도
Ⓐ 자격증 : 해당 자격증 원본(담당자 확인 후 원본 반환)
 ※ 국가기술자격법 시행규칙 별표2의 해당 자격증 발급기관에서 발급한 자격증 원본
Ⓑ 기량검증 : 기량검증 시행기관의 기량검증 합격(통과) 증서
 ※ 현재 기량검증은 뿌리산업분야만 가능하며 뿌리산업의 경우 '국가뿌리산업진흥센터(☎ 02-2183-1635)'에서 기량검증확인서 발급

◆ 학력 : 학위증(학사이상) 또는 졸업장(고졸) 원본(담낭사 확인 후 원본 반환)
 - 전문학사 및 학사의 경우 학위증만 인정(기술학원 졸업증, 기술교육 이수증, 전문기술 자격증 등 불인정) 단, 필요시 교육기간 확인을 위해 성적증명서를 추가로 요구할 수 있음
 ※ 정규과정(4년 이상 출석수업)이 아닌 국내 체류 중 원격대학, 온라인대학, 개방대학, 국제대학 등을 통해 해외에서 학위를 취득한 경우 심사를 통해 가점 불인정
 - 국외에서 발행한 서류의 경우 한국어 또는 영어 번역 후 아포스티유 확인 또는 재외공관 영사확인 받은 서류를 추가로 제출

◆ 한국어능력
 - 토픽 : 공식점수표(유효기간내의 것만 인정),
 - 사회통합프로그램(KIIP) : 공식 이수증이나 단계별 확인서(사전평가 점수는 인정되지 않음)

나. 선택항목
◆ 근속기간
 - 신청일 현재 근무하고 있는 업체의 근속 기간에 따라 연도별로 최대 10점을 부여하며

법무부에 근무처로 지정된 기간으로 산정(부득이한 사정으로 근무처가 변경되었다고
하여 이전 근무처의 근속 기간을 합산하지 않음)

◆ 보유 자산
Ⓐ 정기적금 : 해당 은행발행 해당계좌 거래내역 조회서(최근 1주일 이내 발급 유효)
   ※ 최종 납입사항이 정리된 적금통장 원본도 추가로 제시(담당자 확인 후 원본 반환)
Ⓑ 부동산소유 : 부동산등기사항전부증명서 제출(최근 1개월 이내 발급 유효)

◆ 최근 10년 이내 국내 관련분야 근무경력 : 해당 업체발급 재직증명서(최근 1주일 이내
   발급 유효) 또는 관련분야 경력증명서
 - 이전 직장 폐업 등으로 재직증명서 발급이 불가한 경우 본인이 경력진술서(임의양식)
   를 작성하여 법무부에서 근무이력 확인을 통해 보충적으로 대체 가능
 - 단, 뿌리분야 경력은 반드시 해당업체 뿌리기업 확인서가 첨부
 - 재직증명서에 사업자등록번호 및 직종, 재직기간, 담당업무 등 구체적인 업무분야 명
   시
 Ⓐ 신청일 현재 1년 이상 계속 뿌리산업에 근무 중인 자만 인정
  - 해당 분야 종사자의 경우 해당 업체의 뿌리기업 확인서로 입증

◆ 관련직종 국내 교육 또는 연수경험
Ⓐ 국내 학위취득 : 학위증 사본(학위증 원본을 소지하고 방문하여 담당자 확인 후 원본
   반환)
Ⓑ 국내 사설연수 : 해당교육기관 발급 연수확인서(교육과정, 교육기간 등 명시)
 - D-4-6 허용 연수기관에서 주 8시간 이상의 과정을 수료(출석율 80% 이상)하였을
   경우에 가점 부여

◆ 가점
Ⓐ 국내 유학경험 : 학위증 원본(담당자 확인 후 원본 반환)
Ⓑ 종사분야와 관련되는 중앙부처 추천 : 해당부처 발행 고용추천서
  - 중앙부처 추천 기준 및 접수는 각 부처별로 개별적인 기준에 따름
Ⓒ 읍 · 면지역 근무경력 : 해당 업체발급 경력(재직)증명서* 및 사업자등록증 사본
 * 소재지 명시, 비고란에 사업자등록번호 및 직종, 재직기간, 담당업무 등 구체적인 업
   무분야 명시
Ⓓ 사회공헌
   ▶ 표창 : 표창장 원본(담당자 확인 후 원본 반환)
   ※ 표창이란 국가 또는 사회에 공헌한 행적이 뚜렷한 내외국인에게 주는 증서와 부상
     으로 정부표창을 의미함, 그러므로 감사장, 공로패 등은 제외

- 표창은 국가기관(중앙부처의 장) 및 지방자치단체장(국회의원, 지방의회, 글로벌센터장, 부시장, 다문화센터장 등 표창은 제외됨) 명의의 정식표창을 의미
- 동일 기관장 명의의 다수 표창은 1개만 인정, 표창 수여주체가 불명확한 경우 이에 대해서는 제출자에게 입증 책임 있음
- 사회봉사 : 한국중앙자원봉사센터(☎1365)발급 실적확인서, 단, 예외적으로 공공기관 발급 사회봉사 확인서(봉사내용 및 봉사기간 등 명시)
Ⓔ 납세실적 : 개인 소득금액증명서로 확인
Ⓕ 코로나19 관련 계절근로 참여 : 신청 시 별도서류 제출 없이 해당여부 기재하여 신청

◆ 감점항목
Ⓑ 필요시 범죄경력증명서 제출을 요구할 수 있음

---

47) 18.5. 신설시 내국인 고용보호를 위해 고용부에서 학력 제한이 필요하다는 의견을 제출하여 학사학위자는 발급대상에서 제외됨

48) 환급을 받은 경우는 실적금액에서 제외하고 실제로 납부한 실적을 의미함. 환급 등으로 납세실적입증이 어려운 경우에는 매출과세 표준액을 기준으로 산정함. 납세실적 제출이 원칙이며, 보조적으로 매출과세표준합계 적용

계절근로(E-8)

자격 해당자 및 활동범위	🔹 법무부장관이 관계 중앙행정기관의 장과 협의하여 정하는 농작물 재배·수확(재배·수확과 연계된 원시가공 분야를 포함한다) 및 수산물 원시가공 분야에서 취업 활동을 하려는 사람으로서 법무부장관이 인정하는 사람
1회에 부여할 수 있는 체류기간 상한	🔹 5개월(체류기간연장을 허용하지 않음)
외국인등록	🔹 제출서류 ① 통합신청서, 여권, 사진(35mm×45mm) 1매, 수수료 ② 표준근로계약서 사본 ③ 산업재해보험가입증명원 ④ 마약검사확인서 ⑤ 체류지 입증서류 ⑥ 결핵검진 확인서(해당자에 한함) ※ 외국인등록시 지자체 담당자와 동반 필요
근무처변경 (고용주재배정) ⬛ 목차	🔹 근무처 추가는 허용되지 않음 🔹 근무처 변경시 지자체 담당자 동반 필요 🔹 근무처 변경 사유 ① 각종 조건 위반 고용주가 시정을 하지 않은 경우 ② 계절근로자의 귀책사유 없이 근로를 계속할 수 없는 경우 ③ 사회통념상 외국인 계절근로자가 최초 계약한 고용주의 작업장에서 근무를 할 수 없는 경우 등 🔹 제출서류 ① 통합신청서, 여권, 외국인등록증, 수수료(12만원) ② 표준근로계약서 사본 ③ 산업재해보험가입 증명원 ④ 전 고용주의 고용포기 사유서 ⑤ 지자체의 재배정 공문
자격외 활동허가	▫ "F-1-5, F-1-9 소지자"에 대한 자격외활동허가 🔹 신청자 요건 – 신청일 기준 민법상 성년 이상의 범위에서 국내 지자체가 결정한 연령을 충족할 것 – 지자체 관내 결혼이민자나 외국국적동포가 국내 체류하고 있는 가족을 지자체에 외국인 계절근로자로 추천하고, 지자체가 최종적으로 결정

	▧ 제출서류 ① 통합신청서, 여권, 수수료(12만원) ② 외국인등록증 ③ 표준근로계약서 사본 ④ 산업재해보험가입 증명원 ⑤ 계절근로자로 배정하였음을 확인하는 지자체 발급 공문 ㅁ 계절근로자(C-4, E-8)는 계절근로 이외의 다른 활동을 위한 체류자격외 　활동허가를 허용하지 않음

비전문취업(E-9)

고용허가제란?	● 고용허가제란? 「외국인근로자의 고용 등에 관한 법률」에 의거, 사업주에게 외국인근로자의 고용을 허가하고, 외국인 근로자에게는 당해 사업주에게 고용되는 조건으로 최장 4년 10개월간 취업을 허용하는 인력제도로, '04. 8월 제도 시행이후 현재까지 16개국과 MOU를 체결하여 운영 – 상시근로자(고용보험 기준) 300인 미만 또는 자본금 80억원 이하 중소기업에 외국인 고용허가 고용허가제 선정국가(16개국) 태국, 필리핀, 스리랑카, 베트남, 인도네시아, 몽골, 파키스탄, 우즈베키스탄, 캄보디아, 중국, 방글라데시, 네팔, 미얀마, 키르기즈스탄, 동티모르, 라오스
활동범위	● 외국인근로자의 고용에 관한 법률의 규정에 의한 국내취업
해 당 자	● 외국인 근로자의 고용에 관한 법률의 규정에 의한 국내 취업요건을 갖춘 자
1회에 부여할 수 있는 체류기간 상한	● 3년
체류자격외 활동	● 체류자격외 활동 억제
근무처의 변경 · 추가	「출입국관리법」 제21조 및 「외국인고용법」 제25조에 의거, 비전문취업자의 근무처 변경에 대한 허가권자는 법무부장관임 가. 근무처 변경(이동)의 제한 ● 비전문취업자는 원칙적으로 최초 고용허가를 받은 사업장에서 계속 취업하여야 함 – 다만, 예외적으로 사업장의 휴 · 폐업 등 그 사업 또는 사업장에서 정상적인 근로관계를 지속하기 곤란한 때에는 다른 사업 또는 사업장으로의 변경 신청 가능 나. 변경 횟수의 제한 ● 비전문취업자의 사업장 변경은 입국한 날부터 3년 이내의 취업가능기간 중에는 원칙적으로 3회, 재고용절차에 따라 체류기간이 연장된 기간 중에는 2회를 초과할 수 없음 – 다만, 휴 · 폐업, 기타 외국인근로자의 책임이 아닌 사유로 사업장을 변경

한 경우에는 변경횟수에 포함하지 아니하며,

> ※ 근로계약을 체결하고 입국하여 최초 사업장에 배치되기 전까지 사용자의 귀책사유로 근무처를 1회 변경한 경우가 3회에 포함되어 있을 때에는 1회를 추가하여 근무처 변경 허용

📧 건설업종 사업장 변경 횟수 제한 특례

- "동일 원청 현장 내 업체 간 외국인력 이동"의 경우 고용허가를 받은 업체의 공사가 종료된 경우 책임건설업체(원도급업체)의 승인을 받은 경우 사업장 변경 횟수에 포함시키지 않고 근무처변경 허가
- 사업장 변경 횟수에 포함되지 않는 동일 현장 내 업체간 인력 이동에 대해서도 공사현장 총 허용인원 범위 내에서 인력 배정의 자율성 부여

다. 근무처 변경사유의 판단

> 외국인근로자는 외국인고용법 제25조 및 동법시행령 제30조상에 규정된 사업장 변경 사유에 해당할 경우에 한하여 사업장 변경 가능

📧 사용자가 정당한 사유*로 근로계약기간 중 근로계약을 해지하고자 하거나 근로계약이 만료된 후 갱신을 거절하고자 하는 경우

* 정당한 사유란 근로자의 귀책 등으로 인한 해고, 근로계약의 기간만료, 근로계약 해지 등이 포함

📧 휴업 · 폐업 그 밖의 외국인근로자의 책임이 아닌 사유로 그 사업장에서 근로를 계속할 수 없게 되었다고 인정되는 경우

📧 외국인근로자 고용허가의 취소 또는 고용의 제한 조치가 행하여진 경우

📧 사업장의 근로조건이 계약조건과 상이하거나 근로조건 위반 등 사용자의 부당한 처우 등으로 사회통념 상 근로계약 유지가 어려운 경우

📧 상해 등으로 외국인근로자가 해당 사업 또는 사업장에서 계속 근무하기는 부적합하나 다른 사업 또는 사업장에서의 근무는 가능하다고 인정되는 경우

라. 근무처 변경 절차

📧 사용자와 근로계약 종료 후 1월 이내에 사업장 변경을 신청(고용노동부 고용센터)하여야 하며, 사업장 변경을 신청한 날로부터 3개월 이내에 근무처변경허가(관할 청(사무소 · 출장소))를 받아야 함

📧 다만, 업무상 재해, 질병, 임신, 출산 등의 사유로 근무처변경 허가를 받을 수 없거나 신청할 수 없는 경우에는 사유해소일로부터 기간 계산

- 사유 해당자는 체류기간 만료 전에 직업안정기관의 장이 발급한 사업장 변경신청기간 연장접수확인서에 산재입증서류, 진단서 등을 첨부하여 관

할 출입국 · 외국인청(사무소 · 출장소)에 체류기간연장을 신청
- 체류기간연장허가수수료는 면제
- 체류기간연장허가를 받은 기간 중에라도 사유가 해소되어 직업안정기관으로부터 사업장변경허가를 받은 경우에는 관할 출입국 · 외국인청(사무소 · 출장소)장의 근무처변경허가를 받은 후에 취업을 개시하여야 함
- 3년 취업기간 중에는 최초 입국일로부터 3년, 재고용에 의한 취업기간 연장 허가기간 중에는 최초 입국일로부터 4년 10개월을 초과할 수 없음

마. 제출 서류
① 신청서(별지 34호서식), 여권 및 외국인등록증, 수수료
② 고용허가서 사본 ③ 표준근로계약서 사본
④ '사업자등록증' 등 사업장 관련 입증서류
⑤ 건설업체의 경우 해당 현장 책임건설업체(원도급업체)가 작성한 "건설현장에 대한 외국인력 현황표"(고용노동부 「외국인 고용관리 지침」 서식, 【붙임 3】 참조)

2. 농업분야 근무 외국인근로자 근무처 추가

> 계절적으로 업무량의 차이가 큰 일부 농업분야에 근무하는 외국인근로자가 원 사업장과의 근로계약은 유지하면서(무급휴직 처리) 일정기간 동안 다른 사업주와 근로계약을 체결하여 근무한 후, 근로계약기간이 만료되면 원 사업장으로 복귀하도록 하는 제도

■ 목차
근무처의
변경 · 추가

가. 신청 절차
● 신청자격 : 작물재배업(계절적 농업)에 근무 중인 비전문취업(E-9-3) 자격자 (농협 대행 가능)
● 신청방법 : 원 근무처 관할 출입국 · 외국인청(사무소 · 출장소) 방문 접수 (농협 대행 가능)

나. 고용주 신고의무(농업분야)
● 출입국관리법 제19조의 고용주 신고의무는 원 근무처 고용주와 추가 근무처 고용주에게 모두 적용
- 단, 정상적인 절차로 복귀하는 경우 원 근무처 고용주 신고의무 면제
● 근무처 추가 허가 시 부터 근로계약 종료로 복귀하기 전까지 해고, 이탈, 퇴직 등의 사유가 발생한 경우 추가 근무처의 고용주가 신고
- 원 근무처 관할 출입국 · 외국인청(사무소 · 출장소)에 신고하여야 하나, 추가 근무처 관할 청(사무소 · 출장소)이 다른 경우에는 양쪽 기관에 모

	두 신고 📢 근로자가 중도에 복귀하거나 계약기간 종료 후에도 복귀하지 않는 경우 원 근무처 고용주가 신고 다. 제출서류 ① 신청서(별지 34호 서식), 여권 및 외국인등록증, 수수료 ② 추가근무처의 고용허가서 사본 ③ 추가근무처의 표준근로계약서 사본 ④ 영농규모증명서 및사업자등록증 또는 고유번호증 사본 (없는 경우 주민등록 등본) ⑤ 외국인근로자(신청자)의 위임장 (대행 시)
체류자격 부 여	📢 해당사항 없음
체류자격 변경허가	1. 기타(G-1) 자격 소지자의 비전문취업(E-9) 자격 회복절차 가. 대상자 📢 고용허가제 등으로 입국 후 산업재해 치료 등을 위해 기타(G-1)자격으로 변경 후 국내체류 중이던 외국인근로자 중 국내 체류기간 상한이 도래하지 않은 자 ※ 체류기간 상한(입국일로부터 기산) : 비전문취업자(E-9) 3년, 다만 3년 만기 체류자 중 고용주가 재고용한 경우 1년 10개월 이내 체류기간
체류기간 연장허가 ▶ 목차	1. 제출 서류 ① 신청서(별지 34호 서식), 여권 및 외국인등록증, 수수료 ② 고용허가서 사본 ③ 표준근로계약서 사본 ④ 사업자등록증 사본 ⑤ 입국 후 3년 만료 재고용에 따른 최대 1년 10개월 추가 연장의 경우 '취업기간만료자 취업활동기간 연장확인서(고용노동부 발급)' ⑥ 체류지 입증서류(임대차계약서, 숙소제공 확인서, 체류기간 만료예고 통지우편물, 공공요금 납부영수증, 기숙사비 영수증 등) 2. 취업활동기간연장을 받은 비전문취업자에 대한 체류기간연장허가 **가. 적용대상** '09. 12. 10. 이후에 외국인근로자 고용 등에 관한 법률 시행규칙에 따라 고용주가 재고용을 신청하여 '취업기간 만료자 취업활동기간 연장확인서' 【붙임2】를 발급받은 비전문취업자 3. 구직신청자 특례 가. 대상 📢 구직등록 유효기간(구직신청일로부터 3개월) 이전에 체류기간만료일이

	도래하는 자로서 <u>사업장변경 가능횟수가 남아 있는 자</u>
	
	나. 허가기간 : 구직등록필증 발급일로부터 90일 범위 내
	
	다. 제출서류
	  ① 신청서(별지 34호서식), 여권 및 외국인등록증, 수수료 없음
	  ② 자진출국 각서 ③ 구직등록필증 ④ 체류지 입증서류(임대차계약서, 숙소제공 확인서, 체류기간 만료예고 통지우편물, 공공요금 납부영수증, 기숙사비 영수증 등)
	  * 민원신청서 상 체류지는 기재하되 체류지 입증서류 제출이 곤란할 경우 생략가능. 단, 체류지 정보를 허위기재한 경우 출입국관리법에 따라 처벌받을 수 있음

재입국허가	1. 재입국허가 면제 제도 시행('10.12.1.자 개정 시행규칙)
	  – 등록을 필한 외국인이 <u>출국한 날부터 1년 이내에 재입국하려는 경우 재입국허가 면제</u>
	  – 체류기간이 1년보다 적게 남아있는 경우 체류기간 범위 내에서 재입국허가 면제
	  ※ 단, 입국규제 및 사증발급규제자는 체류지 관할 청(사무소 · 출장소)에 방문하여 재입국허가를 받아야 하며 수수료 제출 대상임
	
	2. 제출서류
	  신청서 (별지 34호 서식), 여권, 외국인등록증, 수수료(단수 3만원, 복수 5만원)

외국인등록
 	
➡ 목차
	1. 외국인등록 신청서류
	  ① 신청서(별지34호 서식), 여권원본, 표준규격사진1장, 수수료
	  ② 사업자등록증 사본
	  ③ 외국인근로자가 교육 중(또는 외국인등록 전) 고용회사의 폐업, 휴업, 기타 외국인의 귀책사유 없이 고용관계를 개시할 수 없어 고용노동부에서 사업장 변경을 해주는 경우 근무처변경허가가 아닌 변경된 사업장으로 외국인등록
	  ☞ 추가서류 : 고용허가서 사본, 표준근로계약서 사본
	  ④ 법무부가 지정한 병원에서 발급한 "마약*검사확인서**"
	    * 동 지침에서 마약이란 "마약류 관리에 관한 법률" 제2조 제1항의 "마약류(마약 향정신성의약품 및 대마)'를 말함
	  ** 등록 시를 기준으로 3개월 이내에 발급된 확인서일 것
	    ※ 건강진단서 및 마약검사확인서는 반드시 봉투에 밀봉된 상태로 제출

	(개봉 불가) ⑤ 체류지 입증서류
고용변동 신고	1. 고용변동신고 가. 신고의무자 ⬥ 비전문취업 외국인근로자를 고용한 자 나. 신고기한 ⬥ 법 제19조(외국인을 고용한 자등의 신고의무)제1항, 법시행령 제24조(외국인을 고용한 자등의 신고)제2항 등의 사유가 발생한 사실을 안 날부터 15일 이내 주소지관할 청장 등에게 신고 다. 신고방법

다. 신고방법

방문신고	체류지 관할 청(사무소·출장소) 직접방문 신고
팩스신고(1577 -1346) 및 하이코리아 전자민원 (www.hikore a.go.kr)	▶ 체류지 관할 청(사무소·출장소) 구분 없이 신고 가능(시스템 상에서 자동 구분) ▶ 신고기한(사유발생 사실을 안 날로부터 15일)을 도과하지 않은 경우만 처리 ▶ 하이코리아 전자민원(www.hikorea.go.kr)의 경우 고용노동부 고용변동신고와 일원화 실시(2011.10.17)

라. 신고사유 및 조치사항
⬥ 외국인을 해고하거나 외국인이 중도 퇴직한 때
 – 계약기간 만료로 인한 퇴직은 신고 불필요
⬥ 외국인이 사망한 때
⬥ 고용외국인의 소재를 알 수 없게 된 때
⬥ 고용계약의 중요 내용을 변경 한 때
 – 고용계약기간을 변경 한 때
 – 고용주나 대표자가 변경되는 경우(국가기관, 지방자치단체, 교육기관, 법인의 대표자 변경의 경우 신고대상에서 제외)
 – 근무처의 명칭 변경
 – 근무처의 이전으로 그 소재지가 변경된 때

바. 제출서류
① 고용·연수 외국인 변동사유 발생신고서(별지 32호 서식), 외국인등록증 사본(소재불명 신고의 경우에는 대상자의 휴대폰 번호, 예상소재지 등을 반드

시 포함하여야 함) ② 사업자등록증 사본 ③ 고용주 신분증(고용주 직접 신고 시) ④ 회사 직원 대리 신청 : 고용주 위임장, 재직증명서, 직원 신분증

활동범위	🐟 내항선원으로 국내취업
	🐟 20톤 이상의 어선원으로 국내취업
	🐟 2천톤 이상의 순항여객선원으로 국내취업
	그 간 선원취업(E-10) 자격은 '단순노무지침'으로 비전문취업(E-9) 자격과 함께 규정하였으나, 고용허가제 적용대상이 아닌 선원취업(E-10)자격에 대한 지침을 분리하여 적용
해 당 자	🐟 내항선원 (E-10-1)
	– 해운법 제3조제1호(내항정기여객) · 제2호(내항부정기여객) 및 제23조제1호(내항화물운송)의 규정에 의한 사업을 영위하는 자와 그 사업체에서 6개월 이상 노무를 제공할 것을 조건으로 선원근로계약을 체결한 자로서 선원법 제3조 제5호의 규정에 의한 부원에 해당하는 자(선원법이 적용되는 선박 중 어선을 제외한 총톤수 5톤 이상의 내항상선에 승선하는 부원에 한함)
	🐟 어선원 (E-10-2)
	– 수산업법 제8조제1항제1호(정치망어업), 제41조제1항(동력어선을 이용한 근해어업), 제57조제1항(어획물운반업)의 규정에 의한 사업을 영위하는 자와 그 사업체(20톤 이상의 어선)에서 6개월 이상 노무를 제공할 것을 조건으로 선원근로계약을 체결한 자로서 선원법 제3조 제5호의 규정에 의한 부원에 해당하는 자
	🐟 순항여객선원 (E-10-3)
	– 크루즈산업의 육성 및 지원에 관한 법률 제2조제7호에 따른 국적 크루즈사업자로서 같은 조 제4호에 따른 국제순항 크루즈선을 이용하여 사업을 경영하는 자와 그 사업체에서 6개월 이상 노무를 제공할 것을 조건으로 선원근로계약을 체결한 자로서, 해운법 시행령 제3조의 규정에 따라 총톤수 2천 톤 이상의 크루즈선에 승선하는 선원법 제3조제5호의 규정에 의한 부원에 해당하는 자
1회에 부여할 수 있는 체류기간 상한	🐟 3년
체류자격 외 활동	🐟 어선원(E-10-2) 「체류자격 외 활동」허가
	– (대상) 어선원(E-10-2)
	– (허용하는 다른 체류자격) 비전문취업(E-9)
	– (해당활동) 어획물에 대한 건조, 포장 등 어획물과의 연계 작업활동

	－ (허용요건) 아래 사항 모두 충족 필요 　■ 원 고용주와 체류자격 외 활동 예정 근무지 고용주가 동일할 것 　■ 어획 ➡ 위판 과정 상 어획물 생산활동에 부수되는 작업일 것 － (허용시기, 인원, 기간) 　■ (허용시기) 조업기 중 (금어기 중 신청은 가능) 　■ (허용인원) 해당 외국인선원의 선박 실제 근무 외국인선원 중 1/3 이내 　　(소수점 이하는 절사) 　■ (허용기간) 본 체류자격의 체류허가기간 중 1/3을 초과하지 못함
근무처의 변경 · 추가	● 선원취업자가 <u>사업장의 휴 · 폐업</u> 등으로 정상적인 근로관계를 지속하기 곤 란한 때에는 <u>지방해양수산청장의 추천을 받아</u> 근무처 변경 신청 가능 ● 제출서류 ① 신청서(별지 34호서식), 여권 및 외국인등록증, 수수료 ② 한국해운조합 또는 수산업협동조합중앙회 발급 외국인 고용추천서 ③ 고용계약서　④ 사업자등록증 ⑤ 산재서류 또는 진단서(필요시) ⑥ 신원보증서 ※ <u>(유의사항) 동일 선사(선주)의 선박 간 이동근무 시에도 미리 근무처변경 허</u> <u>가를 받아야 함. 단, 이 경우 수수료 면제</u>
체류자격 부　　여	● 해당사항 없음
체류자격 변경허가	● 해당사항 없음
체류기간 연장허가	1. 연장 기준 및 절차 가. 연장기준 ● <u>1회 부여할 수 있는 선원취업자의 체류기간은 3년 이내로 하고 최초 입국</u> <u>후 최대 3년까지 체류 허용</u> － 단, 재고용에 의해 취업활동기간 연장 허가를 받은 경우에는 최초 입국일 로부터 최대 4년 10개월까지 체류 허용 ● 제출서류 ① 신청서(별지 34호서식), 여권 및 외국인등록증, 수수료 ② 고용계약서 ③ 사업자등록증 사본 ④ 신원보증서 ⑤ 외국인선원 고용추천서(E-10-1, E-10-3, 한국해운조합), 선원취업활 동기간연장 추천서(E-10-2, 수협중앙회) ⑥ 체류지 입증서류(임대차계약서, 숙소제공 확인서, 체류기간 만료예고 통지우편물, 공공요금 납부영수증, 기숙사비 영수증 등)

	▨ 체류허가기간 중에 고용해지 등으로 구직 중인 자는 고용해지일로부터 3개월의 범위 내에서 체류기간 연장허가 　－ 대　　상 : 잔여 체류가능 기간이 총 체류가능기간(3년) 기준 최소 4개월 이상 남아 있는 자 　－ 제출서류 : ① 신청서(별지 34호서식), 여권 및 외국인 등록증 　　　　　　② 각서 　　　　※ 체류기간연장허가수수료는 면제 2. 선원취업기간 만료자 취업활동기간 연장 절차(재고용 특례) 　가. 대 상 　▨ 내항선원(E-10-1), 어선원(E-10-2) 및 순항여객선원(E-10-3) 자격으로 최초 입국 후 3년간 취업기간이 만료되었으나 고용주가 재고용을 희망하는 자 　나. 체류기간 　▨ 1회에 부여하는 체류기간은 3년을 초과할 수 없고, 총 체류기간은 최초 입국일로부터 4년 10개월을 초과할 수 없음 　다. 신청절차 　▨ 특별한 사정이 없는 경우 체류기간만료일 2개월 전부터 만료일까지 허가 신청 　※ 최종 체류기간 연장 허가기간은 최초 입국일로부터 4년 10개월을 초과할 수 없음 　라. 제출서류 　① 신청서(별지 34호서식), 여권 및 외국인등록증, 수수료 　② 외국인선원 고용추천서(지방해양수산청장 발급) 　③ 선원근로계약서 ④ 사업자등록증 사본 　⑤ 신원보증서(보증기간 도과시) 　⑥ 체류지 입증서류(임대차계약서, 숙소제공 확인서, 체류기간 만료예고 통지우편물, 공공요금 납부영수증, 기숙사비 영수증 등)
➡ 목차 체류기간 연장허가	
재입국허가	1. 재입국허가 면제 제도 시행('10.12.1.자 개정 시행규칙) 　－ 등록을 필한 외국인이 출국한 날부터 1년 이내에 재입국하려는 경우 재입국허가 면제 　－ 체류기간이 1년보다 적게 남아있는 경우 체류기간 범위 내에서 재입국허가 면제

	※ 단, 입국규제 및 사증발급규제자는 체류지 관할 청(사무소·출장소)에 방문하여 재입국허가를 받아야 함
외국인등록	1. 외국인등록 신청서류 ① 신청서(별지34호 서식), 여권원본, 표준규격사진1장, 수수료 ② 내항여객운송사업면허증 또는 내항화물운송등록증 ③ 건강검진서 (반드시 봉투에 밀봉된 상태로 제출, 개봉 불가) ④ 마약검사 확인서 (반드시 봉투에 밀봉된 상태로 제출, 개봉 불가) ⑤ 산업재해보상보험 또는 상해보험 가입증명원 ⑥ 체류지 입증서류
기　타 ▶ 목차 기　타	1. 고용변동신고 　가. 신고의무자 　　🦪 선원취업(E-10) 외국인선원을 고용한 자 　나. 신고기한 　　🦪 출입국관리법 제19조제1항, 출입국관리법시행령 제24조제1항에 따라 주소지 관할 청(사무소·출장소)장 등에게 신고 　　－ 해고·퇴직·고용계약 변경은 '사유가 발생한 날'로부터 15일 이내 　　－ 사망·소재불명은 '사유를 안 날'로부터 15일 이내 　다. 신고방법 　　🦪 방문신고 　　－ 체류지 관할 청(사무소·출장소) 직접방문 신고 　　🦪 팩스신고(1577-1346), 하이코리아 전자민원(www.hikorea.go.kr) 　　－ 체류지 관할 청(사무소·출장소) 구분 없이 신고 가능(시스템 상 자동 구분) 　　－ 상기 신고기한을 도과하지 않은 경우에만 처리 　라. 제출서류 　　🦪 고용·연수 외국인 변동사유 발생신고서(시행규칙 별지 32호 서식), 외국인등록증 사본, 사업자등록증 사본, 퇴직 외국인선원 인수·인계확인서 　　🦪 고용주 신분증(고용주 직접 신고 시) 　　🦪 회사 직원 대리 신청 : 고용주 위임장, 재직증명서, 직원 신분증 　마. 신고 사유 및 조치사항 　　🦪 외국인을 해고하거나 외국인이 중도 퇴직한 때 　　－ 계약기간 만료로 인한 퇴직은 신고 불필요

🐢 외국인이 사망한 때

🐢 고용외국인의 소재를 알 수 없게 된 때

🐢 고용계약의 중요 내용을 변경한 때

   – 고용계약기간을 변경한 때

   – 고용주나 대표자가 변경되는 경우

   – 근무처의 명칭 변경

   – 근무처의 이전으로 그 소재지가 변경된 때

2. 고용주 준수사항

🐢 각종 신고사항 준수

🐢 무단이탈, 인권침해, 부당대우, 임금체불 등이 발생하는 일이 없도록 선량한 관리의무 이행

🐢 선원취업자 외출 시 외국인등록증 또는 여권 휴대 조치

🐢 관계기관의 실태점검에 대비 근무처(또는 근무장소)에 선원취업자 명단 비치

🐢 선원취업자 출국 희망 시 즉시 출국조치

  ※ 초청자가 준수사항 관리소홀 및 신고의무 등을 태만히 한 것 등이 확인될 경우에는 사증발급인정서 발급 등 제한됨

방문동거(F-1)

활동범위	🗨 친척방문, 가족동거, 피부양, 가사정리, 그 밖에 이와 유사한 목적으로 체류
해 당 자	🗨 출생당시 대한민국국적을 보유하였던 해외입양인 🗨 주한외국공관원의 가사보조인 🗨 외교(A-1) 내지 협정(A-3) 자격에 해당하는 자의 동거인으로서 그 세대에 속하지 아니한 자 🗨 SOFA해당자의 21세 이상의 동반자녀 또는 기타 가족 🗨 거주(F-2) 자격을 가지고 있는 자의 배우자 또는 미성년 자녀 🗨 대한민국에 주소를 둔 대한민국 국민으로서 양육권을 가진 부 또는 모의 부양을 받을 필요가 있는 미성년자 🗨 그 밖에 부득이한 사유로 직업 활동에 종사하지 아니하고 대한민국에 장기간 체류하여야 할 사정이 있다고 인정하는 자
1회에 부여할 수 있는 체류기간 상한	🗨 2년
체류자격외 활동 ➡ 목차 체류자격외 활동	1. 체류자격외활동허가 면제범위 확대 　원래의 체류목적을 침해하지 않은 범위 내에서 정규교육기관(초·중·고 및 대학)의 교육을 받고자 하는 때는 체류기간 범위 내에서　별도의 허가 절차 불요('09.6.15.부 시행) 2. <u>방문동거(F-1) 자격을 소지한 중국동포 중 취업자격 구비 등 일정요건에 해당하는 자에 대한 교수(E-1) 내지 특정활동(E-7)으로의 자격외 활동 허가</u> 　① 신청서(별지 34호 서식), 여권 및 외국인등록증, 수수료 　② 주무부처 장의 고용추천서 또는 고용필요성 입증서류 ③ 고용계약서 ④ 사업자등록증 ⑤ 학위증 또는 자격증 3. 방문동거(F-1), 동반(F-3)자격 소지자의 외국어회화강사(E-2), <u>외국인학교교사(E-7)로의 자격외 활동</u>

<table>
<tr><td rowspan="1">공통</td><td>① 신청서(별지 34호 서식), 여권 및 외국인등록증, 수수료</td></tr>
<tr><td></td><td>② 고용계약서 ③ 사업자등록증</td></tr>
<tr><td>E-2</td><td>④ 학위증(E-2 자격요건과 동일) ⑤ 범죄경력증명서(E-2 자격요건과 동일) ⑥ 채용신채검사서(E-2 자격요건과 동일)</td></tr>
<tr><td>E-7</td><td>④ 해당국교원 자격증 원본(교원자격증이 없는 경우 '학위증 및 경력증</td></tr>
</table>

4. 방문동거(F-1), 동반(F-3)자격 소지자의 <u>국가기관 및 공공단체(지방자치단체, 정부투자기관)에서 외국어교열요원(E-7)</u>
① 신청서(별지 34호 서식), 여권 및 외국인등록증, 수수료
② 고용계약서 ③ 사업자등록증 사본 ④ 추천서(해당 기관장)
⑤ 학위증(원본 및 사본)

5. 점수제 우수인재의 배우자 및 미성년 자녀로서 방문동거자(F-1-12)
○ (원칙) 취업 및 영리활동 불가
○ (예외) 단, 외국인 관서장이 필요성이 있다고 판단되는 경우 전문직·준전문직(E-1~E-7(호텔·유흥종사자(E-6-2) 및 숙련기능인력(E-7-4) 제외)) 취업 요건을 갖춘 경우 사전에 체류자격외 활동허가를 받아 취업 가능
※ 해당 체류자격에서 요구하는 서류 제출

근무처의 변경·추가	💬 해당사항 없음
체류자격 부　　여	💬 출입국관리법 제23조(체류자격부여) ① 대한민국에서 출생하여 제10조에 따른 체류자격을 가지지 못하고 체류하게 되는 외국인은 <u>그가 출생한 날부터 90일 이내에</u>, ② 대한민국에서 체류 중 대한민국의 국적을 상실하거나 이탈하는 등 그 밖의 사유로 제10조에 따른 체류자격을 가지지 못하고 체류하게 되는 외국인은 그 사유가 발생한 날부터 30일 이내에 대통령령으로 정하는 바에 따라 체류자격을 받아야 한다. ☞ 국내 출생 외국인 : 출생일로부터 90일 이내에 자격부여를 받아야 함 1. <u>주한미군 현지제대자에 대하여는</u> 체류목적에 따라 협정(A-3), 단기방문(C-3), 방문동거(F-1), 거주(F-2), 기타(G-1)자격의 범위 내에서 체류자격 부여 2. 거주(F-2)자격 소지자의 한국출생 자녀에 대한 방문동거(F-1) 체류자격 부여 ① 신청서(별지 34호 서식), 여권, 표준규격사진 1매, 수수료 <u>② 출생증명서 ③ 가족관계기록사항에 관한 증명서 등 친인척관계 입증서류 ④ 친인척 등의 주민등록등본</u>

3. 기술연수(D-3), 비전문취업(E-9), 선원취업(E-10), 방문취업(H-2), <u>재외</u><u>동포(F-4) 자격</u>으로 국내체류중인 자의 국내출생 자녀

　가. 부 또는 모의 체류기간 범위 내에서 기간부여

　나. 제출서류

　　① 신청서(별지 34호 서식), 여권, 표준규격사진 1매, 수수료

　　② 출생증명서 ③ 부모의 외국인등록증 사본 ④ 중국의 경우 호구부

4. 난민인정자의 국내출생 미성년 자녀 체류자격 부여

　가. 난민인정자의 체류기간 범위 내에서 기간부여

　나. 제출서류

　　① 신청서(별지 34호 서식), 여권, 표준규격사진 1매, 수수료

　　② 출생증명서 등 부모와의 가족관계를 입증할 수 있는 서류, 미성년 자녀의 나이를 확인할 수 있는 서류

　　③ 체류지 입증 서류(임대차계약서, 숙소제공 확인서, 체류기간 만료예고 통지 우편물, 공공요금 납부영수증, 기숙사비 영수증, 교회 · 난민지원시설 · 인권단체 · UNHCR 등의 주거확인서 등)

5. 점수제 우수인재(F-2-7)의 국내 출생 미성년자녀에 대한 방문동거 자격 부여 ☞ 점수제 우수인제(F-2-7) 자격 부여 부분 참고

　가. 체류허가 대상

　　🔲 점수제 우수인력(F-2-7)의 연간소득이 최근 1인당 국민소득 미만인 경우로써, 해당 점수제 우수인력의 국내 출생 미성년 자녀

　나. 심사요건

　1) 신청인(미성년 자녀) 요건

　　○ 국내에서 출생할 것

　　○ 결격사유(체류자격 변경 사유 참고)에 해당하지 않을 것

　2) 신청인의 친모 요건

　　○ 점수제 우수인재(F-2-7 또는 F-1-12) 체류자격으로 합법체류중일 것

　　　– 단, 신청인 친모의 체류자격 등이 국내에서 점수제 우수인재의 배우자로서의 체류자격(F-1-12)으로의 변경 요건을 충족*한 경우는 친모 요건 충족으로 심사

　　　* 신청인의 모가 단기 체류자격 또는 각종 지침에 따라 국내에서 자격

변경이 되지 않는 장기 체류자격(기타(G-1), 관광취업(H-1) 등)으로 체류 중일 경우 불충족

○ 친모가 단기 체류자격(B-1, B-2, C-3) 으로 입국하여 국내에서 출생한 자녀는 장기 체류자격 부여를 허용하지 않고 출국하여 관련 비자를 받고 입국하여야 함

3) 점수제 우수인재(F-2-7)자의 요건
   ○ 출생자녀의 모의 친모가 '점수제 우수인재의 배우자(F-1-12)'일 경우로서, 친부는 점수제 우수인재 체류자격 변경 심사 기준을 충족하고 연간 소득이 최근 1인당 국민소득 미만인 경우

다. 제출서류
   ① 신청서(별지 제34호 서식), 여권, 표준규격사진 1매, 수수료
   ② 점수제 우수인력(F-2-7) 거주자격 부여허가시 제출서류
   ③ 점수우수인력(F-2-7)의 여권 및 외국인등록증 사본
   ④ 점수우수인력(F-2-7)의 고용계약서 또는 재직증명서
   ⑤ 체류지 입증서류 ⑥ 신원보증서 ⑦ 결핵확인서(해당자)

| 체류자격
변경허가 | 1. 주한 외국공관 등에 주재근무하는 자의 비세대동거인 및 <u>가사보조인에 대한 방문동거(F-1) 체류자격 변경허가</u> |

가. 대상자
   🗨 <u>외교(A-1), 공무(A-2), 협정(A-3) 자격에 해당하는 자의 동거인으로서 그 세대에 속하지 아니한 자</u>
   🗨 주한 외국공관원의 가사보조인
   ※ 투자가 및 전문인력의 외국인 가사보조인은 국내에서 체류자격 변경불가 : 공관 사증발급이나 사증발급인정서를 통해서 입국

나. 제출서류

주한 외국공관원의 비세대동거인	외교 · 공무 자격자의 가사보조인
① 신청서(별지 34호 서식), 여권, 표준규격사진 1매, 수수료	① 신청서(별지 34호 서식), 여권, 표준규격사진 1매, 수수료
② 주한 해당공관의 요청공문	② 주한 해당공관의 요청공문
③ 공관원신분증	③ 고용계약서
④ 가족 또는 친족관계 입증서류	④ 고용인의 외교관신분증명서 사본

🗨 주한 외국공관원 등에 주재근무하는 자(A-1,A-2)의 동반가족 범위

▶ 목차 체류자격 변경허가	1. 법적 혼인관계의 배우자. 다만, 대한민국 법률에 위배되거나 선량한 풍속이나 그 밖의 사회질서에 반하는 경우에는 배우자의 지위를 인정하지 않을 수 있다. 2. 본인 또는 배우자의 61세 이상의 부모 3. 60세 이하의 부모로서 체류 중 소득이 있는 활동에 종사하지 않는 조건으로 입국한 자 4. 민법상 미성년인 미혼동거 자녀 5. 26세 이하의 한국 내 정규교육기관에 full time으로 재학 중인 미혼 동거 자녀 6. 민법상 성년의 미혼동거 자녀로 별도 생계유지가 불가능한 장애인

2. 국민과 혼인한 외국인 배우자의 부모 · 가족에 대한 방문동거 체류자격 변경 허가

▶ 목차 체류자격 변경허가	대상자	가. 결혼이민자의 부모 (최다 2명 이내에서 허용) • (초기정착 지원단계) 　- 결혼이민자의 최초 입국일로부터 1년 이내에 입국한 부모로서 체류기간 1년 범위 내에서 체류 허용 • (출산 및 양육 지원단계) 　- 결혼이민자의 임신 · 출산이 입증된 경우 출산 · 양육지원 목적에 한해 최장 4년 10개월 범위 내에서 허용하되, 출생자녀의 연령이 만 7세가 되는 해의 3월말까지로 한정 나. 결혼이민자의 가족 (최다 1명) • 결혼이민자(혼인귀화자)의 가족 중 만 18세이상 4촌 이내 혈족 여성 1명으로 제한 • 결혼이민자의 임신 · 출산이 입증되고 부모가 사망하거나 만 65세 이상 고령 등의 사유로 부모의 출산 · 양육지원이 어려운 경우 출산 · 양육지원 목적에 한해 최장 4년 10개월 범위 내에서 허용하되, 출생 자녀의 연령이 만7세가 되는 해의 3월말까지로 한정 다. 인도적 체류요건 추가 • 자녀의 유무 또는 연령과 관계없이 다음의 각각의 요건에 해당하는 경우 최장 4년 10개월 범위 내에서 인도적 사유 소멸시까지 부모 또는 그 외의 가족에 대해 체류 허용 　- 결혼이민자 또는 그 배우자가 중증질환으로 장기간 입원 또

	는 치료 등으로 정상적인 생활이 어려워 간병할 가족이 필요한 경우 – 결혼이민자의 자녀가 장애가 있어 그의 양육을 위해 필요한 경우 – 배우자 사망, 이혼 등으로 결혼이민자 혼자 자녀를 양육하는 경우 – 자녀를 셋 이상 양육하고 있는 결혼이민자 가정 – 기타 위에 준하는 인도적 사유가 있는 경우
체류 자격	• 방문동거(F-1-5)
허가 기간	• 1년 체류기간 부여(이후 체류기간연장은 체류의 필요성이 인정될 경우 만료일부터 2년 범위 내 연장허가) – 단, 입국일로부터 최장 4년 10개월까지 체류허가
제출 서류	① 신청서(별지 34호 서식), 여권, 표준규격사진 1매, 수수료 ② 초청자의 가족관계증명서, 혼인관계증명서, 주민등록등본, 자녀명의의 가족관계증명서 ③ 초청자와 피초청자의 가족관계 입증서류 ④ 신원보증서 ⑤ 국내 체류 중 비취업 서약서 ⑥ 결핵검진 확인서(결핵 고위험 국가 국민에 한함) ⑦ 임신 진단서(해당자에 한함) ⑧ 질병 진단서 및 입원 확인서 등 인도적 사유를 입증할 수 있는 서류(해당자에 한함) ⑨ 결혼이민자(혼인귀화자)의 부 또는 모의 사망 진단서, 질병 진단서 등 부모의 지원을 받을 수 없음을 입증할 수 있는 서류(해당자에 한함)

3. <u>혼인단절 결혼이민자 가사정리를 위한 방문동거 체류자격 변경허가</u>

가. 체류허가 대상
  💬 국민과 혼인이 단절되었으나 혼인단절자(F-6-3)에 해당하지 않는 사람으로서 재산분할, 가사정리 등의 사유로 국내 체류가 불가피한 사람

나. 심사기준 및 유의점
  💬 국내 체류의 불가피성 여부

다. 체류허가 기간 : 매회 6개월 범위 내
  💬 F-1-6 자격의 체류허가 기간은 자격변경일로부터 1년까지

－ 다만, 채권, 채무, 부동산임대차에 따른 보증금 반환 등을 사유로 소송 (소액사건심판청구 등 포함)이 계속되는 경우 자격변경일로부터 1년이 지났더라도 소송종료 시까지 체류허가

라. 제출서류
① 신청서(별지 제34호 서식), 여권 및 외국인등록증, 사진 1매, 수수료
② 신원보증서 ③ 이혼 사실이 기재된 혼인관계 증명서 ④ 체류 불가피성에 대한 소명자료(사유서, 재산분할 관련 입증자료 등) ⑤ 기타 심사에 필요하다고 인정되는 서류

4. 우리나라 국적취득절차(국적회복, 귀화, 국적판정)를 밟고 있는 외국인에 대해서는 방문동거 자격으로의 변경허가
① 신청서(별지 34호 서식), 여권, 표준규격사진 1매, 수수료
② 신원보증서 ③ 귀화허가 또는 국적회복허가 신청사실증명서

5. 방문취업(H-2), 재외동포(F-4) 자격자의 배우자 및 미성년자녀에 대한 방문동거 체류자격 변경허가
가. 국내에 합법체류 중인 방문취업(H-2) 자격자의 배우자 및 미성년자녀는 방문취업(H-2) 자격자의 체류기간까지, 재외동포(F-4) 자격자의 미성년자녀는 25세까지 방문동거(F-1) 자격으로 체류허가(혼인한 자녀는 제외)

➡ 목차

나. 제출서류
① 신청서(별지 제34호 서식), 여권, 표준규격사진 1매, 수수료
② 가족관계 입증서류 (출생증명서, 호구부 등)
③ 부 또는 모의 외국인등록

6. 점수제 우수인재(F-2-7)의 배우자 또는 미성년자녀에 대한 방문동거 자격으로 변경허가
☞ 점수제 우수인제(F-2-7) 자격 변경 부분 참고
가. 체류허가 대상
ㅇ 점수제 우수인재(F-2-7)의 연간소득이 최근 1인당 국민소득 미만인 경우로써, 해당 점수제 우수인력의 배우자 및 미성년 자녀

나. 심사요건
ㅇ '점수제 우수인재의 배우자 또는 미성년 자녀'로서의 거주(F-2-71)자격 변경에 따라 심사하되, 점수제 우수인재자의 연간소득이 최근 1인당 국

민소득 미만인 경우 해당

다. 제출서류
① 신청서(별지 제34호 서식), 여권, 표준규격사진 1매, 수수료
② 점수제 우수인력(F-2-7) 거주자격 변경허가시 제출서류
③ 점수우수인력(F-2-7)의 여권 및 외국인등록증 사본
④ 점수우수인력(F-2-7)의 고용계약서 또는 재직증명서
⑤ 체류지 입증서류 ⑥ 신원보증서 ⑦ 결핵확인서(해당자)

7. <u>고등학교 이하의 외국인 유학생 동반부모에 대한 방문동거(F-1-13) 체류자격 변경허가</u>
가. 해당자
🖳 해당 교육기관*에서 입학허가를 받고 입학 예정이거나 재학 중인 자비 부담 외국인유학생의 2촌 이내의 친인척으로서 재정요건 등 일정 요건을 갖춘 자로서 외국인유학생 1명당 1명 허용**
* 「초중등교육법」제2조 제1호~3호에 따른 초등학교, 중학교, 고등학교(공민학교, 고등공민학교, 방송통신중·고등학교, 고등기술학교는 제외), 제5호 각종학교 중 외국인학교*(대안학교 등 제외),「경제자유구역 및 제주국제자유도시 외국교육기관 설립·운영에 관한 특별법」제2조 제2호에 따른 외국교육기관
** 정부기관, 법인 등 단체의 초청 장학생은 원칙적으로 동반 부모 사증 대상이 아님
– 체재비(1년간 생활비)
• 1년 간 생활비: 1인 기준 한화 1,900만원 상당
– 재정요건(불법체류 다발국가 국민)
• 불법체류 다발국가 국민은 연간소득 3,740만원 이상 또는 1억 9,900만원 이상에 상당하는 자산보유 등 재정요건*을 갖춘 자로 한정
* 재정요건은 연간 소득이나 소유 자산 요건 중 택일 가능하며, 부부의 소득이나 자산은 합산 가능
– 기타 요건
• 최근 5년 이내 출입국관리법 위반 등 범법사실로 200만원 이상의 벌금형 또는 통고처분을 받은 사실이 있거나, 강제퇴거 또는 출국명령 처분을 받은 사실이 있는 자는 사증(인정서)발급 제한

나. 권한 위임(청(사무소·출장소)장)
🖳 체류지 관할 청(사무소·출장소)

● 체류기간 2년 이내 허가(외국인유학생 체류기간 범위 내)

라. 제출서류
① 신청서(별지 34호 서식), 여권, 외국인등록증(해당자), 표준규격사진 1
   매, 수수료
② 외국인유학생 입학허가서 또는 재학증명서
③ 가족관계 입증서류
   – 원본을 제출하도록 하고(번역본 첨부 원칙), 부모의 영문성명을 알 수
     있는 여권 사본 등 자료 첨부
④ 체재비 입증서류 (1개월 이상 계속 예치된 기준 이상 금액의 잔고증명서
   등)
⑤ 재정능력 입증서류 (불법체류 다발국가 국민에 한함)
   – 국내외 정부기관 또는 은행이 발행(인증 또는 공증)한 원천징수영수증,
     부동산소유증명, 부동산거래계약서, 예금잔고증명 등

8. 부득이한 사유로 재입국허가기간을 초과하여 거주(F-2) 자격을 상실한 자
   에 대한 방문동거 체류자격 변경허가
   ● 제출서류
   ① 신청서(별지 34호서식), 여권, 표준규격사진1장, 수수료
   ② 화교협회 호적부 등
   ③ 신원보증서(신원보증인 : F5나 F2인 대만국적의 부 또는 모)

9. 난민인정자의 배우자 및 미성년 자녀에 대한 방문동거(F-1-16) 체류자격
   변경허가
   가. 체류허가 대상
   ● 난민인정자의 배우자 및 미성년 자녀
     ※ 단, 배우자가 있는 미성년자녀는 제외

   나. 체류허가 기간
   ● 난민인정자의 체류기간 범위 내에서 최대 2년 체류기간 부여

   다. 제출 서류
   ① 신청서(별지 34호 서식), 여권 및 외국인등록증, 표준규격사진 1매, 수수
      료
   ② 배우자 또는 그 부모의 난민인정증명서
   ③ 난민인정자의 가족임을 입증하는 서류

④ 체류지 입증 서류(임대차계약서, 숙소제공 확인서, 체류기간 만료예고 통지 우편물, 공공요금 납부영수증, 기숙사비 영수증, 교회·난민지원시설·인권단체·UNHCR 등의 주거확인서 등)

10. 귀화자의 외국국적 부모 등에 대한 방문동거(F-1-28) 체류자격 변경허가

가. 체류자격 변경 대상 및 허용 인원

○ 귀화자*의 부모(계부, 계모 포함) : 귀화자 가구당 2명 이내**

 * F-1-5 지침이 적용되는 결혼이민자일 경우에는 제외됨

 ** 부부가 모두 귀화자일 경우에도 최대 2명 이내임

○ 귀화자의 4촌 이내 여성 혈족 : 귀화자 가구당 1명

 - 단, 귀화자의 부모가 사망하거나, 만 65세 이상 고령 등의 사유 등으로 귀화자의 출산·양육·인도적 지원을 하지 못할 경우로 한정되며, 입양 등의 사유로 친척 관계가 형성되는 경우는 대상에서 제외됨

나. 변경 요건

1) 연령

 ○ 신청 당시 민법상 성년일 것

2) 신청자 체류자격

 ○ 신청자가 재외공관에서 귀화자와 친척관계임을 입증하고 받은 체류자격만 가능

  ☞ 사증면제(B-1), 관광통과(B-2)는 친척관계를 입증 받고 받은 체류자격이 아니기 때문에 자격변경 대상 아님

3) 법령 준수 등 품행 요건 : 신청자·초청자(배우자)별 요건 각각 충족

 ① 신청자 법령 준수 등 품행 요건

 ○ 다음 경우 중 어느 하나에도 해당하지 않아야 함

 ㉠ 신청일 이전 3년 이내 출입국관리법을 3회 이상 위반한 경우

 ㉡ 신청일 이전 3년 이내 출입국관리법을 위반하여 처분 받은 과태료 또는 통고처분액의 총 합산 금액이 500만원* 이상인 경우

  * 처분액을 감경한 경우 감경액을 기준으로 판단함

 ㉢ 신청일 이전 5년 이내 대한민국 법률을 위반하여 금고 이상의 형의 선고를 받은 경우

 ㉣ 신청일 이전 5년 이내 대한민국 법률을 위반하여 처분 받은 벌금형의 총 합산 금액이 500만원 이상인 경우

 ㉤ 신청일 이전 10년 이내 붙임 1에서 규정한 '중한범죄'로 선고* 또는 최종결정을 받은 경우

 - 단, 신청일로부터 10년이 도과되었을지라도 범죄 동기, 수단, 방법,

내용 등을 종합할 때 대한민국에 장기 체류하기에 부적합하다고 판단되는 경우 품행요건 불충족으로 심사 가능

  * 무죄판결을 제외한 기소유예, 선고유예, 벌금(액수 무관)도 위반으로 포함

ⓗ 자격변경 심사일 기준 입국금지 사유(출입국관리법 제11조)에 해당한 경우

ⓢ 신청일 기준* 세금 등을 체납한 경우

② 초청자 또는 초청자 배우자의 과거 초청 경력의 건전성

○ 신청일 이전 3년 이내에 초청자(귀화자) 또는 초청자의 배우자가 초청한 외국인 중 난민신청 또는 불법 체류한 사실이 없을 것

○ 신청일 이전 3년 이내에 귀화자 부부가 초청한 외국인 중 실정법을 위반하는 등 체류실태가 불량하거나, 건전한 국내생활을 영위할 능력 없이 장기체류한 경우가 없을 것

  ☞ 피초청자가 출국기한유예를 받았거나, 정상적인 체류자격이 아닌 기타(G-1) 체류자격으로 체류한 경우는 장기체류 방편 악용 여부에 대하여 정밀 조사 후 결정

4) 방문동거(국내 체류 필요성) 사유 : 다음 사유 중 하나 이상 해당할 것

① 귀화자의 출산 · 양육 지원

○ 귀화자가 임신한 경우

○ 귀화자의 출생 자녀가 만 7세가 되는 해의 3월 말 이전인 경우

○ 귀화자가 셋 이상의 미성년(민법상) 자녀를 양육하고 있는 경우

○ 귀화자의 배우자가 사망하거나 이혼 등으로 귀화자가 혼자 미성년(민법상) 자녀를 양육하는 경우

○ 귀화자의 자녀가 장애가 있어 그의 양육을 위해 필요한 경우

② 귀화자에 대한 인도적 지원

○ 귀화자 또는 그 배우자*가 중증질환**으로 장기간 입원 또는 치료 등으로 정상적인 생활이 어려워 간병할 가족이 필요한 경우

  * 배우자가 외국국적일 경우에는 F-1-5 적용대상임

  ** 각종 암, 뇌질환, 심장질환, 간 · 폐질환, 정신질환 등 중한 병을 의미함

○ 기타 위에 준하는 인도적 사유가 있는 경우

다. 체류허가 기간

○ 허가일로부터 최대 1년 이내 체류기간을 부여하되 방문동거 사유 존재일 까지 한정

라. 제출 서류
① 신청서(별지 34호 서식), 여권, 표준규격사진 1매, 수수료
② 초청자와 국내 거주하는 가족 간의 관계를 입증하는 서류
③ 초청자와 피초청자의 관계를 입증하는 서류
④ 신원보증서
⑤ 국내 체류 중 비취업 서약서(서식 1), 진술서(서식 2)
⑥ 결핵검진 확인서(결핵 고위험 국가 국민에 한함)
⑦ 임신 · 양육 관계를 입증하는 서류(해당자에 한함)
⑧ 질병 · 입원 등 인도적 사유를 입증할 수 있는 서류(해당자에 한함)
⑨ 귀화자의 부 또는 모의 사망 진단서, 질병 진단서 등 부모의 지원을 받을 수 없음을 입증할 수 있는 서류(해당자에 한함)
⑩ 기타 출입국관리공무원이 심사의 필요성이 있어 요구하는 서류

【붙임 1】

중한 범죄

□ 위반 법률에 따른 구분
① 「출입국관리법」제7조의2(허위초청 등 금지), 제12조의3(선박 등의 제 공금지)
② 「형법」 제2편 제1장 내란의 죄, 제2장 외환의 죄, 제8장 공무방해에 관한 죄, 제24장 살인의 죄, 제32장 강간과 추행의 죄, 제38장 절도와 강도의 죄 중 강도의 죄 위반
③ 「특정범죄 가중처벌 등에 관한 법률」 제5조의2(약취 · 유인), 제5조의3 (도주차량), 제5조의4(상습강도 · 절도), 제5조의5(강도상해 등 재범), 제5조의9(보복범죄), 제5조의 11(위험운전치사상), 제11조(마약사범) 위반
④ 「폭력행위 등 처벌에 관한 법률」 제4조(단체 등의 구성 · 활동) 위반
⑤ 「성폭력범죄의 처벌 등에 관한 특례법」 제3조~제15조 위반
⑥ 「아동 · 청소년의 성보호에 관한 법률」 제7조~제16조 위반
⑦ 「보건범죄단속에 관한 특별조치법」 제2조 ~ 제6조 위반
⑧ 「마약류관리에 관한 법률」 위반
⑨ 「국가보안법」 위반

□ 위반 행위 등에 따른 구분
① 사람을 사망에 이르게 한 범죄(단, 과실 또는 업무상 과실에 의한 경우는 제외)
  ※ 예시 : ○○치사(상해치사, 방화치사 등)
② 보이스피싱 범죄
  ※ 수사기관의 처분 또는 법원의 재판으로 "전화사기, 컴퓨터등사용사기, 공무원 등 권한사칭, 전자금융거래법, 외국환거래법 위반" 등 보이스피싱 범죄로 인정되는 경우를 말함
③ 외국인의 취업이나 근무처에 대하여 불법적으로 고용·알선·권유한 사람
④ 위변조 여권(신원불일치자) 행사한 사람
⑤ 밀입국 또는 밀출국자
⑥ 집단 불법입국 또는 국내 은닉을 위하여 선박 등을 제공한 사람
⑦ 법에 따라 보호 또는 일시보호된 외국인으로 도주하거나 보호 또는 강제퇴거 등을 위한 호송 중에 도주한 사람
⑧ 국가예산으로 강제퇴거된 사람
⑨ 출입국심사 등 공무 방해

국내 체류 중 비취업 서약서(귀화자 방문동거용)

CAM KẾT KHÔNG ĐI LÀM TRONG THỜI GIAN LƯU TRÚ

1. 신청자 인적사항 Thông tin cá nhân

성 명 Họ và tên		국 적 Quốc tịch	
생년월일 Ngày tháng năm sinh		성 별 Giới tính	
입국목적 Mục đích nhập cảnh		연락처 Số điện thoại liên hệ	
국내 체류지 Địa chỉ lưu trú tại Hàn Quốc			

2. 상기 본인은 대한민국에 입국하여 방문동거(F-1-28) 자격으로 체류하는 동안 취업활동을 하지 않을 것을 서약하며 이를 위반할 경우 출입국관리법 상 어떠한 처벌도 감수하겠습니다.

Bản thân tôi đã nhập cảnh Hàn Quốc với tư cách Thăm thân(F-1-28). Tôi xin cam kết sẽ không đi làm trong thời gian lưu trú tại Hàn Quốc. Nếu vi phạm tôi sẽ xin chịu mọi hình thức xử phạt theo luật Quản lý xuất nhập cảnh của Hàn Quốc.

서약인 Người cam kết: :   (Họ tên và chữ kí)

3. 초청자 ○○○는 상기 피초청 외국인이 불법 취업활동 등으로 출입국관리법을 위반하여 강제퇴거를 당하여도 이의제기를 하지 않겠습니다.

초청자 :   (서명)

년   월   일
Ngày   tháng   năm

출입국 · 외국인청(사무소 또는 출장소)장 귀하

Kính gửi Cục trưởng Cục · Chi nhánh trưởng · Chi nhánh Văn phòng Quản lý XNC & NNNĐ

국내 체류 중 비취업 서약서(귀화자 방문동거용)

国内滞留中非就业誓约书

1. 신청자 인적사항 身份				
성 명 性 名		국 적 国 籍		
생년월일 出生日期		성 별 性 別		
입국목적 入境目的		연락처 联络方 式		
국내 체류지 国内滞留地址				

2. 상기 본인은 대한민국에 입국하여 방문동거(F-1-28) 자격으로 체류하는 동안
   취업활동을 하지 않을 것을 서약하며 이를 위반할 경우 출입국관리법 상 어떠한 처벌도
   감수하겠습니다.
   誓約内容

上述者本人约定进入到大韩民国以后，入境从访门居住滞留资格(F-1-28)期间，不会进
行任何就业活动。若有违反，将承担出入境管理法上的处罚。

서약인 誓约人 :　　　　　　　　(서명 또는 날인 签名)

3. 초청자 ○○○는 상기 피초청 외국인이 불법 취업활동 등으로 출입국관리법을 위반
   하여 강제퇴거를 당하여도 이의제기를 하지 않겠습니다.

　　　　　　　　　　　　초청자 :　　　　　　　(서명)

년　　　월　　　일
年　　　月　　　日

출입국 · 외국인청(사무소 또는 출장소)장 귀하

出入国外国人厅(事务所或办事处)长 敬启

국내 체류 중 비취업 서약서(귀화자 방문동거용)

Letter of Pledge on Unemployment

1. 신청자 인적사항 Personal Information

성 명 Name		Nationality	
생년월일 Date of Birth		성 별 Sex	
입국목적 Purpose of sojourn		연락처 Phone number	
국내 체류지 Address in Korea			

2. 상기 본인은 대한민국에 입국하여 방문동거(F-1-28) 자격으로 체류하는 동안
   취업활동을 하지 않을 것을 서약하며 이를 위반할 경우 출입국관리법 상 어떠한 처벌도
   감수하겠습니다.

I, hereby, pledge that I will not engage in employment activities during my sojourn in Korea with F-1-28 visa. I acknowledge by signing that any violations of Pledge can be subject to penalty under the Immigration Control Act.

서약인 Pledger :   (서명 또는 날인 Signature)

3. 초청자 ○○○는 상기 피초청 외국인이 불법 취업활동 등으로 출입국관리법을 위반
   하여 강제퇴거를 당하여도 이의제기를 하지 않겠습니다.

   초청자 :   (서명)

년   월   일 Year   Month   day
출입국 · 외국인청(사무소 또는 출장소)장 귀하 To. Chief oD Immigration (branch) Office

【서식 2 : 외국인관서별 수정 가능】

방문동거 신청 관련 진술서

> ○ 동 진술서는 방문동거 신청자에 대한 적격 여부를 심사하기 위한 자료로 활용되며, 거짓된 내용을 기재할 경우 방문동거 체류자격 변경 또는 기간연장이 불허될 수 있습니다.
> ○ 또한 외국인관서 공무원이 사실 여부를 확인하기 위해서 관련 자료나 서류 제출을 요구할 수 있으며, 이에 불응할 경우 체류자격 변경이나 기간연장이 불허될 수 있습니다.
> ○ 초청자와 방문동거 신청자 함께 작성하여 주시고, 초청자가 대리 작성시에는 방문동거 신청자에게 작성한 내용에 대한 사실여부를 확인 후 제출하여 주시기 바랍니다.

1. 초청자 및 초청자의 배우자 관련 사항

가. 초청자(귀화자) 인적사항

성 명		연락처	
생년월일		성 별	
주 소			
금번 방문동거 신청 외국인과의 관계			

나. 초청자(귀화자)의 배우자 인적사항

성 명		연락처	
생년월일		성 별	
주 소			

다. 초청자(귀화자)와 초청자의 배우자의 과거 초청 여부

가. 다음 해당 내용의 박스(ㅁ)에 표시(√)하여 주시기 바랍니다.

• 금번 신청일 기준 3년 이전에 초청자 또는 배우가가 초청한 외국인은 없다 ㅁ
• 금번 신청일 기준 3년 이전에 초청자 또는 배우가가 초청한 외국인이 있다 ㅁ

나. "초청한 외국인이 있다☑"로 표시하셨을 경우 초청한 외국인의 인적사항과 초청목적을 다음 표에 기재하여 주시기 바랍니다.

연번	인적사항		초청목적(간략기재)
1	영문성명: 생년월일:	(성별:　) (국적:　)	
2	영문성명: 생년월일:	(성별:　) (국적:　)	
3	영문성명: 생년월일:	(성별:　) (국적:　)	
4	영문성명: 생년월일:	(성별:　) (국적:　)	
5	영문성명: 생년월일:	(성별:　) (국적:　)	
6	영문성명: 생년월일:	(성별:　) (국적:　)	

• 초청한 외국인 중 체류기간 내에 출국하지 않은 외국인은 없다 ㅁ
• 초청한 외국인 중 난민신청을 하였거나, 불법체류하다 출국하였거나 또는 불법체류하면서 현재까지 출국하지 않은 외국인이 있다 ㅁ
　☞ 불법체류하다 출국하였거나 현재까지 출국하지 않은 이유?

2. 금번 방문동거 신청 외국인 관련 사항

가. 방문동거 신청자(외국인) 인적사항

영문성명			
국 적		연락처	
생년월일		성 별	
주 소			

나. 체류 목적

가. 해당하는 부분에 모두 표시(√)하여 주십시오.
▣ 초청자의 출산 · 양육 지원 • 초청자 임신으로 출산 지원□ • 초청자가 출생한 자녀(7세 미만) 양육 지원□ • 초청자의 미성년 자녀 3명 이상 양육 지원□ • 초청자의 배우자가 사망하거나 이혼 등으로 초청자 혼자 자녀를 양육하는 것을 지원□ • 초청자의 자녀가 장애가 있어서 해당 자녀 양육 지원□ ▣ 초정자의 도움이 필요한 상황에 대한 지원 • 초청자가 중증질환으로 장기간 입원 또는 치료 등으로 정상적인 생활이 어려워 간병 필요□ • 초청자의 배우자가 중증질환으로 장기간 입원 또는 치료 등으로 정상적인 생활이 어려워 간병 필요□ • 기타 위에 준하는 사유가 있어 초청자 지원이 필요한 경우□

나. 초청자의 지원 사유 중 '혼자 양육', '장애 자녀', '중증질환', '기타 사유' 인 경우 해
   당 내용
   구체적으로 기재하여 주십시오.

다. 금번 방문동거 신청자(외국인)의 국내 거주지(예정지 포함)

가. 방문동거 신청자의 거주지(예정지 포함)은?

• 초청자와 함께 거주함□
• 초청자와 함께 거주하지 않음□

나. "초청자와 함께 거주하지 않음☑"으로 표시하셨을 경우 다음 내용을 기재하여
   주시기 바랍니다.

• 방문동거 신청자의 거주지에 대한 임대 금액은?

• 임대료를 초청자가 부담하는지 하는지 외국인이 부담하는지?
   – 초청자 부담□   – 피초청자(외국인) 부담□

• 초청자와 함께 거주하지 않은 이유는?

라. 체류 경비

가. 다음 해당 내용의 박스(□) 에 표시(√)하여 주시기 바랍니다.

• 초청자(귀화자)가 체류경비 전액 부담□
• 외국인이 체류경비 전액 부담□
• 초청자와 외국인이 함께 체류경비 부담□

나. "외국인 전액 부담☑" 또는 "초청자와 외국인이 함께 부담☑"으로 표시하셨을 경우
   체류경비를 위하여 ① 한국에 가져온 금액(향후 예정 금액 포함)은 얼마인지, ②
   어떤 방식(계좌이체, 인편 등)으로 한국에 가져왔는지(예정금액 포함) 기재하여
   주시기 바랍니다.

① 외국인이 자국에서 한국으로 가져온 (예정)금액?

② 어떤 방식(계좌이체, 인편 등)으로 한국으로 가져왔는지(예정금액 포함)?
   (외국인관서 공무원이 사실 여부를 확인하기 위해서 관련 자료나 서류 제출을 요구할
   수 있음)

3. 기타 사항

초청인이나 신청자(외국인)가 하고 싶은 말을 자유롭게 기재하십시오.

년   월   일

초청자(귀화자) :   (서명)
신청자(외국인) :   (서명)

출입국 · 외국인청(사무소 또는 출장소)장 귀하

체류기간 연장허가	1. 국내 친 · 인척 방문목적으로 입국한 자의 체류기간연장 　🔲 제출서류 　① 신청서(별지 34호 서식), 여권 및 외국인등록증, 수수료 　② 국내 친 · 인척의 주민등록본 　③ 신원보증서(20세 이상인 자에 한함) 　④ 체류지 입증서류(임대차계약서, 숙소제공 확인서, 체류기간 만료예고 　　통지우편물, 공공요금 납부영수증, 기숙사비 영수증 등) 2. 중국동포1세로서 방문동거(F-1) 사증을 소지하고 입국한 자 및 그 존비속 　과 친척방문으로 입국한 자에 대한 체류기간연장 　가. 허가기준 : 국내친척 등의 신원보증이 있어야 함 　나. 체류허가기준 : 허가일로부터 1년 범위 　🔲 계속 체류 허용하되 1년씩 체류연장 허가 　다. 제출서류 　① 신청서(별지 34호 서식), 여권 및 외국인등록증, 수수료 　② 동포1세 또는 가족, 친척관계임을 입증할 수 있는 가족관계임을 입증할 　　수 있는 가족관계기록사항에 관한 증명서, 기타 신분관계자료 　③ 호구부, 거민증 등 기타 본인신분을 확인 할 수 있는 서류 　④ 신원보증서(20세 이상인 자에 한함) 　⑤ 체류지 입증서류(임대차계약서, 숙소제공 확인서, 체류기간 만료예고 통

지우편물, 공공요금 납부영수증, 기숙사비 영수증 등)

3. 주한외국공관원의 비세대동거인 또는 가사보조인
   ① 신청서(별지 34호 서식), 여권 및 외국인등록증, 수수료
   ② 공관원 신분증 ③ 주한대사관 협조공문
   ④ 고용계약서(가사보조인에 한함)
   ⑥ 체류지 입증서류(임대차계약서, 숙소제공 확인서, 체류기간 만료예고 통
      지우편물, 공공요금 납부영수증, 기숙사비 영수증 등)

4. 국민과 결혼한 배우자의 민법상 성년인 미혼 친자
 가. 취업이 불가함을 안내하고, 국내체류불가피성이 지속될 경우 6개월씩 체
     류기간 연장

 나. 실태조사 : 체류자격 변경일 기준 매1년마다 체류실태 조사
    ※ 외국여권으로 입국한 복수국적자가 대한민국에 주소를 두고 계속 체류
       하려고 하는 경우에는 주민등록을 해야 함

 다. 제출서류
   ① 신청서(별지 34호 서식), 여권 및 외국인등록증, 수수료
   ② 국내체류 불가피성 입증서류   ③ 신원보증서
   ④ 부모 혼인생활 변동이 있는 경우 사실 입증 서류
   ⑤ 체류지 입증서류(임대차계약서, 숙소제공 확인서, 체류기간 만료예고 통
      지우편물, 공공요금 납부영수증, 기숙사비 영수증 등)

5. 혼인단절 결혼이민자 가사정리를 위한 방문동거 체류기간 연장허가
 가. 체류허가 대상
   ● 국민과 혼인이 단절되었으나 혼인단절자(F-6-3)에 해당하지 않는 사람
     으로서 재산분할, 가사정리 등의 사유로 국내 체류가 불가피한 사람

 나. 심사기준 및 유의점
   ● 국내 체류의 불가피성 여부

 다. 체류허가 기간 : 매회 6개월 범위 내
   ● F-1-6 자격의 체류허가 기간은 자격변경일로부터 1년까지
     – 다만, 채권, 채무, 부동산임대차에 따른 보증금 반환 등을 사유로 소송
        (소액사건심판청구 등 포함)이 계속되는 경우 자격변경일로부터 1년이

지났더라도 소송종료시까지 체류허가

　라. 제출서류
　　① 신청서(별지 제34호 서식), 여권 및 외국인등록증, 사진 1매, 수수료
　　② 신원보증서(신원보증기간이 남아있는 경우 생략 가능) ③ 이혼 사실이
　　기재된 혼인관계 증명서 ④ 체류 불가피성에 대한 소명자료(사유서, 재산분
　　할 관련 입증자료 등) ⑤ 기타 심사에 필요하다고 인정되는 서류 ⑥ 체류지
　　입증서류(임대차계약서, 숙소제공 확인서, 체류기간 만료예고 통지우편물,
　　공공요금 납부영수증, 기숙사비 영수증 등)

6. 외국인투자자 및 우수전문인력의 가사보조인
　가. 허가기준
　　🔹 고용주의 체류기간 범위 내에서 최대 1년 부여
　　🔹 체류기간 중 고용주와 동일 주소지에서 생활해야 하며, 가사보조 활동외
　　　의 취업활동 등 금지
　　🔹 고용계약종료, 고용주 요건 미충족 등으로 가사보조인 자격 상실 시 출국
　　　원칙
　　🔹 초청자 1인당 외국인 가사보조인 고용은 1명으로 제한

　나. 제출서류
　　① 신청서(별지 34호 서식), 여권 및 외국인등록증, 수수료
　　② 가사보조인 고용계약서　③ 신원보증서
　　④ 고용주의 재직증명서(신분증명서)
　　⑤ 외국인투자신고서 (법인등기사항전부증명서 또는 사업자등록증 사본) 또
　　　는 투자기업등록증사본
　　⑥ 체류지 입증서류(임대차계약서, 숙소제공 확인서, 체류기간 만료예고 통
　　　지우편물, 공공요금 납부영수증, 기숙사비 영수증 등)

▶ 목차

7. 고등학교 이하 외국인유학생 동반부모
　가. 권한 위임
　　🔹 체류지 관할 청(사무소 · 출장소)

　나. 체류기간 부여
　　🔹 체류기간 2년 이내 허가

　다. 제출서류

① 신청서(별지 제34호 서식), 여권, 외국인등록증, 수수료
② 외국인유학생 재학 입증하는 서류(재학증명서, 입학허가서 등)
③ 체재비 입증서류 (1개월 이상 계속 예치된 기준 이상 금액의 잔고증명서 등)
④ 체류지 입증서류(임대차계약서, 숙소제공 확인서, 체류기간 만료예고 통지우편물, 공공요금 납부영수증, 기숙사비 영수증 등)

8. 우수인재, 투자자 및 유학생 부모
   🐾 제출서류
   ① 신청서(별지 제34호 서식), 여권, 외국인등록증, 수수료
   ② 신원보증서
   ③ 가족관계 입증서류
   ④ 체류지 입증서류(임대차계약서, 숙소제공 확인서, 체류기간 만료예고 통지우편물, 공공요금 납부영수증, 기숙사비 영수증 등)

9. 난민인정자의 배우자 및 미성년 자녀
   가. 체류허가 대상
   🐾 난민인정자의 배우자 및 미성년 자녀
     ※ 단, 배우자가 있는 미성년자녀는 제외

   나. 체류허가 기간
   🐾 난민인정자의 체류기간 범위 내에서 최대 2년 체류기간 부여

   다. 제출 서류
   ① 신청서(별지 34호 서식), 여권 및 외국인등록증, 수수료
   ② 체류지 입증 서류(임대차계약서, 숙소제공 확인서, 체류기간 만료예고 통지 우편물, 공공요금 납부영수증, 기숙사비 영수증, 교회·난민지원시설·인권단체·UNHCR 등의 주거확인서 등)

10. 귀화자의 외국국적 부모 등(F-1-28)
    가. 허가기준
       ○ 신청자 법령 준수 등 품행 요건
       ○ 국내 체류 필요성(체류자격 변경 사유와 동일)

    나. 체류기간
       ○ 허가일로부터 최대 2년 이내 체류기간을 부여하되 다음 조건 모두 충족

– 최근 F-1-28 체류자격 변경 직전 입국일로부터 4년 10개월 초과 금지

☞ 4년 10개월 이전에 방문동거 사유가 해소될 경우 해소 예정 기간까지 체류기간 부여

– 방문동거 사유 존재기간까지 체류기간 부여

☞ 4년 10개월이 도과했음에도 방문동거 사유가 해소되지 않았을 경우 해당 외국인은 완전 출국 후 재입국하여 F-1-28 체류자격으로 다시 체류

다. 제출서류

① 신청서(별지 34호 서식), 여권, 수수료

② 국내 체류 중 비취업 서약서(귀화자 방문동거용)(자격 변경 부분 서식 1)

③ 방문동거 신청 관련 진술서(자격 변경 부분 서식 2)

④ 직전 체류자격(F-1-28)으로의 변경 또는 체류기간 연장 시 받은 서류 중 신청일 기준으로 현행화가 필요한 서류

⑤ 해당 체류 경비 등에 대한 입증 서류

⑥ 기타 출입국관리공무원이 심사의 필요성이 있어 요구하는 서류

11. 점수제 우수인재(F-2-7)의 배우자 또는 미성년자녀

☞ 점수제 우수인재(F-2-7) 자격 변경 부분 참고

가. 체류허가 대상

○ 점수제 우수인재(F-2-7)의 연간소득이 최근 1인당 국민소득 미만인 경우로써, 해당 점수제 우수인력의 배우자 및 미성년 자녀

나. 심사요건

○ '점수제 우수인재의 배우자 또는 미성년 자녀'로서의 거주(F-2-71)자격 변경에 따라 심사하되, 점수제 우수인재자의 연간소득이 최근 1인당 국민소득 미만인 경우 해당

다. 제출서류

① 신청서(별지 제34호 서식), 여권, 표준규격사진 1매, 수수료

② 점수제 우수인력(F-2-7) 거주자격 연장허가시 제출서류

③ 점수우수인력(F-2-7)의 여권 및 외국인등록증 사본

④ 점수우수인력(F-2-7)의 고용계약서 또는 재직증명서

⑤ 체류지 입증서류 ⑥ 신원보증서 ⑦ 결핵확인서(해당자)

재입국허가	1. 재입국허가 면제 제도 시행('10.12.1.자 개정 시행규칙)
	  – 등록을 필한 외국인이 <u>출국한 날부터 1년 이내에 재입국하려는 경우 재입국</u>
	    <u>허가 면제</u>
	  – 체류기간이 1년보다 적게 남아있는 경우 체류기간 범위 내에서 재입국허
	    가 면제
	  ※ 단, 입국규제 및 사증발급규제자는 체류지 관할 청(사무소 · 출장소)에 방
	    문하여 재입국허가를 받아야 함
	
	2. 복수재입국허가 (사우디아라비아, 이란, 리비아는 복수재입국제한. 단, 동
	   국가의 국민 중 결혼이민(F - 6), 유학(D - 2), 일반연수(D - 4)는 가능)
	  – 출국 후 체류기간 범위 내에서 1년을 초과하여 2년 내에 재입국을 하려는
	    경우
	  – 신청서류 : 신청서(별지 34호서식), 여권 원본, 외국인등록증, 수수료

외국인등록
 	
▶ 목차
	1. 외국인등록 신청서류
	  ① 신청서(별지34호 서식), 여권원본, 표준규격사진1장, 수수료
	  ② 체류지 입증서류
	
	2. 외국인유학생 동반부모(F-1-13)
	  ① 신청서(별지34호 서식), 여권, 사진(6개월 내 촬영 반명함) 1장, 수수료
	  ② 가족관계 입증서류(원본 및 번역본 첨부, 호구부, 출생증명서 등)
	  ③ 외국인유학생 입학허가서 또는 재학증명서
	  ④ 외국인유학생 외국인등록증 사본(외국인유학생이 외국인등록자인 경우)

거 주(F-2)

활동범위	🎗 영주자격을 부여받기 위하여 국내 장기체류하려는 자

해 당 자	가. 국민의 미성년 외국인 자녀 또는 별표 1의3 영주(F-5) 체류자격을 가지고 있는 사람의 배우자 및 그의 미성년 자녀
	
	나. 국민과 혼인관계(사실상의 혼인관계를 포함한다)에서 출생한 사람으로서 법무부장관이 인정하는 사람
	
	다. 난민의 인정을 받은 사람
	
	라. 「외국인투자 촉진법」에 따른 외국투자가 등으로 다음의 어느 하나에 해당하는 사람
	  1) 미화 50만 달러 이상을 투자한 외국인으로서 기업투자(D-8) 체류자격으로 3년 이상 계속 체류하고 있는 사람
	  2) 미화 50만 달러 이상을 투자한 외국법인이 「외국인투자 촉진법」에 따른 국내 외국인투자기업에 파견한 임직원으로서 3년 이상 계속 체류하고 있는 사람
	  3) 미화 30만 달러 이상을 투자한 외국인으로서 2명 이상의 국민을 고용하고 있는 사람
	
	마. 별표 1의3 영주(F-5) 체류자격을 상실한 사람 중 국내 생활관계의 권익보호 등을 고려하여 법무부장관이 국내에서 계속 체류하여야 할 필요가 있다고 인정하는 사람(강제퇴거된 사람은 제외한다)
	
	바. 외교(A-1)부터 협정(A-3)까지의 체류자격 외의 체류자격으로 대한민국에 5년 이상 계속 체류하여 생활 근거지가 국내에 있는 사람으로서 법무부장관이 인정하는 사람
	
	사. 비전문취업(E-9), 선원취업(E-10) 또는 방문취업(H-2) 체류자격으로 취업활동을 하고 있는 사람으로서 과거 10년 이내에 법무부장관이 정하는 체류자격으로 4년 이상의 기간 동안 취업활동을 한 사실이 있는 사람 중 다음 요건을 모두 갖춘 사람
	  1) 법무부장관이 정하는 기술·기능 자격증을 가지고 있거나 일정 금액 이상의 임금을 국내에서 받고 있을 것(기술·기능 자격증의 종류 및 임금의 기준에 관하여는 법무부장관이 관계 중앙행정기관의 장과 협의하여 고시한다)

	2) 법무부장관이 정하는 금액 이상의 자산을 가지고 있을 것 3) 대한민국「민법」에 따른 성년으로서 품행이 단정하고 대한민국에서 거주하는 데 필요한 기본 소양을 갖추고 있을 것 아. 「국가공무원법」 또는 「지방공무원법」에 따라 공무원으로 임용된 사람으로서 법무부장관이 인정하는 사람 자. 나이, 학력, 소득 등이 법무부장관이 정하여 고시하는 기준에 해당하는 사람 차. 투자지역, 투자대상, 투자금액 등 법무부장관이 정하여 고시하는 기준에 따라 부동산 등 자산에 투자한 사람 또는 법인의 임원, 주주 등으로서 법무부장관이 인정하는 외국인. 이 경우 법인에 대해서는 법무부장관이 투자금액 등을 고려하여 체류자격 부여인원을 정한다. 카. 자목이나 차목에 해당하는 사람의 배우자 및 자녀(법무부장관이 정하는 요건을 갖춘 자녀만 해당한다)
1회에 부여할 수 있는 체류기간 상한	🍃 5년
체류자격외 활동	1. 기타 장기체류자(F-2-99)의 체류자격외 활동허가 기준 ○ 취업활동은 법령에 인정되는 경우*로 한정되며, 거주자격 취득 직전 분야의 활동여부**에 따라 체류자격외 활동허가를 받아야 하는 경우와 받지 않은 경우로 구분 　*「출입국관리법 시행령」 별표 1 중 5. 단기취업(C-4), 별표 1의2 중 14. 교수(E-1)부터 22. 선원취업(E-10), 29. 방문취업(H-2) 체류자격상의 취업활동 　** 출입국관리법 시행령」 제23조에 따르면 거주자격 '바'목(기타 장기거주)에 해당하는 사람은 종전 체류자격에 해당하는 동일 분야 활동을 계속 하여야 체류자격외 활동허가 없이 시행령 23조 제①항의 취업활동이 가능함 가. 체류자격외 활동허가가 필요하지 않는 경우 　🍃 거주자격 취득 직전 체류자격에 해당하는 분야의 취업 등의 활동을 하면서 다른 취업활동을 하고자 하는 경우 　예시) ① 회화지도(E-2) 자격자가 ② 기타 장기거주 체류자격 취득 후 ③ 회화지도 활동을 하는 경우 체류자격외 활동허가 없이 「출입국관리

법 시행령」 별표 1 중 5. 단기취업(C-4), 별표 1의2 중 14. 교수(E-1)부터 22. 선원취업(E-10), 29. 방문취업(H-2) 체류자격상의 취업활동을 할 수 있음

나. 체류자격외 활동허가가 필요한 경우
- 🗨 장기거주(F-1-99) 자격 취득 직전 체류자격에 해당하는 분야의 취업 등의 활동을 하지 않고 다른 취업활동을 하고자 하는 경우
  - 허가 대상인 취업활동을 규정하는 지침에 따라 허가 여부 결정하되 해당 지침에 별도 규정이 없는 경우 허가
- 🗨 거주자격 취득 직전 체류자격이 방문동거(F-1) 및 동반(F-3) 체류자격으로 기타 장기거주 체류자격을 받은 사람이 취업활동을 하고자 하는 경우
  - 허가 대상인 취업활동을 규정하는 지침에 따라 허가 여부 결정하되 해당 지침에 별도 규정이 없는 경우 허가

2. 점수이민제 우수인재(F-2-7)의 체류자격외 활동허가 기준
- 🗨 점수제 우수인재 비자 소지자가 연간 소득요건을 충족하는 경우에 한하여 동반가족도 거주가족(F-2-71)을 받은 후 취업*이 가능함
  * 출입국관리법 시행령 23조 제②49)에 규정된 취업활동에 한함
- 🗨 우수인재 비자 소지자가 연간 소득요건을 충족하지 못하는 경우, 동반가족은 방문동거(F-1) 자격으로 체류할 수 있으나 취업 및 각종 영리활동이 금지됨
  - 단, 전문직·준전문직(E-1 ~ E-7(호텔·유흥종사자(E-6-2) 및 숙련기능인력(E-7-4) 제외)) 취업 요건을 갖춘 경우 사전에 체류자격외 활동허가를 받아 취업 가능
- 🗨 취업제한 분야* 또는 국내 노동시장·사회경제질서에 부정적 영향을 미칠 수 있는 직종(단순노무, 유흥업 등)에 취업한 경우, 체류기간 연장 제한 또는 체류허가 취소가능

> *취업제한 분야
> ○「사행행위 등 규제 및 처벌 특례법」 제2조제1항제1호 및 동법 시행령 제1조의2 등에서 규정하고 있는 사행행위 영업
> ○「식품위생법」 제36조 및 동법시행령 제21조제8호 등에서 규정하고 있는 단란주점영업, 유흥주점영업
> ○「풍속영업의 규제에 관한 법률」 제2조 및 동법시행령 제2조 등에서 규정하고 있는 풍속영업 중 선량한 풍속에 반하는 영업
> - 「식품위생법 시행령」 제21조제8호 다목에 따른 단란주점영업 및

같은 호 라목에 따른 유흥주점영업
- 불특정한 사람 사이의 신체적인 접촉 또는 은밀한 부분의 노출 등 성적 행위가 이루어지거나 이와 유사한 행위가 이루어질 우려가 있는 서비스를 제공하는 영업으로서 청소년보호위원회가 결정하고 여성가족부장관이 고시한 청소년 출입·고용금지업소
- 청소년유해매체물 및 청소년유해약물 등을 제작·생산·유통하는 영업 등 청소년의 출입과 고용이 청소년에게 유해하다고 인정되는 영업으로서 대통령령으로 정하는 기준에 따라 청소년보호위원회가 결정하고 여성가족부장관이 고시한 청소년 출입·고용금지업소

청소년 출입·고용금지업소 결정 고시

[여성가족부고시 제2013-52호, 2013. 8. 13., 일부개정](개정시 개정된 내용에 따름)

1. 시설형태
   가. 밀실이나 밀폐된 공간 또는 칸막이 등으로 구획하거나 이와 유사한 시설
2. 설비유형
   가. 화장실, 욕조 등 별도의 시설을 설치한 것
   나. 침구, 침대 또는 침대형태로 변형이 가능한 의자·소파 등을 비치한 것
   다. 컴퓨터·TV·비디오물 시청기자재·노래방기기 등을 설치한 것
   라. 성인용인형(리얼돌) 또는 자위행위 기구 등 성관련 기구를 비치한 것
3. 영업형태
   가. 입맞춤, 애무, 퇴폐적 안마, 나체쇼 등 신체적 접촉이 이루어지거나 성관련 신체부위를 노출하거나 성행위 또는 유사 성행위가 이루어질 우려가 있는 영업
   나. 성인용 영상물 또는 게임물, 사행성 게임물 등 주로 성인용 매체물이 유통될 우려가 있는 영업
   다. 성인용 인형(리얼돌) 또는 자위행위 기구 등 성관련 기구를 이용할 수 있는 영업
   【영업 예시】키스방, 대딸방, 전립선마사지, 유리방, 성인PC 방, 휴게텔, 인형체험방 등

	○ 기타 체류자의 신분을 벗어난 활동 및 기타 법무부장관이 그 취업을 제한할 필요가 있다고 인정되는 분야
근무처의 변경·추가	🐾 해당사항 없음
체류자격 부　여	🐾 영주(F-5) 자격을 가진 자의 한국인배우자가 그 배우자의 국적을 취득하여 대한민국 국적을 상실한 때에는 거주(F-2, 기간:1년간) 체류자격 부여 ① 신청서(별지 34호 서식), 여권, 표준규격사진 1매, 수수료 ② 국적취득증명서 2. 점수이민제 우수인재(F-27)의 국내 출생 자녀 가. 허가요건 　1) 신청인(미성년 자녀) 요건 　○ 국내에서 출생할 것 　○ 결격사유(체류자격 변경 사유 참고)에 해당하지 않을 것 　2) 신청인의 친모 요건 　○ 점수제 우수인재(F-2-7 또는 F-2-71) 체류자격으로 합법체류중일 것 　 - 단, 신청인 친모의 체류자격 등이 국내에서 점수제 우수인재의 배우자로서의 체류자격(F-2-71)으로의 변경 요건을 충족*한 경우는 친모 요건 충족으로 심사 　　* 신청인의 모가 단기 체류자격 또는 각종 지침에 따라 국내에서 자격 변경이 되지 않는 장기 체류자격(기타(G-1), 관광취업(H-1) 등)으로 체류 중일 경우 불충족 　○ 친모가 단기 체류자격(B-1, B-2, C-3) 으로 입국하여 국내에서 출생한 자녀는 장기 체류자격 부여를 허용하지 않고 출국하여 관련 비자를 받고 입국하여야 함 　3) 점수제 우수인재(F-2-7)자의 요건 　○ 출생자녀의 모의 친모가 '점수제 우수인재의 배우자(F-2-71)'일 경우로서, 친부는 점수제 우수인재 체류자격 변경 심사 기준을 충족하고 연간 소득이 최근 1인당 국민소득 이상인 경우 나. 체류 자격 및 체류기간 　○ 친모의 체류자격 및 체류기간과 동일하게 부여

	다. 제출서류 　○ 출생증명서, 신원보증서 　○ 체류자격 변경 심사 서류와 동일
체류자격 변경허가	1. 국민의 외국인자녀에 대한 거주 자격으로 변경허가 　가. 대상자 : ① 국민의 미성년 외국인자녀 ② 국민과의 혼인관계(사실상의 혼인관계 포함)에서 출생한 자녀 　※ 기존에는 한국인과 혼인으로 귀화 또는 국적회복한 동포의 미성년 외국인 자녀에게는 방문동거(F-1) 사증 및 체류자격을 부여 　※ 대한민국국적을 보유한 복수국적자는 「복수국적자의 출입국 및 체류에 관한 지침」 적용
➡ 목차 체류자격 변경허가	□ 거주(F-2-2, 국민의 미성년자녀) 사증·체류지침관련 업무지시 ○ 국민의 미성년 외국인자녀에 대한 거주(F-2-2)사증발급 및 자격 변경 제외대상자 – 재외동포(F-4) 자격부여 제한 대상자 ○ 국민과의 혼인관계(사실상의 혼인관계 포함)에서 출생한 자녀 ※ 국민과 혼인관계에서 출생한 자녀에 대한 거주(F-2) 사증발급 제외 대상자 – 병역 이행 또는 면제처분을 받지 않은 상태에서 대한민국 국적을 이탈 또는 상실하여 외국인이 된 남성에 대해 40세 되는 해의 12월 31일까지 거주(F-2-2)자격 부여 제한 → 개정법 시행일('18. 5. 1.) 이후 최초로 국적을 이탈하였거나 국적을 상실한 사람부터 적용 ('18.4.30. 이전 자에 대해서는 과거 재외동포 자격부여 제한 기준 적용) 　나. 제출서류 　① 신청서(별지 34호 서식), 여권, 표준규격사진 1매, 수수료 　※ 기존 방문동거(F-1-1)자격으로 체류하고 있는 국민의 미성년 외국인 자녀에 대해서는 확인즉시 수수료 없이 거주(F-2-2)자격 변경 　② 대한민국 국민과 해당 미성년자와의 관계 및 양육권 보유관계를 입증할 수 있는 서류(이혼판결문 등) 　※ 양육권 보유관계를 입증할 수 없을 때에는 '친권자' 또는 '후견인'의 동의서('친권자 또는 후견인'도 없는 경우 사실을 입증할 수 있는 관련국의 공적서류 또는 공정증서)

③ 국민의 외국인 자녀임을 입증할 수 있는 서류
  - 출생증명서, 호구부 등
④ 자녀의 호구부 및 거민신분증
⑤ 부모의 기본증명서, 가족관계증명서, 주민등록등본
⑥ 신원보증서(양육권을 가진 부 또는 모)

2. 영주자격 소지자의 배우자 및 미성년 자녀에 대한 거주자격 변경 허가

배우자	미성년 자녀
① 신청서(별지 34호 서식), 여권, 표준규격사진 1매, 수수료	
② 국내 배우자의 신원보증서 ③ 초청장(붙임 1 양식) ④ 혼인배경 진술서(붙임 2 양식) ⑤ 양국간 혼인관계 입증서류 - 결혼증명서, 가족관계 기록에 관한 증명서 ⑥ 재정(소득) 입증관련 서류(재직증명서, 부동산 등기부 등본, 예금잔고증명서 등) ⑦ 국내 배우자의 신원보증서, 교제경위서 등 ⑧ 국내 배우자의 신용정보조회서 - 전국은행연합회가 발행한 것 ⑨ 국적국 또는 거주국의 관할 기관이 발급한 혼인당사자 쌍방의 '범죄경력에 관한 증명서' ※ 영주(F-5)자격 소지자 본인이 영주자격 변경 시 '범죄 경력에 관한 증명서'를 이미 제출한 경우에는 본인에 한해 제출 생략 가능. 단, 영주자격 변경 후 해외에서 6개월 이상 체류한 경우에는 해외 체류기간 동안의 체 류국 정부가 발행한 범죄경력에 관한 증명서를 제출해 야 함 ⑩ 혼인당사자 쌍방의 건강진단서 - 의료법 제3조제2항제3호에 따른 병원급 의료기관이나 지역보건법 제7조에 따른 보건소가 발행한 것. 다만, 외국인 배우자의 경우에는 해당 보건국 또는 거주국에 서 통용되는 유사한 입증자료로 갈음할 수 있음 ⑪ 과거 혼인기록이 있는 경우 혼인 해소 여부를 입증할 수 있는 서류(이혼증 등)	② 가족관계 입증 서류 (출생증명서, 결혼증명 서, 호구부 등)

3. 난민인정을 받은 자에 대한 거주자격 변경허가
  ① 신청서(별지 34호 서식), 여권 및 외국인등록증, 표준규격사진 1매, 수수료
  ② 난민인정증명서

③ 체류지 입증 서류(임대차계약서, 숙소제공 확인서, 체류기간 만료예고 통지 우편물, 공공요금 납부영수증, 기숙사비 영수증, 교회·난민지원시설·인권단체·UNHCR 등의 주거확인서 등)

4. 고액투자자에 대한 거주자격 변경허가

> 가. 근 거 : 투자외국인에 대한 거주(F-2)자격 부여 체류관리지침
> 나. 대상자 : 「외국인투자촉진법」에 따른 다음 어느 하나에 해당하는 자

🔹 미화 50만 달러 이상을 투자한 외국인으로서 기업투자(D-8) 체류자격으로 3년 이상 계속 체류하고 있는 사람
　– 제출서류 : ① 신청서(별지 34호 서식), 여권 및 외국인등록증, 수수료
　　　　　　　 ② 투자기업등록증 사본
🔹 미화 50만 달러 이상을 투자한 외국법인이「외국인투자촉진법」에 따른 국내 외국인투자기업에 파견한 임직원으로서 3년 이상 계속 체류하고 있는 사람
　– 제출서류 : ① 신청서(별지 34호 서식), 여권 및 외국인등록증, 수수료
　　　　　　　 ② 파견명령서 또는 재직증명서 또는 소득금액증명원(3년간)
🔹 미화 30만 달러 이상을 투자하여 2명 이상의 국민을 고용하고 있는 사람
　– 제출서류 : ① 신청서(별지 34호 서식), 여권, 수수료
　　　　　　　 ② 외국인 투자신고서 또는 투자기업등록증 사본
　　　　　　　 ③ 피고용인에 대한 고용계약서 또는 소득금액증명원

5. 점수제 우수인재의 거주자격 변경허가
가. 신청 대상 및 허가 요건
1) 전문직·준전문직 종사자(이하 '유형 1' 이라 함)
　가) 신청대상
　　ㅇ 전문직·준전문직 종사자 등으로서 체류자격 교수(E-1)부터 특정활동(E-7)까지[50] 또는 취재(D-5)부터 무역경영(D-9)까지[51] 중의 어느 하나를 가진 등록외국인
　　　* 단, 호텔·관광유흥업소 종사자(E-6-2), 숙련기능인력(E-7-4) 체류자격은 제외

　나) 허가요건 : 다음 요건을 모두 충족할 것
　　① 신청일 현재 신청 당시의 체류자격으로 3년 이상 연속하여 합법체류 중일 것

▶ 목차
체류자격
변경허가

ㅇ 다만, 아래 중 하나에 해당하는 경우 체류기간 요건(3년) 면제
　㉠ 소득금액증명서 상의 연간 소득금액이 4천만 원 이상인 경우
　㉡ 법무부장관이 인정하는 이공계 해외인재 유치 지원 사업 초청 대상
　　자로서 관계 중앙행정기관장의 추천을 받은 경우
　㉢ 유학(D-2) 또는 구직(D-10) 체류자격으로 합산하여 3년 이상 연속
　　하여 합법 체류하면서, 국내에서 정규 석사 이상의 과정을 마치고
　　석사 이상의 학위*를 취득한 경력이 있는 경우
　　　* 단, 한국전 참전국[52] 우수인재로서 중앙행정기관[53]의 추천을 받
　　　　은 외국인은 국내에서 정규 과정을 마치고 학사 이상의 학위를 취
　　　　득한 경우도 가능
② 신청 당시 소지한 체류자격의 연장 등 체류 요건을 갖추었을 것
　　☞ 신청 당시 소지한 체류자격의 체류기간 연장 요건을 충족하지 못한
　　　사람은 우수인재 체류자격 변경 불허
③ 결격사유(붙임2)에 해당하지 않고, 신청일 이전 3년 이내 취업 제한 분
　야(붙임3)에 취업한 사실이 없을 것
　　☞ 해당 사실 확인된 경우 체류자격 변경 불허
④ 점수제 평가항목별 합산 점수가 80점 이상일 것(붙임 4)
⑤ 신청일 이전 6개월 이내 국내 노동시장·사회경제질서에 부정적 영향
　을 미칠 수 있는 직종(단순노무 등)에 취업한 사실이 없을 것
　　☞ 사안에 따라 허가여부 결정

2) 유학인재(이하 '유형 2' 라 함)
　가) 신청대상
　　ㅇ 유학(D-2) 또는 구직(D-10) 체류자격을 가진 등록외국인

▶ 목차
체류자격
변경허가

　나) 허가요건 : 다음 요건을 모두 충족할 것
　　① 신청일 현재 유학(D-2) 또는 구직(D-10) 체류자격으로 합산하여 3년
　　　이상 연속하여 합법체류 중일 것
　　② 국내에서 정규 석사 이상의 과정을 마치고 석사 이상의 학위를 취득하
　　　였을 것
　　　- 단, 한국전 참전국 우수인재로서 중앙행정기관의 추천을 받은 외국인
　　　　은 국내에서 정규 과정을 마치고 학사 이상의 학위를 취득한 경우 가
　　　　능
　　③ 교수(E-1)부터 특정활동(E-7)까지* 또는 취재(D-5)부터 무역경영(D
　　　-9)까지 의 체류자격에 해당하는 직종에 취업이 확정**되었을 것
　　　　* 단, 호텔·관광유흥업소 종사자(E-6-2), 숙련기능인력(E-7-4)

에 해당하는 직종은 제외

    ** 한국전 참전국 우수인재로서 중앙행정기관 추천을 받은 경우 미취업 상태에서도 신청 가능

④ 결격사유(붙임2)에 해당하지 않고, 신청일 이전 3년 이내 취업 제한 분야(붙임3)에 취업한 사실이 없을 것

    ☞ 해당 사실 확인된 경우 체류자격 변경 불허

⑤ 점수제 평가항목별 합산 점수가 80점 이상일 것(붙임 4)

⑥ 신청일 이전 6개월 이내 국내 노동시장·사회경제질서에 부정적 영향을 미칠 수 있는 직종(단순노무 등)에 취업한 사실이 없을 것

3) 상장법인 종사자(이하 '유형 3' 이라 함)

  가) 신청대상

    ㅇ 유가증권시장(KOSPI) 또는 코스닥(KOSDAQ)에 상장된 법인에 취업 중이거나, 해당 상장법인과 고용계약을 체결하여 취업이 확정된 외국인

  나) 허가요건 : 다음 요건을 모두 충족할 것

    ① 통계청 고시 '한국표준직업분류'에 따른 관리자(1), 전문가 및 관련 종사자(2)에 해당하는 직종에 취업 중이거나 취업이 확정되어 있을 것

    ② 결격사유(붙임2)에 해당하지 않고, 신청일 이전 3년 이내 취업 제한 분야(붙임3)에 취업한 사실이 없을 것

      ☞ 해당 사실 확인된 경우 체류자격 변경 불허

    ③ 점수제 평가항목별 배점의 합산 점수가 80점 이상일 것(붙임4)

    ④ 신청일 이전 6개월 이내 국내 노동시장·사회경제질서에 부정적 영향을 미칠 수 있는 직종(단순노무 등)에 취업한 사실이 없을 것

4) 점수제 우수인재의 배우자와 미성년 자녀(이하 '유형 4' 라 함)

  가) 신청대상

    ㅇ 유형1~3에 해당하는 사람(이하 '주체류자'라 함)의 배우자* 또는 미성년 자녀**

      * 법률상 배우자로서 진정한 혼인관계를 유지하여야 함(사실혼 불인정)

      ** 주체류자가 미성년 자녀에 대한 법률상 친권 및 양육권을 가지고 있어야 함

변경허가	〈기타 유의 사항〉 ○ 주체류자의 가족으로서 동반(F-3) 또는 거주(F-1-9 등) 체류자격으로 합법체류 중인 사람은 주체류자가 우수인재 점수제 체류자격으로 변경 허가를 받은 경우 즉시 해당되는 체류자격으로 신청 ☞ 주체류자가 점수제 체류자격 신청시 가족도 동반하여 신청 가능 ○ 다음의 경우는 국내에서 사증발급인정서를 발급받아 재외공관에서 F-2-71, F-1-12 체류자격을 받아 입국하여야 함 ㉮ 신청인이 단기 체류자격자이거나 불법체류자인 경우 ㉯ 주체류자가 연간 소득요건을 미충족하는 경우 ㉰ 기타 국내에서 자격변경이 되지 않는 경우 등 ○ 주체류자가 허가 대상일지라도 배우자가 범죄요건 등 결격사유에 해당하는 경우 배우자는 허가될 수 없음(국내체류도 불가)

나) 허가요건 : 다음 요건을 모두 충족할 것
① 신청인(점수제 우수인재의 배우자와 미성년 자녀)의 허가요건
㉠ 신청일 기준 국내에서 외국인등록*을 마치고 합법적으로 체류 중일 것
  * 단, 기타(G-1), 관광취업(H-1) 등 각종 지침에 따라 국내에서 자격변경이 되지 않는 체류자격을 가진 등록외국인은 제외함
㉡ 신청인이 미성년 자녀일 경우 부모도 ㉠의 조건을 충족 할 것*
  * 체류질서를 준수하면서 부모가 미성년 자녀를 공동으로 양육하도록하기 위하여 친모와 미성년 자녀는 분리되지 않고 함께 동반 체류가 가능할 경우에 체류허가함을 원칙으로 함
㉢ 결격사유(붙임2)에 해당하지 않고, 신청일 이전 3년 이내 취업 제한 분야(붙임3)에 취업한 사실이 없을 것
  ☞ 해당 사실 확인된 경우 사증발급인정서 발급 불허
㉣ 신청일 이전 6개월 이내 국내 노동시장·사회경제질서에 부정적 영향을 미칠 수 있는 직종(단순노무 등)에 취업한 사실이 없을 것
  ☞ 사안에 따라 허가여부 결정
② 주체류자(점수제 우수인재)의 허가요건
㉠ 신청 당시 한국에서 F-2-7자격으로 합법 체류 중일 것
㉡ 주체류자를 매개로 한 동반가족이 국내에서 체류하고 있을 경우 외국인등록을 마치고 합법적으로 체류하고 있을 것
㉢ 결격사유(붙임2)에 해당하지 않을 것

ㄹ 신청일 기준 점수제 평가항목별 합산 점수가 80점 이상일 것(붙임4)
ㅁ 신청일 기준 연간소득*이 한국은행이 최근 고시한 전년도 1인당 국민 총소득(GNI) 이상 등 생계를 유지할 만한 능력이 있을 것

> *** 〈연간소득 산정 방법〉**
> ○ (원칙) 신청일 기준 2년 이내 세무서에서 발급이 가능한 가장 최신년도의 소득금액증명에 기재된 1년간의 과세대상의 소득금액을 연간소득으로 평가하되, 신청자의 체류자격에서 인정되는 합법적인 소득행위(자격외활동 허가에 의한 소득 포함)만 인정됨
>   ☞ 체류자격상 인정되지 않은 행위*로 인한 소득액은 세무서에 세금을 납부하였더라도, 동 지침상의 연간소득으로 인정하지 않음
>   * 발견시 출입국상 체류자격외활동 위반 등 검토 진행
> ○ (예외) 유가증권시장(KOSPI) 또는 코스닥(KOSDAQ) 상장된 법인에 취업한(취업 예정 포함)사람으로서 소득금액증명 제출이 불가능한 경우 예외적으로 고용계약서상의 기재된 연봉 상당 금액으로 연간소득을 산정

나. 제출 서류

> **〈 해외에서 발급받은 서류 요건 〉**
> ○ 해외 기관이 발급한 서류는 국문 또는 영문 번역문을 첨부하고, <u>아포스티유 확인 또는 대한민국 공관의 영사확인을 받아 제출하여야 함</u>
>   – 다만, 비자발급인정서 · 각종 체류허가 신청 시 기 제출하여 내부 정보통신망을 통해 심사관이 확인할 수 있는 경우에는 제출 생략 가능

1) 유형 1~ 3
가) 기본 서류
① 여권, 외국인등록증(외국인등록을 마친 사람만 해당), 결핵검진 확인서(결핵 고위험 국가 국민에 한함)
② 가족관계 소명 서류(동반가족이 국내에서 함께 체류하고 있는 경우 제출)
③ 체류지 입증 서류

■> 목차
체류자격
변경허가

■> 목차
체류자격
변경허가

④ 현직업 입증 서류 : 고용계약서, 재직증명서, 사업자등록증(대표자인 경우), 법인등기부등본(대표자인 경우), 재학증명서(재학생일 경우) 등
⑤ 소득금액증명(세무서 발급)*
  * 신청일 기준 2년 이내 세무서에서 발급이 가능한 가장 최신 연도의 소득금액증명
⑥ 해외범죄경력증명서
⑦ 심사관이 추가 제출을 요구한 서류

나) 점수제 평가를 위한 서류
① 신청인 본인이 해당하는 점수를 기재한 점수표(서식 1)
② 신청인 본인이 기재한 평가 항목별 점수를 소명하는 서류(붙임5)
  ☞ 본인이 제출하는 점수표에 본인이 기재한 점수 항목을 소명하는 서류만 제출(모든 평가 항목에 대한 소명 서류를 제출할 필요 없음)
  ☞ 제출한 서류만으로 심사하여 점수 부여

2) 유형 4
가) 신청인 관련 서류
① 여권, 외국인등록증(외국인등록을 마친 사람만 해당), 결핵검진 확인서 (결핵 고위험 국가 국민에 한함)
② 현직업 입증 서류 : 고용계약서, 재직증명서, 사업자등록증(대표자인 경우), 법인등기부등본(대표자인 경우), 재학증명서(재학생일 경우) 등
  ☞ 직업이 없는 경우 미제출
③ 해외범죄경력증명서
④ 심사관이 추가 제출을 요구한 서류

나) 주체류자 관련 서류
① 여권, 외국인등록증(외국인등록을 마친 사람만 해당)
② 가족관계 소명 서류
  ☞ 신청인과 주체류자간의 법률상 가족관계를 입증하는 서류여야 함
③ 체류지 입증 서류
④ 현직업 입증 서류 : 고용계약서, 재직증명서, 사업자등록증(대표자인 경우), 법인등기부등본(대표자인 경우), 재학증명서(재학생일 경우) 등
⑤ 소득금액증명(세무서 발급)*
  * 신청일 기준 2년 이내 세무서에서 발급이 가능한 가장 최신년도의 소득금액증명
⑥ 점수제 평가를 위한 점수를 기재한 점수표(서식 1)

⑦ 신청인 본인이 기재한 평가 항목별 점수를 소명하는 서류
⑧ 심사관이 추가 제출을 요구한 서류(붙임5)

다. 관련 붙임 및 서식
  붙임 2. 점수제 우수인재 대상 결격사유
  붙임 3. 취업 제한 분야
  붙임 4. 점수제 우수인재 평가항목별 배점 및 평가 기준
  붙임 5. 평가 항목별 점수 소명 서류
  서식 1. 점수표
  참고 1. 우수대학 검색사이트 안내

【붙임 2】: 점수제 우수인재 대상 결격사유

> 점수제 우수인재 신청인(배우자 및 미성년 자녀 포함)이 아래 결격사유 중 어느 하나에 해당하는 경우 점수제 우수인재 체류자격 신청이 불가하며, 점수제 우수인재 체류자격 취득 후 결격사유가 발생·확인되는 경우에는 점수제 우수인재 체류자격 취소

① 신청일로부터 5년 이내에 금고 이상의 형(집행유예를 포함)을 선고 받은 사실이 있는 경우(외국 정부로부터 처벌받은 경우를 포함)
② 신청일로부터 3년 이내에 출입국관리법을 3회 이상 위반한 사람 중 통고 처분 금액의 합계가 500만 원 이상에 해당하는 경우
③ 신청일로부터 3년 이내에 대한민국 법률(출입국관리법 포함)을 위반하여 300만 원 이상의 벌금형을 선고받은 경우
④ 신청 시 또는 신청일로부터 최근 3년 이내에 허위서류를 제출한 경우
⑤ 입국금지 사유에 해당하는 경우
⑥ 범죄를 저지른 경우 등 대한민국의 안전보장과 질서유지·공공복리·기타 대한민국의 이익을 해할 우려가 있는 경우에 해당한다고 지방출입국·외국인관서의 장이 인정하는 경우
  ※ 모든 결격사유에 관하여 수사·재판이 진행 중인 경우에는 사법당국의 최종 판단이 이뤄진 이후 심사 진행
  ☞ 신청일로부터 3개월 이내 사법당국의 최종 판단이 이뤄지지 않은 경우 불허

【붙임 3】: 취업 제한 분야
ㅇ 「사행행위 등 규제 및 처벌 특례법」 제2조제1항제1호 및 동법 시행령 제1조 의2 등에서 규정하고 있는 사행행위 영업

ㅇ 「식품위생법」 제36조 및 동법시행령 제21조제8호 등에서 규정하고 있는 단란주점영업, 유흥주점영업

ㅇ 「풍속영업의 규제에 관한 법률」 제2조 및 동법시행령 제2조 등에서 규정하고 있는 풍속영업 중 선량한 풍속에 반하는 영업

- 「식품위생법 시행령」 제21조제8호 다목에 따른 단란주점영업 및 같은 호 라목에 따른 유흥주점영업
- 불특정한 사람 사이의 신체적인 접촉 또는 은밀한 부분의 노출 등 성적 행위가 이루어지거나 이와 유사한 행위가 이루어질 우려가 있는 서비스를 제공하는 영업으로서 청소년보호위원회가 결정하고 여성가족부장관이 고시한 청소년 출입ㆍ고용금지업소
- 청소년유해매체물 및 청소년유해약물 등을 제작ㆍ생산ㆍ유통하는 영업 등 청소년의 출입과 고용이 청소년에게 유해하다고 인정되는 영업으로서 대통령령으로 정하는 기준에 따라 청소년보호위원회가 결정하고 여성가족부장관이 고시한 청소년 출입ㆍ고용금지업소

청소년 출입·고용금지업소 결정 고시

[여성가족부고시 제2013-52호, 2013. 8. 13., 일부개정](개정시 개정된 내용에 따름)

1. 시설형태
   가. 밀실이나 밀폐된 공간 또는 칸막이 등으로 구획하거나 이와 유사한 시설
2. 설비유형
   가. 화장실, 욕조 등 별도의 시설을 설치한 것
   나. 침구, 침대 또는 침대형태로 변형이 가능한 의자 · 소파 등을 비치한 것
   다. 컴퓨터 · TV · 비디오물 시청기자재 · 노래방기기 등을 설치한 것
   라. 성인용인형(리얼돌) 또는 자위행위 기구 등 성관련 기구를 비치한 것
3. 영업형태
   가. 입맞춤, 애무, 퇴폐적 안마, 나체쇼 등 신체적 접촉이 이루어지거나 성관련 신체부위를 노출하거나 성행위 또는 유사성행위가 이루어질 우려가 있는 영업
   나. 성인용 영상물 또는 게임물, 사행성 게임물 등 주로 성인용 매체물이 유통될 우려가 있는 영업
   다. 성인용 인형(리얼돌) 또는 자위행위 기구 등 성관련 기구를 이용할 수 있는 영업

【영업 예시】 키스방, 대딸방, 전립선마사지, 유리방, 성인PC방, 휴게텔, 인형체험방 등

목차
체류자격 변경허가

○ 기타 체류자의 신분을 벗어난 활동 및 기타 법무부장관이 그 취업을 제한할 필요가 있다고 인정되는 분야

【붙임 4】: 점수제 우수인재 평가항목별 배점 및 평가 기준

○ 평가시기 : 비자발급인정서, 체류자격 변경, 체류기간 연장 신청
○ 평가대상 : 전문직, 준전문직, 유학인재, 상장 법인기업의 종사자로서의 점수제 우수인재 체류자격(F-2-7) 소지자 또는 신청자
☞ 점수제 우수인재자의 배우자와 미성년자녀는 평가 대상이 아님
○ 점수산정 : 공통 항목 4종류, 가점 항목 5종류, 감점 항목 3종류로 구분하여 각 항목별로 평가 기준에 따라 점수 부여 후 합산하여 총 점수를 산정함
☞ 점수제 우수인재 체류자격 합격 점수 : 평가항목별 합산 점수가 80점* 이상
　* '20.12.1. 당시 거주(F-2) '자'목으로 합법체류 중인 외국인에 대해서는 '21.11.30 일까지 75점 이상으로 변경하여 적용함
☞ 점수제 우수인재 체류기간 부여 : 합산점수 또는 소득점수별로 결정

1. 평가항목별 최대 점수(가점 포함 최대 총 170점)

평가 항목	공통 항목 (최대 130점)				가감점 항목 (최대 40점)	
	나이	학력	한국어능력 및 사회통합프로그램	연간 소득	가점	감점
최대 점수	25	25	20	60	40	-80

2. 공통 항목별 점수 및 평가 기준(최대 130점까지 인정)
　가. 나 이(최대 25점)

나이	18-24세	25-29세	30-34세	35-39세	40-44세	45-50세	51세 이상
점수	23	25	23	20	12	8	3
평가 기준	• 여권상 생년월일 (신청일 기준)						

나. 학 력(최대 25점)

학력	박사		석사		학사		전문학사	
	이공계/ 2개 이상	이공 계 외	이공계/ 2개 이상	이공 계 외	이공계/ 2개 이상	이공계 외	이공 계	이공 계 외
점수	25	20	20	17	17	15	15	10
평가 기준	• 학위증(수료는 제외하며, 발급기관을 통해 발급사실이 확인되는 경우에 한하여 인정) • 2개 이상 : 계열 불문하고 해당 학위가 2개 이상인 경우 인정							

다. 한국어능력 · 사회통합프로그램 이수(최대 20점)

한국어 능력	사회생활에서 충분한 의사소통 (고급)	친숙한 주제 의사소통 (중급)		기본적인 의사소통 (초급)	
	TOPIK 5급 이상/ 사회통합프로그램5단계	4급/ 4단계	3급/ 3단계	2급/ 2단계	1급/ 1단계
점수	20	15	10	5	3
평가 기준	• 한국어능력시험(TOPIK) 급수 및 사회통합프로그램 이수 단계(사회통합정보망 www.socinet.go.kr 참조)별 점수 부여				

라. 연간 소득(최대 60점)

연간 소득	1억원 이상	9천만 – 1억원 미만	8천만 – 9천만 원미 만	7천만 – 8천만 원미 만	6천만 – 7천만 원미 만	5천만 – 6천만 원미 만	4천만 – 5천만 원미 만	3천만 – 4천만 원미 만	최저 임금 – 3천 만원 미만
점수	60	58	56	53	50	45	40	30	10
평가 기준	• 제출 가능한 가장 최신의 소득금액증명(세무서 발급)에 기재된 최근연도의 과세대상 소득금액을 연간소득으로 간주함 • 유가증권시장(KOSPI) 또는 코스닥(KOSDAQ) 상장된 법인에 취업한(취업 예정 포함)사람으로서 소득금액증명 제출이 불가능한 경우에 한하여, 예외적으로 고용계약서상의 기재된 연봉 상당 금액으로 연간소득을 산정 • 소득 소명 서류 미제출, 미취업자, 최저임금 미만에 해당하는 경우에는 0점								

3. 가 · 감점 항목별 점수 및 평가 기준점

가. 가 점(최대 40점까지 인정)

가점 항목	참전 국민	정부 추천	사회통합 프로그램	우수대학/국내대학 학위보유						국내 사회 봉사 활동		
	한국전 참전국 우수인 재	중앙행 정기관 추천	5단계 이수자	박사		석사		학사		3년 이상	2 ~ 3년 미만	1 ~ 2년 미만
				우수	국내	우수	국내	우수	국내			
점수	20	20	10	30	10	20	7	15	5	7	5	1

평가 기준

• (참전국민) 한국전쟁 참전국(22개국) 출신 우수인재(GKS 정부초청장학생 등)으로서 관계기관(교육부, 국가보훈처 등)의 추천 공문을 받은 외국인
• (정부추천) 정부조직법에 따른 중앙행정기관장의 추천을 받은 외국인
  ☞ 현재까지 정부로부터 추천을 받는 대상은 참전국 우수인재에 한정되어 추천을 받으며 민원인으로부터 직접 추천서를 받지 않고 관계 기관으로부터 추천을 받음
  ☞ 참전국우수인재 가점
    : 한국전참전국우인재(20점)+중앙행정기관추천(20점)=40점(기본우대점수)
• (사회통합프로그램 이수자) 사회통합프로그램 5단계 기본과정 이상 이수자
• (우수대학) 타임즈(Times Higher Education, www.timeshighereducation.com), QS (www.topuniversities.com)에서 선정한 상위 500위 대학 및 법무부장관이 인정하는 특정 해외 대학(학위 취득자만 해당)
  ※ 학ㆍ석ㆍ박사 학위를 모두 취득한 경우 또는 500대 우수대학으로 선정된 국내대학 학위 취득자의 경우 가장 높은 가점(우수대학 가점)만 부여함
• (국내대학) 정규 과정을 이수하여 수여받은 정식 학위
  ※ 학ㆍ석ㆍ박사 학위를 모두 취득한 경우 가장 높은 가점만 부여
• (국내 사회봉사활동) 신청일 기준 최근 1~3년 이내 봉사 활동 실적으로서, 각 1년 간 최소 6회 이상 참여하고 총 50시간 이상 활동 시 인정
  − 봉사활동증명서로서 1365자원봉사포털 (www.1365.go.kr), 사회복지자원봉사 인증관리 시스템(www.vms.or.kr)을 통해 확인되는 경우에만 인정

나. 감 점

감점 항목	출입국관리법 위반에 따른 범칙금 처분 합계액 (단위 : 만원)			형사처벌 전력			피초청자 범법사실
	300 이상	100 ~ 300 미만	50 ~ 100 미만	벌금형 초과	벌금형 (단위 : 만원)		동반가족 또는 피초청자가 1. 불법체류 중이거나 2. 최근 3년 이내에 100만원 이상의 벌금형을 받았거나, 3. 출국권고ㆍ명령 또는 강제퇴거된 경우
					200 ~ 300 미만	200 미만	
점수	− 30	− 20	− 10	− 40	− 30	−20	− 10

평가 기준

• 벌금(벌금형 제외)ㆍ범칙금의 경우 원칙적으로 신청일로부터 최근 3년 이내 위반사항만 평가
  ☞ 다만 벌금형 이상의 처벌 전력은 기간 한정 없이 모든 위반사항을 평가*
    * 신청일로부터 3년 이내 300만원 이상의 벌금형을 받은 경우는 결격사유 해당하고 그 외의 기간(3년 초과)에 300만원 이상의 벌금형을 받은 경우 감점(−40)해당

【붙임 5】: 평가 항목별 점수 소명 서류−

외국인체류 안내매뉴얼 | 1125

☞ 아래 서류 외에 필요시 심사관이 추가 요구 가능함

평가 항목		인정 서류	비 고
공통	나 이	제출 불요	여권 등으로 확인함
	학 력	학위증	수료증 불인정
	한국어능력 및 사회통합프로그램이수	한국어능력시험 (TOPIK) 성적표	사회통합프로그램은 제출 불필요
	연간소득	○ '근로소득'만 있는 경우 : 소득금액증명원(근로소득자용) ○ '근로소득 이외 사업소득(자영업자, 사업자 등)'만 있는 경우 : 소득금액증명원(종합소득세 신고자용) ○ '근로소득'과 '근로소득 이외 사업소득' 모두 있는 경우 : 　① 소득금액증명원(근로소득자용) 　② 소득금액증명원(종합소득세 신고자용) 　③ 종합소득세·농어촌특별세 과세표준확정신고 및 납부계산서 ○ 상장법인 취업(예정)자로서 소득금액증명 제출이 불가한 경우 : 연봉이 기재된 고용계약서 제출	
가점	참전국민	별도 증빙서류를 제출하지 않고 점수만 기재할 것	해당기관에서 공문을 직접 법무부에 송부하기 때문에 제출불필요
	중앙행정기관 추천		
	사회통합프로그램	별도 증빙서류를 제출하지 않고 점수만 기재할 것	법무부에서 전산 확인
	우수·국내대학	학위증	수료증 불인정
	국내사회봉사활동	1365자원봉사포털 (www.1365.go.kr) 또는 사회복지자원봉사 인증관리시스템(www.vms.or.kr)을 통해 출력된 서류	
감점	국내법위반	제출 불요	시스템으로 확인 원칙 필요시 관련 서류 제출 요구

【서식 1】: 점수표 (신청 시 해당 점수에 표시 후 제출)

〈 서약 사항 〉
신청 결격사유가 없으며, 기재사항 및 제출사항이 진실함을 서약합니다.
성명:　　　　　　생년월일:　　　　　　서명:

○ 종합 점수표

구분	공통 평가 항목 (최대 130점)				가점 (최대 40점)	합계
	나이	학력	한국어능력 및 사회통합프로그램	연간소득		
최대 배점						

○ 나이 (최대 25점)

구분	18–24세	25–29세	30–34세	35–39세	40–44세	45–50세	51세 이상
배점	23	25	23	20	12	8	3

○ 학력 (최대 25점)

학력	박사		석사		학사		전문학사	
	이공계/2개이상	이공계외	이공계/2개이상	이공계외	이공계/2개이상	이공계외	이공계	이공계외
배점	25	20	20	17	17	15	15	10

○ 한국어능력 · 사회통합프로그램 이수 (최대 20점)

한국어능력	사회생활에서 충분한 의사소통 (고급)	친숙한 주제 의사소통 (중급)		기본적인 의사소통 (초급)	
	TOPIK 5급 이상/사회통합프로그램 5단계	4급/4단계	3급/3단계	2급/2단계	1급/1단계
배점	20	15	10	5	3

○ 연간 소득 (최대 60점)

연간소득	1억원이상	9천만–1억원미만	8천만–9천만원미만	7천만–8천만원미만	6천만–7천만원미만	5천만–6천만원미만	4천만–5천만원미만	3천만–4천만원미만	최저임금이상–3천만
배점	60	58	56	53	50	45	40	30	10

○ 가점항목 (최대 40점까지 인정)

가점항목	참전국민	정부추천	사회통합프로그램	우수대학/국내대학 학위보유			국내사회봉사활동		
	한국전참전국우수인재	중앙행정기관 추천	사회통합프로그램 5단계이수자	우수대학박사/국내대학박사	우수대학석사/국내대학석사	우수대학학사/국내대학학사	3년이상	2–3년미만	1–2년미만
배점	20	20	10	30 / 10	20 / 7	15 / 5	7	5	1

【참고 1】:우수대학 검색 사이트 안내

○ TIMES 선정 대학랭킹 확인 사이트

https://www.timeshighereducation.com/world-university-rankings/
2021/world-ranking#!/page/0/length/25/name/SEOUL /sort_by/rank
/sort_order/asc/cols/stats

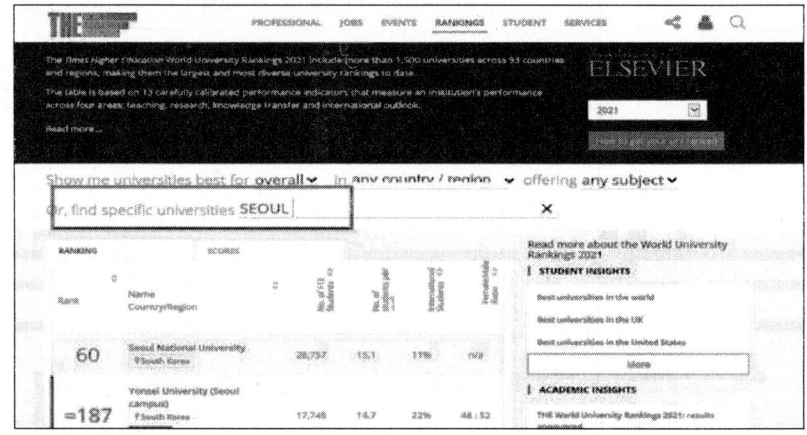

○ QS 500대 대학 확인 사이트

https://www.topuniversities.com/university-rankings/world-univers
ity-rankings/2021

6. 부동산 등 자산투자 외국인에 대한 거주(F-2-8, F-2-81)자격 변경허가

> ● 근 거 : 부동산 등 자산투자 외국인에 대한 사증발급인정서 및 체류관리지침
>
> – 법무부고시 제2021-50호

가. 기본방침

● 기준금액 이상 투자한 외국인 또는 법인과 임원, 주주와 그 동반가족에게 취업활동에 제한을 받지 않는 거주자격 변경

● 부동산투자이민제 대상에 투자한 금액과 공익사업 투자이민제 대상에 투자한 금액의 합계가 해당 '부동산투자이민제' 적용지역의 투자 기준금액 이상일 경우에도 거주자격 부여

● 실질적 투자유치와 투자자의 국내체류 및 자유왕래를 보장하기 위해 투자 기준금액 미만 투자자로 계약금 등을 납입한 외국인 투자자에 대해 방문동거 자격부여

● 거주자격으로 국내 5년 이상 투자자격 유지 시 투자자와 그 동반가족에 대해 일정기준에 따라 영주자격 변경

 – 부동산투자 이민제 대상에 투자한 기간과 공익사업 투자이민제 대상에 투자한 기간의 합계가 5년 이상일 경우에도 인정

● 영주자격 취득 전 투자금을 회수한 경우(부동산 매도, 진행중인 계약 해제, 회원권 양도 등) 분양회사*는 이를 14일 이내에 관할 출입국·외국인청(사무소·출장소)장(이하 '관할 청장')에게 신고해야 함

 * 외국인 투자자와 투자대상 부동산의 분양 또는 회원모집 계약을 체결하고 분양 등의 대금을 최종적으로 지급받는 부동산투자 유치기관을 말함

나. 부동산 자산투자자 업무처리절차

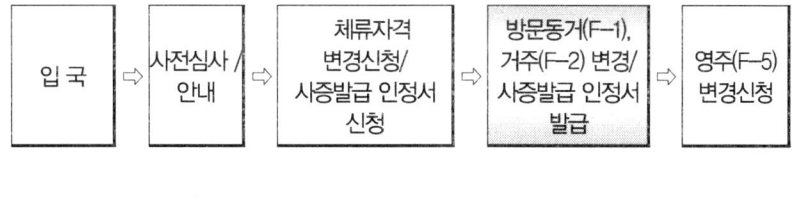

다. 신청 대상자

● 투자대상 체류시설에 기준금액 이상을 투자한 외국인 또는 법인의 현직임원, 주주와 그 배우자, 미혼자녀 : 거주(F-2) 대상자

● 투자시설에 계약금과 중도금으로 미화 10만불 이상 또는 1억원 이상 투자

한 외국인 : 방문동거(F-1) 대상자
– 투자한 외국인은 ①등기완료자, ②콘도 등 회원, ③기준금액 이상 계약금
등 납부자로 구분하며 각각의 정의는 아래와 같다.
① 등기 완료자: 해당 투자시설에 대한 소유권 등기를 완료한 자
② 콘도 등 회원: 해당 투자시설에 대한 회원자격을 받은 자
③ 7억 이상 부동산 투자자 : 단일물건 분양가격이 7억원 이상인 고액부동
산에 계약 체결 및 계약금을 지급하고 중도금 · 잔금으로 2억원 이상을
한국산업은행에 예치한 자로서 계약금 지급액과 예치금의 합계가 투자
시설이 소재한 지역의 부동산투자 기준금액 이상인 고액부동산 투자자
(연계투자 진행형)

라. 신청기관
⬤ 투자시설 소재지(투자시설이 2곳 이상인 경우에는 투자금액이 많은 지
역) 관할 출입국 · 외국인청(사무소 · 출장소)
※ 등록외국인인 경우 체류지 관할 청(사무소 · 출장소)에 신청

마. 제출서류
① 신청서(별지 34호 서식), 여권, 외국인등록증(해당자), 표준규격사진 1매,
수수료
② 부동산 매매계약서, 부동산 등기부등본(F-2 대상자에 한함)
③ 분양회사가 (사)한국휴양콘도미니엄경영협회에서 확인받아 발급한 회원
증서, 분양회사 발행 회원확인서 및 입금영수증 (회원인 경우에 한함)
④ 미분양주택 공실 확인서(미분양주택 투자자에 한함)
⑤ 해당주택 전입세대 열람내역(미분양주택 투자자에 한함, 읍 · 면 · 동장 발
행, 발급일로부터 5일 이내인 경우만 유효)
⑥ 외환반입 관련 입증서류 (외국환매입증명서, 해외송금영수증 또는 송금사
실증명서 등을 제출하도록 하되, 카드로 결제하는 경우에는 은행 발행의
결제정보 확인서, 신용카드 매출전표 사본, 분양회사 입금영수증 모두 징
구)
⑦ 국외에서 해당 투자자 명의로 법인에 투자금을 송금 또는 지불하였음을
입증하는 서류 추가(법인을 통해 간접투자한 경우에 한함)
⑧ 투자한 법인의 현직 임원 또는 과점주주임을 입증하는 서류 및 당사자 명
단이 명시된 해당 법인의 공문(법인의 임원 또는 주주 해당자에 한함)
⑨ 가족관계 증명서 (투자자의 배우자 또는 미혼 자녀의 자격변경 신청 시에
한함)
※ 성년자녀의 경우에는 미혼임을 확인하는 서류

바. 분양회사의 의무
- (신고의무) 분양회사는 해당 투자대상에 투자한 외국인이 영주자격을 취득하기 전에 투자금을 회수(전부 또는 일부)한 경우, 회수한 날로부터 14일 이내 신고
  - 신고내용 : 투자자 인적사항(국적, 성명, 생년월일), 투자시설(물건명 및 호실 등), 투자금액 및 회수금액, 회수일자
  - 신고방법 : 분양회사 대표명의 공문으로 신고
  ※ 단, 이 지침 시행일 이전에 발생한 사항은 시행일로부터 14일 이내에 신고하여야 함
- (현황 통보의무) 분양회사는 매월 말일 기준 투자현황을 익월 5일까지 아래 양식에 따라 공문으로 통보

투자건수		투자금액		체류자격별 현황		국적별 현황	상환 내역		기타 특이사항
신규	누적	신규	누적				신규	누적	
				C-3	F-2				

- (신고 및 현황통보 대상기관) 분양회사는 투자시설 소재지 관할 청(사무소·출장소)장에게 신고 및 현황통보
- 관할 청장은 분양회사가 상기 신고 및 현황통보의무를 이행하지 않을 경우에는 해당 분양회사의 투자자에 대한 체류자격 부여 등 체류허가, 대리 신청 등을 제한*할 수 있음

사. 부동산 개발업자 등의 각종 허가 등의 신청대리
- 대리 허용범위
  - 거주(F-2) 자격 변경 신청 등 이 지침에서 정한 체류허가, 사증발급인정서 발급, 사전심사 안내관련 신청 및 교부
- 대리 자격
  - 분양회사의 대표 또는 과장급 이상의 직원
- 신청대리 절차 및 기준
  - 신청대리 서식 및 대리위임장 작성 제출
  - 외국인투자자가 국외 체류기간 중 신청 대리위임은 불가

아. 부동산 등 자산투자 적용범위

◉ 법무부고시 제2021-50호('21.2.17.)

부동산의 투자지역, 투자대상 및 투자금액 등에 관한 기준 고시
「출입국관리법시행령」 별표1의 제27호 거주(F-2)의 체류자격 '차'목에
해당하는 부동산의 투자지역, 투자대상 및 투자기준금액 등에 관한 기준
을 다음과 같이 개정 고시합니다.

1. 강원도 평창 알펜시아(강원도 평창군 대관령면 용산리 · 수하리 일원)
   가. 투자대상
   「관광진흥법」 제52조에 따라 강원도지사가 승인하여 지정한 '대관령알
   펜시아관광단지' 내의 부동산 중 다음 어느 하나에 해당하는 시설
   ① 건축법시행령(별표1 제15호 '나'목) 및 관광진흥법(제3조제1항제2호
   '나'목)에 따른 휴양 콘도미니엄
   ② 건축법시행령(별표1 제15호 '가'목)에 따른 일반숙박시설 및 생활숙
   박시설
   ③ 지방세법(제13조제5항제1호) 및 시행령(제28조), 소득세법(제104조
   의3제1항제6호) 및 시행령(168조의13), 법인세법(제55조의2제2항
   제6호) 및 시행령(제92조의10)에 따른 별장
   ※ 위 법령에 따른 별장은 2018년 5월 1일부터는 거주(F-2)자격 취
   득을 위한 부동산 투자대상에서 제외됨
   ④ 건축법시행령(별표1 제15호 '라'목) 및 관광진흥법(제3조제1항제7
   호)에 따른 관광펜션
   나. 투자금액 : 5억 원 이상
   다. 시행기간 : 2013년 5월 1일부터 2023년 4월 30일까지

2. 인천경제자유구역 송도국제도시, 영종지구, 청라국제도시
   (인천광역시 중구, 연수구, 서구 일원)
   가. 투자대상
   「경제자유구역의 지정 및 운영에 관한 특별법」 제4조, 제9조에 따라
   산업통상자원부장관이 지정 · 승인한 인천경제자유구역 송도국제도시,
   영종지구, 청라국제도시 내의 부동산 중 다음 어느 하나에 해당하는
   시설
   ① 건축법시행령(별표1 제15호 '나'목) 및 관광진흥법(제3조제1항제2호
   '나'목)에 따른 휴양 콘도미니엄
   ② 건축법시행령(별표1 제15호 '가'목)에 따른 일반숙박시설 및 생활숙
   박시설
   ③ 경제자유구역의 지정 및 운영에 관한 특별법(제9조의3), 주택공급

에 관한 규칙(제3조제2항제8호 '마'목) 및 지식경제부 고시(제2012 -323호)에 따라 체육시설과 연계하여 건설하는 주택

④ 지방세법(제13조제5항제1호) 및 시행령(제28조), 소득세법(제104 의3제1항제6호) 및 시행령(168조의13), 법인세법(제55조의2제2항 제6호) 및 시행령(제92조의10)에 따른 별장

※ 위 법령에 따른 별장은 2018년 5월 1일부터는 거주(F-2)자격 취 득을 위한 부동산 투자대상에서 제외됨

⑤ 건축법시행령(별표1 제15호 '라'목) 및 관광진흥법(제3조제7호)에 따른 관광펜션

⑥ 주택공급에 관한 규칙 제10조제6항에 따라 선착순의 방법에 의하여 입주자를 선정할 수 있는 주택 (단, '14.9.30. 현재 및 '15.9.30.까 지 해당 요건을 갖춘 주택에 한함)

- 분양계약이 해제된 주택 및 아래 어느 하나에 해당하는 사업자 명의 로 최초 소유권 이전등기가 된 주택도 대상에 포함

1. 「주택법 시행령」 제107조제1항에 따라 주택을 매입한 대한주택보증주식회사
2. 주택의 공사대금으로 해당 주택을 받은 주택의 시공자
3. 「법인세법 시행령」 제92조의2제2항제1호의5, 제1호의8 및 제1호의10에 따라 주택을 취득한 기업구조조정부동산투자회사등
4. 「법인세법 시행령」 제92조의2제2항제1호의7, 제1호의9 및 제1호의11에 따라 주택을 취득한 「자본시장과 금융투자업에 관한 법률」에 따른 신탁업자

- 임대 중인 주택의 경우 투자이민으로 인한 거주(F-2) 체류자격을 받 는 시점은 임대기간 종료 후 공실이 된 때로 함

나. 투자금액 : 5억 원 이상(단, 2016. 5. 고시일이전까지는 7억 원 이 상)

다. 시행기간 : 2013년 5월 1일부터 2023년 4월 30일까지

3. 제주특별자치도

가. 투자대상

「제주특별자치도 설치 및 국제자유도시 조성을 위한 특별법」 제147조 에 따라 도지사의 승인을 얻고 관광진흥법 제52조에 따라 '관광단지 및 관광지' 지정을 받은 사업지역 내의 부동산 중 다음 어느 하나에 해 당하는 시설

① 건축법시행령(별표1 제15호 '나'목) 및 관광진흥법(제3조제1항제2호 '나'목)에 따른 휴양 콘도미니엄

② 건축법시행령(별표1 제15호 '가'목)에 따른 일반숙박시설 및 생활숙 박시설

③ 지방세법(제13조제5항제1호) 및 시행령(제28조), 소득세법(제104조의3제1항제6호) 및 시행령(168조의13), 법인세법(제55조의2제2항제6호) 및 시행령(제92조의10)에 따른 별장

※ 위 법령에 따른 별장은 2018년 5월 1일부터는 거주(F-2)자격 취득을 위한 부동산 투자대상에서 제외됨

④ 건축법시행령(별표1 제15호 '라'목) 및 관광진흥법(제3조제7호)에 따른 관광펜션

나. 투자금액 : 5억 원 이상

다. 시행기간 : 2015년 11월 1일부터 2023년 4월 30일까지

라. 경과규정(신설)

① 2016년 12월 31일까지 종전 고시에 따라「제주특별자치도 설치 및 국제자유도시 조성을 위한 특별법」제229조에 따른 도지사의 개발사업 시행 승인을 얻은 경우 이 고시에 따른 투자대상 부동산으로 본다.

4. 전남 여수경도 해양관광단지(전남 여수시 경호동 대경도 일원)

가. 투자대상

「여수세계박람회 기념 및 사후활용에 관한 특별법」제24조에 따라 해양수산부장관이 박람회를 지원하기 위한 구역으로 지정ㆍ고시한 '여수경도 해양관광단지' 내의 부동산 중 다음 어느 하나에 해당하는 시설

① 건축법시행령(별표1 제15호 '나'목) 및 관광진흥법(제3조제1항제2호 '나'목)에 따른 휴양 콘도미니엄

② 건축법시행령(별표1 제15호 '가'목)에 따른 일반숙박시설 및 생활숙박시설

③ 지방세법(제13조제5항제1호) 및 시행령(제28조), 소득세법(제104조의3제1항제6호) 및 시행령(168조의13), 법인세법(제55조의2제2항제6호) 및 시행령(제92조의10)에 따른 별장

※ 위 법령에 따른 별장은 2018년 5월 1일부터는 거주(F-2)자격 취득을 위한 부동산 투자대상에서 제외됨

④ 건축법시행령(별표1 제15호 '라'목) 및 관광진흥법(제3조제7호)에 따른 관광펜션

나. 투자금액 : 5억 원 이상

다. 시행기간 : 2013년 5월 1일부터 2023년 4월 30일까지

5. 부산 해운대관광리조트, 동부산관광단지

(부산광역시 해운대구 중1동 일원, 부산광역시 기장군 기장읍 시랑ㆍ연

화·대변·당사·청강리 일원)

가. 투자대상

「관광진흥법」제52조, 제70조에 따라 부산광역시장이 승인하여 지정한 '해운대관광특구' 중 '해운대관광리조트' 및 '동부산관광단지' 내의 부동산 중 다음 어느 하나에 해당하는 시설

① 건축법시행령(별표1 제15호 '나'목) 및 관광진흥법(제3조제1항제2호 '나'목)에 따른 휴양 콘도미니엄

② 건축법시행령(별표1 제15호 '가'목)에 따른 일반숙박시설 및 생활숙박시설

③ 지방세법(제13조제5항제1호) 및 시행령(제28조), 소득세법(제104조의3제1항제6호) 및 시행령(168조의13), 법인세법(제55조의2제2항제6호) 및 시행령(제92조의10)에 따른 별장

※ 위 법령에 따른 별장은 2018년 5월 1일부터는 거주(F-2)자격 취득을 위한 부동산 투자대상에서 제외됨

④ 건축법시행령(별표1 제15호 '라'목) 및 관광진흥법(제3조제7호)에 따른 관광펜션

나. 투자금액 : 5억 원 이상(단, 해운대관광리조트는 2016. 5. 고시일이 전까지 7억 원 이상)

다. 시행기간 : 2013년 5월 20일부터 2023년 5월 19일까지

6 강원도 강릉 정동진 지구

〔강원도 강릉시 강동면 정동진리 일원〕

가. 투자대상

「2018 평창 동계올림픽대회 및 장애인동계올림픽대회 지원 등에 관한 특별법」제40조에 따라 문화체육관광부장관이 2018 평창 동계올림픽을 지원하기 위한 구역으로 지정·고시한 '2018 평창 동계올림픽 특별구역' 내의 부동산 중 다음 어느 하나에 해당하는 시설

① '건축법시행령(별표1 제15호 '나'목) 및 관광진흥법(제3조제1항제2호 '나'목)에 따른 휴양 콘도미니엄

② 건축법시행령(별표1 제15호 '가'목)에 따른 일반숙박시설 및 생활숙박시설

③ 건축법시행령(별표1 제15호 '라'목) 및 관광진흥법(제3조제7호)에 따른 관광펜션

나. 투자금액 : 7억 원 이상 (단, 2021년 1월 31일 이전까지는 5억원 이상)

다. 시행기간 : 2016년 2월 1일부터 2024년 12월 31일까지

7. 전남 여수 화양지구 〔전남 여수시 화양면 장수리 일원〕

가. 투자대상

「경제자유구역의 지정 및 운영에 관한 특별법」 제4조, 제9조에 따라 산업통상자원부장관이 지정·승인한 광양만권경제자유구역 '화양지구' 내의 부동산 중 다음 어느 하나에 해당하는 시설

① 건축법시행령(별표1 제15호 '나'목) 및 관광진흥법(제3조제1항제2호 '나'목)에 따른 휴양 콘도미니엄

② 건축법시행령(별표1 제15호 '가'목)에 따른 일반숙박시설 및 생활숙박시설

③ 건축법시행령(별표1 제15호 '라'목) 및 관광진흥법(제3조제7호)에 따른 관광펜션

나. 투자금액 : 5억 원 이상

다. 시행기간 : 2016년 7월 11일부터 2021년 7월 10일까지

7. 공익사업투자 외국인에 대한 거주(F-2-9) 체류자격 변경허가

가. 기본방침

- 법무부장관이 정한 투자대상에 기준금액 이상의 투자를 마친 외국인 또는 법인의 임원, 주주와 그 동반가족에게 거주(F-2) 자격을 부여하고, 거주(F-2) 체류자격으로 5년 이상 투자 유지 시 일정기준에 따라 영주(F-5) 체류자격 부여

  - 거주를 하지 않고 수시 방문을 희망하는 경우에는 3년 유효한 복수사증(C-3)을 발급하여 출입국 편의 제공

- 거주를 하지 않고 수시 방문을 희망하는 경우에는 3년 유효한 복수사증(C-3)을 발급하여 출입국편의 제공

나. 투자이민 유형

원금보장·무 이자형	법무부가 위탁한 한국정책금융공사(「한국정책금융공사법」에 따라 설립된 금융위원회 산하기관)가 신설한 펀드에 외국인이 기준금액 이상을 예치*하는 방식 * 예치된 금액은 한국정책금융공사가 중소기업에 저리로 융자
손익발생형	법무부장관이 관계부처와 협의하여 지정·고시하는 낙후지역*에서 추진하는 개발사업에 외국인이 기준금액 이상을 출자하는 방식 * 「신발전지역 육성을 위한 투자촉진특별법」에 따른 '신발전지역 발전촉진지구'('12년말 기준 영주, 안동, 예천의 4개 사업)와 「기업도시개발특별법」에 따른 '관광레저형 기업도시'('12년말 기준 영암·해남, 태안의 2개 지구)

다. 유형별 투자이민 기준금액

일반투자이민	5억원 이상
55세 이상의 은퇴투자이민	3억원 이상* * 단, 투자금 이외에 거주(F-2) 체류자격 취득시 본인 및 배우자의 국내외 자산이 3억원 이상이고, 영주(F-5) 체류자격 변경시 국내 자산이 3억원 이상일 것
부동산투자이 민제와 연계	부동산투자이민제 대상에 투자한 금액과 상기 공익사업 투자이민제 대상에 투자한 금액의 합계가 해당 '부동산투자이민제' 적용지역의 투자기준금액 이상일 경우에도 인정

라. 개발사업자의 등록절차

지정지역 고시	⇨	개발사업자 등록신청	⇨	최종 승인
법무부장관		고시된 지역 관할 청(사무소 · 출장소)		법무부장관

(1). 등록신청 시 첨부서류
- 소관 중앙부처 또는 지자체로부터 실시계획 승인을 받았음을 입증하는 서류 (예: 고시문, 공문 등 공적서류)
  ※ '신발전지역발전촉진지구'는 시 · 도지사, '관광레저형 기업도시'는 문화체육관광부가 개발사업자에 대해 실시계획 승인
- 홍보 및 마케팅 방안이 포함된 투자유치 계획서
- 투자금 운용 방안 및 투자의 위험성 등의 내용이 포함된 청약서 양식

(2). 등록 절차
- (신청) 중앙부처 또는 지자체로부터 실시계획 승인을 받은 개발사업자가 관할 출입국 · 외국인청(사무소 · 출장소)장*에게 문서로 투자유치기관 등록 신청
  * 법무부장관이 고시한 지역을 관할하는 사무소 (시행 초기임을 고려하여 출장소장은 제외)
- (승인) 관할 청(사무소 · 출장소)장은 제출서류 검토 후 의견을 첨부하여 법무부장관에게 승인상신
- (등록) 관할 청(사무소 · 출장소)장은 법무부장관이 승인하는 경우 투자유치기관으로 등록되었음을 개발사업자에게 공문으로 고지

마. 개발사업자의 각종 허가 등 신청대리

- (대리 허용범위) 거주 자격 변경 신청 등 이 지침에서 정한 체류허가, 사증발급인정서 발급, 사전심사 안내 관련 신청 및 교부
- (대리인 자격) 분양회사의 대표 또는 과장급 이상의 직원
- (신청대리 절차 및 기준) 별첨1), 2) 신청대리 서식 및 대리위임장을 작성 제출
  ※ 사증발급인정서를 제외하고는 외국인 투자자가 국외 체류 중에 신청 대리위임은 불가

바. 개발사업자의 의무

- (신고의무) 개발사업자는 해당 투자대상에 투자한 외국인이 영주자격을 취득하기 전에 투자금을 회수한 경우, 회수한 날로부터 14일 이내 신고
  - 신고내용 : 투자자 인적사항(국적, 성명, 생년월일), 투자시설(물건명 및 호실 등), 투자금액 및 회수금액, 회수일자
  - 신고방법 : 개발사업자 대표명의 공문으로 신고
- (현황 통보의무) 개발사업자는 매월 말 아래 양식에 따라 투자유치 현황을 통보

투자건수		투자금액		체류자격별 현황		국적별 현황	상환 내역		기타 특이사항
신규	누적	신규	누적				신규	누적	
				C-3	F-2				

  ※ (신고 및 현황통보 대상기관) 개발사업자로 등록된 출입국·외국인청(사무소·출장소)장에게 신고 및 현황통보

사. 투자유치기관(한국정책금융공사 및 개발사업자)의 의무

- (신고의무) 투자유치기관은 해당 투자대상에 투자한 외국인이 영주자격을 취득하기 전에 투자금을 회수한 경우, 회수한 날로부터 14일 이내 신고
- (현황 통보의무) 투자유치기관은 매월 말 아래 양식에 따라 투자유치 현황을 통보

총 투자금액	투자건수	체류자격별 현황		국적별 현황	중도상환 내용	기타 특이사항
		C-3	F-2			

- (신고 및 현황통보 대상기관) 한국정책금융공사는 서울출입국·외국인청장에게, 개발사업자는 투자유치기관을 등록한 출입국·외국인청(사무소

· 출장소)장에게 신고 및 현황통보

※ 신고의무의 경우 해당 외국인의 체류지 관할 청(사무소·출장소)에 하여야 하나, 투자유치기관이 투자자의 체류지를 알기 어렵다는 점에서 상기와 같이 투자유치기관을 관할하는 청(사무소·출장소)으로 정함

🐢 법무부장관은 투자유치기관이 상기 신고 및 현황통보의무를 이행하지 아니한 경우에는 해당 투자 유치기관의 지정을 취소할 수 있음

- 해당 출입국·외국인청장 등은 투자유치기관이 기한 내에 신고 및 현황통보 의무 등을 이행하지 않는 경우에는 법무부장관에게 유치기관 지정 취소 요청

사. 공익사업투자 외국인의 거주(F-2) 체류자격변경 등 관리기준
(1). 업무처리절차

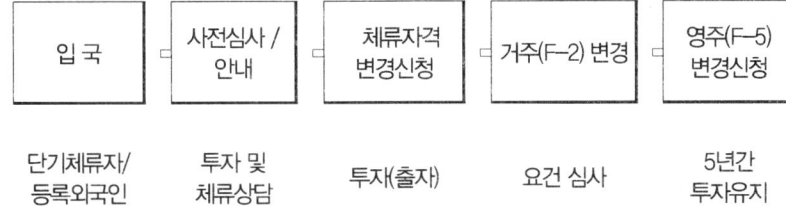

입 국	사전심사 / 안내	체류자격 변경신청	거주(F-2) 변경	영주(F-5) 변경신청
단기체류자/ 등록외국인	투자 및 체류상담	투자(출자)	요건 심사	5년간 투자유지

(2). 거주(F-2)자격 변경 신청대상 및 허가요건
🐢 신청대상자
- 법무부장관이 공익사업 투자이민으로 고시한 대상에 5억원 이상을 출자(예치)한 외국인 및 법인의 임원, 주주와 그 배우자, 미혼자녀
· 단, 55세 이상 '은퇴투자이민자'로서 국내외 자산이 3억원 이상인 경우에는 투자기준금액을 3억원으로 완화
- 법무부장관이 공익사업 투자이민으로 고시한 대상과 부동산투자이민으로 고시한 대상에 투자한 금액의 합산액이 해당 부동산투자이민 대상의 투자기준금액 이상인 외국인
예) 인천 부동산투자이민 대상에 6억원 투자하고, 공익사업투자이민 대상에 1억원 투자한 외국인에 대해 거주(F-2) 자격 부여

아. 신청기관
· 한국정책금융공사에 예치한 외국인은 서울출입국·외국인청장
· 개발사업에 출자한 외국인은 해당 개발사업자가 등록된 출입국·외국인청(사무소·출장소)
※ 등록 외국인인 경우 체류지 관할 청(사무소·출장소)에 신청

자. 제출서류

① 신청서(별지 제34호 서식), 여권사본, 사진, 수수료
② 투자금 납입 증명 서류 (투자 유치기관 장의 직인이 날인된 투자확인서, 계좌이체 내역서 등)
③ 외화반입 관련 입증서류 (예: 외국환매입증명서, 해외송금영수증, 송금사실증명서 등)
④ 가족관계 증명서 (투자자의 배우자 또는 미혼 자녀의 자격변경 신청 시에 한함)
⑤ 은퇴투자이민자는 3억원 이상의 자산(예금, 부동산 등 국내외 자산) 입증서류
　　※ 미혼 자녀인 경우에는 미혼임을 입증하는 서류
⑥ 국외에서 해당 투자자 명의로 법인에 투자금을 송금 또는 지불하였음을 입증하는 서류 추가(개인이 법인을 통해 투자한 경우에 한함)
⑦ 투자한 법인의 현직 임원 또는 과점주주임을 입증하는 서류 및 당사자 명단이 명시된 해당 법인의 공문(법인의 임원 또는 주주 해당자에 한함)

8. 기타 장기체류자에 대한 거주 자격 변경허가

> 🐜 출입국관리법 시행령 제12조 [별표1의2] 거주(F-2)자격 '바'목
> - 외교(A-1)부터 협정(A-3)까지의 체류자격 외의 체류자격으로 대한민국에 5년 이상 계속 체류하여 생활 근거지가 국내에 있는 사람으로서 법무부장관이 인정하는 사람

가. 기본원칙
🐜 소정의 체류자격을 부여받은 자로서 체류기간 동안 법령준수 등 품행이 단정하고, 독립적인 생계가 가능하며, 한국생활에 필요한 한국어와 한국문화에 대한 기본소양을 갖추고 국내 정주의사가 있는 경우 체류자격 변경 허용
🐜 실정법을 위반하는 등 체류실태가 불량하거나 건전한 경제활동을 영위할 능력 없이 장기체류 방편으로 신청하는 경우에는 체류자격변경 억제

나. 자격변경 대상 요건
🐜 신청대상 체류자격
- 문화예술(D-1), 취재(D-5), 종교(D-6), 주재(D-7), 무역경영(D-9), 예술흥행(E-6-1,3), 교수(E-1), 회화지도(E-2), 연구(E-3), 기술지도(E-4), 전문직업(E-5), 특정활동(E-7), 기업투자(D-8)*, 방문동거(F-1), 동반(F-3)**
* 기업투자(D-8) 자격자는 신청 당시 투자금액이 현행 「외국인투자촉진법」상의 투자기준금액(1억원) 이상인 자에 한함
** 방문동거(F-1) 및 동반(F-3) 자격자는 주된 체류 자격자가 장기거주(F

　　　　-2-99) 체류 자격자이어야 함
　　　　☞ 단, 주된 체류자격자와 동반하여 F-2-99 신청은 가능하나, 주된 체류자격자가 기타 장기 거주 체류자격으로의 변경이 불허 결정되었을 경우 함께 신청한 방문동거(F-1) 및 동반(F-3) 체류자의 F-2-99 자격변경도 불허 결정됨

● 국내 체류기간
○ 신청 대상 체류자격으로 대한민국에 5년 이상 계속 국내 체류
　- 체류기간 산정 방법 및 체류 계속성 판단 기준에 따름

≪ 체류기간 산정 및 체류 계속성 판단 기준 ≫

▫ 체류기간 산정 기준
○ 자격변경 대상이 되는 체류자격별로 계속(연속)하여 국내에 체류한 기간을 모두 합산하되 다음의 기간은 제외
　- 완전출국하여 국내에 계속 체류하지 않은 기간이 30일을 초과한 경우의 해당 기간
　- 불법체류(법 제25조 위반) 또는 불법취업(법 제18조 위반) 기간
　- 출국을 위한 체류기간 연장허가 기간(시행규칙 제32조)
　- 출국기한 유예 기간(시행규칙 제33조)
　- 출국권고(법 제67조) 또는 출국명령 기간(법 제68조)
　- 강제퇴거명령을 받은 시점부터 강제퇴거가 완료된 기간(법 제62조)
▫ 체류의 계속성 판단 기준
○ 계속(연속)한 체류기간 산정시 다음의 사유가 발행한 경우에는 사유 발생 이전과 이후의 체류기간 간의 계속성(연속)을 인정하지 않음
　- 완전출국일로부터 30일을 초과하여 입국한 경우
　　• 단, 출국명령 또는 강제퇴거로 완전출국한 경우에는 30일 이내 입국여부와 관계없이 단절된 것으로 간주함(계속성 불인정)
　- 기타 장기 거주자격으로 변경이 가능하지 않은 체류자격으로 체류한 기간
▫ 체류 기간 계산 방법 예시

유형	체류행적	체류기간
A	'14∼'15년 E-7 체류, '16년 ∼ 19년 D-8체류('19년 매달 20일씩 계속 해외 체류)	6년
B	'14년 E-7 체류, '15년 E-6-2 체류, '16년 ∼ '19년 D-8체류	4년
C	'14년∼'16년 E-7체류 후 완전(정상)출국, '17.1 ∼ '19.12.31 D-8체류('19. 3∼4월 불법취업)	5년10개월
D	'14년∼'16년 E-7체류 후 완전(출국명령), '17.1 ∼ '19.12.31 D-8체류('19. 3∼4월 불법체류)	5년4개월
E	'14년∼'16년 E-7체류 후 완전(출국유예2개월), '17.1 ∼ '19.12.31 D-8체류('18. 3∼4월 불법체류)	5년8개월

📍 생활 근거지(주거지)

　　　○ 면적, 방의 개수, 가족 외 거주하는 사람 수를 종합적으로 판단하여 사회통념상 정상적으로 장기 주거가 가능할 것

　　　　－ 고시원·모텔 등 사회통념상 지속적으로 장기 거주할 수 있는 장소로 보기 어려운 경우 불허

　　　○ 부동산 등기부등본, 임대차 계약서 사본 등을 통해 판단하며, 필요한 경우 주거공간을 촬영한 사진 등 제출 요구에 응하여야 하며, 실제 거주 여부를 확인할 수 있음

다. 자격변경 심사 요건

　📍 연령 : 신청 당시 민법상 성년일 것

　　－ 단, 신청자가 방문동거(F-1) 또는 동반(F-3) 체류자격인 경우 동 연령 규정 미적용

　📍 법령 준수 등 품행 요건

　　① 신청일 이전 3년 이내 출입국관리법을 3회 이상 위반한 경우

　　② 신청일 이전 3년 이내 출입국관리법을 위반하여 처분 받은 과태료 또는 통고처분액의 총 합산 금액이 500만원* 이상인 경우

　　　＊ 처분액을 감경한 경우 감경액을 기준으로 판단함

　　③ 신청일 이전 5년 이내 대한민국 법률을 위반하여 금고 이상의 형의 선고를 받은 경우

　　④ 신청일 이전 5년 이내 대한민국 법률을 위반하여 처분 받은 벌금형의 총 합산 금액이 500만원 이상인 경우

　　⑤ 신청일 이전 10년 이내 아래에서 규정한 붙임1의 '중한범죄'로 선고* 또는 최종결정을 받은 경우

　　　－ 단, 신청일로부터 10년이 도과되었을지라도 범죄 동기, 수단, 방법, 내용 등을 종합할 때 대한민국에 장기 체류하기에 부적합하다고 판단되는 경우 품행요건 불충족으로 심사 가능

　　　　＊ 무죄판결을 제외한 기소유예, 선고유예, 벌금(액수 무관)도 위반에 포함

　　⑥ 자격변경 심사일 기준 입국금지 사유(출입국관리법 제11조)에 해당한 경우

　　⑦ 신청일 기준 조세 등 세금을 체납한 경우*

　　　＊ 단, 자격변경 신청단계에서 신청자가 외국인관서로부터 납부명령을 받아 체납액을 완납한 경우 심사절차 진행 가능(납부명령 불이행시 자격변경 불허)

■ 생계유지 능력 요건 (※ 아래 ① ~ ③요건 모두 구비)

○ 신청자가 방문동거(F-1) 또는 동반(F-3)인 경우에는 신청일 기준 주체 류자*를 신청인으로 간주하여 주체류자의 생계유지 능력 요건 심사

　　* 동 기타 장기거주 체류자격 기 취득자 또는 방문동거(F-1) 또는 동반 (F-3)자와 함께 장기거주 체류자격을 신청한 외국인

○ 자산·연간소득 요건 관련, 신청인의 기존 체류자격 유지(연장) 요건이 동 지침의 자격변경 요건보다 엄격할 경우 엄격한 기준에 따름

　예시) 만약 전문인력으로서의 특정활동(E-7) 체류자격을 가진 외국인이 기타 장기거주 체류자격변경을 신청할 때,

　　– 신청일 기준 「전문인력 지침상의 연장 요건」으로 신청자 개인에게 요 구되는 연간소득이 '전년도 1인당 GNI의 90% 금액인 3천만원 이상' 이고,

　　– 「기타장기 거주 체류 자격변경 요건」으로 신청자 개인에게 요구되는 연간소득이 '월 단위 최저 임금인 2천만원 이상'일 경우

　　☞ 신청자 개인의 연간소득은 두 지침 중 더 엄격한 기준인 '전년도 1인 당 GNI의 90% 금액인 3천만원 이상'을 충족하여야 함

　※ 신청자 체류자격을 규정한 지침을 일관성 있게 적용하여, 신청 당시 일반 체류자격의 연장요건을 갖추지 못한 외국인이 기타 장기 거주 자 격 변경을 임시체류 방편으로 악용하는 것을 방지하기 위함

① 자산

　○ 자산 소유자 : 신청인 또는 신청인의 가족*

　　* 신청인과 같은 체류지(주소지)에서 동거하면서 생계를 같이 하는 신청인의 배우자, 자녀, 부모(배우자 부모 포함)까지 한정

　○ 자산의 종류는 다음과 같으며 보유의 진성성이 입증되어야 함

　　– 현금으로 바꿀 수 있는* 예금·적금·증권 등 금융 재산

　　* 소멸성 보험은 현금으로 바꿀 수 없기에 인정 불가(환급 보장 보험 은 인정)

　　– 부동산의 소유·임대를 위하여 자산 소유자가 충당*한 금액

　　* 자신이 지불하지 않은 대출 금액은 제외

　○ 자산액 충족 기준 : 다음 사항을 모두 충족하여야 함

　　– 신청인 자산 : 1,500만원 이상

　　– 신청인 및 신청인의 가족의 총 자산 : 3,000만원 이상

② 연간소득

　○ 연간소득 주체 : 신청인 또는 신청인의 가족*

　　* 신청인과 같은 체류지(주소지)에서 동거하면서 생계를 같이 하는 신청인의 배우자, 자녀, 부모(배우자 부모 포함)까지 한정

○ 연간소득 발생 시기 : 신청일이 속하는 연도(年度)의 이전 1년간* 소득
  * 신청일 이전 365일을 역산한 기간 아님
  예시) 자격변경 신청일이 2020.1.1.인 사람과 2020.12.31.인 사람
    모두 신청년도(2020년) 이전 1년인 2019.1.1. ~ 2019.12.31.
    까지의 소득을 산정함(※ 가족의 경우 신청 연도 이전 1년 기
    간 중 신청인과 동거한 기간의 소득만 산정)
○ 인정되는 연간소득 종류는 붙임2 다음과 같음
○ 신청일 기준으로 한국은행의 전년도 1인당 국민총소득(GNI) 발표여부
  에 따라 다음과 같이 심사하며, '신청인'과 '신청인과 가족'으로 구분하
  여 각각 모두 충족하여야 함
  − 신청일 기준 전년도 1인당 국민총소득(GNI)이 발표되었을 경우

연간소득 주체	연간소득 충족
신청인	(원칙) 「최저임금법」상 전년도 월 단위 최저임금의 12배 이상 (예외) 신청인의 체류자격이 특정활동(E-7)으로서 근무처변경추가시 허가제 적용 대상*일 경우 전년도 월 단위 최저임금의 18배 이상 　* 법무부고시 11-510호(2011.10.10.)에 따른 근무처변경추가시 허가제 적용 대상은 '판매사무원(31215), 주방장 및 조리사(441), 디자이너(285), 호텔접수사무원(3922), 의료코디네이터(S3922), 해삼양식기술자(63019), 조선용접기능공(7430), 숙련우수인재(제조업 현장관리자(700), 건설업 현장관리자(770), 농축어업 현장관리자(600))'를 의미함 ☞ 향후 개정되어 근무처 변경·추가의 허가제 적용 대상이 변경된 경우 변경된 대상에 대하여 적용함
신청인과 가족	(원칙) 전년도 1인당 국민총소득 이상 (예외) 신청인의 체류자격이 특정활동(E-7)으로 근무처변경추가시 허가제 적용 대상일 경우 전년도 1인당 국민총소득(GNI)의 1.5배 이상

  − 신청일 기준 전년도 1인당 국민총소득(GNI)이 발표되지 않았을 경우

연간소득 주체	연간소득 충족
신청인	(원칙) 「최저임금법」상 전전년도 월 단위 최저임금의 12배 이상 (예외) 신청인의 체류자격이 특정활동(E-7)으로서 근무처변경추가시 허가제 적용 대상일 경우 전전년도 월 단위 최저임금의 18배 이상
신청인과 가족	(원칙) 전전년도 1인당 국민총소득 이상 (예외) 신청인의 체류자격이 특정활동(E-7)으로 근무처변경추가의 허가제 적용 대상일 경우 전전년도 1인당 국민총소득(GNI)의 1.5배 이상

③ 경제활동
  ○ 신청일 기준으로 신청 당시의 체류자격에서 허용되는 생계 유지 활동(취업 또는 사업체 운영 등)을 하고 있을 것

● 한국어와 한국문화에 대한 기본소양 요건
○ 적용 제외 대상 : 신청 당시 민법상 미성년 외국인
○ 다음 개별 요건 중 하나 이상 충족하여야 함
  1) 「초·중등교육법」에 의한 초·중·고등학교 졸업
  2) 「고등교육법」에 의한 대학(산업대학·교육대학·전문대학·방송·통신대학·사이버대학·기술대학) 또는 대학원(일반대학원·전문대학원·특수대학원), 「근로자직업능력개발법」에 의한 기능대학 중 어느 하나를 졸업
  3) 법무부 주관 사회통합프로그램 4단계 이상 교육 이수
  4) 「초·중등교육법 시행령」에 규정된 중·고등학교 입학자격검정고시 또는 고등학교 졸업학력 검정고시 합격
  5) 법무부 주관 사회통합프로그램 사전평가에서 81점 이상 취득

라. 제출서류
● 여권, 사진 1매, 수수료, 신청서 및 신청사유서[서식 1]
● 생계유지 능력 입증서류
  ① 자산 입증 서류
    ○ 예금잔고증명, 부동산임대차계약서, 부동산등기부등본 등
  ② 연간소득 입증 서류
    ○ (원칙) 소득금액증명원 등 세무서 발급 소득 입증 서류
    ○ (예외) 신청일 당시 소득금액증명원 등 공적 서류 발급이 불가능할 때 다음 서류 모두 제출
        ㉠ 근로소득원천징수영수증
        ㉡ 해당 소득 금액이 입금된 계좌 관련 증빙 서류
        ㉢ 사업자(고용주) 및 신청인 서약서[서식 2]
    ○ (기타) 연금수령입증 서류, 비과세소득일 경우 관련 증빙 서류
  ③ 경제활동 입증 서류
    ○ (취업자) 고용계약서, 재직증명서, 사업자등록증 등
    ○ (사업자) 법인등기사항전부증명서, 투자기업등록증 등
● 한국어와 한국문화에 대한 기본소양 입증 서류(다음 중 1개 이상 제출)
  ① 대한민국 교육 과정 입증 서류

○ 대한민국 교육기관 졸업증명서
○ 검정고시 합격증
② 법무부 사회통합프로그램 관련 입증 서류
○ 5단계
　－ 사회통합프로그램 이수증(한국이민귀화적격과정)
　－ 사회통합프로그램 이수증(한국이민영주적격과정)
　－ 한국이민귀화적격시험 합격증(KINAT)
　－ 한국이민영주적격시험 합격증(KIPRAT)
○ 4단계 및 4단계에 준하는 자격
　－ 사회통합프로그램 교육확인서(※ 4단계 이상 교육 이수 완료가 확인되어야 함)
　－ 사회통합프로그램 한국어와 한국문화시험 합격증(KLCT)
　－ 사회통합프로그램 사전평가 점수표(※ 81점 이상만 해당)
🗨 주거지 입증 서류
○ 부동산임대차계약서, 부동산등기부등본 등
🗨 기타 심사에 필요하다고 인정하는 서류
○ 가족관계 입증 서류 등(신청자가 방문동거 또는 동반 체류자격일 경우)

【붙임 1】

```
┌─────────────── ≪ 중 한 범 죄 ≫ ───────────────┐

□ 위반 법률에 따른 구분
① 「출입국관리법」 제7조의2(허위초청 등 금지), 제12조의3(선박 등의 제공금지)
② 「형법」 제2편 제1장 내란의 죄, 제2장 외환의 죄, 제8장 공무방해에 관한 죄, 제24장
   살인의 죄, 제32장 강간과 추행의 죄, 제38장 절도와 강도의 죄 중 강도의 죄 위반
③ 「특정범죄 가중처벌 등에 관한 법률」 제5조의2(약취 · 유인), 제5조의3(도주차량),
   제5조의4(상습강도 · 절도), 제5조의5(강도상해 등 재범), 제5조의9(보복범죄), 제5조의
   11(위험운전치사상), 제11조(마약사범) 위반
④ 「폭력행위 등 처벌에 관한 법률」 제4조(단체 등의 구성 · 활동) 위반
⑤ 「성폭력범죄의 처벌 등에 관한 특례법」 제3조 ~ 제15조 위반
⑥ 「아동 · 청소년의 성보호에 관한 법률」 제7조~ 제16조 위반
⑦ 「보건범죄단속에 관한 특별조치법」 제2조 ~ 제6조 위반
⑧ 「마약류관리에 관한 법률」 위반
⑨ 「국가보안법」 위반

□ 위반 행위 등에 따른 구분
└─────────────────────────────────────────────┘
```

① 사람을 사망에 이르게 한 범죄(단, 과실 또는 업무상 과실에 의한 경우는 제외)

　※ 예시 : ○○치사 (상해치사, 방화치사 등)

② 보이스피싱 범죄

　※ 수사기관의 처분 또는 법원의 재판으로 "전화사기, 컴퓨터등사용사기, 공무원 등 권한사칭, 전자금융거래법, 외국환거래법 위반" 등 보이스피싱 범죄로 인정되는 경우를 말함

③ 외국인의 취업이나 근무처에 대하여 불법적으로 고용·알선·권유한 사람

　※ 출입국관리법 제18조 제4항, 제21조 제2항

④ 위변조 여권(신원불일치자) 행사한 사람

　※ 출입국관리법 제17조 제1항 또는 제4항

⑤ 밀입국 또는 밀출국자

　※ 출입국관리법 제12조(입국심사) 제1항 또는 2항, 제14조(승무원의 상륙허가) 제1항, 제14조의2(관공상륙허가) 제1항, 제28조(출국심사) 제1항 또는 제2항

⑥ 집단 불법입국 또는 국내 은닉을 위하여 선박 등을 제공한 사람

　※ 법 제93조의3 제2호

⑦ 법에 따라 보호 또는 일시보호된 외국인으로 도주하거나 보호 또는 강제퇴거 등을 위한 호송중에 도주한 사람

　※ 예시 : 법 제95조 제8호

⑧ 국가예산으로 강제퇴거된 사람

⑨ 출입국심사 등 공무 방해

　※ 법 제11조 제1항 제3호 또는 제4호에 해당하는 사람으로 공항만 심사장 또는 지방 출입국·외국인 관서 등에서 소란, 손괴, 자해 등의 행위를 하거나, 법령에 근거한 출입국관리공무원의 직무지시에 불응한 사람

【붙임 2】

≪ 인 정 되 는 소 득 ≫

○ 「소득세법」제4조제1항(종합소득)에 따른 다음 소득 중 하나 이상이 있는 경우 합산하여 인정하되 각 소득은 소득세를 납부한 경우에만 인정됨

　☞ 소득세 납부 대상임에도 불구하고 소득세를 납부하지 않은 소득은 불인정

　　㉮ 이자소득　　　㉯ 배당소득　　　㉰ 사업소득*

　　㉱ 근로소득　　　㉲ 연금소득**　　㉳ 기타소득

　　　* 프리랜서, 농림수산업, 주택임대 등

　　　** 연금수혜자(F-5-13) 영주자격을 신청한 사람 해당

○ 「소득세법」제12조(비과세소득)에 따라 소득세를 납부하지 않아도 되는 소득의 경우 관련 증빙자료 등을 검토하여 소득 인정 여부 결정

- 단, 제출한 서류를 신뢰할 수 없을 경우 소득금액증명 등 공적 증빙 서류 제출시까지 허가 여부 결정 보류
- 허가 결정 이후에도 대조 확인 필요성이 발생하였을 경우 소득금액증명 등 서류를 제출받아 대조 가능
  - ☞ 불일치하여 요건을 갖추지 못한 경우 체류자격 취소 조치
○ 기타 사항
- 해외에서 연금을 받는 경우 해당 연금도 소득으로 인정
- 주택 등 자산은 소득으로 인정하지 않음.
  - 단, 자산으로 소득이 발생하여 소득세를 납부한 경우 소득으로 인정
  예시) 신청자 등 소득주체가 소유한 주택을 임대하여 임대료 등의 소득이 발생한 경우 '㉱ 사업소득'으로 인정 가능*
  - * 소득세법,상(2018년 9월 기준) 소유한 주택이 1채이면서, 해당 주택을 임대한 경우 비과세 대상으로 해당 증빙서류를 제출할 경우 소득으로 인정함(※ 소유한 주택이 2채이면서 임대할 경우에는 과세 대상임)

【서식 1】

장기체류를 위한 거주 체류자격(F-2) 변경 · 연장 신청 사유서
※ 동 사유서에 허위 기재한 경우 출입국관리법에 제89조에 따라 체류자격 취소 등의 불이익을 받을 수 있음

신청인 Applicant	성명 Full Name	외국인등록번호 Alien Registration No.
	주소 Address	

▢ 출입국 사항 관련
  ○ 이름, 생년월일, 국적 변경 여부 기재(※변경 사실이 없을 경우 '변경사실 없음'으로 기재)
  ○ 밀입국 여부 기재(※ 밀입국하지 않았을 경우 '밀입국하지 않음'으로 기재)

▢ 생계유지 능력 관련
  ○ 경제활동(※ 지금까지 경제활동과 향후 경제활동 계획 모두 기재)

▢ 생활 근거지 관련
  ○ 주거지
  ○ 주거지에서 함께 생활하는 사람

▢ 국내 계속 거주 희망 사유

□ 기타

Date:　　　년 YYYY　　　월 MM　　　일 DD장

신청인
Applicant :　　　　　　　　　　　　　　　　　　　　(서명 또는 인)
　　　　　　　　　　　　　　　　　　　　　　　　(Sign or stamp)

○○○출입국 · 외국인청(사무소 · 출장소)장 귀하
To Chief, ○○○Immigration(Branch) Office

첨부 : 관련 소명자료 등.

【서식 2】
사업자(고용주) 및 신청인 서약서

□ 서류 발급 관련 사항(소득을 세무서에 신고하는 사업자 또는 고용주)

성　　　명	홍 길 동	생년월일	1964. 1. 25.	연락처	010-7777-7777
사업자등록번호	000-000-000000		법인등록번호		000-000-000000
사업장 주소	서울특별시 강북구 000동 0000로 000				
발급한 서류명 : 근로소득원천징수영수증, ○○○○○, …					

□ 서류 제출 관련 사항(장기 거주 체류자격 신청자)

성　　　명	ISLAM KAMAL	외국인등록번호	000010-0000000
주소및연락처	서울특별시 강북구 000동 0000로 000 (연락처 : 010-0000-0000)		
제출한 서류명 : 근로소득원천징수영수증, 통장사본, 개인종합소득세, …			

(ISLAM KMAL)은 거주자격 신청일 당시 소득증명을 받을 수 있는 시기가
　아니어서 소득세 납부 관련 증빙 서류를 제출하지 못하였습니다.
이와 관련하여
　(홍길동)은 상기 서류에 기재된 내역을 세무서에 신고하였음을 서약하고
　(ISLAM KMAL)은 상기와 같이 제출한 서류가 모두 사실임을 서약합니다.

또한 차후 법무부에서 추가 서류 제출 요구시 관련 서류를 제출할 것이며, 추
가 서류를 제출하지 않거나, 금번에 ○○출입국 · 외국인청(사무소 · 출장소)에
발급 또는 제출한 서류가 소득 신고 사실과 다를 경우 거주 체류자격이 취소될
수 있음을 서약합니다.

서명일 : 2020.10.10. 사업자 명 : 홍길동   (서명)
제출일 : 2020.10.12. 거주 체류자격 신청자: ISLAM KMAL   (서명)

○○○출입국 · 외국인청(사무소 · 출장소)장 귀하

9. 공무원으로 임용된 외국인에 대한 거주 자격변경 허가
 가. 대상 : 출입국관리법시행령 제12조관련 (별표 1) '외국인의 체류자격' 27
          거주(F-2)의 "아"목에 해당하는 자

 나. 자격 요건
 🗨「국가공무원법」 또는 「지방공무원법」에 따라 공무원으로 임용된 사람으
   로서 법무부장관이 인정하는 사람

 다. 제출서류
 ① 신청서(별지 34호 서식), 여권, 외국인등록증(해당자), 표준규격사진 1매,
   수수료
 ② 공무원증 또는 공무원 임용예정 확인서 ③신원보증서

10. 자녀가 성년이 된 자녀양육자(F-6-2)에 대한 거주(F-2) 자격변경
 가. 대상
 ○ 국민과의 혼인관계 단절 후 한국인 배우자와 사이에 출생한 자녀를 성년이
   될 때까지 국내에서 양육한 외국인 부 또는 모

 나. 자격 요건
 ○ 신청자의 체류자격 : 신청일 현재 자녀양육(F-6-2) 자격으로 적법하게
   체류
 ○ 국내 계속 체류기간 : 국민의 배우자(F-6-1), 자녀양육(F-6-2), 혼인단
   절(F-6-3) 자격으로 5년 이상 계속하여 국내체류
 ○ 국내 생활기반 : 신청인(자녀양육자)과 자녀의 생활기반이 국내에 형성
  – 신청인(자녀양육자)과 자녀 모두 신청일 기준 5년 이내 해외에서 체류한
    기간이 국내에서 체류한 기간을 초과하지 않아야 함
 ○ 자녀양육 : 자녀와 동거하면 실제 자녀를 양육
 ○ 자격변경 신청 시기 : 자녀가 「민법」상 성년이 되기 4개월 전부터 자녀양
   육(F-6-2) 자격 체류기간 만료일까지
 ○ 국내 정주 기본 요건 : 품행단정, 생계유지능력(기준 중위소득의 40%*),

기본소양(사회통합프로그램 4단계 이상 교육 시수)

* 신청인과 자녀 중 "중증질환" 또는 "중증장애"가 있는 경우 생계유지능력 요건면제

다. 제출 서류
○ (공통) 여권, 표준규격 사진, 수수료, 통합신청서, 체류지 입증서류
○ (자녀양육) 자녀명의 주민등록표, 자녀양육에 지출된 비용 확인 서류 등
- 필요시 신청인의 신용카드 사용내역, 자녀와 주고받은 메시지 내용, 주변인 확인서 등 제출
○ (생계유지능력) 소득금액증명
- 소득금액증명만으로 생계유지능력을 인정받지 못할 경우, 객관적 증빙서류(급여내역, 매출·비용 관련 서류 등) 추가 제출
- 면제 대상은 "중증질환" 또는 "중증장애" 관련 서류 추가 제출
○ (기본소양) 사회통합프로그램 교육확인서
- 사회통합프로그램 한국어와 한국문화시험 합격증(KLCT)
- 사회통합프로그램 사전평가 점수표(※ 81점 이상만 해당)
- 사회통합프로그램 이수증(한국이민귀화적격과정), 사회통합프로그램 이수증(한국이민영주적격과정), 한국이민귀화적격시험 합격증(KINAT), 한국이민영주적격시험 합격증(KIPRAT)도 인정

〈체류허가 특례 대상〉

최초 시행일(2021.01.28.) 이전에 자녀가 성년이 됨에 따라 이 지침을 적용하여 체류자격 변경허가를 신청할 수 없었던 사람 중

㉠ 방문동거(F-1) 등 다른 체류자격으로 체류 중인 사람
㉡ 기존 체류자격의 연장 또는 다른 체류자격으로 변경을 신청하였으나, 자녀가 성년이 되었다는 이유만으로 불허처분을 받은 사람
㉢ 기존 체류자격의 연장 또는 다른 체류자격으로 변경을 신청하지 않은 사람
⇒ 2022.01.27.까지 체류허가 신청 허용

체류기간 연장허가	1. 아래 해당자에 대한 체류기간연장 시 제출서류	
	국민의 미성년자녀 (F-2-2)	① 신청서(별지 34호 서식), 여권 및 외국인등록증, 수수료 ② 가족관계 입증 서류
	영주권자의	① 신청서(별지 34호 서식), 여권 및 외국인등록증, 수수료

배우자 및 미성년자녀 (F-2-3)	② 혼인사실이 등재된 가족관계 기록사항에 관한 증명서 ③ 체류지 입증서류(임대차계약서 등)
난민인정자 (F-2-4)	① 신청서(별지 34호 서식), 여권 및 외국인등록증, 수수료 ② 체류지 입증서류(임대차계약서, 숙소제공 확인서, 체류기간 만료예 고 통지우편물, 공공요금 납부영수증, 기숙사비 영수증 등)
고액투자자 (F-2-5)	
기타 장기체류자 (F-2-99)	① 신청서(별지 34호 서식), 여권 및 외국인등록증, 수수료 ② 신원보증서 ③ 체류지 입증서류(임대차계약서, 숙소제공 확인서, 체류기간 만료예 고 통지우편물, 공공요금 납부영수증, 기숙사비 영수증 등)

2. 숙련생산기능 외국인력에 대한 체류기간연장
☞ 숙련생산기능 거주인력 체류자격은 '19. 10. 1.부로 폐지되었기에 기존에 허가받은 숙련생산기능 거주 외국인력은 기타 장기체류자에 대한 거주 체류기간 연장허가의 규정에 따름
☞ 기존 숙련생산기능 거주 외국인력 체류자격은 기타 장기체류자 거주자격 으로 직권 정정됨

3. 점수제에 의한 우수 전문인력 체류기간연장
가. (신청대상) 점수우수인력(F-2-7) 및 점수우수인력 동반가족(F-2-71) 체류 자격 소지자

나. (허가요건) 점수우수인력(F-2-7)의 연장 심사 시, 점수제 요건(80점 이 상) 충족여부 및 점수우수인력 동반가족(F-2-71) 신청 요건* 충족여부 심사
* 점수우수인력 동반가족(F-2-71) 심사 요건: 신청일 기준 점수우수인력 (F-2-7)의 전년도 소득이 한국은행에서 최근 고시한 1인당 국민총소득 (GNI) 이상일 것
☞ 점수제 요건(80점 이상)을 충족하나 동반가족 소득요건을 충족하지 못하 는 점수우수인력의 동반가족은 방문동거(F-1-12) 자격 신청

다. (신청 및 제출서류)
① 신청서(별지 제34호 서식), 여권(사본), 외국인등록증, 수수료
② 점수우수인력(F-2-7)의 점수표 및 본인이 기재한 점수표의 평가 항목별 점수를 소명하는 서류
③ 점수우수인력(F-2-7)의 고용계약서 또는 재직증명서

④ 점수우수인력 동반가족(F-2-71)
  - 점수우수인력(F-2-7)의 소득금액증명
⑤ 체류지 입증서류

4. 부동산 자산투자자에 대한 체류기간연장
 가. 신청 대상자
  🗨 거주 또는 방문동거 체류자격으로 변경하고 투자 상태를 유지하면서 계속 체류하고자 하는 투자 외국인 및 그 동반가족

 나. 허가요건
  🗨 투자 기준금액을 잠식하지 아니한 상태로 투자 상태를 유지하고 있을 것 (F-2 대상자)
  🗨 미화 10만 불 이상 또는 1억 원 이상의 투자 상태를 유지하면서 계속하여 투자를 진행 중일 것 (F-1 대상자)

 다. 신청기관
  🗨 체류지 관할 출입국·외국인청(사무소·출장소)

 다. 제출서류
  ① 신청서(별지 34호 서식), 여권 및 외국인등록증, 수수료
  ② 부동산 등기부등본 또는 분양회사 발행 회원확인서 (신청일 기준 5일 이내 발급된 것일 것)
  ③ 해당주택 전입세대 열람내역(미분양주택 투자자에 한함, 읍·면·동장 발행, 발급일로부터 5일 이내인 경우만 유효)
  ④ 가족관계 증명서 (배우자 또는 미혼자녀의 체류기간 연장신청 시에 한함)
   ※ 성년자녀의 경우에는 미혼임을 확인하는 서류
  ⑤ 법인의 임원, 주주의 경우 자격변경 당시의 법인 임원, 주주의 지위를 계속 유지하고 있음을 입증하는 서류 첨부(해당 법인명의 공문, 재직증명서, 주식지분 확인자료 등)
  ⑥ 체류지 입증서류(임대차계약서, 숙소제공 확인서, 체류기간 만료예고 통지우편물, 공공요금 납부영수증, 기숙사비 영수증 등)

5. 공익사업투자 외국인에 대한 거주(F-2-9) 체류기간 연장허가
 가. (허가대상) 거주(F-2) 체류자격으로 변경하고 투자 상태를 유지하면서 계속 체류하고자 하는 투자 외국인 및 법인의 임원, 주주와 그 배우자, 미혼 자녀

나. (허가요건) 투자 기준금액을 잠식하지 아니한 상태로 투자 상태를 유지하고 있을 것

　※ 손익발생형의 경우 투자유치기관의 투자금 운영결과 손실이 발생하더라도 투자자가 투자금액을 회수하지 않는 한 투자상태를 유지한 것으로 간주

다. (신청 및 첨부서류)

① 신청서(별지 제34호 서식), 여권(사본), 외국인등록증, 수수료

② 투자금을 유지하고 있음을 입증하는 서류 (최근 5일 이내 발급한 투자금 유치기관 장의 직인이 날인된 확인서 등)

③ 가족관계증명서(동반가족의 경우)

－ 상기 서류를 첨부하여 체류지 관할 출입국·외국인청(사무소·출장소)에 체류기간 만료일 전에 신청

④ 법인의 임원, 주주의 경우 자격변경 당시의 법인 임원, 주주의 지위를 계속 유지하고 있음을 입증하는 서류 첨부(해당 법인명의 공문, 재직증명서, 주식지분 확인자료 등)

⑤ 체류지 입증서류(임대차계약서, 숙소제공 확인서, 체류기간 만료예고 통지우편물, 공공요금 납부영수증, 기숙사비 영수증 등)

6. 기타 장기체류자에 대한 거주 체류기간 연장허가

가. 체류기간 연장 대상

ㅇ 장기거주(F-2-99) 체류자격 외국인

ㅇ 숙련기능 거주(F-2-6)* 체류자격 외국인

－ 최초 연장 심사 기준은 〔붙임 1〕에 따름(※ 2회 연장부터는 '기타 장기 체류자에 대한 거주 체류자격 변경' 기준 적용)

* '19. 9. 30.까지 숙련기능 거주자격('19. 9. 30. 이전 숙련거주 자격을 신청, '19. 9. 30. 이후 변경 허가 결정을 받은 자 포함)에 한하며 '19. 10. 4.부터 연장신청을 한 숙련거주 자격 대상자는 장기거주 체류자격으로 변경함

※ 숙련기능 거주인력(F-2-6) 체류자격은 '19. 10. 1.부로 폐지됨

－ 최초 연장 심사시 허가된 경우에는 장기거주로 직권정정 되며 이후 연장 심사시 '기타 장기 체류자에 대한 거주 체류자격 변경' 기준 적용

나. 체류기간 연장 심사 기준

● 법령 준수 등 품행 요건

ㅇ 체류자격 변경 심사 기준과 동일

➡ 목차

🐾 생계유지 능력 요건

○ 체류기간 연장 신청자가 과거 방문동거(F-1) 또는 동반(F-3) 체류자격으로 장기거주(F-2-99) 체류자격을 받은 경우에는 신청일 기준 주체류자를 신청인으로 간주하여 주체류자의 생계유지 능력 요건을 심사함

1) 연간소득
   ○ 신청일 기준으로 전년도 1인당 국민총소득(GNI)이 발표여부에 따라 다음과 같이 심사하되 '신청인'과 '신청인과 가족'으로 구분하여 각각 모두 충족하여야 함
   - 신청일 기준 전년도 1인당 국민총소득(GNI)이 발표되었을 경우

연간소득 주체	연간소득 충족
신청인	「최저임금법」상 <u>전년도</u> 월 단위 최저임금의 12배 이상
신청인과 가족	<u>전년도</u> 1인당 국민총소득 이상

   - 신청일 기준 전년도 1인당 국민총소득(GNI)이 발표되지 않았을 경우

연간소득 주체	연간소득 충족
신청인	「최저임금법」상 <u>전전년도</u> 월 단위 최저임금의 12배 이상
신청인과 가족	<u>전전년도</u> 1인당 국민총소득 이상

2) 경제활동 : 자격변경 심사기준을 적용하되 다음 요건 추가
   ○ 동 장기거주 자격 취득 전의 체류자격에 해당하는 분야의 활동을 정상적으로 유지하고 있을 것
     ☞ 시행령 제23조에 따라 동 거주(F-2) 자격 '바'(F-2, 장기 거주자격 의미함)목에 해당하는 사람은 종전 체류자격에 해당하는 동일 분야 활동을 계속 하는 하는 것을 전제로 함
🐾 한국어와 한국문화에 대한 기본소양 요건
○ 적용 제외(면제) 대상
   - 동 지침 시행 이전 장기 거주 체류자격을 취득한 외국인
   - 동 지침 시행 이후 장기 거주 체류자격을 취득한 외국인으로 자격변경 또는 체류기간 연장시 기본소양 요건 충족을 입증한 외국인

☞ 숙련기능 거주 체류자가 동 지침 시행 이후 체류기간 연장 신청을 할 경우 최초 1회는 붙임1에 따라 심사(기본소양 심사 안함)한 후 2회 연장시부터는 본 지침상의 기본소양 요건을 충족하여야 함
- 신청 당시 민법상 미성년 외국인
  ☞ 장기거주(F-2-99) 자격변경 · 기간연장 신청 당시 미성년을 사유로 면제되었더라도, 이후 체류기간 연장 신청 당시 성년이 된 경우에는 면제되지 않음
○ 심사 기준 : 자격변경 심사 기준과 동일

● 생활 근거지(주거지) : 자격변경 심사 기준과 동일

다. 체류기간 연장 제출 서류
○ 여권, 사진 1매, 수수료, 신청서 및 신청사유서[서식 1]
○ 연간소득 관련 서류(자격변경 심사 기준과 동일)
○ 경제활동 입증 서류(자격변경 심사 기준과 동일)
○ 기본소양 입증 서류(자격변경 심사 기준과 동일)
○ 주거지 입증 서류(자격변경 심사 기준과 동일): 대상이 해당되는 경우만 해당
○ 기타 심사에 필요하다고 인정하는 서류

【붙임 1】
숙련기능 거주 체류자격에 대한 체류기간 연장 심사 기준

┌─────────────────────────┐
│   심사 기준 기본 방향   │
└─────────────────────────┘
○ 기존 행정에 대한 신뢰를 보호하고, 장기 거주 요건을 구비할 수 있는 안정적인 체류기간을 부여하기 위하여 기존 숙련인력 거주 심사 기준에 따라 심사하여 체류기간 2년 일괄 부여

1. 적용 대상 및 적용 기간
○ (적용 대상) 숙련기능 거주 체류자격을 가진 외국인으로 2019. 10. 04. 이후 최초 연장신청한 사람
○ (적용 기간) 2019. 10. 04. 이후 최초 1회 연장 심사 시 적용
- 최초 1회 연장심사 적용 이 후(2회 연장)부터는 '기타 장기체류자에 대한 체류기간 연장허가' 기준 적용
  ※ 예시 : '19. 9. 25. 숙련기능 거주로 자격변경 결정을 받은 사람이 '20. 9. 25. 체류기간 연장 신청을 할 경우 → 숙련기능 거주인력에 대한 체류기간 연장 심사기준에 따라 심사 → '22. 9. 25. 체류기간 다

시 연장 신청할 경우 → '기타 장기체류자에 대한 체류기간 연장허가' 기준 적용

2. 기간연장 심사 기준

가. 법령 준수 등 품행 요건

1) 체류허가 제한 통합기준에 따라 처리하되 중한범죄('기타 장기체류자에 대한 거주 자격변경 허가'에서 정함)의 경우는 신청일 이전 10년 이내 1건*도 없어야 함

* 기소유예, 선고유예, 100만원 이하의 벌금도 건수에 포함

2) 세금 납부 : 완납하여야 함

나. 생계유지 능력 요건

1) 자산

○ 신청인 또는 신청인과 같은 체류지(주소지)에서 동거하면서 생계를 같이 하는 가족(신청인의 배우자, 자녀, 배우자 부모까지 한정)이 2천만 원 이상의 자산 보유

2) 연간소득

○ 적용대상

– 최근 2년간 연평균 임금소득이 근로자 연간 '임금총액(12개월분 임금총액) 이상 요건으로 F-2-6자격을 받은 외국인

– 기술 · 기능 자격 요건으로 F-2-6 자격을 받은 외국인은 적용하지 않음(단, 2회 연장시는 '기타 장기체류자에 대한 체류기간 연장허가'심사기준에 따른 연간소득을 충족하여야 함)

○ 연간소득 충족 여부 심사

– 최근 2년간 받은 연평균 임금소득*이 근로자 연간 임금총액** 이상일 것

* 신청일의 전년도와 전전년도 전체 기간 동안의 임금 총액을 2로 나눔

예시) 신청일이 2020. 1. 1. ~ 2020. 12. 31. 사이인 경우 '2018년도(신청일 기준 전전년도) 전체 기간과 2019년도(신청일 기준 전년도) 전체 기간 동안 소득을 합산하여 2로 나눈 금액

** 고용노동부에서 발표하는 '고용형태별근로실태조사' 보도자료[54]를 참조하여, 1월부터 9월까지의 신청자에 대해서는 전전년도 임금총액을, 10월부터 12월까지의 신청자에 대해서는 전년도 임금총액을 기준으로 적용하여 결정.[55]

3) 향후 경제활동 입증 서류

○ (취업자) 고용계약서, 재직증명서, 사업자등록증 등
○ (사업자) 법인등기사항전부증명서, 투자기업등록증 등

3. 제출 서류
○ 여권, 사진 1매, 수수료, 신청서 및 신청사유서[서식 1]
○ 최근 1년 이상 2천만 원 이상의 예금잔고가 유지되었음을 증명할 수 있는 서류 또는 2천만 원 이상에 해당하는 부동산등기부등본 · 부동산전세계약서 사본
○ 재직(경력)증명서 등 과거 취업활동 사실을 증명할 수 있는 서류
  ※ 단, 출입국관리정보시스템을 통해 확인이 가능한 경우에는 면제할 수 있음
○ 취업예정사실증명서, 표준근로계약서 등 향후 '종전 체류자격에 해당하는 분야'에서 취업활동하고 있는 사실 또는 향후 근무 예정임을 증명할 수 있는 서류
○ 임금소득을 증명할 수 있는 서류(※ 최근 2년간 연평균 임금소득이 근로자 연간 '임금총액(12개월분 임금총액) 이상 요건으로 숙련기능 거주 체류자격을 받은 외국인에 한함)
○ 부동산임대차계약서, 부동산등기부등본 등 주거지 입증서류
○ 기타 심사에 필요하다고 인정하는 서류

【서식 1】

장기체류를 위한 거주 체류자격(F-2) 변경 · 연장 신청 사유서

※ 동 사유서에 허위 기재한 경우 출입국관리법에 제89조에 따라 체류자격 취소 등의 불이익을 받을 수 있음

신청인 Applicant	성명 Full Name	외국인등록번호 Alien Registration No.
	주소 Address	

□ 출입국 사항 관련
 ○ 이름, 생년월일, 국적 변경 여부 기재(※변경 사실이 없을 경우 '변경사실 없음'으로 기재)
 ○ 밀입국 여부 기재(※ 밀입국하지 않았을 경우 '밀입국하지 않음'으로 기재)

□ 생계유지 능력 관련
 ○ 경제활동(※ 지금까지 경제활동과 향후 경제활동 계획 모두 기재)

□ 생활 근거지 관련
  ○ 주거지
  ○ 주거지에서 함께 생활하는 사람

□ 국내 계속 거주 희망 사유

□ 기타

Date: 년 YYYY   월 MM   일 DD장

신청인   (서명 또는 인)
Applicant :   (Sign or stamp)

○○○출입국 · 외국인청(사무소 · 출장소)장 귀하
To Chief, ○○○Immigration(Branch) Office

첨부 : 관련 소명자료 등.

7. 점수제 우수인재의 거주자격 연장
 가. 체류기간 연장대상
   ○ 점수제 우수인재 체류자격 외국인(F-2-7)
   ○ 점수제 우수인재의 배우자 및 미성년 자녀로서 거주 체류자(F-2-71)
   ○ 점수제 우수인재의 배우자 및 미성년 자녀로서 방문동거 체류자(F-1-12)

 나. 허가요건(각종 세부사항은 체류자격 연장 규정 참고)
   1) 점수제 우수인재(F-2-7)
    ① 결격사유에 해당하지 않을 것
    ② 점수제 평가항목별 합산 점수가 80점 이상일 것
     ○ 단, 시행일 당시 거주(F-2) '자'목으로 합법체류 중인 외국인에 대해서
       는 2021년 11월 30일까지 다음과 같이 적용함
       - (체류기간 연장 신청 요건) 종전 및 현행 지침 및 고시 요건 중 어느
         하나 이상을 충족할 경우 연장 신청 가능
       - (체류기간 연장 심사 기준) 현행 지침 및 고시 요건을 적용하되, 동
         지침 시행일 이후 최초 1회 연장 신청시
       ☞ 금번 지침상의 체류 가능한 평가항목별 합산 점수인 '80점'을 '75

점'으로 변경하여 적용하고,

    ☞ 체류기간 1년 이내 부여 기준인 합산 점수를 '80점~99점'에서 '75점~99점'으로 변경하여 적용함

③ 국내 노동시장·사회경제질서에 부정적 영향을 미칠 수 있는 직종(단순노무, 유흥업 등)에 취업한 사실이 없을 것

2) 점수제 우수인재의 배우자 및 미성년 자녀로서 거주자(F-2-71)

  ① 신청자(우수인재의 배우자 및 미성년 자녀) 요건

    ㉮ 국내에 합법체류 중일 것

    ㉯ 결격사유에 해당하지 않을 것

    ㉰ 국내 노동시장·사회경제질서에 부정적 영향을 미칠 수 있는 직종(단순노무, 유흥업 등)에 취업한 사실이 없을 것

  ② 주체류자(우수인재 거주자) 요건

    ㉮ 점수제 평가항목별 합산 점수가 80점 이상일 것

> ○ 단, 시행일 당시 거주(F-2) '자'목으로 합법체류 중인 외국인에 대해서는 2021년 11월 30일까지 다음과 같이 적용함
>   - (체류기간 연장 신청 요건) 종전 및 현행 지침 및 고시 요건 중 어느 하나 이상을 충족할 경우 연장 신청 가능
>   - (체류기간 연장 심사 기준) 현행 지침 및 고시 요건을 적용하되, 동 지침 시행일 이후 최초 1회 연장 신청시
>   ☞ 금번 지침상의 체류 가능한 평가항목별 합산 점수인 '80점'을 '75점'으로 변경하여 적용하고,
>   ☞ 체류기간 1년 이내 부여 기준인 합산 점수를 '80점~99점'에서 '75점~99점'으로 변경하여 적용함

    ㉯ 연간소득이 한국은행이 최근 고시한 전년도 1인당 국민총소득(GNI) 이상일 것*

    * 체류자격 변경 부분의 연간소득 산정 방법에 따름

3) 점수제 우수인재의 배우자 및 미성년 자녀로서 방문동거자(F-1-12)

  ○ 2)의 요건 중 '주체류자 연간소득이 1인당 GNI 이상' 요건(②,㉯)을 제외하고 나머지 요건 충족

    ☞ 연장 심사시 '주체류자 연간소득이 1인당 GNI 이상' 요건(②,㉯)을 충족하는 경우 F-2-71 체류자격 변경 심사 절차를 진행 가능(단, 기존 체류기간 연장 신청을 체류자격 변경신청으로 변경하여 신청하여야 함)

다. 제출 서류
 1) 점수제 우수인재(F-2-7)
  ○ 체류자격 변경 심사 서류 중 유형 1~3과 동일
   ☞ 단 점수제 거주 자격을 취득한 후 3개월 이상 연속하여 해외에서 체류하지 않은 경우 생략 가능(해당 사무소에 문의)
 2) 점수제 우수인재의 배우자 및 미성년 자녀로서 거주(F-2-71) 또는 방문동거(F-1-12) 체류자
  ○ 체류자격 변경 심사 서류 중 유형 4와 동일
   ☞ 단 점수제 거주 자격을 취득한 후 3개월 이상 연속하여 해외에서 체류하지 않은 경우 생략 가능(해당 사무소에 문의)

라. 체류기간 연장 불허 관련 사항
  ○ 주체류자(F-2-7)에 대한 체류기간 연장 불허시 해당 배우자와 미성년 자녀(F-2-71 또는 F-1-12)의 체류기간도 연장 불허
  ○ 연장 불허된 사람이 다른 체류자격 요건을 충족하는 경우 해당 체류자격으로 변경 신청 가능
  ○ 다음 요건을 갖춘 주체류자는 구직(D-10) 체류자격으로 변경 허가 가능
   - 체류기간 연장 요건 중 합격점수 항목(80점 미달)을 제외하고 모두 충족하는 경우로서 구직활동을 하려는 경우
    ☞ 구직(D-10) 체류자격으로는 최대 1년 체류 가능(추가 연장 불가)
   - 구직(D-10) 체류자격을 받은 사람의 배우자 및 미성년자녀는 동반(F-3) 체류자격 변경 허가 가능
    ☞ 동반(F-3) 체류자의 최대 체류 만료기간은 주체류자인 구직(D-10)의 체류기간 이내로 함

8. 자녀가 성년이 된 자녀양육자(F-6-2)로 거주(F-2) 자격변경 허가를 받은 사람의 체류기간 연장
가. 대상
 ○ 자녀가 성년이 된 자녀양육자(F-6-2)로 거주(F-2) 자격변경 허가를 받은 사람

나. 자격 요건
 ○ 국내 생활기반 : 신청인의 생활기반이 국내에 형성
  - 신청일 기준 5년 이내 해외에서 체류한 기간이 국내에서 체류한 기간을 초과하지 않아야 함

	○ 국내 정주 기본 요건 : 품행단정, 생계유지능력(기준 중위소득의 40%*), 기본소양(사회통합프로그램 4단계 이상 교육 시수) 　* 신청인과 자녀 중 "중증질환" 또는 "중증장애"가 있는 경우 생계유지능력 요건면제 다. 제출 서류 ○ (공통) 여권, 수수료, 통합신청서, 체류지 입증서류 ○ (생계유지능력) 소득금액증명 － 소득금액증명만으로 생계유지능력을 인정받지 못할 경우, 객관적 증빙서류(급여내역, 매출·비용 관련 서류 등) 추가 제출 － 면제 대상은 "중증질환" 또는 "중증장애" 관련 서류 추가 제출 ○ (기본소양) 사회통합프로그램 교육확인서(旣제출자는 생략) － 사회통합프로그램 한국어와 한국문화시험 합격증(KLCT) － 사회통합프로그램 사전평가 점수표(※ 81점 이상만 해당) － 사회통합프로그램 이수증(한국이민귀화적격과정), 사회통합프로그램 이수증(한국이민영주적격과정), 한국이민귀화적격시험 합격증(KINAT), 한국이민영주적격시험 합격증(KIPRAT)도 인정
재입국허가	1. 재입국허가 면제 제도 시행('10.12.1.자 개정 시행규칙) － 등록을 필한 외국인이 <u>출국한 날부터 1년 이내에 재입국하려는 경우 재입국허가 면제</u> － 체류기간이 1년보다 적게 남아있는 경우 체류기간 범위 내에서 재입국허가 면제 ※ 단, 입국규제 및 사증발급규제자는 체류지 관할 청(사무소·출장소)에 방문하여 재입국허가를 받아야 함 2. 복수재입국허가 (사우디아라비아, 이란, 리비아는 복수재입국제한. 단, 동 국가의 국민 중 결혼이민(F-6), 유학(D-2), 일반연수(D-4)는 가능) － 출국 후 체류기간 범위 내에서 1년을 초과하여 2년 내에 재입국을 하려는 경우 － 신청서류 : 신청서(별지 34호서식), 여권 원본, 외국인등록증, 수수료
외국인등록 ➡ 목차	① 신청서(별지 34호 서식), 표준규격사진 1매, 수수료 ② 체류지 입증서류 ③ 필요시 추가 서류 요구 가능

---

49) 「출입국관리법 시행령」제23조(외국인의 취업과 체류자격)
　① 법 제18조제1항에 따른 <u>취업활동을 할 수 있는 체류자격은 별표 1 중 5. 단기취업(C-4), 별표 1의2 중 14. 교수(E-1)부터 22. 선원취업(E-10)까지 및 29. 방문취업(H-2) 체류자격으로 한다.</u> 이 경우 "취업활동"은

해당 체류자격의 범위에 속하는 활동으로 한다. 〈개정 2018. 9. 18.〉

② 다음 각 호의 어느 하나에 해당하는 사람은 제1항에도 불구하고 **별표 1 및 별표 1의2의 체류자격 구분에 따른 취업활동의 제한을 받지 아니한다.**

  1. 별표 1의2 중 24. 거주(F-2)의 가목부터 다목까지 및 자목부터 카목까지의 어느 하나에 해당하는 체류 자격을 가지고 있는 사람

---

50) 교수(E-1), 회화지도(E-2), 연구(E-3), 기술지도(E-4), 전문직업(E-5), 예술흥행(E-6), 특정활동(E-7)(단, 호텔·관광유흥업소 종사자(E-6-2), 숙련기능인력(E-7-4) 체류자격은 제외)

51) 취재(D-5), 종교(D-6), 주재(D-7), 기업투자(D-8), 무역경영(D-9)

52) 총 22개국(전투지원16개국 + 의료지원 6개국) : (ㄱ, ㄴ 순) 그리스, 남아공화국, 네덜란드, 노르웨이, 뉴질랜드, 덴마크, 독일, 룩셈부르크, 미국, 벨기에, 스웨덴, 에티오피아, 영국, 이탈리아, 인도, 캐나다, 콜롬비아, 태국, 터키, 프랑스, 필리핀, 호주

53) 국가보훈처(UN참전용사 후손 장학프로그램), 교육부(정부초청장학생 GKS: Global Korea Scholarship)에서 법무부에 전반기, 하반기 지정된 일자에 공문 발송함

54) 고용노동부는 매년 9월 중 전년도 6월말을 기준으로 한 '고용형태별근로실태조사' 결과를 발표함(http://laborstat.molab.go.kr 접속 후 '최신보도자료' 참조할 것)

55) 예를 들면, 2007년 9월25일 신청한 사람은 2006년 9월에 발표된 통계조사 결과(2005.7월~2006.6월 기준)를 참조하고, 2007년 10월5일에 신청한 사람은 2007년 9월에 발표된 결과(2006.7월~2007.6월)를 참조하여 '임금 요건' 해당여부를 결정함

동반(F-3)

활동범위	🐾 동반가족
해 당 자	🐾 문화예술(D-1)부터 특정활동(E-7)까지의 체류자격에 해당하는 사람의 배우자 및 미성년 자녀로서 배우자가 없는 사람(단, 기술연수(D-3) 체류자격에 해당하는 사람은 제외한다.)
1회에 부여할 수 있는 체류기간 상한	🐾 동반하는 본인에 정하여진 기간

체류자격외 활동
 	
➡ 목차
체류자격외 활동
	1. 고액투자외국인 및 전문인력 배우자에 대한 취업
	  가. 허용대상
	   🐾 고급과학기술인력(SCIENCE 카드) 및 첨단기술인력(GOLD 카드), 정보기술인력(IT카드)자격 소지한 전문 외국인력의 배우자
	   🐾 미화 50만불 이상 투자(법인포함)한 투자자격 소지자의 배우자
	   🐾 전문 외국 인력자격(E-1, E-2, E-3, E-4, E-5, E-6-2를 제외한 E-6, E-7)소지자의 배우자
	
	  나. 허용분야
	   🐾 단순노무(D-3, E-9)를 제외한 모든 직종에 대한 체류자격외 활동허가
	
	  다. 허가기간 : 배우자의 체류기간까지(계속연장 가능)
	
	  라. 제출서류 : 규칙 제76조에 의한 체류자격별 첨부서류(신원보증서 생략)
	   ※ 특정활동(E-7)에 종사하고자 하는 경우에는 E-7자격 사증발급인정서 발급 지침 준용
	
	2. 체류자격외활동허가 면제범위 확대
	  🐾 원래의 체류목적을 침해하지 않은 범위 내에서 정규교육기관(초·중·고 및 대학)의 교육을 받고자 하는 때는 체류기간 범위 내에서 별도의 허가 절차 불요('09.6.15.부 시행)
	
	3. 방문동거(F-1), 동반(F-3)자격 소지자의 국가기관 및 공공단체(지방자치단체, 정부투자기관)에서 외국어교열요원(E-7)
	  ① 신청서(별지 34호 서식), 여권 및 외국인등록증, 수수료
	  ② 고용계약서 ③ 사업자등록증 사본 ④ 추천서(해당 기관장)
	  ⑤ 학위증(원본 및 사본)

	4. 방문동거(F-1), 동반(F-3)자격 소지자의 외국어회화강사(E-2), <u>외국인학교교사(E-7)로의 자격외 활동</u>

공통	① 신청서(별지 34호 서식), 여권 및 외국인등록증, 수수료 ② 고용계약서 ③ 사업자등록증
E-2	④ 학위증(E-2 자격요건과 동일) ⑤ 범죄경력증명서(E-2 자격요건과 동일) ⑥ 채용신채검사서(E-2 자격요건과 동일)
E-7	④ 해당국교원 자격증 원본(교원자격증이 없는 경우 '학위증 및 경력증명서') ⑤ 범죄경력증명서(E-2 자격요건과 동일) ⑥ 채용신채검사서(E-2 자격요건과 동일) ⑦ 학교장 요청서 ⑧ 외국인교사 현황

근무처의 변경 · 추가	🔊 해당사항 없음
체류자격 부　　여	1. 제출서류 ① 신청서(별지 34호 서식), 여권, 표준규격사진 1매, 수수료 ② 출생증명서 또는 호적등본(일본, 대만 등)
체류자격 변경허가	1. 가사정리 기타 부득이한 사유로 사증면제(B-1), 관광통과(B-2), 단기사증으로 입국한 자에 대한 동반(F-3)자격으로 변경허가

필수서류	① 신청서(별지 34호 서식), 여권, 표준규격사진 1매, 수수료 ② 가족관계입증 서류(결혼 또는 출생증명서 등)
추가서류	③ 배우자 또는 부모의 외국인등록증

2. <u>전문외국인력의 배우자에 대한 전문직자격으로의 변경허가</u>
　가. 허가대상
　　🔊 전문외국인력《E-1 내지 E-5, E-6(E-6-2는 제외), E-7》자격소지자의 배우자로서 동반(F-3)자격 소지자

　나. 허가분야
　　🔊 전문직 《E-1 내지 E-5, E-6(E-6-2는 제외), E-7》에 해당하는 모든 직종에 대한 체류자격 변경허가

　다. 제출서류
　　① 신청서(별지 34호서식), 여권 및 외국인등록증, 표준규격사진 1장, 수수

➡ 목차

		료 ② 고용계약서 ③ 사업자등록증 ④ 학위증 ⑤ 자격증 및 경력증명서 ⑥ 주무부처 장의 고용추천서 또는 고용의 필요성을 입증하는 서류 ⑦ <u>신원보증서</u>
체류기간 연장허가	필수서류	① 신청서(별지 34호 서식), 여권 및 외국인등록증, 수수료 ② 체류지 입증서류(임대차계약서, 숙소제공 확인서, 체류기간 만료예고 통지우편물, 공공요금 납부영수증, 기숙사비 영수증 등)
	추가서류	③ 배우자 또는 부모의 외국인등록증
재입국허가		1. 재입국허가 면제 제도 시행('10.12.1.자 개정 시행규칙) – 등록을 필한 외국인이 <u>출국한 날부터 1년 이내에 재입국하려는 경우 재입국허가 면제</u> – 체류기간이 1년보다 적게 남아있는 경우 체류기간 범위 내에서 재입국허가 면제 ※ 단, 입국규제 및 사증발급규제자는 체류지 관할 청(사무소·출장소)에 방문하여 재입국허가를 받아야 함 2. 복수재입국허가 (사우디아라비아, 이란, 리비아는 복수재입국제한. 단, 동 국가의 국민 중 결혼이민(F-6), 유학(D-2), 일반연수(D-4)는 가능) – 출국 후 체류기간 범위 내에서 1년을 초과하여 2년 내에 재입국을 하려는 경우 – 신청서류 : 신청서(별지 34호서식), 여권 원본, 외국인등록증, 수수료
외국인등록 ▶ 목차		① 신청서(별지 34호 서식), 여권, 표준규격사진 1매, 수수료 ② <u>체류지 입증서류</u>

활동범위	🔵 체류자격의 구분에 따른 활동의 제한을 받지 않음
해 당 자	법 제46조제1항 각 호의 어느 하나에 해당하지 않는 사람으로서 다음 각 호의 어느 하나에 해당하는 사람 1. 대한민국 「민법」에 따른 성년으로서 별표 1의2 중 10. 주재(D-7)부터 20. 특정활동(E-7)까지의 체류자격이나 별표 1의2 중 24. 거주(F-2) 체류자격으로 5년 이상 대한민국에 체류하고 있는 사람 2. 국민 또는 영주자격(F-5)을 가진 사람의 배우자 또는 미성년 자녀로서 대한민국에 2년 이상 체류하고 있는 사람 및 대한민국에서 출생한 것을 이유로 법 제23조에 따라 체류자격 부여 신청을 한 사람으로서 출생 당시 그의 부 또는 모가 영주자격(F-5)으로 대한민국에 체류하고 있는 사람 중 법무부장관이 인정하는 사람 3. 「외국인투자 촉진법」에 따라 미화 50만 달러를 투자한 외국인투자가로서 5명 이상의 국민을 고용하고 있는 사람 4. 별표 1의2 중 26. 재외동포(F-4) 체류자격으로 대한민국에 2년 이상 계속 체류하고 있는 사람으로서 대한민국에 계속 거주할 필요가 있다고 법무부장관이 인정하는 사람 5. 「재외동포의 출입국과 법적 지위에 관한 법률」 제2조제2호의 외국국적동포로서 「국적법」에 따른 국적 취득 요건을 갖춘 사람 6. 종전 「출입국관리법 시행령」(대통령령 제17579호로 일부개정되어 2002. 4. 18. 공포·시행되기 이전의 것을 말한다) 별표 1 제27호란의 거주(F-2) 체류자격(이에 해당되는 종전의 체류자격을 가진 적이 있는 사람을 포함한다)이 있었던 사람으로서 대한민국에 계속 거주할 필요가 있다고 법무부장관이 인정하는 사람
➡ 목차	7. 다음 각 목의 어느 하나에 해당하는 사람으로서 법무부장관이 인정하는 사람 가. 국외에서 일정 분야의 박사 학위를 취득한 사람으로서 영주자격(F-5) 신청 시 국내 기업 등에 고용된 사람 나. 국내 대학원에서 정규과정을 마치고 박사학위를 취득한 사람 8. 법무부장관이 정하는 분야의 학사 학위 이상의 학위증 또는 법무부장관이 정

하는 기술자격증이 있는 사람으로서 국내 체류기간이 3년 이상이고, 영주자격(F-5) 신청 시 국내기업에 고용되어 법무부장관이 정하는 금액 이상의 임금을 받는 사람

9. 과학·경영·교육·문화예술·체육 등 특정 분야에서 탁월한 능력이 있는 사람 중 법무부장관이 인정하는 사람

10. 대한민국에 특별한 공로가 있다고 법무부장관이 인정하는 사람

11. 60세 이상으로서 법무부장관이 정하는 금액 이상의 연금을 국외로부터 받고 있는 사람

12. 별표 1의2 중 29. 방문취업(H-2) 체류자격으로 취업활동을 하고 있는 사람으로서 같은 표 중 24. 거주(F-2)란의 사목 1)부터 3)까지의 요건을 모두 갖추고 있는 사람 중 근속기간이나 취업지역, 산업 분야의 특성, 인력 부족 상황 및 국민의 취업 선호도 등을 고려하여 법무부장관이 인정하는 사람

13. 별표 1의2 중 24. 거주(F-2) 자목에 해당하는 체류자격으로 대한민국에서 3년 이상 체류하고 있는 사람으로서 대한민국에 계속 거주할 필요가 있다고 법무부장관이 인정하는 사람

14. 별표 1의2 중 24. 거주(F-2) 차목에 해당하는 체류자격을 받은 후 5년 이상 계속 투자 상태를 유지하고 있는 사람으로서 대한민국에 계속 거주할 필요가 있다고 법무부장관이 인정하는 사람과 그 배우자 및 자녀(법무부장관이 정하는 요건을 갖춘 자녀만 해당한다)

15. 별표 1의2 중 11. 기업투자(D-8) 다목에 해당하는 체류자격으로 대한민국에 3년 이상 계속 체류하고 있는 사람으로서 투자자로부터 3억원 이상의 투자금을 유치하고 2명 이상의 국민을 고용하는 등 법무부장관이 정하는 요건을 갖춘 사람

16. 5년 이상 투자 상태를 유지할 것을 조건으로 법무부장관이 정하여 고시하는 금액 이상을 투자한 사람으로서 법무부장관이 정하는 요건을 갖춘 사람

17. 별표 1의2 중 11. 기업투자(D-8) 가목에 해당하는 체류자격을 가지고 「외국인투자촉진법 시행령」 제25조제1항제4호에 따른 연구개발시설의 필수전문인력으로 대한민국에 3년 이상 계속 체류하고 있는 사람으로서 법무부장관이 인정하는 사람

	18. 별표 1의2 중 24. 거주(F-2) 다목에 해당하는 체류자격으로 2년 이상 대한민국에 체류하고 있는 사람
1회에 부여할 수 있는 체류기간 상한	◉ 상한 없음
체류자격외 활동	◉ 해당사항 없음
근무처의 변경 · 추가	◉ 해당사항 없음

체류자격 부 여	◉ 대한민국에서 체류하고 있는 영주(F-5) 자격의 부 또는 모가 대한민국에서 출생한 자녀에 대하여 체류자격부여를 신청한 경우 영주(F-5)자격 부여
	가. 출생한 날부터 90일 이내에 체류자격 부여신청
	  ※ 해외에서 출생한 자녀는 제외
	나. 제출서류
	  ① 신청서(별지 34호 서식), 여권, 표준규격사진 1매, 수수료
	  ② 가족관계 입증서류(출생증명서 등)
	  ③ 국적국의 신분을 증명하는 서류

▶ 목차	

체류자격 변경허가	

▶ **외국적동포를 제외한 영주(F-5) 체류자격 부여**

□ 영주자격 종류 및 세부 약호

영주자격 세부약호	영주 대상(명칭)	시행령 별표1의3
F-5-1	5년 이상 대한민국에 체류하고 있는 사람(이하 "일반 영주자"라 함)	1호
F-5-2	국민의 배우자	2호
F-5-3	국민의 미성년 자녀	
F-5-4	영주자격(점주제 영주자격 취득 제외) 소지자의 배우자 또는 미성년 자녀 (이하 "일반 영주자의 배우자 또는 미성년 자녀"라 함)	
F-5-5	50만 달러 이상 투자자로 국민 5인 이상 고용한 사람(이하 "고액 투자자"라 함)	3호
F-5-6	재외동포 자격으로 2년 이상 체류한 사람(※ 별도 지침 적용)	4호
F-5-7	외국적동포로서 국적취득 요건을 갖춘 사람(※ 별도 지침 적용)	5호
F-5-8	대한민국 출생 재한화교	6호
F-5-9	첨단산업 분야 박사학위 소지하고 국내기업에 고용된 사람(이	7.가호

		하 "첨단분야 박사"라 함)	
	F-5-10	첨단산업 분야 학사, 일반 분야 석사 이상 학위, 기술자격증 소지하고 국내 기업에 고용된 사람 (이하 "학사·석사 및 자격증 소지자"라 함)	8호
	F-5-11	과학·경영·교육·문화예술·체육 등 특정분야에서 탁월한 능력이 있는 사람 (이하 "특정분야 능력 소유자"라 함)	9호
	F-5-12	대한민국에 특별한 공로가 있는자(이하 "특별 공로자"라 함)	10호
	F-5-13	60세 이상으로 국외로부터 연금을 받고 있는 사람(이하 "연금 수혜자"라 함)	11호
	F-5-14	방문취업자격 4년 이상 제조업종 등 근무자(※ 별도 지침 적용)	12호
➡ 목차 체류자격 변경허가	F-5-15	국내대학원에서 정규과정을 이수하여 박사학위를 취득한 후 국내기업에 고용된 사람 (이하 "일반분야 박사"라 함)	7.나호
	F-5-16	점수제 거주 자격으로 3년 이상 체류한 사람(이하 "점수제 영주 자"라 함)	13호
	F-5-17	부동산투자 거주 자격으로 5년 이상 계속 투자한 사람(이하 "부 동산 투자자"라 함)	14호
	F-5-18	점수제 영주자(F-5-16)의 배우자 또는 미성년 자녀(이하 "점 수제 영주자의 배우자 또는 미성년 자녀"라 함)	2호
	F-5-19	부동산 투자자(F-5-17)의 배우자 또는 미혼 자녀(이하 "부동 산 투자자의 배우자 또는 미혼 자녀"라 함)	14호
	F-5-20	국내에서 출생한 영주자격을 가진 사람의 자녀(이하 "영주권자 의 국내 출생 자녀"라 함)	2호
	F-5-21	공익사업 투자 거주자격으로 5년 이상 계속 투자한 사람(이하 "공익사업 일반투자자"라 함)	14호
	F-5-22	공익사업 일반투자자(F-5-21) 또는 공익사업 은퇴이민 투자자(F-5-23)의 배우자 또는 미혼 자녀(이하 "공익사업 투자자의 배우자 또는 미혼 자녀"라 함)	14호
	F-5-23	은퇴이민자로 공익사업에 5년 이상 계속 투자하고 국내 보유 자산이 3억 이상인 사람 (이하 "공익사업 은퇴이민 투자자"라 함)	14호
	F-5-24	기술창업(D-8-4) 자격으로 3억원 이상 투자금을 유치하고 국민 2인 이상 고용한 사람 (이하 "기술창업 투자자"라 함)	15호
	F-5-25	15억원 이상을 5년 이상 투자하는 조건을 서약한 사람(이하 "조건부 고액투자자"라 함)	16호
	F-5-26	외국인이 투자한 연구개발시설의 필수전문 인력으로 3년 이상 근무한 사람 (이하 "외국인투자기업의 연구개발 인력"이라 함)	17호
➡ 목차 체류자격 변경허가	F-5-27	난민 거주자격으로 2년 이상 대한민국에 체류하고 있는 사람(※ 별도 지침 적용)	18호

□ 다음의 요건을 모두 충족하여야 함
  ※ F-5-6, F-5-7, F-5-14는 별도 지침에 따름

1. 대한민국 법령 준수 등 품행 단정 요건
🔳 다음 어느 하나에 해당되지 않은 사람일 경우 품행 단정 요건을 갖춘 것으로 인정함
가. 대한민국 법률을 위반하여 금고 이상의 형의 선고를 받고 그 형의 집행이 종료되거나 집행을 받지 아니하기로 한 날부터 5년이 경과되지 아니한 사람

나. 대한민국 법률을 위반하여 벌금형의 선고를 받고 그 벌금을 납부한 날(미납으로 노역장에 유치된 경우 유치 종료일을 납부한 날로 함)로부터 3년이 경과되지 아니한 사람

다. 「출입국관리법」 제7조제1항 또는 제4항을 위반하거나, 동법 제12조제1항 또는 제2항을 위반한 날부터 5년이 경과되지 아니한 사람

라. 신청일 이전 5년간 「출입국관리법」을 3회 이상 위반한 사람. 이 경우 과태료 처분을 받은 사람은 제외한다.

마. 「출입국관리법」 제59조제2항에 따른 강제퇴거명령을 받고 출국한 날부터 7년이 경과하지 않았거나 동법 제68조에 따른 출국명령을 받고 출국한 날부터 5년이 경과하지 않은 사람

바. 외국에서 「특정강력범죄의 처벌에 관한 특례법」 제2조에서 규정한 특정강력범죄 및 협박, 공갈, 사기, 보이스피싱, 마약 범죄에 준하는 범죄로 외국에서 형을 선고받았거나, 그 이외의 범죄로 외국에서 금고 이상의 형에 준하는 형을 선고받은 사실이 해외범죄경력증명서 등을 통하여 확인된 사람. 단, 다음에 해당하는 사람은 해외범죄경력 확인 생략 가능
  ① 고액 투자자(F-5-5), 첨단분야 박사(F-5-9), 일반분야 박사(F-5-15), 특정분야 능력 소유자(F-5-11), 특별공로자(F-5-12) 중 어느 하나를 신청한 사람
  ② 신청일 기준 형사미성년인 사람
  ③ 대한민국에 태어난 후 해외에서 6개월 이상 연속하여 체류하지 않은 사람
  ④ 과거 본국 범죄경력증명서를 제출한 사람으로서 해외에서 6개월 이상

연속하여 체류하지 않고 신청일 기준 대한민국에서 5년 이상 계속 체류 중인 사람

※ 6개월 이상 해외에서 체류한 사람은 해외 체류기간 동안의 체류국 정부가 발행한 범죄경력증명서 징구(심사 대상임)

⑤ 재외공관 사증발급 신청 시 범죄경력증명서 제출 후, 그 사증발급일로부터 6개월 이내 영주(F-5) 자격 변경허가 신청자

사. 최근 3년간 「출입국관리법」을 위반하여 500만원 이상의 범칙금 처분을 받았거나, 합산한 범칙금 금액이 700만원 이상인 사람

아. 「출입국관리법」 제46조 제1항 각 호의 강제퇴거 대상에 해당되는 사람

2. 생계유지 요건

● 다음의 기준에 따라 생계유지 능력(이하 "연간소득"이라 함)을 판단

가. 소득 주체

○ 원칙

- 신청인, 배우자(사실혼은 제외), 미성년 자녀, 부모(배우자의 부모 제외) 중 소득산정 기간 동안 신청인과 계속 동거*하면서 생계를 같이 하는 사람

  * 주소지(체류지)를 함께 한 경우 동거로 인정함을 원칙으로 함

○ 예외

- 점수제 영주자(F-5-16) 또는 연금 수혜자 영주자(F-5-13) 자격을 신청한 경우는 신청인만 소득주체로 인정

나. 소득 산정기간

○ 신청일이 속하는 연도(年度)의 이전 1년

예시) 영주자격 신청일이 2018.1.1.인 사람과 2018.12.31.인 사람 모두 2017.1.1.~2017.12.31.까지의 소득을 산정함(※ 신청일까지 최근 365일을 역산한 소득 아님)

다. 인정되는 소득 종류

○ 「소득세법」 제4조제1항(종합소득)에 따른 다음 소득 중 하나 이상이 있는 경우 합산하여 인정하되 각 소득은 소득세를 납부한 경우에만 인정됨(해당소득과 해당소득이 발생하여 납부한 소득세를 합산하는 것은 가능)

- 연금 수혜자 영주자격(F-5-13)을 신청한 사람의 경우는 해외로부터

받은 연금액만을 소득으로 인정
- ○ 소득세 납부 대상임에도 불구하고 소득세를 납부하지 않은 소득은 인정하지 않음
  - 단, 「소득세법」 제12조(비과세소득)에 따라 소득세를 납부하지 않아도 되는 소득일 경우 관련 증빙자료 등을 검토하여 소득 인정 여부 결정
- ○ 주택 등 자산은 소득으로 인정하지 않음. 단, 자산으로 소득이 발생하여 소득세를 납부한 경우 해당 소득과 소득세는 인정

라. 인정되는 소득에 대한 증빙 서류
- ○ 원칙
  - 소득과 납부한 소득세 등이 기재된 '소득금액증명'(세무서 발급) 등 납부한 세금 관련 공적 증명 서류
- ○ 예외
  - 영주자격 변경 신청일 당시 소득금액증명 등 공적 서류 발급이 불가능할 경우 다음의 서류를 모두 제출
    - ㉮ 근로소득원천징수영수증
    - ㉯ 해당 소득 금액이 입금된 계좌 관련 증빙 서류
    - ㉰ 사업자(고용주) 및 신청인 서약서
  - 제출 서류를 신뢰할 수 없을 경우 소득금액증명 등 공적 증빙 서류 제출 요구 가능
  - 허가 결정 이후에도 대조 확인 필요성이 발생하였을 경우 소득금액증명 등 서류를 제출받아 대조 가능
  - ※ 불일치하여 요건을 갖추지 못한 경우 영주자격 취소 조치

마. 연간소득 비교 기준
- ○ 원칙
  - 신청일 기준 전년도 1인당 국민총소득(GNI)
- ○ 예외
  - 심사일 당시 신청일 기준 전년도 1인당 GNI가 발표되지 않았을 경우 신청일 기준 전전년도 1인당 국민총소득(GNI)

바. 생계유지 요건 심사
- ○ 소득 주체의 소득을 합산한 금액이 영주자격별로 요구되는 연간소득을 충족할 경우 생계유지 요건을 갖춘 것으로 인정
  - 단, 대한민국 출생 재한화교 영주자격(F-5-8)을 신청한 사람이 연간소득을 미충족할 경우 본인 또는 영주자격 신청일을 기준으로 최근 1

년 동안 계속 동거하면서 생계를 같이 하는 가족(배우자, 자녀, 신청인의 부모) 명의의 부동산(임대차 포함)이 6천만원 이상인 경우 생계유지 요건을 갖춘 것으로 인정

🔹 면제 또는 완화 대상

구분	대 상
면제	○ 고액 투자자(F-5-5) ○ 특정분야 능력 소유자(F-5-11) ○ 특별 공로자(F-5-12) ○ 부동산 투자자(F-5-17) ○ 영주권자의 국내 출생 자녀(F-5-20) ○ 부동산 투자자의 배우자 또는 미혼 자녀(F-5-19) ○ 공익사업 일반투자자(F-5-21) ○ 공익사업 투자자의 배우자 또는 미혼 자녀(F-5-22) ○ 공익사업 은퇴이민투자자(F-5-23) ○ 기술창업 투자자(F-5-24) ○ 조건부 고액투자자(F-5-25) ○ 일·학습연계 유학자격으로 해당 학위과정을 정상적으로 졸업한 사람
완화	○ 대한민국 출생 재한화교(F-5-8) – 동거가족(배우자, 부모, 자녀)수가 2인 이하의 경우 전년도 1인당 GNI의 70% 이상인 경우 연간소득을 충족한 것으로 인정(※ 3인 이상은 전년도 1인당 GNI 이상이어야 함) – 연간소득을 미충족할 경우 영주자격 신청일 기준 최근 1년 동안 계속하여 생계를 같이 하는 동거가족(배우자, 자녀, 신청인의 부모) 명의의 부동산 소유 또는 임대 금액이 6천만원 이상인 경우 연간소득을 충족한 것으로 인정(※ 동거가족 수에 따른 금액 구분 없음)

※ 결혼이민자 및 국민의 미성년 자녀의 생계유지 요건은 아래의 개별 기준(2. 국민의 배우자(F-6), 국민의 미성년외국인자녀(F-2-2))에 따름

3. 기본소양 요건

🔹 다음 어느 하나에 해당되는 사람은 기본소양 요건을 갖춘 것으로 인정
가. 사회통합프로그램 5단계 이수한 사람

나. 영주용 또는 귀화용 종합평가에서 60점(100점 만점 기준) 이상 득점한 사람

다. 한국어능력시험 4급 이상 취득(단, 2019.3.31.까지 신청한 사람만 적용함)
   ※ 단, F-5-1 신청자 중 전문직업(E-5) 체류자격으로 국내병원에서 레지던트 과정을 이수하는 사람은 한국어능력시험 5급 이상 취득한 경우 기본소양을 갖춘 것으로 심사함

● 심사 대상

○ 일반 영주자(F-5-1) 및 일반 영주자의 배우자(F-5-4)

○ 점수제 영주자(F-5-16) 및 점수제 영주자의 배우자(F-5-18)

○ 학사·석사 및 자격증 소지자(F-5-10)

● 면제 또는 완화 대상

구분	대 상
면제	○ 고액 투자자(F-5-5) ○ 대한민국 출생화교(F-5-8) ○ 첨단분야 박사(F-5-9) ○ 특정분야 능력 소유자(F-5-11) ○ 특별 공로자(F-5-12) ○ 연금수혜자(F-5-13) ○ 일반분야 박사(F-5-15) ○ 부동산 투자자(F-5-17) ○ 부동산 투자자의 배우자 또는 미혼 자녀(F-5-19) ○ 영주권자의 국내 출생 자녀(F-5-20) ○ 공익사업 일반투자자(F-5-21) ○ 공익사업 투자자의 배우자 또는 미혼 자녀(F-5-22) ○ 공익사업 은퇴이민 투자자(F-5-23) ○ 기술창업 투자자(F-5-24) ○ 조건부 고액투자자(F-5-25) ○ 외국인투자기업의 연구개발 인력(F-5-26) ○ 비면제 영주자격을 신청한 사람 중 신청일 기준으로 다음 어느 하나에 해당하는 사람 　① 민법상 미성년외국인 　② 면제에 해당되는 영주자격을 받을 수 있는 요건을 갖춘 사람
완화	○ 2019. 3. 31.까지 영주자격을 신청한 사람에 한하여 한국어능력시험에서 4급 이상 취득한 경우도 기본소양을 갖춘 것으로 인정 　- 단, 일반영주자(F-5-1) 영주 자격을 신청한 사람 중 전문직업(E-5) 체류자격으로 국내병원에서 레지던트 과정을 이수하는 사람은 한국어능력시험 5급 이상 취득한 경우 기본소양을 갖춘 것으로 인정

※ 결혼이민자 및 국민의 미성년 자녀의 기본소양 요건은 아래의 개별 기준 (2. 국민의 배우자(F-6), 국민의 미성년외국인자녀(F-2-2))에 따름

□ 공통 서류(영주자격별 개별 서류는 후술)

● 다음의 서류는 모든 영주자격에 공통적으로 적용됨(필수 제출)

① 통합신청서(수입인지 포함)

② 여권

③ 외국인등록증

　※ 외국인등록증이 없는 경우 최근 6개월이내 촬영한 여권용 사진 1매

및 영주권 발급 수수료 추가

④ 체류지 입증서류

　※ 신청일 기준으로 유효한 '부동산 임대차 계약서' 또는 '등기부사항 전부 증명서' 등 체류지 입증 서류

⑤ 해외범죄경력증명서

　※ 확인 생략 가능자는 별도의 요구가 없을 경우 제출 제외

⑥ 신원보증서(※ 면제자 제출 제외)

> ※ 다음 영주자격을 신청하는 사람은 신원보증서 제출 제외
> ㉠ 부동산 투자자(F-5-17)
> ㉡ 부동산 투자자의 배우자 또는 미성년 자녀(F-5-19)
> ㉢ 공익사업 일반투자자(F-5-21)
> ㉣ 공익사업 은퇴이민 투자자(F-5-23)
> ㉤ 공익사업 투자자의 배우자 또는 미혼 자녀(F-5-22)
> ㉥ ㉠~㉤ 외 체류자격을 신청한 사람 중 다음의 경우에는 면제
> 　ⓐ 법 제79조(허가신청 등의 의무자) 각호의 1에 해당하는 자의 영 제89조(허가신청 등의 의무자)에 의한 허가신청 등의 의무자가 신청할 때
> 　ⓑ 정부수립일(1948.8.15) 이전에 입국한 재한화교와 그 직계존비속으로 기존 거주(F-2)자격으로 체류 중인 사람
> 　ⓒ 한국인의 일본인 처와 그 직계존비속으로서 기존 거주(F-2)자격으로 체류 중인 사람

⑦ 생계유지(연간소득) 요건 관련 서류

> ※ 신청일 당시 세무서에서 ㉠발급이 불가능할 경우 ㉡~㉣을 모두 제출
> ㉠ 총수익과 납부한 소득세 등이 기재된 '소득금액증명'(세무서 발급) 등 납부한 세금 관련 공적 증명 서류
> ㉡ 근로소득원천징수영수증
> ㉢ 해당 금액이 입금된 계좌 관련 증빙 서류
> ㉣ 사업자(고용주) 및 신청인 확인서

⑧ 기본소양 요건 입증 서류(※ 면제자 제출 제외)

> ※ 다음 서류 중 1개 이상 제출
> 　(단, 유효기간이 있는 서류일 경우 신청일 당시 유효기간 이내일 것)
> ㉠ 한국이민영주적격시험(영주용 종합평가) 합격증
> ㉡ 한국이민귀화적격시험(귀화용 종합평가) 합격증

ⓒ 사회통합프로그램 이수증(한국이민영주적격과정)
ⓓ 사회통합프로그램 이수증(한국이민귀화적격과정)
ⓔ 한국어능력시험 4~6급 성적증명서(단, 2019.3.31.까지 영주자격 신청자에 한함)

⑨ 영주(F-5)자격 신청자 기본정보(※ 신청자가 작성하여 제출)
※ 결혼이민자 및 국민의 미성년 자녀의 체류자격 변경시 서류는 아래의 개별 기준(2. 국민의 배우자(F-6), 국민의 미성년외국인자녀(F-2-2))에 따름

□ 해외범죄경력증명서 요건

1. 발급기관 및 내용
○ 영주자격 신청자의 국적국(제3국)에 ①소재하는 ②권한 있는 기관이 발급한 공적문서로서, 국적국(제3국) 내에서의 모든 범죄경력이 포함되어 있는 증명서
① 국적국(제3국)에 소재하지 않는 주한 공관(주한 러시아대사관 제외)이 발급한 범죄경력인정서는 불인정함
② 본국 내 범죄경력 확인하는 별도 기관·시스템이 미흡할 경우 거주지를 관할하는 소관기관 등의 증명서로 대체 가능
　– (중국) "범죄경력 증명에 상응하는 모든 문서(파출소 발급본 포함)" 인정
　– (미국) FBI본부의 범죄경력증명서(본인이 직접 발급 받거나 FBI에서 공인한 채널러를 통하여 발급 받음)를 제출 받는 것을 원칙으로 하되, 주정부에서 발급한 범죄경력증명서도 미국 전역의 범죄경력이 포함되어 발급된 경우 인정

2. 인증절차
○ 아포스티유 협약 가입 여부에 따라 인증절차가 다름
① 아포스티유 협약 가입국가 : 범죄경력증명서 발급 국가의 아포스티유 확인
※ 아포스티유 협약 가입국 국민이 부득이한 사유가 있어 '아포스티유 확인서'를 발급받지 못한 경우 범죄경력증명서를 발급한 국가에 주재하는 대한민국 공관의 영사 확인을 예외적으로 허용
② 아포스티유 협약 미가입국가 : 범죄경력증명서 발급 국가 주재 대한민국 공관의 영사 확인

※ 다만, 중국의 경우 "중국 공증처 공증과 외교부 인증"을 거쳐 범죄경력증명서를 발급한 국가에 주재하는 대한민국 공관의 영사 확인을 받아야 함

○ 대한민국 공관의 영사 확인을 받아야 하나 대한민국 재외공관이 없는 경우 영사 확인 생략 가능

3. 유효기간
○ 영주자격 신청일로부터 6개월 이내 발급된 것에 한함

4. 제출시기 등 기타 사항
○ 영주자격 신청시 범죄경력증명서 원본과 공증된 번역본* 제출
 * 번역자 인적사항 및 연락처를 기재하고 신분증 사본 첨부

□ 사업자(고용주) 및 신청인 서약서 양식
 ※ 기관별로 수정될 수 있음

사업자(고용주) 및 신청인 서약서

□ 서류 발급 관련 사항(소득을 세무서에 신고하는 사업자 또는 고용주)

성 명	홍길동	생년월일	1964. 1. 25.	연락처	010-7777-7777
사업자등록번호	000-000-000000		법인등록번호	000-000-000000	
사업장 주소	서울특별시 강북구 000동 0000로 000				
발급한 서류명 : 근로소득원천징수영수증, ○○○○○, …					

□ 서류 제출 관련 사항(영주권 신청자)

성 명	ISLAM KAMAL	외국인등록번호	000010-0000000
주소 및 연락처	서울특별시 강북구 000동 0000로 000 (연락처 : 010-0000-0000)		
제출한 서류명 : 근로소득원천징수영수증, 통장사본, 개인종합소득세, ○○○○○, …			

(ISLAM KMAL   )은 영주자격 신청일 당시 소득증명을 받을 수 있는

시기가 아니어서 소득세 납부 관련 증빙 서류를 제출하지 못하였습니다.

이와 관련하여

(*홍길동*　　　)은 상기 서류에 기재된 내역을 세무서에 신고하였음을 서약하고

(*ISLAM KMAL*　　　　)은 상기와 같이 제출한 서류가 모두 사실임을 서약합니다.

또한 차후 법무부에서 추가 서류 제출 요구시 관련 서류를 제출할 것이며, 추가 서류를 제출하지 않거나, 금번에 OO 청·사무소·출장소에 발급 또는 제출한 서류가 사실과 다를 경우 영주자격이 취소될 수 있음을 서약합니다.

서명일 : *2018. 10. 10.*　　서업자 명 : *홍길동*　　　　　(서명)

제출일 : *2018. 10. 12.*　　영주권 신청자 : *ISLAM KMAL*　　　(서명)

▫ 영주자격별 연간 소득 요건

영주자격(세부약호)	연간 소득
• 대한민국 출생 재한화교(F-5-8)	○ 다음 중 어느 하나에 해당할 것 – 동거가족(배우자, 부모, 자녀)수가 2인 이하의 경우 전년도 1인당 GNI의 70% 이상, 3인 이상인 경우 전년도 1인당 GNI 이상 – 단, 연간소득을 미충족할 경우 영주자격 신청일을 기준으로 1년 동안 계속 동거하면서 생계를 같이 하는 가족(배우자, 자녀, 신청인의 부모) 명의의 부동산(임대차 포함) 금액이 6천만원 이상인 경우 생계유지 요건을 갖춘 것으로 인정(※ 동거가족수 무관)
• 첨단분야 박사(F-5-9) • 일반분야 박사(F-5-15) • 학사·석사 및 자격증 소지자(F-5-10) • 일반 영주자(F-5-1) 신청자 중 전문직업(E-5) 체류자격으로 국내병원에서 레지던트 과정을 이수하는 사람 • 일반 영주자의 배우자 또는 미성년 자녀(F-5-4) • 점수제 영주자의 배우자 또는 미성년 자녀(F-5-18)	○ 전년도 1인당 GNI 이상

• 일반 영주자(F-5-1) • 연금 수혜자(F-5-13) • 점수제 영주자(F-5-16) • 외국인투자기업의 연구개발 인력(F-5-26)	○ 전년도 1인당 GNI 2배 이상 　단, 일반 영주자(F-5-1) 자격을 신청한 사람 중 전문직업(E-5) 체류자격으로 국내병원에서 레지던트 과정을 이수하는 사람은 전년도 1인당 GNI 이상으로 함

○ 다음의 영주자격은 연간소득 심사 면제
• 특정분야 능력 소유자(F-5-11)	• 특별 공로자(F-5-12)
• 고액 투자자(F-5-5)	• 부동산 투자자(F-5-17)
• 공익사업 일반투자자(F-5-21)	• 공익사업 은퇴이민 투자자(F-5-23)
• 기술창업 투자자(F-5-24)	• 조건부 고액투자자(F-5-25)
• 영주권자의 국내 출생 자녀(F-5-20)	
• 부동산 투자자의 배우자 또는 미혼 자녀(F-5-19)	
• 공익사업 투자자의 배우자 또는 미혼 자녀(F-5-22)	
• 일·학습연계 유학자격으로 해당 학위과정을 정상적으로 졸업한 사람	

※ 결혼이민자 및 국민의 미성년 자녀의 연가소득 요건은 아래의 개별 기준
　[2. 국민의 배우자(F-6), 국민의 미성년외국인자녀(F-2-2)]에 따름
□ 영주자격 신청자 기본 정보 서식(신청외국인 작성 자료)
　※ 질문내용 등은 변경될 수 있음[[결혼이민자 및 국민의 미성년 자녀의 연가소득 요건은 아래의 개별 기준[2. 국민의 배우자(F-6), 국민의 미성년외국인자녀(F-2-2)]에 따름]

영주(F-5)자격 신청자 기본 정보(신청외국인 작성 자료)

> ○ 이 서류는 영주자격에 대한 심사를 신속하게 처리하기 위한 목적으로 작성하는 것으로, 답변이 누락되거나 제출되지 않는 경우 심사가 지연될 수 있습니다.
> ○ 신청인께서는 가능한 모든 질문에 기재하여 주시고, 관련된 입증 서류가 있는 경우 모두 함께 제출하여 주시기 바랍니다.

1) 귀하(신청인)의 인적사항을 적어 주십시오

○ 영　문 :
○ 생년월일 :
○ 연 락 처 :

2) 귀하께서 신청하신 영주자격은 무엇인지 표시(√)하여 주십시오

영주자격 세부약호	신청자 해당 사항	표시 √
F-5-1	5년 이상 대한민국에 체류하고 있는 사람	□
F-5-4	영주자격(점수제 영주자격 취득 제외) 소지자의 배우자 또는 미성년 자녀	□
F-5-5	50만 달러 이상 투자자로 국민 5인 이상 고용한 사람	□
F-5-8	대한민국 출생 재한화교	□
F-5-9	첨단산업 분야 박사학위 소지하고 국내기업에 고용된 사람	□
F-5-10	첨단산업 분야 학사, 일반 분야 석사이상 학위, 기술자격증 소지하고 국내 기업에 고용된 사람	□
F-5-11	과학·경영·교육·문화예술·체육 등 특정분야에서 탁월한 능력이 있는 사람	□
F-5-12	대한민국에 특별한 공로가 있는자	□
F-5-13	60세 이상으로 국외로부터 연금을 받고 있는 사람	□
F-5-15	국내대학원에서 정규과정을 이수하여 박사학위를 취득한 후 국내기업에 고용된 사람	□
F-5-16	점수제 거주 자격으로 3년 이상 체류한 사람	□
F-5-17	부동산투자 거주 자격으로 5년 이상 계속 투자한 사람	□
F-5-18	점수제 영주자(F-5-16)의 배우자 또는 미성년 자녀	□
F-5-19	부동산 투자자(F-5-17)의 배우자 또는 미혼 자녀	□
F-5-20	영주권자의 국내 출생 자녀	□
F-5-21	공익사업 투자 거주자격으로 5년 이상 계속 투자한 사람	□
F-5-22	공익사업 일반투자자(F-5-21) 또는 공익사업 은퇴이민 투자자(F-5-23)의 배우자 또는 미혼 자녀	□
F-5-23	은퇴이민 투자자로 공익사업에 5년 이상 계속 투자하고 국내 보유 자산이 3억 이상인 사람	□
F-5-24	기술창업(D-8-4) 자격으로 3억원 이상 투자금을 유치하고 국민 2인 이상 고용한 사람	□
F-5-25	15억원 이상을 5년 이상 투자하는 조건을 서약한 사람	□
F-5-26	외국인이 투자한 연구개발시설의 필수전문 인력으로 3년 이상 근무한 사람	□

3) 귀하께서 제출하신 서류에 대하여 제출 여부에 표시(√)하여 주시기 바랍니다.

　　※ 공무원 요건 심사란에는 표시 금지

　가) 공통 제출 서류

　　※ ⑤, ⑥, ⑦, ⑧ 서류는 심사 면제자의 경우는 표시하지 않음

신 청 외 국 인		공 무 원
서 류 명	제출여부 표시	요건심사
① 통합신청서	√	
② 여권		
③ 외국인등록증		
④ 체류지 입증서류		
⑤ 해외범죄경력증명서(※ 면제자 제외)		
⑥ 신원보증서(※ 면제자 제외)		
⑦, ⑧ 소득 관련 서류		
⑦-가) 소득금액증명(세무서 발급)		
⑦-나) 종합소득세 (세무서 발급)		
⑦-다) 기타 세무서에서 발급한 서류		
⑧-가) 근로소득원천징수영수증(회사 발급)		
⑧-나) 소득 증명을 위한 통장사본		
⑧-다) 사업자(고용주) 및 신청자 확인서		
⑧-라) 기타 소득 관련 서류		

나) 영주자격별 제출 서류

신청 영주자격	신청자		공무원
	서류명	제출여부 표시	요건심사
F-5- 1	D-8, D-9 경우 : 매출액 또는 수출액 입증 서류		
	D-10 경우 : E-1~E-7 해당 자격 입증서류, 학위증, 고용계약서		
	E-7 경우 : 학위증		
F-5- 4 F-5- 8 F-5-18 F-5-19 F-5-20 F-5-22	가족관계입증 서류(부득이한 경우 결혼증 가능) (※ F-5-8은 화교협회 발행 호적등본)		
	출생증명서(부득이한 경우 유전자 감정서 가능) (※ F-5-8, F-5-20만 해당)		
	미혼자녀입증 서류(※ F-5-19/22만 해당)		
F-5- 5 F-5-24	외국인투자기업 등록증명서(※ F-5-5만 해당)		
	투자금 유치 관련 서류(※ F-5-24만 해당)		
	법인등기사항 전부증명서, 사업자등록증 사본		
	고용 내국인 소득금액증명		
	고용 내국인과 체결한 고용계약서		
	고용 내국인 관련 4대 보험 사업장 가입명부 등		
F-5- 9 F-5-10 F-5-15	(학사·석사·박사) 학위증 또는 기술자격증 사본		
	사업자등록증 사본		
	재직증명서, 4대 보험 사업장 가입명부		
F-5-11/12	해당 자격에서 확인할 것		
F-5-13	연금증서 및 연금입금 통장 사본		
F-5-16	사업자등록증 사본		
	고용계약서 사본, 재직증명서		
F-5-17 F-5-21 F-5-23	투자금 관련 입증서류		
	국내보유자산 입증 서류(※ F-5-23만 해당)		
F-5-25	투자금 예치확인서(한국산업은행발행)		
	외화반입 입증서류(외국환매입증명서 등)		
	투자유지 서약서(한글 및 해당 언어)		
F-5-26	연구개발시설 지정서(산업통상부 공문)		
	파견명령서 또는 재직증명서		
기타 제출한 서류명			

4) 다음 질문에 대하여 작성하여 주시기 바랍니다.
　① 출생 국가 및 출생지역
　② 신청자의 학력

학교명	학교 재학 기간	학교 소재지	비고
00초등학교	1990~1996		졸업
00중학교			중퇴
00고등학교			졸업
00대학교			기계공학과 기계공학 학사

※ 외국에 있는 학교도 모두 기재하고, 재학기간은 연도만 작성해도 무방
하며, 대학의 경우에는 비고란에 전공 및 취득한 학위까지 기재할 것

관 계	성명(영문)	생년 월일	주 소	직업 및 연락처
아버지				
어머니				
배우자				
자 녀				
자 녀				
자 녀				
자 녀				
형 제				
형 제				
삼 촌				

③ 신청자의 가족 관련 사항

  ※ 아버지, 어머니, 배우자, 자녀를 제외한 친척은 신청일 당시 한국에
   있는 사람만 기재할 것.

④ 최근 3년 동안 신청자의 직업 관련 사항

  ○ 직 장 명 :

  ○ 직장 소재지 및 연락처 :

  ○ 직장에서 근무 경력 :

  ○ 월 평균 임금 :

  ○ 직장에 대한 설명 :

  ○ 직장에서 하는 일(구체적으로 기재) :

⑤ 최근 5년 이내 대한민국 법률을 위반하여 처벌받은 적이 있는지 여부와
 있었다면 어느 기관에서 어떤 처벌을 받았는지 작성하여 주시기 바랍니
 다.

⑥ 대한민국 법률을 위반하여 현재 진행 중인 조사·수사·재판이 있는지

여부와 있다면 어떤 법률을 위반하여 어느 관서(법원)에서 진행중인지 작성하여 주시기 바랍니다.
⑦ 영주권을 신청한 이유

년 월 일

작성자 이름   (서명)

□ 국내체류기간의 계산
● 완전 출국한 사실 없이 계속하여 체류 중이어야 하며 재입국허가(F-4는 재입국면제)를 받아 출국한 기간 중 3개월 이하는 국내체류기간으로 인정

□ 영주자격 상실
○ 재입국면제 기간(출국한 날부터 2년 이내) 또는 재입국허가 기간까지 대한민국에 미입국한 경우

□ 영주자격 취소
● 다음의 경우 영주자격이 취소됨
1. 거짓이나 그 밖의 부정한 방법으로 영주자격을 취득한 경우
2. ①「형법」, ②「폭력행위 등 처벌에 관한 법률」, ③「성폭력범죄의 처벌 등에 관한 특례법」, ④「아동·청소년의 성보호에 관한 법률」, ⑤「특정범죄 가중처벌 등에 관한 법률」, ⑥「특정경제범죄 가중처벌 등에 관한 법률」, ⑦「마약류관리에 관한 법률」, ⑧「보건범죄단속에 관한 특별조치법」 중 어느 하나 이상의 법률에 규정된 죄를 범하여 2년 이상의 징역 또는 금고의 형이 확정된 경우
3. 최근 5년 이내에 대한민국 법률을 위반하여 징역 또는 금고의 형을 선고받고 확정된 형기의 합산기간이 3년 이상인 경우
4. 조건부 영주 (F-5-25)체류자격을 받은 자가 공익사업 투자이민 펀드(원금보장 무이자형)에 예치한 금액의 일부 또는 전부를 영주 체류자격을 받은 날로부터 5년 이내 인출한 경우
5. 강제 퇴거 사유로서 다음 각 호의 어느 하나에 해당되는 경우
　①「형법」 제2편제1장 내란의 죄 또는 제2장 외환의 죄를 범한 사람
　②「형법」 제2편제24장 살인의 죄, 제32장 강간과 추행의 죄 또는 제38장 절도와 강도의 죄 중 강도의 죄를 범하여 5년 이상의 징역 또는 금고의 형을 선고받고 석방된 사람

③ 「성폭력범죄의 처벌 등에 관한 특례법」 위반의 죄를 범하여 5년 이상의 징역 또는 금고의 형을 선고받고 석방된 사람

④ 「마약류관리에 관한 법률」 위반의 죄를 범하여 5년 이상의 징역 또는 금고의 형을 선고받고 석방된 사람

⑤ 「특정범죄 가중처벌 등에 관한 법률」 제5조의2·제5조의4·제5조의5·제5조의9 또는 제11조 위반의 죄를 범하여 5년 이상의 징역 또는 금고의 형을 선고받고 석방된 사람

⑥ 「국가보안법」 위반의 죄를 범하여 5년 이상의 징역 또는 금고의 형을 선고받고 석방된 사람

⑦ 「폭력행위 등 처벌에 관한 법률」 제4조 위반의 죄를 범하여 5년 이상의 징역 또는 금고의 형을 선고받고 석방된 사람

⑧ 「보건범죄단속에 관한 특별조치법」 위반의 죄를 범하여 5년 이상의 징역 또는 금고의 형을 선고받고 석방된 사람

⑨ 「출입국관리법」 제12조의3제1항 또는 제2항을 위반하거나 이를 교사(敎唆) 또는 방조(幇助)한 사람

6. 국가안보, 외교관계 및 국민경제 등에 있어서 대한민국의 국익에 반하는 행위를 한 경우

□ 결혼이민자 및 국민의 미성년 자녀의 체류자격 변경허가는 아래의 개별 기준(2. 국민의 배우자(F-6), 국민의 미성년외국인자녀(F-2-2))에 따름

----

1. 일반 영주자(F-5-1)
가. 대상 (출입국관리법 시행령 별표 1의3 1호)
  ○ 대한민국 「민법」에 따른 성년으로서, 「출입국관리법 시행령」 별표 1의2 중 10. 주재(D-7)부터 20. 특정활동(E-7)까지의 체류자격이나 별표 1의2 중 24. 거주(F-2) 체류자격으로 5년 이상 대한민국에 체류하고 있는 사람

나. 요건
  ○ 위의 '가. 대상'에 규정된 체류자격으로 신청일을 기준으로 대한민국에서 5년 이상 계속 체류
    – 과거 체류기간은 제외하며, 완전출국 없이 상기 '가. 대상'에 규정된 체류자격간 자격변경의 경우 각 체류기간 합산 가능
  ○ 신청인이 기업투자(D-8) 체류자격인 경우 신청일이 속하는 연도(年度)의 이전 2년간(신청일의 전년도와 전전년도)* 연평균 매출액 10억원 이상

예시) 영주자격 신청일이 2018.1.1.인 사람과 2018.12.31.인 사람 모두
2016.1.1. ~ 2017.12.31.까지의 실적을 산정
○ 신청인이 무역경영(D-9) 체류자격인 경우 신청일이 속하는 연도(年度)
의 이전 최근 2년간 연평균 수출액 5억원 이상 또는 연평균 매출액 10
억원 이상
- 단, 수출설비 설치 · 운영 · 보수자, 선박건조 · 설비제작 감독 등은 적
용 면제
○ 신청인이 특정활동(E-7) 체류자격인 경우 학사 학위 이상 소지

다. 제출서류
○ D-7 : 재직증명서 또는 파견명령서
○ D-8, D-9 : 매출액 또는 수출액 입증서류 등
○ E-7 : 해당 학위증 등

2. 국민의 배우자(F-6), 국민의 미성년외국인자녀(F-2-2)
1) 허가대상
● 국민의 배우자 또는 국민의 미성년 자녀로서 대한민국에 2년이상 체류하
고 있는 사람
※ 출입국관리법 시행령 별표1의3 영주(F-5)자격 제2호

2) 허가요건
가. 결혼이민(F-6, 기존 F-2-1)자격을 소지하고 대한민국에 2년 이상 체
류하고 있는 국민의 외국인 배우자로서
● 한국인배우자와 계속 혼인이 유지되고 있는 경우
● 한국인 배우자가 사망 또는 법원의 실종선고를 받은 경우
● 한국인 배우자와 이혼 · 별거중인 자 중 이혼 또는 별거의 귀책사유가
한국인 배우자에게 있음을 증명할 수 있는 경우
● 혼인 관계가 중단되었더라도 한국인배우자와 혼인에 의하여 출생한 미
성년자를 양육하는 경우

나. 국민의 미성년 외국인 자녀로서 거주(F-2-2)자격을 소지하고 대한민국
에 2년 이상 체류하고 있는 자로 영주할 필요가 인정되는 경우

다. "가", "나"에 해당하는 사람으로서 품행이 단정하고, 생계유지 능력 및
한국어능력과 한국사회 · 문화이해 등 기본소양을 갖추고 있을 것

라. 제출서류

① 신청서(별지 제34호 서식), 여권 및 외국인등록증, 수수료 (외국인등록증이 없는 경우 반명함판 칼라사진 1매)

② 생계유지 능력(국민의 배우자)
○ 원칙적 기준(시행규칙 제18조의4제1항제2호)
　－ 본인 또는 생계를 같이하는 가족의 소득을 합산한 금액이 한국 은행이 고시하는 전년도 일인당 국민총소득(GNI) 이상에 해당
　※ '18년도 일인당 국민총소득(GNI) : 3천449만원
　－ 가계 자산이 중위수준 이상에 해당한다고 인정되는 경우
　※ '18년도 자산 중위수준 : 2억5,500만원
○ 면제 · 완화 대상 및 기준

구분	대상	기준
면제	• 국민의 미성년 외국인 자녀인 경우	원칙적 기준 면제
완화	결혼이민자로 아래 어느 하나에 해당하는 경우 • 국민인 배우자의 자녀를 임신한 사람(유산 포함) • 국민인 배우자의 자녀를 출산하고자 불임시술을 받은 사람 • 국민인 배우자의 미성년 자녀를 양육하고 있는 사람 • 국민인 배우자의 부모를 1년 이상 부양하며 동거하고 있는 사람 • 만 60세 이상인 사람	원칙적 기준의 80% 적용

○ 입증서류
－ 소득 및 재산 입증서류

제출서류 종류		비 고	필수 여부
공통	소득금액증명원 (국세청 발급)	전년도 소득 입증(국세청에 신고된 모든 소득 확인 가능하며 소득신고가 없을 경우 소득금액 없음으로 제출)	필수
	신용정보조회서	채무불이행 여부 및 부채 확인	
근로	원천징수영수증 (근무처발급)	과거 1년간 해당 근무지에서의 소득 입증	활용 시 필수

	재직증명서	현재 취업하고 있는 경우	
소득활용시	경력증명서	과거 취업하였던 경우	(선택)
	사업자등록증 사본	사업장 존재유무를 파악하기 위해 필요한 경우	(선택)
	기타	위 서류로 입증이 어려운 경우 통장 사본, 월급명세서, 건강보험자격득실확인서 등	(선택)
사업소득활용시	사업자등록증명원	사업여부 확인(농림수산업 등은 제외)	활용 시 필수
	기타	소득을 입증할 수 있는 서류(예시, 농지원부, 조합원 증명원, 경작사실 확인서, 농어업 사실 확인서 등)	선택
기타	관련 사실을 입증하는 서류	소득 및 재산 확인	활용 시 필수

- 면제·완화 대상 입증서류
• 출생증명서 등 국민의 미성년 자녀임을 입증할 수 있는 서류
• 진단서 등 임신이나 불임시술을 입증할 수 있는 서류
• 가족관계증명서, 주민등록등본, 판결문, 한국인 배우자의 4촌 이내 친족작성의 확인서 등 미성년 자녀 양육 입증 서류
• 가족관계증명서, 주민등록등본, 한국인 배우자의 4촌 이내 친족 작성의 확인서 등 국민인 배우자의 부모 부양·동거 입증 서류

③ 기본소양
○ 원칙적 기준
 - 사회통합프로그램 이수
 - 사회통합프로그램 종합평가에서 100점을 만점으로 하여 60점 이상을 득점

○ 면제·완화 대상 및 기준

구분	대상	기준
면제	• 국민의 미성년 외국인 자녀로 만15세 미만인 경우 • 결혼이민자로 만60세 이상인 경우 • 결혼이민자 또는 국민인 배우자, 자녀가 중증 질환*이 있는 경우 * 지적 · 정신장애인(1~3급), 자폐성장애인(1~3급), 뇌병변장애인(1~3급), 암 · 심장 · 뇌혈관 · 희귀난치질환 등 4대 중증질환자	원칙적 기준 면제
완화	• 배우자의 사망 · 실종 등으로 인해 결혼이민자 혼자자녀를 양육하고 있는 경우 • 국민과 혼인동거를 하면서 국민인 배우자의 자녀를 3명(전혼관계 자녀 포함) 이상 양육하고 있는 경우 • 면제대상 외 장애가 있는 자녀를 양육하고 있는 경우 • 국내 10년 이상 계속 거주하여 생활기반이 국내에 있는 경우	사회통합프로그램 중간평가(4단계) 합격

○ 입증서류
– 사회통합프로그램 이수 또는 합격 입증서류

구분	제출서류	비고
원칙적 기준 대상	한국이민영주적격시험 합격증(KIPRAT)	종합평가 합격
	한국이민귀화적격시험 합격증(KINAT)	
	사회통합프로그램 이수증(한국이민영주적격과정)	5단계 이수
	사회통합프로그램 이수증(한국이민귀화적격과정)	
완화 대상	사회통합프로그램 한국어와 한국문화시험 합격증(KLCT)	4단계 합격

– 면제 · 완화 대상 입증 서류
• 출생증명서 등 국민의 미성년 자녀임을 입증할 수 있는 서류
• 가족관계증명서, 주민등록등본, 판결문, 한국인 배우자의 4촌 이내 친족 작성의 확인서 등 미성년 자녀 양육 입증 서류
• 장애인복지법에 따른 장애인진단서 등 장애인 입증 서류
• 진단서, 국민건강보험공단 확인서 등 중증질환 입증 서류

	④ 공적확인을 받은 범죄경력증명서 　－ 단, 아래 해당자는 생략 가능 　　▶ 과거 체류허가 시 이미 본국의 범죄경력증명서를 제출한 후 대한민국 내에서 계속* 체류한 자 　　　　* 이 경우 해외에서 6개월 이상 체류한 경우에는 계속 체류하지 않은 것으로 보아, 해외 체류기간 동안의 체류국 정부가 발행한 범죄경력증명서 징구 　　▶ 신청 당시 15세 미만인 국민의 미성년 외국인 자녀 ⑤ 체류지 입증서류(임대차계약서, 숙소제공 확인서, 체류기간 만료예고 통지우편물, 공공요금 납부영수증, 기숙사비 영수증 등)
추가 서류	① 실종선고 판결문 　※ 실종이라 함은 민법 제27조의 규정에 의한 실종선고를 받은 경우 임 ② 귀책사유 없음을 증명하는 서류 : 법원의 판결문 등 공적서류 ③ 미성년자 양육 증명서류 : 자녀 호적등본, 주민등록등본, 판결문(이혼신고서 및 확인서등본), 한국인 배우자의 4촌이내 친족이나 주거지 통(반)장 작성의 확인서 등 ④ 국민의 미성년 자녀 : 출생증명서 등 국민의 미성년 자녀임을 입증할 수 있는 서류 　※ 대한민국 국적을 보유한 복수국적자는 「복수국적자의 출입국 및 체류에 관한 지침」 체류관리과-700, 2011.1.31. 적용

3. 일반 영주자의 배우자 또는 미성년 자녀〔F-5-4〕

　가. 대상 (출입국관리법 시행령 별표 1의3 2호)
　　○ 영주자격(F-5)을 가진 사람의 배우자 또는 미성년 자녀로서 대한민국에 2년 이상 체류하고 있는 사람 중 법무부장관이 인정하는 사람

　나. 요건
　　1) 영주(F-5)자격을 가진 사람의 배우자
　　　○ 영주자격(F-5)을 가진 사람의 배우자로서의 거주(F-2) 자격을 소지하고 2년 이상* 혼인관계를 계속 유지하면서 대한민국에 체류 중 일 것
　　　　* 신청인의 배우자가 최소 2년 이전에 영주자격(F-5)을 취득한 상태를 의미함

○ 심사 결정일까지 혼인관계 유지(※ 이혼 또는 사실혼은 불허)
2) 영주(F-5)자격을 가진 사람의 미성년 자녀
    ○ 영주자격(F-5)을 가진 사람의 미성년 자녀로서의 거주(F-2)자격을 소지하고 2년 이상* 가족관계를 계속 유지하면서 대한민국에 체류 중일 것
        * 신청인의 부 또는 모가 최소 2년 이전에 영주자격(F-5)을 취득한 상태를 의미함
    ○ 신청일 기준 민법상 미성년일 것
    ○ 심사 결정일까지 영주자격을 가진 부 또는 모가 친권 및 양육권을 가지고 있을 것
    ○ 대한민국 국적을 보유한 복수국적자가 아닐 것

다. 제출서류
    ○ 가족관계 입증 서류, 출생증명서 등

4. 고액 투자자(F-5-5)
가. 대상 (출입국관리법 시행령 별표 1의3 3호)
    ○「외국인투자 촉진법」에 따라 미화 50만 달러를 투자한 외국인투자가로서 5명 이상의 국민을 고용하고 있는 사람
    ※ 투자자 본인 이외에 임직원이나 직원은 대상 아님

나. 요건
1) 단독 투자자
    ○ 신청인이 국민 5명 이상을 정규직*으로 6개월 이상 직접 고용 중인 고용계약 당사자일 것
        – 한번 고용된 국민이 신청일 이전 6개월 이내 다른 영주자격 신청자의 고용인원에 중복 적용되는 경우 해당 국민은 직접 고용 인원수에서 제외함
            * 정규직이라 함은 사용자(단독 투자자)에게 직접고용(고용과 사용 일치)되어 있으며, 전일제 상용고용 형태를 말함
2) 공동 투자자
    ○ 투자자 1인당「외국인투자 촉진법」에 따라 미화 50만 달러 이상을 투자하고 5명 이상의 국민을 고용하되, 상기 단독 투자자 요건을 갖출 것
    ※ 국민 인원수(5명 이상) 산정시 투자자별로 각기 다른 국민이어야 함

다. 제출서류
  ㅇ 외국인투자기업 등록증명서, 법인등기사항전부증명서, 사업자등록증
  ㅇ 고용 내국인 정규직 고용 입증서류
    - 4대 보험 사업장 가입자 명부, 고용 내국인의 소득금액증명
    - 고용계약서, 정규직 고용확인서 등

5. 대한민국 출생 재한화교(F-5-8)
 가. 대상 (출입국관리법 시행령 별표 1의3 6호)
  ㅇ 종전 「출입국관리법 시행령」(대통령령 제17579호로 일부개정되어 200
    2. 4. 18. 공포·시행되기 이전의 것을 말한다) 별표 1 제27호란의 거
    주(F-2) 체류자격(이에 해당되는 종전의 체류자격을 가진 적이 있는
    사람을 포함한다)이 있었던 사람으로서 대한민국에 계속 거주할 필요가
    있다고 법무부장관이 인정하는 사람

 나. 요건
  ㅇ 대한민국에서 출생한 재한화교로서 다음 어느 하나의 경우에 해당할 것
    1) 신청일 현재 거주자격(F-2)으로 체류 중인 경우
    2) 과거 거주자격(F-2)으로 체류 중 재입국 허가기간 도과 등으로 신청
      일 현재 방문동거(F-1)자격으로 체류 중인 경우
    3) 과거 거주자격(F-2)(이에 해당되는 종전의 체류자격 포함)으로 체류
      하다 해외이주(완전출국) 후 국내에 정착하기 위해 역이주하여 체류
      중인 경우

 다. 제출서류
  ㅇ 화교협회 발행 호적등본, 출생증명서 등

6. 첨단분야 박사(F-5-9) 및 일반분야 박사(F-5-15)
 가. 대상 (출입국관리법 시행령 별표 1의3 7호)
  ㅇ 국외에서 일정 분야의 박사 학위를 취득한 사람으로서 영주자격(F-5)
    신청시 국내 기업 등에 고용된 사람 중 법무부장관이 인정하는 사람
  ㅇ 국내 대학원에서 정규과정을 마치고 박사학위를 취득한 사람 중 법무부
    장관이 인정하는 사람

 나. 요건
  1) 첨단기술 분야의 해외 박사학위증 소지자로 국내기업에 고용된 사람(F
    -5-9)

○ 신청일 이전 해외에서 첨단기술 분야*에서 박사학위 취득
(※ 취득 예정자 제외)
* 「산업발전법」 제5조에 따라 고시되며 IT, 기술경영, 나노, 디지털전
자, 바이오, 수송 및 기계, 신소재, 환경 및 에너지 등이 있음
○ 국내기업 등에서 소지 학위와 관련된 분야의 정규직으로 1년 이상 근
무 중일 것
※ 근무처가 변경된 경우 과거 근무처의 근무 기간 합산 가능

2) 국내 대학원에서 정규과정을 마치고 박사 학위를 취득한 사람(F-5-15)
○ 신청일 이전 국내 대학원에서 정규 박사과정*을 이수하고 박사학위
취득(※ 취득 예정자 제외)
* 박사과정(D-2-4) 등 유학(D-2)요건을 구비한 경우를 의미하며,
국내 대학원에서 소정의 과정을 이수하지 않은 채 학위만 취득한
경우는 해당되지 않음
○ 국내 기업* 등에서 정규직으로 1년 이상 근무 중일 것
* 소지한 박사학위 전공분야가 관련 여부 불문
※ 근무처가 변경된 경우 과거 근무처의 근무 기간 합산 가능

다. 제출서류
○ 박사 학위증 사본
※ 성적증명서' 등을 추가 징구 가능
○ 소속기업 사업자등록증 사본, 재직증명서
○ 4대 보험 사업장 가입자 명부, 고용 계약서 등 정규직 여부 확인서류 등

7. 학사 · 석사 학위증 및 자격증 소지자(F-5-10)
가. 대상 (출입국관리법 시행령 별표 1의3 8호)
○ 법무부장관이 정하는 분야의 학사 학위 이상의 학위증이 있는 사람으로
서 국내 체류기간이 3년 이상이고, 영주자격(F-5) 신청 시 국내기업에
고용되어 법무부장관이 정하는 금액 이상의 임금을 받는 사람
○ 법무부장관이 정하는 기술자격증이 있는 사람으로서 국내 체류기간이
3년 이상이고, 영주자격(F-5) 신청 시 국내기업에 고용되어 법무부장
관이 정하는 금액 이상의 임금을 받는 사람

나. 요건
○ 다음 1), 2), 3)의 요건을 모두 갖추어야 함
1) 다음의 학위증 또는 기술자격증 중 어느 하나 이상 소지

㉮ 첨단기술 분야*의 학사 이상 학위증
* 「산업발전법」제 5조에 따라 고시되며 IT, 기술경영, 나노, 디지털 전자, 바이오, 수송 및 기계, 신소재, 환경 및 에너지 등이 있음
㉯ 국내 대학(원)에서 정규과정을 마치고 취득한 이공계 학사(첨단기술 분야 아닌 경우도 포함) 이상 학위증
㉰ 국내 대학(원)에서 정규과정을 마치고 취득한 석사(이공계 또는 첨단 기술 분야 아닌 경우도 포함) 이상 학위증
㉱ 한국산업인력관리공단에서 발급하는 기술사자격증 또는 이에 갈음할 수 있는 자격증*
* 상호인증합의서(MRA)에 의해 대한민국 정부에서 인정하는 자격증

2) 다음 기준에 따라 신청일 이전 부터 3년 이상 국내에서 계속 체류*
* 완전출국한 과거 체류기간은 제외
○ 해외 학위 또는 자격증 취득자는 해당 학위 또는 자격증으로 국내 관 련분야에서 근무하며 계속하여 체류한 기간이 3년 이상일 것
○ 국내 학위 취득자는 해당 학위 취득 이후 국내에 계속하여 체류한 기 간이 3년 이상일 것

3) 신청 당시 국내기업에 정규직으로 1년 이상 정규직으로 근무중일 것
* 근무처가 변경된 경우 과거 근무처의 근무 기간도 합산 가능
○ '나. 요건" 1)에서 ㉮ 또는 ㉱를 취득한 사람은 해당 학위증 또는 자격 증과 관련된 분야에서 근무
※ 관련된 분야를 지나치게 협소하게 해석하지 말고, 자체 판단이 곤 란한 경우 본부에 승인 상신할 것
○ '나. 요건" 1)에서 ㉯ 또는 ㉰를 취득한 사람은 근무 분야 제한 없음

다. 제출서류
○ 학위증 또는 자격증 사본
※ 위조가 의심될 경우 원본을 추가 징구하고, 학위증만으로 정규 박사 과정 이수여부 확인이 어려울 경우 '성적증명서' 등을 추가 징구하여 확인
○ 소속기업 사업자등록증 사본, 재직증명서
○ 4대 보험 사업장 가입자 명부, 고용 계약서 등 정규직 여부 확인서류 등

8. 특정분야 능력 소유자(F-5-11)
가. 대상 (출입국관리법 시행령 별표 1의3 9호)

○ 과학 · 경영 · 교육 · 문화예술 · 체육 등 특정 분야에서 탁월한 능력이 있는 사람 중 법무부장관이 인정하는 사람

나. 요건
○ 아래 표의 필수항목 중 1개 이상의 요건을 갖추고 다음 어느 하나에 해당하는 사람
① 필수항목의 단일항목 점수가 30점 이상이고, 필수항목 및 선택항목의 합계 50점 이상인 사람(국내 체류기간에 상관없이 즉시 영주자격 부여)
② 필수항목의 합이 20점 이상이고 필수항목 및 선택항목의 합계가 100점 이상인 사람(국내 체류기간에 상관없이 즉시 영주자격 부여)
③ 필수항목 및 선택항목의 합계가 80점 이상이고, 외국인등록을 하고 1년 이상 국내에 체류 중인 사람

특정분야 능력소유자에 대한 점수제 항목 및 점수

□ 필수항목 : 총 245점

단일 항목	구 분		점수
	기본사항	세부 추가사항	
세계적 저명 인사 (50)	정치, 경제, 사회, 문화, 과학 등의 분야에서 세계적인 명성과 권위를 가진 저명인사	전직 국가원수나 국제기구 전직대표 등	50
		노벨상, 퓰리처상, 서울평화상, 괴테상 등 수상자	40
세계적 연구 실적 (30)	최근 5년 이내에 SCI(과학기술논문인용색인), SSCI (사회과학논문인용색인), A&HCI(예술인문과학인용색인)에 논문 게재	국내 · 외 4년제 대학의 해당분야 정교수 이상으로 5년 이상 근무 경력	30
		국내 · 외 4년제 대학의 해당분야 정교수 이상으로 3년 이상 5년 미만 근무 경력	20
		대한민국 국가 연구기관 또는 이에 준하는 국내 · 외 연구기관의 해당분야에서 5년 이상 연구 경력	20
		대한민국 국가 연구기관 또는 이에 준하는 국내 · 외 연구기관의 해당분야에서 3년 이상 5년 미만 연구경력	15

세계적 스포츠 스타 (30)	대규모 국제대회 입상 운동선수 또 는 지도자	올림픽 동메달 이상	30
		세계선수권대회, 아시안 게임 또는 이와 동등한 수준의 대회에서 동메달 이상	20
세계적 대학 강의 경력 (30)	QS(Quacquarelli Symonds), THE(Times Higher Education), ARWU(Academic Ranking of World University), CWUR(Center for World University Rankings) 등 세계적 권위의 대학평가 기관에서 최근 3년 이내 선정된 200대 대학 근무 경력	해당 대학에서 정교수로 5년 이상 근무	30
		해당 대학에서 정교수로 3년 이상 5년 미 만 근무	20
		해당 대학에서 정교수를 제외한 강사 이상 으로 3년 이상 근무	15
세계적 기업 근무경 력 (30)	UNCTAD, FORTUNE, FORBES, BUSINESS WEEK(미국), ECONOMIST(영국) 등 세계 유수 경제 전문지가 선정한 최근 3년 이내 세계500대 기업에서 근무 경력	해당 기업에서 상근이사 이상의 직으로 1년 이상 근무	30
		해당 기업에서 지배인 또는 경영간부 이상의 직으로 3년 이상 근무	25
		해당 기업에서 정규직으로 7년 이상 근 무	20
		해당 기업에서 정규직으로 5년 이상 7년 미만 근무	15
대기업 근무 경력 (25)	국내 상시 근로자수 300인 이상으로 국내 자본금 80억을 초과하는 국내·외 기업 근무 경력	해당 기업에서 상근이사 이상의 직으로 2년 이상 근무	25
		해당 기업에서 정규직으로 10년 이상 근무	20
		해당 기업에서 정규직으로 7년 이상 10년 미만 근무	15
지식 재산권 보유 (25)	국내·외 지식재산권 보유 (특허권·실용신안권·디자인권만 해당)	특허권 2개 이상 보유	25
		특허권 1개 보유	20
		실용신안권 또는 디자인권 1개 이상 보 유 및 관련 사업체 운영경력 1년 이상	15
우수 재능 보유 (25)	과학·경영·교육·문화예술· 체육 등의 분야에 우수한 재능 보유	국제적으로 인지도가 높은 각종 대회 에서 입상하거나 시상식에서 수상한 경 력 또는 이에 준하는 국제적 인지도 보 유	25
		해당 분야에 국제적으로 공인된 단체로	15

	부터 인증 받은 세계기록 보유	
	국제적 권위 있는 전시회, 박람회, 공연회 등에 작품 전시 또는 공연 경력이 있거나 심사위원단 참여 경력	10

※ 적용되는 단일항목이 여러개일 경우 모두 합산하되, 단일항목 내에서 점수가
  중복될 경우 높은 점수 하나만 점수로 인정

□ 선택항목 : 총 205점

선택항목	구분별 점수			
연간소득 (30)	일인당 GNI 4배 이상	일인당 GNI 3배 이상 4배 미만	일인당 GNI 2배 이상 3배 미만	일인당 GNI 이상 2배 미만
	30	20	10	5
국내자산 (30)	10억원 이상	7억원이상 10억원미만	5억원이상 7억원미만	3억원이상 5억원미만
	30	20	10	5
학 력 (20)	박사	석사	학사	전문학사
	20	15	10	5
기본소양 (15)	사회통합 프로그램 5단계 이수	사회통합 프로그램 종합평가 합격	사회통합 프로그램 4단계 이수	사회통합 프로그램 3단계 이수
	15	10	8	5
가 점 (110)	추천서	국내 유학	납세 실적	국내 체류
	20	10	10	10
	사회 봉사	국민 고용	주택 소유	가족동반 체류
	10	10	10	5
	경영 경력	일·학습연계유학		
	5	20		

※ 적용되는 선택항목이 여러개일 경우 모두 합산하되, 선택항목 내에서 점수가
  중복될 경우 높은 점수 하나만 점수로 인정(단, 가점 항목은 모두 합산 인정)

〈선택항목 상세〉

- 연간소득 : 한국은행고시 전년도 일인당 국민총소득(GNI) 기준, 신청인(동반가족 등 제외)의 국내 소득(세무서장 발급 '소득금액증명' 기준) 만 해당
- 국내자산 : 신청인 명의의 동산, 부동산 모두 포함하되 부채 등을 제외한 순자산만 해당(신용정보조회서 등으로 채무불이행 여부 및 부채 확인)
- 학   력 : 국내 · 외 학위 모두 포함하며, 이미 취득한 경우만 해당(취득 예정 제외)

  ※ 국내 학위는「고등교육법」제 2조에 따라 인정되는 학교의 과정 수료 후 취득한 것만 인정

- 기본소양 : 법무부에서 실시하는 사회통합프로그램 교육 참여 또는 종합평가 합격

- 추 천 서 : 헌법기관장, 중앙부처 장관급, 국회의원, 광역자치단체장

- 국내유학 : 국내 대학에서 2년 이상 유학하고 전문학사 이상 취득

  ※ 유학 체류자격(D–2)의 대상이 되는 학교*에서 공부한 경우 인정됨

  *「고등교육법」제2조 1호부터 4호 학교, 특별법 규정에 의하여 설립된 전문대학 이상(야간 대학원 포함)의 학교, 한국폴리텍대학의 다기능기술학위과정

- 납세실적 : 신청일이 속하는 연도(年度)의 이전 2년간 연평균 납부한 소득세 400만원 이상

  예시) 영주자격 신청일이 2018.1.1.인 사람과 2018.12.31.인 사람 모두 2016.1.1. ~ 2017.12.31. 까지의 총 납부세액을 2로 나눔

- 국내체류 : 합법적으로 국내에서 3년 이상 체류(과거 총 체류기간 합산)

- 사회봉사 : 1년 이상의 국내 사회봉사활동 (정부 또는 광역 지자체의 위원으로 임명 · 위촉되어 공공이익을 위한 활동 포함)

- 국민고용 : 신청일 기준 6개월 이상 국민 2인 이상을 정규직으로 계속 고용 중인 경우

- 주택소유 : 2억원 이상의 국내 주택 소유(본인 소유만 해당, '국내자산'항목과 중복 점수부여 가능)

- 경영경력 : 국내 · 외 사업체 대표자로서 3년 이상의 실질적 경영 경력 입증

- 가족동반 체류 : 동반가족 범위는 배우자, 자녀로 한정하며 외국인등록 후 6개월 이상 계속해서 국내에 체류 중인 경우

- 일 · 학습연계유학 : 선발될 당시 해당 학위과정을 정상적으로 졸업

  (일 · 학습연계 유학 가점을 부여할 경우 국내 유학에 중복 가점 불가)

다. 제출서류

○ 해당 분야 수상경력 또는 경력증명서

○ 과학기술논문 인용색인(SCI) 등 논문게재 또는 연구실적 증명서류

○ 과학, 경영 등 특정분야에서 인정받았음을 증명하는 서류

○ 기타 점수제 해당항목 입증서류

9. 특별 공로자(F-5-12)

가. 대상 (출입국관리법 시행령 별표 1의3 10호)

○ 대한민국에 특별한 공로가 있다고 법무부장관이 인정하는 사람

나. 요건

○ 다음 어느 하나에 해당하는 사람

1) 국가의 독립 및 발전에 기여

① 우리나라 독립에 공헌 또는 국가발전에 기여한 공로로 훈 · 포장을 받은 사람과 그 유족* 또는 가족**에 해당하는 사람

    * 국가유공자의 배우자 및 자녀 또는 국가유공자의 직계존비속 자격으로 특별귀화한 사람의 배우자 및 자녀

   ** 국가유공자의 직계비속(증손자녀까지) 중 국내 대학에서 정규과정을 이수하고 학사학위 이상 취득하거나 또는 국내에서 1년 이상 취업, 주재, 투자, 무역종사 경력이 있는 사람

② 정부 및 지방자치단체의 위원 등으로 임명 · 위촉되어 5년 이상 지속적으로 공공 이익을 위하여 활동한 사람

2) 국제관계 개선 및 국제지위 향상 기여

① 외교사절 또는 영사기관의 구성원으로 대한민국에 주재한 경력이 있는 사람으로서 대한민국과 파견국가간의 우호 또는 문화교류 증진에 크게 공헌한 사람

② 대한민국이 가맹한 국제기구의 사무국장 · 사무국차장 또는 이와 동등하거나 그 이상의 직책으로 근무하면서 한국의 국제위상 향상에 큰 공적이 있는 사람

③ 대한민국의 경제 · 사회 · 문화 · 과학분야 등에서 국제교류 증진에 기여한 사람

3) 사회 · 복지 · 고용 분야 기여

① 사회 · 복지 분야에서 대한민국 사회발전에 크게 공헌한 자로서 관련 부처 장관의 추천을 받은 사람

② 성직자로서 사회 · 복지 분야에서 5년 이상 봉사활동을 하여 대한민국 사회 · 복지 분야의 발전에 크게 공헌한 사람

③「외국인투자 촉진법」에 따라 미화 500만 달러 이상을 투자한 외국법인이 국내에 소재한 외국인투자기업에 파견한 임원(감사 또는 이사만 해당)으로서 3년 이상 계속 국내에 체류하고 있는 사람

    * 정규직으로 고용된 국민 10명 당 임원 1명에 대하여 영주자격을 부여하되 법인당 최대 10명*의 임원에 대해서만 영주자격 부여

    * 임원 10명이 영주자격을 받은 뒤에는 영주(F-5) 자격 상실, 반납

등으로 결원이 발생해야 충원 가능

4) 국가의 안전 및 사회질서 기여
  ① 국가기밀 또는 첨단산업정보 유출, 테러 등 중요정보를 제공하여 국가의 안전에 공헌한 사람으로서 대외정보 관련기관 장의 추천을 받은 사람
  ② 국제적 인신매매, 마약, 밀입국, 여권위변조 등 국제범죄조직 적발에 큰 공헌이 있는 사람으로서 수사기관의 중앙기관장*의 추천을 받은 사람
    * 국가정보원장, 검찰총장, 경찰청장 등 중앙부처 관련 기관장임

5) 기타분야 기여
  ① 범죄ㆍ재해ㆍ재난ㆍ사고 등으로부터 국민의 생명 및 재산보호에 크게 기여한 사람
  ② 기타 대한민국의 국가정책에 협조하는 등 상기 대상에 준하는 국가발전 및 국익 증진에 크게 기여한 사람으로 법무부장관이 그 공로를 인정한 사람

다. 제출서류
  ○ 사유서, 훈ㆍ포장 증서(수상자), 공로 입증 서류, 추천서(해당자), 기타 증빙 서류* 등
    * 외국인투자기업의 경우 외국인투자기업 등록증명서, 법인등기사항전부증명서, 사업자등록증, 고용 내국인의 정규직 고용 입증서류(고용 내국인의 소득금액증명, 고용계약서, 4대 보험 사업장 가입자 명부, 정규직 고용확인서 등) 등이 해당됨

10. 연금 수혜자(F-5-13)
가. 대상 (출입국관리법 시행령 별표 1의3 11호)
  ○ 60세 이상으로서 법무부장관이 정하는 금액 이상의 연금을 국외로부터 받고 있는 사람

나. 요건
  ○ 신청일 이전 최근 1년 동안 국외로부터 받는 연간 연금액이 한국은행고시 전년도 일인당 국민총소득(GNI)*의 2배 이상일 것
    * 전년도 일인당 국민총소득(GNI)가 발표되지 않았을 경우 전전년도 일인당 국민총소득(GNI)을 기준으로 함

다. 제출서류
  ○ 연금증서 사본 및 연금입금통장

11. 점수제 영주자(F-5-16) 및 그 배우자와 미성년 자녀(F-5-18)
가. 대상
 1) 점수제 영주자(F-5-16)(출입국관리법 시행령 별표 1의3 13호)
   ○「출입국관리법 시행령」별표 1의2 중 24. 거주(F-2) 자목에 해당하는
     체류자격으로 대한민국에서 3년 이상 체류하고 있는 사람으로서 대한
     민국에 계속 거주할 필요가 있다고 법무부장관이 인정하는 사람

 2) 점수제 영주자의 배우자 또는 미성년자녀(F-5-18)(출입국관리법 시행
    령 별표 1의3 2호)
   ○ 영주자격(F-5)을 가진 사람의 배우자 또는 미성년 자녀로서 대한민국
     에 2년 이상 체류하고 있는 사람 중 법무부장관이 인정하는 사람

나. 요건
 1) 점수제 영주자(F-5-16)
   ○ 점수제 거주자격(F-2-7)으로 신청일 기준 3년 이상 대한민국에 계속
     체류
   ○ 신청일 기준 3년 동안 전문직종이 아닌 비전문직종이나 유흥 서비스
     업(유사 업종 포함) 종사경력이 없을 것

 2) 점수제 영주자(F-5-16)의 배우자(F-5-18)
   ○ 점수제 영주자격(F-5-16)을 가진 사람의 배우자로서의 거주자격(F-
     2-71)을 소지하고 2년 이상* 혼인관계를 계속 유지하면서 대한민국
     에 체류 중 일 것
     * 신청인의 배우자가 신청일 기준 최소 2년 이전에 점수제 영주자격
       (F-5-16)을 취득한 상태를 의미함
   ○ 심사 결정일까지 혼인관계 유지(※ 이혼 또는 사실혼은 불허)
   ○ 신청일 이전 최근 1년까지 전문직종이 아닌 비전문직종이나 유흥 서
     비스업(유사 업종 포함) 종사경력이 없을 것

 3) 점수제 영주자(F-5-16)의 미성년 자녀(F-5-18)
   ○ 점수제 영주자격(F-5-16)을 가진 사람의 미성년 자녀로서의 거주자
     격(F-2-71)을 소지하고 2년 이상* 가족관계를 계속 유지하면서 대

한민국에 체류 중일 것

 * 점수제 영주자인 부 또는 모가 신청일 기준 최소 2년 이전에 점수
   제 영주자격(F-5-16)을 취득한 상태를 의미함
○ 신청일 기준 민법상 미성년일 것
○ 심사 결정일까지 점수제 영주자(F-5-16)가 친권 및 양육권을 가지고
  있을 것
○ 대한민국 국적을 보유한 복수국적자가 아닐 것

다. 제출서류
  ○ 소속기업 사업자등록증 사본, 고용계약서 사본, 재직증명서
  ○ 가족관계 입증서류(점수제 영주자의 배우자 또는 미성년 자녀 해당)

12. 부동산 투자자(F-5-17) 및 그 배우자와 미혼 자녀(F-5-19)
 가. 대상 (출입국관리법 시행령 별표 1의3 14호)
  ○ 「출입국관리법 시행령」 별표 1의2 중 24. 거주(F-2) 차목에 해당하는
    체류자격을 받은 후 5년 이상 계속 투자 상태를 유지하고 있는 사람으
    로서 대한민국에 계속 거주할 필요가 있다고 법무부장관이 인정하는 사
    람과 그 배우자 및 자녀(법무부장관이 정하는 요건을 갖춘 자녀만 해당
    한다)

 나. 요건
 1) 부동산 투자자(F-5-17)
  ○ 신청일 당시 부동산 투자 거주(F-2)자격으로 총 5년 이상 계속 투자
    를 유지*중일 것(※ 5년 이상 '체류'가 아닌 '투자'에 중점을 둘 것)
    * 완전출국(외국인등록 말소) 후, 동일 거주(F-2)자격을 재취득(외
      국인등록)할 경우 완전출국 전까지의 유지 기간과 재취득 후 유지
      기간을 합산하여 인정
  ○ 도중에 투자요건을 상실한 경우 투자요건을 회복한 시점부터 종전 보
    유기간을 합산하여 투자 상태 유지기간 산정
  ○ 투자시설의 임대·담보설정 등 투자요건을 상실하지 아니하고 투자
    상태를 5년 이상 유지
  ○ 부동산 투자이민제 대상에 투자한 기간과 공익사업 투자이민제 대상
    에 투자한 기간(전환투자)의 합계가 5년 이상일 경우에도 인정

 2) 부동산 투자자(F-5-17)의 배우자(F-5-19)
  ○ 부동산 투자자(F-5-17)의 배우자로서의 거주(F-2)자격을 5년 이상

유지 중인 사람
- ○ 신청일 당시 신청인의 배우자가 부동산 투자자(F-5-17) 영주자격을 소지하고 있을 것

3) 부동산 투자자(F-5-17)의 미혼 자녀[F-5-19]
- ○ 부동산 투자자의 미혼자녀로서의 거주(F-2)자격으로 5년 이상 유지 중인 사람
- ○ 신청일 당시 신청인의 부 또는 모가 부동산 투자자(F-5-17) 영주자격을 소지하고 있을 것

다. 제출서류
- ○ 부동산 등기부등본 등 투자금을 유지하고 있음을 입증하는 서류(신청일 이전 최근 5일 이내 발급)
- ○ 가족관계 입증서류 (배우자 또는 미혼 자녀 해당)
- ○ 미혼임을 입증하는 서류 (미혼 자녀만 해당)

13. 영주권자의 국내 출생자녀[F-5-20]
가. 대상 (출입국관리법 시행령 별표 1의3 2호 후단)
- ○ 대한민국에서 출생한 것을 이유로 법 제23조에 따라 체류자격 부여 신청을 한 사람으로서 출생 당시 그의 부 또는 모가 영주자격(F-5)으로 대한민국에 체류하고 있는 사람 중 법무부장관이 인정하는 사람

나. 요건
- ○ 대한민국에서 출생일 당시 부 또는 모가 영주자격(F-5)으로 대한민국에서 체류할 것(※ 해외에서 출생한 자녀는 제외)
- ○ 영주자격 신청일 기준 민법상 미성년일 것

다. 제출서류
- ○ 가족관계 입증서류*(중국의 경우 호구부 등), 출생증명서 등
   * 가족관계 입증서류 제출이 곤란한 경우 가족관계 입증서류로 부모 결혼증 및 유전자감정결과서(부만 영주 자격을 소지한 경우)도 가능

14. 공익사업 투자자(F-5-21/23) 및 그 배우자와 미혼 자녀[F-5-22]
가. 대상 (출입국관리법 시행령 별표 1의3 14호)
- ○ 「출입국관리법 시행령」 별표 1의2 중 24. 거주(F-2) 차목에 해당하는 체류자격을 받은 후 5년 이상 계속 투자 상태를 유지하고 있는 사람으

로서 대한민국에 계속 거주할 필요가 있다고 법무부장관이 인정하는 사
람과 그 배우자 및 자녀(법무부장관이 정하는 요건을 갖춘 자녀만 해당
한다)

나. 요건
 1) 공익사업 일반투자자(F-5-21)
  ○ 신청일 당시 공익사업 투자 거주자격(F-2)으로 총 5년 이상 계속 투
    자를 유지*중 일 것(※ 5년 이상 '체류'가 아닌 '투자 유지'에 중점을
    둘 것)
     * 완전출국(외국인등록 말소) 후 동일 거주(F-2)자격을 재취득(외국
   인등록)할 경우 완전출국 전까지의 유지 기간과 재취득 후 유지 기간을 합
   산하여 인정
  ○ 부동산투자이민제 대상에 투자한 기간과 공익사업 투자이민제 대상에
    투자한 기간(전환투자)의 합계가 5년 이상일 경우에도 인정(단, 공익
    사업 투자기간이 2년 이상이어야 함)
  ○ 투자 기준금액을 회수하지 아니한 상태로 투자 상태를 5년간* 유지
    * 투자 유치기관의 투자금 운영결과 원금 손실 여부와 관계없이 투자
      자가 기준금액을 회수하지 않는 한 투자를 유지한 것으로 간주

 2) 공익사업 은퇴이민 투자자(F-5-23)
  ○ 신청일 당시 은퇴이민 투자 거주자격(F-2)으로 총 5년 이상 계속 투
    자를 유지*중 일 것(※ 5년 이상 '체류'가 아닌 '투자 유지'에 중점을
    둘 것)
     * 완전출국(외국인등록 말소) 후 동일 거주(F-2)자격을 재취득(외국
       인등록)할 경우 완전출국 전까지의 유지 기간과 재취득 후 유지 기
       간을 합산하여 인정
  ○ 투자금 이외 본인 또는 배우자의 부동산 등 국내 보유자산이 3억원 이
    상일 것
    ※ 국내 자산만 인정하고 국외 자산은 제외함

 3) 공익사업 투자자(F-5-21)의 배우자 또는 미혼자녀(F-5-22)
  ○ 공익사업 투자자의 배우자 또는 미혼자녀로서의 거주(F-2)자격을 5
    년 이상 유지 중인 사람
  ○ 신청일 당시 신청인의 배우자, 부, 모 중 어느 하나가 공익사업 투자
    자(F-5-21) 영주자격을 소지하고 있을 것
  ○ 미혼 자녀는 신청일 당시 미혼 상태일 것

4) 공익사업 은퇴이민 투자자(F-5-23)의 배우자 또는 미혼자녀(F-5-22)
  ○ 공익사업 은퇴이민 투자자의 배우자 또는 미혼자녀로서의 거주(F-2) 자격을 5년 이상 유지 중인 사람
  ○ 신청일 당시 신청인의 배우자, 부, 모 중 어느 하나가 공익사업 은퇴이민 투자자(F-5-21) 영주자격을 소지하고 있을 것
  ○ 미혼 자녀는 신청일 당시 미혼 상태일 것

다. 제출서류
  ○ 투자금을 유지하고 있음을 입증하는 서류(영주신청일 이전 5일 이내 발급)
  ○ 은퇴이민자는 투자금 이외 본인 또는 배우자의 국내 보유자산(3억원 이상)입증하는 서류 추가
  ○ 가족관계 입증서류 (배우자 또는 미혼 자녀 해당)
  ○ 미혼임을 입증하는 서류 (미혼 자녀만 해당)

15. 기술창업 투자자(F-5-24)
가. 대상(출입국관리법 시행령 별표 1의3 15호)
  ○ 「출입국관리법 시행령」 별표 1의2 중 11. 기업투자(D-8) 다목에 해당하는 체류자격으로 대한민국에 3년 이상 계속 체류하고 있는 사람으로서 투자자로부터 3억원 이상의 투자금을 유치하고 2명 이상의 국민을 고용하는 등 법무부장관이 정하는 요건을 갖춘 사람

나. 요건 (다음 요건을 모두 갖추어야 함)
  ○ 신청일 기준 기술창업(D-8-4) 자격*으로 계속해서 3년 이상 국내에 체류하고 있을 것(과거 체류기간 제외)
    * 국내에서 전문학사 이상의 학위를 취득한 사람 또는 국외에서 학사 이상의 학위를 취득한 사람 또는 관계 중앙행정기관의 장이 추천한 사람으로서 지식재산권을 보유하거나 이에 준하는 기술력 등을 가진 법인 창업자 [이하 '기술 창업(D-8-4)'으로 구분]
  ○ 국내ㆍ외 투자자로부터 3억 원 이상의 투자금을 유치하였거나, 이에 준하는 자본금을 확보하고 있을 것
    ※ 유치한 투자금과 해당 법인의 자본금의 합계가 3억원 이상인 경우에도 인정
  ○ 신청일 이전 2명 이상의 국민을 6개월 이상 계속 정규직으로 고용하고

있을 것

다. 제출서류
　○ 사업자등록증, 법인등기사항전부증명서, 사업자등록증
　○ 투자자로부터 3억원 이상의 투자금을 유치하였거나, 이에 준하는 자본금을 갖고 있음을 증명하는 서류(재무제표, 투자금 도입 내역서 등)
　○ 2명 이상의 국민을 6개월 이상 계속 고용하고 있음을 입증하는 서류
　　－ 4대 보험 사업장 가입자 명부, 고용 내국인의 소득금액증명
　　－ 고용계약서, 정규직 고용확인서 등

16. 조건부 고액투자자(F-5-25)
가. 대상 (출입국관리법 시행령 별표 1의3 16호)
　○ 5년 이상 투자 상태를 유지할 것을 조건으로 법무부장관이 정하여 고시하는 금액 이상을 투자한 사람으로서 법무부장관이 정하는 요건을 갖춘 사람

나. 요건
　○ 신청일 이전 법무부장관이 정하는 한국산업은행의 공익사업 투자이민펀드(원금보장 무이자형)에 15억 원 이상을 예치하였을 것
　○ 투자상태를 5년간 유지할 것을 서약할 것
　　※ 예치한 금액 중 일부 또는 전부를 중도 인출할 경우 영주자격을 취소함

다. 제출서류
　○ 투자금 예치확인서(한국산업은행 발행),
　○ 외화반입 관련 입증서류(외국환매입증명서 등)
　○ 투자유지 서약서

17. 외국인투자기업의 연구개발 인력(F-5-26)
가. 대상 (출입국관리법 시행령 별표 1의3 17호)
　○ 「출입국관리법 시행령」 별표 1의2 중 11. 기업투자(D-8) 가목에 해당하는 체류자격을 가지고 「외국인투자촉진법 시행령」 제25조제1항제4호에 따른 연구개발시설의 필수전문인력으로 대한민국에 3년 이상 계속 체류하고 있는 사람으로서 법무부장관이 인정하는 사람

나. 요건

	○ 기업투자(D-8) 가목 체류자격으로 3년 이상 계속 체류하고 있을 것 ○ 국내·외 학사학위 이상 소지할 것 ○ 「외국인투자촉진법 시행령」 제25조제1항제4호에 따른 연구개발시설의 필수 전문인력으로 대한민국에 3년 이상 계속 체류할 것 다. 제출서류 ○ 연구개발시설 지정서(산업통상자원부 공문) 사본, 파견명령서 또는 재직증명서
체류기간 연장허가	🦑 해당사항 없음
재입국허가	🦑 출국한 날부터 2년 이내에 재입국하고자 하는 자에 대하여는 재입국허가 면제 🦑 출국한 날부터 2년을 초과하고자 하는 경우 기간만료 전에 재외공관에서 재입국허가 연장 필요(허가기간 3월 이내) – 공관장의 허가범위 : 출국한 날부터 2년이 만료되는 시점부터 3월 이내
외국인등록 ➡ 목차	🦑 신청서(별지 34호 서식), 표준규격사진 1매, 수수료 🦑 체류지 입증서류

결혼이민(F-6)

자격 해당자 및 활동범위	● 한국에서 혼인이 유효하게 성립되어 있고, <u>우리 국민과 결혼생활을 지속하기</u> 위해 국내 체류를 하고자 하는 사람 ● 국민과 혼인관계(사실상의 혼인관계*를 포함한다)에서 출생한 자녀를 양육하고 있는 부 또는 모로서 법무부장관이 인정하는 사람 <table><tr><td>* 사실혼은 주관적으로 혼인의 의사가 있고, 또 객관적으로는 사회통념상 가족 질서의 면에서 부부공동생활을 인정할 만한 실체가 있는 경우에 성립(대법원98므961, 1998.12.08) 예) 혼인 의사 없이 단순히 동거를 하다 자녀가 있는 경우, 법률상 처가 있는 남자가 다른 여자와 동거하는 경우 등은 사실혼이 성립되지 않음</td></tr></table> ● 국민인 배우자와 혼인한 상태로 국내에 체류하던 중 그 배우자의 사망이나 실종, 그 밖에 자신에게 책임이 없는 사유로 정상적인 혼인관계를 유지할 수 없는 사람으로서 법무부장관이 인정하는 사람
1회에 부여할 수 있는 체류기간 상한	● 3년

체류자격 세부약호	약호	분류 기준
	F-6-1	양 당사자 국가에 혼인이 유효하게 성립되어 있고, **우리 국민과 결혼생활을 지속하기 위해 국내 체류를 하고자 하는 외국인**
	F-6-2	'F-6-1'에 해당하지 않으나 국민과 혼인관계(사실상의 혼인관계를 포함)에서 출생한 **미성년 자녀를 국내에서 양육하거나 양육하려는 부 또는 모**
	F-6-3	국민인 배우자와 혼인한 상태로 국내에 체류하던 중 그 **배우자의 사망·실종, 그 밖에 자신에게 책임이 없는 사유로 정상적인 혼인관계를 유지할 수 없는 사람**

체류자격외 활동	● 체류자격 구분에 따른 취업활동의 제한을 받지 않음
근무처의 변경·추가 ◘ 목차	● 해당사항 없음

체류자격 부　　여	● 법 제23조(체류자격 부여) 대한민국에서 출생하여 제10조에 따른 체류자격을 가지지 못하고 체류하게 되는 외국인은 그가 출생한 날부터 90일 이내에, 대한민국에서 체류 중 대한민국의 국적을 상실하거나 이탈하는 등 그 밖의 사유로 제10조에 따른 체류자격을 가지지 못하고 체류하게 되는 외국인은 그 사유가 발생한 날부터 30일 이내에 대통령령으로 정하는 바에 따라 체류자격을 받아야 한다. 1. 국내 체류 중 대한민국 국적을 상실한 사람에 대해 체류목적에 따라 결혼이민(F-6) 체류자격 부여 2. 주한미군 현지 제대자에 대해 체류목적에 따라 결혼이민(F-6) 체류자격 부여 ※ 제출서류 및 체류허가 기간은 체류자격변경허가와 준함
체류자격 변경허가 (F-6-1) ☑ 목차 체류자격 변경허가 (F-6-1)	▶　　　　　　　　　국민의 배우자(F-6-1) 1. 국민의 배우자(F-6-1)에 대한 체류자격 변경허가 가. 체류자격 변경허가 대상 　● 국내 합법체류자 중 국민의 배우자(F-6-1) 자격으로 변경하려는 사람 　● 아래 표에 해당하는 사람은 원칙적으로 체류자격 변경이 불가하며, 출국 후 재외공관에서 사증을 발급받아 입국하여야 함 1. 단기사증 소지자, 2. 불법체류자(밀입국자, 위·변조여권행사자 포함), 3. 출국을 위한 체류기간 연장허가를 받은 자(출국기한유예를 받는 자는 자격변경 대상 아님), 4. 일반 형사범(단순 벌금은 제외) 5. 위 1. ~ 4. 신분으로 체류 중에 기타(G-1) 자격을 받은 자 ※ 단기사증 입국자 : 사증면제(B-1)·관광통과(B-2) 및 일시취재(C-1)부터 단기취업(C-4)까지의 사증 소지자 ※ 단, 사증면제(B-1) 자격으로 입국한 독일인은 결혼이민(F-6) 체류자격 변경 가능 　● 다만, 임신·출산 예정, 자녀 양육 등의 사유로 국내에서 체류자격 변경이 불가피하다고 판단되는 경우에는 심사 후 체류자격 변경 가능 나. 체류허가기간 : 1년

다. 체류허가권자 : 청(사무소 · 출장소)장

라. 제출서류 : 국민의 배우자(F-6-1) 사증발급 시 제출서류 준용, 접수 및 심사 과정에서 일부서류 가감될 수 있음

□ 국제결혼 안내프로그램 대상

결혼이민 비자 신청 시 구비서류 안내(○○대사관, 20. 6. 15. 기준)

1. 기본서류

번호	서류종류	비고	발급받는 곳	체크리스트
1-1	비자 신청서(사증발급 신청서)		대사관 및 하이코리아 홈페이지	☐
1-2	여권용 사진 1매	신청서에 부착		☐
1-3	신청인(외국인 배우자) 여권 원본	잔여 유효기간 6개월 이상	해당 국가 외교부	☐
1-4	신청인 여권 사본 1부	인적사항면 복사		☐
1-5	비자 신청 수수료	(예) 30달러(비자신청센터 수수료 40만동 별도), 2000페소 등		☐
작성하는 서류 (가장 중요한 서류이며, 반드시 정해진 양식에 맞춰 빠짐없이 작성하세요)				
1-6	외국인 배우자 초청장	한국인 배우자가 한글로 작성	대사관 및 하이코리아 홈페이지	☐
1-7	신원보증서			☐
1-8	외국인 배우자의 결혼배경진술서	외국인 배우자가 영어로 작성		☐
한국인 배우자가 준비해야 하는 기본 서류				
1-9	한국인 배우자 여권 사본 1부	인적사항면 복사		☐
1-10	기본증명서(상세)	한글본 각 1부씩 발급일로부터 3개월 이내	주민센터 방문 또는 민원24 홈페이지	☐
1-11	혼인관계증명서(상세)			☐
1-12	가족관계증명서(상세)			☐
1-13	주민등록등본 원본			☐
1-14	국제결혼 안내프로그램 이수증	면제 대상자(#1 참조)는 제출 불필요	출입국·외국인사무소	☐
1-15	건강진단서 원본	아래 #2 참조	병원/보건소	☐
외국인 배우자가 준비해야 하는 기본 서류				
1-16	결혼증명서 원본(정식 명칭 병기) (예 필리핀 PSA 결혼증명서)		(발급기관)	☐
1-17	범죄경력증명서 원본(정식명칭 병기)(예 필리핀 NBI Clearance)	발급일로부터 3개월 이내, 아래 #3 참조	(발급기관)	☐
1-18	건강진단서 원본	아래 #4 참조	병원	☐
1-19	해당 국가에 특별히 적용되는 서류 (예 필리핀의 "CFO 교육이수증 원본 및 사본 1부")			☐

* #1 (국제결혼안내프로그램 면제 대상자)
  ① 외국인 배우자의 국가에서 6개월 이상 또는 제3국에서 유학, 파견근무 등을 위해 장기 비자로 계속 체류하면서 교제한 사실을 입증할 수 있는 사람
  ② 외국인 배우자가 한국에서 외국인등록을 하고 91일 이상 합법체류하면서 한국인 배우자와 교제한 사실을 입증할 수 있는 사람
  ③ 임신, 출산 그 밖에 인도적인 고려가 필요하다고 인정되는 사람

* #2 (한국인 배우자 건강진단서 관련) 병원급 이상 또는 보건소에서 공무원채용 응시 건강검진표 양식으로 발급되어야 하며, 신청일로부터 6개월 이내 발급되어야 합니다. 국제결혼 안내프로그램 면제 대상이라면 제출이 면제됩니다.

* #3 (외국인 배우자 범죄경력증명서 관련) 한국인 배우자가 국제결혼 안내프로그램 면제 대상이라면 제출이 면제됩니다.

* #4 (외국인 배우자 건강진단서 관련) 신청일로부터 6개월 이내 발급된 것으로서 병원명, 주소, 연락처, 담당의사의 서명이 기재되어야 하고, 컴퓨터로 작성되어야 합니다. 건강검진항목 예시에 포함된 검진항목 외에 결핵(TB) 검사 항목도 포함되어야 합니다. 한국인 배우자가 국제결혼 안내프로그램 면제 대상이라면 외국인 배우자도 건강진단서 제출이 면제되나 결핵 관련한 진단서는 제출하여야 합니다.(임신으로 결핵 진단이 곤란한 경우 별도 문의 바람)

2. 한국인 배우자의 소득요건 관련 서류

※ 주의 : 소득요건 관련 서류는 아래의 모든 서류를 준비하실 필요는 없으며(단, '공통 필수' 항목의 서류는 필수) 초청인이
　　소득요건을 충족하기 위하여 활용하는 항목에 따라 선택적으로 준비하시기 바랍니다.

※ 소득요건 면제 대상자는 아래 서류를 제출할 필요가 없습니다. (아래 #1 참조)

번호	구 분	서류종류	비고	체크리스트
2-1	공통 필수	소득금액증명 원본	국세청 홈택스 홈페이지 또는 세무서 민원실 발급	☐
2-2		신용정보조회서 1부	한국신용정보원 홈페이지 발급	☐
2-3	근로소득 활용 시	근로소득 원천징수부	현 근무지 또는 과거 근무지에서 발급	☐
2-4		재직증명서		☐
2-5		사업자등록증 사본		☐
2-6		소득입증 서류 (선택사항)	위 서류들로 소득요건 충족을 입증하지 못하는 경우 이를 보완하는 서류	☐
2-7	사업소득 활용 시 (아래 #2, #3 참조)	사업자등록증 사본	농림수산업 종사자는 예외	☐
2-8		소득입증 서류 (선택사항)	소득금액증명상 금액이 소득요건을 충족하지 못하는 경우 이를 보완하는 서류	☐
2-9	기타 소득 활용 시	소득 입증서류	(예시) 임대소득 : 등기부등본, 임대차계약서, 이자소득 : 은행거래내역서 등	☐
2-10	재산 활용 시	예금, 보험, 증권, 채권,	100만원 이상으로 6개월 이상 지속된 것만 인정	☐
2-11		부동산	부동산의 경우 등기부등본과 공시가격표 제출	☐
2-12	가족의 소득 또는 재산 활용 시	외국인 배우자 초청인의 가족소득 현황 진술서	대사관 또는 하이코리아 홈페이지 양식에 따라 기재 (아래 #4 참조)	☐
		입증 서류	근로, 사업, 기타소득 또는 재산 여부에 따라 위 항목 참조하여 준비	☐

* **#1 (소득요건 적용 면제)** ① 부부 사이에 태어난 자녀가 있는 경우 ② 부부가 비자 신청일로부터 1년 이상 외국에서 동거하여 최근 1년간 국내 소득이 없는 경우 ③ 과거 외국인 배우자가 결혼이민(F-6) 자격으로 한국에서 체류한 적이 있는 경우(단, 배우자가 변경되었거나 동일한 배우자라도 혼인이 중단된 적이 있다면 제외). 단, ①에 해당하는 분은 자녀 명의 가족관계증명서(혼인 전 출생하여 국적취득 전일 경우 출생증명서), ②에 해당하는 분은 동거 관련 입증서류를 제출하셔야 합니다.

* **#2 (사업소득 관련 주의사항 1)** 사업소득은 원칙적으로 국세청 소득금액증명에 기재된 금액을 기준으로 판단합니다. 만약 실제 소득이 소득금액증명상 금액보다 많다면 소득을 과소 신고한 것에 해당될 수 있으므로 세무서에 수정 신고한 후 수정된 소득금액증명을 제출하시기 바랍니다.

* **#3 (사업소득 관련 주의사항 2)** 원칙적으로 신청일 기준 1년 전 소득 관련 자료를 제출해야 하나 사업소득의 경우 다음 연도 5월에 소득신고가 이루어지는 특징이 있습니다. 이를 감안하여 소득금액증명상의 가장 최근 연도의 소득이 정해진 소득요건을 충족하고, 한국인 배우자가 동일한 사업을 지속하고 있다면 신청일 기준 1년 전 소득이 아니더라도 예외를 인정합니다.(단, 경우에 따라 실태조사가 실시될 수 있습니다.)

* **#4 (소득요건 보충이 가능한 가족의 범위)** 한국인 배우자와 주민등록표상 세대를 같이 하는 직계가족(부모, 조부모, 자녀 등) 또는 초청을 받는 결혼이민자만 소득요건을 보충할 수 있습니다. 직계가족이라도 주민등록표상 세대를 같이 하지 않으면 소득요건 보충이 불가하며, 형제나 자매는 직계가족이 아니므로 역시 소득요건 보충이 불가합니다.

* **(참고)** 2020년 기준 소득요건 : 초청인의 과거 1년간 연간소득(세전)이 아래 표에 해당되는 금액 이상이어야 함

구 분	2인 가구	3인 가구	4인 가구	5인 가구	6인 가구	7인 가구 이상
소득기준(원)	17,951,880	23,223,462	28,495,044	33,766,626	39,038,208	6인 가구 소득 기준에서 추가 1인당 5,271,582원 추가

3. 외국인 배우자의 의사소통 요건 관련 서류

※ 주의 : 아래 서류 중 하나를 선택하여 제출하시기 바랍니다. 의사소통 면제 대상에 해당되지 않음에도 아래 서류 중 어느 하나라도 제출하지 못하는 경우 대사관에서 실시하는 평가 결과 따라 요건 충족 여부가 결정됩니다.

※ 의사소통 면제 대상자는 아래 서류를 제출할 필요가 없습니다. (아래 #1 참조)

번호	구분	서류종류	비고	체크리스트
3-1	한국어	세종학당 이수증	결혼이민자 과정 이수증만 인정	☐
3-2		한국어능력시험(TOPIK) 성적증명서	TOPIK 1급 이상인 경우 인정	☐
3-3		사회통합프로그램(KIIP) 2단계 이상 이수증		☐
3-4		지정된 교육기관 이수증	해당국가에 지정된 교육기관이 있는 경우 인정(기관명 기재)	☐
3-5		한국어 관련 대학(원) 학위증		
3-6		외국국적동포 입증서류	필요시 한국어구사 능력 확인	☐
3-7	외국인 배우자의 언어	외국인 배우자가 한국에서 1년 이상 계속 체류 입증서류	출입국 사실증명 또는 자필진술서(양식 불문)	☐
3-8		한국인 배우자가 외국인 배우자의 언어가 공용어인 국가에서 1년 이상 계속 체류 입증서류	해당 국가의 출입국 사실증명 또는 자필진술서(양식 불문)	☐
3-9	그 외 언어	한국인 배우자가 외국인 배우자의 언어가 공용어인 국가 출신 귀화자임을 입증하는 서류		☐
3-9		한국인 배우자와 외국인 배우자가 해당 언어가 공용어인 국가에서 1년 이상 계속 체류 입증서류	해당 국가의 출입국 사실증명 또는 자필진술서(양식 불문)	☐
3-10	공통	그 밖의 의사소통 가능 입증서류	아래 #2 참조	☐

* #1 (의사소통 요건 적용 면제) ① 부부 사이에 태어난 자녀가 있는 경우 ② 과거 외국인 배우자가 결혼이민(F-6) 자격으로 한국에서 체류한 적이 있는 경우(단, 배우자가 변경되었거나 동일한 배우자라도 혼인이 중단된 적이 있다면 제외)에는 의사소통 관련 서류제출이 면제됩니다. 단, 그의 경우 기본적인 의사소통이 불가할 경우에는 면제대상에서 제외될 수 있습니다.
* #2 (그 밖의 의사소통 가능 입증서류) 한국인 배우자 또는 외국인 배우자가 ① 일정 수준 이상의 해당 언어 능력시험 점수를 제출하는 경우 ② 대사관에서 해당 언어로 실시하는 인터뷰에 합격한 경우에는 의사소통 요건을 갖추었다고 인정받을 수 있습니다.

4. 한국인 배우자의 주거요건 관련 서류

※ 주의 : 주거요건을 충족하기 위해 제출한 곳의 주소지는 주민등록등본(1-13)상의 주소지와 동일해야 합니다.

번호	구 분	서류종류	비고	체크리스트
4-1	자가인 경우	등기부등본		☐
4-2	임대인 경우	등기부등본		☐
4-3		임대차계약서 사본 1부		

* #1 (주거요건) 주거요건으로 제출한 주거지는 한국인 배우자 또는 한국인 배우자의 직계가족, 형제, 자매 명의로 소유 또는 임차한 곳이어야 합니다. 제3자 명의로 소유 또는 임차한 경우 원칙적으로 주거요건을 충족하지 못한 것으로 판단하나, 회사 제공 사택 등 사회통념상 인정가능한 장소인 경우 예외를 인정합니다.

5. 교제 입증 서류

번호	구분	서류종류	비고	체크리스트
5-1	공통 필수	교제 경위, 혼인의 진정성을 입증할 수 있는 서류	교제 사진, 가족 사진, SNS 대화 내역 등 자유롭게 A4용지에 편집하여 제출 (5쪽 이내)	☐
5-2	결혼중개업체를 통해 만난 경우	결혼중개업체 등록증 사본	제출이 어려운 경우 사유서 제출 (아래 #1에 해당하는 사람은 면제)	☐
5-2		보증보험증권 사본		☐
5-2		계약서 사본		☐
5-3	지인 소개로 만난 경우	소개자 신분증 사본		☐

* #1 (소개 경위 서류 면제) ① 부부 사이에 태어난 자녀가 있는 경우 ② 과거 외국인 배우자가 결혼이민(F-6) 자격으로 한국에서 체류한 적이 있는 경우 (단, 배우자가 변경되었거나 동일한 배우자라도 혼인이 중단된 적이 있다면 제외)

[서류 간소화 사례별 구비서류 목록]

1. 부부 사이에 출생한 자녀가 있는 경우 구비서류 목록

구 분	서류 목록	
기본서류	신청서, 여권용 사진, 신청인(외국인 배우자) 여권 원본 및 사본 1부, 신청 수수료	☐
	외국인 배우자 초청장, 신원보증서, 외국인 배우자의 결혼배경진술서	☐
	(한국인 배우자) 여권 사본 1부, 기본증명서(상세) 1부, 혼인관계증명서(상세) 1부, 가족관계증명서(상세) 1부, 자녀 명의 가족관계증명서(상세) 1부(불가 시 출생증명서), 주민등록등본(한글본) 1부	☐
	(외국인 배우자) 본국 결혼증명서 1부, 결핵 관련 진단서(결핵 고위험 국가에 한함) 1부, 기타 해당 국가에 특별히 적용되는 서류(예 필리핀 CFO 교육 이수증 원본 및 사본 1부)	☐
주거요건	자가인 경우 : 등기부등본 임대인 경우 : 등기부등본, 임대차계약서 사본 1부	☐
교제 입증서류	공통 필수 서류	☐

2. 국제결혼 안내프로그램 면제 대상자(임신 등) 구비서류 목록

구 분	서류 목록	
기본서류	신청서, 여권용 사진, 신청인(외국인 배우자) 여권 원본 및 사본 1부, 신청 수수료	☐
	외국인 배우자 초청장, 신원보증서, 외국인 배우자의 결혼배경진술서	☐
	(한국인 배우자) 여권 사본 1부, 기본증명서(상세) 1부, 혼인관계증명서(상세) 1부, 가족관계증명서(상세) 1부, 주민등록등본(한글본) 1부	☐
	(외국인 배우자) 본국 결혼증명서 1부, 결핵 관련 진단서(결핵 고위험 국가에 한함) 1부, 기타 해당 국가에 특별히 적용되는 서류(예 필리핀 CFO 교육 이수증 원본 및 사본 1부)	☐
소득요건	상세 내용 위 소득요건 항목 참조	☐
한국어 구사요건	상세 내용 위 한국어 구사요건 항목 참조	☐
주거요건	자가인 경우 : 등기부등본 임대인 경우 : 등기부등본, 임대차계약서 사본 1부	☐
교제 입증서류	공통 필수 서류/교제 경위별 서류	☐

3. 과거 한국에서 결혼이민(F-6) 자격으로 체류한 적이 있는 경우

구 분	서류 목록	
기본서류	신청서, 여권용 사진, 신청인(외국인 배우자) 여권 원본 및 사본 1부, 신청 수수료	☐
	외국인 배우자 초청장, 신원보증서	☐
	(한국인 배우자) 여권 사본 1부, 기본증명서(상세) 1부, 혼인관계증명서(상세) 1부, 가족관계증명서(상세) 1부, 주민등록등본(한글본) 1부	☐
	(외국인 배우자) 본국 결혼증명서 1부, 결핵 관련 진단서(결핵 고위험 국가에 한함) 1부, 기타 해당 국가에 특별히 적용되는 서류(예 필리핀 CFO 교육 이수증 원본 및 사본 1부)	☐
주거요건	자가인 경우 : 등기부등본 임대인 경우 : 등기부등본, 임대차계약서 사본 1부	☐
교제 입증서류	공통 필수 서류	☐

※ 단, 배우자가 변경되었거나 동일한 배우자라도 혼인이 중단된 적이 있다면 해당 없음

[주의사항]

1. 위 구비서류 목록은 2020.6.15. 기준으로 작성되었습니다. 비자 심사기준의 변동에 따라 사전 예고없이 변경될 수 있으므로 비자 신청 전 대사관 홈페이지에서 구비서류 목록에 변동사항이 있는지 확인하시기 바랍니다.

2. 구비서류가 누락된 경우 비자 접수가 거부될 수 있으므로 구비서류 목록을 참고하시어 준비하시기 바랍니다. 신속한 서류 접수를 위하여 **번호 순서대로 정렬하여 제출**하여 주시기 바랍니다. 참고로 위 구비서류 목록은 결혼이민 비자 신청 시 기본적으로 제출해야 하는 서류입니다. 비자 접수 과정 또는 비자 심사 과정에서 필요하다고 판단되는 경우 **추가 서류 제출이 요청될 수 있습니다.**

3. 서류 접수는 비자 신청인(외국인 배우자)이 **직접 대사관을 방문하여 신청**하여야 하며, **우편 접수는 허용되지 않습니다.** 서류 접수 시간은 오전 00:00~00:00입니다.
   ※ 대사관 주소 :

4. 비자 심사 기간은 근무일 기준 00일이나, 서류조회 기간, 추가서류 요청, 인터뷰, 실태조사 등의 사유로 지연될 수 있습니다. 심사에 문제가 없는 경우 발급 예정일 오후 00:00~00:00에 비자가 발급됩니다. 참고로 결혼비자를 발급받더라도 국가에 따라 출국을 위해서는 별도 절차가 필요한 경우(예 필리핀의 경우 여권에 CFO 스티커를 발부받아야 함)가 있으므로, 이 점 유의하시기 바랍니다. 참고로 결혼비자 소지자는 편도 항공티켓 발권이 가능합니다.

5. 비자 신청 시 거짓된 사실을 기재 또는 진술하거나 거짓된 서류를 제출하는 경우 비자 신청이 거부됨은 물론, 외국인 배우자의 한국 입국이 5년 이상 금지될 수 있으며, 이 사실이 외국인 배우자의 한국 입국 후 발견되었다면 강제퇴거될 수 있습니다. 뿐만 아니라 출입국관리법 제7조의2 및 같은 법 제94조에 따라 3년 이하의 징역 또는 2천만원 이하의 벌금에 처해질 수 있습니다.

6. 모든 서류는 원칙적으로 번역, 공증 절차가 불필요합니다. 필요한 경우 대사관에서 서류 접수 후 개별 요청할 예정이니 비자 접수 전에 따로 번역이나 공증을 하실 필요는 없습니다.

7. 외국인 배우자의 국가에서 먼저 혼인하신 경우 외국인 배우자의 결혼증명서상 혼인일이 한국 혼인관계증명서상 혼인신고일과 동일한 지 확인하시기 바랍니다. 국가마다 행정상의 문제로 한국인 배우자가 해당 국가에 체류하지 않은 날이 혼인일로 기재된 사례가 종종 발생하고 있으니 주의하시기 바랍니다.

8. 그 외 문의사항은 주○○○대사관 비자과 이메일 aaaaa@mofa.go.kr이나 대표 전화번호 +00-0-0000-0000 (내선 000 또는 000)으로 연락주시기 바랍니다. (팩스번호 +00-0-0000-0000)

□ 국제결혼 안내프로그램 대상 이외

결혼이민 비자 신청 시 구비서류 안내(○○대사관, 20. 6. 15. 기준)

1. 기본서류

번호	서류종류	비고	발급받는 곳	체크리스트
1-1	비자 신청서(사증발급 신청서)		대사관 및 하이코리아 홈페이지	☐
1-2	여권용 사진 1매	신청서에 부착		☐
1-3	신청인(외국인 배우자) 여권 원본	잔여 유효기간 6개월 이상	해당 국가 외교부	☐
1-4	신청인 여권 사본 1부	인적사항면 복사		☐
1-5	비자 신청 수수료			☐

작성하는 서류 (가장 중요한 서류이며, 반드시 정해진 양식에 맞춰 빠짐없이 작성하세요)

번호	서류종류	비고	발급받는 곳	체크리스트
1-6	외국인 배우자 초청장	한국인 배우자가 한글로 작성	대사관 및 하이코리아 홈페이지	☐
1-7	신원보증서			☐
1-8	외국인 배우자의 결혼배경진술서	외국인 배우자가 영어로 작성		☐

한국인 배우자가 준비해야 하는 기본 서류

번호	서류종류	비고	발급받는 곳	체크리스트
1-9	한국인 배우자 여권 사본 1부	인적사항면 복사		☐
1-10	기본증명서(상세)	한글본 각 1부씩 발급일로부터 3개월 이내	주민센터 방문 또는 민원24 홈페이지	☐
1-11	혼인관계증명서(상세)			☐
1-12	가족관계증명서(상세)			☐
1-13	주민등록등본 원본			☐

외국인 배우자가 준비해야 하는 기본 서류

번호	서류종류	비고	발급받는 곳	체크리스트
1-15	결혼증명서 원본(정식 명칭 병기) (예 필리핀 PSA 결혼증명서)		(발급기관)	☐
1-16	결핵진단서 원본	아래 #1 참조	병원	☐
1-17	해당 국가에 특별히 적용되는 서류 (예 필리핀의 "CFO 교육이수증 원본 및 사본 1부")			☐

* **#1 (외국인 배우자 결핵진단서 관련)** 신청일로부터 3개월 이내 발급된 것으로서 흉부 X선 검사, 객담검사, 투베르쿨린 피부반응검사 등 한 가지 이상 결과가 포함된 대사관 지정병원 '결핵진단서'를 제출해야 합니다.(임신으로 결핵 진단이 곤란한 경우 별도 문의 바람)

> 〈2020.04.01. 기준 결핵 고위험 국가(35개국)〉
> ① 네팔 ② 동티모르 ③ 러시아 ④ 말레이시아 ⑤ 몽골 ⑥ 미얀마 ⑦ 방글라데시 ⑧ 베트남 ⑨ 스리랑카 ⑩ 우즈베키스탄 ⑪ 인도 ⑫ 인도네시아 ⑬ 중국 ⑭ 캄보디아 ⑮ 키르기스 ⑯ 태국 ⑰ 파키스탄 ⑱ 필리핀(이상 '16.3.2.) ⑲ 라오스 ⑳ 카자흐스탄 ㉑ 타지키스탄 ㉒ 우크라이나 ㉓ 아제르바이잔 ㉔ 벨라루스 ㉕ 몰도바공화국 ㉖ 나이지리아 ㉗ 남아프리카 공화국 ㉘ 에티오피아 ㉙ 콩고민주공화국 ㉚ 케냐 ㉛ 모잠비크 ㉜ 짐바브웨 ㉝ 앙골라 ㉞ 페루 ㉟ 파푸아뉴기니

2. 한국인 배우자의 소득요건 관련 서류

※ 주의 : 소득요건 관련 서류는 아래의 모든 서류를 준비하실 필요는 없으며(단, '공통 필수' 항목의 서류는 필수) 초청인이
　　소득요건을 충족하기 위하여 활용하는 항목에 따라 선택적으로 준비하시기 바랍니다.

※ 소득요건 면제 대상자는 아래 서류를 제출할 필요가 없습니다. (아래 #1 참조)

번호	구 분	서류종류	비고	체크 리스트
2-1	공통 필수	소득금액증명 원본	국세청 홈택스 홈페이지 또는 세무서 민원실 발급	☐
2-2		신용정보조회서 1부	한국신용정보원 홈페이지 발급	☐
2-3	근로소득 활용 시	근로소득 원천징수부	현 근무지 또는 과거 근무지에서 발급	☐
2-4		재직증명서		☐
2-5		사업자등록증 사본		☐
2-6		소득입증 서류 (선택사항)	위 서류들로 소득요건 충족을 입증하지 못하는 경우 이를 보완하는 서류	☐
2-7	사업소득 활용 시 (아래 #2, #3 참조)	사업자등록증 사본	농림수산업 종사자는 예외	☐
2-8		소득입증 서류 (선택사항)	소득금액증명상 금액이 소득요건을 충족하지 못하는 경우 이를 보완하는 서류	☐
2-9	기타 소득 활용 시	소득 입증서류	(예시) 임대소득 : 등기부등본, 임대차계약서, 이자소득 : 은행거래내역서 등	☐
2-10	재산 활용 시	예금, 보험, 증권, 채권,	100만원 이상으로 6개월 이상 지속된 것만 인정 부동산의 경우 등기부등본과 공시가격표 제출	☐
2-11		부동산		☐
2-12	가족의 소득 또는 재산 활용 시	외국인 배우자 초청인의 가족소득 현황 진술서	대사관 또는 하이코리아 홈페이지 양식에 따라 기재 (아래 #4 참조)	☐
		입증 서류	근로, 사업, 기타소득 또는 재산 여부에 따라 위 항목 참조하여 준비	☐

- **#1 (소득요건 적용 면제)** ① 부부 사이에 태어난 자녀가 있는 경우 ② 부부가 비자 신청일로부터 1년 이상 외국에서 동거하여 최근 1년간 국내 소득이 없는 경우 ③ 과거 외국인 배우자가 결혼이민(F-6) 자격으로 한국에서 체류한 적이 있는 경우(단, 배우자가 변경되었거나 동일한 배우자라도 혼인이 중단된 적이 있다면 제외). 단, ①에 해당하는 분은 자녀 명의 가족관계증명서(혼인 전 출생하여 국적취득 전일 경우 출생증명서), ②에 해당하는 분은 동거 관련 입증서류를 제출하셔야 합니다.

- **#2 (사업소득 관련 주의사항 1)** 사업소득은 원칙적으로 국세청 소득금액증명에 기재된 금액을 기준으로 판단합니다. 만약 실제 소득이 소득금액증명상 금액보다 많다면 소득을 과소 신고한 것에 해당될 수 있으므로 세무서에 수정 신고한 후 수정된 소득금액증명을 제출하시기 바랍니다.

- **#3 (사업소득 관련 주의사항 2)** 원칙적으로 신청일 기준 1년 전 소득 관련 자료를 제출해야 하나 사업소득의 경우 다음 연도 5월에 소득신고가 이루어지는 특징이 있습니다. 이를 감안하여 소득금액증명상의 가장 최근 연도의 소득이 정해진 소득요건을 충족하고, 한국인 배우자가 동일한 사업을 지속하고 있다면 신청일 기준 1년 전 소득이 아니더라도 예외를 인정합니다.(단, 경우에 따라 실태조사가 실시될 수 있습니다.)

- **#4 (소득요건 보충이 가능한 가족의 범위)** 한국인 배우자와 주민등록표상 세대를 같이 하는 직계가족(부모, 조부모, 자녀 등) 또는 초청을 받는 결혼이민자만 소득요건을 보충할 수 있습니다. 직계가족이라도 주민등록표상 세대를 같이 하지 않으면 소득요건 보충이 불가하며, 형제나 자매는 직계가족이 아니므로 역시 소득요건 보충이 불가합니다.

- **(참고) 2020년 기준 소득요건** : 초청인의 과거 1년간 연간소득(세전)이 아래 표에 해당되는 금액 이상이어야 함

구 분	2인 가구	3인 가구	4인 가구	5인 가구	6인 가구	7인 가구 이상
소득기준(원)	17,951,880	23,223,462	28,495,044	33,766,626	39,038,208	6인 가구 소득 기준에서 추가 1인당 5,271,582원 추가

3. 외국인 배우자의 의사소통 요건 관련 서류

※ 주의 : 아래 서류 중 하나를 선택하여 제출하시기 바랍니다. 의사소통 면제 대상에 해당되지 않음에도 아래 서류 중 어느 하나라도 제출하지 못하는 경우 대사관에서 실시하는 평가 결과 따라 요건 충족 여부가 결정됩니다.

※ 의사소통 면제 대상자는 아래 서류를 제출할 필요가 없습니다. (아래 #1 참조)

번호	구분	서류종류	비고	체크리스트
3-1	한국어	세종학당 이수증	결혼이민자 과정 이수증만 인정	☐
3-2		한국어능력시험(TOPIK) 성적증명서	TOPIK 1급 이상인 경우 인정	☐
3-3		사회통합프로그램(KIIP) 2단계 이상 이수증		☐
3-4				☐
3-5		지정된 교육기관 이수증	해당국가에 지정된 교육기관이 있는 경우 인정(기관명 기재)	☐
		한국어 관련 대학(원) 학위증		☐
3-6	외국인 배우자의 언어	외국국적동포 입증서류	필요시 한국어구사 능력 확인!	☐
		외국인 배우자가 한국에서 1년 이상 계속 체류 입증서류	출입국 사실증명 또는 자필진술서(양식 불문)	☐
3-7		한국인 배우자가 외국인 배우자의 언어가 공용어인 국가에서 1년 이상 계속 체류 입증서류	해당 국가의 출입국 사실증명 또는 자필진술서(양식 불문)	☐
3-8		한국인 배우자가 외국인 배우자의 언어가 공용어인 국가 출신 귀화자임을 입증하는 서류		☐
3-9	그 외 언어	한국인 배우자와 외국인 배우자가 해당 언어가 공용어인 국가에서 1년 이상 계속 체류 입증서류	해당 국가의 출입국 사실증명 또는 자필진술서(양식 불문)	☐
3-10	공통	그 밖의 의사소통 가능 입증서류	아래 #2 참조	☐

- #1 (의사소통 요건 적용 면제) ① 부부 사이에 태어난 자녀가 있는 경우 ② 과거 외국인 배우자가 결혼이민(F-6) 자격으로 한국에서 체류한 적이 있는 경우(단, 배우자가 변경되었거나 동일한 배우자라도 혼인이 중단된 적이 있다면 제외)에는 의사소통 관련 서류제출이 면제됩니다. 단, ②의 경우 기본적인 의사소통이 불가할 경우에는 면제대상에서 제외될 수 있습니다.
- #2 (그 밖의 의사소통 가능 입증서류) 한국인 배우자 또는 외국인 배우자가 ① 일정 수준 이상의 해당 언어 능력시험 점수를 제출하는 경우 ② 대사관에서 해당 언어로 실시하는 인터뷰에 합격한 경우에는 의사소통 요건을 갖추었다고 인정받을 수 있습니다.

4. 한국인 배우자의 주거요건 관련 서류

※ 주의 : 주거요건을 충족하기 위해 제출한 곳의 주소지는 주민등록등본(1-13)상의 주소지와 동일해야 합니다.

번호	구분	서류종류	비고	체크리스트
4-1	자가인 경우	등기부등본		☐
4-2	임대인 경우	등기부등본		☐
4-3		임대차계약서 사본 1부		

- #1 (주거요건) 주거요건으로 제출한 주거지는 한국인 배우자 또는 한국인 배우자의 직계가족, 형제, 자매 명의로 소유 또는 임차한 곳이어야 합니다. 제3자 명의로 소유 또는 임차한 경우 원칙적으로 주거요건을 충족하지 못한 것으로 판단하나, 회사 제공 사택 등 사회통념상 인정가능한 장소인 경우 예외를 인정합니다.

5. 교제 입증 서류

번호	구분	서류종류	비고	체크리스트
5-1	공통 필수	교제 경위, 혼인의 진정성을 입증할 수 있는 서류	교제 사진, 가족 사진, SNS 대화 내역 등 자유롭게 A4용지에 편집하여 제출 (5쪽 이내)	☐
5-2	결혼중개업체를 통해 만난 경우	결혼중개업체 등록증 사본	제출이 어려운 경우 사유서 제출 (아래 #1에 해당하는 사람은 면제)	☐
		보증보험증권 사본		☐
		계약서 사본		☐
5-3	지인 소개로 만난 경우	소개자 신분증 사본		☐

- #1 (소개 경위 서류 면제) ① 부부 사이에 태어난 자녀가 있는 경우 ② 과거 외국인 배우자가 결혼이민(F-6) 자격으로 한국에서 체류한 적이 있는 경우 (단, 배우자가 변경되었거나 동일한 배우자라도 혼인이 중단된 적이 있다면 제외)

[서류 간소화 사례별 구비서류 목록]

1. 부부 사이에 출생한 자녀가 있는 경우 구비서류 목록

구 분	서류 목록	
기본서류	신청서, 여권용 사진, 신청인(외국인 배우자) 여권 원본 및 사본 1부, 신청 수수료	☐
	외국인 배우자 초청장, 신원보증서, 외국인 배우자의 결혼배경진술서	☐
	(한국인 배우자) 여권 사본 1부, 기본증명서(상세) 1부, 혼인관계증명서(상세) 1부, 가족관계증명서(상세) 1부, 자녀 명의 가족관계증명서(상세) 1부(불가 시 출생증명서), 주민등록등본(한글본) 1부	☐
	(외국인 배우자) 본국 결혼증명서 1부, 결핵 관련 진단서(결핵 고위험 국가에 한함) 1부, 기타 해당 국가에 특별히 적용되는 서류(예 필리핀 CFO 교육 이수증 원본 및 사본 1부)	☐
주거요건	자가인 경우 : 등기부등본 임대인 경우 : 등기부등본, 임대차계약서 사본 1부	☐
교제 입증서류	공통 필수 서류	☐

2. 부부 사이에 자녀가 출생할 예정(임신)인 경우 구비서류 목록

구 분	서류 목록	
기본서류	신청서, 여권용 사진, 신청인(외국인 배우자) 여권 원본 및 사본 1부, 신청 수수료	☐
	외국인 배우자 초청장, 신원보증서, 외국인 배우자의 결혼배경진술서	☐
	(한국인 배우자) 여권 사본 1부, 기본증명서(상세) 1부, 혼인관계증명서(상세) 1부, 가족관계증명서(상세) 1부, 주민등록등본(한글본) 1부	☐
	(외국인 배우자) 본국 결혼증명서 1부, 결핵 관련 진단서(결핵 고위험 국가에 한함) 1부, 기타 해당 국가에 특별히 적용되는 서류(예 필리핀 CFO 교육 이수증 원본 및 사본 1부)	☐
소득요건	상세 내용 위 소득요건 항목 참조	☐
한국어 구사요건	상세 내용 위 한국어 구사요건 항목 참조	☐
주거요건	자가인 경우 : 등기부등본 임대인 경우 : 등기부등본, 임대차계약서 사본 1부	☐
교제 입증서류	공통 필수 서류/교제 경위별 서류	☐

3. 과거 한국에서 결혼이민(F-6) 자격으로 체류한 적이 있는 경우

구 분	서류 목록	
기본서류	신청서, 여권용 사진, 신청인(외국인 배우자) 여권 원본 및 사본 1부, 신청 수수료	☐
	외국인 배우자 초청장, 신원보증서	☐
	(한국인 배우자) 여권 사본 1부, 기본증명서(상세) 1부, 혼인관계증명서(상세) 1부, 가족관계증명서(상세) 1부, 주민등록등본(한글본) 1부	☐
	(외국인 배우자) 본국 결혼증명서 1부, 결핵 관련 진단서(결핵 고위험 국가에 한함) 1부, 기타 해당 국가에 특별히 적용되는 서류(예 필리핀 CFO 교육 이수증 원본 및 사본 1부)	☐
주거요건	자가인 경우 : 등기부등본 임대인 경우 : 등기부등본, 임대차계약서 사본 1부	☐
교제 입증서류	공통 필수 서류	☐

※ 단, 배우자가 변경되었거나 동일한 배우자라도 혼인이 중단된 적이 있다면 해당 없음

[주의사항]

1. 위 구비서류 목록은 2020.6.15. 기준으로 작성되었습니다. 비자 심사기준의 변동에 따라 사전 예고없이 변경될 수 있으므로 비자 신청 전 대사관 홈페이지에서 구비서류 목록에 변동사항이 있는지 확인하시기 바랍니다.

2. 구비서류가 누락된 경우 비자 접수가 거부될 수 있으므로 구비서류 목록을 참고하시어 준비하시기 바랍니다. 신속한 서류 접수를 위하여 **번호 순서대로 정렬하여 제출**하여 주시기 바랍니다. 참고로 위 구비서류 목록은 결혼이민 비자 신청 시 기본적으로 제출해야 하는 서류입니다. 비자 접수 과정 또는 비자 심사 과정에서 필요하다고 판단되는 경우 **추가 서류 제출**이 요청될 수 있습니다.

3. 서류 접수는 비자 신청인(외국인 배우자)이 직접 대사관을 방문하여 신청하여야 하며, **우편 접수는 허용되지 않습니다.** 서류 접수 시간은 오전 00:00~00:00입니다.
   ※ 대사관 주소 :

4. 비자 심사 기간은 근무일 기준 00일이나, 서류조회 기간, 추가서류 요청, 인터뷰, 실태조사 등의 사유로 지연될 수 있습니다. 심사에 문제가 없는 경우 발급 예정일 오후 00:00~00:00에 비자가 발급됩니다. 참고로 결혼비자를 발급받더라도 국가에 따라 출국을 위해서는 별도 절차가 필요한 경우(예 필리핀의 경우 여권에 CFO 스티커를 발부받아야 함)가 있으므로, 이 점 유의하시기 바랍니다. 참고로 결혼비자 소지자는 편도 항공티켓 발권이 가능합니다.

5. 비자 신청 시 거짓된 사실을 기재 또는 진술하거나 거짓된 서류를 제출하는 경우 비자 신청이 거부됨은 물론, 외국인 배우자의 한국 입국이 5년 이상 금지될 수 있으며, 이 사실이 외국인 배우자의 한국 입국 후 발견되었다면 강제퇴거될 수 있습니다. 뿐만 아니라 출입국관리법 제7조의2 및 같은 법 제94조에 따라 3년 이하의 징역 또는 2천만원 이하의 벌금에 처해질 수 있습니다.

6. 모든 서류는 원칙적으로 번역, 공증 절차가 불필요합니다. 필요한 경우 대사관에서 서류 접수 후 개별 요청할 예정이니 비자 접수 전에 따로 번역이나 공증을 하실 필요는 없습니다.

7. 외국인 배우자의 국가에서 먼저 혼인하신 경우 외국인 배우자의 결혼증명서상 혼인일이 한국 혼인관계증명서상 혼인신고일과 동일한 지 확인하시기 바랍니다. 국가마다 행정상의 문제로 한국인 배우자가 해당 국가에 체류하지 않은 날이 혼인일로 기재된 사례가 종종 발생하고 있으니 주의하시기 바랍니다.

8. 그 외 문의사항은 주○○○대사관 비자과 이메일 aaaaa@mofa.go.kr이나 대표 전화번호 +00-0-0000-0000 (내선 000 또는 000)으로 연락주시기 바랍니다. (팩스번호 +00-0-0000-0000)

□ 소득 요건 및 인정 소득의 종류

○ 소득 요건

 － 외국인을 결혼동거 목적으로 초청하는 사람은 과거 1년간(사증신청일 기준)의 연간소득(세전)이 아래 표에 해당되는 금액 이상이어야 함

〈2021년 가구수별 소득요건 기준 : 법무부고시 제2020-526호〉

구분	2인 가구	3인 가구	4인 가구	5인 가구	6인 가구	7인 가구
소득기준	18,528,474	23,903,700	29,257,740	34,544,238	39,771,618	44,983,188

 * 8인 가구 이상의 소득기준 : 가구원 추가 1인당 5,211,570원씩 증가

○ 가구 수의 계산

 － 초청인이 동거가족이 없는 경우 : 2인 가구(초청자 + 외국인 배우자)

 － 초청인과 주민등록표상 세대를 같이 하는 직계 가족(과거 혼인관계에서 출생한 자녀나 부모 등)이 있는 경우 가구 수에 포함

○ 인정하는 소득의 종류

 － 초청인이 과거 1년간 취득한 근로소득+사업소득(농림수산업소득 포함)+부동산 임대소득+이자소득+배당소득+연금소득의 합계

 ※ 위 소득 이외의 비정기적 소득은 소득 산정 시 제외

□ 소득요건 및 인정소득의 예외

○ 소득을 보충할 수 있는 초청인의 재산이 있는 경우

 － 소득이 요건을 충족하지 못하더라도 초청인의 재산(예금, 보험, 증권, 채권, 부동산 등)이 있는 경우 재산의 5%를 소득으로 인정

※ 단, 재산의 안정성 판단, 위장납입 방지 등을 위해 인정하는 재산은 취득일로부터 6개월 이상 지속된 것으로 한정하며, 부채를 제외한 순 재산만 인정

예시) 2인 가구인 A (기준금액 17,439,168)의 1년간 소득이 1,500만원이고 재산이 6,000만원이라면 1,500만원(소득) + 300만원(재산 = 6,000만원의 5%) = 1,800만원이므로 소득요건 충족

○ 가족의 소득과 재산이 소득요건을 충족하는 경우

 － 초청인과 주민등록표상 세대를 같이 하는 직계가족의 소득 또는 재산이 위 기준을 충족하는 경우

 － 과거 1년간 결혼이민자의 대한민국 내 소득 또는 대한민국에 있는 재산이

위 기준을 충족하는 경우

※ 초청인과 가족의 소득 및 재산을 합산하는 것도 가능

□ 소득요건 적용의 면제 대상

○ 소득요건 적용을 면제하는 인도적 사유가 있는 경우

- 초청인과 결혼이민자 사이에 출생한 자녀가 있는 경우
- 부부가 1년 이상 외국에서 동거하여 과거 1년간 국내 소득이 없는 경우
- 그 밖에 법무부장관이 요건의 적용을 면제할 필요가 있다고 특별히 인정하는 경우

□ 소득 및 재산의 입증 방법

○ 초청인은 '외국인 배우자 초청장'(출입국관리법 시행규칙 서식 제19호의2)에 소득과 재산상황을 기재하고, 이를 입증할 수 있는 자료(국세청 발급 소득 관련증명서, 부동산 등기부등본, 예금증명서, 재직증명서, 통장사본 등 제반 서류)를 제출

○ 소득요건 적용의 면제대상에 해당되는 경우 면제사유를 입증할 수 있는 자료를 제출

※ 초청자가 결혼이민자 모국어 교육과정 이수시 혜택

〈초청자 결혼이민자 모국어 교육과정 이수시 인센티브 부여〉

1. 대상 (국민인 배우자가 아래의 어느 하나에 해당할 경우)

○ 3개월 이상의 기간에 걸쳐, 총 80시간 이상의 결혼이민자 모국어 교육 과정을 국내 혼인신고 이후 이수한 경우

※ 혼인신고 이전 교제기간에 시작하여 혼인신고 이후 완료한 경우에도 인정

○ 국내 혼인신고 이후 결혼이민자 모국어 능력시험 초급(1단계)에 합격한 경우

2. 인센티브 내용

○ 초청자의 결혼이민자 모국어 교육과정 이수 사실 증명 시 실태조사 간소화, 영사직접평가 및 재평가 기회부여

3. 제출서류 (사증발급 신청 시 아래 제출서류 중 어느 하나 및 확인서 제출)

○ 관할 출입국 · 외국인청장(사무소장, 출장소장)은 제출서류에 대해 사실 확인 후 확인서 발급

※ 필요시 해당언어로 인터뷰 실시, 기초수준 이상 구사 가능 확인

제출서류

가. 국내 교육기관의 장이 서명 날인한 교육과정 이수 확인서(사설기관은 기관명이 표시된 지문인식기 출입시간 출력물 첨부)

※ 출입국관리사무소에서 운영하는 외국어교실 포함

나. 공인된 기관에서 시행하는 해당 언어 능력시험 초급(1단계) 합격증서

---

④ 기타 심사에 필요하다고 인정하는 서류

🔘 개별 심사 과정에서 사증심사의 정확성과 효율성을 위해 규정된 서류 이외에 추가서류 제출을 요구할 수는 있음

⑤ 각 서류의 유효기간

🔘 초청장 및 혼인관계증명서 등 제출 서류의 유효기간은 이 지침에서 별도로 규정하지 않는 한 작성일, <u>발급일로부터 3개월 이내임</u>

【국제결혼안내프로그램】

☞ 추진배경

· 국제결혼에 대한 올바른 인식을 제고하고 국제결혼의 부작용을 최소화하여, 바람직한 다문화가정을 형성할 수 있도록 지원

☞ <u>국제결혼안내프로그램 이수대상</u>

· 국민과 외국인의 혼인·이혼 현황, 혼인을 바탕으로 한국국적을 취득한 현황, 불법체류 외국인 현황 등을 종합적으로 고려하여 법무부장관이 고시한 국가(특정국가*)의 국민을 결혼동거 목적으로 초청하려는 사람

※ 특정국가 : 중국 · 베트남 · 필리핀 · 캄보디아 · 몽골 · 우즈벡 · 태국(법무부 고시)

☞ 국제결혼안내프로그램 면제대상
- 외국인 배우자의 국가에서 6월 이상 또는 제3국에서 유학, 파견근무 등을 위해 장기사증으로 계속 체류하면서 결혼상대방과 교제사실을 입증할 수 있는 자
- 외국인 배우자가 「출입국관리법 시행령」 [별표 1의 2] 장기체류자격으로 국내에 입국하여 91일 이상 합법 체류하면서 초청인과 교제한 사실을 입증할 수 있는 자
- 임신·출산 그 밖에 인도적인 고려가 필요하다고 인정되는 자
  ※ 교제경위서, 인우보증서, 사진, 이메일, 출입국기록 등의 관련 자료와 인터뷰 등을 통해 확인

▶   자녀 양육자에 대한 체류자격(F-6-2) 변경허가

가. 체류허가 대상
● 결혼이민(F-6) 이외의 체류자격으로 체류 중인 외국인으로 국민과 혼인 관계(사실상의 혼인관계*를 포함)에서 출생한 미성년 자녀를 국내에서 양육하고 있는 부 또는 모

나. 체류허가기간 : 1년

다. 제출서류
① 신청서(별지 제34호 서식), 여권, 외국인등록증(해당자), 표준규격사진 1매, 수수료
② 자녀가 국민인 경우 자녀 명의의 기본증명서·가족관계증명서
③ 가족(친자)관계 입증서류
  - 출생증명서, 유전자검사 확인 서류
④ 자녀양육 입증서류
  예) 판결문 등(양육권 관련), 자녀가 등재되어 있는 주민등록등본, 자녀의 5촌 이내 한국인 친척(부 또는 모)이나 주거지 통(반)장의 확인서 등
⑤ 혼인단절자(이혼,사망,실종등)의 경우 그 사유를 입증하는 서류(해당자에 한함)
⑥ 그 밖에 심사에 필요하다고 인정되는 서류

▶   혼인단절자(사망,실종,이혼)에 대한 체류자격(F-6-3) 변경허가

가. 체류허가 대상(아래 요건을 모두 갖춘 사람)
① 결혼이민(F-6) 이외의 자격으로 체류 중인 사람
② 국민과 정상적인 혼인생활을 유지하면서 국내에서 체류 중 한국인 배우자
의 사망·실종, 그 밖에 자신에게 책임없는 사유로 혼인 단절된 사람, 다
만 제한 대상(단기체류자, 형사범(단순 벌금형을 받은 사람은 제외), 출국
을 위한 체류기간 연장허가를 받은 사람) 및 제한 대상이었으나 기타(G-
1) 자격 체류허가를 받은 사람은 제외
※ 신청 당시 국민의 배우자 자격(F-6-1,)으로 체류 중인 경우 체류기간
연장허가 대상임

나. 체류허가 기간 : 1년

다. 제출서류

공통	▶신청서(별지 제34호 서식), 여권, 외국인등록증, 표준규격사진 1매, 수수료
사망	▶ 배우자의 사망 입증서류 – 사망진단서, 배우자의 사망사실이 기재된 기본증명서 등 ▶ 가족관계 입증서류(혼인관계 증명서 등)

이혼	▶ 이혼사실이 기재된 혼인관계 증명서
	▶ 이혼관련 소송서류(소장, 이혼 판결문 등)
	▶ 귀책사유 입증자료
	 – 국민 배우자의 가출신고서, 배우자의 폭행 등으로 인한 병원 진단서, 검찰의
	  불기소결정문, 공인된 여성관련 단체 확인서, 국민 배우자의 4촌 이내 친척
	  의 확인서, 혼인관계가 중단될 때 거주하던 통(반장)의 확인서 등

실종	▶ 실종사실 증명서류(실종선고심판서) ▶ 가족관계 입증서류(혼인관계 증명서 등)
☞ 그 밖에 심사에 필요하다고 인정되는 서류	

라. 체류허가권자 : 청(사무소·출장소)장

▶	가사정리(F-1-6) 체류자격 변경허가

가. 체류허가 대상
🦃 국민과 혼인이 단절되었으나 혼인단절자(F-6-3)에 해당하지 않는 사람
으로서 재산분할, 가사정리 등의 사유로 국내 체류가 불가피한 사람

	나. 체류허가 기간 : 6개월 범위 내(1년까지) 다. 제출서류 　① 신청서(별지 제34호 서식), 여권, 외국인등록증, 사진 1매, 수수료 　② 신원보증서 　③ 이혼 사실이 기재된 혼인관계 증명서 　④ 체류 불가피성에 대한 소명자료 　　－ 사유서, 재산분할 관련 입증자료 등 　⑥ 그밖에 심사에 필요하다고 인정되는 서류
체류기간 연장허가 (F-6-1) ➡ 목차 체류기간 연장허가 (F-6-1)	▶　　국민의 배우자(F-6-1)에 대한 체류기간 연장허가 1. <u>국민의 배우자(F-6-1)</u>에 대한 <u>체류기간연장허가</u> 가. <u>최초</u> 체류기간 연장허가 　🔹 결혼이민(F-6-1, 90일) 사증으로 입국 후 90일 이내에 주소지 관할 청 　　(사무소·출장소)에 외국인등록 및 체류기간 연장 신청 　🔹 체류허가기간 : 입국일로부터 1년 　－ 단, 법무부장관이 고시한 국제결혼 안내프로그램 대상 7개 국가*의 국민 　　이 입국 후 조기적응프로그램을 이수한 경우 외국인등록 시 2년, 미이수 　　자는 입국일로부터 2년까지 6개월 단위로 체류기간 부여 　　* 중국, 베트남, 필리핀, 태국, 캄보디아, 우즈베키스탄, 몽골 　🔹 제출서류 　① 신청서(별지 제 34호 서식), 여권, 표준규격사진 1매, 수수료 　② 국민배우자의 혼인관계증명서 및 주민등록등본, 　　(부부사이에 출생한 자녀가 있을 경우) 자녀명의 가족관계증명서 　③ 직업 및 연간 소득금액 신고서 　④ (소득 및 직업이 있는 경우) 소득금액증명원 　⑤ 체류지 입증서류(임대차계약서, 숙소제공 확인서, 체류기간 만료예고 통 　　지우편물, 공공요금 납부영수증, 기숙사비 영수증 등) 나. 체류기간 연장허가 　🔹 체류허가 대상 　－ 국민의 배우자(F-6-1) 자격으로 체류 중인 사람 　🔹 체류허가기간 : 1년 범위 내 　－ 단, 국민 배우자 사이에 출생한 자녀를 양육하고 있는 경우 3년 범위 내 　🔹 제출서류

① 신청서(별지 제 34호 서식), 여권, 수수료

② 혼인관계증명서 ③ 주민등록등본

④ (부부사이에 출생한 자녀가 있을 경우) 자녀명의 가족관계증명서

⑤ 직업 및 연간 소득금액 신고서

⑥ (소득 및 직업이 있는 경우) 소득금액증명원

⑦ 체류지 입증서류(임대차계약서, 숙소제공 확인서, 체류기간 만료예고 통지우편물, 공공요금 납부영수증, 기숙사비 영수증 등)

⑧ 그밖에 심사에 필요하다고 인정되는 서류(요청시 제출)

2. 별거 · 이혼소송 · 배우자 실종의 경우 체류기간 연장허가(F-6-1)

🗨 체류허가 대상

– 국민의 배우자(F-6-1) 자격으로 체류 중인 외국인으로서

① 배우자와 별거 중인 사람

※ 별거란 형식적인 혼인관계는 유지하고 있으나 장기간 부부가 함께 지내지 않는 것을 의미하며 주말부부는 별거에 해당하지 않음

② 배우자와 이혼소송이 진행 중인 사람

– 이혼소송을 준비 중인 사람, 추완 항소 중인 사람을 포함

③ 배우자가 실종되었으나 가정법원의 실종선고를 받기 전인 사람

🗨 제출서류

공통	① 신청서(별지 제 34호 서식), 여권 및 외국인등록증, 수수료 ② 국민 배우자의 혼인관계증명서 및 주민등록등본 ③ (부부사이에 출생한 자녀가 있을 경우) 자녀명의 가족관계증명서 ④ 직업 및 연간 소득금액 신고서 ⑤ (소득 및 직업이 있는 경우) 소득금액증명원 ⑥ 체류지 입증서류(임대차계약서, 숙소제공 확인서, 체류기간 만료예고 통지우편물, 공공요금 납부영수증, 기숙사비 영수증 등)
별거	▶ 별거사유 입증서류(예시) – 국민 배우자의 가출신고서, 상해 관련 진단서 또는 증거사진, 가정폭력 관련 보호시설 입소 확인서, 형사판결문, 주변인 확인서, 공인된 여성단체 확인서 등 ※ 배우자가 수감 중인 경우 : 배우자의 수용증명서(필수), 배우자의 4촌 이내 가족의 확인서 등
이	▶ 이혼소송 관련 서류(소제기 증명원 등)

혼	
실 종	▶ 실종사실을 증명하는 서류 – 가정법원이 수리한 실종선고심판 청구서, 실종신고서, 주변인 확인서 또는 공인된 여성단체 확인서 등

☞ 그 밖에 심사에 필요하다고 인정되는 서류

▶	자녀 양육재(F-6-2)에 대한 체류기간 연장허가

가. 최초 체류기간 연장허가
- 자녀양육(F-6-2, 90일) 사증으로 입국 후 90일 이내에 주소지 관할 청(사무소·출장소)에 외국인등록 및 체류기간 연장 신청
- 체류허가기간 : 입국일로부터 1년(조기적응 프로그램 이수 시 2년)
- 제출서류
  ① 신청서(별지 제 34호 서식), 여권, 표준규격사진 1매, 수수료
  ② 자녀명의 기본증명서·가족관계증명서(자녀가 국민인 경우)
  ③ 직업 및 연간 소득금액 신고서
  ④ (소득 및 직업이 있는 경우) 소득금액증명원
  ⑤ 체류지 입증서류(임대차계약서, 숙소제공 확인서, 체류기간 만료예고 통지우편물, 공공요금 납부영수증, 기숙사비 영수증 등)

나. 체류기간 연장허가
- 체류허가 대상
  – 자녀양육(F-6-2) 자격으로 체류 중인 사람
- 체류허가기간 : 3년 범위 내
- 제출서류
  ① 신청서(별지 제 34호 서식), 여권, 수수료
  ② 자녀명의 기본증명서·가족관계증명서(자녀가 국민인 경우)
  ③ 자녀를 계속 양육하고 있음을 입증하는 서류
    – 예시 : 학비 영수증, 자녀의 병원비영수증 등
  ⑤ 직업 및 연간 소득금액 신고서
  ⑥ (소득 및 직업이 있는 경우) 소득금액증명원
  ⑦ 체류지 입증서류(임대차계약서, 숙소제공 확인서, 체류기간 만료예고 통지우편물, 공공요금 납부영수증, 기숙사비 영수증 등)
  ⑧ 그밖에 심사에 필요하다고 인정되는 서류(요청 시 제출)

1. 특칙대상 : 국민의 배우자(F-6-1) 자격으로 체류 중 혼인이 단절된 자로 국민 배우자와의 사이에 출생한 자녀에 대한 면접교섭권을 가진 사람
2. 심사기준 (아래 기준 모두 충족, 필요시 실태조사)
   ① 가정법원결정 등에 의하여 면접교섭권이 제한되지 않았는지 여부
   ② 자녀와의 지속적인 교류가 있는지 여부
   ➡ <u>면접교섭권이 제한·배제된 경우 및 자녀와의 교류가 없는 경우 체류 불허</u>
3. 제출서류 : 신청서, 자녀가 국민인 경우 자녀 명의의 기본증명서·가족관계증명서, 이혼판결문 등(면접교섭권 제한여부 확인용, 협의 이혼한 경우 생략가능, 혼인단절 후 최초 체류기간 연장 시에만 징구하고 추후 생략), 사진 등 자녀와의 지속적인 교류를 증명할 수 있는 서류, 직업 및 연간 소득금액 신고서, (소득 및 직업이 있는 경우) 소득금액증명원, 기타 심사에 필요하다고 인정되는 서류
4. 체류허가기간 : F-6-2로 1년 범위 내

▶ 혼인단절자(F-6-3)에 대한 체류기간 연장허가

가. 국민의 배우자가 사망한 후 최초 체류기간 연장허가
  ● 체류허가 대상
  – 국민의 배우자(F-6-1) 자격으로 국내에서 국민과 정상적인 혼인생활 중 국민인 배우자가 질병, 사고 기타의 사유로 사망한 사람
  ● 제출서류
  ① 신청서(별지 제34호 서식), 여권 및 외국인등록증, 수수료
  ② 배우자의 사망 입증서류
    – 사망진단서, 배우자의 사망사실이 기재된 기본증명서 등
  ③ 가족관계 입증서류(혼인관계 증명서 등),
    (부부사이에 출생한 자녀가 있을 경우) 자녀명의 가족관계증명서
  ④ 직업 및 연간 소득금액 신고서
  ⑤ (소득 및 직업이 있는 경우) 소득금액증명원
  ⑥ 체류지 입증서류(임대차계약서, 숙소제공 확인서, 체류기간 만료예고 통지우편물, 공공요금 납부영수증, 기숙사비 영수증 등)

⑦ 그 밖에 심사에 필요하다고 인정되는 서류

나. 국민 배우자가 실종된 후 최초 체류기간 연장허가
🐢 체류허가 대상
  - 국민의 배우자(F-6-1) 자격으로 국내에서 국민과 정상적인 혼인생활
    중 국민인 배우자가 실종*된 경우
    * 실종이란 민법 제27조의 규정에 의한 가정법원의 실종선고가 있어야
      성립
🐢 제출서류
  ① 신청서(별지 제34호 서식), 여권 및 외국인등록증, 수수료
  ② 실종사실 증명서류(실종선고심판서)
  ③ 가족관계 입증서류(혼인관계 증명서 등)
  ④ (부부사이에 출생한 자녀가 있을 경우) 자녀명의 가족관계증명서
  ⑤ 직업 및 연간 소득금액 신고서
  ⑥ (소득 및 직업이 있는 경우) 소득금액증명원
  ⑦ 체류지 입증서류(임대차계약서, 숙소제공 확인서, 체류기간 만료예고
    통지우편물, 공공요금 납부영수증, 기숙사비 영수증 등)
  ⑧ 그 밖에 심사에 필요하다고 인정되는 서류

다. 국민 배우자와 이혼한 후 최초 체류기간 연장허가
🐢 체류허가 대상
  - 국민의 배우자(F-6-1) 자격으로 국내에서 국민과 정상적인 혼인생활
    중 자신에게 책임 없는 사유(例. 국민의 가출, 폭력 등)로 이혼한 사람

> * 귀책사유를 입증하는 객관적인 자료 : 국민 배우자의 가출, 폭력, 가정불화
>   등 국민 배우자의 주된 귀책사유로 혼인이 단절되었음을 입증하는 서류
>   (예시 : 국민 배우자의 가출신고서, 배우자의 폭행 등으로 인한 병원 진단서, 검
>   찰의 불기소결정문, 공인된 여성관련 단체 확인서, 국민 배우자의 4촌 이내 친척
>   의 확인서, 혼인관계가 중단된 때 거주하던 통(반장)의 확인서 등)

🐢 제출서류
  ① 신청서(별지 제34호 서식), 여권 및 외국인등록증, 수수료
  ② 이혼사실이 기재된 혼인관계 증명서
  ③ 이혼관련 소송서류(이혼판결문, 조정조서, 화해권고결정문, 협의이혼 사
    유서 등)

④ 귀책사유 입증자료

⑤ 체류지 입증서류(임대차계약서, 숙소제공 확인서, 체류기간 만료예고 통지우편물, 공공요금 납부영수증, 기숙사비 영수증 등)

⑥ 그 밖에 심사에 필요하다고 인정되는 서류

🔖 특 칙

외국인의 귀책사유로 이혼한 경우라도 그 외국인이 국민 배우자의 부모 또는 가족을 부양하는 경우 사실관계 확인 및 부양관련 입증서류 징구 후 F-6-3으로 1년 범위 내 체류허가

라. 최초 기간연장 후 혼인단절(F-6-3)자격으로 체류 중인 외국인에 대한 체류기간연장 허가

🔖 체류허가 대상

- 혼인단절(F-6-3) 자격으로 체류 중인 외국인

🔖 제출서류

① 신청서(별지 제34호 서식), 여권, 외국인등록증, 수수료

② (부부사이에 출생한 자녀가 있을 경우) 자녀명의 가족관계증명서

③ 직업 및 연간 소득금액 신고서

④ (소득 및 직업이 있는 경우) 소득금액증명원

⑤ 체류지 입증서류(임대차계약서, 숙소제공 확인서, 체류기간 만료예고 통지우편물, 공공요금 납부영수증, 기숙사비 영수증 등)

⑥ 그밖에 심사에 필요하다고 인정되는 서류

▶	가사정리(F-1-6) 체류기간 연장허가

🔖 체류허가 대상

- 국민과 혼인이 단절되었으나 혼인단절자(F-6-3)에 해당하지 않는 사람으로서 재산분할, 가사정리 등의 사유로 국내 체류가 불가피한 사람

🔖 제출서류

① 신청서(별지 제34호 서식), 여권, 외국인등록증, 사진 1매, 수수료

② 신원보증서 (보증기간이 남아있는 경우 생략 가능)

③ 이혼 사실이 기재된 혼인관계 증명서

④ 체류 불가피성에 대한 소명자료

- 사유서, 재산분할 관련 입증자료 등

⑤ 체류지 입증서류(임대차계약서, 숙소제공 확인서, 체류기간 만료예고 통지우편물, 공공요금 납부영수증, 기숙사비 영수증 등)

⑥ 그밖에 심사에 필요하다고 인정되는 서류

재입국허가
 	
➡️목차
	1. 재입국허가 면제
	🔹 면제대상
	    – 결혼이민(F-6, 기존 F-2-1, F-2-10 포함)자격으로 등록을 필한 사람
	      으로서 출국한 날로부터 1년 이내에 재입국하려는 사람
	🔹 면제기간 : 1년
	    – 다만, 체류기간 만료일이 1년보다 적게 남아있는 경우 체류기간 범위 내
	      에서 재입국허가 면제
	
	2. 복수 재입국허가
	🔹 대상
	    – 결혼이민(F-6, 기존 F-2-1, F-2-10 포함)자격으로 등록을 필한 사람
	      으로서 출국한 날로부터 1년 초과 2년 이내에 재입국하려는 사람
	🔹 수수료
	🔹 허가기간 : 2년
	    – 다만, 체류기간 만료일이 2년보다 적게 남아있는 경우 체류기간 범위 내
	      에서 재입국허가기간 부여
	🔹 단, 입국규제자인 경우에는 본부 승인을 받아 재입국허가 필요

외국인등록
 	
➡️목차
	1. 국민의 배우자(F-6-1)
	🔹 결혼이민(F-6-1)사증으로 입국 후 90일 이내에 주소지 관할 청(사무소 ·
	    출장소)에 외국인등록
	🔹 제출서류
	    ① 신청서(별지 제34호 서식), 여권, 표준규격사진 1매, 수수료
	    ② 국민 배우자의 혼인관계증명서(상세)
	    ③ 국민 배우자의 주민등록등본
	    ④ 부부 사이에 출생한 자녀가 있을 경우 자녀 명의 가족관계증명서
	
	2. 자녀 양육자(F-6-2)
	🔹 (체류허가 대상) 결혼이민(F-6-2)사증으로 입국한 사람
	🔹 (추가 심사기준 및 유의점)
	    – 입국한 날로부터 90일을 초과하여 등록하는 경우에는 사범처리
	🔹 체류허가 기간 : 입국일로부터 1년
	🔹 제출서류
	    ① 신청서(별지 제34호 서식), 여권, 표준규격사진 1매, 수수료
	    ② 자녀가 국민인 경우 자녀 명의의 기본증명서 · 가족관계증명서
	    ③ 체류지를 입증할 수 있는 서류

기 타(G-1)

활동범위	● 외교(A-1) 내지 결혼이민(F-6), 관광취업(H-1) 및 방문취업(H-2) 자격에 해당하지 아니하는 활동
해 당 자	● 출입국관리법 시행령 별표 1의 2호 중 외교(A-1)부터 방문취업(H-2)까지 또는 영주(F-5) 체류자격에 해당하지 않는 사람으로서 법무부장관이 인정하는 사람 〈법무부장관이 인정하는 사람의 범위〉 – 산업재해 청구 및 치료 중인 사람과 그 가족 – 질병, 사고로 치료 중인 사람과 그 가족 – 각종 소송 진행 중인 사람 – 임금체불로 노동관서에서 중재 중인 사람 – 난민신청자 – 난민불인정자 중 인도적 체류허가자 – 사고 등으로 사망한 사람의 가족 – 임신, 출산 등 인도적 체류허가자 – 질병치료 등으로 입국 후 장기치료가 필요한 환자와 그 가족 – 성폭력 피해자 등 인도적 고려가 필요한 사람 – 인도적 체류자(G-1-6)의 가족 – 기타 사유에 해당되는 사람
1회에 부여할 수 있는 체류기간 상한	● 1년
체류자격외 활동 ▶ 목차	1. 성폭력 피해자 등에 대한 체류자격외 활동허가 가. 대 상 　● 사고 등으로 사망한 사람의 가족(G-1-7) 　● 성폭력피해자 등 인도적 고려가 필요한 사람(G-1-11) 　● 기타 사유에 해당되는 사람(G-1-99) 나. 취업활동 범위 　● 취업제한 분야(붙임 2)를 제외한 단순노무 분야 취업 가능 　● 전문분야에 취업하고자 할 경우에는 출입국관리법령 및 관련 해당 법령에서 정하는 자격을 갖출 것 다. 심사기준

● 취업제한 분야가 아닐 것
● 취업 예정지의 고용주가 「외국인 불법 고용주 등에 대한 사증발급인정서 발급 등 제한기준」(체류관리과-5057, 5085, '18.8.07.)에 따른 제한 대상자가 아닐 것
  - 단, 상기 제한기준 변경시 변경된 기준에 따름

라. 허가기간

● 허가기간 : 체류기간 범위 내에서 최대 1년
  ※ 연장 시 취업 변동 유무를 확인하고 변동된 경우 다시 사전에 자격외활동허가를 받도록 할 것

마. 제출서류

● 신청서(별지 제34호 서식), 여권, 외국인등록증, 수수료
● 고용계약서, 사업자등록증 사본, 해당자격 입증서류 등

바. 기타사항

● 체류자격외활동 허가를 할 경우 다음 사항 안내
  - 취업제한 분야 취업 금지
  - 취업이 변동된 경우 다시 사전에 다시 자격활동허가를 받을 것
● 체류자격외활동 허가를 하여 출입국관리시스템에 입력할 경우 "E-7-H" 전산기호로 입력

취업 제한 분야

ㅇ 「사행행위 등 규제 및 처벌 특례법」 제2조제1항제1호 및 동법 시행령 제1조의2 등에서 규정하고 있는 사행행위 영업

ㅇ 「식품위생법」 제36조 및 동법시행령 제21조제8호 등에서 규정하고 있는 단란주점영업, 유흥주점영업

ㅇ 「풍속영업의 규제에 관한 법률」 제2조 및 동법시행령 제2조 등에서 규정하고 있는 풍속영업 중 선량한 풍속에 반하는 영업
  - 「식품위생법 시행령」 제21조제8호 다목에 따른 단란주점영업 및 같은 호 라목에 따른 유흥주점영업
  - 불특정한 사람 사이의 신체적인 접촉 또는 은밀한 부분의 노출 등 성적 행위가 이루어지거나 이와 유사한 행위가 이루어질 우려가 있는 서비스를 제공하는 영업으로서 청소년보호위원회가 결정하고 여성가족부장관이 고시한 청소년 출입·고용금지업소
  - 청소년유해매체물 및 청소년유해약물 등을 제작·생산·유통하는

영업 등 청소년의 출입과 고용이 청소년에게 유해하다고 인정되는 영업으로서 대통령령으로 정하는 기준에 따라 청소년보호위원회가 결정하고 여성가족부장관이 고시한 청소년 출입·고용금지업소

o 「학원의 설립·운영 및 과외교습에 관한 법률」에서 규정하고 있는 개인과외 교습 행위

o 기타 체류자의 신분을 벗어난 활동 및 기타 법무부장관이 그 취업을 제한할 필요가 있다고 인정되는 분야

청소년 출입·고용금지업소 결정 고시
[여성가족부고시 제2013-52호, 2013. 8. 13., 일부개정](개정시 개정된 내용에 따름)

1. 시설형태
   가. 밀실이나 밀폐된 공간 또는 칸막이 등으로 구획하거나 이와 유사한 시설

2. 설비유형
   가. 화장실, 욕조 등 별도의 시설을 설치한 것
   나. 침구, 침대 또는 침대형태로 변형이 가능한 의자·소파 등을 비치한 것
   다. 컴퓨터·TV·비디오물 시청기자재·노래방기기 등을 설치한 것
   라. 성인용인형(리얼돌) 또는 자위행위 기구 등 성관련 기구를 비치한 것

3. 영업형태
   가. 입맞춤, 애무, 퇴폐적 안마, 나체쇼 등 신체적 접촉이 이루어지거나 성관련 신체부위를 노출하거나 성행위 또는 유사성행위가 이루어질 우려가 있는 영업
   나. 성인용 영상물 또는 게임물, 사행성 게임물 등 주로 성인용 매체물이 유통될 우려가 있는 영업
   다. 성인용 인형(리얼돌) 또는 자위행위 기구 등 성관련 기구를 이용할 수 있는 영업

【영업 예시】키스방, 대딸방, 전립선마사지, 유리방, 성인PC방, 휴게텔, 인형체험방 등

2. 난민신청자에 대한 체류자격외 취업활동 허가

가. 허가 대상

- 난민인정의 신청을 한 후 6개월이 경과한 자
  - ※ 입증자료 제출 지연, 소재 불명, 보호 등 신청자의 귀책 사유로 인한 기간은 6개월의 기간에 산입하지 아니함
- 난민인정의 신청을 한 자 중 장애 등으로 근로능력이 없는 피부양자를 부양해야 하거나 기타 이에 준하는 사유로 청장 등이 특히 필요하다고 인정하는 자

나. 허용 범위

- 아래 '취업제한 업종'을 제외한 단순노무 업무

【취업제한 업종】

- 건설업(사업자등록증상 업종이 건설업만 기재되어 있으면 취업 불가, 건설업·제조업 등 복합 업종인 경우 건설업 취업불가 조건으로 체류자격외 활동 허가) – 체류자격외 활동허가 스티커 하단에 "건설업 취업 불가" 날인
- 사행행위 등 규제 및 처벌 특례법 제2조제1항제1호 및 동법 시행령 제1조의2 등에서 규정하고 있는 사행행위 영업장소에 취업하는 행위
- 식품위생법 제36조 및 동법시행령 제21조제8호 등에서 규정하고 있는 단란주점, 유흥주점 등에서 유흥접객원으로 근무하는 행위
- 풍속영업의 규제에 관한 법률 제2조 및 동법시행령 제2조 등에서 규정하고 있는 풍속영업 중 선량한 풍속에 반하는 영업장소 등에 취업하는 행위
- 학원의 설립·운영 및 과외교습에 관한 법률에서 규정하고 있는 개인과외 교습 행위
- 기타 난민신청자의 신분을 벗어난 활동 및 기타 법무부장관이 그 취업을 제한할 필요가 있다고 인정되는 분야

- 외국어 회화강사(E-2) 등 전문분야에 취업하고자 할 경우에는, 일반 체류 외국인과 동일한 서류 등 징구 및 절차 진행
- ※ 난민신청자가 취업제한 업종에 불법취업 하는 경우에는 일반 체류외국인에 준하여 사범처리

다. 허가 기간

- 난민신청자 중 6개월 내 미결정된 자, 기타 사유가 있는 난민신청자

	– 체류기간 범위 내에서 체류허가기간까지 체류자격외 활동허가
	  🐾 인도적 체류허가를 받은 자
	     – 체류기간 범위 내에서 체류허가기간까지 체류자격외 활동허가
	
	라. 제출 서류
	  🐾 신청서(별지 제34호 서식), 여권, 외국인등록증
	  🐾 고용계약서
	  🐾 사업자등록증 사본 등 사업장 관련 서류
	  🐾 수수료는 일반 체류외국인과 동일
	
	3. 인도적체류자에 대한 체류자격외 취업활동 허가
	가. 허가 대상
	  🐾 난민인정을 받지 못한 자 중 인도적 체류허가를 받은 자, 인도적체류 허가
	     자의 가족(G-1-12), 난민인정자의 가족(F-1-16)
	
	나. 허용 범위
	  🐾 난민신청자와 동일. 단, 건설업 취업 가능
	  ※ 건설업 취업 시, 체류자격외 활동허가서를 교부 받아 '외국인노동자 건설
	     업 기초안전 보건교육' 이수 필요
	  🐾 외국어 회화강사(E-2) 등 전문분야에 취업하고자 할 경우에는, 일반 체류
	     외국인과 동일한 서류 등 징구 및 절차 진행
	
	다. 허가 기간
	  🐾 체류기간 범위 내에서 최대 1년
	
	라. 제출 서류
	  🐾 난민신청자와 동일

근무처의 변경·추가	🐾 취업허가는 사전 허가 사항임 (난민신청자, 인도적체류자 등 동일) * 근무처(고용주)가 변경되는 경우 새로운 체류자격외 활동허가 필요 🐾 수수료는 일반 체류외국인과 동일

**체류자격
부   여**
	1. 국내출생 난민신청자(G-1-5)
	  가. 체류허가기간
	    🐾 1년 이내
	    * 단, 특별한 사정이 없는 한 가족의 체류기간과 동일하게 부여
	
	  나. 제출서류

- 신청서(별지 제34호 서식), 여권 , 표준규격사진 1매, 수수료
- 난민인정신청 접수증
- 체류지 입증 서류(임대차계약서, 숙소제공 확인서, 체류기간 만료예고 통지 우편물, 공공요금 납부영수증, 기숙사비 영수증, 교회 · 난민지원시설 · 인권단체 · UNHCR 등의 주거확인서 등)
- 수수료는 일반 체류외국인과 동일

2. 인도적 체류허가자의 국내 출생 미성년 자녀 (G-1-12)

가. 체류허가기간
- 인도적 체류허가자의 체류기간 범위 내

나. 제출서류
- 신청서(별지 제34호 서식), 여권, 표준규격사진 1매, 수수료
- 출생증명서 등 부모와의 관계를 입증할 수 있는 서류 및 미성년 자녀의 나이를 확인할 수 있는 서류
- 체류지 입증 서류(임대차계약서, 숙소제공 확인서, 체류기간 만료예고 통지 우편물, 공공요금 납부영수증, 기숙사비 영수증, 교회 · 난민지원시설 · 인권단체 · UNHCR 등의 주거확인서 등)
- 수수료는 일반 체류외국인과 동일

3. 난민 신청자(G-1-5)의 국내 출생 미성년 자녀 (G-1-99)

가. 체류허가기간
- 해당 난민신청자(G-1-5)의 체류기간 만료일까지 부여

나. 심사기준(아래 요건 모두 충족하여야 함)
- 부 또는 모가 난민신청자(G-1-5)*로 합법체류 중일 것
  * 단, 난민신청자(G-1-5)가 출국기한 유예자일 경우는 대상 아님
- 국내 출생 자녀는 난민신청을 하지 않은 상태로 17세 미만일 것
  ※ 난민신청자의 국내 출생 자녀(G-1-99)가 난민 신청을 하였을 경우 G-1-5 자격 정정 안내

다. 제출서류
- 신청서(별지 제34호 서식), 여권*, 표준규격사진 1매, 수수료
  * 난민 신청의 특수성으로 여권이 없을 경우 그 사유서로 갈음
- 출생증명서 등 부모와의 관계를 입증할 수 있는 서류 및 미성년 자녀의 나이를 확인할 수 있는 서류

	🐾 수수료는 일반 체류외국인과 동일
체류자격 변경허가	**1. 산업재해 청구 및 치료 중인 사람과 그 가족(G-1-1)** 가. 대상자 　🐾 산재보상심사 청구 또는 재심청구 중인 자 　🐾 산재로 입원치료 중인 자, 치료 후 근로복지공단으로부터 요양승인을 받 　　고 요양 중인 자 및 후유증상 치료중인 자 　🐾 산재대상자의 가족(배우자 및 직계가족) 나. 체류허가기간 　🐾 체류기간 1년 범위 내 (입원치료 및 산재보상 완료시까지) 다. 제출서류 　🐾 신청서(별지 제34호 서식), 여권, 표준규격사진 1매, 수수료 　🐾 산재보상심사청구서 또는 재심청구서 　🐾 산재로 인한 병원진단서 등 　🐾 가족관계 기타 보호자 입증 서류(가족에 한함) 　🐾 생계유지능력 심사확인서
🔳 목차 체류자격 변경허가	**2. 질병, 사고로 치료 중인 사람과 그 가족(G-1-2)** 가. 대상자 　🐾 (등록외국인) 체류 중 각종 질병·사고로 장기치료를 요하는 자로서 기존 　　체류자격을 유지할 수 없는 자 　🐾 (단기사증으로 입국한 자) 각종 사고를 당하여 장기치료가 불가피한 자 　　※ 건강검진, 질병치료 등을 위해 단기사증(B-1, B-2, C-3)으로 입국 　　　한 후, 의료기관의 검진 등에 의해 장기치료 또는 요양이 필요한 것으 　　　로 인정되는 사람은 외국인환자 체류자격(G-1-10)으로 변경 대상임 　🐾 장기치료를 요하는 자의 가족(배우자 및 직계가족) 나. 체류허가기간 　🐾 체류기간 1년 범위 내 다. 제출서류 　🐾 의료기관에서 발행한 소견서 등 자기치료의 필요성을 입증하는 서류 　🐾 치료 및 체류 비용 조달 능력을 입증하는 서류 　🐾 신원보증서 　🐾 가족관계 입증서류 (배우자 또는 직계가족 동반시만 해당) 　🐾 생계유지능력 심사확인서 ('체류기간 연장' 심사 시 활용)

3. 각종 소송 진행 중인 사람(G-1-3)

가. 대상자
- 🪣 산업재해 등으로 손해배상 청구, 전세금반환 등 각종 민사소송중인 사람
- 🪣 아래와 같이 각종 형사소송 수행중인 사람
- − 구속이 취소되어 불구속수사 등으로 공판이 진행 중인 외국인
- − 보석허가를 받고 공판이 진행 중인 외국인
- − 구속적부심사를 받고 석방되어 공판이 진행 중인 외국인
- − 집행유예를 받고 항소, 상고중인 외국인 등
- 🪣 각종 가사 · 행정소송 수행 중인 사람

나. 체류허가기간
- 🪣 체류기간 6월 범위 이내

다. 접수관할
- 🪣 원칙적으로 외국인의 체류지 관할 청(사무소 · 출장소)에서 접수

라. 제출서류
- 🪣 신청서(별지 제34호 서식), 여권, 표준규격사진 1매, 수수료
- 🪣 소장 사본, 소송제기 증명원, 법률구조결정서 사본, 기타 청구권의 존재를 확인할 수 있는 서류
- 🪣 신원보증서
- 🪣 가족관계 또는 보호자 입증서류 (보호자 · 가족에 한함)
- 🪣 생계유지능력 심사확인서 ('체류기간 연장' 심사 시 활용)

4. 임금체불로 노동관서에서 중재 중인 사람(G-1-4)

가. 대상자
- 🪣 고용노동부에 체불임금로 진정을 접수하여 중재중인 자
- 🪣 고용노동부에 체불임금 진정하였으나 미해결 되어 민사소송 중인 자

나. 체류허가기간
- 🪣 체류기간 6월 범위 내

다. 제출서류
- 🪣 신청서(별지 제34호 서식), 여권, 표준규격사진 1매, 수수료
- 🪣 노동부 제출 진정서 사본
- 🪣 노동부 발급 체불금품 확인원 등

🐾 신원보증서

🐾 생계유지능력 심사확인서 ('체류기간 연장' 심사 시 활용)

5. 난민신청자(G-1-5) 및 난민불인정자 중 인도적 체류허가자(G-1-6)

가. 대상자

🐾 대한민국 안에 있는 외국인으로서 난민인정을 신청한 자(G-1-5)

🐾 난민불인정자 중 인도적 체류허가를 받은 자(G-1-6)

나. 체류허가기간

🐾 난민인정신청자는 6개월 내지 1년 범위 내

* 단, 소송 등 수행 예정기간, 기타 인도적인 사유 등을 고려하여 청장 등이 법정기한(1년) 내에서 탄력적으로 허가기간 부여 가능

🐾 난민불인정자 중 인도적 체류허가를 받은 자는 통보를 받은 날부터 체류 기간 1년 부여

다. 제출서류

🐾 신청서(별지 제34호 서식), 여권 및 외국인등록증, 표준규격사진 1매, 수수료

🐾 난민인정신청 접수증 등 난민신청자 또는 인도적 체류허가자임을 입증할 수 있는 서류

🐾 체류지 입증 서류(임대차계약서, 숙소제공 확인서, 체류기간 만료예고 통지 우편물, 공공요금 납부영수증, 기숙사비 영수증, 교회·난민지원시설·인권단체·UNHCR 등의 주거확인서 등)

🐾 수수료는 일반 체류외국인과 동일

6. 임신·출산 등 인도적 배려가 불가피한 사람 (G-1-9)

가. 대상자

🐾 임신·출산 등으로 즉시 출국이 곤란한 자

나. 체류허가기간

🐾 체류기간 1년 부여

다. 제출서류

🐾 신청서(별지 제34호 서식), 여권, 표준규격사진 1매, 수수료

🐾 진단서 등 사유를 증명할 수 있는 서류

🐾 신원보증서

7. 외국인환자 (G-1-10)

  가. 허가대상
- B-1, B-2, C-3(C-3-3 포함) 자격으로 입국한 후, 의료기관의 검진 등에 의해 장기치료 또는 요양이 필요한 것으로 인정되는 사람
- 장기체류가 필요한 환자와 동반의 필요성이 인정되는 배우자 등 동반가족 및 간병인

  나. 허가요령
- 체류자격 : G-1-10, 체류기간 : 1년 이내 범위

  다. 제출서류
- ① 신청서(별지 제34호 서식), 여권, 표준규격사진 1매, 수수료
- ② 의료기관에서 발행한 소견서 등 장기 치료의 필요성을 입증할 수 있는 서류
- ③ 치료 및 체류 비용 조달 능력을 입증할 수 있는 서류
- ※ 유치 기관 또는 신원보증인이 신원을 보증하는 경우 제출생략
- ④ 가족관계 및 간병인 입증서류

8. 성폭력피해자 등 인도적 고려가 필요한 사람 (G-1-11)

  가. 대상자
- 체류외국인 중 성폭력범죄*, 성매매 강요, 상습폭행·학대, 심각한 범죄 피해 등을 이유로 법원의 재판, 수사기관의 수사 또는 그 밖의 법률에 따른 민·형사상 권리구제 절차가 진행 중인 사람

  나. 체류허가기간
- 체류기간 1년 부여

  다. 제출서류
- 신청서(별지 제34호 서식), 여권, 표준규격사진 1매, 수수료
- 소송관련 서류 등 권리구제 입증서류
- 신원보증서

9. 기타 사유에 해당되는 사람 (G-1-99)

  가. 대 상
- 다음 요건을 모두 충족한 난민신청자(G-1-5)의 국내 출생 자녀
- ① 부모인 난민신청자(G-1-5)*가 합법체류 중일 것
- * 단, 난민신청자(G-1-5)가 출국기한 유예자일 경우는 대상 아님

② 국내 출생 자녀는 난민신청을 하지 않은 상태로 17세 미만일 것
　※ 국내 출생 자녀가 난민 신청을 하였을 경우 대상 아님

나. 체류허가기간
　🐾 해당 난민신청자(G-1-5)의 체류기간 만료일까지 부여

다. 제출서류
　🐾 신청서(별지 제34호 서식), 여권*, 표준규격사진 1매, 수수료
　　* 난민 신청의 특수성으로 여권이 없을 경우 그 사유서로 갈음
　🐾 출생증명서 등 부모와의 관계를 입증할 수 있는 서류 및 미성년 자녀의 나이를 확인할 수 있는 서류

10. 인도적 체류허가자의 가족 (G-1-12)
가. 대　상
　🐾 인도적 체류허가자의 배우자 및 미성년 자녀(단, 배우자가 있는 미성년자 제외)

나. 체류허가기간
　🐾 인도적 체류허가자의 체류기간 범위 내

다. 제출서류
　🐾 신청서(별지 제34호 서식), 여권 및 외국인등록증, 표준규격사진 1매, 수수료
　🐾 가족관계 입증서류
　　– (배우자) 가족관계증명서, 결혼증명서 등 혼인관계를 입증할 수 있는 서류
　　– (미성년 자녀) 출생증명서 등 부모와의 관계를 입증할 수 있는 서류 및 미성년 자녀의 나이를 확인할 수 있는 서류
　🐾 체류지 입증 서류(임대차계약서, 숙소제공 확인서, 체류기간 만료예고 통지 우편물, 공공요금 납부영수증, 기숙사비 영수증, 교회·난민지원 시설·인권단체·UNHCR 등의 주거확인서 등)

체류기간 연장허가	1. 산업재해 청구 및 치료 중인 사람과 그 가족 가. 체류허가기간 　🐾 원칙적으로 체류허가기간 6월 범위 내 (단, 중증 환자는 1년의 범위 내) 나. 제출서류 ① 신청서(별지 제34호 서식), 여권, 외국인등록증, 수수료

② 산재로 인한 병원 진단서
③ 근로복지공단 발행 '진료계획 심사 결정 통지서(산재보험카드)', 후유증상 서비스 카드 등
④ 기타(G-1) 자격 심사확인서(별첨 2 서식)
⑤ 체류지 입증서류(임대차계약서, 숙소제공 확인서, 체류기간 만료예고 통지우편물, 공공요금 납부영수증, 기숙사비 영수증 등)

2. 질병, 사고로 치료 중인 사람과 그 가족

가. 체류허가기간
🔹 원칙적으로 1회 체류허가기간 6월 범위 내

나. 제출서류
① 신청서(별지 제34호 서식), 여권, 외국인등록증, 수수료
② 의료기관에서 발행한 진단서 등 장기치료의 필요성을 입증하는 서류
③ 치료 및 체류 비용 조달 능력 입증서류
④ 신원보증서
⑤ 기타(G-1) 자격 심사확인서(별첨 2 서식)
⑥ 가족관계 입증서류(배우자 또는 직계가족 동반시만 해당)
⑦ 체류지 입증서류(임대차계약서, 숙소제공 확인서, 체류기간 만료예고 통지우편물, 공공요금 납부영수증, 기숙사비 영수증 등)

3. 각종 소송진행 중인 사람 (G-1-3)

가. 체류허가기간
🔹 1회 체류허가기간 6월 범위 내

나. 제출서류
① 신청서(별지 제34호 서식), 여권, 외국인등록증, 수수료
② 소장 사본, 소송제기 증명원, 법률구조결정서 사본, 기타 청구권의 존재를 확인할 수 있는 서류
③ 신원보증서
④ 기타(G-1) 자격 심사확인서(별첨 2 서식)
⑤ 가족관계 또는 보호자 입증서류(가족 · 보호자에 한함)
⑥ 체류지 입증서류(임대차계약서, 숙소제공 확인서, 체류기간 만료예고 통지우편물, 공공요금 납부영수증, 기숙사비 영수증 등)

4. 임금체불 노동관서 중재중인 사람 (G-1-4)

가. 체류허가기간

🖋 G-1-4 자격 소지자는 6개월 범위 내에서 체류기간연장

🖋 '출국기간의 유예'를 받은 자는 3개월 범위 내에서 기간연장

나. 제출서류
① 신청서(별지 제34호 서식), 여권, 외국인등록증, 수수료
② 노동부 발급 체불금품 확인원, 대한법률구조공단 접수증 등
③ 소송관련 서류 (소송 수행중인 자에 한함)
④ '기타(G-1) 자격부여 심사확인서(별첨 2 서식)'
⑤ 신원보증서
⑥ 체류지 입증서류(임대차계약서, 숙소제공 확인서, 체류기간 만료예고 통
지우편물, 공공요금 납부영수증, 기숙사비 영수증 등

5. 난민신청자 및 난민불인정자 중 인도적 체류허가자
가. 체류허가기간
🖋 (난민신청자) 청장 등은 신청인에 대하여 매회 6개월 내지 1년 범위 내에
서 체류기간연장을 허가
   * 단, 소송 등 수행 예정기간, 기타 인도적인 사유 등을 고려하여 청장
      등이 법정기한(1년) 내에서 탄력적으로 허가기간 부여 가능
🖋 (인도적 체류허가자) 그 사유가 소멸될 때까지 1회 1년의 범위 내에서 체
류기간연장 허가

나. 제출서류
① 신청서(별지 제34호 서식), 여권, 외국인등록증
② 체류지 입증서류(임대차계약서, 숙소제공 확인서, 체류기간 만료예고 통
지우편물, 공공요금 납부영수증, 기숙사비 영수증 등
   * 수수료는 일반 체류외국인과 동일

6. 임신 · 출산 등 인도적 배려가 불가피한 사람
가. 체류허가기간
🖋 6월 범위 내에서 체류기간 연장허가

나. 제출서류
① 신청서(별지 제34호 서식), 여권, 외국인등록증, 수수료
② 진단서 등 연장 필요성을 입증하는 서류
③ 신원보증서
④ 체류지 입증서류(임대차계약서, 숙소제공 확인서, 체류기간 만료예고 통
지우편물, 공공요금 납부영수증, 기숙사비 영수증 등

7. 외국인환자

가. 허가대상
- 🪶 G-1-10 자격으로 체류하고 있는 자로서 치료 또는 요양기간이 길어져 장기간 체류가 필요한 사람
- 🪶 장기체류가 필요한 환자와 동반의 필요성이 인정되는 배우자 등 동반가족 및 간병인

나. 체류허가기간
- 🪶 <u>체류기간 1년 이내에서</u> 체류기간 연장

다. 제출서류
① 신청서(별지 제34호 서식), 여권, 외국인등록증, 수수료
② 의료기관에서 발급한 소견서, 진단서 등 장기체류의 필요성을 입증할 수 있는 서류
③ 치료 및 체류 비용 조달 능력을 입증할 수 있는 서류
  ※ 유치 기관 또는 신원보증인이 신원을 보증하는 경우 제출생략. 단, 유치기관이 외국인환자를 최초 초청하거나 피초청자 중 불법체류자가 다수 발생한 유치기관에 대해서는 치료 및 체류비용 조달능력 입증서류 등 징구 가능
④ 가족관계 및 간병인 입증서류
  ※ 동반입국이 필요한 배우자 및 동반가족에 한하며, 기 징구 시에는 제출생략
⑤ 대리 신청 시 추가서류
  ▶ 사증발급인정서를 신청한 유치기관의 경우 : 휴넷에 등록된 전담직원이 대리 가능(전담직원 신분증)
  ▶ 유치기관으로 등록되지 않은 의료기관 : 해당외국인이 입원(요양)중인 의료기관의 대표 또는 소속직원이 대리가능
    – 위임장, 재직증명서
⑥ 체류지 입증서류(임대차계약서, 숙소제공 확인서, 체류기간 만료예고 통지우편물, 공공요금 납부영수증, 기숙사비 영수증 등

8. 성폭력피해자 등 인도적 고려가 필요한 사람

가. 체류허가기간
- 🪶 1년 범위 내에서 체류기간 연장허가

나. 제출서류

➡ 목차

① 신청서(별지 제34호 서식), 여권, 외국인등록증, 수수료

② 소송관련 서류 등 권리구제 입증서류

③ 신원보증서

④ 체류지 입증서류(임대차계약서, 숙소제공 확인서, 체류기간 만료예고 통지우편물, 공공요금 납부영수증, 기숙사비 영수증 등

9. 기타 사유에 해당되는 사람 (G-1-99)

가. 대 상

🐢 다음 요건을 모두 충족한 난민신청자(G-1-5)의 국내 출생 자녀

① 부 또는 모가 난민신청자(G-1-5)*로 합법체류 중일 것

    * 단, 난민신청자(G-1-5)가 출국기한 유예자일 경우는 대상 아님

② 국내 출생 자녀는 난민신청을 하지 않은 상태로 17세 미만일 것

    ※ 국내 출생 자녀가 난민 신청을 하였을 경우 대상 아님

나. 체류허가기간

🐢 해당 난민신청자(G-1-5)의 체류기간 만료일까지 부여

다. 제출서류

🐢 신청서(별지 제34호 서식), 여권*, 표준규격사진 1매, 수수료

    * 난민 신청의 특수성으로 여권이 없을 경우 그 사유서로 갈음

🐢 출생증명서 등 부모와의 관계를 입증할 수 있는 서류 및 미성년 자녀의 나이를 확인할 수 있는 서류

10. 인도적 체류허가자의 가족 (G-1-12)

가. 대 상

🐢 인도적 체류허가자의 배우자 및 미성년 자녀(단, 배우자가 있는 미성년자 제외)

나. 체류허가기간

🐢 인도적 체류허가자의 체류기간 범위 내

라. 제출서류

🐢 신청서(별지 제34호 서식), 여권 및 외국인등록증

🐢 체류지 입증 서류(임대차계약서, 숙소제공 확인서, 체류기간 만료예고 통지 우편물, 공공요금 납부영수증, 기숙사비 영수증, 교회·난민지원시설·인권단체·UNHCR 등의 주거확인서 등)

    * 수수료는 일반 체류외국인과 동일

재입국허가	1. 재입국허가 면제 제도 시행('10.12.1.자 개정 시행규칙)
	    – 등록을 필한 외국인이 <u>출국한 날로부터 1년 이내에 재입국하려는 경우 재입국허가 면제</u>
	    – 체류기간이 1년보다 적게 남아있는 경우 체류기간 범위 내에서 재입국허가 면제
	    ※ 단, 입국규제 및 사증발급규제자는 체류지 관할 청(사무소 · 출장소)에 방문하여 재입국허가를 받아야 함
	
	 2. 제출서류
	   신청서 (별지 34호 서식), 여권, 외국인등록증, 수수료

외국인등록 ▶ 목차	① 신청서(별지 34호 서식), 여권, 표준규격사진 1매, 수수료 ② 체류지 입증서류

활동범위	
	🔸 관광이 주된 목적이어야 하며, 취업 또는 학업활동에 전념하거나 취재, 정치활동 등 협정의 취지에 부합하지 않은 활동은 금지됨

🔸 취업활동 기준

－ 상대 국가에서 우리국민 대상 취업 기간을 변동한 경우 상호주의에 따라 동일하게 취업기간을 변동하되 1주당 최대 취업 가능시간은 25시간 이내로 함

《 국가별 취업기간 》

협정체결 국 가	취업 기간	최대 취업 가능 시간	
		1주당	최대
○ 이스라엘	3개월	25시간	300시간(25시간×12주)
○ 호주, 벨기에 이탈리아	6개월	25시간	625시간(25시간×25주)
○ 덴마크	9개월	25시간	950시간(25시간×38주)
○ 그 외 국가	H-1 체류기간	25시간	1,300시간(25시간×52주)

－ 취업형태 : 계약직, 시간제 아르바이트 등 고용형태와 무관

－ 취업 제한 직종 (E-1 ~ E-7자격)

▶ 접객원, 무용수, 가수, 악사, 곡예사 등 유흥접객업소에 종사 직종 (E-6)

▶ 일정한 자격 요건을 갖추어야 하는 전문 직종(의사, 변호사, 교수, 항공기조종사, 회화강사 등)과 E-7(특정활동) 직종에 해당하는 직종

▶ 사행행위나 선량한 풍속 등에 반하는 업종

○ 사행행위 등 규제 및 처벌 특례법 제2조제1항제1호 및 동법 시행령 제1조의2 등에서 규정하고 있는 사행행위 영업

○ 식품위생법 제36조 및 동법시행령 제21조제8호 등에서 규정하고 있는 단란주점영업, 유흥주점영업

○ 풍속영업의 규제에 관한 법률 제2조 및 동법시행령 제2조 등에서 규정하고 있는 풍속영업 중 선량한 풍속에 반하는 영업

－ 식품위생법 시행령 제21조제8호 다목에 따른 단란주점영업 및 같은 호 라목에 따른 유흥주점영업

－ 불특정한 사람 사이의 신체적인 접촉 또는 은밀한 부분의 노출

등 성적 행위가 이루어지거나 이와 유사한 행위가 이루어질 우려가 있는 서비스를 제공하는 영업으로서 청소년보호위원회가 결정하고 여성가족부장관이 고시한 청소년 출입·고용금지업소

- 청소년유해매체물 및 청소년유해약물등을 제작·생산·유통하는 영업 등 청소년의 출입과 고용이 청소년에게 유해하다고 인정되는 영업으로서 대통령령으로 정하는 기준에 따라 청소년보호위원회가 결정하고 여성가족부장관이 고시한 청소년 출입·고용금지업소

○ 학원의 설립·운영 및 과외교습에 관한 법률에서 규정하고 있는 개인과외 교습 행위
○ 기타 체류자의 신분을 벗어난 활동 및 기타 법무부장관이 그 취업을 제한할 필요가 있다고 인정되는 분야

※ 여성가족부장관이 고시한 청소년 출입·고용 금지 업소 (제2013-52호, 2013. 8. 13.)

1. 시설형태
   가. 밀실이나 밀폐된 공간 또는 칸막이 등으로 구획하거나 이와 유사한 시설

2. 설비유형
   가. 화장실, 욕조 등 별도의 시설을 설치한 것
   나. 침구, 침대 또는 침대형태로 변형이 가능한 의자·소파 등을 비치한 것
   다. 컴퓨터·TV·비디오물 시청기자재·노래방기기 등을 설치한 것
   라. 성인용인형(리얼돌) 또는 자위행위 기구 등 성관련 기구를 비치한 것

3. 영업형태
   가. 입맞춤, 애무, 퇴폐적 안마, 나체쇼 등 신체적 접촉이 이루어지거나 성관련 신체부위를 노출하거나 성행위 또는 유사성행위가 이루어질 우려가 있는 영업
   나. 성인용 영상물 또는 게임물, 사행성 게임물 등 주로 성인용 매체물이 유통될 우려가 있는 영업

다. 성인용 인형(리얼돌) 또는 자위행위 기구 등 성관련
　　기구를 이용할 수 있는 영업
　【영업 예시】키스방, 대딸방, 전립선마사지, 유리방, 성인
　　PC방, 휴게텔, 인형체험방 등

🗨 학업활동 기준
－ 상대 국가에서 우리국민 대상 학업기간을 변동한 경우 상호주의에 따라
　동일하게 변동

《국가별 학업기간》

협정체결 국가	학업 기간
○ 캐나다	3개월
○ 호 주	4개월
○ 아일랜드, 덴마크, 홍콩, 오스트리아, 이스라엘, 벨기에, 뉴질랜드	6개월
○ 그 외 국가	H-1 체류기간

－ 학업형태 : 학원수강, 어학연수 등 학업 활동
－ 제한 학업 형태
　▶ D-2(유학)활동에 해당하는 정규 학업과정
　▶ 외국어 교육 보조 활동을 겸하면서 행하는 학업
　예시) 관광취업 외국인이 학원에서 한국어를 학습할 때 한국인과 외국어
　　　　회화과정을 포함한 경우 외국인의 자신의 한국어 학습이 아닌 한
　　　　국인에 대한 회화강사 활동(회화지도 체류자격 필요)에 해당되기
　　　　에 금지

해 당 자	🗨 대한민국과 관광취업에 관한 협정이나 양해각서를 체결한 국가의 국민으로서 관광을 주된 목적으로 하면서 이에 수반되는 관광경비 충당을 위하여 단기간 취업 활동을 하려는 자	
관리기준	허가	🗨 대한민국과 관광취업에 관한 협정이나 양해각서를 체결한 국가의 국민 중 관광을 주된 목적으로 입국하는 청소년(18세 이상 30세 이하)들이 그 여행경비를 충당하기 위하여 단기간의 취업 활동을 하는 경우 🗨 유효한 여권과 왕복항공권 및 초기 체류기간 동안의 소요경비

		를 소지하고 있는 자
		🍡 관광취업 사중 소지자가 일정한 자격요건을 갖추어야 하는 전문직종(의사, 변호사, 교수, 항공기조종사, 회화강사 등)에 종사하기 위해서는 해당 체류자격으로 변경 허가를 받아야 함
	억제	🍡 협정 등의 취지에 반하는 업종이나 국내법에 의하여 일정한 자격을 갖추어야하는 직종에 취업하려는 자 🍡 입국직후부터 관광이 아닌 취업에만 전념하고자 하는 자 🍡 취업활동 기준 및 학업활동 기준의 범위를 벗어나는 자
1회에 부여할 수 있는 체류기간 상한		🍡 협정상의 체류기간
근무처의 변경 · 추가		🍡 별도의 근무처 추가 또는 변경 없이 취업 활동 가능 – 다만, 일정한 자격요건, 자격증을 요하거나 E-7(특정활동) 직종에 해당하는 직종에 취업하고자 할 경우에는 제한
체류자격 부 여		🍡 해당사항 없음
체류자격 변경허가		🍡 (기준) 원칙적으로 자격변경 제한 🍡 (전문자격 등으로 변경) 일정한 자격요건을 갖추어야 하는 전문 직종(의사, 변호사, 교수, 항공기조종사, 회화강사 등)과 특정활동(E-7)의 경우, 요건을 갖춘 경우 자격 변경 가능 – 단, 영국, 프랑스, 아일랜드, 덴마크, 칠레, 이탈리아, 이스라엘, 벨기에 제외 🍡 (기타) 다른 체류자격에서 관광취업자격으로 자격변경 불가
체류기간 연장허가		🍡 입국한 날로부터 1년 범위 내에서 연장 – 단, 협정에 따라 미국 1년 6개월, 영국 2년까지 연장 가능
재입국허가 🔁 목차		1. 재입국허가 면제 제도 시행('10.12.1.자 개정 시행규칙) – 등록을 필한 외국인이 출국한 날로부터 1년 이내에 재입국하려는 경우 재입국허가 면제 – 체류기간이 1년보다 적게 남아있는 경우 체류기간 범위 내에서 재입국허가 면제 ※ 단, 입국규제 및 사증발급규제자는 체류지 관할 청(사무소 · 출장소)에 방문하여 재입국허가를 받아야 함 (제출서류 : 신청서 (별지 34호 서식), 여권, 외국인등록증, 수수료)
외국인등록		🍡 대 상 – 90일을 초과하여 체류하려는 자 (협정상 예외 없음) 🍡 제출서류

➡ 목차	① 신청서(별지 34호 서식), 여권, 표준규격사진 1매, 수수료 ② 여행일정 및 활동계획서 ③ 근무처의 사업자등록증 사본 및 계약서 등(취업중인 경우) ④ 체류지 입증서류*(월세계약서 등) * 소재지가 변경된 경우 체류지 변경신고를 안내

알기 쉬운 외국국적동포 업무 매뉴얼

법 무 부
출입국 · 외국인정책본부

목 차

Ⅰ. 현행 재외동포 정책 개요

Ⅱ. 제도별 세부절차

Ⅲ. 기타 참고사항

【별첨 1, 2, 3, 4, 5, 6, 7, 8, 9】

현행 재외동포 정책 개요

◈ 법무부는 외국국적동포에 대해 단기방문, 방문취업, 재외동포 자격부여 대상 확대, 영주
자격 확대 등 다각적인 정책을 시행하고 있습니다.

1. 단기방문제(C-3)

● 2014. 4. 1.(화)부터 모국을 방문하고자 하는 60세 이하의 외국국적동포에게 5년 유효한 동
포방문(C-3-8, 90일) 복수사증을 발급하여 자유로운 출입국 보장
※ 단, 자유로운 출입국은 가능하나 취업활동은 불가함

2. 방문취업제(H-2)

● 중국 및 CIS 지역 동포들에 대한 자유왕래 및 취업활동 범위 확대
○ 18세 이상 중국 · 구소련지역 동포에 대해 3년간 유효한 복수사증 발급(H-2), 사증의 유효
기간의 범위 내에서 자유로운 출입국 및 최대 4년 10개월까지 체류허용
○ 국내 취업을 원할 경우 취업교육 및 구직신청 등 절차를 거쳐 출입국관리법 시행령에서 정
한 단순노무분야 허용업종에서 취업활동 가능

● 연고와 무연고동포 등 대상별 사증발급 절차를 다르게 적용
○ 국내 친족 등이 있는 연고동포와 유학생 부모 등 사증발급 특례대상은 초청 허용인원의 범
위 내에서 국민 등의 초청을 받아 입국
○ 무연고동포는 국내 노동시장 상황을 고려 순차적으로 입국허용

● 취업절차 간소화
○ 방문취업제 동포의 취업 허용업종은 단순노무분야 39개 업종(별첨1 참조)
 - 취업희망자는 취업교육 이수 및 구직신청 후 구직알선을 받거나 자율구직으로 취업할 수
있고, 근무처 변경도 신고만으로 가능

3. 중국 · 구소련지역 동포에 대한 재외동포(F-4) 자격부여 제도

● 모국과 동포 간 교류확대 및 국내 체류의 법적지위 향상을 위해 재외동포 자격부여 대상 확대

○ 중국 · 구소련지역 동포를 대상으로 단순노무 종사 가능성이 적은 국 · 내외 대학졸업자, 법인기업대표, 국내 기능사이상 자격증 소지자, 60세 이상 동포, 사회통합프로그램 4단계이상 이수자, 국내 고등학교 졸업자 등에 대해 재외동포 자격 부여 확대

4. 외국국적동포 영주(F-5)자격 부여 제도

● 동포와 모국과의 동반성장 및 동포 거주국과의 관계증진 등을 위해 영주자격 부여 활성화

○ 재외동포(F-4) 자격으로 2년 이상 체류중이며 소득 · 재산 등 일정요건을 갖춘 경우 영주자격을 부여

○ 대한민국 국적취득요건을 갖춘 동포에 대해 영주자격을 부여

○ 방문취업(H-2) 자격 동포가 제조업 · 농축산업 · 어업 분야에서 장기 근속 및 일정한 요건을 갖춘 경우 영주자격을 부여

제도별 세부 절차

1. 재외동포 사증발급절차 흐름도

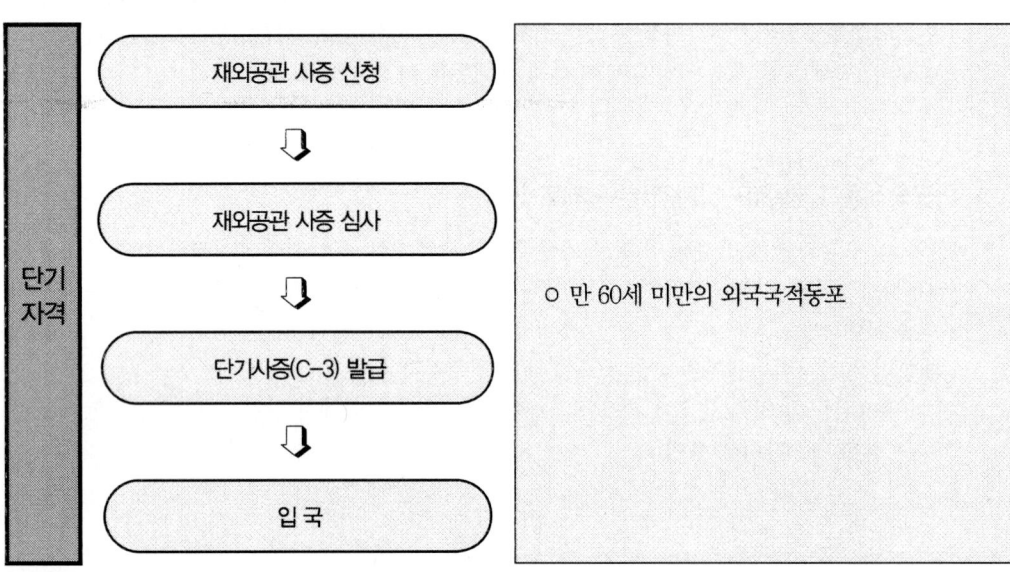

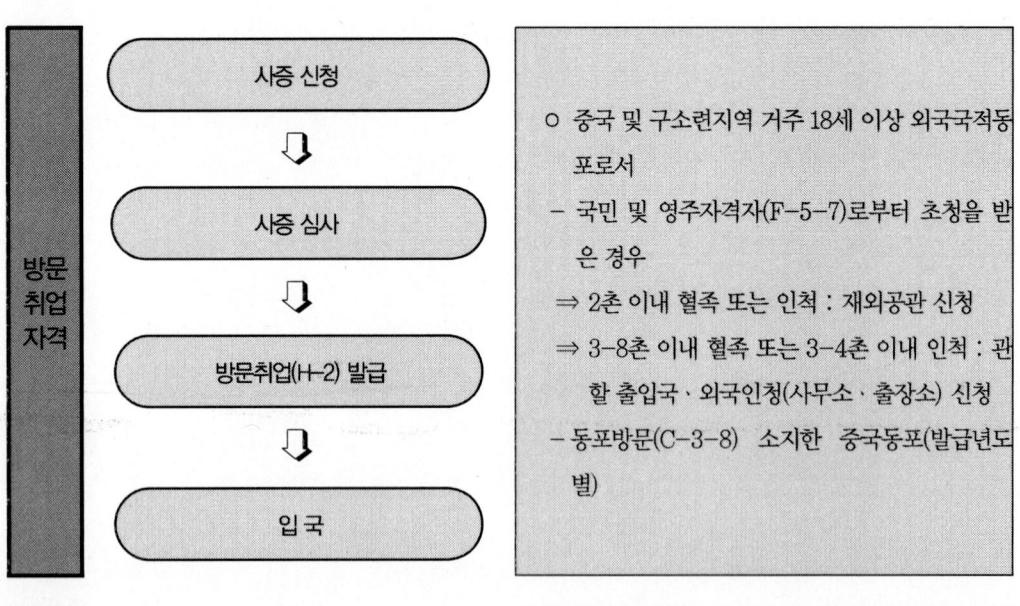

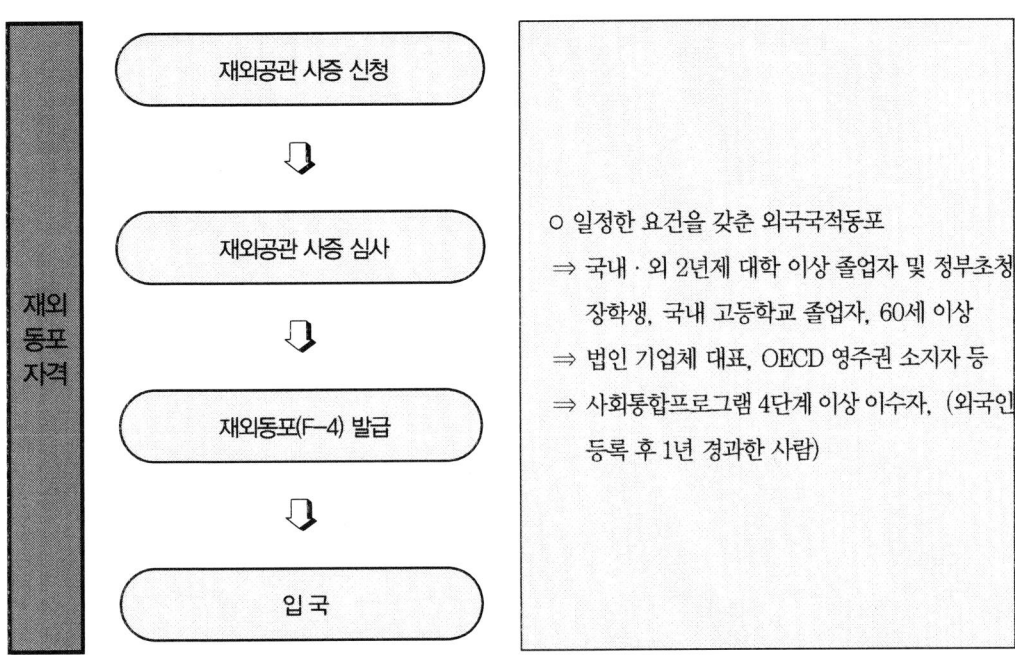

재외 동포 자격	재외공관 사증 신청	○ 일정한 요건을 갖춘 외국국적동포

재외공관 사증 신청

⬇

재외공관 사증 심사

⬇

재외동포(F-4) 발급

⬇

입 국

○ 일정한 요건을 갖춘 외국국적동포

⇒ 국내·외 2년제 대학 이상 졸업자 및 정부초청 장학생, 국내 고등학교 졸업자, 60세 이상

⇒ 법인 기업체 대표, OECD 영주권 소지자 등

⇒ 사회통합프로그램 4단계 이상 이수자, (외국인 등록 후 1년 경과한 사람)

2. 방문취업제 세부 절차

중국동포 등이 방문취업 자격으로 국내에 입국하기 위한 사증발급 및 체류관리 세부 절차는 다음과 같습니다.

가. 방문취업제 대상

방문취업제 적용 대상국가는 중국이나 구소련지역에 거주하는 만 18세 이상 외국국적동포로서 아래 해당자가 대상입니다.

> (기본대상) 출생에 의하여 대한민국의 국적을 보유하였던 사람(대한민국 정부수립 이전에 국외로 이주한 동포를 포함) 또는 그 직계비속으로서 외국국적을 취득한 사람으로서
>
> ○ 국내에 주소를 둔 대한민국 국민 또는 영주자격(F-5) 마목에 해당하는 사람인 8촌 이내의 혈족 또는 4촌 이내의 인척으로부터 초청을 받은 사람
>
> ○ 「국가유공자 등 예우 및 지원에 관한 법률」 규정에 따른 국가유공자와 그 유족등에 해당하거나 「독립유공자 예우에 관한 법률」 규정에 따른 독립유공자와 그 유족 또는 그 가족에 해당하는 사람
>
> ○ 대한민국에 특별한 공로가 있거나 대한민국의 국익증진에 기여한 사람
>
> ○ 유학(D-2) 자격으로 1학기 이상 재학 중인 자의 부·모 및 배우자
>
> ○ 국내 외국인의 체류질서 유지를 위하여 법무부장관이 정하는 기준 및 절차에 따라 자진하여 출국한 사람
>
> ○ 기타 위에 해당하지 않는 자로서 법무부장관이 정하여 고시하는 절차에 의하여 선정된 사람
>
> ※ 방문취업 만기출국자의 경우 만기자 재입국 절차에 따른 사증발급만 허용

나. 방문취업(H-2) 사증발급 절차

◆ 방문취업 친족초청 관련, 2촌 이내 혈족 또는 인척은 재외공관에서, 3촌~8촌 이내 혈족 또는 3촌~4촌 이내 인척은 초청자 관할 출입국 · 외국인청(사무소 · 출장소)에 신청하시면 됩니다.

● 재외공관에 사증발급 신청 대상 및 제출서류는 다음과 같습니다.

연고 동포	제출서류
○ 출생 당시에 대한민국 국민이었던 자로서 가족관계등록부 · 폐쇄등록부 또는 제적부에 등재되어 있는 사람	• 가족관계기록사항에 관한 증명서 · 제적등본
○ 국민 초청자와의 친족관계가 부모 및 형제자매 등 2촌 이내인 사람	• 친족관계가 국내 호적(제적)으로 확인하는 경우 친척관계 입증에 필요한 한국의 가족관계기록사항에 관한 증명서(가족관계증명서, 기본증명서, 혼인관계증명서) 또는 제적등본 • 친족관계가 국내 호적(제적)으로 확인되지 않는 경우 출생증명서 또는 호구부 원본(사본) 및 거민증, 초청자의 친족관계 진술서 및 신원보증서, 피초청자의 친족관계 확인서
○ 영주자격(F-5-7)소지 초청자와의 친족 관계가 부모 및 형제자매 등 2촌 이내인 사람	• 출생증명서 또는 호구부 원본(사본) 및 거민증, 외국인등록증 사본, 초청자와의 친족관계 진술서 및 신원보증서, 피초청자의 친족관계 확인서
○ 대한민국에 특별한 공로가 있거나 대한민국의 국익증진에 기여한 사람	• 훈 · 포장 증서 또는 중앙행정기관의 장이 수여한 표창장, 동포임을 증명하는 국적국의 공적 서류
○「국가유공자 등 예우 및 지원에 관한 법률」규정에 의한 '국가유공자와 그 유족 등'에 해당하거나 「독립유공자 예우에 관한 법률」규정에 의한 '독립유공자와 그 유족 또는 가족'에 해당하는 사람	• 국가유공자증 · 독립유공자증 또는 국가유공자유족증 · 독립유공자유족증 등 국가(독립)유공자 또는 그 유족임을 증명하는 서류, 동포임을 증명하는 국적국의 공적 서류
○ 방문취업 사증발급인정서를 제출하여 사증발급을 신청하는 사람	• 방문취업 사증발급인정서 번호
중국 무연고 동포	발급대상 및 제출서류
○ 20. 7. 1.부터 호구지 관할 재외공관에서 방문취업(H-2-5) 사증발급 신청	■ 연도별 방문취업(H-2) 사증 신청대상 (18세 미만 제외)

※ 무연고 중국동포가 최초로 방문취업(H-2) 사증을 신청하는 경우에는 방문취업(H-2) 사증발급을 억제하고 동포방문(C-3-8) 사증 발급 후 2022년부터 방문취업(H-2) 사증신청	2020년 신청대상 · 2015년, 2016년 발급 C-3-8 사증 소지자

	2020년 신청대상	2015년, 2016년 발급 C-3-8 사증 소지자
	2021년 신청대상	2018년 이전에 발급된 C-3-8 사증 소지자
	2022년 신청대상	2020년 이전에 발급된 C-3-8 사증 소지자
	2023년 신청대상	2021년 이후 발급된 C-3-8 사증 소지자

– 방문취업(H-2) 총 정원 (303,000명)내에서 국내 노동시장, 사회통합프로그램, 조기적응프로그램 등을 고려하여 방문취업(H-2) 사증 신청대상자를 연도별로 조정하여 시행(향후 H-2 증가 추이를 고려하여 조정 가능)·

만기출국 후 재입국 동포	제출서류
○ 국내 외국인의 체류질서 유지를 위하여 법무부장관이 정하는 기준 및 절차에 따라 자진하여 출국한 자로서 완전출국일 기준 60세 이하로서 <u>1개월</u>이 경과한 사람	• 동포임을 증명하는 국적국의 공적 서류 ※ 만기 재입국 방문취업(H-2-7) 사증은 거주지 관할 재외공관 에서도 발급가능 (재외공관장의 재량에 따라 관할구역 제한 없이 접수 가능)

● 청(사무소 · 출장소)에 사증발급인정서 발급 신청 대상 및 제출서류입니다.

대 상	제출서류
○ 국내 주소를 둔 대한민국 국민으로부터 초청을 받는 3촌 이상 8촌 이내의 혈족 또는 3촌 이상 4촌 이내의 인척	• 친족관계가 국내 호적(제적)으로 확인되는 경우 친척관계 입증에 필요한 한국의 가족관계기록사항에 관한 증명서(가족관계증명서, 기본증명서, 혼인관계증명서) 또는 제적등본 • 친족관계가 국내 호적(제적)으로 확인되지 않는 경우 출생증명서 또는 호구부 원본(사본) 및 거민증, 초청자의 친족관계 진술서 및 신원보증서, 피초청자의 친족관계 확인서
○ 국내 주소를 둔 영주자격자(F-5-7)로부터 초청을 받는 3촌 이상 8촌 이내의 혈족 또는 3촌 이상 4촌 이내의 인척	• 출생증명서 또는 호구부 원본(사본) 및 거민증, 외국인등록증 사본, 초청자와의 친족관계 진술서 및 신원보증서, 피초청자의 친족관계 확인서
○ 대한민국에 특별한 공로가 있거나 대한민국의 국익증진에 기여한 사람	• 훈 · 포장 증서 또는 중앙행정기관의 장이 수여한 표창장, 동포임을 증명하는 국적국의 공적 서류
○ 유학(D-2) 자격으로 1학기 이상 재학 중인 자로부터 초청을 받은 부 · 모 또는 배우자	• 유학 중인 자와의 가족관계 입증서류, 피초청자가 동포임을 입증하는 국적국의 공적 서류

● 한국어능력입증 서류 제출('19. 9. 2.부터)

ㅇ 아래 서류 중 하나를 제출

  – 사회통합프로그램 사전평가 점수표 (21점 이상)

  – 사회통합프로그램 교육확인서 (1단계 이수 이상)

  – 한국어 능력시험(TOPIK) 성적증명서 (1급 이상)

  – 세종학당 수료증 (초급 1B 과정 이상)

  ※ 제출하지 못하는 사람은 체류기간이 1년 이내로 부여됨

ㅇ 면제대상(별첨 9 참고)

● 해외 범죄경력 증명서 제출

ㅇ (범죄경력증명 서류요건) 해당 국가의 권한 있는 기관이 발급한 3개월 이내 공적문서로 자
  국 내의 모든 범죄 경력이 포함되어 있을 것.
  다만, 국적국 내 범죄경력을 확인하는 시스템이 미흡할 경우 거주지를 관할하는 내무기관
  등의 증명서로 대체 가능
  ※ 6개월 이상 해외에서 거주한 경우에는 거주기간 거주국 범죄경력 포함

ㅇ (제출 면제대상) 별첨9 참고

● 건강상태 확인

ㅇ 외국국적동포로서 출입국관리법 시행령에 따른 방문취업(H-2) 자격으로 입국하려는 사람

ㅇ 확인서류

  – 재외공관 사증 신청시 신청인이 자필 기재한 건강상태 확인서 제출 〈별첨2〉

  • 확인서에는 결핵·B형간염·매독 등의 감염 여부 및 마약복용 경험, 정신질환으로 인한
    치료경험 등에 관한 사실을 본인이 기재

다. 방문취업(H-2) 자격 체류관리 절차

방문취업 사증으로 입국한 동포의 국내 체류관리 절차는 다음과 같습니다.

● 먼저 외국인등록을 하여야 합니다.
  ○ 방문취업 사증으로 입국한 동포는 <u>입국일로부터 90일 이내</u>에 체류지 관할 출입국·외국인청(사무소·출장소)에 아래 서류를 준비하여 외국인등록을 신고하시면 됩니다.
    ⇒ 여권, 천연색 사진 1매(6개월 이내 촬영), 외국인등록신청서, 수수료, 조기적응프로그램 교육 이수증
    ⇒ 유학생부모의 경우: 상기 서류 외에 유학자격소지자의 재학증명서 및 외국인등록증 사본 (유학생과 동반신청시 제출생략)

  ○ 건강상태 확인
    방문취업자(H-2)자격자가 외국인등록 시 법무부가 지정한 병원에서 발급한 〈별첨3〉 양식의 건강진단서를 제출
    ※ 종전, 취업희망 방문취업자가 취업교육 시 받았던 건강진단은 생략(중복 방지)

● 방문취업 자격 소지자의 취업 활동범위는 다음과 같습니다.
  ○ 취업허용 업종은 별첨 1 참조하시기 바랍니다.

  ○ 허용업종 내 취업 절차는 다음과 같습니다.
    – 방문취업(H-2) 사증으로 입국하여 취업교육 및 구직신청* 후 취업을 알선받거나 동포 스스로 직장을 구하여 취업할 수 있습니다.
    * 구직신청은 한국산업인력공단에서 취업교육 시 일괄접수

  ○ 사용자의 동포고용 절차입니다.
    – 사용자는 내국인 구인노력(14일간) 등을 하였음에도 인력을 채용하지 못한 경우, 고용노동부 고용지원센터에 "특례고용가능확인서" 발급 신청
    – 사용자는 고용지원센터의 "외국인구직자 명부"에 등재된 자 중에서 "특례고용가능확인서"에 기재된 허용인원의 범위 내에서 동포 고용

<동포 취업절차 흐름도>

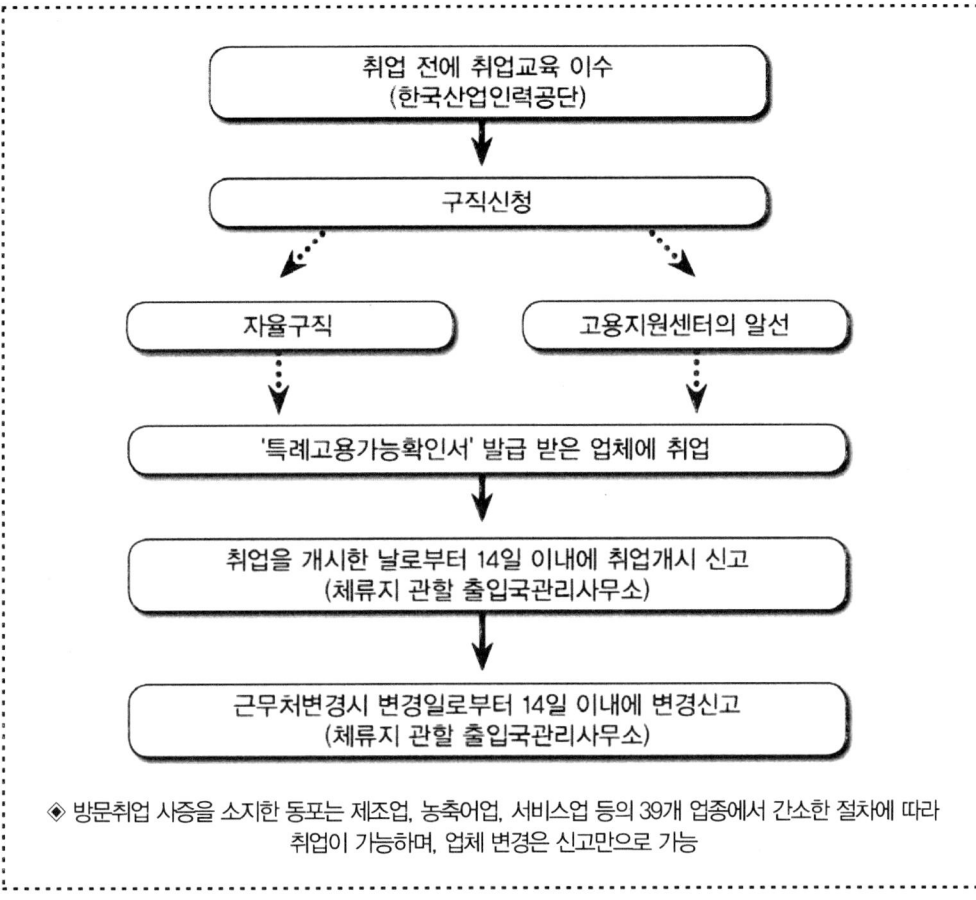

취업 전에 취업교육 이수
(한국산업인력공단)

↓

구직신청

↓

자율구직   고용지원센터의 알선

↓

'특례고용가능확인서' 발급 받은 업체에 취업

↓

취업을 개시한 날로부터 14일 이내에 취업개시 신고
(체류지 관할 출입국관리사무소)

↓

근무처변경시 변경일로부터 14일 이내에 변경신고
(체류지 관할 출입국관리사무소)

◈ 방문취업 사증을 소지한 동포는 제조업, 농축어업, 서비스업 등의 39개 업종에서 간소한 절차에 따라
취업이 가능하며, 업체 변경은 신고만으로 가능

● 방문취업 동포는 취업개시 및 근무처변경 신고를 하여야 합니다.

○ 신고대상
  - 방문취업 허용업종에 최초 취업을 개시한 방문취업 (H-2) 자격 소지자
  - 최초 취업개시 후 근무처를 변경한 방문취업 (H-2) 자격 소지자

○ 신고시기
  - 최초로 취업을 개시한 경우 ⇒ 취업을 개시한 날로부터 15일 이내
  - 근무처를 변경한 경우 ⇒ 근무처를 변경한 날로부터 15일 이내

○ 신고방법
  - 사전예약, 인터넷 신고 또는 팩스신고, 대행신고가 가능합니다.
    • 인터넷 신고 :【Hi-korea】〉전자민원 〉 민원사무명【H-2의 취업개시신고 또는 근무처변

경신고]를 선택하여 필수 기재사항 입력 등

⇒ 인터넷 상 필수기재사항 입력만으로 가능

※ 인터넷 접근 편의 제공 및 창구 혼잡 해소 등을 위해 지인 등에 의한 인터넷 신고 허용

- 팩스 신고 : 방문취업 동포 취업개시 등 신고서를 작성, 대표 팩스번호(☎ 지역번호 없이 1577-1346)로 송부

⇒ 방문취업 동포 취업개시 등 신고서 및 외국인등록증 사본

- 대행신고 : 청(사무소 · 출장소)에 등록 된 대행사를 통해 신청

※ '14.10.13. 이후 법무부와 고용노동부의 취업개시 및 근로개시 신고방식 일원화에 따라 고용노동부에서 전송된 취업신고 인정

○ 첨부서류

- 특례고용가능확인서 사본, 표준근로계약서 사본, 사업자등록증 사본

○ 신고의무를 위반한 자는 다음과 같이 처벌을 받습니다.

- 출입국관리법 제100조제2항에 의거 <u>100만원 이하 과태료 부과</u>

● 방문취업 자격으로 변경허가

◈ 아래 대상자는 관할 출입국 · 외국인청(사무소 · 출장소)에 직접방문,
사전예약 또는 대행기관을 통하여 방문취업(H-2)자격으로 변경 받을 수 있습니다.

○ 구체적인 허가대상은 아래와 같습니다.

- 방문취업 자격으로 체류하다가 산재 또는 질병 등 인도적 사유로 기타(G-1) 자격으로 변경한 자 중 최초입국일(변경일)로부터 4년 10개월이 도과되지 않은 사람

- 국적신청 후 3개월이 경과한 방문동거(F-1) 자격을 소지한 사람
다만, 방문취업(H-2) 만기예정자, 국적신청 관련 소송을 제기하여 기타(G-1)자격으로 변경한 경우나 혼인 단절된 자 등 국내 체류 목적으로 국적을 신청한 자 등은 제외

- '04. 4. 1. 이전【한 · 중수교('92.8.24) 이전 입국자 포함】합법적으로 입국하여 불법체류하다 국적신청 접수 후 기타(G-1) 자격으로 변경한 사람

- 기타 국내에 합법체류 중인 외국국적동포로서 국익에 기여한 자 및 인도적 체류가 불가피하다고 청(사무소 · 출장소)장이 판단하는 사람

- 방문동거(F-1-9, F-1-11) 자격으로 체류중인 외국국적동포

○ 제출서류는 다음과 같습니다.

- 신청서, 여권, 외국국적동포입증서류 및 대상별 소명자료, 3년을 초과하여 체류하고자 하

는 경우 취업활동 기간연장 확인서(고용노동부 발급), 체류지 입증서류, 수수료

○ 허가기간은 체류자격변경허가를 받은 날로부터 원칙적으로 3년 범위 내에서 허가하되, 3년 만기 전에 고용주가 고용노동부에서 취업활동 기간 연장 확인서를 받은 경우(재고용된 경우) 1년 10개월 범위 내에서 체류기간연장허가를 받을 수 있습니다.

● 방문취업 자격 취득한 사람의 가족에 대한 처우 관련입니다.

◈ 방문취업(H-2) 자격을 취득한 사람의 배우자 및 미성년 자녀의 경우 재외공관 사증신청을 통해 방문취업 자격자의 체류기간까지 방문동거자격으로 체류가 가능합니다.

○ 단, 미성년자녀가 성년이 된 경우에도 방문취업 자격자의 체류기간까지 체류기간 연장이 가능합니다.
 - 제출서류 : 방문취업자격자와의 가족관계 입증서류

3. 재외동포(F-4) 자격부여 제도 세부절차

> ◈ 중국동포 등이 재외동포(F-4) 자격으로 국내에 입국하기 위한 사증발급 및 체류관리 세부 절차는 다음과 같습니다.

가. 재외동포(F-4) 자격 기본 대상
○ 출생에 의하여 대한민국의 국적을 보유하였던 사람(대한민국정부 수립 전에 국외로 이주한 동포를 포함)으로서 외국국적을 취득한 사람
○ 그 직계비속으로서 외국국적을 취득한 사람입니다.
 ※ '18.5.1. 개정 재외동포법 시행으로 '18.5.1. 이후 최초로 대한민국 국적을 이탈하였거나 국적을 상실한 남성은 병역이행 또는 면제처분이 없으면 40세까지 재외동포(F-4) 체류자격 부여 제한

나. 재외동포(F-4) 자격 사증발급 절차
□ 재외동포 자격 사증발급 신청 공통 제출서류
 ○ '19. 9. 2.부터 한국어능력입증서류, 해외범죄경력증명 제출
  (제출서류 및 면제대상은 별첨9 참고)
 ※ 한국어능력 입증서류를 제출하지 못하는 사람은 체류기간이 1년 이내로 부여됨
 ○ 아래 대상에 해당하는 사람이 가족관계기록사항에 관한 증명서, 제적등본, 호구부, 거민증 및 출생증명서 등으로 외국국적동포임을 증명하는 서류,

□ 재외동포 사증발급 세부대상 및 추가 신청서류입니다.

사증발급신청 등 첨부서류 관련 법무부장관이 고시한 국가[56] (21개국)
중국, 필리핀, 인도네시아, 방글라데시, 베트남, 몽골, 태국, 파키스탄, 스리랑카, 인도, 미얀마, 네팔, 이란, 우즈베키스탄, 카자흐스탄, 키르기스스탄, 우크라이나, 나이지리아, 가나, 이집트, 페루

---

56) 「출입국관리법 시행규칙」 제76조제1항 별표5 " 사증발급신청 등 첨부서류"에 관한 고시 (법무부고시 제2011-534호, '11.10.17.)

□ 세부대상 및 제출서류

대 상	제출서류
① 대한민국 국적을 보유하였던 자로서 외국국적을 취득한 자(F-4-11)	• 본인이 대한민국의 국민이었던 사실을 증명하는 서류 – 가족관계기록사항에 관한 증명서, 제적등본 또는 폐쇄등록부 기타 본인이 대한민국의 국민이었던 사실을 증명하는 서류 • 외국국적을 취득한 원인 및 연월일을 증명하는 서류
② ①의 직계비속 으로서 외국국적을 취득한 사람(F-4-12)	• 직계존속이 대한민국의 국민이었던 사실을 증명하는 서류 – 가족관계기록사항에 관한 증명서, 제적등본 또는 폐쇄등록부 기타 직계존속이 대한민국의 국민이었던 사실을 증명하는 서류 • 여권 등 본인과 직계존속의 외국국적 취득원인 및 연월일을 증명하는 서류 • 직계존비속의 관계임을 증명하는 서류 (출생증명서 등)

"사증발급신청 등 첨부서류에 관한 고시"국가의 외국국적동포

□ 세부대상 및 제출서류

세부대상	제출서류
① 문화예술(D-1) 및 취재(D-5) 내지 무역경영(D-9), 교수(E-1) 내지 특정활동(E-7) 자격으로 국내에서 6개월 이상 체류한 사실이 있는 사람(F-4-13)	• 대상 여부는 출입국정보시스템으로 확인
② 국내·외 전문학사(2년제 이상 졸업자)이상 학위소지자 및 국제교육진흥원 등 정부초청 장학생(F-4-14) ②-1 국내 고등학교를 졸업한 사람(정규학력 인정 대안학교 포함) ※국외 전문학사 소지자는 한국어능력시험(TOPIK) 3급 이상 소지 또는 사회통합프로그램 4단계 이상 이수자에 한함	• 재학증명서 또는 졸업증명서 • 정부초청 장학생은 그 사실을 입증하는 서류 • 국외 전문학사 소지자는 한국어 능력등 입증자료
③ OECD 국가의 영주권 소지자 (F-4-15)	• 각 국의 해당기관에서 작성한 영주권자임을 확인하여 주는 문서

④ 법인기업체 대표 및 등기임원 및 관리직 직원 - 법인 기업체 대표 및 등기임원은 제한없고, 관리직 직원의 경우 1개 기업 당 전체 2명 범위내 재외동포 자격 부여 ※ 법인기업체 대표, 임원 또는 직원에 대한 재외동포 자격부여는 신청당시 <u>법인 설립 후 1년 이상 경과</u>한 기업체에 한하며, 대표자를 제외한 임원은 6개월 이상, 직원은 1년 이상 재직한 경우에 한하여 재외동포 자격부여 가능 (F-4-16)	• 법인대표 및 등기임원 경우 - 법인 등기부등본에 상응하는 해당국의 공적서류, 재직증명서 및 비취업 서약서(별첨 4) • 법인기업체 소속직원의 경우 - 법인대표의 국내거소신고증 사본 또는 재외동포(F-4) 사증발급 사항 사본, 소속업체 법인등기부등본, 재직증명서, 기업대표의 신원보증서(별첨 5) 및 비취업 서약서 ※ 법인대표가 재외동포 사증을 발급받지 않은 경우 법인대표와 함께 재외동포(F-4) 비자를 신청하는 경우에 한하여 소속직원 사증발급 가능
⑤ 전년도 기준 매출액이 미화 10만 불 이상의 개인기업(자영업대표)(F-4-17)	• 매출실적 증빙자료, 영업직조 등 사업자등록증에 상응하는 증명서
⑥ 다국적기업 임직원(별첨5), 언론사 임원과 기자, 변호사, 회계사, 의사, 거주국 정부 공인 1급(대학교수 상당) ▪ 2급(대학 부교수에 상당) 예술가, 산업 상 기술연구 개발 연구원, 중급 이상 농업 기술자, 선박 또는 민간항공 분야 고급 기술자(F-4-18)	• 재직증명서 및 소속단체 등의 사업자등록증 사본 기타 직업별 해당 자격증 • 농업기술자의 경우 중급 이상의 전문기술 자격증, 선박 또는 민간항공 분야 고급 기술자의 경우 관련 기술 자격증
⑦ 거주국에서 공인한 동포단체 또는 문화·예술단체(협회)의 대표 및 부대표 - 단체 당 소속 직원 또는 회원 10명 ※ 동포단체로는 각지역 조선족기업가 협회, 세계한인무역협회, 연변조선족 자치주 미술가협회, 연변조선족전통 요리협회, 북경고려문화경제연구회 등 거주국 정부등록동포단체 및 협회 등을 말함 - 법무부가 동포체류지원센터로 지정한 단체 소속 직원은 1개 단체당 2명 까지 가능 ※ 동포단체 등 "직원"은 재직기간이 1년 이상된 자에 한함(국내 동포지원단체는 제외)(F-4-19)	• 소속단체 등록증명서 및 재직증명서 〈국외 동포단체 직원 또는 회원의 경우〉 - 소속단체 등록증명서, 동포단체 현황표, 동포단체 대표 추천서, 재직증명서, 비취업 서약서 〈국내 동포지원단체 소속 직원의 경우〉 - 소속단체 등록증명서, 동포단체 대표 추천서, 재직증명서, 비취업 서약서

⑧ 전 · 현직 국회의원, 5년 이상 재직 공무원 및 국영기업체 직원(F-4-20)	• 재직증명서
⑨ 대학교수(부교수, 강사 포함), 중고등학교 또는 초등학교 교사(F-4-21)	• 재직증명서, 주재국 정부 임명장 또는 고등 및 중등 전문학교 강사 자격증, 교사 자격증

⑩ 국내에서 개인 사업체를 경영하고자 하는 사람(F-4-22)	• 본인의 자산으로 3억 이상 투자자 또는 2억이상(1인 이상 국민을 6개월 이상 계속 고용하고자 하는 경우) 투자자 입증서류
	  예) 투자기업등록신청서, 송금 및 반입자금 내역, 환전증명 및 사용명세서, 사업장 임대차 계약서 및 보증금 송금내역 등 2억이상 투자자(자격부여 신청시) 국민고용예정서약서
	  ※ 국내에서 형성된 자산인 경우 투자기업등록신청서 제출 불요
	• 최초 자격 변경 시 체류기간 1년 이내 부여
	 – 국민고용예정서약서 제출자가 1년 이내 서약사항을 이행하지 못한 경우 기존투자금액(3억)을 충종해야 체류기간연장 허용
	• 기간 연장 시 사업자등록증, 납세자료 등 사업체 정상 운영 여부 확인
	• 동 지침 시행 이전 재외동포 자격 취득자는 사업체 정상 운영 여부 확인 후 기간 연장(투자금액은 기존 지침(1억) 적용)

⑪ 방문취업자격자로서 육아도우미* · 농축산업 · 어업 · 뿌리산업 · 지방 소재 제조업의 동일 사업장에서 계속하여 2년 이상 근무하고 있는 자 (F-4-24)	• 최근 2년간 해당 업종 계속 고용관계 증명서류(근로소득원천징수영수증), 사업자등록증 사본, 뿌리기업확인서 • 교육이수증(육아도우미에 한함)
⑫ 60세 이상 외국국적동포(F-4-25) ※ 순수관광 제외	• 대상 여부는 동포입증 서류로 확인
⑬ 한 · 중 수교 전 입국하여 특별체류허가 및 사증을 받아 방문취업 자격으로 체류 중인 자(F-4-26)	• 대상 여부는 출입국정보시스템으로 확인
⑭ 국내 공인 국가기술자격증(기능사 이상) 취득자, 금속재창호 종목은 2013년 취득	• 자격증 사본(원본제시)

자 까지만 인정) (F-4-27)(별첨6)	
⑮ 과거 재외동포(F-4) 자격 소지자 ※ 과거 재외동포(F4) 자격으로 체류하다가 범법행위 등으로 그 자격이 상실된 자(강제퇴거자) 등은 제외	• 외국국적동포 입증서류 ※ 국내에서 체류자격변경허가 신청 가능 (단, 관광 입국자는 제외)
⑯ 사회통합프로그램 4단계 이상 이수한 사람 (F-4-99) ※ 사회통합프로그램 사전평가 5단계 이상을 배정받은 사람 포함, (외국인등록후 1년 경과하면 변경 가능)	• SOCI-NET 확인

다. 재외동포(F-4) 자격 변경 절차
- 상기 세부대상자 중 대상별 제출서류가 국내에서 발급되거나 출입국정보시스템 으로 확인이 가능한 경우에 한하여 국내에서 자격변경가능 (국내대학 졸업자, 국내공인 자격 취득자, 외국인등록자(과거등록포함), 국내에서 개인 사업체를 경영하고자 하는 사람, 국내 동포지원단체 소속 직원 등)

라. 재외동포(F-4) 자격을 부여받은 자의 가족 등에 대한 처우
○ 재외동포 자격을 부여받은 자*의 배우자 및 미성년 자녀는 동포여부와 관계없이 방문동거(F-1) 자격을 부여받을 수 있습니다.
○ 외국인등록을 한 미성년 자녀는 부 또는 모가 국내에서 계속하여 3년이상 체류하고 있는 경우, 만25세 미만까지 체류기간연장허가
(혼인한 자녀는 제외)
○ 신청서류 : 재외동포(F-4) 자격을 취득한 사람의 국내거소
신고증 또는 사증발급사항 사본, 가족관계 입증서류
※ 위 가족에 대해서는 거주국의 공적서류인 호구부 및 출생증명서에 의해 가족관계가 명확하게 확인되는 경우에 한하여 인정합니다.

마. 재외동포 자격 체류관리 절차

◈ 재외동포(F-4) 사증으로 입국한 동포는 체류지 관할 출입국·외국인청(사무소·출장소)에 거소신고를 하여야 합니다.
◈ 재외동포 사증으로 입국한 동포의 체류관리 절차는 다음과 같습니다.

● 국내 거소신고 절차

- 90일 이상 체류하고자 하는 경우 입국일부터 90일 이내 거소신고
- 제출서류 : 사진1매(여권용사진), 수수료, 기본증명서(국적상실 표시) 시민권증서 사본, 중국ㆍCIS국가 동포는 동포입증서류(거민증, 호구부, 출생증명서 등), 한국어능력입증서류, 해외범죄경력증명 (면제대상은 별첨9 안내문 참고)
- 체류지 입증서류
- 결핵검진 확인서 (해당자에 한함)

● 재외동포(F-4)가 국내에서 계속 체류하고자 할 때는 체류기간연장 허가를 받아야 합니다.
○ 1회에 부여하는 체류기간은 원칙적으로 3년 이내
○ 법을 위반한 사람은 체류기간연장허가를 받을 수 없음을 유의하시기 바랍니다.
○ 체류기간연장 신청 시 제출서류는 다음과 같습니다.
  - 신청서, 수수료, 체류지 입증서류(임대차 계약서 등)

● 재외동포(F-4) 자격 소지자의 취업활동범위는 다음과 같습니다.
○ 재외동포(F-4) 소지자는 아래 해당사항은 취업할 수 없습니다.
  - 단순노무행위를 하는 경우(별첨6참조)
  - 사행행위 등 선량한 풍속 기타 사회질서에 반하는 행위를 하는 경우
  - 기타 공공의 이익이나 국내 취업질서 등의 유지를 위하여 그 취업을 제한할 필요가 있다고 인정되는 경우
○ 상기 경우를 제외하고는 취업 활동의 제한을 받지 않습니다.
  ※ 다만, 허용되는 취업활동이라도 국내법령에 의하여 일정한 자격을 요하는 때에는 그 자격을 갖추어야 합니다.

4. 외국국적동포 영주자격(F-5) 부여 세부절차

◆ 외국국적동포를 대상으로 국내 체류 및 취업활동이 자유로운 영주자격(F-5)을 부여하고 있습니다.

가. 영주자격 부여 기본요건은 다음과 같습니다.
○ 본인 또는 동반가족이 생계를 유지할 능력이 있을 것
○ 대한민국에 계속 체류하는데 필요한 기본 소양을 갖출 것
○ 품행이 단정할 것

나. 외국국적동포로서 영주자격(F-5)을 부여 받을 수 있는 대상 및 신청서류는 다음과 같습니다.
  ● 해외범죄 경력 확인서 제출(공통)
  ○ 출입국관리법 시행령에 따른 영주자격으로 변경 하고자 하는 사람

– 다만, 아래 해당자의 경우 생략 가능
- 출입국관리법 시행령 별표 대상 중 외국인 투자자 (50만달러 이상 투자), 박사학위 소지자, 특정분야 우수인재, 특별공로자
- 신청일 현재 만14세 미만(형사 미성년)인 자
- 국내에서 태어난 후 해외에서 6개월 이상 연속하여 체류하지 않은 사람
- 과거 본국 범죄경력증명서를 제출하고 국내 체류하고 있는 사람으로서 해외에서 6개월 이상 연속하여 체류하지 않고 신청일 기준 대한민국에서 5년 이상 계속 체류 중인 사람
 ※ 6개월 이상 해외에서 체류한 사람은 해외 체류기간 동안의 계속 체류하지 않은 것으로 보아, 해외 체류기간 동안의 체류국 정부가 발행한 범죄경력증명서 제출
- 재외공관 사증발급 신청 시 범죄경력증명서 제출 후, 그 사증발급일로부터 6개월 이내 영주(F-5)자격 변경허가 신청자

○ 영주자격 신청 접수 시 해외범죄 경력 증명서 제출
 ※ 영주자격 신청자의 범죄경력증명서에 대해 신청자 본국이 아포스틸협약 국가일 경우 본국 정부의 아포스틸 확인 또는 국내 자국영사관의 영사확인을 받아야 하고, 아포스틸협약 국가가 아닌 경우에는 본국 소재 대한민국 재외공관에서 영사확인을 받아야함

┌─────────────── 【 범죄경력증명서의 요건 】 ───────────────┐

1) 자국 내의 모든 범죄경력이 포함되어 있을 것
 – 다만, 국적국 내 범죄경력을 확인하는 시스템이 미흡할 경우 거주지를 관할하는 내무기관 등의 증명서로 대체 가능
2) 사증발급 또는 체류허가 등 신청일로부터 6개월 이내에 발급된 증명서일 것

└──┘

● 재외동포(F-4) 자격으로 대한민국에 2년 이상 계속 체류하고 있는 사람으로서 아래 어느 하나의 요건을 갖춘 사람 (체류자격 약호 : F-5-6)

 ※ 국내 거소신고한 경우 국외에서 거주한 기간도 2년 이상 계속 체류기간에 포함

대 상	제출서류
○ 영주자격신청 시 연간 소득이 한국은행고시 전년도 일인당 국민총소득(GNI) 이상인 사람(동거가족과 합산하는 경우 신청인의 소득이 연간 소득요건 기준액의 50%이상, (단 신청인이 미성년자녀를 양육하는 경우와 미성년 자녀인 경우 제외)	• 소득금액 증명

○ 해외로부터 연금을 받는 60세 이상의 자로서 연간 연금액이 한국은행 고시 전년도 일인당 국민총소득(GNI)이상인 사람	• 연금증서(사본) 및 연금입금통장
○ 전년도 재산세 납부실적이 50만 원 이상인 자 또는 주택소유, 전·월세보증금, 예·적금 등 본인명의 순자산*이 전년도 '가계금융·복지조사 결과'의 평균순자산** 이상을 보유하고 있는 사람 ※ 재산세 납부실적 또는 순자산은 영주자격 신청일의 1년전부터 생계를 같이하는 동거가족(배우자, 부모, 자녀)와 합산 가능, 다만 신청인의 재산세 납부실적 또는 순자산이 기준액의 50% 이상 이어야 함(신청인이 미성년 자녀를 양육하는 경우와 미성년 자녀인 경우 제외) * 순자산 = 자산액 – 부채액 ** 예) 2019년 '가계금융·복지조사 결과' 가구당 평균 순자산 3억5,281만원(통계청 국가통계포털)	• 재산세 납세내역증명 또는 전·월세계약서 신용정보조회서 등
○ 대한민국 기업과의 연간 교역실적이 20억 원 이상인 사람	• 재직증명서, 등기부등본 또는 사업자등록증 사본, 수출입 실적 증명서(선하증권 또는 송장 등), 연간 납세 증명서
○ 대한민국에 미화 50만 불 이상을 투자한 사람	• 사업자 등록증사본 또는 등기부 등본, 사업장 및 주택임대차계약서 기타 외국인투자기업증명서 등 국내투자 증빙자료
○ 거주국 정부가 공인한 동포단체 대표(과거 3년간 동포단체 대표로서 활동한 사실이 있는 자 포함) 또는 법인기업체 대표로서 재외공관의 장이 추천한 사람	• 재외공관장 추천서

□ 「재외동포의 출입국과 법적지위에 관한 법률」 제2조제2호의 외국국적동포로서 「국적법」에 따른 국적취득요건을 갖춘 사람(F-5-7)

공통 제출서류

○ 신청서   □ 여권 및 본국 신분증 사본(원본 제시) 등 외국국적동포 입증서류
○ 외국인등록증(거소신고증) " 사회통합프로그램 한국이민영주적격과정이수증 또는 한국이민영주적격시험 합격증(국적회복, 특별귀화대상자는 제출면제)
○ 생계유지능력 입증서류(국적회복, 특별귀화대상자는 제출면제)
 - 본인 또는 과거 1년간(영주자격 신청일 기준) 생계를 같이하는 동거가족(배우자, 부모, 자녀)의 소득으로서 영주자격 신청일의 전년도(또는 전전년도) 소득 합계* 가 한국은행 고시 전년도 일인당 국민총소득(GNI) 이상임을 입증하는 서류
 - 동거가족과 합산하는 경우 신청인의 소득이 소득요건 기준액의 50%이상(다만, 신청인이 미성년 자녀를 양육하고 있는 경우와 미성년자녀인 경우 제외)
 * 근로소득+사업소득(프리랜서, 농림수산업소득 포함)+부동산 임대소득+이자소득 +배당소득+연금소득의 합계로 하되, 이외 비정기적 소득은 제외함

① 일반귀화 대상자 (국적법 제5조, 단, 국적법 제5조 제1의2호 요건은 제외)

추가서류	□ 가족관계등록부 등 가족관계 증빙자료

② 간이귀화 대상자 (국적법 제6조제1항제1호)

추가서류	□ 부 또는 모가 대한민국 국민이었음을 입증하는 서류 □ 친자관계 입증서류(원본제시) □ 국내 거주 혈족(신청인과 8촌 이내) 1인 이상의 친척관계확인서 - 가계도 : 보증인 친척들과의 친족관계도 - 보증인 친척들의 관계를 증명하는 제적등본, 족보 등 - (보증인들 각각) 상봉 경위서, 주민등록등본, 주민등록증 사본 □ 국내 친척과 왕래한 편지, KBS 사회방송국 이산가족 결연 확인서, 국내 친척과의 유전자 감정 결과(선택) 등

③ 간이귀화 대상자 (국적법 제6조제2항)

추가서류	□ 외국국적동포입증서류 및 결혼증 사본(친척관계공증 서류 등) 〈한국인 배우자 준비서류〉 ① 기본증명서 ② 혼인관계증명서 ③ 가족관계증명서 ④ 주민등록등본 ⑤ 주민등록증 사본 □ 기타 혼인의 진정성을 입증하기 위한 자료로 필요 시 제출 ※ 혼인파탄자의 경우 혼인관계증명서(이혼사실 기재), 배우자의 유책사유가 기재된 판결문 또는 공인된 여성단체 작성 확인서 등

④ 특별귀화 대상자 (국적법 제7조제1항제1호)

추가서류	1. (국적회복 동포의 자녀) □ 외국국적동포 입증서류(호구부, 친척관계공증 서류 등) □ 친자관계 입증서류(원본제시) □ 직계존속 기본증명서, 가족관계증명서, 주민등록등본, 주민등록증 사본 2. 혼인귀화자의 자녀 준비서류 □ 외국국적동포 입증서류(호구부, 친척관계공증 서류 등) □ 친자관계 입증서류(원본제시) □ 귀화허가자의 기본증명서, 가족관계증명서, 주민등록등본, 주민등록증 사본 3. 독립유공자 후손 등 준비서류 □ 독립 및 국가유공자 후손임을 입증하는 서류, 친족관계입증서류

⑤ 국적회복 대상자 (국적법 제9조제1항)

추가서류	□ 신청인의 기본증명서, 가족관계증명서, 제적등본 □ 외국국적 취득 관련 서류 (번역문 첨부, 원본지참) □ 현재 한국적의 귀화허가서, 시민권증서, 출생증명서, 가족관련 공부 ※ 제적등본, 기본증명서 상 이름, 생년월일이 외국여권과 다른 경우, 외국 대사관의 동일인 확인증명서 또는 NAME CHANGE 증서, 국내 거주 혈족 8촌 이내 친척의 동일인 확인 공증(공증사무소 발행), 본인 및 부모관계 입증서류 중 택1)

● 방문취업(H-2) 자격으로 제조업, 농·축산업, 어업, 간병인, 가사보조인으로 취업활동을 하고 있는 사람으로서 아래 모든 요건을 충족하는 사람(체류자격 약호 : F-5-14)

○ 동일업체에서 근무처를 변경하지 않고 4년 이상 계속 근무하고 있는 경우 (재외동포(F-4) 자격 변경자 포함)

※ 소속업체의 임금체불, 휴폐업 등 불가피한 사유로 3개월 이내 동일 업종으로 근무처를 변경한 경우에는 계속 취업으로 인정
- 단, 4년 이상 근무하고 완전출국 후 1년 이내 방문취업(H-2) 자격으로 재입국하여 동일 업체 또는 동일업종에서 2년 이상 종사하고 있는 경우 4년 이상 계속 근무한 경우로 인정

○ 한국산업인력공단 등에서 실시하는 기술·기능 자격(별첨 18)을 취득한 경우 또는 영주자격신청 시 연간 소득이 한국은행고시 전년도 일인당 국민총소득(GNI)* 이상인 경우(본인의 소득만 인정)
  * 2019년 한국은행 발표 : 37,356천 원

○ 본인 또는 생계를 같이 하는 가족이 2천만 원 이상의 자산을 보유하는 등 생계유지 능력을 갖추고 있는 경우
- 영주자격 신청일의 1년 전부터 생계를 같이하는 가족(배우자, 부모, 자녀)과 합산 가능. 다만, 신청인의 재산세 납부실적 또는 순자산이 기준액의 50% 이상 이어야 함.
  • (제출서류) 재직증명서·경력증명서 등 취업활동 증명 서류(출입국정보시스템으로 확인 가능 시 면제가능), 2천만 원 이상의 예금 잔고 증명서류(최근 1년 이상), 기술·기능 자격증, 소득금액 증명(원칙) 또는 근로소득 원천징수영수증 등

다. 영주자격 상실 및 취소 사유

① 상실사유
○ 재입국면제 기간(출국한 날부터 2년 이내) 또는 재입국허가 기간까지 대한민국에 미입국한 경우
○ 다음의 "부득이한 사유"로 영주자격이 상실된 사람은 영주자격으로의 체류자격변경 가능
- 천재지변과 같은 불가항력의 사유로 재입국허가 면제 또는 허가기간을 초과하여 입국한 경우
- 급작스런 질병, 사고 등으로 재입국허가 면제 또는 허가기간을 초과하여 입국한 경우
- 항공기, 선박 등의 결항 또는 지연으로 입국한 날이 재입국허가 면제 또는 허가기간보다 10일을 초과하지 않은 경우
- 그 밖에 부득이한 사유로 재입국허가 면제 또는 허가기간을 초과하여 입국한 사람 중 허가기간 만료일로부터 6개월 이내에 입국한 경우

② 취소사유
○ 다음 각 호의 어느 하나 이상에 해당하는 경우 영주자격 취소할 수 있음. 다만, 다음 제 1)호에 해당하는 경우에는 취소하여야 함
1) 거짓이나 그 밖의 부정한 방법으로 영주자격을 취득한 경우
2) ① 「형법」, ② 「폭력행위 등 처벌에 관한 법률」, ③ 「성폭력범죄의 처벌 등에 관한 특례법」, ④ 「아동·청소년의 성보호에 관한 법률」, ⑤ 「특정범죄 가중처벌 등에 관한 법률」, ⑥ 「특

정경제범죄 가중처벌 등에 관한 법률」, ⑦ 「마약류관리에 관한 법률」, ⑧ 「보건범죄단속에 관한 특별조치법」 중 어느 하나 이상의 법률에 규정된 죄를 범하여 2년 이상의 징역 또는 금고의 형이 확정된 경우

3) 최근 5년 이내에 대한민국 법률을 위반하여 징역 또는 금고의 형을 선고받고 확정된 형기의 합산기간이 3년 이상인 경우

4) 강제 퇴거 사유로서 다음 각 호의 어느 하나에 해당되는 경우

    가) 「형법」제2편제1장 내란의 죄 또는 제2장 외환의 죄를 범한 사람

    나) 「형법」제2편제24장 살인의 죄, 제32장 강간과 추행의 죄 또는 제38장 절도와 강도의 죄중 강도의 죄를 범하여 5년 이상의 징역 또는 금고의 형을 선고받고 석방된 사람

    다) 「성폭력범죄의 처벌 등에 관한 특례법」 위반의 죄를 범하여 5년 이상의 징역 또는 금고의 형을 선고받고 석방된 사람

    라) 「마약류관리에 관한 법률」위반의 죄를 범하여 5년 이상의 징역 또는 금고의 형을 선고받고 석방된 사람

    마) 「특정범죄 가중처벌 등에 관한 법률」제5조의2, 제5조의4, 제5조의5 제5조의9 또는 제11조 위반의 죄를 범하여 5년 이상의 징역 또는 금고의 형을 선고받고 석방된 사람

    바) 「국가보안법」위반의 죄를 범하여 5년 이상의 징역 또는 금고의 형을 선고받고 석방된 사람

    사) 「폭력행위 등 처벌에 관한 법률」제4조 위반의 죄를 범하여 5년 이상의 징역 또는 금고의 형을 선고받고 석방된 사람

    아) 「보건범죄단속에 관한 특별조치법」위반의 죄를 범하여 5년 이상의 징역 또는 금고의 형을 선고받고 석방된 사람

    자) 「출입국관리법」제12조의3제1항 또는 제2항을 위반하거나 이를 교사(教唆) 또는 방조(幇助)한 사람

5) 국가안보, 외교관계 및 국민경제 등에 있어서 대한민국의 국익에 반하는 행위를 한 경우

라. 영주증 발급 및 재발급 특례

○ 영주증 유효기간 : 발급일로부터 10년

○ 유효기간 만료일 전 영주증을 재발급 받아야 함(※ 기간 도과 시 과태료 처분)

○ 2018. 9. 21. 이전 영주자격을 취득한 사람에 대해서는 다음과 같이 재발급 특례 적용

  – 영주자격을 취득한 날부터 10년이 경과한 사람은 2020. 9. 20.까지 발급받아야 함

  – 영주자격을 취득한 날부터 10년이 경과하지 아니한 사람은 영주자격 취득한 날로부터 10년이 경과한 날부터 2년 이내

    단, 10년이 경과하지 않은 사람이 영주증 재발급을 원할 경우 발급 가능하고 재발급 받은 영주증의 유효기간은 발급일로부터 10년임

1. 각종 문의 및 상담

가. 사증, 출입국, 체류절차 등
- 외국인종합안내센터(국번없이 1345), 출입국 · 외국인정책본부 홈페이지, 하이코리아 홈페이지, 관할 출입국 · 외국인청(사무소 · 출장소)

나. 취업알선, 특례고용가능확인서 발급 등
- 고용노동부 종합상담센터(국번없이 1350)

다. 동포 취업교육 신청 및 상담
- 한국산업인력공단(1577-0071)

2. 사전방문예약제 실시 안내

- 체류업무를 보기 위해 장기간 대기하는 불편을 해소하고, 보다 쾌적한 환경에서 각종 민원업무를 볼 수 있도록 사전방문예약제를 확대하여 시행합니다.
- ☞ 사전방문예약제란 하이코리아(www.hikorea.go.kr)에서 방문일자 및 시간대를 예약 후 예약증을 소지하고 출입국 · 외국인청(사무소 · 출장소)를 방문하는 것으로 방문예약을 하지 않고 출입국 · 외국인청(사무소 · 출장소)를 방문하면 업무처리를 볼 수 없거나 장시간 대기하는 불편이 따를 수 있습니다.

방문취업제 취업 허용업종

* 한국표준산업분류표에 의한 소분류 이하 39개 업종

구분	취업허용 업종	상 세 설 명
농축산업	(1) 작물 재배업 (011)	노지 또는 특정 시설 내에서 작물 및 종자를 재배·생산하는 산업활동을 말한다. 버섯, 송로, 딸기 및 견과 등의 식용 야생식물 채취활동은 임업으로 분류된다.
	(2) 축산업(012)	식용, 관상용, 애완용, 실험용 및 기타 특수 목적용으로 판매하거나 털, 젖, 모피 등을 획득하기 위하여 육지동물을 번식, 증식, 사육하는 산업활동을 말한다. 각종 동물의 번식 및 부화, 정액생산, 종축장(소, 돼지 등) 또는 종금장(닭 및 기타 가금류)의 운영은 그 동물의 종류에 따라 각각 분류된다. 〈제 외〉 · 산동물 도매업(46205) · 애완용 동물 및 관련용품 판매업(47852) · 동물견인 여객운송업(49239) · 동물견인 화물운송업(49309) · 신약 연구개발용 동물 사육(70113) · 경마장, 투우장 운영업(91113) · 승마연습장 운영업(91139)
	(3) 작물재배 및 축산 관련 서비스업(014)	수수료 또는 계약에 의하여 작물재배 및 축산활동에 관련된 서비스를 제공하는 산업활동을 말한다. 〈제 외〉 · 가금부화 및 잠종, 치잠생산(수수료 또는 계약여부 불문)(012) · 임업관련 서비스(0204) · 농업용 기계장비 임대(조작자가 딸리지 않은)(6939) · 영농기술 및 경영자문 활동(71531) · 도시계획 및 조경설계(72112) · 행정기관에 의한 영농지도 및 조언 등의 행정서비스(84) · 토목공사가 결합된 조경공사(41226) · 수의 서비스(7310)
어업	(3) 연근해어업 (03112)	연안 및 근해에서 어류, 갑각류, 연체동물, 해조류 및 기타 수산 동·식물을 채취 또는 포획하는 산업활동을 말한다. 〈예 시〉 · 물고기 포획 · 수산 무척추동물 포획 · 진주조개 채취 · 산호 채취
	(5) 양식 어업 (0321)	바다, 강, 호수, 하천 등에서 어류, 갑각류 및 연체동물 또는 해조류등의 각종 수산동식물을 증식 또는 양식하는 산업활동을 말한다. 진주양식 활동도 포함된다.
광업	(6) 천일염 생산 및 암염 채취업(07220)	바닷물 및 기타 천연 염수를 태양열에 의하여 증발시켜 천일염, 염수 및 기타 간수를 생산하거나 암염을 채굴하는 산업활동을 말한다. 〈예 시〉 · 염수 생산(천연)　　　　　· 식염 채취 · 간수 생산(천연)　　　　　· 순염화나트륨 채취 〈제 외〉 · 천일염을 재처리하거나 해수를 이온분리 및 결합방법 등으로 처리하여 가공염 및 정제염을 제조하는 활동(20492)
제조업	(7) 제조업(10-34)	※ 상시 사용하는 근로자 수가 300인 미만이거나, 자본금이 80억원 이하인

			경우에 한함.
수도, 하수 및 폐기물 처리, 원료재생업	(8) 하수폐수 및 분뇨처리업(37)		하수 및 산업 폐수를 수집, 처리하는 산업활동과 사람 및 가축 분뇨를 수집, 운반, 보관 및 처분하는 산업활동을 말한다.
	(9) 폐기물 수집 운반 처리 및 원료 재생업(38)		가정 및 사업장에서 발생하는 각종 폐기물을 수집, 운반, 처리하는 산업활동과 폐기물, 스크랩(금속 부스러기 등), 기타 폐품 등을 처리하는 재생용의 금속 또는 비금속 원료물질(이차원료)로 전환하는 산업활동을 말한다.
건설업	(10)건설업(41–42)		※ 발전소 · 제철소 · 석유화학 건설현장의 건설업체 중 업종이 산업 · 환경설 비인 경우는 제외한다.
도매 및 소매업	(11) 기타 산업용농산물 및 도매업 (46205)		가축 및 기타 살아있는 육지동물과 애완용 동물을 도매하는 산업활동을 말한다. 관상용 수산 동물도 포함한다. 〈예 시〉 · 소, 말, 돼지 도매　　　　　　　· 닭, 오리 등 가금류 도매 · 조류 도매　　　　　　　　　　· 사슴, 멧돼지 도매 · 열대어 도매 · 관상어(바다 및 민물고기) 도매 〈제 외〉 · 애완용 이외 수산 동물 도매(46315)
	(12) 기타 산업용 농산물 및 산동물 도매업(46209)		기타 산업용 미가공 농산물 및 가죽원단, 원모 및 원면등을 도매하는 산업활동을 말한다. 〈예 시〉 · 가죽 및 가죽원단 도매　　　　　· 영지버섯 도매 · 공업용 농산물(곡물 제외) 도매　· 한약재 도매 · 원피 및 원모피 도매　　　　　　· 원모 및 원면 도매 · 잎담배 도매　　　　　　　　　· 누에고치 도매 · 미가공 커피 도매
	(13) 가정용품 도매업(464)		각종 가정용품을 도매하는 산업활동을 말한다.
	(14) 기계장비 및 관련물품 도매업(465)		컴퓨터, 가전제품, 산업용 기계장비 및 기타 기계장비를 도매하는 산업활동을 말한다.
	(15) 재생용 재료 수집 및 판매업(46791)		재생할 수 있는 고물 및 스크랩(쇠 부스러기 등)을 수집 · 판매하는 산업활동을 말한다. 〈예 시〉 · 재생용 금속 수집판매　　　　　· 재생용 비금속 수집판매 · 재생용 플라스틱 수집 및 판매　· 고섬유 재생재료 수집 및 판매 · 재생용 고무 수집 및 판매　　　· 고지 수집 및 판매 〈제 외〉 · 연속라인에 의한 재생원료 선별 활동(383)
	(16) 기타 생활용품 소매업(475)		철물, 페인트 및 건설자재, 가구, 전기용품, 식탁 및 주방용품, 악기 등을 전문적으로 소매하는 산업활동이 포함된다.
	(17) 기타 상품 전문 소매업(478)		의약품, 의료용 기구, 화장품 및 방향제 소매업

	(18) 무점포 소매업 (479)	일반대중을 상대로 상품을 직접 판매할 수 있는 일정매장을 개설하지 않고, 통신판매, 배달판매 또는 이동판매 및 기타 비매장식 판매방법에 의하여 각종 상품을 소매하는 활동을 말한다.
운수업 및 창고업	(19) 육상 여객 운송업(492)	육상 운송장비 및 도시철도(도시간 철도제외)를 이용하여 부정기 또는 정기로 승객을 수송하는 산업활동(운전자 딸린 육상여객운송장비 임대활동 포함)을 말한다. 이 활동들은 운송시설의 유형, 노선(운송구간) 및 운송일정(정기 또는 부정기), 요금부과방식(좌석 또는 차량단위)의 차이에 따라 구분된다.
	(20) 냉장 및 냉동 창고업(52102)	상온에서 부패될 수 있는 물품을 보관하기 위하여 인공적으로 저온을 유지하여 물품을 보관하는 산업활동을 말한다. 이 사업체는 창고 내에 급속냉동시설을 보유할 수 있다. ※ 다만, 내륙에 위치한 업체에 한하여 허용 〈예 시〉 · 냉장창고 운영 · 냉동물품 보관 · 얼음보관소 운영 · 모피 보관(냉동) · 냉동식품 보관 · 농산물 보관(냉동 · 냉장) 〈제 외〉 · 일반 농산물 보관(52103) · 마곡종합처리장(10611) · 수수료에 의하여 위탁된 농수산물 및 가공식품을 냉동 처리하는 경우에는 대상품목에 따라 "10 : 식료품 제조업"의 적합한 항목에 각각 분류
숙박 및 음식점업	(21) 호텔업(55101)	일반적으로 안내데스크(데스크 서비스), 식사(룸 서비스) · 세탁 · 통역 등 개별봉사 서비스를 제공하고 공연 · 회의, 오락 · 스포츠 주류 및 상품판매 등의 관련 부대시설을 2종 이상 제공하는 숙박시설을 운영하는 산업활동을 말한다. ※「관광진흥법」에 따른 1~3등급 호텔 포함 〈예 시〉 · 관광호텔 · 의료관광 일반호텔 · 소형호텔 · 수상관광호텔 · 한국 전통 호텔 〈제 외〉 · 가족 호텔업(55103) · 호스텔업(55109)
	(22) 여관업(55102)	호텔에서 제공되는 서비스가 없거나 제한된 서비스를 제공하는 숙박시설을 운영하는 산업활동을 말한다. 〈예 시〉 · 여관(모텔포함) · 여인숙
	(23) 한식 음식점업(5611)	한식 요리법에 따라 조리한 각종 일반 음식류를 제공하는 산업활동을 말한다. 〈제 외〉 · 라면, 피자, 샌드위치 등과 같은 간이 음식을 제공하는 활동(5619) · 음식의 종류 등과 관계없이 이동음식점을 운영하는 경우(56142) · 기관구내식당을 운영하는 경우(56130) · 출장음식 서비스(56141)
	(24) 외국인 음식점업(5612)	한식요리를 제외한 중식, 일식, 서양식 및 기타 외국인 요리법에 따라 조리한 각종 일반 음식류를 제공하는 산업활동을 말한다.

	(25) 기타 간이음식점업 (5619)	즉석식의 빵, 케이크, 생과자, 떡류, 피자, 햄버거, 샌드위치, 분식류, 기타 패스트푸드 및 유사 식품 등을 조리하여 소비자에게 제공하는 음식점을 운영하는 산업활동을 말한다.
정보통신업	(26) 서적, 잡지 및 기타 인쇄물 출판업(581)	서적, 사전류, 지도, 인명 및 주소록, 신문, 잡지, 연하장 등의 각종 인쇄물을 출판하는 산업활동을 말한다.
	(27) 음악 및 기타 오디오물 출판업(59201)	음악 및 기타 소리를 기록한 레코드, 테이프 및 기타 오디오기록물을 기획 · 제작하거나 제작한 것을 직접 출판하는 산업활동을 말한다. 악보 등 음악책 출판활동도 포함한다. 〈예 시〉 · 레코드 출판　　　　　　　· 음악 기록매체 출판 · 오디오테이프 출판　　　　· 음성 기록매체 출판 · 악보 등 음악책 출판활동 〈제 외〉 · 음악 및 기타 오디오물 기록매체 복제서비스(18200)
사업시설관리 및 사업지원 및 임대 서비스업	(28) 사업시설 유지관리 서비스업(741)	고객의 사업시설을 유지 및 관리하는 산업활동으로서 경비, 청소, 우편물 선별, 기계장치, 통신 및 전기장치 점검 · 유지수리 등 관련 서비스를 다양하게 제공하는 산업활동을 말한다.
	(29) 건축물 일반 청소업(74211)	주거용, 상업용 또는 산업용 건물의 내부 및 창문을 청소하는 산업활동을 말한다. 〈예 시〉 · 건물창문 청소 · 건물외부 청소 · 공중전화시설 청소 · 구내청소 대행 · 바닥 청소 및 광택내기 · 내부 벽 청소 〈제 외〉 · 건물 외부에 대한 증기청소 및 건축활동이 완료된 후 신축건물에 대한 정리활동(42499) · 산업설비 · 운송장비 또는 공공장소 청소(74212) · 카펫, 바닥깔개, 가리개 및 커튼의 세탁(9691) · 개인가정 고용인의 청소활동(97000) · 하수도관 및 하수 처리시설 등 관련 시설 청소(37011)
	(30) 산업설비 운송장비 및 공공장소청소업(74212)	· 산업설비, 운송장비 및 산업용품을 기계적 또는 화학적 방법으로 세척 및 청소하는 산업활동을 말한다. 공공장소에 대한 거리청소, 제설 및 기타 유사 서비스를 수행하는 산업활동을 포함한다. 〈예 시〉 · 산업설비 청소 서비스　　　· 탱크 청소 서비스 · 로 및 굴뚝 청소　　　　　· 컴퓨터실 청소 서비스 · 활주로 청소 서비스　　　　· 거리청소 서비스 · 선박 청소 서비스 · 산업용 장비세척(직물 및 직물제품 제외) 〈제 외〉 · 분뇨수거 및 처리(3702)　　· 직물 및 직물제품 세탁(9691)
	(31) 여행사 및 기타 여행보조 서비스업(752)	국내 · 외 여행자를 위하여 각종 여행관련 서비스를 제공하는 산업활동을 말한다.
사회복지	(32) 사회복지	아동 복지시설, 장애인 복지시설 등에서 아동, 장애인 및 노령자 및 자립능력에

서비스업	서비스업(87)	제약을 받는 사람을 보호하기 위하여 복지서비스를 제공하는 활동을 말한다.
개인 서비스업	(33) 자동차 종합 수리업(95211)	승용차, 트럭 및 트레일러 등의 자동차를 전기 및 기계적인 방법으로 차량 전체 부분을 종합적으로 수리하는 산업활동을 말한다. 〈예 시〉 · 자동차 정비소(종합수리) · 덤프 및 레미콘 종합수리 · 자동차 종합정비업 · 소형자동차 종합정비업
	(34) 자동차 전문 수리업(95212)	자동차의 기관, 차체, 제동조직, 용접 및 도장, 연계조직, 차축, 운전기어 및 튜브, 내장품 등 자동차의 특정부분만을 전문적으로 수리하는 산업활동을 말한 다. 자동차 각 부위의 일상적인 단순 수리활동을 포함한다. 〈예 시〉 · 카센타(전문수리) · 자동차 타이어 · 자동차 도장 · 자동차 경정비 · 자동차 내장전문 수리 · 카인테리어(전문수리) · 자동차 유리 및 내장품 수리(내장품판매 제외) · 원동기 전문 정비업
	(35) 모터사이클 수리업(9522)	〈예 시〉 모터싸이클, 오토바이, 설상용차량 수리
	(36) 욕탕업(96121)	실내외를 불문하고, 대중탕, 가족탕, 한증막, 사우나탕, 증기탕 및 온탕 등을 운영하는 산업활동을 말한다. 〈예 시〉 · 대중 목욕탕 · 온천탕 · 찜질방 · 황토방
	(37) 산업용 세탁업(96911)	산업 또는 상업 사용자를 대상으로 산업 및 상업용 세탁물을 세탁하는 산업활동 을 말한다. 가정용 세탁업자들이 수집한 세탁물을 재취합하여 이를 세탁하는 경우도 여기에 포함된다.
	(38) 개인 간병인 및 유사 서비스업(96993)	거동이 불편한 사람에게 비의료적 보조서비스를 제공하는 산후조리원, 간병인 등의 산업활동을 말한다. 〈예 시〉 · 산후조리원 · 개인 간병 서비스 〈제 외〉 · 개인여행 안내(75290) · 조산원(86909)
가구내 고용활동	(39) 가구내 고용활동(97)	개인 가정에서 필요로 하는 가사 담당자의 고용을 인정하는 것이나 주로 가정부, 보모, 유모 등을 주요 대상으로 함

별첨 2	건강상태 확인서

E-9 / E-10 / H-2 자격 사증신청자 확인서

이 확인서는 대한민국의 비전문취업(E-9), 선원취업(E-10), 방문취업(H-2) 자격의 사증 또는 사증 발급인정서의 발급을 신청한 외국인이 본인의 건강 및 심리상태를 직접 확인하여야 하는 체크리스트입니다. 아래 기재할 사항을 누락하거나 허위사실을 기재한 경우에는 사증발급이 불허되거나 입국한 후에 체류허가의 취소 또는 강제퇴거 등의 불이익을 받을 수 있으므로 정확하게 기재해 주십시오.

1) 성 명		2) 생년월일
3) 국 적	4) 성 별	5) 여권번호

6) 귀하는 공중보건에 위협이 되는 전염성 질환에 감염되었습니까?
  예 □ (질환명: 매독, B형간염, 결핵),   아니오 □

7) 귀하는 최근 5년 이내에 통제된 물질(마약류)을 복용한 적이 있거나 알코올 등에 중독된 적이 있습니까?
  예 □ (복용물질:),   아니오 □

8) 귀하는 과거 정신적, 감정적 또는 신경적 혼란으로 의사의 치료를 받은 적이 있습니까?
  예 □ (질환명:),   아니오 □

9) 최근 5년 이내에 심각한 질병, 상해 등을 겪은 사실이 있습니까?
  예 □ (질환명 및 치료경과 :   ),   아니오 □

〈유의사항〉

귀하는 대한민국에 입국한 후 90일 이상 체류하고자 할 경우 입국 후 90일 이내에 외국인등록을 하여야 하며, 외국인등록을 신청할 때에는 반드시 대한민국 정부가 지정하는 병원에서 발급한 건강진단서를 제출해야 합니다. 또한, 외국인등록 시 대한민국 정부가 정하는 기초법질서 교육을 이수하여야지만 외국인등록이 가능함을 유의하시기 바랍니다.

년   월   일

신청인: (서명 또는 인)

○ ○ ○ ○ **대사 (총영사) 귀하**

건강진단서

건강진단의료기관지정 번호 :

건 강 진 단 서

제   호

성 명 Name		생년월일 Date of Birth		사 진 (3cm × 4cm)
한국 내 주소 Adress in Korea		전화번호 Phone Number		

검 사 내 용

신 장		cm	체 중		kg	혈 압		
(교정)시력	좌 : ( )		색 신 (색 각)			(교정)청력	좌 : ( )	
	우 : ( )						우 : ( )	

결 핵		정신질환	
매 독		간염(HBs Ag)	

마약검사

필로폰		코카인		아편		대마		기타	

위와 같이 검사하였습니다.

년   월   일

검사자(담당의사)   (인)

검 사 결 과	□ 양호 □ 불량
	불량 소견 시 사유
피검진자 체류에 대한 의견	
정밀검사 필요 여부	* 필요시 소견서 별도 첨부

상기 피검진자의 건강상태에 대해 위와 같이 판정하였음을 증명합니다.

년   월   일

의료기관의 장   (인)

국내 단순노무업종 비취업 서약서

국내 단순노무업종 비취업 서약서

1. 인적사항

국 적		성 명	영문( ) 한자( )
생년월일		성 별	
근 무 처		직 위	
재직기간		입국목적	
거주국 내 주소			

2. 서약내용

ㅇ 상기 본인은 대한민국에 입국하여 단순노무직종에서 취업하지 않을 것을 서약하고 이를 위반할 경우 출입국관리법 상 어떠한 처벌도 감수하겠습니다.

년   월   일

신청인 :   (서명 또는 인)

법무부장관 귀하

국내 단순노무업종 비취업 서약서(영문)

Letter of Pledge on Unemployment for Simple Labor Occupation

1. Personal Information

Nationality		Name	English ( ) Chinese ( )
Date of Birth		Sex	
Place of Work		Position	
Working Period		Purpose of Sojourn	
Address in Country of Residence			

2. Content of Pledge

I, hereby, pledge that I will not be hired to simple labor occupation during my sojourn in Korea. I acknowledge by signing that any violations of Pledge can be subject to penalty under the Immigration Control Act.

Year   Month   Day

Pledger   :   (Signature)

The Minister of Justice

　국내 단순노무업종 비취업 서약서(중문)

国内单纯劳务工种非就业 誓约书

1. 身份信息

国　籍		姓　名	英文(　　　　　　) 汉字(　　　　　　)
出生日期		性　别	
公司名称		职　位	
在职期间		入境目的	
本国地址			

2. 誓約內容

上诉本人誓约，入境大韩民国后绝不从事单纯劳务工种。
若有违反，将承担出入境官理法上的任何处罚。

年　　　月　　　日

申请人　：　　　　　　　　　(签名 或 印)

法务部长官　敬启

국내 단순노무업종 비취업 서약서(노문)

ОБЕЩАНИЕ НЕ РАБОТАТЬ В СФЕРЕ ДЕЯТЕЛЬНОСТИ ПРОСТОГО ТРУДА

1. Личные данные

Гражданство		Полное имя	Англ. ( ) Китайс. ( )
Дата рождения		Пол	
Место работы		Должность	
Период работы		Цель визита	
Адрес в Корее			

2. Содержание обещания

Я, вышеуказанное лицо, приехав в Республику Корея, даю обещание не работать в сфере деятельности простого труда, в случае нарушения приму любое наказание в соответствии с Законом об иммиграционном контроле.

год   месяц   число

Заявитель :   (подпись или печать)

Министру МЮ

기업대표 신원보증서

기업대표 신원보증서

1. 피보증인(소속직원) 인적사항

국 적		성 명	영문( )
			한자( )
생년월일		성 별	
직 위		학 력	
재직기간		전화번호	
거주국 주소			

2. 신원보증인(기업대표)

국 적		성 명	
생년월일		체류자격	
회 사 명		자본금	
직원 수		전화번호	
회사 소재지			

3. 보증내용

ㅇ 신원보증인은 위 피보증인(소속 직원)이 대한민국에 입국하여 단순노무업종에서 취업할 경우 출입국관리법 상 체류허가 취소 및 입국제한 조치에 대해 이의를 제기하지 아니함

위에 기재된 모든 내용이 사실과 다름없음을 확인하고 보증합니다.

년   월   일

신원보증인 :   (서명 또는 인)

법무부장관 귀하

● 기술 · 기능 분야 및 서비스 분야

직무분야(26)	중직무분야(61)	기술 · 기능 분야(510)				
		기술사	기능장	기사	산업기사	기능사
		84	28	117	120	161
01 사업관리(1/0)	011 사업관리(-)					
02 경영 · 회계 · 사무 (4/25)	021 경영(6)					
	022 회계(3)					
	023 사무(9)					
	024 생산관리(7)	공장관리				
		포장		포장	포장	
				품질경영	품질경영	
		품질관리				
03 금융 · 보험 (1/0)	031 금융 · 보험					
04 교육 · 자연과학 · 사회과학 (1/0)	041 교육 · 자연과학 · 사회과학					
05 법률 · 경찰 · 소방 · 교도 · 국방(1/0)	051 법률 · 경찰 · 소방 · 교도 · 국방(-)					
06 보건 · 의료 (1/3)	061 보건 · 의료(3)					
07 사회복지 · 종교 (1/2)	071 사회복지 · 종교(2)					
08 문화 · 예술 · 디자인 · 방송 (3/13)	081 문화 · 예술					
	082 디자인(11)			서비스 · 경험 디자인		
				시각디자인	시각디자인	
						웹디자인
		제품디자인		제품디자인	제품디자인	

						제품응용 모델링
				컬러리스트	컬러리스트	
						컴퓨터 그래픽스운용
	083 방송(2)				영사	영사
09 운전·운송 (1/2)	091 운전·운송 (2)					농기계운전
					철도 운송	
10 영업·판매 (1/4)	101 영업·판매 (4)					
11 경비·청소 (1/0)	111 경비·청소(-)					
12 이용·숙박·여행·오락·스포츠(2/8)	121 이용·미용(7)		이용			이용
			미용			
						미용 (일반)
						미용 (피부)
						미용 (네일)
						미용 (메이크업)
	122 숙박·여행·오락·스포츠(1)					
13 음식 서비스 (2/12)	131 조리(12)		조리	한식조리	한식조리	
				중식조리	중식조리	
				양식조리	양식조리	
				일식조리	일식조리	
				복어조리	복어조리	
					조주	
	132 식당서비스					
14 건설(6/98)	141 건축(29)					거푸집
		건축 구조				
		건축기계설비				
				건축	건축	
						건축 도장
					건축 목공	건축 목공
		건축목재시공				
				건축 설비	건축 설비	
		건축 시공				

		건축일반시공	건축일반시공	
	건축품질시험			
				도배
				미장
			방수	방수
				비계
		실내 건축	실내 건축	실내 건축
				온수 온돌
				유리 시공
				전산응용건축제도
				조적
				철근
				타일
142 토목(46)	농어업 토목			
		토목	토목	
	토목구조			
	토질 및 기초			
	도로 및 공항			
		건설재료시험	건설재료시험	건설재료 시험
				도화
	상하수도			
				석공
	수자원 개발			
	잠수		잠수	잠수
				전산응용 토목제도
				지도제작
	지적	지적	지적	지적
	지질 및 지반			
		응용지질		
	철도			
		철도토목		철도토목
				측량
	측량 및 지형공간정보	측량 및 지형공간정보	측량 및 지형공간정보	

				콘크리트	콘크리트	콘크리트
		토목시공				
		토목품질시험				항공사진
				항로표지	항로표지	항로표지
		항만 및 해안				
		해양				
				해양공학		
				해양자원개발		
					해양조사	
				해양환경		
	143 조경(4)	조경		조경	조경	조경
	144 도시 · 교통(5)	교통		교통	교통	
		도시 계획		도시 계획		
	145 건설 배관(3)		배관		배관	배관
	146 건설기계 운전 (11)					양화장치 운전
						지게차 운전
						굴삭기 운전
						기중기 운전
						로더운전
						롤러운전
						불도저 운전
						천장크레인 운전
						컨테이너 크레인 운전
						타워크레인 운전
						천공기운전
15 광업자원 (2/11)	151 채광(9)			광산 보안	광산 보안	광산 보안
						시추
		자원 관리				
		화약류관리		화약류관리	화약류관리	
						화약취급
	152 광해방지(2)	광해 방지		광해 방지		
16 기계(7/79)	161 기계제작(14)	기계	기계가공		컴퓨터 응용가공	컴퓨터 응용선반
						컴퓨터 응용밀링

				기계조립	기계가공조립
					공유압
			일반기계		
			기계설계	기계설계	전산응용기계제도
				정밀측정	정밀측정
162 기계장비설비·설치(31)	건설기계		건설기계설비	건설기계설비	
		건설기계정비	건설기계정비	건설기계정비	건설기계 정비
		궤도장비정비	궤도장비정비	궤도장비정비	궤도장비 정비
	공조냉동기계		공조냉동기계	공조냉동기계	공조냉동기계
		설비보전			설비보전
	산업기계설비				
				기계정비	기계정비
			승강기	승강기	승강기
				전자부품장착	전자부품 장착
			농업기계	농업기계	
					농기계 정비
				생산 자동화	생산 자동화
					반도체장비유지보수
					타워크레인 설치·해체
163 철도(5)	철도 차량		철도 차량	철도 차량	
		철도차량정비			철도차량정비
164 조선(6)					동력기계정비
					선체건조
					전산응용조선제도
	조선		조선	조선	
			항공	항공	
165 항공(8)	항공 기관				
					항공기관 정비
	항공기체				
					항공기체정비
					항공장비정비
					항공전자정비
166 자동차(8)					자동차보수도장

			자동차정비	자동차정비	자동차정비	자동차 정비
						자동차 차체수리
		차량				
				그린전동자동차		
	167 금형 · 공작기계(7)	금형				금형
			금형제작			
					사출 금형	
			사출금형설계			
					프레스금형	
			프레스 금형 설계			
17 재료(5/38)	171 금속 · 재료(17)	금속 가공				
		금속 재료	금속재료	금속재료	금속재료	
						금속재료시험
		금속제련				
		세라믹				
			압연			압연
						열처리
					재료조직평가	
			제강			제강
			제선			제선
						축로
	172 판금 · 제관 · 새시(5)					금속재창호(2013년 취득자 까지만 인정)
			판금제관		판금제관	판금제관
						플라스틱창호
	173 단조 · 주조(4)		주조		주조	주조
						원형
	174 용접(6)	용접	용접	용접	용접	용접
						특수용접
	175 도장 · 도금(6)					광고도장
						금속도장
		표면 처리	표면처리		표면 처리	표면처리
18 화학(2/12)	181 화공(9)			정밀화학		
		화공		화공		
				화약류제조	화약류제조	

				화학분석		화학분석
				바이오화학제품제조	바이오화학제품제조	
	182 위험물(3)		위험물		위험물	위험물
19 섬유 · 의복 (2/17)	191 섬유(8)	섬유		섬유	섬유	
					섬유디자인	
						염색 (날염)
						염색 (침염)
		의류		의류		
	192 의복(9)				신발	
						양복
						양장
						신발류 제조
						세탁
					패션 디자인	
					패션 머천다이징	
					한복	한복
20 전기 · 전자 (2/39)	201 전기(16)	건축전기설비				
		발송 배전				
			전기	전기	전기	전기
				전기공사	전기공사	
		전기 응용				
		전기 철도		전기 철도	전기 철도	
		철도 신호		철도 신호	철도 신호	
						철도전기신호
	202 전자(23)			광학		광학
					광학기기	
				로봇기구개발		
				로봇소프트웨어개발		
				로봇하드웨어개발		
					반도체 설계	
		산업계측제어				
				의공	의공	
						의료전자

				전자계산기		전자계산기
					전자계산기제어	
		전자기기				전자기기
				전자	전자	
				임베디드		
	전자응용					
						전자캐드
					3D프린터개발	
						3D프린터운용
21 정보통신(3/31)	211 정보기술(15)			빅데이터분석		
					사무 자동화	
				전자계산기조직응용		
		정보관리				
						정보기기운용
				정보처리	정보처리	정보처리
		컴퓨터시스템응용				
				정보보안	정보보안	
	212 방송·무선(6)			방송 통신	방송 통신	방송통신
				무선 설비	무선 설비	무선설비
	213 통신(10)			전파전자통신	전파전자통신	전파전자통신
		정보통신		정보통신	정보통신	
						통신기기
					통신선로	통신선로
			통신설비			
22 식품가공(2/11)	221 식품(7)	수산제조		수산제조		
		식품		식품	식품	
						식품가공
				식육가공		
	222 제과·제빵(4)					떡제조
			제과			제과

						제빵
23 인쇄·목재·가구·공예(2/19)	231 인쇄·사진(5)					사진
						전자출판
				인쇄	인쇄	인쇄
	232 목재·가구·공예(14)				가구제작	가구제작
			귀금속가공		귀금속가공	귀금속가공
						도자공예
						목공예
						보석가공
					보석감정	보석감정
					보석 디자인	
						석공예
					피아노 조율	피아노 조율
24 농림어업(4/39)	241 농업(14)	농화학				
		시설 원예		시설 원예		
						원예
				유기 농업	유기 농업	유기 농업
		종자		종자	종자	종자
				화훼 장식	화훼 장식	화훼 장식
	242 축산(5)	축산		축산	축산	축산
						식육처리
	243 임업(13)				버섯	
						버섯종균
		산림		산림	산림	산림
				식물 보호	식물 보호	
				임산 가공	임산 가공	임산가공
				임업 종묘		임업종묘
	244 어업(7)	수산 양식		수산 양식	수산 양식	수산양식
		어로			어로	
				어업생산관리		
25 안전관리(2/42)	251 안전관리(27)	가스	가스	가스	가스	가스
		건설 안전		건설 안전	건설안전	
		기계 안전				
				산업 안전	산업 안전	
		산업위생관리		산업위생관리	산업위생관리	
		소방				
				소방설비(기계분야)	소방설비(기계분야)	

				소방설비(전기분야)	소방설비(전기분야)	
		인간공학		인간공학		
		전기안전				
		화공안전				
				화재감식평가	화재감식평가	
				농작업안전보건		
				방재		
	252 비파괴검사(15)			누설비파괴검사		
				방사선비파괴검사	방사선비파괴검사	방사선비파괴검사
		비파괴검사				
				와전류비파괴검사		
				자기비파괴검사	자기비파괴검사	자기비파괴검사
				초음파비파괴검사	초음파비파괴검사	초음파비파괴검사
				침투비파괴검사	침투비파괴검사	침투비파괴검사
26 환경·에너지 (2/37)	261 환경(24)				농림토양평가관리	
		대기 관리				
				대기환경	대기환경	
				생물분류(동물)		
				생물분류(식물)		
		소음진동		소음진동	소음진동	
		수질 관리				
				수질환경	수질환경	
				자연생태복원	자연생태복원	
		자연환경관리				
		토양환경		토양환경		
		폐기물처리		폐기물처리	폐기물처리	
						환경
				온실가스관리	온실가스관리	

262 에너지·기상(13)					
				환경위해관리	
				기상	
				기상 감정	
	기상 예보				
	방사선관리			원자력	
	원자력발전				
		에너지관리	에너지관리	에너지관리	에너지관리
			신재생에너지 발전설비 (태양광)	신재생에너지 발전설비 (태양광)	신재생에너지발 전설비 (태양광)

법무부 고시 제2018 - 70호

재외동포(F-4) 자격의 취업활동 제한범위 고시
출입국관리법 제18조 제1항, 동법 시행령 제23조 제3항, 동법 시행규칙 제27조의2에 따라 "재외동포(F-4) 자격의 취업활동 제한"에 관한 구체적 범위를 지정하여 다음과 같이 고시합니다.

2018. 3. 26.
법무부장관

□ 재외동포(F-4) 자격의 취업활동 제한 범위
1. 단순노무행위를 하는 경우(붙임1 참조)
2. 선량한 풍속이나 그 밖의 사회질서에 반하는 행위를 하는 경우
 -「사행행위 등 규제 및 처벌특례법」제2조제1항제1호 및 동법 시행령 제1조의 2등에서 규정하고 있는 사행행위 영업장소 등에 취업하는 행위
 -「식품위생법」제36조 제2항 및 동법 시행령 제21조 제8호 등에서 규정하고 있는 유흥주점 등에서 유흥종사자로 근무하는 행위
 -「풍속영업의 규제에 관한 법률」제2조 및 동법 시행령 제2조등에서 규정하고 있는 풍속영업 중 선량한 풍속에 반하는 영업장소 등에 취업하는 행위
3. 그 밖에 공공의 이익이나 국내 취업질서 등을 유지하기 위하여 그 취업을 제한할 필요가 있다고 인정되는 경우(붙임2 참조)

□ 다른 규정의 폐지
○ 재외동포(F-4)의 취업활동 제한범위 고시(법무부 고시 제 2015-29호, '15.1.21.)는 이 고시 시행과 동시에 폐지한다.

□ 시행일 : 2018. 3. 26.부터

〈 단순노무행위에 해당하는 세부 직업 〉

구 분	종 류	상 세 설 명
단순노무 종사자 (대분류 9)	(1) 건설 단순 종사원 (91001)	건축 및 토목공사와 관련하여 육체적인 노동으로 단순하고 일상적인 업무에 종사하는 자를 말한다. 【 직업 예시 】 • 건물건축 운반인부 　　• 보석 단순노무원 • 해체작업 단순노무원 　• 토목건설 단순노무원 • 수로정비 단순노무원 　• 관정 단순노무자 • 댐건설 단순노무원 　　• 건물정비잡역부

	【제외】 • 전통건물 건축원(77241)　• 조적공(77251)　• 건물해체원(77293)	
(2) 광업 단순 노무원 (91002)	광산 또는 채석장의 폐쇄된 작업장에서 목재 및 철제 지주를 제거, 노천광에서 백악, 점토, 자갈 또는 모래를 채굴하는 일에 부속된 단순하고 일상적인 일을 수행하는 자를 말한다. **【 직업 예시 】** • 채석장 굴삭 단순노무자　• 채광 단순노무자 **【제외】** • 광원(77411)　　　　　　• 채석원(77412)	
(3) 하역 및 적재 관련 단순 종사원 (92101)	각종 제조업체, 시장, 부두, 화물운송업체 등에서 상품을 포장, 선적, 하역 및 적재하는 업무를 수행하는 자를 말한다. **【 직업 예시 】** • 적재원　　　　• 하역원　　　　• 육상화물하역원 • 부두노무원　　• 선박하역원　　• 제품운반원	
(4) 이삿짐 운반원 (92102)	이삿짐을 포장, 선적, 하역 및 적재하는 등 운반업무를 수행하는 자를 말한다. **【직업 예시】** • 이삿짐 운반원	
(5) 그 외 하역 및 적재 단순 종사원 (92109)	상기 세세분류 어느 항목에도 포함되지 않은 유사한 직무를 수행하는 자를 말한다. 한 장소에서 다른 장소로 운반하기 위하여 사무실 또는 가정용 가구 및 기기를 운반, 하역하는 직무가 여기에 포함된다. **【 직업 예시 】** • 가구 운반원　　• 가구 하역원　　• 냉동물 운반원 • 과실 운반원　　• 어류 운반원　　• 고기 운반원 • 식료품 운반원　• 창고 운반원	
(6) 우편 집배원 (92210)	우체국의 관할구역에 설치되어 있는 우체통에서 우편물을 수집하고, 관할 구역에 송달할 우편물을 표기 주소지에 배달하는 자를 말한다 **【 직업 예시 】** • 우체부　　　　　• 우편물 집배원 • 우편배달원	
(7) 택배원 (92221)	차량을 이용하여 고객들이 주문·구매한 상품을 고객이 원하는 장소로 운반하는 자를 말한다. **【 직업 예시 】** • 택배 배달원	
(8) 그 외 택배원	의뢰인이 요청한 문서, 문서철, 소포 및 통신문 등의 물품을 수령자에게 빠르게 배달하는 자를 말한다.	

(92229)	【 직업 예시 】 • 퀵서비스 배달원 • 오토바이 퀵서비스 배달원
(9) 음식 배달원 (92230)	각종 음식점 등에서 고객의 요구에 따라 해당 요리를 특정장소까지 배달하는 자를 말한다. 【 직업 예시 】 • 식사배달원 • 야식배달원 • 요리배달원 • 도시락배달원 • 중국음식 배달원 • 분식배달원 • 음식배달원 • 치킨 배달원 • 피자 배달원
(10) 음료 배달원 (92291)	우유, 녹즙, 발효유 등을 정기적으로 배달하는 자를 말한다. 【 직업 예시 】 • 우유 배달원(방문판매 제외) • 야쿠르트 배달원(방문판매 제외) • 녹즙 배달원(방문판매 제외)
(11) 신문 배달원 (92292)	가정이나 사무실 등 정기 구독자가 요구한 장소로 신문을 배달하는 자를 말한다. 신문대금을 징수하기도 한다. 【 직업 예시 】 • 신문 배달원(방문판매 제외)
(12) 그 외 배달원 (92299)	상기 세세분류 어느 항목에도 포함되지 않은 유사한 직무를 수행하는 자를 말한다
(13) 수동 포장원 (93001)	자재나 제품을 상자, 가방 및 기타 출하 또는 저장용 용기에 담아 손으로 포장하는 자를 말한다. 【 직업 예시 】 • 수동 포장원
(14) 수동 상표부착원 (93002)	수동으로 상표나 라벨을 부착하는 자를 말한다. 【 직업 예시 】 • 수작업라벨부착원 • 수작업상표부착원
(15) 건물 청소원 (94111)	공공건물, 사무실, 상업건물, 아파트 등의 건물를 청소, 정돈하는 자를 말한다. 【 직업 예시 】 • 사무실 청소원 • 공공건물 청소원 • 오피스텔 청소원 • 아파트 청소원 • 병원 청소원 • 호텔 청소원
(16) 운송장비 청소원 (94112)	비행기, 선박, 기관차의 외부, 바닥, 유리창을 청소하는 자를 말한다. 【 직업 예시 】 • 기관차 청소원 • 선박 청소원 • 비행기 청소원 • 버스 청소원

(17) 그 외 청소원(94119)	상기 세세분류 어느 항목에도 포함되지 않은 유사한 직무를 수행하는 자가 여기에 분류된다.
(18) 쓰레기 수거원 (94121)	건물, 야적장, 거리 및 기타 공공장소에서 빗자루, 봉투, 집게, 플라스틱 통 등의 쓰레기 수거용구를 이용하여 쓰레기를 수집하고 제거하는 자를 말한다. 분뇨 수거도 여기에 포함된다. 【 직업 예시 】 • 쓰레기 수거원　　　　　• 쓰레기 청소부　　　　　• 분뇨 수거원
(19) 거리 미화원 (94122)	거리, 공항, 역 및 기타 공공장소를 청소하는 자를 말한다. 【 직업 예시 】 • 거리 미화원　　　　　• 공원 청소원
(20) 재활용품 수거원 (94123)	건물 및 기타 공공장소에서 재활용품을 수거하여 재활용하거나 간단한 수리를 거쳐 판매하는 자를 말한다. 【 직업 예시 】 • 재활용품 수거원
(21) 그 외 환경 미화원 및 재활용품 수거원(94129)	상기 세세분류 어느 항목에도 포함되지 않은 유사한 직무를 수행하는 자가 여기에 분류된다.
(22) 아파트 경비원 (94211)	아파트의 내·외부를 순찰하고 출입자를 통제하며 각종 시설물을 유지 및 관리하는 자를 말한다. 【 직업 예시 】 • 아파트경비원　　　　　• 빌라경비원
(23) 건물 경비원 (94212)	학교의 내·외부를 순찰하고 출입자를 통제하며 각종 시설물을 유지 및 관리하는 자를 말한다. 또한 일반적인 빌딩이나 업무 공간 및 공장의 내·외부를 순찰하고 출입자를 통제하며 각종 시설물을 유지 및 관리한다. 【 직업 예시 】 • 청사경비원　　　　• 학교경비원　　　　• 상가경비원 • 건물경비원　　　　• 병원경비원　　　　• 빌딩경비원 • 빌딩시설경비원　　• 빌딩보안원　　　　• 시장경비원 • 공장경비원　　　　• 공사현장경비원　　• 공사경비원
(24) 그 외 건물관리원 (94219)	상기 세세분류 어느 항목에도 포함되지 않은 유사한 직무를 수행한다. 【 직업 예시 】 • 교회 관리인　　　　• 성당지기　　　　　• 공원순찰원 • 공원안전요원　　　• 공원관리인　　　　• 공원질서요원 • 놀이시설질서유지원　• 별장 관리인
(25) 검표원	공원, 영화관, 공연장, 운동 경기장, 유원지, 전시장 등 입장객의 표를 확인하고

(94220)	입장시키는 업무를 하는 자를 말한다. 【 직업 예시 】 • 고속버스검표원　　• 극장검표원　　• 놀이공원검표원 • 통행료검표원　　　• 승차권검표원　　• 사우나검표원
(26) 패스트 푸드준비원 (95210)	패스트푸드점에서 햄버거를 굽거나 용기에 담는 등 단순 반복적인 작업을 수행하는 자를 말한다. 【 직업 예시 】 • 패스트푸드원
(27) 주방 보조원 (95220)	음식점, 학교, 호텔, 레스토랑 등에서 조리장이나 조리사의 지시에 따라 각종 조리보 조업무를 수행하는 자를 말한다. 【 직업 예시 】 • 주방 보조원　　　• 식재료 세척원 • 조리사 보조원　　• 학교급식 보조원
(28) 주유원 (95310)	주유소나 가스충전소에 고용되어 연료 및 기타 자동차 소모품 등을 판매하는 자를 말한다. 【 직업 예시 】 • 주유원　　　　　• 가스충전원
(29) 매장 정리원 (95391)	도소매업체에서 매장에 진열되어 판매될 제품을 운송하거나 쇼핑카터 등의 운송수 단 등을 정리하는 자를 말한다. 【 직업 예시 】 • 매장정리원　　　• 상품운반원　　• 판매보조원 • 상품진열원　　　• 쇼핑카터운반　• 정리원
(30) 전단지 배포원 및 벽보원 (95392)	각종 점포나 상품의 광고 전단지를 거리나 지하철역, 버스 정류장에서 행인들에게 배포하는 자를 말한다. 포스터와 같은 홍보물을 전봇대나 벽 또는 지정된 게시판 등에 붙인다. 【 직업 예시 】 • 카달로그 배포원　　• 벽보원　　　　　• 광고스티커 부착원 • 포스터 부착원　　　• 홍보지 배포원　　• 스티커 부착원
(31) 그 외 판매관련 단순 종사원 (95399)	상기 세세분류 어느 항목에도 포함되지 않은 유사한 직무를 수행하는 자가 여기에 분류된다. 【 직업 예시 】 • 휴대품 보관소 접수원　• 헬스클럽 탈의실 보관원
(32) 산불 감시원 (99104)	산불의 예방 진화작업에 참여하는 산불 감시원도 여기에 분류 된다 【 직업 예시 】 • 산불 감시원

(33) 계기 검침원 (99211)	가스 · 수도 · 전력사용량을 검침하기 위하여 수용가를 방문하여 계량기를 검침하여 기록하는 자를 말한다. 【직업 예시 】 • 계기 검침원(가스, 수도, 전기 등) • 전기 안전 점검원
(34) 가스 점검원 (99212)	도시가스 또는 LP가스를 사용하는 가정 및 사업체를 방문하여 가스누출 여부 등 가스사용의 안전을 점검하고, 경우에 따라 필요한 조치를 요구한다. 【직업 예시 】 • 가스 점검원
(35) 자동판매기 관리원 (99220)	각종 대금의 수금업무를 담당한다. 자동판매기를 유지 · 관리하며 수금하는 자를 말한다. 【직업 예시 】 • 자동판매기 유지 및 수금원
(36) 주차 관리원 (99231)	차량의 무료 또는 유료 주차시설을 운용 · 관리 · 안내하는 자를 말한다. 【직업 예시 】 • 주차관리원 • 주차장 관리원
(37) 주차 안내원 (99232)	차량의 무료 또는 유료 주차시설을 안내하는 자를 말한다. 【직업 예시 】 • 주차 안내원
(38) 구두 미화원 (99910)	사무실이나 식당 등을 방문하여 구두를 수집하고, 구두를 닦아주거나 광내고 간단한 수선을 실시하는 자를 말한다. 【 직업 예시 】 • 구두 미화원 • 구두닦이
(39) 세탁원 및 다림질원 (99920)	의류, 섬유직물 및 유사물품을 손으로 세탁 또는 구김을 펴는 정도의 단순한 다림질하는 자를 말한다. 【 직업 예시 】 • 손 세탁원 • 단순 다림질원 【 제 외 】 • 드라이클리닝기 조작원(82301) • 그 외 세탁기계 조작원(82309)
(40) 환경 감시원 (99991)	자연환경 보호를 위하여 감시업무를 수행하는 자를 말한다. 쓰레기 투석, 낚시, 물놀이, 폐수방류 등에 대한 단속을 위하여 도보 및 차량을 이용하여 순회하며 주변을 감시하고 단속한다. 환경을 오염시키는 자를 단속하여 보고하고 관련기관에 고발조치 한다. 투석된 오염물질을 제거하도록 관련 부서에 보고한다. 기타 주변 환경보호를 위한 감시활동을 수행한다.

구 분	종 류	상 세 설 명
		【 직업 예시 】 • 환경 감시원
	(41) 그 외 서비스관련 단순 종사원 (99999)	상기 세세분류 어느 항목에도 포함되지 않은 유사한 직무를 수행하는 자가 여기에 분류된다. 【 직업 예시 】 • 심부름원　　　　　　• 사환

[그 밖에 공공의 이익이나 국내 취업질서 유지 등을 유지하기 위하여 그 취업을 제한할 필요가
인정되는 세부 직업]

구 분	종 류	상 세 설 명
서비스 종사자 (대분류4)	(1) 피부관리사내 발관리사 (42233)	신체의 각 기관과 관계있는 발바닥의 특정부위를 지압, 마사지, 자극함으로써 피로를 풀어주고, 혈액 순환을 촉진하여 질병을 예방하며 건강유지에 도움을 주는 일을 하는 자를 말한다. 【 직업 예시 】 • 발 마사지사　　　　　• 발 관리사
	(2) 목욕 관리사 (42234)	손님이 목욕하는 것을 도와주며, 피로를 풀 수 있도록 안마, 미용서비스를 하는 자를 말한다. 【 직업 예시 】 • 목욕관리사
	(3) 혼례 종사원 (42320)	결혼식을 진행하기 위하여 의자, 카펫 등을 정리하고 필요한 자료를 준비하며, 예식 진행과정을 신랑·신부의 의상과 행동을 교정해주는 자를 말한다. 요청시 주례업무를 대행하는 사람도 이 직종에 포함한다. 【 직업 예시 】 • 예식진행 보조원　　　• 예식종사원 • 폐백종사원　　　　　• 전문 주례사
	(4) 호텔 서비스원 (43221)	호텔에서 고객에게 각종 서비스를 제공하기 위하여 영접, 객실 안내, 짐 운반, 우편물의 접수와 배달, 객실 열쇠 관리, 세탁물 보급, 음식 제공 등 각종 서비스를 제공하는 자를 말한다. 【 직업 예시 】 • 벨맨　　　　　　　　• 도어맨 • 룸서비스맨　　　　　• 벨보이
	(5) 그 외 숙박시설 서비스원	콘도, 모텔 및 기타 숙박시설에서 손님에게 시중을 들고 서비스를 제공하는 자를 말한 다.

	(43229)	【 직업 예시 】 • 콘도 서비스원　• 모텔 시중원　• 여관시중원
	(6) 노래방 서비스원 (43232)	노래방에서 고객의 편의를 위하여 기기의 사용을 도와주거나 음료를 판매하는 등 각종 서비스를 제공하는 자를 말한다. 【 직업 예시 】 • 노래방 종사원　　　　　　　• 노래방 관리인
	(7) 그 외 오락시설 서비스원 (43239)	상기 세세분류 어느 항목에도 포함되지 않은 기타 오락시설 종사자가 여기에 분류된다. 【 직업 예시 】 • PC방종사원　　• PC방관리인　　• 비디오방 종사원 • 비디오방 관리인　• 만화방 관리인
	(8) 골프장 캐디 (43292)	골프장에서 골프 치는 사람들을 위해 골프백이나 골프기구를 정리하고, 거리에 따라 알맞은 골프기구를 선정해 주고, 골프코스나 골프장의 지형지물에 대해 조언하고 즐거 운 골프가 될 수 있도록 골퍼들에게 서비스를 제공하는 자를 말한다. 【 직업 예시 】 • 캐디　　　　　　　　• 골프진행 도우미
	(9) 음식 서비스 종사원 (44221)	음식업소에서 고객에게 메뉴를 제시하고 음식을 주문받아 제공하는 자를 말한다. 【 직업 예시 】 • 연회 웨이터 및 웨이트리스 • 정식식당 웨이터 및 웨이트리스 • 선상식당 웨이터 및 웨이트리스 • 철도식당차 웨이터 및 웨이트리스
	(10) 음료 서비스 종사원 (44222)	음료접객업소에서 커피, 차, 청량음료 등을 주문받고 이를 제공하는 자를 말한다. 경우 에 따라서 간단한 음식이나 주류를 주문받아 제공하기도 한다. 【 직업 예시 】 • 웨이터　　　　　　　• 웨이트리스
	(11) 주류 서비스 종사원 (44223)	주점, 클럽 등의 주류 접객업소에서 주류의 선택을 도와 제공하고, 고객에게 주류 목록 을 제시하는 자를 말한다. 또한 주류의 특성에 관한 질문 등에 답하고, 요리와 잘 어울리 는 주류를 추천하기도 한다. 【 직업 예시 】 • 소믈리에　　　　　　　• 와인스튜어드 • 호스트(식음료관련)
판매 종사자 (대분류5)	(12) 노점 및 이동 판매원 (53220)	일정 매장을 개설하지 않고, 일정한 구역의 노상에 노점 등 임시매장을 설치하거나 순회하면서 각종 상품을 판매하는 자를 말한다. 【 직업 예시 】 • 노점상　　　　　　　• 노점 판매원 • 신문가두 판매원　　　• 열차객실 판매원

영주자격 부여대상 자격 종목 및 등급

산 업	직무분야	종 목	등 급
제조업 (62)	기계	공조냉동기계	산업기사 이상
		궤도장비정비	산업기사 이상
		사출금형	산업기사 이상
		사출금형설계	기사 이상
		프레스금형	산업기사 이상
		프레스금형설계	기사 이상
		기계정비	산업기사 이상
		기계가공조립	산업기사 이상
		농업기계	산업기사 이상
		메카트로닉스	산업기사 이상
		생산자동화	산업기사 이상
		일반기계	산업기사 이상
		자동차정비	산업기사 이상
		전자부품장착	산업기사 이상
		정밀측정	산업기사 이상
		조선	산업기사 이상
	재료	용접	산업기사 이상
		금속재료	산업기사 이상
		금속가공	기사 이상
		주조	산업기사 이상
		표면처리	산업기사 이상
	전기 · 전자	전기	산업기사 이상
		전기철도	산업기사 이상
		전자	산업기사 이상

		전자계산기	산업기사 이상
	건설	건설재료시험	산업기사 이상
		콘크리트	산업기사 이상
		토목	산업기사 이상
	섬유 · 의복	섬유	산업기사 이상
	환경 · 에너지	폐기물처리	산업기사 이상
		에너지관리	산업기사 이상
건설업 (17)	건설	콘크리트	산업기사 이상
		철도토목	산업기사 이상
		건축목공	산업기사 이상
		실내건축	산업기사 이상
		조경	산업기사 이상
	기계	공조냉동기계	산업기사 이상
	재료	용접	산업기사 이상
농업 (5)	농림어업	유기농업	산업기사 이상
		축산	산업기사 이상
어업 (8)	농림어업	수산양식	산업기사 이상
		어로	산업기사 이상
	식품가공	수산제조	산업기사 이상
	건설	잠수	산업기사 이상

| **동포범위 확대에 따른 동포관련 제도변경 안내문**

동포범위 확대에 따른 동포관련 제도변경 내용 알림

「재외동포법 시행령」이 2019년 7월 2일 개정되어 동포범위가 전체 직계비속으로 확대됨에 따라 4세대 이후 동포 포함, 전체 동포에 대한 제도 변경 사항을 다음과 같이 시행함을 알려드립니다.

● 주요내용

1. 현행 규정의 기본 골격 유지(세대구분만 폐지)
ㅇ 4세대 이후 동포도 동포관련 체류자격*을 받을 수 있게 되었습니다.
   * 동포방문(C-3-8), 방문취업(H-2), 재외동포(F-4), 동포영주(F-5)

2. 한국어능력 입증서류 및 해외 범죄경력확인 서류 제출 의무화
ㅇ 동포범위 확대에 따른 동포에 대한 인식개선, 한국사회 정착지원 등을 고려하여 사증신청 또는 체류자격 변경·연장 시 한국어 능력 입증서류 및 해외 범죄경력서류를 제출하여야 합니다.

ㅇ 한국어능력 입증서류 (다음 서류 중 어느 하나)
  ─ 사회통합프로그램 사전평가 결과 점수표(21점 이상)
  ─ 사회통합프로그램 교육확인서(1단계 이상 이수증)
  ─ 한국어능력 시험(TOPIK) 1급 이상
  ─ 세종학당 초급 1B 과정 이상 수료증
  ※ 제출을 못하는 사람은 체류기간을 1년 이내로 부여

ㅇ 해외 범죄경력확인 서류
  ─ (제출대상) 14세 이상 외국국적동포
  ─ (범죄경력증명 서류요건) 해당 국가의 권한 있는 기관이 발급한 3개월 이내 공적문서로 자국 내의 모든 범죄 경력이 포함되어 있을 것
  ※ 6개월 이상 해외에서 거주한 경우에는 거주기간 거주국 범죄경력 포함

3. 기타 개선 사항 (중국구소련지역 국가 동포)
ㅇ 동포 방문(C-3-8) 사증을 소지한 중국 무연고 동포에 대한 방문취업(H-2) 사증발급('20. 7. 1.부터 시행)

■ 연도별 방문취업(H-2) 사증 신청대상 (18세 미만 제외)

2020년 신청대상	2015년, 2016년 발급 C-3-8 사증 소지자
2021년 신청대상	2018년 이전에 발급된 C-3-8 사증 소지자
2022년 신청대상	2020년 이전에 발급된 C-3-8 사증 소지자
2023년 신청대상	2021년 이후 발급된 C-3-8 사증 소지자

※ 무연고 중국동포가 최초로 방문취업(H-2) 사증을 신청하는 경우에는 방문취업(H-2) 사증발급을 억제하고 동포방문(C-3-8) 사증 발급 후 2022년부터 방문취업(H-2) 사증신청

○ 국내 체류 중 사회통합프로그램 4단계 이상을 이수 하거나 사회통합프로그램 사전평가로 5단계 배정을 받은 사람(다만, 외국인등록하고 1년경과후에 변경)에게 재외동포(F-4) 체류자격 부여

○ 국내에서 고등학교를 졸업(정규 학력인정 대안학교 포함)한 사람에게 재외동포(F-4) 체류자격 부여

한국어 능력 및 해외범죄경력 제출 면제 대상

● 한국어능력 면제 대상 (아래 어느 하나에 해당하는 사람)

동포방문 (C-3-8)	방문취업 (H-2)	재외동포 (F-4)
해당사항 없음	① 과거 다른 체류자격에서 한국어능력 입증서류를 제출한 사실이 인정되는 사람 ② 과거 대한민국 국적 보유했던 사람 ③ 60세 이상자 ④ 한국에서 「초·중등교육법」에 규정된 초등학교(초졸 검정고시 합격자), 「대안학교의 설립·운영에 관한 규정」 제6조에 따라 초등학교 과정 학력인정을 받은 사람 포함) 이상 졸업자 ⑤ 만기출국 후 재입국자(H-2-7) ⑥ 13세 이하인 사람(형사 미성년자) ⑦ 재외동포(F-4) 사증을 소지하고 국내에서 3년 이상 체류한 사람 ⑧ 국내 기능사 이상 국가공인자격증을 취득한 사람 ※ (방문취업, H-2) ①,②,③,④,⑤,⑧ (재외동포, F-4) ①,②,③,④,⑥,⑦,⑧에 해당하는 사람	

● 해외범죄경력 면제 대상 (아래 어느 하나에 해당하는 사람)

동포방문 (C-3-8)	방문취업 (H-2)	재외동포 (F-4)

① 60세 이상인 사람

② 13세 이하인 사람(형사 미성년자)

③ 캐나다 국적 18세 미만

④ 국가유공자(독립유공자)와 그 유족 또는 가족(국적법 시행령 제6조제1항제1호 준용)

⑤ 특별공로(국익증진) 동포(국적법 시행령 제6조제1항제2호 준용)

⑥ 과거 본국 범죄경력증명서를 제출(생략 대상자 포함)하고 국내 체류하고 있는 사람으로서 해외에서 6개월 이상 연속하여 체류하지 않은 사람

⑦ 만기출국 후 재입국자(H-2-7)

⑧ 지침 시행일 이전 재외동포(F-4) 자격으로 체류하고 있는 동포로 체류기간연장을 신청하는 사람

⑨ 국내 출생 또는 14세 이전에 국내 입국하여 6개월 이상 연속하여 해외 체류한 기록이 없는 사람
　※ 다만, 해외에서 6개월 이상 연속하여 체류한 경우에는 제출대상임.

찾아보기

저자약력

행정사·법학박사 김 동 근
        숭실대학교 법학과 졸업
        숭실대학교 대학원 법학과 졸업(행정법박사)

    현,   숭실대학교 초빙교수
        행정사 사무소 청신호 대표행정사
        행정심판학회 학회장
        국가전문자격시험 출제위원
        대한행정사회 대의원
        대한행정사회 중앙연수교육원 교수
        대한탐정협회 교육원장
        YMCA병설 월남시민문화연구소 연구위원

    전,   서울시장후보 법률특보단장
        공인행정사협회 법제위원회 법제위원장
        대한부동산학회 이사
        공인행정사협회 행정심판전문가과정 전임교수
        중앙법률사무교육원 교수

    저서, 사건유형별 행정소송 이론 및 실무(법률출판사)
        사건유형별 행정심판 이론 및 실무(진원사)
        한권으로 끝내는 운전면허 취소·정지구제 행정심판(법률출판사)
        한권으로 끝내는 영업정지·취소구제 행정심판(법률출판사)
        한권으로 끝내는 공무원·교원소청심사청구(법률출판사)
        한권으로 끝내는 행정심판, 행정소송 실무 외 60종

공저자 변호사 김요한

고려대학교 법학과 졸업
서울대학교 법과대학원 석사과정 수료 (전공: 상법 및 조세법)
서울시립대학교 세무대학원 석사과정 수료 (전공: 조세법)
건국대학교 부동산대학원 석사학위 취득 (학위논문: 재개발재건축)
건국대학교 일반대학원 부동산학과 박사학위 취득(학위논문: 재개발재건축)
서울시립대 도시과학대학원 도시계획학 석사과정

주요경력
제37회 사법시험 합격
사법연수원 제27기 수료
수원지방법원 판사
서울중앙지방법원 판사
법무법인 세종 기업자문파트 변호사
현 법무법인태한 대표변호사

출입국관리법
이론 및 실무

[개정판] 출입국관리법 이론 및 실무

2021년 10월 20일   개정1판 1쇄 인쇄
2021년 10월 30일   개정1판 1쇄 발행

저   자   김 동 근
           김 요 한
발 행 인   김 용 성
발 행 처   법률출판사
           서울시 동대문구 휘경로2길 3, 4층
           ☎ 02) 962-9154   팩스 02) 962-9156
등 록 번 호 제1-1982호
ISBN :   978-89-5821-391-8   13360
e-mail :   lawnbook@hanmail.net